Abitur 2025

Kurshefte Geschichte

Gesamtband Niedersachsen

Erarbeitet von

Dr. Wolfgang Jäger
Dr. Heidi Martini
Dr. Silke Möller

 Die Webcodes zum Lehrwerk geben Sie auf **www.cornelsen.de/webcodes** ein.

Cornelsen

Kurshefte Geschichte
Gesamtband Niedersachsen – Abitur 2025

Das Lehrwerk wurde erarbeitet von Dr. Wolfgang Jäger, Dr. Heidi Martini und
Dr. Silke Möller

mit Beiträgen von Uta Dehnert, Markus Geiger, Johannes Gießler, Robin Gliffe,
Martin Grohmann, Cornelius Lehmann, Janika Michael, Dr. Silke Möller, Marian Picker,
Robert Quast, Markus Rassiller, Robert Rauh, Dr. Beate Sommersberg und Ursula Vogel

Die Probeklausur und deren Lösungshinweise wurden konzipiert von
Joachim Biermann (Lingen) und Daniela Brüsse-Haustein (Meppen)

Redaktion: Andreas Holy
Karten: Carlos Borrell, Berlin
Bildassistenz: Anne-Katrin Dombrowsky
Umschlaggestaltung: Ungermeyer, grafische Angelegenheiten, Berlin
Umschlagbild: Shutterstock.com/Prostock-studio
Layout: tiff.any GmbH, Berlin/Uwe Rogal
Technische Umsetzung: Straive

www.cornelsen.de

Die Webseiten Dritter, deren Internetadressen in diesem Lehrwerk angegeben sind,
wurden vor Drucklegung sorgfältig geprüft. Der Verlag übernimmt keine Gewähr für die
Aktualität und den Inhalt dieser Seiten oder solcher, die mit ihnen verlinkt sind.

1. Auflage, 2. Druck 2023

Alle Drucke dieser Auflage sind inhaltlich unverändert
und können im Unterricht nebeneinander verwendet werden.

© 2023 Cornelsen Verlag GmbH, Berlin

Druck und Bindung: Livonia Print, Riga

ISBN: 978-3-06-245061-7 (Schülerbuch)
ISBN: 978-3-06-245062-4 (E-Book)

PEFC zertifiziert
Dieses Produkt stammt aus nachhaltig
bewirtschafteten Wäldern und kontrollierten
Quellen.

www.pefc.de

PEFC
PEFC/12-31-006

Inhaltsverzeichnis

Abiturvorbereitung

Anhang

Zur Arbeit mit diesem Kursheft

Vorwissen aus SEK I oder Alltagswissen aktivieren

Die **Schauplatz**-Seiten aktivieren Ihr Vorwissen mithilfe spielerischer, quizähnlicher Aufgaben.

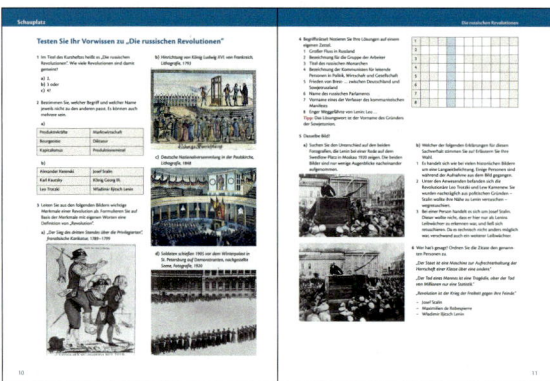

Sich orientieren und eigene Fragen und Hypothesen formulieren

Jedes Kapitel beginnt mit der **Auftaktseite**. Interessante Bilder bieten erste Gesprächsanlässe. Ein kurzer Text führt in das Kapitelthema ein. Arbeitsaufträge regen Sie zur Formulierung von Fragen und Hypothesen an. Ein Zeitstrahl ermöglicht die zeitliche Orientierung.

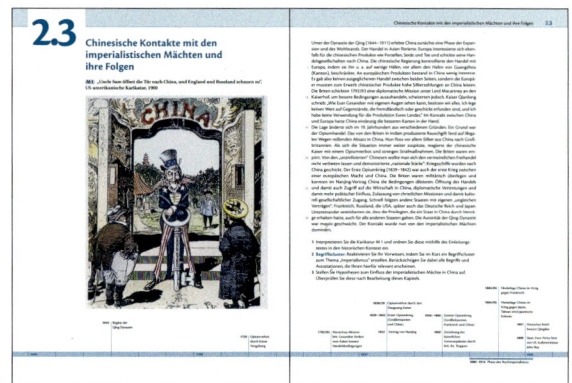

Ein Thema untersuchen

Am Anfang der **Themeneinheit** orientiert Sie ein Hinweiskasten über die zentralen Inhalte des Kapitels. Der **Darstellungstext** erläutert das Thema. In der Randspalte finden Sie Porträtbilder mit biografischen Informationen, Begriffserläuterungen, Verweise auf die Materialien sowie Webcodes.

Der anschließende **Materialteil** bietet Quellen, Darstellungen, Abbildungen, Karten und statistische Materialien zur eigenständigen Bearbeitung. Ein einführender Kasten gibt Ihnen „Hinweise zur Arbeit mit den Materialien". Die Arbeitsaufträge regen immer wieder zu Partner- oder Gruppenarbeit, Präsentationen und kreativen Lernarrangements an. Tipps geben Ihnen Hilfestellung. Bei Wahlaufgaben können Sie unter verschiedenen Zugängen und/oder Materialien zum Thema auswählen. Vertiefungsangebote ermöglichen Ihnen eine weitergehende Beschäftigung mit dem Thema.

Methodisch arbeiten

Die **Methodenseiten** sind exemplarisch ins Kapitel integriert und trainieren Ihre Kompetenzen im Umgang mit Quellen, Darstellungen und anderen Materialien. Arbeitsschritte bieten Ihnen eine Anleitung für die Bearbeitung eines Übungsbeispiels. Mithilfe der Lösungshilfen im Anhang können Sie sich selbst überprüfen.

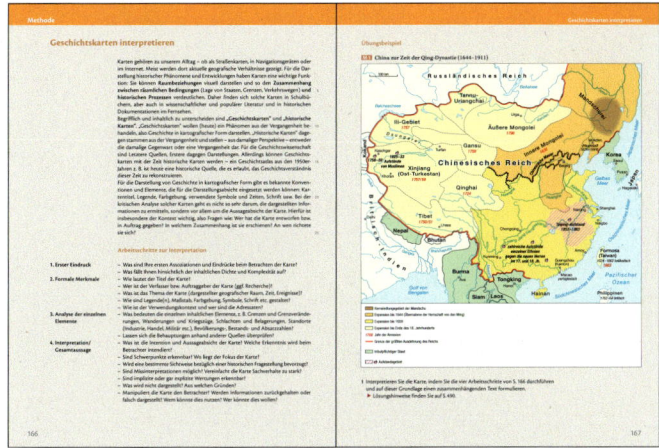

Mehr Sicherheit

Jedes Kapitel schließt mit der **„Anwenden und wiederholen"**-Seite. Ein **Anwendungsbeispiel** trainiert Ihre Kompetenz in der schriftlichen Klausur bzw. Abiturprüfung. Arbeitsaufträge mit Wahl- und Vertiefungsmöglichkeiten, Formulierungshilfen sowie zentrale Begriffe ermöglichen Ihnen das **Wiederholen** zentraler Kapitelinhalte.

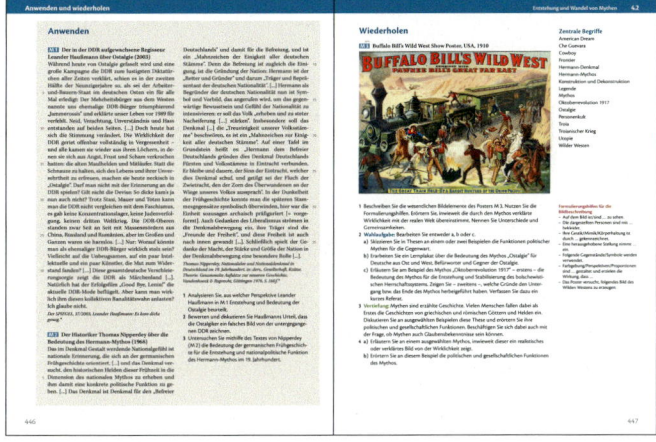

Kernmodul und Wahlmodule

Ein eigenes Kapitel zum **Kernmodul** bietet theoretische Texte und verknüpft sie durch Arbeitsaufträge und Verweise mit den anderen Kapiteln.
Zwei **Vertiefungskapitel** bereiten weitere Wahlmodulthemen als Themeneinheit auf. Die Arbeitsaufträge fordern immer wieder zum Vergleich mit den anderen Wahlmodulthemen auf.

Hilfen im Anhang

Der Anhang unterstützt Sie bei der Arbeit mit dem Buch. Hier finden Sie:
- Hinweise zu den Operatoren,
- Formulierungshilfen für die Arbeit mit Quellen und Darstellungen,
- Zusatzaufgaben und inhaltliche Tipps,
- eine Probeklausur mit Lösungshinweisen,
- Lösungshilfen zu den Methodenseiten,
- eine Übersicht der eingeführten Unterrichts- und Fachmethoden,
- Lexika und Register.

1 Die russischen Revolutionen

Historische Entwicklungen verlaufen nicht kontinuierlich nach „vorne", auf ein Ziel hin, sondern werden fast immer durch mehr oder weniger starken Wandel geprägt. Krisen, Umbrüche und Revolutionen sind besonders verdichtete Formen des Wandels, in denen beschleunigte Veränderungsprozesse ablaufen. Politische Institutionen, traditionelle Eliten und/oder wirtschaftliche Strukturen werden infrage gestellt, weil sie nicht mehr in der Lage sind, die Mehrheit der Bevölkerung zufrieden zu stellen. Eine Regierungs- oder Wirtschaftskrise kann mithilfe von Reformen einiger alter Strukturen gelöst werden. Eine Revolution beinhaltet dagegen tiefgreifende Veränderungen auf sozialer, politischer, wirtschaftlicher und kultureller Ebene. Die russischen Revolutionen am Beginn des 20. Jahrhunderts brachten Russland umfassende Veränderungen und bildeten eine wichtige historische Zäsur. Vorausgegangen waren verschiedene, sich immer weiter zuspitzende Krisen. Das Besondere an den russischen Revolutionen im Jahr 1917 war die Durchsetzung des Kommunismus. Er stellte ein Gegenmodell zum westlichen System von Demokratie und Kapitalismus dar, das sich getragen von der Amerikanischen Revolution und der Französischen Revolution entwickelt hatte.

Testen Sie Ihr Vorwissen zu „Die russischen Revolutionen"

1 Im Titel des Kursheftes heißt es „Die russischen Revolutionen". Wie viele Revolutionen sind damit gemeint?

a) 2,
b) 3 oder
c) 4?

2 Bestimmen Sie, welcher Begriff und welcher Name jeweils nicht zu den anderen passt. Es können auch mehrere sein.

a)

Produktivkräfte	Marktwirtschaft
Bourgeoisie	Diktatur
Kapitalismus	Produktionsmittel

b)

Alexander Kerenski	Josef Stalin
Karl Kautsky	König Georg III.
Leo Trotzki	Wladimir Iljitsch Lenin

3 Leiten Sie aus den folgenden Bildern wichtige Merkmale einer Revolution ab. Formulieren Sie auf Basis der Merkmale mit eigenen Worten eine Definition von „Revolution".

a) *„Der Sieg des dritten Standes über die Privilegierten", französische Karikatur, 1789–1799*

b) *Hinrichtung von König Ludwig XVI. von Frankreich, Lithografie, 1793*

c) *Deutsche Nationalversammlung in der Paulskirche, Lithografie, 1848*

d) *Soldaten schießen 1905 vor dem Winterpalast in St. Petersburg auf Demonstranten, nachgestellte Szene, Fotografie, 1920*

4 Begriffsrätsel: Notieren Sie Ihre Lösungen auf einem eigenen Zettel.

1 Großer Fluss in Russland
2 Bezeichnung für die Gruppe der Arbeiter
3 Titel des russischen Monarchen
4 Bezeichnung der Kommunisten für leitende Personen in Politik, Wirtschaft und Gesellschaft
5 Frieden von Brest- … zwischen Deutschland und Sowjetrussland
6 Name des russischen Parlaments
7 Vorname eines der Verfasser des kommunistischen Manifests
8 Enger Weggefährte von Lenin: Leo …

Tipp: Das Lösungswort ist der Vorname des Gründers der Sowjetunion.

1								
2								
3								
4								
5								
6								
7								
8								

5 Dasselbe Bild?

a) Suchen Sie den Unterschied auf den beiden Fotografien, die Lenin bei einer Rede auf dem Swedlow-Platz in Moskau 1920 zeigen. Die beiden Bilder sind nur wenige Augenblicke nacheinander aufgenommen.

b) Welcher der folgenden Erklärungen für diesen Sachverhalt stimmen Sie zu? Erläutern Sie Ihre Wahl.

1 Es handelt sich wie bei vielen historischen Bildern um eine Langzeitbelichtung. Einige Personen sind während der Aufnahme aus dem Bild gegangen.
2 Unter den Anwesenden befanden sich die Revolutionäre Leo Trotzki und Lew Kamenew. Sie wurden nachträglich aus politischen Gründen – Stalin wollte ihre Nähe zu Lenin vertuschen – wegretuschiert.
3 Bei einer Person handelt es sich um Josef Stalin. Dieser wollte nicht, dass er hier nur als Lenins Leibwächter zu erkennen war, und ließ sich retuschieren. Da es technisch nicht anders möglich war, verschwand auch ein weiterer Leibwächter.

6 Wer hat's gesagt? Ordnen Sie die Zitate den genannten Personen zu.

„Der Staat ist eine Maschine zur Aufrechterhaltung der Herrschaft einer Klasse über eine andere."

„Der Tod eines Mannes ist eine Tragödie, aber der Tod von Millionen nur eine Statistik."

„Revolution ist der Krieg der Freiheit gegen ihre Feinde."

– Josef Stalin
– Maximilien de Robespierre
– Wladimir Iljitsch Lenin

1.1 Einführung: Krisen, Umbrüche und Revolutionen

> **In diesem Kapitel geht es um**
> – die Begriffe Krise, Umbruch und Revolution zur Charakterisierung von historischem Wandel,
> – ausgewählte Theorien zu Krisen,
> – ausgewählte Theorien zu Revolutionen,
> – die Bedeutung der russischen Revolutionen für das heutige Selbstverständnis Russlands,
> – Ursachen, Verlauf und Folgen der russischen Revolutionen,
> – die russischen Revolutionen im Vergleich zur Französischen und zur Amerikanischen Revolution.

Krisen, Umbrüche und Revolutionen als Formen des historischen Wandels

Historische Entwicklungen verlaufen nicht immer in Kontinuität nach „vorne", auf ein Ziel hin, sondern unterliegen gleichzeitig mehr oder weniger starkem Wandel. Krisen, Umbrüche und Revolutionen sind besonders **verdichtete Formen des Wandels.** Hier laufen beschleunigte Veränderungsprozesse ab. Bestimmte Ereignisse und ihre besonderen Dynamiken führen zu Entscheidungssituationen, in denen die Entwicklung in die 5 eine oder andere Richtung gehen kann, d. h., es kann zu Veränderungen kommen oder die Verhältnisse stabilisieren sich nach einer Weile wieder. Die Veränderungen können in Form eines teilweisen Bruches, aber auch in Form einer umfassenden Zäsur auftreten.

▶ M 3: Rudolf Vierhaus über den Begriff der Krise

Die Begriffe Krise, Umbruch und Revolution werden in der Alltagssprache oft ähnlich verwendet, doch in der Geschichtswissenschaft wird genauer unterschieden, und zwar 10 nach dem **Grad der Veränderungen,** die geschichtliche Ereignisse nach sich ziehen. Revolution ist die umfassendste und am stärksten verdichtete der Veränderungen, darin ist sich die Wissenschaft einig. Es ist jedoch oft schwierig, genaue Grenzen zu ziehen. Nicht jeder politische oder gesellschaftliche Umbruch muss eine Revolution sein. Und

▶ M 4: Peter Wende über den Begriff der Revolution

auch der Begriff „Revolution" selbst wird in der Wissenschaft oft unterschiedlich ver- 15 wendet. „Industrielle Revolution" bezeichnet beispielsweise eine Entwicklung, die sich über mehr als 50 Jahre erstreckte und in verschiedenen Ländern zu unterschiedlichen Zeiten die wirtschaftlichen, sozialen und kulturellen Strukturen eines Staates, einer Gesellschaft schrittweise veränderte. Die „Russische Revolution von 1917" umfasst dagegen weniger als ein Jahr und besteht aus zwei Teilrevolutionen, wobei der zweite 20 Teil, die Oktoberrevolution, aufgrund ihres geplanten Ablaufes von Historikern meistens als „Putsch" eingeordnet wird.

Zu einer Klärung von Begriffen und zur Analyse von historischen Entwicklungen können **Theorien und Modelle** beitragen. Diese entstehen, indem Wissenschaftlerinnen und Wissenschaftler zum Beispiel verschiedene Revolutionen wie die Amerikanische 25 Revolution oder die Französische Revolution genauer untersuchen und miteinander vergleichen. Am Ende stehen Definitionen, Ablaufschemata oder Kriterienkataloge, die als allgemeingültig beispielsweise für eine Revolution erklärt werden. Das Gleiche gilt für den Begriff der Krise. Bei der Analyse und Einordnung von historischen Umbruchsituationen kann man diese Modelle nutzen, um zu einer Gesamteinschätzung von 30 Entwicklungen zu kommen und um diese mit anderen zu vergleichen.

Theorien zu Krisen

Der Begriff der Krise ist im alltäglichen Sprachgebrauch sehr verbreitet und bezeichnet meist Problemsituationen, die aufgrund ihrer Komplexität und/oder ihrer Intensität nicht einfach zu lösen sind. Sie erfordern ein spezifisches Krisenmanagement.

In der Geschichtswissenschaft wird der Begriff seit dem 19. Jahrhundert verwendet, um

5 Prozesse des Umbruchs zu erfassen und zu erklären. Der Schweizer Kulturhistoriker **Jacob Burckhardt (1818–1897)** nutzte den Krisenbegriff erstmals systematisch in seinen „Weltgeschichtlichen Betrachtungen", die auf Vorlesungen im Jahr 1870 zurückgehen. Er definierte Krisen als „Entwicklungsknoten" von Geschichte, an denen Veränderungen extrem beschleunigt und sprunghaft erfolgen, sich aber zuvor schon über

10 eine längere Zeit aufgebaut haben. Dabei werden meist alte Lebensformen abgeschafft und etwas Neues aufgebaut. Wandel bzw. Krisen als beschleunigte Form des Wandels bestimmen für Burckhardt die Geschichte und sorgen für Fortschritt.

In den 1970er- und 1980er-Jahren erfolgte in der Geschichtswissenschaft in Anlehnung an Krisentheorien aus der Soziologie eine vertiefte Auseinandersetzung mit Krisen im

15 historischen Prozess. Der deutsche Historiker **Rudolf Vierhaus (1922–2011)** griff Burckhardts Idee des „Entwicklungsknoten" auf und arbeitete Merkmale von historischen Krisen heraus. Rudolf Vierhaus ging es vor allem um die Bestimmung von Krisenursachen und von Wirkungszusammenhängen, um den Ablauf von historischen Krisen genauer analysieren zu können. Aus einer anderen, geschichtsphilosophischen Perspek

20 tive blickte der deutsche Historiker **Reinhart Koselleck (1923–2006)** auf den Begriff der Krise. Er bezog ihn nur auf die moderne Welt, die sich aus dem Zusammenwirken von Kritik durch die Aufklärung und politischer Krise des Absolutismus herausgebildet habe. Die moderne Krise charakterisierte er zunächst als Krankheit bzw. organischen Verfall. Die Entwicklung der Moderne sei deshalb nicht planbar und auch nicht rational

25 steuerbar. Damit wandte er sich gegen die Vorstellung, der historische Prozess sei ein unendlicher gradliniger Prozess des Fortschritts, und betonte Gefahren, Risiken und die Mehrdimensionalität von historischen Prozessen. In seinen späteren Schriften arbeitete Koselleck vor allem das neue, durch Krisen bestimmte Epochenbewusstsein der Moderne heraus, das durch Beschleunigung und Wandel in immer kürzeren Abständen geprägt

30 werde und sich von den Jahrhunderten zuvor grundlegend unterscheide.

Theorien zu Revolutionen

Eine politische, soziale oder wirtschaftliche Krise bildet oft die Vorstufe zu einer Revolution, doch nicht alle Krisen werden durch revolutionäre Umbrüche aufgelöst. Im Vergleich zum Krisenbegriff ist der Revolutionsbegriff klarer. Wichtige Kriterien einer Revolution sind einerseits ihr eruptiver Charakter – oft kommt es zu Akten der Gewalt

5 – und andererseits der hohe Grad an angestoßenen Veränderungen. Viele Revolutionstheorien enthalten jedoch auch perspektivisch gebundene Bewertungen je nach Ausgangsinteresse der Autorin oder des Autors. Die Analyse der Amerikanischen und der Französischen Revolution von der jüdischen deutsch-amerikanischen Wissenschaftlerin **Hannah Arendt** von 1963 kreist immer auch um die Frage, wie eine Demokratie

10 gestaltet sein muss, um dem Totalitarismus zu widerstehen. **Alexis de Tocqueville** ordnet als Zeitgenosse die Französische Revolution ganz anders ein als der US-amerikanische Historiker Crane Brinton im 20. Jahrhundert. Tocqueville hebt vor allem die gesellschaftliche Entmachtung von Adel und Kirche in Frankreich hervor, also die soziale Revolution. **Crane Brinton** entwickelt auf der Basis von vier Revolutionen (englische

15 „*Glorious Revolution*" 1688, Amerikanische Revolution 1776, Französische Revolution 1789, Russische Revolution 1917) einen Grundtypus, der Ursachen, Verlauf, Akteure und Ideen umfasst. Ein sehr anschauliches, aber auch sehr vereinfachtes Modell stellt der amerikanische Soziologe **James C. Davies** zur Diskussion. Seine „J-Kurve" soll zeigen, dass Revolutionen ausbrechen, wenn die Erwartungen der Bevölkerung und ihre

M1 **Kurstafel des Dax im Handelssaal der Frankfurter Wertpapierbörse, Fotografie, 3. März 2009.**

Besonders oft wird der Begriff der Krise im Bereich der Politik und der Wirtschaft verwendet: Regierungskrise, Energiekrise, Coronakrise oder Finanzkrise.

▶ M3: Rudolf Vierhaus

Merkmale von historischen Krisen nach Rudolf Vierhaus:
– Krisen sind zeitlich abgrenzbar,
– das System ist in seiner Funktion grundlegend eingeschränkt,
– es liegen objektiv feststellbare Krisenbestandteile vor, ein subjektives Krisenbewusstsein allein reicht nicht aus,
– der Ausgang von Krisen ist offen.

▶ Kap. 1.6: Kernmodul, S. 97 ff.

▶ Kap. 1.6: Kernmodul, S. 99 ff.

Grundlegende Kriterien von Revolutionen:
– nachhaltige und tiefgreifende Veränderungen,
– die Veränderungen umfassen die sozialen und politischen Strukturen, gegebenenfalls auch die kulturellen und wirtschaftlichen Strukturen,
– die Geschwindigkeit der Ereignisse kann unterschiedlich sein,
– Gewalt bis hin zu Kriegen geht oft mit einer Revolution einher, ist aber kein notwendiges Merkmal.

tatsächlichen Lebensumstände zu weit auseinander gehen. Und schließlich gibt es noch   20
die marxistischen Theorien von **Karl Marx, Friedrich Engels und Wladimir I. Lenin,** die
den Einfluss der materiellen Lebensbedingungen auf die Geschichte betonen und
daraus abgeleitet eine Zwangsläufigkeit von Revolutionen beim Übergang von einer
Gesellschaftsform in die andere feststellen. Marx und Engels orientierten sich bei ihrer
Analyse vor allem an Großbritannien und Deutschland, wo die Industrialisierung   25
schnell voranschritt; Lenin hatte dagegen die Verhältnisse in Russland im Blick.

M2 „Die Freiheit führt das Volk an", Ölgemälde von Eugène Delacroix, 1830

Russland und die russischen Revolutionen

Die russische Geschichte ist ein hochaktuelles Thema, da sie von der russischen Regierung gegenwärtig immer wieder herangezogen wird, um politische und militärische Entscheidungen wie beispielsweise den Krieg gegen die Ukraine zu begründen. Bezugspunkt für das aktuelle russische Selbstverständnis ist nicht die Sowjetunion, die von 1917 bis 1990/91 existierte, sondern das Zarenreich vor 1917. Wladimir Putin, seit 2000   5
mit kurzen Unterbrechungen Staatspräsident der Russländischen Föderation, so die genaue Übersetzung der russischen Bezeichnung, betont in seinen Reden oft die „Wiedergeburt Russlands als nationale Einheit" nach 1991 und die Bedeutung eines starken russischen Zentralstaats als Klammer für alle „russischen Völker". Im Gegenzug grenzt sich die Regierung von der Sowjetunion als Zeit des „Streits", der „Spaltung" und des   10
Niedergangs ab.
Im Zentrum dieses Kursheftes stehen **die russischen Revolutionen von 1905 sowie von Februar 1917 und Oktober 1917,** die eine tiefgreifende Zäsur in der russischen Geschichte darstellen. In der sogenannten konstitutionellen Revolution von 1905 erzwang die Bevölkerung mithilfe eines Generalstreiks eine Verfassung mit Freiheitsrechten und   15
einem Parlament. Der Zar behielt aber weitgehende Kontrollrechte. Die Revolutionen von 1917 und der von den Kommunisten gewonnene Bürgerkrieg führten dagegen einen umfassenden Systemwechsel herbei. Die aus ihnen hervorgegangene Sowjetunion war der erste Staat weltweit, der nach den Prinzipien des Kommunismus aufgebaut war. Im Ost-West-Gegensatz des Kalten Krieges nach 1945 stieg die Sowjetunion zur   20
Supermacht auf und setzte ihr System in den Staaten des Ostblocks und darüber hinaus

▶ **M 10: Ekaterina Makhotina über die Erinnerung an die Revolution von 1917**

▶ **M 12: Fotografie von Putins Amtseinsetzung 2012**

durch. Sie präsentierte sich als einzige Alternative zum System des Kapitalismus. Die Ideen und Ereignisse der russischen Revolutionen prägten das Selbstverständnis der Sowjetunion bis zu ihrem Zerfall 1991.

▶ **M 7 bis M 9: Die Russische Revolution 1917 aus sowjetischer Perspektive**

25 Die Vorgeschichte der russischen Revolutionen begann bereits im 19. Jahrhundert, als die Zarenherrschaft von verschiedenen Seiten unter Druck geriet. **Reformversuche** wie die Abschaffung der Leibeigenschaft, um das agrarisch geprägte Land zu modernisieren, hatten keinen Erfolg und konnten das zaristische System nicht stabilisieren. Die **politische Opposition** gegen den Zaren wuchs. Das Spektrum reichte von an Osteuro-
30 pa orientierten Sozialrevolutionären bis hin zu an westlichen Ideen orientierten Sozialdemokraten und Kommunisten. Einen ersten Höhepunkt erreichten die Aktivitäten der Opposition in der **Revolution von 1905,** denen sich weite Teile der Bevölkerung mit Demonstrationen und Streiks anschlossen.

▶ Kap. 1.2, S. 22 ff.

▶ Kap. 1.3, S. 40 ff.

Das Jahr 1917 brachte eine Verschärfung der Lage: Kriegsverluste und Versorgungskri-
35 sen mobilisierten die Bevölkerung gegen die Zarenherrschaft. Getragen von unzufriedenen Bauern und Arbeitern brachte die **Februarrevolution** ein Ende des Zarenreichs und mit den Arbeiter- und Soldatenräten ein neues politisches Gremium. Doch mit der Duma, dem russischen Parlament, und ihren vor allem liberalen Mitgliedern der Mittel- und Oberschicht gab es keinen völligen politischen und sozialen Bruch. Dieser erfolgte
40 erst in der **Oktoberrevolution** durch die kommunistischen Bolschewisten unter Führung von **Wladimir I. Lenin.** In den Folgemonaten wurde die Sowjetrepublik gegen den Willen der Mehrheit der Bevölkerung mit diktatorischen Mitteln und Gewalt durchgesetzt. Der Bürgerkrieg ruinierte die Wirtschaft des Landes und der Tod Lenins 1924 brachte Kämpfe um seine Nachfolge. Schließlich setzte sich **Josef Stalin** durch und bau-
45 te in den Folgejahren seine Macht aus, indem er seine Gegner ausschaltete, einen Polizeistaat errichtete sowie die Industrialisierung und die Kollektivierung der Landwirtschaft vorantrieb.

▶ Kap. 1.4, S. 62 ff.

▶ Kap. 1.5, S. 80 ff.

Ergänzt werden die Kapitel zu den russischen Revolutionen und ihren Folgen durch Kapitel zur Französischen Revolution und zur Amerikanischen Revolution. Die **Französische**
50 **Revolution** von 1789 bis 1799 gilt als klassische Revolution, da sie als **Totalrevolution** tiefgreifende Veränderungen auf sozialer, politischer, wirtschaftlicher und kultureller Ebene mit sich brachte. Sie diente vielen Revolutionstheoretikern als Basis für die Entwicklung ihrer Modelle. Die **Amerikanische Revolution** war die erste große Revolution der Neuzeit. Sie wird auch als **Verfassungsrevolution** bezeichnet, da sie auf gesell-
55 schaftlicher Ebene keine wesentlichen Veränderungen brachte. Schon in der gut zehn Jahre später einsetzenden Französischen Revolution wirkte sie aber politisch nach. Die politischen Ideen und Verfassungsdokumente der USA schufen die Grundlagen für alle westlichen Demokratien. Sie bilden zusammen mit den Ideen der Französischen Revolution ein Gegenmodell zu den sozialistischen Prinzipien der Sowjetunion. Der Ablauf
60 all dieser Revolutionen weist aber Parallelen auf.

▶ Kap. 1.7, S. 104 ff.

▶ Kap. 1.8, S. 120 ff.

Erinnerung an 1917 in Russland
▌█ ▶❍ cornelsen.de/Webcodes
+ ◀᾿) Code: redago

1 Arbeiten Sie auf der Basis des Darstellungstextes zentrale Begriffe heraus, die den Verlauf von Geschichte charakterisieren. Formulieren Sie zu jedem Begriff eine Definition in Ihren eigenen Worten.

2 Erstellen Sie ein Begriffscluster zum Thema Revolution.
Tipp: Nutzen Sie die Hinweise zur Erstellung eines Begriffsclusters S. 506.

3 Skizzieren Sie den Verlauf der russischen Revolutionen und die Folgen.
Tipp: Siehe S. 475.

4 In Russland wurde 1996 der Jahrestag der Oktoberrevolution am 7. November umbenannt in „Tag der Versöhnung". Seit 2005 ist er kein arbeitsfreier Tag mehr. Stattdessen wurde der 4. November ein Feiertag, der an die Befreiung Moskaus von der polnisch-litauischen Besatzung 1612 und damit an den Beginn der Dynastie der Romanows auf dem Zarenthron erinnert. Erläutern Sie auf Basis des Darstellungstextes die politische Bedeutung dieser Änderungen.

Hinweise zur Arbeit mit den Materialien

Am Anfang stehen die Begriffsanalysen zu Krise und Revolution durch die Historiker Rudolf Vierhaus (M 3) und Peter Wende (M 4). Letzterer liefert einen direkten Zugang zum historischen Gegenstand Revolution als die Revolutionstheorien, die stärker verallgemeinern und abstrahieren, und bildet deshalb eine nützliche Einführung in die Thematik. Die Materialien M 5 bis M 9 geben einen Überblick über die rückblickende Deutung der russischen Revolutionen. M 5 und M 6 zeigen die westliche Perspektive auf, M 7 bis M 9 die sowjetische Perspektive. M 10 bis M 12 ermöglichen die Erarbeitung der Bedeutung der russischen Revolutionen für das heutige Russland.

Zur Vernetzung mit dem Kernmodul

M 3 vermittelt einen Einstieg in den Krisenbegriff und kann mit M 1 bis M 4 des Kernmoduls verglichen werden. M 4 bietet Anschlussmöglichkeiten an die Theorie von Crane Brinton (M 6), der sich mit dem Umfang und den Ebenen von revolutionären Veränderungen auseinandersetzt.

Krisen, Umbrüche und Revolutionen

M 3 **Der Historiker Rudolf Vierhaus definiert in einem Lexikonartikel den Begriff „Krisen" (2002)**

K. [= Krisen] sind Prozesse, deren Anfänge, Höhepunkte, Ende prinzipiell datierbar sind. Niedergangs-, Auflösungs-, Verfallsprozesse sind keine K., wohl aber können ihnen sich steigernde K. voran-
5 gegangen sein. K. sind prinzipiell offene Prozesse; ihre Geschwindigkeit, ihr Ausgang nicht zwangsläufig, ihr Ablauf und ihr Wendepunkt selten so deutlich erkennbar wie in einem Krankheitsprozess. [...] Von K. kann gesprochen werden, wenn zuvor bestehende
10 stabile und funktionierende Zustände sich aufzulösen beginnen [...] und die eingetretenen Störungen nicht mit hergebrachten Mitteln überwunden werden können, sondern eine *renovatio*, eine Reform, eine Revolution, erforderlich wird und erfolgt; geschieht
15 dies nicht, handelt es sich nicht (mehr) nur um eine K. Kennzeichen von K. ist, dass es in ihrem Prozess Alternativen gibt, Phasen und Konstellationen, in denen sich entscheidet, ob sie überwunden werden können. K. sind keine Naturprozesse, wohl aber kön-
20 nen z. B. Erdbeben, Flutkatastrophen, Dürreperioden K. auslösen: Hunger-K., aber auch K. des Vertrauens in die Fähigkeit von Regierung und Verwaltung, mit ihnen fertigzuwerden. [...] K. müssen, um als solche bezeichnet werden zu können, objektiven Charakter

haben, also nicht nur herbeigeredet sein, indem vor-
25 übergehenden und vereinzelten krisenhaft erscheinenden Symptomen von Veränderung aus Sorge übertriebene Bedeutung zugeschrieben wird. Sehr unterschiedliche Prozesse sind in der Geschichte als K. erfahren und unterschiedlich gedeutet worden.
30 Als K. wurden sowohl zeitlich und räumlich begrenzte als auch globale Prozesse bezeichnet; es wird von Funktions-K. eines politischen Systems wie von langfristigen Kultur-K. gesprochen. [...] Vor allem die großen Veränderungsprozesse in der Menschheitsge-
35 schichte haben zu immer neuen Versuchen geführt, sie in ihrem Verlauf zu beschreiben, zu verstehen und zu erklären. [...] Nur in seltenen Fällen sind K. auf bestimmte Ursachen zurückzuführen; mehrere und verschiedenartige Umstände und Konstellationen
40 haben in ihrem Zusammen- und Gegeneinanderwirken Prozesse in Gang gebracht und vorangetrieben, die sich zu ernsthaften K. entwickelten. Die 1788 zur Versammlung der Generalstaaten in Versailles zusammentretenden Deputierten wollten keine Revo-
45 lution machen, nicht die Monarchie abschaffen, nicht eine Herrschaft des Schreckens errichten. Intensive Forschung hat die Vielfalt der elementaren Vorbedingungen wie der eher zufälligen und momentanen Antriebe der Revolution gezeigt: das vielleicht
50 eindrucksvollste Beispiel einer „großen" K., die sich zu revolutionärem Umbruch steigerte, der selbst wieder in die K. geriet, weitere K. nach sich zog, aber im Ergebnis entscheidende Bedeutung für die Entwicklung der europ. Kultur gehabt hat. K. bewirken nicht
55 notwendig Kontinuitätsbrüche; aus ihnen können neue Konstellationen hervorgehen, die die erfolgreiche Überwindung der K. ermöglichen. Ist dies nicht der Fall, wird die K. zum Prozess des Zerfalls und der Auflösung der vorher bestehenden Verhältnisse. Sol-
60 che Prozesse können sich lange hinziehen und Phasen vorübergehender Stabilisierung durchlaufen.

Rudolf Vierhaus, Artikel „Krisen", in: Stefan Jordan (Hg.), Lexikon Geschichtswissenschaft. Hundert Grundbegriffe, Reclam, Stuttgart 2002, S. 193–195.*

1 Fassen Sie die Begriffserläuterungen von Rudolf Vierhaus thesenartig zusammen.
2 Nennen Sie Beispiele historischer Krisen und überprüfen Sie daran die Definition des Autors. **Tipp:** Siehe S. 475.

M 4 **Der Historiker Peter Wende analysiert den Begriff „Revolution" (2000)**

Vor diesem Hintergrund lässt sich [...] in Anlehnung an Theodor Schieder Revolution als „besondere Form des historischen Wandels" definieren. [...] Und

es gilt bei dieser Definition natürlich, die Kriterien für
die ‚besondere Form' der Veränderung zu fixieren,
d.h. zu fragen, was mit welchen Mitteln wie rasch
und wie gründlich verändert werden muss, damit
von einer Revolution die Rede sein kann:

1. *Das Objekt des revolutionären Wandels* ist die politisch organisierte und in bestimmter Form verfasste
Gesellschaft: Die Revolution setzt den Staat als politische Einheit, als Konzentration politischer Macht
und Legitimität voraus, andernfalls bedarf sie ein-
schränkender Qualifikation und muss beispielsweise
als soziale, ökonomische oder kulturelle Revolution
näher bezeichnet werden. Dabei lassen sich in dem
Bereich von Staat und Gesellschaft vier mögliche
Ebenen revolutionären Wandels unterscheiden. Dieser wird in der Regel die personelle Zusammensetzung der Regierung betreffen; die Revolution stürzt
die alten und legitimiert neue Machthaber. Allerdings darf sie sich nicht auf den bloßen Austausch
von politischen Eliten bzw. Führungspersonen beschränken. Denn wenn lediglich die Ausschaltung
bzw. der Wechsel der bestehenden Regierungsfüh-
rung zu registrieren ist, sollte eher von Palastrevolution, von Staatsstreich bzw. Putsch die Rede sein.
Auch wenn, besonders im 20. Jahrhundert, das Wort
„Revolution" als Legitimationstitel für gewaltsame
politische Veränderungen positiv besetzt ist und daher immer wieder das Auswechseln herrschender
Oligarchien, die Machtergreifung von Militärjuntas
gerade auch von den involvierten Akteuren als Revolution bezeichnet wird, sollte der Historiker hier nicht
dem Sprachgebrauch der Herrschenden folgen. [...]
Anders jedoch, wenn der erzwungene Wandel nicht
nur die Regierung, sondern zugleich auch die politische Organisationsform der Gesellschaft betrifft.
Wo ein radikaler Umbruch im Bereich der staatlichen
Institutionen stattfindet, eine neue Verfassung entworfen, verkündet und durchgesetzt wird, lässt sich
eher schon von Revolution, zumindest von politischer Revolution sprechen. Und dies gilt erst recht,
wenn radikale Veränderung nicht vor bestehenden
Eigentumsverhältnissen haltmacht, sondern auch
die sozialen Strukturen erfasst, sodass die Revolution
als Totalumwälzung einer bestehenden Gesellschaft
definiert werden kann. Sie schließt dann auch
schließlich als vierte Ebene der Veränderung die der
sozialen und politischen Legitimationsideologie ein,
auf der ein neues Denken sich durchsetzt und neue
Normen und Ideale als die geistigen Grundlagen einer neuen gesellschaftlichen und politischen Ordnung verkündet werden.

2. Die Revolution ist gleichermaßen definiert durch
die *Art und Weise*, in der sie Veränderung durchsetzt.

Denn Revolution impliziert Gewalt, genauer: als unrechtmäßig verstandene Gewaltanwendung zwischen rechtlich nicht gleichgestellten Parteien. Dies
meint in der Regel Gewalt „von unten", Gewalt des
Volkes gegen die Herrschenden. So betrachtet impliziert Revolution auch stets Elemente von Aufstand
und Rebellion, die für sich genommen allerdings
andere, nämlich begrenztere Zielsetzungen verfolgen.
Solche Revolten sind gemeinhin Ausdruck verletzten
Rechtsempfindens und [...] Operationen der Renova-
tion. Das klassische Beispiel sind etwa Unruhen aus Anlass überhöhter Brotpreise; aber auch die Rebellion
des englischen Parlaments gegen den König 1640
diente zunächst dem Ziel, die alte Verfassung wieder-
herzustellen. Solcher Aufruhr kann durchaus am Beginn einer Revolution stehen, wenn aus dem Widerstand schließlich das Programm für eine neue, eine
andere politische Verfassung erwächst. Dabei kann
an die Stelle von spontanen Gewaltakten schließlich
der Bürgerkrieg als die höchste Stufe innerstaatlicher
gewaltsamer Auseinandersetzung treten, als der bewaffnete Konflikt zwischen den Repräsentanten der
alten und den Vorkämpfern einer neuen Ordnung. In
dem Maße, wie Revolution Gewalt, besonders Gewalt
von unten impliziert, unterscheidet sie sich von der
Reform, die ebenfalls Wandel, nicht selten radikalen
Wandel bewirken kann, jedoch im Rahmen der
bestehenden Ordnung stattfindet bzw. zumindest ini-
tiiert wird. Das Subjekt der Aktion ist dabei in der
Regel die bestehende Regierung, d. h. reformiert wird
„von oben" in einem gesteuerten, an den Normen der
bestehenden Verfassung orientierten Prozess.
Die Art und Weise der Veränderung definiert Revolution auch insofern, als dieser Wandel rasch vollzogen
werden muss. Zwar hat es sich durchaus eingebür-
gert, auch langfristige historische Prozesse, besonders im Bereich der ökonomischen Entwicklung, mit
dem Begriff der Revolution zu belegen, und so spricht
man nicht nur von der Industriellen Revolution, sondern auch von der Neolithischen Revolution, um den
Übergang von der Kultur nomadisierender Jäger und
Sammler zu der sesshafter Ackerbauern zu bezeichnen. Doch diese Variante des modernen Revolutions-
begriffes [...] soll uns hier nicht beschäftigen.

3. In dem Maße, wie Revolution als besondere Form
des historischen Wandels definiert ist, muss sie *Folgen*
zeitigen. Wohl gibt es kaum eine Revolution, an deren
Ende nicht in der einen oder anderen Form eine Restauration, eine zumindest partielle Rückkehr zu vorrevolutionären Zuständen zu verzeichnen ist. Dennoch,
wo keinerlei Veränderung registriert werden kann,
lässt sich, auch angesichts des ungeheuren Ausmaßes
innerstaatlicher Gewalt, nicht von Revolution sprechen.

110 [...] Doch es genügt nicht, die Revolution als Phänomen durch die Besonderheiten ihrer Erscheinungsformen zu definieren, etwa als „in kurzer Zeit gewaltsam und illegal bewirkter radikaler Umbruch im Bereich der Institutionen, der Sozialstruktur, der Ideologie, Ei-

115 gentumsverhältnisse und der Elitenzusammensetzung einer gegebenen Gesellschaft" (H. Wassmund [...]). Um von Revolution zu sprechen, bedarf es des subjektiven Willens der Handelnden zur Veränderung. Die Zielsetzungen der Revolutionäre sind konstitutives Element

120 von Revolution und diese müssen auf die Realisierung von Freiheit ausgerichtet sein. Seit der Amerikanischen und besonders seit der Französischen Revolution, die hier musterbildend gewirkt hat, schließt die Revolution den Entschluss zur Gestaltung der Zukunft ein. [...]

125 Wenn man somit eine auf die Realisierung von Freiheit hin orientierte Sinngebung revolutionären Handelns als konstitutives Element des Revolutionsbegriffs begreift, erhält dadurch [...] jene Phase allgemeiner Modernisierung, welche mit der Amerikanischen Revolu-

130 tion einsetzte und mit der großen Französischen Revolution ihren Höhepunkt erreichte, eine Schlüsselstellung. So gesehen markieren von nun an Revolutionen Wendepunkte der Geschichte des 19. und 20. Jahrhunderts; und zwar in erster Linie der europäischen

135 Geschichte bzw. der Geschichte einer Welt, die im Zeichen der Ausbreitung Europas steht, bis sie sich schließlich von dessen Hegemonie befreit, nicht zuletzt auf dem Wege der Revolution.

Peter Wende, Einleitung, in: ders. (Hg.), Große Revolutionen der Geschichte. Von der Frühzeit bis zur Gegenwart, C. H. Beck, München 2000, S. 11–14.*

1 Erstellen Sie eine Kriterien-Liste zur Bestimmung von Revolutionen.
2 Diskutieren Sie die These des Autors, dass „von nun an Revolutionen Wendepunkte der Geschichte" markieren (Z. 132 ff.).

Die Russische Revolution 1917 aus westlicher Perspektive

M5 **Der Historiker Heiko Haumann über das Erinnern an die Russische Revolution (2016)**
Die Erinnerung an die Russische Revolution schwankt zwischen den Schrecknissen, die auf sie folgten, und den Sehnsüchten, die in ihr zum Ausdruck kamen und die immer noch nachwirken. Die Beschäftigung mit

5 den Schrecknissen zeigt Mechanismen auf, wie revolutionäre Ziele und Ideale, die sich mit den Bedürfnissen des überwiegenden Teils der Bevölkerung decken, in eine Politik von Gewalt und Unterdrückung umschlagen können. Die Auseinandersetzung mit den Sehnsüchten

gibt Aufschluss über Vorstellungen einer besseren, ei- 10 ner gerechten Welt, die nichts von ihrer Aktualität verloren haben, und über Menschen, die sich dafür einsetzen. [...]
Die Vorgänge von Februar bis Oktober 1917 in Russland bildeten einen Prozess des revolutionären Wol- 15 lens, der sich aus den Lebenswelten der Menschen entfaltete, im Laufe des Jahres radikalisierte und zu zwiespältigen Folgen führte. Die Ideen, die sich in der Revolution äußerten, verbreiteten sich über die ganze Welt. So wie die Französische Revolution trotz 20 aller negativen Auswirkungen für uns heute noch ein Anknüpfungspunkt für das Streben nach Freiheit und Menschenrechten ist, wird die Russische Revolution als ein Bestandteil dieses Strebens nach einer besseren Welt lebendig bleiben. So ist die Erinnerung 25 an die Russische Revolution auch verbunden mit Trauer um die Opfer, die sie forderte, um das Leid, das sie brachte, und um das Scheitern der Erwartungen, die sie geweckt hatte.

Heiko Haumann, Erinnerung an 1917, in: ders. (Hg.), Die Russische Revolution 1917, Böhlau, Köln 2016, S. 186 f.*

M6 **„Ich kann meinen Augen nicht trauen", US-amerikanische Karikatur von Edmund S. Waltman (1914–2005), 1991**

1 Beschreiben Sie, wie Heiko Haumann in M5 die Russische Revolution und ihre Folgen charakterisiert.
2 Interpretieren Sie die Karikatur M6.
   Tipp: Orientieren Sie sich an den dargestellten Personen. Siehe auch S. 475.

Die Russische Revolution 1917 und Wladimir I. Lenin aus sowjetischer Perspektive

M7 Stalin-Lenin-Chor, Feier zum 30. Jahrestag der Revolution, Fotografie, 1947

M8 Empfang der Sojus-Kosmonauten am Moskauer Flughafen, Fotografie, 1969.

Die Kosmonauten werden vom sowjetischen Staatschef Leonid Breschnew empfangen. Hinter ihm hängt das Porträt von Lenin.

M9 Michail Gorbatschow (1931–2022), 1985 bis 1991 letzter Staatschef der Sowjetunion, über die Russische Revolution (2001)

Die Februarrevolution scheiterte, weil die russische Demokratie schwach und die Demokraten untereinander zerstritten waren. Die gegenseitige Rivalität und die ideologischen Gegensätze erwiesen sich als stärker denn das Bewusstsein, dass eine landesweite ⁵ Vereinigung der Kräfte, die sich für den Frieden, eine Bodenreform und den Kampf gegen Hunger und Chaos einsetzten, erforderlich war. Aus diesem Grund brach nach der Oktoberrevolution auch der Bürgerkrieg aus. ¹⁰

[...] Er wäre zweifellos weniger grausam geführt worden und hätte längst nicht so lange gedauert, wenn das Ausland nicht militärisch interveniert hätte. [...]

Der Westen machte damals keinen Hehl aus seinem ¹⁵ Ziel, die Sowjetrepublik im Keim zu ersticken. Aufgrund dieses Ziels, das auch über den Bürgerkrieg hinaus Bestand hatte, war es später Stalin und der ihm unterstehenden Regierung möglich, jeden Gegner des Regimes, jegliche Opposition oder auch nur ²⁰ Andersdenkende in den Reihen der eigenen Partei als „ausländische Spione" zu diffamieren und den „patriotischen Volkszorn" auf sie zu lenken. [...]

[...] In meinen Augen liegt es auf der Hand, dass Lenin mit seiner außergewöhnlichen Intelligenz die ²⁵ nachrevolutionären Erfahrungen konsequent und unvoreingenommen analysierte, vieles verwarf und vieles in Frage stellte. [...]

Ganz offensichtlich wollte Lenin eine Versöhnung der Gesellschaftsschichten und der Nationalitäten; ³⁰ er wollte die Versöhnung der Menschen, die wegen der begangenen Gräueltaten gespalten waren, im Dienste einer allgemeinen Aufbauarbeit für die Zukunft des Landes. Es ist hervorzuheben, dass Lenin damals das Augenmerk nicht nur auf die wirtschaftliche ³⁵ Seite lenkte. Er schrieb auch über die Probleme der Demokratie. In seinem *Brief an den Parteitag* beginnt er seine Überlegungen mit folgenden Worten: „Ich würde sehr empfehlen, auf diesem Parteitag eine Reihe von Änderungen in unserer politischen Struktur ⁴⁰ vorzunehmen." [...] Gewiss verfolgte er mit seinen Plänen ein taktisches Ziel, doch sie enthielten auch ein strategisches Konzept. Es gelang ihm aber nicht mehr, dieses umzusetzen.

Michail Gorbatschow, Über mein Land. Russlands Weg ins 21. Jahrhundert, Ullstein, München 2002, S. 16ff.*

1 Beschreiben Sie mithilfe von M7 bis M9 die unterschiedlichen Deutungen der Rolle Lenins zur Zeit der Sowjetunion.

2 Erläutern Sie den Standpunkt Gorbatschows zu Russischer Revolution, Bürgerkrieg und Lenin vor dem Hintergrund seiner Politik als Staatschef.

3 Zusatzaufgabe: Siehe S. 475.

Russland im 21. Jahrhundert

M 10 **Die Osteuropahistorikerin Ekaterina Makhotina über das Erinnern an die Russische Revolution im heutigen Russland (2017)**

Die Russische Revolution ist im Jahr 2017 eher ein Objekt des Vergessens als eines des Erinnerns. Auf der Ebene der Geschichtspolitik wird als Lehre der Revolution die Versöhnung und Einheit beschworen. In der Gesellschaft selbst gibt es kaum Interesse an den Ereignissen vor hundert Jahren. Lediglich die Kommunisten halten am Gründungsmythos des Sowjetstaates, dem „Roten Oktober", fest. Aber auch im kommunistischen Diskurs wird der Macher der Revolution, Wladimir Lenin, von seinem Nachfolger Josef Stalin in den Schatten gestellt.
[...] Das offizielle Beschweigen dieses Weltereignisses steht im deutlichen Gegensatz dazu, wie das Jahr 1917 von Zeitgenossen wahrgenommen wurde. Von den einen wurde sie als verheißungsvoller Auftakt einer neuen Zeit, ein Aufbruch in eine bessere Zukunft aufgefasst, von anderen als fürchterliche Strafe Gottes, aber es war *der* zentrale Gegenstand intellektueller Bemühungen dieser Zeit.
Nichts davon ist heute wahrnehmbar. Die Revolution wird provinzialisiert und als Putsch einer fanatischen Minderheit, der Partei der Bolschewiki, marginalisiert. Die gesamten revolutionären Prozesse im russischen Reich im letzten Drittel des 19. und ersten Drittel des 20. Jahrhunderts werden auf die bolschewistische Machtübernahme vom 25./26. Oktober 1917 (7./8. November nach gregorianischem Kalender) in Petrograd reduziert. Zumindest wird die Revolution in Russland nicht als globales Weltereignis erinnert, sondern als Chaos, das zum Zerfall des Kaiserreichs und Bürgerkrieg geführt hat.
Die offizielle Haltung des Staates zum Jahr 1917 besteht in der Beteuerung von Versöhnung und nationaler Eintracht als wichtigster Lehre der Revolution. Für den Kreml war dieses Jubiläum zwar unbequem, ganz ausblenden konnte man es jedoch auch nicht. Erst sehr spät, Ende des Jahres 2016, begann der Kreml mit den Vorbereitungen zu Jubiläumsfeierlichkeiten und formulierte den Slogan des Gedenkjahres: „Die Revolution darf sich nicht wiederholen!". So formulierte Wladimir Putin in seiner Rede vor der Föderalversammlung die Hauptlinie des Erinnerungsdiskurses für das Gedenkjahr 2017 – elf Monate vor dem Jahrestag der Oktoberrevolution und nur zwei Monate vor dem Tag der Februarrevolution. Der Vergleich mit den langfristigen Vorbereitungen für andere Feierlichkeiten, wie beispielsweise den „Tag des Sieges" (9. Mai 1945), macht den stiefmütterlichen Umgang des Kremls mit dem Thema Revolution deutlich. Mit der Umsetzung des Programms für die Gedenkfeiern betraute Putin die „Russische Historische Gesellschaft", eine semistaatliche Institution unter dem Vorsitz seines Vertrauten Sergej Naryschkin. Das Motiv der Versöhnung soll auch in Denkmalform verfestigt werden: Für den 4. November dieses Jahres ist die Eröffnung eines Versöhnungsdenkmals in Sewastopol auf der Krim geplant (Der 4. November war 2005 anstelle des „Tags der Oktoberrevolution" [7. November] als Tag der Einheit des Volkes zum Feiertag erklärt worden). Dieses Denkmal soll, so Kulturminister Wladimir Medinskij, an die Opfer beider Seiten im Bürgerkrieg erinnern und die Tragik der nationalen Spaltung im Jahr 1917 vermitteln. Die Revolutionsangst, die offiziell vermittelt wird, würde durch eine Fokussierung der Erinnerung auf die Folgen der Revolution – den Bürgerkrieg und den Zerfall der Staatlichkeit – verstärkt. Demgegenüber wird die „Stabilität" und ein starker Staat unter Putin gepriesen.

Zit. nach: https://www.bpb.de/themen/europa/russland-analysen/nr-343/259063/analyse-erinnern-und-vergessen-wie-russland-heute-der-oktoberrevolution-gedenkt/ (Download vom 15. August 2022).*

1 Analysieren Sie die Deutung der Russischen Revolution anlässlich des 100. Jahrestages (M 10).

M 11 **Die Historikerin Jutta Scherrer über Veränderungen im russischen Selbstverständnis unter Wladimir Putin (2014)**

In seiner Jahresbotschaft an die Föderale Versammlung der Russischen Föderation am 13. Dezember 2012 erklärte [Putin], dass Russlands Geschichte weder 1917 noch 1991 begonnen habe, sondern: „Die russische Nation kann sich auf eine tausend Jahre lange Geschichte stützen. Die russische Sprache und die russische Kultur sind ihr vereinigender Faktor." Wie Jelzin[1] ist auch Putin davon überzeugt, dass der Riss zwischen Staat und Gesellschaft nur durch eine nationale Idee – die „russische Idee" – überbrückt werden könne, die „für alle – ob Tataren, Baschkiren oder Tschetschenen – gleichermaßen gilt". Denn: „Ohne Idee kann es keinen großen Staat geben."
Mit dem Satz „Weder mein Herz noch mein Verstand könnten jemals akzeptieren, dass unsere Mütter und Vä-

ter umsonst gelebt haben sollen", begründete Putin im November 2001 eine seiner ersten auf die Identitätskonstruktion ausgerichteten Amtshandlungen: die Wiedereinführung der Melodie der 1943 von Stalin eingeführten
20 und von Jelzin abgeschafften sowjetischen Nationalhymne. Derselbe Sergej Michalkow, der bereits den ersten Text der Hymne für Stalin sowie seine Revision unter Breschnew (1977) verfasst hatte, passte den Text den veränderten politischen Umständen an. So wurde etwa
25 aus der „unfehlbaren Partei" in der neuen Version „Russland – heilige Macht". Putin sorgte auch dafür, dass die Armee das von Jelzin eingezogene rote Sowjetbanner mit dem Sowjetstern zurückerhielt. [...]
Doch Putins Geschichtspolitik instrumentalisiert
30 auch das imperiale Russland: 2004 schuf er einen neuen nationalen Feiertag, der an den starken russischen Staat erinnern soll. Hierfür wählte er, von der Kirchenhierarchie beraten, den 4. November 1612, an dem eine russische Volkswehr die „katholischen
35 Polen" aus dem Kreml vertrieben hatte, womit die Zeit der Wirren (*smuta*) beendet und der Neuaufbau des russischen Staates (damals noch Moskauer Staat) eingeleitet worden waren.

Einen weiteren Akzent setzt Putin auf die „patriotische Erziehung". Ein Dekret von 2001 appelliert an die 40 „systematische und zielbewusste Tätigkeit der Organe und Organisationen der Staatsmacht zur Ausbildung eines hohen patriotischen Bewusstseins der Bürger, der Treue zum Vaterland, der Bereitschaft zur Erfüllung der Bürgerpflicht und der in der Verfassung fest- 45 gelegten Verpflichtungen zur Verteidigung der Interessen der Heimat". Die „geistig-moralische Einheit der Gesellschaft" solle durch die „Wiedergeburt der wahren geistigen Werte des russischen Volkes" geschaffen werden, die ihrerseits die „Einheit und Freundschaft 50 der Völker der Russischen Föderation" verstärke.

Zit. nach: https://www.bpb.de/shop/zeitschriften/apuz/194818/ russland-verstehen/ (Download vom 31. August 2022). *

1 *Boris Jelzin (1930–2007):* Er war von 1991 bis 1999 der erste Präsident Russlands.

1 Geben Sie auf der Basis von M 11 die zentralen Elemente von Putins Geschichtspolitik wieder.
2 Nehmen Sie unter Einbeziehung von M 12 Stellung zum russischen Selbstverständnis Wladimir Putins.
3 **Zusatzaufgabe:** Siehe S. 475.

M 12 **Der russische Staatspräsident Wladimir Putin im Kreml bei der Zeremonie zu seiner erneuten Amtseinsetzung, Fotografie, 7. Mai 2012**

M 1 Die Krönung von Zar Nikolaus II. (reg. 1894–1917) am 26. Mai 1896, Lithografie, undatiert

1825	Festigung der Autokratie unter Nikolaus I.
1855	Alexander II. wird neuer Zar
1861	Aufhebung der Leibeigenschaft der Bauern
1863	Niederschlagung eines Aufstands in Polen
1864	Weitere Refor... in Justiz, Verwaltung, Wirtschaft

| 1825 | 1835 | 1845 | 1855 | 1865 |

1853–1856 Krimkrieg

Der russische Zar regierte um die Jahrhundertwende ein riesiges Reich, dem viele unterschiedliche Volksgruppen angehörten. Es reichte von Polen im Westen bis nach Kamtschatka im Osten und Turkestan im Süden. Bezugspunkt der Zusammengehörigkeit war bis weit in
5 das 19. Jahrhundert hinein nicht das russische Volk mit seiner Kultur und Sprache, sondern die Zarenherrschaft und die Dynastie der Romanows. Der Zar herrschte von Gottes Gnaden, als Oberhaupt der orthodoxen Kirche und als oberste Instanz des Staates. Adel, Geheimpolizei und Militär sicherten seine Macht. In der zweiten Hälfte des
10 19. Jahrhunderts kam die Zarenherrschaft unter Druck von verschiedenen Seiten:
   – Volksgruppen rebellierten und forderten ihre Unabhängigkeit;
   – militärische Niederlagen schwächten die Rolle Russlands in der internationalen Politik und zeigten die technische Rückständigkeit
15   des Landes auf;
   – Bauern wehrten sich gegen die Abhängigkeit von den adligen Grundbesitzern;
   – Intellektuelle beklagten die Reformunfähigkeit des Staates und zogen die Herrschaft des Zaren in Zweifel.
20 Zar Alexander II. setzte in den 1860er-Jahren Reformen in Gang. Die Probleme und die Unzufriedenheit der Bevölkerung blieben aber bestehen. Zwischen 1879 und 1881 wurden fünf Attentate auf Alexander II. verübt, das letzte im März 1881. Als der Zar in einer Kutsche den Michailowski-Palast in St. Petersburg verließ, schleuderte der Student
25 Nikolai Ryssakow eine selbst gebaute Dynamitgranate auf die Kutsche. Der Zar überlebte, stieg aus und wurde von einer zweiten Granate des adligen Studenten Ignati Grinewizki tödlich getroffen. Sein Nachfolger Alexander III. stellte die Reformpolitik ein und machte sogar einen Teil der Reformen rückgängig. Er verschärfte außerdem das Vorgehen ge-
30 gen die politischen Gegner der Zarenherrschaft.

M 2 **Attentat auf Zar Alexander II. im März 1881, nachträglich kolorierte Lithografie, undatiert**

1 Analysieren Sie das Bild M 1 im Hinblick auf das Herrschaftsverständnis des Zaren.
2 Beschreiben Sie mithilfe des Einleitungstextes und M 2 die „Krisen" der Zarenherrschaft in der zweiten Hälfte des 19. Jahrhunderts.
3 Erläutern Sie die unterschiedlichen Reaktionen der zaristischen Herrschaft auf die Krise.

| 1881 | Zar Alexander II. stirbt bei einem Attentat; Nachfolger Alexander III. | 1894 | Nikolaus II. wird Zar | 1905 | Erste russische Revolution |

| 1875 | 1885 | 1895 | 1905 | 1915 |

1.2 Die Zarenherrschaft in der Krise

> *In diesem Kapitel geht es um*
> – *die Strukturen des zaristischen Herrschaftssystems im 19. Jahrhundert,*
> – *die Grundzüge der russischen Gesellschaft,*
> – *die Reformansätze des Zaren seit den 1860er-Jahren und ihre Folgen.*

M1 Zar Nikolaus II. und Zarin Alexandra Feodorowna in altrussischer Tracht, Fotografie, 1894

Das zaristische Herrschaftssystem

Der russische Staat war seit dem 16. Jahrhundert eine Autokratie (Selbstherrschaft), die sich von den damaligen Herrschaftsformen Mittel- und Westeuropas durch eine erheblich größere Machtfülle des Monarchen und einen höheren Grad an Zentralisierung unterschied. An der Spitze stand der absolut herrschende Zar, der in sich alle Funktionen der Legislative, der Judikative und der Exekutive vereinigte. Er war an keinerlei 5 Rechtsnormen gebunden und musste auf keine Institutionen wie Ständeversammlungen Rücksicht nehmen. Diese Herrschergewalt, die durch das Gottesgnadentum legitimiert war, zielte darauf, die Sozialstruktur zu bewahren und revolutionäre Erschütterungen von Russland fernzuhalten. Gemäß dem zeitgenössischen Verständnis stand der Zar dem „Volk" gegenüber. Die orthodoxe Kirche, die Armee, die Polizei und die Beam- 10 tenschaft waren die wichtigsten Stützen der zaristischen Herrschaft. Durch die lückenlose Überwachung der Untertanen blieb kaum Spielraum für eine öffentliche Diskussion über Probleme und Reformen von Staat, Gesellschaft und Wirtschaft.

Grundzüge der russischen Gesellschaft

Die russische Gesellschaft wurde im 18. und beginnenden 19. Jahrhundert maßgeblich von Krone, Adel und Leibeigenen geprägt. Der **Adel** besaß keine politischen Mitbestimmungsrechte, sondern war völlig von der Gunst des jeweiligen Herrschers abhängig. Besonders erfolgreich baute Zar Peter der Große (1689–1725) seine Machtposition aus: Er verlieh der Hierarchie im Staatsdienst einen höheren Rang als der Hierarchie der Geburt und verpflich- 5 tete die Adligen dazu, dem Staat als Beamte oder Soldaten zu dienen. Die größte gesellschaftliche Gruppe in Russland bildeten die **Bauern.** Mitte des 19. Jahrhunderts waren mehr als drei Viertel der russischen Bevölkerung Bauern, die überwiegend zu den Leibeigenen gehörten. Diese Leibeigenen arbeiteten entweder als Kronbauern auf 10 Gütern der Krone bzw. des Staates oder als Gutsbauern auf dem Privatbesitz des Erbadels. Sie waren Eigentum ihrer Herren, besaßen keinerlei Rechte und lebten in elenden Verhältnissen. Ein wirtschaftlich starkes und politisch selbstbewusstes **Bürgertum** gab es in Russland zu Beginn des 19. Jahrhunderts nicht. Kaufleu- 15 te, Handwerker und Geistliche blieben im Agrarland Russland zahlenmäßig und gesellschaftlich unbedeutend. Die Funktionen des revolutionär gestimmten westeuropäischen Bürgertums übernahm im russischen Reich seit den Dreißigerjahren des 19. Jahrhunderts die *„Intelligenzija"* (der Begriff kam allerdings 20 erst 1860 auf), die sich an den Universitäten zusammenfand. Sie bestand vor allem aus jungen Adligen, die die Leibeigenschaft und ihre eigenen Privilegien nicht mehr als selbstverständlich hinnahmen. Hinzu kamen junge Menschen aller Stände, die sich mühsam den Zugang zu Bildung verschafft hatten. Sie forderten 25

M2 Die gesellschaftliche Schichtung 1913.
Die Zahlen sind Schätzungen. Gestrichelte Linien deuten an, dass sich seit der Bauernbefreiung von 1861 die alte geburtsständische Gliederung verändert. Ein Teil des Adels sank auf das Niveau mittlerer Bauern ab.

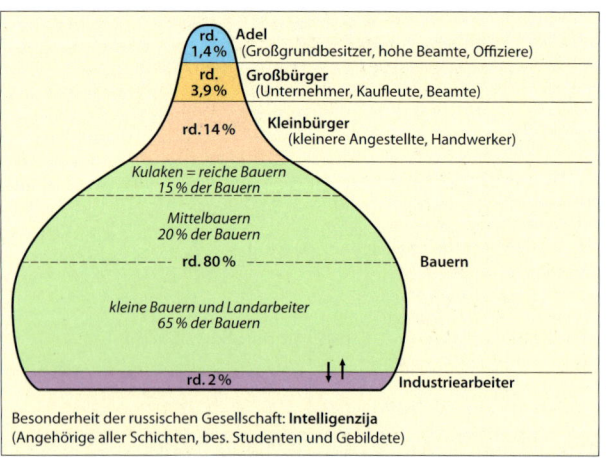

gemeinsam Veränderungen des Systems. Die zaristische Herrschaft unterdrückte jedoch mithilfe des Polizeistaats jede Form von Opposition schon im Ansatz.

Russland als Vielvölkerstaat

Die zaristische Herrschaft geriet nicht nur im russischen Kerngebiet unter Druck, sondern auch an den Rändern des Russländischen Reichs. Seit seiner territorialen Expansion im 16. Jahrhundert hatte sich Russland zu einem Vielvölkerstaat entwickelt, in dem eine Vielzahl von Stämmen und Völkern mit zum Teil sehr unterschiedlichen Kulturen
5 zusammenlebten. Bereits die frühesten Staatsbildungen wie die Kiewer Rus im frühen Mittelalter besaßen eine gemischte Bevölkerung, die außer slawischen auch finnische, baltische und türkische Volksgruppen umfasste. Bis zum 19. Jahrhundert kamen noch zahlreiche nicht russische Völker hinzu: neben kleineren Völkern die Tartaren, Ost-Ukrainer, Kalmücken, Baschkiren sowie Letten, Deutschbalten, Litauer, Polen und Ju-
10 den. Um 1700 waren über 25 Prozent der russischen Untertanen Nichtrussen, um 1800 über 45 Prozent und die Volkszählung 1897 erfasste eine nicht russische Mehrheit von über 55 Prozent bei einer Gesamtbevölkerung von 125 Millionen.

M 3 Die Ausdehnung des Russländischen Reichs bis 1914

Das nationale Selbstbewusstsein war aus diesem Grund bis weit ins 19. Jahrhundert hinein nicht auf das russische Volk, sondern in erster Linie auf das zaristische Reich bezo-
15 gen. Die unterworfenen Völker sollten keine Russen, sondern Untertanen des Zaren werden. Rebellierten einzelne Volksgruppen, wurde der Widerstand mit militärischen Mitteln gebrochen. Danach kehrten die Zaren allerdings wieder zu einer rücksichtsvolleren Integrationspolitik zurück. Die russische Nationalitätenpolitik verhärtete sich allerdings während der zweiten Hälfte des 19. Jahrhunderts. Das Auftreten nationaler
20 Bewegungen führte erstmals zu Russifizierungsversuchen. Ein Beispiel dafür war der brutal niedergeschlagene polnische Aufstand 1863/64. Polen verlor alle Autonomierechte und Russisch wurde zur Verwaltungssprache.

Reformansätze im Zarenreich

Im Krimkrieg (1853–1856), den Russland gegen das Osmanische Reich, Frankreich und Großbritannien führte, erwies sich das Zarenreich gegenüber den anderen europäischen Großmächten sowohl militärisch als auch wirtschaftlich hoffnungslos unterlegen und rückständig. Verantwortlich für die Niederlage waren Führungsschwäche, Korruption, die Unfähigkeit der russischen Industrie, die Armee angemessen auszurüsten und 5 die Flotte mit Kohle zu versorgen, zu wenig Eisenbahnlinien, Unruhen unter den rekrutierten Bauern und Kriegsunlust bei den adligen Gutsbesitzern, die den Verlust ihrer bäuerlichen Arbeitskräfte befürchteten.

M 4 Zar Alexander II. (1818–1881), Stich, anonym, o. J.

▶ M 16: Manifest zur Bauernbefreiung

▶ M 17: Carsten Goehrke über die Dorfgemeinden

Die Regierung Zar Alexander II. (1855–1881) nahm daher umfassende Reformen von Staat, Wirtschaft und Gesellschaft in Angriff. An erster Stelle stand die **Aufhebung der** 10 **Leibeigenschaft,** die am 19. Februar 1861 verkündet wurde:

1. Die Bauern erhielten die persönliche Freiheit im Sinne individueller Rechtsfähigkeit.
2. Das Land blieb Eigentum der Grundherren.
3. Die Bauern erhielten Landanteile zur Nutzung, deren Größe sich je nach Bodenbeschaffenheit und Klima richtete. 15
4. Die Bauern waren zu Ablösungszahlungen und zu Diensten verpflichtet, bis sie den Landanteil käuflich erwerben konnten.
5. Die Regierung legte den Grundbesitzern die Kaufsumme in Form von Darlehen vor.
6. Dafür mussten die Bauern 49 Jahre lang 6 Prozent des Bodenwertes an den Staat entrichten. 20

Unmittelbar vor Verkündung des Gesetzes hatte die Regierung einen Abschnitt aufgenommen, der den Bauern die Ablösungsschulden erließ, wenn sie sich mit einem Viertel der normalen Landzuteilung begnügten. Viele Bauern machten von dieser Regelung Gebrauch. Damit hatte der Adel seine Interessen gegenüber den liberalen Kräften durchgesetzt. Durch die reduzierte Landzuteilung behielt der Adel die Kontrolle über 25 die Mehrheit des Landes. Außerdem blieb die traditionelle Dorfgemeinde, auf Russisch *mir* oder *obščina*, bestehen, weil die Regierung eine unkontrollierte Mobilität der Bauern verhindern wollte. Ihre allgemeinen Regeln des Zusammenlebens wurden jetzt allerdings im Gesetzestext genau festgelegt. Die Bauern waren weiterhin wirtschaftlich von der Gemeinde abhängig, denn sie teilte ihnen nach wie vor Land zur zeitweiligen 30 Nutzung zu. Außerdem durften sie nur mit deren Zustimmung das Dorf verlassen. Hier fiel das Interesse des Staates mit dem der Gutsbesitzer und in gewissem Sinn auch mit dem der Bauern zusammen: Wer hätte die Garantie für die Steuerleistungen und die Ablösungsverpflichtungen übernehmen sollen und bei Missernten und Viehseuchen den Bauern einen Rückhalt geben können, wenn man die Dorfgemeinschaft auflöste? 35 Von dem bürgerlichen Freiheitsrecht der Freizügigkeit war im Gesetz keine Rede: Es befreite die Bauern zwar von leibherrlicher Willkür, aber sie durften weder über das bewirtschaftete Land verfügen noch ihren Beruf frei wählen.

Obwohl das Ende der Leibeigenschaft einen bedeutenden Einschnitt darstellte, waren die Bauern allgemein über die Bestimmungen des Befreiungsgesetzes enttäuscht. Sie 40 hatten auf einen unentgeltlichen und größeren Landanteil sowie auf die sofortige Abschaffung der Frondienste gehofft. Stattdessen gerieten sie in einen unabsehbaren Ablösungsprozess. Sehr rasch wurde deutlich, dass das den Bauern zeitweilig zugeteilte Land viel zu klein war und die finanzielle Belastung zu groß. So stieg von 1861 bis 1905 die Zahl der bäuerlichen Bevölkerung um mehr als das Doppelte, während sich das 45 Bauernland nur um ein Zehntel der Bodenfläche vermehrte. Das bedeutete für die große Mehrheit der Bauern härtesten Existenzkampf und wachsende Verelendung.

M 5 Russischer Bauer, Fotografie, um 1880

In den Jahren 1891, 1892, 1897 und 1902 verursachten zudem Missernten einen nationalen Notstand. Von den Hungerkatastrophen waren 30 bis 40 Millionen Bauern betroffen. Scharen bettelnder Familien zogen mitten im Winter in die Städte des mittleren 50 Wolgagebietes und wurden von den ratlosen Behörden in ihre veröderten Dörfer zurückgeschickt.

Industrialisierung und soziale Konflikte

Neben den Reformansätzen in Bezug auf die Bauern versuchte der zaristische Staat seit den 1860er-Jahren durch direkte Eingriffe in das Wirtschaftsleben die Industrialisierung voranzutreiben. Daher sprechen Historikerinnen und Historiker von einer „Modernisierung von oben". Die Regierung gründete Staatsbetriebe und griff Unterneh-

5 mern finanziell unter die Arme. Sie beteiligte sich selbst an ihnen oder gewährte den Großbetrieben im Hüttenwesen und im Transportmaschinenbau Geldmittel und sorgte für den Absatz ihrer Produkte. Durch hohe Importzölle versuchte der Staat einheimische Unternehmer vor ausländischer Konkurrenz zu schützen. Er erneuerte das Kreditwesen, indem er Regierungsbanken ins Leben rief, und schuf die Vorausset-

10 zungen für den Import westlichen Kapitals. Von diesen Geldern profitierte vor allem der Eisenbahnbau. Mitte der Achtziger- und in den Neunziger-jahren verstaatlichte Russland die meisten Eisenbahnen, die die entstehenden Industriezentren mit den Eisen- und Kohlerevie-ren sowie mit den zentralen Agrarregionen und den Ausfuhrhä-

15 fen an der Ostsee und am Schwarzen Meer verbanden. Auf diese Weise wurden die wirtschaftliche Erschließung des Landes und die Bildung eines großen Binnenmarktes möglich. Mit dem Ei-senbahnbau bekamen gleichzeitig die Schwerindustrie und der Maschinenbau Auftrieb, die zu zentralen Bereichen der Industri-

20 alisierung wurden.

Trotz der Industrialisierung blieb Russland ein Bauernland. Auch die Arbeiter behielten oft ihre bäuerliche Lebensweise bei und lebten in Arbeiterdörfern um die neu entstandenen Industrian-siedlungen herum. Die Industrie konzentrierte sich besonders in

25 St. Petersburg und Moskau, in der Ukraine und in den Ölgebieten Transkaukasiens. Hier waren die sozialen Verhältnisse so katastrophal wie in der frühen Phase des Industriezeitalters im europäischen Westen: Es gab Arbeiterkasernen, unkon-trollierte Frauen- und Kinderarbeit, Hungerlöhne und 13-stündige Arbeitstage. Ge-werkschaftliche Zusammenschlüsse waren verboten, aber illegale Organisationen

30 machten sich in den Neunzigerjahren durch ausgedehnte Streikbewegungen bemerk-bar. Diese Streiks zwangen die Regierung dazu, einige Maßnahmen des Arbeitsschutzes zu ergreifen; so wurde 1897 die Arbeitszeit auf 11,5 Stunden begrenzt.

▶ **M 19 bis M 22: Industrialisierung**

M 6 Werbeplakat für die Trans-sibirische Eisenbahn, von Rafael de Ochoa y Madazo anlässlich der Weltausstellung in Paris, 1900

Russisches Zarenreich

🔴 cornelsen.de/Webcodes
Code: vizose

1 Beschreiben Sie die Grundzüge der russischen Gesellschaft im 19. Jahrhundert.
  Tipp: Beziehen Sie die Grafik M 2 mit ein.

2 Arbeiten Sie mithilfe des Darstellungstextes die Krisenherde des Zarenreichs im 19. Jahrhundert heraus.

3 Erläutern Sie, warum Historikerinnen und Historiker für die Reformversuche im Zarenreich den Begriff der „Modernisierung von oben" verwenden.

4 **Zusatzaufgabe:** Siehe S. 475.

Hinweise zur Arbeit mit den Materialien

Die folgenden Materialien geben einen Überblick über die politischen, gesellschaftlichen und wirtschaftlichen Strukturen Russlands im 19. Jahrhundert sowie die daraus folgenden Krisen der Zarenherrschaft. M 7 bis M 10 beleuchten zentrale Aspekte der zaristischen Herrschaft: Autokratie, Polizei, orthodoxe Kirche und zaristische Politik. M 11 bis M 14 zeigen die Besonderheiten der russischen Gesellschaft auf. Insbesondere die problematische Lage der Bauern kann erarbeitet werden. Der abschließende Materialienblock widmet sich den Reformansätzen im Zarenreich: der Bauernbefreiung und ihren Folgen (M 15 bis M 17), der Schulpolitik (M 18) sowie der Industrialisierung und ihren Folgen (M 19 bis M 22).

Zur Vernetzung mit dem Kernmodul

Die Probleme der Bauern auf dem Land (M 13) und der Arbeiter in den Industriedörfern und Städten (M 22) können mithilfe von Jacob Burckhardt (M 1) und Karl W. Deutsch (M 4) als „Krisen" genauer charakterisiert werden. Die Revolutionstheorie von Wladimir I. Lenin (M 8) definiert die „gesamtnationale Krise" als Vorstufe der Revolution.

Grundzüge der Zarenherrschaft

M 7 **Ausschnitt aus einem Manifest Nikolaus' I. (13. Juli 1826)**

In einem Staat, wo sich die Liebe zum Herrscher und die Ergebenheit gegenüber dem Thron auf das angeborene Wesen des Volkes gründen, wo es vaterländische Gesetze gibt und Festigkeit in der Regierung,
5 werden alle Versuche Böswilliger vergeblich und sinnlos sein: Sie können sich in der Dunkelheit zwar verbergen, doch beim ersten Auftreten werden sie durch allgemeine Empörung verstoßen und von der Kraft des Gesetzes zerstört. In dieser Situation des
10 Staatsaufbaus kann jeder von der Unerschütterbarkeit der Ordnung überzeugt sein, die seine Sicherheit und sein Eigentum schützt; beruhigt über die Gegenwart, kann er der Zukunft mit Hoffnung entgegensehen. Nicht von unverschämten Träumereien, die sich
15 immer als hinfällig erweisen, vielmehr von der Obrigkeit werden die Gesetze des Vaterlands ständig vervollkommnet, die Unzulänglichkeiten behoben und Missbrauch korrigiert.

Zit. nach: Nikolaj I. Zimbajew, Zur Entwicklung des russischen Nationalbewusstseins vom Aufstand der Dekabristen bis zur Bauernbefreiung, in: Andreas Kappeler (Hg.), Die Russen. Ihr Nationalbewusstsein in Geschichte und Gegenwart, Markus Verlag, Köln 1990, S. 40.

1 Erläutern Sie den Begriff „Autokratie".
   Tipp: Siehe auch Begriffslexikon S. 526.
2 Arbeiten Sie die Gründe heraus, mit denen Nikolaus I. die autokratische Herrschaft rechtfertigte (M 7).

M 8 **Ausschnitt aus einem Bericht des amerikanischen Russlandreisenden George Kennan über die Rolle der russischen Polizei (1889)**

Der Grundsatz, nach welchem die russische Regierung vorgeht, ist kurz folgender: Der Bürger ist nicht bloß unfähig, an der Leitung der Angelegenheiten seines Vaterlandes, seiner Provinz oder seines Bezirks Anteil zu nehmen, sondern er ist auch nicht befugt, die 5 Geschäfte seines eignen Haushalts zu leiten; und von der Zeit an, wo er seine Wiege verlässt und den Kampf mit dem Leben aufnimmt, bis zu der Zeit, wo sein müdes graues Haupt endlich unter den Rasen gebettet wird, muss er geleitet, gelenkt, belehrt, gezügelt, unter- 10 drückt, gemaßregelt, eingesperrt, ausgesperrt, gepresst und niedergehalten, und im Allgemeinen dazu veranlasst werden, das zu tun, was nach der Meinung irgendeines andern sein Wohl vorstellt. Das natürliche Ergebnis dieses väterlichen Regierungsgrundsatzes ist 15 die Vereinigung der gesamten ausübenden Gewalt in den Händen einiger weniger hoher Beamten. [...] Wenn man ein Russe ist und eine Zeitung gründen will, muss man die Erlaubnis des Ministers des Innern einholen. Wenn man eine Sonntagsschule zu eröffnen 20 wünscht oder irgendeine andre Schule, sei es in einem verkommenen Winkel von Sankt Petersburg oder in einem Dorfe von Eingebornen in Kamtschatka, muss man den Unterrichtsminister um Erlaubnis fragen. Wenn man ein Konzert zu geben oder eine Gemälde- 25 ausstellung zum Vorteil eines Waiseninstituts zu veranstalten beabsichtigt, ist es nötig, die Erlaubnis des nächsten Vertreters des Ministers des Innern einzuholen, ferner das Programm der Vorstellung dem Zensor zur Begutachtung und Genehmigung vorzulegen und 30 endlich das Geld, welches bei der Veranstaltung eingeht, der Polizei einzuhändigen, damit es unterschlagen oder an das Waiseninstitut abgeführt werde, je nach Belieben. [...] Die Polizei, mit dem Minister des Innern an der Spitze, überwacht mittels Pässen die Be- 35 wegungen aller Einwohner des Reiches; sie hält Tausende von „Verdächtigen" unter beständiger Aufsicht; [...] sie stellt den Pensionären und allen Personen, die es nötig haben, Identitätskarten aus; sie führt die Oberaufsicht bei Reparaturen von Straßen und Brü- 40 cken; sie übt eine ständige Kontrolle über alle theatralischen Darstellungen, Konzerte, Bilder, Theaterzettel, Anschlagzettel und Reklamen aus; sie sammelt statistische Daten, veranlasst sanitäre Maßregeln, nimmt

Durchsuchungen und Konfiskationen in Privathäusern vor, liest die Briefe der „Verdächtigen", [...] „verwarnt" die Mitglieder der Kirche, welche es zu lange verabsäumen, an der heiligen Kommunion teilzunehmen, und erzwingt den Gehorsam gegen Tausende
50 von mannigfaltigen Erlassen und Vorschriften [...].

George Kennan, Sibirien und das Verbannungssystem, übersetzt von Ottmar Dittrich, Bibliographisches Institut, Leipzig/Wien o. J. [1891], S. 371 ff.*

1 Beschreiben Sie die wichtigsten Funktionen der Polizei im zaristischen Russland (M 8).

2 Beurteilen Sie die Rechtfertigungen bzw. Gründe für die Ausdehnung der Polizeiaufgaben.

M9 **Der Historiker Andreas Kappeler über die orthodoxe Kirche im zaristischen Russland (2016)**

Orthodoxe Kirche und Klöster waren seit der Christianisierung im 10. Jahrhundert wichtige Partner des Staates, und das Verhältnis zwischen weltlicher und geistlicher Gewalt folgte dem byzantinischen Prinzip
5 der „*symphonia*", der harmonischen Zusammenarbeit. In Zeiten der Zersplitterung und politischer Schwäche wurde die Kirche zum Symbol der Einheit Russlands [...]. In unterschiedlichen Lebensbereichen entfalteten Kirche und Klöster Aktivitäten. So gehörten sie bis
10 zur Säkularisierung der Kirchengüter im Jahre 1764 zu den größten Grundbesitzern und betätigten sich auch im Handel und Gewerbe. Der Staat überließ der Kirche lange die Sorge um Familie, soziale Wohlfahrt und Bildung, und die russische Hochkultur wurde überwie-
15 gend von Geistlichen getragen. [...] Im täglichen Leben der Russen, vom Zaren bis zum Bettler, spielte bis zur Revolution die Kirche eine wichtige Rolle: Sie begleitete die wichtigen Stationen des Lebens von der Taufe über die Heirat bis zum Tod;
20 ihr war das Familienrecht unterstellt; sie bestimmte Normen wie Essvorschriften und Fasten und organisierte die wichtigsten Feste, die das Einerlei des Alltags unterbrachen. [...] Die Vorstellung vom „Heiligen Russland", von der
25 zentralen Rolle der Orthodoxie und Kirche in der russischen Geschichte, bedarf einiger Einschränkungen. So stand die Kirche dem Staat nicht gleichberechtigt gegenüber, sondern war ihm untergeordnet. Dies wurde besonders deutlich in der weitgehenden Ver-
30 staatlichung der Kirche seit dem 18. Jahrhundert. [...] Zwar war die orthodoxe Kirche bis 1917 die Staatskirche Russlands, doch schränkte die Abhängigkeit von der weltlichen Macht ihre Handlungsfähigkeit und auch ihre Glaubwürdigkeit erheblich ein.

Andreas Kappeler, Russische Geschichte, C. H. Beck, 7., aktualisierte Auflage, München 2016, S. 87 f.*

M 10 **Zar Alexander II., US-amerikanische Karikatur aus dem Magazin „Vanity Fair" von James Jacques Tissot, 1869.**
Das Bild zeigt den Zaren im Krönungsornat mit Peitsche und Schwert. Zu seinen Füßen sieht man in der Mitte niedergetretene Menschen mit der polnischen Flagge, links einen Bauern (Sense) mit Kreuz und rechts einen Mann mit Turban (Muslim).

1 Erläutern Sie mithilfe von M 9 die Rolle der orthodoxen Kirche in der zaristischen Herrschaft.

2 Interpretieren Sie die Karikatur M 10 unter Einbeziehung der Informationen zum Bild.

3 Mindmap: Fassen Sie in einer Mindmap wichtige Elemente der zaristischen Herrschaft zusammen. Tipp: Siehe S. 475.

4 Vertiefung: Recherchieren Sie Informationen zur Unterdrückung des polnischen Aufstandes 1864.

5 Zusatzaufgabe: Siehe S. 475.

Grundzüge der russischen Gesellschaft

M 11 **Der Historiker Manfred Hildermeier über den Adel in Russland (2022)**

Die soziale Struktur des Zarenreichs änderte sich in der ersten Hälfte des 19. Jahrhunderts kaum. Alexanders [I.] Mut und Nikolaus' [I.] Reformscheu brachten es mit sich, dass die Säulen der alten Ordnung, Adels-
5 herrschaft und Leibeigenschaft, erhalten blieben. [...]
Wenn es eine saturierte[1] Schicht der russischen Gesellschaft gab, dann konnte der *Adel* als solche gelten. Nach seiner Dienstbefreiung von 1762 und der Magna Charta von 1785 hatte er *de jure*[2] erreicht, was zumindest seine
10 Sprecher in der hohen Verwaltung anstrebten: den Status einer *leisure class* von Rentiers[3], die sich von den Abgaben ihrer Bauern ernährten, daneben eventuell eigene Herrenhöfe betrieben oder betreiben ließen, in jedem Fall frei darüber entscheiden konnten, ob sie so
15 leben wollten oder nicht. Allerdings sah die Realität meist anders aus. Der kleine Adel musste ein Staats- oder Militäramt suchen, weil er vom Zins seiner wenigen Bauern nicht standesgemäß leben konnte. [...]
[...] [A]ttraktiven Lohn und Prestige gab es nur in der
20 regulären Staatsverwaltung. [...] Wer fähig und qualifiziert war, wurde Beamter oder Offizier. Das galt vor allem für den hohen und den wohlhabenden Adel, der seine Aufgaben schon immer in den oberen Etagen von Armee und Verwaltung gesehen hatte; er leb-
25 te auch meist in den Haupt- oder zumindest in den Gouvernementsstädten[4].
Auf dem Land blieb übrig, wer nicht anders konnte [...]. Zugleich fanden sich unter den dienstwilligen kleinen und kleinsten Edelleuten auch manche, die ihr Amt
30 zur schnellstmöglichen Bereicherung mit allen Mitteln nutzten. Begehrt war dabei offenbar vor allem die Stellung eines „Kreishauptmanns", die aufgrund ihrer polizeilichen Kompetenzen zu Schikanen, bezahlten Gefälligkeiten und „schamloser Plünderung" nachgerade einlud.
35 Funktional formuliert, verwandelten sich die Adelsversammlungen in eine Börse, die einflussreiche Anwesende nutzten, um ihren armen Standesgenossen mehr oder weniger einträgliche Wahlämter zu verschaffen. Solche Geringschätzung schadete nicht nur der eigenen Korpo-
40 ration[5], sondern auch dem Staat. Denn darin trat nun die Kehrseite der Absicht [Zarin] Katharinas zutage, den Adel zur Provinzverwaltung heranzuziehen: dass diese ohne dessen Mitwirkung bald nicht mehr auskam.

Manfred Hildermeier, Geschichte Russlands. Vom Mittelalter bis zur Oktoberrevolution, C. H. Beck, 4., durchgesehene Auflage, München 2022, S. 794 ff.*

1 *saturiert:* satt, zufrieden
2 *de jure:* rechtlich

3 *leisure class von Rentiers:* „Feine Gesellschaft", die von ihren Einnahmen ohne Arbeit lebt
4 *Gouvernementsstädte:* Hauptstädte der Verwaltungsbezirke
5 *Korporation:* Gruppe, Stand

1 Charakterisieren Sie mithilfe von M 11 die Gruppe des Adels und seine Rolle in der Gesellschaft.

M 12 **Der Historiker Dietrich Geyer über die „Intelligenzija" in Russland (2021)**

Rekrutiert hatte sich der Widerstand gegen die Autokratie von jeher aus einer schwer abgrenzbaren sozialen Schicht, die unter der Bezeichnung *Intelligenzija* in der politischen Sprache heute noch weiterlebt. Dieser
5 vieldeutige Begriff war in den 1860er-Jahren aus dem Französischen übernommen und in der Öffentlichkeit alsbald zum Schlagwort geworden. In einer Definition, die auf Bildungspatente[1] und akademische Berufe verweist, ging sein Sinngehalt nicht auf. Vielmehr war In-
10 telligenzija vorab als Gesinnungsgemeinschaft zu verstehen, als lockerer, in sich vielfach gespaltener Ideenverband, dessen Mitglieder darauf bedacht waren, sich in ihren Wertmaßstäben und in ihrem Habitus von der etablierten Gesellschaft prinzipiell zu un-
15 terscheiden. Wer sich der Intelligenzija zurechnete, war in aller Regel davon überzeugt, dass nicht fortdauern könne, was im autokratischen Russland bisher als unantastbar gegolten hatte.
Trotz dieser normativen Ausweitung ist Intelligenzija
20 im Russischen auch als soziologischer Begriff tauglich geblieben. In diesem Sinn meint er die berufsständische Intelligenz, die Schicht der seit den Großen Reformen expandierenden akademischen Berufe: Ärzte, Rechtsanwälte, Ingenieure, Gymnasial-
25 und Hochschullehrer, Wissenschaftler, Künstler, Schriftsteller und so fort. [...]
Aus gutem Grund ist die berufsständische Intelligenzija in Russland als soziale Zwischenschicht bezeichnet worden. Sie kam aus allen vom Staat regulierten Stän-
30 den, aus allen Ecken und Enden der sozialen Welt, überwiegend aus dem Beamtenadel und der Geistlichkeit, weniger aus den städtischen Klassen und dem bäuerlichen Stand. Doch anders als in Deutschland war dieser Berufsstand nicht eingebunden in ein breitgefächertes Bürgertum, sodass auch der deutsche Begriff des Bil-
35 dungsbürgertums auf Russland nicht umstandslos übertragen werden kann. Die Wertvorstellungen und Verhaltensweisen, die in der Welt der freien Berufe galten, blieben überwiegend antibürgerlich.

Dietrich Geyer, Das russische Imperium. Von den Romanows bis zum Ende der Sowjetunion, Walter de Gruyter, Berlin 2021, S. 230 f.*

1 *Bildungspatent:* Schul- und/oder Universitätsabschluss

1 Erklären Sie, warum der Autor die Intelligenzija als „soziale Zwischenschicht" (Z. 28) bezeichnet.
2 Erläutern Sie die politischen Einstellungen der Intelligenzija.
3 **Zusatzaufgabe:** Siehe S. 475.

M 13 **Der Adlige Alexander Radischtschew in einem Reisebericht über die Situation der Bauern in Russland (1790)**

Für die Darstellung der Lage der Bauern wurde Radischtschew zu zehn Jahren Verbannung nach Sibirien verurteilt.

Wenige Schritte von der Straße erblickte ich einen Bauern, der sein Feld pflügte. Es war sehr heiß. [...] Heut ist Feiertag. [...] Der Bauer pflügt mit großem Fleiß. – Der Acker gehört natürlich nicht dem Guts-
5 herrn.
– [...] Gott helfe dir, sagte ich, mich dem Pflüger nähernd [...]. Hast du denn die Woche keine Zeit zum Arbeiten, dass du dir sogar sonntags keine Ruhe gönnst und noch bei dieser Hitze.
10 – Die Woche hat sechs Tage, Herr, und sechsmal in der Woche gehen wir zur Fronarbeit; gegen Abend fahren wir das im Wald gebliebene Heu auf den Herrenhof, wenn das Wetter schön ist; die Frauen und Mädchen aber gehen an den Feiertagen in den Wald nach Pilzen und Beeren. Gott gebe – er be- 15 kreuzigte sich –, dass wir heut Abend Regen bekommen. Herr, wenn du eigene Bauern hast, dann bitten sie Gott jetzt auch darum.
– Ich habe keine Bauern, mein Freund, darum flucht mir auch keiner. Ist deine Familie groß? 20
– Drei Söhne und drei Töchter. Der älteste ist zehn Jahre alt.
– Wo nimmst du denn die Zeit her, Nahrung zu beschaffen, wenn du nur am Feiertag frei bist?
– Nicht nur die Feiertage, auch die Nacht gehört uns. 25 Unsereins darf nicht faulenzen, dann verhungert er auch nicht. [...]
Erzittere, hartherziger Gutsherr, auf der Stirn jedes deiner Bauern lese ich dein Urteil.

Alexander Nikolajewitsch Radischtschew: Reise von Petersburg nach Moskau, in: Karl Stählin (Hg.), Quellen und Aufsätze zur russischen Geschichte, viertes Heft, Historia-Verlag Paul Schraepler, Leipzig 1922, S. 14–16.*

1 Beschreiben Sie unter Einbeziehung von M 13 und M 14 das Verhältnis zwischen Bauern und ihren Herren. **Tipp:** Siehe S. 475.
2 Erklären Sie die Folgen der Verteilung des Landbesitzes für die russischen Bauern (M 13).

M 14 **Russische Gutsbesitzer beim Kartenspiel, russische Karikatur von Gustave Doré, 1854**

Reformansätze im Zarenreich

M 15 Verlesung des Manifests zur Bauernbefreiung durch Zar Alexander II. 1861, Aquarell von Alexei Kiwschenko, 1880

M 16 Manifest „Über die allergnädigste Verleihung der Standesrechte freier Dorfbewohner an die Leibeigenen und über die Organisation ihrer Lebensverhältnisse" (19. Februar 1861)

[...] Derart sind Wir zu der Überzeugung gelangt, dass das Werk einer Verbesserung des Zustandes der Leibeigenen für Uns ein Vermächtnis Unserer Vorgänger und eine durch den Gang der Ereignisse

5 Uns von der Hand der Vorsehung zugeteilte Mission ist. [...]

Kraft der bezeichneten neuen Verordnungen werden die Leibeigenen zu ihrer Zeit die vollen Rechte freier Landbewohner erhalten.

10 Die Gutsherren, welche das Eigentumsrecht an allen ihnen gehörenden Ländereien behalten, überlassen den Bauern deren Hofstelle für bestimmte Leistungen in permanenter Nutznießung und außerdem zur Sicherstellung ihrer Existenz und zur Erfüllung ihrer

15 Verpflichtungen gegenüber der Krone eine in den Verordnungen festgesetzte Quantität Ackerlandes und anderer Nutzflächen.

Im Nießbrauch dieses Landanteils sind die Bauern dagegen verpflichtet, die in den Verordnungen bestimmten Leistungen zum Besten des Gutsherrn zu tragen. 20 In diesem Zustande, der vorübergehend ist, heißen die Bauern „zeitweilig verpflichtete" Bauern.

[...] Mit solcher Erwerbung einer festgesetzten Quantität Landes werden die Bauern ihrer Verpflichtungen gegen den Gutsherrn, in Bezug auf das abgelöste 25 Land, entbunden und treten in den definitiven Stand der freien bäuerlichen Grundbesitzer. [...]

(1) In jedem Gouvernement eine Gouvernementsbehörde für Bauernsachen zu eröffnen [...]

(2) Zur Verhandlung der möglicherweise bei der Einführung 30 der neuen Verordnungen entstehenden Misshelligkeiten [...] Friedensvermittler zu ernennen [...].

Zit. nach: Hans-Heinrich Nolte u. a. (Hg.), Quellen zur Geschichte Russlands, Reclam, Stuttgart 2014, S. 206 f.*

1 Fassen Sie die in M 16 genannten Bestimmungen der Bauernbefreiung zusammen.

2 Analysieren Sie das in M 15 und M 16 zum Ausdruck kommende Selbstverständnis der Zarenherrschaft.

M 17 **Der Historiker Carsten Goehrke über das Verhältnis zwischen der russischen Dorfgemeinde (auf Russisch *mir* oder *obščina*) und den adligen Landgütern (2003)**

Neben den staatlichen Amtsträgern und Polizeiorganen konzentrierte sich der Hass der Bauern nach wie vor auf die Besitzer der Adelsgüter. Auch wenn sie nicht mehr die Leibeigenen des Gutsherrn waren,
5 hatte sich zwischen den beiden Seiten ein ganzes Geflecht wechselseitiger Abhängigkeiten entwickelt. Dass die Bauern vom früheren Herrn [...] Ackerland und Weiden pachteten, habe ich bereits erwähnt. [...] Dieser wiederum versicherte sich der bäuerlichen
10 Arbeitskraft, indem er Geld auslieh. „Im Herbst zahlt der Bauer die Steuern. Da braucht er Geld um jeden Preis. So geht er denn zum Gutsbesitzer, um sich Geld zu holen, er erhält auch welches, und noch dazu als ein Almosen – wenn er sich verpflichtet, es im
15 nächsten Jahre abzuarbeiten." Auf diese Weise konnten die meisten Gutsbesitzer die Anzahl ihrer ständigen Tagelöhner niedrig halten. [...]
Aber je mehr sich die Landknappheit der Bauern verschärfte, desto stärker mussten ihnen die in den Hän-
20 den der Gutsbesitzer nach 1861 verbliebenen Ländereien in die Augen stechen – unabhängig davon, ob sie früher diesem Gut als Leibeigene zugeschrieben waren oder nicht. [...] So versammelten sich beispielsweise die Bauern der Wolost Chowanskaja (Kreis
25 Serdobsk, Gouvernement Saratow) am 29. Juli 1902 nach der Frühliturgie vor der Kirche „und debattierten untereinander, dass das Land ihnen gehören müsse und dass sie folglich das Getreide von den Gutsfeldern wegführen dürften, sobald es geschnitten sei".
30 [...] Der Grund und Boden sollte nur demjenigen zur Verfügung stehen, der ihn mit eigenen Händen bearbeitete, und auch nur so lange, wie dies der Fall war. Der Gutsbesitzer zählte für die Bauern nicht dazu und hatte daher auch kein Anrecht auf sein Land. Sie wa-
35 ren der Meinung, bei der Bauernbefreiung von 1861 seien sie um den Rest ihres Landes zugunsten des Gutsadels betrogen worden und dieses Unrecht müsse nun wieder rückgängig gemacht werden. Immer noch neigten die Bauern dazu, zwischen dem „guten"
40 Zaren und seinen „bösen" Beamten zu unterscheiden. 1887 begründete eine Gemeindeversammlung aus dem Gouvernement Wologda ihre Weigerung, ausstehende Ablösungszahlungen nachzuentrichten, folgendermaßen: „Der Zar hat [uns] von den Zahlungen
45 befreit, aber die Beamten, hohe wie niedere, und nach ihnen die Vorsteher und Ältesten wollen die oberste Gewalt betrügen, um sich einzuschmeicheln." Aus dem Recht, das man für sich reklamierte, erwuchs nach herkömmlicher bäuerlicher Überzeugung naht-
50 los das Recht auf Selbsthilfe und Selbstjustiz. Alle Zusammenstöße zwischen *Mir* und Staatsmacht in Fragen der Landnutzung lassen sich auf diese gegensätzlichen Rechtsauffassungen zurückführen.
Tausende derartiger Landgüter, die den bäuerlichen Hunger nach Boden anstachelten, breiteten sich
55 über große Teile Russlands aus und bildeten mehr noch als im späten 18. Jahrhundert die Brückenköpfe einer adlig-urbanen Gegenkultur. Villen und Schlösser im Zentrum der Besitzung spiegelten die Wandlungen des Architekturgeschmacks von Neoklassizis-
60 mus und Tudor über die Neugotik bis hin zum Jugendstil. Was im 19. und frühen 20. Jahrhundert zur russischen Malerei, Musik und Literatur geworden ist, verdankt seine Entstehung zu einem beträchtlichen Teil diesem verstreuten Inselreich adli-
65 ger Landsitze. Doch den Bauern blieb diese Gegenwelt fremd, unverständlich, feindlich. Mit dem Jahr 1905 nahte eine Gelegenheit, in diese fremde Welt einzubrechen und sich das zu holen, was das eigene Rechtsempfinden ihnen zusprach.
70

Carsten Goehrke, Russischer Alltag, Band 2: Auf dem Weg in die Moderne, Chronos Verlag, Zürich 2003, S. 256 f.

1 Erläutern Sie die Vor- und Nachteile der Bauernbefreiung für das Leben der Bauern (M 17).
2 Erörtern Sie die Folgen der Bauernbefreiung für die russische Gesellschaft und das zaristische Regime.

M 18 **Allerhöchst bestätigte Verordnung über Volksgrundschulen (14. Juli 1864)**

Art. 1. Volksgrundschulen haben zum Ziel, im Volk die religiösen und sittlichen Vorstellungen und nützliches Anfangswissen zu festigen. [...]
Art. 3. Gegenstände des Lehrprogramms der Grundschulen sind: (a) Religion (kurze Katechese und bibli-
5 sche Geschichte), (b) Lesen von Büchern in russischer und Kirchenschrift, (c) Schreiben, (d) die ersten vier Grundrechenarten und (e) Kirchengesang dort, wo der Unterricht möglich ist.
Art. 4. In Grundschulen wird der Unterricht auf Rus-
10 sisch abgehalten. [...]
Art. 6. In Schulen können Kinder aller Stände aufgenommen werden.
Art. 7. In Volksgrundschulen können Kinder beiderlei Geschlechts dort unterrichtet werden, wo es nicht
15 möglich ist, besondere Schulen für Jungen und Mädchen einzurichten.

Zit. nach: Hans-Heinrich Nolte u. a. (Hg.), Quellen zur Geschichte Russlands, Reclam, Stuttgart 2014, S. 214.

1 Weisen Sie nach, dass die Verordnung über die Schulen moderne und traditionelle Elemente vereint.

M 19 Eisen- und Stahlproduktion der wichtigsten Industriestaaten (in 1000 Tonnen)

		Großbritannien und Irland	Frankreich	Deutsches Reich	Russland	USA
a) Eisen	1870	6059	1178	1261	359	1665
	1880	7873	1725	2468	449	3835
	1890	8031	1962	4100	928	9203
	1900	9104	2714	7550	2937	13 789
	1910	10 173	4038	13 111	3047	26 674
b) Stahl	1870	334	84	126	9	77
	1880	1316	389	690	307	1397
	1890	3636	683	2135	378	4779
	1900	4980	1565	6461	2216	11 227
	1910	6476	3413	13 100	3314	28 330

Brian R. Mitchell, European Historical Statistics, S. 393 ff. und Historical Studies of the United States: Colonial Times to 1970, Washington (D. C.) 1975, S. 599 f. und S. 693 f.**

M 20 Pro-Kopf-Bruttosozialprodukt der europäischen Großmächte 1830–1890 (in US-$ von 1960)

	1830	1840	1850	1860	1870	1880	1890
Großbritannien	346	394	458	558	628	680	785
Italien	265	270	277	301	312	311	311
Frankreich	264	302	333	365	437	464	515
Deutschland	245	267	308	354	426	443	537
Habsburger Reich	250	266	283	288	305	315	361
Russland	170	170	175	178	250	224	182

Paul Kennedy, Aufstieg und Fall der großen Mächte. Ökonomischer Wandel und militärischer Konflikt von 1500 bis 2000, S. Fischer, Frankfurt/M. 1989, S. 268.

1 Analysieren Sie anhand von M 19 und M 20 die industrielle Entwicklung im Zarenreich im Vergleich zu anderen Staaten.

M 21 **Der US-amerikanische Historiker Richard Pipes über russisches Unternehmertum (1984)**
Als das Finanzministerium zwischen 1880 und 1890 große Industrialisierungsprojekte zu fördern begann, zeigte das einheimische Unternehmertum wiederum wenig Neigung, sich zu engagieren. Die Situation war
5 ähnlich wie im 17. Jahrhundert: staatliche Initiative, ausländisches Geld und ausländisches „Management". Die zweite Phase der industriellen Entwicklung Russlands, in der sich die Stahl-, Kohle-, Erdöl-, chemische und Elektroindustrie entfaltete, traf die russische Mit-
10 telschicht unvorbereitet und unwillig. Russland hatte die Chance versäumt, zur rechten Zeit, das heißt auf

der Basis von Manufakturwesen und Privatkapitalismus, ein Bürgertum zu entwickeln; […] ohne Erfahrung mit den einfacheren Formen des kapitalistischen Finanz- und Produktionswesens war die russische 15 Mittelschicht außerstande, mit den anspruchsvolleren zurechtzukommen und sich in die wirtschaftliche Entwicklung einzuschalten.
Es bedarf nur eines Blickes auf die führenden Branchen der Schwerindustrie, die im späten 19. Jahrhundert in 20 Russland entstand, um zu erkennen, welche entscheidende Rolle in ihrer Entwicklung Ausländer spielten. Die modernen Kohlegruben und Stahlwerke im Donez-Krivoj-Rog-Becken in der Ukraine wurden von Englän-

25 dern gegründet [...]. Englische und schwedische Finan-
ziers erschlossen die Ölfelder im Kaukasus. [...] Die
zentralrussischen Textilfabriken, von leibeigenen Unternehmern gegründet, waren die ersten wirklich modernen Fertigungsstätten, die ihr Entstehen Einheimi-
30 schen verdankten. Der enorme Aufschwung in der
russischen Industrieproduktion im letzten Jahrzehnt
des 19. Jahrhunderts, der weder vorher noch seitdem
seinesgleichen hatte, war weniger eine natürliche Folge
der inneren Wirtschaftsentwicklung Russlands, als viel-
35 mehr Resultat der Transplantation von Kapital, Technik
und vor allem modernen Management-Methoden aus
Westeuropa.

Richard Pipes, Russland vor der Revolution. Staat und Gesell-
schaft im Zarenreich, dtv, München 1984, S. 225 f.*

1 Fassen Sie die zentralen Thesen von Richard Pipes
zusammen.
2 Beurteilen Sie die Versuche des russischen Staates, die
Wirtschaft zu modernisieren.

M 22 **Aus den Erinnerungen eines staatlichen**
Fabrikinspektors (um 1900)

Sind Sie, der Leser, schon irgendwann einmal in den
großen Fabrikdörfern Mittelrusslands gewesen? Ein
freudloses Bild bietet sich hier Ihrem Auge. Eine kah-
le, gleichförmige Gegend; unbeackerte und nicht ein-
5 gesäte nackte Felder, von Unkraut überwuchert; ein
zwischen gleichförmigen Ufern ohne Strauchwerk,
ohne Weidengebüsch still dahinfließendes stinken-
des Flüsschen, – so präsentiert sich gewöhnlich die
Landschaft, inmitten derer Sie, wenn Sie sich dem
10 Dorf nähern, schon von weitem die hohen Schorn-
steine und mächtigen Baukörper der Fabrikgebäude
erblicken.
Wenn Sie als Gast des Fabrikanten mit einem seiner
15 tausend Rubel teuren Pferdegespanne anreisen, werden die Rosse Sie schnell an einigen ärmlichen
Elendshütten vorübertragen, die sich in der Nähe des
Dorfes entlang der gepflasterten Hauptstraße erstrecken, und bevor Sie überhaupt zur Besinnung ge-
20 kommen sind, befinden Sie sich bereits vor der Para-
deeinfahrt der schmucken Fabrikantenvilla. Weiche
Teppiche, Marmor und Bronze, ausgestopfte Bären
beim Zugang zur breiten Treppe und der Lakai im
Frack, den Sie antreffen, vermitteln Ihnen den Ein-
25 druck, dass Sie sich irgendwo im feschesten Viertel
Petersburgs oder Moskaus befinden.
Doch wenn Sie sich einmal in die Tiefe des Dorfes verir-
ren sollten, sich in andere Straßen und Gassen hinein-
begeben, dann werden Sie hier lange Reihen niedriger
30 Hütten ohne jegliche Anzeichen weiterer Wirtschafts-
gebäude erblicken, die in mörderischem Dreck und ei-

nem Meer von Fäkalien ertrinken. Sie werden halbnack-
te Kinder zu Gesicht bekommen, die zwischen
Unkrautbüscheln herumwühlen, an Leinen und Stan-
gen zum Trocknen aufgehängtes diverses Lumpenzeug, 35
das den Bewohnern dieser elenden Hütten als Kleidung
dient. Sie werden eine Menge verdächtiger Teehäuser
bemerken mit betrunkenen Subjekten daneben, leere
Bretterbuden, die des Zahltages harren, wenn in ihnen
jede Menge verführerischer Waren erscheinen werden, 40
und neben jeder Bude Berge blauer sargähnlicher
Kisten. [...]
In der Nähe der Fabrikkörper werden Sie langge-
streckte Gebäude kasernenartigen Typs bemerken:
Das sind Fabrikunterkünfte für die Arbeiter – „Schlaf- 45
säle". „Schlafsäle" oder Arbeiterunterkünfte anderen
Typs gab es in meinem Aufsichtsbezirk, wie offensichtlich überall in Russland, nahezu bei jeder Fabrik,
die außerhalb einer Stadt lag. Nur besonders glückli-
che Umstände – zentrale Lage der Fabrik bei gleich- 50
zeitigem Überfluss an lokalen freien Arbeitskräften,
ein besonders ausgeprägter unternehmerischer
Geist der örtlichen Bevölkerung bezüglich Bau und
Vermietung von Wohnungen für auswärtige Arbeiter –
haben es den Fabrikanten erlaubt, auf eigene Arbei- 55
terunterkünfte zu verzichten. Doch solche Fälle waren sehr selten. Die übergroße Mehrheit jener Fabriken, die auswärtige Arbeiter benötigen, auch wenn
diese vergleichsweise nicht von weither kommen,
mussten darum besorgt sein, den Arbeitern Unter- 60
künfte anzubieten, weil die Fabriken sonst ohne Arbeiter geblieben wären. Dies war die einzige überzeugende Ursache, welche die Fabrikanten dazu zwang,
Kasernen für die Arbeiter zu bauen, keinesfalls aber
die Sorge um gewisse Bequemlichkeiten für sie. 65

Zit. nach: Carsten Goehrke, Russischer Alltag, Band 2: Auf dem
Weg in die Moderne, Chronos Verlag, Zürich 2003, S. 438 f.*

1 Beschreiben Sie die soziale Situation der russischen
Arbeiterschaft, wie sie in M 22 zum Ausdruck kommt.
2 a) Diskutieren Sie abschließend, welche Aspekte der
wirtschaftlichen, sozialen und politischen
Entwicklung Russlands Ursachen einer kommenden Revolution sein könnten.
b) Schaubild: Stellen Sie Ihre Ergebnisse in einem
übersichtlichen Schaubild zusammen.
Tipp: Siehe S. 476.
3 Vertiefung: Überprüfen Sie mithilfe der Theorien von
Jacob Burckhardt und Karl W. Deutsch, ob Russland
um 1900 in der Krise war.
▶ *Kap. 1.6 Kernmodul, M 1 und M 4*

Darstellungen analysieren

Zu den zentralen Aufgaben von Historikerinnen und Historikern gehört die Arbeit mit Quellen, die in schriftlicher, bildlicher und gegenständlicher Form einen direkten Zugang zur Geschichte bieten. Ihre Ergebnisse präsentieren die Wissenschaftlerinnen und Wissenschaftler in selbst verfassten Darstellungen – häufig auch **Sekundärtexte** genannt –, in denen sie unter Beachtung wissenschaftlicher Standards die Ergebnisse ihrer Quellenforschungen sowie ihre Schlussfolgerungen und Bewertungen veröffentlichen. Grundsätzlich lassen sich Darstellungen in **zwei große Gruppen** gliedern: 5

– in fachwissenschaftliche und
– in populärwissenschaftliche bzw. „nichtwissenschaftliche" Darstellungen.

Die **fachwissenschaftlichen Texte** wenden sich an ein professionelles Publikum, bei dem Grundkenntnisse des Faches, der Methoden und der Begrifflichkeit vorausgesetzt werden können. Zu den relevanten Kennzeichen fachwissenschaftlicher Darstellungen gehört, dass alle Einzelergebnisse durch Verweise auf Quellen oder andere wissenschaftliche Untersuchungen durch Fußnoten belegt werden. **Populärwissenschaftliche Darstellungen,** die sich an ein breiteres Publikum wenden, verzichten dagegen auf 15 detailliert belegte Erkenntnisse historischer Befunde und Interpretationen. In erster Linie geht es darum, komplexe historische Zusammenhänge anschaulich und vereinfacht zu präsentieren. Zu dieser Gruppe werden beispielsweise publizistische Texte und historische Essays in Zeitungen und Magazinen sowie Schulbuchtexte gezählt. 10

Arbeitsschritte zur Interpretation

1. Leitfrage	– Welche Fragestellung bestimmt die Untersuchung der Darstellung?
2. Analyse	*Formale Aspekte*
	– Wer ist der Autor (ggf. zusätzliche Informationen über den Verfasser)?
	– Um welche Textsorte handelt es sich?
	– Mit welchem Thema setzt sich der Autor auseinander?
	– Wann und wo ist der Text veröffentlicht worden?
	– Gab es einen konkreten Anlass für die Veröffentlichung?
	– An welche Zielgruppe richtet sich der Text (Historiker, interessierte Öffentlichkeit)?
	– Welche Intentionen oder Interessen verfolgt der Verfasser?
	Inhaltliche Aspekte
	– Was sind die wesentlichen Aussagen des Textes?
	a) anhand der Argumentationsstruktur: These(n) und Argumente
	b) anhand der Sinnabschnitte: wesentliche Aspekte und Hauptaussage
	– Wie ist die Textsprache (z. B. appellierend, sachlich oder polemisch)?
	– Welche Überzeugungen vertritt der Autor?
3. Historischer Kontext	– Auf welchen historischen Gegenstand bezieht sich der Text?
	– Welche in der Darstellung angesprochenen Sachaspekte bedürfen der Erläuterung?
4. Urteil	– Ist der Text überzeugend im Hinblick auf die fachliche Richtigkeit (historischer Kontext) sowie auf die Schlüssigkeit der Darstellung?
	– Welche Gesichtspunkte des Themas werden vom Autor kaum oder gar nicht berücksichtigt?
	– Was ergibt ggf. ein Vergleich mit anderen Darstellungen zum gleichen Thema?
	– Wie lässt sich der dargestellte historische Gegenstand aus heutiger Sicht im Hinblick auf die Leitfrage bewerten?

Übungsaufgabe

M1 **Der Historiker Manfred Hildermeier über die Ursachen der Revolutionen in Russland (2013)**

Auch eine Revolution kündigt sich an. Zwar verdichten und bündeln sich in ihr verschiedene desintegrative Vorgänge, die eruptiv zum Ausbruch kommen und ein Höchstmaß an zeitlicher Beschleunigung errei-
5 chen. Aber auch eine Revolution springt nicht aus der Geschichte heraus, auch sie markiert eine Wende im Sinne der Verbindung von Kontinuität und Bruch. Sechs Ursachen seien genannt, die in ihrem Zusammenwirken hauptsächlich als Ursachen in Frage
10 kommen. Dieser Auswahl liegt die Vorentscheidung zugrunde, dass der Erste Weltkrieg und die besonderen Lasten und Spannungen, die er mit sich brachte, allein nicht ausreichen, um die Ereignisse verständlich zu machen. Zugleich dürfen die langfristigen
15 Entwicklungen nicht deterministisch verstanden werden. Sie machten durchaus auch den Weg für eine andere, liberal-konstitutionalistische und marktwirtschaftlich-westliche Umformung des Zarenreiches frei. Dabei vergrößerten sie aber die Spannungen in
20 Staat und Gesellschaft und verringerten die Widerstandskraft gegen destabilisierende Tendenzen.

(1) *Industrialisierung und Arbeiterschaft* sind schon deshalb an vorderer Stelle zu nennen, weil sich die Ereignisse des Jahres 1917 [...] vor allem in den Städ-
25 ten abspielten. Die blamable Niederlage des Zarenreichs gegen Frankreich und England im Krimkrieg hatte Anlass gegeben, eine grundlegende wirtschaftliche und soziale Erneuerung auf den Weg zu bringen. Neben den „großen Reformen", namentlich der Aufhe-
30 bung der Leibeigenschaft (1861), der Justizreform (1864) und der Einrichung von Selbstverwaltungsorganen auf Gouvernementebene (*zemstva*, 1864), gehörte dazu nicht zuletzt die kalkulierte Strategie zum Aufbau einer eigenen Schwerindustrie. Über Textilien und sonstige Produkte der Leichtindustrie hinaus 35 sollte Russland in die Lage versetzt werden, selbst Lokomotiven, Dampfmaschinen und Kanonen herzustellen. Mit entsprechend, zumeist großen Unternehmen, die dank ausländischem Kapital und staatlicher Förderung errichtet wurden, kamen mehr und mehr 40 Arbeiter in die Städte. Auch der Verzicht auf Freizügigkeit und die Beibehaltung der Passkontrolle durch die Dorfgemeinde konnten eine rapide Urbanisierung nicht verhindern. Beides, die Anziehungskraft von Lohn und Brot und die „abstoßende" Kraft einer 45 rapide zunehmenden Überbevölkerung auf dem Land, machten alle Versuche der Autokratie (der russischen, durch besondere Machtfülle gekennzeichneten Variante des Absolutismus) zunichte, die Entstehung von Arbeitervororten, Massenelend und einer „sozialen 50 Frage" in wenigen, aber relativ umso größeren Städten des Reiches zu verhindern.

Auf die Entstehung eines „vierten Standes" aber war die zarische Gesellschaft denkbar schlecht vorbereitet. [...] Die Arbeiterschaft passte nicht in die über- 55 kommene agrargesellschaftliche Ordnung. Sie blieb ein Fremdkörper, den trotz partieller Modernisierungsbereitschaft weder die Autokratie akzeptierte noch der Adel, der den Staat weiter trug.

[Als weitere Ursachen nennt der Autor Veränderun- 60 gen bei den Bauern, die kulturelle Modernisierung, Defizit politischer Reformen, radikale Opposition, Lasten des Ersten Weltkrieges.]

Manfred Hildermeier, Russische Revolution, Fischer, 2. Auflage, Frankfurt/M. 2013, S. 3ff.*

1 Analysieren Sie M 1 mithilfe der Arbeitsschritte.
▶ Lösungshinweise finden Sie auf S. 486 f.

Anwenden

M 1 **Der Historiker Dietrich Geyer über die Aufhebung der Leibeigenschaft (2021)**

Die Aufhebung der Leibeigenschaft, Kernstück der Großen Reformen, gehört zu den Schlüsselereignissen der neueren russischen Geschichte. [...]

Wie gezeigt, kann man nicht sagen, dass das Ende der
5 Leibeigenschaft von sozialökonomischen Gesetzmäßigkeiten, gar von Kapitalinteressen der russischen Bourgeoisie[1] erzwungen worden wäre. Auch die Welle bäuerlicher Proteste und die Aktivität revolutionärer Untergrundzirkel spielten für die Entscheidungen
10 der Regierung nur eine marginale Rolle. Vielmehr kam der Entschluss, die Bauern freizusetzen und die staatliche Infrastruktur (Verwaltung, Justizwesen, Militärverfassung) zu modernisieren, aus der Einsicht bürokratischer Eliten, dass ohne tiefgreifende Neuerungen, ohne die
15 fortgehende Angleichung der Binnenverhältnisse an das Niveau des Westens, Russland außerstande bliebe, seine imperiale Stellung in der internationalen Mächtekonkurrenz zu behaupten. [...]

Die Promotoren[2] der Reformen rekrutierten sich aus
20 den oberen Rängen der Beamtenschaft und des hohen Offizierskorps, auch der kaiserlichen Marine. Sie stellten den Fortbestand der Autokratie nicht in Frage, sondern setzten ihn voraus. Ohne den persönlichen Beistand des Herrschers hätte sich der Wider-
25 stand der Adelsmehrheit gegen die Reformgesetze nicht überwinden lassen. [...]

Die Vorbereitung der Agrargesetze hatte sich über Jahre hingezogen. 1857 war die Arbeit auf Befehl des Kaisers durch Beamtenkommissionen aufgenommen
30 worden. Rasch hatte sich herausgestellt, dass zumindest drei Grundsätzen Rechnung zu tragen war. Der erste ergab sich aus der Einsicht, dass Russland dem preußischen [...] Emanzipationsmodell nicht folgen dürfe und unbedingt vermeiden müsse, die Bauern im
35 buchstäblichen Sinne freizusetzen. Es sollte kein Bauernlegen geben, [d.h.] keinen Einzug des Bauernlandes durch den Grundbesitzer. Keine Bauernfamilie sollte von Haus und Hof vertrieben werden, keine ihr Dach über dem Kopf verlieren, sondern jede, nach regional
40 differenzierten Quoten, mit Land zur ewigen Nutzung ausgestattet werden. Auf diese Weise hoffte die Regierung, die Proletarisierung der ländlichen Bevölkerung abzuwenden und die Schrecken der Revolution zu bannen, die bei einer massenhaften Entwurzelung des
45 Bauernvolkes unvermeidlich über Russland käme.

Der zweite Grundsatz hing eng mit dem ersten zusammen, er betraf die administrative Problematik der Reform. Befreiung sollte nicht heißen, die traditionelle Bindung der Bauern an die Dorfgemeinde, an *mir* und *obschtschina,* aufzugeben und das Volk ungeschützt in
50 die Freiheit zu entlassen. Vielmehr kam es darauf an, dieses altertümliche Element der ländlichen Verfassung gesetzlich zu legitimieren und ihm Dauer zu verleihen. [...] Von elementarer Bedeutung war, dass die Dorfgemeinde Umteilungs- und Feldgemeinschaft
55 blieb, zuständig für den Grund und Boden, der ihr nach der Seelenzahl der bäuerlichen Haushalte überlassen werden sollte [...]. Zulässig war, nach einer bestimmten Frist, auch der Übergang dieses Landes in bäuerliches Eigentum, das allerdings setzte einen in
60 freier Entscheidung geschlossenen Loskaufvertrag mit der Gutsherrschaft voraus. Doch sollte das Bauernland auch dann nicht zu einer beliebig verfügbaren Ware werden. [...] [Die Bauern] waren nicht Privateigentümer, sondern Anteilseigner, die Bodenstücke
65 nicht veräußern durften. Eigentümer im privatrechtlichen Sinne sollte die Gemeinde sein. [...]

Damit ist der dritte Grundsatz schon berührt, der für die neuen Agrargesetze charakteristisch war. Auch künftig sollte die Gemeinde haftbar sein für staatli-
70 che Steuern und Abgaben aller Art, auch für die Abgabe von Rekruten [...]. Die Gemeinde, als öffentlichrechtliches Institut gestärkt, mediatisierte[3] wie eh und je die Beziehungen zwischen den bäuerlichen Untertanen und der staatlichen Gewalt. Sie war ein
75 Relikt vergangener Zeit, Produkt polizeilichen und fiskalischen Interesses – ein vielsagendes Zeichen dafür, dass die Bauern in Russland auch nach ihrer Befreiung nicht zu vollberechtigten Bürgern wurden, sondern, in ihrer Freizügigkeit gehemmt, am Rande
80 der Gesellschaft blieben.

Dietrich Geyer, Das russische Imperium. Von den Romanows bis zum Ende der Sowjetunion, De Gruyter, Berlin 2021, S. 187 ff.*

1 Diese These wurde von marxistischen Historikerinnen und Historikern vertreten.
2 *Promotoren:* Förderer
3 *mediatisiert:* hier so viel wie „regelte", aber in autoritärer Form

1 Beschreiben Sie auf der Basis von M 1 die Motive für die Bauernbefreiung sowie die Träger der Reform.
2 Erläutern Sie die vom Autor genannten „Grundsätze" der Bestimmungen. Setzen Sie diese in Beziehung zu den Regelungen der Bauernbefreiung von 1861.
3 Nehmen Sie Stellung zu der These des Autors, dass es sich bei der Aufhebung der Leibeigenschaft um ein „Schlüsselereignis" der russischen Geschichte handelt.

Wiederholen

M2 **Zar Alexander II. mit Großfürst Wladimir und Zar Peter dem Großen, Gemälde, 1861.**

Neben Zar Alexander II. (reg. 1855–1881) ist außen links Wladimir I. zu sehen. Er war 978/980 bis 1015 Großfürst der Kiewer Rus, das er durch Eroberungen vergrößerte, innenpolitisch festigte und christianisierte. Die Kiewer Rus gilt als Vorläufer des Russländischen Reichs und der heutigen Staaten Russland, Ukraine und Belarus. In der Mitte ist Zar Peter der Große (reg. 1682–1725) abgebildet. Er reformierte sein Reich nach westeuropäischen Mustern und machte es zu einer Großmacht in Europa.

Adel
Autokratie
Bauernbefreiung
Dorfgemeinde *(mir/obščina)*
Industrialisierung
Intelligenzija
Krise
Leibeigene
Orthodoxe Kirche
Reform
Vielvölkerstaat
Zar

1 Interpretieren Sie das Bild M2 im Hinblick auf das Herrschaftsverständnis von Zar Alexander II.
   Tipp: Nutzen Sie bei Bedarf die Formulierungshilfen in der Randspalte.
2 Charakterisieren Sie anhand von einigen ausgewählten Beispielen die soziale, politische und wirtschaftliche Situation in Russland in der zweiten Hälfte des 19. Jahrhunderts.
3 **Wahlaufgabe:** Bearbeiten Sie entweder Aufgabe a) oder b).
   a) Erstellen Sie eine Tabelle, in der Sie den Krisen der Zarenherrschaft einzelne Reformmaßnahmen zuordnen.
   b) Analysieren Sie die Maßnahmen und Folgen der Bauernbefreiung von 1861.
4 Entwickeln Sie eine begründete Einschätzung, welche Krise für die Zarenherrschaft eine besonders große Gefahr bedeutete.
5 In einer Rede vor Adelsmarschällen in Moskau im März 1856 nimmt Alexander II. Stellung zum Wunsch der russischen Bauern nach Freiheit: „Ich bin überzeugt, dass wir früher oder später darauf eingehen müssen. Ich glaube, dass auch Sie mit mir einer Meinung dahingehend sind, dass es nämlich weitaus besser ist, dass dies von oben als von unten geschieht." Beurteilen Sie seine Aussage.
6 **Vertiefung:** Vergleichen Sie die Situation in Russland um 1900 mit der des Deutschen Reiches zur selben Zeit.
   Tipp: Gliedern Sie den Vergleich nach unterschiedlichen Bereichen wie Wirtschaft, Politik, Gesellschaft und Außenpolitik.

Sprachliche Hilfen für die Bildbeschreibung:
– Im Zentrum des Bildes sind … zu sehen.
– Die Herrscher unterscheiden sich durch …
– Ihre Haltung ist … und ihr Blick …
– Außerdem sind am Rand … abgebildet.
– Im Hintergrund ist … angedeutet.
– Der Himmel ist … gestaltet und symbolisiert …
– Zar Alexander II. präsentiert sich insgesamt als …

Politische Opposition gegen den Zarismus

M1 Der „Blutsonntag" am 9. Januar 1905 in St. Petersburg, Fotografie, 1905.

Arbeiter schwenken auf dem Weg zum Winterpalast in St. Petersburg russische Flaggen und halten ein Bild des Zaren sowie orthodoxe Ikonen hoch. Über hunderttausend Menschen ziehen durch die Stadt und wollen eine Petition an den Zaren übergeben. Die Regierung lässt Soldaten aufmarschieren, die auf die Menge schießt. Der „Blutsonntag" bildete den Startpunkt für die Revolution von 1905.

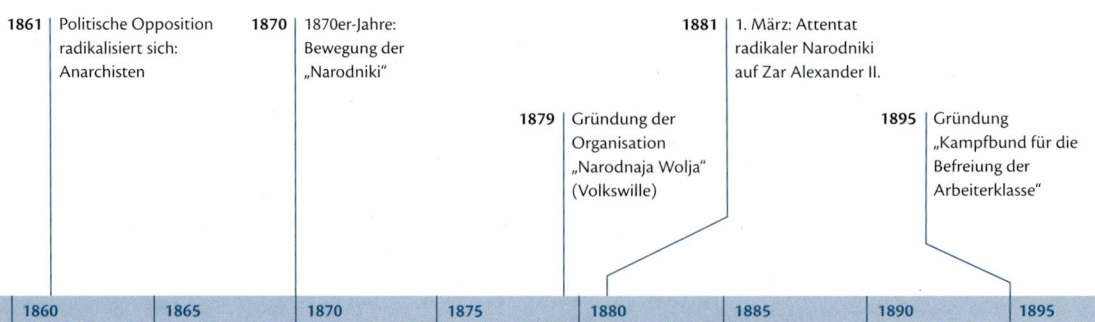

| 1861 | Politische Opposition radikalisiert sich: Anarchisten | 1870 | 1870er-Jahre: Bewegung der „Narodniki" | | | 1881 | 1. März: Attentat radikaler Narodniki auf Zar Alexander II. |
| | | | | 1879 | Gründung der Organisation „Narodnaja Wolja" (Volkswille) | 1895 | Gründung „Kampfbund für die Befreiung der Arbeiterklasse" |

| 1860 | 1865 | 1870 | 1875 | 1880 | 1885 | 1890 | 1895 |

Die Revolution von 1905 stand lange im Schatten der „großen" russischen Revolutionen von 1917. Das lag u. a. daran, dass 1905 die marxistische Opposition noch keine Rolle spielte. Die sowjetische Geschichtsschreibung betonte im Rückblick die führende Rolle der
5 Bolschewiki und ihrer Leitfigur Lenin sowie die Bedeutung der proletarischen Revolution als Zäsur. Aus diesem Blickwinkel bildete das Jahr 1917 den entscheidenden Einschnitt.

Inzwischen überwiegen in der Forschung die Stimmen, die die Revolution von 1905 als wichtigen Einschnitt charakterisieren, der politi-
10 sche Änderungen wie die Einführung eines Parlaments und die Politisierung der Bevölkerung brachte. 1905 verdichteten sich verschiedene Krisen, die sich im Laufe des 19. Jahrhunderts in Russland entwickelt hatten. Die wirtschaftlichen Aspekte sowie die gesellschaftlichen Spannungen waren Thema in Kapitel 2. In diesem Kapitel stehen nun
15 die politischen Aspekte, die politischen Ideen und Gruppierungen im Vordergrund. Die politische Opposition in Russland zeichnete sich vor allem durch ihre Radikalität aus. Gemeinsamer Nenner war das Ziel, die Zarenherrschaft zu stürzen. Die breite Bevölkerung betrachtete den Zaren jedoch lang als wohlwollenden Patriarchen, der mit
20 den Repressionen und Missständen im Land nichts zu tun hatte. Politisch engagiert war nur ein kleiner Teil der Bevölkerung. Die Opposition konnte nur im Untergrund oder vom Exil aus arbeiten. Einige befürworteten radikale Mittel wie Attentate, andere setzten auf Aufklärung der Bevölkerung. Das politische Ideenspektrum reichte von
25 der Ablehnung staatlicher Strukturen (Anarchisten) über die Modernisierung der traditionellen bäuerlichen Gemeindestrukturen (Narodniki, Sozialrevolutionäre) bis hin zum marxistischen Konzept der Diktatur des Proletariats. Liberale und konservative Gruppen, die in Westeuropa zu den führenden Kräften gehörten, bildeten sich in
30 Russland erst zu Beginn des 20. Jahrhunderts und spielten bis 1917 eine Rolle in dem 1905 vom Zaren zugesagten Parlament, der *Duma*.

1 Arbeiten Sie aus der Fotografie M 1 Einstellungen der Demonstrierenden im Januar 1905 heraus. Vergleichen Sie mit der Aussage der Karikatur M 2 vom August 1905.
Tipp: Nutzen Sie die Informationen des Einführungstextes.
2 Setzen Sie sich auf der Basis der Ereignisse von 1905 und 1906 (siehe Zeitstrahl) und Ihres Vorwissens mit der Frage auseinander, ob es sich hier um eine Revolution gehandelt hat.
3 Erläutern Sie die Besonderheiten der politischen Opposition im Zarenreich.

M 2 „Eine Vision des Zaren", Karikatur aus „Der Wahre Jacob", 22. August 1905

Eine Vision des Zaren.

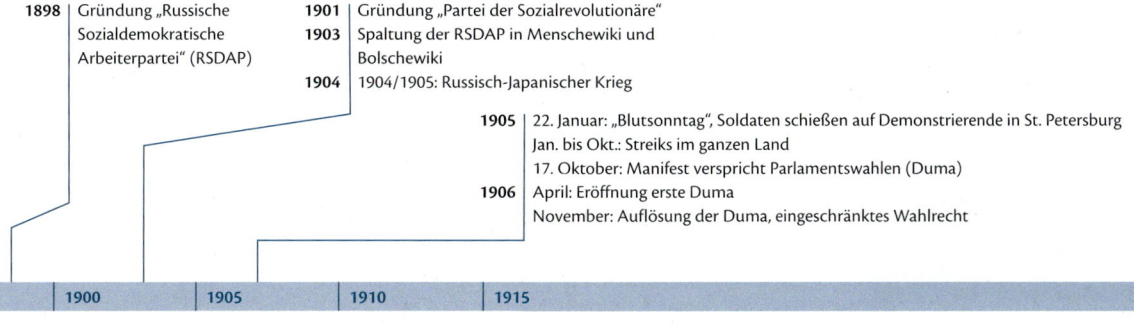

1898 | Gründung „Russische Sozialdemokratische Arbeiterpartei" (RSDAP)

1901 | Gründung „Partei der Sozialrevolutionäre"
1903 | Spaltung der RSDAP in Menschewiki und Bolschewiki
1904 | 1904/1905: Russisch-Japanischer Krieg

1905 | 22. Januar: „Blutsonntag", Soldaten schießen auf Demonstrierende in St. Petersburg
Jan. bis Okt.: Streiks im ganzen Land
17. Oktober: Manifest verspricht Parlamentswahlen (Duma)
1906 | April: Eröffnung erste Duma
November: Auflösung der Duma, eingeschränktes Wahlrecht

1900   1905   1910   1915

1.3 Politische Opposition gegen den Zarismus

> *In diesem Kapitel geht es um*
> – *die Entstehung und die Radikalisierung der politischen Opposition im zaristischen Russland im 19. Jahrhundert,*
> – *die Grundideen der Anarchisten und Narodniki,*
> – *die Grundideen der marxistischen „Russischen Sozialdemokratischen Arbeiterpartei",*
> – *die Revolution von 1905 und ihre Folgen,*
> – *die Philosophie von Karl Marx und ihre Folgen für Russland.*

Anfänge der politischen Opposition

M 1 Die Dekabristen, Gemälde von J. N. Tulin, 1975

▶ M 11: Manifest der Dekabristen

M 2 Der Journalist und Philosoph Alexander Herzen (1812–1870), Gemälde, o. J.

Am 26. Dezember 1825 kam es in St. Petersburg, der Hauptstadt des Zarenreichs, zu einem Aufstand junger Adliger und Offiziere, der jedoch von dem neu eingesetzten Zaren Nikolaus I. rasch niedergeschlagen wurde. Die Verschwörer wurden nach dem Monat ihres Aufstands *dekabr*, Russisch für Dezember, **„Dekabristen"** genannt. Sie hatten durch ihre Teilnahme am Befreiungskrieg gegen Napoleon die Zustände im westeuropäischen Ausland, den Staatsaufbau, die Gesetzgebung, die Reformmaßnahmen zur Bauernbefreiung und die dortigen politischen Ideen kennengelernt. Nach diesen Vorbildern wollten sie Russland reformieren. Die Tapferkeit, mit der die verurteilten Aufständischen in den Tod oder die Verbannung gingen, erregte Sympathie in der Bevölkerung und so bildeten die Dekabristen den Anfangspunkt der russischen revolutionären Bewegung des 19. Jahrhunderts. Die Anhänger der Dekabristen rekrutierten sich aus Menschen, die aus der offiziellen Standesgliederung des Staates herausgefallen waren: Adlige, die sich ihrem Stand entfremdet hatten, kleine Beamte, Publizisten, Professoren, Schriftsteller, Rechtsanwälte. Aus dieser sozialen Zwischenschicht bildete sich die **„Intelligenzija"**, Intellektuelle, die ihre Bildung zum Dienst am Volk einsetzen wollten und von hohen moralischen Ansprüchen ausgingen. Ihr Selbstverständnis stützte sich auf drei Leitgedanken:
– den Willen, die autokratische Zarenherrschaft zu stürzen,
– das Bewusstsein der Verantwortung für sozial Schwächere und
– den Glauben, über eine wissenschaftlich fundierte Weltanschauung zu verfügen.
Sie beschäftigten sich mit philosophischen Schriften, Staatsmodellen und Utopien, die in Westeuropa entstanden waren, und versuchten diese mit der russischen Wirklichkeit in Beziehung zu setzen und diese Wirklichkeit entsprechend zu verändern.
Aus der Bewegung der Dekabristen entwickelten sich schließlich zwei unterschiedliche Richtungen. Die Gruppe der sogenannten **„Westler"**, die angesichts der russischen Verhältnisse resigniert hatte, wollte die westlichen Modelle vollständig auf Russland übertragen, um so dessen „Rückständigkeit" radikal zu beseitigen. Ihr bedeutendster früher Vertreter war **Alexander Herzen (1812–1870)**. Er gründete im Exil die Zeitschrift „Die Glocke", die auf vielen Wegen nach Russland geschmuggelt wurde. Dem gegenüber standen die sogenannten **„Slawophilen"**. Sie forderten, Russland vor einer weiteren Zerstörung durch die fremde westliche Zivilisation zu bewahren und sich auf die Grundlagen der eigenen Kultur zu besinnen. Den Kern dieses Denkens bildete die Idealisierung der russischen Dorfgemeinschaft, der *obščina* oder *mir*. In ihr sahen die „Slawophilen" die Keimzelle einer russischen Form des Sozialismus.

Radikalisierung der Opposition

Während die zaristische Regierung Alexanders II. seit den 1860er-Jahren durch Reformen einem drohenden Umsturz zuvorkommen wollte, trat eine junge, radikale Generation auf. Sie kritisierte die Reformen als verspätet, halbherzig und wenig effektiv. Sie drängte zur politischen Aktion gegen die Regierung. Im Jahre 1861 demonstrierten die Studen-
5 ten in Petersburg und Moskau. Dabei kursierten auch Flugblätter, die zum Umsturz aufriefen. Nicht die bürgerlichen Freiheitsrechte – wie in den USA 1776 und in Frankreich 1789 – beschäftigten sie, sondern die umfassende Planung der Gesellschaft und des Menschen im Sinne einer künftigen Gerechtigkeit. Strittig war für sie nur die Frage, wie und wann der Umsturz erfolgen sollte. Daraus entwickelten sich verschiedene Strö-
10 mungen.

M3 Stammbaum der Opposition in Russland

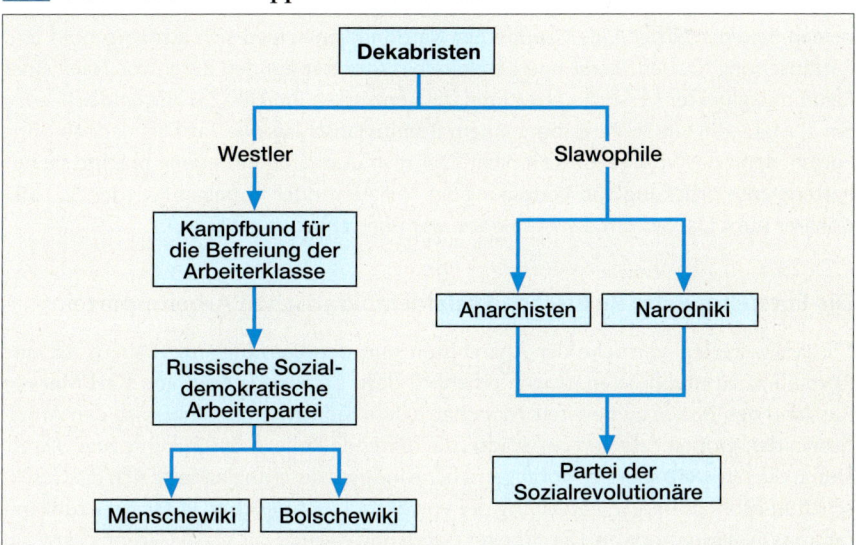

Die **Anarchisten** verlangten den spontanen Aufstand der Bauern und die gesetzlose Landnahme. Damit knüpften sie an alte russische Traditionen der zerstörerischen Selbsthilfe an. **Michail Bakunin (1814–1876),** ihr bedeutendster Vertreter, sah alles Übel im Staat verkörpert, in der Autorität, die er beanspruchte, und im Zwang, den
15 seine zentralistischen Institutionen ausübten. Der Geist der Zerstörung war für ihn ein schöpferischer Geist, und er feierte die Revolte als Demonstration der menschlichen Freiheit. Der adlige Russe Bakunin hatte in Moskau Hegel und die Philosophie der französischen Utopisten studiert und war 1848/49 auf vielen Schauplätzen der europäischen Revolutionen aufgetreten. In Österreich wurde er zum Tode verurteilt, dann
20 doch an Russland ausgeliefert, wo er sieben Jahre in der Peter-Pauls-Festung eingekerkert war. Anschließend war er nach Sibirien verbannt worden, von wo ihm schließlich die Flucht über Japan nach Amerika gelang. 1861 tauchte er im Kreise Alexander Herzens in London auf. Sein Ziel war eine auf dem freien Zusammenschluss von Produktionsgemeinschaften beruhende Gesellschaft mit kollektivem Eigentum; sie sollte den
25 Staat überflüssig machen. Für den Weg dorthin schloss Bakunin den Terror und die Diktatur unter einem „Volkszaren" nicht aus.

Anfang der 1870er-Jahre setzte die Bewegung der **Narodniki,** der „Ins-Volk-Gehenden" (*narod* = Volk), ein. Diese jungen Intellektuellen gingen unter falschem Namen als Bauern, Lehrer, Ärzte oder Agitatoren in die Dörfer und Fabriken, um das unwissende Volk
30 über die Ursachen seines Elends aufzuklären. Im Frühjahr 1874 brachen tausende junge Aktivisten in die Dörfer auf. Der Versuch scheiterte völlig. Viele von ihnen wurden der

▶ M 12: Rede von Michail Bakunin

▶ M 15: Hartmann Wunderer über die Narodniki

M4 Russische Dorfschule, Fotografie, um 1900

▶ M 16: Dietrich Geyer über die Radikalisierung der Narodniki

▶ M 29 bis M 32: Die Lehren von Karl Marx und die Folgen

M5 Georgi V. Plechanow, Mitbegründer der Russischen Sozialdemokratischen Arbeiterpartei, Zeichnung, 1947

▶ M 18: Matthias Stadelmann über die russischen Sozialdemokraten

▶ M 21: Programm der Russischen Sozialdemokratischen Arbeiterpartei

Polizei ausgeliefert und verhaftet. Noch bitterer war die Begegnung mit der Gleichgültigkeit und dem feindseligen Misstrauen der Bauern. Die Dorfkommune hatte sich bereits begonnen aufzulösen: Die wenigen wohlhabenden Bauern hielten nichts vom Umsturz, die Masse der armen Bauern war hungrig nach Land, nicht nach Revolution. Auch 35 der Zarenmythos war auf dem Land noch lebendig. Das Volk hasste zwar die Grundbesitzer und die Beamten, es hoffte aber nach wie vor auf den fast legendären Zaren. Der Misserfolg hatte den Narodniki gezeigt, dass viele Einzelne, auch wenn sie sich opferten, die soziale Revolution nicht hervorrufen konnten. Volksbildung und Propaganda waren unwirksame Mittel in einer durch jahrhundertelange Leibeigenschaft stumpf 40 gewordenen bäuerlichen Bevölkerung. Da eine feste Organisation nötig war, die den Umsturz planmäßig vorbereiten konnte, gründete man 1879 die Vereinigung „Volkswille", aus der 1901 die **„Partei der Sozialrevolutionäre"** hervorging. Sie trug auch anarchistische Züge. Als die Regierung Massenprozesse veranstaltete, bei der die Sympathie des Publikums häufig den jugendlichen Angeklagten galt, wurden die Kampfmittel auf 45 beiden Seiten schärfer. Eine Gruppe der Narodniki entschied sich aus Ungeduld und Enttäuschung für den Terror und bereitete ein Attentat auf den Zaren vor. Nach einer Reihe missglückter Versuche erreichten die Terroristen ihr Ziel: Zar Alexander II. erlag am 1. März 1881 in St. Petersburg einem Bombenanschlag. Die Tat blieb jedoch ohne Folgen, denn das Volk erhob sich nicht. Der revolutionären Bewegung brachte sie nur 50 härtere Unterdrückung und Verfolgung ein. Mit Alexander III. begann wieder ein reaktionärer Kurs: Das System der Autokratie war unerschüttert geblieben.

Die Entstehung der Russischen Sozialdemokratischen Arbeiterpartei

Die gescheiterten Versuche der Anarchisten und der Narodniki, die Bauern für eine Revolution zu mobilisieren, trugen erheblich dazu bei, den **Lehren von Karl Marx** in Russland den Boden zu bereiten. Marx hatte dem Industrieproletariat, also den Arbeitern in den großen Fabriken der Städte, die führende Rolle in der Zukunft zugewiesen. Durch die seit 1880 staatlich vorangetriebene Industrialisierung näherte sich die Gesellschaft 5 in Moskau und St. Petersburg der von Marx beschriebenen Phase des Frühkapitalismus in Westeuropa an. Die Arbeiter traten nun erstmals als soziale Gruppe aktiv auf und forderten u. a. Arbeitszeitverkürzungen und Schutzmaßnahmen. In St. Petersburg fand sich zudem ein Kreis von jungen Intellektuellen zusammen, die Marx studierten und davon überzeugt waren, dass Russland den Weg Westeuropas gehen müsse, um 10 aus dem Teufelskreis von Unwissenheit und ökonomischer Zurückgebliebenheit herauszukommen. Der wichtigste Vermittler der Marx'schen Lehre war der Journalist und Philosoph **Georgi V. Plechanow (1857–1918),** der zum Vordenker des russischen Sozialismus wurde. Plechanow, der die deutsche Sozialdemokratie bewunderte, verlangte von den russischen 15 Marxisten, sie sollten dem Industrieproletariat ein politisch-revolutionäres Bewusstsein vermitteln. Die Industriearbeiter sollten dadurch imstande sein, ihre Situation angesichts des Bündnisses von Kapital und Autokratie zu erkennen. Eine Arbeiterpartei sollte auf den Klassenkampf vorbereiten. Ihnen gehörte auch Wladimir Uljanow an, besser bekannt unter seinem späteren Pseudonym „Lenin", der 1893 nach 20 St. Petersburg kam. 1895 gründeten die Petersburger Marxisten den **„Kampfbund für die Befreiung der Arbeiterklasse".** 1898 fanden sich Vertreter verschiedener sozialistischer Gruppen in Minsk zusammen und beschlossen die Gründung der **„Russischen Sozialdemokratischen Arbeiterpartei"** (RSDAP). Da die Delegierten sogleich verhaftet wurden, blieb dieser erste Parteitag erfolglos. Die politische Arbeit konnte nur im 25 Untergrund und von Emigrantenzirkeln aus weitergehen, und so wurde die Partei notgedrungen schon in ihren Anfängen konspirativ. Zu den frühen Marx-Anhängern gehörten verhältnismäßig viele jüdische Intellektuelle. Ihnen war der Zugang zum Studium und zu den akademischen Berufen durch die

30 Ausnahmegesetze Alexanders III. aber sehr erschwert worden. In den Achtziger- und Neunzigerjahren hatte es zahlreiche Pogrome gegeben, die von der Regierung nicht nur geduldet, sondern insgeheim unterstützt wurden, da sie für die bäuerlichen Unruhen ein Ventil schufen. Durch die Erfahrung, recht- und schutzlos zu sein, war die junge jüdische Generation bereit, sich der revolutionären Bewegung anzuschließen und für die
35 Befreiung des russischen Proletariats zu kämpfen.

Auf dem zweiten Parteitag der RSDAP, der 1903 in London stattfand, kam es über Organisationsfragen zur Spaltung in zwei Fraktionen: **Lenin** und seine Anhänger forderten eine straff organisierte Partei von Berufsrevolutionären, während sein Gegner **Julian Martow** die Partei auf eine breite demokratische Grundlage stellen wollte.
40 Da die jüdischen Delegierten den Kongress verließen, ergab die Abstimmung eine zufällige Mehrheit für Lenins Vorschläge. Seine Anhänger bildeten nun den Flügel der „**Bolschewiki**"* („Mehrheitler") und die Anhänger Martows den Flügel der gemäßigten „**Menschewiki**"* („Minderheitler").

Die Revolution von 1905

Am Sonntag, den 9. Januar 1905 marschierten über hunderttausend Petersburger Arbeiter, die wie bei einem religiösen Fest ihre besten Kleider angezogen hatten, feierlich von den verschiedenen industriellen Randsiedlungen aus zum Stadtzentrum. Sie trugen dabei Ikonen und Zarenbilder und wollten ihrem Herrscher Bittschriften übergeben, in
5 denen sie bürgerliche Freiheiten, ein Parlament sowie wirtschaftliche Erleichterungen wie den Achtstundentag forderten. Die Regierung versuchte im letzten Moment den Zug zu verbieten, hatte aber keinen Erfolg und ließ Soldaten aufmarschieren. Als diese angesichts der Menge in Panik gerieten, eröffneten sie das Feuer und erschossen zweihundert Menschen. Dieser „Blutsonntag", wie er sofort
10 genannt wurde, war der Höhepunkt einer langen Konfrontation von Staat und Gesellschaft und löste eine Streikwelle aus, die in eine revolutionäre Massenbewegung überging. Ein Petersburger Arbeiter erinnerte sich später: „An diesem Tag wurde ich ein zweites Mal geboren,
15 ren, aber jetzt nicht als ein alles verzeihendes und alles vergessendes Kind, sondern als ein Mensch, der bereit ist, zu kämpfen und zu siegen." Der „Blutsonntag" führte zur Mobilisierung und Radikalisierung der Bevölkerung: Aus patriarchalisch denkenden Arbeitern wurden klassenbe-
20 wusste Proletarier und bei den Bauern verblasste der Zarenmythos. Während der nächsten Monate gab es in den Dörfern wilde Enteignungen von Ackerland, in den Städten Arbeiterstreiks und in der Flotte Meutereien. Auch Professoren und Studenten schlossen sich an. Da die Regierung die Kontrolle verloren
25 hatte, entstand zum ersten Mal eine Art von öffentlichem Leben. Auch die Presse äußerte sich frei.

Die Streikbewegung der Arbeiter erlebte ihren Höhepunkt, als im Oktober 1905 ein Eisenbahnerstreik den Verkehr sowie Post und Telegraf lahmlegte. Der Streik wurde von allen oppositionellen Schichten unterstützt. So gewann er den Charakter eines General-
30 streiks und zwang die Regierung zu einem zentralen Zugeständnis: Zar Nikolaus II. erließ am **17. Oktober** ein von Minister Witte verfasstes **Manifest,** das die bürgerlichen Freiheitsrechte und eine gesetzgebende Versammlung von gewählten Volksvertretern versprach. Mehrere Faktoren trugen zu dieser Wende bei: Russland war mit seiner Expansionspolitik in Ostasien in Rivalität zu Japan geraten. Die Petersburger Militärexper-
35 ten unterschätzten das japanische Kriegspotenzial und glaubten, dass ein „kleiner und siegreicher Krieg" auch von den innenpolitischen Schwierigkeiten ablenken werde.

Bolschewiki
revolutionärer sozialistischer Flügel der Russischen Sozialdemokratischen Arbeiterpartei, der streng von oben nach unten organisiert war und den Sturz des Zaren anstrebte

Menschewiki
gemäßigter, am Prinzip der demokratisch organisierten Massenpartei festhaltender Flügel der Russischen Sozialdemokratischen Arbeiterpartei

▶ M 1: Fotografie S. 40

▶ M 22: Petition vom Januar 1905

M 6 **Meuterei auf dem Kriegsschiff Potemkin, Fotografie, Juni 1905**

▶ M 23: Streikende Arbeiter in St. Petersburg

▶ M 26: Auszug aus dem Oktobermanifest 1905

Aber der Russisch-Japanische Krieg (1904/05) endete mit dem vollständigen Verlust der russischen Flotte in der Seeschlacht von Tsushima (14./15. Mai 1905). Der verlorene Krieg erschütterte nachhaltig die Autorität des zaristischen Regimes im Inneren und bedeutete nach außen einen herben Prestigeverlust. Gleichzeitig verschlechterte sich die wirtschaftliche Situation im Lande. Die Arbeitslosigkeit stieg rasch an und die Landwirtschaft geriet in Schwierigkeiten, weil die Exportmärkte zusammenbrachen. Die zunehmende Ablehnung des Zarenregimes verband bürgerliche und adlige Liberale in der lokalen Selbstverwaltung (*Semstwo*), Land begehrende Bauern, Sozialrevolutionäre, die sozialistische Arbeiterbewegung und viele Volksgruppen, die innerhalb des russischen Imperiums nach Autonomie strebten. 40 45

Neue Organisationsformen: Sowjets und Duma

M7 Die Mitglieder des
St. Petersburger Sowjets,
Fotografie, 1905.
*Die 2. Person von links ist Leo Trotzki,
einer der Anführer der Revolution
1917.*

Inzwischen waren aus den Streikkomitees in Moskau und St. Petersburg die ersten Sowjets (russ. Räte) hervorgegangen. Die Führung der Streiks lag bei den spontan gebildeten Arbeiterausschüssen einzelner Betriebe. Sie schlossen sich hier und da zu gesamtstädtischen Streikkomitees zusammen, die zu einer dauernd gewählten Arbeiterversammlung („Rat der Deputierten") mit politischer Zielsetzung werden konnten. Der Petersburger Sowjet entwickelte sich für kurze Zeit zu einem „Arbeiterparlament" der Hauptstadt. Weil die Arbeiter keine legalen Interessenvertretungen besaßen, waren die Sowjets eine Schöpfung spontaner Selbsthilfe. Sie wurden gewählt, unterlagen ständiger Kontrolle und konnten jederzeit abberufen werden. Die Sowjets waren ursprünglich parteilos. Allerdings bemühten sich die sozialistischen Gruppen um ihre Kontrolle. Nach dem „Oktobermanifest" schien die Revolution zu verebben. Da rief der Moskauer Sowjet auf Drängen der Bolschewiki zum bewaffneten Aufstand auf. Zarentreue Garderegimenter schlugen nach elf Tagen die Revolte nieder. Im Dezember 1905 wurden die Deputierten verhaftet, die Tätigkeit der Sowjets war damit beendet. Jetzt hatten die Gegenrevolutionäre das Wort: Sie richteten Militärtribunale ein und gingen massiv mit Truppeneinsätzen gegen aufständische Bauern vor. 5 10 15

Mit der Verabschiedung einer Verfassung und der Eröffnung der Gesetzgebenden Versammlung (Duma) im Mai 1906 durch Nikolaus II. begann in der russischen Geschichte eine kurze konstitutionelle Periode. Das russische Parlament war jedoch ein **Scheinpar-**

M8 Eröffnung der ersten Duma durch
Nikolaus II., Fotografie, 10. Mai 1906

lament: Die Versammlungs- und Meinungsfreiheit war eingeschränkt und die Abgeordneten besaßen keine Immunität. Außerdem war das Gesetzgebungsrecht der Duma an die Unterschrift des Zaren gebunden. Zar und Regierung hatten das Recht, Gesetze zu erlassen und sie erst nachträglich dem Parlament zur Genehmigung vorzulegen. Die Regierung war allein dem Zaren verantwortlich. Armee und Außenpolitik blieben in der Zuständigkeit des Herrschers. 20 25

Obwohl das Wahlrecht Adel und Besitzbürgertum bevorzugte und die Bolschewiki die Wahlen boykottierten, stand die Mehrheit der Duma-Mitglieder in Opposition zur Regierung. Stärkste Fraktion wurden die Konstitutionellen Demokraten, die Russland in eine parlamentarische Monarchie umwandeln, rechtsstaatliche Prinzipien einführen und die Agrarfrage durch die Enteignung von Gutsbesitz zugunsten der Bauern lösen wollten. Nikolaus II. war zu derart einschneidenden Veränderungen nicht bereit und löste die Duma bereits im November 1906 wieder auf. Die zweite Duma erwies sich jedoch als noch radikaler und wurde deshalb ebenfalls aufgelöst. Die Regierung ließ die 65 sozialdemokratischen Abgeordneten verhaften und verbannte sie nach Sibirien. Ein neues Wahlgesetz sorgte dafür, dass der größte Teil der Bevölkerung künftig von der Wahl ausgeschlossen blieb und eine konservative Mehrheit gesichert war. 30 35

Folgen der Revolution

Die Revolution bewirkte keine grundlegende Umgestaltung der sozialen und wirtschaftlichen Strukturen. Allein im Agrarbereich zeigte sich das zaristische Regime zu wenigen Zugeständnissen bereit. Zar und Regierung wussten, dass die Bauern bisher die wichtigste Stütze der Autokratie waren. Dringlichste Aufgabe war daher die Verbesse-

5 rung der wirtschaftlichen Situation der Bauern, vor allem die Schaffung eines bäuerlichen Mittelstandes. Ministerpräsident und Innenminister Pjotr A. Stolypin setzte 1906 bis 1911 ein Reformprogramm um. Er strich die Staatsschulden der Bauern und erlaubte ihnen den Austritt aus der Dorfkommune. Die Bauern sollten das von ihnen bewirtschaftete Land als Eigentum erhalten und durch eine umfassende Flurbereinigung woll-

10 te man die Bodenzersplitterung abschaffen. Zwar entwickelte sich eine Schicht von mäßig wohlhabenden Bauern (Kulaken), aber auch das Landproletariat vermehrte sich beträchtlich. Die Reform schritt sehr langsam voran. Die lebensfähigen und rentablen Eigentumswirtschaften machten im Jahr 1913 erst 10 Prozent des bäuerlichen Gesamtbesitzes an Land aus. Deshalb sollte Neuland in Sibirien, Zentralasien und Kaukasien

15 gewonnen und besiedelt werden. Zwischen 1906 und 1915 fanden 2 Millionen Bauern eine neue Existenz als Siedler in den zugewiesenen Gebieten. Der Bevölkerungszuwachs und der damit verbundene sogenannte Landhunger konnten dennoch nicht nachhaltig aufgefangen werden.

So endete die Revolution von 1905, die von vielen Zeitgenossen als hoffnungsvoller

20 Auftakt zu einer neuen Epoche Russlands empfunden wurde, mit einer nahezu **vollständigen Niederlage der reformbereiten Kräfte,** die Russlands Anschluss an den Westen anstrebten. Profitiert haben davon nicht der Zar und die ihn stützenden Schichten, sondern die radikalen Gruppen, die den Sturz des alten Systems vorantrieben.

▶ **M 27: Manfred Hildermeier über das konstitutionelle Experiment**

THE CZAR—"DO I SMELL SOMETHING BURNING?"

M 9 „Russland raucht", Karikatur aus dem US-amerikanischen Satiremagazin „Judge", 1906.

Die Bildunterschrift lautet: „Der Zar: Rieche ich den Rauch eines Feuers?". Das Bild zeigt Zar Nikolaus II. auf seinem Thron. Auf beiden Seiten werden hinter einem Vorhang Bomben gezündet: links von den Anarchisten, rechts von der Duma. Auf den entstehenden Rauchwolken steht „Hass" und „Unzufriedenheit".

Opposition im Zarenreich

cornelsen.de/Webcodes
Code: hetije

1 Erläutern Sie die Radikalisierung der politischen Opposition in Russland bis 1905.
   Tipp: Siehe S. 476.
2 Gliedern Sie die Ereignisse der Jahre 1905 und 1906 in unterschiedliche Phasen und arbeiten Sie jeweils die revolutionären Elemente heraus.
3 Charakterisieren Sie die Situation der Zarenherrschaft um 1906, wie sie in der Karikatur M 9 dargestellt wird.

Gesellschaftliche Entwürfe der Dekabristen

M 10 **Der Offizier Pawel Iwanowitsch Pestel über
die Entwicklung seiner Ideen (1826)**
*Pawel Iwanowitsch Pestel (1793–1826) war einer der
führenden Dekabristen. Er wurde 1826 als einer der
Führer des Aufstands hingerichtet.*
Ich kann keine Person nennen, die mir die ersten frei-
denkerischen und liberalen Gedanken eingeflößt
hätte; es ist mir auch unmöglich, den genauen Zeitpunkt zu bestimmen, an dem sie in mir erwachten.
5 Denn das geschah nicht etwa plötzlich, sondern ganz
allmählich und anfangs für mich selbst unmerklich.
Jedoch habe ich die Ehre, dem Komitee[1] mit der rück-
haltlosesten Offenheit Folgendes zu vermelden: [...]
10 Ich erkannte, dass Wohlergehen und Elend der Monarchien und Völker in starkem Maße von den Regierungen abhängen [...]. Während ich nun auf solche
Weise weiterstudierte, überlegte ich mir nach einiger

Zeit, ob wohl in der Struktur der russischen Regie- 15
rung die Gesetze der politischen Wissenschaften
beachtet würden. [...] Hierbei fand ich viele Widersprüche zu meiner Auffassung von den Gesetzen der
politischen Wissenschaften, und ich überlegte mir,
durch welche Bestimmungen sie ersetzt, vervollstän- 20
digt oder vervollkommnet werden könnten. Auch
wandte ich meine Aufmerksamkeit der Lage des
Volkes zu, wobei die Versklavung der Bauern mir einen ebenso tiefen Eindruck machte wie die großen
Privilegien der Aristokratie. Letztere hielt ich sozusa- 25
gen für eine Mauer, die zwischen Monarch und Volk
steht und um des eigenen Vorteils willen die wahren
Zustände im Volk vor ihm verborgen hält. Solche
Überlegungen wurden im Laufe der Zeit ergänzt
von anderen Erkenntnissen und Berichten, zum 30
Beispiel über die Vorrechte verschiedener angeglie-
derter Gebiete, den Gerüchten von den Militärsied-
lungen, dem Verfall des Handels, der Industrie und
des öffentlichen Eigentums, der Ungerechtigkeit
und Bestechlichkeit der Richter und anderer Behör- 35
den, der Last des Militärdienstes für die Soldaten
und vielen ähnlichen Faktoren, die nach meiner
Auffassung das Volk empören mussten. In ihrer Gesamtheit boten sie meinem Geist und meiner Phantasie ein anschauliches Bild vom Elend des Volkes
und erweckten in mir ein inneres Murren gegen die 40
Regierung.
*Zit. nach: Heiko Haumann, Geschichte Russlands, Piper,
München 1996, S. 317 f.**

1 *Komitee:* Führungsgremium der Bewegung

1 Beschreiben Sie, wie sich Pestel zu einem radikalen
    Kritiker der Regierung entwickelt (M 10).
2 Erläutern Sie seine Einstellung zum Zaren.
3 Beurteilen Sie seine Selbsteinschätzung als „liberal".

M 11 **Auszug aus dem Manifest der Dekabristen
(Dezember 1825)**
Gott, schütze Dein Volk und segne Dein Reich!
Im Manifest des Senats wird verkündet:
1. Sturz der bisherigen Regierung.
2. Einsetzung einer Übergangsregierung bis zur
Konstituierung einer endgültigen, gewählten. 5
3. Pressefreiheit, folglich Abschaffung der Zensur.
4. Freie Ausübung des Gottesdienstes für alle Glaubensbekenntnisse.
5. Abschaffung des Rechtes auf Besitz von Menschen.
6. Gleichheit aller Stände vor dem Gesetz [...]. 10
7. Jeder Bürger ist berechtigt, sich nach seinem
Belieben einen Beruf zu wählen [...]. Es darf jede
Art von Eigentum erworben werden, Boden sowie
Baulichkeiten in Stadt und Land. Auch dürfen alle

15 Bürger jederlei Verträge miteinander abschließen und vor Gericht gegeneinander prozessieren.

8. Schuldenerlass für die Kopfsteuern und ihre Rückstände.

9. Abschaffung der Monopole für Salz, Branntwein-
20 verkauf und sonstiges. [...]

10. Gleiche Wehrpflicht für alle Volksschichten sowie Verkürzung der Dienstzeit für untere Chargen[1].

11. Entlassung sämtlicher unteren Chargen, die bereits fünfzehn Jahre gedient haben.

25 12. Schaffung von Amtsbezirks-, Landkreis-, Gouvernements- und Provinzialverwaltungen, sowie einer Wahlordnung für ihre Mitglieder; diese sollen alle Beamten ersetzen, welche bei der [...] Regierung beschäftigt waren.

30 13. Öffentlichkeit der Gerichtsverfahren.

14. Einführung von Beisitzern in Kriminal- und Zivilgerichten.

Zit. nach: Hans-Heinrich Nolte u. a. (Hg.), Quellen zur Geschichte Russlands, Reclam, Stuttgart 2014, S. 175 f.*

1 *Charge:* Dienstgrad

1 Fassen Sie die Forderungen der Dekabristen zusammen (M 11).
2 Arbeiten Sie auf der Basis von M 10 und M 11 heraus, für welche sozialen Gruppen die Dekabristen Veränderungen anstreben.

Gesellschaftliche Entwürfe der Anarchisten

M 12   **Ausschnitt aus einer Rede des Anarchisten Michail Bakunin auf dem Kongress der Friedens- und Freiheitsliga in Bern (1868)**
Ich bin kein Kommunist, weil der Kommunismus zugunsten des Staates alle Kräfte der Gesellschaft konzentriert und absorbiert, weil er unvermeidlicherweise das Eigentum in den Händen des Staates
5 konzentriert. Ich hingegen wünsche die Aufhebung des Staates, die vollständige Ausrottung des Autoritätsprinzips und der Schutzherrschaft des Staates, der unter dem Vorgeben, die Menschen moralisch zu machen und sie zu zivilisieren, sie bis jetzt nur ge-
10 knechtet, bedrückt, ausgebeutet und demoralisiert hat. Ich wünsche die Organisation der Gesellschaft und des gesellschaftlichen Eigentums von unten herauf auf dem Wege der freien Assoziation und nicht von oben herab durch irgendwelche Autorität, also
15 wünsche ich die Abschaffung des Staates. In diesem Sinne, meine Herren, bin ich Kollektivist und keineswegs Kommunist. [...] Gebt allen Kindern von ihrer Geburt an gleiche Mittel zu ihrer Existenz, zur Erziehung und Bildung, schaffet ihnen eine gleiche gesell-

schaftliche Mitte und lasset sie auf gleiche Weise 20 durch eigene Arbeit ihren Unterhalt verdienen, und ihr werdet sehen, wie alle jetzt für natürlich angesehenen Unterschiede verschwinden werden, weil sie das Resultat der ungleichmäßigen Verteilung der geistigen und physischen Bedingungen, der Lebens- 25 bedingungen sind.

Zit. nach: Martin Winkler (Hg.), Slawische Geisteswelt: Russland, Holle Verlag, Darmstadt/Genf 1955, S. 259.*

1 Erläutern Sie die Kritik Michail Bakunins am Staat und sein Gegenkonzept einer „freien Assoziation" (Z. 13).
2 **Zusatzaufgabe:** Siehe S. 476.

M 13   **Der russische Anarchist Michail Bakunin spricht 1869 in Basel auf dem Kongress der Internationalen Arbeiterassoziation, Zeichnung, o. J.**

M 14   **Der Schweizer Slawist Ulrich M. Schmid über die Ideen Michail Bakunins (2014)**
„Unbedingt notwendig ist die Zerstörung aller Staaten mit Ausnahme der Schweiz und die radikale Zerstörung aller politischen, militärischen, administrativen, juridischen und finanziellen Einrichtungen, die heute das Leben und die Macht der Staaten ausmachen", forderte 5 Michail Bakunin 1866 im Verfassungsentwurf für eine

„Fraternité Internationale". Deutlich zeigt sich hier das Leitmotiv von Bakunins politischem und publizistischem Lebenswerk: die Ablehnung des staatlichen Ge-
10 waltmonopols im Namen der Freiheit. Auffällig ist die Sympathie für die Schweiz, die in Bakunins abenteuerlichem Leben eine wichtige Rolle spielte. Die Schweiz war während der europäischen 1848er Revolutionen der einzige Staat gewesen, der erfolgreich zu einer
15 Republik geworden war. Für Bakunin war das zwar noch nicht der Idealzustand, er achtete aber die Schweiz als fortschrittliches und tolerantes Gemeinwesen. Bakunin wusste, wovon er sprach – er hatte sich selbst an Aufständen in Deutschland, Italien und Frankreich
20 beteiligt. […]
Auch Bakunin begann [1844] sich in der Schweiz unsicher zu fühlen und siedelte nach Paris über. Dort lernte er Karl Marx kennen, dessen intellektuelle Schärfe, gepaart mit Arroganz, bei ihm einen zwie-
25 spältigen Eindruck hinterließ. Bakunin schrieb hellsichtig: „Er nannte mich einen sentimentalen Idealisten, und er hatte recht; ich nannte ihn einen arglistigen und hinterhältigen Selbstdarsteller, und ich hatte ebenfalls recht."
30 Sowohl Marx als auch Bakunin wurden bald wegen revolutionärer Umtriebe aus Paris vertrieben und ließen sich in Brüssel nieder. Allerdings mied Bakunin auch hier den „kommunistischen Handwerkerverein", der seiner Meinung nach zwar die Bourgeoisie
35 verachtete, aber gleichzeitig selbst ein kleinbürgerliches Leben führte. Wenig später kam es zum Eklat. Marx publizierte in seiner „Neuen Rheinischen Zeitung" einen Bericht, in dem Bakunin als zaristischer Agent diffamiert wurde. Die beiden Revolutionäre
40 versöhnten sich nach einer Gegendarstellung notdürftig wieder.

Ulrich M. Schmidt, Utopie und Tragödie, Neue Zürcher Zeitung, 23.05.2014.*

1 Analysieren Sie mithilfe von M 13 und M 14 sowie des Darstellungstextes S. 43 Bakunins Rolle innerhalb der Arbeiterbewegung.

Gesellschaftliche Entwürfe der Narodniki

M 15 Der Historiker Hartmann Wunderer über Ideen und Aktivitäten der Narodniki (2014)
Einer dieser verschworenen intellektuellen Zirkel, die sogenannten „Narodniki" („Volkstümler"), vertraute auf die verborgene Energie der „russischen Volksseele". Im Mittelpunkt der Ideologie der
5 Narodniki stand die bäuerliche Dorfgemeinschaft. Sie beschworen und idealisierten die einfachen bäuerlichen Lebensformen, die unmittelbare alltägli-
che Solidarität der „kleinen Leute", die gemeinsam die Steuern aufzubringen hatten und das Land entsprechend den Bedürfnissen der Mitglieder der Dorf-
10 gemeinschaft aufteilten, die gemeinsam feierten und tranken. Die Masse der unterjochten, aber durchaus anarchistischen Bauern sei für das revolutionäre sozialistische Unternehmen zu gewinnen. Könnte man die Bauern zum Kampf mobilisieren, dann könnte
15 man ohne den Umweg über eine seelenlose kapitalistische Entwicklung direkt zu einer sozialistischen Gesellschaft gelangen. Ein Zündfunke (etwa ein Attentat oder eine Revolte) könnte die verborgene Kraft der Bauern freisetzen, durch Aufklärung der Bauern
20 solle dafür der Boden bereitet werden. […]
Zahlreiche studentische Aktivisten strömten nun in die Dörfer, um die vermeintlich „unwissenden Bauern" über ihr tatsächliches Elend aufzuklären. Doch diese Unternehmungen scheiterten kläglich. Die
25 Bauern misstrauten den von fast religiösem Eifer getragenen fremden politischen Missionaren aus den Städten, die den Unterdrückten sagten, wie es ihnen in Wirklichkeit gehe und wie sie denken und handeln sollten. Manche Bauern lieferten die oft jugendlichen
30 oder studentischen Agitatoren gar an die Polizei aus. Diesen Revolutionären wurde 1877/78 der Prozess gemacht, und die harten Urteile bestätigten bei der Intelligenzija den Hass auf den Staat.

Hartmann Wunderer, Die Russische Revolution, Reclam, Stuttgart 2014, S. 22 f.*

1 Beschreiben Sie mithilfe von M 15 die „revolutionären" Aktivitäten der studentischen Anhänger der Narodniki.
2 Arbeiten Sie heraus, wie die Narodniki sich von westlichen Modellen abgrenzen.

M 16 Der Historiker Dietrich Geyer über die Radikalisierung der Narodniki (2021)
In der ersten konspirativen Organisation, die von einiger Dauer war, *Land und Freiheit (Semlja i wolja)*, waren beide Richtungen noch ungeschieden beieinander: die eine, sozialistisch und demokratisch und
5 anarchistischen Ideen zugeneigt, die andere, autoritär und auf die revolutionäre Tat fixiert, mit Vorstellungen, die in der Tradition der Jakobiner standen.
[…] Gegen diese aufklärerische Variante stand die jakobinische Tendenz. Auch für deren Anhänger war
10 klar, dass die Intelligenz dem Volk zu dienen habe. Doch galt es für sie als ausgemacht, dass die Revolutionäre nicht warten durften, bis das Volk seine historische Mission begriffen habe. […] Der Aufstand der Massen komme nicht von selbst, sondern setze
15 die Aktion der revolutionären Partei voraus. Daher

sei es Pflicht der kritisch denkenden Minderheit, dem Volk vorauszugehen und den Kampf gegen das herrschende Regime zu eröffnen, nicht bloß auf dem Papier, sondern im handgreiflichen Sinn, mit terro-
20 ristischen Mitteln, durch den Einsatz von Bomben und Pistolen sollten Vertreter des alten Regimes gerichtet werden.
Der Terror als revolutionäre Taktik sollte das Regime destabilisieren, seine Autorität untergraben und zu-
25 mal dann, wenn es gelänge, den Zaren zu treffen, als Initialzündung wirken für den erwarteten großen Volksaufstand. Der Terror sollte den Massen zeigen, dass es Menschen gab, die zum Selbstopfer bereit waren, um die Verbrechen der Herrschenden zu rächen
30 und den Sinn für Wahrheit und Gerechtigkeit im Volke wach zu halten. [...] Bis Ende der 1870er-Jahre waren beide Denkrichtungen unter dem weit gespannten Dach der Geheimorganisation *Land und Freiheit* beieinandergeblieben. Dann bildeten sich auf dieser
35 Grundlage zwei voneinander getrennte Parteien aus. Die eine [...] mit dem Primat der Aufklärungsarbeit, die andere eine Kampforganisation mit dem Namen *Narodnaja wolja (Volkswille oder Volksfreiheit)* mit dem Terror als wichtigstem Kampfesmittel und dem Staatsstreich als Nahziel vor Augen.

Dietrich Geyer, Das russische Imperium. Von den Romanows bis zum Ende der Sowjetunion, De Gruyter, Berlin 2021, S. 241 f.*

M 17 **Studierende beim Schießtraining auf dem Land im 19. Jahrhundert, Gemälde, o. J.**

1 Erläutern Sie auf der Basis von M 16 und M 17 die Radikalisierung der Narodniki.
2 Beurteilen Sie die Erfolgsaussichten der verschiedenen Methoden der Narodniki.
   Tipp: Siehe S. 476.
3 **Zusatzaufgabe:** Siehe S. 476.

Gesellschaftliche Entwürfe der russischen Sozialdemokraten

M 18 **Der Historiker Matthias Stadelmann über die Anfänge der russischen Sozialdemokraten (2016)**
Auch die Anfänge einer sich auf marxistische Ideen berufenden Sozialdemokratie lagen für Russland in der ausländischen Emigration. Georgi Plechanow (1856–1918), Spross einer kleinadligen Familie, der
5 sich während seines Studiums in St. Petersburg revolutionär gestimmten Kreisen angeschlossen hatte, fand Anfang der 1880er-Jahre im Schweizer Exil zu den Konzeptionen von Marx und Engls, die ihm auch für Russland gültig zu sein schienen. Ein solcher
10 Schluss lag keineswegs nahe: Das Russland des 19. Jahrhunderts erfüllte nämlich zentrale Voraussetzungen des marxistischen Gedankengebäudes nicht: Trotz erster Schritte zur Industrialisierung dominierte nach wie vor die Agrarwirtschaft das Land, von
15 „Kapitalismus" ließ sich nur mit Einschränkungen sprechen, eine große städtische Industriearbeiterschaft als Trägerin des Klassenkampfs zur Überwindung kapitalistischer Ausbeutung stand nicht zur Verfügung.
20 [...] Zusammen mit Pawel Axelrod (1850–1928) und Vera Sassulitsch (1849–1919) gründete Plechanow 1883 seine Gruppe „Befreiung der Arbeit", die – von Marx und Engels inspiriert – bei der Veränderung des politischen wie sozioökonomischen Systems nun
25 nicht mehr primär auf die Bauern, sondern auf die Industriearbeiterschaft setzte, auch wenn diese in Russland noch schwach ausgebildet war.
[...] Die Ausgangsbedingungen dafür schienen sich im Russland der 1890er-Jahre durchaus in die richti-
30 ge Richtung zu wandeln, befand sich die Wirtschaft doch in einem industriellen Boom, der das bis dahin gegenüber Deutschland oder England „rückständige" Agrarland aufholen ließ. Mit den Industrieunternehmen wuchs auch die Belegschaft [...]. Es fügt sich in
35 dieses Bild, dass der kleine Kreis aus russischen Marxisten im Jahr 1898 den Versuch einer organisatorischen Institutionalisierung unternahm und in Minsk eine „Russische Sozialdemokratische Arbeiterpartei" (RSDAP) aus der Taufe hob. Die ohnehin geringe Zahl
40 der Deputierten wurde allerdings bald durch die Aktivitäten der Staatspolizei auf den harten Boden der Realität zurückgeholt – Parteien blieben in Russland bis 1906 verboten.

Matthias Stadelmann, Befreier ohne Draht zum Volk, in: DAMALS (Hg.), Revolutionäres Russland 1917, Theiss, Darmstadt 2016, S. 27–34, S. 27 f., 31 f.*

1 Arbeiten Sie die Kernideen der russischen Sozialdemokraten heraus.

2 Vergleichen Sie die Ideen der Sozialdemokraten mit den Ideen der Narodniki.

   Tipp: Siehe S. 476.

M 19 Wladimir Iljitsch Lenin (1870–1924) über die Arbeit einer revolutionären Partei (1902)

Und nun behaupte ich: 1. Keine einzige revolutionäre Bewegung kann ohne eine stabile und die Kontinuität wahrende Führerorganisation Bestand haben; 2. je breiter die Masse ist, die spontan in den Kampf hi-
5 neingezogen wird, die die Grundlage der Bewegung bildet und an ihr teilnimmt, umso dringender ist die Notwendigkeit einer solchen Organisation und umso fester muss diese Organisation sein (denn umso leichter wird es für allerhand Demagogen sein, die
10 unentwickelten Schichten der Masse mitzureißen); 3. eine solche Organisation muss hauptsächlich aus Leuten bestehen, die sich berufsmäßig mit revolutionärer Tätigkeit befassen; 4. je mehr wir die Mitgliedschaft einer solchen Organisation einengen, und
15 zwar so weit, dass sich an der Organisation nur diejenigen Mitglieder beteiligen, die sich berufsmäßig mit revolutionärer Tätigkeit befassen und in der Kunst des Kampfes gegen die politische Polizei berufsmäßig geschult sind, umso schwieriger wird es in einem
20 autokratischen Lande sein, eine solche Organisation „zu schnappen" [...]. Die Konzentrierung aller konspirativen Funktionen in den Händen einer möglichst geringen Zahl von Berufsrevolutionären bedeutet keineswegs, dass die Berufsrevolutionäre „für alle
25 denken werden", dass die Menge keinen tätigen Anteil an der Bewegung nehmen wird. Im Gegenteil, die Menge wird diese Berufsrevolutionäre in immer größerer Anzahl hervorbringen, denn die Menge wird dann wissen, dass es nicht genügt, wenn sich ein paar
30 Studenten und Arbeiter, die einen ökonomischen Kampf führen, zusammentun, um ein „Komitee" zu bilden, sondern dass es notwendig ist, sich durch jahrelange Arbeit zu einem Berufsrevolutionär auszubilden [...].
35 Jeder wird wohl zugeben, dass das „umfassende demokratische Prinzip" die beiden folgenden notwendigen Vorbedingungen einschließt: erstens vollständige Publizität und zweitens Wählbarkeit aller Funktionäre. Ohne Publizität und dazu eine Publizi-
40 tät, die sich nicht nur auf die Mitglieder der Organisation beschränkt, wäre es lächerlich, von Demokratismus zu reden. Als demokratisch bezeichnen wir die Organisation der deutschen sozialistischen Partei, denn in ihr geschieht alles öffentlich, die Sitzungen

des Parteitages mit inbegriffen; aber niemand wird 45 eine Organisation als demokratisch bezeichnen, die für alle Nichtmitglieder vom Schleier des Geheimnisses verhüllt ist. Es fragt sich: Welchen Sinn hat also die Aufstellung des „umfassenden demokratischen Prinzips", wenn die wichtigste Vorbedingung dieses 50 Prinzips für eine Geheimorganisation unerfüllbar ist? [...]

Zit. nach: Lenin, Werke Bd. 5, Dietz, Berlin 1978, S. 480–482, 495–496.*

M 20 Josef Stalin redet vor Ölarbeitern in Baku, Aserbaidschan, Postkarte, 1908

1 Beschreiben Sie auf der Basis von M 19 die von Lenin angestrebte Parteistruktur.

2 Erklären Sie, warum er das „umfassende demokratische Prinzip" unter den besonderen Bedingungen Russlands ablehnt.

3 Nehmen Sie unter Einbeziehung von M 20 Stellung zu den Möglichkeiten einer Partei, Anhänger für ihre Ziele zu mobilisieren.

4 **Vertiefung:** Informieren Sie sich über die Gegenposition der Menschewiki, zum Beispiel von Julian Martov.

5 **Zusatzaufgabe:** Siehe S. 476.

M 21 Programm der Russischen Sozialdemokratischen Arbeiterpartei (Juli/August 1903)

Das Programm wurde auf dem II. Kongress der RSDAP in Brüssel angenommen. Da die Partei in Russland verboten war, musste im Exil getagt werden. Dabei kam es zum Streit um die Organisation der Partei und schließlich zur Spaltung in Bolschewiki (Mehrheitler) und Menschewiki (Minderheitler).

Die Russische Sozialdemokratische Arbeiterpartei sieht sich als eine Abteilung der internationalen Armee des Proletariats und verfolgt das gleiche Endziel, das auch die Sozialdemokraten der anderen Länder anstreben. [...] 5

Unerlässliche Voraussetzung dieser sozialen Revolution ist die Diktatur des Proletariats, d.h. die Eroberung einer solchen politischen Macht durch das Proletariat, die es ihm erlaubt, jeglichen Widerstand der Ausbeuter zu unterdrücken. [...]

In Russland, wo der Kapitalismus schon zur herrschenden Produktionsweise geworden ist, haben sich noch sehr zahlreiche Überreste unserer alten vorkapitalistischen Ordnung erhalten [...]. Das bedeutendste aller dieser Überbleibsel und das mächtigste Bollwerk dieser ganzen Barbarei ist die zarische Selbstherrschaft. Sie ist ihrer ganzen Natur nach jeglicher gesellschaftlichen Bewegung feindlich gesinnt und muss der schlimmste Gegner aller Freiheitsbestrebungen sein.

Daher stellt sich die RSDAP als nächste politische Aufgabe den Sturz der zarischen Selbstherrschaft und deren Ersetzung durch eine demokratische Republik, deren Verfassung gewährleisten soll:

1. Die Selbstherrschaft des Volkes, d. h. die Konzentration der gesamten obersten Staatsgewalt in den Händen einer gesetzgebenden Versammlung, die aus Vertretern des Volkes zusammengesetzt ist und eine Kammer bildet. [...]

Zit. nach: Hans-Heinrich Nolte u. a. (Hg.), Quellen zur Geschichte Russlands, Reclam, Stuttgart 2014, S. 259 f.*

1 Arbeiten Sie die marxistischen und die demokratischen Elemente aus dem Programm heraus.

2 Vergleichen Sie mit Lenins Parteikonzept (M 19).

Die Revolution von 1905

M 22 **Petition von Arbeitern und Bewohnern St. Petersburgs an Zar Nikolaus II. (9. Januar 1905)**
Wir Arbeiter und Bewohner der verschiedenen Stände St. Petersburgs, unsere Frauen und Kinder und hilflosen Greise und Eltern kommen zu dir, Herrscher, und suchen Gerechtigkeit und Schutz. Wir sind zum Bettler geworden, man unterdrückt uns, belastet uns mit unerträglicher Arbeit, man schmäht uns, man erkennt uns nicht als Menschen an, man behandelt uns wie Sklaven, welche ihr bitteres Los ertragen und schweigen müssen. [...]

Herrscher! Ist das vereinbar mit den göttlichen Gesetzen, durch deren Gnade Du herrschst? [...] Versage Deinem Volk die Hilfe nicht, führe es aus dem Grab der Rechtlosigkeit, der Bettelei und des Unwissens, gib ihm die Möglichkeit, selbst sein Schicksal zu wenden, wirf von ihm die unerträgliche Bedrückung durch die Beamten. Reiß die Wand zwischen Dir und Deinem Volk nieder und lass es mit Dir zusammen das Land lenken. Denn Du bist eingesetzt für das

Glück des Volkes. [...] Weise seine Hilfe nicht zurück, befiehl unverzüglich, jetzt die Vertreter des ganzen russischen Landes von allen Klassen, von allen Ständen, auch von den Arbeitern zu berufen.

Zit. nach: Hans-Heinrich Nolte u. a. (Hg.), Quellen zur Geschichte Russlands, Reclam, Stuttgart 2014, S. 252 f.*

1 Geben Sie den Inhalt der Petition wieder.

M 23 **Streikende Arbeiter in den Putilov-Werken in St. Petersburg, Fotografie, 1905**

M 24 **Der Generalstreik von 1905, Gemälde des „sozialistischen Realismus", 1947**

1 Ein wichtiger Bestandteil der Revolution von 1905 waren Streiks auf dem Land, bei der Eisenbahn und in den Fabriken. Vergleichen Sie die Fotografie M 23 mit der sozialistischen Deutung in M 24.

2 **Zusatzaufgabe:** Siehe S. 476.

<u>M 25</u> „Demonstration am 17. Oktober 1905", Gemälde von Ilja E. Repin, 1907–1911

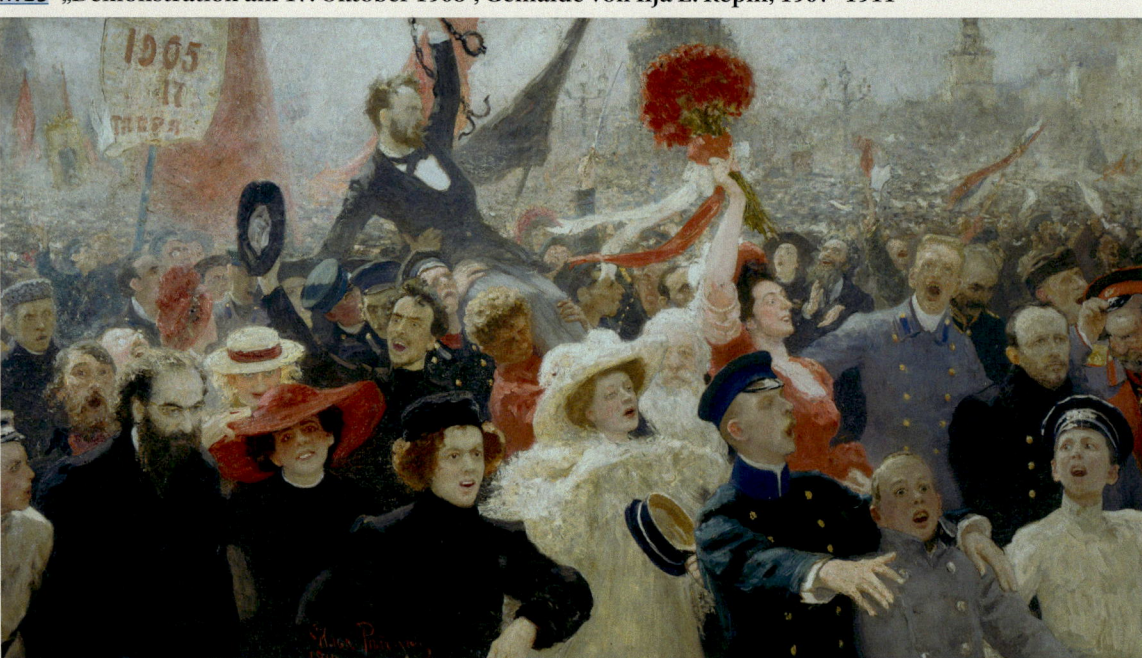

<u>M 26</u> **Auszug aus dem „Oktobermanifest" von Zar Nikolaus II. (17. Oktober 1905)**

Die Wirren und Aufregungen in den Hauptstädten und in vielen Gegenden Unseres Reiches erfüllen Unser Herz außerordentlich mit großem und schwerem Leid. Das Wohl des russischen Zaren ist
5 untrennbar von dem Wohle des Volkes, und die Trauer des Volkes ist seine Trauer. Aus den jetzt entstandenen Erregungen kann eine tiefe Unordnung im Volke und eine Bedrohung der Einheit des Allrussischen Reiches hervorgehen. Das große Gelübde des Zaren-
10 amtes gebietet Uns, mit allen Kräften des Verstandes und der Macht nach der schnellsten Beendigung dieser für das Reich so gefährlichen Wirrsal zu streben. Nachdem Wir den kompetenten Behörden befohlen haben, Maßnahmen zur Beseitigung direkter Er-
15 scheinungen der Unordnung, der Schlechtigkeiten und Gewalttätigkeiten zu ergreifen zum Schutze der friedlichen Leute, die der ruhigen Erfüllung der einem jeden obliegenden Pflicht nachstreben, haben Wir zur erfolgreichen Ausführung der allgemeinen,
20 von Uns zur Befreiung des Staatslebens beabsichtigten Maßnahmen für notwendig erachtet, die Tätigkeit der obersten Regierung zu vereinheitlichen. Der Regierung legen Wir als Pflicht die Erfüllung Unseres unerschütterlichen Willens auf:
25 1. der Bevölkerung unerschütterliche Grundlagen der bürgerlichen Freiheit nach den Grundsätzen wirklicher Unantastbarkeit der Person, der Freiheit des Gewissens, des Wortes, der Versammlungen und der Vereine zu geben;

2. ohne die angeordneten Wahlen zur Reichsduma 30 aufzuhalten, jetzt zur Teilnahme an der Duma, soweit das bei der Kürze der bis zur Berufung der Duma bleibenden Zeit möglich ist, die Klassen der Bevölkerung heranzuziehen, die jetzt völlig des Wahlrechts beraubt sind, indem die weitere Entwicklung des 35 Grundsatzes des allgemeinen Wahlrechts der neu eingeführten gesetzgeberischen Ordnung anheimgestellt bleibt und

3. als unerschütterliche Regel festzustellen, dass kein Gesetz ohne Genehmigung der Reichsduma Geltung 40 erhalten kann und dass den vom Volke Erwählten die Möglichkeit wirklicher Teilnahme an der Aufsicht über die Gesetzmäßigkeit der Akte der von Uns eingesetzten Behörden gesichert ist.

Peter Scheibert (Hg.), Die russischen politischen Parteien von 1905 bis 1917. Ein Dokumentationsband, Wissenschaftliche Buchgesellschaft, Darmstadt 1972, S. 29 f.

1 Erläutern Sie die Maßnahmen und ihre Begründung durch den Zaren (M 26).
2 Überprüfen Sie mithilfe des Darstellungstexts S. 46 f. die Umsetzung der Maßnahmen.
3 Analysieren Sie, wie der Maler Ilja Repin die Reaktion der Bevölkerung auf das Oktobermanifest des Zaren darstellt (M 25).
Tipp: Siehe S. 476.

M 27 **Der Historiker Manfred Hildermeier über das konstitutionelle Experiment (1998)**

Die frühere Forschung hat sich überwiegend, soweit sie nicht alle Schuld auf die radikalen Revolutionäre abwälzte, dem Verdikt Max Webers angeschlossen, die Autokratie habe die erlahmende Revolution mit
5 einem bloßen „Scheinkonstitutionalismus" abgespeist. In der Tat lassen sich für diese ,pessimistische' Sicht manche überzeugende Argumente anführen. Die Verfassung entsprach nicht den Vorstellungen des konsequenten Liberalismus. [...] Statt eine frei
10 gewählte Konstituante einzuberufen, setzten Zar und Regierung aus eigener Vollmacht eine Kommission ein, die den Auftrag erhielt, in Tuchfühlung mit dem Zaren ein – ausweichend sogenanntes – ,Staatsgrundgesetz' auszuarbeiten. Auch wenn dem Gremi-
15 um auf Drängen des ,liberalen' Ministerpräsidenten S. Ju. Witte einige reformbereite hohe Beamte angehörten, konnte auf diese Weise nur ein Dokument zustande kommen, das der „Gesellschaft" so wenig Konzessionen wie nötig machte und dem Monar-
20 chen so viele Rechte wie möglich bewahrte. Am meisten schmerzte es die Opposition, dass keine Ministerverantwortlichkeit gegenüber dem Parlament vorgesehen war. Der Zar sollte das Kabinett weiterhin souverän ernennen und absetzen. Die Volksver-
25 tretung durfte Fragen stellen (Interpellation) und Gesetze einbringen (Initiativrecht). Aber sie hatte formal keinen Einfluss darauf, was weiter geschah. Wirksame Druckmittel standen ihr nicht zu Gebote. Dies umso weniger, als auch ein erheblicher Teil des
30 Budgets, vor allem die Militärausgaben und der Hofetat, ihrer Kontrolle entzogen war. Entwickelten Demokratien der Zeit entsprach auch das Wahlrecht nicht. Der alte Staat hatte sich ein kompliziertes, mehrstufiges Verfahren ausgedacht, um die Zusam-
35 mensetzung der Delegierten in seinem Sinne zu lenken. Fatal sollte sich schließlich auch ein Notverordnungsrecht auswirken, das dem Zaren die Möglichkeit gab, zwischen den Dumasitzungen aus alleiniger Vollmacht Gesetze zu erlassen. [...]
40 Gegen diese negative Bewertung sind in jüngerer Zeit Bedenken erhoben worden. Ebenfalls mit guten Gründen hat man davor gewarnt, den Verfassungstext für die Wirklichkeit zu nehmen und den historischen Vergleich außer Acht zu lassen. Ohne Zweifel
45 eroberte sich das Parlament einen festen Platz im politischen Entscheidungsprozess. Ohne Zweifel entstand eine publizistische und politische Öffentlichkeit, die weder der Monarch noch die Regierung ignorieren konnten. Plausibel ist auch der Einwand,
50 dass nicht erst mit der Sicherung von Ministerverantwortlichkeit und vollständiger Kontrolle des Parlaments über die Gesetzgebung von Konstitutionalismus gesprochen werden kann. [...]

Ein Blick auf die nachrevolutionäre Verfassungspra- 55 xis eröffnet wohl die besten Chancen, um Anhaltspunkte zur Schlichtung der Kontroverse zu finden. Allerdings hat auch dieser Weg bislang keinen Konsens gebracht. Das Verhältnis zwischen Zentralgewalt und Parlament blieb ebenso ambivalent und 60 wechselhaft wie die Beziehung zwischen publizistischer Öffentlichkeit und zarischem Staat.

Manfred Hildermeier, Geschichte der Sowjetunion 1917–1991.
Entstehung und Niedergang des ersten sozialistischen Staates,
C. H. Beck, München 1998, S. 52–55.*

1 Erläutern Sie mithilfe von M 27 die unterschiedlichen Einschätzungen des Oktobermanifests durch die Forschung.

2 Erörtern Sie das „konstitutionelle Experiment" in Russland.

M 28 **Der Historiker Hartmann Wunderer über das Scheitern der Revolution von 1905 (2014)**

1905 wiederholten sich in Russland in gewisser Weise Prozesse, die sich 1848 in Europa vollzogen hatten. Das russische Bürgertum scherte ebenfalls aus der revolutionären Front aus und verbündete sich mit den etablierten Gewalten gegen die revolutionären 5 Arbeiter. Lenin, der kurzfristig aus dem Exil nach Russland gekommen war, verließ schnell wieder das Land. Er vertiefte sich in die neuesten Werke über die Krise des Kapitalismus und des Imperialismus [...]. Während die deutsche Sozialdemokratie 10 den Ersten Weltkrieg als „nationalen" oder „patriotischen" Verteidigungskrieg gegen die „russische Despotie" interpretierte und unterstützte, sah Lenin im Ersten Weltkrieg die verzweifelten Zuckungen eines abgewirtschafteten und historisch erledigten poli- 15 tisch-ökonomischen Systems. Allerdings richtete er seine Hoffnungen weniger auf ein seiner eigenen Interessen bewusst gewordenes Proletariat, sondern auf ein entschlossenes Handeln von diszipliniert agierenden Berufsrevolutionären, die sich ihrer ein- 20 maligen historischen Mission absolut sicher sein und resolut Widerstände gegen diesen historischen Auftrag überwinden sollten.

Hartmann Wunderer, Die Russische Revolution, Reclam, Stuttgart
2014, S. 39 f.*

1 Geben Sie wieder, wie der Autor das Scheitern der Revolution begründet.

2 Charakterisieren Sie die Lage in Russland nach 1905.

Vertiefung: Die Philosophie von Karl Marx und die historischen Folgen

M 29   **Porträt von Karl Marx (1818–1883), Fotografie, um 1870.**

Der deutsche Philosoph und Volkswirtschaftler Karl Marx begründete mit Friedrich Engels den wissenschaftlichen Sozialismus. Nach dem Verbot der „Rheinischen Zeitung", deren Chefredakteur er war, emigrierte er 1843 nach Paris. 1848 kehrte er nach Deutschland zurück, emigrierte jedoch nach der gescheiterten Revolution 1848/49 nach London, wo er bis zu seinem Tod lebte. Unter seiner Mitwirkung wurde in London 1864 die „Erste Internationale" gegründet.

M 30   **Auszug aus dem „Kommunistischen Manifest" von Karl Marx und Friedrich Engels (1848)**

In demselben Maße, worin sich die Bourgeoisie, d. h. das Kapital, entwickelt, in demselben Maße entwickelt sich das Proletariat, die Klasse der modernen Arbeiter, die nur so lange leben, als sie Arbeit finden,
5 und die nur so lange Arbeit finden, als ihre Arbeit das Kapital vermehrt. Diese Arbeiter, die sich stückweis verkaufen müssen, sind eine Ware wie jeder andere Handelsartikel und daher gleichmäßig allen Wechselfällen der Konkurrenz, allen Schwankungen des
10 Marktes ausgesetzt.
Die Arbeit der Proletarier hat durch die Ausdehnung der Maschinerie und die Teilung der Arbeit allen selbstständigen Charakter und damit allen Reiz für die Arbeiter verloren. Er wird ein bloßes Zubehör der

Maschine, von dem nur der einfachste, eintönigste, 15 am leichtesten erlernbare Handgriff verlangt wird. Die Kosten, die der Arbeiter verursacht, beschränken sich daher fast nur auf die Lebensmittel, die er zu seinem Unterhalt […] bedarf. Der Preis einer Ware, also auch der Arbeit, ist aber gleich ihren Produktionskos- 20 ten. In demselben Maße, in dem die Widerwärtigkeit der Arbeit wächst, nimmt daher der Lohn ab. […]
Die moderne Industrie hat die kleine Werkstube des patriarchalischen Meisters in die große Fabrik des industriellen Kapitalisten verwandelt. Arbeitermassen, 25 in der Fabrik zusammengedrängt, werden soldatisch organisiert. Sie werden als gemeine Industriesoldaten unter die Aufsicht einer vollständigen Hierarchie von Unteroffizieren und Offizieren gestellt. Sie sind nicht nur Knechte der Bourgeoisklasse, des Bourgeoisstaa- 30 tes, sie sind täglich und stündlich geknechtet von der Maschine, von dem Aufseher und vor allem von den einzelnen fabrizierenden Bourgeois selbst. […]
Ist die Ausbeutung des Arbeiters durch den Fabrikanten so weit beendigt, dass er seinen Arbeitslohn bar 35 ausgezahlt erhält, so fallen die anderen Teile der Bourgeoisie über ihn her, der Hausbesitzer, der Krämer, der Pfandleiher usw. Die bisherigen kleinen Mittelstände, die kleinen Industriellen, Kaufleute und Rentiers, die Handwerker und Bauern, alle diese 40 Klassen fallen ins Proletariat hinab, teils dadurch, dass ihr kleines Kapital für den Betrieb der großen Industrie nicht ausreicht und der Konkurrenz mit den größeren Kapitalisten erliegt, teils dadurch, dass ihre Geschicklichkeit von neuen Produktionsweisen 45 entwertet wird. So rekrutiert sich das Proletariat aus allen Klassen der Bevölkerung. […]
Alle bisherige Gesellschaft beruhte, wie wir gesehen haben, auf dem Gegensatz unterdrückender und unterdrückter Klassen. Um aber eine Klasse unterdrü- 50 cken zu können, müssen ihr Bedingungen gesichert sein, innerhalb derer sie wenigstens ihre knechtische Existenz fristen kann. […] Der moderne Arbeiter dagegen, statt sich mit dem Fortschritt der Industrie zu heben, sinkt immer tiefer unter die Bedingungen sei- 55 ner eigenen Klasse herab. […] Es tritt hiermit offen hervor, dass die Bourgeoisie unfähig ist, noch länger die herrschende Klasse der Gesellschaft zu bleiben und die Lebensbedingungen ihrer Klasse der Gesellschaft als regelndes Gesetz aufzuzwingen. Sie ist un- 60 fähig zu herrschen, weil sie unfähig ist, ihrem Sklaven die Existenz selbst innerhalb seiner Sklaverei zu sichern, weil sie gezwungen ist, ihn in eine Lage herabsinken zu lassen, wo sie ihn ernähren muss, statt von ihm ernährt zu werden. 65

Karl Marx, Friedrich Engels, Manifest der kommunistischen Partei, Marx-Engels-Werke Bd. 4, Dietz, Berlin 1961, S. 468–474.*

M31 Stufen der Gesellschaftsentwicklung nach Karl Marx

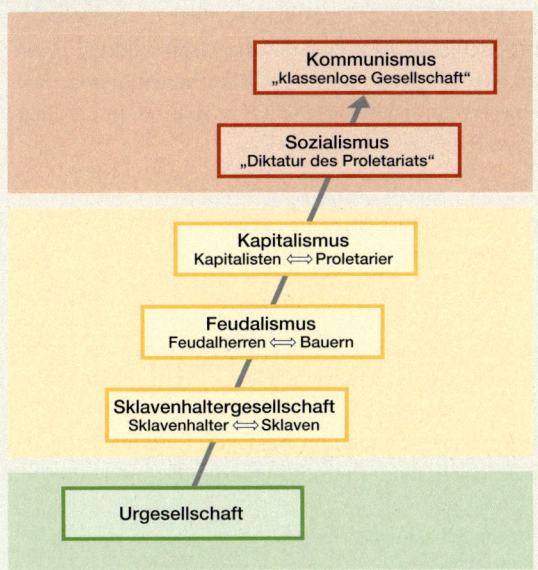

1 Erläutern Sie den Zusammenhang zwischen der Lebenssituation der Arbeiter im Kapitalismus und der gesellschaftlichen Veränderung.

2 **Vertiefung:** Vergleichen Sie mit dem Modell der „J-Kurve" von James C. Davies (Kernmodul, M 9).

M32 Der Historiker Wolfgang Leonhard über die politische Rolle der Arbeiterklasse bei Karl Marx und Friedrich Engels (1976)

Marx und Engels gingen von der These aus, dass mit der zunehmenden Entwicklung des Kapitalismus die Arbeiterklasse zahlenmäßig die stärkste Klasse der Gesellschaft, ja die Mehrheit der Bevölkerung bilden
5 würde, und sahen in ihr die entscheidende Kraft der sozialen Umwälzung.
Zur Verwirklichung dieser Zielsetzung brauche die Arbeiterklasse eine Partei, die von ihr jedoch nicht als „führende Elite" gedacht war, sondern als Interes-
10 senvertretung der gesamten Arbeiterschaft. Die Arbeiterpartei sollte demokratisch aufgebaut sein und jeglichen Autoritätsaberglauben vermeiden. Die Arbeiterbewegung würde international sein, gleichzeitig aber sollten die unterschiedlichen Bedingun-
15 gen in den einzelnen Ländern berücksichtigt und in Rechnung gestellt werden. [...] Die zunehmenden Widersprüche im Kapitalismus würden zu einer sozialen Revolution führen. [...] Marx und Engels unterstrichen zunächst die gewaltsame Revolution,
20 stellten aber seit den Siebzigerjahren des vergangenen Jahrhunderts die Möglichkeit einer friedlichen Umgestaltung in den Vordergrund.

Die soziale Revolution würde zu einer „Diktatur des Proletariats", zu einer politischen Herrschaft der Arbeiterklasse führen. Darunter verstanden Marx 25 und Engels die Entmachtung der Bürokratie, der Armee und Polizei und ihre Ersetzung durch ein in allgemeiner, geheimer Abstimmung gewähltes Organ, das gleichzeitig gesetzgebende und vollziehende Gewalt ausüben sollte, und in dem alle Angestellten und 30 Beamten des öffentlichen Dienstes keine den Arbeiterlohn übersteigende Bezahlung erhalten dürften sowie jederzeit von ihren Wählern abberufen werden könnten. Die „Diktatur des Proletariats" sollte in einer kurzen Übergangszeit die notwendigen Maßnah- 35 men zur Umgestaltung der Gesellschaft vollziehen, darunter die Überführung der entscheidenden Produktionsmittel in die Hände der Gesellschaft – wobei eine Entschädigung der früheren Besitzer vorzuziehen, aber nicht Bedingung sei. Mit und durch diese 40 Transformation würde dann die „klassenlose kommunistische Gesellschaft" entstehen, charakterisiert durch ein gesellschaftliches Eigentum – nicht Staatseigentum – an den Produktionsmitteln in der Form von „Assoziationen der freien Produzenten"[1]. Die 45 Überwindung von Klassenherrschaft und Klassenunterschieden würde zu einer Abschaffung der Staatsgewalt sowie zur Aufhebung der knechtenden Arbeitsteilung führen. Unter diesen Voraussetzungen könnten sich alle geistigen und körperlichen Fähig- 50 keiten des Menschen ungehindert entwickeln: [...] Die Arbeit würde so aus einer Last zu einer Lust, weil jeder Einzelne Gelegenheit hätte, seine sämtlichen Fähigkeiten [...] nach allen Richtungen hin auszubilden und anzuwenden. [...] 55
[Das] System einer Selbstverwaltung der Produzenten sollte die Anarchie[2] der kapitalistischen Wirtschaft überwinden und würde, nach Marx und Engels, einen so hohen Stand der Produktion erreichen, dass eine unentgeltliche Verteilung aller Erzeugnisse an 60 die Gesellschaft möglich sein werde. Damit sei ein Zustand erreicht, in dem „jeder nach seinen Bedürfnissen" leben könne.

Wolfgang Leonhard, Was ist Kommunismus? Wandlungen einer Ideologie, Bertelsmann, München 1976, S. 21, 23 f., 33.*

1 *„Assoziationen der freien Produzenten":* Die Menschen sind in Genossenschaften zusammengeschlossen, die sich selbst organisieren und verwalten.

2 *Anarchie:* hier: Gesetzlosigkeit, Regellosigkeit

1 Analysieren Sie die Rolle der Arbeiterklasse in der Übergangszeit zum Kommunismus.

2 **Zusatzaufgabe:** Siehe S. 476.

Ein historisches Urteil entwickeln

Im Allgemeinen werden im Fach Geschichte zwei Formen der Urteilsbildung unterschieden: **Sachurteile und Werturteile.** Die Trennung ist nicht immer eindeutig, da es auch Überschneidungen gibt; so basiert ein nachvollziehbares Werturteil in der Regel auf vorher vorgenommenen Sachurteilen.

Sachurteil

Es gibt drei unterscheidbare Formen des Sachurteils:

a) Ein Sachurteil dient der Beurteilung von Thesen, Ergebnissen und Kontroversen der Geschichtswissenschaft (z. B. zu den Ursachen des Ausbruchs des Ersten Weltkriegs).
Beispiel: „Die Verantwortung für den Ausbruch des Ersten Weltkrieges liegt nach neueren wissenschaftlichen Erkenntnissen nicht mehr allein beim deutschen Kaiserreich."

b) Ein Sachurteil beurteilt den historischen Gehalt von Aussagen zur Bedeutung von Personen und Ereignissen, in Geschichtsbildern und Mythen (z. B. zum Lutherbild im Nationalsozialismus).
Beispiel: „Luthers Ziel war nicht die Schaffung einer deutschen Nation; diese gab es im 16. Jahrhundert noch nicht. Sein Anliegen war vielmehr eine Reform der katholischen Kirche."

c) Ein Sachurteil bestimmt die Bedeutung und/oder den Stellenwert des jeweiligen Subjekts, Ereignisses oder Phänomens im historischen Kontext.
Beispiel: „Das mittelalterliche Stadtrecht mit der ihm zugrunde liegenden Idee der Schwurgemeinschaft bildete einen Gegenpol zum Feudalismus der agrarisch geprägten Gesellschaft auf dem Lande."
Operatoren: beurteilen, überprüfen (implizit)

Werturteil

Ein Werturteil beruht auf einer persönlichen Bewertung historischer Sachverhalte aus gegenwärtiger Perspektive. Ihm liegen Werte und Normen zugrunde, auf deren Basis das Verhalten, die Idee usw. einer historischen Person oder Gruppe bewertet wird.
Beispiel: „Der Weg in den Ersten Weltkrieg macht deutlich, wie schnell menschliches Handeln in eine Katastrophe führen kann, wenn Verständigungsbereitschaft und Friedfertigkeit fehlen."
Operator: „Stellung nehmen"

Weitere Operatoren fordern ein Sach- und/oder Werturteil: „sich auseinandersetzen", „erörtern" und „interpretieren". In der Regel ergibt sich aus dem zu beurteilenden Sachverhalt, ob neben einem Sachurteil auch ein Werturteil möglich und/oder sinnvoll ist.

Sowohl dem Sachurteil als auch dem Werturteil müssen **Kriterien** zugrunde gelegt werden, mit deren Hilfe man die Argumentation strukturieren und das Urteil fällen kann. **Sie sind die Qualitätsmerkmale der Urteilsbildung.** Im Geschichtsunterricht und im Abitur kommen folgende Kriterien häufiger vor:
Sachurteil: Triftigkeit, Stimmigkeit, (Differenziertheit), Sachgerechtigkeit, historische Korrektheit.
Werturteil: Menschlichkeit, Selbstbestimmung, Friedenserhaltung, Verantwortung für individuelles und gesellschaftliches Verhalten, Gedanken- und Meinungsfreiheit, Übereinstimmung mit christlichen und weltanschaulichen Normen.
Besonders wichtig beim Werturteil ist auch die Reflexion der Tatsache, dass heutige Wertvorstellungen nicht uneingeschränkt auf die Vergangenheit angewendet werden können.

Übungsaufgabe

M1 **Der Historiker Hans-Heinrich Nolte über Ursachen und Folgen der Revolution von 1905 (2012)**

Dass sich am linken Rand des Parteienspektrums eine kleine Partei eine Struktur gab, welche Machtbezogenheit und Geheimhaltungsvorstellungen des Zarismus sozusagen reziprok wiederholte – wenn
5 auch mit dem Ziel, diesen zu stürzen –, das hatte mit der realen Politik dieser Jahre wenig zu tun. Die Macht, außenpolitische und innere Entscheidungen in die Wege zu leiten, die politische Initiative lag am Anfang des 20. Jahrhunderts noch beim Zarismus,
10 auch wenn dieser sich nur auf Armee, Bürokratie und die Hierarchie der orthodoxen Kirche stützen konnte. Der Zarismus versuchte, sich den russischen Nationalismus zunutze zu machen und – dem preußischen Modell folgend – seine Machtstruktur durch Siege
15 gegen äußere Gegner und Russifizierung im Innern zu sichern. Zum wichtigsten Instrument der russischen Expansion wurde die Transsibirische Eisenbahn, deren Bau 1891 unter Finanzminister Sergej Witte begonnen worden war. [...] Die Expansion in
20 Asien, mit der sich Russland an der Aufteilung Chinas unter die europäischen Mächte beteiligen wollte, stieß jedoch auf die Opposition des neu in das Mächtekonzert aufsteigenden Japans [...]. [...]
Die Belastungen der Kriegführung führten im Winter
25 1905 zu Streiks in Petersburg, die in Revolution umschlugen, als am 22. Januar [9. Januar nach julianischem Kalender] eine von dem Priester Gapon angeführte Demonstration vor dem Winterpalais, dem Wohnsitz des Kaisers, von der Garde zusammengeschossen wurde.
30 Die Arbeiterschaft – selbst oft erst in der zweiten Generation städtisch – gründete, der dörflichen Erfahrung entsprechend, Räte zur Selbstverwaltung, die übrigens die Bekämpfung der Trunksucht für ihre erste Aufgabe hielten. Die Revolution wurde schnell auf das Land ge-
35 tragen; vielerorts, besonders in den baltischen Provinzen, wurde das Gutsland „schwarz" umgeteilt – d.h. durch Niederbrennen der Gutshäuser.
Wesentlich für die Schwäche des Zarismus war, dass die Intelligenz von links bis rechts die Revolution der
40 Arbeiter und Bauern mit Sympathie verfolgte. Der Kaiser konnte die Initiative nur wiedergewinnen, indem er am 30. Oktober 1905 [17. Oktober 1905] eine konstitutionelle parlamentarische Verfassung ankündigte, die Rede-, Versammlungs- und Vereinsfreiheit sowie glei-
45 che Rechte für alle Religionen versprach (Oktobermanifest). Als jedoch das erste russische Parlament, die *Reichsduma*, ein Gesetz über die zwangsweise durchzuführende Enteignung des Gutslandes verabschiedete,

löste die Regierung das Parlament einfach auf und veränderte das Wahlrecht, bis es in der dritten Duma 50 schließlich eine konservative Mehrheit gab.
Der Parlamentarismus wurde in Russland also sofort nach dem ersten Zugeständnis der Monarchie wieder unglaubwürdig gemacht. Gestützt auf das Erschrecken der besitzenden Kreise vor der Radikalität der 55 Bevölkerungsmehrheit, fand der Zarismus auch noch einmal zu einer wesentlichen Reform. In dem überzeugenden Kalkül, dass die Regierung es mit Intelligenz und dem noch kleinen Proletariat aufnehmen könne, wenn nur die Bauern aus der gegnerischen 60 Front herausgebrochen werden könnten, trennte sich der Ministerpräsident Pjotr Stolypin endlich von der den Konservativen so lieb gewordenen Idee, dass die Umteilungsgemeinde den russischen Bauern Staatstreue vermittle und einen eigenen russischen Weg er- 65 mögliche, auf dem man die Demokratisierung nach westlichem Vorbild vermeiden könne. Stattdessen wurde in der „Stolypinschen Agrarreform" versucht, eine kapitalistische Bauernschaft zu schaffen, indem den Bauern gestattet wurde, aus der Umteilungsge- 70 meinde auszutreten, sobald sie ihre eigene Schuld bezahlt hatten.

Hans-Heinrich Nolte, Geschichte Russlands, Reclam, 3., überarbeitete Auflage, Stuttgart 2012, S. 159 ff.*

1 Erörtern Sie M 1.
▶ Lösungshinweise finden Sie auf S. 487 f.
▶ Arbeitsschritte zur Analyse von Darstellungen finden Sie auf S. 36.

Anwenden

M1 **Programm des Exekutivkomitees der Narodniki, *Zemlja Volja* (Sept.–Dez. 1878)**

A. Nach unserer Grundüberzeugung sind wir Sozialisten und Narodniki. Wir sind überzeugt, dass die Menschheit nur auf sozialistischen Grundlagen in ihrem Leben Freiheit, Gleichheit und Brüderlichkeit

5 verkörpern, den allgemeinen materiellen Wohlstand und die volle allseitige Entwicklung der Persönlichkeit, und das bedeutet: den Fortschritt, sichern kann. Wir sind überzeugt, dass nur Volkswille [*narodnaja volja*] die gesellschaftlichen Gestaltungen sanktio-

10 nieren kann, dass die Entwicklung des Volkes nur stabil ist, wenn sie selbstständig und frei verläuft, wenn jede Idee, die sich im Leben verkörpern soll, vorbereitend durch das Bewusstsein und den Willen des Volkes hindurchgeht. Das Wohl des Volkes und der Wille

15 des Volkes sind unsere zwei geheiligten und untrennbar verbundenen Prinzipien. [...]

B. [...] 2. Wir meinen, dass der Volkswille hinlänglich gut ausgedrückt und bestimmt würde durch eine konstituierende Versammlung [...], die frei gewählt

20 wird durch allgemeine Stimmabgabe, verbunden mit Wählerinstruktionen. Das ist freilich keineswegs die ideale Form der Äußerung des Volkswillens. [...] 3. Auf diese Weise ist es unser Ziel, die Macht der bestehenden Regierung zu nehmen und an die

25 konstituierende Versammlung zu geben. [...]

C. [...] Unser Programm ist Folgendes: (1) ständige Volksvertretung [...] mit der vollen Macht in allen gesamtstaatlichen Angelegenheiten; (2) umfassende Selbstverwaltung der Gebiete, gestützt auf die

30 Wählbarkeit aller Ämter, die Selbstständigkeit der Gemeinde [*mir*] und die ökonomische Unabhängigkeit des Volkes; (3) Selbstständigkeit der Gemeinde als wirtschaftliche und administrative Einheit; (4) Land-Eigentum des Volkes; (5) System von Maßnahmen, um alle

35 Werke und Fabriken in die Hände der Arbeiter zu bringen; (6) volle Freiheit des Gewissens, des Wortes, der Presse, der Versammlungen, der Assoziationen und der Wahlagitation; allgemeines Wahlrecht ohne ständische und Eigentumsbegrenzungen; [...] (8) Ersatz der ste-

40 henden Heere durch eine Territorialarmee. [...]

E. [...] Die leitenden Prinzipien der Handlungen des Exekutivkomitees richten sich nach der Einstellung von Personen und gesellschaftlichen Gruppen zur revolutionären Sache. Somit:

45 (1) gegenüber der Regierung als dem Feind rechtfertigt das Ziel die Mittel, d. h. jedes Mittel, das zum Ziel führt, halten wir für zulässig; (2) alle oppositionellen Elemente, sogar diejenigen, die sich nicht mit uns verbünden, finden in uns Hilfe und Schutz; (3) Perso-

50 nen und gesellschaftliche Gruppen, die außerhalb unseres Kampfes mit der Regierung stehen, werden als neutral anerkannt; ihre Person und ihr Eigentum sind unverletzlich; (4) Personen und gesellschaftliche Gruppen, die bewusst und aktiv der Regierung bei

55 unserem Kampf gegen diese helfen, betrachten wir als aus der Neutralität tretend und daher als Feind.

Zit. nach: Hans-Heinrich Nolte u. a. (Hg.), Quellen zur Geschichte Russlands, Reclam, Stuttgart 2014, S. 225 f.*

M2 **Bomben-Attentat auf Zar Alexander II. im März 1881, Zeichnung, Ende 19. Jahrhundert.**

Das tödliche Attentat wurde von einer Gruppe Narodniki um Sofja Lwowna Perowskaja (1853–1881) vorbereitet und von zwei Studenten ausgeführt. Alle Beteiligten wurden im April 1881 hingerichtet. Der neue Zar Alexander III. (reg. 1881–1894) machte einen Teil der Reformen rückgängig und verstärkte das repressive Vorgehen gegen die politische Opposition in Russland.

1 Fassen Sie die wesentlichen Punkte des Programms der Narodniki (M 1) zusammen.

2 Erläutern Sie Entwicklung, Inhalte und Ziele der Bewegung der Narodniki.

3 Ordnen Sie das Programm innerhalb der verschiedenen Ausrichtungen der Narodniki ein. Begründen Sie Ihre Entscheidung.

4 Arbeiten Sie Unterschiede und Gemeinsamkeiten zur marxistischen Russischen Sozialdemokratischen Arbeiterpartei heraus.

5 Die Narodniki befürworteten ebenso wie andere oppositionelle Gruppen in Russland die Anwendung von Gewalt im Kampf gegen die autokratische Zarenherrschaft. Setzen Sie sich mit der Frage auseinander, ob Gewalt im Kampf gegen autoritäre und repressive Regierungen gerechtfertigt ist.

Wiederholen

M 3 „Zar Nikolaus II. bohrt in der Nase, während seine Soldaten die Bevölkerung unterdrücken", satirische Bildreihe zur Revolution von 1905, russische Postkarte, 1905.

Die Postkarte erschien ursprünglich in Frankreich und wurde in Russland nachgedruckt. Die Textzeile oben lautet übersetzt: „Bild ohne Worte".

Zentrale Begriffe

Anarchisten
Bolschewiki
Dekabristen
Duma
Marxismus
Menschewiki
Narodniki
Oktobermanifest
Russische Sozialdemokratische
Arbeiterpartei (RSDAP)
Sozialrevolutionäre

1 Interpretieren Sie die Karikatur M 3 zur russischen Revolution von 1905 und formulieren Sie eine Kernaussage.
   Tipp: Nutzen Sie die sprachlichen Formulierungshilfen.
2 Beschreiben Sie die Entwicklung der politischen Opposition in Russland.
   Tipp: Gliedern Sie Ihre Darstellung beispielsweise nach den verschiedenen Gruppen.
3 **Wahlaufgabe:** Bearbeiten Sie a) oder b).
   Setzen Sie sich mit den Ideen der Narodniki auseinander:
   a) Arbeiten Sie die wichtigsten Ziele der Narodniki heraus und gliedern Sie diese in einem Schaubild.
   b) Erläutern Sie in Form eines Essays, warum die Narodniki zu den sogenannten Slawophilen gezählt werden.
4 Charakterisieren Sie das Modell der gesellschaftlichen Entwicklung nach Karl Marx.
5 Geben Sie wieder, wie Wladimir I. Lenin die „Diktatur des Proletariats" erreichen will.
6 Die Ereignisse der Jahre 1905/1906 in Russland wurden lange nicht als Revolution eingeordnet, weil die Zarenherrschaft bestehen blieb. Nehmen Sie Stellung und kommen Sie gegebenenfalls zu einer eigenen begründeten Einschätzung.
7 **Vertiefung:** Der Begründer des Anarchismus Michail Bakunin hat gesagt: „Wer nicht das Unmögliche wagt, wird das Mögliche nie erreichen." Erörtern Sie diese Äußerung im Hinblick auf die politische Opposition in Russland.

Sprachliche Hilfen für die Interpretation der Karikatur:
– Das Bild zeigt eine Konfrontation zwischen …
– In der Mitte sieht man …
– Der Zar wird … dargestellt.
– Die Gestik der Personen ist …
– Die Revolution von 1905 wird als … präsentiert.

Das Jahr 1917 und die Träger der Revolutionen

M1 Lenin auf der Tribüne, Gemälde von Aleksandr Gerasimov, 1930

1917	23. Februar: Streik von Arbeiterinnen und Arbeitern in Petrograd (St. Petersburg)
	27. Februar: In Petrograd und Moskau bilden sich Arbeiter- und Soldatenräte
	2. März: Duma bildet eine Provisorische Regierung; Zar Nikolaus II. dankt ab
	3./4. April: Rückkehr von Lenin aus dem Exil und Verkündung seiner „Aprilthesen"
	3.–24. Juni: Erster Allrussischer Sowjetkongress der Arbeiter- und Soldatenräte
	Juli: Bewaffnete Massendemonstrationen und Straßenschlachten, Juliaufstand

1917

Das Jahr 1917 bildet eine wichtige Zäsur in der russischen Geschichte. Februarrevolution und Oktoberrevolution begründeten die Sowjetunion. Der Führer der Bolschewiki, Wladimir Iljitsch Lenin prägte die Ereignisse und die ersten Jahre der Sowjetunion. Bis zum Ende der Sowjetunion war er die Leitfigur. Doch die beiden Revolutionen wurden
5 nicht nur von den marxistischen Bolschewiki getragen. Ganz im Gegenteil:
In der Februarrevolution gingen Menschen aller Gesellschaftsschichten massenhaft auf die Straße und forderten „Brot", „Frieden" und die Abdankung des Zaren, dessen autokratisches Regime sie für die schlechte Lage verantwortlich machten. Am 23. Februar 1917 schlossen sich auch die Soldaten den Protesten an und wurden zusammen mit
10 den Arbeitern zu den Hauptträgern der Revolution. In Arbeiter- und Soldatenräten (Sowjets) beanspruchten sie die politische Führung und vertraten gemäßigt linke, sozialistische Ideen. Damit standen sie in Konkurrenz zu den liberalen Kräften der Duma, dem seit 1906 existierenden russischen Parlament, die mit der Bildung einer provisorischen Regierung ebenfalls Anspruch auf die Führung erhoben. Unter dem allgemeinen Druck
15 dankte der Zar ab, es kam zu einer Phase der „Doppelherrschaft" von Provisorischer Regierung und den Arbeiter- und Soldatenräten. Die Bolschewiki spielten in der Februarrevolution nur eine untergeordnete Rolle.
Erst Anfang April 1917 trat der radikale Sozialist und Bolschewik Wladimir Iljitsch Lenin auf den Plan. Gleich nach seiner Rückkehr aus dem Exil in der Schweiz forderte er eine
20 Fortsetzung der Revolution, um die alleinige Macht der Arbeiter, die von Marx und Engels als Vollendung des Kommunismus propagierte „Diktatur des Proletariats" zu erreichen. Doch Regierung und gemäßigte Sozialisten setzten sich mithilfe des Militärs noch einmal durch. Erst im Oktober 1917 sorgten die sich weiter verschärfenden Versorgungskrisen für einen Umschwung. Am 24. Oktober besetzten Arbeiter und Solda-
25 ten unter bolschewistischer Führung nach einem genauen Masterplan wichtige Orte in Petrograd und Moskau und verhafteten die Mitglieder der Regierung, am 26. Oktober trat die erste Sowjetregierung zusammen. Die Oktoberrevolution war vollzogen, doch Historikerinnen und Historiker sprechen hier eher von einem Staatsstreich.

1 Beschreiben Sie auf der Basis des Einleitungstextes die Trägergruppen von Februarrevolution und Oktoberrevolution.
2 Interpretieren Sie das Gemälde M 1 im Hinblick auf die Rolle Lenins während der russischen Revolutionen.
3 **Concept-Map:** Sammeln Sie in einer Concept-Map alle Informationen, Assoziationen und Fragen, die Ihnen zum Thema „russische Revolutionen 1917" einfallen.
Tipp: Hinweise zur Concept-Map siehe S. 506.

24. Okt.: „Oktoberrevolution": Bolschewiki besetzen wichtige Plätze in Petrograd; Verhaftung der Regierung
25. Okt.: Menschewiki und Sozialrevolutionäre verlassen aus Protest den Sowjetkongress
26. Okt.: „Rat der Volkskommissare" bildet die Regierung unter Führung von Lenin
12. Nov.: Wahlen zur verfassunggebenden Versammlung

1918 5./6. Januar: Verfassunggebende Versammlung wird von den Bolschewiki gewaltsam aufgelöst
März: Friede von Brest-Litowsk, Rückzug Russlands aus Erstem Weltkrieg; Beginn des Bürgerkriegs
10. Juli: Verkündung der Verfassung der „Russländischen Sozialistischen Föderativen Sowjetrepublik"

1918

1.4 Das Jahr 1917 und die Träger der Revolutionen

> **In diesem Kapitel geht es um**
> – *die Ursachen der Revolutionen von 1917,*
> – *den Verlauf und die Träger der Februarrevolution,*
> – *den Verlauf und die Träger der Oktoberrevolution.*

Zuspitzung der Krise in Russland

Nach Beginn des Ersten Weltkrieges 1914 genügten zwei Kriegsjahre, um Russland in eine tiefe Krise zu stürzen. Es zeigte sich schnell, dass Russland den Mittelmächten Deutschland und Österreich deutlich unterlegen war. Ab 1915 verlief die Front im eigenen Land und erstarrte zu einem zermürbenden Stellungskrieg. Zunehmend machten sich Rohstoff- und Energiemangel, Transport- sowie Versorgungsprobleme bemerkbar. 5 Die heimische Industrie konnte den Materialbedarf des modernen Krieges nur unzureichend decken. Die neu eingezogenen Soldaten kamen immer schlechter ausgerüstet und oft kaum noch ausgebildet an die Front. Kriegsopfer in Millionenhöhe führten zu einem Vertrauensverlust in die militärische Führung. Es häuften sich Befehlsverweigerungen, der **Unmut bei den Soldaten** nahm zu. 10

Im Land selbst führte der Krieg ebenfalls zu großen Problemen. Die Landbevölkerung, aus der sich der größte Teil des russischen Heeres rekrutierte, musste die Einberufung von fast 50 Prozent der männlichen Dorfbewohner im arbeitsfähigen Alter verkraften. Die Erträge der Höfe gingen zurück. Zusätzlich mussten Tiere und Lebensmittel an die Armee abgegeben werden. Die Armut verschlimmerte sich und führte zu **Unruhen auf** 15 **dem Land.** Noch bedrohlicher für die Stabilität des Zarenreiches war die soziale Entwicklung in den Städten. Die Löhne stiegen zwar an, doch das Geld wurde durch eine enorme Inflation entwertet. Die anhaltende Zuwanderung ländlicher Arbeiter für die Kriegswirtschaft und die Flüchtlingsströme aus den Kampfgebieten verschärften die Wohnungsnot, Lebensmittel wurden zur Mangelware, was die Preise immer weiter stei- 20 gen ließ. Die gesellschaftlichen Gegensätze verschärften sich dramatisch und riefen eine Welle an **Streiks und Demonstrationen in den Städten** hervor.

Die wachsende Protestbereitschaft der russischen Bevölkerung zeigte sich auch in der Duma, die von den Vertretern des Bürgertums und des Adels dominiert wurde. Das Verlangen nach Mitsprache beantwortete der Zar mit der Auflösung der Duma. Abge- 25 ordnete wurden, ungeachtet ihrer Immunität, der polizeilichen Überwachung unterstellt. Wie groß die Erbitterung über den autokratischen Kurs Nikolaus' II. war, zeigte die Bildung des „Progressiven Blocks"* 1915, der mit Ausnahme der radikalen Rechten und Linken alle Abgeordneten der Duma umfasste und Reformen in Russland forderte. Sie sahen darin eine notwendige Voraussetzung für die siegreiche Beendigung des Krieges. 30 Schon bald schlossen sich Organisationen der ländlichen Selbstverwaltung (*Semstvo*) und der Kongress des Städteverbandes an. Es kam zu einer breiten **Koalition wichtiger politischer Kräfte** im Land. Wieder reagierte der Zar mit Gewalt und ließ seine Kritiker ins Gefängnis werfen. Als militärischer Oberbefehlshaber wurde Nikolaus II. zudem für die katastrophale Entwicklung an der Front verantwortlich gemacht. Selbst Teile der 35 Armeeführung distanzierten sich vom Zaren.

Die Februarrevolution 1917

Den Ausschlag zur Revolution gab schließlich eine drastische Verschlechterung der Versorgungslage im Winter 1916/17. Versuche der Regierung, durch Zwangseintreibungen

M1 Schlangen vor einem Lebensmittelgeschäft in St. Petersburg, Fotografie, Januar 1917

Progressiver Block
Dem Zusammenschluss innerhalb der Duma gehörten u. a. folgende Parteien an:
– die Konstitutionell-Demokratische Partei (liberal),
– die Oktobristen (konstitutionell-monarchisch),
– die Progressisten (liberal-monarchisch),
– die Zentristen (gemäßigt-konservativ),
– die Sozialrevolutionäre (agrarisch-sozialistisch).

und ein neues Ablieferungssystem den Mangel zu beheben, schlugen fehl. Anfang 1917 nahmen die Streiks und Demonstrationen im Land Massencharakter an. Die städti-
5 schen Mittel- und Unterschichten beteiligten sich daran ebenso wie große Teile der Landbevölkerung. Am 23. Februar 1917 (nach dem in Russland gültigen julianischen Kalender*, nach gregorianischem Kalender 8. März) standen in St. Petersburg (Petrograd) 128 000 Arbeiterinnen und Arbeiter im Streik und demonstrierten; binnen kurzer Zeit verbrüderten sich fast alle Garnisonssoldaten mit den Demonstrierenden. Sie
10 stürmten die Waffenarsenale des Heeres und übernahmen die Macht in der Stadt; zwei Tage später wurde der Generalstreik ausgerufen. Zum Sprachrohr des Aufstandes entwickelte sich der **Sowjet* der Petrograder Arbeiter und Soldaten,** dem überwiegend gemäßigte Linke angehörten. Die Streikenden forderten Brot, die Beendigung des Krieges und die Beseitigung des Zarismus. Am 26. Februar schlossen sich weitere militäri-
15 sche Einheiten den Aufständischen an. Am 27. Februar war die Hauptstadt völlig in der Hand der Arbeiter und Soldaten. Die **Duma*** wollte politisch nicht an die Seite gedrängt werden und kündigte nun ebenfalls ihren Gehorsam auf, indem sie sich weigerte, einem Befehl des Zaren zur Selbstauflösung nachzukommen. Als ein Einlenken des Zaren ausblieb und der Druck der Straße immer stärker wurde, kam es zur Machtergreifung des
20 Parlaments. Es ließ die Regierung des Zaren und regionale Militärbefehlshaber verhaften und ernannte einen neuen Oberkommandierenden. Zar Nikolaus II. versuchte noch mithilfe von Fronttruppen die Revolution aufzuhalten, musste aber schließlich abdanken; das Ende der dreihundertjährigen Herrschaft der Romanows war gekommen. Bald danach bildete sich eine „**Doppelherrschaft**" von Duma und Sowjets in Russland aus.

Julianischer Kalender
Die Zeitrechnung des julianischen Kalenders wurde im Römischen Reich eingeführt und nach Julius Cäsar benannt. Der heute übliche gregorianische Kalender entstand Ende des 16. Jh. und hat seinen Namen nach Papst Gregor XIII., der die Zeitreform durchführte.

Sowjets
(russ. = Räte) seit der Revolution von 1905 spontan entstandene basisdemokratische Selbstverwaltungsorgane der Arbeiter, Bauern und Soldaten

Duma
Russisches Parlament, das erstmals 1906 zusammentrat. 1907 wurde das Parlament zwei Mal vom Zaren aufgelöst und mit neuem Wahlrecht neu gewählt. 1917 war die vierte Duma in Verantwortung, die 1912 gewählt worden war.

► M 11: Alexander Kerenski über die Doppelherrschaft

M 2 Erste Duma-Sitzung nach der Abdankung des Zaren, Fotografie, März 1917.
Hinter dem Rednerpult ist nur noch ein Holzrahmen zu sehen. Hier hing vorher ein Porträt des Zaren.

► M 12: Erklärung der Provisorischen Regierung

Träger der Februarrevolution

In den Sowjets dominierten zwei Parteien, die **Menschewiki** und die **Sozialrevolutionäre*.** Beide hatten ihre soziale Basis in der Intelligenzija. Die Menschewiki bezogen sich in ihrer Agitation und Programmatik eher auf die Industriearbeiter, die Sozialrevolutionäre eher auf die Bauern. Insbesondere die Bauern waren in dem riesigen Land schwer zu orga-
5 nisieren. Gemeinsam war beiden Parteien ein schematisches Bild von historischer Entwicklung, das sich an dem Ablauf der europäischen Revolutionen und an den Vorstellungen von Marx und Engels orientierte, wonach Russland zunächst eine längere Periode bürgerlich-kapitalistischer Entwicklung zu durchlaufen hätte. Die Menschewiki und die Sozialrevolutionäre forderten daher die bürgerlichen Parteien aus der zaristischen Zeit auf,
10 eine Regierung zu bilden. Das Resultat war die **Provisorische Regierung.** Sie bestand aus Vertretern der bürgerlichen Parteien und einem Minister der Sozialrevolutionäre. Dem

► M 9: Aufruf des Sowjets

Modell der „Doppelherrschaft" entsprechend entstanden neben den Räten lokale Organe der Regierungsgewalt, die aber relativ bedeutungslos blieben.

Die Arbeiter, Bauern und Soldaten in den neuen Räten traten für einen sofortigen Friedensschluss ein. Darüber hinaus forderten sie weitgehende Mitbestimmungs- und Kontrollrechte für die sich überall bildenden Fabrikkomitees und eine grundlegende Agrarreform. Damit waren Konflikte mit der Provisorischen Regierung, die vor allem die Interessen von Adel und Besitzbürgertum vertrat, vorgezeichnet. ·15

M 3 Wladimir Iljitsch Lenin (1870–1924), Fotografie, 1918

▶ M 15: Lenins Aprilthesen

▶ M 26 bis M 28: Lenins Rolle in der Revolution

M 4 Alexander Kerenski (1881–1970), Fotografie, 1917.

Kerenski war von Juli bis Oktober 1917 Ministerpräsident. Vorher war er seit Februar Justizminister und ab Mai Kriegsminister der Provisorischen Regierung.

Von der Aprilkrise zur Julikrise

Die Regierung geriet bald unter Druck von Seiten der unteren Gesellschaftsschichten. Die Unzufriedenheit der Bauern entlud sich in Zerstörungsaktionen, Diebstahl und Pachtverweigerung, die der Arbeiter in Streiks für den Achtstundentag, Lohnerhöhungen und innerbetriebliche Mitbestimmungsrechte. In der Armee griffen mangelnder Kampfeswille und Disziplinlosigkeit um sich, die mitunter in offene Aggression gegen die Offiziere umschlugen. In Petrograd kam es im April zu Massendemonstra-·5 tionen für einen sofortigen Friedensschluss. Nur mit Polizeigewalt gelang es der Regierung, die Bevölkerung unter Kontrolle zu halten. Schießereien führten zu Todesopfern. Als Reaktion auf die Aprilkrise wurden gemäßigte Sozialisten in die Regierung aufgenommen. Mit Zustimmung der Sowjets übernahmen sie das Kriegs-, Landwirtschafts- und Arbeitsministerium. Die **1. Koalitionsregierung** wollte damit die Bevölkerung ·10 beruhigen. Da die Regierung aber an ihrem Kurs nichts änderte, verlor sie weiter an Zustimmung. Auch die Sowjets kamen durch ihre Kooperation mit der Regierung unter Druck.

In dieser Situation wurden die Bolschewiki, die nur eine kleine Minderheit in den Sowjets darstellten, zum Sprachrohr insbesondere der städtischen Massen. Im April 1917 ·15 war ihr Vorsitzender **Wladimir Iljitsch Lenin (1870–1924)** mithilfe der deutschen Reichsregierung aus dem Schweizer Exil nach Russland zurückgekehrt. Lenin vertrat im Gegensatz zu den Menschewiki und zu Teilen der eigenen Partei die Auffassung, dass die Revolution mit Energie weitergetrieben werden müsse und dass allein eine Arbeiter- und Soldatenregierung, deren Keimform er im Petrograder Sowjet verwirklicht sah, die ·20 nationalen und sozialen Probleme des Landes lösen könne. Noch am Tag seiner Ankunft rief er mit seinen „Aprilthesen" zur Fortsetzung der Revolution auf. Die Aprilthesen fielen bei Arbeitern, Soldaten und Bauern auf fruchtbaren Boden. Die Mitgliederzahl der Bolschewiki, die Anfang 1917 noch knapp 24 000 betrug, erhöhte sich beträchtlich. ·25

Die bolschewistische Propaganda wirkte sich verschärfend auf die Auseinandersetzungen aus. Im **Juli 1917** nahm die Zahl der Streiks und Aussperrungen wieder zu. Eine galoppierende Inflation und die sich verschlechternde Versorgungslage führten zu erneuten Demonstrationen. In den Dörfern gingen die Bauern vielerorts zur spontanen Landnahme über und vertrieben ihre Grundherren. An der Front und in den Garniso- ·30 nen wuchs der Unmut über den ausbleibenden Friedensschluss. Eine von der Regierung angeordnete Kriegsoffensive endete mit einem fluchtartigen Rückzug und teilweisen Zerfall der Armee. Dies befeuerte den Juliaufstand in Petrograd, der mit Demonstrationen und Straßenkämpfen zwischen den bolschewistischen Roten Garden und Regierungstruppen einherging. Doch der Aufstand scheiterte, Lenin floh nach Finnland. ·35 Gewinner der Julikrise war die Regierung, die nun von **Alexander Kerenski (1881–1970)** angeführt wurde. Ende Juli bildete dieser die **2. Koalitionsregierung**, die sich nach außen hin sozialistisch präsentierte, in der Praxis jedoch die bisherige Politik weiterführte. Der durch die Fortsetzung des Krieges verursachte Verfall von Wirtschaft, Armee und Staat beschleunigte sich noch mehr und rief Ende August einen Putsch konserva- ·40 tiver Militärkreise hervor. An seiner Spitze stand der eben erst zum militärischen

Oberbefehlshaber berufene General Kornilow. Ziel des Putsches war die Entmachtung der Linken. Er erreichte jedoch genau das Gegenteil: die Aufwertung des Sowjets und der Bolschewiki, denn Kerenski, der sich während der Generalsrevolte Hilfe suchend an
45 den Arbeiter- und Soldatenrat der Hauptstadt gewandt hatte, sah sich zu Zugeständnissen gezwungen. Er amnestierte die nach dem Juliaufstand inhaftierten Führer der Linken und ließ im Gegenzug Politiker der Rechten verhaften.

Die Oktoberrevolution von 1917 und ihre Träger

Im Herbst 1917 trieb die Krise von Wirtschaft, Armee und Staat ihrem Höhepunkt zu. Es kam zu Hungerunruhen, teils gewaltsamen Übernahmen von Fabriken durch Streikende, auf dem Land entbrannte ein regelrechter Bauernkrieg um das gutsherrliche Land. Bei den Septemberwahlen erzielten die Bolschewisten große Stimmengewinne
5 und stellten nun in den wichtigsten Sowjets die Mehrheit. Angesichts dieser Entwicklung beschwor der zurückgekehrte Lenin seine Partei, in einem Staatsstreich die Macht zu ergreifen. Nach heftigen Debatten gelang es ihm schließlich, die Mehrheit des Zentralkomitees der Bolschewiki für den bewaffneten Aufstand zu gewinnen. Als Termin wurde der 25. Oktober gewählt, der Tag des Zusammentritts des Zweiten Allrussischen
10 Sowjetkongresses*. Leitstelle zur Vorbereitung des Putsches wurde das **Militärische Revolutionskomitee** des Petrograder Sowjets, das weitgehend unter bolschewistischer Kontrolle stand. Am 20. Oktober veranlasste es die Ablösung verschiedener Truppenkommandeure und unterstellte die Soldaten von Petrograd seiner Verfügungsgewalt.

► M 20, M 21: Situation in der Metallfabrik „Sormowo"

► M 19: Resolution des Bauernkongresses von Cherson

► M 22, M 23: Diskussion bei den Bolschewiki um den bewaffneten Kampf

Allrussischer Sowjetkongress
Auf dem Kongress trafen sich Vertreter aller Sowjets im Land. Sie gehörten verschiedenen sozialistischen Gruppen an. Das erste Treffen fand im Juni 1917 statt. Dabei wurde ein Zentralkomitee gewählt.

M5 Lenin im Hauptquartier der Bolschewiken im Smolny-Institut in Petrograd im Oktober 1917, Ölgemälde, Schule des sozialistischen Realismus, o. J.

In der Nacht vom 24. auf den 25. Oktober nahmen militärische Einheiten und bewaffne-
15 te Arbeiterbrigaden strategische Punkte der Stadt ein. Die Regierung unter Kerenski verhängte den Ausnahmezustand, konnte den **Staatsstreich** aber nicht mehr abwenden. In der Nacht zum 26. Oktober ließ Leo Trotzki, einer der engsten Mitstreiter Lenins, das „Revolutionäre Militärkomitee" den Regierungssitz im „Winterpalais" stürmen, die Regierung wurde abgesetzt und ihre Mitglieder verhaftet. Es gab keine Massendemonstrationen,

► M 24, M 25: Historikerurteile über die Oktoberrevolution

kaum Tote. Noch am Abend trat der Petrograder Sowjet zusammen und verkündete 20 zwei Dekrete: das **„Dekret über den Frieden",** gerichtet an alle Krieg führenden Länder, und das **„Dekret über die entschädigungslose Enteignung von Grund und Boden".** Außerdem bildete der Petrograder Sowjet eine provisorische Arbeiter- und Bauernregierung (Rat der Volkskommissare) und wählte das „Gesamtrussische Zentralexekutivkomitee". Anders gestaltete sich die Lage in Moskau. Hier konnten 25 sich die Bolschewiki erste Ende Oktober nach erbitterten Straßenkämpfen durchsetzen.

Als die Wahlen zur verfassunggebenden Nationalversammlung, die noch die Provisorische Regierung veranlasst hatte, im November 1917 eine Mehrheit der Sozialrevolutionäre 30 ergaben und das gewählte Parlament sich weigerte, die Sowjetmacht uneingeschränkt anzuerkennen, löste der Rat der Volkskommissare das Parlament im Januar 1918 durch Truppeneinsatz auf. Wenige Tage später wurde die Auflösung und die „Deklaration der Rechte des werktätigen und 35 ausgebeuteten Volkes" vom 3. Allrussischen Rätekongress in Petrograd gebilligt. Die Deklaration bildet einen wichtigen Bestandteil der am 10. Juni 1918 in Kraft gesetzten Verfassung der Russischen Sozialistischen Föderativen Sowjetrepublik (RSFSR). Damit war der Systembruch vollzogen, 40 die Sowjetunion offiziell gegründet. Doch schon im November formierten sich die gegenrevolutionären Kräfte. Es kam zu einem Bürgerkrieg

M6 **Wahlergebnisse in Russland 1917/1918**

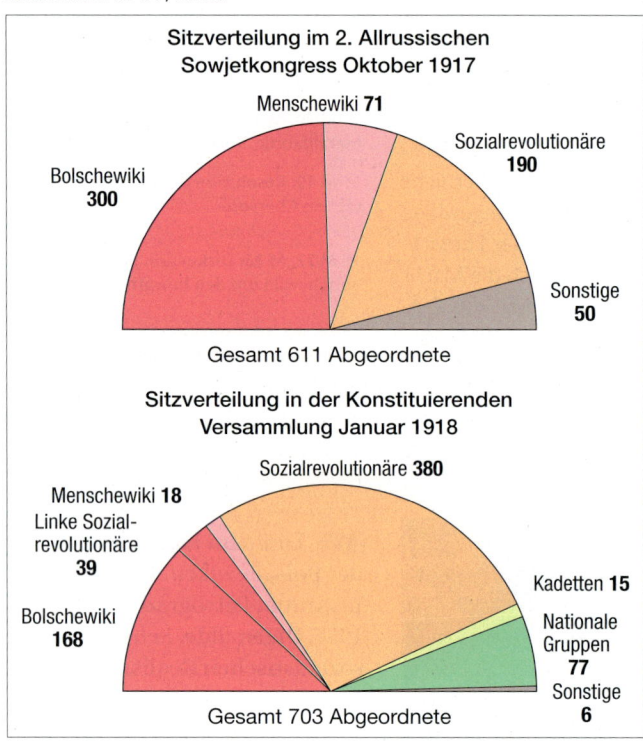

Sitzverteilung im 2. Allrussischen Sowjetkongress Oktober 1917

Menschewiki 71
Bolschewiki 300
Sozialrevolutionäre 190
Sonstige 50
Gesamt 611 Abgeordnete

Sitzverteilung in der Konstituierenden Versammlung Januar 1918

Sozialrevolutionäre 380
Menschewiki 18
Linke Sozialrevolutionäre 39
Bolschewiki 168
Kadetten 15
Nationale Gruppen 77
Sonstige 6
Gesamt 703 Abgeordnete

Die russischen Revolutionen 1917

cornelsen.de/Webcodes
Code: bemare

1 **Gruppenarbeit/Lernplakat:** Erstellen Sie ein Lernplakat zum Verlauf der russischen Revolutionen zwischen Februar und November 1917.
2 Arbeiten Sie die verschiedenen Trägergruppen der Revolution heraus. Analysieren Sie die von den Gruppen vertretenen Ziele.
Tipp: Siehe S. 477.
3 Charakterisieren Sie die Ereignisse der Oktoberrevolution. Beziehen Sie das Bild M 5 mit ein.

Februarrevolution

M 7 Der Historiker Martin Aust über den Beginn der Februarrevolution (2019)

Die Petrograder Menschewiki appellierten in den ersten Januartagen 1917 an die Arbeiter der Stadt, sich angesichts der miserablen Versorgungslage und der Opfer des andauernden Krieges an die heroi-
5 schen Tage des Januar 1905 und die Massen zu erinnern, die am 9. Januar demonstriert hatten. Nun sei es an der Zeit, erneut den Staffelstab der Revolution aufzunehmen, den Krieg zu beenden und eine Republik zu gründen. Im Parlament beobachteten führen-
10 de Köpfe die Aktivität der Arbeiterschaft, insbesondere in den Petrograder Putilov-Werken, mit zunehmender Besorgnis und Nervosität. [...] Ihren Anfang nahm die Revolution schließlich am internationalen Frauentag, dem 23. Februar 1917 [nach gre-
15 gorianischem Kalender 8. März]. In Petrograd war es ein sonniger und windstiller Tag mit leichten Minusgraden, den Frauen nutzten, um gegen die Lebensmittelknappheit zu demonstrieren. Die Macht der Straße war zudem gestärkt, da die Putilov-Werke

20 000 Arbeiter ausgesperrt hatten, die ein tiefes 20 Gefühl der Ungerechtigkeit empfanden, das sich gegen Arbeitgeber, die Polizei und den Staat richtete. Die Intelligenzija reaktivierte die Einrichtung eines Arbeiterrates, [...].
Die Demonstrantinnen bahnten sich ihren Weg in 25 das Zentrum Petrograds auf den Nevskij Prospekt. Noch beschränkten sich ihre Forderungen auf Nahrungsmittel und ein Ende des Krieges. Am folgenden Tag waren schon Stimmen vernehmbar, die das Ende der Autokratie verlangten. Sie erhoben sich schein- 30 bar umso leichter, als am 24. Februar 1917 zu sehen war, dass Kosaken und berittene Einheiten die Frauen und Arbeiter gewähren ließen. Wiederum einen Tag später, dem 25. Februar, schlug sich eine Einheit des Pavlovskij-Garderegiments auf die Seite der De- 35 monstranten. [...] Am 26. Februar liefen das Volinskij-Leibgarderegiment und die Pavlovskij-Garde zum Arbeiterrat über, der sich damit in einen Sowjet der Arbeiter und Soldaten wandelte. Das Regime war nun damit konfrontiert, die Kontrolle über das zen- 40 trale Machtelement, die Armee, im Angesicht einer drohenden Meuterei aufrechtzuerhalten.
Am 26. und 27. Februar sandte Rodzjanko drei Telegramme an Nikolaus II., in denen der Dumavorsitzende die Wiedereinsetzung des Parlaments und 45 eine Regierung des Vertrauens forderte – andernfalls sei es zu spät, und Aufruhr und Revolution stünden Russland bevor. [...] Was dem Zaren fehlte, war das Bewusstsein für Handlungsdruck. Noch am 27. Februar schlug er die Nachricht [...] in den Wind. 24 50 Stunden später erklärte er sich allerdings zu Reformen bereit und ging auf die Forderungen ein. Die Duma und der Progressive Block ließen über Rodzjanko ausrichten, es sei zu spät. Es ist erstaunlich, wie nach beinahe drei Jahren Krieg eine verstrichene 55 Frist von 24 Stunden als nicht mehr auszugleichender Zeitverlust eingestuft wurde. An dieser Stelle wird deutlich, wie die Führung des Parlamentes auf die Karte einer Revolution setzte, die sie glaubte beherrschen zu können. 60

Martin Aust, Die Russische Revolution. Vom Zarenreich zum Sowjetimperium, C. H. Beck, 2. Auflage, München 2019, S. 97 f.* (Schreibweise der russischen Begriffe angepasst)

1 Arbeiten Sie aus M 7 die Trägergruppen zu Beginn der Februarrevolution heraus.
2 Beurteilen Sie die Rolle der aufständischen Soldaten für den Verlauf der Revolution.
3 Vertiefung: Vergleichen Sie die Anfangsphase der Februarrevolution mit anderen europäischen Revolutionen (Französische Revolution, 1848er-Revolution).

M 8 Treffen streikender Arbeiter im Putilov-Werk in Petrograd im Februar (März) 1917, Fotografie, 1917

M 9 Aufruf des Arbeitersowjets an die Bevölkerung (28. Februar/13. März 1917)

Das alte Regime hat das Land ruiniert und der Bevölkerung die Hungersnot gebracht. Es war unmöglich, dies länger zu ertragen, und die Bewohner von Petrograd gingen auf die Straße, um ihrem Unwillen Aus-
5 druck zu geben. Sie wurden mit Gewehrsalven empfangen. [...] Der Kampf hat begonnen und muss bis zu Ende durchgekämpft werden. Das alte Regime muss vollständig beseitigt und der Weg für eine Volksregierung freigemacht werden. [...]
10 Der Sowjet hat Kommissare ernannt, um die Autorität des Volkes in den Stadtbezirken von Petrograd durchzusetzen. Wir fordern die gesamte Bevölkerung auf, sich um den Sowjet zu scharen. [...]
Alle zusammen wollen wir vereint mit unseren Trup-
15 pen die alte Regierung vollständig vernichten und eine Konstituierende Versammlung auf der Grundlage allgemeiner, gleicher, direkter und geheimer Wahlen einberufen.

Zit. nach: Hans-Heinrich Nolte u. a. (Hg.), Quellen zur Geschichte Russlands, Reclam, Stuttgart 2014, S. 282 f.*

1 Analysieren Sie das Bild M 8.
   Tipp: Gehen Sie auch auf die Stimmung ein, die es vermittelt.
2 Fassen Sie die Argumentation und die Ziele des Arbeitersowjets zusammen (M 9).
3 **Geschichte kreativ:** Gestalten Sie unter Einbeziehung des Darstellungstextes S. 64 f. einen Tagebucheintrag eines streikenden Arbeiters.
4 **Zusatzaufgabe:** Siehe S. 477.

Die Doppelherrschaft von Regierung und Sowjets

M 10 Revolutionäre Truppen bejubeln die Abdankung des Zaren vom 2. März/15. März 1917, Postkarte, März 1917.

Unter dem Bild des Zaren sind die Worte seiner Abdankung zu lesen: „.... haben wir für gut befunden, der Krone des Russischen Reichs zu entsagen." Auf dem anderen Plakat heißt es: „Nieder mit der Monarchie, lang lebe die Republik."

1 Erläutern Sie die Rolle der Abdankung des Zaren während der Februarrevolution.

M 11 Alexander Kerenski (1881–1970), ehemaliger Ministerpräsident der Provisorischen Regierung in seinen Erinnerungen über das Problem der „Doppelherrschaft" (1961)

Die Duma-Mehrheit musste viel vergessen, bevor sie sich auf die Seite der Revolution stellen, sich auf einen offenen Konflikt mit der zaristischen Macht einlassen und ihre Hand gegen die traditionelle Autorität erheben konnte. Wir, die Vertreter der Opposition, 5 [...] schlugen jetzt offiziell das vor, was man als den

revolutionären Kurs bezeichnen könnte. Wir forderten, dass die Duma sofort in die offizielle Sitzungsperiode eintrete, ohne irgendeinen Auflösungsbefehl zu
10 beachten. Einige schwankten. Die Mehrheit und Rodzjanko[1] stimmten nicht mit uns überein. Argumente, Überredung und leidenschaftliche Bitten waren vergebens. Die Mehrheit glaubte immer noch zu sehr an die Vergangenheit. Die Verbrechen und Tor
15 heiten der Regierung hatten es noch nicht bewirkt, diesen Glauben zu zerstören. Der Rat lehnte unseren Vorschlag ab und beschloss, dass die Duma in „inoffizieller" Sitzung zusammenkommen sollte. Politisch und psychologisch bedeutete dies, dass es ein priva
20 tes Treffen einer Gruppe von Privatpersonen geben würde, von denen viele Männer von großem Einfluss und Autorität waren, aber eben nur Privatpersonen. Die Versammlung war nicht die eines Staatsorgans und sie hatte keine formelle Autorität, wofür sie all
25 gemeine Anerkennung verlangen konnte. Diese Weigerung, formell die Sitzungsperiode fortzusetzen, war vielleicht der größte Fehler der Duma. Sie bedeutete gerade in dem Augenblick Selbstmord zu begehen, als sie die höchste Autorität im Lande war und
30 eine entscheidende und fruchtbare Rolle gespielt haben könnte, wenn sie offiziell gehandelt hätte. Diese Weigerung legte die charakteristische Schwäche einer Duma bloß, die sich in ihrer Mehrheit aus Vertretern der oberen Klassen zusammensetzte und die
35 unvermeidlich die Meinungen und den Gemütszustand des Landes verzerrt wiedergab. Und so schrieb die kaiserliche Duma [...] ihr eigenes Todesurteil im Augenblick der revolutionären Wiedergeburt des Volkes. Die Mehrheit setzte die Duma bewusst auf
40 eine Ebene mit anderen selbsternannten Organisationen, wie der Rat der Arbeiter und Soldatendeputierten, der gerade da erschien. Später gab es Bemühungen, die Duma als eine offizielle Institution wiederzubeleben, aber sie kamen zu spät. Die Duma
45 starb am Morgen des 12. März (Neue Zeit), an dem Tag, an dem ihre Stärke und ihr Einfluss am größten waren. Am nächsten Tag, dem 13. März (Neue Zeit), gab es bereits zwei Zentren der Autorität, die beide ihre Existenz der Revolution verdankten: die Duma
50 in inoffizieller Sitzung mit ihrem Provisorischen Komitee, ernannt als eine provisorische Körperschaft, die die Ereignisse dirigieren sollte, und der Rat der Sowjets der Arbeiter- und Soldatendeputierten mit seinem Exekutivkomitee.

Zit. nach: Martin Grohmann, Heiko Haumann, Gabriele Rappmann, Wirtschaft und Gesellschaft in der Sowjetunion, übersetzt von Gabriele Rappmann, Schroedel, Hannover 1979, S. 10.*

1 *Michail Rodzjanko:* Vorsitzender der Duma

1 Fassen Sie die Kernaussagen Kerenskis bezüglich der Rolle der Duma während der Revolution zusammen.
2 **Vertiefung:** Kerenski blickt mit einem Abstand von über 40 Jahren auf die Revolution zurück. Überprüfen Sie, ob das Einfluss auf seine Darstellung hat.
3 **Zusatzaufgabe:** Siehe S. 477.

M 12 **Aus der ersten Erklärung der Provisorischen Regierung (2. März/15. März 1917)**

Der Provisorischen Regierung unter dem parteilosen Ministerpräsidenten Fürst Lwow gehörten u. a. fünf Minister der Konstitutionell-Demokratischen Partei, ein Mitglied der Oktobristen (Befürworter der konstitutionellen Monarchie) und Alexander Kerenski als Mitglied der Sozialrevolutionäre an.

Bürger! Das Vollzugskomitee von Mitgliedern der Reichsduma hat nunmehr mit der wohlwollenden Hilfe der Truppen und der hauptstädtischen Bevölkerung eine derartige Überlegenheit über die finsteren Mächte des alten Regimes errungen, dass es an 5 die festere Organisierung der Exekutivgewalt gehen kann. [...]

Bei seiner Tätigkeit wird sich das Kabinett von folgenden Prinzipien leiten lassen:

1. Vollständige und sofortige Amnestie aller politi 10 schen und religiösen Vergehen einschließlich terroristischer Angriffe, militärischer Revolten, Verbrechen in der Landwirtschaft usw.

2. Freiheit der Rede, der Presse, Vereins-, Versammlungs- und Streikfreiheit und Ausdehnung der politi 15 schen Freiheit auf Personen, die im Militärdienst stehen, soweit es die militärische Technik zulässt.

3. Abschaffung aller benachteiligenden Unterschiede infolge der Zugehörigkeit zu bestimmten Ständen, Religionsgemeinschaften und Nationalitäten. 20

4. Sofortige Einberufung einer Konstituierenden Versammlung auf der Grundlage des allgemeinen, gleichen, geheimen und direkten Wahlrechts [...].

5. Ersetzung der Polizei durch eine Volksmiliz mit gewählter Leitung, die den Organen der lokalen 25 Selbstverwaltung untersteht. [...]

6. Die militärischen Einheiten, die an der revolutionären Bewegung teilgenommen haben, nicht zu entwaffnen und aus Petrograd zu entfernen.

7. Unter Aufrechterhaltung strenger militärischer 30 Disziplin an der Front und im Militärdienst Befreiung der Soldaten von allen Beschränkungen allgemeiner Rechte, deren sich die anderen Bürger erfreuen.

Die Provisorische Regierung erachtet es als ihre Pflicht, zu betonen, dass sie nicht beabsichtigt, 35 militärische Umstände zu einer Hinausschiebung der oben angedeuteten Reformen und anderen Maßnahmen auszunützen.

Zit. nach: Hartmann Wunderer, Die Russische Revolution, Reclam, Stuttgart 2014, S. 118 ff.*

1 Erläutern Sie die Ankündigungen der Provisorischen Regierung.

2 **Schaubild:** Geben Sie auf der Basis von M 7 bis M 12 in Form eines Schaubilds die Träger der Februarrevolution wieder.

M 13   **Der Historiker Dietrich Geyer über die Februarrevolution (2021)**

Das Problem spitzt sich also auf die Frage zu, welche Kräfte auf dem Territorium des alten Imperiums um das Erbe des Zaren konkurrierten, und welche dieser Kräfte dank welcher Programme und Strategien Aus-
5 sicht hatten, die Erwartungen der Massen auf sich zu ziehen.

Wichtig ist zu sehen, dass die Losungen, mit denen das revolutionäre Volk – Arbeiter, Soldaten und dann auch Bauern – seit dem Frühjahr 1917 auf die Stra-
10 ßen ging, nichts spezifisch Bolschewistisches an sich hatten. Nicht Parolen einer Diktatur des Proletariats standen auf den Plakaten, Flugblättern und Transparenten, sondern Parolen der Demokratie – „revolutionärer Demokratie" als Synonym für Freiheit von Un-
15 terdrückung und sozialer Not und für das Ende des mörderischen Krieges.

Das Demokratieverständnis der Februarrevolution war ein Gegenbegriff zu dem, was vorher war, gerichtet gegen die Autokratie und die Herrschaft der privi-
20 legierten Klassen. Dort, wo es um proletarische Interessen ging, kamen die Forderungen aus der europäischen Arbeiterbewegung und waren im traditionellen Sinn sozialdemokratisch eingefärbt. Formulierungshilfe wurde damals von Genossen geleis-
25 tet, die nach dem Sturz des Zaren aus Gefängnissen, Isolierungslagern und Verbannungsorten in die Hauptstädte zurückgekehrt waren. Auch Bolschewiki wie Stalin waren unter ihnen.

Mit dem sozialdemokratischen Vokabular mischten
30 sich sozialistische Losungen anderer Herkunft, agrarsozialistische vor allem. Ihr Gewicht beruhte auf dem banalen Tatbestand, dass die weit überwiegende Mehrheit der Bevölkerung Russlands noch immer Bauern waren. Die Grundbegriffe stammten aus der
35 Tradition der *Narodnischestwo,* des russischen Populismus, jener agrarsozialistischen, seit den 1860er-Jahren von der Intelligenzija getragenen Bewegung, deren Hauptstrom sich nach der Jahrhundertwende mit der neugegründeten Partei der Sozialrevolutio-
40 näre verbunden hatte. Von jeher war das Ziel dieser

heterogenen Strömung die Revolutionierung des Bauernvolks gewesen, und ein Zufall konnte es nicht sein, dass im Frühjahr 1917 die Ideen einer Bauerndemokratie mit der Parole *Land und Freiheit* den größten Massenanhang auf sich zogen.   45

Dietrich Geyer, Das russische Imperium. Von den Romanows bis zum Ende der Sowjetunion, De Gruyter, Berlin 2021, S. 303 f.

1 Analysieren Sie mithilfe von M 13 die politischen Kräfteverhältnisse im Frühjahr 1917.

2 Beurteilen Sie die Aussagen von Dietrich Geyer.

3 **Essay:** Ordnen Sie die Februarrevolution mithilfe einer Revolutionstheorie Ihrer Wahl ein.
   Tipp: Siehe S. 477.

Von der Aprilkrise zur Julikrise

M 14   **Lenin bei seiner Rückkehr aus dem Exil nach Petrograd, 3. April/16. April 1917, Zeichnung von P. Wassiljew, 1917**

1 Beschreiben Sie, welchen Eindruck das Bild von der Ankunft Lenins erwecken will.

2 Vergleichen Sie mit den Einschätzungen von Dietrich Geyer in M 13 zu den politischen Kräfteverhältnissen im Frühjahr 1917.

M 15   **Lenin legte diese Thesen nach seiner Ankunft in Russland am 3. April/16. April 1917 vor:**
1. In unserer Stellung zum Krieg, der von Seiten Russlands auch unter der neuen Regierung Lwow und Co. – infolge des kapitalistischen Charakters dieser Regierung – unbedingt ein räuberischer imperialistischer Krieg bleibt, sind auch die geringsten   5 Zugeständnisse an die „revolutionäre Vaterlandsverteidigung" unzulässig.

Einem revolutionären Krieg, der die revolutionäre Vaterlandsverteidigung wirklich rechtfertigen würde, kann das klassenbewusste Proletariat seine Zustimmung nur unter folgenden Bedingungen geben:

a) Übergang der Macht in die Hände des Proletariats und der sich ihm anschließenden ärmsten Teile der Bauernschaft;

b) Verzicht auf alle Annexionen in der Tat und nicht nur in Worten;

c) tatsächlicher und völliger Bruch mit allen Interessen des Kapitals. [...] Organisierung der allerbreitesten Propaganda dieser Auffassung unter den Fronttruppen. [...]

2. Die Eigenart der gegenwärtigen Lage in Russland besteht im Übergang von der ersten Etappe der Revolution, die infolge des ungenügend entwickelten Klassenbewusstseins und der ungenügenden Organisiertheit des Proletariats der Bourgeoisie die Macht gab, zur zweiten Etappe der Revolution, die die Macht in die Hände des Proletariats und der ärmsten Schichten der Bauernschaft legen muss. [...] Diese Eigenart fordert von uns die Fähigkeit, uns den *besonderen* Bedingungen der Parteiarbeit unter den unerhört breiten, eben erst zum politischen Leben erwachten Massen des Proletariats anzupassen.

3. Keinerlei Unterstützung der Provisorischen Regierung, Aufdeckung der ganzen Verlogenheit aller ihrer Versprechungen, insbesondere hinsichtlich des Verzichts auf Annexionen. Entlarvung der Provisorischen Regierung statt der unzulässigen, Illusionen erweckenden „Forderung", diese Regierung, die Regierung der Kapitalisten, solle aufhören, imperialistisch zu sein.

4. [...] Aufklärung der Massen darüber, dass die Sowjets der Arbeiterdeputierten die einzig mögliche Form der revolutionären Regierung sind und dass daher unsere Aufgabe, solange sich diese Regierung von der Bourgeoisie beeinflussen lässt, nur in geduldiger, systematischer, beharrlicher, besonders den praktischen Bedürfnissen der Massen angepasster Aufklärung über die Fehler ihrer Taktik bestehen kann.

5. Keine parlamentarische Republik – von den Sowjets der Arbeiterdeputierten zu dieser zurückzukehren wäre ein Schritt rückwärts –, sondern eine Republik der Sowjets der Arbeiter-, Landarbeiter- und Bauerndeputierten im ganzen Lande, von unten bis oben. Abschaffung der Polizei, der Armee, der *Beamtenschaft* (D. h. Ersetzung des stehenden Heeres durch die allgemeine Volksbewaffnung. [Lenins Anmerkung])

Entlohnung aller Beamten, die durchweg wählbar und jederzeit absetzbar sein müssen, nicht über den Durchschnittslohn eines guten Arbeiters hinaus.

6. Im Agrarprogramm Verlegung des Schwergewichts auf die Sowjets der Landarbeiterdeputierten. Konfiskation aller Gutsbesitzerländereien. Nationalisierung des gesamten Bodens im Lande; die Verfügungsgewalt über den Boden liegt in den Händen der örtlichen Sowjets der Landarbeiter und Bauerndeputierten. [...]

7. Sofortige Verschmelzung aller Banken des Landes zu einer Nationalbank und Errichtung der Kontrolle über die Nationalbank durch den Sowjet der Arbeiterdeputierten.

8. Nicht „Einführung" des Sozialismus als unsere *unmittelbare* Aufgabe, sondern augenblicklich nur Übergang zur *Kontrolle* über die gesellschaftliche Produktion und die Verteilung der Erzeugnisse durch den Sowjet der Arbeiterdeputierten.

Wladimir I. Lenin, Werke, Bd. 24, Dietz, Berlin 1978, S. 3–6.*

1 Fassen Sie Lenins Thesen zusammen.

2 **Vertiefung:** Bewerten Sie die gewählte inhaltliche Reihenfolge (1. bis 8.).

3 Stellen Sie Lenins Thesen der Erklärung der Provisorischen Regierung gegenüber (M 12).

M 16 **Aus dem Bericht des Gouvernement-Kommissars von Woronesh (2. Juni 1917)**
Die Fälle von Übertretungen verschiedener Art und von ungesetzlichen Handlungen nehmen im Gouvernement von Tag zu Tag zu, vor allem im Zusammenhang mit der Landfrage. Überall setzen die Bauern dem Weiterbestand der Gutswirtschaften Schwierigkeiten entgegen, sie übernehmen die Gutswirtschaften vollständig oder teilweise, schicken ihr Vieh auf die Gutsweide, weiden die Getreidefelder, Heuschonungen und Waldschläge ab, entfernen Angestellte und Arbeiter, holen die Kriegsgefangenen fort, setzen niedrige Pachtzinsen fest, die oft nicht zur Bezahlung der Abgaben und Bankzinsen ausreichen, und erzwingen obendrein, dass diese nicht an die Gutsbesitzer, sondern an das Kreiskomitee entrichtet werden. Sie setzen für die Arbeiter unglaublich hohe Löhne fest, verbieten die Einstellung von Arbeitern aus anderen Kreisen, erheben Gemeindesteuern, [...] ziehen Kloster und Kirchenländereien sowie staatliche Waldungen usw. ein. Alle diese Funktionen werden häufig auf Verordnung oder mit Bewilligung der Kreiskomitees und mitunter auch der *Ujesd*[Bezirks-]Komitees ausgeübt. Haussuchungen und

Verhaftungen auf Befehl solcher Organisationen oder selbst auf Initiative einzelner Bürger sind eine ziemlich häufige Erscheinung. Es sind auch einige Fälle zwangsweiser Entfernung von Beamten der alten Verwaltung, Geistlicher und Privatpersonen aus dem Gebiet der betreffenden Örtlichkeit vorgekommen.

Sergei Dubrowski, Die Bauernbewegung in der Russischen Revolution 1917, Verlagsbuchhandlung Paul Parey, Berlin 1929, S. 66.*

1 Charakterisieren Sie die Lage auf dem Land.
2 Vergleichen Sie mit der Situation in den Städten.
Tipp: Beziehen Sie die Darstellung S. 66 f. in Ihre Argumentation ein.
3 Überprüfen Sie, ob Lenins Agrarprogramm (M 15, Z. 62 ff.) bei den Bauern Zustimmung finden kann.
4 **Zusatzaufgabe:** Siehe S. 477.

M 17 Arbeiter und Bauern fordern während des Juliaufstandes „Alle Macht den Sowjets", Fotografie, 3. Juli/16. Juli 1917

M 18 Truppen der Provisorischen Regierung schießen auf Demonstranten, Fotografie, 3. Juli/16. Juli 1917

1 Beschreiben Sie die Ereignisse des Juliaufstandes mithilfe von M 17 und M 18 sowie des Darstellungstextes S. 62.
2 **Vertiefung:** Setzen Sie die Ereignisse in Beziehung zu der Krisentheorie von Karl W. Deutsch (Kernmodul, M 4).

M 19 Resolution des 4. *Ujesd*-[Bezirks-]Bauernkongresses von Cherson (20. September 1917)

Der 4. *Ujesd*-Bauernkongress geht von der Überzeugung aus, dass jegliches Eigentum an Land abgeschafft und dass das Land ohne Entschädigung in den Besitz des ganzen Volkes zur ausgleichenden Arbeitsnutzung übergehen muss. Er schlägt deshalb vor, dass das Grundgesetz über den Grund und Boden, das diese Prinzipien als unerschütterlich festsetzt, von der gesamtnationalen Konstituierenden Versammlung erlassen werden muss.

Da er jegliche privaten Aneignungen des Landes ablehnt, hält es der Kongress gleichzeitig im Interesse des werktätigen Volkes und der Sache der Revolution für notwendig, unverzüglich und planmäßig eine Agrarpolitik durchzuführen, die auf die Verwirklichung der Sozialisierung des Landes gerichtet ist. Der Kongress ist der Ansicht, dass die Vorbereitung des Agrarprogramms und seine Verwirklichung, aber auch die Lösung aller Agrarfragen in die Hände des organisierten werktätigen Volkes sowohl im Zentrum als auch an den einzelnen Orten übergehen muss. Daher hält er bis zur Konstituierenden Versammlung für notwendig:

1. Übergang aller Ländereien in die Verwaltung der Landkomitees, die sich um eine möglichst gleichmäßige und korrekte Verteilung des Landes unter die einzelnen werktätigen Wirtschaften [...] kümmert.
2. Planmäßige und zweckmäßige Verteilung der Arbeitskräfte unter die Wirtschaften durch die Landkomitees.
3. Berechnung des ganzen lebenden und toten Inventars und Verfügung darüber zum Zweck seiner besten Nutzung. [...]
4. Reorganisation der Landkomitees nach demokratischen Prinzipien.

Zit. nach: Martin Grohmann, Heiko Haumann, Gabriele Rappmann, Wirtschaft und Gesellschaft in der Sowjetunion, Schroedel, Hannover 1979, S. 18.*

1 Fassen Sie die Forderungen des Bauernkongresses von Cherson zusammen.
2 Arbeiten Sie heraus, ob die Forderungen Aussicht auf die Unterstützung der Regierung haben.

M 20 Denkschrift der Verwaltung der Metallfabrik „Sormowo" an den Vorsitzenden der Sonderberatung für Verteidigung (8. September 1917)

Die Revolution traf die Betriebe in vollem Gang an, außerdem entsprach die ausreichende Versorgung mit Brennstoff, Rohmaterialien, Lebensmitteln, Geldmitteln und sogar mit technischem Personal
5 und Arbeitern völlig der bedeutenden Produktivität der Firma. Nach der Revolution versuchte die Verwaltung der Betriebe, indem sie neue Ordnungen und Organisationen der Arbeiter anerkannte und berücksichtigte, mit allen Mitteln, die Produktivität der
10 Betriebe auf der früheren Höhe zu halten. Aber diese Bemühungen des Betriebspersonals mit dem Direktor an der Spitze, der gewöhnlich in völliger Einigkeit mit den betrieblichen Organisationen der Arbeiter handelte, ergaben schließlich aus folgenden Grün-
15 den keine befriedigenden Ergebnisse.

1. Die Masse der Arbeiter setzte sich nicht nur über die Meinung der Verwaltung der Betriebe hinweg, sondern oft auch über die Meinung ihrer eigenen Organisationen. Es begannen die üblichen, in der Mehr-
20 zahl der Fälle ungerechtfertigten Beschuldigungen und Entfernungen des oft in ihrer Bedeutung unersetzlichen Betriebspersonals. Das unkorrekte Verhalten ging mitunter bis zur Verspottung des zurückgebliebenen, nicht entfernten Personals durch die
25 Arbeiter. [...]

2. Die Produktivität der Arbeiter ging stark zurück.

3. Die Bezahlung der Arbeiter gestaltete sich unter ständigem Druck von ihrer Seite nicht entsprechend der Arbeitsproduktivität.

30 4. Die Versorgung der Fabrik mit Materialien und Brennstoff wurde unregelmäßig und in ungenügendem Ausmaß durchgeführt.

Zit. nach: Martin Grohmann, Heiko Haumann, Gabriele Rappmann, Wirtschaft und Gesellschaft in der Sowjetunion, Schroedel, Hannover 1979, S. 21.*

M 21 Resolution der Sitzungen der revolutionären Organisationen der Firma „Sormowo" (nicht später als 23. September 1917)

Die Schließung der Firma hat allgemeinpolitische Bedeutung und ist eine Folge der Verschwörung der Bourgeoisie, die die Produktion sabotiert, damit [...] die knöcherne Hand des Hungers die Arbeiter zwingt,
5 alle revolutionären Errungenschaften aufzugeben. Deshalb betrachten wir Folgendes als einzigen Ausweg aus der geschaffenen Lage:

a) Übergang der ganzen Macht in die Hände der Arbeiter und der ärmsten Bauern sowie Beschlagnah-
10 mung der von den Unternehmern vorsätzlich sabotierten Unternehmen;

b) Einrichtung einer vollständigen Kontrolle der Arbeiter über die Banken und über die Produktion;

c) Einführung einer allgemeinen Arbeitspflicht;

d) Wir schlagen den Arbeitern von „Sormowo" vor, 15 die Arbeit im Betrieb trotz alledem fortzusetzen und die Personen des administrativen Personals zu verpflichten, auf ihren Posten zu bleiben;

e) Wir schlagen dem Sowjet der Arbeiterdeputierten vor, die entschiedensten Maßnahmen zur Einstel- 20 lung der Aussperrung in der Firma „Sormowo" zu ergreifen.

Zit. nach: Martin Grohmann, Heiko Haumann, Gabriele Rappmann, Wirtschaft und Gesellschaft in der Sowjetunion, Hannover (Schroedel) 1979, S. 21f.*

1 Beschreiben Sie auf der Basis von M 20 und M 21 die Situation in den Industriebetrieben.

2 Weisen Sie nach, dass die Forderungen der Arbeiter in M 21 von den Bolschewiki beeinflusst sind.

Tipp: Lesen Sie die Vertiefung zu den Ideen von Karl Marx, S. 56 f.

Oktoberrevolution

M 22 Argumente für einen bewaffneten Aufstand aus dem Beschluss des Zentralkomitees (10. Oktober 1917)

Das ZK stellt fest, dass die internationale Lage der russischen Revolution (der Aufstand in der deutschen Flotte als extreme Äußerung der in ganz Europa heranwachsenden sozialistischen Weltrevolution, dann die Gefahr eines Friedens der Imperialisten mit 5 dem Ziel, die Revolution in Russland abzuwürgen), die militärische Lage (die unbezweifelbare Entscheidung der russischen Bourgeoisie sowie Kerenskis und seiner Anhänger, Petrograd den Deutschen zu übergeben) wie auch die Erlangung der Mehrheit der 10 proletarischen Partei in den Sowjets, – dass all dies in Verbindung mit dem Bauernaufstand und mit der Hinwendung des Vertrauens des Volkes zu unserer Partei (die Wahlen in Moskau[1]), endlich die offene Vorbereitung eines zweiten Kornilow-Putsches[2] (Ab- 15 zug von Truppen aus Petrograd, die Heranführung von Kosaken nach Petrograd, die Umzingelung von Minsk durch Kosaken usw.), – dass all dies den bewaffneten Aufstand auf die Tagesordnung setzt.

Zit. nach: Martin Grohmann, Heiko Haumann, Gabriele Rappmann, Wirtschaft und Gesellschaft in der Sowjetunion, übersetzt von Gabriele Rappmann, Schroedel, Hannover 1979, S. 34.

1 Bei den Wahlen zu den Bezirksparlamenten in Moskau im September 1917 erreichten die Bolschewiki in elf Bezirken die absolute Mehrheit, in den übrigen Bezirken schnitten sie gut ab.

2 *Kornilow-Putsch:* s. Darstellungstext S. 62 f.

M 23 Argumente gegen einen bewaffneten Aufstand aus dem Bericht „Zur gegenwärtigen Lage" der Mitglieder des ZK G. Sinowjews und J. Kamenews (11. Oktober 1917)

Man sagt: 1. für uns ist schon die Mehrheit des Volkes in Russland und 2. für uns ist die Mehrheit des internationalen Proletariats. Leider ist weder das eine noch das andere wahr, und darin liegt der springende
5 Punkt. In Russland ist die Mehrheit der Arbeiter und ein bedeutender Teil der Soldaten für uns. Aber alles andere ist fraglich. Selbstverständlich hängt unser Weg nicht nur von uns allein ab. Der Gegner kann uns zwingen, den Entscheidungskampf vor den Wah-
10 len zur konstituierenden Versammlung anzunehmen. [...] Aber soweit die Wahl von uns abhängt, können und müssen wir uns jetzt auf eine *Verteidigungsposition* beschränken. [...] Die Kräfte der proletarischen Partei sind selbstverständlich
15 sehr bedeutend, aber die entscheidende Frage besteht darin, ob tatsächlich unter den Arbeitern und Soldaten die Stimmung so ist, dass sie selbst schon die Rettung nur im Straßenkampf sehen und auf die Straße drängen. [...] Unter diesen Umständen wird es
20 eine tiefe historische Unwahrheit, die Frage des Übergangs der Macht in die Hände der proletarischen Partei so zu stellen: jetzt oder nie!

Nein! [...] [N]ur durch eine Methode kann sie ihre Erfolge unterbrechen, nämlich dadurch, dass sie unter
25 den jetzigen Umständen die Initiative der Aktion auf sich nimmt und damit das Proletariat den Schlägen der gesamten vereinigten Konterrevolution, unterstützt von der kleinbürgerlichen Demokratie, aussetzt. Gegen diese verderbliche Politik erheben wir
30 die Stimme der Warnung.

Zit. nach: Martin Grohmann, Heiko Haumann, Gabriele Rappmann, Wirtschaft und Gesellschaft in der Sowjetunion, übersetzt von Gabriele Rappmann, Schroedel, Hannover 1979, S. 34 f.*

1 Beschreiben Sie mithilfe von M 22 und M 23 die unterschiedlichen Positionen innerhalb der Bolschewiken.
2 **Zusatzaufgabe:** Siehe S. 477.

M 24 Der Historiker Jörg Baberowski über die Oktoberrevolution (2007)

Die Menschewiki und Sozialrevolutionäre traten im Sommer 1917 in die Provisorische Regierung ein und verloren damit ihren ohnehin geringen Einfluss auf das Geschehen. Ihre revolutionäre Rhetorik wider-
5 sprach ihrem Handeln, dass sich auf Verfassungen und Gesetze berief. Damit untergruben sie selbst ihre

Autorität. Lenin nutzte diese Situation aus. Er und seine radikalen Gefolgsleute artikulierten den Unmut, die Unzufriedenheit und den Hass der Unterschichten auf die alte Ordnung und die alten Eliten
10 [...]. In der Atmosphäre des Hasses traten die Bolschewiki als Advokaten hemmungsloser Gewalt auf: Der Machtkult des Tötens und Mordens, die Primitivität des Vokabulars und nicht zuletzt die Kleidung wiesen sie als Männer der Tat aus. Das ist der eigent-
15 liche Grund für ihren zeitweiligen Erfolg, der es ihnen im Oktober 1917 erlaubte, die Macht nicht nur an sich zu reißen, sondern auch die Zustimmung verbitterter und enttäuschter Menschen zu mobilisieren.

Jörg Baberowski, Was war die Oktoberrevolution? in: Aus Politik und Zeitgeschichte 44–45/2017, S. 11.*

M 25 Der Historiker Manfred Hildermeier über die Oktoberrevolution (2017)

Was in diesen Tagen – laut gregorianischem Kalender am 7./8. November – geschah, war ein umsichtig, wenn auch verdeckt vorbereiteter Staatsstreich, ein Putsch, der sich auf die Übernahme der städtischen Garnisonen stützte. Wenn „Revolution" einen funda-
5 mentalen, von gewaltsamen Massenprotesten begleiteten Umsturz auch der wirtschaftlichen und sozialen Verhältnisse meint, dann fand eine solche nicht statt. Allerdings wurde mit der Machtübernahme der Grundstein dafür gelegt.
10
In der Geschichte der Neuzeit gehörten Revolution und Krieg fast immer zusammen. Wenn einer Revolution kein Krieg voranging, dann folgte er ihr nach. Der Russische Bürgerkrieg von 1918 bis 1921, dessen Grausamkeit und Blutzoll die des Weltkriegs übertra-
15 fen, war im Kern ein solcher nachgeholter Revolutionskrieg. Erst der Sieg der „Roten" gegen die Weißen besiegelte definitiv das Schicksal der alten Ordnung in Russland. Erst um diese Zeit war endgültig klar, dass die begonnene soziale, wirtschaftliche und kul-
20 turelle Umwälzung Bestand haben würde. Nur mit Blick auf den Gesamtzeitraum von Ende 1917 bis Sommer 1921 sollte man daher von einer Revolution in der üblichen Wortbedeutung sprechen.

Manfred Hildermeier, Die Russische Revolution und ihre Folgen, in: Aus Politik und Zeitgeschichte 34–36/2017, S. 9.*

1 Vergleichen Sie die Urteile über die Oktoberrevolution in M 24 und M 25.
2 Überprüfen Sie auf Grundlage Ihrer Arbeitsergebnisse aus diesem Kapitel, ob der Umsturz vom 25. Oktober eine Revolution war.
Tipp: Siehe S. 477.

Geschichte kontrovers: Die Rolle Lenins

M 26 Zweiter Allrussischer Kongress der Arbeiter- und Soldatenräte in der Nacht zum 26. Oktober 1917, Gemälde von A. Kukalow, o. J.

M 27 Der russische Historiker Dimitri Wolkogonow (1994)

Lenin war ein Diktator besonderen Typs – er war der Prototyp des revolutionären Diktators. Im Gegensatz zu Stalin, der einen Menschen häufig wegen persönlicher Differenzen vernichtete, wandte Lenin seine
5 grausamen Maßnahmen mit der Überzeugung an, nur so die Diktatur des Proletariats verwirklichen zu können. Er war von Natur aus nicht rachsüchtig, sondern lediglich der Ansicht, dass die Revolution durch eine Schwächung der Diktatur zugrunde gehen wür-
10 de. Diese jakobinische Denkweise war allerdings nicht minder gefährlich als die stalinistische Grausamkeit. Lenin „veredelte" lediglich seine Gewalttaten und verlieh ihnen einen revolutionären Heiligenschein.
15 Wenn es um die Partei oder die Revolution ging, kannte Lenin keine Skrupel. [...] Lenin zog die Strategie des Augenblicks einer weitsichtigen historischen Strategie vor. Oft genug handelte er ohne klaren Plan und hatte nur allgemeine Ziele im Blick. Des Öfteren
20 berief er sich auf die Worte Napoleons: „Zuerst stürzt man sich ins Gefecht – das weitere wird sich finden." Er war bereit, seine politische Linie um hundertachtzig Grad zu ändern, wenn er erkannte, dass er damit rascher ans Ziel gelangen würde. [...]
25 Der Führer der Bolschewiki war eine Verkörperung historischer Verantwortungslosigkeit. Die Idee, den Planeten „rot" zu färben, basierte auf dem Lügenpaket eines Schreibtischmenschen, der über viele Jahre hinweg verschiedene Pläne für die kommunistische
30 Weltrevolution entwarf und dabei eine Vielzahl von ethnischen, nationalen, religiösen, geografischen

und kulturellen Faktoren außer Acht ließ. Für ihn gab es nur einen Wert, den er um jeden Preis verteidigte: die Macht.

Dimitri Wolkogonow, Lenin. Utopie und Terror, Econ, Düsseldorf 1994, S. 540 ff.*

M 28 Der britische Historiker Robert Service über Lenin (2000)

Trotz vieler Meinungsverschiedenheiten setzte sich mehr und mehr die Einschätzung durch, dass Lenin nicht ganz der originäre Weltenschöpfer gewesen war, als den ihn sowohl die Kommunisten als auch ihre Feinde hingestellt hatten, seit er 1917 erstmals 5 die Welt auf sich aufmerksam gemacht hatte. Weitere Forschungen zum politischen, sozialen und ökonomischen Umfeld deuteten vielmehr darauf hin, dass Lenin ganz erheblich im Sinne russischer Traditionen gewirkt hatte. Ohne es zu wollen, stellten viele 10 Autoren es jetzt so hin, als sei Lenins Beitrag zur Geschichte seines Landes eher von beförderder als von gestaltender Qualität gewesen.

Hierbei wurde sehr vieles übersehen. Es gab Umschwünge in der Geschichte Russlands und der Welt, 15 die ohne Lenin nicht stattgefunden hätten. Er prägte entscheidend Ereignisse, Institutionen, Gepflogenheiten und Grundeinstellungen. Das wurde schon zu seinen Lebzeiten so empfunden, und die meisten Kommentatoren empfanden es viele Jahre später 20 noch immer so. [...]

Es wäre abwegig zu behaupten, dass es ohne Lenin keine linkssozialistische Partei in Russland gegeben hätte. Aber gleichermaßen absurd wäre die Unterstellung, dass der sowjetische Einparteien- und Ein-25 ideologienstaat auch entstanden wäre, wenn Lenin nicht gelebt hätte.

Robert Service, Lenin. Eine Biographie, C. H. Beck, München 2000, S. 628–635.*

---

1 Charakterisieren Sie auf der Basis des Bildes M 26 die Darstellung der Rolle Lenins in der Revolution zur Zeit der frühen Sowjetunion.

2 Vergleichen Sie die Analysen von Wolkogonow (M 27) und Service (M 28).

3 Präsentation: Recherchieren Sie weitere Gemälde, die Lenin während der Revolution darstellen. Formulieren Sie Kernthesen. Präsentieren Sie die Bilder und Ihre Thesen in Ihrem Kurs.

4 Zusatzaufgabe: Siehe S. 477.

Darstellungen Lenins
cornelsen.de/Webcodes
Code: sihehu

Anwenden

M1 **Resolution einer Arbeiterversammlung der Putilov-Werke in Petrograd (9. September 1917)**

Die allgemeine Versammlung [...] hielt es für unaufschiebbar:

1. die Arbeiterkontrolle über die Produktion einzuführen;

5 2. entschiedene Maßnahmen zur Regulierung der Ernährungsfrage zu ergreifen;

3. eine Vermögens- und Einkommenssteuer mit maximalem Satz einzuführen, das Vermögen der Kirchen und Klöster zu konfiszieren [...];

10 4. die Abschaffung gutsherrlichen Eigentums an Grund und Boden zu erklären;

5. eine Säuberung des Kommandobestandes durchzuführen und aus der Armee alle konterrevolutionären Offiziere zu entfernen;

15 6. die Bolschewiki und andere revolutionäre Kämpfer aus dem Gefängnis zu befreien und sie nicht weiter zu verfolgen;

7. die Arbeiter zu bewaffnen;

8. die konterrevolutionäre Reichsduma und den 20 Reichsrat aufzulösen;

9. die Kadetten und andere Vertreter der bürgerlichen Parteien der Macht zu entheben, eine einheitliche Regierung aus Vertretern der konsequenten revolutionären Demokratie zu schaffen, die dieses 25 ganze Programm im Bereich der Innenpolitik verwirklichen kann [...]. Die Provisorische Regierung muss gleichzeitig vorschlagen, an allen Fronten einen sofortigen Waffenstillstand zu schließen.

Zit. nach: Hartmann Wunderer, Die Russische Revolution, Reclam, Stuttgart 2014, S. 125 f.*

M2 **Lenin in dem Dekret zur Auflösung der verfassunggebenden Versammlung (6. Januar 1918)**

Die Konstituierende Versammlung, gewählt aufgrund von Kandidatenlisten, die vor der Oktoberrevolution aufgestellt worden waren, brachte das alte politische Kräfteverhältnis zum Ausdruck, aus einer 5 Zeit, als die Kompromissler und die Kadetten[1] an der Macht waren. Das Volk konnte damals, als es für die Kandidaten der Partei der Sozialrevolutionäre stimmte, nicht zwischen den rechten Sozialrevolutionären, den Anhängern der Bourgeoisie, und den lin10 ken Sozialrevolutionären, den Anhängern des Sozialismus, seine Wahl treffen. So kam es, dass diese Konstituierende Versammlung, die die Krönung der bürgerlichen parlamentarischen Republik sein sollte, sich der Oktoberrevolution und der Sowjetmacht un15 vermeidlich in den Weg stellen musste. [...] Die werktätigen Klassen mussten sich aufgrund der eigenen Erfahrung davon überzeugen, dass sich der alte bürgerliche Parlamentarismus überlebt hat, dass er mit den Aufgaben der Verwirklichung des Sozialismus absolut unvereinbar ist, dass nicht gesamtnationale, 20 sondern nur Klasseninstitutionen (wie es die Sowjets sind) imstande sind, den Widerstand der besitzenden Klassen zu brechen und das Fundament der sozialistischen Gesellschaft zu legen. Jeder Verzicht auf die uneingeschränkte Macht der Sowjets [...] würde 25 den Zusammenbruch der ganzen Oktoberrevolution der Arbeiter und Bauern bedeuten. [...] In der Tat führen die Parteien der rechten Sozialrevolutionäre und der Menschewiki außerhalb der Konstituierenden Versammlung den erbittertsten Kampf gegen die 30 Sowjetmacht, fordern in ihrer Presse offen zum Sturz der Sowjetmacht auf, bezeichnen die zur Befreiung von der Ausbeutung notwendige gewaltsame Unterdrückung des Widerstandes der Ausbeuter durch die werktätigen Klassen als Willkür und Ungesetzlich35 keit, nehmen die im Dienste des Kapitals stehenden Saboteure in Schutz und gehen so weit, dass sie unverhüllt zum Terror aufrufen, mit dessen Anwendung „unbekannte Gruppen" bereits begonnen haben. Es ist klar, dass der übrig gebliebene Teil der Konstituie40 renden Versammlung infolgedessen nur die Rolle einer Kulisse spielen könnte, hinter der der Kampf der Konterrevolutionäre für den Sturz der Sowjetmacht vor sich gehen würde.

Deshalb beschließt das Zentralvollzugskomitee: Die 45 Konstituierende Versammlung wird aufgelöst.

Zit. nach: Manfred Hellmann (Hg.), Die russische Revolution 1917, dtv, München 1964, S. 347 f.*

1 Kadetten: Mitglieder der Konstitutionell-Demokratischen Partei

1 Ordnen Sie die Forderungen der Petrograder Arbeiterversammlung (M 1) den Bereichen Wirtschaft, Gesellschaft und Politik zu.

2 Erläutern Sie die politischen Konsequenzen der Forderungen und ordnen Sie diese einer Partei zu.

3 Analysieren Sie, wen Lenin zu den „Konterrevolutionären" zählt (M 2), und vergleichen Sie mit M 1.

4 Beschreiben Sie das Modell der „Diktatur des Proletariats" nach Marx und Engels (siehe Kap. 1.3, M 32, S. 57) und setzen Sie es in Beziehung zu Lenins Begründung der Auflösung der verfassungsgebenden Versammlung.

5 Nehmen Sie Stellung: War die „Oktoberrevolution" eine Revolution „von oben" oder „von unten"?

Wiederholen

M3 Der Bolschewik, Ölgemälde von Boris Kustodijew, 1920

Zentrale Begriffe

Arbeiter- und Soldatenräte (Sowjets)
Bolschewiki
Diktatur des Proletariats
Doppelherrschaft
Duma
Februarrevolution
Menschewiki
Oktoberrevolution
Sozialismus
Sozialrevolutionäre

1 Beschreiben Sie die verschiedenen Krisen, die Anfang 1917 in Russland zur Februarrevolution führten.

2 Erläutern Sie die Träger der Revolution und ihre Ziele. Stellen Sie das Verhältnis der
Gruppen zueinander grafisch dar, beispielsweise in Form eines Schaubilds oder einer
Mindmap.

3 Interpretieren Sie das Bild M 3 und formulieren Sie eine Kernaussage.
Tipp: Nutzen Sie die sprachlichen Formulierungshilfen.

4 Vergleichen Sie die Kernaussage von M 3 mit der Rolle der Bolschewiki im Jahr 1917.

5 **Wahlaufgabe:** Bearbeiten Sie a), b) oder c).
Setzen Sie sich mit der Rolle Lenins während der Revolution auseinander:
a) in Form eines Lernplakats,
b) in Form eines Essays,
c) in Form eines Kurzreferates.

6 **Pro-und-Kontra-Diskussion:** Diskutieren Sie in Ihrem Kurs die Einschätzung von
Karl Marx: „Die Gewalt ist der Geburtshelfer jeder alten Gesellschaft, die mit einer
neuen schwanger geht."

7 **Vertiefung:** Erörtern Sie die Folgen der russischen Revolutionen für die Entwicklungen in Europa.

**Sprachliche Hilfen für die Bildinterpre-
tation:**
– Im Zentrum des Bildes …
– Des Weiteren sind dargestellt …
– Die Farbgebung vermittelt den Eindruck,
  dass …
– Das zentrale Symbol ist …
– Der Titel des Bildes … verweist auf den
  historischen Kontext …
– Der Künstler will mit seinem Bild zeigen,
  dass …

1.5 Bürgerkrieg und Stabilisierung der bolschewistischen Herrschaft

M 1 „UdSSR – Freundschaft der Völker", Gemälde von Stepan Michailowitsch Karpov (1890–1929), 1924.

Das Bild hat monumentale Ausmaße und hängt heute im Staatlichen Museum für Zeitgenössische Geschichte in Moskau. Die nationale Selbstbestimmung der Völker war Teil des bolschewistischen Programms, wichtig war aber vor allem die hier thematisierte enge Verbindung der Völker durch den Sozialismus.

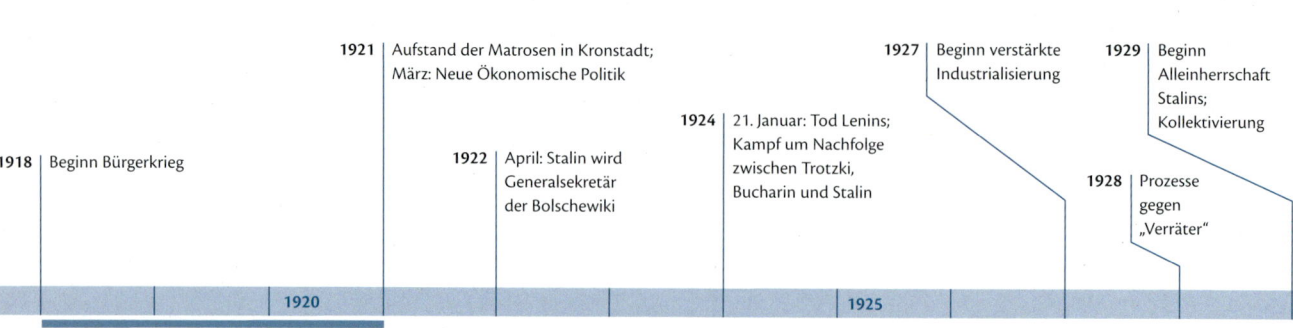

	1921 Aufstand der Matrosen in Kronstadt; März: Neue Ökonomische Politik	**1927** Beginn verstärkte Industrialisierung	**1929** Beginn Alleinherrschaft Stalins; Kollektivierung
		1924 21. Januar: Tod Lenins; Kampf um Nachfolge zwischen Trotzki, Bucharin und Stalin	
1918 Beginn Bürgerkrieg	**1922** April: Stalin wird Generalsekretär der Bolschewiki		**1928** Prozesse gegen „Verräter"
	1920	1925	

1918–1921 Bürgerkrieg

Auf die Oktoberrevolution folgte ein erbitterter Bürgerkrieg mit vielen Opfern auf allen
Seiten. Die Gegner der Revolution waren vielfältig: Sie reichten von den gemäßigten
Linken (u. a. Menschewiki) über Liberale und Monarchisten bis hin zu den auswärtigen
Mächten Österreich-Ungarn, Deutschland und der Türkei. Großbritannien und Frank-
5 reich schickten nach dem Ausscheiden der Mittelmächte ihre Truppen. Das Eingreifen
von außen zeigt, dass es nicht nur um Fragen der Macht in Europa ging, sondern erstmals auch um einen Kampf der Ideologien, einen Kampf zwischen „Kapitalismus" und
„Sozialismus". Darüber hinaus standen die Grenzen Russlands in Frage. An den Rändern
spalteten sich Polen und Finnland ab, andere Nationalitäten versuchten mehr Unab-
10 hängigkeit vom Zentrum durchzusetzen. Und schließlich ging es um die innere Gestaltung Russlands: Rechte und Landbesitz der Bauern, Lenkung der Industrie sowie die
politische Macht.
Am Ende setzten sich die Bolschewiki durch. Die von Trotzki aufgebaute Rote Armee
siegte in der „heroischen Periode der Großen Revolution" – wie der Bürgerkrieg in der
15 sowjetischen Geschichtsschreibung genannt wurde. Doch das Land stand vor tiefgreifenden Problemen. 1921/22 kam es zu einer schweren Hungerkatastrophe. Die Probleme der Landverteilung, die mangelhafte und unmoderne Infrastruktur und den niedrigen Grad der Industrialisierung wollte Lenin durch eine „Neue Ökonomische Politik"
angehen, die mehr Freiheiten versprach. Das Analphabetentum sollte bekämpft, das
20 Land mit einer Elektrifizierungskampagne modernisiert werden. Dies war die eine Seite
der bolschewistischen Politik, die man mit bunten Farben, Plakaten und Reden aus-
schmücken konnte als Umsetzung des Sozialismus. Die andere Seite bildeten die gewaltsame Unterdrückung der Gegner, die Alleinherrschaft der bolschewistischen Partei
(1925 umbenannt in die „Kommunistische Partei der Sowjetunion", KPdSU) sowie de-
25 ren hierarchische zentralistische Ausrichtung. Davon profitierte schließlich auch Josef
Stalin, der sich im Kampf um die Nachfolge für den 1924 gestorbenen Lenin durchsetzte und bis 1953 an der Spitze der Sowjetunion stand. Mit seinem Aufstieg wurde die
bolschewistische Herrschaft spätestens seit den 1930er-Jahren zur stalinistischen Herrschaft, einem System aus forcierter Industrialisierung, Diktatur, Terror, „Sowjetpatriotis-
30 mus" und Personenkult.

1 Interpretieren Sie das Bild M 1. Ordnen Sie es in den historischen Kontext ein,
   indem Sie Bezüge zu im Einleitungstext thematisierten historischen Ereignissen
   herausarbeiten.
2 Vergleichen Sie die „Utopie" des Bildes mit der „Realität" der frühen Sowjetunion.
3 Diskutieren Sie in Ihrem Kurs: Rettete der Bürgerkrieg den Sozialismus?

| 1932 | 1. Fünfjahresplan beendet | | |
| 1932/33 | Hungerkatastrophe mit 5–6 Mio. Toten | 1937/38 | Höhepunkt stalinistischer Terror |

1930   1935   1940

1.5 Bürgerkrieg und Stabilisierung der bolschewistischen Herrschaft

> **In diesem Kapitel geht es um**
> – *die Entwicklungen im Bürgerkrieg von 1918 bis 1921,*
> – *die Stabilisierung der bolschewistischen Herrschaft,*
> – *den Aufstieg Stalins und die stalinistische Sowjetunion.*

Der Bürgerkrieg in der Sowjetunion

Auf das Revolutionsjahr 1917 folgte der **Bürgerkrieg.** Der Landhunger der ärmeren bäuerlichen Schichten blieb auch nach der Enteignung von Adel, Kirche und Zarenfamilie unbefriedigt, zumal der Zusammenbruch der Volkswirtschaft Millionen Menschen aufs Land trieb. In vielen Dörfern kam es zu massiven Gewaltausbrüchen gegen die Mitglieder der alten herrschenden Klasse. In der Industrie trafen die Betriebskomi- 5

M 1 Der Bürgerkrieg in der Sowjetunion 1918–1921

—— Grenze des Zarenreichs 1914	⋯⋯ von Sowjets August 1918 beherrschte Gebiete	▮ von Sowjets 1919 beherrschtes Gebiet	▪ Revolutionszentren Oktober / November 1917
– – – Grenze nach dem Friedensvertrag von Brest-Litowsk 1917	→ Vordringen der „Weißen" und Interventionsmächte 1918/19	→ Vordringen der Roten Armee 1919/20	□ Regierungssitz der „Weißen"
—— Staatsgrenze der UdSSR Ende 1922	▲ weitestes Vordringen der „Weißen" 1918/19	▮ von Sowjets 1920/21 beherrschtes Gebiet	0 200 400 600 km

tees, die an die Stelle der privaten Unternehmer getreten waren, konfliktreich mit den Vertretern des Staates aufeinander, die eine Lenkung der Volkswirtschaft anstrebten. Außerdem war im Land eine breite gegenrevolutionäre Bewegung von **„Weißen"** ent-standen, zunächst gestützt von deutschen und österreichischen Truppen, nach der Ka-
10 pitulation der Mittelmächte von Großbritannien und Frankreich, später sogar von den USA und Japan. Ein wesentliches Motiv der Westmächte für die Intervention war die Furcht der Industriestaaten vor einer Ausbreitung der Revolution. Zu den „Weißen" ge-hörten neben den alten Oberschichten auch große Teile des Mittelstands, der einfa-chen Bauern und der zaristischen Armee. Zeitweilig kontrollierten sie riesige Gebiete.
15 Die von **Leo Trotzki** neu aufgebaute **„Rote Armee"** kämpfte schließlich alle gegenrevo-lutionären Bewegungen nieder, musste aber im Krieg gegen Polen im Westen große Gebietsverluste hinnehmen. Die Gründe für den Sieg Trotzkis liegen zum einen in des-sen herausragendem Organisationstalent, aber auch in der Uneinheitlichkeit der „Wei-ßen", die insbesondere keine Antwort auf die Nationalitätenfrage hatten.
20 Die Dramatik des Bürgerkriegs ist nachträglich kaum zu vermitteln. Er war begleitet von einem völligen Zusammenbruch der Geldwirtschaft, einer Zerstörung der traditionel-len Familien- und Sozialmilieus und riesigen Wanderungsbewegungen. Die Bevölke-rungszahl von Petrograd (heute wieder St. Petersburg) verminderte sich gegenüber der vorrevolutionären Zeit auf ein Drittel. Millionen von Menschen starben den Hunger-
25 tod; Millionen Kinder schlossen sich in Kinderarmeen zusammen, die plündernd durch das Land zogen. Zugleich war diese „heroische Periode der Großen Revolution", wie sie in der sowjetischen Geschichtsschreibung hieß, ein Tummelplatz der Utopien. Da-durch, dass die „proletarische Naturalwirtschaft" als Konsequenz der Not die alten For-men privatwirtschaftlichen Austausches überdeckte, fand die kommunistische Utopie
30 in ihrer radikalsten Ausformung eine scheinbare Entsprechung in der Realität und wur-de zur einzig legalen und richtigen erklärt.
Der Spielraum für eine demokratische Entwicklung war in dieser Phase des Bürgerkriegs sehr gering. Die junge Sowjetmacht antwortete auf den **Terror** der Weißen mit dem ro-ten Terror, der sich auch gegen die Opposition in den eigenen Reihen richtete. Die Revol-
35 te in der Seefestung Kronstadt, in der sich Arbeiter und Matrosen 1921 gegen die Herr-schaft der bolschewistischen Partei im Namen der Rätedemokratie auflehnten, war Ausdruck der schwersten politischen und wirtschaftlichen Krise. Trotzki ließ die Revolte blutig niederschießen. Das, was Lenin bereits 1903 unter dem Begriff „Avantgarde des Proletariats" als Parteitheorie entwickelt hatte, versteinerte zur **Diktatur der bolsche-**
40 **wistischen Partei.** Im Laufe des Jahres 1919 etablierte sich der **Kriegskommunismus*.**

Stabilisierung der Sowjetmacht

Die Unruhen und Bauernaufstände, die 1920/21 das Land überzogen, nahmen immer radikalere Formen an. Die Bauern wandten sich gegen die staatlichen Zwangseintrei-
5 bungen der Agrarproduktion und zwangen schließlich die Sowjetregierung zur Um-kehr. Die Führung zielte nun stärker auf Bündnisse zwischen den besitzenden privaten Bauern und den Arbeitern ab. Diese Politik des sozialen Kompromisses hieß **„Neue Ökonomische Politik" (NEP).** Sie stellte den Versuch dar, unter Rückgriff auf die Kon-zeption einer staatskapitalistischen Übergangswirtschaft, in die jetzt auch die Bauern
10 einbezogen werden sollten, die zentralen Aufgaben zu lösen: Sicherung der Versorgung der Bevölkerung durch die Landwirtschaft und Förderung der geschwächten und rück-ständigen Industrie. In weiten Bereichen der russischen Ökonomie herrschten wieder Marktbeziehungen. Unter der Kontrolle des Staates blieben Großindustrie, Banken, Verkehrswesen, Groß- und Außenhandel und die gesamtwirtschaftliche Planung. Letz-
15 tere allerdings mehr in der Theorie als in der Praxis. Die Betriebe zahlten differenzierte Leistungslöhne. Tatsächlich erholte sich das Land allmählich. 1926 wurde die Vorkriegs-produktion wieder erreicht – eine enorme Leistung.

▶ **M 5: Heiko Haumann über den Bürgerkrieg und die Folgen**

M 2 Leo Trotzki (1879–1940), Fotografie, 1917

▶ **M 6: Forderungen der Aufständischen von Kronstadt**

Kriegskommunismus
Ausrichtung der gesamten wirtschaftli-chen und staatlichen Tätigkeit auf die Bedürfnisse des Bürgerkriegs (1918–1920). Die Industrie wurde verstaatlicht, die Bauern mussten ihre gesamte Produktion zu festgelegten Preisen an den Staat abliefern.

▶ **M 9: Lenin über die Neue Ökonomi-sche Politik, 1922**

▶ **M 8: Statistik zur agrarischen und industriellen Bruttoproduktion**

M 3 Torso mit gelbem Hemd, Gemälde von Kasimir Malewitsch, 1928

▶ M 11: Stalin über die „innere Lage der Sowjetunion", 1925

M 4 Josef W. Stalin (1879–1953), Fotografie, 1935.

Stalin schloss sich 1903 den Bolschewiki an und beteiligte sich an der Oktoberrevolution 1917. Seit Ende der 1920er-Jahre war er Alleinherrscher.

Kader
Bezeichnung der Kommunisten für leitende Personen im politischen, wirtschaftlichen und gesellschaftlichen Leben

In dieser Zeit wurde auch das bereits im revolutionären Programm der Bolschewiki von 1917 formulierte **Recht auf nationale Selbstbestimmung der Völker** ansatzweise verwirklicht. Für die Ukraine, die kaukasischen und zentralasiatischen Republiken trat es jedoch hinter militärischen und politischen Erwägungen in den Hintergrund. Sie erhielten allerdings im Interesse ihrer kulturellen Eigenständigkeit von der Sowjetmacht Spielräume eingeräumt, ebenso wie etwa die deutsche Minderheit und die Juden. 20

Die Phase der wirtschaftlichen Liberalisierung begleitete in den Städten ein Aufschwung des kulturellen Lebens. Die Künstler stellten sich in den Dienst der Revolution. Der Konstruktivismus eines Kasimir Malewitsch in der Malerei, Experimente im Theater, Kreativität in der Dichtkunst oder im Film („Panzerkreuzer Potemkin" von Sergej Eisenstein, 1925) machten die Sowjetunion zu einem riesigen kulturellen Experimentierfeld, das auf andere Länder ausstrahlte. Intellektuelle und Künstler aus den westlichen Ländern bereisten die Sowjetunion und waren fasziniert. 25

Der Aufstieg Stalins

Den ökonomischen und kulturellen Spielräumen der 1920er-Jahre stand eine **diktatorische Konzentration der politischen Macht** gegenüber. Opposition wurde in der bolschewistischen Partei nicht geduldet. Bereits 1920/21 hatten die Gewerkschaften ihre Eigenständigkeit gegenüber der Partei verloren. Nach Lenins Tod im Herbst 1924 entspann sich ein erbitterter Kampf um die politische Richtung. Trotzki – auf dem „linken Flügel" – hatte bereits 1923 und verschärft nach dem Tode Lenins die wachsende Bürokratisierung der Partei angeprangert. Zugleich forderte er eine rasche Industrialisierung und das Zurückdrängen des privatwirtschaftlichen Sektors. Nikolai I. Bucharin auf dem „rechten Flügel", der stärker unter dem Eindruck des verheerenden Kriegskommunismus stand, befürchtete, dass dann die Bauern ihre Loyalität aufkündigen würden. Er forderte eine weitere Stützung der Bauern, um über die Nachfrage an Industriegütern allmählich den Aufbau der verstaatlichten Industrie zu realisieren. 5 / 10

Die Diskussionen gingen ab 1925 immer mehr in einen innerparteilichen Machtkampf über. Stalin stand nicht im Zentrum des Konflikts, nutzte ihn aber für sich. Es gelang ihm, im Bündnis mit den Rechten zunächst 1927 den linken Flügel auszuschalten. Trotzki wurde in die Verbannung geschickt und 1940 von einem Agenten Stalins in Mexiko ermordet. 1929 folgte die Entmachtung der rechten Opposition; viele Anhänger wurden ermordet oder starben in Lagern. 15 / 20

Stalin blieb als unangefochtener Führer der Partei übrig, obwohl Lenin ihn in seinem „Testament" 1924 als Nachfolger für ungeeignet erklärt hatte. Einer der Gründe war sicherlich die **zentralistische Struktur der bolschewistischen Partei,** die sich seit 1925 „Kommunistische Partei der Sowjetunion" (KPdSU) nannte. An die Stelle politisch diskutierender Parteimitglieder trat der Apparat, der vom Zentralkomitee durch die Kaderpolitik* beherrscht wurde. Die Sowjets wurden zu einem schwerfälligen, von den Parteistellen kontrollierten Verwaltungsapparat ohne eigene Macht. Offenbar prägten schon sehr früh Misstrauen und Angst die Partei. So konnte ein Mann wie Stalin als Generalsekretär ab 1922 die Arbeit der verschiedenen Parteigremien koordinieren und diese beherrschen. Hinzu kam, dass Stalins Funktion als Generalsekretär ihm Zugang zu Informationen über alle Parteikader verschaffte – bereits 1922 lagen Tausende von Personalakten vor. Stalin wählte mithilfe dieser Daten Funktionäre aus. Damit verdankten ihm viele ihren Aufstieg, Stalins Einfluss vergrößerte sich. Zudem hatte sich die Partei seit der Oktoberrevolution dramatisch verändert. Aus einer kleinen Partei von geschulten Berufsrevolutionären war sukzessive eine Massenpartei geworden, die durch den Parteiapparat steuerbar war. Der Apparat nutzte dies, indem er die „geschichtslosen" Neuzugänge, die die Geschichte der Bolschewiki und der russischen Arbeiterbewegung erst in der Version des Apparats kennenlernten, als Manövriermasse zur Konsolidierung seiner Vormacht einsetzte. 25 / 30 / 35

Die Sowjetunion unter Stalin zwischen Kollektivierung und Terror

In den Folgejahren stieg Stalin zum unumstrittenen Führer auf, der sich zunehmend in einem Personenkult selbst inszenierte und mit öffentlichen Jubelschauen das Sowjetregime als idealen kommunistischen Staat präsentierte.

▶ M 13: Andreas Kappeler über den Aufstieg Stalins

Von 1927 bis 1929 dehnte der Staat seine Herrschaft durch die Übernahme weiterer
5 Funktionen aus. Der Verknappung von Getreide, mit dem die Investitionen in die Industrie bezahlt wurden, begegnete die Sowjetunion mit den Methoden des Kriegskommunismus (Enteignungen, Zwangsrekrutierungen von Arbeitskräften). Stalin gab vor, dieser „Klassenkampf" richte sich gegen die **Kulaken***. Tatsächlich trafen seine Maßnahmen fast alle Bauern. Der Begriff „Kulak" wurde als Feindbild benutzt, um die
10 **Kollektivierung*** der gesamten Landwirtschaft durchzusetzen. Millionen von Menschen wurden deportiert und ermordet. Die zwangsweise Kollektivierung führte innerhalb weniger Monate zur Zerrüttung der landwirtschaftlichen Produktion, weil die bäuerlichen Einzelwirtschaften verfielen und die neuen **Kolchosen*** nicht arbeitsfähig waren. Im Winter 1932/33 brach in weiten Teilen der Sowjetunion eine **Hungersnot**
15 aus.

Zugleich ging die sowjetische Führung daran, das Land in einem riesigen „Entwicklungssprung" den westeuropäischen Industrieländern gleichzustellen. Das Schwungrad der Industrialisierung lag in den Zentralen von Partei und Staat, die auf Hierarchien, Macht und Kontrollen achteten und weniger auf Gewinn. Die stalinistische Industrialisierungs-
20 politik bedeutete einen völligen Bruch mit der NEP. Die Parteiführung nahm ohne Rücksicht auf das ökonomische Gleichgewicht große Investitionen in den Schlüsselindustrien, wie beispielsweise in die Schwerindustrie, vor. Darüber hinaus sollten die Arbeiter teils durch Zwang, teils durch materielle und propagandistische Anreize motiviert werden. Der erste **„Fünfjahresplan"** sah vor, in kürzester Zeit 48 000 Technikspezialisten
25 auszubilden. Obwohl diese Anzahl nicht erreicht wurde, bildete sich eine neue Elite heraus, die sich an Stalin und die Partei gebunden fühlte.

In den 1930er-Jahren reagierte der Staat auf organisatorische und personelle Unzulänglichkeiten verstärkt mit der Jagd auf vermeintliche Saboteure. Millionen von Menschen wurden verfolgt, verurteilt und in Lager verbannt. Den **„Säuberungen"** fielen zunächst
30 die alten Bolschewiki in Partei und Armee, dann die deutschen Kommunisten, die vor Hitler geflohen waren, und zuletzt die Techniker und Ingenieure aus der vorrevolutionären Zeit zum Opfer. In den Jahren 1937/38 richtete sich die Verfolgung gegen den gesamten Partei- und Staatsapparat und gegen alle Schichten der Bevölkerung. In den sowjetischen Kerkern und **Straflagern** wurden mehr Kommunisten gefangen gehalten
35 als in allen anderen Ländern zusammen. Zur politischen Begründung der Säuberungen und Vernichtungsaktionen diente die These Stalins, dass der Fortschritt des Sozialismus die Verschärfung des Klassenkampfes voraussetze. Da es in der Sowjetunion keine kapitalistischen Produktionsverhältnisse mehr gab, also auch keinen Klassenfeind im herkömmlichen Sinn, musste man die Gegner in den eigenen Reihen suchen. Kein noch so
40 überzeugter Kommunist konnte sicher sein, dass die **Geheimpolizei (Tscheka*)** ihn nicht am nächsten Morgen verhaftete und in das System aus Zwangsarbeitslagern, Straflagern, Gefängnissen und Verbannungsorten, den **Gulag**, einlieferte. Stalin führte einen Krieg nach innen. Die genaue Zahl der Opfer des Großen Terrors ist unklar. Allein für 1937/38 sind 2,5 Millionen Verhaftungen und rund 680 000 Erschießungen doku-
45 mentiert.

Kulak
(russ. = Faust) Eine im 19. Jh. in Russland aufkommende Bezeichnung für Großbauern, seit der Jahrhundertwende zunehmend abwertend verwendet. In der Hungerkrise wurde der Begriff von den Bolschewiki auf alle selbstständigen Bauern ausgedehnt, um die Kollektivierung zu rechtfertigen.

Kollektivierung
Überführung der privaten Produktionsmittel, besonders von landwirtschaftlichem Boden, in genossenschaftlich bewirtschaftetes Gemeineigentum

Kolchose
(von russ. *kollektivnoje chosjaistvo* = Kollektivwirtschaft) genossenschaftlich organisierter landwirtschaftlicher Großbetrieb

Tscheka
Im Dezember 1917 entstand die „Allrussische Außerordentliche Kommission zur Bekämpfung von Konterrevolution und Sabotage" (ČK). Im Bürgerkrieg gewann sie als Instrument des „Roten Terrors" rasch an Einfluss, organisierte Gefängnisse und Internierungslager und war für die Erschießung vieler politischer Gegner verantwortlich. Mit Gründung der UdSSR wurde sie durch die „Staatliche Politische Verwaltung" (GPU) ersetzt, die 1934 im gesamtstaatlichen „Volkskommissariat des Inneren" (NKWD) aufging. Trotz mehrerer Namensänderungen und Umstrukturierungen blieb die politische Geheimpolizei ein Instrument der Bespitzelung, Unterdrückung, Deportation, Folter und des (Massen-)Mords.

1 Fassen Sie anhand der Karte M 1 den Verlauf des Bürgerkriegs zusammen.

2 Erläutern Sie ausgehend vom Darstellungstext die kurz- und langfristigen Auswirkungen des Bürgerkriegs 1918–1921.

3 Charakterisieren Sie Stalins Aufstieg und Herrschaft. Arbeiten Sie dabei Kontinuitäten und Brüche der bolschewistischen Herrschaft heraus.

Frühe Sowjetunion
🔋📀 cornelsen.de/Webodes
➕🔈 Code: wadefa

Der Bürgerkrieg und seine Folgen lassen sich mithilfe eines Historikertextes (M 5) analysieren. Die Gründe für den Sieg der Bolschewisten stehen im Zentrum der Argumentation. Der Aufstand von Kronstadt (M 6, M 7) bildet einen Teilaspekt. Die Neue Ökonomische Politik Lenins (M 9) stellte eine Abkehr vom Kriegskommunismus dar. Ihre Auswirkungen lassen sich auch mithilfe der Tabelle M 8 untersuchen, die darüber hinaus die ökonomische Entwicklung bis 1953 aufzeigt. Eine politische Einordnung nimmt der Historiker Hartmann Wunderer in M 10 vor. Auf Basis einer Rede Stalins von 1925 lässt sich der Strategiewechsel beleuchten, der mit dem Aufstieg Stalins verbunden ist. Zum Abschluss setzen sich M 13 bis M 18 mit Stalin und seiner Politik auseinander. Es werden die Methoden seines Aufstiegs (M 13), die Maßnahmen der Kollektivierung (M 14 bis M 16) sowie der Personenkult (M 17, M 18) thematisiert.

Zur Vernetzung mit dem Kernmodul

Bürgerkrieg und Wirtschaftskrisen lassen sich mithilfe der Krisentheorien von Karl W. Deutsch (M 4) und Rudolf Vierhaus (M 3, Kap. 1) untersuchen. Die repressive Politik Stalins kann auch unter dem Aspekt der „Regierungskrise" diskutiert werden.

Bürgerkrieg, Terror und Kriegskommunismus

M 5 Der Historiker Heiko Haumann über die Folgen des Bürgerkriegs (1996)

Die Gründe für die Behauptung der Bolschewiki liegen zunächst einmal in der unentschlossenen Haltung der Westmächte, die sich nicht auf eine gemeinsame Strategie einigen konnten, und in der
5 Zerstrittenheit der innerrussischen Gegner der Oktoberrevolution. Deren politische Vorstellungen – von einem nicht-bolschewistischen Sozialismus bis zu einer Wiederherstellung der Autokratie – waren viel zu unterschiedlich, um dauerhaft ein gemeinsames
10 Handeln zu ermöglichen. [...] Ansätze dazu wurden vor allem von Sozialrevolutionären im Ural und in Westsibirien sowie von der liberalen Kadettenpartei in Südrussland unternommen. Die militärischen Führer der Weißen drängten deren Einfluss jedoch
15 zurück. Dies musste gerade die Bauern verschrecken, die nicht ganz zu Unrecht befürchteten, ein Sieg der Weißen werde ihnen das eben zugesprochene Land wieder nehmen und sie auf die Verhältnisse vor der Februarrevolution zurückwerfen. Das Agrargesetz
20 der Weißen vom 7. Juni 1920, das eine Umverteilung des Landes zugunsten der Bauern vorsah, kam viel zu spät, um gutzumachen, was an Vertrauen verspielt worden war.

So entschlossen sich die Bauern überwiegend, die Sowjetmacht zu unterstützen oder zumindest zu tole-25 rieren. Charakteristisch ist die verbreitete Parole „Für die Bolschewiki, aber gegen die Kommunisten!". Die Bolschewiki hatten ihnen Land gegeben und sie von Lasten befreit. Dafür war man bereit, auch in der Roten Armee zu kämpfen. Doch weitergehende Plä-30 ne der Kommunisten – die Organisation des Klassenkampfes im Dorf oder gar eine Kollektivierung – lehnte man ab. [...]

Nur mit den Arbeitern allein hätte die Rote Armee nicht bestehen können. So war die Unfähigkeit der 35 Weißen, die Bauern für sich zu gewinnen – ebenso wie sie nationalistische Strömungen nicht für sich nutzen konnten –, eine entscheidende Voraussetzung für den Sieg der Bolschewiki. [...]

Trotz aller Erfolge bedeutete der Bürgerkrieg, dass 40 die Verwirklichung des Programms, den Sozialismus unmittelbar anzustreben, erheblich beeinträchtigt wurde.

Wichtige Wirtschaftsgebiete konnten lange Zeit nicht genutzt werden. Die ständig wechselnden Herrschafts-45 verhältnisse erschwerten eine kontinuierliche Entwicklung, die Verwüstungen und Zerstörungen trugen zum weiteren Produktionsrückgang bei. Die militärischen Bedürfnisse erzwangen schnelle, zentrale Entscheidungen und entsprechende Verwaltungsstruktu-50 ren. Die Sowjets verloren ebenso an Bedeutung wie die wirtschaftlichen Entscheidungsorgane, die im Mai und Juni 1918 beschlossen worden waren. In Staat und Wirtschaft herrschten „außerordentliche Organe", die – mit Sondervollmachten ausgestattet – für die Erfül-55 lung der dringend notwendigen Aufgaben sorgen sollten. Von den ursprünglichen Vorstellungen waren somit nur höchst verzerrte Umrisse übriggeblieben.

Als eine dieser neuen Behörden wirkte die [...] Tscheka. Diese Kommission war am 7. Dezember 1917 ge-60 gründet worden, um Widerstand gegen die Oktoberrevolution auszuschalten sowie Misswirtschaft und Spekulation zu bekämpfen. Aus dieser Behörde entwickelte sich rasch eine Geheimpolizei, die unter dem Einfluss des Bürgerkrieges mehr und mehr an 65 Gewicht zunahm und eine Eigendynamik entfaltete. Ihre Vollmachten wurden beständig erweitert, bis hin zur sofortigen Vollstreckung von Todesurteilen ohne ordentliche Gerichtsverhandlung. Besonders begünstigend wirkte sich aus, als neben dem Verhal-70 ten der Weißen Armee in den von ihr besetzten Gebieten die Attentate von Linken Sozialrevolutionären auf Lenin und andere führende Bolschewiki Ende August 1918 den „Roten Massenterror" auslösten.

75 Von nun an standen sich „Weißer" und „Roter" Terror in keiner Weise nach. Auch die Einrichtung erster Straflager – Konzentrationslager in der damaligen Terminologie – fällt in diese Zeit.

Anfang 1920, als der Sieg im Bürgerkrieg greifbar nahe
80 schien, wurden die Rechte der Tscheka eingeschränkt, die Todesstrafe aufgehoben, die meisten außerordentlichen Organe abgeschafft und eine Stärkung der lokalen Sowjets eingeleitet. Man wollte wieder anknüpfen an den ursprünglichen Vorstellungen und sah durchaus
85 die Nachteile der Überzentralisierung sowie der weitgehend unkontrollierten Machtentfaltung einzelner Institutionen. Gerade die Tscheka hatte sich aber unter ihrem ersten Vorsitzenden Felix A. Dserschinski (1877–1926) zu einem derart mächtigen Apparat entwi-
90 ckelt, dass er nicht einfach wieder aufgelöst werden konnte. Bei Bedarf – und Gegner der Bolschewiki gab es noch genug – konnte er seine Berechtigung jederzeit wieder unter Beweis stellen. Und dies gilt allgemein: Der Erfolg, den die Bolschewiki mit außerordentlichen Or-
95 ganen und mit der Bereitschaft zu gewaltsamen Maßnahmen – neben den militärischen im engeren Sinne – erzielt hatten, prägte das Bewusstsein. Gewiss überwog noch die Auffassung, dass dies kein Dauerzustand sein dürfe. Doch im Konfliktfall musste die Versuchung groß
100 sein, auf die erprobten Methoden zurückzugreifen und durch Zentralismus, außerordentliche Maßnahmen und Gewaltanwendung Probleme lösen zu wollen.

Heiko Haumann, Geschichte Russlands, Piper, München 1996, S. 480.*

1 Erläutern Sie auf der Basis von M 5 die Gründe für den Sieg der „Roten Armee".
2 Arbeiten Sie die Folgen für die weitere Entwicklung der Sowjetunion heraus.
3 **Zusatzaufgabe:** Siehe S. 477.

M 6 **Aus der Mitteilung des Provisorischen Revolutionskomitees der Matrosen, Rotarmisten und Arbeiter der Stadt Kronstadt (8. März 1921)**
Anfang März 1921 brach ein Aufstand der Matrosen von Kronstadt aus. Während der Oktoberrevolution hatten sie auf Seiten der Bolschewisten gekämpft.

Als die Arbeiterklasse die Oktoberrevolution zum Erfolg führte, hoffte sie, ihre Befreiung zu erlangen. Das Ergebnis aber war eine noch größere Versklavung der menschlichen Persönlichkeit.
5 Die Macht des Polizeimonarchismus ging in die Hände der kommunistischen Eindringlinge über, die den Werktätigen statt der Freiheit ständige Furcht vor der Folterkammer der Tscheka brachten, deren Gräueltaten die der Gendarmerieverwaltung des zaristischen
10 Regimes noch um ein Vielfaches übertrafen. […]

Am schändlichsten und verbrecherischsten ist jedoch die moralische Versklavung durch die Kommunisten: Sie machten auch vor der inneren Einstellung der Werktätigen nicht Halt, sondern zwangen sie, nur
15 so zu denken wie sie selbst.
Mithilfe der staatlichen Gewerkschaften fesselten sie die Arbeiter an ihre Werkbänke und machten so die Arbeit nicht zur Freude, sondern zu einer neuen Sklaverei. Auf die Proteste der Bauern, die in spontanen Aufständen zum Ausdruck kamen, und der Arbeiter, 20 die schon durch die Lebensbedingungen selbst zu Streiks gezwungen waren, antworteten sie mit Massenerschießungen. […]
Immer klarer zeichnete sich das ab, was jetzt offenbar wurde, nämlich dass die RKP [Kommunistische 25 Partei] nicht, wie sie vorgab, für die Werktätigen eintritt; die Interessen des werktätigen Volkes sind ihr fremd, und einmal an die Macht gelangt, kennt sie nur die Sorge, sie nicht wieder zu verlieren, und deshalb sind alle Mittel erlaubt: Verleumdung, Gewalt, 30 Betrug, Mord und Rache an den Familienangehörigen der Aufständischen. Die Langmut der Werktätigen ist am Ende. […] Arbeiterstreiks brachen aus, aber die bolschewistischen Spitzel schliefen nicht und ergriffen alle Maßnahmen, um die unvermeidli- 35 che dritte Revolution zu verhüten und zu unterdrücken.

Zit. nach: Bundeszentrale für politische Bildung (Hg.), Die Sowjetunion 1917–1953, Bonn 1992 (= Informationen zur politischen Bildung, H. 235), S. 16.*

1 Fassen Sie die Kritik der Kronstädter Matrosen an den Bolschewiki zusammen.

M 7 **Angriff der Roten Armee auf die aufständische Festung Kronstadt, Fotografie, März 1921.**
Die Soldaten greifen die Insel mit der Festung über die Eisfläche der Finnischen Bucht in weißen Tarnmänteln an.

1 Nehmen Sie Stellung zur Reaktion der Bolschewiki auf den Aufstand.
Tipp: Siehe S. 477.

Neue Ökonomische Politik

M 8 Statistik zur agrarischen und industriellen Bruttoproduktion in Russland/der Sowjetunion 1913–1953 (1913 = 100)

Jahr	Landwirtschaft		Industrie	
	Acker-bau	Vieh-zucht	Produkti-onsmittel	Konsum-güter
1913	100	100	100	100
1917	81	100	81	67
1921	55	67	29	33
1925	107	121	80	69
1928	117	137	155	120
1930	126	100	276	151
1933	121	65	450	196
1935	138	86	713	258
1940	155	114	1554	497
1945	57	64	112	59
1950	97	104	205	123
1953	96	124	299	177

Nach: Helmut Altrichter, Heiko Haumann (Hg.), Die Sowjetunion, Bd. 2, dtv, München 1987, S. 524 und 526.

1 Analysieren Sie M 8.
   Tipp: Achten Sie besonders auf Probleme, die sich hinter diesen Zahlen verbergen.

M 9 Lenin über die Neue Ökonomische Politik (NEP) (1922)

Die überwiegende Masse der Produktionsmittel auf dem Gebiet der Industrie und des Verkehrswesens bleibt in Händen des proletarischen Staates. Zusammen mit der Nationalisierung des Grund und Bodens
5 zeigt dieser Umstand, dass die Neue Ökonomische Politik das Wesen des Arbeiterstaates nicht verändert, die Methoden und Formen des sozialistischen Aufbaus jedoch wesentlich ändert, weil sie den ökonomischen Wettstreit zulässt zwischen dem im Auf-
10 bau befindlichen Sozialismus und dem zur Wiederherstellung strebenden Kapitalismus auf der Basis einer Befriedigung der vielmillionenköpfigen Bauernschaft durch Vermittlung des Marktes.
Die Änderungen der Form des sozialistischen Auf-
15 baus werden durch den Umstand hervorgerufen, dass in der gesamten Politik des Überganges vom Kapitalismus zum Sozialismus die Kommunistische

Partei und die Sowjetmacht jetzt besondere Methoden dieses Übergangs verwirklichen, in vieler Beziehung auf eine andere Art vorgehen als früher, eine 20 Reihe von Positionen durch eine sozusagen „neue Umgebung" erobern, einen Rückzug durchführen, um besser vorbereitet wieder zur Offensive gegen den Kapitalismus überzugehen. Insbesondere sind gegenwärtig freier Handel und Kapitalismus, die der 25 staatlichen Regulierung unterstehen, zugelassen und sie entwickeln sich, während andererseits die sozialisierten staatlichen Betriebe auf das sogenannte Prinzip der Rentabilität, d. h. auf kommerzielle Grundlage, überführt werden. [...] 30
Ohne sein Wesen zu ändern, kann der proletarische Staat die Freiheit des Handels und die Entwicklung des Kapitalismus nur bis zu einem bestimmten Grade zulassen und nur unter der Bedingung der staatlichen Regulierung (Aufsicht, Kontrolle, Festsetzung der For- 35 men der Ordnung usw.) des Privathandels und des privatwirtschaftlichen Kapitalismus. [...] Unser Ziel ist, den Zusammenschluss herzustellen, dem Bauern durch Taten zu beweisen, dass wir mit dem beginnen, was ihm verständlich, vertraut und heute bei all seiner 40 Armut erreichbar ist, nicht aber mit etwas, was dem Bauernstandpunkt fernliegt, fantastisch ist – zu beweisen, dass wir ihm zu helfen verstehen, dass die Kommunisten dem jetzt in einer schweren Lage befindlichen, verarmten, verelendeten, qualvoll hun- 45 gernden Kleinbauern sofort wirklich helfen.

*Zit. nach: Günter Schönbrunn (Hg.), Geschichte in Quellen, Bd. 6, bsv, München 1979, S. 139.**

1 Arbeiten Sie charakteristische Neuerungen der NEP und ihre jeweiligen Ziele heraus.

2 Beschreiben Sie, wie Lenin seinen wirtschaftspolitischen Kurswechsel zu legitimieren versucht.

3 Zusatzaufgabe: Siehe S. 477.

M 10 Der Historiker Hartmann Wunderer über die Neue Ökonomische Politik (2014)

Allerdings war [der Aufstand von] Kronstadt [...] ein wichtiger Anlass, um viele während des Kriegskommunismus getroffene Maßnahmen zu revidieren. [...] Die „Neue Ökonomische Politik" zielte nun eher auf einen friedlichen inneren Ausgleich; der staatli- 5 che Zwang sollte deutlich zurückgenommen werden. Die Bauern sollten wieder ihre Überschüsse selbstständig auf einem Markt verkaufen können, das würde auch die Arbeitsmotivation und die stark gesunkene landwirtschaftliche Produktivität steigern. Auch 10 Handwerks- und kleine Industriebetriebe sollten wieder selbstständig wirtschaften können. Bereits verstaatlichten Betrieben wurde die Möglichkeit

eingeräumt, wieder privat geleitet zu werden. [...]
15 Sondervollmachten, die staatliche Machtträger erhalten hatten, wurden beschnitten. Kurz: Marktwirtschaftliche Elemente sollten zu einer höheren Arbeitsmotivation, zu mehr Leistung, zu einer höheren Produktivität beitragen. An der staatlichen Wirt-
20 schaftslenkung der Schwerindustrie wollte man indes festhalten. [...]
Umstritten und lebhaft diskutiert wurde aber innerhalb der Bolschewiki, ob man mit dieser Politik eine sozialistische Gesellschaft und Wirtschaft etablieren
25 könne. Für die linken Kritiker und für viele Arbeiter sah diese Neue Ökonomische Politik wie der überwundene Kapitalismus aus. [...]
Die Neue Ökonomische Politik verschaffte der jungen Sowjetunion gewissermaßen eine kleine Atempause.
30 Sie beschwichtigte die Bauern und versuchte die gesellschaftlichen Zwischenschichten für die sozialistische Ordnung zu gewinnen. Denn Güter und Dienstleistungen wurden nun nicht mehr über den Staat verteilt, sondern durch einen begrenzten Markt. Allerdings war es
35 mit der Neuen Ökonomischen Politik nicht möglich, das Investitionsniveau zu erzeugen, das für eine zügige Industrialisierung notwendig war.

Hartmann Wunderer, Die Russische Revolution, Reclam, Stuttgart 2014, S. 77 f.*

M 11 Stalin über die „innere Lage der Sowjetunion", aus dem Tätigkeitsbericht des ZK für den XIV. Parteitag (18.–31. Dezember 1925)
[...] Es gibt zwei Generallinien: Die eine geht davon aus, dass unser Land noch lange ein Agrarland bleiben müsse, dass es landwirtschaftliche Erzeugnisse ausführen und Maschinen einführen, dass es dabei blei-

ben und sich auch in Zukunft in der gleichen Bahn 5 weiterentwickeln müsse. Diese Linie fordert im Grunde genommen den Abbau unserer Industrie. [...] Diese Linie würde dazu führen [...], dass sich unser Land aus einer wirtschaftlich selbstständigen Einheit, die sich auf den inneren Markt stützt, objektiv in ein Anhäng- 10 sel des kapitalistischen Gesamtsystems verwandeln müsste. Diese Linie bedeutet eine Abkehr von den Aufgaben unseres Aufbaus. Das ist nicht unsere Linie.
Es gibt eine andere Generallinie, die davon ausgeht, dass wir alle Kräfte aufbieten müssen, um unser Land 15 zu einem wirtschaftlich selbstständigen, unabhängigen, auf dem inneren Markt basierenden Land zu machen, zu einem Land, das als Anziehungsfeld für alle anderen Länder dient, die nach und nach vom Kapitalismus abfallen und in die Bahnen der sozialistischen 20 Wirtschaft einlenken werden. Diese Linie erfordert maximale Entfaltung unserer Industrie [...]. Sie lehnt die Politik der Verwandlung unseres Landes in ein Anhängsel des kapitalistischen Weltsystems entschieden ab. Das ist unsere Aufbaulinie, die die Partei einhält und die 25 sie auch künftig einhalten wird. Diese Linie ist unerlässlich, solange es eine kapitalistische Umkreisung gibt.

Josef W. Stalin, Werke, Bd. 7, hg. vom Marx-Engels-Lenin-Institut beim ZK der SED, Dietz Verlag, Berlin 1952, S. 259 f.*

1 Vergleichen Sie auf der Basis von M 10 und des Darstellungstextes „Kriegskommunismus" und „Neue Ökonomische Politik".
2 Fassen Sie Stalins Argumente zusammen (M 11).
3 Beurteilen Sie unter Einbeziehung von M 12 die verschiedenen Lösungsansätze für die Wirtschaftsprobleme der Sowjetunion.
Tipp: Siehe S. 477.

M 12 Strukturprobleme der Wirtschaft während der Neuen Ökonomischen Politik 1921–1929

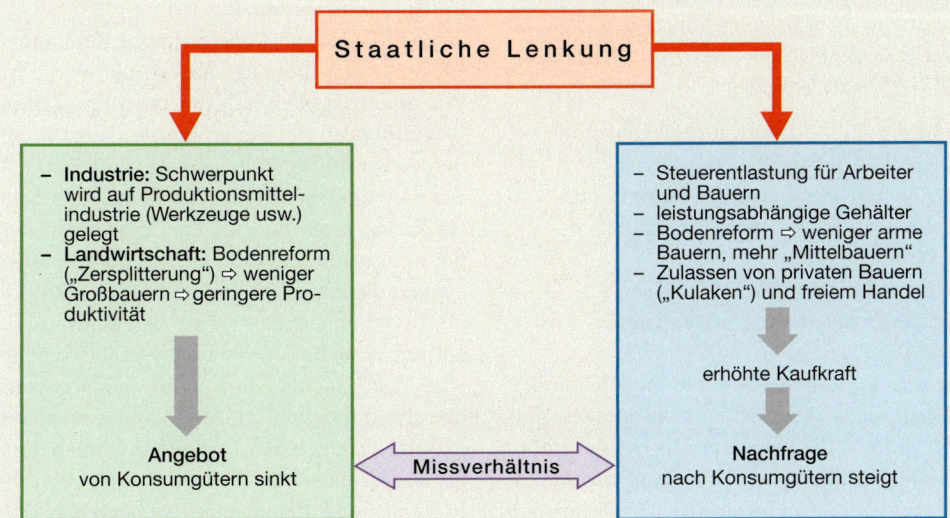

Aufstieg Stalins

M 13 **Der Historiker Andreas Kappeler über den Aufstieg Stalins (2016)**

Die allgemeine Lockerung, die auch Kultur und Wissenschaft einbezog, erfasste nicht das Herrschaftssystem. Das Machtmonopol der Partei und die politische Kontrolle wurden im Gegenteil verschärft. Der
5 Parteiapparat wurde vom Generalsekretär Josef Stalin (1879–1953) ausgebaut, der sich damit eine Machtbasis schuf. Im Laufe der Zwanzigerjahre wurden zahlreiche neue Mitglieder in die Partei aufgenommen, wodurch sich ihre soziale Zusammenset-
10 zung stark veränderte. Lenins Krankheit und sein Tod im Jahre 1924 lösten Machtkämpfe aus, aus denen Stalin nach der Ausschaltung Trotzkis, Zinov'evs[1] und Kamenevs[2] als Sieger hervorging.
Als deutlich war, dass sich die Hoffnungen auf eine
15 Weltrevolution nicht so bald erfüllen würden, entschied sich Stalin, den „Sozialismus in einem Land" aufzubauen. Dass die Sowjetunion industrialisiert werden musste, um nachträglich die Basis für den Sozialismus zu schaffen, war unumstritten, doch setz-
20 ten die meisten Pläne dafür eine lange Frist an. In den Jahren 1927 bis 1929 eintretende Krisen der Getreideversorgung dienten Stalin zum Anlass, die NÖP [Neue Ökonomische Politik] abzubrechen und mit forcierter Industrialisierung und Kollektivierung der
25 Landwirtschaft den sofortigen beschleunigten Durchbruch zum Sozialismus zu erzwingen.
Stalins „Revolution von oben" veränderte die wirtschaftliche, soziale und politische Struktur der Sowjetunion grundlegend.

Andreas Kappeler, Russische Geschichte, C. H. Beck, 7., aktualisierte Auflage, München 2016, S. 38 f.*

1 *Grigori Zinov'ev:* sowjet. Politiker (1883–1936), bildete mit Stalin und Kamenev die „Troika", in einem Schauprozess wegen Verrats im Zuge der „Säuberungen" 1936 hingerichtet
2 *Lew Kamenev:* sowjet. Politiker (1883–1936), Wegbegleiter Stalins, der 1936 hingerichtet wurde

1 Arbeiten Sie die von Andreas Kappeler genannten Gründe für Stalins Aufstieg heraus.
2 **Vertiefung:** Setzen Sie sich mit der Biografie von Trotzki, Zinov'ev oder Kamenev auseinander.

M 14 **Stalin zur Lösung der Agrarkrise vor Studenten der Swedlow-Universität (28. Mai 1928)**

Während wir in der Industrie dem kleinen Kapitalisten in der Stadt die sozialistische Großindustrie entgegensetzen können, die neun Zehntel der gesamten Masse der Industriewaren liefert, können wir der ku-
5 lakischen Großproduktion im Dorfe [...] nur die noch nicht erstarkten Kollektiv- und Sowjetwirtschaften entgegensetzen, die bloß den achten Teil des Getreides produzieren, das die Kulakenwirtschaften erzeugen. [...] Der Ausweg besteht vor allem darin, von den
10 kleinen, rückständigen, zersplitterten Bauernschaften zu vereinigten, großen, gesellschaftlichen Wirtschaften überzugehen, die mit Maschinen versehen, mit den Errungenschaften der Wissenschaft ausgerüstet und imstande sind, ein Maximum an Warenge-
15 treide zu produzieren. Der Ausweg besteht im Übergang von der individuellen Bauernwirtschaft zum kollektiven [...] Betrieb in der Landwirtschaft.

Josef W. Stalin, Werke, Bd. 11, hg. vom Marx-Engels-Lenin-Institut beim ZK der SED, Dietz Verlag, Berlin 1954, S. 78 f.*

M 15 **Enteignete Bauern („Kulaken") vor ihrem beschlagnahmten Haus, Fotografie, 1930**

M 16 **Der russische Schriftsteller Lew Kopelew in seinen Erinnerungen über die Durchführung der Kollektivierung 1929/30 (1979)**

Im Herbst und Winter arbeitete ich auf der Eisenbahnstation Osnowa bei Charkow als Leiter und Lehrer der Abendschule für Halbanalphabeten, an der die Eisenbahndepot-Arbeiter und die Frauen aus der Kantine teilnahmen. [...]
5
Es war die Zeit der Kollektivierung der Landwirtschaft. Die „erste bolschewistische Aussaat" wurde vorbereitet. Wir zugereisten Agitatoren brachten Zeitungen und Broschüren in die Bauernhäuser; lasen Analphabeten daraus vor und erzählten von der internationalen Lage,
10 von dem unermesslichen Wohlstand, den das neue Kolchosleben verheiße. [...] Im Dorf Ochotschaja wurde der neugegründete Kolchos von dem 25-jährigen „einäugigen Kommissar" Tscherednitschenko geleitet. [...] [Tscherednitschenko wehrte sich gegen diesen Partei-
15 auftrag: er sei Proletarier und verstehe von dieser „Mistwirtschaft" nichts.] Ihm wurde erklärt, derartige Redensarten röchen nach Abweichung zum Trotzkismus, er dürfe sich nicht dem großen Vertrauen der Partei widersetzen. Es sei auch nicht einfach eine Ehrung. Als
20 früherer Roter Reiter müsse er begreifen, dass das ein

Kampfauftrag sei. Die Front sei jetzt auf dem Dorf, die Lage ungefähr so wie im Bürgerkrieg. Der Klassenfeind erhöbe sein Haupt und zeige seine Zähne […].

25 Vom ersten Tag an war Tscherednitschenko unumschränkter Diktator, eine Woche darauf hatte er die Kollektivierung durchgeführt: „Bei mir ist Entschlossenheit die Hauptsache. Und der Überraschungseffekt. Damit keiner erst Krach machen kann. Marsch 30 in den Kolchos ohne Wenn und Aber. […] Den Schmied habe ich zum Hauptmechaniker gemacht. Der Junge gehört zu uns, war bei den Partisanen. Brigadiere und Vorarbeiter – alle aus früheren Rotarmisten ausgesucht: die können Disziplin begreifen.

Zit. nach: Hartmann Wunderer, Die Russische Revolution, Reclam, Stuttgart 2014, S. 148 f.*

1 Beschreiben Sie mithilfe von M 15 und M 16 die Durchführung der Kollektivierung.
2 Erläutern Sie, inwiefern die Kollektivierung die Macht Stalins stärkte.
3 **Zusatzaufgabe:** Siehe S. 477.

M 17 **Der Historiker Dietrich Geyer über Stalins Rechtfertigungsstrategien (2021)**
Die Beschwörung tödlicher Gefahren hatte in jener Zeit einen ganz besonderen Rang. Mit solchen Gefahren legitimierten Stalin und seine Leute die Opfer und Entbehrungen, die sie dem Land und den Menschen abver-
5 langten. Sie taten dies auch noch nach einer anderen Seite hin. Die Sowjetunion, das einzige sozialistische Land, Vaterland aller Werktätigen, Augapfel des internationalen Proletariats, Zentrum der Weltrevolution –

dieses Sowjetland sei nicht nur von innen her aufs schwerste bedroht, sondern auch von außen: von Fa- 10 schisten aller Sorten, japanischen Militaristen und von subversiven Plänen des internationalen Finanzkapitals. Jeder Sieg, beim Aufbau des Sozialismus errungen, verstärke nur die Wut und den Hass der Feinde […]. Tatsächlich hat der Verweis auf die Außenwelt, auf 15 die kapitalistische Einkreisung, von Beginn an zu den wichtigsten Argumenten gehört, mit denen Stalin und sein Gefolge die Notwendigkeit dieser grausamen und opferreichen Umwälzungen gerechtfertigt haben. Unablässig hatte die sowjetische Presse den 20 Menschen eingeschärft, dass der Feind nicht schlafe, dass er nicht warten werde. Die Sowjetunion sei von einer Welt von Feinden umgeben, vom Kapitalismus eingekreist und umzingelt. Sie sei der kapitalistischen Außenwelt auch ökonomisch unterlegen, war 25 hinter den fortgeschritteneren kapitalistischen Ländern weit zurückgeblieben […]. „Entweder gelinge es", so Stalin schon 1931, „den Entwicklungsabstand binnen 10 Jahren aufzuholen und Russland in ein modernes Industrieland zu verwandeln, oder wir 30 werden zermalmt. […] Das ist das Wolfsgesetz des Kapitalismus. Wir wollen aber nicht die Geschlagenen sein, nein, das wollen wir nicht."

Dietrich Geyer, Das russische Imperium. Von den Romanows bis zum Ende der Sowjetunion, De Gruyter, Berlin 2021, S. 352 f.*

1 Erläutern Sie mithilfe von M 17, wie Stalin seine Politik rechtfertigt.
2 Interpretieren Sie das Plakat M 18.
3 **Zusatzaufgabe:** Siehe S. 477.

M 18 „Ruhm Stalin, dem Erbauer des Kommunismus", sowjetisches Plakat, 1951

Politische Plakate interpretieren

Plakate dienen der **öffentlichen Information** oder **Werbung**. Sie arbeiten mit „plakativen" Gestaltungsmitteln: Das Dargestellte soll auffällig und schnell zu verstehen sein und möglichst lange in Erinnerungen bleiben. Um die Aufmerksamkeit des Betrachters zu erlangen, muss der Inhalt dabei verdichtet und zugespitzt werden. Außerdem will jedes Plakat aus der Masse hervorstechen. Daher werden oft kraftvolle Darstellungen, 5 grelle Farben und dicke Schlagzeilen genutzt. Der kleinformatige Druck im Buch vermag kaum den Eindruck zu vermitteln, den die Großformate in Wirklichkeit auf Menschen machten. Aufgrund ihres appellativen Charakters sind Plakate weniger dokumentarisch als andere Bildquellen. Sie geben dafür jedoch Auskunft über **die Absichten und Positionen des Auftraggebers.** 10

Politische Plakate stellen eine Sonderform dar. Sie präsentieren eine **politische Botschaft im öffentlichen Raum.** Häufig greifen sie auf bestimmte Motive zurück, mit denen die Menschen vertraut waren (Stereotype*, Symbole). Die Texte beinhalten politische Ideen, Programme, Ziele oder bereits Erreichtes. Auf diese Weise soll um Zustimmung und Unterstützung geworben werden. Oft werden Plakate auch zum 15 Zweck der **Propaganda*** eingesetzt. Während des Ersten Weltkriegs nutzten zum Beispiel viele Regierungen Plakate, um die Bevölkerung zum Durchhalten zu motivieren oder um zu Spenden oder dem Kauf von Kriegsanleihen aufzurufen. Andere appellierten an den Patriotismus der Menschen. Wieder andere diffamierten den Feind, um auf diese Weise den Zusammenhalt der eigenen Nation zu stärken und kollektive Emotionen wie Wut und Hass auf die Gegner zu lenken. 20

Aufgrund der großen Verbreitung und der wachsenden Bedeutung sind Plakate sehr **wichtige Quellen zur politischen Kultur** eines Landes zu einer bestimmten Zeit. In ihnen werden nicht nur Themen, sondern auch die Mittel der Auseinandersetzung deutlich. 25

Stereotype
eingebürgerte Vorurteile mit feststehenden Vorstellungen über eine Sache, eine Person oder eine Gruppe

Propaganda
Systematische Verbreitung von politischen Ideen und Meinungen mit dem Ziel, die öffentliche Sichtweise zu beeinflussen. Dabei werden auch Informationen manipuliert oder unrealistische Versprechungen gemacht.

Arbeitsschritte zur Interpretation

1. Leitfrage
– Welche Fragestellung bestimmt die Untersuchung des Plakats?

2. Formale Aspekte
– Wer hat das Plakat erstellt oder in Auftrag gegeben?
– Wann und wo ist das Plakat erschienen?
– Aus welchem Anlass wurde das Plakat erstellt und veröffentlicht?
– An wen ist das Plakat gerichtet?

3. Inhaltliche Aspekte
Beschreibung
– Was ist das Thema des Plakats?
– Was ist auf dem Plakat dargestellt und welche Gestaltungmittel (Bilder, Personen, Gegenstände, Texte/Schlagwörter, Symbole, Muster, Anordnung der Bildgegenstände/Art der Komposition, Perspektive, Farben, Proportionen und Verhältnis von Bild und Text) wurden genutzt?

Deutung
– Wie lassen sich die Gestaltungsmittel deuten?
– Welche Wirkung sollte beim zeitgenössischen Beobachter erzielt werden?
– Welche Intention verfolgte der Ersteller bzw. Auftraggeber?

4. Historischer Kontext
– In welchem historischen Kontext ist das Plakat entstanden?

5. Urteil
– Ist das Plakat repräsentativ für seine Zeit?
– Wie lässt sich das Plakat – unter Berücksichtigung der Leitfrage – aus heutiger Sicht bewerten?

Übungsaufgabe

M1 „Der Sieg des Sozialismus in unserem Land ist garantiert", sowjetisches Propagandaplakat von Gustav G. Klutsis (1895–1938), 1932.

Die Texte lauten: (Rechts oben) „Der Sieg des Sozialismus in unserem Land ist garantiert, die Basis der sozialistischen Wirtschaft ist geschaffen! Realität unseres Produktionsplans – das sind Millionen Arbeiter, die ein neues Leben schaffen. J. Stalin"; (unten) „Für die Erfüllung des Fünfjahrplans in vier Jahren! Für die stählerne Einheit der Partei Lenins! Gegen den Opportunismus und den verrotteten Liberalismus! Für die Erfüllung der sechs historischen Hinweise des Genossen Stalins! Für die bolschewistische Festigung der technischen Unabhängigkeit der Sowjetunion! Für die proletarische Weltrevolution!"

1 Interpretieren Sie M 1 mithilfe der Arbeitsschritte.

▶ Lösungshinweise finden Sie auf S. 488 f.

Anwenden

M 1 **Der russische Germanist und Schriftsteller Lew Kopelew (1912–1997) in seinen Erinnerungen über Stalins Politik (1976)**

Kopelew wurde gegen Ende des Zweiten Weltkriegs – damals Offizier einer Propagandaeinheit – wegen „kleinbürgerlichem Humanismus und Mitleid mit dem Feind" verhaftet und verurteilt. 1956 wurde er rehabilitiert. Später setzte er sich für die Opposition in der UdSSR ein und lebte seit 1981 in Deutschland. Er erhielt mehrere Auszeichnungen für sein humanitäres Engagement.

Ich hatte zu keiner Zeit geglaubt, Bucharin und Trotzki seien Gestapo-Agenten gewesen, hätten Lenin ermorden wollen; und ich war sicher, dass auch Stalin dies nie angenommen hat. Aber ich glaubte, in
5 den Prozessen 1936–1938 Stalins weitblickende politische Taktik zu erkennen, glaubte, dass er „im Endergebnis" recht gehabt hatte, ein für allemal jede Art von Opposition auf so fürchterliche Art zu diskreditieren. Wir lebten ja in einer belagerten Festung,
10 mussten dicht zusammenstehen, durften kein Schwanken und keine Zweifel zulassen. Was bedeuten schon theoretische Unstimmigkeiten für all unsere Millionen Menschen, für die „breite Masse"? Die meisten werden sowieso nicht begreifen, worin der
15 Unterschied zwischen Linken und Rechten besteht, die einen wie die anderen berufen sich auf Lenin, schwören der Oktoberrevolution und der Arbeiterklasse Treue. Und eben darum muss man alle Abweichler, alle politisch unsicheren, schwankenden
20 Kleingläubigen als so überdimensional abscheuliche Schurken anprangern, dass jeder sich entsetzt von ihnen abwendet, dass das Volk sie verflucht und hasst. Ich selbst hatte ja einmal mit denen sympathisiert, gegen die Fluch und Hass sich richten müssen,
25 mich dann von ihnen rigoros losgesagt und meinen Standpunkt danach nicht mehr gewechselt. Seit ich selbst Häftling war, war ich mit aller Energie bedacht, diese Fähigkeit, „objektiv" über Geschichte und Gegenwart zu urteilen, nicht zu verlieren, und entwi-
30 ckelte mich im Gefängnis zu einem viel konsequenteren Stalinisten, als ich es je vorher gewesen war. Am ärgsten fürchtete ich mich davor, dass mein eigener bitterer Kummer, die unverdiente Demütigung mir die Augen trüben und mich hindern könnten, die
35 Hauptsache klar zu sehen, das Wichtigste für das Leben des Landes und der Welt. Darin lag für mich die notwendige Quelle seelischer Kräfte: in der Überzeugung, der großen Einheit anzugehören. Nur so behielt

das Leben seinen Sinn – das ganze Leben, auch Vergangenheit und Zukunft. [...]
40 Damals glaubte ich, dass die Generäle und die Tschekisten, die Richter und die Gefängniswärter eines Stammes mit mir seien, dass sie, ich, wir alle Kämpfer einer Armee, Schräubchen einer Maschine, „Späne" eines Waldes seien. Nur waren eben manche klüger,
45 gewissenhafter, weniger mit den „Muttermalen" des Kapitalismus behaftet, andere dagegen dümmer, moralisch schwächer. [...] Aber ich war überzeugt: wenn auch die Mehrzahl der NKWD[1]-Leute, der Richter und Staatsanwälte schlecht und menschlich verkom-
50 men sind, im Endergebnis sind die Gründe wie die Ziele ihrer summarischen Tätigkeit richtig, historisch notwendig. Und darum glaubte ich, dass alle Fehler, alle Fehlurteile – wie viele es auch sein mochten – das Ganze nicht verderben, die siegreiche Ent-
55 wicklung zum Sozialismus nicht aufhalten könnten. [...] [I]ch meinte, dass [...] jene, die genau wie ich Opfer von Verleumdungen und widrigen Umständen geworden waren, das Joch der Haft zu tragen hätten und vielleicht bis zum vollen Triumph der „histori-
60 schen Notwendigkeit" rechtlose Sklaven dieser Notwendigkeit bleiben müssten. Wer das nicht verstehen konnte oder wollte, böse und verbittert darüber grübelte, wurde zwangsläufig zum Volksfeind. Aber wer es verstand, konnte die innere Freiheit der „aner-
65 kannten Notwendigkeit" gewinnen und damit, als höchsten Lohn, das eigene Bewusstsein, in Not und Erniedrigung seinen hohen Idealen und sich selbst gegenüber treu geblieben zu sein.

Lew Kopelew, Aufbewahren für alle Zeit!, übers. v. Heddy Pross-Weerth u. Heinz-Dieter Mendel, Hoffmann und Campe, Hamburg 1976, S. 28–30.*

1 *NKWD:* Abkürzung für *Narodny Kommissariat Wnutrennich Del* = Volkskommissariat für Innere Angelegenheiten der Sowjetunion

1 Beschreiben Sie auf der Basis von M 1 die Ziele und Methoden der Politik Stalins.
2 Arbeiten Sie heraus, wie Lew Kopelew Stalins Politik rechtfertigt.
3 Erläutern Sie Kopelews Begründung, warum er trotz seiner eigenen Verhaftung dem System treu blieb.
4 Beurteilen Sie die Haltung Kopelews vor dem Hintergrund der wirtschaftlichen und politischen Lage in der Sowjetunion gegen Ende der 1920er-Jahre.

Wiederholen

M2 „Der neue Planet", Gemälde von Konstantin Fedorovich Juon, 1921.
Das Bild nimmt Bezug auf die Oktoberrevolution als Geburtsstunde eines neuen Planeten. Der Maler und Kunstprofessor Juon (1875–1958) war Mitglied der kommunistischen Partei und bekleidete verschiedene wichtige Positionen in sowjetischen Künstlerverbänden.

Zentrale Begriffe

Bürgerkrieg
Bolschewistische Herrschaft
Diktatur des Proletariats
Fünfjahrplan
Kapitalismus
Kollektivierung
Kriegskommunismus
Kulaken
Sozialismus
Stalinismus
Terror
Tscheka

Sprachliche Hilfen für die Bildbeschreibung:
– Das Bild wird dominiert von …
– Die kräftigen, gold-roten Farben verweisen auf …
– Die Menschen nehmen folgende Körperhaltung ein: …
– Das Bild entstand 1921 im Kontext …
– Die Zukunft erscheint …
– Der Künstler interpretiert die Oktoberrevolution als …

1 Interpretieren Sie das Bild M 2. Nutzen Sie die Informationen zum Bild bzw. Maler sowie bei Bedarf die sprachlichen Hilfen in der Randspalte.
2 Erläutern Sie unter Einbeziehung der Ideen von Marx und Lenin die Grundzüge der bolschewistischen Herrschaft.
3 **Wahlaufgabe:** Bearbeiten Sie a), b) oder c).
  a) Fassen Sie die politischen und wirtschaftlichen Probleme in der frühen Sowjetunion zusammen.
  b) Analysieren Sie das Konzept der Neuen Ökonomischen Politik.
  c) Beurteilen Sie die Stabilität der bolschewistischen Herrschaft in den Jahren nach dem Bürgerkrieg.
4 Arbeiten Sie die Gründe für den Aufstieg Stalins heraus.
5 **Schaubild:** Charakterisieren Sie Stalins Herrschaft, indem Sie wesentliche Elemente in einem Schaubild zueinander in Beziehung setzen.
6 Lenin entwickelte 1903 sein Konzept einer hierarchisch organisierten und von „Berufsrevolutionären" geführten Partei, um in Russland erfolgreich die Revolution voranzutreiben. Erörtern Sie die Folgen dieser Parteistruktur der Bolschewisten für die frühe Sowjetunion.
7 **Vertiefung:** Stalins Politik in den 1930er-Jahren wird auch als „Revolution von oben" bezeichnet. Überprüfen Sie mithilfe ausgewählter Revolutionstheorien, ob die Bezeichnung sachlich angemessen ist.

Hinweise zur Arbeit mit den Materialien

Der Materialteil zum Kernmodul widmet sich zunächst den Theorien und Modellen zu Krisen. Am Anfang steht ein Ausschnitt aus Jacob Burckhardts „weltgeschichtlichen Betrachtungen" (M 1), in dem Krisen als „Entwicklungsknoten" und kurze verdichtete Phasen des umfassenden Wandels erläutert werden. Im Gegensatz dazu versteht Reinhart Koselleck (M 3) Krise als einen grundlegenden Zustand der Moderne. Vergangenes wird infrage gestellt und zum Teil mithilfe von Revolutionen zyklisch verändert. Der Beitrag des Politikwissenschaftlers Karl W. Deutsch (M 4) bietet eine differenzierte Definition von Krise in einem System an, das auf historische Krisen angewandt werden kann. Darüber hinaus sollte auch der Beitrag von Rudolf Vierhaus (Kapitel 1, M 3) hier noch einmal einbezogen werden, der Merkmale von Krisen herausarbeitet und auf die geschichtswissenschaftliche Anwendung ausgerichtet ist. Der zweite Block stellt einige ausgewählte Theorien und Modelle von Revolutionen vor. Alexis de Tocqueville (M 5) bietet die Möglichkeit, die Abgrenzung zwischen Reform und Revolution zu diskutieren. Der US-amerikanische Historiker Crane Brinton (M 6) stellt ein umfassendes Raster für zentrale Elemente von Revolutionen zur Verfügung. Karl Marx und Friedrich Engels (M 7) erläutern die zentrale Rolle von Revolutionen im „Fortschritt" der Geschichte aus Sicht des Kommunismus. Es wird die Dominanz ökonomischer Ursachen betont. Wladimir I. Lenin (M 8) arbeitet den Zusammenhang zwischen einer Krise des alten Systems und der Politisierung der Massen heraus. James C. Davies (M 9) setzt sich mit enttäuschten individuellen Erwartungen als Ursache für Revolutionen auseinander und bietet die „J-Kurve" als Modell für die Untersuchung von Revolutionsabläufen an. Hannah Arendt (M 10) legt den Schwerpunkt auf den Aspekt der Freiheit und auf die Frage nach der Institutionalisierung der demokratischen Ideen.

Themenfelder des Kernmoduls	Materialien im Kernmodul	Thematische Anknüpfungspunkte des verbindlichen Wahlmoduls	Kapitel des verbindlichen Wahlmoduls	Materialien zum verbindlichen Wahlmodul
Theorien und Modelle zu Krisen	M 1 Jacob Burckhardt M 2 Bild Hungerkrise M 3 Reinhart Koselleck M 4 Karl W. Deutsch	Einführung Zarenherrschaft in der Krise Politische Opposition Das Jahr 1917 Bürgerkrieg und Stabilisierung	Kapitel 1.1 Kapitel 1.2 Kapitel 1.3 Kapitel 1.4 Kapitel 1.5	M 3 M 16–M 22 M 10, M 12, M 18 M 16–M 21 M 10–M 13
Theorien und Modelle zu Revolutionen	M 5 Alexis de Tocqueville M 6 Crane Brinton M 7 Karl Marx/Friedrich Engels M 8 Wladimir I. Lenin M 9 James C. Davies M 10 Hannah Arendt	Einführung Zarenherrschaft in der Krise Politische Opposition Das Jahr 1917	Kapitel 1.1 Kapitel 1.2 Kapitel 1.3 Kapitel 1.4	M 4 M 16–M 22 M 22–M 28 M 7–M 13, M 17–M 18, M 22–M 23, M 24–M 25
		Bürgerkrieg und Stabilisierung	Kapitel 1.5	M 6–M 8, M 14–M 15
		Französische Revolution Amerikanische Revolution	Kapitel 1.7 Kapitel 1.8	M 9–M 15 M 9–M 17

Theorien und Modelle zu Krisen

M 1 Der Schweizer Kulturhistoriker Jacob Burckhardt (1818–1897) über „geschichtliche Krisen" (1868–1873).

Jacob Burckhardt entwickelte seine Überlegungen zu „geschichtlichen Krisen" in mehreren Vorlesungen zwischen den Jahren 1868 und 1873. Nach seinem Tod wurden sie mit anderen Texten zusammen als „Weltgeschichtliche Betrachtungen" veröffentlicht.

Indem wir uns nun auf die *Krisen großer Kulturvölker* beschränken, aber auch die gescheiterten Krisen mit in Betracht ziehen, ergibt sich uns das folgende allgemeine Phänomen:

5 Bei dem enorm komplexen Zustand des Lebens, wo Staat, Religion und Kultur in höchst abgeleiteten Formen neben- und übereinander geschichtet sind, wo die meisten Dinge in ihrer damaligen Verfassung ihren rechtfertigenden Zusammenhang mit ihrem Ur
10 sprung eingebüßt haben, wird längst das eine Element eine übermäßige Ausdehnung oder Macht erreicht haben und nach Art alles Irdischen missbrauchen, während andere Elemente eine übermäßige Einschränkung erleiden müssen.

15 Die gepresste Kraft aber kann, je nach ihrer Anlage, hierbei ihre Elastizität verlieren oder steigern, ja der Volksgeist im größten Sinne des Wortes kann sich als ein unterdrückt gewesener bewusst werden. In letzterem Falle bricht irgendwo irgendwas aus, wodurch die
20 öffentliche Ordnung gestört wird, und wird entweder unterdrückt, worauf die herrschende Macht, wenn sie weise ist, einige Abhilfe schafft, oder es knüpft sich daran, den meisten unerwartet, eine Krisis des ganzen allgemeinen Zustandes bis zur kolossalsten Ausdeh
25 nung über ganze Zeitalter und alle oder viele Völker desselben Bildungskreises [...]. Der Weltprozess gerät plötzlich in furchtbare Schnelligkeit; Entwicklungen, die sonst Jahrhunderte brauchen, scheinen in Monaten und Wochen wie flüchtige Phantome vorüber
30 zugehen und damit erledigt zu sein. [...]

Was die Anfangsphysiognomie der Krisen betrifft, so tritt zunächst die negative, anklagende Seite zutage, der angesammelte Protest gegen das Vergangene, vermischt mit Schreckensbildern vor noch größe
35 rem, unbekanntem Druck. [...]

Die um *einer* Sache Willen beginnende Krisis hat den übermächtigen Fahrwind vieler andern Sachen mit sich, wobei in betreff derjenigen Kraft, welche definitiv das Feld behaupten wird, bei allen einzelnen Teilneh
40 mern völlige Blindheit herrscht. Die Einzelnen und die Massen schreiben überhaupt Alles, was sie drückt, dem bisherigen letzten Zustand auf die Rechnung, während es meist nur Dinge sind, die der menschlichen Unvollkommenheit als solcher angehören. [...]

45 Endlich machen Alle mit, welche irgendetwas anders haben wollen, als es bisher gewesen ist. [...]

Allerdings nur durch diese blinde Koalition Aller, die etwas anderes haben wollen, wird es überhaupt möglich, einen alten Zustand aus den Angeln zu he
50 ben; ohne sie würden die alten Institutionen, gut und schlecht, sich ewig, d.h. bis zum Verfall der betreffenden Nation überhaupt behaupten. [...]

Nun aber die *positive*, ideale Seite der Anfänge. Sie hängt daran, dass nicht die Elendsten, sondern die Emporstrebenden den eigentlichen Anfang machen;
55 sie sind es, welche der beginnenden Krisis den idealen Glanz verleihen, sei es durch die Rede oder durch sonstige persönliche Gaben.

Und nun beginnt das brillante Narrenspiel der Hoffnung, diesmal für ganze große Schichten eines Volkes
60 in kolossalem Maßstab. Auch in den Massen vermischt sich der Protest gegen das Vergangene mit einem glänzenden Phantasiebild der Zukunft, welches alle kaltblütige Überlegung unmöglich macht [...].

Überhaupt geschehen alle geistigen Entwicklungen
65 sprung- und stoßweise, wie im Individuum, so hier in irgendeiner Gesamtheit. Die Krisis ist als ein neuer Entwicklungsknoten zu betrachten.

Die Krisen räumen auf: zunächst mit einer Menge von Lebensformen, aus welchen das Leben längst
70 entwichen war, und welche sonst mit ihrem historischen Recht nicht aus der Welt wären wegzubringen gewesen. Sodann aber auch mit wahren Pseudoorganismen, welche überhaupt nie ein Recht des Daseins gehabt und sich dennoch im Laufe der Zeit
75 auf das stärkste bei dem ganzen übrigen Leben assekuriert[1], ja hauptsächlich die Vorliebe für alles Mittelmäßige und den Hass gegen das Ungewöhnliche verschuldet hatten. Die Krisen beseitigen auch die ganz unverhältnismäßig angewachsene Angst vor
80 „Störung" und bringen frische und mächtige Individuen hervor.

Jacob Burckhardt, Weltgeschichtliche Betrachtungen, C.H. Beck, München 2018 [1905], S. 176, 179ff., 198.*

1 *assekuriert:* versichert

---

1 Arbeiten Sie aus M 1 die Merkmale von historischen Krisen nach Jacob Burckhardt heraus.
2 Vergleichen Sie mit dem Konzept von Rudolf Vierhaus in Kapitel 1.1, M 3.
3 **Vertiefung:** Überprüfen Sie die Merkmale anhand von Beispielen aus dem 19. oder 20. Jahrhundert.
4 **Zusatzaufgabe:** Siehe S. 478.

M2   Zwei Frauen suchen nach Essbarem, Aquarell von Ivan A. Vladimirov, 1919

1   Erläutern Sie unter Einbeziehung von M2 die Rolle der Masse der Bevölkerung bei der Entstehung einer Krise nach Burckhardt.

M3   Der Historiker Reinhart Koselleck über Krisen und Fortschritt (1959)

Es liegt im Wesen einer Krise, dass eine Entscheidung fällig ist, aber noch nicht gefallen. Und es gehört ebenso zur Krise, dass offenbleibt, welche Entscheidung fällt. Die allgemeine Unsicherheit in einer kri-
5 tischen Situation ist also durchzogen von der einen Gewissheit, dass – unbestimmt wann, aber doch bestimmt, unsicher wie, aber doch sicher – ein Ende des kritischen Zustandes bevorsteht. Die mögliche Lösung bleibt ungewiss, das Ende selbst aber, ein
10 Umschlag der bestehenden Verhältnisse – drohend und befürchtet oder hoffnungsfroh herbeigewünscht – ist den Menschen gewiss. Die Krise beschwört die Frage an die geschichtliche Zukunft. [...]
[...] [Rousseau] sehnte nicht – wie andere – die Revolu-
15 tion utopistisch herbei, sondern er erwartete mit ihrem Hereinbrechen einen Zustand der Unsicherheit und Ungewissheit, der alle Menschen überfällt, wenn die herrschende Ordnung einmal zerbricht [...]. Die Krise ist erkannt. Die Revolution, die Rousseau vor
20 Augen hat, ist eine Revolution des Staates und der Gesellschaft zugleich, die in diesem Staate lebt; mit ihrer Heraufkunft findet nicht nur eine „grand changement" statt, keine bloße Veränderung, die den gesellschaftlichen Interessen zum Sieg verhelfen wird, sondern das
25 entscheidende Merkmal, das die von Rousseau prophezeite Revolution von einer fortschrittlichen Umwälzung unterscheidet, ist die Krise. Das kommende Jahrhundert wird Revolutionen in Vielzahl bringen, der eine Zustand der Krise wird dauern. [...]
30 Der Ausdruck „Krise" ist durch seinen diagnostischen und prognostischen Gehalt Indikator eines neuen Bewusstseins. Die Künder des Fortschritts, befangen im politischen Selbstverständnis einer indirekten Gewaltnahme, konnten [...] das Phänomen der Krise als solches nicht in den Blick bekommen. Jede Krise 35 entzieht sich der Planung, rationaler Steuerung, die von der Fortschrittsgläubigkeit getragen ist. Nicht in den Publikationen der Fortschrittler taucht der Begriff auf, sondern bei den Philosophen mit zyklischer Geschichtskonstruktion [...]. Die zyklische Vorstellung 40 von der Geschichte erlaubte es eher, einen Wendepunkt, eine Peripethie[1] zu konzipieren, für die im gezielten Progress kein Platz ist.

Reinhart Koselleck, Kritik und Krise, Suhrkamp, 15. Auflage, Frankfurt/M. 2021 [1973/1959], S. 105, 134.*

1   *Peripethie:* Wendepunkt im Drama

1   Fassen Sie die Aussagen Kosellecks zu „Revolution" und „Krise" zusammen.
2   Erklären Sie den Widerspruch, der laut Koselleck zwischen „Krise" und „Fortschritt" besteht.

M4   Der amerikanische Politikwissenschaftler Karl W. Deutsch über „Krise" und „System" (1973)

Eine Krise ist ein Entscheidungsprozess unter Zeitdruck. Es muss etwas entschieden werden, und diese Entscheidung kann nicht unbestimmt lange hinausgezögert werden.
[...] Es gibt ein klassisches Schema zur Untersuchung 5 von Autounfällen, das von den Versicherungsgesellschaften ausgearbeitet wurde, und dort heißt es, dass bei der Untersuchung der Autounfälle immer drei Zeitpunkte festgehalten werden müssen:
a) Der Eintritt der Gefahr. Sie fahren, sagen wir, etwas 10 zu schnell im Auto und der Wagen gerät ins Schleudern oder Sie verlieren sogar, ohne dass der Wagen schleudert, auf der eisigen Straße langsam die Zugkraft, die Reifen beginnen sich etwas von der Straßenoberfläche abzulösen, zugleich kommen Sie der 15 Kurve immer näher. Sie merken das vielleicht gar nicht. Sie glauben, alles geht glänzend, denn der Wagen fährt ja immer noch geradeaus, mit der lebendigen Wucht, mit der er beschleunigt wurde.
b) Dann gibt es den Moment der Überraschung. Sie be- 20 merken, dass Sie sich dem Straßengraben zu bewegen.
c) Und dann gibt es den Moment der Ausweglosigkeit, *„the moment of no escape"*, wie das die Versicherungsgesellschaften nennen. Falls der Augenblick der Überraschung erst nach dem Augenblick der Ausweglosigkeit 25 eintritt, ist der Fahrer verloren. Zumindest geht das Auto kaputt, mit einigem Glück kann er noch lebend davonkommen. Doch der Unfall ist unvermeidlich. Falls der Augenblick der Überraschung, also der Einsicht in

30 die Notwendigkeit der Verhaltensänderung, vor dem Moment der Ausweglosigkeit eintritt, kann noch etwas getan werden, um die Gefahr abzuwenden. [...]

Ich würde vorschlagen, dass wir uns dieses Schema ein bisschen überlegen und sagen: *Eine Krise besteht dann,* 35 *wenn ein Entscheidungsprozess unter Zeitdruck einge-leitet werden muss, um eine wachsende Gefahr vor dem Augenblick der Ausweglosigkeit aufzuhalten.* Ich will also ganz bewusst den Begriff der Krise etwas erweitern. Mein Kollege Ted Gurr[1] hat Krisen auf jene Situationen 40 beschränkt, in denen eine Gruppe von Menschen ganz bewusst Forderungen stellt. Aber als das Schiff Titanic mit Volldampf im Nebel auf einen Eisberg losfuhr, stellte niemand irgendwelche Forderungen. Als jemand dem Kapitän sagte, das Thermometer falle schnell, ant- 45 wortete er: „Stören Sie mich nicht!" Und dann gab es die bekannte epische Katastrophe. Das Problem des Kolli-sionskurses der Länder und Staaten in der interna-tionalen Politik, das Problem des Kollisionskurses von Interessengruppen, ethnischen oder Rassengruppen 50 oder Klassen gehört mit in die Krisenforschung hinein. Eines der Probleme der Krisenforschung ist es zu erkunden, ob eine Krise sich entwickelt, wie schnell eine Verhaltensänderung nötig ist und welche Grup-pen und Individuen in der Lage sind, die Notwendig- 55 keit der Verhaltensänderung zu erkennen.

Das bedeutet nun auch, dass ich Ihnen keineswegs vorschlage, den Krisenbegriff auf die Stabilität von Regierungen hin einzuschränken. Das Unglück des Schiffes Titanic bestand gerade in der Stabilität der 60 Kommandostruktur, unter der ein unfähiger Kapitän das Schiff mit Volldampf auf den Eisberg losjagte. [...] Es ist also nicht nur eine Frage der Kontrolle und nicht nur eine Frage der Stabilität. Es ist mehr als ein Land gründlich daran zugrunde gegangen, dass eine 65 Regierung zu stabil war und dass der Stabilisierung der Dummheit kein Einhalt geboten wurde.

Eine Krise ist also eine Situation, in der das bisherige Ver-halten irgendwelcher wichtiger Akteure unter Zeitdruck geändert werden muss, wenn nicht ein ganz großer Wert- 70 verlust oder eine schwere Schädigung des Systems eintre-ten soll. Diese Schädigung kann im Zusammenbruch bestehen, in der Spaltung und Zerschlagung des Systems oder in einem schweren, weitverbreiteten Verlust von Leben, Eigentum und anderen Werten, die es in dem Sys- 75 tem gibt. Wenn wir die Vorstellung der Krise also ausdeh-nen von der bloßen Unstabilität der Regierung auf die Erhaltung des Systems der lebenden Menschen und wir es als Politikwissenschaftler für wichtiger halten, dass die Völker ihre Regierungen überleben, statt umgekehrt, 80 dann müssen wir vielleicht auch Herrn Jänickes [deutscher Politikwissenschaftler] Arsenal der Kontroll-mittel der Regierungen oder Staaten ein wenig erweitern.

Es gibt nämlich zwei verschiedene Unterklassen dieser Kontrollmittel, die ich vorschlage, analytisch ausein-anderzuhalten. Die eine Klasse sind die Mittel der Repres- 85 sion, also Unterdrückung oder Isolierung, die der Regie-rung zur Verfügung stehen. Falls sich zeigt, dass eine Gruppe auf eine Gefahr aufmerksam macht, kann man sie zum Schweigen bringen, unterdrücken, einsperren, oder man kann die unangenehme Gesellschaft 90 loswerden, indem man sie aus dem Lande schickt oder sogar das Land zerteilt. [...] Die andere Stabilisierungs-möglichkeit besteht in der Systemänderung, in der Strukturänderung, in der Selbstumwandlung des Sys-tems. Ein System kann nämlich eine Krise auch dadurch 95 bewältigen, dass es sich verändert.

Karl W. Deutsch, Zum Verständnis von Krisen und politischen Revolutionen, in: Martin Jänicke (Hg.), Herrschaft und Krise, Westdeutscher Verlag, UTB, Opladen 1973, S. 91–93.*

1 *Ted Gurr:* amerikanischer Politikwissenschaftler (1936–2017)

1 Erläutern Sie den verwendeten Vergleich zwischen einem Autounfall, dem Untergang der Titanic und einer politisch-historischen Krise.

2 Arbeiten Sie die Möglichkeiten einer Regierung heraus, eine Krise unter Kontrolle zu bringen.

3 Erörtern Sie die Übertragbarkeit der politikwissen-schaftlichen Krisenforschung auf historische Krisen.

4 **Arbeitsteilige Gruppenarbeit:** Setzen Sie sich in einer Gruppe mit einer der vorgestellten Krisentheorien (M 1, M 3, M 4) auseinander. Präsentieren Sie anschließend im Kurs die Vorteile des von Ihnen diskutierten Krisenmodells.

5 **Zusatzaufgabe:** Siehe S. 478.

Theorien und Modelle zu Revolutionen

M 5 Alexis de Tocqueville (1805–1859) über die Französische Revolution (1856)

Die Revolution ist nicht, wie man geglaubt hat, darauf ausgegangen, das Reich des religiösen Glaubens zu zerstören; sie ist trotz des gegenteiligen Anschein, im Wesentlichen eine soziale und politische Revolu-tion gewesen; und im Bereich der Institutionen der 5 letztgenannten Art hat sie keineswegs dahin gestrebt, die Unordnung zu verewigen, sie gewissermaßen dau-ernd zu machen, die Anarchie zu methodifizieren, wie einer ihrer Hauptgegner sagte, sondern vielmehr die Macht und die Rechte der Staatsregierung auszudeh- 10 nen. Sie sollte nicht, wie andere gemeint haben, den Charakter verändern, den unsere Zivilisation bis dahin gehabt hatte, und den Fortschritt derselben hemmen, ja auch nicht einmal eines der Grundgesetze wesent-lich abändern, auf denen in unserem Abendland die 15 menschlichen Gesellschaften beruhen. Betrachtet man

sie gesondert von allen Nebenumständen, die zu verschiedenen Zeiten und in verschiedenen Gegenden ihre
Physiognomie vorübergehend verändert haben, so sieht
20 man deutlich, dass diese Revolution nur die Wirkung gehabt hat, jene politischen Institutionen, die mehrere
Jahrhunderte hindurch bei den meisten europäischen
Völkern die ungeteilte Herrschaft gehabt hatten und die
man gewöhnlich unter dem Namen Feudalwesen zusam-
25 menfasst, abzuschaffen, um an deren Stelle eine gleich-
förmigere soziale und politische Ordnung einzuführen,
deren Grundlage die Gleichheit war.
Dies genügte, um eine ungeheure Revolution zu veranlassen; denn abgesehen davon, dass jene alten Einrichtun-
30 gen mit fast allen religiösen und politischen Gesetzen
Europas vermischt und gleichsam verflochten waren,
hatten sie überdies eine Menge Ideen, Gefühle, Gewohnheiten und Sitten erzeugt, die mit ihnen innig verwachsen
waren. Es bedurfte einer furchtbaren Konvulsion[1],
35 plötzlich aus dem Gesellschaftskörper einen Teil heraus-
zuziehen und zu vernichten, der derart an allen seinen
Organen haftete. Das ließ die Revolution noch größer
erscheinen, als sie es war; sie schien alles zu zerstören,
denn was sie zerstörte, hing mit allem zusammen und
40 bildete gleichsam mit allem einen einzigen Körper.
Wie radikal auch die Revolution gewesen sein mag, so
hat sie doch weit weniger Neuerungen gebracht, als
man gewöhnlich annimmt [...]. Mit Recht sagt man
von ihr, dass sie alles vernichtet hat oder im Zuge ist zu
45 vernichten [...], was in der alten Gesellschaft von den
aristokratischen und feudalen Einrichtungen herrührte,
alles, was sich in irgendeiner Weise damit verknüpfte,
alles, was, in welchem Grade es auch sein mochte, das
geringste Gepräge derselben trug. Sie hat von der alten
50 Welt nur das beibehalten, was jenen Einrichtungen
stets fremd geblieben war oder ohne sie bestehen konnte.
Weniger als jede andere Erscheinung ist die Revolution ein zufälliges Ereignis gewesen. Sie ist allerdings
der Welt ganz unerwartet gekommen, und war sie nur
55 die Vollendung der langwierigsten Arbeit, der plötzli-
che und gewaltsame Abschluss eines Werkes, an dem
zehn Menschenalter gearbeitet hatten. Wäre sie nicht
eingetreten, so würde das alte Gebäude trotzdem, hier
früher, dort später, überall zusammengestürzt sein; es
60 würde nur nach und nach stückweise gefallen sein, statt
plötzlich einzustürzen. Die Revolution hat auf einmal,
durch eine krampfhafte und schmerzliche Anstrengung, ohne Übergang, ohne Warnung und schonungslos
vollbracht, was sich nach und nach von selbst vollbracht
65 haben würde. Das war ihr Werk.

Alexis de Tocqueville, Der alte Staat und die Revolution, übersetzt von Theodor Oelckers, Verlag J.G. Hoof, Münster 2007, S. 38 ff.*

1 *Konvulsion:* medizinischer Ausdruck: Schüttelkrampf

1 Fassen Sie die Ziele und die Folgen der Französischen Revolution zusammen.

2 Nehmen Sie Stellung zu der These, dass die Verände-rung „sich nach und nach von selbst vollbracht haben würde" (Z. 64 f.).

M6 Der amerikanische Historiker Crane Brinton (1898–1968) über Ursachen und Phasen von Revolutionen (1938/1965)

Selbst wenn man Zugeständnisse gegenüber denen
macht, die darauf bestehen, dass historische Ereignisse einzigartig sind, so bleibt es doch richtig,
dass die vier untersuchten Revolutionen einige erstaunliche Gemeinsamkeiten aufweisen. [...] 5
Erstens waren alle diese Gesellschaften im Großen und
Ganzen im ökonomischen Aufstieg begriffen, als die Revolution begann, und die revolutionären Bewegungen
hatten ihre Wurzeln eher bei den vermögenden Leuten,
die sich mehr eingeschränkt und verärgert als total unter- 10
drückt fühlten. Sicher gingen diese Revolutionen nicht
auf die unterdrückten, die hungernden und elenden
Menschen zurück. Die Revolutionäre waren keine Verzweifelten. Die Revolutionen wurden aus der Hoffnung
heraus geboren und ihre Ideen waren optimistisch. 15
Zweitens findet man in den vorrevolutionären Gesellschaften zwar tatsächlich sehr starke Klassenunterschiede, aber diese waren deutlich komplexer, als Marxisten zugeben würden. Es handelte sich 1640, 1776
und 1789 um keinen Kampf des feudalen Adels gegen 20
das Bürgertum bzw. 1917 des Bürgertums gegen das
Proletariat. Die stärksten Emotionen entwickelten
sich bei den Männern und Frauen, die Geld verdienten oder zumindest genug Geld zum Leben hatten
und die verbittert die Unvollkommenheit des sozial 25
privilegierten Adels wahrnahmen. [...] Revolutionen
sind wahrscheinlicher, wenn die sozialen Klassen näher
beieinander liegen als weit voneinander getrennt. [...] Es
ist schwer zu sagen, warum in manchen Gesellschaften
mit fast gleichgestellten Klassen eine stärkere Verbitte- 30
rung herrschte als in anderen.
Drittens gibt es das Phänomen der Übertragung der
Gefolgschaft der Intellektuellen. [...] Wir müssen einfach
nur feststellen, dass dies bei allen vier Gesellschaften
beobachtet werden kann. 35
Viertens war der Regierungsapparat ineffizient, teilweise aufgrund von Vernachlässigung, teilweise wegen fehlender Anpassung der alten Institutionen an
die neuen Bedingungen der Gesellschaft [...], in Folge
von ökonomischem Wachstum, Herausbildung neu- 40
er Klassen, neuer Transportmöglichkeiten, neuer
Wirtschaftsmethoden. Diese neuen Bedingungen belasteten den Regierungsapparat in unerträglicher

Weise, da dieser noch auf einfachere Rahmenbedin-
45 gungen ausgerichtet war.

Fünftens begann die herrschende Klasse, genauer
gesagt einige von ihnen sich selbst zu misstrauen,
oder sie verloren ihren Glauben an die Traditionen
und Gebräuche ihrer Klasse, wurden zu Intellektuel-
50 len, Menschenfreunden oder liefen zu den rebellie-
renden Gruppen über. Vielleicht führte ein größerer
Teil als früher ein unmoralisches, ausschweifendes
Leben, wobei man nicht sagen kann, ob dies bereits
ein Symptom für den Verlust von Traditionen in der
55 herrschenden Klasse war. Jedenfalls war die herrschende Klasse politisch rückständig.

Die dramatischen Ereignisse, die die Dinge in Bewegung
brachten [...], standen bei drei der vier Revolutionen in
engem Zusammenhang mit der Finanzverwaltung des
60 Staates. Beim vierten Beispiel Russland brach die Verwaltung unter der Last des erfolglosen Krieges zusammen und hatte damit nur zum Teil finanzielle Gründe.
Aber in allen untersuchten Gesellschaften trat die Inef-
fizienz und die Unzulänglichkeit der Regierungsstruk-
65 turen bereits in der ersten Phase der Revolution offen
zutage. Es gibt eine Phase – die ersten Wochen oder
Monate –, in der es so aussieht, als wenn die Regierung
verhindern könnte, dass die wachsende Aufregung in
einen Sturz der Regierung mündet. Diese Versuche der
70 Regierung, in allen vier Fällen war es der Einsatz von
Gewalt, scheiterten. Und dieses Scheitern bildete den
Wendepunkt und brachte die Revolutionäre an die
Macht. [...]

Die Ereignisse, die wir der ersten Phase zugeordnet
75 haben, liefen natürlich nicht bei allen vier Revolutionen
in der gleichen Form oder Reihenfolge oder mit den
gleichen Inhalten ab. Aber wir haben die wichtigsten
Bestandteile aufgelistet und sie weisen bei allen
Gemeinsamkeiten auf: finanzieller Zusammenbruch;
80 Organisation der Unzufriedenen, um den drohenden
Zusammenbruch zu verhindern; Forderungen, die bei
Umsetzung die faktische Absetzung der Regierenden bedeutet hätten; Einsätze von Gewalt durch die Regierung
und ihr Scheitern; und das Ergreifen der Macht durch
85 die Revolutionäre. [...] [A]ber mit ihrem Machtantritt
wird deutlich, dass sie keine Einheit sind. Die Gruppe,
die die erste Phase dominiert, nennen wir die Moderaten
[...]. In drei der vier Revolutionen wurden sie früher oder
später abgesetzt, getötet oder gingen ins Exil. Man kann
90 in England, Frankreich und Russland einen Prozess beobachten, bei dem nach einer Reihe von Krisen – einige
gingen mit Gewalt, Straßenkämpfen und Ähnlichem einher – eine Gruppe von Männern abgesetzt und eine andere, radikalere an die Macht gebracht wird. [...]
95 Die Regierung der Extremisten haben wir als Periode
der Krise definiert. Dieses Stadium wurde während

der Amerikanischen Revolution nicht erreicht, obwohl die Behandlung der Loyalisten, der Druck, die
Armee zu unterstützen [...] durchaus als Phänomene
des Terrors wie in den anderen Gesellschaften be- 100
trachtet werden können.

*Crane Brinton, A summary of Revolutions, in: James C. Davies
(ed.), When men revolt and why. A reader in political violence and
revolution, Free Press, New York 1971, S. 318–325. Übersetzt von
Silke Möller.**

1 Beschreiben Sie die Ursachen von Revolutionen.

2 Charakterisieren Sie die Phasen der Revolution.

3 Ordnen Sie die Ereignisse der Februarrevolution den
verschiedenen Phasen zu.

4 Vertiefung: Begründen Sie auf der Basis Ihrer
Kenntnisse über die Oktoberrevolution, warum diese
als Folge „einer Reihe von Krisen" nach Brinton
(Z. 89 ff.) bezeichnet werden kann.

5 Zusatzaufgabe: Siehe S. 478.

M7 **Karl Marx und Friedrich Engels in ihrer
Schrift „Zur Kritik der Politischen Ökonomie"
(1859)**

In der gesellschaftlichen Produktion ihres Lebens gehen
die Menschen bestimmte, notwendige, von ihrem Willen
unabhängige Verhältnisse ein, Produktionsverhältnisse[1],
die einer bestimmten Entwicklungsstufe ihrer materiellen Produktivkräfte[2] entsprechen. Die Gesamtheit dieser 5
Produktionsverhältnisse bildet die ökonomische Struktur der Gesellschaft, die reale Basis, worauf sich ein
juristischer und politischer Überbau erhebt und welcher bestimmte gesellschaftliche Bewusstseinsfor-
men entsprechen. Die Produktionsweise des materiellen 10
Lebens bedingt den sozialen, politischen und geistigen Lebensprozess überhaupt. Es ist nicht das Bewusstsein der Menschen, das ihr Sein, sondern
umgekehrt ihr gesellschaftliches Sein, das ihr Bewusstsein bestimmt. Auf einer gewissen Stufe ihrer Entwick- 15
lung geraten die materiellen Produktivkräfte der Gesellschaft in Widerspruch mit den vorhandenen
Produktionsverhältnissen oder, was nur ein juristischer
Ausdruck dafür ist, mit den Eigentumsverhältnissen, innerhalb deren sie sich bisher bewegt hatten. Aus Ent- 20
wicklungsformen der Produktivkräfte schlagen diese
Verhältnisse in Fesseln derselben um. Es tritt dann eine
Epoche sozialer Revolution ein. Mit der Veränderung der
ökonomischen Grundlage wälzt sich der ganze ungeheure Überbau langsamer oder rascher um. In der 25
Betrachtung solcher Umwälzungen muss man stets unterscheiden zwischen der materiellen, naturwissen-
schaftlich treu zu konstatierenden Umwälzung in
den ökonomischen Produktionsbedingungen und den
juristischen, politischen, religiösen, künstlerischen oder 30
philosophischen, kurz, ideologischen Formen, worin sich

die Menschen dieses Konflikts bewusst werden und ihn ausfechten. Sowenig man das, was ein Individuum ist, nach dem beurteilt, was es sich selbst dünkt, ebenso

35 wenig kann man eine solche Umwälzungsepoche aus ihrem Bewusstsein beurteilen, sondern muss vielmehr dies Bewusstsein aus den Widersprüchen des materiellen Lebens, aus dem vorhandenen Konflikt zwischen gesellschaftlichen Produktivkräften und Produktionsver-

40 hältnissen erklären. Eine Gesellschaftsformation geht nie unter, bevor alle Produktivkräfte entwickelt sind, für die sie weit genug ist, und neue höhere Produktionsverhältnisse treten nie an die Stelle, bevor die materiellen Existenzbedingungen derselben im Schoß der alten Ge-

45 sellschaft selbst ausgebrütet worden sind. Daher stellt sich die Menschheit immer nur Aufgaben, die sie lösen kann, denn genauer betrachtet wird sich stets finden, dass die Aufgabe selbst nur entspringt, wo die materiellen Bedingungen ihrer Lösung schon vorhanden oder

50 wenigstens im Prozess ihres Werdens begriffen sind.

Zit. nach: Klaus Körner (Hg.), Karl Marx Lesebuch, dtv, München 2008, S. 71 f.

1 *die Produktionsverhältnisse:* die „gesellschaftlichen" Beziehungen, die die Menschen bei der Produktion, beim Austausch, bei der Verteilung und beim Verbrauch von Produkten eingehen

2 *die Produktivkräfte:* die natürlichen Ressourcen, die Arbeitskräfte sowie die Produktionsmittel und das technische Wissen eines Landes

1 Erläutern Sie die Zusammenhänge zwischen Mensch, Gesellschaft und Ökonomie.
Tipp: Visualisieren Sie die Zusammenhänge in einem Schaubild.

2 Arbeiten Sie Ursachen und Phasen von Revolutionen nach Marx und Engels heraus.

3 **Vertiefung:** Vergleichen Sie mit dem von Crane Brinton (M6) vorgeschlagenen Modell.

M8 **Die Revolutionstheorie von Wladimir I. Lenin (1920)**

Das Grundgesetz der Revolution, das durch alle Revolutionen und insbesondere durch alle drei russischen Revolutionen des 20. Jahrhunderts[1] bestätigt worden ist, besteht in Folgendem:

5 Zur Revolution genügt es nicht, dass sich die ausgebeuteten und unterdrückten Massen der Unmöglichkeit, in der alten Weise weiterzuleben, bewusst werden und eine Änderung fordern; zur Revolution ist es notwendig, dass die Ausbeuter nicht mehr in der alten Weise leben und

10 regieren können. Erst dann, wenn die „Unterschichten" das Alte *nicht mehr wollen* und die „Oberschichten" *in der alten Weise nicht mehr können*, erst dann kann die Revolution siegen.

Mit anderen Worten kann man diese Wahrheit so aus-

15 drücken: Die Revolution ist unmöglich ohne eine

gesamtnationale (Ausgebeutete und Ausbeuter erfassende) Krise. Folglich ist zur Revolution notwendig: erstens, dass die Mehrheit der Arbeiter (oder jedenfalls die Mehrheit der klassenbewussten, denkenden,

20 politisch aktiven Arbeiter) die Notwendigkeit des Umsturzes völlig begreift und bereit ist, seinetwegen in den Tod zu gehen;

zweitens, dass die herrschenden Klassen eine Regierungskrise durchmachen, die sogar die rückständigs-

25 ten Massen in die Politik hineinzieht (das Merkmal einer jeden wirklichen Revolution ist die schnelle Verzehnfachung, ja Verhundertfachung der Zahl der zum politischen Kampf fähigen Vertreter der werktätigen und ausgebeuteten Masse, die bis dahin apathisch war), die

30 Regierung kraftlos macht und es den Revolutionären ermöglicht, diese Regierung schnell zu stürzen.

Wladimir I. Lenin, Der „linke Radikalismus", die Kinderkrankheit im Kommunismus, in: W. I. Lenin, Ausgewählte Werke in sechs Bänden, Bd. V, Dietz Verlag, Berlin 1975, S. 538 f.

1 Revolutionen von 1905, vom Februar und Oktober 1917

1 Fassen Sie zusammen, welche Elemente zu Lenins „Grundgesetz der Revolution" gehören.

2 **Gruppenarbeit:** Überprüfen Sie in drei Arbeitsgruppen die Theorie Lenins anhand der Amerikanischen, der Französischen und der russischen Revolutionen von 1917.
Tipp: Siehe S. 478.

M9 **Bedürfnisbefriedigung und Revolution, die J-Kurve von James C. Davies (1962)**

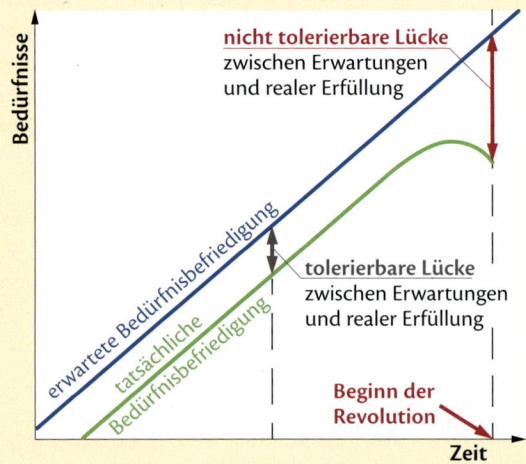

1 Erläutern Sie die in der Grafik dargestellten Zusammenhänge.

2 Setzen Sie sich mit den Thesen von James C. Davies auseinander, indem Sie sie auf die russischen Revolutionen anwenden.
Tipp: Siehe S. 478.

M 10 **Hannah Arendt (1906–1975) in ihrer Schrift „Über die Revolution" (1963)**

Was die Amerikanische Revolution der Unabhängigkeitserklärung vor bald zweihundert Jahren proklamierte, dass ein Volk nach dem anderen „unter den Mächten der Erde den unabhängigen und gleichen

5 Rang erlangen würde, auf den ein jedes gemäß den Gesetzen der Natur und ihres Gottes Anspruch habe", ist mit einer manchmal fast beängstigenden Geschwindigkeit wahr geworden. Und in einer solchen sich über die ganze Erde erstreckenden Situation gibt es nichts

10 mehr, wofür es sich zu kämpfen lohnte, als das, was das Älteste ist und von allem Anfang an, jedenfalls im Abendland, das eigentliche Wesen von Politik bestimmt – nämlich die Sache der Freiheit gegen das Unheil der Zwangsherrschaft jeglicher Art.

15 Dieser Tatbestand ist bemerkenswert und versteht sich keineswegs von selbst. Unter dem Kreuzfeuer jener Zweige der Psychologie und der Gesellschaftswissenschaften, deren Sinn und Ziel die Entlarvung ist, konnte es wohl scheinen, als sei dem Begriff der

20 Freiheit nun wirklich der Garaus gemacht worden. Selbst die Revolutionäre, von denen man doch eigentlich hätte annehmen dürfen, dass sie unausrottbar in einer Tradition verwurzelt sind, von der man noch nicht einmal sprechen kann, ohne das Wort Freiheit

25 in den Mund zu nehmen, sind bekanntlich nur zu bereit, Freiheit zu den „kleinbürgerlichen Vorurteilen" zu rechnen; gerade sie haben vergessen, dass das Ziel der Revolution heute wie seit eh und je nichts anderes sein kann als eben Freiheit. Aber nicht weniger

30 verblüffend als dies Verschwinden der Freiheit aus dem revolutionären Vokabular dürfte wirken, dass Wort und Begriff plötzlich wieder aufgetaucht sind, um die ernsteste aller gegenwärtigen politischen Diskussionen zu ordnen und zu artikulieren, nämlich

35 die Debatte über die Kriegsfrage, d. h. über die Berechtigung der Gewalt in der Politik. Geschichtlich gesehen, gehört der Krieg zu den ältesten Phänomenen der aufgezeichneten Vergangenheit, während es Revolutionen im eigentlichen Sinne vor der Neuzeit

40 nicht gibt, die Revolution als politisches Phänomen also zu den modernsten Gegebenheiten gehört. Für die Modernität der Revolution ist vermutlich nichts so charakteristisch wie, als dass sie von vornherein beanspruchte, die Sache der Menschheit zu vertreten,

45 und zwar gerade weil die Menschheit im achtzehnten Jahrhundert nicht mehr als eine „Idee" war. Es handelte sich nicht nur um Freiheit, sondern um Freiheit für alle, und dies mag der Grund sein, warum die Revolution selbst, im Unterschied zu den revolutionären Ideolo-

50 gien, um so moderner und zeitgemäßer geworden ist, je mehr die „Idee" der Menschheit sich durch die moderne Technik zu einer handgreiflichen Realität entwickelt hat. [...] Was aber nun den Freiheitsbegriff anlangt, so ist er zwar mit dem Wesen der Revolution von Anfang an verbunden, hat aber ursprünglich mit Krieg und 55 Kriegszielen kaum etwas zu tun. Daran ändert auch die Tatsache nichts, dass Befreiungskriege in der historischen Erinnerung der Völker oft mit einem besonderen Nimbus[1] umgeben worden sind oder dass in der Kriegspropaganda, die von den „Heiligsten Gütern der Nation" 60 spricht, die Freiheit als Schlagwort immer wieder auftaucht. Denn all dies besagt keineswegs, dass darum die Befreiungskriege in Theorie und Praxis als die einzigen „gerechten Kriege" galten.

Hannah Arendt, Über die Revolution, Piper, München 2011 [1963], S. 9 ff.*

1 *der Nimbus:* Heiligenschein, Ruhmesglanz

1 Analysieren Sie die Rolle des Begriffes „Freiheit" in der Geschichte von Revolutionen.
2 Erläutern Sie, was Hannah Arendt unter „Modernität" von Revolutionen versteht.
3 **Präsentation:** Recherchieren Sie Informationen zu Hannah Arendts Biografie und Werk.
4 **Zusatzaufgabe:** Siehe S. 478.

Hannah Arendt

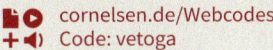 cornelsen.de/Webcodes
Code: vetoga

1.7 Wahlmodul: Die Französische Revolution

M1 „La République", Ölgemälde von Sébastien-Melchior Cornu, 1848.
Die Frauenfigur hält eine Papierrolle mit der Aufschrift „Volkssouveränität" in der Hand. Auf dem Sockel stehen die Begriffe „Freiheit", „Gleichheit" und „Brüderlichkeit".

1789	Januar: Emmanuel Sieyès' „Was ist der Dritte Stand?" erscheint
	5. Mai: Eröffnung der Generalstände
	17. Juni: Der Dritte Stand der Generalstände erklärt sich zur Nation
	14. Juli: Sturm auf die Bastille
	4. Aug.: Abschaffung der Privilegien
	26. Aug.: Erklärung der Menschen- und Bürgerrechte
	5./6. Okt.: Zwangsumsiedlung des Königs nach Paris

| 1791 | 20./21. Juni: Fluchtversuch der königlichen Familie |
| | 3. Sept.: liberale Verfassung, Frankreich wird konstitutionelle Monarchie |

1792	20. April: Frankreich erklärt Österreich und Preußen den Krieg
	10. Aug.: Sturm auf die Tuilerien
	21./22. Sept.: Frankreich wird Republik

| 1793 | 21. Jan.: König Ludwig XVI. wird hingerichtet |
| 1793–1794 | Zeit der Terrorherrschaft unter Führung Robespierres |

| 1794 | 27. Juli: Sturz Robespierres |

| 1795 | 23. September: Direktorialverfassung |
| 1795–1799 | Direktorium übernimmt Herrschaft |

1790

1795

Die Französische Revolution gilt als wichtiger Meilenstein für die Entwicklung der Menschenrechte und der Demokratie in Europa und weltweit. Lange Zeit fungierte sie in der europäischen Geschichtswissenschaft als Epochengrenze zwischen Früher Neuzeit und Neuzeit bzw. als das Ereignis, das den endgültigen Durchbruch zur Moderne brachte, indem sie den Wandel von einer absolutistischen Monarchie in eine Republik vollzog. Sie legte mit ihren Prinzipien Freiheit, Gleichheit und Brüderlichkeit sowie ihren Verfassungen darüber hinaus die Grundlage für das Modell der modernen Gesellschaftsordnung, das bis in die Gegenwart die Basis des Selbstverständnisses demokratischer Staaten bildet. Inzwischen wird die „epochale" Bedeutung der Französischen Revolution in der historischen Forschung etwas zurückgenommen. Viele Elemente der feudalen Gesellschaft in Frankreich seien schon vor der Revolution in Auflösung begriffen gewesen. Und im politischen Bereich hätte man sich am Vorbild der konstitutionellen Monarchie in Großbritannien sowie den Verfassungsdokumenten der Vereinigten Staaten orientiert. Die Französische Revolution bündelte also die Erfahrungen der Englischen und der Amerikanischen Revolution und schuf vor allem mit der Erklärung der Menschen- und Bürgerrechte von 1789 ein Dokument mit Vorbildfunktion, das bis heute universale Gültigkeit hat.

1 **Cluster:** Reaktivieren Sie Ihr Vorwissen zur Französischen Revolution, indem Sie in Ihrem Kurs ein Cluster mit Begriffen, Personen und Ereignissen erstellen.
Tipp: Siehe S. 478.
2 Analysieren Sie das Bild „Die Republik" (M 1) hinsichtlich seiner Bildelemente und seiner Kernaussage.
Tipps: Nutzen Sie die methodischen Arbeitsschritte S. 507.
3 Vergleichen Sie die Bilder M 1 und M 2.
4 **Vertiefung:** Erläutern Sie die politische Bedeutung der Nachbildung der Freiheitsstatue in Paris.

M2 **Nachbildung der Freiheitsstatue von New York auf der Île aux Cygnes in Paris, Fotografie, o. J.**
Die Statue wurde zum 100. Jahrestag der Revolution 1889 in Paris aufgestellt und blickt nach Westen in Richtung New York. Auf der Tafel in der Hand steht: „IV. Juliet 1776, XIV. Juliet 1789". Es gibt noch vier weitere Freiheitsstatuen in Paris.

1799 | 9. November: Napoleon übernimmt die Herrschaft

1804 | *Code civil* Napoleon lässt sich zum „Kaiser der Franzosen" krönen

1800

1805

1.7 Wahlmodul: Die Französische Revolution

> *In diesem Kapitel geht es um*
> - *die Konfliktlinien vor der Französischen Revolution,*
> - *die Formen des Protestes,*
> - *die politischen Ideen und die Verfassungsfragen,*
> - *die Rezeption der Französischen Revolution.*

Krise des Ancien Régime

Ancien Régime
Bezeichnung für Frankreich vor der Revolution 1789; es war politisch vom Absolutismus und sozial von der mittelalterlichen Ständegesellschaft geprägt.

▶ **M 5: Gerd van den Heuvel über die Grundbesitzverteilung**

Gegen Ende des 18. Jahrhunderts geriet das französische **Ancien Régime*** in eine tiefe gesellschaftlich-politische Krise, die sich zu einer Staatskrise ausweitete und schließlich zum Ausbruch der Revolution führte. Die Geschichtswissenschaft macht dafür ein komplexes Ursachenbündel verantwortlich:
- die katastrophale Finanzlage infolge der hohen **Staatsverschuldung,** 5
- die wachsende **Verarmung der Bevölkerung,** vor allem des Dritten Standes (Bürgertum und Bauern) aufgrund von Hungersnöten und einer hohen Steuer- und Abgabenlast,
- die Verkrustung der aus dem Mittelalter stammenden Ständegesellschaft durch Beharren des Ersten und Zweiten Standes (Geistlichkeit und Adel) auf **Privilegien** wie 10 z. B. der Steuerfreiheit,

▶ **M 7: Beschwerdeschrift aus Colmare**

- die erfolglosen Versuche König Ludwigs XVI., eine **Finanz- und Steuerreform** durchzusetzen.

Die Revolutionäre beriefen sich zudem auf die **Aufklärung,** die zum geistigen Wegbereiter wurde. Vorbildwirkung hatte hier vor allem die **Amerikanische Revolution (1763–** 15

▶ **Kap. 1.8: Die Amerikanische Revolution**

1787), in deren Zentrum die Errichtung eines neues politischen Systems auf der Basis von verschiedenen Verfassungsdokumenten stand.

M 1 **Das Erwachen des Dritten Standes, anonymes koloriertes Flugblatt, 1789.**
Im Hintergrund: die Schleifung der Bastille.

Die Phasen der Französischen Revolution	
1770–1789	Die vorrevolutionäre Phase: Krise des Ancien Régime
1789–1791	Die liberale Phase der Revolution
1791–1794	Radikalisierung der Revolution (1791–1793) und Terrorherrschaft („La Grande Terreur"), auch: Jakobinerherrschaft (1793 bis 1794)
1794–1799	Die Verbürgerlichung der Revolution (auch: Herrschaft der Thermidorianer und des Direktoriums)
1799–1815	Die nachrevolutionäre Phase: Herrschaft Napoleons

Die liberale Phase: Freiheit und Rechtsgleichheit

Die liberale Phase der Französischen Revolution (1789–1791) ist gekennzeichnet durch das Nach- und Ineinander verschiedener Revolutionen: die **Verfassungsrevolution,** die **Revolution der Stadtbürger und die Revolution der Bauern.** Als König Ludwig XVI. im Frühjahr die **Generalstände*** zur Behebung der Finanzkrise einberief, verlangten die
5 Vertreter des Dritten Standes grundlegende Veränderungen. Vor allem der geforderte neue Abstimmungsmodus (nach „Köpfen", nicht nach Ständen) stieß auf Widerstand des Königs und großer Teile des Adels. Daraufhin erklärte sich der Dritte Stand am 17. Juni 1789 zur **Nationalversammlung,** die nach dem Prinzip der Volkssouveränität politische Mitbestimmungsrechte (Gesetzgebung, Steuerbewilligung) beanspruchte.
10 Am 20. Juni 1789 schworen die Abgeordneten, erst nach der Verabschiedung einer Verfassung auseinanderzugehen (**Ballhausschwur**). Angesichts der Unnachgiebigkeit des Königs erklärte sich die Nationalversammlung am 9. Juli zur **Verfassunggebenden Versammlung.**
In den Städten kam es aufgrund der katastrophalen wirtschaftlichen Lage zum Sturz
15 der alten königlichen und zur Bildung neuer bürgerlicher Stadträte sowie zum Ausbruch spontaner Gewalt. Am 14. Juli 1789 eroberten etwa 8000 bewaffnete Pariser Bürger die Bastille, die alte Stadtfestung. Obwohl militärisch ohne Bedeutung erlangte der Sturm auf die Bastille Symbolkraft für die gesamte Französische Revolution. Unter dem Eindruck gewaltsamer Bauernunruhen auf dem Land verabschiedete die Nationalver-
20 sammlung in der Nacht vom 4. auf den 5. August 1789 den Verzicht auf feudale Abgaben und auf alle steuerlichen Privilegien. Damit war die mittelalterliche Feudalordnung beseitigt.

Generalstände
Im Mittelalter entstandene Ständeversammlung des Ancien Régime, die seit 1614 nicht mehr einberufen worden war. Sie setzte sich aus dem Ersten Stand (Klerus), dem Zweiten Stand (Adel) und dem Dritten Stand (die nicht privilegierte Bevölkerung = ca. 98 %) zusammen. Die Abstimmung erfolgte nach Ständen, sodass Klerus und Adel den Dritten Stand stets mit 2 : 1 überstimmen konnten.

▶ **M 11: Gemälde Ballhausschwur**

Erklärung der Menschenrechte

Als Grundlage der neuen Ordnung verabschiedete die Nationalversammlung am 26. August 1789 die Erklärung der Menschen- und Bürgerrechte, die sich erstmals auf alle Menschen in allen Ländern bezog. Mit diesem umfassenden Geltungsanspruch gilt die Erklärung als Schlüsseldokument für die europäische Verfassungsentwicklung. Sie
5 wurde in der Nationalversammlung vor ihrer Verabschiedung heftig debattiert und war im Ergebnis ein Kompromiss, der auf zahlreichen Entwürfen und Ergänzungen basierte. Diskutiert wurde beispielsweise die Frage, ob und inwieweit die Franzosen den Amerikanern folgen sollten. Wie die amerikanischen Rechtskataloge bestimmt die französische Erklärung zunächst die natürlichen Rechte des Menschen und definiert deren
10 Schutz als Zweck der staatlichen Herrschaftsordnung. Darüber hinaus proklamiert sie die Souveränität der Nation: Unter Berufung auf Rousseau sollten die Gesetze den allgemeinen Willen (*volonté générale*) zum Ausdruck bringen. Hierin zeigt sich „die repu-

▶ **M 14: Erklärung der Menschen- und Bürgerrechte**

Jean-Jacques Rousseau
Rousseau (1712–1778) war ein wichtiger Philosoph der Aufklärung. Sein politisches Hauptwerk heißt „Vom Gesellschaftsvertrag oder Prinzipien des Staatsrechts" und erschien 1762.

blikanisch-demokratische Idee der Gleichursprünglichkeit von Menschenrechten und Volkssouveränität" (Matthias Koenig).

Obwohl die Erklärung der Bürger- und Menschenrechte aufgrund ihres revolutionären 15
und universalistischen Pathos eine globale Ausstrahlungskraft hatte, wurde sie auch vehement kritisiert. Ungeklärt blieb das Verhältnis von Freiheit und Gleichheit, das Verhältnis von Rechten und Pflichten sowie die Frage, für wen die Menschenrechte Gültigkeit besitzen. Denn die Erklärung galt nur für erwachsene, Steuer zahlende Männer. Frauen besaßen – auch in den USA – keine politischen Rechte. 20

Verfassung von 1791

Nach zweijähriger Beratung verabschiedete die Nationalversammlung am 3. September 1791 eine Verfassung, die auch der König zehn Tage später widerwillig mit seiner Unterschrift bestätigte. Sie sah die Bildung einer **konstitutionellen Monarchie** vor und verwirklichte entsprechend den Ideen der Aufklärung die Prinzipien der Gewaltenteilung und der Volkssouveränität. Vorangestellt wurde der neuen Verfassung die Menschen- 5
rechtserklärung von 1789. Allerdings gelang es den Revolutionären nur zum Teil, die politischen Konsequenzen aus ihr zu ziehen. So ließ beispielsweise das indirekte Zensuswahlrecht nicht alle Franzosen zur Wahl der Nationalversammlung zu. Ungeachtet dieser Inkonsequenz entstand mit der französischen Verfassung von 1791 erstmals ein demokratisch legitimierter Nationalstaat auf dem europäischen Kontinent. Außerdem 10
ebnete sie den Weg zur modernen **parlamentarischen Demokratie** und wurde neben der amerikanischen Verfassung zum Leitbild aller Verfassungen des 19. Jahrhunderts.

▶ M 15: Verfassung von 1791

M 2 Die französische Verfassung von 1791

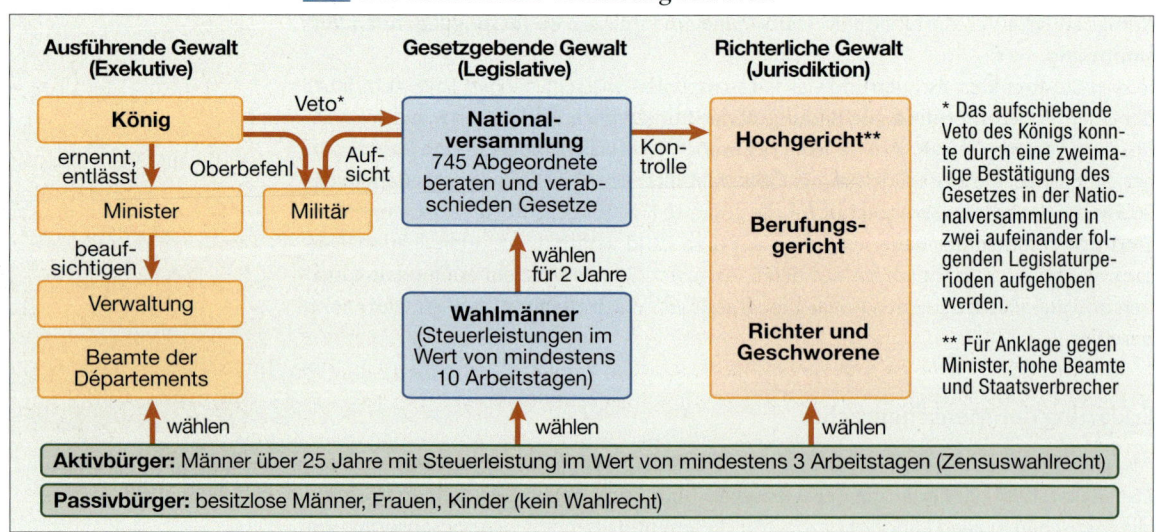

Radikalisierung der Revolution

Trotz der Verabschiedung der Verfassung beruhigten sich die politischen Verhältnisse in Frankreich nicht. Im Gegenteil: Die Revolution radikalisierte sich und mündete in einer Terrorherrschaft (**„La Terreur",** 1791–1794). Verursacht wurde diese Entwicklung durch eine Reihe außen- und innenpolitischer Faktoren: Zum einen arbeiteten der König und Teile der Aristokratie gegen die Umsetzung der Verfassung. Werteverfall des 5
Geldes, Arbeitslosigkeit und weiterhin steigende Lebensmittelpreise verschärften außerdem die soziale Krise und führten zu „Teuerungsunruhen". Schließlich verursachte

der drohende Krieg gegen die europäischen Monarchien die Furcht, Österreich und Preußen könnten die französischen Emigranten unterstützen, ihre Macht zurückzuer-
10 langen.

Nach Beginn der Koalitionskriege (1792–1809) zwischen Frankreich und den europäischen Großmächten beschleunigten sich die Ereignisse: Im August 1792 stürmten Sansculotten* die Tuilerien, das königliche Stadtschloss, nahmen die Königsfamilie fest und zwangen die Legislative, **Neuwahlen zu einem Nationalkonvent** auszurufen. Der neue
15 Nationalkonvent, der am 21. September 1792 erstmals zusammentrat, erklärte die Abschaffung der Monarchie sowie die Errichtung der „unteilbaren Republik". Und er verurteilte den König wegen „Verschwörung gegen die Freiheit" zum Tode und ließ ihn am 21. Januar 1793 öffentlich guillotinieren. Die neue **Verfassung von 1793** sah ein allgemeines Wahlrecht und Elemente der direkten Mitbestimmung vor, trat jedoch nicht in
20 Kraft, weil die Jakobiner* eine revolutionäre Diktatur errichteten.

„Schreckensherrschaft": Despotismus der Freiheit?

Zu den entscheidenden politischen Akteuren wurden in dieser Phase (1793–1794) die Jakobiner. Zusammen mit den Sansculotten machten sie die Girondisten* für die Koalitionskriege sowie für königstreue Bauernaufstände verantwortlich und entmachteten sie. Am 6. April 1793 errichteten die Jakobiner einen Wohlfahrtsausschuss, der unter der
5 Führung Robespierres* die Regierungsgewalt übernahm. In der Folgezeit vereinigte diese Institution immer mehr Macht auf sich und übte eine „Schreckensherrschaft" (*La Terreur*) aus. Diese war gekennzeichnet durch Einschränkungen der Bürgerrechte sowie durch Revolutionstribunale, die Zehntausende zum Tode verurteilten. Robespierre legitimierte die Revolutionsdiktatur mit dem zentralen Argument, sie sei nur vorläufig. Die
10 Republik müsse sich mithilfe von Terror gegen die militärische Belagerung von außen und die Konterrevolution im Innern behaupten.

Zu den Kennzeichen der Schreckensherrschaft gehörten aber auch die Verkündung sozialer Grundrechte, z. B. das Recht auf Arbeit, das Recht auf Bildung, sowie einer Reihe sozialpolitischer Maßnahmen wie die Festsetzung von Höchstpreisen für Getreide und
15 die öffentliche Unterstützung von Armen und Kranken. Robespierre, der als kompromissloser Verfechter der Gleichheitsidee galt, berief sich dabei auf Aufklärer wie Montesquieu und Rousseau, die in der Forderung nach Gleichheit nicht nur ein rechtliches, sondern auch ein soziales Problem erkannt hatten. Sie waren der Meinung, dass der Schutz des privaten Eigentums zwar Aufgabe des Staates sein sollte, ungleiche Besitz-
20 verteilung jedoch eine Gefahr für die Demokratie darstellte. Die Diskussion über die Frage, wie soziale Gleichheit zu verwirklichen sei, reichte von der Einschränkung des Privateigentums (Jakobiner) bis zur Herstellung möglichst gleicher Besitzverhältnisse (Sansculotten).

Das Direktorium: Rückkehr zu den liberalen Anfängen?

Mit den militärischen Erfolgen des Volksheeres gegen die europäischen Monarchien ließ sich die Diktatur nicht mehr rechtfertigen. Als der Terror zunehmend auch Konventsmitglieder bedrohte, formierte sich eine Opposition gegen Robespierre, der am 27. Juli 1794 verhaftet und am nächsten Tag mit 21 seiner engsten Anhänger guilloti-
5 niert wurde. Nach dem Ende der Jakobinerdiktatur begann die Herrschaft des Direktoriums (1794–1799), in der das Besitzbürgertum seine Macht wiederherstellte. Der Konvent knüpfte an die Verfassungen von 1789 bzw. 1791 an und verabschiedete am 22. August **1795 die Direktorialverfassung.** Die Wahl eines fünfköpfigen Direktoriums als oberstes Exekutivorgan sollte die Machtkonzentration in den Händen eines Einzel-
10 nen verhindern. Die Gewaltenteilung war gewährleistet, allerdings wurde das Wahl-

Politische Gruppierungen
– **Sansculotten:** Sie repräsentierten die politisierten kleinbürgerlichen Schichten und prägten seit dem Sturm auf die Tuilerien 1792 das politische Geschehen. Sie verteidigten die Republik und wollten Formen direkter Demokratie durchsetzen.
– **Jakobiner:** Sie waren radikale Demokraten und wollten die Republik. Sie stützten sich auf Kleinbürger und Arbeiter.
– **Girondisten:** Sie waren liberale Demokraten, strebten eine konstitutionelle Monarchie an und repräsentierten das Besitzbürgertum.

M3 **Maximilien de Robespierre (1758–1794), Gemälde, französische Schule, um 1790**

Französische Verfassungen

cornelsen.de/Webcodes
Code: tehefa

recht wieder an das Einkommen gebunden (Zensuswahlrecht) und die unter den Jako-
binern eingeführten sozialen Grundrechte abgeschafft. Die neue Regierung, das
Direktorium, stützte sich primär auf das Militär. Als im Sommer 1799 die royalistische
Opposition in der Armee und der jakobinische Widerstand in den Städten zunahm,
stürzte General Napoleon Bonaparte (1769–1821) am 9. November 1799 das Direkto- 15
rium, übernahm die Regierungsgewalt und erklärte die Revolution für beendet.

Napoleon – der Erbe der Revolution?

M4 **Napoleon Bonaparte (1769–1821) als Erster Konsul, anonymes Gemälde, um 1800**

Mit der Konsularverfassung vom 13. Dezember 1799 begann die nachrevolutionäre
Phase (1799–1815). Napoleon war für zehn Jahre „Erster Konsul", fungierte als oberster
Befehlshaber und verfügte über die Gesetzesinitiative. Sukzessive baute er seine Herrschaft aus: 1802 ließ er sich das Konsulat auf Lebenszeit übertragen und zwei Jahre später durch Senatsbeschluss und Plebiszit zum **Kaiser der Franzosen** krönen. Obwohl 5
Napoleon die Alleinherrschaft ausübte, genoss sein autoritäres Regime in der Bevölkerung eine hohe Akzeptanz. Sie basierte nicht nur auf seinen militärischen Erfolgen und
dem Bedürfnis nach innenpolitischer Sicherheit und Ordnung, sondern auch auf dem
gewährten Schutz der errungenen bürgerlichen Freiheiten. So schuf er mit dem *Code
civil* von 1804 eine einheitliche Gesetzgebung, in der die Freiheit des Einzelnen, der 10
Schutz des Eigentums, die Trennung von Staat und Kirche, die Zivilehe und Eheschei-
dung sowie die Rechtsgleichheit – allerdings zunächst nur für die männliche Bevölkerung – garantiert wurde. Mit dem Zivilprozessbuch von 1806 und dem Strafprozess-
buch von 1808 wurden zudem neue Prinzipien für Gerichtsverhandlungen festgelegt.
Über die Einführung in von Frankreich besetzten Territorien, wie z. B. die nordwestdeut- 15
schen Gebiete, wirkten diese weit über Frankreich hinaus und beeinflussten die Rechtsentwicklung in Europa.
Nach der **Entmachtung Napoleons** verabschiedete der Senat im April 1814 eine entsprechend dem Modell von 1791 erarbeitete Verfassung (*charte constitutionelle*) einer
konstitutionellen Monarchie und berief den Bruder des letzten Königs auf den 20
Thron.

1 Beschreiben Sie auf Basis der Darstellung die Veränderungen auf der politischen
  Ebene in Frankreich von 1789 bis 1814.
  Tipp: Siehe S. 478.
2 **Partnerarbeit/Kurzvortrag:** Fertigen Sie in Partnerarbeit einen Kurzvortrag zu
  einem zentralen Akteur oder einer politischen Gruppierung der Revolution an
  (Robespierre, Napoleon, Emmanuel Joseph Sieyès, Jakobiner, Sansculotten, Girondisten).
3 **Vertiefung:** Begründen Sie, warum man die Französische Revolution als Totalrevolution bezeichnet.
4 **Zusatzaufgabe:** Siehe S. 478.

Hinweise zur Arbeit mit den Materialien
*Die Materialien zum Wahlmodul „Die Französische Revolution" sollen in erster Linie der Herausarbeitung verschiedener **Vergleichsaspekte zur Amerikanischen Revolution** dienen. Sie gliedern sich in insgesamt vier Themenblöcke.*

*Zunächst geht es um die **Konfliktlinien vor der Französischen Revolution**. Wirtschaftliche und soziale Probleme vor allem der Landbevölkerung (M5 bis M7) spielen in Frankreich ebenso eine Rolle wie die Forderung nach einer angemessenen politischen Vertretung der Mehrheit der Bevölkerung, besonders scharf formuliert von Emmanuel Joseph Graf Sieyès (M8). Im zweiten Teil werden unterschiedliche **Formen des Protestes** beleuchtet. Sie reichen von einem zeitgenössischen Bericht über die ersten Brotunruhen in Paris (M9) über einen Sekundärtext zur Ausbreitung von „Revolutionskomitees" (M10) bis hin zum Ballhausschwur in der Nationalversammlung (M11). Ein weiterer zeitgenössischer Text formuliert Bedenken bezüglich einer möglichen Radikalisierung der Revolution (M12). Den zentralen Vergleichsaspekt zur Amerikanischen Revolution in der Forschung bilden die **politischen Ideen und Verfassungsfragen**. Um Parallelen und Unterschiede zu erarbeiten sind ein wissenschaftlicher Text (M13) sowie folgende Dokumente der Französischen Revolution abgedruckt: die Erklärung der Menschen- und Bürgerrechte (M14) sowie die Verfassung von 1791 (M15). Abschließend soll die **Rezeption der Revolution** in Form von nationalen Symbolen und Feiertagen betrachtet werden (M16, M17).*

Zur Vernetzung mit dem Kernmodul
Hier bietet sich als Erstes ein Bezug zu der Analyse der Französischen Revolution durch den Franzosen Alexis de Tocqueville an (M5). Die Ursachen der Revolution lassen sich mit der J-Kurve (M9) sowie mit den von Crane Brinton erarbeiteten Strukturen von Revolutionen (M6) analysieren. Mithilfe der Krisentheorien (Vierhaus Kap. 1, M3; Deutsch M4) können die Verdichtung der Ereignisse und Reaktionen darauf untersucht werden.

Konfliktlinien vor der Französischen Revolution

M5 **Der Historiker Gerd van den Heuvel über Bevölkerungsentwicklung und Grundbesitzverteilung am Ende des Ancien Régime (1982)**
Die Bevölkerung Frankreichs wuchs im Laufe des 18. Jahrhunderts von ca. 20 auf ca. 27 Millionen an. Vor der Revolution zählte der Klerus rund 130 000 und der Adel 350 000 Personen; der Dritte Stand umfasste etwa 98 Prozent der Bevölkerung, darunter ca. 22,5 Millionen Bauern. Klerus und Adel verfügten bei Ausbruch der Revolution über rund 10 bzw. 25 Prozent des Grundbesitzes, während Stadtbürger und Bauern im Verhältnis zu ihrem Anteil an der Bevölkerung nur 25 bzw. 35 Prozent des Landes besaßen.

Gerd van den Heuvel, Grundprobleme der französischen Bauernschaft 1730–1794, Oldenbourg, München 1982, S. 40.

M6 **Bäuerliche Sozialstruktur im nördlichen Pariser Becken 1685 und 1789**

Soziale Gruppen	1685		1789	
	(Tsd.)	(%)	(Tsd.)	(%)
Großpächter	243	10,2	252	8,4
Unabhängige Mittelbauern	236	9,9	91	3,0
Kleinbauern	701	29,5	1021	33,0
Dienstboten, Knechte	146	6,1	337	11,2
Handwerker	269	11,3	479	15,9
Händler	166	7,0	132	4,4
Verschiedene	141	5,9	298	9,9
Witwen	474	20,0	400	13,3

Gerd van den Heuvel, Grundprobleme der französischen Bauernschaft 1730–1794, Oldenbourg, München 1982, S. 43.

1 Analysieren Sie die Veränderungen in der Bevölkerungsstruktur (M5 und M6).
2 Erklären Sie, warum die Grundbesitzverteilung in Frankreich für Konfliktstoff sorgte (M5).

M7 **Aus den Beschwerdeschriften der Gemeinde Colmare (22. März 1789)**
1. Wenn der Klerus und der Adel so wie wir zahlten, dann würde das den Staat erheblich stärken, wodurch er im Stande wäre, dem unterdrückten Volk Erleichterung zu verschaffen.
2. Wir erbitten die Abschaffung der indirekten Steuern und der Salzsteuer. [...]
5. Wir erbitten ferner die Abschaffung einer großen Zahl von Ämtern. Wir halten die Abschaffung des Amtes des Einnehmers der Taille[1], des Obersteuereinnehmers, der Direktoren, Kontrolleure und anderer Hilfsangestellter für notwendig. [...]
8. Wir fühlen uns auch berechtigt, eine Bemerkung zum Frondienst auf den großen Straßen zu machen. Wir halten es für natürlicher, dass diejenigen für Kosten und Unterhalt aufkommen, die sie beschädigen,

aber ohne Behinderung des Handels. Wenn indessen neue Straßen gebaut werden müssen, soll das wie in früherer Zeit erfolgen. [...]

10. Wir bitten um die Abschaffung überflüssiger
20 Mönche und Nonnen.

11. Wir bitten, dass Gemeindeland und leere Flächen zum Vorteil des Staates bestellt werden.

12. Wir bitten, dass alle Maschinen jeder Art, wie die zum Baumwollspinnen, abgeschafft werden, da sie
25 der Bevölkerung Schaden zufügen.

Zit. nach: Geschichte in Quellen, Bd. 4, bearb. von Wolfgang Lautemann, bsv, München 1987, S. 150 f.*

1 *die Taille:* direkte Steuer

1 Erläutern Sie die Inhalte und Ziele der Forderungen.

2 **Vertiefung:** Vergleichen Sie mit der Situation der Bauern in Russland Mitte des 19. Jahrhunderts.
   Tipp: Lesen Sie hierzu S. 31 ff. nach.

M8 **Emmanuel Joseph Sieyès über den politischen Willen der Nichtprivilegierten (Januar 1789)**

Emmanuel Joseph Graf Sieyès (1748–1836) war seit 1780 bischöflicher Generalvikar, im Vorfeld der Revolution entfachten seine revolutionären (Flug-)Schriften eine Diskussion über die politische Situation im Ancien Régime: Freiheit und Repräsentation treten in das Zentrum seiner Analyse vom Januar 1789:

Der Plan dieser Schrift ist ganz einfach. Wir legen uns nur drei Fragen vor:

1. Was ist der Dritte Stand? – *Alles.*

2. Was ist er bis jetzt in der politischen Ordnung ge-
5 wesen? – *Nichts.*

3. Was verlangt er? – *Etwas zu werden.*

Man wird in der Folge sehen, ob diese Antworten richtig sind. Nachher werden wir die Mittel betrachten, welche man angewendet hat, und untersuchen,
10 welche Mittel man ergreifen muss, damit der Dritte Stand wirklich etwas wird.

Wir werden also zeigen:

4. was zu seinen Gunsten die Minister versucht haben und was die Privilegierten selbst vorschlagen;
15 5. was man hätte tun sollen;

6. was dem Dritten Stand zu tun übrig bleibt, um den Platz einzunehmen, der ihm gehört.

Der Dritte Stand ist eine vollständige Nation

[...] Alle öffentlichen Dienstgeschäfte lassen sich im
20 jetzigen Zustande unter die vier bekannten Benennungen, nämlich des Kriegsdienstes, der Rechtspflege, der Kirche und der Staatsverwaltung, bringen. Es wäre überflüssig, sie einzeln durchzugehen, um zu zeigen, dass der Dritte Stand überall neunzehn

Zwanzigstel dazu hergibt, mit diesem Unterschiede, 25 dass er mit allem, was wirklich beschwerlich ist, und mit allen Diensten belastet wird, welche der privilegierte Stand zu tun sich weigert. Die einträglichen und ehrenvollen Stellen sind allein von den Gliedern des privilegierten Standes besetzt. [...] 30

Diese Ausschließung ist ein gesellschaftliches Verbrechen und eine wahre Feindseligkeit gegen den Dritten Stand. [...]

Was ist eine Nation? Eine Gesellschaft von Verbundenen, welche unter einem gemeinschaftlichen Gesetz 35 leben und deren Stelle durch eine und dieselbe gesetzgebende Versammlung vertreten wird. Ist es nun nicht zu gewiss, dass der Adelsstand Vorrechte, Erlassungen genießt, welche er seine Rechte zu nennen sich erdreistet und welche von den Rechten des gro- 40 ßen Ganzen der Bürger abgesondert sind? Er tritt dadurch aus der gemeinen Ordnung, aus dem gemeinschaftlichen Gesetz heraus. Also machen schon seine bürgerlichen Rechte aus ihm ein eigenes Volk in der Nation. [...] 45

Was ist der Dritte Stand bis jetzt gewesen? Nichts

Kurz zusammengefasst: Der Dritte Stand hat bis jetzt bei den Reichsständen keine wahren Stellvertreter gehabt; er befand sich also nicht im Besitz seiner politischen Rechte. 50

Was verlangt der Dritte Stand? Etwas zu werden

[...] Er will haben 1., dass wahre Stellvertreter bei den Reichsständen, d. h. Abgeordnete, aus seinem Stand genommen werden, welche die Ausleger seines Willens und die Verteidiger seines Interesses sein kön- 55 nen.

Allein wozu würde es ihm nützen, den Reichsständen beizuwohnen, wenn das dem seinigen entgegengesetzte Interesse dort die Oberhand hätte? Er würde durch seine Gegenwart die Unterdrückung, deren 60 ewiges Opfer er sein würde, nur bestätigen. Also ist es wohl gewiss, dass er bei den Reichsständen nicht stimmen kann, wenn er da nicht einen wenigstens gleichen Einfluss mit den Privilegierten haben soll. Er verlangt 2. ebenso viele Stellvertreter wie die bei- 65 den anderen Stände zusammen. Da aber diese Gleichheit der Stellvertretung vollkommen täuschend sein würde, wenn jede Kammer ihre abgesonderte Stimme hätte, so verlangt der Dritte Stand also 3., dass die Stimmen nach den Köpfen und nicht nach 70 den Ständen genommen werden sollen. Das sind die Forderungen, welche unter den Privilegierten Feueralarm zu verbreiten schienen; sie haben geglaubt, dass dadurch die Verbesserung der Missbräuche unvermeidlich würde. Die bescheidene Absicht des 75 Dritten Standes ist es, bei den Reichsständen den gleichen Einfluss wie die Bevorrechtigten zu haben.

Emmanuel Joseph Sieyès, Qu'est-ce que le Tiers Etat? Paris 1789, S. 6 f., 27 f., zitiert nach: Irmgard und Paul Hartig, Die Französische Revolution, Klett, Stuttgart 1997, S. 37 f.*

1 Fassen Sie die politischen Forderungen von Sieyès zusammen.

2 Erläutern Sie Parallelen zu den Argumenten der politischen Oppositionsgruppen in Russland (Kap. 1.3) und insbesondere der Arbeiter- und Soldatensowjets 1917 (Kap. 1.4).

Formen des Protestes

M 9 **General de Besenval berichtet über Hungerunruhen (Juli 1789)**

General de Besenval, vom Herzog de Broglie, dem Kriegsminister, mit der Verteidigung von Paris im Juli 1789 betraut, berichtet:

Seit acht Jahren habe ich im Auftrag des Königs das Kommando über die Provinzen im Innern des Landes, bestehend aus den Provinzen Ile de France ohne die Stadt Paris, Soissonnais, Berry, Bourbennais, Or-
5 léanais, Touraine und Maine. Die zahlreichen Aufgaben in den ausgedehnten Gebieten vermehrten sich im April des Jahres 1789 noch durch den spürbaren Mangel an Getreide, der eine nahe Hungersnot ankündigte. Die Knappheit an Brot und die ungewisse
10 Zukunft verbreiteten Angst und Schrecken und steigerten die allgemeine Unruhe. Auf den Märkten kam es zu Tumulten und die Transporte der Regierung in die am stärksten betroffenen Gebiete wurden abgefangen: Das zwang mich, die mir zur Verfügung ste-
15 henden Truppen aufzuteilen, um die vielen Märkte, die mir unterstanden, zu schützen, die Ordnung aufrechtzuerhalten, die Getreidetransporte zu sichern und Ruhe in den Gebieten herzustellen, in denen verwegene Banditen Gewalttaten begingen. Bis zum
20 12. Juli, an dem die Revolution ausbrach, hatte ich die Genugtuung, in meinem Befehlsbereich den Frieden wahren zu können, ohne dass sich ein ärgerlicher Zwischenfall ereignete, [...] obgleich die große Zahl von Kommandos, die ich stellen musste, es unmög-
25 lich machte, in jedem Fall einen Offizier an die Spitze zu stellen. Die Befehle, die ich gegeben hatte, wurden genau und pünktlich ausgeführt, so vollkommen war zu dieser Zeit die Disziplin. Ich habe schon gesagt, dass ich in Paris überhaupt keine Befehlsgewalt hat-
30 te, wo in normalen Zeiten die allgemeine Verwaltung dem Parlament unterstand und alle Einzelheiten in den Händen des *Ministre de la Maison* lagen. Die im-
mer stärker werdende Unruhe sowie die Knappheit der Lebensmittel erzwangen die Anwendung der in ähnlichen Fällen gebräuchlichen Mittel, das heißt, 35 die beiden Regimenter der Palastwache und der Schweizergarde wurden eingesetzt, um die Ordnung aufrechtzuerhalten.

Zit. nach: Die Französische Revolution in Augenzeugenberichten, hg. von Georges Pernoud und Sabine Flaissier, dtv, München 1989, S. 22.*

1 Beschreiben Sie die Situation auf dem Land rund um Paris im Sommer 1789.

2 Arbeiten Sie typische Elemente der ersten Phase einer Revolution heraus, wie sie Crane Brinton darstellt.
   ▶ Kap. 1.6, M 6, S. 100 f.

M 10 **Der Historiker Rolf Reichardt über die Herausbildung politischer Organisationen (1999)**

Ein grundlegendes Massenphänomen der Französischen Revolution [war]: jenes Netz meist spontan gegründeter Revolutionsklubs oder Volksgesellschaften, das sich, ausgehend von den städtischen Zentren, 1791/92 über das ganze Land verbreitete 5 und zur Zeit seiner größten Dichte, um die Jahreswende 1793/94, bis zu 6000 Sozietäten umfasste. Tulle gehört zu den Städten mit über 4000 Einwohnern, die landesweit sämtlich einen Revolutionsklub aufweisen, während diese Quote bei Orten mit 2000 bis 10 3000 Einwohnern auf 87 % und bei den Dörfern auf 13 % sinkt. Das war freilich immer noch genug, um die wichtigsten revolutionären Schlagworte auch auf dem platten Lande bekannt zu machen. Insgesamt traten 15 bis 30 % aller erwachsenen Männer (in Tulle 15 20 %) einem Revolutionsklub bei. Verglichen mit den 850 Freimaurerlogen der 1780er-Jahre, bedeutete dies nicht nur quantitativ, sondern auch qualitativ eine neue Dimension; denn während die Logen der Aufklärungszeit ziemlich unpolitische Geheimgesell- 20 schaften und nur ein Sozietätsmodell unter anderen (Akademien, Salons, Lesekabinette) waren, waren die revolutionären Volksgesellschaften zugleich öffentlich und politisch und galten zu ihrer Zeit als die einzige legitime Form der Vereinigung. 25

Rolf E. Reichardt, Das Blut der Freiheit, Fischer, 2. Auflage, Frankfurt/M. 1999, S. 84 f.

1 Charakterisieren Sie die Veränderungen der politischen Organisationsformen.

2 Analysieren Sie die Bedeutung von Vernetzung und Kommunikation während einer Revolution.

3 **Flugblatt:** Entwerfen Sie ein Flugblatt mit politischen Forderungen vom Juli 1789.

4 **Zusatzaufgabe:** Siehe S. 478.

M 11 Der Schwur im Ballhaus am 20. Juni 1789, von Jacques-Louis David, Ölgemälde, um 1790

1 Arbeiten Sie die wichtigsten Bildelemente heraus und formulieren Sie eine Gesamtaussage.
Tipp: Siehe S. 478.

M 12 Der deutsche Pädagoge und Sprachforscher Johann Heinrich Campe (1746–1818) in einem Brief aus Paris (14. August 1789)

In Paris ist unterdes nichts Neues vorgefallen. Das Volk hält sich, trotz der fortdauernden Anarchie und trotz des knappen Brotvorrats, kleine unbedeutende Auftritte abgerechnet, noch immer ruhig – zum Er-
5 staunen aller, welche wissen, was die Worte Volk, Anarchie und Brotmangel in Verbindung miteinander zu bedeuten haben. [...] Ob indes dieser unerhörte Zustand von Mäßigung und Ruhe bei fortwährender Gesetzlosigkeit und Zerrüttung der bürgerlichen Ver-
10 hältnisse noch lange andauern wird? [...] Es kann daher und wird wahrscheinlich noch zu blutigen Auftritten kommen, weil es unmöglich scheint, dass die neue Konstitution so geschwind vollendet und an allen ihren Teilen an die Stelle der alten gesetzt werden
15 könnte, als nötig wäre, wenn man jener Verwilderung zuvorkommen wollte. Unterdes werden die geheimen Bemühungen der Aristokraten, die neue Freiheit, wo möglich, in ihren Keimen zu zerknicken,
fortdauern; unterdes werden der Adel und die Geist-
lichkeit, sowohl in der Nationalversammlung als 20
auch im Lande, ihre letzten Kräfte aufbieten, um der Vollendung des größten Denkmals unseres Jahrhunderts, einer auf Vernunft und Menschenrecht gegründeten Konstitution, tausend Hindernisse und Schwierigkeiten in den Weg zu legen; unterdes wird 25
das Volk immer argwöhnischer, immer eifersüchtiger auf seine neue Freiheit, an die es noch nicht gewöhnt ist, immer rascher in seinem Verfahren, immer unbändiger und zügelloser werden; und – der Menschenfreund wendet mitleidig seine Augen von den 30
Gräueln weg, welche die Folgen sein können!

Johann Heinrich Campe, Briefe aus Paris zur Zeit der Revolution
(1790), zit. nach: Irmgard und Paul Hartig, Die Französische
Revolution im Urteil der Zeitgenossen und der Nachwelt, Klett,
Stuttgart 1980, S. 6 f.*

1 Erläutern Sie die Lageanalyse von Campe.
2 Setzen Sie sich mit seinen Befürchtungen für die Zukunft auseinander.

Politische Ideen und Verfassungsfragen

M 13 **Der Historiker Hans Fenske über „Staatsformen im Zeitalter der Revolutionen" (2007)**

Noch in der Mitte des 18. Jahrhunderts hatte die uneingeschränkte Monarchie im Diskurs [Reden] über die Staatsformen die weitaus meisten Verfechter, wobei freilich zur Voraussetzung gemacht wurde, dass
5 der Herrscher sich dem Gemeinwohl verpflichtet fühle und die Gesetze achte. Aber die Anhänger einer konstitutionellen Monarchie nach dem Vorbild Englands, das seit 1689 Verfassungsstaat war, gewannen stetig an Boden. Der erste moderne Verfassungsstaat,
10 also ein auf dem Willen der Nation beruhendes, gewaltenteilig organisiertes und die Menschenrechte garantierendes Gemeinwesen, wurde indessen nicht in Europa, sondern in Nordamerika errichtet, nachdem es wegen der Zuständigkeiten bei der Steuerer-
15 hebung zwischen der britischen Krone und den Kolonisten zu einem langwierigen Streit und schließlich zum Kriege gekommen war. Das alles wurde in Europa sehr aufmerksam beobachtet. Die einflussreichsten Teilnehmer an der Debatte über die Neugestal-
20 tung des Staates in Frankreich am Vorabend der Revolution und in ihrer ersten Phase zielten auf ebendies, auf einen auf der Volkssouveränität beruhenden gewaltenteiligen Rechtsstaat. Am Ende stand nach schwersten Erschütterungen allerdings nur ein
25 autoritärer Rechtsstaat mit pseudokonstitutioneller Fassade.

Hans Fenske, Staatsformen im Zeitalter der Revolutionen, in:
Alexander Gallus/Eckehard Jesse (Hg.), Staatsformen von der
Antike bis zur Gegenwart, 2., aktual. Aufl., Böhlau, Köln 2007,
S. 184f.

1 Beschreiben Sie die englischen und amerikanischen Einflüsse auf die politische Debatte in Frankreich.
2 Setzen Sie die Entwicklungen in Frankreich („autoritärer Rechtsstaat mit pseudokonstitutioneller Fassade", Z. 24 ff.) in Beziehung zur konstitutionellen Phase in Russland 1905/06 (Kap. 1.3).

M 14 **Erklärung der Menschen- und Bürgerrechte durch die französische Nationalversammlung (26. August 1789)**

Die als Nationalversammlung vereinigten Vertreter des französischen Volkes betrachten die Unkenntnis der Menschenrechte, die Vergessenheit oder Missachtung, in die sie geraten sind, als die einzigen Ursa-
5 chen der öffentlichen Missstände und der Verderbtheit der Regierungen. Daher haben sie beschlossen, in einer feierlichen Erklärung die angestammten, unveränderlichen und heiligen Rechte des Menschen darzutun, auf dass diese Erklärung jeglichem Gliede

der menschlichen Gesellschaft ständig vor Augen sei 10 und ihm seine Rechte und Pflichten für und für ins Gedächtnis rufe; auf dass die Handlungen der gesetzgebenden sowie die der ausübenden Gewalt jederzeit am Endzweck jeder politischen Einrichtung gemessen werden können und so mehr Achtung finden mö- 15 gen: dass die Forderungen der Bürger, nunmehr auf klare und unerschütterliche Prinzipien begründet, stets der Aufrechterhaltung der Verfassung und dem Wohl aller dienen.

So erkennt und verkündet die Nationalversammlung 20 angesichts des Höchsten Wesens und unter seinen Auspizien die Rechte des Menschen und des Bürgers wie folgt:

Art. 1. Frei und gleich an Rechten werden die Menschen geboren und bleiben es. Die sozialen Unter- 25 schiede können sich nur auf das gemeine Wohl gründen.

Art. 2. Der Zweck jedes politischen Zusammenschlusses ist die Bewahrung der natürlichen und unverlierbaren Menschenrechte. Diese Rechte sind 30 Freiheit, Eigentum, Sicherheit und Widerstand gegen Bedrückung.

Art. 3. Jegliche Souveränität liegt im Prinzip und ihrem Wesen nach in der Nation: Keine Körperschaft und kein Einzelner kann eine Autorität ausüben, die 35 sich nicht ausdrücklich von ihr herleitet.

Art. 4. Die Freiheit besteht darin, alles tun zu können, was anderen nicht schadet. Also hat die Ausübung der natürlichen Rechte bei jedem Menschen keine anderen Grenzen als die, den anderen Mitgliedern 40 der Gesellschaft den Genuss der gleichen Rechte zu sichern. Diese Grenzen können nur durch das Gesetz bestimmt werden.

Art. 5. Das Gesetz hat nur das Recht, Handlungen zu verbieten, die der Gesellschaft schädlich sind. Was 45 nicht durch das Gesetz verboten ist, darf nicht verhindert werden, und niemand kann gezwungen werden, etwas zu tun, was das Gesetz nicht befiehlt.

Art. 6. Das Gesetz ist der Ausdruck des Gemeinwillens. Alle Bürger haben das Recht, persönlich oder 50 durch ihre Vertreter an seiner Schaffung mitzuwirken. Es muss für alle das gleiche sein, mag es nun beschützen oder bestrafen. Alle Bürger sind vor seinen Augen gleich. Sie sind in der gleichen Weise zu allen Würden, Stellungen und öffentlichen Ämtern zuge- 55 lassen, je nach ihrer Fähigkeit und ohne andere Unterschiede als ihre Tüchtigkeit und Begabung.

Art. 7. Niemand darf angeklagt, verhaftet oder gefangen gehalten werden, es sei denn in den vom Gesetz bestimmten Fällen. [...] Wer Willkürakte anstrebt, 60 befördert, ausführt oder ausführen lässt, ist zu bestrafen; aber jeder Bürger, der durch ein Gesetz gerufen oder erfasst wird, muss augenblicklich gehorchen; durch Widerstand macht er sich schuldig.

65 Art. 8. Das Gesetz darf nur unbedingt und offensichtlich notwendige Strafen festsetzen und niemand darf bestraft werden, es sei denn kraft eines bereits vor seinem Delikt erlassenen, veröffentlichten und legal angewandten Gesetzes.

70 Art. 9. Jeder wird so lange als unschuldig angesehen, bis er als schuldig erklärt worden ist; daher ist, wenn seine Verhaftung als unerlässlich gilt, jede Härte, die nicht dazu dient, sich seiner Person zu versichern, auf dem Gesetzeswege streng zu unterdrücken.

75 Art. 10. Niemand darf wegen seiner Überzeugungen behelligt werden, vorausgesetzt, dass ihre Betätigung die durch das Gesetz gewährleistete öffentliche Ordnung nicht stört.

Art. 11. Die freie Mitteilung seiner Gedanken und 80 Meinungen ist eines der kostbarsten Rechte des Menschen. Jeder Bürger darf sich also durch Wort, Schrift und Druck frei äußern; für den Missbrauch dieser Freiheit hat er sich in allen durch das Gesetz bestimmten Fällen zu verantworten.

85 Art. 12. Die Sicherung der Menschen- und Bürgerrechte macht eine öffentliche Gewalt notwendig; diese Gewalt wird demnach zum Nutzen aller eingesetzt, nicht aber zum Sondervorteil derjenigen, denen sie anvertraut ist.

90 Art. 13. Für den Unterhalt der öffentlichen Gewalt und für die Ausgaben der Verwaltung ist eine allgemeine Steuer vonnöten: Sie ist gleichmäßig auf alle Bürger zu verteilen nach Maßgabe ihres Vermögens.

95 Art. 14. Die Bürger haben das Recht, selbst oder durch ihre Vertreter die Notwendigkeit einer öffentlichen Auflage zu prüfen, sie zu bewilligen, ihren Gebrauch zu überwachen und ihre Teilbeträge, Anlage, Eintreibung und Dauer zu bestimmen.

100 Art. 15. Die Gesellschaft hat das Recht, von jedem öffentlichen Beauftragten ihrer Verwaltung Rechenschaft zu fordern.

Art. 16. Eine Gesellschaft, deren Rechte nicht sicher verbürgt sind und bei der die Teilung der Gewalten 105 nicht durchgeführt ist, hat keine Verfassung.

Art. 17. Da das Eigentum ein unverletzliches und heiliges Recht ist, darf es niemandem genommen werden, es sei denn, dass die gesetzlich festgestellte öffentliche Notwendigkeit es augenscheinlich verlangt, 110 und nur unter der Bedingung einer gerechten und im Voraus zu entrichtenden Entschädigung.

Zit. nach: Walter Markov u. a. (Hg.), Die Französische Revolution, Propyläen, Berlin 1989, S. 66 ff.*

1 Erläutern Sie die Präambel der Erklärung.

2 Arbeiten Sie Rechte und Pflichten der Bürger heraus.

3 Charakterisieren Sie die Rolle der Gesellschaft.

4 **Vertiefung:** Vergleichen Sie mit dem Grundgesetz der Bundesrepublik.
Tipp: Siehe S. 478.

M 15 **Die Verfassung von 1791**

Den Beginn der Verfassung bildete die Erklärung der Menschen- und Bürgerrechte vom 26. August 1789.
Titel III. Von den öffentlichen Gewalten

Art. 1. Die Souveränität ist einheitlich, unteilbar, unveräußerlich und unverjährbar. Sie gehört der Nation. Kein Teil des Volkes und keine einzelne Person kann sich ihre Ausübung aneignen. 5

Art. 2. Die Nation, von der allein alle Gewalten ihren Ursprung haben, kann sie nur durch Übertragung ausüben. Die französische Verfassung ist eine Repräsentativverfassung. Ihre Repräsentanten sind die gesetzgebende Körperschaft und der König. 10

Art. 3. Die gesetzgebende Gewalt ist einer Nationalversammlung übertragen, die aus Abgeordneten besteht, die durch das Volk frei und auf Zeit gewählt werden, um sie mit Billigung des Königs auf die Art auszuüben, die nachstehend bestimmt wird. 15

Art. 4. Die Regierung ist monarchisch. Die ausführende Gewalt ist dem König übertragen, um unter seiner Autorität durch die Minister und andere verantwortliche Beamte auf die Art ausgeübt zu werden, die nachstehend bestimmt wird. 20

Art. 5. Die richterliche Gewalt ist den durch das Volk auf Zeit gewählten Richtern übertragen.

Kapitel I. Von der gesetzgebenden Nationalversammlung

Art. 1. Die Nationalversammlung, welche die gesetzgebende Körperschaft bildet, ist immerwährend und ist nur aus einer Kammer zusammengesetzt. 25

Art. 2. Sie wird alle zwei Jahre durch Neuwahlen gebildet. [...]

Art. 5. Die gesetzgebende Körperschaft kann durch 30 den König nicht aufgelöst werden.

Abschnitt I. Zahl der Abgeordneten. Grundlagen der Abordnung

Art. 1. Die Zahl der Abgeordneten der gesetzgebenden Körperschaft beträgt 745 nach Maßgabe der 83 35 Departements, aus denen sich das Königreich zusammensetzt, und ohne Rücksicht auf diejenigen, welche den Kolonien bewilligt werden dürfen.

Art. 2. Die Abgeordneten werden auf die 83 Departements nach den drei Verhältnissen des Gebietes, der 40 Bevölkerung und der direkten Besteuerung verteilt.

Abschnitt II. Urversammlungen. Bestellung der Wahlmänner

45 Art. 1. Um die gesetzgebende Nationalversammlung zu wählen, treten die aktiven Bürger alle zwei Jahre in den Städten und den Kantonen zu Urversammlungen zusammen. [...]

Kapitel II. Vom Königtum, der Regentschaft und den
50 *Ministern*
Abschnitt I. Vom Königtum und dem König
Art. 1. Das Königtum ist unteilbar und dem regierenden Hause im Mannesstamm nach dem Rechte der Erstgeburt erblich übertragen. [...]
55 Art. 2. Die Person des Königs ist unverletzlich und heilig. Sein einziger Titel ist König der Franzosen.
Art. 3. Es gibt in Frankreich keine Autorität, die über dem Gesetze steht. Der König regiert nur durch dieses. Und nur im Namen des Gesetzes kann er Gehor-
60 sam verlangen. [...]

Kapitel III. Von der Ausübung der gesetzgebenden Gewalt
Abschnitt I. Macht und Aufgaben der gesetzgebenden Nationalversammlung
65 Art. 1. Die Verfassung überträgt ausschließlich der gesetzgebenden Körperschaft die folgenden Vollmachten und Aufgaben:
1. Gesetze vorzuschlagen und zu beschließen. Der König kann allein die gesetzgebende Körperschaft
70 auffordern, eine Sache in Beratung zu nehmen;
2. die öffentlichen Ausgaben festzusetzen;
3. die öffentlichen Steuern anzusetzen, ihre Art, Höhe, Dauer und Erhebungsweise festzulegen. [...]
Art. 2. Der Krieg kann nur durch ein Dekret der ge-
75 setzgebenden Körperschaft, das auf förmlichen und notwendigen Vorschlag des Königs erlassen und von ihm bestätigt wird, beschlossen werden.
[...]
Abschnitt III. Von der königlichen Bestätigung
80 Art. 1. Die Beschlüsse der gesetzgebenden Körperschaft werden dem König vorgelegt, der ihnen seine Zustimmung verweigern kann.
Art. 2. Im Falle, dass der König seine Zustimmung verweigert, ist diese Verweigerung nur von aufschiebender Wirkung.

Günther Franz (Hg.), Staatsverfassungen, Wissenschaftliche Buchgesellschaft, 2. Auflage, München 1964, S. 309 ff.*

1 Analysieren Sie die Aufgaben von Legislative und Exekutive.
Tipp: Beziehen Sie das Verfassungsschaubild von S. 104 sowie die Arbeitsschritte von S. 158 mit ein.
2 Vergleichen Sie mit dem amerikanischen System des *„checks and balances"* (S. 124 f.)

Rezeption

M 16 **Statue der Republik, Paris, Fotografie, 2012**

1 *„La Republique"* ist ein Synonym für Frankreich. Erläutern Sie den Zusammenhang von Französischer Revolution und nationalem Selbstverständnis.

M 17 **Feuerwerk über dem Hafen von Marseille am Nationalfeiertag, Fotografie, 14. Juli 2013**

1 Recherchieren Sie Bilder vom französischen Nationalfeiertag und vergleichen Sie mit Bildern von den Feierlichkeiten in den USA am 4. Juli.

Anwenden

M1 **Der Journalist Rainer Traub über Thomas Jefferson und die Französische Revolution (2010)**

Jeffersons Frankreich-Begeisterung hielt sich während seiner Zeit als US-Gesandter in Paris – von 1785 bis 1789 – in Grenzen; voll entflammte sie erst nach seiner Rückkehr in die USA. Er war zwar ein scharfer

5 Gegner der Monarchie als Institution, glaubte aber zunächst an die guten Absichten Ludwigs XVI. Im Übrigen traute er den Franzosen keine Revolution zu. Seine Skepsis begründete der Botschafter im November 1788 in einem Brief an Washington mit einem

10 echt puritanischen Argument: Die französische Nation sei zwar „von unserer Revolution aufgeweckt" worden und spüre „ihre Stärke". Doch drohe jeder politische Fortschritt an den lockeren Sitten der Franzosen, an der „Allmacht" der Sexualität und am „Ein-

15 fluss der Frauen in der Regierung" zu scheitern.

Am 11. Juli 1789 äußerte sich Jefferson in einem Brief an [Thomas] Paine dann doch beeindruckt darüber, dass die Nationalversammlung „die alte Regierung gestürzt" habe und entschlossen dabei sei, „das Kö-

20 nigreich an allen vier Ecken in Brand zu setzen". Seine Achtung stieg weiter, als das Bürgertum nach dem Bastille-Sturm die militärische Macht an sich gerissen hatte und Lafayette Pariser Kommandant geworden war: „Eine gefährlichere Kriegsszene als jene, die

25 Paris in den letzten fünf Tagen bot", schrieb er demselben Briefpartner, „habe ich in Amerika nie gesehen."

Ende 1789 kehrte der Botschafter in die USA zurück, um dort auf Präsident Washingtons Wunsch Außen-

30 minister zu werden. Die Verteidigung der Französischen Revolution machte Jefferson nun zur Chefsache. Er identifizierte sie mit der „heiligen Sache der Freiheit", als deren Garant sich der Autor der amerikanischen Unabhängigkeitserklärung sah.

35 Auch die gewalttätigsten Auswüchse in Frankreich rechtfertigte Jefferson nun als unvermeidlichen Preis des Fortschritts: Man könne nicht erwarten, „den Übergang vom Despotismus zur Freiheit in einem Federbett zu erleben". Ein Landsmann, der den Terror

40 kritisierte, wurde 1793 energisch von ihm zurechtgewiesen. „Die Freiheit der ganzen Erde" hänge vom Ausgang des Kampfes in Frankreich ab: „Wurde je zuvor ein solcher Preis mit so wenig unschuldigem Blut errungen? Ich selbst war zutiefst erschüttert über das

45 Schicksal einiger Märtyrer, die für diese Sache ihr Leben ließen, doch lieber hätte ich die halbe Welt verwüstet, als ihr Scheitern gesehen; wären in jedem Land nur ein Adam und eine Eva übrig geblieben, und wären sie aber frei, so wäre das besser als der jetzige Zustand."

50

Rainer Traub, Schlüssel und Kerker, in: SPIEGEL Geschichte 1/2010, Seite 92 ff., http://www.spiegel.de/spiegel/spiegelgeschichte/d-68812755.html (Download vom 13.6.2018).

M2 **Anonymes Flugblatt, das eine Bilanz des Terrors zieht, Ende 1794.**

Robespierre guillotiniert den Henker. Zu seinen Füßen die Verfassung von 1791 und 1793; auf der Grabespyramide steht die Aufschrift: „Hier ruht ganz Frankreich".

1 Erläutern Sie die Einstellung von Thomas Jefferson zur Französischen Revolution (M1).

2 Beschreiben Sie die in M1 genannten historischen Ereignisse und Jeffersons Deutung.

3 Interpretieren Sie das Flugblatt M2.

4 Nehmen Sie Stellung zu Jeffersons Schlussfolgerung: „wären in jedem Land nur ein Adam und eine Eva übrig geblieben, und wären sie aber frei, so wäre das besser als der jetzige Zustand" (Z. 47 ff.).

Wiederholen

M3 Sturm auf die Bastille, 14. Juli 1789, Ölgemälde, französische Schule, 18. Jahrhundert

Zentrale Begriffe

Brüderlichkeit
Code civil
Direktorium
Dritter Stand
Freiheit
Girondisten
Gleichheit
Jakobiner
Menschen- und Bürgerrechte
Sansculotten
La Terreur
Verfassung
Volkssouveränität

1 Beschreiben Sie auf der Basis der Darstellung S. 102 ff. die verschiedenen Phasen der Französischen Revolution, indem Sie für jede Phase einige Stichworte nennen und diese kurz erläutern.
   Tipp: Nutzen Sie die Tabelle S. 107.

2 Charakterisieren Sie die Darstellung des Sturms auf die Bastille in M 3. Greifen Sie bei Bedarf auf die Formulierungshilfen zurück.

3 Erklären Sie, warum der Sturm auf die Bastille zum Auslöser der Revolution wurde. Beziehen Sie die Thesen zu Ursachen von Revolutionen von Crane Brinton (Kap. 1.6 Kernmodul, M 2) in Ihre Überlegungen mit ein.

4 **Wahlaufgabe:** Bearbeiten Sie entweder Aufgabe a), b) oder c).
   Vergleichen Sie die Französische Revolution mit den russischen Revolutionen, indem Sie Unterschiede und Gemeinsamkeiten der folgenden Themenbereiche in einer Tabelle gegenüberstellen:
   a) Konfliktlinien vor der Revolution,
   b) Protestformen und Verlauf,
   c) politische Ideen.

5 Die Französische Revolution gilt in der Geschichtswissenschaft als „klassisches Revolutionsmodell", weil sie Umbrüche auf politischer, sozialer und wirtschaftlicher Ebene herbeiführte. Überprüfen Sie diesen Befund auf Basis der Darstellung und der Materialien.

6 **Vertiefung:** Setzen Sie sich mit der Französischen Revolution als Epochengrenze zwischen Früher Neuzeit und Neuzeit auseinander, indem Sie die Auswirkungen der Revolution auf die benachbarten Länder ermitteln.

Formulierungshilfen

– Auf dem Bild ist/sind … zu sehen.
– Im Vordergrund des Bildes ist/sind … dargestellt.
– Im Hintergrund sieht man …
– Die dargestellten Personen …
– Folgende Gegenstände/Symbole werden verwendet …
– Die … Farbgebung des Bildes erzielt die Wirkung, dass …
– Das Gemälde deutet die historischen Ereignisse folgendermaßen: …

1.8 Wahlmodul: Die Amerikanische Revolution

M1 „The Declaration of Independence", Ölgemälde von John Trumbull, 1786–1794.
Die Unabhängigkeitserklärung der nordamerikanischen Kolonien gegenüber Großbritannien bildete den formalen Auftakt zur Amerikanischen Revolution. Vor dem Schreibtisch steht das „Fünfer-Komitee" (von links nach rechts): John Adams, Roger Sherman, Robert Livingston, Thomas Jefferson, Benjamin Franklin, die die Erklärung erarbeitet hatten. Hauptautor der Erklärung war Thomas Jefferson, der 1801 zum 3. Präsidenten der USA wurde. Am Tisch sitzend: John Hancock, Präsident des Kontinentalkongresses, der das erste gemeinsame Gremium der dreizehn Kolonien war.

| 1773 | 10. Mai: Teesteuer in den Kolonien
12. Dez.: *Boston Tea Party:* Protestaktion im Hafen von Boston | 1774 | Frühjahr: brit. Parlament beschließt Strafen für Massachusetts
Sept./Okt.:
1. Kontinentalkongress in Philadelphia | 1775 | 18./19. April: Kampf bei Lexington und Concord
Mai: 2. Kontinentalkongress; Kontinentalarmee unter General George Washington | 1776 | 12. Juni: *Virginia Bill of Rights*
4. Juli: Unabhängigkeitserklärung |

| 1773 | 1774 | 1775 | 1776 |

1775–1783 Unabhängigkeitskrieg

Der 4. Juli, Tag der Veröffentlichung der Unabhängigkeitserklärung, ist der Nationalfeiertag der USA. Die Unabhängigkeitserklärung von 1776 war tatsächlich weit mehr als nur die Verkündung der rechtlichen Abtrennung von Großbritannien. Sie gilt als das wichtigste Verfassungsdokument der USA. Und sie war revolutionär und modern, denn
5 sie führte die zentralen naturrechtlichen und staatstheoretischen Ideen des 18. Jahrhunderts in einem für alle nordamerikanischen Kolonien gültigen Dokument zusammen. Doch sie war nicht das erste Dokument dieser Art in Nordamerika. Am 12. Juni 1776 hatte die Kolonie von Virginia ihrer Verfassung einen Grundrechtekatalog (*Bill of Rights*) vorangestellt, an dem sich die Unabhängigkeitserklärung orientierte. Die Erklärung be-
10 ginnt mit der Definition der von Gott gegebenen, für alle gleichen und unveräußerlichen Menschenrechte, darunter „Leben, Freiheit und das Streben nach Glück". Es folgen die Aufgaben einer guten Regierung und eine Liste der Verstöße durch den britischen König Georg III. Erst diese Verstöße rechtfertigten nämlich nach der modernen Staatstheorie im Anschluss an die britischen Philosophen Thomas Hobbes und John Locke
15 die Loslösung von britischer Herrschaft. Die „guten" Untertanen dürfen den Tyrannen stürzen. Das Dokument wurde auch zum Vorbild für die französische Erklärung der Menschen- und Bürgerrechte von 1789.
Begleitet wurde die amerikanische „Verfassungsrevolution", die von 1776 bis 1789 schrittweise einen neuen Staat, die „Vereinigten Staaten von Amerika" aufbaute, von
20 einem Krieg um die Durchsetzung der Unabhängigkeit.
Der militärische Konflikt zwischen den nordamerikanischen Kolonien und Großbritannien hatte schon vor dem Akt der Unabhängigkeitserklärung begonnen. Die militärische Bedrohung schweißte die Kolonisten zusammen. Viele „Loyalisten", die sich bisher für ein reformiertes Verhältnis zum Mutterland Großbritannien eingesetzt hat-
25 ten, wurden nun auch zu „Patrioten". Wichtig war aber auch die Unterstützung durch französische und spanische Truppen. Erst nach dem Sieg im Unabhängigkeitskrieg wurde die Staatsgründung abgeschlossen und der General der amerikanischen Truppen und Kriegsheld George Washington 1789 zum ersten Präsidenten der USA.

1 „Leben, Freiheit und das Streben nach Glück". Überlegen Sie, welche Grundrechte diese Formulierung umfasst.
2 Erläutern Sie den Begriff der „Verfassungsrevolution". Beziehen Sie das Bild M 1 mit ein.
3 Vergleichen Sie auf Basis des Einleitungstextes die Amerikanische Revolution mit den russischen Revolutionen. Formulieren Sie Hypothesen und überprüfen Sie diese nach Bearbeitung des Kapitels.

1778	Frankreich erkennt die USA an, Abschluss Bündnisvertrag	1781	Britische Armee kapituliert in Yorktown	1783	Frieden von Paris: Großbritannien erkennt USA an	1787	US-Verfassung (ratifiziert 1788)	1789	George Washington wird 1. Präsident der USA

1778	1781	1783	1787	1789

1.8 Wahlmodul: Die Amerikanische Revolution

> *In diesem Kapitel geht es um*
> – *die nordamerikanischen Kolonien und ihre Strukturen,*
> – *die Ereignisse und die Träger der Amerikanischen Revolution,*
> – *die grundlegenden Elemente der Verfassung der Vereinigten Staaten von Amerika.*

Die nordamerikanischen Kolonien

Puritaner
Mitglieder einer kirchlichen Reformbewegung in England seit Mitte des 16. Jahrhunderts. Sie traten für eine strikte Trennung von Kirche und Staat, für Toleranz und Gewissensfreiheit und für ein einfaches, gottgefälliges Leben ein.

Bis zur Mitte des 18. Jahrhunderts waren an der Ostküste Nordamerikas durch die Ansiedlung von europäischen Einwanderern insgesamt 13 englische Kolonien entstanden. Neben wirtschaftlichen Motiven spielten vor allem religiös-politische Gründe eine Rolle bei der Auswanderung. Die ersten **Puritaner*** kamen 1620 mit der *Mayflower* nach Amerika. Sie suchten dort Schutz vor religiöser Verfolgung und wollten eine neue „ideale" christliche Gemeinschaft aufbauen. Die meisten nordamerikanischen Kolonien wiesen ähnliche **politische Strukturen** auf. Ein vom englischen König ernannter Gouverneur stand an der Spitze der lokalen Regierung. An seiner Seite gab es einen ernannten Rat („*Council*"), der den Gouverneur bei der Verwaltung beriet, sowie ein gewähltes Parlament („*Assembly*"), das an der Gesetzgebung und der Steuerbewilligung mitwirkte. Nicht nur diese Regierungsformen, sondern auch die Rechte der freien Einwohner der Kolonien orientierten sich am englischen System, das zuletzt durch die *Glorious*

5

10

M1 **Entstehung der USA 1763–1795**

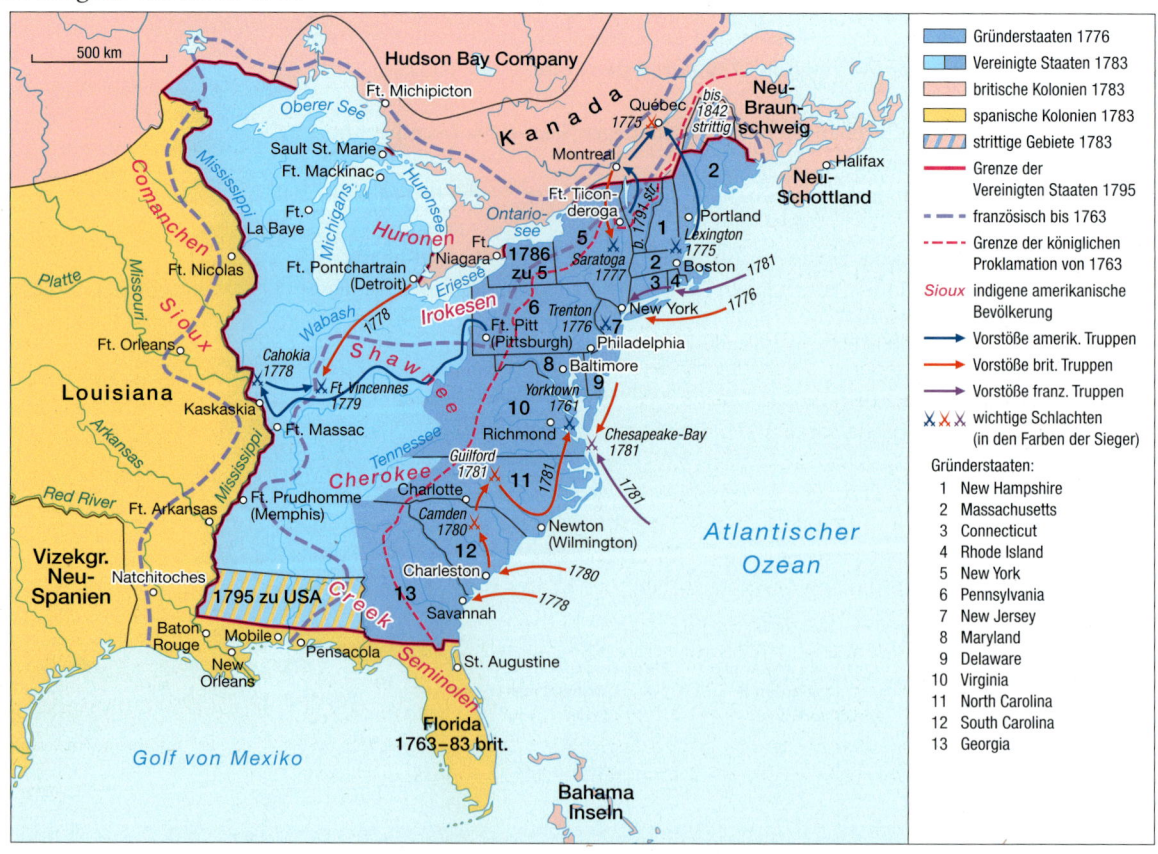

Revolution* und die *Bill of Rights** (1689) modernisiert worden war. Unabhängige Rechtsprechung und die Unverletzlichkeit des Eigentums galten auch in den Kolonien.

15 Zwischen den Kolonien gab es jedoch keine politisch-organisatorischen Verbindungen. In **wirtschaftlicher und sozialer Hinsicht** wiesen die Kolonien große Unterschiede auf. Während im Norden in Neuengland Schiffbau und Handel überwogen und ein kapitalkräftiges, puritanisch geprägtes Bürgertum entstand, dominierte im Süden der Plantagenanbau mithilfe von Sklaven. Katholische und anglikanische Großgrundbesitzer,

20 die einen adligen Lebensstil pflegten, verdienten ihr Geld mit Tabak, Reis, Baumwolle und Indigo. In den mittleren Kolonien um Pennsylvania wurde vor allem Getreide angebaut und Viehwirtschaft betrieben. Viele Einwanderer stammten neben Großbritannien aus Deutschland, Skandinavien und Holland. Ihnen kamen die politischen Freiheiten und der wachsende Wohlstand zugute. Die indigene amerikanische Bevölkerung sowie

25 die Sklaven blieben von beidem ausgeschlossen.

Glorious Revolution/Bill of Rights
Im Machtkampf mit dem König (1688/89) setzte der Adel in Großbritannien die *Bill of Rights* durch. Das Gesetz von 1689 schrieb die Rechte des Parlamentes gegenüber dem König fest, u. a. regelmäßige Einberufung und Steuerbewilligung.

Der Weg zur Unabhängigkeit

Bevölkerungswachstum, Ausbau der Städte und wirtschaftlicher Erfolg steigerten das Selbstbewusstsein der Kolonien. Im Siebenjährigen Krieg (1756–1763) hatten sie zudem an der Seite der Briten erfolgreich gegen die Franzosen in Kanada gekämpft. Als die Briten versuchten, ihre angehäufte Schuldenlast über neue Ein- und Ausfuhrzölle sowie

5 durch Steuern in den Kolonien abzubauen, kam es zu Protesten in den Kolonien. Insbesondere die **Stempelsteuer von 1765** auf amtliche Schriftstücke und Druckerzeugnisse sorgte für gewaltsame Unruhen und das erstmalige Zusammentreffen der Mehrheit der Kolonien im **Stempelsteuerkongress**. Die Mitglieder des Kongresses argumentierten, dass das Parlament in England keine Steuergesetze für die Kolonien verabschieden dür-

10 fe, da die Bewohner der Kolonien dort nicht repräsentiert seien (*„no taxation without representation"*). Sie sahen ihre Selbstverwaltung bedroht.
Der Widerstand in Nordamerika formierte sich auf verschiedenen Ebenen. *Committees of Correspondence* der einzelnen Kolonien sorgten für eine Vernetzung der Kommunikation und der Organisation. Die radikalen Mitglieder der Gruppe *Sons of Liberty*

15 führten zum Teil gewaltsame Aktionen gegen britische Steuereintreiber durch. Am bekanntesten ist ihre Erstürmung von Schiffen der *East India Company* im Hafen von Boston am 16. Dezember 1773 und die Vernichtung eines Teils der Teeladung, die *Boston Tea Party*. Bis auf die Teesteuer waren zu diesem Zeitpunkt alle Abgaben von der britischen Regierung nach Protesten wieder zurückgenommen worden. Die nach

20 der Vernichtung des Tees verhängten Strafmaßnahmen gegen die Kolonie Massachusetts, zu der Boston gehörte, verschärften den Konflikt zwischen Kolonien und Mutterland weiter, da sich die anderen Kolonien solidarisch erklärten. Im September 1774 trafen sich die Kolonien auf dem **Ersten Kontinentalkongress** in Philadelphia. Ziel war noch nicht die Unabhängigkeit, sondern die Autonomie unter der Oberhoheit des bri-

25 tischen Königs. Im April 1775 kam es in Lexington und Concord zu ersten Gefechten zwischen Milizen der Kolonisten und der britischen Armee. Das war der Startpunkt für den **Unabhängigkeitskrieg (1775–1783)**. Der im Mai tagende **Zweite Kontinentalkongress** übernahm die Regierungsfunktion für die Kolonien und ernannte **George Washington** (1732–1799) zum Oberbefehlshaber der Streitkräfte. Doch erst 1776 kam

30 mit der Schrift *„Common Sense"* des britisch-amerikanischen Publizisten Thomas Paine die Idee der Unabhängigkeit auf. Schließlich setzten sich auf dem Zweiten Kontinentalkongress die Befürworter der Unabhängigkeit, die sogenannten Patrioten, gegen die Loyalisten, die auf Loyalität gegenüber dem britischen Monarchen pochten, durch. Am 4. Juli 1776 wurde die von allen Kolonien unterzeichnete **Unabhängigkeitserklärung**

35 veröffentlicht. Der erste formale Schritt zur Gründung der Vereinigten Staaten von Amerika war getan.

▶ **M 5: Stempelsteuergesetz von 1765**

▶ **M 7: Entschließung des Stempelsteuerkongresses von 1765**

M 2 „The Boston Tea Party", Stich von Daniel Chodowiecki, Berlin, Ende 18. Jahrhundert. *Aus Protest gegen die Teesteuer werfen als „Indianer" verkleidete Siedler den Tee über Bord.*

▶ **M 15: Unabhängigkeitserklärung**

Der Unabhängigkeitskrieg

M3 George Washington, Ölgemälde von Stuart Gilbert, 1821

▶ M 13: Michael Hochgeschwender über den Beginn des Unabhängigkeitskriegs

Der militärische Konflikt hatte schon vor dem Akt der Unabhängigkeitserklärung begonnen. Als der britische König Georg III. die Kolonialisten als Rebellen bezeichnete und weitere Truppen in die Kolonien entsandte, bereiteten die Siedler militärische Verteidigungsmaßnahmen vor. Im Mai 1775 stellte der Kontinentalkongress eine Armee auf, die unter der Führung von **George Washington** in einen Krieg gegen die britischen Truppen eintrat. 5
Die *„Continental Army"* verlor allerdings die ersten Schlachten, da sie nicht professionell ausgerüstet war. Die Briten gingen davon aus, dass ihr Sieg nur eine Frage der Zeit sei, aber unter der Bedrohung von außen standen die Kolonien eng zusammen. Die Schlacht von Lexington, bei der 250 britische Soldaten und 90 Amerikaner starben, war ein erstes Zeichen, dass sich die Siedler gegenüber der Übermacht behaupten konnten. Die folgende 10
Schlacht von Bunker Hill entschieden die Briten für sich, verloren aber mehrere tausend Soldaten. Im Laufe der Zeit gewannen die amerikanischen Soldaten die Oberhand über die britischen Truppen. Entscheidend für ihren Sieg war, dass sie das Hinterland der von den Briten besetzten Hafenstädte beherrschten und eine sehr viel höhere Motivation zum Kampf hatten. Hinzu kam, dass sich Frankreich und Spanien auf ihre Seite stellten und sie 15
wirtschaftlich und militärisch unterstützten. Am 19. Oktober 1781 kapitulierte die britische Armee nach der Schlacht von Yorktown. Mit der Unterzeichnung des **Friedens von Paris 1783** erkannte Großbritannien die Vereinigten Staaten von Amerika formal an. Das war der letzte Schritt auf dem Weg zur Unabhängigkeit.

Die „Verfassungsrevolution"

▶ M 14: Auszug aus der *Bill of Rights*

Bundesstaat
Ein Bundesstaat setzt sich zusammen aus verschiedenen Teilstaaten. Sie bilden gemeinsam einen Gesamtstaat, d. h., es gibt eine zentrale Regierung und andere Institutionen. Daneben behalten die Mitglieder ihre eigenen Regierungen, die nach dem Prinzip des Föderalismus teilsouverän sind und ihre eigenen Aufgaben haben.

Gewaltenteilung
Idee des französischen Aufklärers Charles de Montesquieu (1689–1755), nach der die Gewalt im Staat in Exekutive, Legislative und Judikative getrennt sein soll

Die Amerikanische Revolution war weit mehr als ein kolonialer Befreiungskampf, sie war vor allem eine Verfassungsrevolution. Die monarchische Regierung wurde von den Kolonien zunächst umgangen und dann beseitigt; revolutionäre Ausschüsse und Provinzialkongresse übten 1775/76 fast überall die Macht aus. Revolutionär war die politische Neuorganisation. Die Verfassungsgebung in den amerikanischen Einzelstaaten 5
beruhte von Anfang an auf dem **Prinzip der Volkssouveränität**. Alle Gewalt ging, wie die *„Virginia Bill of Rights"* vom 12. Juni 1776 erklärte, vom Volk aus. Die ersten Einzelstaatenverfassungen waren noch von den normalen Parlamenten ausgearbeitet und verabschiedet worden. In Massachusetts wurde dann die Ausarbeitung der Verfassung einer besonderen verfassunggebenden Versammlung anvertraut. Alle männlichen Einwohner durften an sämtlichen mit der Verfassungsgebung zusammenhängenden politischen Verfahren teilnehmen. Der Verfassungsentwurf wurde allen Gemeinden zur Annahme vorgelegt. Mit der Verfassung von Massachusetts wurde 1780 die Idee vom Volk als konstituierende Gewalt zum ersten Mal in der Geschichte verwirklicht.
Innovativ war die Amerikanische Revolution auch darin, dass sie das **Prinzip des Bundesstaats*** einführte. Gegenüber der bis dahin bekannten lockeren staatenbündischen 15
Organisation, die die Vereinigten Staaten zunächst mit den *„Articles of Confederation"* von 1781 einführten, wurde mit der **Verfassung von 1787** eine bis dahin einzigartige Trennung der Kompetenzen zwischen Bund und Einzelstaaten vollzogen. Neu war auch die in der *„Northwest Ordinance"* von 1787 geschaffene Möglichkeit, hinzukommende 20
Territorien nach einer Übergangsphase als gleichberechtigte Mitgliedstaaten in die Union aufzunehmen. Die Verfassung schuf außerdem ein System der **Gewaltenteilung*** und wechselseitigen Kontrolle (*„checks and balances"*) zwischen Exekutive, Legislative und Judikative. Damit wurde dem weit verbreiteten Misstrauen gegenüber zu viel politischer Macht Rechnung getragen. Im Herbst 1789 wurde ein Grundrechtekatalog (*„Bill of Rights"*) als Zusatz in die Verfassung aufgenommen, dem als Vorlage die *Virginia Bill of Rights* gedient hatte. Er garantierte jeder Amerikanerin und jedem Amerikaner Glaubens-, Rede-, Presse- und Versammlungsfreiheit sowie die Unverletzlichkeit der Person, der Wohnung und das Recht auf Verteidigung.

M4 **Die Verfassung der USA von 1787 (mit heutiger Anzahl von Bundesstaaten)**

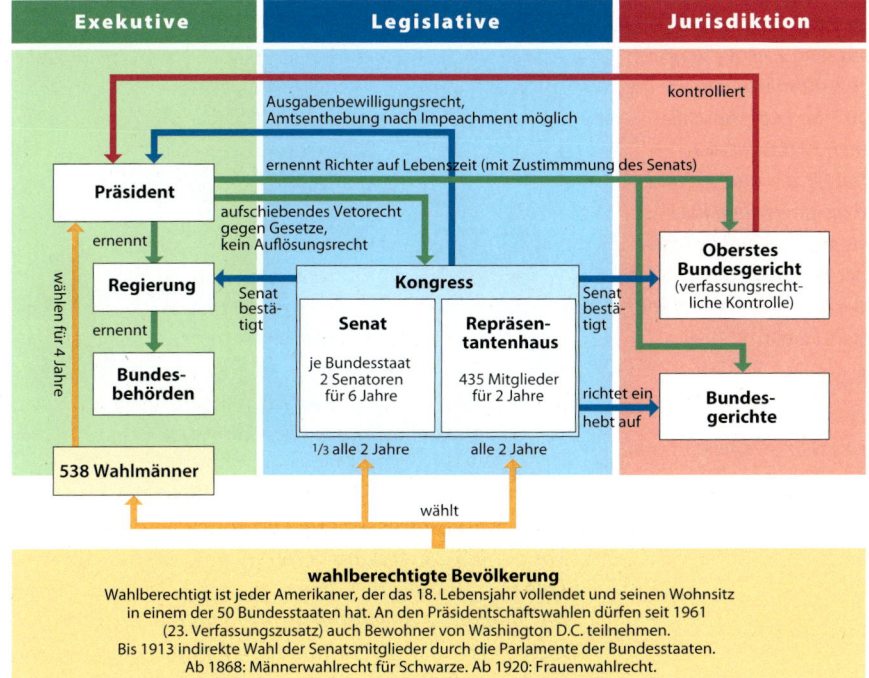

| Exekutive | Legislative | Jurisdiktion |

kontrolliert

Ausgabenbewilligungsrecht,
Amtsenthebung nach Impeachment möglich

ernennt Richter auf Lebenszeit (mit Zustimmmung des Senats)

Präsident

aufschiebendes Vetorecht
gegen Gesetze,
kein Auflösungsrecht

ernennt

wählen für 4 Jahre

Regierung

Senat
bestätigt

Kongress

Senat
bestätigt

**Oberstes
Bundesgericht**
(verfassungsrechtliche Kontrolle)

ernennt

**Bundes-
behörden**

Senat

je Bundesstaat
2 Senatoren
für 6 Jahre

**Repräsen-
tantenhaus**

435 Mitglieder
für 2 Jahre

richtet ein

hebt auf

**Bundes-
gerichte**

538 Wahlmänner

⅓ alle 2 Jahre

alle 2 Jahre

wählt

wahlberechtigte Bevölkerung
Wahlberechtigt ist jeder Amerikaner, der das 18. Lebensjahr vollendet und seinen Wohnsitz
in einem der 50 Bundesstaaten hat. An den Präsidentschaftswahlen dürfen seit 1961
(23. Verfassungszusatz) auch Bewohner von Washington D.C. teilnehmen.
Bis 1913 indirekte Wahl der Senatsmitglieder durch die Parlamente der Bundesstaaten.
Ab 1868: Männerwahlrecht für Schwarze. Ab 1920: Frauenwahlrecht.

Bilanz und Ausblick

Die amerikanische Verfassung sowie die als zehn Ergänzungsartikel angehängte *Bill of Rights* institutionalisierten die Ideen der Amerikanischen Revolution. Sie bauten eine komplett **neue staatliche Ordnung** auf. Zu einem sozialen und ökonomischen Umbruch kam es jedoch nicht. Die Sklaverei beispielsweise wurde beibehalten, um den
5 Zusammenhalt der Union nicht zu gefährden. Die alten nordamerikanischen Eliten, Rechtsanwälte, Plantagenbesitzer oder Kaufleute, füllten im Wesentlichen auch die neuen Schlüsselpositionen aus. Nur englandtreue Loyalisten verließen das Land.
Die innere Gründung der USA in den Folgejahren erwies sich als schwierig. Es wurde gerungen um die Kompetenzen des Präsidenten, um bestimmte Bundessteuern, um die
10 Haltung gegenüber dem revolutionären Frankreich. Politische Parteien, Vorläufer der heutigen Republikaner und Demokraten, bildeten sich schrittweise heraus und stritten vehement um die Auslegung der Verfassung und die Gestaltung der Union. Dabei standen die „Föderalisten"* den „Anti-Föderalisten"* gegenüber. Trotz der zahlreichen Konflikte der Anfangsjahre hebt die geschichtswissenschaftliche Forschung hervor, dass
15 mit dem Ende des Unabhängigkeitskrieges und der Verabschiedung der Verfassung der Anfangspunkt für die Entstehung einer amerikanischen Nation gesetzt ist, selbst wenn die Zeitgenossen das noch nicht so empfunden haben. Wichtige Bestandteile des amerikanischen Selbstverständnisses haben ihre Wurzeln in der Amerikanischen Revolution: freie und individuelle Lebensgestaltung, Gesellschaft rechtlich freier und gleicher Staats-
20 bürger, Leistungsbereitschaft.

1 Beschreiben Sie die Situation der Kolonien vor der Revolution.
Tipp: Gehen Sie auf die Dimensionen Politik, Wirtschaft und Gesellschaft ein.
2 **Zeitstrahl:** Arbeiten Sie die einzelnen Schritte auf dem Weg der USA in die Unabhängigkeit heraus. Nutzen Sie beispielsweise einen Zeitstrahl zur Darstellung.

Föderalisten
Abweichend vom deutschen Verständnis des Begriffs „föderal" hat das englische „federal" die Bedeutung von zentral, auf Bundesebene. Föderalisten sind dementsprechend die Befürworter einer starken Zentralmacht.

Anti-Föderalisten
Befürworter weitgehender Rechte der Einzelstaaten

▶ **M 18 bis M 21: Rezeption der Revolution**

Amerikanische Revolution

 cornelsen.de/Webcodes
Code: wuyoto

Hinweise zur Arbeit mit den Materialien
Die vorliegende Auswahl orientiert sich an den Themenschwerpunkten der russischen Revolutionen und der Französischen Revolution mit dem Ziel der Vergleichbarkeit. Zunächst können wichtige Konfliktlinien vor der Revolution bestimmt werden (M5 bis M8). Anschließend lassen sich die verschiedenen Protestformen erarbeiten (M9 bis M13). Zentral für die Analyse und Einordnung der Revolution sind die politischen Ideen und Verfassungsfragen (M14 bis M17). Abschließend werden verschiedene Aspekte der Rezeption der Revolution thematisiert (M18 bis M21), wobei das Foto M21 eine Linie bis in die Gegenwart zieht.

Zur Vernetzung mit dem Kernmodul
Aus dem Kernmodul eignet sich das Konzept von Crane Brinton (M6) für die Diskussion des revolutionären Charakters der Ereignisse. Hannah Arendts Gedanken zum Freiheitsbegriff (M10) können ebenfalls genutzt werden.

Konfliktlinien vor der Amerikanischen Revolution

M5 **Ausschnitt aus dem britischen Stempelsteuergesetz (22. März 1765)**
Da durch ein Gesetz der letzten Session des Parlaments einzelne Abgaben verordnet, beibehalten und bestimmt wurden, um die Kosten der Verteidigung, des Schutzes und der Sicherheit der britischen Kolonien und Pflan-
5 zungen in Amerika zu decken, und da es gerecht und notwendig ist, Vorkehrungen für die Erhebung weiterer Einkünfte in Eurer Majestät Besitzungen in Amerika zur Deckung der genannten Ausgaben zu bedenken [...], wird in Kraft gesetzt [...], dass [...] erhoben, gesammelt
10 und gezahlt werde an Seine Majestät, seine Erben und Nachfolger in allen Kolonien und Pflanzungen in Amerika, die jetzt bestehen oder späterhin unter der Herrschaft Seiner Majestät, seiner Erben und Nachfolger sein mögen, für jede Packung oder jedes Stück Schreib-
15 pergament, Pergament oder Blatt oder Stück Papier, auf das gepresst, geschrieben oder gedruckt werden soll irgendeine Erklärung, ein Gesuch, eine Replik, eine Erwiderung, ein Rechtseinwand oder andere Prozessakten oder eine Abschrift davon an irgendeinem Gerichtshof
20 in den britischen Kolonien und Pflanzungen in Amerika, eine Stempelgebühr von drei Pence.

Wolfgang Lautemann (Bearb.), Geschichte in Quellen, Bd. 4, bsv, München 1981, S. 72.*

1 Fassen Sie den Inhalt und die Begründung des Stempelsteuergesetzes (M5) zusammen.

M6 Die *Sons of Liberty* hängen zwei britische Steuereintreiber am *Tree of Liberty* am 14. August 1765, kolorierte Lithografie, 1775

THE COLONISTS UNDER LIBERTY TREE.

M7 **Auszug aus einer Entschließung des Stempelsteuerkongresses (19. Oktober 1765)**
Vom 7. bis 25. Oktober 1765 hielten die Neuenglandkolonien in New York den sog. Stempelsteuerkongress ab, an dem 27 Abgeordnete aus neun Kolonien teilnahmen. Das britische Parlament in London weigerte sich, die Entschließung zur Kenntnis zu nehmen.

I. Dass die Untertanen Seiner Majestät in diesen Kolonien der Krone Großbritannien die Ergebenheit schulden, die für seine innerhalb des Reichs geborenen Untertanen Pflicht ist, und dass sie der erhabenen Körperschaft des Parlaments von Großbritannien alle 5
schuldige Unterordnung zu leisten haben. [...]
III. Dass es ein unzertrennlicher Bestandteil der Freiheit eines Volkes und das unzweifelhafte Recht von Engländern ist, dass ihnen Steuern nur mit ihrer eigenen, persönlich oder durch ihre Vertreter erteilten 10
Zustimmung auferlegt werden.
IV. Dass die Bevölkerung dieser Kolonien im Unterhaus von Großbritannien nicht vertreten ist und wegen der räumlichen Entfernung nicht vertreten sein kann. [...] 15
VIII. Dass die Stempelsteuerakte, die den Einwohnern dieser Kolonien Steuern auferlegt, und mit ihr verschiedene andere Akte, die die Gerichtshoheit der Admiralitätsgerichte über die althergebrachten Grenzen ausdehnen, offenbar den Umsturz der Rech- 20
te und Freiheiten der Kolonisten erstreben.
IX. Dass die durch verschiedene Parlamentsgesetze kürzlich auferlegten Abgaben wegen der besonderen Umstände dieser Kolonien außerordentlich schwere und drückende Lasten mit sich bringen; und dass 25
ihre Bezahlung wegen der Knappheit an Metallgeld völlig undurchführbar ist.

X. Da die Gewinne aus dem Handelsverkehr der Kolonien letztlich in Großbritannien zusammenfließen
30 und sie ihrerseits die Fabrikate bezahlen, die sie nur
von dort beziehen dürfen, so leisten sie dadurch praktisch einen sehr großen Beitrag zu allen Geldbewilli-
gungen, die der Krone dort gewährt werden. [...]

XII. Dass Wachstum, Wohlergehen und Glück dieser
35 Kolonien vom vollen und freien Genuss ihrer Rechte
und Freiheiten sowie von einem gegenseitig freundschaftlichen und Gewinn bringenden Verkehr mit
Großbritannien abhängen.

XIII. Dass den britischen Untertanen in diesen Kolo-
40 nien das Recht zusteht, Bittschriften beim König sowie bei jedem Parlamentshaus einzureichen.

Schließlich ist es die unabweisliche Pflicht dieser Kolonien gegenüber dem Besten der Souveräne, dem
Mutterland und sich selbst, auf einer loyalen und ehr-
45 fürchtigen Adresse an Seine Majestät und demütige
Bitten an beide Häuser des Parlamentes zu bestehen,
um die Zurücknahme des Gesetzes über die Bewilligung und Auflegung gewisser Stempelgebühren zu
erreichen, dazu aller Klauseln anderer Gesetze des
50 Parlaments, durch welche die Jurisdiktion der Admiralität im oben genannten Sinne ausgedehnt wird,
und der jüngst erlassenen Gesetze zur Einschränkung des amerikanischen Handels.

*Zit. nach: Wolfgang Lautemann (Bearb.), Geschichte in Quellen,
Bd. 4, bsv, München 1981, S. 72 ff.**

1 Charakterisieren Sie die Reaktion von Teilen der
  Bevölkerung auf die Stempelsteuer (M 6).
2 Analysieren Sie die Reaktion der politischen Gremien
  auf die Stempelsteuer (M 7).
3 **Zusatzaufgabe:** Siehe S. 478.

M 8 Der Historiker Michael Hochgeschwender
über die Folgen des Konfliktes um die Stempelsteuer (2016)

Die Krisen und Unruhen um die Stempelsteuer hatten
die 13 Festlandskolonien nachdrücklich zusammenge-
schweißt. Die kreolische Oligarchie[1], bestehend aus urba-
nen Eliten und ländlicher *gentry*, hatte bei allen weiterhin
5 bestehenden Gefühlen der Zugehörigkeit zum britischen Weltreich, auf das man sehr wohl stolz war, ein
Gefühl der Eigenständigkeit entwickelt. Gleichzeitig
hatte sie zu einer momentanen, aber ausbaufähigen
Handlungseinheit mit den Unterschichten gefunden,
10 die allerdings durchweg höchst fragil blieb. [...] Gerade
der New Yorker Kongress vom Spätsommer 1765 trug
dazu bei, aus den disparaten, jeweils auf London und
das Mutterland ausgerichteten Kron- und Eigentümer-
kolonien eine zumindest vorläufige Handlungseinheit
15 zu schweißen, die sie von den kanadischen Kolonien,

vor allem Québec, und den westindischen Besitzungen
abhob. Mit den *Sons of Liberty* und den Korrespondenzgesellschaften existierten nun institutionelle Organe
dieser überkolonialen Einheit. Allerdings wird man die
Resultate der *Stamp-Act*-Krise nicht überbewerten 20
dürfen. Mit der Rücknahme des Gesetzes 1766 beruhigte sich die Situation in Nordamerika rasch. Der
Declaratory Act[2] wurde weiter nicht als beunruhigend
aufgenommen, obschon er hier und da Kritik erntete.
Viel wichtiger war das Ende der Nachkriegsrezession. 25
Den Kolonien, selbst Boston und Philadelphia, ging es
wirtschaftlich und finanziell ab 1765/66 wieder deutlich besser als in den Jahren unmittelbar nach Ende des
Siebenjährigen Krieges.

*Michael Hochgeschwender, Die Amerikanische Revolution, C. H.
Beck, München 2016, S. 134.**

1 *kreolische Oligarchie:* Führungsschicht bestehend aus in der
  Kolonie geborenen, nicht indigenen Mitgliedern
2 *Declaratory Act:* Mit diesem Gesetz wurde die Stempelsteuer
  zurückgenommen, aber das Recht des britischen Parlaments,
  Gesetze für die Kolonien zu erlassen, festgestellt.

1 Erläutern Sie die Folgen des Konflikts für das
  Selbstverständnis der Kolonien.

Formen des Protestes

M 9 John Adams (1735–1826), 2. Präsident der
USA, in seinem Tagebuch über die *Boston Tea
Party* (17. Dezember 1773)

Gestern Abend wurden drei Ladungen Bohea-Tee ins
Meer geschüttet. Heute morgen segelt ein Kriegsschiff
los [nach England].

Dies ist die bisher großartigste Maßnahme. Dieses
letzte Unternehmen der Patrioten hat eine Würde, 5
eine Majestät, eine Erhabenheit an sich, die ich bewun-
dere. Das Volk sollte sich nie erheben, ohne etwas
Erinnerungswürdiges zu tun – etwas Beachtenswer-
tes und Aufsehenerregendes. Die Vernichtung des
Tees ist eine so kühne, entschlossene, furchtlose und 10
kompromisslose Tat, und sie wird notwendigerweise
so wichtige und dauerhafte Konsequenzen hervorrufen, dass ich sie als epochemachendes Ereignis betrachten muss.

Dies war nur ein Angriff auf Eigentum. [...] 15
Die Frage ist, ob die Vernichtung des Tees nötig war.
Ich fürchte, sie war absolut notwendig. Er konnte
nicht zurückgeschickt werden, weil Gouverneur,
Admiral und der Zoll es nicht erlaubten. Allein in deren Macht lag es, den Tee zu retten. An der Wasserfes- 20
tung und den Kriegsschiffen wären die Teeschiffe
nicht vorbeigekommen. Die Alternative war daher,
den Tee zu vernichten oder an Land zu bringen.

25 Ihn an Land zu bringen hätte bedeutet, dass wir das Besteuerungsrecht des Parlaments anerkennen, gegen das der Kontinent zehn Jahre lang gekämpft hat. Es hätte bedeutet, dass wir die Arbeit von zehn Jahren zunichte machen und uns und unsere Nachkommen den ägyptischen Sklaventreibern unterwerfen – 30 den drückenden Abgaben, der Schmach und Schande, den Anschuldigungen und der Verachtung, dem Elend und der Unterdrückung, der Armut und der Knechtschaft.

Zit. nach: Dokumente zur Geschichte der Vereinigten Staaten von Amerika, hg. von Herbert Schambeck, Helmut Widder, Marcus Bergmann, Duncker & Humblot, 2., erw. Aufl. Berlin 2007, S. 70.*

M 10 **„Die Bostoner bezahlen den Steuereintreiber, oder Teeren und Federn", satirische Zeichnung, 1774.**
Im Vordergrund flößen fünf Bürger von Boston dem britischen Steuereintreiber mit Gewalt Tee ein. Im Hintergrund sind der Liberty Tree sowie die Boston Tea Party zu sehen.

The BOSTONIAN'S Paying the EXCISE-MAN, or TARRING & FEATHERING
Plate I.

1 Charakterisieren Sie die Sprache des Tagebucheintrags und arbeiten Sie die Haltung des Autors heraus (M 9).
2 Erörtern Sie die Rolle der *Boston Tea Party* im Rahmen der Revolution aus Sicht des Zeitzeugens (M 9) und auf Basis des Darstellungstextes S. 123. Beziehen Sie auch M 10 ein.

M 11 **Rede von Patrick Henry vor dem Provinzialkongress von Virginia (23. März 1775)**
Herr Präsident, niemand schätzt wohl die Vaterlandsliebe und die Fähigkeiten der ehrenwerten Herren, die eben zu dem hohen Haus gesprochen haben, mehr als ich. Aber verschiedene Menschen sehen oft die gleichen Probleme verschieden an. Daher wird man es 5 hoffentlich nicht als Geringschätzung dieser Herren ansehen, wenn ich frei und ohne Einschränkung meine eigenen Empfindungen und Ansichten ausspreche, auch wenn sie den ihren direkt entgegengesetzt sind. [...] Wenn ich in einem solchen Augenblick mit meiner 10 Meinung zurückhielte [...], würde ich mich nach meinem Dafürhalten des Verrats an meinem Land schuldig machen und damit auch der Treulosigkeit gegenüber der himmlischen Majestät, die ich mehr ehre und achte als alle irdischen Könige. 15
[...] Wir haben alles in unserer Macht Stehende getan, um den jetzt aufziehenden Sturm abzuwenden. Wir haben Petitionen eingereicht – wir haben protestiert – wir haben demütig gebeten – wir haben uns vor dem Königsthron in den Staub geworfen und haben 20 darum gefleht, er möge eingreifen und die despotischen Hände seines Kabinetts und des Parlaments zügeln. Unsere Petitionen wurden missachtet, unsere Proteste haben weitere Gewalttaten und Schmähungen bewirkt, unsere Gesuche übersehen, und wir 25 wurden verächtlich vom Fuße des Thrones fortgestoßen. Nach alledem wird die weitere Verfolgung der liebgewordenen Hoffnung auf Frieden und Aussöhnung zwecklos. Es gibt keinen Raum für irgendwelche Hoffnungen! Wenn wir wirklich frei sein wollen 30 – wenn wir die unschätzbaren Rechte, für die wir so lange gekämpft haben, unverletzt erhalten wollen – wenn wir den edlen Kampf, den wir so lange geführt haben und den wir nach unseren feierlichen Versprechungen bis zur Erreichung unseres ruhmreichen 35 Zieles führen wollten, nicht schmählich abbrechen wollen – dann müssen wir kämpfen! [...]
Es hat keinen Zweck, Herr Präsident, die Sache zu bemänteln. Manche Herren mögen noch so sehr nach Frieden schreien – es gibt keinen Frieden. Der Krieg 40 hat in Wirklichkeit schon begonnen! [...] Ich weiß nicht, wie sich andere entscheiden werden, aber für mich gibt es nur Freiheit oder Tod!

Zit. nach: Dokumente zur Geschichte der Vereinigten Staaten von Amerika, hg. von Herbert Schambeck, Helmut Widder, Marcus Bergmann, Duncker & Humblot, 2., erw. Aufl. Berlin 2007, S. 86 ff.*

1 Erläutern Sie, wie Patrick Henry die Lage im März 1775 einschätzt (M 11).
2 Überprüfen Sie seine Argumentation.

M 12 Die Schlacht von Lexington am 19. April 1775, kolorierter Stich, 1874

M 13 Der Historiker Michael Hochgeschwender über den Beginn des Unabhängigkeitskrieges (2016)

Mit den Schüssen von Lexington und Concord waren die Würfel gefallen. Die amerikanischen Kolonien befanden sich in offenem Aufruhr, wenngleich die Kampfhandlungen vorerst auf Neuengland begrenzt
5 waren. In den anderen Kolonien wurde noch eifrig darüber diskutiert, ob und wie man sich den Neuengländern anschließen würde. Aber das interkoloniale Netz der *Association Committees*, der *Sons of Liberty*, der Korrespondenzgesellschaften und des Kontinen-
10 talkongresses war inzwischen dicht und effizient genug, um die Solidarität mit dem Nordosten zu garantieren. [...] Im Süden, in Virginia, war es vor allem [...] Patrick Henry, der am 23. März, also noch vor Concord, das *House of Burgesses*, die dortige Assembly,
15 mit einer leidenschaftlichen Rede, die angeblich in den Worten „*Give me liberty or give me death*" gipfelte [siehe M 11], auf den bevorstehenden gemeinsamen Kampf einstimmte. Es ist nicht ganz klar, ob er diese Worte wirklich so gesprochen hat, aber Henry und
20 auch George Washington, Thomas Jefferson sowie andere Großgrundbesitzer Virginias waren inzwischen fest entschlossen, nicht einfach als Zuschauer dabeizustehen, falls die Briten Massachusetts militärisch

bestrafen würden. Ihrer Entscheidung lag die Überzeugung zugrunde, ihre Existenz und ihre Freiheit 25 seien durch die britische Regierung und die Gesetze des Parlamentes unmittelbar bedroht. [...]
Angesichts der unerwarteten militärischen Erfolge der kolonialen Milizen bei Concord, Boston und Ticonderoga lag das Gesetz des Handelns erst einmal 30 wieder bei der Politik, das heißt beim Kontinentalkongress, der seit Mai in Philadelphia tagte. [...] Diese Institution sollte bis 1783 die Geschicke erst der rebellischen Kolonien, dann der jungen Vereinigten Staaten von Amerika lenken. Als Präsident fungierte John 35 Hancock, neben Samuel Adams in britischen Augen der bestgehasste Mann [...]. Seine Wahl mussten den Briten als schiere Provokation erscheinen und war wohl auch als solche gedacht. Als erste Amtshandlung erklärte der Kontinentalkongress, die Kolonien befän- 40 den sich im Verteidigungszustand, und rief die Milizen und weitere Freiwillige zu den Fahnen.

Michael Hochgeschwender, Die Amerikanische Revolution, C. H. Beck, München 2016, S. 174 ff.*

1 Arbeiten Sie die Kernaussagen aus M 13 heraus.
2 Interpretieren Sie das Bild M 12 im Hinblick auf die Darstellung der Kolonisten.

Politische Ideen und Verfassungsfragen

M 14 Aus den *Bill of Rights* der Kolonie Virginia (12. Juni 1776)

Im Mai 1776 forderte der 2. Kontinentalkongress die trennungswilligen Kolonien auf, sich eigene Verfassungen zu geben. Virginia stellte seiner Konstitution eine „Bill of Rights" voran; die Kerninhalte fanden 1791 als Zusatzartikel Eingang in die US-Verfassung:

I. Dass alle Menschen von Natur aus gleich frei und unabhängig sind und bestimmte angeborene Rechte besitzen, die sie ihrer Nachkommenschaft durch keinen Vertrag rauben oder entziehen können, wenn sie eine
5 staatliche Verbindung eingehen, nämlich das Recht auf den Genuss des Lebens und der Freiheit, auf die Mittel zum Erwerb und Besitz von Eigentum, das Streben nach Glück und Sicherheit und das Erlangen beider.

II. Dass alle Gewalt im Volke ruht und folglich von
10 ihm abgeleitet ist, dass die Behörden seine Bevollmächtigten und Diener sind und ihm zu aller Zeit verantwortlich.

III. Dass eine Regierung eingesetzt ist oder eingesetzt sein sollte zum allgemeinen Wohle, zum Schutz und
15 zur Sicherheit des Volkes, der Nation oder der Gemeinde; dass von all den verschiedenen Regierungsformen diejenige die beste ist, die fähig ist, den höchsten Grad von Glück und Sicherheit hervorzurufen, und die am wirksamsten gegen die Gefahr
20 schlechter Verwaltung gesichert ist; und dass die Mehrheit einer Staatsgemeinde ein unzweifelhaftes, unveräußerliches und unverletzliches Recht hat, eine Regierung zu reformieren, zu verändern oder abzuschaffen, wenn sie diesen Zwecken unangemessen
25 oder entgegengesetzt befunden wird, und zwar in einer Weise, die für das Allgemeinwohl am dienlichsten scheint. [...]

V. Dass die gesetzgebenden und vollziehenden Gewalten eines Staates getrennt und von der richterli-
30 chen unterschieden werden sollen. [...]

VI. Dass die Wahlen der Mitglieder, die als Vertreter des Volkes in der Versammlung dienen sollen, frei sein sollten und dass alle Menschen, die genügend ihr dauerndes Interesse an der Allgemeinheit und
35 ihre Bindung an die Staatsgemeinde nachweisen können, das Recht zur Wahl haben, dass ihnen ihr Eigentum nicht zu öffentlichen Zwecken besteuert oder genommen werden kann ohne ihre eigene Einwilligung oder die der so gewählten Volksvertreter;
40 dass sie ferner durch kein Gesetz gebunden werden können, dem sie nicht in gleicher Weise im Interesse der Allgemeinheit zugestimmt haben. [...]

VIII. Dass bei allen hochnotpeinlichen oder peinlichen Prozessen jedermann das Recht hat, nach Ursache
45 und Natur seiner Anklage zu fragen, seinen Anklägern und deren Zeugen gegenübergestellt zu werden, Zeugen zu seinen Gunsten herbeizurufen und eine sofortige Untersuchung durch einen unparteiischen Gerichtshof aus zwölf Leuten seiner Nachbarschaft zu
50 verlangen, ohne deren einmütige Zustimmung er nicht schuldig befunden werden kann. [...]

XII. Dass die Pressefreiheit eins der stärksten Bollwerke der Freiheit ist und nur durch despotische Regierungen beschränkt werden kann.

XIII. Dass eine wohlgeordnete Miliz, die aus dem Vol-
55 ke gebildet und im Waffendienst geübt ist, die natürliche und sichere Verteidigung eines freien Staates ist; dass man stehende Heere in Friedenszeiten, als für die Freiheit gefährlich, vermeiden sollte; und dass auf alle Fälle die militärische Gewalt in strenger Un-
60 terordnung unter der zivilen stehen [...] sollte. [...]

XVI. Dass die Religion oder die Ehrfurcht, die wir unserem Schöpfer schulden, und die Art, wie wir uns dieser Pflicht entledigen, nur durch unsere Vernunft und Überzeugung bestimmt werden kann, nicht durch Macht-
65 spruch oder Gewalt; und dass daher alle Menschen zur freien Religionsausübung gleicherweise berechtigt sind, entsprechend der Stimme ihres Gewissens, und dass es die gegenseitige Pflicht aller ist, christliche Milde, Liebe und Barmherzigkeit aneinander zu üben.
70

Zit. nach: Wolfgang Lautemann (Bearb.), Geschichte in Quellen, Bd. 4, bsv, München 1981, S. 107–109.*

1 Analysieren Sie die grundlegenden Aussagen der *Virginia Bill of Rights* von 1776 (M 14).

2 Vergleichen Sie das Dokument mit der Erklärung der Menschen- und Bürgerrechte in Frankreich, Kap. 1.7, M 14, S. 115 f.
Tipp: Siehe S. 479.

3 **Vertiefung:** Hannah Arendt (Kernmodul, M 10) stellt als Merkmal von Revolutionen fest, dass sie für sich beanspruchen, die „Sache der Menschheit" zu vertreten. Überprüfen Sie diese These auf der Basis von M 14.

4 **Zusatzaufgabe:** Siehe S. 479.

M 15 Die Unabhängigkeitserklärung der USA nach einem Entwurf von Thomas Jefferson (4. Juli 1776)

Folgende Wahrheiten erachten wir als selbstverständlich: Dass alle Menschen gleich geschaffen sind; dass sie von ihrem Schöpfer mit gewissen unveräußerlichen Rechten ausgestattet sind; dass dazu Leben, Freiheit und das Streben nach Glück gehören; dass zur Siche-
5 rung dieser Rechte Regierungen unter den Menschen eingerichtet werden, die ihre rechtmäßige Macht aus der Zustimmung der Regierten herleiten; dass, wenn

10 irgendeine Regierungsform sich für diese Zwecke als schädlich erweist, es das Recht des Volkes ist, sie zu ändern oder abzuschaffen und eine neue Regierung einzusetzen und sie auf solchen Grundsätzen aufzubauen und ihre Gewalten in der Form zu organisieren, wie es zur Gewährleistung ihrer Sicherheit und ihres Glücks

15 geboten zu sein scheint. Gewiss gebietet die Vorsicht, dass seit langem bestehende Regierungen nicht um unbedeutender und flüchtiger Ursachen willen geändert werden sollten, und demgemäß hat noch jede Erfahrung gezeigt, dass die Menschen eher geneigt sind zu

20 dulden, solange die Übel noch erträglich sind, als sich unter Abschaffung der Formen, die sie gewöhnt sind, Recht zu verschaffen. Aber wenn eine lange Reihe von Missbräuchen und Übergriffen, die stets das gleiche Ziel verfolgen, die Absicht erkennen lässt, sie absolutem

25 Despotismus zu unterwerfen, so ist es ihr Recht, ist es ihre Pflicht, eine solche Regierung zu beseitigen und sich um neue Bürgen für ihre zukünftige Sicherheit umzutun. Solchermaßen ist das geduldige Ausharren dieser Kolonien gewesen und solchermaßen ist jetzt

30 die Notwendigkeit, welche sie treibt, ihre früheren Regierungssysteme zu ändern. Die Geschichte des gegenwärtigen Königs von Großbritannien ist die Geschichte wiederholten Unrechts und wiederholter Übergriffe, die alle auf die Errichtung einer absoluten Tyrannei über

35 die Staaten zielen. [...]
In jenem Stadium dieser Bedrückungen haben wir in den untertänigsten Ausdrücken um Abhilfe ersucht; unser wiederholtes Ersuchen ist lediglich durch wiederholtes Unrecht beantwortet worden. Ein Fürst,

40 dessen Charakter durch jede Handlung in solcher Weise gekennzeichnet ist, kann als ein Tyrann bezeichnet werden, der als Herrscher über ein freies Volk ungeeignet ist.
Auch haben wir es nicht unterlassen, unserer britischen

45 Brüder hinlänglich eingedenk zu sein. Wir haben sie von Zeit zu Zeit von den Versuchen ihrer gesetzgeberischen Gewalt in Kenntnis gesetzt, eine gesetzwidrige Rechtsprechung über uns zu errichten. Wir haben sie an die näheren Umstände unserer Auswanderung und

50 unserer Siedlung hier erinnert. [...] Wir müssen uns daher mit der Notwendigkeit abfinden, welche unsere Trennung gebietet, und sie, wie die übrige Menschheit, für Feinde im Krieg, für Freunde im Frieden halten.
Daher tun wir, die Vertreter der Vereinigten Staaten

55 von Amerika, versammelt in einem allgemeinen Kongress, an den Obersten Richter der Welt betreffs der Rechtlichkeit unserer Absichten appellierend, im Namen und kraft der Autorität des rechtlichen Volkes dieser Kolonien feierlich kund und erklären, dass diese

60 Vereinigten Kolonien freie und unabhängige Staaten sind und es von Rechts wegen sein sollen; dass sie von jeglicher Treuepflicht gegen die britische Krone entbunden sind und dass jegliche politische Verbindung zwischen ihnen und dem Staate Großbritannien vollständig gelöst ist und sein soll und dass sie als 65 freie und unabhängige Staaten Vollmacht haben, Kriege zu führen, Frieden zu schließen, Bündnisse einzugehen, Handel zu treiben und alle anderen Akte und Dinge zu tun, welche unabhängige Staaten von Rechts wegen tun können. Und zur Stütze dieser Er- 70 klärung verpfänden wir alle untereinander in festem Vertrauen auf den Schutz der göttlichen Vorsehung unser Leben, unser Gut und unsere heilige Ehre.

Zit. nach: Adolf Rock, Dokumente der amerikanischen Demokratie, 2. Aufl., Limes, Wiesbaden 1953, S. 102 ff. *

1 Arbeiten Sie die wichtigsten Argumente heraus, mit denen die amerikanischen Kolonien ihre Trennung vom englischen Mutterland begründen (M 15).
2 Erläutern Sie das Staatswesen, das die Verfasser der Erklärung anstrebten.

M 16 Die *Sons of Liberty* stürzen die Statue Georgs III. am 9. Juli 1776 in New York, Stich nach Felix O.C. Darley, 1877

PULLING DOWN THE STATUE OF THE KING.

1 Erläutern Sie die Bedeutung des in M 16 dargestellten Vorgangs.
2 **Zusatzaufgabe:** Siehe S. 479.

M 17   Der Historiker Volker Depkat über die „Wende zur Revolution" (2016)

Das Revolutionäre der sich zwischen 1774 und 1776 ereignenden Wende ist dadurch definiert, dass die Kolonisten in der Rechtfertigung ihres Widerstands aus dem britischen Verfassungskontext ausbrachen und ihn auf
5 die neue Grundlage des aufklärerischen Naturrechtsliberalismus stützten. Hatten sie sich in ihrem Protest bisher auf die ungeschriebenen Traditionen der britischen Verfassung, die *Rights of Englishmen* und die in den kolonialen *Charters* von der Krone gewährten
10 Rechte berufen, so griffen sie nach 1774 immer mehr auf die universalen Prinzipien der Aufklärung zurück. Folglich ging es seit 1774 immer weniger um Steuern und immer mehr um die Grundfragen legitimer Herrschaft und den Zweck von Staatlichkeit überhaupt. Da-
15 mit einher ging eine grundlegende Hinwendung zur Zukunft: Bis zur revolutionären Wende von 1774/76 war der koloniale Widerstand gegen die imperiale Politik des Mutterlandes rückwärtsgewandt gewesen, denn es ging den Kolonisten um die Bewahrung des Status
20 quo, wie er sich bis 1763 etabliert hatte. [...] Die Wende zur Revolution, die in der Erklärung der Unabhängigkeit am 4. Juli 1776 kulminierte, ist deshalb auch eine Wende von der Vergangenheitsorientierung hin zur Ausrichtung auf eine offene Zukunft, deren Gestaltung
25 sich die Revolutionäre zur Aufgabe machten.
Von entscheidender Bedeutung für die Wende zur Revolution war der Zusammentritt des Ersten Kontinentalkongresses in Philadelphia am 5. September 1774. Die insgesamt 56 Delegierten aus zwölf Kolonien – nur
30 Georgia war nicht vertreten – [...] sahen sich mit der Aufgabe konfrontiert, die Interessen der Kolonien gegenüber dem Mutterland zu vertreten und den eskalierenden kolonialen Widerstand zu organisieren. Dadurch arbeitete der Erste Kontinentalkongress faktisch
35 als nationale Regierung, ohne dass die Delegierten das damals schon von sich gedacht oder dass die Kolonisten das so gesehen hätten. Der Kontinentalkongress rief die Bewohner der 13 Kolonien zur Verschärfung des Boykotts bis hin zum völligen Abbruch aller Handelsbe-
40 ziehungen zum Mutterland auf. [...] Zudem stellten die Delegierten des Ersten Kontinentalkongresses in der am 14. Oktober verabschiedeten *Declaration of Colonial Rights and Grievances* fest, dass das britische Parlament keinerlei Autorität über die inneren Angelegenheiten
45 der Kolonien im britischen Herrschaftsverband habe.

Volker Depkat, Geschichte der USA, Kohlhammer, Stuttgart 2016, S. 56.*

1 Analysieren Sie die von Volker Depkat in M 17 genannten Elemente der revolutionären Wende.

2 Vertiefung: Überprüfen Sie mithilfe des Konzeptes von Crane Brinton (Kernmodul M 6) den revolutionären Charakter der genannten Ereignisse.
Tipp: Siehe S. 479.

Rezeption

M 18   „Americans will always fight for liberty", US-amerikanisches Plakat, 1943.
Im Dezember 1941 traten die USA in den Zweiten Weltkrieg gegen Japan, Deutschland und Italien ein. Auf dem Plakat heißt es: „Die Amerikaner werden immer für die Freiheit kämpfen."

1 Arbeiten Sie den Bezug des Plakats M 18 zur Amerikanischen Revolution heraus.

M 19   Der Historiker Michael Hochgeschwender über „Revolution" und „Gründerväter" (2016)
Die Revolutionäre mochten tot sein, die Erinnerung an die Revolution blieb höchst lebendig, und dies bis in die Gegenwart hinein. Für die Vereinigten Staaten von Amerika stellt die Revolution der 1770er-Jahre den
5 zentralen, sakral aufgeladenen Referenzrahmen ihrer patriotischen Identität dar. Der bewaffnete Kampf gegen die ferne britische Kolonialmacht, die Weisheit und Voraussicht der Gründervätergeneration, die Verfassung und die Unabhängigkeitserklärung als heilige,
10 beinahe unfehlbare Texte der nationalen Zivilreligion,

in die auch Washington, Jefferson, Franklin und andere *founding fathers* gemeinsam mit dem zweiten Gründer der Republik, Abraham Lincoln, als Heiligenfiguren integriert sind, all dessen wird an Feiertagen gedacht. Der gesamte Überlieferungsschatz des frühen 19. Jahrhunderts, all die schönen Anekdoten und Erzählungen, die Gedichte und selbst noch Teile der oft hymnischen Geschichtsschreibung der romantischen Epoche werden mit großem Eifer weitertradiert. Zum Teil ist dieser Kult um die Gründer sogar ausgebaut worden. [...] Die großen Präsidentendenkmäler in Washington, D. C., aber auch die Nationalparks etwa um Valley Forge oder die nationalen Gedenkstätten Mount Vernon und Monticello wurden erst im Laufe der zweiten Hälfte des 19. Jahrhunderts in die nationale Gedenkkultur integriert. Nicht selten verdankten sie sich privater Initiative, da der amerikanische Staat, dessen Nationalempfinden bis nach dem Bürgerkrieg vage und unscharf blieb, es nicht als seine zentrale Aufgabe empfand fördernd einzugreifen. Insofern entwickelte sich die amerikanische Identitätskultur von unten her, von Privatleuten, Medien und den Parteien, oder auf der mittleren Ebene der Einzelstaaten. Im Mittelpunkt standen dabei über mehr als ein Jahrhundert der schulische Unterricht und natürlich die obligatorische Feier des 4. Juli. Dabei wirkte sich der Glanz der Vergangenheit nicht unmittelbar günstig auf die Akzeptanz der jeweils aktuellen Politikergeneration aus. Verglichen mit den übermenschlichen Heroen des Gründungsmythos, mussten sie auswechselbar, parteiisch, ja unfähig wirken.

Michael Hochgeschwender, Die Amerikanischer Revolution, C. H. Beck, München 2016, S. 431.*

1 Geben Sie wieder, welche Quellen der Rezeption der Autor in M 19 nennt.

M 20 **Die Historikerin Charlotte A. Lerg über die Bedeutung der Amerikanischen Revolution (2010)**

Die Amerikanische Revolution hat in den USA eine gesellschaftliche Bedeutung, die über rein wissenschaftliches Interesse weit hinausgeht. Gründungsmythen sind zentraler Bestandteil nationaler Identität; für die Vereinigten Staaten bildet die Unabhängigkeit 1776 eindeutig dieses definitorische Moment. Unzählige Mythen und Legenden, die sich um Ereignisse, Persönlichkeiten, Orte und Relikte jener Zeit ranken, gehören zum alltäglichen Leben der Amerikaner – in der politischen Rhetorik ebenso wie in der vielfältigen Populärkultur. Als wichtiger Teil des öffentlichen Gedächtnisses prägen sie das Selbstverständnis der Weltmacht bis heute.

[...] Mit der engen Bindung des Nationalbewusstseins an die historischen Ereignisse war jedoch von Anfang an ein ständiger Kampf um Deutungshoheit und Interpretation verbunden. [...] Außer um Chronologien der Ereignisse und Biografien der Akteure drehten sich die Debatten in der Forschung zur amerikanischen Unabhängigkeit seit dem 20. Jahrhundert vor allem um den folgenden Fragekomplex: Wer oder was war die treibende Kraft? Waren es wirtschaftliche Interessen oder politische Ideen? Ging die Dynamik von der kolonialen Elite oder von den unteren Schichten aus? Mit der neueren Sozialgeschichte kamen seit den 1960er-Jahren neue Fragestellungen hinzu: Welche Rolle spielten Minderheiten, und was bedeutete die Revolution für sie? Welchen Bezug hatten Schwarze, Frauen oder Indianer[1] zur Geschichte der Staatsgründung?

Charlotte A. Lerg, Die Amerikanische Revolution, UTB, Tübingen 2010, S. 7.*

1 Diese Fremdbezeichnung ist umstritten und wird meist durch „indigene nordamerikanische Bevölkerung" ersetzt.

M 21 **Spieler der „Carolina Panthers", Fotografie, 14. Oktober 2018.**

Football-Spieler knien in den USA seit 2017 aus Protest gegen die Diskriminierung von Afroamerikanern während der Nationalhymne. Sie drücken auf diese Weise ihre Kritik an dem Staat aus, der das Gleichheitsprinzip in der Praxis oft missachtet.

1 Erläutern Sie den Zusammenhang zwischen der Revolution und dem US-amerikanischen Nationalbewusstsein (M 20).

2 Diskutieren Sie unter Einbeziehung von M 21 die Folgen der Revolution für die gegenwärtige Gesellschaft der USA.

3 Zusatzaufgabe: Siehe S. 479.

Anwenden

M1 **Der Historiker Volker Depkat über die Verfassung der Vereinigten Staaten von Amerika von 1787 (2016)**

Die von der Verfassung von 1787 konstituierte Ordnung war etwas Noch-nie-Dagewesenes. Sie ist zu Recht als „Revolution in der Revolution" bezeichnet worden, wobei das Revolutionäre der Verfassung von
5 1787 vor allem darin zu sehen ist, dass die von ihr konstituierte Ordnung einer flächenstaatlichen Republik, die föderal organisiert war und in allen ihren Teilen auf dem Prinzip der Volkssouveränität gründete, ein historisches Novum war. Die Verfassung von
10 1787 stellte sowohl die Legislative als auch die von ihr getrennte Exekutive auf die Grundlage der Volkssouveränität. Die Verfassung selbst wurde direkt vom Volk gebilligt, das somit sowohl Souverän als auch Autor einer auf einem schriftlichen Dokument ru-
15 henden Verfassungsordnung war, der es sich im Anschluss selbst unterwarf. Unerhört war ferner, dass die Verfassung eine flächenstaatliche Republik begründete, die von Beginn an sogar noch auf Ausdehnung nach Westen angelegt war, denn neue Staaten
20 sollten gemäß Artikel IV, Abschnitt 3 in die Union aufgenommen werden dürfen. Das war ein kühner Bruch mit allem, was damals über Geschichte und Theorie von Republiken bekannt war. Bis 1787 war es nämlich weithin geteilte Überzeugung, dass republi-
25 kanisch verfasste Staaten allein in überschaubaren, flächenmäßig kleinen Gemeinwesen wie beispielsweise in den Städten oder kleinen Staaten wie den Niederlanden oder der Schweiz zu bestehen vermochten. Immer wenn Republiken in den Raum ex-
30 pandierten, schienen Freiheit und Demokratie an ihr Ende zu gelangen; sie lösten sich entweder auf oder entwickelten sich in eine Monarchie. Die Verfassungsväter kannten diese Ansichten, setzten sich dennoch über sie hinweg.
35 Zwei Aspekte der Verfassung sollten sich für die weitere Geschichte der USA als in besonderem Maße folgenreich erweisen. Da ist erstens die Tatsache, dass das Problem der Sklaverei ungelöst geblieben war. Zweitens sollte es sich als historisch folgenreich erweisen, dass
40 der Text der Verfassung einige Dinge sehr ausführlich und eindeutig regelt, während er andere Punkte vage hält. Die Verfassung bestimmt die Organe, die Strukturen und die Verfahren des politischen Prozesses sowie Qualifikationen für die zentralen politischen Ämter.
45 Unbestimmt blieben jedoch der politische Charakter des Präsidentenamtes und sein Ort im politischen Prozess, die konkreten Zuständigkeiten der Bundesre-
gierung im politischen Tagesgeschäft sowie die spezifische Ausgestaltung des Verhältnisses von Bundesregierung und Einzelstaaten. Die Klärung dieser offenen 50 Fragen hatten die Verfassungsväter ganz bewusst dem die durch die Verfassung angestoßenen und regulierten politischen Prozess überlassen. Deshalb entfaltete sich Politik in den USA seit dem ausgehenden 18. Jahrhundert als eine fortlaufende, kontroverse In- 55 terpretation und Re-Interpretation des Verfassungstextes, und das barg [...] ein hohes Konfliktpotenzial, das bis hin zum Bürgerkrieg führen konnte.

Volker Depkat, Geschichte der USA, Kohlhammer, Stuttgart 2016, S. 79.*

M2 **Banner im Präsidenten-Wahlkampf, 1800.**
Das Banner wirbt für den Präsidentschaftskandidaten Thomas Jefferson mit den Worten: „Thomas Jefferson – President of the U.S.A., John Adams – no more".

1 Fassen Sie zusammen, welche Aspekte der Verfassung von 1787 der Autor in M 1 als „revolutionär" kennzeichnet.

2 Erläutern Sie die Kernpunkte der wichtigsten Dokumente, die der Verfassung seit 1776 vorangegangen waren.

3 Arbeiten Sie aus M 1 die Probleme heraus, die die Verfassung mit sich brachte.

4 Erstmals wurde in den USA 1789 ein Staatsoberhaupt, der Präsident, vom Volk gewählt. Nehmen Sie Stellung zur Rolle eines „politischen" Präsidenten in einer Demokratie. Beziehen Sie das „Wahlkampf-Plakat" M 2 in Ihre Argumentation mit ein.

Wiederholen

M 3 „Constitution Cut", amerikanischer Druck, spätes 18. Jahrhundert.
„E Pluribus unum" (dt. Aus vielen eines) ist bis heute der Wappenspruch im Großen Siegel der Vereinigten Staaten von Amerika.

Zentrale Begriffe

Anti-Föderalisten
Bundesstaat
Checks and balances
Demokratie
Föderalisten
Freiheit
Gewaltenteilung
Kolonie
Loyalisten
Patrioten
Präsident
Unabhängigkeitserklärung
Unabhängigkeitskrieg
Verfassung
Verfassungsrevolution
Virginia Bill of Rights
Volkssouveränität

1 Beschreiben Sie, wie sich der Protest in den Kolonien seit 1765 entwickelte.
2 Stellen Sie die revolutionären Elemente der *Virginia Bill of Rights* und der Unabhängigkeitserklärung in einem Lernplakat dar.
3 Erklären Sie, warum die Amerikanische Revolution als „Verfassungsrevolution" bezeichnet wird.
4 Interpretieren Sie das Bildmaterial M 3 unter Einbeziehung der Bildinformationen.
   Tipp: Achten Sie darauf, welche Teile der Bevölkerung nicht dargestellt werden.
5 Erläutern Sie die Rolle des Unabhängigkeitskrieges im Rahmen der Amerikanischen Revolution.
6 **Wahlaufgabe:** Bearbeiten Sie entweder a) oder b).
   Der 3. Präsident der USA, Thomas Jefferson, hat gesagt: „Schlechte Kandidaten werden von Bürgern gewählt, die nicht zur Wahl gehen." Erörtern Sie dieses Zitat, indem Sie
   a) einen Essay verfassen,
   b) ein Sachurteil erarbeiten.
7 **Vertiefung:** Vergleichen Sie Ihre Ergebnisse aus Aufgabe 5 mit den Revolutionskriegen in Frankreich und dem Bürgerkrieg in Russland.

Formulierungshilfen für die Interpretation
– Der Druck ist … entstanden.
– Im Vordergrund sind … dargestellt.
– Die einzelnen Personen repräsentieren …
– Nicht dargestellt sind …
– Gestik und Farbgestaltung unterstreichen …
– Als wichtiges Symbol im Zentrum fungiert …
– Im Hintergrund sieht man …
– Der englische und der lateinische Text bedeuten übersetzt …
– Das Bild deutet die Verfassung der USA als …

2   China und die imperialistischen Mächte

Historischer Wandel kann sich in verdichteten, häufig krisenhaften Ereignissen zeigen wie Umbrüchen und Revolutionen. Wandel entwickelt sich aber auch über einen längeren Zeitraum, Kontinuitäten und Veränderungen greifen ineinander. Angestoßen werden derartige Wandlungsprozesse zum einen durch grundlegende Veränderungen der Lebensbedingungen innerhalb einer Gesellschaft. Sie können sich zum anderen aber auch aus dem Kontakt von Gruppen aus verschiedenen Kulturkreisen entwickeln, wenn unterschiedliche Ziele und Sichtweisen aufeinandertreffen und sich gegenseitig beeinflussen. Chinas Kontakt mit den imperialistischen Mächten im 19. Jahrhundert und die beiderseitigen Reaktionen sind ein Beispiel für das Aufeinandertreffen verschiedener Kulturkreise. Die Wandlungsprozesse werden hier besonders deutlich. Bei der Analyse der Wechselwirkungen rückt neben dem Aspekt des Imperialismus auch die Perspektive des Austauschs in den Fokus. Es lassen sich die Folgen von Kulturkontakt bzw. Kulturkonflikt sowie Transformationsprozesse untersuchen.

Testen Sie Ihr Vorwissen zu „China und die imperialistischen Mächte"

1 Viele wichtige Erfindungen stammen aus China. Entscheiden Sie mithilfe der Bilder a–d, welche. Achtung: Nicht alle Bilder zeigen chinesische Erfindungen!

a) *Papierherstellung*

b) *Blumenkunst „Ikebana"*

c) *Seidenherstellung*

d) *Feuerwerk*

2 Welche Aussagen zu China sind richtig? Tauschen Sie sich dazu mit einem Partner aus. Die Buchstaben hinter den richtigen Antworten ergeben neu zusammengesetzt ein Lösungswort.

a) Die Volksrepublik China ist das Land mit der weltweit größten Bevölkerung.	K
b) Die Flagge der Volksrepublik China ist rot. Im linken oberen Eck sind gelb Hammer und Sichel abgebildet.	I
c) Bis 1911 war China ein Kaiserreich.	F
d) Sumo-Ringen ist ein Volkssport in China.	X
e) China ist eine Volksrepublik mit einem kompetitiven Mehrparteiensystem.	S
f) Die Hauptstadt der Volksrepublik China heißt auf Chinesisch Beijing.	G
g) Die Volksrepublik China hat einen ständigen Sitz im UN-Sicherheitsrat.	U
h) Hongkong ist eine britische Kronkolonie. China hat deshalb keinen politischen Einfluss auf Hongkong.	B
i) Bis 2015 durften viele Paare in China nur ein Kind bekommen.	U
j) Chinesische Porzellankunst fungierte im 17. und 18. Jahrhundert als Vorbild für Europa.	N

3 Was versteht man unter Imperialismus? Finden Sie die Definition, die am genauesten ist.
- **a)** Imperialismus bezeichnet das Bestreben eines Staates, andere Länder wirtschaftlich zu dominieren und von sich abhängig zu machen.
- **b)** Imperialismus ist eine alte Form der Außenpolitik, bei der der Aufbau enger diplomatischer Beziehungen im Vordergrund stand.
- **c)** Imperialismus meint die wirtschaftliche, politische und militärische Beherrschung eines Staates durch einen anderen.
- **d)** Imperialismus bedeutet die Unterdrückung von Arbeitern durch das Bürgertum.

4 Welche der folgenden Bezeichnungen verwendet man für China?

China ist
- **a)** … das Land der untergehenden Sonne.
- **b)** … das Reich der Mitte.
- **c)** … das Land des Lächelns.
- **d)** … das Land der aufgehenden Sonne.
- **e)** … das Land der tausend Sprachen.

5 Bestimmen Sie, welcher Begriff, welcher Name und welches Land nicht in die Reihe der Tabelle passt. Es können auch mehrere sein.

a)

Imperialismus	G20-Staaten
Opiumkrieg	Kolonialismus
Sonderwirtschaftszone	Open Door Policy

b)

Konfuzius	Jackie Chan
Kim Jong-un	Kaiser Naruhito
Xi Jinping	Mao Zedong

c)

Vereinigte Staaten von Amerika	Deutschland
Großbritannien	Russland
Algerien	Frankreich

6 Tauschen Sie sich mit einem Partner dazu aus, welche Eigenschaften die stereotype Darstellung dieser britischen Karikatur von 1895 den dargestellten Ländern, insbesondere China zuweist. Diskutieren Sie die Intention und Gefahr solcher Darstellungen.

Wandlungsprozesse in der Geschichte

> **In diesem Kapitel geht es um**
> – China zwischen Kontinuität und Wandel,
> – Eigen- und Fremdbilder,
> – Erklärungsmodelle zu Transformationsprozessen,
> – Kulturkontakt und Kulturkonflikt,
> – China und die imperialistischen Mächte.

China, Europa und die Welt

M 1 Der chinesische Staatspräsident Xi Jinping und Bundeskanzlerin Merkel in Berlin, Fotografie, 2014

Obwohl China fast täglich in den Medien präsent ist und der Prozess der Globalisierung für Annäherungen und Verflechtungen der Länder weltweit sorgt, erscheint doch vieles an China aus deutscher bzw. europäischer Sicht unverständlich und unbekannt. Dies hängt u. a. mit unterschiedlichen kulturellen Traditionen von China und Europa zusammen. In einer eng vernetzten Welt ist jedoch das Verständnis füreinander, der reflektier- 5
te Umgang mit der Differenz und der kritische Blick auf Eigen- und Fremdbilder von großer Bedeutung. Eine Auseinandersetzung mit der Geschichte, den Wurzeln und der Entwicklung dieser Kulturen, die sich im Laufe der Jahrhunderte auch im Kontakt mit anderen Kulturen herausgebildet und verändert haben, kann zu diesem Verständnis und einem reflektierten Umgang beitragen. Chinas Kontakt mit den imperialistischen 10
Mächten im 19. Jahrhundert und die beiderseitigen Reaktionen können ein Beispiel für die Analyse solcher Wechselwirkungen sein, die Kreuzzüge und die Spanische Kolonisation sind weitere Beispiele.

China zwischen Kontinuität und Wandel

China blickt auf eine lange Geschichte zurück. Es gehört zu den **frühen Hochkulturen** der Welt, die sich durch Sesshaftigkeit, Ackerbau sowie grundlegende Vorstellungen von Zusammengehörigkeit auszeichneten. Die frühe chinesische Kultur (bis zum 2. Jahrhundert vor unserer Zeitrechnung) zeichnete sich durch eine große innere Vielfalt aus. Auch Einflüsse von außen spielten eine wichtige Rolle. Die Definitionen, wer zur 5
„chinesischen Kultur" gehörte, änderten sich daher auch immer wieder.

Das **chinesische Kaiserreich** währte insgesamt über 2000 Jahre und endete erst 1911. Es wies also formal ein hohes Maß an Kontinuität auf, doch im Inneren war es immer wieder tiefgreifenden Wandlungsprozessen ausgesetzt. Phasen des Einheitsstaates wechselten sich ab mit Phasen des Zerfalls in Teilstaaten. Die Periodisierung der chine- 10
sischen Geschichte seit dem 2. Jahrhundert vor unserer Zeit orientiert sich an den herrschenden Dynastien auf dem Kaiserthron. Die Grenzen Chinas änderten sich im Laufe der Jahrhunderte immer wieder. Gebiete wurden erobert, manche Länder als Tributstaaten* an das Reich und den Kaiser gebunden. Welche Gebiete und wer zu China gehörte, änderte sich also oft. Auch Gruppen von außerhalb Chinas eroberten mehrfach 15
das chinesische Kernland. Die letzte Dynastie, die **Qing-Dynastie (1644–1911)**, wurde von den nicht aus China stammenden Mandschuren gegründet. Sie hatten China und weitere Gebiete erobert. Unter dem Qianlong-Kaiser* (1735–1799) erreichte China die größte territoriale Ausdehnung seiner Geschichte.

Trotz wechselnder Dynastien, Bedrohungen von außen und Krisen im Inneren gab es 20
auch wichtige Kontinuitäten. Der Kaiser als „Sohn des Himmels" bildete das Zentrum im „Reich der Mitte", um den sich alle weiteren Bereiche gruppierten. Die kaiserlichen Beamten, seit dem 10. Jahrhundert zunehmend ausgewählt anhand von strengen

Tributstaaten
Diese Länder waren unabhängig, schickten aber Gesandte zum chinesischen Kaiser, die ihm Geschenke (Tribut) brachten und seine herausgehobene Stellung anerkannten. In der Forschung ist umstritten, wie dieses „Tributsystem" definiert werden soll und wie weitreichend es die Beziehungen Chinas mit dem Ausland tatsächlich bestimmte.

Qianlong-Kaiser
Chinesische Kaiser sind meist unter Namen bekannt, die sie sich selbst gegeben haben oder die ihnen posthum verliehen wurden. Die Kaiser der Ming- und Qing-Dynastien sind v. a. nach den von ihnen selbst gewählten Regierungsdevisen benannt. Um dies deutlich zu machen, werden sie vor den Titel „Kaiser" gestellt.

Auswahlprüfungen, sorgten für die Verwaltung des Reiches. Grundlage ihrer Ausbil-
25 dung war der Konfuzianismus*, der auch die chinesischen Vorstellungen von Gesellschaft und Herrschaft sowie den Wertekanon prägte.

Das 19. Jahrhundert wird in der Volksrepublik China heute als das „Jahrhundert der
Schande" bezeichnet. Der Kontakt mit Europa, den USA und schließlich mit Japan wurde vor allem seit der Mitte des Jahrhunderts durch Kriege, „ungleiche Verträge" und die
30 teilweise wirtschaftliche und politische Durchdringung des Landes durch auswärtige
Mächte bestimmt. Teile des chinesischen Territoriums wurden von fremden Mächten
annektiert. China sah sich politischer und wirtschaftlicher Dominanz von außen ausgesetzt. Doch es kam auch zu Formen des friedlichen Kulturaustauschs und zu Anpas-
sungsprozessen. Auf die Auflösung des Kaiserreichs 1911 folgten durch militärische
35 Auseinandersetzungen und kulturelle Umbrüche bestimmte Jahrzehnte, die die chinesische Gesellschaft umfassend veränderten. 1949 kam es zur Gründung der Volksrepublik China unter Mao Zedong, die bis heute besteht. Auch die Volksrepublik durchlief
verschiedene Anpassungs- und Wandlungsprozesse.

Konfuzianismus
Der Begriff bezeichnet die philosophischen,
politischen und religiösen Ideen und
Vorstellungen, die auf Konfuzius (5. Jh.
v. Chr.) und seine Schüler zurückgehen. In
den über 2000 Jahren der chinesischen
Kaiserzeit änderte sich auch die Interpretation dieser Ideen immer wieder.

M2 **Zeiteinteilung im chinesischen und europäischen Kulturraum**

*Chinas Geschichte ist schwer mit europäischen Epochenbegriffen zu fassen. Für die
Geschichte Chinas bilden die Dynastien die Basis für die Zeiteinteilung. Bei der Verwendung der Zeitbezeichnung „vor bzw. nach Christi Geburt" (v. Chr., n. Chr.) bleibt
zu bedenken, dass es sich um eurozentrische Begriffe handelt.*

China[1]			Europa	
Xia?	bis 17. Jh. v. Chr.			
Shang	17.–11. Jh. v. Chr.	Adelsherrschaft	**Antike**	ca. 1100 v. Chr. bis
Zhou	11. Jh.–256 v. Chr.	und Königtum		500 n. Chr.
Kaiserzeit:	221 *v. Chr.*–1911	Dauerhaftes		
Qin	221–206 v. Chr.	Kaisertum, aber		
Han	202 v. Chr.–220 n. Chr.	Wechsel Reichs-		
Drei Staaten	220–280	einheit und Zer-		
Jin	265–420	fall in Teilstaaten		
Südl. + Nördl. Dyn.	420–589		**Mittelalter**	ca. 500–1500
Sui	581–618			
Tang	618–907			
Fünf Dynastien	907–960			
Song	960–1279			
Yuan (Mongolen)	1271–1368		**Neuzeit**	16. Jh. bis heute
Ming	1368–1644		*Frühe Neuzeit*	16.–18. Jh.
Qing (Mandschuren)	1635–1912		*Moderne*	ab 19. Jh.
Republik China	1912–1949 (Festland)	Republik		
	1912–heute (Taiwan)			
VR China	1949–heute	Volksrepublik		

1 Dynastientafel zit. nach: Kai Vogelsang, Kleine Geschichte Chinas, Reclam, Stuttgart 2013, S. 24.*

Selbstverständnis und Weltbild

Die sich wandelnden kulturellen Traditionen und Denkmuster prägen auch das Selbstverständnis eines Landes. Ist es jedoch überhaupt möglich, das Selbstverständnis eines
großen Reiches wie China oder gar eines Kontinents wie Europa genau zu fassen? Im

▶ Kapitel 2

Folgenden soll zumindest eine Annäherung versucht werden. Im 16. Jahrhundert entwickelten sich in Europa erste nationale Gefühle und Denkmuster, als Europäer sahen sich die Menschen aber eher nicht. Zwar gab und gibt es keinen europäischen Staat, doch verbanden und verbinden die Europäer ähnliche Werte, die aus einem ähnlichen historischen Rahmen zu erklären sind. Das kulturelle Erbe aus der Aufklärung und der Französischen Revolution bildet den Grundstein für Menschen- und Bürgerrechte, Rechtsstaatlichkeit und Demokratie. Die EU, die sich auch als europäische Wertegemeinschaft versteht, bezieht sich auf diese konsensualen Grundsätze und Werte. Oder mit den Worten des spanischen Philosophen Ortega y Gasset aus dem Jahr 1929: „Machten wir heute eine Bilanz unseres geistigen Besitzes – Theorien und Normen, Wünsche und Vermutungen –, so würde sich herausstellen, dass das meiste davon nicht unserem jeweiligen Vaterland, sondern dem gemeinsamen europäischen Fundus entstammt. In uns allen überwiegt der Europäer."

Bestimmt das Selbstverständnis den Blick auf sich selbst bzw. auf das eigene Land, so prägt das Weltbild die Wahrnehmung anderer Länder und Kulturen. Beides hängt jedoch auch eng miteinander zusammen. Sowohl in Europa als auch in China diente beispielsweise der Begriff des „Barbaren" zur Charakterisierung anderer Kulturen. Dieser hatte zudem meist eine herabsetzende Bedeutung. Im Zuge der Spanischen Kolonisation gab es sogar die Debatte, ob es sich bei der indigenen Bevölkerung bzw. den aus Afrika stammenden Sklaven überhaupt um Menschen handele. Außerdem wurde so immer deutlich gemacht, dass jeder sich selbst im Zentrum seines Weltbildes sah und die anderen als weit entfernt, andersartig und fremd wahrnahm.

▶ M 6: Jürgen Osterhammel über „Barbaren"

▶ Kap. 7: Spanische Kolonisation, M 10

Eigen- und Fremdbilder

M3 Chinoiserie, Stich nach François Boucher, Frankreich 1750

Wenn wir heute so selbstverständlich von „fremden" Kulturen, Zivilisationen, Staaten, Gesellschaften usw. sprechen, liegt dem die europäische „Semantik der Differenz" zugrunde, die sprachliche Zuweisung von Unterschieden: hier „wir", dort „die". Diese bildete sich verstärkt im 19. Jahrhundert heraus, als „Nation" zu einer politischen Vorstellung und in der Folge Nationalstaaten zur neuen politischen Ordnungseinheit in Europa wurden. Da es keine natürlichen Merkmale einer nationalen Zugehörigkeit gab, mussten welche gefunden werden. Man suchte und konstruierte Unterscheidungsmerkmale und begann Menschen ein- und auszugrenzen. Viele Begriffe, mit denen wir immer noch andere Menschen und Gesellschaften, Staaten und uns selbst beschreiben, wurden erst in dieser Zeit intensiv mit Bedeutung gefüllt: Nation, Gesellschaft, Volk, Bürger, Ethnie, Rasse, Europa, Okzident/Abendland, Orient/Morgenland, „der" Westen, „der" Osten und viele mehr. Besonders wichtig wurde der Begriff der Kultur. Er wurde zum Unterscheidungsmerkmal ausgebaut und diente dazu, eine eigene, noch gar nicht vorhandene nationale Kultur zu definieren, die Kultur aller anderen davon abzugrenzen – und in der Regel abzuwerten, um sich selbst aufzuwerten. Ganze Kulturkreise wurden so erdacht und von Europa aus definiert, wie z. B. der Orient. Man nennt diesen Vorgang Othering. Othering ist nicht nur ein Ausgrenzen, sondern meint vielmehr das weitergehende Fremdmachen.

Besonders folgenreich wirken sich negative Fremdbilder aus. Sie sind oft Projektionen eigener Ängste auf die „Anderen". Als feststehende Ansichten (Feindbild-Stereotype) sind sie bis heute tief verwurzelt und bestimmen unser Denken und Handeln immer noch. Das Gegenteil, die Verklärung der anderen Kulturen, wird Exotismus genannt. Auch diese positiven Klischees sind Projektionen, aber von Wünschen, Idealen und Sehnsüchten. Sie sperren andere ebenfalls in Klischees und machen sie so fremd. In Europa kam es beispielsweise im späten 17. und im 18. Jahrhundert zu einer Bewunderung für China als „kultiviertes und friedliches Riesenreich". Diese Vorstellungen waren u. a. von den Berichten christlicher Missionare vermittelt worden. Es entstand in Europa die Kunstrichtung der „Chinoiserie", die chinesische Motive, Formen und Techniken aufgreift.

Historische Erklärungsmodelle zu Transformationsprozessen

Der Begriff „Transformation" (lat. *transformare* = umbilden, umwandeln) bezieht sich auf Ereignisse, Vorgänge und Handlungen, bei denen bestimmte Strukturen eine grundlegende Veränderung erfahren. Verwendet wird der Begriff in der Fachsprache unterschiedlicher Wissenschaften. So sprechen Physiker von „Transformation", wenn sie von
5 einem theoretischen Bezugssystem in ein anderes wechseln. Auch Wirtschafts-, Sozial- und Kulturwissenschaftler sowie Historiker greifen auf den Begriff zurück und nutzen ihn als Grundlage von Erklärungsmodellen. Als **historische Transformationsprozesse** werden einerseits tiefgreifende Umbrüche in Politik und Kultur, Gesellschaft und Wirtschaft begriffen, wie Revolutionen und andere krisenhafte Phasen des beschleunigten
10 Wandels. Es geht andererseits aber auch um sich über längere Zeiträume entwickelnde Transformationen, die neben dem Wandel auch viele Kontinuitäten aufweisen. Erklärungsmodelle zu Transformationsprozessen zeigen zudem das Zusammenspiel von Wandel und Kontinuität genauer auf.

Ein wichtiges historisches Erklärungsmodell ist der **Prozess der Modernisierung***. Hier
15 werden ein bestimmtes Muster und eine Richtung der Entwicklung zugrunde gelegt. Gesellschaften werden anhand ausgewählter Kriterien aus den Bereichen Wirtschaft, Politik, Kultur und Gesellschaft als „unterentwickelt" gekennzeichnet. Im Lauf der Geschichte kommt es dann zu schrittweisen Systemtransformationen, beispielsweise zum Übergang von einer agrarisch geprägten Feudalgesellschaft zu einer marktwirtschaftli-
20 chen Klassengesellschaft oder zur Umwandlung von Monarchien, Diktaturen oder anderen autoritären Systemen in Demokratien. Dies erfolgt auch in Form von beschleunigten und gewaltsamen Transformationen, z. B. durch Revolutionen oder Kriege. Die Systemveränderungen gehen mit veränderten Denk-, Verhaltens- und Deutungsstrukturen einher. Säkularisation, Rationalismus, Industrialisierung, Differenzierung,
25 Individualismus und Beschleunigung sind wichtige Bestandteile der „Moderne". Das Erklärungsmodell der Modernisierung geriet jedoch zunehmend in die Kritik, da es sich an westlich-europäischen Gesellschaften orientiert und diese zum Maßstab für andere Länder und Kulturen machte.

Neuere sozial- und politikwissenschaftliche Modelle wie die der Transformationsfor-
30 scher **Wolfgang Merkel (*1952)** und **Raj Kollmorgen (*1963)** betonen die Mehrdimensionalität von Systemtransformationen wie Demokratisierungsprozesse oder sozialem Wandel. Sie können sich beispielsweise evolutionär entwickeln, von Eliten erzwungen oder durch militärische und politische Zusammenbrüche verursacht werden. Dabei werden bestimmte Phasen und Verlaufsformen von Transformationen herausgearbei-
35 tet. Sie beziehen soziale, kulturelle, politische und ökonomische Aspekte ein und betonen in ihren Modellen die Wechselwirkungen.

Der französische Historiker **Fernand Braudel (1902–1985)** erarbeitete ein anderes Erklärungsmodell. Es unterscheidet unterschiedliche Zeitschichten, die sich mit verschiedenen Geschwindigkeiten verändern. Sein Modell differenziert zwischen Strukturen,
40 Konjunkturen und Ereignissen. Während Ereignisse (z. B. Herrscherwechsel, Kriege, Aufstände oder Revolutionen) raschen Wandel markierten, würden Konjunkturen (z. B. die periodischen Wechsel zwischen Auf- und Abschwüngen in der Wirtschaftsgeschichte) durch Zyklen bzw. wiederkehrende Wechselfälle des historischen Geschehens bestimmt. Strukturen (z. B. Klima, Geografie, Bevölkerungsentwicklung oder religiöse Ein-
45 stellungen und kulturelle Mentalitäten) zeigten dagegen häufig eine große Beharrungskraft und prägten das Leben vieler Menschen über weite Strecken der Geschichte hinweg. Fernand Braudel gehört zur Gruppe der französischen *École des Annales**, die die politische Nationalgeschichte mit ihrem Fokus auf Männer, Taten und Ereignisse zurückdrängten und stattdessen stärker „Strukturen" und „Konjunkturen", also Ent-
50 wicklungen von „langer Dauer" („longue durée") als die Geschichte prägend in den Vordergrund stellen.

Modernisierung
Prozess der Entwicklung einer Gesellschaft; er bezieht sich auf den Übergang von der Agrar- zur Industriegesellschaft und ist meistens verbunden mit dem in der Aufklärung entwickelten Fortschrittsbegriff.

▶ Kap. 5: Kernmodul M 7, M 11

▶ Kap. 5: Kernmodul M 9

▶ M 8: Fernand Braudel über Geschichte und Dauer

École des Annales
(dt. Schule der Annalen) Gruppe französischer Historiker, die sich um die 1929 gegründete und bis heute bestehende Zeitschrift *„Annales d'histoire économique et sociale"* versammelt haben. Statt Ereignissen stellen sie „Strukturen von langer Dauer" *(longue durée)* in den Vordergrund. Ihr Schwerpunkt liegt auf der Wirtschafts- und Sozialgeschichte sowie der Kultur- und Mentalitätsgeschichte.

Kulturkontakte und Kulturkonflikte

▶ **Kap. 5: Kernmodul, M 1–M 6**

M 4 „Kreuzfahrer zur Zeit des ersten Kreuzzuges bewundern den Reichtum des Orients", Holzstich nach Gustave Doré, 1877, spätere Kolorierung

Historische Wandlungsprozesse werden nicht nur durch veränderte Lebensbedingungen innerhalb einer Gesellschaft angestoßen, sondern vollziehen sich auch infolge von Begegnungen mit einer anderen Kultur. In den letzten Jahrzehnten wurden verschiedene Modelle diskutiert, die die Begegnungen von Kulturen und deren Auswirkungen jeweils unterschiedlich beschreiben und erklären. Der Schweizer Historiker Urs Bitterli 5 (1935–2021) hat am Beispiel seiner Analysen des Spanischen Kolonialismus die **Begriffe** „Kulturberührung", „Kulturbeziehung", „Kulturzusammenstoß" sowie „Akkulturation" und „Kulturverflechtung" entwickelt. Obgleich Bitterli mit seinem Modell einen umfangreichen Zugriff auf die „Überseegeschichte" (sie ersetzt begrifflich und konzeptionell die als überholt geltende Kolonialgeschichte) 10 ermöglicht, ist kritisch zu prüfen, ob die den Begriffen zugrunde liegenden Konzepte auf andere Begegnungen unterschiedlicher Kulturkreise angewendet werden können – etwa auf China und die imperialistischen Mächte im 19. Jahrhundert oder auf die Kreuzzüge. Der britische Kulturhistoriker Peter Burke (*1937) beleuchtet mit dem 15 Begriff der **„Transkulturation"** Prozesse kulturellen Austauschs zwischen verschiedenen Kulturen. Der Begriff verdeutlicht, wie sich in Kulturbegegnungen die Elemente aller beteiligten Kulturen mischen und miteinander interagieren. Kultureller Austausch kann sich dabei auf religiöser Ebene vollziehen (Synkretismus), wenn sich etwa bei den 20 durch die Spanier „eroberten" Südamerikanern heimische Kulte mit dem Katholizismus vermischen. Kultureller Austausch kann aber auch die Übernahme und Vermischung rechtlicher und bürokratischer Elemente umfassen. So verfolgte beispielsweise in China die sogenannte Selbststärkungsbewegung seit 1862 die Strategie, durch die Übernah- 25 me westlichen Wissens, technischen Know-hows sowie von bestimmten Organisationsstrukturen sich besser gegen Angriffe von außen zu wappnen. Kulturbegegnungen und Kulturkontakte rufen mitunter auch Konflikte hervor. Dies kann in einen offen ausgetragenen Konflikt – Bitterli nannte dies „Kulturzusammenstoß" – münden, die Kreuzzü- 30 ge sind hierfür ein Beispiel. In China weist der „Boxeraufstand" von 1900/01 vergleichbare Strukturen auf. Die chinesischen „Boxer-Rebellen" zerstörten Einrichtungen der imperialistischen Mächte und ermordeten christliche Missionare. Die imperialistischen Mächte schlugen den Aufstand militärisch nieder.

China und die imperialistischen Mächte

Im Mittelpunkt des vorliegenden Kursheftes stehen die Entwicklungen in China vom Ende des 18. Jahrhunderts bis zum Ende des chinesischen Kaiserreichs 1911. Die Interaktion zwischen China und den imperialistischen Mächten in dieser Zeit soll aber nicht nur unter dem Aspekt des Imperialismus, sondern auch unter dem Aspekt des Austauschs untersucht werden. Es sollen also nicht nur Prozesse der Machtausübung (Krie- 5 ge, erzwungene Friedensverträge) und der wirtschaftlichen Durchdringung (Handelsverträge) in den Blick genommen werden, sondern auch Prozesse des Kulturaustauschs. Dabei sind besonders die Wechselwirkungen von Bedeutung. In China werden infolge des Kontakts mit den auswärtigen Mächten westliche Ideen diskutiert und Teile davon in die eigenen Konzepte einer modernen Gesellschaft und Herrschaft integriert. 10

▶ **Kap. 2: Selbstverständnis und Weltbild der Chinesen und der Europäer**

Im zweiten Kapitel wird als Basis für die folgenden Kapitel versucht, mithilfe der Begriffe **Selbstverständnis** und **Weltbild** die kulturellen Wurzeln Chinas und Europas näher zu bestimmen. Gleichzeitig soll ihr Charakter als historische Konstrukte deutlich

gemacht werden. Die Grundlagen eines chinesischen Selbstverständnisses sollen an-
15 hand von Konfuzius' Lehren, dem Verständnis als „Reich der Mitte" und dem damit
verbundenen Bild des Fremden vermittelt werden. Das europäische Selbstverständnis
wird mithilfe der Ideen der Aufklärung und den wirtschaftlichen und politischen Folgen der Industrialisierung skizziert.

Im 19. Jahrhundert veränderte sich der **Kontakt Chinas** mit den westlichen Mächten.
20 Europa und die USA sowie später Japan wurden zu imperialistischen Mächten, die in
China mithilfe von Kriegen, ungleichen Verträgen sowie dem Aufbau von Kolonien und
Pachtgebieten Einfluss nahmen und Druck ausübten. Standen zunächst die Sicherung
von vorteilhaften Handelsbedingungen im Vordergrund, so ging es in der zweiten Hälfte des 19. Jahrhunderts immer mehr auch um politische Kontrolle. Diese Formen des
25 Kontakts sind Thema von Kapitel 3.3 und umfassen die außenpolitische Ebene wie Opiumkriege, die sogenannten „ungleichen Verträge" und die *Open Door Policy*. Hier zeigt
sich der imperialistische Zugriff auf China. Außerdem wird u. a. am Beispiel der Missionierung der Versuch der imperialistischen Mächte analysiert, auch kulturell von außen
auf China Einfluss zu nehmen. Zu Beginn des 20. Jahrhunderts besaß China kaum noch
30 außenpolitischen Spielraum. Es war zwar formal keine Kolonie, doch die imperialistischen Mächte übten z. B. mithilfe von Verträgen, eigenen Wirtschaftsunternehmen
und verschiedenen Sonderrechten (Justiz, Zölle, Missionen etc.) „informelle Macht"
über China aus. Man bezeichnet China deshalb in der Forschung als „Halbkolonie".

Im vierten Kapitel liegt der Fokus auf den Entwicklungen in China, die parallel zu den
35 außenpolitischen Konfrontationen verliefen und zum Teil eng mit ihnen verbunden
waren. Die chinesischen Reaktionen auf den Druck von außen bewegen sich zwischen
Anpassung und Widerstand. Die sogenannte Selbststärkungsbewegung der 1860er-
Jahre versuchte beispielsweise mithilfe moderner Waffentechnik, Förderung von Industrie sowie Reformen im Bildungssystem und der Außenpolitik westliche Konzepte zu
40 übernehmen und für China nutzbar zu machen. Das Gleiche gilt für weitere Reformversuche um die Jahrhundertwende, mit denen die regierende Qing-Dynastie versuchte,
ihre Herrschaft zu stabilisieren. Ein Beispiel für den Widerstand Chinas ist der sogenannte „Boxeraufstand" gegen die imperialistischen Mächte, der auf beiden Seiten tiefe Spuren hinterlassen hat, auch weil er die Formen eines „Kulturzusammenstoßes" annahm.
45 Hier werden die Wechselwirkungen zwischen den kulturell-politischen Einflüssen von
außen und der chinesischen Kultur besonders deutlich.

Die „Kreuzzüge" und der „Spanische Kolonialismus" weisen vergleichbare Wechselwir-
kungsprozesse, aber auch Unterschiede auf. Diese können in den zwei abschließenden
Kapiteln dieses Kursheftes untersucht werden.

▶ **Kap. 3: Chinesische Kontakte mit den imperialistischen Mächten**

M 5 Europäische Mächte in
China um 1900, Karikatur
aus „Der Wahre Jacob",
11. September 1900

▶ **Kap. 4: Chinesische Reaktionen zwischen Anpassung und Widerstand**

▶ **Kap. 6: Kreuzzüge**
▶ **Kap. 7: Spanischer Kolonialismus**

1 Erläutern Sie auf der Basis des Darstellungstextes die verschiedenen Modelle zu
historischen Transformationsprozessen.
Tipp: Siehe S. 479.
2 **Partnerarbeit/Mindmap:** Erstellen Sie eine Mindmap zur Frage, warum Chinas
Kontakt mit den imperialistischen Mächten geeignet ist, um sich mit Wechselwirkungen zwischen verschiedenen Kulturen auseinanderzusetzen.
3 **Diskussion:** Der Darstellungstext analysiert die Entstehung von positiven und
negativen Fremdbildern. Diskutieren Sie in Ihrem Kurs über aktuelle Fremdbilder,
nicht nur in Bezug auf China, und beziehen Sie Ihre persönliche Perspektive mit ein.
4 **Vertiefung:** Bewerten Sie, ob eine Übertragung der europäischen Epocheneinteilung
„Antike, Mittelalter, Neuzeit" auf China angemessen ist.

Lernmodule der China-Schul-Akademie
cornelsen.de/Webcodes
Code: zoxoci

M6 **Der Historiker Jürgen Osterhammel über „Viererlei Barbarei" (1998)**

Auch noch im 18. Jahrhundert blieben die europäischen Vorstellungen von Gesellschaften, die anders organisiert waren als die eigenen, von Begriffen aus der Ethnografie der Antike bestimmt. Viele der früh-

5 neuzeitlichen Erfassungsformen des Fremden waren bereits von den Griechen vorausgedacht worden: der binäre Kontrast von Zivilisation und ihrem Gegenteil, die vergleichende Beschreibung von Zivilisationen, die Herleitung biologischer und kultureller Un-

10 terschiede aus klimatischen und anderen Umweltbedingungen, Theorien der Entstehung und der Evolution von Kultur. Unabhängig davon entwickelten sich in anderen Zivilisationen, etwa der chinesischen und der arabisch-islamischen, ganz ähnli-

15 che Weisen der Klassifizierung, Erklärung und praktischen Behandlung des Fremden. In zahlreichen außereuropäischen Sprachen gibt es wertende Bezeichnungen, denen in Europa das Bedeutungsfeld des „Barbarischen" entspricht. Kein Ausdruck aus

20 dem Repertoire der Bezeichnungen des Fremden wurde noch im Europa des 18. Jahrhundert so ausgiebig verwendet wie der des Barbaren und der Barbarei. Da er mit der Zeit eine kolossale semantische Unbestimmtheit angenommen hatte, bringt seine

25 etymologische Zurückführung auf den griechischen Sprachgebrauch ebensowenig wie der Versuch einer halbwegs exakten Definition. [...]

[...] Europäer barbarisch zu nennen bedeutete, ihren Anspruch auf Überlegenheit als heuchlerisch zu

30 entlarven. Dass die eigentlichen Barbaren sich barbarisch verhielten, blieb dabei die unausgesprochene Voraussetzung und der letzte Maßstab des Urteils. Alexander von Humboldt wiederholt einen Topos der frühen spanischen Kolonialismuskritik (etwa bei

35 Bartolomé de Las Casas), wenn er die Ansicht vertritt, die Europäer „benehmen sich außerhalb ihrer eigenen Länder barbarischer wie die Türken – und schlimmer, weil sie noch fanatischer sind". [...]
Eine dritte Verwendung von „barbarisch" tritt dort

40 auf, wo die Lebensweise eines ganzen Kollektivs als unzivilisiert bezeichnet wird. Dies muss kein ausgesprochen grausames Betragen einschließen; Barbaren können auch vitale Naturtalente oder harmlose Tölpel sein. Barbarei ist hier der Gegenbegriff zu Zivi-

45 lisiertheit, genauer: ein negativer belasteter Defizienzbegriff. Barbaren sind Menschen, die die kulturellen Selbstverständlichkeiten – Sprache, Religion, Rechtsvorstellungen, Geselligkeitsformen – des imperialen Zentrums nicht teilen. [...]

50 [...] Niemand in Europa kam auf die Idee, die Japaner als „Barbaren" zu bezeichnen. Japan war das einzige Land Asiens, dessen andersartige Zivilisiertheit stets anerkannt wurde. Bei China konnte man bereits unterschiedlicher Meinung sein, auch wenn die Stim-

55 men, die es als barbarisch bezeichneten, zu jedem Zeitpunkt in der Minderheit geblieben sein dürften.
[...] Viertens: Die Vorstellung von Barbarei als einem defizienten Anti-Zustand wurde im Laufe des 18.

60 Jahrhunderts allmählich durch die Idee von Barbarei als einem Stadium der Gesellschaftsentwicklung abgelöst. [...] Sie [waren] mit einigen der intellektuell brisantesten Fragen der Epoche verbunden: Fragen nach dem Verhältnis von biblischer *historia sacra*

65 und ihrer Zeitrechnung zu der womöglich noch weiter, vielleicht sogar hinter Adam, zurückreichenden Geschichte heidnischer Nationen wie der Chinesen, der Ägypter und der Chaldäer; nach der Entwicklung religiöser Vorstellungen und insbesondere nach der Entstehung des Monotheismus; nach dem Ursprung

70 der Sprache; nach der Konstituierung von gesellschaftlicher Bindung, sozialer Ungleichheit und herrscherlicher Autorität aus einem ursprünglichen Zustand der Menschheit.

*Jürgen Osterhammel, Viererlei Barbarei, in: ders., Die Entzauberung Asiens – Europa und die asiatischen Reiche im 18. Jahrhundert, C. H. Beck, München 2010, S. 242 f.**

1 Erklären Sie ausgehend von M 6 den Begriff der „Barbarei" und seine Verwendung.

2 Erläutern Sie mithilfe des Darstellungstextes S. 142 und von M 6 Entstehung und Funktion von Feindbildern.

M7 **Die Sinologin Ursula Ballin über europäische Chinabilder und Fremdbilder in China (1998)**

Von jeher machen sich Menschen von anderen Menschen Bilder. Die Sozialpsychologie spricht von (Hetero-)Stereotypen, wobei „Stereotyp" als vorurteilsgetrübtes, meist negatives Bild gilt; es kann Indi-
5 viduen, aber auch ein ganzes Volk, eine fremde Kultur betreffen. Übrigens gibt es auch positive Stereotypen. Gemeinsam ist „guten" wie „bösen", dass sie wenig mit der Wirklichkeit des Objekts zu tun haben und fast immer durch Interessen des Subjekts
10 gelenkt sind. [...] Unter dem Druck extremer gesellschaftlicher Widersprüche werden jedoch mitunter Hoffnungen auf Ausgleich „unserer" Defizite in ein idealisiertes Fremdbild projiziert [...]. In China wie in Europa, das heißt in ihren Bildern voneinander und
15 von sich selbst, finden sich während der letzten zweitausend Jahre alle genannten Varianten.

Seit dem Altertum ist China im Okzident als Seidenproduzent bekannt. Doch bis ins Spätmittelalter kursieren über Land und Leute abenteuerliche Märchen.
20 Die Jesuiten des 16. und 17. Jahrhunderts senden erste „wissenschaftliche" Kunde von China nach Europa. Willig übernehmen Philosophen und Physiokraten der Aufklärung das Idealbild von einem seit Jahrtausenden stabilen Reich, wo Kaiser und Beamte
25 weise über ein fügsames Bauernvolk herrschen und eine säkulare Ethik (Konfuzianismus) die Gesellschaft harmonisiert. Dass es sich um das Autostereotyp einer schmalen chinesischen Elite handelt, mit der die Jesuiten exklusiv verkehren, wollen die Auf-
30 klärer kaum so genau wissen: Allzu gut eignet sich das Ideal eines Gelehrtenstaates mit „natürlicher Religion" (Leibniz) für den Kampf gegen Absolutismus und Kirche. Dass auch die Jesuiten angesichts innerkirchlicher Konflikte an der Vermittlung eines retu-
35 schierten Chinabildes interessiert sind, sei hier nur angedeutet. Die europäische Oberschicht verharmlost die Idealisierung zur Chinoiserie des Rokokos. Im 19. Jahrhundert verliert China seine Rolle als Vorbild. [...] Nach wie vor auf die jesuitischen Quellen
40 gestützt, wird Chinas „Stabilität" zur „Stagnation" abgewertet. [...] Die Sinologie etabliert sich in Russland und im frühen 19. Jahrhundert in Frankreich (der erste deutsche Lehrstuhl wird erst 1911 eingerichtet). Auf das volkstümliche Chinabild haben Ge-
45 lehrte keinen Einfluss; es beruht bis ins 19. Jahrhundert auf dem alten Exotismus. Im Zeitalter des europäischen Kolonialimperialismus, das für das Deutsche Reich erst in den achtziger Jahren des 19. Jahrhunderts beginnt, sinkt die westliche Chinarezeption auf ihr bisher niedrigstes Niveau. [...] Nach
50 der Ermordung des deutschen Gesandten Ketteler in Peking [Juni 1900] steigert sich die gelenkte Sinophobie in Deutschland, bestärkt durch Wilhelms II. denkwürdige Hunnenrede („Pardon wird nicht gegeben") bei der Ausschiffung deutscher Soldaten nach
55 China. Kaum eine christliche Stimme tadelt das Morden und Plündern der Truppen. Nur einige Sozialdemokraten erheben im Reichstag Protest und ernten Spott. [...]

Auch in China gibt es seit dem Altertum Fremdbilder
60 von den nicht assimilierten Randvölkern als Barbaren, die albern sprechen, sich grotesk kleiden und weder Sitte noch politische Ordnung (nämlich die chinesische) kennen. Wie im Westen sind solche Bilder durch politische Interessen gelenkt. Zwar schützt
65 sich China gegen Invasionen im Norden durch die Große Mauer, doch ist es lange in den Grenzen seines kulturdominanten Selbstverständnisses weltoffen, treibt Überseehandel und nimmt kulturelle Fremdeinflüsse auf. [...] Erst die gewaltsame Konfrontation
70 seit den Opiumkriegen (seit 1840) zwingt die Herrscher der Qing-Dynastie (1644–1911), die Fremden wahrzunehmen. Dennoch bleiben Reformen in China anders als in Japan in Ansätzen stecken. Außenseiter wie der Reformer Kang Youwei warnen vor
75 dem Stereotyp der rein mechanisch verstandenen Stärke Europas und weisen auf institutionelle und ethische Faktoren hin. Doch konservative Kreise um den Drachenthron sperren sich gegen jede objektive Sicht ihrer nahezu verlorenen Position. [...] Der
80 durchaus westlich orientierte Reformer des chinesischen Bildungswesens seit 1917, Cai Yuanpei, auch er ein Freund Richard Wilhelms[1], befindet noch 1927, dass zwar Sinologen sich um eine Würdigung der chinesischen Kultur bemühten, dass das gängige euro-
85 päische Chinabild jedoch auf oberflächlichen Reiseberichten, vorurteilsgetrübten Darstellungen von Missionaren und politisch motivierten Entstellungen durch „Journalisten und Imperialisten" beruhe. [...] Auf beiden Seiten halten sich bis in unsere Tage Vor-
90 urteile und Illusionen.

Zit. nach: https://www.dhm.de/archiv/ausstellungen/tsingtau/ katalog/auf1_18.htm (Download vom 8. Dezember 2021).*

1 *Richard Wilhelm (1873–1930):* deutscher Missionar und Sinologe

1 Beschreiben Sie die von Ballin in M7 genannten Stereotypen im Wandel der Zeit.

2 Diskutieren Sie die These, dass sich „Vorurteile und Illusionen" auf beiden Seiten bis heute gehalten haben.

3 **Zusatzaufgabe:** Siehe S. 479.

M 8 Fernand Braudel über die Geschichte und die Dauer in ihren verschiedenen Formen (1969)

Jede historische Arbeit zerlegt die vergangene Zeit und entscheidet sich je nach mehr oder weniger bewussten Vorlieben und mehr oder weniger exklusiven Standpunkten für die eine oder andere der
5 chronologischen Realitäten. Die traditionelle Geschichtsschreibung hat sich auf die kurze Zeit, auf das Individuum spezialisiert, und so sind wir seit langem an einen überstürzten, dramatischen, kurzatmigen Bericht gewöhnt. Der neuen Wirtschafts- und
10 Sozialgeschichte dagegen geht es bei ihren Untersuchungen in erster Linie um die zyklischen Schwankungen und deren Dauer; [...] und so gesellt sich heute zum Bericht [...] das Rezitativ[1] der Konjunktur, das die Vergangenheit in großen Zeiträumen von 10, 20,
15 50 Jahren betrachtet.

Dieses zweite Rezitativ wiederum wird überlagert von einer Geschichte mit einem noch viel längeren, über Jahrhunderte hinweg reichenden Atem: von der Geschichte der langen, der sehr langen Dauer. [...] Sie
20 bezeichnet das Gegenstück zu François Simiands Ereignisgeschichte, wie er die kurzatmige Geschichte als einer der Ersten [...] taufte.

Nun sind diese Begriffe allerdings nicht absolut eindeutig. Nehmen wir das Wort Ereignis. Ich für mei-
25 nen Teil würde es in der kurzen Dauer ansiedeln, einsperren: Für mich ist das Ereignis etwas Explosives, eine „klingende Neuigkeit", um einen Ausdruck aus dem 16. Jahrhundert zu gebrauchen. Es erfüllt das Bewusstsein der Zeitgenossen mit seiner übermäßi-
30 gen Rauchentwicklung, ist aber schnell verpufft, sodass kaum Zeit bleibt, die Flamme wahrzunehmen. [...]

Darum wollen wir uns anstelle von Ereignis für den eindeutigeren Begriff der kurzen Zeit entscheiden,
35 die kurze Zeit der Individuen, des Alltags, unserer Illusionen, für den Augenblick des Bewusstwerdens – mit einem Wort, für die Zeit par excellence des Chronisten und Journalisten. Denn Chronik wie Tageszeitung berichten außer über die großen, die
40 sogenannten historischen Ereignisse auch über Ereignisse von mittlerer Bedeutung aus dem täglichen Leben wie Feuersbrünste, Eisenbahnkatastrophen, Getreidepreise, Verbrechen, Theateraufführungen, Überschwemmungen. Und ebenso haben, was
45 wohl niemand bezweifeln wird, auch die anderen Formen des Lebens, das wirtschaftliche, soziale, literarische, institutionelle, religiöse, ja sogar das geografische (in Form eines Windstoßes, eines Sturms), und natürlich auch das politische, ihre kurze Zeit. [...]
50 Den [...] weitaus nützlicheren Schlüssel liefert das Wort Struktur, das, ob gut oder schlecht gewählt, die

Probleme der langen Dauer beherrscht. Die Beobachter des Sozialen verstehen darunter eine Organisation, einen Zusammenhang, relativ feste Beziehungen zwischen bestimmten Realitäten und sozialen 55 Massen. Für uns Historiker ist eine Struktur zweifellos etwas Zusammengefügtes, ein Gebäude, mehr noch aber eine Realität, der die Zeit nicht viel anhaben kann und die sie deshalb sehr lange mitschleppt. Ja, manche Strukturen werden aufgrund ihrer Lang- 60 lebigkeit für zahllose Generationen zu einem festen Bestand und behindern dadurch die Geschichte, hemmen sie, indem sie ihren Ablauf beherrschen. Andere Strukturen wiederum zerfallen schneller. Alle aber sind gleichzeitig Stütze und Hindernis. Hinder- 65 nis, insofern sie Grenzen bezeichnen [...], die der Mensch und seine Erfahrung kaum zu überschreiten vermögen. Man denke nur, wie schwer sich in manchen Fällen ein bestimmter geografischer Rahmen, bestimmte biologische Realitäten, bestimmte Pro- 70 duktionsgrenzen bzw. die einen oder anderen geistigen Zwänge sprengen lassen: denn auch die geistigen Rahmen sind Langzeitgefängnisse. Das einleuchtendste Beispiel scheint noch immer der von der Geografie ausgeübte Zwang zu sein. [...] Man nehme 75 nur einmal [...] die Dauerhaftigkeit bestimmter Lebensbereiche der Küstenregionen oder die Standorttreue der Städte und der Straßen und damit auch des Verkehrs, kurzum, die erstaunliche Festigkeit des geografischen Rahmens der Kulturen. [...] 80

Fernand Braudel, Geschichte und Sozialwissenschaften. Die lange Dauer, in: ders., Schriften zur Geschichte 1. Gesellschaften und Zeitstrukturen. Übersetzt von Gerda Kurz/Siglinde Summerer, Klett-Cotta, Stuttgart 1992 (zuerst 1969), S. 52–67. *

[1] *Rezitativ:* ein künstlerisch vorgetragener Gesang oder literarischer Text

1 Arbeiten Sie heraus, was Braudel unter Ereignis und Struktur versteht.
2 Analysieren Sie die Rolle von Historikerinnen und Historikern im Umgang mit der Vergangenheit.
3 **Vertiefung:** Nehmen Sie Stellung, inwieweit Historikerinnen und Historiker bei ihrer Arbeit auch Fremdbildern unterliegen können.

M 9 Der Historiker Thoralf Klein über „Nationalismus" und „Kulturalismus" in China (2009)

Die Idee der Nation begann sich etwa gleichzeitig mit dem modernen Revolutionsbegriff, d. h. ab etwa 1900, als politisches Konzept in China zu verbreiten. Ihre langfristige Wirkung in der historischen Forschung hat sie vor allem in der Auseinandersetzung 5 mit dem Imperialismus entfaltet. Chinesische Historiker haben die unterschiedlichsten Formen antiimperialistischen Widerstands besonders seit den

1950er-Jahren gerne als „patriotisch" (*aiguo*) klassifi-
ziert: Im politischen Sprachgebrauch der VR China
stellt der Begriff Patriotismus eine weniger offensive
Ersatzvokabel für die Loyalität zur chinesischen Nation dar.

In der europäischen und nordamerikanischen Chinaforschung hat die Untersuchung des chinesischen
nation building eine weitere Perspektive auf die große
Transformation Chinas im späten 19. und frühen 20.
Jahrhundert geliefert. Dabei konzentrierte sich die
Analyse zunächst auf einen fundamentalen Wandel
im chinesischen Selbstverständnis vom Kulturalismus zum Nationalismus. Seit der Begründung des
chinesischen Kaiserreichs im 3. Jahrhundert v. Chr.
orientierte sich dieses Selbstverständnis, so die These, nicht am Staat oder einer wie immer begründeten
nationalen Gemeinschaft, sondern an der chinesischen Kultur. Damit waren zwei weitere Überzeugungen verbunden: erstens die Annahme von der
Überlegenheit der chinesischen Kultur über die sie
umgebenden „Barbaren" und zweitens das Prinzip,
dass der Herrscher auf der Grundlage der für univer-
sal gültig erklärten Normen des Konfuzianismus regieren müsse. In diesem „sinozentrischen" Weltbild
war kein Platz für zwischenstaatlichen Wettbewerb.
Umgekehrt konnten sogar „barbarische" Völker China regieren, sofern die Herrscher sich an die chinesische Kultur anpassten. Erst durch die Desintegration
des Kaiserreiches und den radikalen Wandel seines
internationalen Umfeldes im 19. Jahrhundert erwies
sich die chinesische Zivilisation als nicht mehr fähig,
die Loyalität der Bevölkerung zu sichern. An ihre
Stelle trat nunmehr die Nation. Bei der Entstehung
des Nationalismus handelt es sich somit um eine
grundlegende kulturelle Umwälzung, um ein revolutionäres und modernes Projekt.

Ähnlich wie beim Tradition-Moderne-Schema lässt
sich auch bei der Kulturalismus-Nationalismus-The-
se die allzu holzschnittartige Gegenüberstellung entgegengesetzter Konzepte kritisieren. Tatsächlich haben zahlreiche Nationalismusforscher diese These
kritisiert und verfeinert, ohne allerdings die Meistererzählung von der Nation grundsätzlich infrage zu
stellen. Erst seit Mitte der 1990er-Jahre wurden Alternativen aus zwei Richtungen angeboten: zum einen
unter Rückgriff auf postmoderne, poststrukturalisti-
sche Theorien, zum anderen mit Blick auf die Debatten um transnationale und globale Geschichte.

[...] Einen besonders fruchtbaren Ansatz hat vor einigen Jahren William Kirby entwickelt, als er die internationale Dimension in der Republikzeit (1911–1949)
in den Blick nahm. Kirby geht dabei von der einfachen
Feststellung aus, dass in dieser Periode sämtliche

Bereiche der chinesischen Politik, Gesellschaft und
Kultur ganz wesentlich von den auswärtigen Beziehungen des Landes geprägt waren. Dies ist kein Rück-
fall in das *impact-response*-Schema [das dem Ausland
eine aktive und China eine weitgehend passive Rolle
zuschreibt], weil Kirby nicht mehr danach fragt, ob
die Wurzeln der chinesischen Transformation in China selbst oder im Westen lagen. Vielmehr legt er das
Schwergewicht auf die zwischen beiden Seiten ablau-
fenden Prozesse von Konflikt und Kooperation. Über
den von Kirby abgesteckten Zeitrahmen hinaus kann
eine solche internationale bzw. globale Geschichte
für weite Teile der chinesischen Geschichte im 19.
und 20. Jahrhundert, ja womöglich auch noch für frühere Perioden geschrieben werden.

[...] Der chinesische Nationalismus war mehr als nur
eine Reaktion auf die gewaltsame Einbindung Chinas
in ein internationales imperialistisches Ordnungs-
system. Er beinhaltete je länger je mehr einen aktiv
gestalteten Prozess der Rekonstituierung Chinas mit
dem Ziel, seine Handlungsfähigkeit auf der internationalen Bühne wiederherzustellen.

*Thoralf Klein, Geschichte Chinas. Von 1800 bis zur Gegenwart,
Ferdinand Schöningh, Paderborn 2009, S. 28 ff.**

1 Erläutern Sie, welche Rolle „die Idee der Nation" in
China gespielt hat.
2 **Vertiefung:** Vergleichen Sie mit Europa. Beziehen Sie
den Darstellungstext S. 142 mit ein.
3 Erklären Sie auf der Basis von M 9 die „Kulturalismus-
Nationalismus-These" der europäischen und
US-amerikanischen Chinaforschung.
4 Stellen Sie Hypothesen auf, inwieweit der Kontakt
zwischen China und den imperialistischen Mächten
zu einer Transformation auf einer der beiden Seiten/
beiderseits beigetragen hat.
Tipp: Siehe S. 479.
5 **Zusatzaufgabe:** Siehe S. 479.

Selbstverständnis und Weltbild der Chinesen und der Europäer

M1 Kaiser Qianlong als Feldherr, Gemälde von Giuseppe Castiglione, 1758

206 v. Chr. – **220 n. Chr.**	Han-Dynastie: Papierherstellung, staatliche Anerkennung des Konfuzianismus
220–589	Zerfall in Teilreiche: Erste Druckverfahren, Verbreitung des Buddhismus setzt ein.
589–907	Sui- und Tang-Dynastie: Porzellanherstellung, Beamtenprüfungssystem, starke Verbreitung des Buddhismus
907–960	Zerfall in Teilreiche

100	200	300	400	500	600	700	800	900	1000

Zwischen China und Europa liegen Welten? Damals und heute? Das kann man so nicht sagen. Die Kontakte zwischen Europa und China haben eine lange Tradition, und sie waren vielfältig, kulturell, ökonomisch, wissenschaftlich und bei weitem nicht nur aggressiver Natur. Sie beginnen nicht erst mit den westlichen Angriffen auf China im 19.

5 Jahrhundert wie dem Opiumkrieg von 1839. Bereits zur Zeit der Han-Dynastie wusste man in China vom Römischen Reich und Seide aus China war in Rom ein begehrtes Gut. Objekte, Ideen, Personen, Religionen und Sprachen flossen seitdem zwischen den beiden Enden Eurasiens hin und her. Im 16. Jahrhundert in-

10 tensivierten sich diese Handelsbeziehungen: Silber aus Amerika war in China und chinesisches Porzellan und Seide waren in Europa sehr gefragt. Katholische Jesuiten, die als Missionare unter anderem nach China gingen, brachten europäisches Wissen nach China und Wissen über China nach Europa. Das europäi-

15 sche Bild von China war zu dieser Zeit positiv geprägt. Viele Philosophen der Aufklärung wie Voltaire, Diderot und Leibniz sahen China sogar als kulturell überlegen an. Mit der Französischen Revolution und der beginnenden Industrialisierung änderte sich dies. Der chinesische Kaiser wurde nun als Despot gesehen, das

20 Land insgesamt als rückständig. China wurde zudem vor allem als wichtiger Markt für den Welthandel betrachtet, den es zu öffnen und zu erobern galt. Der Historiker Jürgen Osterhammel spricht für die Zeit um 1800 von der „Entzauberung" Asiens in den Augen Europas.

25 Starke, modern geprägte europäische Staaten wie Großbritannien und Frankreich trafen im 19. Jahrhundert auf das ebenso selbstbewusste und expandierende Qing-Kaiserreich in China. Will man die Wechselwirkungen und Anpassungsprozesse zwischen beiden Seiten im 19. Jahrhundert differenziert betrachten, dann muss man sich zunächst mit den Wurzeln dieses Selbstbewusstseins auseinanderset-

30 zen. Dies soll hier mithilfe der Begriffe „Selbstverständnis" und „Weltbild" erfolgen. Es soll untersucht werden, welche Ideen und Konzepte jeweils das Bild der Staaten von sich selbst prägen und wie sie auf die anderen bzw. auf die Welt insgesamt schauen.

M2 „König Ludwig XIV. von Frankreich auf einem Pferd", Gemälde von René Antoine Houasse, um 1685

1 Beschreiben Sie auf der Basis der Einleitung, wie sich die Kontakte zwischen China und Europa seit dem 16. Jahrhundert verändert haben.

2 Erläutern Sie, was der Historiker Jürgen Osterhammel mit „Entzauberung Asiens" meint.

3 Recherchieren Sie biografische Informationen zu Kaiser Qianlong und König Ludwig XIV. Interpretieren Sie anschließend die Herrscherdarstellungen von M 1 und M 2 und vergleichen Sie diese.

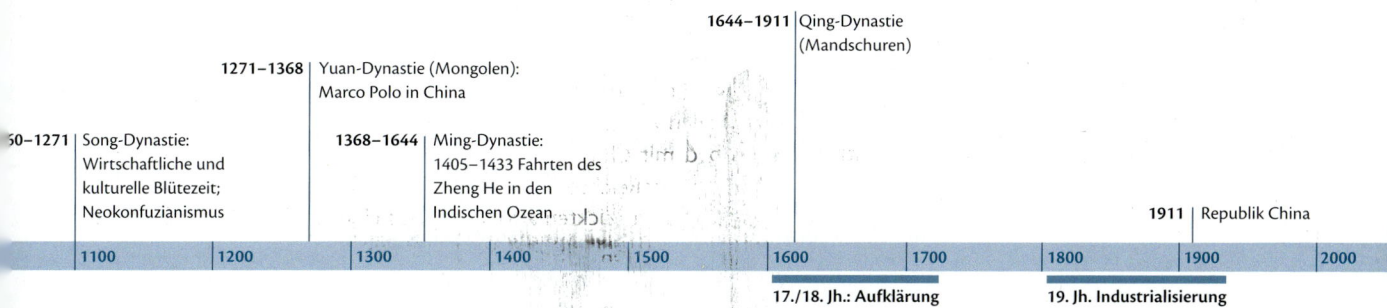

50–1271 | Song-Dynastie: Wirtschaftliche und kulturelle Blütezeit; Neokonfuzianismus

1271–1368 | Yuan-Dynastie (Mongolen): Marco Polo in China

1368–1644 | Ming-Dynastie: 1405–1433 Fahrten des Zheng He in den Indischen Ozean

1644–1911 | Qing-Dynastie (Mandschuren)

1911 | Republik China

1100 1200 1300 1400 1500 1600 1700 1800 1900 2000

17./18. Jh.: Aufklärung   19. Jh. Industrialisierung

2.2 Selbstverständnis und Weltbild der Chinesen und der Europäer

> **In diesem Kapitel geht es um**
> – *das Selbstverständnis und das Weltbild der Chinesen im Kaiserreich,*
> – *den Konfuzianismus als Grundlage des chinesischen Selbstverständnisses,*
> – *China als „Reich der Mitte",*
> – *das Selbstverständnis und das Weltbild der Europäer in der Neuzeit,*
> – *die Folgen der Aufklärung für das europäische Selbstverständnis und Weltbild,*
> – *die ökonomischen und politischen Folgen der Industrialisierung.*

Selbstverständnis

Ein Verständnis von sich selbst basiert nicht nur auf klaren Fakten, wie sie beispielsweise in einem Ausweis festgehalten sind (Geburtsdatum, Größe, Augenfarbe, Nationalität etc.). Jedes **Selbstverständnis*, also jede Vorstellung von sich selbst**, wird sowohl durch individuelle Erfahrungen, Eigenschaften und Werte als auch durch kollektive Normen und Erwartungen geprägt. Das Selbstverständnis einer Nation, eines Landes oder eines Staatenverbundes ist noch schwerer zu bestimmen, obwohl wir in der Alltagssprache oft von „den Franzosen", „den Chinesen" oder „den Europäern", also vermeintlich klar definierbaren Kollektiven sprechen. Eine wichtige Rolle bei der Bestimmung spielen Traditionen, Werte oder auch das kollektive Gedächtnis*. All diese Elemente unterliegen der historischen Veränderung und der Deutung. Das nationale/kollektive Selbstverständnis ist also stets konstruiert. Manchmal erfolgt das mit einem bestimmten Ziel, es wird politisch instrumentalisiert. Es gibt also nicht *das* chinesische oder *das* europäische Selbstverständnis einer bestimmten Zeit. Man kann sich nur auf die Suche nach wichtigen Bestandteilen dieser Konstrukte machen und ihre Bedeutung interpretieren.

Weltbild

Das Verständnis von sich selbst bzw. das nationale Selbstverständnis hat auch Einfluss auf das **Weltbild*, also die Art und Weise, wie man die Welt wahrnimmt und deutet**. Auf Karten und digitalen Navigationssystemen verdeutlicht ein roter Punkt oder ein buntes Auto, wo man sich gerade befindet. Von dort aus startet die Navigation. Ähnlich verhält es sich mit dem Weltbild. Natürlich ist jeder Mensch und somit auch jede Nation erstmal bei sich und sieht sich im Mittelpunkt. Auf diese Weise wird der Standpunkt und die Perspektive verdeutlicht. Zugleich ist von diesem Standpunkt aus aber nicht alles sichtbar. Das Gleiche gilt auch wieder für Karten. Auch sie beinhalten bestimmte Perspektiven. Sie verraten somit auch viel über die Überzeugungen des Kartografen, über das Wissen seiner Zeit und das jeweilige Verständnis der Welt.
Die europäische Sicht auf die Welt änderte sich mit der Hochzeit der Entdeckungen im 15./16. Jahrhundert. Europa blieb im Mittelpunkt, aber die Weltkarten wurden immer wieder korrigiert und erweitert. Die chinesische Sicht auf die Welt wurde zu Beginn des 15. Jahrhunderts durch die Fahrten des chinesischen Gesandten Zheng He in den Indischen Ozean, die bis nach Afrika reichten, weiter präzisiert. Doch auch hier blieb das sinozentrische* Weltbild mit China im Mittelpunkt erhalten, das sich spätestens im 3. Jahrhundert v. Chr. mit der Reichseinigung unter der Dynastie der Qin herausgebildet hatte. Chinesen und Europäer blickten also jeweils aus einer eigenen, **sinozentrischen bzw. eurozentrischen Perspektive auf die Welt** und deuteten Ereignisse gemäß ihren spezifischen Vorstellungen. Dabei wurden die jeweils anderen meist als fremd wahrgenommen, oft auch als unterlegen oder als potenzielle Feinde.

Selbstverständnis
Vorstellung von sich selbst, mit der eine Person, eine Gruppe o. Ä. lebt, sich in der Öffentlichkeit darstellt und sich selbst wahrnimmt

kollektives Gedächtnis
Der Begriff stammt von dem frz. Philosophen Maurice Halbwachs. Er wird auch in der Geschichtswissenschaft verwendet. Er meint die gemeinsame Gedächtnisleistung einer Gruppe, die als Basis für Verhalten, Normen und Denken fungiert.

Weltbild
umfassende Vorstellung von der Welt auf der Basis wissenschaftlicher und philosophischer Erkenntnisse, die die Wahrnehmung der Menschen von der Welt prägt

sinozentrisch
China wird in den Mittelpunkt gestellt, z. B. in das Zentrum eines Weltbildes oder einer Ideologie.

Sinologie
Sinologie ist die Wissenschaft, die sich mit China beschäftigt. Dabei gibt es verschiedene Fachbereiche, die sich mit spezifischen Themenfeldern auseinandersetzen: chinesische Geschichte, chinesische Literatur, Religion in China, Politik in China etc., also China wird breit verstanden, umfasst den gesamten chinesischsprachigen Kulturraum (eben auch Taiwan, Hongkong, Singapur, Überseechinesen etc.).

M 1 Chinesische Weltkarte „*Kunyu wanguo quantu*" von Matteo Ricci, jesuitischer Missionar in China, 1602

Die „Gesamtkarte der unzähligen Länder der Welt" (Kunyu wanguo quantu) wurde vom italienischen Jesuiten-Missionar Matteo Ricci in Zusammenarbeit mit dem chinesischen Gelehrten Li Zhizao erstellt. Sie verbindet in den Erklärungen europäisches und chinesisches geografisches Wissen und entstand in mehreren Varianten ab 1602. Der Mittelpunkt der Karte auf dem Pazifik und China wird von der Forschung als Versuch Riccis interpretiert, den Gewohnheiten der chinesischen Bildungselite entgegenzukommen.

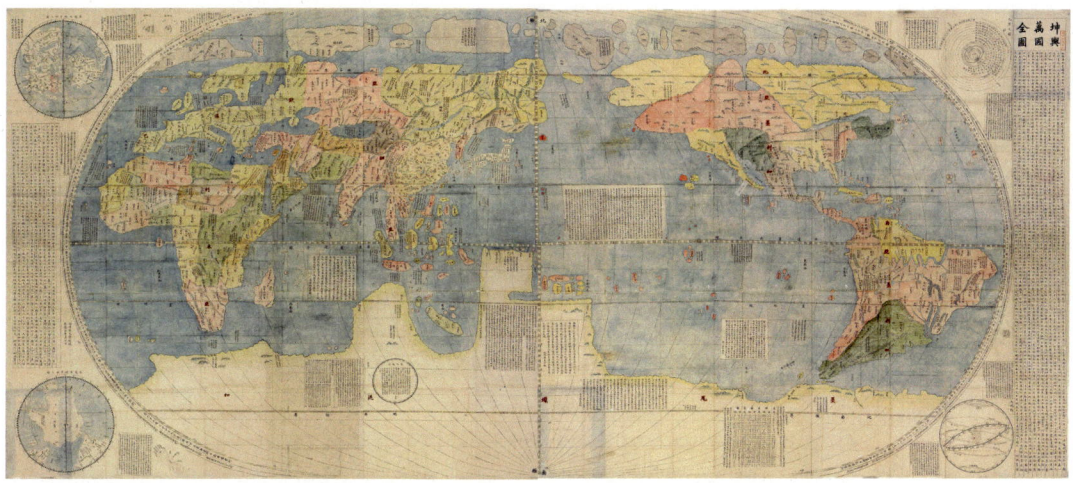

M 2 Europäische Weltkarte nach G. Mercator und J. Hundius, Kupferstich, 1602

Die Karte entstammt dem Mercator-Atlas des 16. Jahrhunderts, der 1602 neu aufgelegt wurde. 1604 erwarb der Verleger und Kartograf Jodocus Hundius die Druckplatten von den Erben von Gerhard Mercator.

M3 Porträt des Qianlong-Kaisers, Gemälde von Giuseppe Castiglione, um 1737.

Der Qianlong-Kaiser (1711–1799) entstammte der mandschurischen Qing-Dynastie. Die Männer der Mandschu trugen traditionell das Haar zu einem Zopf gebunden.

▶ **M7 bis M9: Konfuzianismus**

Daoismus
Die Lehre entsteht im 4. Jahrhundert v. Chr. und geht auf den Meister Laozi (6. Jh. v. Chr.) zurück. Sie legt den Schwerpunkt auf das private Leben des Einzelnen und seine Einbindung in die natürliche Einheit der Welt.

Buddhismus
Der Buddhismus beruht auf den Lehren des in Nordindien im 5./6. Jh. v. Chr. lebenden Siddhartha Gautama. Er kam im 2./3. Jahrhundert n. Chr. nach China. Während der Tang-Dynastie (618–907) wurde der Buddhismus Staatsreligion und überlagerte die chinesischen Philosophien.

Das Selbstverständnis und Weltbild der Chinesen

China ist nicht klassisch wie beispielsweise Frankreich, *La Grande Nation*, als Nationalstaat zu verstehen, sondern als „Zivilisationsstaat" (Martin Jacques). Es besteht aus einer
Vielzahl an Volksgruppen. 2021 sind es 56 offiziell erfasste Ethnien. Der heutige Staat, die
Volksrepublik China, sieht sich in der Tradition einer über 2500-jährigen Geschichte. Seit
dem 3. Jahrhundert v. Chr. folgten verschiedene Dynastien wie die Qin, die Han oder   5
später die Ming oder Qing aufeinander. Sie regierten als Kaiser ein wachsendes Imperium. Seine größte Ausdehnung besaß China Mitte des 18. Jahrhunderts unter der von
den Mandschuren gegründeten Qing-Dynastie (1644–1911). Insgesamt wechselten sich
in der chinesischen Geschichte Phasen des Einheitsstaates mit Perioden des Zerfalls in
Teilstaaten ab. Mit der Gründung einer Republik endete 1911 das chinesische Kaiser-   10
reich. Allerdings wurde die Zeit der Republik durch Kämpfe zwischen lokalen Kriegsherren sowie durch den Kampf zwischen zwei Parteien, den Nationalisten und Kommunisten geprägt. Eine weitere wichtige Zäsur bildete schließlich die Ausrufung der
kommunistischen Volksrepublik durch Mao Zedong 1949, die bis heute fortbesteht.
Die Geschichte des multiethnischen Reiches prägte auch das chinesische Selbstver-   15
ständnis und Weltbild im 19. Jahrhundert. Eine wichtige Funktion besaßen der Kaiser
als „Himmelssohn", die kaiserlichen Beamten als Verwalter, die Sprache und die Schrift
sowie die Lehren von Konfuzius (Konfuzianismus), Laozi (Daoismus) und der Buddhismus. Im Folgenden sollen zwei zentrale Bestandteile genauer vorgestellt werden: der
Konfuzianismus und das „Reich der Mitte".   20

Konfuzianismus – und der Meister sprach …

Die Bezeichnung Konfuzianismus geht zurück auf den Gelehrten Konfuzius (551–479
v. Chr.). Seine Lehren standen in der Tradition älterer Überlieferungen, schufen also kein
neues Wissen, sondern ordneten altes Wissen und deuteten es zum Teil neu. Es gibt
keine direkte Überlieferung seiner Lehren, sondern nur die spätere Wiedergabe durch
seine Schüler. Viele Lehren des Konfuzius wurden also von seinen Anhängern und un-   5
terschiedlichen Traditionslinien ergänzt. Zu den wichtigsten überlieferten und Konfuzius und seinen Schülern zugeschriebenen Schriften gehören das *Lunyu* (Die Gespräche
des Konfuzius) und das *Liji* (Buch der Riten). Hier finden sich Anekdoten und Aphoris-
men sowie Gedanken zu einer idealen Gesellschaftsordnung.
Zu Konfuzius' Lebzeiten bestand China aus Einzelstaaten, die um die Vorherrschaft   10
kämpften. Konfuzius' Lehren schienen gerade in dieser Zeit, die Hoffnung auf Ordnung
zu stützen und Wege aufzuzeigen, wie in diesem Durcheinander ein gelungenes Leben
möglich war. Im Kern war der Konfuzianismus eine Moral- und Staatsphilosophie, die
als Grundlage für die gesellschaftlichen Beziehungen fungierte. Das Individuum sollte
Tugenden wie Menschlichkeit, Klugheit und Anstand anstreben und sich gegenüber der   15
Gemeinschaft als loyal und höflich erweisen. Eine wichtige Rolle spielte auch die Verehrung der Eltern und Ahnen. So sollte jedes Individuum in der Gesellschaft seinen Platz
einnehmen, die Ordnung einhalten und damit den Staat sichern. Mit der Han-Dynastie
(206 v. Chr.–220 n. Chr.) wurde der Konfuzianismus zur bedeutendsten Philosophie und
Verhaltenslehre im Kaiserreich. So bildeten die konfuzianischen Schriften vom 7. bis   20
zum 20. Jahrhundert zum Beispiel die Grundlage für die Prüfungen im Auswahlverfah-
ren der kaiserlichen Beamten. Es gab jedoch auch konkurrierende Philosophien bzw.
Religionen in China: den **Daoismus*** und den **Buddhismus***.

China als „Reich der Mitte"

Das traditionelle chinesische Weltbild lässt sich u. a. mit dem Begriff „Reich der Mitte"
(*zhongguo*) näher bestimmen. Mit diesem Namen bezeichneten die Chinesen ihr Land.

Es meint zum einen eine räumlich-geografische Lage. Im Gebiet mitten zwischen den großen Flüssen *Chang Jiang* (Langer Fluss, in Europa bekannt unter dem Namen Yangzi)
5 und *Huang He* (Gelber Fluss) entstand die chinesische Hochkultur. Zum anderen beinhaltete „Reich der Mitte" auch die Vorstellung, dass das chinesische Kaiserreich als einziges zivilisiertes Reich umgeben sei von „Barbaren". Bei Letzteren wurden noch die an China angrenzenden Gebiete als eine eigene Gruppe unterschieden, da sie tributpflichtig waren, also dem chinesischen (auch kulturellen) Einfluss unterlagen und damit zum
10 Imperium gehörten.

Der Kaiser bildete im „Reich der Mitte" das absolute Zentrum. Als Herrscher über alles „unter dem Himmel" (*tianxia*) besaß er das „Mandat des Himmels" (*tianming*). Dieser Vorstellung nach erhielt er seine Befähigung zum Herrschen vom Himmel übertragen. Dies erfolgte nicht im Sinne des europäischen Gottesgnadentums, sondern als Mandat,
15 welches verliehen wurde und wieder genommen werden konnte. Auf diese Basis gründete der Kaiser seine politische Macht über China. Das Mandat bedeutete aber auch die Verpflichtung, weise und klug zu agieren sowie die moralische und politische Ordnung im Staat aufrechtzuerhalten. Missernten oder Naturkatastrophen wurden als Zeichen des Himmels gedeutet und dem Herrscher angelastet. Der Herrscher verfügte
20 demnach nicht mehr über das Mandat des Himmels. Der Kaiser war Autorität und Vorbild, ein Familienoberhaupt in der konfuzianischen Deutung der Gesellschaft als Familie. Er hatte die Menschen zu umsorgen und gleichzeitig zu erziehen. Nur so konnte aus chinesischer Sicht Ordnung und Stabilität im Reich gewährleistet werden. Den engeren Kreis um den Kaiser bildete der Kaiserpalast mit einem inneren, nur dem engs-
25 ten Kreis vorbehaltenen Teil und einem äußeren Teil. Um den Palast herum lag die Hauptstadt (seit dem 15. Jahrhundert Beijing). Illustriert wird diese Form des Weltbildes und Selbstverständnisses beispielsweise durch das „Bild der fünf Zonen der Unterwerfung" (M 4), das auf alte Schriften aus den Jahrhunderten vor der Gründung des chinesischen Kaiserreiches zurückgeht und um das Zentrum des Reiches fünf Quadrate
30 als Herrschafts- und Verwaltungssphären zieht. Es gibt auch andere Modelle mit neun Quadraten.

M 4 Bild der fünf Zonen der Unterwerfung (*Wufu Tu*), aus einem Werk aus der Zeit der Qing-Dynastie

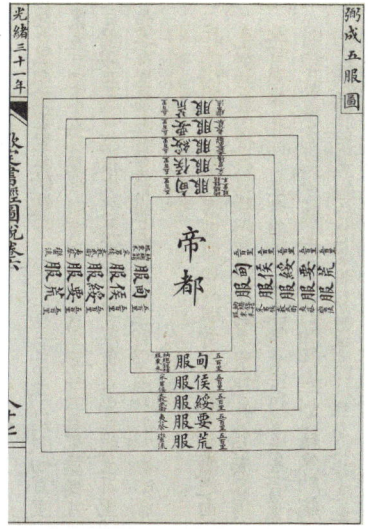

Das Selbstverständnis und Weltbild der Europäer

Möchte man das Selbstverständnis und Weltbild der Europäer in der Geschichte näher bestimmen, trifft man ebenfalls auf Schwierigkeiten. Auf den ersten Blick ist Europa zunächst einmal nur eine Bezeichnung für den Kontinent Europa, seine Einwohner sind dementsprechend „die Europäer". Es gab in der Geschichte bis zur Gründung der Euro-
5 päischen Gemeinschaft im 20. Jahrhundert jedoch kein Imperium oder Staat mit dem Namen „Europa". Es gab nur eine Abfolge von unterschiedlichen Imperien/Reichen sowie nationalen Staaten, Fürstentümern und anderen Territorien: antikes Griechenland, Römisches Reich, Frankreich, Heiliges Römisches Reich deutscher Nation, Großbritannien usw. Die Einwohner bezeichneten sich als Franzosen, Briten, Preußen, aber nicht als
10 Europäer. Es gab eine politische und wirtschaftliche Konkurrenz untereinander. Und doch existieren gemeinsame Wurzeln, ein verbindender Bezugsrahmen, auf die alle „Europäer" immer wieder verwiesen. Ein wichtiger Bestandteil dieser Gemeinsamkeit sind Kultur, Werte und Normen, die u. a. auf die Hochkultur und Zivilisation der Griechen und Römer sowie auf das Christentum zurückgeführt werden. In der Charta der EU
15 heißt es: „[…] in dem Bewusstsein ihres geistig-religiösen und sittlichen Erbes gründet sich die Union auf die unteilbaren und universellen Werte der Würde des Menschen, der Freiheit, der Gleichheit und der Solidarität".

In der Geschichte betrachteten sich auch die Europäer gegenüber anderen als überlegen. Sie führten das auf ihre Kultur und das Christentum zurück. Daraus leitete sich auch
20 ihr Anspruch ab, im Zentrum der Welt zu stehen, diese zu entdecken, zu erforschen, in andere Kontinente ihre Zivilisation zu bringen und sie zu beherrschen. Natürlich

bpb-Dossier: Weltbilder auf Karten
cornelsen.de/Webcodes
Code: fopucu

Aufklärung
von Rationalismus und Fortschrittsglauben bestimmte europäische geistige Strömung des 17. und besonders des 18. Jahrhunderts, die sich gegen Aberglauben, Vorurteile und Autoritätsdenken wendet

Industrialisierung
Prozess des technischen, wirtschaftlichen und sozialen Wandels von einer agrarisch geprägten Gesellschaft zu einer Industriegesellschaft

▶ **M 15: Immanuel Kant über die Aufklärung**

Encyclopédie
Es handelt sich um ein Nachschlagewerk, in dem der gesamte Wissensstoff aller Disziplinen oder nur eines Fachgebiets in alphabetischer oder systematischer Anordnung dargestellt ist.

▶ **M 16: Götz Hamann über Diderots** *Encyclopédie*

M 5   „Toleranz" von Daniel Chodowiecki, Druckgrafik, 1791

Soziale Frage
Soziale Frage meint die komplexen Probleme und sozialen Herausforderungen, die sich durch die massiven Veränderungen der Arbeitswelt und im Lebensalltag infolge der Industrialisierung im 19. Jahrhundert ergaben.

---

unterlagen auch das Selbstverständnis und das Weltbild der Europäer historischen Veränderungen. Wichtige Veränderungen brachten die **Aufklärung*** und die **Industrialisierung*** mit sich. Ihre Folgen prägten Selbstverständnis und Weltbild im 19. und 20. Jahrhundert. 25

Folgen der Aufklärung

Die Aufklärung (frz. *Siècle des Lumières*; engl. *Enlightenment*) als maßgebliche Bewegung des späten 17. Jahrhunderts hat sich insbesondere durch französische Denker im Laufe des 18. Jahrhunderts entwickelt und in ganz Europa verbreitet. Sie erreichte in der zweiten Hälfte des 18. Jahrhunderts ihren Höhepunkt und prägt bis heute Denken und Ideale der westlichen Welt. Die Aufklärung krempelte das Verständnis und die Ordnung 5 der Welt um. Sie forderte ein, die Natur zu beobachten und auf Wissen und Vernunft zu bauen anstatt auf die Allmächtigkeit der Kirche. Das christlich geprägte Weltbild, Gottesgnadentum und das Primat der Kirche wurden kritisiert und dem Glauben die Vernunft, wissenschaftliche Methoden und die Empirie entgegengestellt. Der Philosoph Immanuel Kant (1724–1804) beantwortete 1784 den Aufruf einer Zeitschrift auf die 10 Frage „Was ist Aufklärung?" u. a. mit der Aufforderung: *„sapere aude!"* („Wage zu wissen" oder „Habe den Mut, dich deines Verstandes zu bedienen"). Diese wurde zum Leitspruch der Aufklärung und Kant zu ihrem wichtigsten deutschen Vertreter. Eines der bedeutendsten Werke der französischen Aufklärung ist die *Encyclopédie** von Denis Diderot (1713–1784) und Jean Baptiste le Rond d'Alembert (1751–1780), die versuchte, 15 alles Wissen ihrer Zeit zusammenzutragen und der Weltöffentlichkeit als Nachschlagewerk zu offerieren. An diesem Projekt zeigte sich auch die Gegenwehr der traditionellen Kräfte, die beide Autoren mit Gefängnis bedrohten. Erst die Französische Revolution verhalf den Ideen der Aufklärung in Europa schrittweise politisch zum Durchbruch. In den USA war es die Amerikanische Revolution. Begriffe und Normen wie Freiheit, Tole- 20 ranz und Menschenrechte wurden zum neuen Maßstab. Sie stärkten das westlich-europäische Selbstverständnis. In der Überzeugung, überlegen zu sein, führten die Europäer gewaltvolle und kriegerische Auseinandersetzungen mit außereuropäischen Völkern. Insgesamt führten Freiheitsideen und wissenschaftliche Forschung zu grundlegenden Veränderungen in Gesellschaft und Politik und bereiteten den Weg für eine weitere 25 wichtige Zäsur im westlich-europäischen Selbstverständnis.

Folgen der Industrialisierung

Die Industrialisierung, die der italienische Wirtschaftshistoriker Carlo M. Cipolla mit Blick auf England als „dramatisch revolutionär" bezeichnet, erfasste im Laufe des 19. Jahrhunderts ganz Europa mit einer großen Dynamik. Die politischen und ökonomischen Folgen waren vielfältig und weitreichend. Der Fortschritt durch die Wissenschaft, von der Dampfmaschine über die Elektrizität und die Chemie bis hin zum Automobil, 5 sorgte für eine neue Arbeits- und Alltagswelt, brachte Urbanisierung, Mobilität und Beschleunigung. Einerseits etablierte sich ein großer Fortschrittsglaube, alles könne von den Menschen mit Anstrengung und Verstand bewältigt werden. Andererseits ergaben sich durch die massiven Veränderungen neue politische und gesellschaftliche Problemlagen: die Soziale Frage*, Migration, Fabrik-/Fließbandarbeit, Arbeiterbewegung, Mas- 10 sengesellschaft und Individualisierung sind nur einige Aspekte.
Zu den wichtigsten ökonomischen Folgen gehörte die Durchsetzung des Systems des „Kapitalismus". Dabei bestimmten auf einem prinzipiell freien Markt Angebot und Nachfrage die Produktion und die Preise. Das Kapital in Form von Maschinen, Arbeitskräften und Geld gehörte den Unternehmern. Die Arbeiter wurden zu abhängi- 15 gen Lohnarbeitern, einer eigenen gesellschaftlichen Klasse, die selbst kein Kapitel besaßen. Karl Marx und Friedrich Engels analysierten die Abhängigkeiten der Arbeiter in

diesem System und setzten dem Kapitalismus als politisch-ökonomische Lösung den Sozialismus* gegenüber. Nur eine „Diktatur des Proletariats" könne Gerechtigkeit
20 und Gleichheit ermöglichen.

Doch nicht nur im Binnenmarkt eines Staates bestimmten der Wettbewerb und das Prinzip der Gewinnmaximierung die Entwicklungen, auch auf dem europäischen Markt konkurrierten die Staaten miteinander. Kolonialmächte wie Großbritannien, die Niederlande und Frankreich verstärkten vor diesem Hintergrund außerdem ihre Bemü-
25 hungen, weltweit Märkte für ihre nun industriell gefertigten Produkte zu finden und gleichzeitig Rohstoffe aus den von ihnen beherrschten Ländern zu beziehen. Die westlich-europäischen Staaten wurden zu Industriestaaten und versuchten zunehmend die globalen Märkte zu dominieren.

Im 19. Jahrhundert bildeten sich in Europa organisierte Parteien heraus, die liberale,
30 konservative oder demokratische Ideen in den Parlamenten und den Regierungen vertraten. Infolge der Industrialisierung kamen sozialistische bzw. sozialdemokratische Parteien hinzu. Sie setzten sich gezielt für die Interessen der neu entstandenen sozialen Gruppe der Arbeiter ein, indem sie Arbeitsschutzmaßnahmen, höhere Löhne, bessere Wohnungen und Bildungsmöglichkeiten forderten. Weitere Lösungsversuche der sozi-
35 alen Probleme kamen von kirchlicher, unternehmerischer und sozialkonservativer Seite und führten zu ersten Ansätzen einer modernen Sozialpolitik. Um 1900 hatte sich Europa infolge der Industrialisierung ökonomisch und politisch stark verändert.

Sozialismus
politische Theorie und Bewegung, die u. a. durch Aufhebung von Privateigentum und Einführung einer Planwirtschaft gesellschaftliche Gleichheit und Gerechtigkeit herstellen will

▶ M 20: Tabelle Weltindustrieproduktion
▶ M 21: David Landes über die Industrialisierung und die sozialen Veränderungen

M 6 Der Arbeiterführer Ferdinand Lassalle als Kämpfer für die Sozialdemokratie und die Menschenrechte, Druck, 1872/1892

1 Vergleichen Sie die Karten M 1 und M 2 im Hinblick auf Unterschiede und Gemeinsamkeiten im Selbstverständnis und Weltbild der Chinesen und der Europäer.

2 Arbeiten Sie das Herrschaftsverständnis des „Reiches der Mitte" heraus.

3 Erläutern Sie thesenartig die Veränderungen des europäischen Selbstverständnisses infolge der Aufklärung und Industrialisierung.

4 Stellen Sie in einer Tabelle gegenüber, wie Chinesen und Europäer jeweils ihre Überlegenheit gegenüber anderen Kulturen begründen.
Tipp: Siehe S. 479.

5 Diskutieren Sie in Ihrem Kurs, was es für Sie gegenwärtig mit Blick auf das historische Erbe bedeutet, „Europäer" zu sein.

China: Konfuzianismus

M 7   **Auszug aus dem „Buch der Riten (Liji)"**
Das Buch, das Konfuzius zugeschrieben wird, setzt sich
mit Verhaltensweisen und Normen auseinander, die
eine ideale Gesellschaftsordnung der „Großen Einheit"
schaffen sollen.

Meister Kong [Konfuzius] sprach: „Die Zeiten, da der
große Weg auf Erden herrschte, und die Zeiten der
großen Männer der drei ersten Herrscherhäuser
habe ich nicht erlebt, aber ich kenne Überlieferungen
5 darüber. Zur Zeit, als der große Weg herrschte, war
die Welt gemeinsamer Besitz. Man wählte die Tüch-
tigsten und Fähigsten zu Führern; man sprach die
Wahrheit und pflegte die Eintracht. Darum liebten
die Menschen nicht nur ihre eigenen Eltern und ver-
10 sorgten nicht nur ihre eigenen Kinder. Die Alten
konnten in Ruhe ihrem Ende entgegensehen; die
kräftigen Männer hatten ihre Arbeit; die Witwer und
Witwen, die Waisen und Kinderlosen und die Kranken hatten alle ihre Pflege; die Männer hatten ihre
15 Stellung und die Frauen ihr Heim. Die Güter wollte
man nicht ungenützt verlorengehen lassen; aber man
suchte sie nicht unter allen Umständen für sich selbst
aufzustapeln. Die eigene Kraft wollte man nicht un-
betätigt lassen; aber man arbeitete nicht um des ei-
20 genen Vorteils willen. Mit allen Listen und Ränken
war es zu Ende; man brauchte sie nicht. Diebe und

Räuber, Mörder und Totschläger gab es nicht. Darum
hatte man zwar draußen Tore; aber man schloss sie
nicht. Das war die Zeit der großen Gemeinsamkeit.
Nun aber, da der große Weg sich verborgen hat, ist die   25
Weltherrschaft Familienerbe geworden. Jeder liebt
zunächst seine Eltern, jeder ist besorgt für seine Kinder. Die Güter und die Arbeit dienen nur dem eigenen
Nutzen. Dass Herrscher ihre Macht auf Söhne verer-
ben, ist nun die Sitte. Man baut Mauern und Türme,   30
Gräben und Teiche, um die Städte zu sichern. Man
gebraucht die Sitte und das Recht als Grundlage, um
das Verhältnis von Fürst und Diener zu ordnen, die
Liebe zwischen Vater und Sohn, die Eintracht zwischen älterem und jüngerem Bruder, die Harmonie   35
zwischen Gatte und Gattin, um Regeln und Ordnungen zu schaffen, um Felder und Weiler zu gründen,
um Mut und Weisheit zu fördern, um Werke für sich
selbst zu tun. Es kamen Listen und Pläne infolge davon auf, und Waffen erhoben sich deshalb.   40
Die Herrscher Yu und Tang, die Könige Wen, Wu,
Zhong und der Fürst von Zhou trafen infolgedessen
ihre Auswahl der Sitten. Diese sechs Herrscher waren
allezeit aufs äußerste besorgt um die Sitte, um die
Gerechten ans Licht zu bringen, um die Zuverlässi-   45
gen zu prüfen, um die Fehler ans Licht zu bringen,
um der Güte Gestalt zu verleihen, die Verträglichkeit
zu betonen und dem Volk zu zeigen, dass es feste Regeln gibt. Wenn Menschen sich nicht nach diesen
Dingen richteten, so wurden sie von den Mächtigen   50
entfernt, und alles Volk sah sich die Übeltäter an. Das
heißt „die Zeit des kleinen Wohlstands".

Li Gi, Das Buch der Riten, Sitten und Gebräuche, übersetzt von
Richard Wilhelm, Eugen Diederichs Verlag, Düsseldorf/Köln 1981,
*S. 56 f. Umschrift der chinesischen Begriffe und Namen angepasst.**

M 8   **Der Sinologe Philip Clart über Religion und**
Herrschaftslegitimation (2014)
Der chinesische Staat zwang seinen Untertanen keine Staatsreligion im europäischen Sinne auf, andererseits war das chinesische Reich auch nie religiös
neutral. Im kaiserlichen China war die Legitimation
des Herrschers religiös begründet. Und fand Aus-   5
druck in einem komplexen Staatskult. [...] Mit dem
Aufkommen der Idee vom Mandat des Himmels
(*tianming*) und dem Herrscher als Himmelssohn
(*tianzi*) entwickelte dieses Verständnis von Herrschaft seine Grundzüge, die China bis zum Ende der   10
letzten Dynastie 1911 kennzeichneten. Der Kaiser
war nicht nur für die Geschicke der menschlichen
Gesellschaft verantwortlich, sondern regulierte das
kosmische Gefüge insgesamt. In einer Welt, in der
sich die „Drei Kräfte" von Himmel, Erde und Men-   15
schenwelt gegenseitig beeinflussten, konnte jeder

Komet, jedes Erdbeben und jede Naturerscheinung als politischer Kommentar gedeutet werden. Der ideale Herrscher hielt diese Ordnung durch rituelles Handeln aufrecht, wie durch die komplexe Abfolge der Opferhandlungen des Staatskultes.

Philip Clart, Religionen und Religionspolitik in China, in: Doris Fischer/Christoph Müller-Hofstede (Hg.), Länderbericht China, Bundeszentrale für politische Bildung, Bonn 2014, S. 622 f.*

M 9 „Die Essig-Tester", Buddha, Konfuzius und Laozi versammelt um ein Essigfass, ohne Jahr.
Das Bild der Essigverkostung versinnbildlicht die unterschiedlichen Einstellungen der wichtigsten chinesischen Religionen/Philosophien zum Leben: Konfuzius – sauer (Regeln sind wichtig), Buddha – bitter (Leben ist Leiden), Laozi – süß (Mensch von Natur aus perfekt).

1 Analysieren Sie auf der Basis von M 7 und des Darstellungstextes die Ideen des Konfuzianismus.
2 Erklären Sie die Rolle des Konfuzianismus im chinesischen Herrschaftsverständnis (M 8).
3 Interpretieren Sie das Bild M 9.

Das „Reich der Mitte"

M 10 Der Sinologe Martin Hofmann über das chinesische Herrschaftsverständnis (2018)
Zunächst einmal verweist der räumliche Begriff „tianxia", der „unter dem Himmel" bedeutet, aber oft mit „Alles unter dem Himmel" übersetzt wird, auf den Anspruch des chinesischen Herrschers auf Vorherrschaft. Als „Sohn des Himmels" („tianzi") [5] herrschte er nominell über das gesamte bekannte Territorium. In diesem Sinne war die Vorstellung von „Alles unter dem Himmel" umfassend und im Wesentlichen grenzenlos und schloss sogar alle fremden Völker ein, die nicht unter der direkten Kontrolle des [10] chinesischen Herrschers standen, aber seine Autorität anerkannten, indem sie Tribut leisteten [...]. Das Konzept ähnelt damit der griechischen Vorstellung von „oecumene" als die gesamte bewohnte Welt, und er wird manchmal tatsächlich entsprechend übersetzt. [15] Er wurde aber auch in einem engeren Sinne verwendet und bezeichnete die räumliche Sphäre, in der (chinesische) Kultur und Moral vorherrschten, womit er dem römischen Begriff der „oecumene" als der „zivilisierten" Welt ähnelt. [20]
Zweitens ist der Begriff „zhongguo" weithin als zeitgenössische Bezeichnung für China bekannt. In frühen chinesischen Texten taucht er jedoch in verschiedenen Kontexten auf und bezeichnete [...] also nicht unbedingt eine tatsächliche geografische Zentralität, [25] sondern implizierte im Allgemeinen einen Anspruch auf politische Legitimität oder kulturelle Überlegenheit, was auf einen Unterschied zurückgeht zwischen den von Chinesen bewohnten Ländern (oft als „Hua" und/oder „Xia" bezeichnet) und den von Nicht- [30] Chinesen bewohnten Gebieten (oft als „Yi" zusammengefasst), die sie umgaben.

Christoph Mauntel u. a., Mapping Continents, Inhabited Quarters and The Four Seas, in: Journal of Transcultural Medieval Studies 5, de Gruyter, Berlin/Boston/München 2018, S. 295–366, S. 306 f. Übersetzt von Jonas Schmid.*

M 11 Der Übersetzer Ma Huan über „barbarische Länder" (15. Jahrhundert)
Ma Huan nahm an drei der sieben Fahrten des Seefahrers Zheng He (geb. 1371) als Übersetzer teil. Nach seiner Rückkehr nach China verfasste er ein Buch, in dem er über die Fahrten und besuchten Orte berichtet. Dem Buch vorangestellt ist folgendes „Gedicht über die Reise":
Des Kaisers glorreicher Gesandter empfing die himmlisch-kaiserliche Order, die Worte des Kaisers zu verkünden und in die barbarischen Länder zu fahren. Sein riesiges Schiff ritt auf den tosenden Wellen des grenzenlosen Ozeans, eine weite Fahrt über die [5]

rollenden Wogen, die weit und grenzenlos schienen. [...] Weit entfernt ist Shepo [Java] vom blühenden Reich der Mitte [China], das Wetter dort drückend heiß und die Menschen anders. Unbedeckte Köpfe
10 und nackte Füße, eine unkultivierte Sprache sprechen sie; Kleider und Hüte tragen sie nicht, noch verfolgen sie Riten oder Tugend.
Als die himmlisch-kaiserliche Schrift kam, erhoben sich fröhliche Rufe, die Oberhäupter und Anführer
15 der Barbaren wetteiferten darum, sie zu begrüßen. Edelmetalle aus dem Süden und seltene Edelsteine aus der Ferne werden schnell zum Tribut gebracht; dankbar, unsere Güte bewundernd, zeigen sie sich treu und aufrichtig. [...]
20 Hohe Berge und mächtige Wellen sah ich zuvor nur wenige; seltene und außergewöhnliche Schätze erschienen mir nun. Unter dem Himmel sind alle Untertanen des Kaisers, die ehrwürdige Ming [Dynastie] vereinte *Huaxia* [China], wer kann sich damit – vom
25 Altertum bis in die Gegenwart – vergleichen?
Der Gesandte, pflichtbewusst, fürchtet Verzögerung; wenn der Südwind kommt, der ihm den Weg nach Hause weist. Über Wellen groß wie Drachen segeln die Schiffe hinweg. Der Blick zurück zeigt trostlose
30 und ferne Flecken verborgen im Dunst.

Ma Huan, zit. nach John V. Mills (Hg.), The Overall Survey of the Ocean's Shores, Cambridge Univ. Press, Cambridge 1970, S. 73–75. Übersetzt von Jonas Schmid.*

1 Erläutern Sie mithilfe von M 10 den Begriff „Alles unter dem Himmel".

2 Arbeiten Sie auf der Basis von M 11 typische Elemente des Weltbilds und Selbstverständnisses der chinesischen Kaiserzeit heraus.

M 12   Die „Verbotene Stadt", Beijing, Foto 2014.

Die „Verbotene Stadt" besteht aus 890 Gebäuden, im Zentrum der Kaiserpalast. Die Anlage wurde von 1406 bis 1420 unter Kaiser Yongle erbaut. Hier lebten bis 1924 die chinesischen Kaiserfamilien.

---

1 Erklären Sie den Zusammenhang zwischen dem „Bild der fünf Zonen der Unterwerfung" (siehe M 4, S. 155) und der „Verbotenen Stadt".

2 **Vertiefung**: Informieren Sie sich über Leben und Politik des Yongle-Kaisers (1360–1424).

3 **Zusatzaufgabe**: Siehe S. 480.

Selbstverständnis der Chinesen

M 13   Der chinesische Historiker Ge Zhaoguang zur Frage „Was ist China?" (2018)

Was ist „China" aus historischer Sicht eigentlich? [...] Wenn wir auf die Geschichte „Chinas" zurückblicken, können wir, vereinfacht gesagt, sagen, dass ein China mit politischer und kultureller Kontinuität schon sehr früh entstanden ist. Vom dritten Jahrhundert 5 v. u. Z., als Qin Shi Huangdi ein einheitliches Reich errichtete und seine offizielle Macht dazu nutzte, dafür zu sorgen, dass „alle Gewichte und Maße, die Spurweite von Radfahrzeugen und das Schriftsystem vereinheitlicht wurden", bis zum zweiten Jahrhundert 10 v. u. Z., als die Han-Dynastie in ihrer Philosophie „nichts anderes als den Konfuzianismus bewunderte", [...] hatte sich ein chinesisches Kaiserreich (*Zhonghua diguo*) gebildet, das in Bezug auf Politik, Kultur und Sprache relativ einheitlich war. Im Laufe 15 der langen mittelalterlichen Periode erlebte China zahlreiche Kriege und territoriale Teilungen, war Schauplatz der Vermischung verschiedener nationaler Gruppen und wurde von einer langen Reihe von Anführern aus verschiedenen Clans und nationalen 20 Gruppen regiert. Dennoch war China bis in die Zeit der Sui- und der Tang-Dynastie hinein ein Reich, das sich über weite Teile Ostasiens erstreckte und ein hohes Maß an Kontrolle über die verschiedenen Völker in seinem Territorium ausübte. [...] Erst während der 25 Song-Dynastie (d. h. vom zehnten bis zum vierzehnten Jahrhundert) kam es zu größeren Veränderungen in den Beziehungen Chinas zu seinen Nachbarländern. Das China der Song-Dynastie befand sich in einem multistaatlichen, internationalen Umfeld und 30 begann, ein Gefühl für das „Reich der Mitte" zu entwickeln, das bis in die heutige Zeit reicht. [...]
Es muss jedoch darauf hingewiesen werden, dass sich die politischen Grenzen des Staates und das internationale Umfeld auch nach der Herausbildung 35 des Prototyps dieses Staates ständig veränderten. Selbst ein geschrumpftes China hielt an der traditionellen Vorstellung von einem expansiven, grenzenlosen „Alles-unter-dem-Himmel" und einem „auf sich selbst zentrierten" Tributsystem fest. Ab der 40 Song-Dynastie stieß dieses „China", das allmählich

kulturelle Einheit und politische Einigung erlangte, auf noch mehr Schwierigkeiten. [...]

45 Das Große Ming-Reich wurde in eine noch größere Weltordnung hineingezogen, und die chinesische Geschichte wurde zu einem Teil der globalen Geschichte. Auch die chinesische Kultur begann, sich den Herausforderungen der westlichen Zivilisation zu stellen. Auch wenn diese Herausforderung in der

50 mittleren und späten Periode der Ming-Dynastie nicht besonders offensichtlich war, wurde dieser historische Trend der sogenannten frühen Globalisierung immer stärker. Von den Opiumkriegen bis zur späten Qing-Dynastie drangen die Westler mit Schif-

55 fen und Kanonen ein und verlangten von China die Zustimmung zu allen möglichen ungleichen Verträgen. Diese Entwicklungen führten dazu, dass „Alles-unter-dem-Himmel" allmählich zu einer „internationalen" Weltsicht wurde: Ein riesiger Teil der Welt, der

60 geografisch, historisch und kulturell nie viel Kontakt mit China gehabt hatte, wurde plötzlich bedeutsam. [...]

Ich betone, dass „China" im Laufe der Geschichte ein sich wandelndes „China" ist. Obwohl China sich wei-

65 terhin als ein großes, einheitliches himmlisches Reich betrachtete, war es weiterhin mit den drei komplizierten historischen Fragen konfrontiert, was das Innere, die Peripherie und das Äußere ausmacht.

70 Aus diesen Gründen ist „China" eine besondere Art von „Staat". Es ist wichtig, dass wir verstehen, dass sich dieses China [wie ich an anderer Stelle geschrieben habe] „nicht zu einem Nationalstaat [wie in Europa] entwickelt hat. Zwar war die Idee eines be-

75 grenzten Staates in der Vorstellung eines Reiches ohne Grenzen enthalten. Der moderne Nationalstaat ist das Produkt des traditionellen zentralisierten Imperiums und bewahrt die Überreste der Ideologie des Imperiums, woraus wir erkennen können, dass die

80 Geschichte beider miteinander verflochten war."

Aus diesen Gründen ist die europäische Idee des frühneuzeitlichen Nationalstaates vielleicht gar nicht so gut für China geeignet, während China, dieser besondere Staat, nur verstanden werden kann,

85 wenn man in die Geschichte zurückgeht.

Ge Zhaoguang, What is China? Territory, Ethnicity, Culture, and History, The Belknap Press, Cambridge/Massachusetts 2018, S. 2–10. Übersetzt von Jonas Schmid. *

1 Fassen Sie zusammen, wie Ge Zhaoguang Chinas historische Entwicklung charakterisiert (M 13).

2 Erörtern Sie die Rolle „politischer und kultureller Kontinuität" (Z. 4) und die Idee eines einheitlichen Chinas im Vergleich zur Entwicklung Europas.

Europa: Folgen der Aufklärung

M 14 „Aufklärung", Zeichnung von Daniel Chodowiecki, 1791

1 **Partnerarbeit:** Beschreiben Sie das Bild M 14. Ordnen Sie bestimmte Bildelemente wichtigen Ideen der Aufklärung zu.
Tipp: Nutzen Sie den Darstellungstext, S. 155 f.

M 15 Der Philosoph Immanuel Kant (1724–1804) über „Was ist Aufklärung?" (1785)

Aufklärung ist der Ausgang des Menschen aus seiner selbst verschuldeten Unmündigkeit. Unmündigkeit ist das Unvermögen, sich seines Verstandes ohne Anleitung eines anderen zu bedienen. Selbst verschuldet ist

5 diese Unmündigkeit, wenn die Ursachen derselben nicht am Mangel des Verstandes, sondern der Entschließung und des Mutes liegt, sich seiner ohne Leitung eines andere zu bedienen. *Sapere aude!* Habe Mut, Dich Deines eigenen Verstandes zu bedienen! Ist

10 also der Wahlspruch der Aufklärung. Faulheit und Feigheit sind die Ursachen, warum ein so großer Theil der Menschen, nachdem sie die Natur längst von fremder Leitung freigesprochen (*naturaliter majorennes*),

15 dennoch gerne zeitlebens unmündig bleiben; und warum es Anderen so leicht wird, sich zu deren Vormündern aufzuwerfen. Es ist so bequem, unmündig zu
sein. [...]

[...] Es ist also für jeden einzelnen Menschen schwer,
sich aus der ihm beinahe zur Natur gewordenen Un-
20 mündigkeit herauszuarbeiten. Er hat sie sogar liebge-
wonnen, und ist vor der Hand wirklich unfähig, sich
seines eigenen Verstandes zu bedienen, weil man ihn
niemals den Versuch davon machen ließ. Satzungen
und Formeln, diese mechanischen Werkzeuge eines
25 vernünftigen Gebrauchs oder vielmehr Missbrauchs
seiner Naturgaben, sind die Fußschellen einer im-
merwährenden Unmündigkeit. Wer sie auch abwür-
fe, würde dennoch auch über den schmalesten Graben einen nur unsicheren Sprung thun, weil er zu
30 dergleichen freier Bewegung nicht gewöhnt ist. [...]
Dass aber ein Publikum sich selbst aufkläre, ist eher
möglich; ja es ist, wenn man ihm nur Freiheit lässt,
beinahe unausbleiblich. Denn da werden sich immer
einige Selbstdenkende, sogar unter den eingesetzten
35 Vormündern des großen Haufens, finden, welche,
nachdem sie das Joch der Unmündigkeit selbst abge-
worfen haben, den Geist einer vernünftigen Schät-
zung des eigenen Werths und des Berufs jedes Menschen selbst zu denken um sich verbreiten werden.
40 [...] Durch eine Revolution wird vielleicht wohl ein
Abfall von persönlichem Despotismus und gewinn-
süchtiger oder herrschsüchtiger Bedrückung, aber
niemals wahre Reform der Denkungsart zu Stande
kommen; sondern neue Vorurtheile werden, eben so-
45 wohl als die alten, zum Leitbande des gedankenlosen
großen Haufens dienen. [...] Leben wir jetzt in einem
aufgeklärten Zeitalter? So ist die Antwort: Nein, aber
in einem Zeitalter der Aufklärung.

Immanuel Kant, Beantwortung der Frage: Was ist Aufklärung, in:
Berlinische Monatsschrift 1784, Zwölftes Stück, Siehe Dec. Was ist
*Aufklärung?, Berlin, S. 516.**

1 Erläutern Sie, warum Kant (M 15) von einer „selbst
  verschuldeten Unmündigkeit" (Z. 2) spricht.

2 Weisen Sie mithilfe von M 15 nach, dass die Aufklärung eine neue „Denkart" einleitete.
  Tipp: Siehe S. 480.

3 Nehmen Sie Stellung, inwiefern „Freiheit" als grundlegender Wert oder Bedingung auch moderner
  staatlicher Strukturen zu betrachten ist.

4 **Vertiefung:** Erarbeiten Sie über Bibliotheks- und
  Internetrecherche die Ideen eines weiteren wichtigen
  Denkers der Aufklärung: z. B. Jean-Jacques Rousseau,
  Adam Smith, John Locke, Georg Wilhelm Friedrich
  Hegel, Alexis de Tocqueville oder Auguste Comte.

M 16 **Der Journalist Götz Hamann über Diderots**
Encyclopédie **(2011)**

Geht es um ihren Anspruch, hat die Wikipedia einen
historischen Urahn, Diderots *Encyclopédie* von 1751.
Auch sie sammelte das Wissen ihrer Zeit und erleuchtete sie damit.

Die ersten Bände der *Encyclopédie ou Dictionnaire* 5
raisonné des sciences, des arts et des Métiers erschienen im Jahr 1751 und trafen [...] auf ein immenses
Interesse. Intellektuelle, Ingenieure, aufgeklärte
Staatsdiener, Juristen, Ärzte und Manufakturkapita-
listen in ganz Europa kauften das Werk des Aufklä- 10
rers Denis Diderot. Denn es veränderte die Welt, die
bis dahin aus Hörensagen, mündlicher Überlieferung, einzelnen aufklärerischen Schriften und kleineren Lexikon-Editionen bestanden hatte.

Diderots *Encyclopédie* schien den Kontinent zu er- 15
leuchten. Sie war ein Angriff auf das christliche Weltbild, das Primat der Kirche und die von Gott abgeleitete Macht der Könige. Denn sie stellte Vernunft,
wissenschaftliche Methoden und die Empirie über
den Glauben und gilt als das wichtigste Werk der 20
Aufklärung. Das blieb nicht ohne Kritik. Da Diderot
seine Haltung auch in diversen Essays kundgetan
hatte, war er noch vor Erscheinen der ersten Bände
verhaftet worden und mehrere Monate lang inhaf-
tiert gewesen. Danach wurde er vorsichtiger, publi- 25
zierte weniger Schriften und versteckte seine radikalen Ansichten in der *Encyclopédie* oft in frechen
Verweisen. So steht unter dem Eintrag über Men-
schenfresserei der Hinweis „siehe auch unter Eucha-
ristie, Kommunion, Altar etc". 30

Mit diesem Lexikon bekam die Aufklärung einen
Common Ground [gemeinsame Grundlage]. Die gebildeten Menschen Europas bedienten sich nun aus
demselben Wissensschatz. Und indem sie die *Encyc-*
lopédie nutzten und zitierten und übersetzten und 35
erweiterten, verständigten sie sich darüber, wie die
Welt ist. Die *Encyclopédie* zeigte, was die Elite Europas jenseits persönlicher Vorlieben, religiöser Überzeugungen und politischer Haltungen gemeinsam
über die Welt aussagen konnte. Denis Diderot selbst 40
schrieb in seinem lexikalischen Beitrag zum Stichwort „Enzyklopädie": Sie ziele „darauf ab, die auf der
Erdoberfläche verstreuten Kenntnisse zu sammeln,
und es den nach uns kommenden Menschen zu über-
liefern, damit die Arbeit der vergangenen Jahrhun- 45
derte nicht nutzlos für die kommenden Jahrhunderte
gewesen sei". Mit diesem Tun verband er die Hoffnung, dass „damit unsere Enkel nicht nur gebildeter,
sondern gleichzeitig auch tugendhafter und glückli-
cher werden, und damit wir nicht sterben, ohne uns 50
um die Menschheit verdient gemacht zu haben".

Götz Hamann, „Das gesammelte Wissen der Welt". ZEIT Online, 17.01.2011.*

M 17 **Plakat aus der Zeit der Französischen Revolution, 1792–1797**

1 Fassen Sie Diderots Intention der Enzyklopädie auf der Basis von M 16 zusammen.
2 Analysieren Sie die Folgen von Diderots „Encyclopédie" für das europäische Weltbild.
3 Arbeiten Sie aus dem Plakat M 17 Bezüge zur Aufklärung heraus.
   Tipp: Siehe S. 480.

M 18 **Der Soziologe Bernhard Schäfers über die „Ambivalenzen der Aufklärung" (2016)**
Es wurde früh gesehen und kritisiert, dass das Aufklärungsdenken einen zu ausschließlich wissenschaftlichen und technisch fundierten Impetus hatte und mit diesem „Programm" der „Entzauberung der
5 Welt" (Max Weber) Gefahren neuer Art verbunden waren. Hier liegt auch der Grund für das Zerwürfnis von Rousseau mit den Enzyklopädisten, namentlich mit Diderot. [...] Rousseau sah die Gefahren einer Herrschaft der Vernunft in Verbindung mit wissen-
10 schaftlich-technischer Rationalität. Dem setzte er die Welt der Gefühle entgegen, wie im Erziehungsroman *Émile* oder in *Julie oder die neue Héloise* (beide

Werke 1761). Ambivalenzen der Aufklärung bzw. der Moderne spielen auch in der Soziologie eine wichtige 15 Rolle, so bei Georg Simmel und Max Weber. Doch weder Simmel noch Weber stellten die Aufklärung grundsätzlich infrage. Das geschah erst nach den Katastrophen zweier Weltkriege, am radikalsten bei Theodor W. Adorno (1903–1969) und Max Horkhei- 20 mer (1895–1973) in ihrem noch im amerikanischen Exil verfassten Werk, „Dialektik der Aufklärung". Den Nationalsozialismus mit seiner Ideologie und der Praxis der Vernichtung von Völkern und Kulturen sahen sie als „Selbstzerstörung der Aufklärung", als 25 Umschlag in eine neue Mythologie der Gewalt [...]. In der Diskussion um die mit der Aufklärung beginnende wissenschaftlich-technische Fundierung des Sozialen nimmt das Werk von Michel Foucault (1926– 1984) einen zentralen Stellenwert ein. In 30 „Überwachen und Strafen" (1976) zeigte er, wie seit der Aufklärung und dem Beginn des wissenschaftlich-technischen Zeitalters neue Formen des Separierens, Aufteilens und Disziplinierens, nunmehr wissenschaftlich begründet, möglich wurden. Ge- 35 fängnisse, Heilanstalten, Erziehungsheime wurden zu Einrichtungen eines Überwachungs- und Bestrafungssystems.

Bernhard Schäfers, Sozialgeschichte der Soziologie. Die Entwicklung der soziologischen Theorie seit der Doppelrevolution, Springer VS, Wiesbaden 2016, S. 23f.*

1 Beschreiben Sie die „Ambivalenzen der Aufklärung".
2 Diskutieren Sie im Kurs, inwiefern Ideen der Aufklärung im Kontakt mit anderen Kulturen Konflikte mit sich bringen können.
   ▶ Kernmodul: M 3 Urs Bitterli

Folgen der Industrialisierung

M 19 **Der Wirtschaftshistoriker Felix Butschek über die Industrialisierung (2006)**
Noch zu Beginn des 20. Jahrhunderts konnte man sagen, dass Europa die gesamte Welt direkt oder indirekt beherrschte. [...] Eine solche drückende Überlegenheit resultierte aus einem Prozess, der sich nur und ausschließlich in Europa und seinen 5 überseeischen Abkömmlingen, also Nordamerika, Australien und Neuseeland, vollzogen hatte: der Industriellen Revolution! Diese bewirkte nicht nur, dass pro Kopf der Bevölkerung in Europa ein Vielfaches dessen produziert wurde, was die übrige Welt 10 erzeugte, sondern sich auch ein gewaltiger Abstand des technischen Wissens aufgetan hatte; jener Kenntnis, die zum Motor der Industriellen Revolution geworden war. [...]

15 [...] Dieser Kontinent repräsentierte, verglichen mit den außereuropäischen [Kulturen], etwa der chinesischen, eine relativ junge Kultur. Jene existierte bereits Jahrtausende, bevor Europa die Weltbühne betrat, und hatte beeindruckende Leistungen, nicht nur
20 in Architektur und Kunst, sondern auch durchaus in Technik und Verwaltung aufzuweisen. [...]
Auch wenn alle Wirtschaftshistoriker dem technischen Fortschritt und der Innovation stets eine zentrale Rolle in der Industriellen Revolution zuschrie-
25 ben, lehnten sie es ab, darin die einzige Ursache zu sehen. Sie waren sich darüber im Klaren, dass dieser Prozess durch eine Reihe von Faktoren vorangetrieben gewesen sein musste, die auch über den unmittelbar ökonomischen Bereich hinausgingen. [...]
30 Während der Übergangsperiode des späten 17. und frühen 18. Jahrhunderts beginnen sich das wissenschaftliche Denken und der wissenschaftliche Diskurs in der Wirtschaft durchzusetzen. Initiative, risikobereite Menschentypen mit einem neuen Wer-
35 tekanon treten in den Vordergrund. Die entstehenden Nationalstaaten bekunden hohes Interesse am Wirtschaftswachstum, um ihre finanziellen Ressourcen auszuweiten. Um dieses zu ermöglichen, erhöhte der Staat seine Investitionen sowohl in die Trans-
40 portinfrastruktur als auch in das Bildungswesen. Mit wachsendem Überseehandel wird der Markt ausgeweitet, es entwickeln sich kommerzielle und Finanzierungsorganisationen, die die unternehmerische Disposition erleichtern.

Felix Butschek, Industrialisierung – Ursachen, Verlauf, Konsequenzen, UTB, Wien 2006, S. 9 ff.*

M 20 **Weltindustrieproduktion 1880–1938 (Anteil ausgewählter Länder in %)**

	1880	1900	1913	1928	1938
Großbritannien	22,9	18,5	13,6	9,9	10,7
Vereinigte Staaten	14,7	23,6	32,0	39,3	31,4
Deutschland	8,5	13,2	14,8	11,6	12,7
Frankreich	7,8	6,8	6,1	6,0	4,4
Russland	7,6	8,8	8,2	5,3	9,0
Österreich-Ungarn	4,4	4,7	4,4	–	–
Italien	2,5	2,5	2,4	2,7	2,8

Nach: Paul M. Kennedy, Aufstieg und Fall der großen Mächte, Random House, Frankfurt/M. 1989, S. 311.

1 Erläutern Sie, wie Butschek (M 19) die „drückende Überlegenheit" (Z. 3 f.) Europas begründet.
2 Bestimmen Sie mithilfe von M 20 die Rolle Europas im Rahmen der Industrialisierung.
3 **Zusatzaufgabe:** Siehe S. 480.

M 21 **Der Wirtschaftshistoriker David Landes über Industrialisierung und Modernisierung (1973)**
Die Industrialisierung bildet ihrerseits das Kernstück eines größeren und komplexeren Prozesses, den man häufig als Modernisierung bezeichnet. Es handelt sich hier um jene Kombination von Veränderung –
5 der Produktions- und der Regierungsweise, der sozialen und institutionellen Ordnung, des Wissens, des Verhaltens und der Werte –, die im 20. Jahrhundert einer Gesellschaft ihre Eigenständigkeit bewahrt. [...] Aber auch das industrielle Europa litt an Wachs-
10 tumsschmerzen. [...] Jeder Wandel hat etwas Dämonisches. Er schafft Neues, vernichtet aber auch Bestehendes. [...] Das 18. und 19. Jahrhundert erlebten aber das Anwachsen einer arbeitenden Klasse, wie es sie in dieser Zahl und Konzentration niemals zuvor gegeben hatte. Mit der Größe und der Konzentration
15 kamen Slums und Klassenbewusstsein, Arbeiterparteien und radikale Heilmittel.

David Landes, Der entfesselte Prometheus, Kiepenheuer & Witsch, Köln 1973, S. 20 f.*

M 22 **„Zeit-Controllapparate", Grafik aus der Leipziger Illustrierten, 1889**

1 Arbeiten Sie auf der Basis von M 21 und M 22 den Zusammenhang zwischen sozialen und politischen Folgen der Industrialisierung heraus.

2 Erörtern Sie Transformationsprozesse in Europa als Folge der Industrialisierung.

▶ Kernmodul: M 7: Wolfgang Merkel

Selbstverständnis der Europäer

M 23 **Der französische Gelehrte Louis de Jaucourt in einem Artikel über „Europa" (1751)**
EUROPA (geog.), große Region der bewohnten Welt. [...] Europa hatte weder immer denselben Namen noch dieselben Ausmaße, was auf die Völker, die es bewohnten, zurückzuführen ist; und die Unterteilun-
5 gen hängen mangels der Historiker, die uns einen Faden reichen sollten, mit dem wir aus diesem Labyrinth finden, von einer unmöglichen Kleinigkeit ab. [...] Wie dem auch sei, Europa ist immer noch der kleinste Teil der Welt; aber, wie der Autor des Werkes
10 „Geist der Gesetze" [Montesquieu] bemerkt, hat sie so ein Ausmaß an Kraft und Einfluss erlangt, dass der Historiker dem nichts entgegensetzen kann, wenn er das unendliche Ausmaß an Ausgaben, die Größe der militärischen Verpflichtungen, die Anzahl der Trup-
15 pen und ihre Unterhaltskosten, auch wenn diese wahrlich unnütz sind, weil sie nur der Schau dienen, betrachtet. Im Übrigen tut es wenig zur Sache, dass Europa bezüglich seiner geografischen Ausdehnung der kleinste der vier Weltenteile ist, weil er aufgrund
20 des Handels, der Schifffahrt, der Fruchtbarkeit, der Aufgeklärtheit der Bewohner, der Industrie, der Kenntnisse in Kunst, Wissenschaft und Handwerk und, was am wichtigsten ist, aufgrund des Christentums, dessen wohltuende Moral zur Glückseligkeit
25 der Gesellschaft führt, der bemerkenswerteste ist. Wir schulden dieser Religion in der Regierung ein bestimmtes politisches Recht und im Krieg ein gewisses Völkerrecht, das die menschliche Natur nicht angemessen zu würdigen weiß. Indem sie nur das Glück
30 eines anderen Lebens als Ziel zu haben scheint, sorgt sie auch für unser Glück in diesem Leben.

Louis de Jaucourt, Artikel „Europa" in Enzyklopädie oder ein durchdachtes Wörterbuch der Wissenschaften, der Künste und Berufe, in: Rotraud von Kulessa/Catriona Seth (Hg.), Die Europaidee im Zeitalter der Aufklärung, Open Book Classics, Cambridge 2017, S. 26–28.*

M 24 **Der Historiker Jürgen Osterhammel über „Europa" im 19. Jahrhundert (2011)**
Weltgeschichte will „Eurozentrismus" ebenso wie jede andere Art von naiver kultureller Selbstbezogenheit überwinden. Dies geschieht nicht durch die illusionäre „Neutralität" eines allwissenden Erzählers oder die Einnahme einer vermeintlich „globalen Be-
5 obachterposition", sondern ein bewusstes Spiel mit der Relativität von Sichtweisen. Dabei kann nicht übersehen werden, wer für wen schreibt. Dass sich ein europäischer (deutscher) Autor an europäische (deutsche) Leser wendet, wird den Charakter des
10 Textes nicht unberührt lassen: Erwartungen, Vorwissen und kulturelle Selbstverständlichkeiten sind nicht standortneutral. [...]
Kein anderes Jahrhundert [als das 19. Jahrhundert] war in einem auch nur annähernden Maße eine Epo-
15 che Europas. Es war, wie der Philosoph und Soziologe Karl Acham treffend formuliert hat, eine „Epoche übermächtiger und übermächtigender europäischer Initiativen". Nie zuvor hatte die westliche Halbinsel Eurasiens derart große Teile des Globus beherrscht
20 und ausgebeutet. Niemals hatten Veränderungen, die von Europa ausgingen, eine solche Durchschlagskraft in der übrigen Welt. Niemals wurde auch die europäische Kultur – weit jenseits der Sphäre kolonialen Zugriffs – dermaßen begierig aufgenommen.
25 Das 19. Jahrhundert war also auch deshalb ein Jahrhundert Europas, weil die Anderen Maß an Europa nahmen. Europa übte in der Welt dreierlei aus: Macht, die es oft gewaltsam zum Einsatz brachte; Einfluss, den es sich über die zahllosen Kanäle kapi-
30 talistischer Expansion zu sichern verstand; und eine Vorbildwirkung, gegen die sich sogar viele von Europas Opfern nicht sperrten. Die multiple Übermacht hatte es in der frühneuzeitlichen Phase der europäischen Expansion nicht gegeben. Weder Portugal,
35 noch Spanien, noch die Niederlande, noch England vor etwa 1760 hatten ihre Macht in entfernte Winkel der Erde projiziert und die „Anderen" kulturell so beeindruckt, wie es Großbritannien und Frankreich im 19. Jahrhundert taten. [...] Niemals hat Europa einen
40 ähnlichen Überschuss an Innovationskraft und Initiative, gleichzeitig auch von Überwältigung und Arroganz freigesetzt.

Jürgen Osterhammel, Die Verwandlung der Welt. Eine Geschichte des 19. Jahrhunderts, C. H. Beck, München 2011, S. 19 f.*

1 Analysieren Sie, wie Louis de Jaucourt die Überlegenheit Europas begründet (M 23).

2 Geben Sie die Argumentation Osterhammels wieder, wie Europa die Welt dominierte (M 24).

3 Nehmen Sie Stellung zu der Problematik, dass die Geschichtsschreibung immer kulturell gebunden ist.

4 **Diskussionsrunde:** Vergleichen Sie das chinesische Selbstverständnis mit dem europäischen. Führen Sie eine Diskussion durch, in der eine Gruppe China und eine Gruppe Europa vertritt. Tauschen Sie sich über Fragen des Selbstverständnisses aus.

Geschichtskarten interpretieren

Karten gehören zu unserem Alltag – ob als Straßenkarten, in Navigationsgeräten oder im Internet. Meist werden dort aktuelle geografische Verhältnisse gezeigt. Für die Darstellung historischer Phänomene und Entwicklungen haben Karten eine wichtige Funktion: Sie können **Raumbeziehungen** visuell darstellen und so den **Zusammenhang zwischen räumlichen Bedingungen** (Lage von Staaten, Grenzen, Verkehrswegen) **und** 5 **historischen Prozessen** verdeutlichen. Daher finden sich solche Karten in Schulbüchern, aber auch in wissenschaftlicher und populärer Literatur und in historischen Dokumentationen im Fernsehen.

Begrifflich und inhaltlich zu unterscheiden sind **„Geschichtskarten"** und **„historische Karten"**. „Geschichtskarten" wollen (heute) ein Phänomen aus der Vergangenheit be- 10 handeln, also Geschichte in kartografischer Form darstellen. „Historische Karten" dagegen stammen aus der Vergangenheit und stellen – aus damaliger Perspektive – entweder die damalige Gegenwart oder eine Vergangenheit dar. Für die Geschichtswissenschaft sind Letztere Quellen, Erstere dagegen Darstellungen. Allerdings können Geschichtskarten mit der Zeit historische Karten werden – ein Geschichtsatlas aus den 1950er- 15 Jahren z. B. ist heute eine historische Quelle, die es erlaubt, das Geschichtsverständnis dieser Zeit zu rekonstruieren.

Für die Darstellung von Geschichte in kartografischer Form gibt es bekannte Konventionen und Elemente, die für die Darstellungsabsicht eingesetzt werden können: Kartentitel, Legende, Farbgebung, verwendete Symbole und Zeiten, Schrift usw. Bei der 20 kritischen Analyse solcher Karten geht es nicht so sehr darum, die dargestellten Informationen zu ermitteln, sondern vor allem um die Aussageabsicht der Karte. Hierfür ist insbesondere der Kontext wichtig, also Fragen wie: Wer hat die Karte entworfen bzw. in Auftrag gegeben? In welchem Zusammenhang ist sie erschienen? An wen richtete sie sich? 25

Arbeitsschritte zur Interpretation

1. Erster Eindruck
– Was sind Ihre ersten Assoziationen und Eindrücke beim Betrachten der Karte?
– Was fällt Ihnen hinsichtlich der inhaltlichen Dichte und Komplexität auf?

2. Formale Merkmale
– Wie lautet der Titel der Karte?
– Wer ist der Verfasser bzw. Auftraggeber der Karte (ggf. Recherche)?
– Was ist das Thema der Karte (dargestellter geografischer Raum, Zeit, Ereignisse)?
– Wie sind Legende(n), Maßstab, Farbgebung, Symbole, Schrift etc. gestaltet?
– Wie ist der Verwendungskontext und wer sind die Adressaten?

3. Analyse der einzelnen Elemente
– Was bedeuten die einzelnen inhaltlichen Elemente, z. B. Grenzen und Grenzveränderungen, Wanderungen und Kriegszüge, Schlachten und Belagerungen, Standorte (Industrie, Handel, Militär etc.), Bevölkerungs-, Bestands- und Absatzzahlen?
– Lassen sich die Behauptungen anhand anderer Quellen überprüfen?

4. Interpretation/ Gesamtaussage
– Was ist die Intention und Aussageabsicht der Karte? Welche Erkenntnis wird beim Betrachter intendiert?
– Sind Schwerpunkte erkennbar? Wo liegt der Fokus der Karte?
– Wird eine bestimmte Sichtweise bezüglich einer historischen Fragestellung bevorzugt?
– Sind Missinterpretationen möglich? Vereinfacht die Karte Sachverhalte zu stark?
– Sind implizite oder gar explizite Wertungen erkennbar?
– Was wird nicht dargestellt? Aus welchen Gründen?
– Manipuliert die Karte den Betrachter? Werden Informationen zurückgehalten oder falsch dargestellt? Wem könnte dies nutzen? Wer könnte dies wollen?

Übungsbeispiel

M1 **China zur Zeit der Qing-Dynastie (1644–1911)**

Kernsiedlungsgebiet der Mandschu

Expansion bis 1644 (Übernahme der Herrschaft von den Ming)

Expansion bis 1659

Expansion bis Ende des 18. Jahrhunderts

1759 Jahr der Annexion

Grenze der größten Ausdehnung des Reichs

tributpflichtiger Staat

Aufstandsgebiet

1 Interpretieren Sie die Karte, indem Sie die vier Arbeitsschritte von S. 166 durchführen und auf dieser Grundlage einen zusammenhängenden Text formulieren.

▶ Lösungshinweise finden Sie auf S. 489 f.

Anwenden

M1 Der chinesische Philosoph Wang Fuzhi über die Herrschaft in China (17. Jh.)

Wang Fuzhi (1619–1692) stammte aus einer chinesischen Beamtenfamilie, die unter der Dynastie der Ming diente. Als 1644 die mandschurischen Qing den Kaiserthron eroberten, lehnte Wang ihre Herrschaft ab. Wang gilt als Vordenker eines ethnisch begründeten, chinesischen Nationalismus. Die Qing waren für ihn „Barbaren", weil sie nicht chinesisch waren. Seine kritischen Schriften wurden erst im 19. Jahrhundert veröffentlicht.

Der Unterschied zu den Barbaren liegt in der Kargheit ihrer Gesetze und Verfassungen, in der Rohheit ihrer Unterkünfte, ihrer Nahrung und ihrer Kleidung sowie ihrem gewalttätigen und wilden Tempera-
5 ment. Wenn sie diese Sitten nicht ändern, können sie sich eines großen Vorteils erfreuen. Und gleichzeitig kann China dadurch einem Schaden entgehen. Aber wenn sie einmal anfangen, sich zu ändern und chinesische Sitten anzunehmen, dann werden sich
10 auch die Vor- und Nachteile ihrer Lage ändern. Sie können dadurch mit der Zeit mutiger und mächtiger werden als die Chinesen, was ein Vorteil sein wird, aber sie werden so auch den Weg für eine eventuelle Schwäche öffnen. [...] Solange sich die Barbaren da-
15 mit begnügen, auf der Suche nach Wasser und Weideland umherzuziehen, sich im Bogenschießen und Jagen zu üben, keinen Unterschied zwischen Herrscher und Untertan zu machen, nur rudimentäre Heirats- und Regierungssysteme zu besitzen und je
20 nach den Erfordernissen der Jahreszeiten in ihrem Gebiet hin und her zu ziehen, solange kann China sie niemals kontrollieren. Und solange die Barbaren nicht erkennen, dass Städte befestigt und erhalten werden können, dass Märkte Gewinn bringen, dass
25 Felder bestellt und Steuern erhoben werden können, solange sie die Herrlichkeit ausgeklügelter Heirats- und Amtssysteme nicht kennen, werden sie China weiterhin als ein gefährliches und unwirtliches Dornenbeet betrachten. [...] Die beiden Länder werden
30 sich gegenseitig ignorieren, zum Vorteil für beide. Es entspricht der Ordnung des Himmels und den Geboten des menschlichen Zusammenlebens, dass jeder auf seine Weise und auf seinen eigenen Wegen das Licht findet.

Zit. nach: William Theodore de Bary u. a. (Hg.), Sources of Chinese tradition. 1. From earliest times to 1600, Columbia University Press, New York 1999, S. 547. Übersetzt von Jonas Schmid.*

M2 Der Ökonom Johann Heinrich Gottlob von Justi über das europäische Selbstverständnis (1762)

Johann Heinrich Gottlob von Justi (1720–1771) arbeitete in verschiedenen Positionen in der Verwaltung und an Universitäten. Er war beeinflusst von den Werken des französischen Philosophen Montesquieu.

So allgemein dieser Nationalstolz allen Völkern ist; so treiben wir Europäer diese hohe Einbildung von uns selbst doch viel höher als alle anderen Nationen des Erdbodens. Unser Vorzug scheinet uns gar nicht zweifelhaftig. Wir setzen uns kühn über alle anderen Völ- 5
ker der übrigen Weltteile hinaus. Sie sind in unseren Augen nichts als ungeschickte, rohe und unwissende Barbaren, wenn wir ihnen nicht die Ehre erzeigen, dass wir sie nicht gar unter die Wilden zählen. Alle ihre Sitten, Gebräuche und Regierungsverfassungen 10
kommen uns durchaus ungereimt, unvernünftig, töricht und lächerlich vor. Unsere Vernunft, unsere Erkenntnis, unsere Einsichten dünken uns so erhaben zu sein, dass wir auf alle andere[n] Völker des Erdbodens als auf um uns herumkriechende, elende Wür- 15
mer herabsehen; und in der Tat betragen wir uns auch nicht anders gegen sie. Wir führen uns als Herren des ganzen Erdbodens auf; wir bemächtigen uns ohne Bedenken der Länder aller Völker in allen drei übrigen Weltteilen; wir schreiben ihnen in ihren Lan- 20
den Gesetze vor; wir begegnen ihnen als unsern Sklaven; und wenn sie sich im geringsten zu widersetzen unterstehen; so rotten wir sie ganz und gar aus; was das Sonderbarste ist; wir tun dieses alles, ohne dass einmal jemand in Europa einfällt, dass wir dadurch 25
himmelschreiende Ungerechtigkeiten begehen.
Ich habe einen großen Vorsatz gefasst: Ich will mich bemühen, in verschiedenen Werken die hohe Einbildung zu mäßigen, die wir Europäer von uns selbst haben.

Johann Heinrich Gottlob von Justi, Vergleichungen der Europäischen mit den Asiatischen und andern vermeintlich barbarischen Regierungen, Verlag J.H. Rüdigers, Berlin 1762, S. 3 f.

---

1 Analysieren Sie, wie Wang Fuzhi die „Barbaren" charakterisiert (M 1).

2 Erläutern Sie auf der Basis von M 1 die Grundideen von Herrschaft und Gesellschaft im chinesischen Kaiserreich.

3 Geben Sie wieder, was Justi unter „Barbaren" versteht (M 2).

4 Erklären Sie, inwiefern M 2 Ideen der Aufklärung widerspiegelt.

5 Beurteilen Sie, ob die beiden Autoren typisch für das chinesische Selbstverständnis und das europäische Selbstverständnis sind.

Wiederholen

M 3 „Ein Kirgise präsentiert Kaiser Qianlong ein Pferd als Tribut",
Gemälde von Giuseppe Castiglione, Jesuit und Maler am chinesischen
Hof, 18. Jahrhundert.

*Bei einem Empfang beim Kaiser galten strenge Regeln. Alle Besucher mussten sich vor dem
Kaiser niederwerfen und mehrmals mit der Stirn den Boden berühren („Kotau", chinesisch
koutou). Das Bild ist ein Ausschnitt aus einer hängenden Schriftrolle des italienischen
Jesuiten und Hofmalers Giuseppe Castiglione.*

Zentrale Begriffe

„Alles unter dem Himmel"
Aufklärung
Eurozentrismus
Industrialisierung
Konfuzianismus
„Reich der Mitte"
Selbstverständnis
Sinozentrismus
Vernunft
Weltsicht

1 Beschreiben Sie die wesentlichen Bildelemente des Gemäldes von Giuseppe Castiglione (M 3). Nutzen Sie bei Bedarf die Formulierungshilfen.
2 Charakterisieren Sie mithilfe von M 3 und Ihres im Kapitel erworbenen Wissens die Rolle des Kaisers im chinesischen Kaiserreich.
3 Erläutern Sie den Einfluss der Aufklärung auf das europäische Selbstverständnis.
4 **Wahlaufgabe:** Bearbeiten Sie entweder a, b oder c.
  a) Skizzieren Sie in Thesen, welche Veränderungen die Industrialisierung in Europa brachte.
  b) Erarbeiten Sie ein Lernplakat zu den Veränderungen in Europa infolge der Industrialisierung.
  c) Erläutern Sie den Zusammenhang zwischen Industrialisierung und Imperialismus.
5 Einem Schüler des Konfuzius wird der Satz zugeschrieben: „Es gibt selten Menschen, die ihren Eltern mit Ehrfurcht, ihren älteren Brüdern mit Achtung begegnen und die trotzdem gegen die Obrigkeit rebellieren wollen [...]." Erklären Sie das sich daraus ableitende Gesellschaftsbild und nehmen Sie dazu Stellung.
6 Stellen Sie das chinesische Selbstverständnis und Weltbild dem europäischen in einer Tabelle gegenüber.
  Tipp: Verwenden Sie die folgenden Oberbegriffe: Gesellschaft, Kaiser/Monarch, Werte, Wirtschaft, Außenpolitik.
7 **Vertiefung:** Der Sinologe Karl-Heinz Pohl setzt sich mit Problemen eines interkulturellen Vergleichs zwischen China und Europa auseinander und stellt fest: „Die populäre Unterscheidung zwischen einem auf dem Christentum gründenden Westen und einem konfuzianisch orientierten Ostasien ist natürlich eine Vereinfachung, und sie ist deshalb [...] häufig kritisiert worden." Erörtern Sie Probleme eines solchen interkulturellen Vergleichs.

Formulierungshilfen für die Bildbeschreibung

– Auf dem Bild ist/sind ... zu sehen.
– Die dargestellten Personen sind mit ... bekleidet.
– Ihre Gestik/Mimik/Körperhaltung ist durch ... gekennzeichnet.
– Eine herausgehobene Stellung nimmt ... ein.
– Folgende Gegenstände/Symbole werden verwendet: ...
– Farbgebung/Perspektiven/Proportionen sind ... gestaltet und erzielen die Wirkung, dass ...
– Das Gemälde versucht, folgendes Bild der chinesischen Herrschaft zu erzeugen: ...

2.3 Chinesische Kontakte mit den imperialistischen Mächten und ihre Folgen

M1 „Uncle Sam öffnet die Tür nach China, und England und Russland schauen zu", US-amerikanische Karikatur, 1900

1644 | Beginn der Qing-Dynastie

1729 | Opiumverbot durch Kaiser Yongzheng

1600   1700

Unter der Dynastie der Qing (1644–1911) erlebte China zunächst eine Phase der Expansion und des Wohlstands. Der Handel in Asien florierte. Europa interessierte sich ebenfalls für die chinesischen Produkte wie Porzellan, Seide und Tee und schickte seine Handelsgesellschaften nach China. Die chinesische Regierung kontrollierte den Handel mit
5 Europa, indem sie ihn u. a. auf wenige Häfen, vor allem den Hafen von Guangzhou (Kanton), beschränkte. An europäischen Produkten bestand in China wenig Interesse. Es gab also keinen ausgeglichenen Handel zwischen beiden Seiten, sondern die Europäer mussten zum Erwerb chinesischer Produkte hohe Silberzahlungen an China leisten. Die Briten schickten 1792/93 eine diplomatische Mission unter Lord Macartney an den
10 Kaiserhof, um bessere Bedingungen auszuhandeln, scheiterten jedoch. Kaiser Qianlong schrieb: „Wie Euer Gesandter mit eigenen Augen sehen kann, besitzen wir alles. Ich lege keinen Wert auf Gegenstände, die fremdländisch oder geschickt erfunden sind, und ich habe keine Verwendung für die Produktion Eures Landes." Im Kontakt zwischen China und Europa hatte China eindeutig die besseren Karten in der Hand.
15 Die Lage änderte sich im 19. Jahrhundert aus verschiedenen Gründen. Ein Grund war der Opiumhandel. Das von den Briten in Indien produzierte Rauschgift fand auf illegalen Wegen reißenden Absatz in China. Nun floss vor allem Silber aus China nach Großbritannien. Als sich die Situation immer weiter zuspitzte, reagierte der chinesische Kaiser mit einem Opiumverbot und strengen Strafmaßnahmen. Die Briten waren em-
20 pört. Von den „unzivilisierten" Chinesen wollte man sich den vermeintlichen Freihandel nicht verbieten lassen und demonstrierte „nationale Stärke": Kriegsschiffe wurden nach China geschickt. Der Erste Opiumkrieg (1839–1842) war auch der erste Krieg zwischen einer europäischen Macht und China. Die Briten waren militärisch überlegen und konnten im Nanjing-Vertrag China die Bedingungen diktieren: Öffnung des Handels
25 und damit auch Zugriff auf die Wirtschaft in China, diplomatische Vertretungen und damit mehr politischer Einfluss, Zulassung von christlichen Missionen und damit kulturell-gesellschaftlicher Zugang. Schnell folgten andere Staaten mit eigenen „ungleichen Verträgen": Frankreich, Russland, die USA, später auch das Deutsche Reich und Japan. Untereinander vereinbarten sie, dass die Privilegien, die ein Staat in China durch Verträ-
30 ge erhalten hatte, auch für alle anderen Staaten galten. Die Autorität der Qing-Dynastie war massiv geschwächt. Der Kontakt wurde nun von den imperialistischen Mächten dominiert.

1 Interpretieren Sie die Karikatur M 1 und ordnen Sie diese mithilfe des Einleitungstextes in den historischen Kontext ein.
2 **Begriffscluster:** Reaktivieren Sie Ihr Vorwissen, indem Sie im Kurs ein Begriffscluster zum Thema „Imperialismus" erstellen. Berücksichtigen Sie dabei alle Begriffe und Assoziationen, die Ihnen hierfür relevant erscheinen.
3 Stellen Sie Hypothesen zum Einfluss der imperialistischen Mächte in China auf. Überprüfen Sie diese nach Bearbeitung dieses Kapitels.

1884/85	Niederlage Chinas im Krieg gegen Frankreich	
1894/95	Niederlage Chinas im Krieg gegen Japan, Taiwan wird japanische Kolonie	

| **1838/39** | Opiumverbot durch den Daoguang-Kaiser |
| **1839–1842** | Erster Opiumkrieg (Großbritannien und China) |

| **1856–1860** | Zweiter Opiumkrieg (Großbritannien, Frankreich und China) |

| **1897** | Deutsches Reich besetzt Qingdao |

1792/93	Macartney-Mission: brit. Gesandter fordert vom Kaiser bessere Handelsbedingungen
1842	Vertrag von Nanjing
1860	Zerstörung des kaiserlichen Sommerpalastes durch brit.-frz. Truppen

| **1899** | *Open Door Policy Note* von US-Außenminister John Hay |

1800　　　　**1900**

1880–1914 Phase des Hochimperialismus

2.3   Chinesische Kontakte mit den imperialistischen Mächten und ihre Folgen

---

In diesem Kapitel geht es um
- *die Mission des britischen Gesandten Macartney 1793 nach China,*
- *den „Ersten Opiumkrieg" 1839 bis 1842 zwischen China und Großbritannien,*
- *den Abschluss „ungleicher Verträge" zwischen China und den Großmächten,*
- *die christliche Missionierung in China,*
- *die von den USA durchgesetzte „Open Door Policy",*
- *einen Vergleich mit der Entwicklung von Japan (Stationenlernen).*

China und Europa bis zum Ende des 18. Jahrhunderts

Reise- und Missionsberichte vom 16. bis zum 18. Jahrhunderts zeichneten in Europa von China nicht nur das Bild eines kultivierten und vorbildhaften Landes, sondern rückten auch exotische Produkte wie Tee, Seide und Porzellan in den Fokus. Man betrachtete das reiche China also auch als interessanten Handelspartner mit attraktiven Produkten für den europäischen Markt.   5

Chinesische und europäische Händler – darunter vor allem Portugiesen, Spanier, Niederländer und Briten – schufen in Ostasien ab dem 16. Jahrhundert ein dichtes Handelsnetz. Waren ursprünglich vor allem Gewürze aus Südostasien interessant, wurden auch Tee, Seide und Porzellan aus China bald begehrte Waren in Europa. Die europäischen Händler wiederum brachten Silber, das in China als klassisches Zahlungsmittel   10 gefragt war. Es strömte auf spanischen Galleonen aus Südamerika nach China, wo es begierig aufgenommen wurde.

Unter der Qing-Dynastie wurde 1759 Guangzhou (Kanton) an der Südküste Chinas zum einzigen offiziellen Umschlagplatz für diese begehrten Waren. Gleichzeitig waren die Briten mit ihrer Kolonie in Indien bis Mitte des 18. Jahrhunderts zur führenden Han-   15 delsmacht aufgestiegen. Insbesondere der unstillbare Durst nach Tee ließ China als Handelspartner für Großbritannien so bedeutsam werden: Der Teeimport der Briten war von 200 Pfund pro Jahr im 17. Jahrhundert auf 400 000 Pfund zu Beginn des 18. Jahrhunderts gestiegen. Organisiert wurde dieser Handel von englischer Seite durch die 1600 für den Indienhandel gegründete *East India Company* (EIC). Diese hatte Zugriff auf   20 eine Flotte, Stützpunkte in mehreren Hafenstädten Afrikas und Asiens und das nötige Kapital für die Finanzierung.

M1   **Blick auf Guangzhou (Kanton), chinesisches Gemälde, zwischen 1760 und 1770.**

Das chinesische Gemälde wurde für einen britischen Händler angefertigt. Es zeigt die von Stadtmauern umgebene „Altstadt" von Guangzhou. Westlich davon befindet sich die Neustadt. Hier sind direkt am Wasser die Handelsgebäude verschiedener ausländischer Handelsgesellschaften, gekennzeichnet mit ihren jeweiligen Flaggen zu erkennen ebenso wie ausländische Schiffe.

Zunächst lieferten die Briten an die Chinesen indische Baumwolle im Austausch für den Tee. Doch als dies nicht mehr ausreichte, wurden die Tee-Lieferungen mit Silber begli-
25 chen. Insgesamt waren die Handelsbedingungen für die Engländer in China jedoch in der zweiten Hälfte des 18. Jahrhunderts schwieriger geworden.

Die Macartney-Mission 1792/93

Um bessere Handelsbedingungen auszuhandeln, beschloss die britische Regierung 1792, eine Gesandtschaft nach China an den Hof des Qianlong-Kaisers zu schicken. Aus- gewählt wurde der erfahrene Diplomat **George Macartney (1737–1806)**, der auch mit dem britischen König Georg III. verwandt war. Er sollte dem Kaiser einen Brief des Kö-
5 nigs mit einer Reihe von „Vorschlägen" zur engeren Zusammenarbeit überreichen. Dazu gehörte u. a. die Errichtung einer diplomatischen Vertretung in Beijing und die Öffnung weiterer Häfen für den britischen Handel. Im Sommer 1793 erreichte die fast hundert Personen umfassende britische Delegation den Hafen Tianjin an der Ostküste Chinas. Die Chinesen empfingen die Briten ihren formalen Regeln entsprechend wie eine Ge-
10 sandtschaft, die dem Kaiser Tribut leisten wollte, und geleiteten sie an den Sommersitz des Kaisers in Jehol weiter. Neben dem Brief des Königs hatte die Delegation auch Tele- skope, Barometer, kunstvolle Uhren sowie Glas- und Silberwaren als Geschenke dabei, die gleichzeitig auch die britische Leistungsfähigkeit demonstrieren sollten. Das Gleiche galt für in der Delegation mitreisende Naturwissenschaftler und Künstler.
15 Während der offiziellen **Audienz beim Qianlong-Kaiser (1711–1799)** im September 1793 beschränkte sich Macartney gegenüber dem Kaiser auf eine Verbeugung mit ge- beugtem Knie, wie es an europäischen Königshöfen üblich war. Am chinesischen Kaiser- hof war dagegen der sogenannte *Kotau* verpflichtend, eine in kniender Haltung ausge- führte, tiefe Verbeugung, bei der der Kopf mehrfach den Boden berührte (siehe M 3,
20 S. 169). Anschließend trug Macartney die zentralen Bitten der Briten nach diplomati- scher Vertretung und Öffnung weiterer Häfen für den Handel vor. Kaiser Qianlong wies jedoch alle Vorschläge freundlich, aber bestimmt zurück.
In der älteren Forschung wird die Verweigerung des *Kotaus* durch Macartney als wich- tiger Grund für die chinesische Ablehnung eingestuft. Bei dieser Audienz seien Welten
25 aufeinandergetroffen, die kulturell so unterschiedlich gewesen seien, dass eine Verstän- digung kaum möglich gewesen wäre. Eine Konfrontation der beiden Seiten sei im 19. Jahrhundert praktisch unausweichlich gewesen. Die neuere Forschung sieht dagegen eher eine Konfrontation zwischen zwei Imperien mit starkem Machtanspruch. Die bri- tischen Forderungen nach freiem Handel und diplomatischem Austausch, die den Vor-
30 gaben der Qing-Dynastie widersprachen, erscheinen so als Provokation.
Der Qianlong-Kaiser hielt seine Antwort an den britischen König in zwei Schreiben fest. In einem Schreiben antwortete er genau auf jede Forderung der Briten und begründete die chinesische Ablehnung. Ein zweites, allgemeineres Schreiben wurde in Europa als Ausdruck des Selbstverständnisses des chinesischen Kaiserreichs gelesen.
35 Insgesamt gilt die Macartney-Mission als Auftakt zu den Konfrontationen des 19. Jahrhun- derts zwischen dem Imperium China auf der einen Seite und den imperialistischen Mäch- ten Großbritannien und Frankreich sowie gegen Ende des Jahrhunderts Russland, den USA, Deutschland und Japan auf der anderen Seite. Der Kontakt zwischen beiden Seiten wurde zunehmend durch militärische Aktionen und politischen Druck bestimmt.

Erster Opiumkrieg 1839–1842

Nach dem Scheitern der Macartney-Mission mussten die Briten den Handel mit China weiter zu den alten Bedingungen betreiben. Da der Bedarf und Import von Tee, Seide und Porzellan aus China immer weiter anstieg, waren die Briten gezwungen, auch immer

▶ M 10: Auftrag für Lord Macartney

M 2 **Der britische Gesandte Macartney im Jahr 1793 beim Qianlong-Kaiser, Ausschnitt aus einer Zeichnung von William Alexander, 1794.**
Das Bild zeigt, wie Lord Macartney vor dem Kaiser das Knie beugt, aber nicht den traditionellen „Kotau" macht.

▶ M 14: Alain Peyrefitte über die Macartney-Mission

▶ M 15: Henrietta Harrison über die Macartney-Mission

▶ M 12 und M 13: Schreiben vom Qianlong-Kaiser

▶ **M 16: Tabelle Opiumexport**

▶ **M 17 und M 18: Folgen des Opium-**
handels für China

M 3 „Britischer Handel",
französische Karikatur zum
Opiumhandel, 1840.

Der Untertitel der Karikatur lautet: „Ihr
müsst dies Gift sofort kaufen. Wir wollen,
dass ihr euch vollkommen vergiftet,
damit wir genug Tee haben, um unsere
Beefsteaks zu verdauen."

▶ **M 21: Auszüge aus dem Vertrag von**
Nanjing

Ungleiche Verträge
Der Begriff stammt aus den 1920er-Jahren
und wurde rückwirkend auf die Verträge
von imperialistischen Mächten mit China
und Japan angewandt.

mehr Silber für die Bezahlung aufzuwenden. Die einzige britische Ware, für die in China
eine Nachfrage bestand, war aus Mohn gewonnenes Opium, das die Briten in Indien 5
anbauen ließen. Opium war in China als Arzneimittel und auch als Rauschmittel bekannt, war aber bereits 1729 vom Yongzheng-Kaiser verboten worden. Das Verbot wurde jedoch durch britische und chinesische Schmuggler umgangen. Die Briten intensivierten um 1800 ihren indischen Mohnanbau und lieferten das Opium tonnenweise
entlang der gesamten Südküste nach China. Von dort wurde es von bestens organisier- 10
ten Netzwerken in das Landesinnere transportiert und verkauft. In den Folgejahren
wuchs der Opiumschmuggel enorm an und mit ihm die Zahl der Drogensüchtigen in
China. Um 1830 sollen mehr als 10 Millionen Chinesen abhängig gewesen sein. Für die
Briten zahlte sich der Handel aus, denn nun flossen große Mengen Silber zurück in britische Kassen. In China wurden die Drogenabhängigen, es waren auch viele Beamte und 15
Militärangehörige darunter, sowie die Kosten für das Opium als politisches, wirtschaftliches und gesellschaftliches Problem betrachtet. So wirkte sich u. a. der Abfluss von
Silber verheerend auf die Wirtschaft aus. Aufgrund des gestiegenen Silberpreises konnte der Staat kaum noch die Gehälter von Beamten und Militärs bezahlen.
1838/39 kam es zu einem erneuten **Opiumverbot durch den Daoguang-Kaiser (reg.** 20
1821–1850). Der Erfolg der verhängten Maßnahmen war dieses Mal enorm. Der kaiserliche Sonderbeauftragte **Lin Zexu** wurde in die Hafenstadt Guangzhou (Kanton) entsandt, um dort gegen den Schmuggel und Handel vorzugehen. Er soll dort innerhalb
eines Jahres mehr als 7 Tonnen Rauschgift beschlagnahmt und vernichtet haben. Kon-
sumenten, chinesische Zwischenhändler sowie die ausländischen Händler mussten 25
empfindliche Strafen hinnehmen. Die Händler wurden interniert und aus der Hafenre-
gion von Guangzhou vertrieben. Aufgrund der Vernichtungsaktionen stieg der Preis für
Opium stark an, der Handel mit Opium war so lukrativ wie nie zuvor.
Auf die Strafmaßnahmen der chinesischen Verwaltung gegen den Drogenschmuggel
reagierte die britische Regierung mit Empörung und ihrer Militärmacht. Nationale Töne 30
und eine Herabwürdigung der Chinesen dominierten die Debatte in England. Moralische Bedenken gegen den Rauschgifthandel äußerten nur wenige. Eine Flotte von
acht gepanzerten Kanonenbooten und weitere Schiffe mit insgesamt 4000 Soldaten
wurden nach China entsandt. Diese erreichten im Juni 1840 Guangzhou. Die schlecht
organisierten und bezahlten Truppen der Qing-Dynastie waren den Angriffen mit über- 35
legener Waffentechnik nicht gewachsen. Innerhalb eines Jahres folgte die Einnahme
strategischer Hafenorte an der Süd- und Ostküste Chinas. Nach der Eroberung Shang-
hais fuhren die Briten auf dem Yangzi weiter aufwärts bis Nanjing. Als die Briten im
August 1842 den Angriff auf die Stadt vorbereiteten, kapitulierten die kaiserlichen
Truppen. Der **Friedensvertrag von Nanjing** beendete den Opiumkrieg und sicherte 40
den Briten größere Handelsmöglichkeiten in China zu.

„Ungleiche Verträge"

Der Friedensvertrag von Nanjing war der erste in einer ganzen Reihe von sogenannten
„ungleichen Verträgen"* zwischen den imperialistischen Mächten und China. Sie waren
insofern ungleich, als sie nur einem Vertragspartner bestimmte Rechte einräumten,
nämlich im Fall des Friedensvertrags von Nanjing den Briten. Die Chinesen mussten
nach der militärischen Niederlage im Opiumkrieg britischen Forderungen nachgeben. 5
Zu den wichtigsten Bestimmungen des Vertrags von Nanjing gehörten die Öffnung der
Häfen Guangzhou, Xiamen, Fuzhou, Ningbo und Shanghai für den Handel sowie die
Abtretung der Insel Hongkong als Kolonie an Großbritannien. Darüber hinaus wurden
die Chinesen zu Reparationen in Höhe von 21 Millionen Silberdollar verpflichtet. Und
schließlich wurden englische Diplomaten in China zugelassen, die den chinesischen Be- 10
amten gleichgestellt wurden. China verlor also in vielen Bereichen seine Souveränität.

Die ungleichen Verträge verschafften bis ins 20. Jahrhundert hinein den imperialistischen Mächten nicht nur den Zugang zum chinesischen Markt, sie beinhalteten auch Gebietsabtretungen sowie die Errichtung von Pachtgebieten* und von Kolonien*.

15 Bis 1912 wurden u. a. folgende weitere Verträge geschlossen:

Pachtgebiet
Gebiet eines Staates, das dieser durch einen Vertrag einem anderen Staat überlässt. Es bleibt Staatsgebiet, aber der pachtende Staat erhält die Gebietshoheit – meist für eine bestimmte Zeitdauer.

Kolonie
Auswärtige Besitzung eines Staates, die politisch und wirtschaftlich von ihm abhängig ist

Jahr	Vertrag	Unterzeichner / Inhalte
1844	Vertrag von Wangxia	China + USA / u. a. Freihandel, Grundstückserwerb für Bau von Kirchen
1844	Vertrag von Huangbu	China + Frankreich / u. a. Freihandel, katholische Mission, eigene Rechtsprechung
1858	Vertrag von Aihun	China + Russland / u. a. Abtretung Teile Mandschurei an Russland
1858	Vertrag von Tianjin	China + Frankreich, Großbritannien, Russland, USA / u. a. Ausweitung Vertragshäfen, Freizügigkeit, unbeschränkte Missionstätigkeit
1860	Konvention von Beijing	China + Frankreich, Großbritannien, Russland, USA / u. a. weitere Vertragshäfen, Erlaubnis Auswanderung für Chinesen
1861	Handels-, Freundschafts- und Schifffahrtsvertrag	China + Preußen und Zollverein / u. a. Freihandel
1895	Vertrag von Shimonoseki	China + Japan / u. a. Abtretung Taiwan, Unabhängigkeit Koreas, Öffnung von vier Vertragshäfen für Japan, Japan darf dort Fabriken errichten
1898	Zweite Konvention von Beijing	China + Großbritannien / u. a. Verpachtung von Hongkong für 99 Jahre an GB
1898	Vertrag von Guangzhouwan	China + Frankreich / Guangzhouwan wird frz. Pachtgebiet (bis 1943!)
1898	Deutsch-chinesischer Pachtvertrag über Jiaozhou	China + Deutschland / Kiautschou (heute Jiaozhou) wird dt. Pachtgebiet
1901	Vertrag von 1901 („Boxerprotokoll")	China + Achtstaatenallianz (GB, USA, Jap., Russl., F, D, Italien, Ö-Ungarn) / u. a. Entschuldigung für Morde, Reparationen, Verbot Waffen

▶ **M 22:** Jonathan D. Spence über die „Ungleichen Verträge"

Um 1900 besaßen die wichtigsten **Großmächte eigene Kolonien und Pachtgebiete in China,** über die sie politisch und wirtschaftlich bestimmen konnten. Das chinesische Kaiserreich war zu einer Halbkolonie* geworden. Zahlreiche Vertragshäfen ermöglichten den freien Handel mit ganz China, doch auch dieser war einseitig von den Interes

20 sen der Großmächte bestimmt. Die imperialistischen Mächte betrieben ebenfalls im eigenen Interesse den Bau von Industrieunternehmen in den Vertragshäfen sowie den Ausbau von Eisenbahnen und anderer Verkehrswege, um auch das Landesinnere für den Handel zugänglich zu machen. Die Konkurrenz der ausländischen Mächte in China untereinander verhinderte jedoch die Vormachtstellung einer einzelnen Macht. So lag

25 es im Interesse der ausländischen Regierungen, die chinesische Zentralregierung als Schaltzentrale für den gleichen Zugang zu Handel und Verkehrswegen im Land zu erhalten. Als das Qing-Reich beispielsweise durch den Taiping-Aufstand (siehe Kap. 4, S. 205) innenpolitisch unter massiven Druck geriet, unterstützten die Europäer die chinesische Regierung militärisch.

Halbkolonie
Als Halbkolonie besitzt ein Land zwar die formelle politische Souveränität, seine Wirtschaft und Politik wird aber wesentlich von imperialistischen Staaten bestimmt.

Missionierung

▶ **Kap. 6: Kreuzzüge**

▶ **Kap. 7: Spanischer Kolonialismus**

▶ **Kap. 5: Kernmodul: Kulturkontakt**

Christliche Missionare handelten in dem Selbstverständnis, mit dem christlichen Glauben den Menschen ein „Geschenk" und die „Wahrheit" zu bringen. Allerdings ging die christliche Missionierung weltweit oft mit Gewalt einher und war u. a. Teil der Eroberungsmechanismen durch die Entdecker. Ihren ersten Höhepunkt erlebte die Missionierung in China mit dem italienischen **Jesuiten Matteo Ricci** Mitte des 16. Jahrhunderts, 5 der einen besonderen Weg einschlug. Er erlernte die chinesische Sprache und setzte sich intensiv mit der Kultur einschließlich des Konfuzianismus auseinander. Er lebte am Hof in Beijing. Die Jesuiten setzten diesen Austausch ca. 150 Jahre fort und ihre positiven Berichte prägten die Vorstellungen über China in Europa tief. So gelang ihnen ein Kulturaustausch, der für die chinesische und europäische Welt bereichernd war. 10

Im 19. Jahrhundert folgte eine christliche Missionierungswelle mit anderer Ausrichtung. Viele Missionare setzten sich zwar mit der chinesischen Kultur auseinander und lernten u. a. die Sprache, aber Ziel war vor allem die **„Zivilisierung" der chinesischen Bevölkerung durch die christliche Religion.** Außerdem zielte die Missionierung nun auf die breite Bevölkerung und beschränkte sich nicht wie im 16. Jahrhundert auf den Kaiser- 15 hof und die chinesischen Eliten. Die Missionierung musste von China geduldet werden, da der Vertrag von Nanjing von 1842 eine Klausel enthielt, **die protestantischen Missionaren** den Aufenthalt in fünf Vertragshäfen erlaubte. Später kam auch die Konzession für **katholische Missionare** hinzu. Nach Chinas Niederlage im Zweiten Opiumkrieg (1856–1860) wurden die Rechte ausgeweitet. Missionare konnten überall im Land le- 20 ben, ihre Religion verbreiten und in den Vertragshäfen sogar Kirchen, Schulen und Friedhöfe errichten. Protestantische und katholische Mission verfolgten keinen ökumenischen Ansatz, sondern arbeiteten und missionierten getrennt voneinander. Die protestantische Mission wurde unter anderem von britischen, amerikanischen und deutschen Missionaren getragen, während die katholischen Missionen von Frankreich und 25 Italien unterstützt wurden. In vielerlei Hinsicht war die christliche Missionierung Teil des Kolonialisierungsprozesses durch die imperialistischen Mächte.

M 4 Der britische Missionar Robert Morrison bei der Übersetzung der Bibel ins Chinesische, Druck nach einem Gemälde von George Chinnery, 1853

▶ **M 25 bis M 31: Protestantische Missionierung**

Open Door Policy

▶ **M 32: John Hays** *First Open Door Note*

▶ **M 33: Karikatur**

Eng verbunden mit dem System der ungleichen Verträge und anderen imperialistisch motivierten Eingriffen in Chinas Souveränität war auch die vor allem von den USA vorangetriebene *Open Door Policy* (Politik der offenen Tür). Der Schwerpunkt der Politik lag im Bereich des freien Handels, der zuvor schon schrittweise in den meist bilateralen ungleichen Verträgen durchgesetzt worden war, sowie im Bereich der Außenpolitik. 5 John Hay, Außenminister der USA, sandte 1899 eine sog. **„First Open Door Note"** an die Regierungen von Frankreich, Großbritannien, Russland, Japan und Deutschland. Darin erklärte er die amerikanischen Vorstellungen bezüglich der zukünftigen „Kooperation" mit China. Kern war die Forderung an China, jeder imperialistischen Macht automatisch die gleichen Rechte in China zuzugestehen, die auch in bilateralen Verträgen 10 ausgehandelt worden waren. Der Grund für seine Initiative lag vor allem in der sich immer weiter zuspitzenden Konkurrenz der ausländischen Mächte untereinander, um ihre Markt- und Machtanteile in China jeweils auszuweiten. Die USA wollten so eine Aufteilung Chinas unter den europäischen Mächten und Japan verhindern sowie den eigenen Anteil sichern. 15

▶ **M 34: Wolfgang Mommsen über Hochimperialismus**

Die Politik der offenen Tür stützte und legitimierte das seit Mitte des 19. Jahrhunderts errichtete System des **informellen Imperialismus*** in China. Verträge sicherten ausländischen Staaten wirtschaftliche Vorteile in China und ermöglichten ihnen, mithilfe eigener Verwaltungen rechtliche und politische Kontrolle auszuüben. Das chinesische Kaiserreich blieb jedoch mit allen seinen Strukturen bestehen. Mit Ausnahme der 20 Pachtgebiete fand keine direkte koloniale Beherrschung in China statt.

Informeller Imperialismus
Ein Staat verschafft sich in einem anderen Land durch Verträge wirtschaftliche Vorteile und übt mithilfe eigener Verwaltungsinstitutionen Kontrolle aus. Die Strukturen des Landes bleiben aber bestehen.

M5 Einflussgebiete und Stützpunkte ausländischer Mächte in China bis 1912

Folgen des Imperialismus in China und Japan

Die gewaltsame Öffnung der chinesischen Märkte zerstörte alte Handwerks- und Gewerbestrukturen. Der Einfluss der ausländischen Mächte untergrub zudem die Legitimation und Autorität der kaiserlichen Regierung. Hinzu kamen sich verschlechternde Lebensbedingungen aufgrund von Bevölkerungswachstum und Missernten. Die Folgen

5 waren innere Unruhen und eine wachsende politische Instabilität. Die Reaktionen von Politik und gesellschaftlichen Gruppen auf die äußeren und inneren Herausforderungen Chinas schwankten zwischen Anpassung und Widerstand.
Einen anderen Verlauf nahm im 19. Jahrhundert der Kontakt zwischen Japan und den imperialistischen Mächten. Im 17. Jahrhundert war in **Japan,** das militärisch-autoritär

10 von dem Shogunat der Tokugawa regiert wurde, per Gesetz der Kontakt zum Ausland stark eingeschränkt worden. Dies sorgte im 17./18. Jahrhundert für einen funktionierenden Binnenmarkt und ein Wachstum der Städte. Als das Land im 19. Jahrhundert von innen und außen unter Druck geriet, öffnete sich Japan für den Westen. Es stieß jedoch auch innere Reformen an, die die Basis für Modernisierung und Industrialisie-

15 rung in Japan schufen. Es befreite sich aus den ungleichen Verträgen mit den westlichen Mächten und wurde selbst zur imperialistischen Macht.

1 Beschreiben Sie mithilfe der Karte M5 den Einfluss ausländischer Mächte in China bis 1912.
2 Gliedern Sie auf der Grundlage des Darstellungstextes den Kontakt zwischen China und den imperialistischen Mächten in verschiedene Phasen.
3 **Lernprojekt:** Arbeiten Sie die Folgen des Imperialismus für China heraus. Stellen Sie Ihre Ergebnisse grafisch dar, etwa in Form einer Concept-Map. Ergänzen Sie Ihr Lernprodukt schrittweise, nachdem Sie die weiteren Materialien dieses Kapitels ausgewertet haben.

▶ **M35: Wolfgang Reinhard über China Ende des 19. Jh.**

▶ **Kap. 4: Chinesische Reaktionen zwischen Anpassung und Widerstand, S. 202 ff.**

▶ **Stationenlernen: Japan, S. 190 ff.**

China und der Westen im 19. Jahrhundert

cornelsen.de/Webcodes
Code: vofohe

Hinweise zur Arbeit mit den Materialien

*Die Materialien M 6 und M 7 erläutern aus verschiedenen Perspektiven die Begriffe „Imperialismus" und „imperialistische Mächte". Anschließend kann auf der Basis von M 8 und M 9 die Situation in China Ende des 18. Jh. analysiert werden. Zur **Macartney-Mission** von 1793 finden sich folgende Materialien: eine Quelle (M 10) enthält die britischen Forderungen, ein Bild (M 11) zeigt die Situation vor der Audienz. Die Antwort-Edikte von Qianlong (M 12, M 13) bilden die Basis für die Diskussion und Beurteilung der Gründe für das Scheitern der Mission (M 14, M 15). Der Themenbereich **Opiumkrieg** als erster militärischer Kontakt wird mit Materialien zur Opium-Problematik und ihren Folgen eingeleitet (M 16 bis M 18). Ein Bild (M 20) zeigt Aspekte des Krieges. Mithilfe eines Sekundärtextes (M 19) kann der Opiumkrieg historisch eingeordnet werden. Die Phase der **ungleichen Verträge** kann mithilfe des Vertrags von Nanjing (M 21), eines Sekundärtextes (M 22), einer Quelle (M 23) und eines Bildes (M 24) analysiert werden. Zum Thema **Missionierung** ermöglichen die Materialien M 25 bis M 31 die Analyse von Einstellungen, Methoden, Umfang und Folgen. Eine Quelle (M 32) und eine Karikatur (M 33) zeigen die Ziele der imperialistischen Mächte bei der **Open Door Policy**. Abschließend kann die Situation in China Ende des 19. Jh. diskutiert werden (M 34, M 35).*

Zur Vernetzung mit dem Kernmodul

– *Bezug Macartney-Mission zu Kulturkontakt (Osterhammel, Bitterli, Burke, M 1 bis M 6)*
– *Bezug imperialistische Politik zu Kulturkonflikt (M 3 Bitterli) und Kulturbeziehungen (M 12 Mühlhahn)*

Imperialismus und imperialistische Mächte

M 6 Der Historiker Jürgen Osterhammel über „Imperialismen" im 19. Jahrhundert (2009)

Hinter diesen Expansionsprozessen standen ganz unterschiedliche Triebkräfte und Motive. Daher ist ein deskriptiver Begriff des Imperialismus von Vorteil, der seine Benutzer nicht auf eine bestimmte – politische,
5 ökonomische oder kulturelle – Erklärung festlegt. Unter Imperialismus lässt sich dann die Summe von Handlungen verstehen, die auf die Eroberung und den Erhalt eines Imperiums abzielen. [...] Imperialismus ist durch einen besonderen Stil von Politik gekenn-
10 zeichnet: Grenzen überschreitend, den Status quo nicht achtend, interventionistisch, das Militär schnell einsetzend, Krieg riskierend, Frieden diktierend. Imperialistische Politik geht von einer Hierarchie der Völker aus, immer einer von Starken und Schwachen, meist kulturell oder rassisch abgestuft. Imperialisten 15 sehen sich als zivilisatorisch überlegen und daher zur Herrschaft über andere berechtigt. [...]

Nicht alle Imperialismen waren im 19. Jahrhundert gleich aktiv, und die Differenzierung folgt nicht der Trennlinie zwischen landgestützten und maritimen 20 Mächten. Es gab drei während des ganzen 19. Jahrhunderts imperial tätige Großmächte des europäischen Staatensystems: das Vereinigte Königreich, Russland, Frankreich. Deutschland kam kolonial 1884 hinzu, betrieb aber unter Bismarck bewusst noch keine „Welt- 25 politik". Das war dann die Parole des Wilhelminismus an der Jahrhundertwende, dem das bescheidene Kolonialreich bald zu eng wurde. Österreich war Großmacht, allerdings seit dem preußischen Triumph 1866/71 eine Großmacht zweiten Ranges, und zu- 30 gleich Imperium, trieb aber keine expansive imperialistische Politik. Die Nicht-Großmächte Niederlande, Portugal und Spanien pflegten alte Kolonialbesitzungen, denen sie nichts Wesentliches hinzufügten. Die einst überaus kriegerischen und dynamischen Imperi- 35 en China und Osmanisches Reich bewahrten einen rudimentären Reichszusammenhang, standen aber (China noch relativ weniger als das Osmanische Reich) gegenüber den Europäern in der Defensive. Japan war ab 1895 ein sehr aktiver imperialistischer *player*. Die 40 Imperien des 19. Jahrhunderts unterschieden sich durch das Ausmaß ihrer imperialistischen Intensität. Was auf den ersten Blick [...] wie ein geschlossener Imperialismus anmutet, zerfällt, wenn man genauer hinsehen will, in den Plural der Imperialismen. 45

Jürgen Osterhammel, Die Verwandlung der Welt, C. H. Beck, München 2009, S. 620f., 623.*

M 7 „Der Teufelsfisch in ägyptischen Gewässern", US-amerikanische Karikatur, 1882

1 Beschreiben Sie die Rolle, die die Karikatur M 7 England zuschreibt.

2 Erklären Sie ausgehend von Jürgen Osterhammel (M 6) den Begriff „Imperialismus".

3 Arbeiten Sie mithilfe von M 6 die wichtigsten imperialistischen Mächte im 19. Jahrhundert heraus.

China am Ende des 18. Jahrhunderts

M 8 **Die US-amerikanischen Historiker Jane Burbank und Frederick Cooper über China als Imperium (2010)**

Die Qing mussten sich nun der schlimmsten aller imperialen Situationen stellen: angegriffen von anderen Imperien zu einem Zeitpunkt, als ihnen die Kontrolle im Innern entglitt. Die beiden Gefahren hingen mitei-
5 nander zusammen. Die Qing hatten im Laufe ihrer mehrere Jahrhunderte währenden Expansion ein Reich geschaffen, dessen ausgedehnte Land- und See-grenzen lokalen Eliten Gelegenheiten boten, mit der Außenwelt zu interagieren. Sowohl westliche – ans
10 islamische Zentralasien grenzende – als auch südli-che Regionen in Richtung Birma und Vietnam waren nicht vollständig in das Verwaltungssystem der Han-Gebiete[1] integriert. Im Westen überließ man einen Großteil der Lokalverwaltung lokalen muslimischen
15 Führern, während in Garnisonen Mandschu- und Han-Soldaten konzentriert waren; im Süden übten nach wie vor verschiedene Stammesfürsten Autorität aus. Die zahlreichen Kanäle der Macht boten lokalen Eliten und lokalen Qing-Beamten Gelegenheiten, ihre
20 eigenen Geschäfte zu machen – nicht zuletzt mit Schmuggel, Opium inbegriffen. Die Landgrenzen, nicht nur die maritime Schnittstelle mit europäischen Mächten, wurden zu einem großen Problem. Die Qing spielten das Imperialspiel nach ihren alten
25 Regeln – konzentriert auf die Kontrolle des gewalti-gen chinesischen Territoriums und seiner schwieri-gen Grenzen [...].

Jane Burbank/Frederick Cooper, Imperien der Weltgeschichte, Campus, Frankfurt/M. 2010, S. 371 f. Übersetzt von Thomas Bertram.*

1 *Han:* die größte chinesische Ethnie

M 9 **Der Sinologe Kai Vogelsang über China im 18. Jahrhundert (2013)**

Die Zeit von Kangxi bis Qianlong, 1662–1796, mar-kiert den Höhepunkt der Qing-Dynastie, ja den Hö-hepunkt des chinesischen Kaiserreichs überhaupt. Nie war das Reich stärker, größer und selbstbewus-
5 ster als in diesen 135 Jahren. Die Qing waren Herrscher der Mongolen und Chinesen sowie Schutzpatrone der tibetischen Lamas; sie hatten die muslimischen Völker Ostturkestans unterworfen, Taiwan erobert, die Miao im Südwesten aus ihrem Stammland ver-trieben und die heutigen Provinzen Yunnan und
10 Guizhou dem Reich einverleibt.

Das Qing-Reich genoss Frieden und Wohlstand. [...] Das Bevölkerungswachstum, das seit der Ming unver-ändert anhielt, sowie warmes Klima sorgten für reiche Ernten und hohe Steuereinnahmen. Mitte des 18. Jahr-
15 hunderts nahm der Staat jährlich offiziell 44 Millionen Unzen Silber ein und gab etwa 35 Millionen aus: bis in die 1780er-Jahre verfügte die Staatskasse über einen jährlichen Überschuss von rund 10 Millionen Unzen. Die Einwohnerzahl des Qing-Reichs stieg um 1700
20 auf rund 275 Millionen und ein Jahrhundert später auf über 350 Millionen. Jetzt begann China zu dem Riesenreich anzuschwellen, das es heute ist. Gleich-zeitig sank der Lebensstandard nicht etwa, sondern – ein vormodernes Wirtschaftswunder – stieg sogar
25 deutlich. Die landwirtschaftliche Produktion wuchs durch massiven Einsatz von Dünger aus Baumwoll-, Raps- und Sojarückständen (1750 importierte China jährlich drei Millionen Tonnen Dünger), Anbau von Feldfrüchten aus der Neuen Welt und regionale
30 Diversifikation. Die Chinesen verbrauchten im 18. Jahrhundert durchschnittlich rund 2000 Kalorien pro Tag – so viel wie die Engländer im 19. Jahrhun-dert. Die bessere Ernährung steigerte die Lebenser-wartung auf 34–39 Jahre – deutlich über den europä-
35 ischen Werten zur selben Zeit –, verringerte die Kindersterblichkeit und vor allem die Kindstötung. Überregionaler und Überseehandel florierten. Zwi-schen Xiamen, Nagasaki, Manila und Batavia ent-stand jetzt ein großes Handelsnetz. Seide, Porzellan,
40 Zucker und Tee wurden aus Südchina verschifft, dafür wurden Silber, Kupfer sowie Zimt, Pfeffer und andere Gewürze aus Südostasien, Baumwolle aus In-dien, Reis aus Thailand importiert. Die Bauern, die von dem Handel profitierten, begannen, ihre Hanf-
45 kittel gegen Baumwoll- und sogar Seidenkleider ein-zutauschen, sie möblierten ihre Häuser mit Bänken, Truhen, sogar Spiegeln und konsumierten immer mehr Luxusgüter wie Zucker, Tee und Tabak. Die Qing waren im 18. Jahrhundert nach vormodernen
50 Maßstäben eine reiche Gesellschaft.

Kai Vogelsang, Kleine Geschichte Chinas, Reclam, Stuttgart 2013, S. 269 f.*

1 Erläutern Sie auf der Basis von M 8 die Probleme der Qing-Herrschaft am Ende des 18. Jahrhunderts.

2 Vergleichen Sie die Ergebnisse aus Aufgabe 1 mit den Aussagen von Kai Vogelsang (M 9).
Tipp: Siehe S. 480.

Die Macartney-Mission

M 10 **Der Auftrag des britischen Innenministers, Henry Dundas, an Lord Macartney (1792)**

Bisher war Großbritannien gezwungen, den Handel mit diesem Land unter höchst entmutigenden Umständen zu betreiben, die für die dort beschäftigten Agenten gefährlich und für die verschiedenen Interes-
5 sen, die damit verbunden sind, prekär waren. Der einzige Ort, an dem die Untertanen Seiner Majestät das Privileg einer Fabrik haben, ist Kanton. Der faire Wettbewerb des Marktes wird dort durch die Vereinigungen der Chinesen zerstort; unseren Händlern wird der
10 offene Zugang zu den Gerichten des Landes und die gleiche Ausführung seiner Gesetze verweigert, und sie werden insgesamt in einem höchst willkürlichen Zustand der Unterdrückung gehalten [...]. [...]
Ihr solltet hervorheben:
15 [...] Erstens den beiderseitigen Nutzen aus einem Handel zwischen den beiden Nationen [...].
Zweitens, dass der große Umfang unserer Handelsgeschäfte in China einen sicheren Ort als Depot für diejenigen unserer Waren erfordert [...], und dass wir zu
20 diesem Zweck eine Bewilligung für ein kleines Stück Land oder eine abgelegene Insel erhalten möchten, aber in einer günstigeren Lage als in Kanton [...].

Sollte eine neue Niederlassung bewilligt werden, werdet Ihr sie im Namen des Königs von Großbritannien annehmen. Ihr werdet euch bemühen, sie zu den vor- 25 teilhaftesten Bedingungen zu erhalten, mit der Befugnis, die Polizei zu regulieren und die Gerichtsbarkeit über unsere eigenen Abhängigen auszuüben. [...]
Es ist notwendig, dass Sie sich vor einer Bedingung hüten, die vielleicht von Ihnen verlangt werden wird, 30 nämlich dem Verzicht auf den Opiumhandel in den chinesischen Herrschaftsgebieten, der nach den Gesetzen des Reiches verboten ist; sollte dieses Thema zur Sprache kommen, so muss es mit größter Vorsicht behandelt werden. Es steht außer Zweifel, dass ein 35 nicht unbeträchtlicher Teil des Opiums, das in unseren indischen Gebieten angebaut wird, tatsächlich nach China gelangt.

Zit. nach: Pei-Kai Cheng/Michael Lestz, The Search for Modern China. A Documentary Collection, New York 1999, S. 93–98. Übersetzt von Jonas Schmid.*

1 Arbeiten Sie die zentralen Anliegen der Briten gegenüber China heraus (M 10).
2 Beurteilen Sie Form und Inhalt des Auftrags (M 10).
3 Beschreiben Sie die Szene vor Beginn der Audienz (M 11).
   Tipp: Siehe S. 480.

M 11 **Der Qianlong-Kaiser auf dem Weg zum Empfang, kolorierter Stich, 1793.**
Auf der rechten Seite sieht man Lord Macartney und seine Delegation. Im Zentrum des Bildes steht der Kaiser, der zum Empfang getragen wird, der im Gebäude im Hintergrund stattfindet. Der Zeichner des Bildes war selbst kein Augenzeuge der Audienz in Chengde/Jehol. Er war in Beijing.

M 12 **Erstes Edikt des Qianlong-Kaisers auf die Anfrage des britischen Königs Georg III. (1793)**

Ihr versichert, dass Eure Hochachtung für Unsere Himmlische Dynastie Euch mit dem Wunsch nach unserer Kultur erfüllt. Doch muss darauf hingewiesen werden, dass unsere Gebräuche und Gesetzgebung
5 sich so vollständig von den Euren unterscheiden [...]. Daher würde durch die Bestellung eines Botschafters nichts gewonnen werden, wie geschickt er auch sein würde. Meine Herrschaft über die weite Welt hat das eine Ziel, vollkommen zu regieren und die Staatspflich-
10 ten zu erfüllen: fremde und kostspielige Gegenstände interessieren mich nicht.

Wenn ich die von Euch, o König, gesandten Tributgaben annehmen ließ, so geschah das lediglich in Anbetracht der Gesinnung, die Euch veranlasste, mir diese
15 von weither zu senden. Der hervorragende Ruf unserer Dynastie ist in jedes Land unter den Himmel gelangt, und Herrscher aller Völker haben ihre Tributgabe auf dem Land- und Seeweg überbracht. Wie Euer Gesandter mit eigenen Augen sehen kann, besitzen wir alles.
20 Ich lege keinen Wert auf Gegenstände, die fremdländisch oder geschickt erfunden sind, und ich habe keine Verwendung für die Produktion Eures Landes. Dieses ist nun meine Antwort auf Eure Bitte, eine Vertretung an meinem Hof zu ernennen, eine Bitte, die im Gegen-
25 satz zu unserem dynastischen Brauch steht [...].

Zit. nach: Hans Süßmuth, Die Geschichte der Volksrepublik China, ein didaktischer Entwurf, in: Beilage zur Wochenzeitung „Das Parlament" vom 16.08.1967, S. 8.*

M 13 **Zweites Edikt des Qianlong-Kaisers auf die Anfrage des britischen Königs Georg III. (1793)**

Gestern hat Euer Botschafter meine Minister ersucht, mir ein Memorandum über Euren Handel mit China zu übermitteln, aber sein Vorschlag entspricht nicht unseren dynastischen Gepflogenheiten und kann nicht in
5 Erwägung gezogen werden. [...]

1. Euer Botschafter bittet um Erleichterungen für Schiffe Eurer Nation, Ningbo, Zhoushan, Tianjin und andere Orte zu Handelszwecken anlaufen zu können. Bis jetzt wurde der Handel mit den europäischen Nationen im-
10 mer in Macao abgewickelt [...]. Ihre Nation hat sich seit Jahren gehorsam an diese Regelung gehalten, ohne Einwände zu erheben. In keinem der anderen genannten Häfen wurden *Hongs* [chinesische Händler, die als Mittelsmänner im Handel mit dem Ausland fungierten]
15 eingerichtet, sodass Ihre Schiffe, selbst wenn sie dorthin fahren würden, keine Möglichkeit hätten, ihre Ladung zu entsorgen. Außerdem stehen keine Dolmetscher zur Verfügung, sodass sie keine Möglichkeit hätten, ihre Wünsche zu erläutern, und nichts als allge-
20 meine Unannehmlichkeiten entstehen würden. [...]

2. Die Bitte, dass Eure Kaufleute in der Hauptstadt meines Reiches ein Lagerhaus für die Aufbewahrung und den Verkauf Eurer Produkte errichten dürfen, ist noch undurchführbarer als die vorhergehende. Meine
25 Hauptstadt ist der Dreh- und Angelpunkt, um den sich alle Teile der Welt drehen. [...] Der Außenhandel wurde bisher in Macao abgewickelt, weil es in der Nähe des Meeres liegt und daher ein wichtiger Sammelpunkt für die Schiffe aller Nationen ist, die von und nach Beijing fahren. Würde man in Beijing Lagerhäuser errichten,
30 so würde die Abgelegenheit Eures Landes, das weit nordwestlich meiner Hauptstadt liegt, den Transport äußerst schwierig machen. [...] Auch dieser Antrag wird abgelehnt.

3. Eure Bitte um eine kleine Insel in der Nähe von Zhou-
35 shan, auf der sich Eure Kaufleute niederlassen und ihre Waren lagern können, entspringt Eurem Wunsch, den Handel zu fördern. [...] Jeder Zentimeter des Territoriums unseres Reiches ist auf den Landkarten eingezeichnet und wird strengstens überwacht [...]. Bedenkt au-
40 ßerdem, dass England nicht das einzige barbarische Land ist, das mit unserer Zivilisation in Verbindung treten und mit unserem Reich Handel treiben möchte: Angenommen, alle anderen Nationen würden Euer schlechtes Beispiel nachahmen und mich bitten, ihnen
45 allen ein Gelände für Handelszwecke zu überlassen, wie könnte ich dem nachkommen? [...]

5. Was Eure Bitte um Erlass oder Ermäßigung der Zölle auf Waren betrifft, die von Euren britischen barbarischen Kaufleuten in Macao umgeschlagen und im Lan-
50 desinneren verteilt werden, so gibt es für die Waren der barbarischen Kaufleute einen regulären Zolltarif, der für alle europäischen Nationen gleichermaßen gilt. Es wäre ebenso falsch, die Zölle auf die Waren Eurer Nation zu erhöhen, weil der größte Teil des Außenhandels
55 in Euren Händen liegt, wie in Eurem Fall eine Ausnahme in Form von besonders reduzierten Zöllen zu machen. [...]

7. Was die Verehrung des Herrn des Himmels [Christentum] durch Euer Volk betrifft, so ist es dieselbe Reli-
60 gion wie die der anderen europäischen Völker. Seit Anbeginn der Geschichte haben die weisen Kaiser und Herrscher China ein moralisches System verliehen und einen Kodex eingeschärft, der von jeher von den Zehntausenden meiner Untertanen religiös befolgt wurde.
65 Die Unterscheidung zwischen Chinesen und Barbaren ist sehr streng, und die Forderung Ihres Botschafters, den Barbaren volle Freiheit zur Verbreitung ihrer Religion zu gewähren, ist völlig unangemessen.

Zit. nach: Pei-Kai Cheng / Michael Lestz: The Search for Modern China. A Documentary Collection, W. W. Norton & Company, New York 1999, S. 106–109. Übersetzt von Jonas Schmid.*

1 Erläutern Sie das Selbstverständnis des chinesischen Kaisers im Ersten Edikt (M 12).

2 Arbeiten Sie heraus, inwiefern sich die Argumentation im Zweiten Edikt (M 13) im Vergleich zum Ersten unterscheidet.

Tipp: Unterscheiden Sie zwischen realpolitischen und aus dem Selbstverständnis resultierenden Argumenten.

3 Beurteilen Sie auf der Basis von M 12 und M 13 die Gründe für das Scheitern der Macartney-Mission.

4 **Zusatzaufgabe:** Siehe S. 480.

M 14 Der französische Historiker Alain Peyrefitte über die Antworten von Qianlong (1992)

Jede der Bitten [des britischen Königs] Georg III. – der Austausch fortschrittlicher britischer Technologie gegen chinesische Techniken, die Normalisierung des Handels zwischen Macao und Kanton und seine Aus-
5 weitung auf andere Häfen, die Verbesserung der Lebensbedingungen der in China ansässigen Europäer, die Erschließung neuer Märkte, die Einrichtung einer ständigen Botschaft in Peking – wurden unter Berufung auf unantastbare, jahrhundertealte Rituale abgelehnt.
10 Was festgeschrieben war, konnte nicht geändert werden. Was abgeschottet war, konnte unmöglich geöffnet werden. Wahrscheinlich hat es nie eine Gesellschaft gegeben, die unbeweglicher oder verschlossener war. […] Dieses Edikt ist nicht nur das bemerkenswertes-
15 te und wichtigste Dokument in den chinesisch-westlichen Beziehungen von Marco Polo bis Deng Xiaoping, sondern auch ein eindrucksvolles Beispiel für einen Irrweg, dessen Spuren im Verhalten vieler Völker zu finden sind, auch wenn keine Nation ihn
20 jemals so weit getrieben hat wie Mandschu-China. Diese Anomalie besteht darin, dass ein Volk – oder eine Kultur – nicht nur glaubt, allen anderen überlegen zu sein, sondern auch so handeln zu können, als sei es allein auf der Welt. Man könnte es fast als kol-
25 lektiven Autismus bezeichnen.

Alain Peyrefitte, The Immobile Empire, Alfred A. Knopf, New York 1992, S. 292. Übersetzt von Jonas Schmid.*

M 15 Die britische Sinologin Henrietta Harrison über die Antworten von Qianlong (2017)

Ein Wendepunkt zeigte sich Ende September 1793, als zwei zentrale Ereignisse eintraten: […] Die Liste der britischen Forderungen wurden ins Chinesische übersetzt. Als der Kaiser diese las, fand er sie
5 höchst geschmacklos: Die Briten wollten nicht nur eine diplomatische Vertretung in Beijing (um die

Provinzregierung in Guangdong zu umgehen), sondern sie wollten auch die Öffnung von Häfen entlang der Küste für ihren Handel, Steuerermäßigungen sowie die Übertragung einer der Zhoushan-
10 Inseln nahe dem Hafen von Ningbo und einen Handelsstützpunkt in der Nähe von Guangzhou. Alle diese Forderungen hatten entscheidende politische und steuerliche Implikationen, die der Kaiser schnell erfasste. Ein formelhafter Brief, der zuvor
15 als Antwort auf die Botschaft des britischen Königs verfasst worden war, wurde verworfen und eine neue Version wurde nach den genauen und persönlichen Anweisungen des Kaisers geschrieben. Der Brief geht alle britischen Forderungen Schritt für
20 Schritt durch und lehnt sie alle ab. Viele Leser haben angenommen, dass der Ärger des Kaisers auf Macartneys Verweigerung des Kotau zurückging. Doch der Kotau oder andere protokollarische Angelegenheiten werden in dem Schreiben nicht er-
25 wähnt. Der Fokus liegt klar auf der detaillierten Zurückweisung der wesentlichen britischen Forderungen. […]
Wir sehen, dass der Qianlong-Kaiser zwar innerhalb des formalen Rahmens der Qing-Ansprüche auf uni-
30 verselle Herrschaft handelte, aber auch Maßnahmen ergriff, um die [britische] Gesandtschaft als militärische Bedrohung zu behandeln und gleichzeitig mögliche wirtschaftliche Verluste zu vermeiden. Er erkannte richtig, dass er unmittelbare Schwierigkeiten
35 abwenden konnte, wenn er Lord Macartney mit vagen Versprechungen über künftige Handelsverhandlungen beruhigte, aber Qianlong blieb äußerst vorsichtig. Der Qing-Hof wusste zwar nur sehr wenig über die Einzelheiten der britischen Expansion, aber
40 der Kaiser und seine Berater waren eindeutig kluge und kompetente politische Akteure.

Henrietta Harrison, The Qianlong Emperor's Letter to George III and the Early-Twentieth-Century Origins of Ideas about Traditional China's Foreign Relations, in: American Historical Review, 2017, S. 687, 700. Übersetzt von Jonas Schmid.*

1 **Arbeitsteilige Partnerarbeit:** Geben Sie jeweils eine der Analysen der Macartney-Mission (M 14, M 15) thesenartig wieder. Tauschen Sie sich anschließend zu zweit dazu aus.

2 Nehmen Sie Stellung zu den Analysen.

3 **Vertiefung:** Erörtern Sie mithilfe der Analysen von Jürgen Osterhammel und Urs Bitterli die „Situation des Kulturkontakts" während der Macartney-Mission.
▶ Kernmodul: M 1 Jürgen Osterhammel, M 3 Urs Bitterli

Erster Opiumkrieg 1839–1842

M 16 **Britische Opiumexporte nach China (in Kisten à 140 Pfund)**

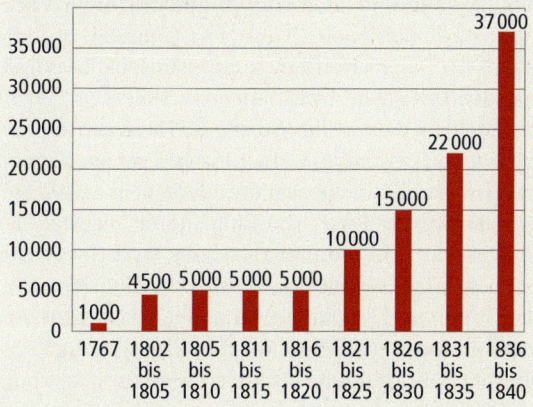

Nach: Jürgen Osterhammel, China und die Weltgesellschaft, C. H. Beck, München, 1989, S. 140, und Patricia Buckley Ebrey, China, Campus, Frankfurt/M. 1996, S. 236.

M 17 **Throneingabe des chinesischen Beamten Xu Naiji (1836)**

Früher brachten die barbarischen Kaufleute ausländisches Geld nach China, das im Austausch gegen Waren gezahlt wurde und den Menschen in allen Provinzen am Meer einen finanziellen Vorteil verschaffte. Aber in
5 letzter Zeit haben die barbarischen Kaufleute heimlich Opium gegen Geld verkauft, was es für sie überflüssig gemacht hat, ausländisches Silber einzuführen. Auf diese Weise ist ausländisches Geld aus dem Land geflossen, während keines ins Land gekommen ist. [...] In
10 früheren Zeiten wurde ein Tael [alte chinesische Münzeinheit] reines Silber für etwa 1000 Kupfermünzen eingetauscht, aber in den letzten Jahren hat dieselbe Summe den Wert von 1200 oder 1300 Münzen gehabt [...]. Wie kommt dies zustande, wenn nicht
15 durch den unbemerkten Abfluss von Silber? [...]
Es wurde vorgeschlagen, den Außenhandel ganz zu unterbinden und so das Übel an der Wurzel zu entfernen. Die himmlische Dynastie würde in der Tat nicht zögern, auf die wenigen Millionen an
20 Zöllen zu verzichten, die sich aus dem Außenhandel ergeben. Aber alle Nationen des Westens haben seit mehr als tausend Jahren einen offenen Markt für ihre Schiffe, während die Opiumhändler nur Briten sind; es wäre falsch, um den Handel mit
25 England zu unterbinden, auch den aller anderen Nationen abzubrechen. Außerdem sind Hunderttausende von Menschen, die entlang der [chinesischen] Küste leben, für ihren Lebensunterhalt

vollständig auf den Handel angewiesen, und wie sollte man sie dann versorgen? 30

Zit. nach: Pei-Kai Cheng/Michael Lestz, The Search for Modern China. A Documentary Collection, W. W. Norton & Company, New York 1999, S. 112 f. Übersetzt von Jonas Schmid.*

1 Charakterisieren Sie die Entwicklung und Folgen der britischen Opiumexporte nach China (M 16, M 17).

M 18 **Brief des kaiserlichen Kommissars Lin Zexu an die britische Königin Victoria (1839)**

Historikerinnen und Historiker gehen davon aus, dass das Schreiben die britische Königin nie erreicht hat.

Unser großherziger Kaiser beruhigt und befriedet China und die fremden Länder, er betrachtet alle mit gleicher Freundlichkeit. Wenn es Gewinn gibt, teilt er ihn mit den Völkern der Welt. Wenn es Schaden gibt, beseitigt er ihn zugunsten der Welt. Denn er macht 5 den Wunsch von Himmel und Erde zu seinem Wunsch. [...]
Wir haben Eure mehrfachen Tributeingaben gelesen, die sagten: „Im Allgemeinen haben unsere Landsleute, die zum Handel nach China fahren, immer gnädi- 10 ge Behandlung und gleichartige Gerechtigkeit von Seiner Majestät, dem Kaiser, erhalten." [...] Aus welchem Recht aber benutzen sie dann im Austausch die giftige Droge, um das chinesische Volk zu verletzen? [...] Lasst uns fragen: „Was ist Euer Gewis- 15 sen?"
Ich habe gehört, dass in Eurem Lande das Opiumrauchen sehr streng verboten ist. Und das, weil der Schaden, den das Opium verursacht, klar erkannt wird. Wenn es nicht erlaubt ist, Eurem eigenen Lande Scha- 20 den zuzufügen, dann solltet Ihr [das Gift] umso weniger zum Schaden anderer Länder weitergeben lassen – wie viel weniger erst an China. Von allem, was China nach fremden Ländern ausführt, gibt es keine einzige Sache, die für die Leute nicht nützlich wäre. 25

Zit. nach: Bodo von Borries, Kolonialgeschichte und Weltwirtschaftssystem, Schwann, Düsseldorf 1986, S. 236.*

M 19 **Der Sinologe Kai Vogelsang über den Opiumkrieg in der Historiografie (2013)**

Der (erste) Opiumkrieg galt lange als *das* Schlüsselerlebnis der modernen Geschichte Chinas. Westliche Historiker des 20. Jahrhunderts haben darin die Wasserscheide zwischen „traditionalem" und „modernem" China erkannt, auch chinesische – Historiker 5 ließen ihre „moderne Geschichte" mit dem Jahr 1840 beginnen. Auch wenn die chinesische Gesellschaft in mancher Hinsicht schon viel früher moderne Züge ausgeprägt hatte – im Opiumkrieg wurde sie schonungslos mit den Konsequenzen der Moderne kon- 10 frontiert: mit der Durchschlagskraft ihrer Waffen, aber auch mit der kühlen Logik der Ökonomie und der moralfreien Ideologie des Nationalismus. Der Opiumkrieg war das erste moderne Verbrechen, das

15 der Westen an China verübte.

Kai Vogelsang, Geschichte Chinas, Reclam, Stuttgart 2013, S. 453.

M 20 **Ein Dampfschiff der East India Company zerstört chinesische Schiffe 1841, Illustration aus** *„England's Battles by Sea and Land"*, 1890

1 Beschreiben Sie mithilfe von M 18 und M 20 das Kräfteverhältnis im Opiumkrieg.
2 Erörtern Sie auf der Basis von M 19 die Rolle des Opiumkrieges für China.
3 **Vertiefung:** Recherchieren Sie zu Handelskonflikten in der Gegenwart und vergleichen Sie.

Ungleiche Verträge

M 21 **Auszüge aus dem Nanjing-Vertrag (1842)**
Artikel I. Es soll künftig Frieden und Freundschaft herrschen zwischen Ihrer Majestät, der Königin des Vereinigten Königreiches von Großbritannien und Irland, und Seiner Majestät, dem Kaiser von China, und ihren
5 Untertanen, die in den Herrschaftsgebieten des Anderen volle Sicherheit und Schutz ihrer Person und ihres Hab und Guts genießen sollen.
Artikel II. Seine Majestät, der Kaiser von China, erklärt, dass es britischen Untertanen erlaubt sein soll, sich un-
10 belästigt und unbehindert mit ihren Familien und ihrem Inventar in den Städten und Ortschaften Kanton [= *Guangzhou*], Amoy [= *Xiamen*], Fuzhou, Ningbo und Shanghai niederzulassen zu dem Zweck, dort Handel zu treiben. Ihre Majestät, die Königin von Großbritan-
15 nien etc., wird Superintendenten oder Konsularbeamte ernennen, die in jeder der oben genannten Städte und Ortschaften residieren, als Vermittler zwischen

den chinesischen Behörden und besagten Kaufleuten fungieren und dafür sorgen, dass die oben genannten Verpflichtungen und die anderen in diesem Vertrag 20 festgelegten Verpflichtungen der chinesischen Regierung gegenüber den Untertanen Ihrer britischen Majestät erfüllt werden.
Artikel III. Da es erforderlich und wünschenswert ist, dass den britischen Untertanen ein Hafen zur Verfü- 25 gung steht, in dem sie ihre Schiffe auf Kiel legen können und, wenn notwendig, wieder instand setzen können und zu diesem Zweck Lager unterhalten, überlässt Seine Majestät, der Kaiser von China, Ihrer Majestät, der Königin von Großbritannien etc., die Insel Hongkong, 30 auf dass sie in Ewigkeit Besitz Ihrer britischen Majestät, Ihrer Erben und Nachfolger sei und den Gesetzen und Bestimmungen unterliege, die Ihre Majestät, die Königin von Großbritannien etc., zu erlassen für notwendig erachtet. […] 35
Artikel V. Während die chinesische Regierung die britischen Kaufleute, die sich in Kanton betätigt haben, bisher gezwungen hat, ausschließlich mit bestimmten chinesischen Händlern, genannt Hong-Händlern, zu verkehren, die zu diesem Zweck von der chinesischen 40 Regierung lizenziert worden waren, verpflichtet sich der Kaiser von China, diese Praxis künftig in allen Häfen abzuschaffen, in denen britische Kaufleute ansässig sind, und ihnen zu gestatten, ihre Geschäfte mit jedem Beliebigen zu tätigen. […] 45
Artikel VIII. Der Kaiser von China verpflichtet sich, bedingungslos alle Untertanen Ihrer britischen Majestät freizulassen (ob sie nun in Europa oder in Indien geboren sind) […].
Artikel X. Seine Majestät, der Kaiser von China, ver- 50 pflichtet sich, in allen Häfen, die durch den zweiten Artikel dieses Vertrages britischen Kaufleuten geöffnet werden, Export- und Importzölle und andere Abgaben gerecht und gleichmäßig zu erheben und ihre Höhe öffentlich der Allgemeinheit bekannt zu geben. 55

Zit. nach: Harley Farnsworth Mac Nair, Modern Chinese History. Selected Readings, Bd. 1, Shanghai 1927, S. 174. Übers. unbekannt.*

M 22 **Der US-amerikanische Sinologe Jonathan D. Spence über die „Ungleichen Verträge" (1995)**
Die Klauseln des Vertrags von Nanjing und ihre Ergänzungen wurden von den anderen Mächten sorgfältig studiert. 1843 entsandte Präsident John Tyler im Namen der Vereinigten Staaten und ihrer beträchtlichen Interessen am Chinahandel Caleb Cushing – ein 5 Mitglied des Kongresses aus der Küstenregion von Massachusetts, wo viele der reichsten amerikanischen

Chinahändler lebten – als Bevollmächtigten nach China. Sofort nach seiner Ankunft in Macao im Februar
10 1844 setzte sich Cushing mit Qiying in Verbindung, der zum Generalgouverneur von Guangxi und Guangdong befördert worden war. Trotz einiger Spannungen wegen des Tods eines Chinesen, der eine Gruppe Amerikaner anzugreifen versucht hatte […], kam es bald zur
15 Unterzeichnung eines Abkommens zwischen den beiden Ländern, des Vertrags von Wanghia […].
Das amerikanische Vertragswerk folgte in den Grundzügen dem britischen, war aber wesentlich länger und enthielt eine Anzahl wichtiger Zusätze. Artikel 17 zum
20 Beispiel war für die protestantischen amerikanischen Missionare, die darauf brannten, in China zu arbeiten, von großer potenzieller Bedeutung, denn er räumte den Amerikanern das Recht ein, in den fünf Vertragshäfen Grundstücke für den Bau von „Spitälern, Kir-
25 chen und Friedhöfen" zu pachten. […] Die Frage der Rechtsprechung wurde in Artikel 21 geregelt: Amerikaner sollten für in China begangene Straftaten künftig nur von ihrem Konsul oder anderen ordnungsgemäß dazu ermächtigten amerikanischen Beamten
30 abgeurteilt werden. Anders als bei den Briten, die das Thema Opium völlig ausgeklammert hatten, sollten laut Artikel 33 jedoch alle Amerikaner, „die mit Opium oder irgendeiner Schmuggelware handeln", den Schutz der Vereinigten Staaten verlieren und den Chinesen
35 übergeben werden. […]

Jonathan D. Spence, *Chinas Weg in die Moderne*, Hanser Verlag, München 1995, S. 200 f.*

1 Analysieren Sie auf der Basis von M 21 und M 22 das System der „Ungleichen Verträge".
2 Erörtern Sie die Folgen der Verträge für China.

M 23 **Jiang Menglin über seine Jugend in der Kolonie Shanghai (1947)**

Jiang Menglin (1886–1964) wurde in Ningbo, einem der Häfen, die China nach dem Ersten Opiumkrieg für den internationalen Handel öffnen musste, geboren und wuchs in Shanghai auf.

1899 war Shanghai eine kleine Stadt mit ein paar tausend arroganten Ausländern. Aber die Stadt wurde gut regiert, mit sauberen, breiten Straßen und elektrischen oder gasbetriebenen Straßenlampen. Ich fand die Ausländer wunderbar. Sie kannten das Ge- 5 heimnis der Elektrizität. Sie hatten die Dampfmaschine erfunden und Dampfschiffe gebaut. Sie traten an die Stelle meiner alten Götter, die im Angesicht meines naturwissenschaftlichen Unterrichts dahinschmolzen, und besetzten meinen Geist. Zugleich 10 dienten sie auch als neue Teufel, denn ihre Arroganz, gepaart mit den Knüppeln der Polizisten, machte mir Angst. In der Liste der Vorschriften, die am Eingang eines Parks am Ufer des Huang-pu-Flusses [in Shanghai] ausgehängt war, war sowohl Chinesen als auch 15 Hunden der Zutritt verboten. Das sagte viel aus. Der Ausländer erschien mir halb göttlich und halb teuflisch, mit zwei Gesichtern und vielen Händen wie Vishnu [hinduistischer Gott] – mit elektrischem Licht, einem Dampfschiff und einer hübschen Puppe 20 in der einen Hand und einem Polizeiknüppel, einem Revolver und einer Handvoll Opium in der anderen. Wenn man seine helle Seite betrachtete, war er ein Engel; auf der dunklen Seite war er ein Dämon.

Chiang Monlin [Jiang Menglin], Tides from the West. A Chinese Autobiography, Yale University Press, New Haven 1947, S. 43. Übersetzt von Jonas Schmid.

M 24 **Ein Mandarin empfängt eine Delegation europäischer Diplomaten, chinesische Malerei, 1860**

1 Charakterisieren Sie mithilfe von M 23 und M 24 Veränderungen in China infolge der wirtschaftlichen und politischen Öffnung für die imperialistischen Mächte.
2 Vergleichen Sie das Bild M 24 mit M 3, S. 169.
3 Mindmap: Analysieren Sie das Verhältnis zwischen China und den imperialistischen Mächten um 1860 und visualisieren Sie die Ergebnisse mithilfe einer Mindmap.

Missionierung

M25   Ausschnitt zu China aus dem Allgemeinen Missions-Atlas (1869)

China (richtiger Tschina), von seinen Bewohnern das „Reich der Mitte" genannt, hatte sich bis vor Kurzem im stolzen Selbstgefühl, das seine uralte Kultur ihm verlieh, schroff abgeschlossen gegen alle Einflüsse christlicher
5 Nationen, die ihm nur als Barbaren des Westens erschienen. [...] Die Religion, wie sie im Volksleben zur Erscheinung kommt, ist überall die gleiche, wenn sie auch aus sehr verschiedenen Quellen entsprungen ist. Kong-fu-tsz (Confucius) war es (im 6. Jahrhundert vor
10 Chr.), der die alte Verehrung der Geister und Dämonen nicht verdrängte, aber ihr nur eine beschränkte Stellung in seinem rationalistisch-moralischen System gewährte. Neben diesem hat der wenig jüngere Tāuismus (Taïsmus) des Lāu tsz (Lao tse) nicht in so weitem Maße Ein-
15 gang gefunden. Die Anhänger desselben, einem groben Mysticismus ergeben, leben in Klöstern und als Einsiedler. Sie sind als Zauberer und Geisterbeschwörer renommiert [...]. Viel später drang von Indien her der Buddhismus ein. Hier wird er Lehre des Fo genannt und
20 ist mehr als irgendwo veräußerlicht und zu totem Formelwesen erstarrt. [...] Aus diesen Elementen hat sich die chinesische Volksreligion gebildet, die bei den niederen Klassen sich namentlich als Aberglaube zeigt, während sie bei den gebildeten einer flachen Aufklä-
25 rung mit allerlei Tugendschätzerei Platz gemacht hat.

Reinhold Grundemann, Allgemeiner Missions-Atlas nach Originalquellen, Justus Perthes, Gotha 1869, S. 41.*

1 Analysieren Sie die europäische Sicht auf die chinesischen Religionen (M25).
2 Charakterisieren Sie die Einstellung von Karl Gützlaff zur Rolle der Missionsarbeit (M26).

M26   Aus dem Tagebuch des deutschen Missionars Karl Gützlaff in China (1910)

Vom 17. Mai 1831: Mein Aug ist nun ganz auf China gerichtet, nicht aus eigner Wahl, sondern aus Überzeugung, dass der Herr mir diesen Weg weist und darin mein Gebet erhört. Ich will die 100 Millionen an das hohepriesterliche Herz des Herrn Jesus legen.
Vom 6. Juni 1841: Da alle Bemühungen, um den Kaiser zu friedlichen Gesinnungen zu zwingen, vergeblich gewesen sind, so wird der Kampf [der Opiumkrieg, in dem Gützlaff den Briten als Übersetzer half] wohl erst in Peking enden. Die Folgen werden ungeheuer sein.
10 Als Christen haben wir nichts mit dem Kriege zu tun, unsere Pflicht ist es, hin zum Thron der Gnade zu eilen, und dort unsern Erlöser anzuflehen, dass er doch noch eine weite Tür seinem Evangelio öffnen möge. [...] Der jetzige Kampf wird Epoche in der Weltge-
15 schichte machen; es handelt sich um nichts weniger, als ob China für immer seine Türen jedem Fremden verschließen könne oder nicht.
Vom 6. Dezember 1846: Seit der Errichtung des Chinesischen Vereins, was jetzt drei Jahre her ist, beläuft sich
20 die Anzahl der Getauften auf 304, das heißt noch nicht einen Einzigen auf eine Million von der ganzen chinesischen Bevölkerung. Dies ist in der Tat sehr beschämend, und weckt uns zu ernstem Gebet und reger Arbeitsamkeit auf. Allein in dem gegenwärtigen Jahre
25 sind die Segnungen viel größer gewesen, als in den zwei vorhergehenden zusammengenommen. [...] Immer mehr erblicken wir die Hand Gottes im ganzen Werk; auf allen Unternehmungen ruht der Segen.

Zit. nach: Werner Raupp (Hg.), Mission in Quellentexten – Geschichte der Deutschen Evangelischen Mission von der Reformation bis zur Weltmissionskonferenz Edinburgh 1910, Erlanger Verlag für Mission und Ökumene, Fulda 1990, S. 288–290.*

M27   Protestantische Missionen in China im Jahr 1905

Herkunft	Anzahl Ausländer	Chinesische Mitarbeiter	Anzahl der Missionsposten	Größe der christlichen Gemeinden
Großbritannien	1 727	4 553	2 744	118 810
USA	1 304	4 547	1 888	111 883
Europa (Schweden, Norwegen, Deutschland, Finnland)	207	655	345	19 780

Zusammenstellung nach: R. G. Tiedemann (Hg.), Handbook of Christianity in China, vol. 2: 1800–present, Brill, Leiden 2010, S. 958 ff.*

1 Beschreiben Sie auf der Basis von M27 den Umfang der protestantischen Missionsarbeit in China im Jahr 1905.
2 **Kurzvortrag:** Recherchieren Sie zu protestantischen Missionaren in China, z.B. Karl Gützlaff, Richard Wilhelm oder Robert Morrison. Stellen Sie Ihre Ergebnisse in einem Kurzvortrag im Kurs vor.

M 28 Der Historiker Thoralf Klein über die Methoden der christlichen Mission in China (2007)

Zweifellos war die streckenweise sehr enge Symbiose zwischen Mission und Kolonialismus kein Zufall. In einer oftmals feindlichen Umwelt stellte der Kolonialstaat der Mission diejenigen Machtstrukturen bereit, in
5 denen sie ihre Tätigkeit entfalten konnte. [...]
Die Aufgabe der Missionare bestand darin, einzelne Chinesen von der Notwendigkeit eines Übertritts zum Christentum zu überzeugen. Dazu bedienten sie sich einer Reihe von Mitteln: Öffentliche Predigten und die
10 Verbreitung christlicher Schriften waren die direktesten Methoden, um Chinesen anzusprechen, allerdings oft auch die am wenigsten erfolgreichen. [...] Auch die zahlreichen sozialen und karitativen Maßnahmen wie der Betrieb von Krankenhäusern, Waisenhäusern und
15 Schulen galten vielen Missionaren in erster Linie als strategisches Mittel, um das Vertrauen der chinesischen Bevölkerung zu erlangen und dadurch Anknüpfungspunkte für die christliche Botschaft zu schaffen. Dass die Missionare hierdurch ebenso wichtige Beiträ-
20 ge zur Transformation der Wirtschaft, Gesellschaft und Kultur Chinas leisteten wie durch die Übersetzung wissenschaftlicher Texte ins Chinesische, steht außer Frage. Aber erst nach 1900 gewann, in erster Linie bei den Protestanten, das Programm *Social Gospel* an Boden,
25 wonach das Christentum vor allem durch soziale und karitative Tätigkeiten und nicht mehr primär durch direkte Evangelisierung verbreitet werden sollte.

Thoralf Klein, Aktion und Reaktion? Mission und chinesische Gesellschaft, in: Mechthild Leutner / Klaus Mühlhahn (Hg.), Kolonialkrieg in China. Die Niederschlagung der Boxerbewegung, Ch. Links Verlag, Berlin 2007, S. 32 ff.*

1 Arbeiten Sie mithilfe von M 28 die Methoden und Möglichkeiten der protestantischen Missionare in China heraus.

2 Beurteilen Sie Kleins These von der Symbiose zwischen Kolonialismus und Mission.

3 **Vertiefung:** Setzen Sie M 28 in Beziehung zu Urs Bitterlis These, dass der Missionar immer „Exponent der europäischen Kultur" blieb.
▶ Kernmodul: M 3 Urs Bitterli, Z. 88 ff.

M 29 Der deutsche Sinologe, Theologe und Missionar Richard Wilhelm über die Deutschen in China (1900)

In einem chinesischen Schriftstück, das mir unter die Hände kam, steht der Satz, dass die Chinesen bisher immer zwei Stücke am deutschen Volke zu schätzen wussten: Schlagfertigkeit und Stärke des Militärs und ein
5 gerechtes mildes Regiment. Möge es uns gelingen, diesen alten Ruhm auch hier durch die Praxis zu verdienen. Möge es der Eisenbahn, an deren Bau schon wieder

rüstig gearbeitet wird, gelingen, den Reichtum des Landes zu erschließen und den Segen der Kultur zu verbreiten, wie durch die imponierende Stärke unseres Militärs 10 die Macht des Widerstands gebrochen wurde.

Zit. nach: Mechthild Leutner, Musterkolonie Kiautschou. De Gruyter, Berlin 1997 S. 290.

M 30 „Gruss aus Kiao-Tschau", deutsche Feldpostkarte, 1900

M 31 St. Michael Gallery in Qingdao, ehemaliges Tsingtau, Hauptstadt des deutschen Pachtgebietes Kiautschou, Fotografie, 2004

1 Beschreiben Sie auf der Basis von M 29 und M 30 die Ziele und Methoden der Deutschen im Pachtgebiet von Kiautschou.

2 Setzen Sie sich mit den langfristigen Folgen der christlichen Missionsarbeit in China auseinander (M 31).

3 **Vertiefung:** Recherchieren Sie zur Arbeit katholischer Missionare in China im 19. Jahrhundert.

4 **Wahlaufgabe:** Formulieren Sie eine Stellungnahme aus heutiger Sicht gegenüber Richard Wilhelm (M 29). Wählen Sie eine der folgenden Textsorten aus:
 a) einen Leserbrief in einer Zeitung,
 b) eine Stellungnahme in Form eines Klausurtextes,
 c) einen Debattenbeitrag für eine Plenumsdiskussion.

Open Door Policy

M 32 Auszüge aus „*The Open Door Note*“ von John Hay, US-amerikanischer Staatssekretär des Äußeren (1899)

Zu dem Zeitpunkt, als die Regierung der Vereinigten Staaten von der deutschen Regierung darüber informiert wurde, dass sie von Seiner Majestät dem Kaiser von China den Hafen von Jiaozhou [Qingdao] und das
5 angrenzende Gebiet in der Provinz Shantung gepachtet hatte, wurde dem Botschafter der Vereinigten Staaten in Berlin vom deutschen Reichsminister des Auswärtigen zugesichert, dass die Rechte und Privilegien, die den Bürgern der Vereinigten Staaten durch Verträ-
10 ge mit China zugesichert worden waren, in dem Gebiet, über das Deutschland auf diese Weise die Kontrolle erlangt hatte, nicht beeinträchtigt werden würden.

In jüngerer Zeit hat die britische Regierung jedoch
15 durch ein förmliches Abkommen mit Deutschland das ausschließliche Recht des letzteren Landes anerkannt, in dem besagten Pachtgebiet und der angrenzenden „Einfluss- oder Interessensphäre“ bestimmte Privilegien zu genießen, insbesondere solche, die sich auf Ei-
20 senbahnen und Bergbauunternehmen beziehen; da aber die genaue Art und der Umfang der so anerkannten Rechte nicht klar definiert worden sind, ist es möglich, dass jederzeit ernsthafte Interessenkonflikte [...] innerhalb des besagten Gebietes entstehen können
25 [...].

Die Vereinigten Staaten sind ernsthaft bestrebt, jeden Grund für Spannungen zu beseitigen und gleichzeitig dem Handel aller Nationen die unbezweifelbaren Vorteile zu sichern, die sich aus einer formellen
30 Anerkennung durch die dort „Interessenssphären“ beanspruchenden Mächte ergeben würden. Alle Nationen sollen sich vollständiger Gleichheit bei der Behandlung ihres Handels und ihrer Schifffahrt innerhalb ihrer Sphären erfreuen können. Deshalb
35 würde es die Regierung der Vereinigten Staaten begrüßen, wenn die Regierung Ihrer Majestät formelle Zusicherungen gäbe und Unterstützung dabei leisten würde, vergleichbare Zusicherungen von anderen interessierten Mächten (über die folgenden Punkte) zu
40 bekommen.

Erstens: Es soll keine Interventionen in den Vertragshäfen und bezüglich der Privilegien innerhalb Chinas geben.

Zweitens: Der aktuelle chinesische Vertragszoll soll
45 auf alle Güter innerhalb der genannten „Interessenssphären“ erhoben werden (außer in den „freien Häfen“), und zwar unabhängig davon, von welcher Nation diese Güter stammen. [...]

Drittens: Keiner soll höhere Hafengebühren für Schif-
50 fe fremder Nationalität in einem Hafen innerhalb einer solchen Sphäre erheben dürfen, und es sollen von keiner Nation höhere Eisenbahnfrachtraten für Güter verlangt werden, als sie für ähnliche Güter von den eigenen Bürgern über gleiche Entfernungen er-
55 hoben werden.

http://www.digitalhistory.uh.edu/disp_textbook.cfm?smtID=3&psid=4068 (Download vom 15. Dezember 2021). Übersetzt von Heidi Martini.*

M 33 „As to China“, Karikatur aus dem US-amerikanischen Satiremagazin „Puck“, Beginn 20. Jahrhundert.
Das Bild zeigt Uncle Sam, Japan und John Bull (Personifikation für Großbritannien) als Hunde. Auf der Tür steht „Chinahandel“.

AS TO CHINA.
THE WAY TO KEEP THE DOOR OPEN IS NOT TO LET IT BE CLOSED.

1 Erläutern Sie ausgehend von M 32 die Haltung und Intention der USA in Bezug auf China und die anderen imperialistischen Mächte.
2 Interpretieren Sie die Karikatur (M 33). Beachten Sie dabei besonders die Darstellung der drei imperialistischen Mächte.
   Tipp: Siehe S. 480.
3 **Zusatzaufgabe:** Siehe S. 480.

China am Ende des 19. Jahrhunderts

M 34 Der Historiker Wolfgang Mommsen über die Periode des Hochimperialismus (1977)

Die Periode des Hochimperialismus ist u. a. dadurch gekennzeichnet, dass in vielen Fällen die älteren Formen informeller oder halbformeller imperialistischer Herrschaft zusammenbrachen. [...] Für den Hoch-
5 imperialismus ist zunächst charakteristisch, dass in den europäischen Industriestaaten und in den USA und dem Einfluss des raschen industriellen Wachstums und politischer Modernisierungsprozesse, die zum Eintritt neuer sozialer Schichten in die politische
10 Arena führten, neue politische Energien von bisher unbekannter Gewalt freigesetzt wurden, die zumindest teilweise die Schubkraft der imperialistischen Prozesse jener Periode abgaben. Hinzu kommt, dass die technologische und ökonomische und natürlich
15 auch machtpolitische Überlegenheit der Industriestaaten gegenüber den traditionalistischen Gesellschaften der Dritten Welt [!] diesen weder geistig noch militärisch noch materiell ausreichende Gegenkräfte entgegenzusetzen vermochten und daher den Prozess
20 kolonialer Landnahme zumeist ohne größeren Widerstand über sich ergehen ließen. [...] Dies steigerte aufseiten der weißen Kolonisten, Händler und Militärs die Versuchung, gegebenenfalls auch gegen den ausdrücklichen Willen der im fernen Europa residieren-
25 den, schlecht informierten regierenden Staatsmänner zu weiterer imperialistischer Ausdehnung ihrer Territorien schreiten. Diese beiden Faktoren zusammen erklären, warum es seit den frühen 1880er-Jahren zu einem an Umfang und Intensität ständig zunehmen-
30 den Prozess der Expansion in die überseeische Welt, sei es mithilfe indirekter ökonomischer, sei es mithilfe direkter politischer Methoden gekommen ist.

Wolfgang Mommsen, Imperialismus. Seine geistigen, politischen und wirtschaftlichen Grundlagen, Hoffmann und Campe, Hamburg 1977, S. 20 f.*

M 35 Der Historiker Wolfgang Reinhard über die innere Entwicklung Chinas (2016)

Die Schwäche Chinas war nicht nur auf äußere Ursachen wie den Opiumhandel und die westliche Aggression zurückzuführen. Vielmehr wurden die äußeren Kräfte nur wirksam infolge einer inneren Systemkrise,
5 in der eine fast unglaubliche Bevölkerungsexplosion eine zentrale Rolle spielte. Vom späten 17. Jahrhundert bis zur Mitte des 19. Jahrhunderts wuchs die Bevölkerung Chinas von ca. 150 auf 450 Millionen Menschen. Die britische Bevölkerung hat zwar im selben Zeitraum
10 proportional fast ebenso stark zugenommen, aber dort

fand die Entwicklung in der industriellen Revolution statt, während sie in China fast völlig vom Agrarsektor aufgefangen werden musste. Trotz Neulandgewinnung und Intensivierung wurden die landwirtschaftlichen Methoden nicht wesentlich verbessert. Anders als das 15 okzidentale (westeuropäische) setzte dieses Wirtschaftssystem nicht auf Arbeitsersparnis durch tierische oder maschinelle Energie, sondern auf vermehrten Einsatz menschlicher Arbeit. Bei dem Überangebot an Menschen fanden sich immer Bauern, die noch un- 20 günstigere Pachtbedingungen annahmen, nur um überhaupt Land zu bekommen. Voraussetzung war ein intaktes Herrschaftssystem. Aber die Kaiser des 19. Jahrhunderts wurden immer schwächer und unfähiger, zum Teil einfach deshalb, weil es sich um Kinder und 25 Jugendliche handelte. Infolgedessen wuchs das übliche Maß an Korruption in staatsgefährdendem Umfang an. [...]

Dieses geschlossene System wurde weniger durch die Aggressionen des Westens als durch das Zusammentref- 30 fen einer Subsistenzkrise mit der Krise des Herrschaftssystems aufgebrochen. Dazu gehörte eine ökologische Krise. Denn die Neulandgewinnung bedeutete Raubbau an den natürlichen Ressourcen. Bereits chinesische Zeitgenossen erkannten den Zusammenhang 35 zwischen den Rodungen am Oberlauf des Huanghe und den Überschwemmungen am Unterlauf. [...] Wenn Naturkatastrophen mit Angriffen von außen zusammentrafen, bedeutete dies das Ende einer Dynastie, weil das „Mandat des Himmels" abgelaufen war. Chinas 40 äußere Konflikte nehmen sich harmlos aus gegenüber den inneren Aufständen, die das Reich erschütterten. Der wichtigste war die Taiping Revolution, die 1860–64 über 100 Millionen Menschen in Bewegung brachte und 20–30 Millionen Tote forderte. Die Mandschu soll- 45 ten als fremde Barbaren vertrieben werden.

Wolfgang Reinhard, Die Unterwerfung der Welt, C. H. Beck, München 2016, S. 831 ff.*

1 Fassen Sie die Kernaussage von Mommsen (M 34) zum Hochimperialismus zusammen.

2 Erläutern Sie, inwiefern der Begriff des Hochimperialismus auf China zwischen 1800 und 1914 zutrifft.

3 Nehmen Sie Stellung auf der Basis Ihres in diesem Kapitel erworbenen Wissens zu der These von Wolfgang Reinhard (M 35), dass innere Krisen für China weitreichender als die „äußeren Konflikte" waren.

4 **Vertiefung:** Erstellen Sie eine bebilderte Präsentation zur deutschen Kolonialpolitik in China.

Bildarchiv der deutschen Kolonialgesellschaft
🔴▶ cornelsen.de/Webcodes
➕🔊 Code: sohoco

Stationenlernen: Japan

> *In diesem Kapitel geht es um*
> – *die Modernisierung und Industrialisierung Japans,*
> – *die internationale Anerkennung Japans als Großmacht.*

Modernisierung und Industrialisierung Japans

Bis Mitte des 19. Jahrhunderts schottete sich Japan in mancher Hinsicht ab. Allerdings durften seit 1720 europäische Bücher eingeführt werden, und auch Wissen wurde weiter ausgetauscht. 1854 erzwang eine amerikanische Flotte unter Commodore Matthew Perry die Öffnung von **Vertragshäfen** und die Aufnahme des Handelsverkehrs. Die in den folgenden Jahrzehnten mit westlichen Kolonialmächten abgeschlossenen „unglei- 5
chen Handelsverträge" brachten Japan wenig Vorteile, sodass sich bald Widerstand dagegen organisierte. Innere Machtkämpfe führten 1868 zur Wiederherstellung der politischen Macht des Kaisertums. Die bis 1912 dauernde Herrschaft von Kaiser Mutsuhito erhielt die Bezeichnung „meiji", „Erleuchtete Regierung". Während dieser **Meiji-Restauration** wurden die Grundlagen für das moderne Japan gelegt. Die Regierung wollte in- 10
nenpolitisch den neuen Einheitsstaat konsolidieren und außenpolitisch die volle Souveränität zurückerlangen, die durch den Abschluss der ungleichen Verträge eingebüßt worden war. Für die Revision dieser Verträge musste Japan als moderner Verfassungsstaat vom Westen anerkannt werden: Die Meiji-Regierung entschied sich für eine konstitutionelle Monarchie. Die japanische Besonderheit war der Kaiserkult, bei dem der 15
Kaiser (Tenno) zum Symbol des Staates und der japanischen Nation wurde und als gottgleich und damit unantastbar verehrt wurde. Der Kaiser wachte als „Vater" über seine „Untertanen-Kinder". Die ernannte Regierung war ihm und nicht dem Parlament verpflichtet. Mit der konstitutionellen Monarchie sollte ein Übergang zum Parlamentarismus und die Einrichtung einer parlamentarischen Regierung verhindert werden, die 20
vom japanischen Bürgertum gefordert wurde. 1882/83 reiste Itō Hirobumi, einflussreiches Regierungsmitglied und späterer Premierminister Japans, zu Studien nach Europa und modernisierte Japan nach diesem Vorbild. Entschlossen, ihr Land nicht vom Westen kolonisieren zu lassen, beseitigte die Regierung die Vorrechte der Samurai („Krieger") und modernisierte das Militärwesen. Vor allem aber stärkte sie die Zentralgewalt. 25
Nicht einzelne Unternehmer, sondern der Staat trieb mit großem Tempo und dirigistischen Methoden die Modernisierung voran. Er garantierte die freie Berufswahl, wandelte die Grundsteuern von Naturalabgaben in Geldsteuern um, hob die Bindung der Bauern an den Boden auf, entwickelte ein modernes Bankwesen, führte die Gewerbefreiheit und die allgemeine Schulpflicht ein, sodass die Analphabetenrate drastisch sank. Darü- 30
ber hinaus förderte der Staat den Eisenbahnbau und den Export. Obwohl Japan im Vergleich zu Großbritannien, den USA und Deutschland in seiner industriellen Entwicklung zurückblieb, war es doch das einzige nichtwestliche Land, das im ausgehenden 19. und beginnenden 20. Jahrhundert eine Industrielle Revolution durchlief.

Entwicklung und internationale Anerkennung Japans als Großmacht

Besonders die militärischen Reformen, die deutliche **Aufrüstung** sowie die Einführung der Wehrpflicht waren für Japan entscheidend, denn sie führten dazu, dass Mutsuhito auf Augenhöhe mit den Europäern agieren konnte. 1883 umfassten die Militärausgaben fast ein Drittel des japanischen Haushalts. Zunächst war die japanische Strategie auf eine wehrhafte Defensive ausgelegt. Gleichzeitig aber vermittelte die Meiji-Zeit den Ja- 5
panern eine nationalistische Ideologie. Es entstand die Vorstellung eines großjapani-

M1 Mutsuhito, Meiji-Kaiser von Japan (reg. 1867–1912), Gemälde von 1901

▶ M 4 bis M 6: Meiji-Reformen

▶ M 7 und M 8: Industrialisierung in Japan

schen Reiches mit der Aufgabe, in der Region jene Führungsrolle einzunehmen, die vormals das chinesische Kaiserreich innegehabt hatte. Für Japan war die Brücke nach China das Nachbarland Korea, das zum chinesischen Einflussgebiet gehörte. 1876 ge-
10 lang es Japan, einen Handelsvertrag mit Korea abzuschließen, der Korea in japanische Abhängigkeit brachte. Zu dieser „Befreiungsaktion" für „rückständige" Völker Asiens fühlte sich Japan als ostasiatische Führungsmacht berufen. Die anderen Völker Asiens sollten sich den Japanern unterordnen. Vor allem Chinesen und Koreaner bekamen dies leidvoll zu spüren. 1894 eilten sowohl chinesische als auch japanische Truppen nach
15 Seoul, um eine Rebellion am koreanischen Hof niederzuschlagen. Japan nutzte die Rebellion, um Korea von der formalen chinesischen Vormundschaft zu „befreien": Es besetzte den koreanischen Königspalast und setzte einen neuen Herrscher ein, der wiederum China offiziell den Krieg erklärte. Japan ließ seine Kriegserklärung am 1. August 1894 folgen. Die schlagkräftige und höchst disziplinierte japanische Armee war den
20 Chinesen überlegen. Japans Soldaten drangen in das chinesische Festland ein, sodass China sich zu Friedensverhandlungen bereit erklärte. China musste u. a. Taiwan abtreten, Kriegsentschädigungen zahlen und ging aus dem **Japanisch-Chinesischen Krieg** besiegt und gedemütigt hervor. Bei der Eroberung von Port Arthur, einem chinesischen Hafen, richteten Teile der japanischen Armee im November 1894 ein Massaker an. Die
25 Zahl der getöteten Chinesen ist umstritten und wird mit bis zu 60 000 angegeben. Im zweiten großen Krieg der Meiji-Ära, dem **Russisch-Japanischen Krieg 1904/05,** erreichte Japan schließlich die formelle Schutzherrschaft über Korea und besetzte die Mandschurei. Mit dem Sieg in dieser Auseinandersetzung wurde Japan international als Großmacht anerkannt.

▶ **M 9 bis M 11: Japan als Großmacht**

▶ **M 12 und M 13: Vergleich zwischen Japan und China**

M 2 Ein 21-cm-Geschütz aus deutscher Fertigung (Krupp) in einem chinesischen Fort, Fotografie, 1895

1 Erklären Sie, weshalb die Meiji-Restauration als Aufbruch des modernen Japans bezeichnet werden kann.
2 Beurteilen Sie, inwiefern die Modernisierung Japans eine Voraussetzung für den japanischen Imperialismus darstellt.

M 3 Japan 1850–1914

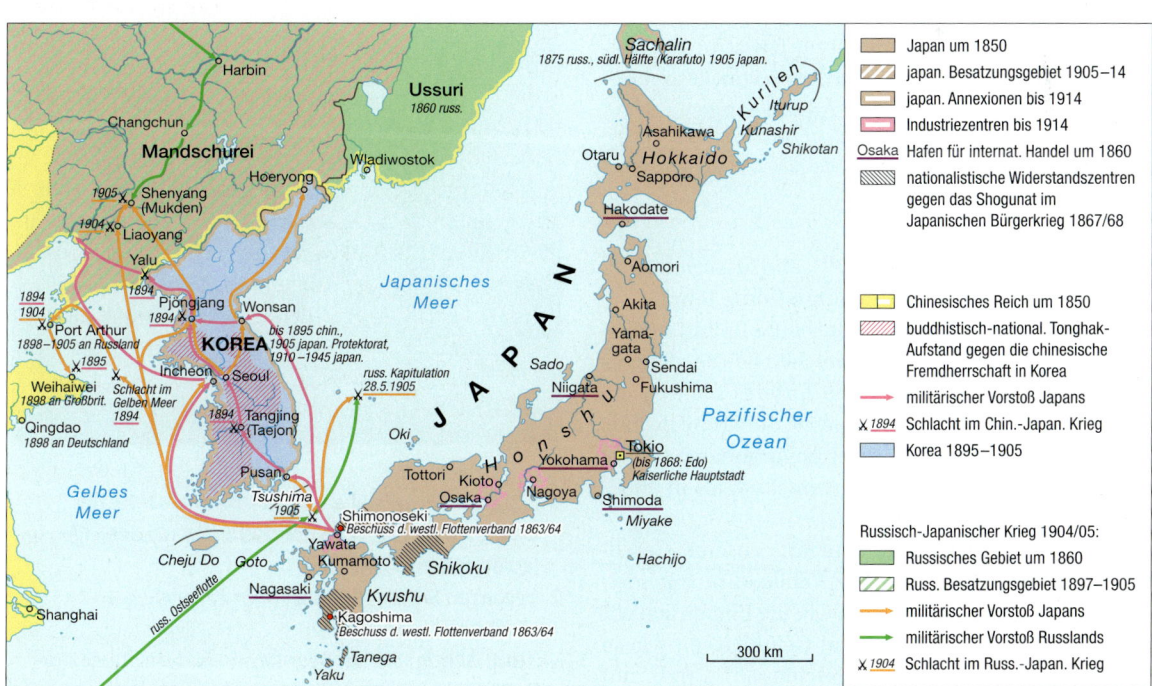

Hinweise zur Arbeit mit den Materialien
Es können folgende Aspekte der Entwicklung Japans zu einer Industrie- und Großmacht erarbeitet werden:
– Meiji-Reformen,
– Industrialisierung,
– Japan als Großmacht,
– Vergleich zwischen Japan und China.
Die Materialien können in Form eines Stationenlernens mithilfe der jeweiligen Arbeitsaufträge bearbeitet werden. Jeder muss alle Stationen bearbeiten.

Station 1: Meiji-Reformen

M4 **Äußerungen von Tokugawa Ieyasu (1542–1616), dem Gründer der Tokugawa-Herrschaft, nach einem Zeitgenossen**

Ob es Ordnung oder Chaos in der Nation gibt, hängt von den Tugenden und Lastern dieser drei ab [Kaiser, Shogun, Bauern]. Der Kaiser darf, mit Mitgefühl im Herzen für die Bedürfnisse des Volkes, nicht nachläs-
5 sig sein in der Ausübung seiner Pflichten – von der frühmorgendlichen Verehrung zu Neujahr bis zu den monatlichen Zeremonien am Hof. Zweitens darf der Shogun im Frieden nicht die Möglichkeit von Krieg vergessen und muss seine Disziplin aufrechterhalten.
10 Er sollte in der Lage sein, Ordnung im Land zu erhalten, er sollte Aufmerksamkeit auf die Sicherheit des Herrschers richten und er sollte sich bemühen, die Ängste des Volkes zu zerstreuen. [...] Der wahre Meister des Wegs des Kriegers bewahrt seine kriegerische
15 Disziplin sogar in Friedenszeiten. Drittens, die Mühen des Bauern sind sprichwörtlich – vom ersten Getreidekorn bis zu den hundert Arbeitsgängen. [...]

Zit. nach: Ryusaku Tsunoda u. a., Sources of Japanese Tradition, Columbia Univ. Press, New York 1965, übers. von Klaus Mäding, S. 338.*

M5 **Itō Hirobumi (1841–1909), einflussreicher Reformer der Meiji-Zeit, zu Japan (ohne Jahr)**

Von Anfang an war klar, dass die bloße Imitation ausländischer Vorbilder nicht ausreichen würde, denn es gab historische Besonderheiten unseres Landes, die zu beachten waren. Zum Beispiel ist die Krone bei uns
5 eine Einrichtung, die weit tiefer im nationalen Gefühl und in unserer Geschichte verwurzelt ist als in anderen Ländern. [...]
Andererseits gibt es eine Eigenart unserer Gesellschaftsbedingungen, die ohne Parallele in irgendeinem anderen zivilisierten Land ist: die Einheitlichkeit
10 in Rasse, Sprache, Religion und Gefühlen, da wir so lange von der Außenwelt abgeschlossen waren, mit unseren jahrhundertealten Traditionen und der Unbeweglichkeit des Feudalsystems. [...]
In der Industrie sind trotz der ungeheuren Entwicklung 15 von Unternehmen in unserem Land unsere Arbeiter noch nicht zu geistlosen Maschinen und schuftenden Tieren geworden. Noch überlebt zwischen ihnen und dem kapitalistischen Arbeitgeber das Band zwischen Schirmherr und Schutzbefohlenem. Dies ist ein mora- 20 lischer und gefühlsmäßiger Faktor, der in Zukunft ein gesundes Hindernis gegen das drohende Vordringen sozialistischer Ideen darstellen wird. [...]
Nach der Verfassung [von 1889] hat das Volk das Recht, an der Regierung teilzunehmen, aber dieses Recht ist 25 gleichzeitig nicht nur ein Recht, sondern eine wichtige Pflicht. Zu regieren ist das Vorrecht des Kaisers. Da ihr an der Regierung [...] teilnehmen werdet, müsst ihr dieses Recht als Verantwortung des Volkes, als Ehre des Volkes und als Ruhm des Volkes ansehen. 25

Zit. nach: Ryusaku Tsunoda u. a., Sources of Japanese Tradition, Columbia Univ. Press, New York 1965, übers. von Klaus Mäding, S. 673–677.*

M6 **Kaiser Mutsuhito besucht die erste japanische National-Ausstellung, japanische Postkarte, Anfang 20. Jahrhundert**

1 Erläutern Sie mithilfe von M4 bis M6 sowie des Darstellungstextes die politischen Veränderungen in Japan in der Meiji-Zeit.
2 Bewerten Sie die ideologischen Anspielungen Hirobumis in M5.
Tipp: Achten Sie auf Begriffe wie Nation, Rasse oder Religion.

Station 2: Industrialisierung in Japan

M 7 **Die Japanologin Annelotte Piper zur Industrialisierung in Japan (1995)**

[Die Meiji-Regierung] baute die Schwerindustrie auf, um Japan militärisch zu rüsten, sie modernisierte das Verkehrs-, Transport- und Nachrichtenwesen, sie leitete die Entwicklung Hokkaidos [Nordinsel Japans]
5 ein und sie schuf, als Sicherung gegen die drohende wirtschaftliche Überfremdung, ein technisches und finanzielles Selbsthilfeprogramm. Die finanziellen Mittel für ihre Aktivität verschaffte sie sich [...] durch ihre Fiskalpolitik.
10 [...] Das Pro-Kopf-Einkommen stieg von 1876 bis 1900 von Yen 100 auf Yen 180, der Pro-Kopf-Verbrauch hingegen sank von etwa Y 80 auf Y 60. Aus diesem Konsumverzicht wurde der Aufbau finanziert – sowohl durch private Spar- und Investitions- oder Kapi-
15 talbildungstätigkeit, als auch durch die Fiskalpolitik, die in Form von Steuern, Staatsanleihen, Papiergeldausgabe usw. die Kapitalbildung der öffentlichen Hand vorantrieb. [...]
Die neue Regierung [nahm] die Hilfe ausländischer
20 Fachleute in Anspruch. Damit die Ausländer nicht die politische und wirtschaftliche Unabhängigkeit Japans gefährdeten, behielt die Regierung alle Schlüsselstellungen ihren eigenen Landsleuten vor. [...]

Der schnellste Weg, einen eigenen Stamm von Technikern heranzubilden, war für die japanische Regie- 25 rung [...], junge Leute auf Staatskosten zu einem dreijährigen Studium nach Amerika oder Europa zu entsenden. [...]
Die ins Ausland entsandten jungen Japaner stellten daher in jeder Hinsicht eine Elite dar. Neben hoher In- 30 telligenz besaßen sie Arbeitswillen und einen großen Ehrgeiz. Vor allem aber zeichneten sie sich durch ihre einzigartige Vaterlandsliebe aus. Ihr brennender Ehrgeiz konzentrierte sich darauf, das, was sie am Westen und seiner überlegenen technischen Zivilisation be- 35 wunderten, auf das eigene Land zu übertragen und Japan zu einem großen Industrieland zu machen.

Annelotte Piper, Japans Weg von der Feudalgesellschaft zum Industriestaat, 2., überarb. Aufl., Verlag Wissenschaft und Politik, Köln 1995, S. 154 f., 168–170.*

1 Arbeiten Sie aus M 7 die Ziele der Meiji-Regierung heraus.
2 Beschreiben Sie die Maßnahmen der Meiji-Regierung und deren Folgen (M 7).
3 Analysieren Sie mithilfe von M 8 den industriellen Wandel in Japan an der Wende vom 19. zum 20. Jahrhundert.
Tipp: Achten Sie besonders auf das Wachstum der unterschiedlichen Sektoren. Welche haben die höchsten, welche die niedrigsten Zuwachsraten?
4 **Zusatzaufgabe:** Siehe S. 480.

M 8 **Entwicklung der japanischen Industriebetriebe mit zehn und mehr Beschäftigten 1886–1909**

Industriezweig	1886		1900		1909	
	Betriebe	Arbeiter	Betriebe	Arbeiter	Betriebe	Arbeiter
staatliche Industrie	11	11 758	27	36 237	67	117 259
private Industrie	863	63 188	6 966	351 559	15 426	672 221
– Textilindustrie	498	35 144	4 277	237 132	15 426	672 221
– Maschinenbau	42	2 896	414	29 730	1 092	54 810
– Chemie	143	13 235	810	35 396	1 579	65 966
– Nahrungsmittel	36	748	835	25 403	2 396	65 303
– andere	144	11 165	630	23 898	2 058	63 973
Bergbau	69	36 208	k. A.	131 011	k. A.	233 827
Transport- und Nachrichtenwesen	k. A.	22 967	k. A.	166 079	k. A.	366 420

Rudolf Hartmann, Geschichte des modernen Japan. Von Meiji bis Heisei, Akademie Verlag, Berlin 1996, S. 90.

Station 3: Japan als Großmacht

M9 „Der Kuchen der Könige", Karikatur aus der französischen Zeitung „Le Petit Journal", Paris 1898.

Unter der Illustration steht in Französisch: „In China. Der Kuchen der Könige und … der Kaiser". Auf den zwei einzeln beschrifteten Kuchenstücken steht: links „Kiao-Tchéou", rechts „Port Arthur". Abgebildete Personen (von links): Königin Victoria (Großbritannien und Irland), Kaiser Wilhelm II. (Deutsches Reich), Zar Nikolaus II. (Russland), die französische Marianne und Kaiser Meiji (Japan). Russland und Frankreich waren seit 1894 Verbündete. Im Hintergrund reckt ein stereotyp dargestellter Beamter der Qing-Dynastie als Vertreter Chinas die Arme in die Höhe.

M10 Der Japanologe Christian Oberländer über die japanische Außenpolitik (2020)

Keine zwei Jahre nach dem Ende der Kriegshandlungen, am 30. Juli 1907, unterzeichneten Japan und Russland die erste „russisch-japanische Entente". Der offizielle Vertragstext […] enthielt ein Lippenbe-
5 kenntnis zu der seit 1899 vor allem von amerikanischer Seite verfolgten „Politik der Offenen Tür" sowie zur Erhaltung des Status quo in China. In einem gleichzeitig geschlossenen Geheimabkommen […]

legten sie fest, was sie unter „Erhaltung des Status quo" verstehen wollten: Danach wurde die nördliche 10 Mandschurei zur russischen, die südliche zur japanischen Einflusssphäre erklärt, Russland erkannte das besondere Interesse Japans an Korea an, während Japan im Gegenzug die speziellen Interessen des Russischen Reichs in der zu China gehörenden Äußeren 15 Mongolei akzeptierte. […]

Eine der wichtigsten Ursachen für den Russisch-Japanischen Krieg hatte darin bestanden, dass Japan und Russland sich bezüglich ihrer Interessenabgrenzung in Korea nicht hatten einigen können. Der Sieg 20 gegen Russland brachte Japan jedoch nicht nur territoriale Gewinne, sondern auch die Aufnahme als vollwertiges Mitglied in das Konzert der Mächte. Binnen zwei Jahren […] hatte England eilig die schon bestehende Allianz mit Japan verlängert, Frankreich 25 mit Japan einen Entente-Vertrag geschlossen […]. Damit war Japan binnen kürzester Frist zu einer regionalen Großmacht geworden.

Christian Oberländer, Japans Weg zum modernen Nationalstaat, in: Josef Kreiner (Hg.), Geschichte Japans, Reclam, 2. Aufl., Stuttgart 2020, S. 285 ff.*

M11 Der Historiker Jürgen Osterhammel über Kriterien für eine Großmacht (2009)

Zeitgenössische Beobachter und die Politikwissenschaftler der jüngeren Vergangenheit haben komplizierte Erwägungen angestellt, was eine „Großmacht" ausmache. Die meisten dieser Überlegungen führen 5 zu einem einfachen Kern: eine Großmacht ist ein Staat, der von anderen Großmächten als im Prinzip ebenbürtig […] angesehen wird. Dies geschieht, wenn er seine Interessen notfalls mit militärischen Mitteln zu wahren versteht oder wenn seine Nachbarn ihm zutrauen, dies zu tun. Auch wenn etwa 10 wirtschaftliche Leistungsfähigkeit und territorialer Umfang wichtige Kriterien für den Status einer Großmacht sind, so haben gerade im 19. Jahrhundert mehrfach Kriege die Einstufung in die internationale Hierarchie geklärt. 15

Jürgen Osterhammel, Die Verwandlung der Welt. Eine Geschichte des 19. Jahrhunderts, C. H. Beck, München 2009, S. 692 f.*

1 Interpretieren Sie die Karikatur M9.

 Tipp: Achten Sie auf die Konstellation und jeweilige Rolle der einzelnen Großmächte.

2 Erläutern Sie mithilfe von M10 und der Karte M3, S. 191, die geostrategischen Interessen von Japan.

3 Beurteilen Sie auf der Basis von M11, ob Japan zu Beginn des 20. Jahrhunderts als Großmacht gelten kann.

4 Zusatzaufgabe: Siehe S. 480.

Station 4: Vergleich Japan und China

M 12 **Der Historiker Wolfgang Reinhard über Japan und China im Vergleich (2016)**

Auf den ersten Blick hat die Ausgangssituation in Japan sehr viel Ähnlichkeit mit derjenigen in China. Seit 1637 hatte sich auch Japan vom Westen abgeschlossen. Auslandsaufenthalte waren verboten. Die be-
5 grenzten und sorgfältig überwachten Außenbeziehungen und der Handel blieben weitgehend auf China und Korea beschränkt sowie auf die streng reglementierte Station der Niederländisch-Ostindischen Kompanie vor Nagasaki. [...]
10 Vor allem kann man aber in Japan wie in China im 19. Jahrhundert von *Wirren im Innern und Bedrohung von außen (naiyū-gaikan)* sprechen. 1854/55 wurde das Land von einer schweren Erdbeben- und Tsunamikatastrophe erschüttert. Auch hier kam es immer wieder zu
15 Aufständen der notleidenden Bauern, während die zunehmenden politischen Intrigen um die Führung oft genug mit Morden ausgefochten wurden und je länger desto mehr Bürgerkriegscharakter annahmen.
Warum aber ist dann im Gegensatz zu China die Mo-
20 dernisierung im ersten Anlauf gelungen? Bei genauerem Hinsehen erweist sich die Ausgangslage eben doch als verschieden, denn zum einen war Japan kleiner als China und daher leichter zu kontrollieren und auch zu aktivieren als jenes Riesenreich, zum anderen
25 unterschied es sich in seiner soziopolitischen Struktur von China. Deren wichtigste Eigentümlichkeiten waren die zweigipflige Spitze des Landes und das Feudalsystem. Auch Japan besaß ein auf kosmologische Mythen gegründetes Kaisertum, das aber von der Politik
30 weitgehend ausgeschlossen war. [...] Die militärische und politische Macht lag beim *shōgun* und seiner Regierungszentrale, dem *bakufu* in Edo (Tokyo). Der Titel des Shōgun ist ein militärischer, denn seine Macht beruhte auf einem ursprünglich kriegerisch geprägten
35 Feudalsystem, dessen Spitze er und nicht der Kaiser darstellte. Seine Vasallen waren die 260 bis 270 *daimyō*, die in ihren Herrschaftsgebieten (*han*) eine fast unumschränkte Gewalt ausübten. Deren Lehensleute wiederum waren die *samurai*, von denen es vielleicht
40 570 000 gab, mit Familien ca. 2 Millionen [...]. Sie bildeten den ersten Stand einer streng hierarchischen Gesellschaft und besaßen einen exklusiven, auf Treue und kriegerische Tugenden ausgerichteten Ehrenkodex. Obwohl die Ideologie dieses Herrschaftssystems
45 bewusst mit Konfuzianismus angereichert worden war, unterschieden sich die Samurai als seine tragende Schicht doch erheblich von der chinesischen Gentry. Anstelle abstrakter ethischer Normen band sie die feudale Treue an die Zentralgewalt, ihre Ausrichtung war nicht zivil, sondern kriegerisch und ihr Anteil an
50 der Bevölkerung viel größer.

Wolfgang Reinhard, Die Unterwerfung der Welt. Globalgeschichte der europäischen Expansion 1415–2015, C. H. Beck, München 2016, S. 839 f.*

M 13 **Der in Tokyo tätige deutsche Arzt Erwin Bälz über das Nationalgefühl in Japan (um 1900)**

Und die Kenntnis dieser [den Meiji-Reformen gegenüber kritischen] Stimmung ließ es der Regierung klug erscheinen, nachgiebig zu sein, bis das Schicksal ihr eine Gelegenheit bot, ein einigendes Band für die ganze Nation zu schaffen, und zwar in Form des Krie-
5 ges mit China wegen Korea. Und dieser Krieg hatte die von der Regierung gewünschte Folge: Das ganze japanische Volk war einig und begeistert durch die Erfolge der nationalen Waffen. [...] Das Nationalgefühl erwachte; es setzte eine gesunde Reaktion gegen
10 die blinde Nachahmung alles Fremden ein. Man hörte viel weniger von den Herrlichkeiten der freien Staaten. Die größten Schreier für eine parlamentarische Regierung hielten sich zurück. [...]
Und den tieferen Grund zu diesem der Welt erstaun-
15 lichen Sieg über den chinesischen Koloss suchte man jetzt in den spezifisch-japanischen Eigenschaften, und in diesem Japanertum spielte auch das Herrscherhaus mit seiner „ewigen Dynastie" eine große Rolle. So ging dieses gestärkt aus der Krise hervor.
20 Die Person des Kaisers trat mehr und mehr in den Vordergrund. [...] Es erging ein Edikt, das die Grundlage aller sittlichen Erziehung der japanischen Jugend bildet und in dem der Kaiser als eine Art Vater seines Volkes erscheint. Und so wurde der Kult des
25 Kaisers als eines gewissermaßen ideellen symbolischen Repräsentanten der Nation in den an sich uralten, aber jetzt wieder günstig vorbereiteten Boden mit voller Absicht gesät.

Zit. nach: Toku Bälz (Hg.), Erwin Bälz. Das Leben eines deutschen Arztes im erwachenden Japan. Tagebücher, Briefe, Berichte, Engelhorns, 3. Aufl., Stuttgart 1937, S. 96 f.*

1 Stellen Sie auf der Basis von M 12 die Entwicklungen in Japan und China gegenüber.
Tipp: Siehe S. 480.
2 Erläutern Sie Reinhards Begründung für die gelungene Modernisierung Japans.
3 Fassen Sie die innenpolitischen Auswirkungen des japanischen Sieges im Krieg gegen China 1895 auf der Basis von M 13 zusammen.
4 Vergleichen Sie die Rolle und das Selbstverständnis des Kaisers in Japan und in China.

Schriftliche Quellen interpretieren

M1 **Porträt des britischen Königs Georg III., Radierung, 1791**

In der Gegenwart zeigt sich die Geschichte in Form von Quellen. Sie bilden die Grundlage unserer historischen Kenntnisse. Doch nicht die Quellen selbst stellen das Wissen dar, erst ihre systematische Analyse ermöglicht uns eine adäquate Rekonstruktion und Deutung von Geschichte. Daher gehört es zu den grundlegenden Kompetenzen im Geschichtsunterricht, Quellen angemessen erschließen und interpretieren zu können.

Die bedeutsamsten Quellen für die Rekonstruktion von Vergangenheit sind schriftliche Zeugnisse. Sie werden unterteilt in **erzählende Quellen,** die zum Zweck der Überlieferung verfasst wurden, z. B. Chroniken, Geschichtsepen, Monografien und Biografien, sowie in **dokumentarische Quellen,** z. B. Urkunden, Akten, Gesetzestexte und Zeitungen, die gesellschaftliche und private Ereignisse und Prozesse unmittelbar und meist unkommentiert wiedergeben.

Bei der Untersuchung schriftlicher Quellen kommt es darauf an, zunächst eine **Leitfrage (1)** zu stellen, unter der man die Quelle untersuchen will. Zusätzlich zur Analyse **formaler** und **inhaltlicher Aspekte (2)** bedarf es einer Einordnung in den **historischen Kontext (3),** um abschließend den Aussagegehalt der Quelle kritisch zu **beurteilen (4).** Nur wenn man bei der Interpretation Tatsachen und Meinung unterscheidet, ist das Ergebnis der Quellenarbeit eine weitgehende Annäherung an die historische Wirklichkeit.

Arbeitsschritte für die Analyse

1. Leitfrage	– Welche Fragestellung bestimmt die Untersuchung der Quelle?
2. Analyse	*Formale Aspekte*
	– Wer ist der Autor (ggf. Amt, Stellung, Funktion, soziale Schicht)?
	– Wann, wo ist der Text entstanden bzw. veröffentlicht worden?
	– Um welche Textart (z. B. Brief, Rede, Vertrag) handelt es sich?
	– Was ist das Thema des Textes?
	– An wen ist der Text gerichtet (z. B. Privatperson, Institution, Machthaber, Öffentlichkeit, Nachwelt)?
	Inhaltliche Aspekte
	– Was sind die wesentlichen Textaussagen (z. B. anhand des gedanklichen Aufbaus bzw. einzelner Abschnitte)?
	– Welche Begriffe sind von zentraler Bedeutung (Schlüsselbegriffe)?
	– Wie ist die Textsprache (z. B. sachlich, emotional, appellativ, informativ, argumentativ, manipulierend, ggf. rhetorische Mittel)?
3. Historischer Kontext	– In welchen historischen Zusammenhang (Ereignis, Epoche, Prozess bzw. Konflikt) lässt sich die Quelle einordnen?
4. Urteil	*Sachurteil (Es erfolgt aus der Sicht des historischen Gegenstands der damaligen Zeit.)*
	– Welchen politisch-ideologischen Standpunkt nimmt der Autor ein?
	– Welche Intention verfolgt der Verfasser des Textes?
	– Inwieweit ist der Text glaubwürdig? Enthält er Widersprüche?
	– Welche Wirkung soll der Text bei den Adressaten erzielen?
	Werturteil
	– Wie lässt sich der Text im Hinblick auf die Leitfrage aus heutiger Sicher, nach unseren Maßstäben und Normen bewerten?

Übungsaufgabe

M2 **Brief des britischen Königs Georg III. an den Qianlong-Kaiser (1792/Übergabe durch Lord Macartney 1793)**

Seine Allerheiligste Majestät Georg der Dritte, von Gottes Gnaden König von Großbritannien, Frankreich und Irland, Herrscher der Meere, Verteidiger des Glaubens usw., sendet dem obersten Kaiser von China, Kien Long [Qian-
5 long], der würdig ist, zehntausend und zehntausend tausend Jahre zu leben, einen Gruß.

Die natürliche Veranlagung eines großen und gütigen Herrschers wie Eurer kaiserlichen Majestät, den die Vorsehung zum Wohle der Menschheit auf einen Thron ge-
10 setzt hat, ist es, über den Frieden und die Sicherheit seines Herrschaftsgebietes zu wachen und sich um die Verbreitung von Glück, Tugend und Wissen unter seinen Untertanen zu bemühen […]. Beeindruckt von solchen Gefühlen, gewährten Wir von Beginn Unserer Herrschaft an, […]
15 die Segnungen des Friedens unter den gerechtesten Bedingungen. Seit dieser Zeit haben Wir uns nicht damit begnügt, den Wohlstand Unserer eigenen Untertanen in jeder Hinsicht zu fördern, und über das Beispiel früherer Zeiten hinaus haben Wir verschiedene Gelegenheiten er-
20 griffen, um Schiffe auszurüsten und einige der weisesten und gelehrtesten Unserer eigenen Leute auf ihnen auszusenden, um ferne und unbekannte Gegenden zu entdecken, nicht zum Zwecke der Eroberung oder der Vergrößerung Unserer Herrschaftsgebiete […], sondern um
25 Unser Wissen über den bewohnbaren Globus zu erweitern, die verschiedenen Produktionen der Erde zu erforschen und die Künste und Annehmlichkeiten des Lebens jenen Teilen mitzuteilen, wo sie bisher wenig bekannt waren, […]; Und vor allem war es unser sehnlichster Wunsch,
30 die berühmten Einrichtungen des bevölkerungsreichen und ausgedehnten Reiches Eurer Majestät kennenzulernen, die seinen Wohlstand zu einer solchen Höhe gebracht haben, dass er die Bewunderung aller umliegenden Nationen erregt – und nun […] kann keine Zeit so
35 günstig sein, um die Grenzen der Freundschaft und des Wohlwollens auszudehnen, und um vorzuschlagen, jene Vorteile mitzuteilen und zu empfangen, die sich aus einem vorbehaltlosen und freundschaftlichen Verkehr zwischen so großen und zivilisierten Nationen wie China und
40 Großbritannien ergeben müssen.

Viele Unserer Untertanen haben auch für lange Zeit einen entfernten Teil der Herrschaftsgebiete Eurer Majestät zum Zwecke des Handels aufgesucht. Zweifellos fördert der Austausch von Waren zwischen weit entfernten Nati-
45 onen ihr gegenseitiges Wohlbefinden, ihre Industrie und ihren Wohlstand, da die Segnungen, die der große Gott des Himmels den verschiedenen Böden und Klimazonen verliehen hat, auf diese Weise unter seinen über die Oberfläche der Erde verstreuten Geschöpfen verteilt werden.
50 Aber ein solcher Verkehr muss richtig geführt werden, damit die Neuankömmlinge die Gesetze und Sitten des Landes, das sie besuchen, nicht verletzen, und dass sie andererseits mit Gastfreundschaft empfangen werden und die Gerechtigkeit und den Schutz erfahren, die Fremden zu-
55 stehen. Wir sind in der Tat gleichermaßen bestrebt, Unsere Untertanen davon abzuhalten, in einem fremden Land Böses zu tun […], wie Wir auch darauf bedacht sind, dass sie in diesem Land keinen Schaden erleiden. Es gibt keine andere Methode, einen solchen guten Zweck zu erreichen,
60 als durch den Aufenthalt einer geeigneten Person, die von Uns ermächtigt ist, ihr Verhalten zu regeln und Beschwerden gegen sie entgegenzunehmen, wann immer sie Anlass zu solchen geben […]. […] All diese Erwägungen haben uns dazu bewogen, einen außerordentlichen und bevoll-
65 mächtigten Botschafter an Euren Hof zu entsenden, und da wir bereit waren, zu diesem Zweck eine Person auszuwählen, die wirklich würdig ist, uns zu vertreten und vor Eurer augusteischen Gegenwart zu erscheinen, haben wir uns auf unseren recht zuverlässigen und geliebten Vetter
70 und Berater festgelegt, den rechtschaffenen George Lord Viscount Macartney […].

Wir vertrauen auf die Weisheit und Gerechtigkeit Eurer kaiserlichen Majestät und das allgemeine Wohlwollen gegenüber der Menschheit, das in Eurer langen und glückli-
75 chen Herrschaft so auffällig war, dass Ihr bitte unserem Botschafter und Vertreter an Eurem Hof die Gelegenheit gebt, das Beispiel Eurer Tugenden zu betrachten und solche Informationen über Eure gefeierten Institutionen zu erhalten, die ihn befähigen werden, bei seiner Rückkehr
80 Unser Volk zu erleuchten; Er seinerseits wird angewiesen, soweit es Eurer Majestät gefällt, eine vollständige und freie Mitteilung über alle Künste, Wissenschaften oder Beobachtungen zu machen, die entweder von Nutzen oder von Interesse sind, und die der Einfallsreichtum und die
85 Erfahrung der Europäer ihnen ermöglicht haben, zu erwerben: Und auch, dass Ihr Euch freuen werdet, allen Unseren Untertanen, die die Küsten Eurer Herrschaftsgebiete besuchen und sich dort mit Anstand bewegen, einen sicheren Aufenthalt und einen fairen Zugang zu Euren
90 Märkten zu gewähren, unter solchen Gesetzen und Verordnungen, wie Eure Majestät es für richtig halten […].

Zit. nach: Hosea Ballou Morse (Hg.), The Chronicles of the East India Company trading to China. 1635–1834. Volume II, Clarendon Press, Oxford 1926, S. 244 ff. Übersetzt von Jonas Schmid.

1 Interpretieren Sie M2 mithilfe der Arbeitsschritte.

▶ Lösungshinweise finden Sie auf S. 490 f.

Karikaturen interpretieren

Karikaturen (von ital. *caricare* = überladen, übertreiben) sind bildliche Darstellungen, bei denen gesellschaftliche und politische Zustände oder menschliche Verhaltensweisen bewusst **überzeichnet** und bis zur Lächerlichkeit **verzerrt** werden. Der Kontrast zur Realität soll den Betrachter zum Nachdenken bewegen.

Karikaturen gab es bereits in der Antike und im Mittelalter. Aber erst durch die Entwicklung des Buchdrucks um 1500 konnte die Karikatur breite gesellschaftliche Wirkungsmöglichkeiten entfalten. 5

Karikaturen sind eine besondere Form der **historischen Bildquelle,** durch die der Betrachter einen anschaulichen Eindruck von zeitgenössischen Auffassungen erhält. Um die „Botschaft" einer Karikatur zu „entschlüsseln", bedarf es einer Interpretation. Dabei müssen nicht nur die einzelnen Bildinhalte erfasst und gedeutet, sondern auch der historische Zusammenhang herangezogen werden. Es ist zu berücksichtigen, dass Karikaturen stets nur eine zeitgenössische Meinung darstellen. 10

Arbeitsschritte zur Interpretation

1. Leitfrage
– Welche Fragestellung bestimmt die Untersuchung der Karikatur?

2. Analyse
Formale Aspekte
– Wer ist der Zeichner und/bzw. Auftraggeber (ggf. soziale Herkunft, gesellschaftliche Stellung, Wertmaßstäbe)?
– Wann ist die Karikatur entstanden bzw. veröffentlicht worden?
– Gibt es einen Titel oder/und einen Zusatzkommentar?
– Was thematisiert die Karikatur?
Inhaltliche Aspekte
– Welche Gestaltungsmittel (Figurendarstellung wie Mimik, Gestik, Kleidung, Gegenstände, Symbole, Metaphern, Personifikationen, Vergleiche, Allegorien, Proportionen, Schrift) sind verwendet worden?
– Was bedeuten die einzelnen Gestaltungsmittel?
– Was ist die zentrale Bildaussage („Botschaft") der Karikatur?
– Welche Fragen bleiben bei der Deutung offen?

3. Historischer Kontext
– In welchen historischen Zusammenhang (Ereignis, Epoche, Prozess bzw. Konflikt) lässt sich die Karikatur einordnen?

4. Urteilen
Sachurteil
– Welche Intention verfolgten Zeichner bzw. Auftraggeber?
– Für wen wird Partei ergriffen?
– Welche Wirkung sollte beim zeitgenössischen Betrachter erzielt werden? Mit welchen anderen bildlichen und textlichen Quellen lässt sich die Karikatur ggf. vergleichen?
– Inwieweit gibt die Karikatur den historischen Gegenstand sachlich angemessen wieder?
– Welche Schlussfolgerungen lassen sich im Hinblick auf die Leitfrage ziehen?
Werturteil
– Wie lässt sich die Karikatur aus heutiger Sicht bewerten?

Übungsbeispiel

M1 „**Ein Bild der aktuellen Lage**", chinesische Karikatur, um 1899.
Die Karikatur wurde um das Jahr 1899 von dem Chinesen Tse Tsan Tai (mod. Umschrift Xie Zuantai) aus Hongkong veröffentlicht. Die chinesische Beschriftung oben nennt den Titel der Karikatur: Shiju tu. Die Schriftzeichen links und rechts bedeuten: „Ohne Worte begreifbar und auf einen Blick zu verstehen."

1 Interpretieren Sie die Karikatur M 1 mithilfe der systematischen Arbeitsschritte von S. 198.

▶ Lösungshinweise finden Sie auf S. 491 ff.

Anwenden

M1 **Der chinesische Historiker Mao Haijian über die Bedeutung der Opiumkriege für China (2016/ chinesisches Original 1995)**

Aus Sicht des einundzwanzigsten Jahrhunderts besteht die Bedeutung des Opiumkrieges vor allem darin, dass er China zu einer umfassenderen Auseinandersetzung mit der Welt veranlasst hat. Von diesem
5 Zeitpunkt an war China das Opfer imperialistischer Aggression, und die Chinesen begaben sich auf die mühsame Suche nach einem neuen Weg. Historiker sind sich heute einig, dass die eigentliche Botschaft des [britischen] Kanonenfeuers darin bestand, dass
10 China sich modernisieren und an den Wandel der Weltordnung anpassen müsse.
Seitdem sind anderthalb Jahrhunderte vergangen, und diese historische Mission bleibt weiter unerfüllt. China ist immer noch rückständig. Wir stehen im-
15 mer noch vor vielen Fragen, die auch die früheren Generationen vor Probleme gestellt haben; wir haben manchmal das Gefühl, dass wir Rollen im gleichen Drehbuch spielen.
Natürlich gibt es für jeden Aspekt des Schicksals des
20 modernen China eine historische Erklärung, zum Beispiel die westliche imperiale Aggression, die Schwäche der wirtschaftlichen Grundlagen Chinas und die Überbevölkerung. Aber was wir in den Geschichtsbüchern am wenigsten finden, sind die Feh-
25 ler, die Chinesen gemacht haben, und es wurden offensichtlich Fehler gemacht. Eine der wichtigsten Aufgaben von Geschichte besteht darin, dass sie uns ermöglicht, aus Fehlern zu lernen, eine Funktion, die auch in dem oft zitierten Sinnspruch „die Geschichte
30 als Spiegel benutzen" zum Ausdruck kommt. Aus dem Scheitern einer Nation kann man mehr lernen als aus ihren Siegen. Letztere sind zwar mitreißender, aber das Scheitern regt mehr zum Nachdenken an. Eine Nation von nach innen gerichteten Denkern ist
35 stärker als eine aufgeputschte Nation, die vom Sieg beschwingt und geblendet ist: Das ist der Beitrag, den Historiker leisten können.

Mao Haijian, The Qing Empire and the Opium War – The Collapse of the Heavenly Dynasty, Cambridge University Press, Cambridge 2016, S. 25 f. Übersetzt von Heidi Martini.

M2 **Die britische Sinologin Julia Lovell im Vorwort der englischen Ausgabe von Mao Haijians Buch „The Qing Empire and the Opium War" (2005)**

In den 1990er-Jahren und darüber hinaus diente der Opiumkrieg als grundlegende Episode im Rahmen der patriotischen Erziehung – als tragischer Auftakt für das moderne China, aber auch als erster großer Schlachtruf gegen den tyrannischen Westen und als
5 Auslöser für Chinas nationale Wiedergeburt. Der Krieg markiert somit den Beginn des Kampfes Chinas, sich von dem, was Mao Zedong als „halbkolonialen Semi-Feudalismus" bezeichnete, zu befreien und als starke, moderne Nation „aufzustehen".
10 Im Jahr 1995 jedoch […] wurde eine kühne alternative historische Bewertung des Opiumkriegs veröffentlicht: Mao Haijians „Der Zusammenbruch einer Dynastie". Es ist eine reichhaltige, komplexe Darstellung: Sorgfältig detailliert in den Archivrecherchen
15 und beeindruckend nuanciert in der Beurteilung des Opiumkrieges. Das Buch stellt sich der jahrzehntelangen offiziellen politischen Lehrmeinung Chinas in Bezug auf den Konflikt entgegen und analysiert den Krieg und seine Folgen mit leidenschaftslosem Rea-
20 lismus statt emotionalem Patriotismus. Obwohl das Buch das britische Verhalten während des Krieges hart verurteilt, übt es auch scharfe Kritik an der Reaktion der herrschenden Qing-Dynastie und an der nachfolgenden chinesischen Mythenbildung. […]
25 Das Buch kritisiert […] beide Seiten des Konflikts in ausgewogener Weise: die britische Unmoral und Rücksichtslosigkeit, der Qing-Dynastie ein System internationaler Regeln aufzuzwingen, das diese nicht verstanden; und die schlecht funktionierende Qing-
30 Verwaltung, die von einem einfallslosen, unrealistischen Kaiser geführt und mit unverantwortlichen, betrügerischen und inkompetenten Beamten bekleidet war.

Julia Lovell, Introduction, in: Haijian Mao, The Qing Empire and the Opium War – The Collapse of the Heavenly Dynasty, Cambridge University Press, Cambridge 2005, S. xiv-xviii. Übersetzt von Jonas Schmid.*

1 Beschreiben Sie auf Grundlage Ihrer Kenntnisse Ausgangssituation und Verlauf des Ersten Opiumkriegs.

2 Geben Sie die Argumentation von Mao Haijian zur Einordnung des Opiumkriegs in die chinesische Geschichte thesenartig wieder (M 1).

3 Überprüfen Sie Julia Lovells Ausführungen zu Mao Haijians Buch (M 2) anhand von M 1.

4 Beurteilen Sie ausgehend von M 1 und M 2, welche Bedeutung die Opiumkriege für China hatten und haben.

Wiederholen

M 3 Satirischer französischer Kommentar zum Zweiten Opiumkrieg von Honore Daumier, französische Karikatur, 1856

Zentrale Begriffe

Handelsgesellschaften
Handelsverträge
Imperialismus
Kotau
Macartney-Mission
Missionierung
Open Door Policy
Opiumkriege
Opiumverbot
Tributzahlung
„Ungleiche Verträge"
Vertrag von Nanjing
Vertragshafen

1 Entwickeln Sie unter Rückgriff auf den Darstellungstext sowie auf die zentralen Begriffe eine Visualisierung zu den Kontakten zwischen China und den imperialistischen Mächten im 19. Jahrhundert.

2 Erläutern Sie die Rolle Großbritanniens als imperialistische Macht in China.

3 Interpretieren Sie die Karikatur M 3. Nutzen Sie bei Bedarf die Formulierungshilfen. Vergleichen Sie anschließend mit Ihren Ergebnissen aus Aufgabe 2.

4 **Wahlaufgabe:** Bearbeiten Sie entweder a, b oder c.
   Nehmen Sie Stellung zu einem der „Ungleichen Verträge" zwischen China und den imperialistischen Mächten. Recherchieren Sie im Internet oder nutzen Sie den Webcode.
   a) Vertrag von Wangxia (1844) zwischen China und den USA,
   b) Vertrag von Tianjin (1858) u. a. zwischen China und Großbritannien,
   c) Deutsch-Chinesischer Pachtvertrag über Jiaozhou (1898) zwischen China und Deutschland.

5 Charakterisieren Sie die Rolle der christlichen Missionare in China.

6 Der Historiker Wolfgang Reinhard schreibt über die Motive der westlichen Chinapolitik: „Theoretisch verfolgte der Westen mit seiner Chinapolitik das in seinen Augen lobenswerte Ziel, das Reich der Mitte in das westliche Völkerrechtssystem einzubeziehen, indem man das Grundrecht des freien Handels durchsetzte [...]." Bewerten Sie seine Aussage.

7 **Vertiefung:** Vergleichen Sie das Muster der „Ungleichen Verträge" mit Friedensverträgen aus der Zeitgeschichte und Gegenwart.
   Tipp: Siehe S. 480.

8 Überprüfen Sie Ihre zu Beginn des Kapitels formulierten Hypothesen.

Formulierungshilfen
– Die Karikatur ist im Kontext von ... entstanden.
– Im Vordergrund sieht man ...
– Die linke Person ist gekennzeichnet durch ..., die rechte Person zeigt ...
– Im Hintergrund sieht man ...
– Der Zeichner trifft folgende Aussage über den Opiumkrieg ...

„Ungleiche Verträge"

cornelsen.de/Webcodes
Code: mokopa

2.4 Chinesische Reaktionen zwischen Anpassung und Widerstand

M1 „Verhör und Enthauptung russischer und japanischer Spione", chinesische Zeichnung, 1900.

Das Bild zeigt ein Tribunal der Yihetuan („In Rechtschaffenheit vereinte Milizen" oder herablassende europäische Bezeichnung „Boxer"). Die Yihetuan richteten sich Ende des 19. Jahrhunderts gegen jede Art von ausländischem Einfluss in China und begannen einen Aufstand. Sie wollten auf diese Weise zu den chinesischen Wurzeln und zur alten Stärke des „Reichs der Mitte" zurückkehren. Hier werden ausländische Militärs in Käfigen oder gefesselt durch ein Spalier von Soldaten der Qing-Armee vor General Dong Fuxian (rechts auf dem Podest) gebracht. Vor dem Podest wird die Enthauptung zweier Soldaten vorbereitet.. Die Zeichnung betont die Zusammenarbeit zwischen aufständischen Yihetuan und der Qing-Armee.

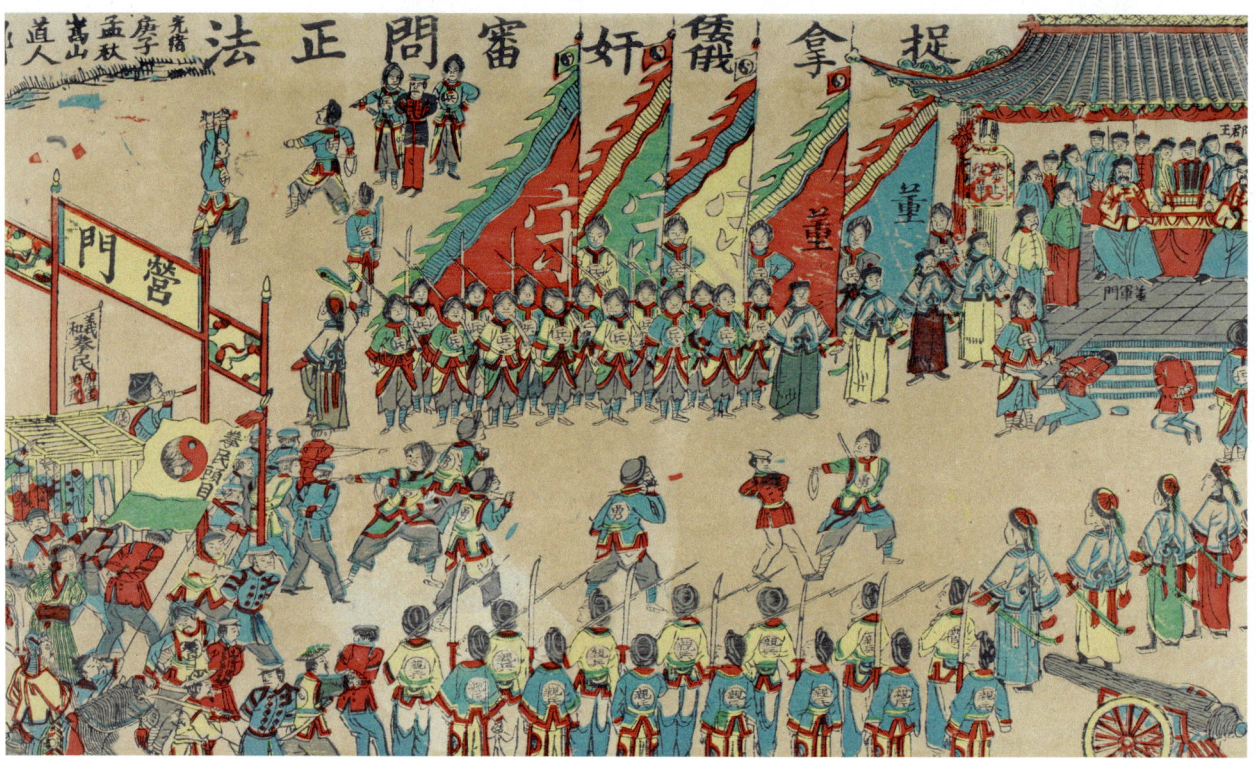

1861 | Beginn Regentschaft Kaiserinwitwe Cixi für Tongzhi-Kaiser

1862 | Beginn „Selbststärkungsbewegung": Waffentechnik, Industrie, Bildung

1875 | Beginn Regentschaft Kaiserinwitwe Cixi für Guangxu-Kaiser, Stärkung Konservative

1879 | Höchststand der Opiumeinfuhr in China

| 1850 | 1860 | 1870 | 1880 |

1850–1864 Taiping-Aufstand

1870–1877 Dunganenaufstände

„Die doppelte Zehn" – der zehnte Oktober – stellt eine Zäsur in der chinesischen Geschichte dar: der Untergang der Qing-Dynastie und die Geburtsstunde der Republik China. Am 10. Oktober 1911 wurde die Republik China ausgerufen, am 12. Februar 1912 dankte der letzte Kaiser Pu Yi offiziell ab. Die Vorgeschichte war turbulent und ereignis
5 reich. Der Einfluss der imperialistischen Mächte auf China hatte sich gegen Ende des 19. Jahrhunderts immer weiter verstärkt, China verlor Territorien wie Taiwan und die Mandschurei an auswärtige Mächte und sah sich selbst zur „Halbkolonie" degradiert (siehe Kapitel 3).

Doch die Qing-Regierung stand nicht nur aufgrund der Einflussnahme von außen unter
10 Druck. Im Inneren hatten die Qing zum einen mit verschiedenen Aufständen zu kämpfen, der verlustreichste war der Taiping-Aufstand mit Millionen Opfern. Außerdem führten u. a. Bevölkerungswachstum und Naturkatastrophen zu vermehrter Armut und Hungerkatastrophen. Die Bevölkerung stellte die
15 Legitimität und Macht der Qing-Herrschaft infrage. Reformen waren notwendig. Es stellte sich jedoch die Frage, ob sich China an den westlichen Maßstäben, d. h. vor allem an der wirtschaftlich-technischen Modernisierung in Form von Industrialisierung, orientieren oder eigene
20 Wege finden sollte. Die chinesischen Reaktionen gegenüber dem europäischen Einfluss schwankten zwischen Widerstand (u. a. „Boxeraufstand") und Anpassung (u. a. „Selbststärkungsbewegung", Reformversuche).

Die Republikgründung 1911 folgte westeuropäischen und amerikanischen Staatsmo
25 dellen. Der chinesische Revolutionär und Staatsmann Sun Yatsen entwarf ein Konstrukt für den modernen chinesischen Staat. Dieser sollte Nationalismus, Demokratie und Volkswohlstand vereinen.

M 2 **Hinrichtung von *Yihetuan* in Beijing, Fotografie, ca. 1900.**
Die Fotografie zeigt die Hinrichtung eines „Boxer-Rebellen" durch Soldaten der Qing-Armee.

1 Beschreiben Sie die Bilder M 1 und M 2. Vergleichen Sie insbesondere die Rolle, die jeweils den *Yihetuan* sowie den Qing-Soldaten zugewiesen wird.
 Tipp: Informieren Sie sich im Begriffslexikon S. 527 über den „Boxeraufstand".
2 Nehmen Sie Stellung zu den unterschiedlichen Darstellungen des „Boxeraufstands" in M 1 und M 2.
3 Diskutieren Sie, welche Möglichkeiten des Widerstands ein Land gegen den Einfluss von außen hat.
4 Erklären Sie, warum die Republikgründung 1911 als „Anpassung an den europäischen Einfluss" bezeichnet werden kann. Entwickeln Sie auch Gegenargumente.

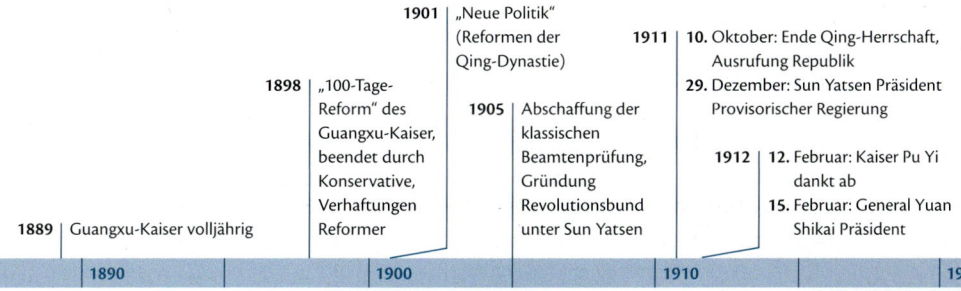

| 1889 Guangxu-Kaiser volljährig | 1898 „100-Tage-Reform" des Guangxu-Kaiser, beendet durch Konservative, Verhaftungen Reformer | 1901 „Neue Politik" (Reformen der Qing-Dynastie)
1905 Abschaffung der klassischen Beamtenprüfung, Gründung Revolutionsbund unter Sun Yatsen | 1911 10. Oktober: Ende Qing-Herrschaft, Ausrufung Republik
29. Dezember: Sun Yatsen Präsident Provisorischer Regierung
1912 12. Februar: Kaiser Pu Yi dankt ab
15. Februar: General Yuan Shikai Präsident |

1899–1901 „Boxeraufstand"   1916–1949 Bürgerkrieg

2.4   Chinesische Reaktionen zwischen Anpassung und Widerstand

> *In diesem Kapitel geht es um*
> – *die Ideen und Maßnahmen der Selbststärkungsbewegung,*
> – *die Reformversuche seit 1898,*
> – *den sogenannten „Boxeraufstand" der chinesischen „Boxer" gegen die imperialisti-schen Mächte in China,*
> – *die Gründung der Republik 1911.*

Die Qing-Herrschaft von außen unter Druck

Die von den imperialistischen Mächten erhoffte Öffnung des chinesischen Marktes und die Einrichtung von diplomatischen Vertretungen wurden von der Qing-Herrschaft auch in den 1850er-Jahren weiterhin begrenzt. Abermals suchten die Europäer den Weg der kriegerischen Auseinandersetzung, um ihre Ziele und Interessen durchzusetzen. Großbritannien nutzte die Verhaftung von Matrosen eines unter britischer Flagge se- 5 gelnden Handelsschiffes durch die Chinesen als Vorwand für eine Kriegserklärung. Die Franzosen schlossen sich wegen der Ermordung eines französischen Missionars an. Der **Zweite Opiumkrieg (1856–1860)** endete mit einem Sieg der imperialistischen Mächte. Am Ende des Krieges kam es 1860 zur demonstrativen Zerstörung des kaiserlichen Sommerpalastes *Yuanming Yuan* nordöstlich von Beijing durch britische sowie franzö- 10 sische Truppen. Das riesige Areal (3,5 km^2) mit Schlössern, Bibliotheken, Galerien, The-atern, Pavillons sowie einigen für den Qianlong-Kaiser entworfenen Gebäuden im euro-päischen Stil wurde innerhalb von drei Tagen weitgehend zerstört. Geraubte Kulturgüter des Sommerpalastes finden sich heute noch als Exponate in europäischen Museen.

M1 Die große Fontäne im kaiserlichen *Yuanming Yuan* („Garten der vollkommenen Klarheit"), in Europa als „Alter Sommerpalast" bekannt, Kupferstich, 1783–1786.

Für den Qianlong-Kaiser entwarf der Jesuit Giuseppe Castiglione Mitte des 18. Jahrhunderts mehrere Bauten in europäischem Stil für den kaiserlichen Yuanming Yuan. Der Kupferstich wurde von Künstlern am Kaiserhof angefertigt.

Die Qing-Regierung unterzeichnete am 18. Oktober 1860 die **Konvention von Beijing**, 15 nachdem ein englisch-französisches Heer für einen Monat Beijing besetzte hatte. Der Zweite Opiumkrieg hatte die imperialistischen Mächte bis in das Zentrum des chinesi-schen Kaiserreichs geführt. China musste sich mit ihnen auseinandersetzen. Die Konven-tion von Beijing, an der neben Frankreich und Großbritannien auch Russland und die USA beteiligt waren, sicherte den imperialistischen Mächte weitere Vertragshäfen mit 20 Niederlassungsrechten, niedrige Zölle, eigene Rechtsprechung für ihre Bürger, di-plomatische Vertretungen sowie Missions- und Bewegungsfreiheit im ganzen Land zu.

Die Qing-Herrschaft von innen unter Druck

Auch im Inneren waren die Qing mit schwerwiegenden Problemen konfrontiert. Überbevölkerung, Inflation, Naturkatastrophen und ein ineffizientes Verwaltungssystem verschlechterten die Lage für die Bevölkerung. Hinzu kamen insbesondere in den Vertragshäfen im Süden Chinas die Wirtschaftsaktivitäten der ausländischen Handels-
5 gesellschaften und Industrieunternehmen. Sie begannen das Handwerk und andere traditionelle chinesische Produktionsstrukturen zu bedrohen und zu verdrängen. Die Armut unter Bauern und Arbeitern nahm zu. In der Folge kam es zu zahlreichen Aufständen im Qing-Kaiserreich.

Der Aufstand mit den meisten Opfern war der **Taiping-Aufstand**. Er forderte zwischen
10 20 und 30 Millionen Todesopfer. Die Taiping-Bewegung war in Südchina von **Hong Xiuquan (1814–1864)**, der einer armen Familie aus der Volksgruppe der Hakka entstammte, gegründet worden. Die Ideen und Ziele der „Gesellschaft zur Verehrung Gottes" (*Bai Shangdi hui*) bildeten eine Mischung aus christlich-mystischen Elementen – in einer Vision hatte er erkannt, dass er der jüngere Bruder Jesu sei – und einer radikalen
15 Gleichheitsideologie. Am Ende sollte so ein „Himmlisches Reich des höchsten Friedens" (*Taiping tianguo*) entstehen. Unter seinen Anhängern fanden sich vor allem Bauern, Hafenarbeiter und Arbeitslose. Auch Frauen schlossen sich der Bewegung an. 1850 begann die bewaffnete Rebellion in der Provinz Guangxi. Auf dem Weg durch den Süden des Landes schlossen sich immer mehr Personen den Truppen an. Sie umfassten schließlich
20 bis zu einer Million Kämpfer. 1853 eroberten sie die Stadt Nanjing und machten sie zu ihrer Hauptstadt. Erst 1864 nach jahrelangen Kämpfen und einer Belagerung konnten die Regierungstruppen der Qing Nanjing einnehmen und die Rebellion beenden. Viele Rebellen wurden hingerichtet, manche nahmen sich selbst das Leben. Auch die Opfer unter den Regierungstruppen waren hoch. Die imperialistischen Mächte hatten die chi-
25 nesische Führung während des Taiping-Aufstandes militärisch unterstützt, da sie ihre wirtschaftlichen Interessen im Süden des Landes bedroht sahen. Diese Form des europäischen Einflusses trug zum Überleben der Qing-Herrschaft bei.

Selbststärkungsbewegung

Die Bedrohung von außen durch die imperialistischen Mächte im Zweiten Opiumkrieg sowie der Taiping-Aufstand im Inneren setzten die Qing-Herrschaft von allen Seiten unter Druck, Reformen einzuleiten, um ihre Macht zu sichern. Die „Selbststärkungsbewegung" (*Ziqiang Yundong*), in China auch als „Bewegung für ausländische Angelegen-
5 heiten" (*Yangwu Yundong*) bekannt, wurde unter anderem von **Prinz Gong**, dem jüngeren Bruder des Xianfeng-Kaisers, vorangetrieben. Es handelte sich praktisch um ein vom Kaiserhof angeordnetes Modernisierungsprogramm nach dem Vorbild westlicher Mächte. Westliche Technik, Wissenschaft und Bildung sollten das Land stärken, um auf diese Weise die chinesische Tradition und Kultur zu erhalten. Der hohe Beamte Zhang
10 Zhidong prägte dafür später die Formel: „Chinesische Lehren für die Prinzipien, westliche Lehren für die praktische Anwendung" (*Zhongxue wei ti, xixue wei yong*).
Da die Niederlagen in den beiden Opiumkriegen insbesondere eine militärische Überlegenheit des Gegners gezeigt hatten, sollte das chinesische Militär gestärkt und mit modernen Waffen ausgerüstet werden. Zu diesem Zweck wurden eine eigene Waffenpro-
15 duktion für Gewehre und Kanonen gestartet sowie Werften für Kriegsschiffe errichtet und die Ausbildung der Soldaten nach europäischem Vorbild eingeführt. Zugleich wurden Sprachschulen u. a. in Beijing, Shanghai und Guangzhou errichtet, um Sprachbarrieren zu reduzieren. Eine besonders hohe Bedeutung nahmen Übersetzungen von Büchern ins Chinesische ein, die technisches und wissenschaftliches Know-how aus dem Ausland
20 zugänglich machten. Ebenso wurde in Konkurrenz zu den ausländischen Unternehmungen eine eigene Handelsflotte geschaffen und die Binnenschifffahrt intensiviert.

M2 Die kaiserlichen Qing-Truppen greifen die Taiping-Rebellen an, chinesisches Gemälde, 1853

▶ **M 12 bis M 19: Selbststärkungsbewegung**

M3 Porträt von Prinz Gong (1833–1898), Fotografie, 1860

M4 Chinesisches Kriegsschiff, Fotografie aus britischen Archiven, vor 1895

Eine zentrale Maßnahme der Qing-Regierung war 1861 die Einrichtung eines Außenamts (*Zongli Yamen*), das von Prinz Gong geleitet wurde. Die schon mehrmals von den ausländischen Regierungen geforderten diplomatischen Beziehungen nach westlich-europäischen Regeln, die vor allem auch den wirtschaftlichen Interessen der imperialistischen Mächte dienen sollten, nahmen mit diesem Schritt eine neue Form an. Die Außenpolitik wurde aus dem „Ritenministerium" herausgenommen und damit die Diplomatie als politisches Mittel betrachtet, der sich die Qing-Regierung auch in ihrem Sinne beim Kontakt mit den imperialistischen Mächten bedienen konnte. Gleichzeitig erkannte der Kaiserhof damit auch die Ebenbürtigkeit der diplomatischen Gesandten an und verließ die bis dahin vorherrschende Vorstellung, dass es außerhalb des Reichs der Mitte nur mehr oder weniger „barbarische" Tributstaaten gebe, die dem chinesischen Kaiserreich unterlegen seien und ihm aus diesem Grund „Unterwerfung" und Tribut schuldeten. 25

Viele Vorhaben der Selbststärkungsbewegung brachten nicht den erwünschten Erfolg. Einige Projekte wie beispielsweise der Eisenbahnbau gingen nur langsam voran. Manche Vorhaben wurden zudem dezentral von Provinzialbeamten und nicht von Beijing aus gesteuert. Die Qing-Regierung war außerdem aufgrund der zahlreichen Reparationsverpflichtungen gegenüber anderen Staaten nicht imstande, das nötige Kapital für eine nachhaltige Modernisierung aufzubringen. In der Forschung werden außerdem die ineffiziente Verwaltung und die Korruption als Hindernisse genannt. 35 40

Zwischen Reformversuchen und Beharrung

Die Bemühungen der Selbststärkungsbewegung wurden auch von dynastisch-machtpolitischen Problemen der Qing bestimmt. 1861 starb der Xianfeng-Kaiser und hinterließ als Nachfolger nur einen sechsjährigen Sohn, für den mehrere Minister und Prinzen als Regenten eingesetzt wurden. Ihre Herrschaft wurde jedoch schon nach kurzer Zeit mit einem Staatsstreich beendet. Die Macht übernahm die Witwe von Xianfeng, die **Kaiserinwitwe Cixi (1835–1908)**, unterstützt von Prinz Gong, dem Bruder des verstorbenen Kaisers. Bis zu ihrem Tod bestimmte sie als Regentin mit nur kurzen Unterbrechungen die Politik der Qing. 1865 gelang es ihr, Prinz Gong, der die Modernisierung vorangetrieben hatte, zu entlassen und 1884 endgültig zu entmachten. Ihre Politik ist insgesamt schwer einzuordnen, zumal sie einen konservativen Beraterstab um sich hatte. Es ranken sich außerdem viele Mythen und Gerüchte um die mächtige Regentin. Zunächst schaffte sie es jedoch, die Macht der Qing zu stabilisieren. Dabei verfolgte sie eine Politik der Wiederherstellung alter Strukturen, aber sie unterstützte am Anfang auch Vorhaben der Selbststärkungsbewegung. 5 10

M5 Kaiserinwitwe Cixi (1835–1908), Fotografie, 1890

Zu den China **reformierenden Änderungen** gehörte auf jeden Fall der Ausbau der Kontakte zu den imperialistischen Mächten. Nach der Einrichtung des Außenamtes 1861 schickte China erstmals Gesandtschaften nach England und in die USA, um sich vor Ort zu informieren und Kontakte zu knüpfen. Später wurden diplomatische Vertreter Chinas in den Hauptstädten Europas und der USA etabliert. Sogar das Auslandsstudium von chinesischen Studenten wurde von der Qing-Regierung mit Stipendien gefördert. Die Qing-Herrschaft sah hierbei die Möglichkeit, sich die Kontakte zum Ausland zunutze zu machen. Es handelte sich also keinesfalls nur um ein unterwürfiges Nachgeben auf imperialistischen Druck. Gleichzeitig wurde in den Provinzen, insbesondere im Süden Chinas, die Produktion von modernen Waffen und Schiffen vorangetrieben. Auch hier gab es Kooperationen mit britischen, französischen und US-amerikanischen Experten. So wurden in Fuzhou Dampfschiffe produziert, Waffenfabriken u. a. in Nanjing, Kohleminen und Baumwollmühlen wurden unter der Führung von Provinzbeamten gegründet. Zusätzlich wurden ausländische Waffen für die Aufrüstung der Truppen gekauft. Diese Modernisierungserfolge sind im Wesentlichen auf die Selbst- 15 20 25

30 stärkungsbewegung zurückzuführen. Doch gleichzeitig schwächte der wachsende Einfluss der Provinzgouverneure die Zentralmacht der Qing in Beijing. Die Qing steuerten deshalb zunehmend den Bemühungen der Reformen entgegen und schraubten beispielsweise die Finanzierung der Projekte zurück.

Zu **konservativen und repressiven Maßnahmen** griffen die Qing unter Kaiserinwitwe
35 Cixi immer dann, wenn es um den Kern ihrer Macht und ihres Selbstverständnisses ging. So gaben sie zwar die Übersetzung westlicher Bücher in Auftrag, verschärften jedoch die Zensur bei chinesischen Schriften, die die traditionelle Gesellschaftsordnung infrage stellten. Der Kern der Verwaltungsstrukturen und der Ausbildung der Beamten auf Basis der konfuzianischen Schriften blieb erhalten und fungierte weiter als wesentli-
40 che Stützen der Qing-Herrschaft. Insgesamt hatte sich aber das politische Spektrum in China deutlich erweitert und war vielfältiger geworden.

▶ M 18: Kai Vogelsang über Neuerung nach der Selbststärkungsbewegung

Die Hundert-Tage-Reform

Dass die diplomatische, militärische und technische Stärkung nicht ausreichte, um den sich in den 1870er-Jahren wieder verstärkenden imperialistischen Druck von außen abzuwehren, zeigte endgültig der Krieg 1894/95 zwischen Japan und China. Im Streit um den Status von Korea versenkte am 25. Juli 1894 die japanische Marine ohne Vorwar-
5 nung ein chinesisches Schiff. In dem darauffolgenden Krieg erlitt China eine verheerende Niederlage, die umso mehr die Autorität der Regierung untergrub, als Korea und Japan aus chinesischer Sicht eigentlich als dem Kaiserreich untergeordnete Tributstaaten wahrgenommen wurden. Als ein wichtiger Grund für die Niederlage wurde die bereits fortgeschrittenere Modernisierung und Industrialisierung Japans gesehen sowie
10 die Taktik der japanischen Armee. Japan galt fortan verstärkt als Vorbild für chinesische Reform- und Modernisierungsansätze und als Ziel von Auslandsstudenten.

Bestärkt durch die Niederlage gegen Japan entwickelte eine Gruppe, gefördert von dem jungen **Guangxu-Kaiser (reg. 1875–1908)**, der bis 1889 aufgrund seines Alters von der Kaiserinwitwe Cixi als Regentin vertreten wurde, Ideen für eine Reform des Kaiserreichs.
15 Als erster Kaiser hatte Guangxu Englisch gelernt und sich mit westlichen Schriften auseinandergesetzt. Anfang 1898 erlaubte der Kaiser allen Bürgern, Eingaben an ihn zu richten, und das nutzten auch die Reformer im Land wie der Gelehrte **Kang Youwei (1858–1927)**. Am 11. Juni 1898 verkündete schließlich der Guangxu-Kaiser das erste Reformedikt. Darin rief er die chinesische Bevölkerung auf, sich für ausländisches Wis-
20 sen zu öffnen, ohne jedoch die konfuzianischen Lehren aufzugeben. Die Reformvorschläge umfassten vier Bereiche:

– Wirtschaft: Förderung von wirtschaftlichen Aktivitäten auf lokaler und regionaler Ebene durch Beamte; Einrichtung eines Zentralamtes für Landwirtschaft, Industrie und Handel; Einrichtung eines Zentralamtes für Eisenbahnwesen und Bergbau.
25 – Militär: Bau von 34 Kriegsschiffen; Einführung von westlichen Methoden bei der Militärausbildung; persönliche Inspektion der Truppen durch den Kaiser.

– Verwaltung: Vereinfachung von Verwaltungsvorgängen; Klarheit bei den Zuständigkeiten; Abschaffung von bestimmten Beamtenprivilegien.

– Erziehungswesen: Abschaffung des achtgliedrigen Aufsatzes*, stattdessen war ein
30 freier Aufsatz über praktische Themen möglich; Einrichtung einer nationalen Universität und praxisorientierter Schulen in den Provinzen.

Doch bereits nach 100 Tagen endete die Reformphase. Kaiser Guangxu wurde auf Befehl der Kaiserinwitwe Cixi am 20. September verhaftet und lebenslang auf eine Insel innerhalb des Kaiserpalastes verbannt. Viele Reformer flohen ins Ausland, Kang Youwei
35 konnte beispielsweise nach Japan fliehen. Einige wurden auch hingerichtet.

▶ M 22: Kang Youwei über Audienz beim Guangxu-Kaiser

▶ M 24: Edikt des Guangxu-Kaisers

M 6 **Der Gelehrte Kang Youwei (1858–1927), Fotografie, ohne Jahr**

Achtgliedriger Aufsatz
Es handelte sich um ein Essay mit acht Abschnitten zu den Lehren des Konfuzius als Teil der Beamtenprüfung. Es galten strenge Regeln zu Anzahl der Sätze, Wörtern, Reimen und Format.

M 7   **Deutsche Eisenbahn in Qingdao, Eröffnung der Shandong-Eisenbahn, Fotografie, 1904**

▶ M 29: Fotografie Europäer in Qingdao

Die imperialistischen Mächte weiten ihre Aktivitäten aus

Nach der Niederlage gegen Japan 1895 war China gezwungen, im Ausland Darlehen aufzunehmen, um die Reparationen bezahlen zu können. Als Gegenleistung musste die Qing-Herrschaft den imperialistischen Mächten den Bau von weiteren Industrieanlagen und Kohleminen sowie von Eisenbahnen erlauben. Da in den ungleichen Verträgen das Prinzip der Meistbegünstigung festgelegt war, begann unter den ausländischen   5 Mächten praktisch ein „Wettlauf um Konzessionen", um Kohleminen, Eisenhütten und Eisenbahnlinien in China zu bauen. Insbesondere die Eisenbahn diente aber vor allem dazu, das Land zum Zwecke der Ausbeutung immer weiter zu erschließen und zugänglich zu machen. Unter anderem Frankreich, Russland, Deutschland und Belgien bauten Eisenbahnen, um ihre Kolonien und Pachtgebiete mit dem chinesischen Kernland zu   10 verbinden.

Das deutsche Kaiserreich unter Kaiser Wilhelm II. beteiligte sich seit 1890 an dem imperialistischen Wettbewerb. Sein Anspruch war die Gleichberechtigung mit den Großmächten und eine aktive „Weltpolitik". Im Rahmen dieser Politik strebte Deutschland auch nach einem Pachtgebiet in China. Als am 1. November 1897 in der Provinz Shan-   15 dong zwei deutsche Missionare ermordet wurden, nahm die Regierung das als Vorwand, besetzte den Hafen Qingdao in der Jiaozhou-Bucht und errichtete einen Stützpunkt. 1898 kam es zur Unterzeichnung eines 99 Jahre währenden Pachtvertrags über Qingdao und die Jiaozhou-Bucht.

„Boxeraufstand"

„Boxer" ist der herablassende westliche Begriff für die Anhänger einer chinesischen Geheimgesellschaft, die sich gegen die Ausländer im Land wandten. Der Begriff ging auf die regelmäßigen Kampfübungen der Mitglieder zurück. In China ist der Name völlig unbekannt, hier werden die Kämpfer „In Rechtschaffenheit vereinte Milizen" (*Yihetuan*) genannt. Die *Yihetuan* fanden viele Anhänger unter verarmten Bauern, Handwerkern   5 und Bootsleuten, indem sie von Dorf zu Dorf zogen und für ihre Ideen warben. Dabei spielten die Kampfkunst und magische Praktiken eine zentrale Rolle. Ausgangspunkt der Bewegung war die Provinz Shandong im Osten Chinas.

▶ M 28: Fan Wenlan über die *Yihetuan*

M 8   **„Boxer" in China, Fotografie, um 1900.**
Die Yihetuan trugen einfache und zum Teil zerlumpte Kleidung der Bauern und waren mit Speeren und Stöcken bewaffnet.

Zur Jahrhundertwende verstärkte sich in China der Druck der imperialistischen Mächte
10 und die *Yihetuan* erhielten immer mehr Zulauf. Sie wandten sich gegen die ausländischen Missionare und chinesischen Christen. Die Missionare reklamierten eine Sonderstellung und intervenierten im Schutze ausländischer Konsulate bei lokalen Streitig-
keiten zugunsten von chinesischen Konvertiten. Zudem führten Überschwemmungen
und Dürren zur Verschlechterung der Lebensbedingungen der chinesischen Landbevöl-
15 kerung. Mit der Parole „Unterstützt die Qing, vernichtet die Fremden" (*fu Qing mie yang*)
wurden Telegraphenmasten, Eisenbahnlinien und Kirchen zerstört sowie mehrere Tausend Menschen, Ausländer (vor allem Missionare) und chinesische Christen getötet.
Die Qing-Dynastie bekämpfte zuerst diese Bewegung, lenkte aber angesichts der militärischen Aktionen der imperialistischen Machthaber um und unterstützte das Vorgehen
20 der *Yihetuan* gegen die Ausländer und Christen. Sie erhoffte sich, die ausländischen
Mächte aus dem Reich vertreiben zu können, und paktierte quasi mit den radikalen
Aufständischen, die wiederum ihre Regentschaft nicht angriffen. Die Eskalation dieses Konfliktes führte schließlich zu einem internationalen
Krieg. Die *Yihetuan* belagerten mithilfe kaiserlicher Truppen das auslän-
25 dische Gesandtschaftsviertel in der Hauptstadt Beijing. Dort wurde am
20. Juni 1900 der deutsche Gesandte Clemens von Ketteler auf offener
Straße erschossen. Dies veranlasste die imperialistischen Mächte, eine
„Strafexpedition" gegen China zu unternehmen, die praktisch einem
Krieg gleichkam. Beteiligt waren England, Frankreich, Deutschland, Itali-
30 en, Österreich, Russland, die USA und Japan, die sogenannte **„Allianz
der acht Staaten"**. Der deutsche Kaiser Wilhelm II. hielt am 27. Juli eine
Rede ohne Manuskript vor den von Bremerhaven nach China aufbre-
chenden Matrosen und Soldaten. Die Rede wurde als „Hunnenrede"
bekannt. Dabei fielen vermutlich die Worte: „Pardon wird nicht gegeben! Gefangene
35 werden nicht gemacht! Wer euch in die Hände fällt, sei euch verfallen!" Nur wenige
Stunden später autorisierte Bernhard von Bülow, der Staatssekretär des Auswärtigen,
eine Version der Rede, die diesen Ausspruch nicht mehr enthielt.
Den britischen Truppen vor Ort gelang es zunächst nicht, die Belagerung von Beijing zu
beenden. Erst die nach China geschickten Truppen der alliierten imperialistischen
40 Mächte schlugen die Aufstände in Tianjin und Beijing brutal nieder. Es kam zu Plünde-
rungen und „Strafaktionen" der ausländischen Truppen; offenbar auch dem Ausspruch
Kaiser Wilhelm II. folgend, stachen deutsche Soldaten in ihrem brutalen Vorgehen besonders hervor. Die Allianz erzwang von der Qing-Dynastie am 7. September 1901 die
Unterzeichnung des „Boxerprotokolls". In diesem Vertrag wurden u. a. hohe Reparati-
45 onszahlungen, die Bestrafung von Beamten, militärischer Schutz für die ausländischen
Gesandtschaften in Beijing und die Sühnereise eines Mitglieds des chinesischen Kaiser-
hauses nach Deutschland wegen der Ermordung von Kettelers festgelegt.

Der Niedergang der Qing-Herrschaft

Nach der Niederlage im Boxeraufstand änderte Kaiserinwitwe Cixi 1901 erneut den politischen Kurs. Sie öffnete das Reich sowie den Kaiserpalast in Beijing für ausländische
Gäste. Unter dem Stichwort der „Neuen Politik" (*Xinzheng*) wurde ein umfassender Reformprozess eingeleitet. Der Regierungsapparat wurde umstrukturiert und zentralistisch
5 organisiert. 1905 wurde das zentrale Beamtenprüfungsverfahren abgeschafft und ein
modernes, mehrstufiges Schulsystem nach japanischem Vorbild eingeführt. Außerdem
wurde das Außenamt in ein „Außenministerium" (*Waiwubu*) umgewandelt. Es wurden
Berufsverbände und Handelskammern eingerichtet. Chinesische Studierende wurden ins Ausland entsandt und ausländische Berater ins Land geholt. Sogar die Errich-
10 tung einer parlamentarischen Monarchie wurde 1905 in Betracht gezogen, auch um revolutionäre Stimmen zu besänftigen. Es wurden mehrere hohe chinesische Beamte nach

▶ M 27: Plakattext der „Boxer"

▶ M 30: Bruno Navarra über die
Hintergründe des „Boxeraufstands"

M9 **Zerstörungen in Beijing
während des Boxeraufstands,
Fotografie, 1900**

„Hunnenrede" von Kaiser Wilhelm II.
cornelsen.de/Webcodes
Code: korere

▶ M 38: Reformedikt der Qing-Regierung

▶ M 39 und M 40: Historiker zu
Reformen der „Neuen Politik"

Amerika und Europa (auch Deutschland) geschickt, um die dortigen Verfassungen zu studieren. 1906 wurde eine Verfassung angedacht, und ein Jahr später wurden Provinzversammlungen und 1910 eine Nationalversammlung gegründet. 1908 starb die Kaiserinwitwe Cixi und der Kaisertitel ging an den zweijährigen Pu Yi, dessen Vater Prinz Chun II. die Regentschaft übernahm.

Gründung der Republik

Die Qing-Dynastie konnte ihre Autorität mithilfe der Reformen aber nicht wieder zurückgewinnen. Die wachsende wirtschaftliche Abhängigkeit von den imperialistischen Mächten führte zu einem fortschreitenden Ansehensverlust der Monarchie. Gleichzeitig sammelten sich in China, aber auch im Ausland verschiedene Gruppen von chinesischen Intellektuellen, die die Republik als politische Alternative zum Kaiserreich öffentlich diskutierten. Zu den führenden Persönlichkeiten gehörte der in Südchina und in Honolulu auf Hawaii aufgewachsene Arzt **Sun Yatsen (1868–1925)**, der in Hongkong Medizin studiert und in Macao als Arzt gearbeitet hatte. Sun Yatsen war der Kopf des im japanischen Exil gegründeten „Bundes der Revolutionäre" (*Tongmenghui*), einer Bewegung, die verschiedene revolutionäre Strömungen von Han-Nationalisten bis zu westlich orientierten Revolutionären zusammenfasste. Die Bewegung wurde vor allem von Auslandschinesen finanziert. Sun Yatsen entwickelte das politische Konzept der sogenannten drei Volksprinzipien (*Sanmin Zhuyi*): Nationalismus, Demokratie und Volkswohlstand, die die Leitlinien für ein demokratisches China bilden sollten. Demnach sollte sich China nach dem westeuropäischen und amerikanischen Vorbild völlig umstrukturieren und ein moderner Staat werden. In den **„Zwölf Punkten"** forderten sie u. a. ein Parlament und eine Verfassung.

Am 10. Oktober 1911, dem späteren republikanischen Nationalfeiertag des „Doppelzehnten", kam es zu einer Revolution in Wuchang (heute Wuhan). Dort zündeten aufständische Soldaten versehentlich eine Bombe. Da der Polizei eine Liste mit Namen der aufständischen Soldaten vorlag, besetzten die Soldaten die Stadt und riefen die Republik aus. Truppenteile der kaiserlichen „Neuen Armee" schlugen sich auf die Seite der Aufständischen und besetzten Militäreinrichtungen und Industrieunternehmen in der angrenzenden Provinz Hubei. Daraufhin erklärte die Provinzverwaltung ihre Unabhängigkeit von der Qing-Regierung in Beijing. Der Kaiserhof setzte den hochrangigen

▶ M 41 und M 42: Ideen Sun Yatsens

▶ M 43: Ein revolutionärer Aufruf 1903

▶ M 46: Hans Fenske über die Gründung der Republik

M 10 **Das chinesische Revolutionskomitee unter Sun Yatsen, Fotografie, 1912.**

Das Foto zeigt Sun Yatsen vorne sitzend in der Mitte.

General **Yuan Shikai (1859–1916)** zur Niederschlagung des Aufstandes ein, doch nach nur sechs Wochen hatten bereits 15 von 24 Provinzen, vor allem im Süden Chinas ihre Unabhängigkeit von der mandschurischen Qing-Dynastie erklärt. Am 29. Dezember 1911 wurde Sun Yatsen zum Präsidenten einer Übergangsregierung in Nanjing er-
30 nannt, der sich zu Beginn des Aufstands in den USA aufgehalten hatte und erst am 25. Dezember nach einem Zwischenstopp in Europa nach China zurückgekehrt war. Doch die Revolutionäre um Sun Yatsen besaßen keine Truppen, um ihre Macht durchzusetzen. Es kam zu einer Zusammenarbeit zwischen Sun Yatsen und General Yuan Shikai. Als Gegenleistung für die militärische Unterstützung der Revolution versprach Sun
35 Yatsen, das Präsidentenamt an den General abzutreten. Yuan Shikai zwang den Thronregenten, die Abdankung des Kaisers Pu Yi einzuleiten, die am 12. Februar 1912 erfolgte. Kaiser Pu Yi durfte zwar seinen Titel behalten und weiterhin in der „Verbotenen Stadt" leben, besaß aber keinerlei politische Macht mehr. Die Republik war in ganz China etabliert und Yuan Shikai wurde ihr erster Präsident. Die Gründung der Repub-
40 lik beendete das über 2000 Jahre während chinesische Kaiserreich.
Kontrovers diskutiert wird in der Forschung die Frage, wann in China der „Weg in die Moderne" begann und welche Rolle dabei die imperialistischen Mächte spielten. Dabei wird auch der Begriff der „Nation" in Bezug auf das kaiserliche China problematisiert. In der marxistischen Deutung werden die letzten Jahrzehnte des Kaiserreichs als
45 Phase des „nationalen Kapitalismus" und damit als Vorstufe zur Revolution und Gründung der Volksrepublik 1949 angesehen.

M 11 General Yuan Shikai, kolorierte Fotografie, 1910

▶ **M 47–M 49: Geschichte kontrovers**

Ausblick

Präsident Yuan Shikai hatte jedoch nicht die Umsetzung der republikanischen Ideale im Sinn. 1915 ernannte sich Yuan Shikai zum Kaiser und ersetzte die Republik erneut durch eine Monarchie. Doch als er im Juni 1916 starb, entstand ein Machtvakuum in
5 China, in dem sich mehrere Jahre lang lokale Kriegsherren mit ihren Armeen gegenüberstanden. Erst 1926 konnte die aus Sun Yatsens *Tongmenghui* hervorgegangene Volkspartei (*Guomindang*) unter Chiang Kai-shek, dem Nachfolger Sun Yatsens, China zumindest nominell einigen. Die 1921 gegründete Kommunistische Partei Chinas (KPCh) ging zunächst eine Kooperation mit der nationalistischen *Guomindang* ein,
10 doch nach dem Tod Sun Yatsens kam es zum Bruch. Jahrzehntelange Kämpfe zwischen GMD und KPCh endeten erst 1949 mit der Gründung der kommunistischen Volksrepublik China unter Mao Zedong und der Flucht der GMD unter Chiang Kai-shek nach Taiwan. In Taiwan besteht bis heute die Republik China.

1 Fassen Sie zusammen, welche Ideen und Träger die verschiedenen Reformphasen (Selbststärkungsbewegung, Hundert-Tage-Reform, „Neue Politik") bestimmen.
2 **Partnerarbeit/Lernplakat:** Arbeiten Sie gemeinsam mit einem Partner Ablauf und Akteure des „Boxeraufstands" heraus. Stellen Sie Ihre Ergebnisse in einem gemeinsamen Lernplakat dar.
3 **Zeitleiste:** Ordnen Sie die Ereignisse bis zur Präsidentschaft von Yuan Shikai auf einer Zeitleiste ein.

Selbststärkungsbewegung

M 12 **Forderungen des Beamtengelehrten Feng Guifen (1861)**

Nach einer allgemeinen Geografie [...] ist das Territorium Chinas achtmal größer als das Russlands, zehnmal größer als der USA, hundertmal das Frankreichs und zweihundertmal das Großbritanniens. [...] Trotz-
5 dem werden wir in beschämender Weise von den vier Nationen gedemütigt. [...] Unsere Geringerwertigkeit stammt nun nicht vom Himmel, sondern von uns selbst. [...] Warum sind die westlichen Nationen klein und doch so stark? Warum sind wir groß und doch schwach? Wir müssen nach den Methoden suchen, 10 um ihnen gleich zu werden, und das hängt allein von menschlichem Bemühen ab. [...] Wir brauchen nur eins von den Barbaren zu lernen, und das sind starke Schiffe und wirksame Kanonen. [...]

Der Nachdruck unserer Nation auf Beamtenprüfun- 15 gen hat sich seit langer Zeit tief in das Denken der Menschen eingegraben. Intelligente und glänzende Gelehrte haben ihre Zeit und Energie auf so nutzlose Dinge wie stereotype Prüfungsaufsätze, Prüfungspapiere und strenge Schönschrift verschwendet. [...] 20 Wir sollten nun die Hälfte von ihnen veranlassen, sich der Produktion von Instrumenten und Waffen und der Förderung von Studien der Physik zuzuwenden. [...] Intelligenz und Begabung der Chinesen sind sicherlich denen der verschiedenen Barbaren überle- 25 gen; nur haben wir diese bisher nicht genutzt. [...] Anfangs können sie die Ausländer als ihre Lehrer und Vorbilder nehmen; dann werden sie das gleiche Niveau mit ihnen erreichen; schließlich werden sie sie übertreffen. Dies ist der Weg zur Selbststärkung. [...] 30 Einige haben gefragt, warum wir nicht einfach Schiffe kaufen und sie mit Söldnern bemannen, aber die Antwort ist, dass das nicht reicht. Wenn wir sie herstellen, reparieren und nutzen können, erst dann sind es unsere Waffen. [...] Nur so können wir Frieden 35 für das Kaiserreich schaffen, nur so können wir die führende Macht der Welt werden.

Zit. nach: William Theodore de Bary u. a. (Hg.), Sources of Chinese Tradition, Columbia University Press, New York 1960, S. 708 f. Übersetzt von Klaus Mäding.*

M 13 **Das Portal des Amtes für Außenbeziehungen in Beijing, Fotografie, 1908.**
Auf der Tafel über dem Eingang steht: „China und das Ausland sind friedlich und glücklich."

M 14 Inspektion einer US-amerikanischen Kanone im Arsenal von Nanjing, Fotografie, 1872

1 Fassen Sie die Reformvorschläge der Selbststärkungsbewegung mithilfe von M 12 bis M 14 zusammen.
2 Erklären Sie, was Feng Guifen (M 12) mit folgendem Satz meint: „Unsere Geringerwertigkeit stammt nun nicht vom Himmel, sondern von uns selbst." (Z. 6 ff.)

M 15 Eingabe des Zensors Zhang Shengzao an die Kaiserinwitwe Cixi (um 1867)

Wenn der Kaiser Beamte einstellt, muss er Leute nehmen, die der klassisch gebildeten Gelehrtenschicht angehören. Sie müssen Konfuzius und Menzius gelesen haben, sie müssen mit den Theorien Yaos und
5 Shuns vertraut sein. Sie müssen diese Dinge verstehen und auch selbst anwenden können. [...] Warum sollte man sie dazu veranlassen, Technik zu studieren? Warum sollten sie sich extra Kenntnisse im Schiffbau und in der Waffenherstellung aneignen?
10 Spricht man über die Selbststärkung, so bedeutet das die Stärkung des Kaiserhofes, dafür sollte man lieber die Gesetze und Prinzipien in Ordnung bringen und deutlich machen, strikt Belohnungen und Strafen ausführen. [Ferner] bemühe man sich noch um ande-
15 re wichtige Punkte, wie kluge Leute zu suchen, das Volk zu versorgen, Truppen auszubilden und Rationen zu horten. Was die Stärke von Beamten und Volk anbetrifft, so ist der erste und einzige Punkt ihre moralische Standhaftigkeit. Wenn es der Hof fertig-
20 bringt, ihre moralische Stärke auszubilden, dann gibt es im ganzen Reich keinen, der nicht mit uns den Feind bekämpfte. Die Katastrophen können gemildert und die Banditen beseitigt werden. Wenn wir diejenigen, die über klassische Bildung verfügen, die
25 Technik erlernen lassen, wenn wir sie mit dem Mittel eines hohen Beamtenpostens und eines lukrativen Salärs verlocken, dann werden nur noch Prestige und materielle Güter für wichtig gehalten.

Moralische Tugenden aber werden gering geschätzt.
30 Wenn jemand nicht über moralische Festigkeit verfügt, wie könnten wir da hoffen, dass er eine Leistung erbringt?

Zit. nach: Sabine Nagata, Untersuchungen zum Konservatismus im China des späten 19. [neunzehnten] Jahrhunderts, Hassowitz, Wiesbaden 1978, S. 70.*

M 16 Der Gelehrte Zhu Yixin über den Einsatz westlicher Maschinen (1895)

In den Ländern des Westens ist das Territorium groß, die Bevölkerung aber klein, aus diesem Grund benutzen sie auch bei der Feldarbeit Maschinen. Wenn China diese benutzt, dann kann eine Maschi-
5 ne, die pflügt, leicht zehn Männer ersetzen. Diese zehn sind dann arbeitslos und erwarten das Ende. [...] In China muss zuerst für die Armen Sorge getragen werden. Im Westen hat man die Gewohnheit, den Reichtum für sehr wichtig zu halten und die Ar-
10 mut gering zu schätzen. Die Reichen sind hochmütig und korrupt und die Armen sind ehrenhaft. Im Volk sind alle Inhaber [von Ländereien], sie kann kein Unheil treffen. In China sind die Sitten ganz anders. Schwierigkeiten ohne Ende würden entstehen
15 und eine große Zahl im Volk würde arbeitslos. Wenn wir dem armen Volk die Lebensgrundlage entziehen, sodass sie plötzlich nicht mehr den Tag ausfüllen können, und wenn ein oder zwei Schlauberger die Gelegenheit wahrnehmen würden, dann würden
20 Unruhen um sich greifen.

Zit. nach: Sabine Nagata, Untersuchungen zum Konservatismus im China des späten 19. [neunzehnten] Jahrhunderts, Hassowitz, Wiesbaden 1978, S. 78.*

1 **Mindmap:** Stellen Sie in einer Mindmap die Positionen der Selbststärkungsbewegung und ihrer Gegner einander gegenüber.
2 Erläutern Sie auf der Basis von M 15 und M 16 die Argumente der Gegner der Selbststärkung.
3 Beurteilen Sie die Erfolgsaussichten der Reformen.
   Tipp: Lesen Sie noch mal den Darstellungstext S. 205 f.

M 17 Der US-amerikanische Sinologe Benjamin Elman über die Selbststärkungsbewegung (2004)

Wenn wir jedoch genauer auf die gesamte Phase der Selbststärkung von 1865 bis 1895 schauen, dann zeigt sich, dass die unwiderrufliche Schwäche und Rückständigkeit Chinas unter den Qing im Kontrast zum
5 industrialisierten Europa und dem sich zügig industrialisierenden Japan ein Kunstprodukt der internationalen und nationalen Meinungsbildung nach dem Chinesisch-Japanischen Krieg 1895 ist. Perspektiven, die unzufrieden mit Chinas Fortschritten bei der Ver-
10 westlichung sind, unterschätzen die zentrale Rolle,

die wissenschaftliche Übersetzungen durch Missionare, die Industrialisierung der Arsenale und die neuen staatlichen Schulen für die Entstehung der modernen Wissenschaft und Technik während der späten Qing-Herrschaft hatten. Wir sollten die Arsenale, Fabriken und Übersetzungsschulen auch als Vorboten der chinesischen industriellen Revolution ansehen und nicht nur als Vorgeschichte vom Ende der Qing-Dynastie und des kaiserlichen Chinas.

Benjamin Elman, Naval Warfare and the Refraction of China's Self-Strengthening Reforms into Scientific and Technological Failure, 1865–1895., in: Modern Asian Studies 38: 2 (May 2004), S. 283–326, S. 326.

1 Erläutern Sie die These von Elman, dass die „Rückständigkeit Chinas" ein „Kunstprodukt" sei (M 17).

M 18 **Der Sinologe Kai Vogelsang über Neuerungen im Zuge der „Selbststärkung" (2017)**
Wie stark die politische Landschaft des Qing-Reichs bereits fragmentiert war, zeigt die Weise, wie „Selbststärkung" im Süden des Reiches interpretiert wurde. Dort entwickelten Akteure in einer ganz unterschiedlichen Umgebung ihre eigenen Ziele. In Städten wie Shanghai standen chinesische Gelehrte in unmittelbarem Kontakt mit Europäern und Amerikanern. Zudem hatte die Ausweitung des chinesischen Buchmarkts seit dem 16./17. Jahrhundert die besten Voraussetzungen für die Vermittlung westlicher Lehren geschaffen: [...]
Zwischen 1843 und 1863 publizierte die *„London Missionary Society Press"* (*Mohai shugan*) in Shanghai zahlreiche Übersetzungen westlicher Werke, im Übersetzungsamt des Jiangnan-Arsenals wurden zwischen 1868 und 1879 143 westliche Werke übertragen. [...] [Z]wischen 1840 und 1890 gründeten Ausländer – großteils Missionare – annähernd 170 Chinesische oder westlich-sprachige Zeitungen, die Nachrichten zu Wirtschaft, Politik, Religion, Literatur, Geschichte, Philosophie, Wissenschaft, Kunst und Technik des Westens publizierten. [...]
Eine „öffentliche Meinung" kannte man bereits in China. Hier aber zeigte sich ihre ganze, durch die Druckerpresse vervielfachte Reichweite und ihr Potenzial, die Politik zu demokratisieren. Jetzt begannen chinesische Gelehrte, das politische System der USA schätzen zu lernen. [...] [U]nd Feng Guifen (1809–1874) schlug vor, da „die öffentliche Meinung einer Prüfung allemal überlegen" sei, die Beamtenprüfungen allesamt abzuschaffen und durch *Wahlen* zu ersetzen. [...]
Auch wenn solche Vorschläge lange nur in kleinen Kreisen zirkulierten – sie zeigen, auf welch wohlbereiteten Boden westliche Lehren bei chinesischen Eliten fielen. Die sozialen Veränderungen des 17.–19. Jahrhunderts – mediale Revolution, Auflösung von Hierarchien, kritische Gelehrsamkeit, Urbanität, Herausbildung einer Öffentlichkeit, ein sich wandelndes Frauenbild – waren die Voraussetzungen für den unerhörten Einfluss westlicher Ideen ab Mitte des 19. Jahrhunderts. Sie wurden zum Katalysator einer Entwicklung, die schon lange im Schwange war: der Herausbildung einer chinesischen Moderne.
In dieser Interpretation der „Selbststärkung" ging es nicht um den Erhalt der Dynastie, sondern um die Rettung des Landes.

Kai Vogelsang, Geschichte Chinas, Reclam, Stuttgart 2017, S. 462 f.*

1 Arbeiten Sie heraus, wie Kai Vogelsang die chinesischen Reaktionen auf den europäischen Einfluss charakterisiert (M 18).
2 Erörtern Sie die Rolle der Selbststärkungsbewegung für die Transformationsprozesse in China.
▶ Kernmodul: M 11 Raj Kollmorgen

M 19 **Der deutsche Geograf Ferdinand von Richthofen und Prinz Gong im Gespräch, Selbstporträt, Zeichnung, 1870.**
Ferdinand von Richthofen (1833–1905) reiste in den 1860er- und 1870er-Jahren mehrfach zu Studienzwecken durch China. Prinz Gong stand auch nach dem Entzug der Regentschaft noch dem Staatsrat vor und hatte politischen Einfluss am Kaiserhof.

1 Beschreiben Sie das Bild M 19 und charakterisieren Sie das dargestellte Verhältnis der beiden Personen.

2 Beurteilen Sie, inwieweit die Zeichnung von Richthofen gängige Stereotypen aufgreift.

Tipp: Nehmen Sie M 6 und M 7, Kap. 1, S. 146 f. zu Hilfe.

3 **Zusatzaufgabe:** Siehe S. 480.

Reformversuche: Hundert-Tage-Reform

M 20 **Der Historiker Thoralf Klein über die Folgen der Kriegsniederlage gegen Japan (2009)**

Die Kriegsniederlage von 1895 demonstrierte auch in den Augen chinesischer Beobachter, dass die Umgestaltung des Qing-Reiches hinter dem ebenfalls ungleichen Verträgen unterworfenen, aber nach 1868
5 gründlich modernisierten Japan zurückgeblieben sei. Zwar konnten die territorialen Forderungen Japans in der Mandschurei durch den Einspruch des sogenannten Ostasiatischen Dreibundes aus Frankreich, Russland und dem Deutschen Reich abgewehrt
10 werden, doch musste China die Insel Taiwan an den Sieger abtreten. Die europäischen Großmächte suchten nun ihrerseits aus der Schwäche Chinas Kapital zu schlagen. Den Anfang macht das Deutsche Reich, als es im Herbst 1897 in einem Handstreich die
15 Jiaozhou-Bucht besetzte, von China für 99 Jahre pachtete und die Stadt Qingdao (Tsingtau) als Flottenstützpunkt, wirtschaftliches und kulturelles Zentrum gründete. Dem deutschen Beispiel folgend, erzwangen auch andere Staaten im *scramble for*
20 *concessions* von China die Überlassung von Pachtgebieten: Russland sichert sich Lüshung (Port Arthur) und Dalian an der Südspitze der Liaodong-Halbinsel in der Mandschurei auf 25 Jahre; Großbritannien pachtete Weihaiwei (Shandong) für die gleiche Dau-
25 er und die nördlich an Hongkong angrenzenden *New Territories* für 99 Jahre; Frankreich schließlich erhielt Guangzhouwan (Guangdong).
Über den Erwerb von Stützpunkten ließen sich die Mächte von China Gebiete als sogenannte Interes-
30 sensphären zusprechen, die ohne ihre Zustimmung nicht veräußert werden durften [...]. Das Interesse an solchen Einflusszonen war motiviert durch den Übergang vom Chinahandel zu anderen Formen wirtschaftlicher Durchdringung wie dem Erwerb von
35 Bergbaurechten, von Konzessionen für den Bau von Eisenbahnen sowie der Bereitstellung von Krediten für China. Für eine Weile schien den Zeitgenossen die Aufteilung des Qing-Reiches unter die imperialistischen Mächte greifbar nahe.

Thoralf Klein, Geschichte Chinas. Von 1800 bis zur Gegenwart, UTB, Stuttgart 2009, S. 40 f.*

1 Erklären Sie die Folgen der chinesischen Niederlage gegen Japan.

2 Nehmen Sie Stellung zu der veränderten Politik der imperialistischen Mächte.

3 **Vertiefung:** Kriegsniederlagen beschleunigen oft Transformationsprozesse. Erstellen Sie eine Liste mit vergleichbaren historischen Beispielen.

M 21 **Der US-amerikanische Sinologe Jonathan D. Spence über den Gelehrten Kang Youwei (1995)**

Der angesehenste unter all diesen Kritikern war bei gebildeten Chinesen im In- und Ausland der namhafte Gelehrte Kang Youwei, der 1895 den *Jinshi*-Grad [oberste Stufe der Beamtenprüfung] erlangt
5 und bei den Reformen von 1898 Kaiser Guangxu als persönlicher Berater gedient hatte. Bis zum Jahr 1911 bedrängte er die Qing unablässig, ihre Regierung zu reformieren und das Land zu modernisieren, um mit den Japanern gleichzuziehen und
10 weitere ausländische Aggressionen abwehren zu können. Zur Propagierung seiner Ansichten gründete Kang verschiedene Organisationen, darunter als wichtigste die „Gesellschaft zum Schutze des Kaisers" und die „Gesellschaft zur Förderung der
15 konstitutionellen Regierungsform". Chinesische Kaufleute und Bankiers in Südostasien, den Vereinigten Staaten (denen er 1905 einen Besuch abstattete) und Kanada ließen ihm großzügige Spenden zukommen, um die Reformen in China voranzu-
20 treiben. Nach dem Scheitern zweier von ihm angezettelter Aufstände gegen die Kaiserinwitwe im Jahr 1900 wandte sich Kang von bewaffneten Revolten ein für allemal ab. Stattdessen versuchte er, wie aus den Namen seiner Organisationen ersicht-
25 lich, Guangxus Freilassung aus der Palasthaft zu erreichen, sah er doch in dem seit 1898 inhaftierten jungen Kaiser die progressive Führergestalt, die China aus der Misere führen konnte, wie der Meiji-Kaiser im späten 19. Jahrhundert Japan.
30 Durch Guangxus Tod im Jahr 1908 verlor Kang Youweis Konzept seinen festen Bezugspunkt. Trotzdem hielt er an den Idealen einer legitimen konstitutionellen Monarchie nach westlichen und konfuzianischen Prinzipien fest und unterstützte die Herrschaftsrech-
35 te der Mandschu auch weiterhin. Mit dem Erstarken der mandschufeindlichen Strömungen jedoch fanden selbst Kangs persönliche Anhänger seine Position allmählich reichlich exzentrisch, und seine verschiedenen Gönner begannen sich zu fragen, wo denn ihr Geld geblieben sei.

Jonathan D. Spence, Chinas Weg in die Moderne, Carl Hanser Verlag, München 1995, S. 319 f.

M 22 Der Philosoph Kang Youwei über eine Audienz beim Guangxu-Kaiser (16. Juni 1898)

Ich sagte: „Die Fremden bedrängen uns von allen Seiten mit der Absicht, unser Reich zu teilen. Der Zusammenbruch und Fall Chinas scheint bevorzustehen. [...] Wenn während der vergangenen letzten
5 Jahrzehnte Minister davon sprachen, die Institutionen zu reformieren, hatten die meisten von ihnen nur punktuelle Veränderungen und nicht sorgfältig durchdachte und geplante Reformen, die die Gesamtsituation erwogen, im Sinn. Wenn wir von insti-
10 tutionellen Reformen sprechen, sollten wir mit der Veränderung der Einrichtungen und Gesetze beginnen. [...] Der Westen brauchte 300 Jahre, um eine geordnete Herrschaft zu erreichen, doch Japan wurde stark durch Reformen in 30 Jahren. Unser China, groß
15 und bevölkerungsreich, würde drei Jahre mit Reformen benötigen, um auf eigenen Füßen stehen zu können. Es liegt nicht daran, dass die hohen Minister den Staatsgeschäften keine Aufmerksamkeit schenkten. Es liegt daran, dass zu dem Zeitpunkt, da sie
20 durch höheres Alter und langen Dienst höhere Ämter erreicht haben, ihre Vitalität und Energie abnimmt. Mehr noch, sie müssen viele Ämter zugleich innehaben, sodass, selbst wenn sie es wollen, sie nicht die Zeit haben, Bücher zu lesen. Die Erziehung und Aus-
25 bildung, die sie sich aus ihrer Jugend aneigneten, bereitete sie nicht vor auf Aufgaben wie die Errichtung moderner Schulen oder die Verwaltung des Handels [...].
Der Grund für die derzeitige Schwierigkeit liegt in
30 der Tatsache, dass der Verstand des Volkes nicht aufgeklärt ist, sodass, obwohl wir eine große Bevölkerung haben, die Leute nicht zu sinnvollen Vorhaben hingeführt werden können. Die Ursache für das Fehlen von Aufklärung im Verstand des Volkes liegt im
35 System des achtgliedrigen Aufsatzes [siehe S. 75] als Vorgabe zum Auswählen von Beamten. Wer das Schreiben des achtgliedrigen Aufsatzes lernt, liest keine Bücher, die nach den Qin- und Han-Perioden[1] veröffentlicht wurden und studiert nicht das Gesche-
40 hen in anderen Ländern der Welt. Dennoch kann er in höhere Ämter aufsteigen [...]. [...]"
Der Kaiser erwiderte: „Es ist wahr. Die derzeitige Situation wurde von der Tatsache herbeigeführt, dass die Westler sinnvollem Wissen Aufmerksamkeit
45 schenken, während die Chinesen ihre Aufmerksamkeit unwichtigem Wissen zuwenden."

Jung-Pang Lo (Hg.), K'ang Yu-we. A Biography and a Symposion, University of Arizona Press, Tuscon 1976, S. 93 ff. Übersetzt von Gerhard Henke-Bockschatz.*

1 *Qin- und Han-Dynastie*: chinesische Herrscherdynastien aus der Zeit 221 v. Chr.–220 n. Chr.

1 Arbeiten Sie auf der Basis von M 21 und M 22 die Grundpositionen Kang Youweis heraus.
2 Setzen Sie sich mit seiner Position gegenüber dem Westen auseinander.

M 23 Magistrat der Unterpräfektur Longzhou im Kreis seiner Kinder und Enkel, Fotografie, um 1890

1 Setzen Sie das Porträt des Magistrats (M 23) in Beziehung zu der Kritik Kang Youweis an den chinesischen Beamten (M 22).

M 24 Erstes Edikt des Guangxu-Kaisers aus der Zeit seiner Reformära (11. Juni 1898)

Unsere Liebe für unser Volk und unsere Sorge, das Reich von Lethargie und Korruption zu befreien, die es befallen haben und dem Untergang entgegenführen, haben uns veranlasst, diese Reformära der Regie-
5 rung anzusetzen und eine höhere und umfassendere Erziehung zum Vorteil des Volkes und zur Stärkung und Bereicherung des Reiches einzurichten. Doch wir konnten das nicht mit eigenen Mitteln leisten. Deshalb haben wir entschieden, zu unserer Hilfe Ge-
10 lehrsamkeit und Wissen des Westens einzuführen, was uns für unsere Zwecke fehlt. Denn die Menschen des Westens sind uns an Eifer und Beharrlichkeit im Bemühen um das Wissen überlegen. [...] So sind wir der Ansicht, dass die Menschen des Westens weise

15 und weitsichtig sind. Sie bringen ihren Familien Wohlstand, Gesundheit. Sie haben das, was den Verstand klar und wach macht und die Person vervollkommnet. Sie haben eine lange Lebenserwartung. All das wird durch ihr Herrschafts- und Erziehungssys-
20 tem ermöglicht. Die Menschen des Westens sind stets bemüht, alles, was sie zum Wohle und Nutzen ihres Volkes finden, zu verbreiten, damit allen der Vorteil zuteilwird.

Zit. nach: Hans Süßmuth, Die Geschichte der Volksrepublik China, ein didaktischer Entwurf, in: Beilage zur Wochenzeitung „Das Parlament" vom 16.08.1967.

1 Erläutern Sie, welche Absicht Kaiser Guangxu mit diesem Edikt verfolgt.

2 Vergleichen Sie das Edikt mit den Positionen Kang Youweis.

M 25 **Der Sinologe Hu Kai und der Historiker Gerhard Schildt über die Hundert-Tage-Reform (2014)**

Vorgesehen wurden auf politischem Gebiet ein Initiativ- und Petitionsrecht und der Abbau des Beamtenapparats zur Erhöhung der Effizienz. Industrie, Landwirtschaft und Handel sollten gefördert werden.
5 Dazu kamen die Verbesserung des Bildungs- und Prüfungswesens und die Modernisierung der militärischen Ausbildung. Eine konstitutionelle Reform wie die Schaffung einer Verfassung mit einem Parlament, für die Kang [Youwei] und seine Anhänger sich einge-
10 setzt hatten, war jedoch nicht vorgesehen.
Der Verlust von Macht und Privilegien, der den konservativen Bürokraten durch die Reform drohte, führte zu massivem Widerstand. Die Unzufriedenen sammelten sich um die Kaiserinwitwe Cixi
15 (1835–1908), die mächtig genug war, die Macht ihres Sohnes, des amtierenden Kaisers, einschränken zu können, und hintertrieben die Umsetzung der Reformmaßnahmen. Die Konflikte zwischen den Reformkräften und den Konservativen verschärften
20 sich und führten schließlich zu einem Staatsstreich am 21. September 1898, bei dem Cixi den Kaiser festnehmen und inhaftieren ließ. Danach regierte sie als Regentin und erstickte die Reform, die nur 103 Tage gedauert hatte, in einem Blutbad. Während Kang
25 noch fliehen konnte, wurden andere wichtige Reformführer hingerichtet. Die Reformen wurden rückgängig gemacht. Der Kaiser blieb bis an sein Lebensende in Haft. Die Gründung der ersten modernen Hochschule in Beijing [...] ist die einzige Maßnahme
30 [...], die Cixis Unterdrückung überlebt hat.

Hu Kai und Gerhard Schildt, Das moderne China. 19. und 20. Jahrhundert, Reclam, Stuttgart 2014, S. 45.*

1 Charakterisieren Sie die Qing-Herrschaft am Ende des 19. Jahrhunderts.

2 **Zusatzaufgabe:** Siehe S. 481.

„Boxeraufstand"

M 26 **Europäischer Blick auf China: Gefolterte und ermordete Christen, Zeichnung aus der französischen Zeitschrift „Le Petit Journal", 1891**

1 Interpretieren Sie das Bild M 26.
Tipp: Nutzen Sie die methodischen Hinweise S. 507. Weitere inhaltliche Hinweise siehe S. 481.

M 27 **Plakattext der „Boxer" (1900)**

Im Sommer des Jahres 1900 hängten die „In Rechtschaffenheit vereinten Milizen" (Yihetuan) in den Dörfern der nordostchinesischen Provinz Shandong Plakate mit dem folgenden Text auf:

Die Geister helfen den Fäusten, den Milizen für Gerechtigkeit und Eintracht, aus dem einfachen Grund, weil die Teufel in China Unruhe stiften. Vom Himmel regnet es nicht, die Erde ist ausgetrocknet, aus dem einfachen Grund, weil die Teufel den Himmel stören.
5 Der Herrscher des Himmels ist wütend, der Herrscher der Unsterblichen ist ärgerlich, gemeinsam steigen sie die Berge herab, um die Lehre zu verkünden. Die Geister kommen aus den Höhlen heraus, die Unsterblichen steigen die Berge herab, sie ver-
10 binden sich mit den menschlichen Körpern, um den Faustkampf zu üben. Sie zerstören Eisenbahngleise,

sie reißen Telegraphendrähte herunter und brennen wütend Dampfschiffe nieder. Die großen französi-
15 schen Teufel sind in ihren Herzen von gewaltiger Angst ergriffen, die Engländer, Amerikaner, Deutschen und Russen sind alle in einer unangenehmen Lage. Die ausländischen Teufel werden alle vollkommen vernichtet. Die große Qing beruhigt das Land
20 völlig.

Zit. nach: Sabine Dabringhaus, Der Boxeraufstand in China (1900/1901): Die Militarisierung eines kulturellen Konflikts, in: Eva-Maria Auch (Hg.), „Barbaren" und „weiße Teufel" – Kulturkonflikte und Imperialismus in Asien vom 18.–20. Jahrhundert, Schöningh, Paderborn 1997, S. 123.

M 28 **Der Historiker Fan Wenlan über die „Yihetuan" (1959)**

Die „Yihetuan" waren in der Hauptsache Bauern und Handwerker, die infolge der zunehmenden Einfuhr ausländischer Waren und der unaufhaltsamen Entwicklung der neuen Industrie Arbeit und Brot verlo-
5 ren hatten. Sie wollten die alte Produktionsweise erhalten, wobei ihre Rückständigkeit unvermeidlich zutage trat. Die „Yihetuan" strebten blindlings danach, alles Ausländische – Religion, Bücher, Waren, Fachleute, Produktionsmittel – auszurotten. [...] Sie
10 mobilisierten die Massen, indem sie zum Mittel der Geisterverehrung und der Zauberformeln griffen. [...] Sie waren auch der Ansicht, sie brauchten nur die Formel „Ich öffne die Tür zur Höhle im Norden und bitte den Eisernen Buddha herauszukommen. Der
15 Eiserne Buddha sitzt auf einem eisernen Thron, mit einem eisernen Helm, in einem eisernen Panzer, hinter eisernen Wänden. Sie schützen ihn vor dem Feuer der Geschütze" auszusprechen und könnten dann, nur mit Schwert und Spieß bewaffnet, den europäi-
20 schen Gewehren und Kanonen widerstehen. [...] Nachdem man vor den Täfelchen der Geister zu Boden gefallen war und geschworen hatte, das Getane nicht zu bereuen, wurde vor dem Vorgesetzten ein mündliches Gelübde geleistet: „Nicht die Hand nach
25 Geld oder Frauen ausstrecken, nicht den Befehlen der Eltern zuwiderhandeln, nicht gegen die bestehenden Gesetze verstoßen, Ausländer ausrotten, bestechliche Beamte töten. Wenn man an belebte Orte kommt, gesenkten Hauptes einhergehen und nicht
30 nach rechts und links schielen. Wenn man Gleichgesinnte trifft, soll man sich mit ihnen zusammentun." Die Mitglieder der Gesellschaft wagten es nicht, das Gelübde zu brechen, denn bei Bruch des Gelübdes „wirken die Zauberformeln nicht, siedeln sich die
35 Geister nicht im Körper an, und man kann sich nicht vor Gewehren und Kanonen schützen".

Die „Yihetuan" hielten strenge Disziplin und lebten einfach. [...] Von Aristokraten, hohen Beamten und reichen Leuten wurden Geldbeträge für die Errichtung von Geisteraltären erhoben. [...] Überall, wo die 40 „Yihetuan" hinkamen, wurde zuallererst ein Altar für die Geister errichtet. [...] Die „Yihetuan"-Soldaten traten den Truppen der Imperialisten nur mit Schwertern, Spießen, Stöcken und Steinen bewaffnet entgegen. 45

Fan Wenlan, Neue Geschichte Chinas, Bd. 1, Dt. Verlag der Wissenschaften (DDR), Berlin 1959, S. 478–483.*

1 Arbeiten Sie mithilfe von M 27 und M 28 die Motive und die Ziele der *Yihetuan* heraus.
2 Setzen Sie M 27 und M 28 in Beziehung zu traditionellen chinesischen Vorstellungen.
3 Nehmen Sie Stellung, ob es sich bei der „Boxerbewegung" um einen Kulturzusammenstoß handelt.
  ▶ Kernmodul: M 3 Urs Bitterli
  Tipp: Siehe S. 481.

M 29 **„Europäer lassen sich Tee von chinesischen Boys servieren" in Qingdao, Fotografie, um 1900**

1 Vergleichen Sie die Rolle der Europäer in M 29 mit den „Eroberern" in Südamerika, Kap. 7.

M 30 **Der deutsche Sinologe Bruno Navarra (1850–1911) über die Hintergründe des „Boxeraufstands" (1901)**

Der Druck durch die Fremdmächte wird der chinesischen Regierung immer unerträglicher. [...] Die Zahl der den Fremden geöffneten Häfen ist von anfangs vier im Laufe von kaum sechzig Jahren auf dreißig gestiegen, durchaus nicht auf Wunsch der Chinesen, 5 sondern durch Zwang vom Auslande her. Von der Seeküste sind solche geöffneten Handelsplätze bereits am Yangzi bis 1500 Seemeilen ins Innere des

Landes vorgerückt. Jeder neu geöffnete Hafen entzieht aber den Mandarinen, Zöllnern und dergleichen mehr ein größeres Gebiet ihres unregelmäßigen
Einkommens. Auch wachsen damit die Ansprüche an
die Beamten behufs Schutzes der Ausländer. […] China hat sich dazu verstehen müssen, den Missionaren
das Recht zu erteilen, im Innern zu wohnen, auch Eigentum zu erwerben, und sieht sich gezwungen, sie
auch zu schützen.

Der chinesische Gelehrte bemerkt natürlich mit großem Unbehagen das unaufhaltsame Eindringen
fremder Anschauungen, wodurch die altchinesische
Gedankenwelt zerstört wird. Alte Staatsgesetze werden fraglich, die absolute Machtbefugnis der Manda-
rine und anderen Vorgesetzten wird untergraben,
das Ansehen der Götter, der Ahnen, überhaupt der
alten Reichsreligion sinkt immer mehr; die alten Sitten kommen in Verfall, und dies nicht allein durch
die sich jährlich mehrenden Gotteshäuser, deren
Diener Hunderttausende von Missionsschriften an
die Landeskinder verteilen und die überallhin ihren
Weg finden, sondern besonders auch durch Chinesen, die fremde Schulen […] besucht haben. Ferner
kommen jährlich Tausende von Chinesen in ihre Heimat zurück, die lange Jahre im Auslande zugebracht
haben. […]

Leider werden die Chinesen nicht nur mit den Licht-
seiten der abendländischen Kultur bekannt, sondern
vielleicht in noch höherem Maße mit ihren Schattenseiten. Der rücksichtslose Wettbewerb der Kaufleute,
die Eifersucht der Westmächte untereinander sowie
die mancherlei Intrigen von deren Vertretern gegen
andere in Peking, ferner aber auch die tief bedauerns-
werte Zersplitterung der christlichen Mission – nicht
allein der Hass der Katholiken gegen die Protestanten und umgekehrt, sondern auch das feindliche
Auftreten einer protestantischen Mission gegen die
andere protestantische – alles das bleibt natürlich
den leitenden Kreisen Chinas nicht verborgen. Alles
dies bestärkt sie in ihrer Verachtung gegen die Ausländer, die einander selbst nicht achten. Das Leben
dieser in den Vertragshäfen entspricht auch nicht immer dem christlichen Ideal, ja vielfach nicht einmal
den berechtigten Ansprüchen chinesischer Moral.
[…] Jedenfalls fühlt sich die große Mehrzahl der Chinesen mehr abgestoßen als angezogen von alle dem,
was sie auch im gesellschaftlichen Leben der Ausländer sich abspielen sehen.

Auf die chinesischen Politiker wirkt noch in empfindlicher Weise die tatsächliche Unzuverlässigkeit der
auswärtigen Politik. Man sieht, dass die feierlichsten

Verträge nur so lange geachtet werden, bis die eine
Partei die Möglichkeit findet, sich zu ihrem Vorteil
über sie hinwegzusetzen.

*Bruno Navarra, China und die Chinesen, Max Nössler, Bremen
1901, S. 1052 f.**

1 Geben Sie wieder, wie Navarra den „Kulturaustausch"
zwischen China und dem Westen charakterisiert.
(M 30).
2 Bewerten Sie Navarras Einschätzung der Lage.
Tipp: Siehe S. 481.
3 **Vertiefung:** Entwickeln Sie in Partnerarbeit Bedingungen für einen friedlichen Kulturaustausch.

M 31 „The Dragon's Choice" in: Harper's Weekly,
18. August 1900.
*Die US-amerikanische Karikatur greift auf dem Höhe-
punkt des Boxeraufstands auf zwei klassische Stereotype zurück: China als wütender und grausamer Drache
und die Vereinigten Staaten, verkörpert durch Uncle
Sam, als ruhiger und standhafter Mann mit ver-
schränkter Faust hinter dem Rücken. Es ist die „Wahl
des Drachens", so die Bildunterschrift, ob es Frieden
oder Krieg gibt.*

1 Interpretieren Sie die Karikatur M 31.
2 Vergleichen Sie die Kernaussage der Karikatur (M 31)
mit der Einschätzung von Bruno Navarra (M 30).

M 32 **Aus dem Schreiben eines hohen Beamten aus dem Kreis der Kaiserinwitwe Cixi (Juli 1900)**

Es ist zweifellos eine gute Idee, diese patriotischen Freiwilligen einzusetzen, um die Aggression der Ausländer zurückzuschlagen. Wenn dies sorgfältig geplant und mit strenger Disziplin und guter Führung
5 geleitet wird, kann es zweifellos von sehr hohem Nutzen sein. Aber wenn anders herangegangen wird, werden diese Männer unweigerlich außer Kontrolle geraten, und das einzige Ergebnis wird Chaos und Unglück sein. Sie werden, mein alter Freund und Kol-
10 lege, zweifellos mit mir übereinstimmen, dass die Motive, die die „Boxer"[1] bewegen, patriotische sind. So groß ist das Unbehagen, das zwischen der Masse unseres Volkes und den zum Christentum Bekehrten besteht, dass wir unwiderstehlich bis an den Rand
15 von Feindseligkeiten gezerrt worden sind und unsere Regierung den verzweifelten Weg eingeschlagen hat, „den Feind einzuladen, uns vor den Mauern der Hauptstadt im Kampf gegenüberzutreten". Es ist, als ob wir auf nackte Schwerter träten, ohne mit der
20 Wimper zu zucken; es kann kein Zweifel an Begeisterung und Leidenschaft in unserem Vorhaben bestehen. [...]
Ihnen selbst kann man nicht ganz vertrauen, aber mir scheint (obwohl Ihnen möglicherweise diese
25 Idee absurd vorkommt), dass man sie mit Gewinn nutzen könnte, damit sie mit ihrem Fanatismus die Kampfeslust unserer regulären Truppen anregen könnten. Als Kampfeinheiten sind sie absolut wertlos, aber ihre Behauptungen, übernatürliche Künste
30 und Magie zu beherrschen, könnten wertvoll sein, um den Feind zu entmutigen. Aber es wäre ganz falsch, um nicht zu sagen tödlich, wenn wir ihren lächerlichen Ansprüchen wirklich glauben würden oder ihnen irgendeinen wirklichen Nutzen im Kampf
35 zugestehen würden. Selbst wenn irgendeine Wahrheit in diesen Märchen über magische Kräfte zu finden wäre, beruhte das auf Häresie[2], und Sie wissen sehr wohl, dass die chinesische historische Überlieferung zahlreiche Fälle kennt, in denen solche aber-
40 gläubischen Überzeugungen in Rebellionen gegen die herrschende Dynastie endeten. [...]
Diese nördlichen „Boxer"[3] werden nicht durch irgendeine Lust am Plündern getrieben, sondern durch eine Art religiöser Besessenheit. Nun sind Menschen
45 aus Nordchina, wie Sie wissen, ihrem Charakter nach beschränkt und stur, während die Südchinesen lebhaft, aber unzuverlässig sind, sodass es schwierig, wenn nicht unmöglich ist, mit beiden zusammen zu einer bestimmten Politik oder gemeinsamen Aktion
50 zu gelangen.

Zit. nach: John O. Bland/Edmund T. Backhouse, China under the Empress Dowager, Heinemann, London 1910, S. 248 f. Übersetzt von Klaus Mäding. *

1 Die britischen Übersetzer haben nicht den Namen „Yihetuan" übernommen, sondern „Boxer" gewählt.
2 *Häresie:* unzulässige Abweichung vom offiziellen Glauben.
3 Die „Yihetuan" wirkten vor allem in Nordchina.

1 Arbeiten Sie die Intention der Qing-Regierung heraus.
2 Beurteilen Sie den Pakt der Regierung mit den Aufständischen.

M 33 **Bericht des Freiherrn von Ketteler über den Beginn des „Boxeraufstands" (1900)**

Am 31. Mai 1900 schickte der deutsche Gesandte in Beijing folgenden Bericht an seine Regierung:
Nachdem die Anhänger der fremden- und christenfeindlichen Gesellschaft der Boxer in der Nähe der Provinzialhauptstadt Paotingfu [Baoding] und in der Umgebung von Peking Missionsanstalten, Kapellen und Wohnstätten der Christen der französischen
5 Mission zerstört, in einem Dorfe 70 Christen massakriert und endlich einen gegen dieselben ausgesandten chinesischen Oberst getötet und dessen Truppe zersprengt hatten, wandten sie sich am 27. D. M. [des Monats] gegen die Eisenbahnlinien und deren Ange-
10 stellte, mithin offenkundig gegen die Fremden und ihre Unternehmungen innerhalb Chinas. In der Nacht vor dem 28. Mai wurde die Eisenbahnlinie Peking–Hankau [Beijing–Hankou] in ihrer Anfangsstrecke zwischen hier und Paotingfu von den Aufrührern
15 zerstört, die fremden Wohnungen umzingelt und die sich außerhalb derselben befindlichen Angestellten mit Steinen beworfen, wobei ein französischer Ingenieur am Kopf schwer verletzt wurde. Nachdem sodann in den folgenden Tagen die in den Häusern be-
20 lagerten Frauen und Kinder der französischen und belgischen Eisenbahnbediensteten durch eine Anzahl bewaffneter Europäer befreit und nach hier in Sicherheit gebracht worden waren, tauchten zum ersten Male die von der hiesigen Regierung angeblich
25 zum Schutze entsandten chinesischen Soldaten auf, plünderten die Häuser und steckten sie, während die Fliehenden noch in Sicht waren, in Brand. Am Nachmittag des 28. Mai wurde auch die Tientsin-Peking-Bahn auf deren vorletzter Station Fentai, etwa 30 km
30 von hier, zerstört, das Stationsgebäude, Lokomotiv- und Wagenschuppen in Brand gesteckt und die Angestellten vertrieben. Auch die elektrische Bahn, welche die Firma Siemens & Halske vor Jahresfrist der chinesischen Eisenbahnverwaltung zum Betrieb vom
35 Bahnhofe bis zum Stadtthor übergeben hatte, wurde bei ihrer Kraftstation von dem Pöbel derart bedroht,

dass der leitende Ingenieur, ein Deutscher, sich hierher flüchten musste. Trotz der fortgesetzten ein-
dringlichen Mahnungen und ernstlichen Verwarnun-
gen des diplomatischen Korps ließ die hiesige
40 Regierung weder den Willen, noch den Versuch erkennen, diesen fremdenfeindlichen Ausschreitungen
Einhalt zu thun.
[...] Infolge dieser Verschärfung der Lage [durch die
Besetzung des Botschaftsviertels in Beijing] sahen
45 sich die Gesandten der fremden Mächte genötigt,
besondere Schutzdetachements für die Gesandt-
schaftsgebäude, die Mitglieder der fremden Vertretungen und die etwa 500 in Peking ansässigen
Staatsangehörigen aller Nationen von ihren Regie-
50 rungen zu erbitten. Schon am 31. Mai trafen gemäß
diesem Wunsch die von der englischen, amerikanischen, japanischen, russischen, französischen und
italienischen Gesandtschaft requirierten Abteilun-
gen in einer Gesamtstärke von 13 Offizieren und 309
55 Matrosen mit zwei Revolverkanonen vermittelst Ex-
trazuges von Tientsin [Tianjin] aus in später Abend-
stunde in Peking ein.

*Joseph Kürschner (Hg.), China: Schilderungen aus Leben und
Geschichte, Krieg und Sieg; ein Denkmal den Streitern und der
Weltpolitik, Zieger, Leipzig 1901, S. 7.**

1 Beschreiben Sie die im Bericht von Kettelers genannten Formen des Aufstands.
2 Erläutern Sie die Darstellung durch Freiherr von
Ketteler.

Zeitgenössische Rezeption des Boxeraufstands in Europa

M 34 „Ermordung des deutschen Botschafters in
Beijing", französisches Sammelbild, ca. 1900.

*In Deutschland wurde dasselbe Sammelbild von der
Firma Knorr auf Tütensuppen verbreitet.*

M 35 **Waldersee-Denkmal in Hannover, Fotografie, 2010.**

*Das Denkmal für Generalfeldmarschall Alfred von Wal-
dersee (1832–1904), der bei der Niederschlagung des
Boxeraufstandes in Beijing eine wichtige Rolle spielte,
wurde von dem Architekten und Künstler Bernhard
Hoetger entworfen. Die Initiative ging 1910 von der Stadt
Hannover aus. 1915 wurde das Denkmal eingeweiht.*

1 **Recherche/Präsentation:** Suchen Sie im Internet nach
weiteren Sammelbildern. Setzen Sie sich mit dieser
Form der populären Rezeption auseinander und
präsentieren Sie Material und Ergebnisse in Ihrem Kurs.
2 Informieren Sie sich über Alfred von Waldersee und
seine Rolle im „Boxeraufstand".
3 Analysieren Sie Darstellung und Symbolik des Denkmals.
4 Erläutern Sie auf der Basis von M 34 und M 35 die
Rezeption des „Boxeraufstands" in Europa und
insbesondere in Deutschland.
5 **Vertiefung:** Im Boxerprotokoll wurden die Chinesen zu
„Sühneaktionen" wie z. B. einem Denkmal für Freiherr
von Ketteler in Beijing verpflichtet. Informieren Sie sich
über diese Maßnahmen und bewerten Sie diese.

„Boxeraufstand"

 cornelsen.de/Webcodes
Code: vimobu

Auf dem Weg zur Gründung der Republik

M 36   Auszüge aus der Schrift „Die Erneuerung des Volkes" von Liang Qichao (1902–1905)

Der Beamtengelehrte Liang Qichao (1873–1929) hatte sich 1898 bereits an der „100-Tage-Reform" beteiligt und musste anschließend nach Japan ins Exil gehen. Hier arbeitete er erfolgreich als Schriftsteller und Herausgeber von Zeitschriften.

Seit es die Menschheit auf der Erde gibt, haben Tausende von Ländern existiert. [...] Alle Länder haben dieselbe Sonne und denselben Mond, alle haben Berge und Flüsse, und alle bestehen aus Menschen mit
5 Füßen und Schädeln; aber einige Länder steigen auf, während andere fallen, und einige werden stark, während andere schwach sind. Warum? [...] Ich kenne den Grund. Ein Staat entsteht durch die Zusammenkunft von Menschen. [...] Wenn wir wollen, dass
10 die Nation sicher, reich und geehrt ist, müssen wir über den Weg zur „Erneuerung des Volkes". [...] Es gibt zwei Bedeutungen von Erneuerung. Die eine bedeutet, das zu verbessern, was ursprünglich im Volk ist Die andere bedeutet, sich das anzueignen, was
15 dem Volk ursprünglich fehlte, und so ein neues Volk zu schaffen. [...] Unser Volk hat sich seit mehreren Jahrtausenden als Nation auf dem asiatischen Kontinent etabliert, und wir müssen einige besondere Eigenschaften haben, die großartig, edel und vollkom-
20 men sind und sich deutlich von denen anderer Rassen unterscheiden. Wir sollten diese bewahren und sie nicht verloren gehen lassen. [...] Wenn wir die Nation stark machen wollen, müssen wir die Methoden untersuchen, die andere Nationen angewandt
25 haben, um unabhängig zu werden. Wir sollten ihre Vorzüge herausgreifen, um unsere eigenen Unzulänglichkeiten zu kompensieren.

Zit. nach: Theodore de Bary und Richard Lufrano (Hg.), From Sources of Chinese Tradition: From 1600 Through the Twentieth Century, Bd. 2, Columbia University Press, 2. Aufl., New York 2000, S. 289–291. Übersetzt von Heidi Martini.*

M 37   Der Sinologe Kai Vogelsang über die „Idee der Nation" (2013)

Die Idee der Nation [...] bot die Lösung für die Halt- und Bindungslosigkeit moderner Lebensverhältnisse und das Problem der sozialen Ungleichheit: wenn es schon keine wirtschaftliche, politische oder morali-
5 sche Einheit mehr gab, bildeten die Chinesen dennoch eine Schicksals- und Solidargemeinschaft. [...] Wenn politische Reformen erfolgreich sein sollten, musste auch China sich als Nation erkennen: als klassenübergreifende Solidargemeinschaft, mit der sich
10 alle identifizieren, auch und gerade das Volk. Aus den

recht- und konturlosen Volksmassen, den *min*, mussten „neue Bürger" (*xinmin*) werden, freie Individuen mit politischem Bewusstsein, Ziviltugenden, Willen zur Mitbestimmung und ausgeprägtem Nationalstolz. Unter den chinesischen Exilreformern tat sich 15 vor allem Liang Qichao durch sein Bemühen um „neue Bürger" hervor.

Kai Vogelsang, Geschichte Chinas, Reclam, Stuttgart 2013, S. 477 f.*

1 Analysieren Sie auf der Basis von M 36 und M 37 Idee und Funktion des Nationsbegriffs.

M 38   Kaiserliches Edikt zur Reform der Qing-Regierung (29. Januar 1901)

Bestimmte Prinzipien der Moral (*changqing*) sind unveränderlich, während die Methoden der Regierungsmethoden (*zhifa*) schon immer veränderlich waren. Der Klassiker der Veränderungen besagt, dass „wenn eine Maßnahme ihre Wirksamkeit verloren hat, ist 5 die Zeit gekommen, sie zu ändern". In den Gesprächen des Konfuzius heißt es, dass „die Shang- und Zhou-Dynastien von den Vorschriften ihrer Vorgänger abwichen und diese ergänzten [...]". Wir haben nun den Erlass Ihrer Majestät erhalten, 10 uns ganz der Wiederbelebung Chinas zu widmen, die Verwendung der Begriffe „neu" und „alt" energisch zu unterdrücken und das Beste aus dem Chinesischen und dem Fremden zu vereinen. Die Wurzel von Chinas Schwäche liegt in schädlichen Gewohnheiten, die 15 zu fest verankert sind, in zu eng gefassten Regeln und Vorschriften, in der Überfülle von unfähigen und mittelmäßigen Beamten und dem Mangel an wirklich herausragenden Beamten, in unbedeutenden Bürokraten die sich hinter dem geschriebenen Wort verstecken, und in Büroangestellten und *Yamen*[1]-Läufern, die das geschriebene Wort als Talisman benutzen, um persönliches Vermögen zu erwerben, in den Bergen von Korrespondenz zwischen den Ämtern, die keinen Bezug zur Realität haben, und im 25 Dienstaltersystem und den damit verbundenen Praktiken, die den wirklich talentierten Männern den Weg versperren. Die erste wesentliche Aufgabe, die noch wichtiger ist als die Entwicklung neuer Regierungssysteme (*zhifa*), ist es, Männer zu finden, die gut regie- 30 ren (*zhi ren*). Ohne neue Systeme kann das alte, korrupte System nicht gerettet werden; ohne fähige Männer können auch gute Systeme nicht zum Erfolg geführt werden.

Zit. nach: Theodore de Bary und Richard Lufrano (Hg.), From Sources of Chinese Tradition Bd. 2, Columbia University Press, 2. Aufl., New York 2000, S. 289–291. Übersetzt von Heidi Martini.*

1 *Yamen:* chinesische Lokalbehörde

M 39 Der Historiker Hans Fenske zu Reformen unter Kaiserinwitwe Cixi (2009)

Die harte Niederwerfung des fremdenfeindlichen sogenannten Boxeraufstandes im Jahre 1900 durch eine internationale Streitmacht [...] und das am Ende stehende Boxerprotokoll vom 7. September 1901 waren
5 eine neue schwere Demütigung Chinas. Cixi [Regentin Kaiserinwitwe], die das umkämpfte Peking verlassen hatte und erst 1902 dorthin zurückkehrte, sah nun ein, dass sie den bisherigen konservativen Kurs nicht mehr fortsetzen lassen konnte. Sie wollte 1905
10 eine Delegation von Beamten zu Studienzwecken nach Japan, in die USA und nach Großbritannien und Deutschland schicken und dachte an die Einführung der konstitutionellen Monarchie. Gleichzeitig ordnete sie die Abschaffung des konfuzianistischen Prü-
15 fungswesens für die Beamtenlaufbahn [...] und den Aufbau eines neuen Schulsystems an [...]. Die Reise der Delegation kam nicht zustande, da nationalistische Attentäter gegen die Mitglieder mit Mordanschlägen vorgingen; sie wollten auf keinen Fall eine
20 Stärkung der Mandschu-Dynastie, wie sie von Reformen zu erwarten war. Erst im Jahre 1906 konnte eine neu zusammengesetzte Delegation reisen, sie empfahl bei der Rückkehr Ende des Jahres einen Umbau Chinas gemäß dem Weg, den Japan seit 1868 gegan-
25 gen war. Die Berater Cixis entwickelten dafür einen Zehnjahresplan. Am Ende sollte eine Nationalversammlung stehen, die von viel früher zu errichtenden Provinzialvertretungen beschickt werden sollte. Proklamiert und in Angriff genommen wurden die
30 Ministerial-, die Bildungs-, die Steuer- und die Strafrechtsreform. Die Reorganisation der Armee wurde fortgeführt, der Diplomatische Dienst ausgebaut. Der neue Kurs führte zu verschiedenen Aufständen der Nationalisten, nicht aus Reformfeindlichkeit,
35 sondern aus Gegnerschaft gegen die als ausländisch, nicht-chinesisch empfundenen Mandschu. [...]

Hans Fenske, Der moderne Verfassungsstaat und eine vergleichende Geschichte von der Entstehung bis zum 20. Jahrhundert, Schöningh, Paderborn 2009, S. 497–499.*

M 40 Der Historiker Thoralf Klein zur Reformbewegung der „Neuen Politik" von 1901 (2009)

Begleitet wurden die Aktivitäten von einem wachsenden öffentlichen Interesse, das durch die zunehmende Verbreitung moderner Massenmedien stimuliert wurde. Privatpersonen engagierten sich mit großer
5 Energie für gesellschaftliche Belange, etwa durch die Gründung moderner Schulen. Gleichzeitig wurde die Reformpolitik des Qing-Hofes durch eine Welle des Patriotismus begleitet. [...] Aus dem Blickwinkel der

herrschenden Dynastie hatten Bewegungen dieser Art jedoch einen ambivalenten Charakter: Einerseits 10 gelang es dem Qing-Hof, die sozialen Eliten zur Unterstützung zu mobilisieren, andererseits verbanden sich die antiimperialistischen Aktivitäten häufig mit der Forderung nach politischer Partizipation und gerieten damit außer Kontrolle. Insofern hatte die 15 Qing-Regierung einen Teil jener Kräfte, von denen sie 1911 gestürzt wurde, selbst mit wachgerufen.

Thoralf Klein, Geschichte Chinas. Von 1800 bis zur Gegenwart, Ferdinand Schöningh, Paderborn 2009, S. 43 f.*

1 Erläutern Sie die in M 38 und M 39 genannten Ansätze einer Umgestaltung der chinesischen Regierung.
  Tipp: Lesen Sie dazu noch mal den Darstellungstext S. 209 f.
2 Geben Sie Kleins Einschätzung der Reformbewegungen wieder.
3 **Zusatzaufgabe:** Siehe S. 481.

M 41 Sun Yatsen über China (1911)

Von allen Völkern der Welt sind wir Chinesen das größte. Unsere Zivilisation und Kultur besteht seit viertausend Jahren. Eigentlich sollten wir mit den europäischen Ländern auf einer Stufe stehen. Da wir aber nur Bewusstsein für Familie und Sippe, nicht aber für den 5 Staat haben, sind wir doch wirklich nichts weiter als ein Haufen losen Sandes[1] und deswegen ist unser Land das ärmste und schwächlichste. [...] Unser Vaterland ist ein Stück Kuchen, aus dem sich die anderen nach Belieben die besten Stücke herausschneiden. 10

Sun Yatsen, Die Grundlehren von dem Volkstum, Schlieffen-Verlag, Berlin 1927, S. 27. Übersetzt von Tsan Wan.*

1 Das Bild von einem „Haufen losen Sandes" wurde noch von Staats- und Parteichef Deng Xiaoping 1993 beschworen.

M 42 Sun Yatsen über die „Drei Volksprinzipien" (1905)

Das erste Prinzip: Das Prinzip des Nationalismus der Guomindang hat eine doppelte Bedeutung. Zunächst fordert es die Selbstbestimmung der chinesischen Nation, dann fordert es die Gleichberechtigung der Rassen, die sich innerhalb der chinesischen Republik 5 zusammengefasst finden.
Das zweite Prinzip handelt von den Rechten des Volkes, von der Demokratie. Die Guomindang fordert nicht allein die indirekten Rechte der Volksvertretung, sondern auch die direkten politischen Rechte 10 des Volkes. Das bedeutet, dass das Volk nicht allein das Recht der Wahl haben wird, sondern auch das Recht der Initiative, des Referendums und der Abberufung der gewählten Vertreter. [...]

15 Das dritte Prinzip von der Wohlfahrt des Volkes [...] enthält zwei wichtige Punkte: erstens die gleichmäßige Verteilung des Bodenbesitzes, zweitens die Beschränkung des Kapitals.

Zit. nach: Roderick MacFarquhar, Die Verbotene Stadt, übers. von Otto Wilck, Ebeling, Wiesbaden 1976, S. 119.*

1 Fassen Sie die Ideen Sun Yatsens zusammen.

2 Vergleichen Sie seine Ideen mit dem Reformprogramm der Qing.

M 43 **Ein revolutionärer Aufruf (1903)**

Ihr 400 Millionen Angehörige der großen Han-Rasse[1], meine Landsleute, ob Mann oder Frau, betagt oder älter, in bestem Alter, Jüngere oder Kinder; nehmt diese Revolution in Angriff. Es ist die Pflicht eines jeden Ein-

5 zelnen und aller. [...] [E]ure Länder nehmen zwei Drittel Asiens ein. Landsleute, ihr stellt ein Fünftel der Weltbevölkerung. Euer Tee kann die unzählbaren Millionen auf der Welt und mehr versorgen. Eure Kohle kann für zweitausend Jahre Treibstoff für die ganze Welt sicher-

10 stellen und wird nicht knapp. Ihr besitzt das Omen der Gelben Gefahr[2], ihr besitzt die Kraft der heiligen Rasse. Ihr besitzt die Regierung, leitet sie selbst. Ihr habt Gesetze, wacht selbst über sie. Ihr habt Industrien, verwaltet sie selbst. Ihr besitzt bewaffnete Truppen, befehligt

15 sie selbst. Ihr habt Ländereien, habt selbst ein Auge auf sie. Ihr habt unerschöpfliche Ressourcen, nutzt sie selbst. Ihr seid in jeder Weise zur revolutionären Unabhängigkeit fähig. Führt die 400 Millionen Landsleute an, tretet für euer Heimatland ein. Schreibt die War-

20 nungen in den Wind, stellt euch darauf ein, euer Leben im Kampf zu verlieren. Stürmt an gegen eure ererbten Feinde, die Mandschus [...] durch den Wald von Schusswaffen und den Kugelhagel. Danach fegt die Dämonen aus fremden Erdteilen weg, die gegen eure souveränen

25 Rechte verstoßen haben. [...]

Lang lebe die revolutionäre Unabhängigkeit des großen Han-Volkes.[3]

Lang lebe die Republik China.

Lang lebe die Freiheit der 400 Millionen Landsleute der

30 chinesischen Republik.

Tsou Jung, The Revolutionary Army. A Chinese Nationalist Tract of 1903, Mouton, Den Haag, Paris 1968, S. 126. Übersetzt von Elke Fleiter.*

1 Die Mehrheit der Chinesen gehörte der Volksgruppe der Han an.

2 Das Schlagwort „Gelbe Gefahr" entstand im imperialistischen Europa des späten 19. Jh. und drückte die Angst vor einem erstarkenden Asien aus.

3 Der Ausruf „Lang lebe" war zu jener Zeit ein Privileg des Kaisers.

1 Charakterisieren Sie die Sprache und die Ziele des Aufrufs (M 43).

2 Arbeiten Sie das Spektrum der Reformer und ihrer Ideen von Kang Youwei (M 22) über Liang Qichao (M 36) und Sun Yatsen (M 41, M 42) bis zu dem Revolutionär Tsou Jung (M 43) heraus.

Gründung der Republik

M 44 **Titelblatt der britischen Tageszeitung „Daily Mirror" mit einer Fotografie des „letzten Kaisers" von China, 14. Oktober 1911.**

Der fünfjährige Kaiser Pu Yi ist auf dem Bild rechts stehend zu sehen. Links unten ist ein Foto von Sun Yatsen, dem neuen Präsidenten der Republik China abgebildet.

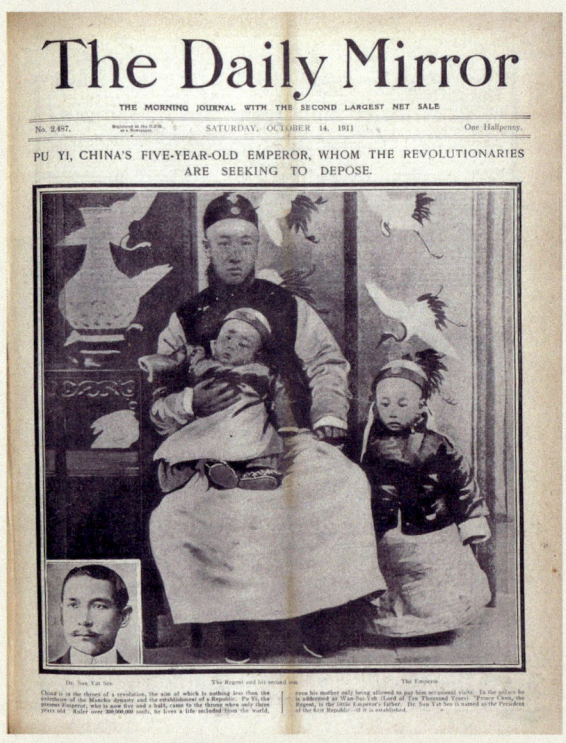

1 Erläutern Sie ausgehend vom Titelblatt und der Zeitzeichen-Sendung (siehe Webcode) die Rolle des Kaisers Pu Yi.

WDR-Zeitzeichen-Sendung

cornelsen.de/Webcodes
Code: cunuci

M 45 **Abdankungsedikt der Kaiserinwitwe Longyu (12. Februar 1912)**

Nun ist die Volksstimmung des ganzen Reiches überwiegend der Republik zugeneigt. In den südlichen und mittleren Provinzen hat man diesen Gedanken zuerst angeregt, und im Norden haben die Generäle ihn später auch befürwortet. Aus der Richtung der Volksstimmung aber kann man den Willen des Himmels erkennen. Wie können Wir es da über Uns bringen, um des Glanzes einer Familie willen die Frage nach dem Wunsch eines Millionenvolkes beiseite zu schieben! Daher geben hiermit, in Anbetracht der allgemeinen Lage und nach Prüfung der Öffentlichen Meinung, aus äußeren und inneren Gründen, Wir und der Kaiser die Herrschergewalt als Allgemeinrecht an das ganze Land und entscheiden Uns für die konstitutionelle Republik als künftige Staatsform, um zunächst den Sinn des Reiches zu beruhigen, der da alle Wirren verabscheut und die Ordnung ersehnt, und für ferne Zukunft dem Gedanken der Heiligen des Altertums zu entsprechen, dass das Reich Allgemeinbesitz sei. Da Yuan Shikai durch den Reichsausschuss bereits zum Ministerpräsidenten gewählt ist, so soll in diesem Zeitpunkt, wo das Neue das Alte ablöst, und bei der Notwendigkeit eines Mittels zur Einheit von Nord und Süd von Yuan Shikai mit unbeschränkter Vollmacht eine provisorische republikanische Regierung organisiert werden, wozu er zusammen mit dem Volksheer ein einheitliches Verfahren verabreden soll.

Wir hegen die feste Erwartung. dass das Volk damit Frieden finden werde und das Land eine geordnete Verwaltung. Dann soll das gesamte Staatsgebiet der fünf Rassen, nämlich Mandschu, Mongolen, Chinesen, Mohammedaner und Tibeter, zusammengefasst ein großes Reich bilden, die Republik *Zhonghua*. Wir aber und der Kaiser wollen Uns zurückziehen. um Unser Leben in Zufriedenheit zu verbringen.

Zit. nach: Ernst Haenisch, Vor 30 Jahren. Ein Rückblick auf den chinesischen Umsturz, in: Historische Zeitschrift, Bd. 116, 1942, S. 502 ff. Schreibweise der Namen angepasst.

1 Analysieren Sie die Argumente des Edikts für die Abdankung.
2 Charakterisieren Sie die Rolle, die die Qing sich selber zuweisen.

M 46 Der Historiker Hans Fenske über die Gründung der Republik (2009)

Als im November 1908 Dezong und Cixi fast gleichzeitig starben, wurde mit Puyi [Pu Yi] ein dreijähriger Prinz aus einer Seitenlinie Kaiser. Die nun eingesetzte Regentschaft wollte die Reformen am liebsten aufgeben. Dagegen regte sich aber allenthalben Widerspruch, sodass der Hof schließlich doch das Zusammentreten der Nationalversammlung ankündigte. [...] Wegen der Weite des Reiches und der langjährigen Schwäche der Regierung waren die Provinzen nie leicht von der Zentrale aus zu führen gewesen. [...] Die Anhänger Sun Yatsens waren nicht willens, sich durch die Entwicklung überholen zu lassen. Sie bereiteten eine Revolution vor. Als am 19. Oktober 1911 in Hankau [Hankou] eine Bombe versehentlich vor der Zeit explodierte und die Polizei bei den Ermittlungen eine Liste der Verschwörer fand – viele von ihnen gehörten dem Militär an –, ergriffen diese die Flucht nach vorn und schlugen am 10. Oktober los. Die Garnison meuterte, die Aufständischen erklärten die Dynastie Qing für abgesetzt und taten das, was der Hof schon vor Jahren getan hatte: sie kündigten eine Nationalversammlung an. [...] Die Regentschaft ernannte nun Yuan Shikei [Shikai] [...] am 8. November zum Premier und ließ in Peking eine Nationalversammlung zusammentreten. Eine von nur zehn Provinzen beschickte Repräsentation in Wuhan bot Yuan die Präsidentschaft an, wenn er sich von den Qing lossage. Die Mitte Dezember von Vertretern beider Seiten in Shanghai abgehaltene Konferenz über das weitere Vorgehen scheiterte an der Frage der Staatsform. Nun handelten die Anhänger Suns. Eine in Nanking zusammentretende Nationalversammlung, zu der Delegierte aus zahlreichen Provinzen gekommen waren, erklärte China am 29. Dezember zur Republik und wählte Sun Yatsen, der sich gerade in Europa aufhielt, zum Präsidenten. Nach seiner Rückkehr im Januar 1912 suchte Sun die Verständigung mit Yuan, er wollte, wie er ihm telegraphierte, China die Last eines neuen Bürgerkriegs ersparen. So bot er ihm die Präsidentschaft an. Yuan zögerte zunächst, setzte dann aber doch die Witwe Zedongs so unter Druck, dass diese am 12. Februar die Abdankung der Qing bekannt gab. [...] Sun wollte sich auf eine derartige Legitimation der neuen Staatsgewalt nicht einlassen. Als Yuan ihm darin beistimmte, dass die Republik aus eigenem Recht bestehe, legte er sein Präsidentenamt nieder und empfahl der Nankinger Nationalversammlung, Yuan zu seinem Nachfolger zu wählen. Das tat sie am 15. Februar. Zudem verabschiedete sie eine Provisorische Verfassung, in der man das Präsidial- mit dem Kabinettssystem kombinierte. Die Legislative sollte aus zwei Kammern bestehen [...]. Am 10. März legte Yuan den Eid auf diese Verfassung ab. [...] Damit war China Verfassungsstaat, aber, wie sich sehr schnell zeigte, unter einem Präsidenten, der von Verfassungstreue nichts, von seiner persönlichen Macht hingegen sehr viel hielt.

Hans Fenske, Der moderne Verfassungsstaat und eine vergleichende Geschichte von der Entstehung bis zum 20. Jahrhundert, Schöningh, Paderborn 2009, S. 497–499.*

1 Arbeiten Sie Stationen der Republikgründung heraus.
2 Analysieren Sie die Rolle der Qing-Dynastie in diesem Prozess und vergleichen Sie mit dem Abdankungsedikt (M 45).

Geschichte kontrovers:
China auf dem Weg in die Moderne

M 47 Der Sinologe Helwig Schmidt-Glintzer (2021)

Auf der Suche nach der Moderne befand sich China nicht erst seit dem ersten Opiumkrieg (1839–1842) und seit den folgenden Konflikten mit dem Westen, sondern es kann auf eine lange Tradition von Inno-
5 vation und technisch-wissenschaftlicher Kenntnis zurückblicken sowie vor allem auf eine Reformtradition, die sich bis in die Zeit des Konfuzius zurückverfolgen lässt. [...] Aufgrund bestimmter sozial- und wirtschaftsgeschichtlicher Indikatoren haben man-
10 che China seit dem 11. Jahrhundert als bereits „modern" bezeichnen wollen. Auch wenn solche Periodisierungsbemühungen sehr zeitverhaftet sind, so hat sich doch herausgestellt, dass es in China seit dem 16. Jahrhundert einen Reform- und Erneue-
15 rungsschub gegeben hat. Von „Sprossen des Kapitalismus" ist daher die Rede und für das 19. Jahrhundert dann auch von Chinas „früher Industrialisierung". Vor allem auf politisch-intellektuellem Gebiet sind die zahlreichen intensiven Reformbestrebungen und
20 -debatten der vergangenen Jahrhunderte bisher noch kaum aufgearbeitet und erforscht. Dabei wirken diese Ideen und Vorstellungen, die von einzelnen Personen und kleinen Gruppen vorgetragen wurden und nicht nur in ihrer jeweiligen Zeit die Ge-
25 müter bewegten, bis in die Gegenwart. [...]
Die vier Jahrzehnte zwischen Aufständen in der Mitte des 19. Jahrhunderts und dem Zusammenbruch der Qing-Dynastie waren eine Periode der „Transformation innerhalb der chinesischen Gesellschaft".
30 Insbesondere die Zeit zwischen 1895 und 1908 wurde auch von vielen Zeitgenossen in China als eine Zeit des beschleunigten Umbruchs betrachtet. Neue Typen von Menschen traten auf den Plan und behinderten bzw. durchkreuzten das Planen und Handeln
35 der alten Elite. Doch ist die Zurechnung der Intention nicht immer leicht zu treffen. Während viele Revolutionäre aus dem Süden durchaus nach Neuem strebten, war die Funktion der Boxer im Norden nicht nur auf eine Reduktion der Präsenz westlicher
40 Missionare gerichtet, sondern führte auch zu einer generellen Isolation der am Westen orientierten Reformkräfte.

Helwig Schmidt-Glintzer, Das neue China. Vom Untergang des Kaiserreichs bis zur Gegenwart, C. H. Beck, 8., aktualisierte Aufl., München 2021, S. 13, 34.

1 Erläutern Sie die zentralen Thesen des Autors zu Moderne und Transformationsprozessen in China.

M 48 Der US-amerikanische Sinologe Jonathan D. Spence (1995)

Ich beginne meine Darstellung um das Jahr 1600 [...]. Durch den Titel *Chinas Weg in die Moderne* möchte ich eine Reihe von Themen betonen:
Erstens: Sowohl Chinas Herrscher als auch deren chi-
5 nesische Kritiker haben in diesem langen Zeitraum wiederholt versucht, Strategien zur Festigung der Landesgrenzen und zur Rationalisierung der bürokratischen Einrichtungen auszuarbeiten sowie die Ressourcen des eigenen Landes bestmöglich auszu-
10 schöpfen, um sich von fremder Einmischung freizuhalten und das intellektuelle Rüstzeug zur kritischen Überprüfung des politischen Handelns auf seine Wirksamkeit und Moral zu schärfen.
Zweitens: Wiewohl um die Bewahrung bestimmter unveränderlicher Werte bemüht, erlebte China, wenn
15 auch nicht unbedingt auf einem Parallel-„Gleis" zu den Entwicklungen der westlichen Mächte oder Japans, in diesem Zeitraum doch wichtige Veränderungen und Anpassungen. Ein guter Teil der von uns untersuchten Geschichte besteht aus sich überschneidenden Zyklen
20 von Zusammenbrüchen und erneuter Konsolidierung, von Revolution und Evolution, von Eroberung und Fortschrittstendenzen.
Drittens: [...] Unter einer „modernen Nation" verstehe ich eine sowohl integrierte als auch nach außen
25 aufgeschlossene Nation, die sich einerseits ihrer Identität weitgehend sicher und andererseits imstande ist, sich als gleichrangiger Partner an der Suche nach neuen Märkten, neuen Technologien, neuen Ideen zu beteiligen. Mit dieser offenen Definition soll-
30 te es nicht schwerfallen, „modern" als einen sich mit der Zeit und der menschlichen Entwicklung verändernden Begriff zu sehen, anstatt ihn einfach auf unsere zeitgenössische Welt im Gegensatz zur „traditionellen" Vergangenheit und zur „postmodernen"
35 Zukunft einzuengen. In meiner Sicht gab es bereits im Jahr 1600 oder früher sowie jederzeit in den folgenden Jahrhunderten moderne Länder im oben definierten Sinn. China allerdings gehörte zu keinem Zeitpunkt dieses Zeitraums in wirklich überzeugen-
40 der Weise zu ihnen, auch am Ende des 20. Jahrhunderts nicht.

Jonathan D. Spence, Chinas Weg in die Moderne, Carl Hanser Verlag, München 1995, S. 12 f.

1 Erörtern Sie die Kernaussage und die Argumente von Jonathan D. Spence.

2 Stellen Sie die Aussagen der beiden Sinologen gegenüber und entwickeln Sie eine eigene Einschätzung.

M 49 Ausschnitt aus Mao Zedongs Schrift „Die chinesische Revolution und die kommunistische Partei Chinas" (1939)

Nach dem Opiumkrieg von 1840 wandelte sich China nach und nach in eine halbkoloniale und halbfeudale Gesellschaft um. Seit den Ereignissen des 18. September 1931, als der japanische Imperialismus bewaffnet
5 in China einfiel, verwandelte sich die chinesische Gesellschaft weiter in eine koloniale, halbkoloniale und halbfeudale Gesellschaft. Wir werden jetzt erklären, wie sich dieser Veränderungsprozess vollzog. [...]
In der Warenwirtschaft, die sich in der chinesischen
10 Feudalgesellschaft entwickelt hatte, waren bereits die ersten Keime des Kapitalismus enthalten. Deswegen hätte sich China auch ohne Einwirkung des ausländischen Kapitalismus allmählich zu einer kapitalistischen Gesellschaft entwickelt. Die Invasion
15 des ausländischen Kapitalismus beschleunigte diesen Prozess. Der ausländische Kapitalismus hat eine gewaltige Rolle bei der Zersetzung der in China bestehenden sozialökonomischen Ordnung gespielt: Einerseits untergrub er die Grundlagen der selbstge-
20 nügsamen Naturalwirtschaft, zerstörte das Handwerk in den Städten und das Heimgewerbe der Bauern, und andererseits förderte er die Entwicklung der Warenwirtschaft in Stadt und Land.
Das alles bewirkte nicht nur den Zerfall der Grundlagen
25 der feudalen Wirtschaft, sondern brachte gleichzeitig bestimmte objektive Voraussetzungen und Möglichkeiten für die Entwicklung der kapitalistischen Produktion in China. Denn die Zerstörung der Naturalwirtschaft eröffnete dem Kapitalismus einen Warenmarkt, wäh-
30 rend der Ruin einer großen Anzahl von Bauern und Handwerkern für ihn einen Arbeitsmarkt schuf.
Und in der Tat begann – durch den Anstoß, den der ausländische Kapitalismus gegeben hatte, und infolge gewisser Risse in der feudalen ökonomischen
35 Struktur – ein Teil der Kaufleute, der Grundherren und der hohen Beamten schon in der zweiten Hälfte des 19. Jahrhunderts, vor sechzig Jahren also, Kapital in modernen Industriebetrieben anzulegen. Zur Jahrhundertwende, das heißt vor vierzig Jahren, hatte der
40 chinesische nationale Kapitalismus bereits den ersten Schritt in seiner Entwicklung getan. Vor zwanzig Jahren, während des ersten imperialistischen Weltkriegs, erfuhr die chinesische nationale Industrie, hauptsächlich die Textil- und die Mühlenindustrie,
45 eine weitere Entwicklung, weil die imperialistischen Staaten Europas und Amerikas mit dem Krieg beschäftigt waren und vorübergehend ihren Druck auf China gelockert hatten.

Der Entstehungs- und Entwicklungsprozess des nationalen Kapitalismus in China ist zugleich auch
50 der Entstehungs- und Entwicklungsprozess der chinesischen Bourgeoisie und des chinesischen Proletariats. Wie ein gewisser Teil der Kaufleute, der Grundherren und der hohen Beamten Vorgänger der chinesischen Bourgeoisie waren, so war ein gewisser
55 Teil der Bauern und Handwerker Vorgänger des chinesischen Proletariats. Die chinesische Bourgeoisie und das chinesische Proletariat als zwei besondere Gesellschaftsklassen sind neu entstanden, beide hat es früher in der chinesischen Geschichte nicht gegeben. Sie
60 sind aus dem Schoß der Feudalgesellschaft hervorgegangen und haben sich zu neuen Gesellschaftsklassen entwickelt. Sie sind zwei miteinander verbundene und gleichzeitig antagonistische Klassen; sie sind von Chinas alter (feudaler) Gesellschaft geborene Zwillinge.
65 Aber das chinesische Proletariat entstand und entwickelte sich nicht nur im Zusammenhang mit dem Aufkommen und mit der Entfaltung der chinesischen nationalen Bourgeoisie, sondern auch in Verbindung mit der Entwicklung der von den Imperialisten unmittel-
70 bar in China betriebenen Unternehmen. Deshalb ist ein bedeutender Teil des chinesischen Proletariats älter und erfahrener als die chinesische Bourgeoisie, deshalb ist seine gesellschaftliche Kraft größer und seine soziale Basis breiter.
75 Aber die beschriebenen neuen Wandlungen – die Entstehung und Entwicklung des Kapitalismus – stellen nur die eine Seite der Veränderungen dar, die seit dem Eindringen des Imperialismus in China vor sich gegangen sind. Es gibt auch noch eine an-
80 dere Seite, die neben den erwähnten Wandlungen existiert und diese Wandlungen hemmt: Der Imperialismus unterdrückt im Komplott mit den feudalen Kräften Chinas die Entwicklung des chinesischen Kapitalismus.
85 Mit ihrem Eindringen in China verfolgen die imperialistischen Mächte keineswegs das Ziel, das feudale China in ein kapitalistisches zu verwandeln. Im Gegenteil, die imperialistischen Mächte verfolgen das Ziel, China in ihre Halbkolonie und Kolonie zu verwandeln.

*Zit. nach: Mao Tse-tung, Ausgewählte Werke, Bd. II, Verlag für fremdsprachige Literatur, Peking 1968, S. 353–388.**

1 Erläutern Sie anhand der Ausführungen von Mao Zedong die marxistische Deutung der chinesischen Geschichte.

2 Nehmen Sie Stellung zu Mao Zedongs Geschichtsdeutung.

Vertiefung: Analyse von historischen Dokumentationen, Erklärvideos usw.

M 50 Dokumentationen, Erklärvideos und weitere Formate in den Neuen Medien

Die Vielzahl an Informationsmöglichkeiten insbesondere durch die „Neuen Medien" führt auch zu einer Vielzahl an verfügbaren Informationen, sogenannter „Wissenschaftskommunikation im weiten Sinne" (Uebing). Das Spektrum der Formate zum Thema Geschichte ist ebenso breit wie die Qualität: Von Dokumentationen begleitet durch Fachwissenschaftler bis hin zu Erklärvideo-Formaten ohne Qualitätsjournalismus/-kontrolle, ohne Gatekeeper, ohne Sach-/Schreib-Kompetenz, sondern mit hoher Diversität der Autorenschaft, wo jeder alles veröffentlichen kann, auch selbst ernannte Experten.

Früher gab es vor allem das klassische Schulfernsehen sowie das bis heute laufende unterhaltsame und renommierte Format der „Lach- und Sachgeschichten" der Sendung mit der Maus, die kindgerecht komplexe Vorgänge erklären. Dann kamen schrittweise andere Formate hinzu wie sogenannte „Doku-/Histotainment"-Inszenierungen, die 7-minütigen Clips von arte *„Stories of Conflict"* oder Sommers Weltliteratur mit u. a. „Marx & Engels to go in 4 ½ Minuten". Heute stehen Erklärvideos renommierter Bildungseinrichtungen sowie der öffentlich-rechtlichen Sender neben Videos von Influencern auf TikTok, YouTube etc. Letztere haben dabei nicht vorrangig die Intention, Bildung und Sachinformationen zu vermitteln, sondern wollen unterhalten, Trends setzen und sich präsentieren.

Das Format der Dokumentationen und Erklärvideos ist aber ein wichtiges, viel genutztes Medium. Der audiovisuelle Zugang zu einem Thema ist für viele sogar leichter als das Lesen von langen Texten. Ein Erklärvideo bietet zudem die Möglichkeit, die Adressaten auf verschiedenen Ebenen, visuell, auditiv, ästhetisch und persönlich anzusprechen. Dabei wird noch stärker als in Sachtexten ein bestimmtes Konstrukt von Geschichte, eine „Narration", präsentiert. So ist es elementar, im Umgang mit Erklärvideos und Dokumentationen die Herkunft zu prüfen und eine saubere Quellenerschließung/-kritik/-analyse zu leisten. Die diesem „Genre" spezifischen Merkmale gilt es a) zu kennen, um diese b) kritisch zu beleuchten. Nur so kann man sich der „Narration" bewusst werden und diese dekonstruieren, um schlussendlich deren Aussagewert auszumachen.

Autorentext

M 51 Klassischer Dreischritt der Analyse: beschreiben – analysieren – deuten/beurteilen

beschreiben
Kanal, Autor
Aktualität, Reihe
Thema/Inhalt
audiovisuelle Elemente der Gestaltung
Verwendung von Archivmaterial, auth. Film-/Tonaufnahmen
(Überrest / Traditionsquellen)
HistorikerInnen-Äußerungen
Erzähler/Präsentierender
Adressaten
Kameraeinstellung / Hintergrundmusik / Kommentar aus dem Off / Stil (Legetechnik, Vlogging etc.)
usw.

analysieren
wissenschaftliches ‚sauberes' Arbeiten
Hinweise auf Quellen
Multiperspektivität
Expertenäußerungen
Kontext
Fachsprache
Personenauthentizität/Faktentreue
Wirkung – Erklärung, welches audiovisuelle Moment wie wirkt
usw.

interpretieren/beurteilen
Welche historische Narration liegt vor?
Kernaussage
Welche Position wird vertreten und woran ist das festzumachen/zu verdeutlichen?
Welche Intention ist damit verbunden?
Welche Fragen bleiben offen?
Wie ist der Aussagewert zu beurteilen?
Wie ist dieses Beispiel zu beurteilen?
-> Konstruktion/Dekonstruktion

Bei der Analyse sind besonders die Merkmale zur *Wirkung* zu beachten:
1 Beschreibung des Formats, Anbieters, der Autorenschaft, Fundstelle etc.,
2 Einsatz interaktiver Elemente,
3 Videoperspektive,
4 Alter der erklärenden Person,
5 Videodauer und Design.

Autorentext

1 **Partnerarbeit:** Wählen Sie im Internet ein Video mit historischem Bezug aus:
  a) Analysieren Sie das Video in einer Kleingruppe nach dem oben aufgeführten Dreischritt.
  b) Präsentieren Sie Ihre Ergebnisse im Kurs.

Beispiele ausgezeichneter Dokumentationen

 cornelsen.de/Webcodes
Code: xujavi

M 52 **Analyse-Modelle (leicht abgewandelt nach Uebing, 2019)**

Ebene	Merkmale	
deskriptiv	– Beschreibung des Kanals (z. B. YouTube, arte oder Schulhomepage) – Formatbeschreibung – Playlists, weitere Themen usw. – Design – ästhetische ‚Aufmachung', Farbe, Schriftart – wiederkehrende Elemente – Anzahl der AbonnentInnen des Kanals – Diskussion, Kommentare – Professionalität des Kanals (weitere Reihen, Regelmäßigkeit der Veröffentlichung) – Verlinkungen (wohin?) – Hinweise auf Finanzierung des Kanal/Angebots	
interpretativ (Merkmale, Symbole, Techniken – ‚Inszenie-rungsstrategien')	a) *Inhalt, Thema, Form:* – intertextuelle Verweise – dramaturgische Mittel – Form innerer Gestaltung (Struktur) – voice-over / sichtbarer Sprecher b) *Gestaltungsmittel:* – was ist zu sehen/was nicht? – Bildaufbau und Kameraeinstellungen – Montage – Einsatz ästhetischer Mittel – Setting / Hintergrund – Inserts, Einblendungen, Verweise	c) *Äußere Merkmale des ‚Präsentierenden':* – körperliche Merkmale, Kleidung – nonverbale Kommunikation – Gestik, Mimik – Gesamteindruck des Auftretens d) *Art der Moderation:* – Person sichtbar? – Sprache – Ansprache der Zuschauer – Aufforderung zum Sichten anderer Videos / Hinweise auf weitere Videos e) *Interaktion und Kommunikation*
diskursiv	– inhaltliche Verantwortung – grafische Verantwortung und Gestaltung – Präsenzanteil des Präsentierenden / anderer Personen und HistorikerInnen – leitender Produzent – Bildmaterial – Quelle – eigener Anspruch des Präsentierenden (im Video benannt?) – geschichtswissenschaftliche Merkmale? – kritischer, reflektierter Quelleneinsatz – Multiperspektivität – Aufforderung zur kritischen Reflexion; Verweis auf unterschiedliche Sichtweisen	

*Judith Uebing, Geschichte in 10 Minuten – Wie geht das?, in: Christian Bunnenberg/Nils Steffen (Hg.), Geschichte auf YouTube. Neue Herausforderungen für die Geschichtsvermittlung und historische Bildung. Medien der Geschichte Bd. 2, de Gruyter/Oldenbourg, Berlin/Boston 2019, S. 71–96.***

1 Schauen Sie sich beispielsweise die ZDF-Dokumenta-tion aus der Reihe „Imperien" mit dem Titel „Kaiser-reich China: Die letzten Tage von Peking" an (siehe Webcode). Bearbeiten Sie folgende Aufgaben:

a) Bestimmen Sie die dramaturgischen Mittel und ihre Gewichtung (u. a. Erzähler, Experten, Schau-spieler, nachgestellte Szenen, Originalaufnahmen).

b) Skizzieren Sie die Abfolge der Themen.

c) Arbeiten Sie heraus, welche Rolle der Kaiserinwit-we Cixi zugeschrieben wird.

d) Erläutern Sie die Gesamtaussage der Dokumentati-on und nehmen Sie Stellung dazu.

2 Probieren Sie es selbst aus! Drehen Sie zu einem Themenfeld Ihrer Wahl aus diesem Kursheft ein Erklär- oder ein *Peer Tutoring*-Video für die unteren Klassenstufen.
Tipp: Siehe S. 481.

3 Diskutieren Sie in Ihrem Kurs, ob Erklärvideos als Vorbereitung für das Abitur hilfreich sein können.

Dokumentationen/Erklärvideos chinesisches Kaiserreich

🔴 cornelsen.de/Webcodes
+ 🔊 Code: kojeta

Darstellungen analysieren

Geschichte entsteht erst durch die Rekonstruktion des Geschehenen, das uns in schriftlichen, gegenständlichen, sachlichen und z. T. auch mündlichen Quellen überliefert ist. Aus ihnen rekonstruieren Historiker mögliche Darstellungen der Vergangenheit und präsentieren ihre **Version der Vergangenheit** in selbst verfassten Darstellungen, die man auch Sekundärtexte nennt. Darstellungen lassen sich in fachwissenschaftliche und in populärwissenschaftliche bzw. „nichtwissenschaftliche" Darstellungen gliedern. 5

Die **fachwissenschaftlichen Texte** wenden sich an ein professionelles Publikum, bei dem Grundkenntnisse des Faches, der Methoden und der Begrifflichkeit vorausgesetzt werden. Einzelergebnisse werden durch Verweise und Fußnoten belegt. **Populärwissenschaftliche Darstellungen** wenden sich an ein breiteres Publikum und verzichten in 10 der Regel auf detaillierte Belege historischer Befunde und Interpretationen. Sie präsentieren komplexe historische Zusammenhänge anschaulich und vereinfacht. Zu dieser Gruppe zählen beispielsweise publizistische Texte, historische Essays in Zeitungen und Magazinen sowie Schulbuchtexte.

Erkenntnisse der Geschichtswissenschaft sind immer vom Erkenntnisinteresse bzw. der 15 Fragestellung der jeweiligen Gegenwart bedingt. Die Fragestellungen an die Geschichte und auch ihre Antworten sind geprägt von gesellschaftlichen und individuellen Faktoren (**Standortgebundenheit**): Sie sind vor dem Hintergrund des gesellschaftlichen, sozialen, religiösen und politischen Kontextes ideologiekritisch zu betrachten. Die unterschiedlichen Deutungen von Geschichte münden zum Teil in **historischer Kontro-** 20 **versität,** mit der man sich kritisch-reflektiert auseinandersetzen muss.

Arbeitsschritte zur Analyse

1. Leitfrage
– Welche Fragestellung bestimmt die Untersuchung der Darstellung?

2. Analyse
Formale Aspekte
– Wer ist der Autor (ggf. zusätzliche Informationen über den Verfasser)?
– Um welche Textsorte handelt es sich?
– Mit welchem Thema setzt sich der Autor auseinander?
– Wann und wo ist der Text veröffentlicht worden?
– Gab es einen konkreten Anlass für die Veröffentlichung?
– An welche Zielgruppe richtet sich der Text (Historiker, interessierte Öffentlichkeit)?

Inhaltliche Aspekte
– Was sind die wesentlichen Aussagen des Textes?
  – anhand der Argumentationsstruktur: These(n) und Argumente
  – anhand der Sinnabschnitte: wesentliche Aspekte und Hauptaussage
– Wie ist die Textsprache (z. B. appellierend, sachlich oder polemisch)?
– Welche Überzeugungen vertritt der Autor? Lässt er sich einer bestimmten Position oder Ideologie zuordnen (politisch/religiös o. Ä.)?

3. Historischer Kontext
– Auf welchen historischen Gegenstand bezieht sich der Text?
– Welche in der Darstellung angesprochenen Sachaspekte bedürfen der Erläuterung?

4. Urteil
– Ist der Text überzeugend im Hinblick auf die fachliche Richtigkeit (historischer Kontext) sowie auf die Schlüssigkeit der Darstellung?
– Was ergibt ggf. ein Vergleich mit anderen Darstellungen zum gleichen Thema?
– Wie lässt sich der dargestellte historische Gegenstand im Hinblick auf die Leitfrage beurteilen?
– Welche Gesichtspunkte des Themas werden kaum oder gar nicht berücksichtigt?
– Wie lässt sich die Darstellung des historischen Gegenstandes aus heutiger Sicht und auf Grundlage heutiger politischer/moralischer Vorstellungen bewerten?

Übungsaufgabe

M1 **Der Sinologe Kai Vogelsang über die Reformen in China nach 1905 (2013)**

In China gab der japanische Sieg [gegen Russland 1905] den Reformen neuen Schwung. Nach der Abschaffung der Beamtenprüfungen wurden vor allem die Rufe nach einer Verfassung laut, wie sie Japan bereits hatte. Nachdem Generäle und Provinzgouverneure, aber auch Altreformer wie Liang Qichao[1] eine konstitutionelle Monarchie gefordert hatten, schickten die Qing eine Studiengruppe aus fünf Prinzen und Beamten nach Japan, in die USA und nach Europa, um die dortigen Verfassungen zu studieren. Trotz erheblicher Widerstände gegen das Projekt kam 1908 der Entwurf einer Verfassung zustande; Parlamente auf Provinz- und Kreisebene wurden eingerichtet, die als Vorläufer einer Nationalversammlung fungieren sollten. Auch die Gründung von Berufsverbänden – Handelskammern, Landwirtschafts- und Lehrerverbänden – wurde gefördert: institutionelle Anpassungen an den unleugbaren sozialen Wandel. Damit lassen sich die Reformen der „Neuen Politik" auf den Punkt bringen: sie reagierten auf die Einsicht, dass die chinesische Gesellschaft nicht länger stratifikatorisch[2], sondern funktional differenziert war. Die alte Elite konnte diese Gesellschaft nicht mehr vertreten, die Dynastie war auf die Unterstützung der neuen städtischen Eliten angewiesen: sie sollten durch Schulen, neue Ämter, Militärreform, Berufsverbände, Parlamente und schließlich durch die neue Verfassung integriert werden.

Nach neun Jahren sollte die Verfassung in Kraft treten – doch so lange gab es die Qing nicht mehr. 1908 starb die Kaiserinwitwe Cixi und ein paar Tage zuvor [...] auch Kaiser Guangxu. Sein Nachfolger wurde der zweijährige Aisin Gioro Puyi (1906–1967), ein Kleinkind auf dem Thron, wie schon am Ende der Früheren und Späteren Han[3]. Puyi war ein typischer „letzter Kaiser". Doch gerade an seinem Beispiel wird deutlich, wie wenig Einfluss die Person des Kaisers auf den Gang der Geschichte hatte. Denn die chinesische Gesellschaft befand sich längst in einem unumkehrbaren Strukturwandel, der nicht mehr nach Reformen verlangte, sondern nach Revolution.

Die „neue Politik", die eigentlich das Ziel verfolgte, die Regierung der Qing zu stärken, hatte diesen Wandel noch beschleunigt. Statt treuer Untertanen produzierte sie Revolutionäre: die modernen Schulen zogen kritische Köpfe heran, moderne Unternehmen gebaren kaltschnäuzige Kapitalisten, im neugeformten Heer organisierten sich selbstbewusste Offiziere, lokale Parlamente wurden zu Zentren der Agitation gegen die Zentrale, aufgeklärte Bürger zu Nationalisten.

Kai Vogelsang, Geschichte Chinas, Reclam, Stuttgart 2013, S. 486 ff.*

1 *Liang Qichao (1873–1929):* Gelehrter und Journalist, war an der Ausarbeitung der Hundert-Tage-Reform von 1898 beteiligt, musste nach dem Scheitern ins Exil nach Japan gehen. Er kehrte 1912 nach China zurück.
2 *stratifikatorisch:* nach Schichten geordnet
3 *Frühere Han:* Dynastie, die 207 v. Chr.–8 n. Chr. herrschte; *Spätere Han:* Dynastie, die 25–220 n. Chr. herrschte

1 Interpretieren Sie M 1 mithilfe der Arbeitsschritte zur Analyse und Interpretation historischer Darstellungstexte.
   ▶ Lösungshinweise finden Sie auf S. 493 f.

Anwenden

M1 „Umfassende Betrachtung der Gesamtsituation" von Kang Youwei (29. Januar 1898)

Der Beamtengelehrte Kang Youwei legte am 29. Januar 1898 dem Guangxu-Kaiser diese Throneingabe vor und wurde daraufhin mit einer Regierungsreform beauftragt, die wegen ihrer kurzen Geltungsdauer als Hundert-Tage-Reform bezeichnet wurde.

Ein Überblick über alle Staaten der Welt wird zeigen, dass die Staaten, die Reformen durchführten, stark wurden, während die Staaten, die an der Vergangenheit festhielten, untergingen. Die Folgen des Festhaltens an

5 der Vergangenheit und die Auswirkungen der Öffnung neuer Wege sind somit offensichtlich. Wenn Eure Majestät mit Ihrem Scharfsinn die Entwicklungen in anderen Ländern beobachten, werden Sie sehen, dass wir uns erhalten können, wenn wir uns verändern; aber

10 wenn wir uns nicht ändern können, werden wir untergehen. In der Tat, wenn wir uns vollständig ändern, werden wir stark werden, aber wenn wir uns nur begrenzt ändern, werden wir trotzdem untergehen. Wenn Eure Majestät und seine Minister die Ursache der

15 Krankheit erforschen, werden sie wissen, dass dies die richtige Entscheidung ist. Unser gegenwärtiges Problem liegt darin, dass wir an den alten Institutionen festhalten, ohne zu wissen, wie man sie ändern kann. [...]

Es ist ein Prinzip der Dinge, dass das Neue stark, aber

20 das Alte schwach ist; dass das Neue frisch, das Alte aber morsch ist; dass das Neue aktiv, das Alte aber statisch ist. Wenn die Institutionen alt sind, werden Defekte entstehen. Deshalb sollten keine Institutionen hundert Jahre lang unverändert bleiben. Außer-

25 dem sind unsere heutigen Institutionen nur noch die unwürdigen Überbleibsel der Han-, Tang-, Yuan- und Ming-Dynastie; sie sind nicht einmal die Institutionen der [mandschurischen] Vorfahren. Sie sind mehr das Produkt der Fantasie und des korrupten Han-

30 delns kleiner Beamter als der ursprünglichen Ideen der Vorfahren. Zu sagen, dass sie die Institutionen der Vorfahren sind, ist eine Beleidigung für die Vorfahren. Darüber hinaus sind Institutionen dazu da, die eigenen Territorien zu bewahren. Da gegenwärtig

35 das angestammte Territorium nicht bewahrt werden kann, was nützt es dann, die angestammten Institutionen zu bewahren? [...] Die nationale Politik ist für den Staat wie das Ruder für das Schiff [...]. Sie bestimmt die Richtung des Staates und prägt die öffent-

40 liche Meinung des Landes.

Heutzutage hat der Hof einige Reformen in Angriff genommen, aber das Handeln des Kaisers wird von den Ministern behindert, und die Empfehlungen der

fähigen Gelehrten werden von altmodischen Büro-

45 kraten angegriffen. Wenn der Vorwurf nicht lautet, „China auf barbarische Weise zu verändern", dann lautet er „Umwälzung der überlieferten Institutionen". Gerüchte und Skandale wuchern, und die Menschen bekämpfen sich gegenseitig wie Feuer und Wasser. Eine Reform unter diesen Umständen durch-

50 zuführen ist so ineffektiv wie der Versuch, vorwärts zu marschieren, indem man rückwärtsgeht. [...] Eure Majestät weiß, dass unter den gegenwärtigen Umständen Reformen aber unumgänglich sind und alte Institutionen abgeschafft werden müssen. Ich

55 bitte Eure Majestät, sich zu entscheiden und die nationale Politik zu bestimmen. Nachdem die grundsätzliche Politik festgelegt ist, müssen dann die Methoden der Umsetzung variieren, je nachdem, was primär und was sekundär ist, was wichtig und

60 was unbedeutend ist, was stark und was schwach ist, was dringend ist und was warten kann. [...]

[...] Die Entwicklung der Han-, Tang- und Song-Dynastien mag lehrreich sein, aber man sollte nicht vergessen, dass das Zeitalter der Gemeinschaft anders

65 ist als das Zeitalter der souveränen Nationen. [...] Was die republikanischen Regierungen der Vereinigten Staaten und Frankreichs und die konstitutionellen Regierungen Großbritanniens und Deutschlands betrifft, so sind diese Länder weit entfernt und ihre

70 Sitten unterscheiden sich von den unseren. Ihre Veränderungen liegen schon lange zurück und können nicht mehr nachvollzogen werden. Daher bitte ich Eure Majestät, das Ziel von Peter dem Großen von Russland als unser Ziel zu übernehmen und die Mei-

75 ji-Reform von Japan als Modell für unsere Reform zu nehmen. Zeit und Ort der japanischen Reform liegen nicht weit zurück, und ihre Religion und Bräuche sind den unseren einigermaßen ähnlich. Ihr Erfolg ist offensichtlich, ihr Beispiel kann leicht nachgeahmt

80 werden.

Zit. nach: Asia for Educators, Columbia University, http://afe. easia.columbia.edu/ps/cup/kang_youwei_comprehensive.pdf (Download vom 11. Oktober 2021). Übersetzt von Heidi Martini.

1 Fassen Sie zusammen, wie Kang Youwei die Notwendigkeit von Reformen begründet und welche Grundlagen er vorschlägt.

2 Erklären Sie, was mit „China auf barbarische Weise zu verändern" (Z. 46) gemeint ist.

3 Geben Sie die Maßnahmen der Hundert-Tage-Reform gegliedert nach Sachbereichen wieder.

4 Erörtern Sie die Erfolgsaussichten der Reform vor dem Hintergrund der innen- und außenpolitische Lage 1898.

Wiederholen

M2 **Guangxu-Kaiser (reg. 1875–1908), chinesisches Gemälde, ohne Jahr**

Zentrale Begriffe

Außenamt (*Zongli Yamen*)
Beamtenprüfung
„Boxeraufstand"
„Boxerbewegung" (*Yihetuan yundong*)
Gründung der Republik
Hundert-Tage-Reform
Industrialisierung
Modernisierung
Nationalismus
Reformen
Republik
Qing-Dynastie
Selbststärkungsbewegung
Taiping-Aufstand

1 Beschreiben Sie die chinesischen Reaktionen auf den europäischen Einfluss in der zweiten Hälfte des 19. Jahrhunderts.

2 Interpretieren Sie das Herrscherbild des Guangxu-Kaisers (M2).

3 Erläutern Sie auf Grundlage Ihrer Kenntnisse aus den vorherigen Kapiteln den Bruch zwischen dem in M2 präsentierten Herrschaftsverständnis und den in M1 dargestellten Herausforderungen.

4 **Wahlaufgabe:** Nehmen Sie Stellung zu den Maßnahmen und Folgen einer ausgewählten Reform. Bearbeiten Sie entweder a), b) oder c).

   a) Selbststärkungsbewegung,

   b) Hundert-Tage-Reform,

   c) „Neue Politik".

5 Diskutieren Sie im Kurs, ob man den Boxeraufstand als „Kulturzusammenstoß" im Sinne von Urs Bitterli (siehe M3, Kap. 5 Kernmodul) bezeichnen kann.

6 Analysieren Sie die letzten Jahre der Qing-Herrschaft bis zur Gründung der Republik. Sie können Ihr Ergebnis in einem Erklärvideo oder Kurzvortrag oder einer Concept-Map vorstellen.

   Tipp: Zur Erstellung eines Kurzvortrags oder einer Concept-Map siehe S. 504 f. Hinweise zu Erklärvideos siehe S. 228 f.

7 **Vertiefung:** Setzen Sie sich mit der Transformation Chinas bis 1911/12 auseinander.

Formulierungshilfen für eine Stellungnahme

– Folgende Reformen wurden in China im 19. Jh. umgesetzt: …

– Die Selbststärkungsbewegung enthielt einerseits … und andererseits …

– Zentrale Elemente der 100-Tage-Reform waren …

– Aufgrund der Reforminhalte kann man / kann man nicht von „Anpassung" sprechen.

– Insgesamt überwiegen bei den chinesischen Reformen …

– Dies führte dazu, dass …

– Meiner Meinung nach ist … verantwortlich für …

Hinweise zur Arbeit mit den Materialien

Die Materialien M 1 bis M 6 beschäftigen sich mit den unterschiedlichen Formen von Kulturbegegnungen. Dabei zeigt Jürgen Osterhammel (M 1) die Interaktion von dem „Eigenen" und dem „Fremden", die leicht zu Stereotypen (M 2) führt. Urs Bitterli (M 3) differenziert die Begegnungen unterschiedlicher Kulturen in Kulturberührung, Kulturzusammenstoß und Akkulturation und stellt damit grundlegende Begriffe für die Analyse zur Verfügung. Peter Burke (M 6) differenziert den Prozess des kulturellen Austauschs weiter. Das Themenfeld Transformationsprozesse eröffnet Wolfgang Merkel (M 7), indem er Kriterien zur Charakterisierung von Transformationen vorstellt. Der französische Historiker Fernand Braudel (M 9) ist grundlegend für die Aufgliederung historischer Transformationsprozesse nach verschiedenen Ebenen. Andreas Suter und Manfred Hettling (M 10) diskutieren anschließend den Zusammenhang von Struktur und Ereignis in der Geschichte. Aus sozialwissenschaftlicher Sicht nimmt Raj Kollmorgen (M 11) insbesondere Gesellschaftstransformationen in den Blick. Abschließend ermöglichen drei Materialien einen Bezug zwischen der vorgestellten Theorie und China. Klaus Mühlhahn (M 12) erläutert den Charakter der Beziehungen der imperialistischen Mächte mit China unter dem Begriff „Halbkolonie". Dies kann eine Diskussion über Imperialismus als Kulturkontakt anstoßen. Raj Kollmorgen (M 13) blickt auf die Chinesische Revolution von 1911 als Transformationsprozess. Und am Beispiel einer Rede des Präsidenten der VR China Xi Jinping (M 14) kann die Rekonstruktion von Geschichte zu politischen Zwecken problematisiert werden.

Themenfelder des Kernmoduls	Materialien im Kernmodul	Thematische Anknüpfungspunkte des verbindlichen Wahlmoduls	Kapitel des verbindlichen Wahlmoduls	Materialien zum verbindlichen Wahlmodul
Kulturkontakt und Kulturkonflikt	M 1 Jürgen Osterhammel M 2 Werbeplakat M 3/M 4 Urs Bitterli M 5 Fotografie M 6 Edmund Burke	Einführung Selbstverständnis & Weltbild Kontakte mit imperialistischen Mächten Zwischen Anpassung und Widerstand Kreuzzüge Spanischer Kolonialismus	Kapitel 1 Kapitel 2 Kapitel 3 Kapitel 4 Kapitel 6 Kapitel 7	M 6, M 7 M 14–M 18 M 10–M 15, M 21–M 24, M 25–M 31 M 26–M 35 M 12, M 13 M 7–M 15
Transformationsprozesse	M 7 Wolfgang Merkel M 8 Christian Graf v. Krockow M 9 Fernand Braudel M 10 Andreas Suter/Manfred Hettling M 11 Raj Kollmorgen	Einführung Selbstverständnis & Weltbild Zwischen Anpassung und Widerstand	Kapitel 1 Kapitel 2 Kapitel 4	M 8 M 19–M 22 M 12–M 19, M 20–M 25, M 36–M 43, M 47–M 49
China	M 12 Klaus Mühlhahn M 13 Raj Kollmorgen M 14 Xi Jinping	Kontakte mit imperialistischen Mächten Zwischen Anpassung und Widerstand	Kapitel 3 Kapitel 4	M 21–M 34 M 44–M 46

Kulturkontakt und Kulturkonflikt

M1 **Der Historiker Jürgen Osterhammel über das Selbstverständnis der Europäer angesichts der europäischen Expansion (1995)**

Durch die Expansion Europas, jenen Prozess der im Zeitalter von Kreuzzügen und Ostkolonisation begann und im 20. Jahrhundert mit der universalen Verbreitung europäisch-amerikanischer Kulturformen

5 Höhepunkt und Ende erreichte, ist die Bestimmung des Unterschiedes zwischen Europa und Nicht-Europa zu einer konstitutiven Frage der Herausbildung eigener und fremder Identitäten geworden. Europäer beginnen dort, über sich selbst nachzudenken,

10 wo sie auf Zivilisationen treffen, mit denen sie wenig unmittelbar Selbstverständliches verbindet. Was Europa ausmacht, erweist sich erst aus der Kontrasterfahrung. Umgekehrt beschränken sich die Reaktionen der Bewohner Asiens, Amerikas und Afrikas

15 nicht auf die polaren Möglichkeiten von schroffer Abwehr des Europäischen und völliger Kapitulation vor ihm; die machtgestützte Herausforderung gibt vielmehr oft Anlass zu kulturellen Neubestimmungen. Die Erfahrung des Fremden ist Voraussetzung

20 für die Bewusstwerdung des Eigenen. Dabei ist „das Fremde" keine der Geschichte enthobene Vorstellung: Was als „andersartig" und „fremd" wahrgenommen wird, ist nicht anthropologisch festgelegt, sondern kulturspezifisch nach Ort und Zeit variabel: Die

25 Chinesen, um ein deutliches Beispiel zu nennen, *sind* nicht „gelb", sie *werden* es allmählich im Auge des frühneuzeitlichen europäischen Betrachters. In Situationen des Kulturkontakts werden Abgrenzungen vorgenommen, die es zuvor nicht gab; zugleich kann

30 es aber auch zum Abbau von Grenzen und zu Vorgängen gegenseitiger kultureller Anpassung kommen. „Kulturzusammenstoß" und „Kulturbeziehung" [Begriffe siehe Urs Bitterli, M3] [...] liegen dicht beieinander, sie können koexistieren und vom einen zum

35 anderen abrupt oder allmählich übergehen. Kulturelle Grenzen stimmen keineswegs immer mit geografischen oder politischen Grenzen, mit *„borders"* und *„boundaries"* überein. [...] [So] deckt sich das Europa der Historiker und Zeitbeobachter nicht

40 unbedingt mit dem der Geografen. Schon im Mittelalter rechnete man das Königreich Jerusalem mit seiner mehrheitlich muslimischen Bevölkerung zur christlichen Ökumene.

Jürgen Osterhammel, Kulturelle Grenzen in der Expansion Europas, in: Saeculum, 46/1995, S. 115 f.*

M2 „Wir rauchen nur das Zigarettenpapier von Abadie", Plakat von Eugène Ogé, 1904

1 Erläutern Sie die verschiedenen Prozesse, die nach Jürgen Osterhammel bei einem Kontakt von Europäern und Nicht-Europäern ablaufen können (M1).

2 Nehmen Sie ausgehend von M1 und M2 sowie unter Berücksichtigung von Kap. 2 Stellung, inwiefern die eigene Kultur und das Selbstverständnis den Umgang mit dem „Fremden" beeinflusst.

M3 **Der Historiker Urs Bitterli über Kulturberührung, Kulturzusammenstoß und Kulturbeziehung als Formen des Kulturkontakts (1986)**

Urs Bitterli hat die von ihm vorgeschlagenen Formen des Kulturkontakts vor dem Hintergrund des Aufeinandertreffens von Europäern mit den Kulturen Lateinamerikas entwickelt. Dies ist bei der Übertragung der historischen Beispiele zu beachten.

Unter Kulturberührung verstehen wir das in seiner Dauer begrenzte, erstmalige oder mit großen Unterbrechungen erfolgende Zusammentreffen einer Gruppe von Europäern mit Vertretern einer geschlos-

5 senen archaischen Bevölkerungsgruppe. [...] Neben ihrer Zufälligkeit und ihrer kurzen Dauer sind solche Kulturberührungen gekennzeichnet durch die rudimentären Formen der Kommunikation zwischen den aufeinandertreffenden Kulturvertretern. Man ver-

10 ständigte sich zwar, aber nicht in der umfassenden Form des Gesprächs, sondern durch Zeichensprache und Mimik; man tauschte zwar Geschenke aus, aber lediglich, um die Annäherung zu erleichtern, nicht um eine Partnerschaft, wie die Handelsbeziehung sie

15 erfordert, herzustellen. [...] Fast immer standen diese Kulturberührungen im Zeichen freundlicher gegenseitiger Annäherung. Zwar ist ein reiches Spektrum von Varianten zu beobachten – von der extremen

Scheu [...] bis zur geradezu überströmenden Sympathiekundgebung [...].

[...] Es lag in der Natur dieser Art des Kulturkontakts, dass er meist nur wenige Jahre währte. Dann pflegte sich entweder – im glücklichsten Falle – ein *Modus vivendi*[1] friedfertigen gegenseitigen Austauschs einzuspielen, der zu neuen Abhängigkeiten und beidseitigen Anpassungen führte: Die Kulturbeziehung war entstanden. Oder es ereignete sich – leider der häufigere Fall –, dass die Kulturberührung in einen Kulturzusammenstoß umschlug, der die kulturelle Existenz des militärisch und machtpolitisch schwächeren Partners bedrohte und seine physische Existenz gefährdete oder gar auslöschte. [...]

Neben der hauptsächlichen Konfliktursache der Besitzaneignung gab es eine große Zahl weiterer Konfliktherde, von denen hier nur kurz die Rede sein kann. Häufig mischten sich die Europäer in die internen Auseinandersetzungen der Eingeborenen ein, und es gelang ihnen, etwa durch Waffenlieferungen, die Machtkonstellation in ihrem Sinne zu verändern oder das bisher bestehende Gleichgewicht zu zerstören. [...] Nicht selten versuchte man auch auf die innertribalen Machtverhältnisse Einfluss zu nehmen, zuweilen absichtslos, indem man mit unzuständigen Partnern verhandelte, zuweilen absichtsvoll, indem man genehme Stammesführer stützte, immer aber in unzureichender Kenntnis von Stammesstruktur und Herrschaftsfolge. [...] Oft entstanden Konflikte auch im Zusammenhang mit dem Warenhandel, den dadurch geweckten neuen Bedürfnissen und der Erschöpfung der Ressourcen [...].

Unter bestimmten Umständen jedoch konnte es geschehen, dass die Kulturberührung in eine Kulturbeziehung überging oder dass sich, weit seltener zwar, der Kulturzusammenstoß zur Kulturbeziehung wandelte. Unter der Kulturbeziehung [...] verstehen wir ein dauerndes Verhältnis wechselseitiger Kontakte auf der Basis eines machtpolitischen Gleichgewichts oder einer Patt-Situation. Bedingung einer Kulturbeziehung war das Spiel von Angebot und Nachfrage; ihre Träger waren auf europäischer Seite Händler und Missionare. [...] Unentbehrlich für den reibungslosen Verlauf der sich auf den Handel stützenden Kulturbeziehung war eine Mittlerschicht von Afrikanern und Mischlingen, die als Zwischenhändler, Bootsleute, Dolmetscher oder Handwerker dienten. Diese Mittlerschicht, die zwischen den Kulturen stand und sich einer Mischsprache bediente, konnte zuweilen eine solche Bedeutung gewinnen, dass die Interessen der weißen Faktoreibeamten, aber auch jene der einheimischen Lokalregierung, gefährdet wurden. [...] Zweierlei darf freilich nicht vergessen werden, wenn von der Friedlichkeit solcher kommerziellen Kulturbeziehungen die Rede ist: zuerst, dass diese Friedlichkeit meist nur so lange anhielt, als die Waren geliefert werden konnten und gefragt blieben, und ferner, dass dieselbe Kulturbeziehung, die in einer bestimmten Region pazifizierend wirkte, bereits in deren unmittelbarer Nachbarschaft Kulturzusammenstöße schlimmster Art auslösen konnte. [...]

Friedliche Kulturbeziehungen, wie der Handel sie ermöglichte, wurden auch von den Missionaren angestrebt und oft über längere Zeiträume hinaus auch erreicht. [...] Es gibt keinen Zweifel, dass die Mission aller Konfessionen, wie immer man persönlich zu ihr stehe, die Friedfertigkeit des Kulturkontakts aufrichtig anstrebte. Dies geschah in einem doppelten Sinne: Einerseits sah man ein, dass Bekehrungen nur in einem Klima gegenseitigen Vertrauens Glaubwürdigkeit beanspruchen konnten, und man bemühte sich, dieses Klima herzustellen; andererseits erkannte man es als wichtige Aufgabe, Spannungen, wie sie aus dem Verhältnis der autochthonen Bevölkerung zu den Kolonisten entsprangen, abzubauen, und hatte damit auch oft Erfolg. Dennoch war die Kulturbeziehung, wie der Missionar sie pflegte, ein äußerst problematisches Unterfangen, was darin begründet lag, dass der Missionar zwar weit stärker als der Händler und der Kolonist die sympathetische Annäherung suchte, dass er aber dennoch im Kern immer der Exponent der europäischen Kultur blieb und letztlich von der materiellen Unterstützung kirchlicher Institutionen sowie der Kolonialadministration abhängig war. [...]

An diesen mannigfaltigen, in der missionarischen Berichterstattung zuweilen verdeckten Bindungen geistiger und struktureller Natur an die Kolonialmacht änderte auch die Tatsache nichts, dass die Missionare häufig als scharfe und verantwortungsbewusste Kritiker des Kolonialismus auftraten. Es ist bezeichnend, dass ihre Kritik meist auf inhumane Formen des Umgangs mit der Überseebevölkerung abzielte, die Voraussetzungen jedoch, die solchen Umgang möglich machten, unangetastet ließ. So sind beispielsweise der Arbeitszwang für Indianer sowie Sklavenhandel und Sklavenwirtschaft weder von katholischen noch von calvinistischen Missionaren frühzeitig infrage gestellt und systematisch bekämpft worden.

Urs Bitterli, Alte Welt – neue Welt. Formen des europäisch-überseeischen Kulturkontaktes vom 15. bis zum 18. Jahrhundert [zuerst 1986], dtv, München 1992, S. 17–50.*

1 *Modus vivendi:* Übereinkunft, Verständigung

M 4 Der Historiker Urs Bitterli über Akkulturation und Kulturverflechtung als Formen des Kulturkontakts (1976)

Im Unterschied zu den bereits beschriebenen Formen der kulturellen Begegnung setzen Akkulturation und vor allem Kulturverflechtung ein länger dauerndes Zusammenleben und Zusammenwirken von Be-
5 völkerungsgruppen verschiedener Kultur im selben geografischen Raum voraus. Während bei der Beziehung, die wir als Kulturkontakt bezeichnet haben, Aspekte des Handels oder der Mission in der Regel im Vordergrund stehen und die Permanenz des gegen-
10 seitigen Verhältnisses nicht so sehr durch Ansiedlung und Fortpflanzung der einen Partnergruppe, als vielmehr durch die laufende Ablösung ihrer Vertreter durch Neuankömmlinge gesichert wird, vollzieht sich besonders die Kulturverflechtung vor dem Hin-
15 tergrund einer intensiven gesellschaftlichen Durchdringung. Diese Durchdringung tritt dann an die Stelle des historisch häufiger zu beobachtenden Kulturzusammenstoßes, wenn sich zwischen zwei oder mehreren Kulturen die zwingende Notwendigkeit zur
20 existenzsichernden Zusammenarbeit und das Bewusstsein einer verpflichtenden Aufeinanderangewiesenheit ergibt. Damit dieser Sonderfall eintritt, müssen verschiedene Vorbedingungen in ganz bestimmtem Grad und bestimmtem Mischverhältnis
25 gegeben sein; die wichtigsten aufeinander einwirkenden Faktoren sind die Mentalität der sich begegnenden Völker, ihre Anpassungsfähigkeit und Anpassungsbereitschaft, die geografischen und demografischen Gegebenheiten.
30 Akkulturation und Kulturverflechtung sind Prozesse, die sich über mehrere Generationen hin erstrecken und nie als eigentlich abgeschlossen gelten können; sie bereiten sich bereits in der Phase der Kulturberührung durch den Austausch gewisser Verhaltens-
35 formen unter den Beteiligten vor, erreichen aber ihre historische Eigenständigkeit erst, wenn sich aus der engen und ständigen Begegnung der Kulturen eine neue Mischkultur ergibt, die alle Bereiche des wirtschaftlichen, sozialen und religiösen Lebens der
40 Partner enthält und die Widersprüchlichkeiten der ursprünglichen kulturellen Situation zunehmend in sich aufhebt. [...] Jede Kulturverflechtung wird eingeleitet und genährt durch die Übertragung von spezifischen Verhaltensweisen, Vorstellungen, Wertbe-
45 griffen und Techniken von einer bisher in sich geschlossenen Kultur auf eine andere und umgekehrt. Bereits in der Frühphase der Kulturberührung findet ein solcher Austausch, allerdings nur in eingeschränkten Bereichen statt. [...] Dieser Prozess der

gegenseitigen Anpassung, der sich beim Kulturkon- 50 takt intensiviert und selbst in bestimmten Fällen des Kulturzusammenstoßes [...] nicht zum Stillstand kommt, wird von der modernen Ethnologie in der Regel als „Akkulturation" bezeichnet. In jenen Fällen, da ein über längere Zeiträume hin sich entwickelnder 55 Akkulturationsprozess Elemente beider oder mehrerer beteiligter Kulturen so sehr amalgamiert, dass eine eigenständige Mischkultur entsteht, wird man von Kulturverflechtungen sprechen können. Natürlich bleibt es eine Ermessensfrage festzustellen, wann 60 ein Akkulturationsvorgang zur Kulturverflechtung wird, denn auch die neu geschaffene Mischkultur bleibt dem Wandel unterworfen und wird in ihrer Dynamik weiterhin von dem Phänomen der Akkulturation mitbestimmt. 65

Urs Bitterli, Die ‚Wilden' und die ‚Zivilisierten'. Grundzüge einer Geistes- und Kulturgeschichte der europäisch-überseeischen Begegnung [zuerst 1976], 3. Aufl., C. H. Beck, München 2004, S. 161.*

1 **Gruppenarbeit:** Arbeiten Sie arbeitsteilig auf Grundlage von M 3 und M 4 die Definition der Begriffe „Kulturberührung", „Kulturbeziehung", „Kulturzusammenstoß" sowie „Akkulturation" und „Kulturverflechtung" nach Bitterli heraus.

2 **Wahlaufgabe:** Interpretieren Sie die verschiedenen Formen des Zusammenlebens bzw. des Konflikts, indem Sie die Fachbegriffe auf ein Beispiel aus den vorausgegangenen Kapiteln zu China oder aus den Wahlmodulen anwenden. Präsentieren Sie Ihre Ergebnisse
   a) in Form eines Kurzvortrags oder
   b) in Form einer Mindmap.

3 Interpretieren Sie das Bild M 5 vor dem Hintergrund der Typologie Bitterlis.

M 5 Skelett-Figuren als Dekoration beim mexikanischen „Tag der Toten", bei dem sich indigene, naturreligiöse und christliche Elemente mischen, Fotografie, 2010

M6 Der britische Kulturhistoriker Peter Burke über verschiedene Formen kulturellen Austauschs (2000)

Meinen nun folgenden Überlegungen liegen zwei Annahmen zugrunde: Zum einen geht es hier mehr um einen Austausch nach beiden Richtungen als um eine einseitige Anleihe, also eher um „Transkulturation"
5 als um „Akkulturation". Zum anderen wird im Zuge eines kulturellen Austausches normalerweise auch dasjenige, was entliehen wird, den Bedürfnissen des Entleihenden angepasst, es findet also eine doppelte Bewegung von De- und Rekontextualisierung statt.
10 Dieser Prozess mag mit Missverständnissen einhergehen, die zuweilen auch als „schöpferische" oder „konstruktive" Fehlschlüsse beschrieben werden, weil sie den Angehörigen zweier unterschiedlicher Kulturen einen offenen Konflikt zu vermeiden helfen. [...]
15 1. Es war ein Grundsatz der scholastischen Philosophie[1], dass das, „was auch immer empfangen wird, nach Maßen des Empfängers empfangen wird" [...].
2. Eine zweite Art, die Transformation von Überlieferung zu denken, stellt die Idee der Nachahmung dar,
20 sei es nun im positiven wie im negativen Sinne. Der positive Aspekt ist [...] eine schöpferische Imitation [Nachahmung], [die] dann vorliegt, wenn [...] geschätzten Vorbildern nachgeeifert wird.
3. Eine weitere Alternative zur Vorstellung, die kul-
25 turelle Erbschaft sei passiv, ist der Gedanke der Aneignung oder, deutlicher, der „Plünderung" [der Fachausdruck heißt hier „Approbation"]; seinen ursprünglichen Kontext bilden die Debatten, die die nun als Kirchenväter verehrten Theologen über den
30 christlichen Umgang mit heidnischen Kulturen führten. Basilius von Caesarea etwa befürwortete eine selektive Aneignung der heidnischen Antike nach dem Beispiel der Bienen, die „sich weder allen Blumen im gleichen Maße zuwenden noch die ausgewählten
35 vollständig mitzunehmen suchen, sondern nur das nehmen, was für ihr eigenes Werk von Interesse ist, und das übrige unberührt zurücklassen". [...]
4. Die drei bislang erwähnten Begriffe übernehmen die Perspektive des Empfängers. Vom Standpunkt
40 des Entleihenden oder Gebenden aus wurde der Austausch mithilfe des Begriffs der „Akkomodation", der Anpassung, untersucht. Cicero[2] hat den Ausdruck im Kontext der Rhetorik gebraucht, um den Redner auf die Notwendigkeit hinzuweisen, dass er seinen Stil
45 auf die Zuhörerschaft einzustellen habe. [...]
5. Eine weitere Möglichkeit, über kulturellen Austausch zu sprechen, bestand darin, die Sprache des Mischens oder des Synkretismus zu gebrauchen. [...] Im 19. Jahrhundert erlangte [...] [der Begriff]

„Synkretismus" eine positive Konnotation, und zwar 50 im Kontext religionswissenschaftlicher Studien zur Antike, insbesondere für die Identifikation von zweien oder mehreren Göttern [d. h. wenn sich die Bedeutung zweier verschiedener Gottheiten in einer neuen Gottheit vereinigen] [...]. Von der Altertumswissen- 55 schaft ging der Begriff dann auf die ethnologische Forschung [...] über. [...]
6. Eine Alternative zum Synkretismus [...] stellt die anschaulichere botanische bzw. rassenkundliche Metapher der „Hybridität" oder „Hybridisierung" dar, 60 wie sie im 19. und 20. Jahrhundert besonders populär war [...]. „Alle Kulturen sind", schreibt Said [palästinensischer Kulturtheoretiker, 1935–2003], „ineinander verstrickt; keine ist vereinzelt und rein, alle sind hybrid, heterogen." 65

Peter Burke, Kultureller Austausch, übersetzt von Burkhardt Wolf, edition suhrkamp, Frankfurt/M. 2000, S. 14–24.*

1 *die Scholastik:* dominierende philosophische Richtung im europäischen Mittelalter

2 *Cicero (106–43 v. Chr.):* röm. Politiker und Redner

1 Arbeiten Sie die verschiedenen Formen kulturellen Austauschs nach Burke heraus (M 6).
2 Erklären Sie den Prozess von „De- und Rekontextualisierung" nach Burke.
3 Vergleichen Sie die unterschiedlichen Formen von Kulturbegegnungen nach Osterhammel, Bitterli und Burke miteinander.
Tipp: Siehe S. 481.

Transformationsprozesse

M7 Der Politikwissenschaftler Wolfgang Merkel über Transformationsprozesse (2010)

Bei der Untersuchung von sozialen, wirtschaftlichen und politischen Transformationsprozessen müssen zwei miteinander verschränkte Dimensionen angemessen berücksichtigt und begrifflich exakt gefasst werden. Erstens geht es um die Präzisierung des 5 Analysegegenstandes, das heißt um die Beantwortung der Frage: *Was* wird transformiert? Handelt es sich dabei nur um die Regierung, das Regierungssystem, ein politisches Regime, den Staat oder gar das ganze soziopolitische System? Die zweite Frage, die 10 eine Antwort verlangt, lautet: In welcher Form, Geschwindigkeit und in welchen Etappen vollzieht sich deren Transformation, welche politischen und gesellschaftlichen Akteure sind wie und mit welchem Einfluss an ihr beteiligt? Daran schließt sich 15 die ebenfalls zu beantwortende Frage an: Können wir von einer Reform, einem Wandel oder müssen wir von einer Revolution oder einem Wechsel sprechen?

Wolfgang Merkel, Systemtransformation, Verlag für Sozialwissenschaften, 2. Aufl., Wiesbaden 2010, S. 62.

1 Erläutern Sie die von Wolfgang Merkel vorgeschlagenen Kriterien zur genaueren Bestimmung von Transformationsprozessen.
Zusatzaufgabe: Siehe S. 481.

M 8 **Der Politikwissenschaftler Christian Graf von Krockow über das Verhältnis von Reform und Revolution (1976)**

Zunächst einmal ist nicht jede Veränderung gleich schon eine Reform. Wenn ein Touristikunternehmen mehr Busse und Charterflugzeuge oder die Bundesbahn Sonderzüge einsetzt, um den Ansturm zu be-
5 wältigen, wird man schwerlich von einer Verkehrsreform sprechen [...]. Anders wäre es, wenn neuartige Verkehrskonzepte entwickelt [...] würden, um dem Massenandrang zu begegnen.
Von Reform zu sprechen ist vor allem dann sinnvoll,
10 wenn die Strukturveränderungen bestehender Institutionen auf irgendeine Weise, direkt oder indirekt, eine Umverteilung von *Macht* einschließt, wenn etwa, um bei dem angeführten Beispiel zu bleiben, das Monopol eines Verkehrsunternehmens durch die
15 Etablierung neuer Verkehrssysteme gesprengt [...] wird. Die Umverteilung von Macht lässt die Reform unausweichlich zum Machtkampf, zum politischen Konflikt werden; es geht um handfeste Interessen. [...] Die zweite wichtige Abgrenzung betrifft das Ver-
20 hältnis von Reform und Revolution. Es ist fraglich, ob diese Abgrenzung dadurch erreicht werden kann, dass man auf irgendeine Weise den Umfang beabsichtigter oder durchgeführter Strukturveränderungen nachzumessen versucht. [...] Die Unterscheidung
25 hängt offensichtlich davon ab, ob ein Bruch und ein Wandel in den Legitimationsgrundlagen der Herrschaft stattgefunden hat oder nicht. [...]
In diesem Sinne mit Vorsicht gewappnet sei als Ergebnis einer ersten, begrifflichen Annäherung ans
30 Thema festgehalten: Reformen stellen institutionelle Veränderungen dar, die auf eingetretene oder erwartete Veränderungen antworten, welche eine Institution mit Funktionsunfähigkeit bedrohen. Allerdings lässt sich jede beliebige Veränderung bereits als Re-
35 form verstehen. Von Reform zu sprechen ist vor allem dann sinnvoll, wenn der Strukturwandel bestehender Institutionen direkt oder indirekt eine Umverteilung von Macht einschließt und damit politische Konflikte auslöst. Andererseits unterscheidet
40 sich die Reform von der Revolution zwar nicht unbedingt durch das Ausmaß des Wandels, wohl

aber dadurch, dass die Legitimationsgrundlage der bestehenden Herrschaftsordnung entweder völlig erhalten bleibt oder nur schrittweise in längeren Zeit-
45 räumen geändert wird. [...]
Es geht um das Verhältnis von Reform und Radikalismus, und es bietet sich an, eine Alternative zu formulieren: Man kann das eine haben oder das andere, aber nicht beides; Reform und Radikalismus schlie-
50 ßen einander aus. [...]
Es kommt [den Radikalen] nicht darauf an, das Bestehende in Teilstücken und Teilschritten zu verändern, auszubessern, neuen Erfordernissen anzupassen – ganz im Gegenteil, denn damit würde dem *im*
55 *Kern* Verdorbenen [...] doch nur das Überleben ermöglicht. Sondern man muss – wie der Begriff „radikal" ja besagt – das Übel bei der Wurzel packen, also das Bestehende zerstören, um an seine Stelle Neuartiges, nicht Verbessertes, sondern wirklich Besseres
60 zu setzen. Dazu bedarf es natürlich einer Utopie, einer Vision der künftigen, befreiten, wahrhaft humanen Ordnung. [...]
Eine Gegenprobe bestätigt den Tatbestand: Der Reformer will vermitteln, das Gegenwärtige mit dem
65 Kommenden verbinden; er will das Bestehende verändern, um es zu erhalten. [...]

Christian Graf von Krockow, Reform als politisches Prinzip, Piper & Co. Verlag, München 1976. S. 12 f., 18, 79 f., 82. *

1 Setzen Sie sich auf der Basis der Analyse von Christian Graf von Krockow mit dem Begriff „Reform" auseinander.
2 Überprüfen Sie, ob die Hundert-Tage-Reform (Kap. 2.4, S. 207) eine Reform im Sinne Graf von Krockows ist.

M 9 **Aus dem Vorwort Fernand Braudels zu seinem Buch „Das Mittelmeer und die mediterrane Welt in der Epoche Philipps II." (1969)**

Dieses Buch zerfällt in drei Teile, von denen jeder den Versuch einer Gesamterklärung unternimmt.
Der erste führt eine gleichsam unbewegte Geschichte vor, die des Menschen in seinen Beziehungen zum umgebenden Milieu; eine träge dahinfließende Ge-
5 schichte, die nur langsame Wandlungen kennt, in der die Dinge beharrlich wiederkehren und die Kreisläufe immer wieder neu beginnen. Diese fast außer der Zeit liegende, dem Unbelebten benachbarte Geschichte wollte ich weder vernachlässigen noch sie,
10 wie es traditionell in so vielen Büchern geschieht, als nutzlose geografische Einführung an die Schwelle der eigentlichen Darstellung verbannen: jene Geschichte mit ihren mineralischen Landschaften, Äckern und Blumen, die man rasch vorzeigt und von
15 der dann nie mehr die Rede ist, als ob die Blumen nicht in jedem Frühling wiederkämen, als ob die

Herden in ihren Wanderungen innehielten, als ob die
Schiffe nicht auf einem realen Meer segeln müssten,
das sich mit den Jahreszeiten verändert.

Oberhalb dieser unbewegten Geschichte lässt sich
eine Geschichte langsamer Rhythmen ausmachen;
man möchte fast sagen – wäre dem Ausdruck sein
voller Sinn nicht verlorengegangen – eine soziale Geschichte, die der Gruppen und Gruppierungen. Wie
diese Grundsee das mediterrane Leben als Ganzes
aufwühlt, das ist die Frage, die ich mir im zweiten Teil
meines Buches gestellt habe. Dort werden nachein-
ander die Ökonomien, die Staaten, die Gesellschaften und die Zivilisationen untersucht; und damit
mein Verständnis der Geschichte deutlicher wird,
versuche ich schließlich zu zeigen, wie all diese aus
der Tiefe wirkenden Kräfte im komplexen Bereich
des Krieges am Werk sind. Denn der Krieg ist, wie wir
wissen, keine reine Domäne individueller Verant-
wortlichkeiten.

Der dritte Teil endlich ist der der traditionellen Geschichte; wenn man so will, der Geschichte nicht im
Maßstab des Menschen, sondern des Individuums;
der Ereignisgeschichte, wie Paul Lacombe und François Simiand sagen würden. Eine ruhelos wogende
Oberfläche, vom Strom der Gezeiten heftig erregte
Wellen. Eine Geschichte kurzer, rascher und nervö-
ser Schwankungen. Überempfindlich, wie sie ist, versetzt der geringste Schritt all ihre Messinstrumente
in Alarm. So ist sie von allen die leidenschaftlichste,
menschlich reichste, doch die gefährlichste auch.
Misstrauen wir dieser Geschichte, deren Glut noch
nicht abgekühlt ist, der Geschichte, wie sie die Zeitgenossen im Rhythmus ihres Lebens – das kurz war
wie das unsere – empfunden, beschrieben, erlebt haben. Sie hat die Ausmaße ihres Zorns, ihrer Träume
und ihrer Illusionen. Im 16. Jahrhundert folgt der eigentlichen Renaissance die Renaissance der Armen,
Bescheidenen, die begierig sind zu schreiben, von
sich zu erzählen, zu den anderen zu sprechen. Diese
kostbaren Berge von Papier geben ein ziemlich ver-
zerrtes Bild, verdecken die verlorene Zeit, stehen außerhalb der Wahrheit. Der Historiker, der die Papiere
Philipps II.[1] liest, gleichsam an seinem Platz und an
seiner Stelle, fühlt sich in eine bizarre, dimensionslo-
se Welt versetzt. Eine Welt heftiger Leidenschaften,
gewiss; blind wie jede lebendige Welt, wie die unsere,
unbekümmert um die geschichtlichen Tiefen, um
jene lebhaften Gewässer, auf denen unser Boot da-
hinzieht wie das trunkenste aller Schiffe. Eine gefährliche Welt, deren Zauber wir jedoch gebannt haben
werden, sobald wir die großen, lautlosen Strömungen
in der Tiefe kennen, deren Richtung sich nur

feststellen lässt, wenn man große Zeiträume umfasst.
Die dröhnenden Ereignisse sind oft nur Augenblicke,
nur Erscheinungen jener großen Schicksale und erklären sich nur aus diesen.

So sind wir dahin gelangt, die Geschichte in mehrere
Etagen zu zerlegen oder, wenn man will, in der Zeit
der Geschichte eine geografische, eine soziale und
eine individuelle Zeit zu unterscheiden.

Zit. nach: Fernand Braudel, Schriften zur Geschichte 1.
Gesellschaften und Zeitstrukturen. Aus dem Französischen
übersetzt von Gerda Kurz/Siglinde Summerer, Klett-Cotta,
Stuttgart 1992 [zuerst 1969], S. 21 f.

1 *Philipp II. (1527–1598):* seit 1556 Herrscher von Spanien, den
Kolonien in Amerika, der Niederlande, seit 1580 auch von
Portugal

1 Arbeiten Sie die verschiedenen Ebenen von Geschichte nach Braudel heraus.

2 Charakterisieren Sie die einzelnen Ebenen.

3 Erörtern Sie die Einschätzung von Fernand Braudel,
die Ereignisgeschichte sei die „leidenschaftlichste" im
Vergleich zu anderen.

M 10 **Die Historiker Andreas Suter und Manfred**
Hettling über die Frage, wie historischer Wandel
beschrieben und gedeutet werden kann (2001)

In den Sozialwissenschaften und der Sozialgeschichte wurde seit den 1970er-Jahren historischer Wandel
vor allem durch die Beschreibung und Erklärung des
Wandels von Strukturen und Prozessen erfasst. Demgegenüber trat die Bedeutung von einzelnen Ereignissen – und auch einzelner Personen – deutlich in
den Hintergrund. Seit einigen Jahren wird aber wieder verstärkt die Frage diskutiert, ob bei der Erklärung historischen Wandels nicht auch „das Ereignis"
stärker in den Blick genommen werden müsse.

In Frage gestellt wurde die Annahme, dass historischer Wandel nur mit langsam sich verändernden
Strukturen und Prozessen erklärt werden könne. Dagegen hat 1989/1991 im realsozialistischen Osteuro-
pa – und durch Implosion des Staatskommunismus
auch in Westeuropa – sowohl bereits lange zuvor in
Gang gekommene Strukturveränderungen sichtbar
werden lassen als auch ganz neuartige strukturelle
Veränderungen ausgelöst. Man denke beispielsweise
an den Kollaps des DDR-Sozialismus im Herbst 1989.
Die Maueröffnung am 9. November ist eines der spek-
takulärsten Symbole für diesen Wandel. Ausgelöst
wurde dieses „Ereignis" durch das Politbüromitglied
Schabowski, der auf einer Pressekonferenz seinen
berühmt gewordenen „Zettel" aus der Tasche wühlte,
um Reiseerleichterungen zu verkünden. Dass diese Nachricht von DDR-Bürgern synchron und

massenhaft als Maueröffnung verstanden wurde und dass die verunsicherten Grenztruppen vor den plötz-
lich vor ihnen stehenden Massen kapitulierten, das lässt sich nicht hinreichend erklären, ohne sowohl auf Strukturveränderungen im Staatssozialismus (man denke etwa an *Solidarność* in Polen und den durch Gorbatschow initiierten Reformschub in der
Sowjetunion [...]) als auch auf dadurch ermöglichte Ereignisse wie die Leipziger Montagsdemonstration am 9. Oktober zurückzugreifen. [...]
So falsch es demnach wäre, historischen Wandel ohne Berücksichtigung von langsam sich verändernden
Strukturen und Prozessen zu erklären, so falsch wäre es umgekehrt, die partielle Differenz von Ereignissen zu ihrem strukturellen Kontext zu vernachlässigen. Fragwürdig wurde damit auch die Annahme, dass Strukturen und Prozesse menschliches Handeln bestimmen, ja
determinieren könnten – was eine Bedingung des Erfolges der Sozialgeschichte in den letzten Jahrzehnten war. Im Rückgriff auf Strukturen als erklärende Faktoren glaubte man, historische Gesetze fassen zu können und damit die sinnhafte und situative Komplexität menschlichen Handelns in berechenbare Regelmäßigkeiten und auf erklärende Modelle bringen zu können. Vergessen wurde dabei oft eine Erkenntnis bereits der Theoriediskussion der Jahrhundertwende, dass jeder Versuch, die Geschichte als Gesetzeswissenschaft zu
etablieren, zum Scheitern verurteilt ist. In der betonten Abgrenzung von einer vor allem [...] auf Faktorenkonstruktion und erzählende Präsentation von Ereignissen konzentrierten Geschichtsschreibung haben sozialgeschichtliche Theorieentwürfe deshalb oft die Ereignis-
haftigkeit des Geschehens ausgeblendet oder sich in der Illusion von Geschichte als Gesetzeswissenschaft verfangen. Das Unerwartete, das „1989" für Zeitgenossen auszeichnete, konnte damit bekannte, aber in den Hintergrund der Diskussion gerückte theoretische Erkenntnisse wieder bedenkenswert werden lassen. Denn das Überraschende, das Ereignissen grundsätzlich eignet, verweist darauf, dass „jedes Ereignis mehr und zugleich weniger zeitigt, als in seinen strukturellen Vorgegebenheit enthalten ist" (R. Koselleck). Jedem
Ereignis ist mit anderen Worten eine aus langfristigen Strukturen nicht vollständig zu erklärende und prospektiv[1] nicht voraussagbare singuläre Qualität eigen, welche aus der Geschichte einen grundsätzlich offenen Prozess macht. Das verweist auf eine unaufhebbare Differenz zwischen der Ebene der Erfahrung, des Handelns und der Ereignisse als komplexen Handlungssequenzen einerseits und derjenigen der Strukturen andererseits.

Andreas Suter und Manfred Hettling, Struktur und Ereignis – Wege zu einer Sozialgeschichte des Ereignisses, in: dies. (Hg.), Struktur und Ereignis, Sonderheft 19 der Zeitschrift für Historische Sozialwissenschaft, Vandenhoeck & Ruprecht, Göttingen 2001, S. 8f.*

1 *prospektiv:* vorausschauend

1 Erarbeiten Sie die Kernaussagen der Autoren im Hinblick auf das Verhältnis von Ereignis und Struktur.
2 Erläutern Sie anhand selbst gewählter Beispiele aus dem Themenbereich „China und die imperialistischen Mächte", inwiefern die Transformation Chinas im 19. Jahrhundert einerseits durch einzelne Ereignisse und/oder Personen, andererseits durch langfristige strukturelle Veränderungen bzw. Prozesse adäquat beschrieben und erklärt werden kann.
   Tipp: Siehe S. 481.
3 **Vertiefung:** Überprüfen Sie, ob sich der vorgestellte Ansatz auch auf die Theorien zu Kulturkontakt und Kulturkonflikt übertragen lässt. Erarbeiten Sie dafür Beispiele aus dem Themenbereich „China und die imperialistischen Mächte" und diskutieren Sie diese.

M 11 **Der Sozialwissenschaftler Raj Kollmorgen über Gesellschaftstransformationen im weltgesellschaftlichen Kontext (2015)**
Hinsichtlich der weltgesellschaftlichen Kontexte erscheinen drei Entwicklungsdynamiken von besonderer Relevanz [Annotation RK: vgl. Osterhammel: Verwandlung der Welt, München (C.H. Beck) 2009, S. 465–817, 909–957, 1173–1228]:
(1) Ab Mitte des 18. Jahrhunderts formierte sich weltgesellschaftliche Hegemonie der nordwestlichen Staaten und ihrer Gesellschaftsformen infolge eines Modernisierungsschubs, wobei Frankreich, Großbritannien und später auch die USA und Deutschland eine Vorreiterrolle spielten. Dieser Modernisierungsschub gründete auf einer Verschränkung politischer, ökonomischer und militärischer Innovationen sowie deren westeuropäisch-atlantischer Diffusion. Entscheidend waren zunächst (a) die Ausformung einer modernen (National-)Staatlichkeit auf konstitutioneller Grundlage mit starken ökonomischen und militärischen Funktionen und Entwicklungsimpulsen. Parallel dazu gewann die Idee der Volkssouveränität und mit ihr demokratisierte Herrschaftsordnungen in einem längeren Prozess an Gewicht. Ein weiterer Baustein (b) ist die (schrittweise) Durchsetzung der kapitalistischen Produktionsweise als das dynamische und ab Ende des Jahrhunderts auch beherrschende Element wirtschaftlicher Entwicklung. Schließlich (c) ist die von dieser ausgelöste und

systematisch ökonomisierte Kette technisch-techno-
logischer Innovationen (Dampfkraft, Maschinensys-
tem, Eisenbahn usw.) hervorzuheben. Diese wurden
30 später unter dem Begriff der Industrialisierung zusammengefasst. [...]

(2) Aus dem nordwestlichen Modernisierungsschub
folgte eine spürbare Verschiebung der Macht(un)-
gleichgewichte in Europa. Sowohl die vom 16. bis
35 zum 18. Jahrhundert mit dominierenden Reichen des
Südwestens (Spanien, Portugal) und Südostens (Osmanisches Reich) als auch die Regionalmacht Russland erfuhren seit etwa 1820/30 nachhaltige internationale Schwächungen und Prestigeverluste, weil sie
40 jene Innovationen nicht oder nur begrenzt nachvollzogen.

(3) Parallel zu diesen Verschiebungen entwickelte
sich seit etwa 1750 bis Ende des 19. Jahrhunderts eine
historische Globalisierungswelle. Diese saß nicht nur
45 den neuen technisch-technologischen Möglichkeiten sowie den Weltmarktbedürfnissen der kapitalistischen Produktionsweise auf, sondern verdankte
ihre Dynamik ab der zweiten Hälfte des 19. Jahrhunderts wesentlich den Politiken und militäri-
50 schen Strategien einer – nach dem Zusammenbruch
der amerikanischen Kolonien (zwischen 1776 und
1852) – zweiten Welle des europäischen Kolonialismus und des sich neu formierenden Imperialismus.
Beide richteten sich verstärkt auf den afrikanischen,
55 asiatischen sowie pazifischen Raum. Drei Strategien
kamen dabei zum Einsatz: Die erste bestand in Annexion, ökonomischer Ausbeutung und sozialer Über-
schichtung (Modell der klassischen Kolonie), die
zweite in der militärischen Bedrohung oder tempo-
60 rären Besetzung mit der Installation oder Förderung
gewogener politischer Regime, die zur Durchsetzung
von Einflusssphären sowie vorteilhaften Handelsbedingungen führten. Eine dritte Strategie beschränkte
sich auf – in der Regel bedrohungsgestützte – Markt-
65 öffnungen unter der Parole des Freihandels, oft verbunden mit speziellen Schutzgarantien für die ausländischen Vertreter.

Raj Kollmorgen, Vier Transformationsversuche: Iran, Russland,
Türkei, China, in: ders/Wolfgang Merkel/Hans-Jürgen Wagener,
Handbuch der Transformationsforschung, Springer, Wiesbaden
2015, S. 305–316, hier S. 306 f.*

1 Erklären Sie, wie nach Kollmorgen Machtungleichge-
wichte durch Transformationsprozesse entstehen.

2 Überprüfen Sie, inwiefern die drei Strategien auf den
Kontakt zwischen den imperialistische Mächten und
China zutreffen.

3 Arbeiten Sie ausgehend von Kollmorgen Bedingungen
für eine friedliche Kulturbeziehung nach Bitterli heraus.
Tipp: Siehe S. 481.

China

M 12 **Der Sinologe Klaus Mühlhahn über China
als „Halbkolonie" (2007)**

Zwar geriet auch China im 19. Jahrhundert in die Abhängigkeit von fremden Mächten, doch wurde es niemals zu einer Kolonie [...]. Im internationalen Vergleich ist es daher eine Besonderheit, dass die
imperialistischen Großmächte zurückhaltender agie- 5
ren mussten und sich erfindungsreich einer Vielzahl
anderer völkerrechtlicher Konstrukte bedienten, um
quasikoloniale Abhängigkeits- und Ausbeutungsver-
hältnisse auf subtile, informelle und daher verdeckte
Weise zu schaffen und durchzusetzen. [...] 10
Das Hauptinteresse der imperialistischen Mächte
war es, mithilfe einer weiter existierenden, intakt
bleibenden, wenngleich natürlich geschwächten chinesischen Zentralregierung Investitionsgüter und
Kapital zu importieren bzw. wertvolle Rohstoffe – al- 15
len voran Kohle für die interkontinentale Dampf-
schifffahrt – zu exportieren. In China konkurrierten
sie vor allem um Anleihen und Konzessionen für den
Eisenbahn- und Bergbau sowie den Betrieb von Ha-
fenanlagen zu möglichst günstigen Konditionen. Es 20
ging im Grunde um den Zugang zu einem riesigen
Zukunftsmarkt, dem für die weitere Expansion der
nationalen Volkswirtschaften der Großmächte Europas eine Schlüsselstellung eingeräumt wurde. Für
eine solche Politik war die aufwendige Administrati- 25
on großer Flächenkolonien eher hinderlich, jedoch
konnten die Mächte nicht vollständig auf formellen
Kolonialbesitz verzichten. Die finanz- und wirt-
schaftsimperialistische Expansion war ohne militärisch gesicherte Stützpunkte in China weder voran- 30
zutreiben noch dauerhaft zu sichern. Daher
errichteten die europäischen Staaten in China ein
Netz von militärisch und/oder polizeilich gesicherten Hafenvierteln, Handelsgebieten und Niederlassungen zu Wohn- und Handelszwecken, in denen die 35
chinesische Landeshoheit außer Kraft gesetzt und
die Gebietshoheit von ausländischen Verwaltungen
ausgeübt wurde. Es handelte sich hierbei um einen
spezifischen Kolonialtypus, der als Stützpunkt- oder
Hafenkolonie bezeichnet werden kann. [...] Die Folge 40
war ein besonderer Zustand halb- oder
quasikolonialer Vorherrschaft. [...] Entlang den Küsten [...] entstanden zahlreiche ausländische Enklaven, um die konzentrisch sogenannte Einflusssphären angeordnet waren. In diesen Einflussbereichen 45
verfügte eine ausländische Macht über besondere
wirtschaftliche Vorrechte, zum Beispiel Schürfrechte
oder Eisenbahnlizenzen. Den kolonialen Enklaven
und ihren Einflusssphären lagen verschiedene

kolonialrechtliche Konstruktionen zugrunde: Der Fall der „klassischen" Kolonie, das heißt der unbefristeten und bedingungslosen Abtretung eines Gebietes, war dabei eher eine Ausnahme und kam nur zweimal zur Anwendung: Hongkong an Großbritannien im Vertrag von Nanjing 1842 und Taiwan an Japan im Vertrag von Shimonoseki 1895. Häufiger war die zeitlich befristete Verpachtung von Gebieten an eine fremde Macht. In den Pachtgebieten war die Souveränität Chinas für die vertraglich vereinbarte Pachtzeit aufgehoben, und es galt uneingeschränkt das Recht des jeweiligen kolonialen Gesetzgebers. [...]. Die meisten Gebietsabtretungen jedoch waren innerstädtische Kolonien in Form von Konzessionen und Niederlassungen. Dabei handelte es sich um geschlossene Wohngebiete, die ausländische Regierungen gegen Zahlung einer Grundsteuer vom chinesischen Staat pachteten. Die oberste politische Gewalt lag bei einem ausländischen Konsul oder einem gewählten Stadtrat.

*Klaus Mühlhahn, China als Halbkolonie, in: Mechthild Leutner/ Klaus Mühlhahn (Hg.), Kolonialkrieg in China, Ch. Links Verlag, Berlin 2007, S. 27–31.**

1 Geben Sie wieder, wie Klaus Mühlhahn China als „Halbkolonie" beschreibt.

2 Diskutieren Sie, inwiefern imperialistische Kontakte auch „Kulturbeziehungen" sind.

M 13 **Der Sozialwissenschaftler Raj Kollmorgen über die chinesische Revolution (2015)**

Die chinesische Revolution von 1911 stellt zwar in ihrem destruktiven Moment eine erfolgreiche Umwälzung dar, nicht jedoch als produktiver Transformationsversuch. Reformen des Hofes nach 1901 ebenso wie koloniale Besatzung und Sonderrechte stellten Vorbedingungen des Umsturzes dar, der von bürgerlichen Schichten in den Städten, Provinz-Kommandeuren und Anti-Mandschu-Gruppen getragen wurde. Innerhalb weniger Monate wurde die alte Qing-Dynastie hinweggefegt und die Republik ausgerufen. Ihr neuer militärischer Machthaber und ihr erster Präsident Yuan Shikai, verfolgte jedoch eigene dynastische Ziele, sodass bereits 1912 die demokratische Entwicklung zum Erliegen kam und de facto einer Diktatur Platz machte.

Raj Kollmorgen, Vier Transformationsversuche: Iran, Russland, Türkei, China, in: ders. u. a., Handbuch der Transformationsforschung, Springer, Wiesbaden 2015, S. 305–316, hier S. 316.

1 Erklären Sie den gescheiterten „produktiven Transformationsversuch" in China nach Kollmorgen (M 13).

2 Beurteilen Sie die Aussage von Kollmorgen zur Chinesischen Revolution.

M 14 **Der Präsident der VR China Xi Jinping vor der UNESCO in Paris (27. März 2014)**

Drittens sind Zivilisationen umfassend, und dies hat dem Austausch zwischen den Zivilisationen und dem gegenseitigen voneinander Lernen den nötigen Antrieb gegeben [...]. Alle Zivilisationen sind Kristallisationen der harten Arbeit und Weisheit der Menschheit. Jede Zivilisation ist einzigartig. Andere Zivilisationen mechanisch oder blind zu kopieren ist so, als würde man sich die Zehen abschneiden, nur damit sie in die Schuhe passen, was nicht nur unmöglich ist, sondern auch höchst schädlich. Alle zivilisatorischen Errungenschaften verdienen unseren Respekt [...]. Die Geschichte lehrt uns, dass eine Zivilisation nur durch Austausch und gegenseitiges Lernen mit Leben erfüllt werden kann. Wenn alle Zivilisationen ihre Aufnahmefähigkeit und Offenheit betonen, wird der sogenannte „Kampf der Kulturen" [Huntington] nicht mehr vorkommen und die Harmonie der Zivilisationen wird Wirklichkeit werden. Wir Chinesen haben dafür den Ausspruch: „Rettich oder Kohl, jeder nach seinem Geschmack."

Die chinesische Zivilisation hat in den 5000 Jahren ihres Bestehens immer an ihren ursprünglichen Wurzeln festgehalten. Als einzigartige kulturelle Identität der chinesischen Nation enthält sie unsere tiefsten kulturellen Bestrebungen und bietet uns reichlich Nahrung für Existenz und Entwicklung. Die chinesische Zivilisation wurde zwar auf dem Boden Chinas geboren, hat aber ihre heutige Form durch ständigen Austausch [...] mit anderen Zivilisationen erhalten. In der späten Ming-Dynastie und der frühen Qing-Dynastie begann das chinesische Volk, sich mit großem Eifer moderne Wissenschaften und Technologien anzueignen, da das europäische Wissen in den Bereichen Astronomie, Medizin, Mathematik, Geometrie und Geografie nach China gebracht wurde, was dazu beitrug, den Horizont des chinesischen Volkes zu erweitern. In der Folgezeit wurden der Austausch und das gegenseitige Lernen zwischen der chinesischen Zivilisation und anderen Zivilisationen immer häufiger. In diesem Prozess kam es zu Konflikten, Reibereien, Verwirrung und Verweigerung. Aber die wichtigsten Merkmale [...] waren Lernen, Verarbeitung, Integration und Innovation.

*Zit. nach: http://www.unesco.org/new/fileadmin/MULTIMEDIA/ HQ/ERI/pdf/Speech_Xi_Jinping_English.pdf (Download vom 25. November 2021). Übersetzt von Heidi Martini.**

1 Analysieren Sie, wie Xi Jinping Kultur und Transformation Chinas charakterisiert.

2 Nehmen Sie Stellung, inwiefern es sich um eine politische Instrumentalisierung von Geschichte handelt.
Tipp: Siehe S. 481.

M1 Karte von Jerusalem aus einer lateinischen Handschrift, um 1200.

Jerusalemkarten aus der Zeit der Kreuzzüge reduzieren die Stadt auf einen viergeteilten Kreis. Im oberen Teil: der Felsendom (lat. templum domini) und die al-Aqsa-Moschee (lat. templum Salomonis); im linken Teil: das Grab Jesu als Rundbau. Ganz unten: eine Szene aus einer Kreuzfahrerlegende, nach der der heilige Georg eine Gruppe von Muslimen in die Flucht schlägt.

1071	Das Byzantinische Reich stößt nach Anatolien und Armenien vor
1076–1078	Die Seldschuken erobern Syrien und Palästina; die freie christliche Pilgerfahrt (seit 7. Jh.) nach Jerusalem wird unterbrochen; die Seldschuken rücken bis Anatolien vor; Byzanz bittet den Papst um Hilfe
1095	Kreuzzugsaufruf Papst Urbans II.
1096–1099	Erster Kreuzzug
1098	Grafschaft Edessa/Syrien wird erster Kreuzfahrerstaat; Eroberung Antiochias
1099	Fürstentum Antiochia wird Kreuzfahrerstaat; Eroberung Jerusalems (Juni/Juli); Jerusalem wird Kreuzfahrerstaat

1146–1149	Zweiter Kreuzzug
1187	Rückeroberung Jerusalems und großer Teile der Kreuzfahrerstaaten durch den Sultan von Ägypten und Syrien, den Aiyubiden Salah ad-Din
1189–1192	Dritter Kreuzzug
1191	Die Christen erobern Akkon zurück
1192	Teilweise Rückeroberung des Königreiches Jerusalem durch Richard I., doch ohne die Stadt selbst; dreijähriger Waffenstillstand zwischen Richard und Salah ad-Din

1100	1150

Die Kreuzzugsaufrufe der „Franken", d. h. des christlich-lateinischen Europas, waren vor allem Aufrufe zum Kampf gegen Muslime. Denn die Kriege im Namen Gottes stempelten insbesondere die Muslime zu „barbarischen Heiden" ab, deren Tötung gewollt war. Dieses Aufeinanderprallen der Kulturen wurde weniger in der muslimischen als vielmehr
5 in der christlich-europäischen Kultur des Mittelalters mythologisch ausgelegt – mit weit reichenden Folgen: Noch heute wird der Begriff „Kreuzzug" in Reden und Debatten angeführt, z. B. beim „Kreuzzug gegen Abtreibung" oder nach den Terroranschlägen vom 11. September 2001, als der amerikanische Präsident George W. Bush einen „Kreuzzug gegen das Böse" ankündigte.
10 Das Aufeinandertreffen der Kulturen in den Kreuzfahrerstaaten war jedoch nicht ausschließlich von Konflikt geprägt: Zwischen einzelnen „Franken" und Arabern gab es auch friedliche Kontakte unterschiedlicher Ausprägungen.

1 Analysieren Sie die Darstellung Jerusalems in der historischen Karte M 1.
   Tipp: Ziehen Sie moderne Reiseführer hinzu und informieren Sie sich über die heiligen Stätten.
2 Erläutern Sie, welches Bild des Zusammenlebens zwischen europäischen Kreuzfahrern und Arabern in der Darstellung deutlich wird.
3 **Mindmap/Concept-Map:** Sammeln Sie in einer Mind- oder Concept-Map alle Informationen, Assoziationen und Fragen, die Ihnen zum Thema „Kreuzzüge" einfallen.
4 Wählen Sie aus Ihren Ergebnissen aus Aufgabe 1 zwei bis drei Punkte aus, die Sie am interessantesten finden, sammeln Sie diese im Plenum (z. B. mithilfe einer Moderationswand und -karten) und versuchen Sie, die Einträge nach übergeordneten Begriffen zu ordnen.

02–1204	Vierter Kreuzzug; die christlich-lateinischen Kreuzfahrer erobern und plündern das christlich-orthodoxe Konstantinopel und weite Teile des Byzantinischen Reiches; sie begründen in Byzanz ein lateinisches Kaisertum (bis 1261)
1217–1221	Fünfter Kreuzzug
1228/29	Kreuzzug Kaiser Friedrichs II. (vom Papst gebannt); durch Vertragsschluss mit Ägypten Rückgewinnung von Jerusalem und Teilen Palästinas
1248–1254	Sechster Kreuzzug
1263	Beginn der Rückeroberung christlicher Gebiete in Palästina und Syrien durch die Mamluken
1270–1272	Siebter Kreuzzug
1291	Die Mamluken erobern Akkon und damit den letzten Sitz der Kreuzfahrer

| 1200 | 1250 | 1300 |

2.6 Wahlmodul: Die Kreuzzüge

> *In diesem Kapitel geht es um*
> – *die Entwicklung des Kreuzzuggedankens,*
> – *den Verlauf des ersten Kreuzzuges,*
> – *das Leben in den Kreuzfahrerstaaten und*
> – *Begegnung und Konflikt der Kulturen.*

Der Kreuzugsgedanke

► M 6: Kreuzzugsaufruf Urbans II.

► M 4: Karte zu den Seldschuken

Im Jahre 1095 hielt **Papst Urban II.** während eines Konzils außerhalb der Stadt Clermont in Frankreich eine wortgewaltige Rede. Seine Ausführungen sind nur in vier späteren, unterschiedlichen Fassungen überliefert. Demnach rief er die Ritterschaft dazu auf, sich zu bewaffnen und Glaubensbrüdern im Orient zu Hilfe zu eilen. Papst Urban reagierte damit auf ein Hilfegesuch des byzantinischen Kaisers Alexios, der durch das ⁵ Vordringen der muslimischen Seldschuken bedrängt war. Auch kursierten Gerüchte von Übergriffen auf christliche Pilger. Wahrscheinlich bereits in dieser Rede, auf jeden Fall aber in späteren Briefen, propagierte der Papst als Ziel, das Grab Christi, das **Heilige Grab** in Jerusalem, zu befreien. Dieses Ziel wurde zum zentralen Bestandteil des Kreuzugsgedankens. Die **Jerusalemverehrung** spielte im Bewusstsein der Christen bereits ¹⁰ seit Jahrhunderten im Rahmen der Pilgerfahrt eine große Rolle. Sowohl Pilger als auch Kreuzfahrer legten als Pilgerzeichen ein Kreuz an und ein Gelübde ab. Neu war, dass die Läuterung des Sünders durch den **bewaffneten Kampf** erfolgen konnte. In diesem Sinne verkündete der Papst den Nachlass der Sünden, einen vollkommenen Ablass. Ein solcher Kampf wurde als **Heiliger Krieg** angesehen, weil er angeblich auf dem Willen ¹⁵ Gottes beruhte. Diese Vorstellung wurde mit der ritterlichen Aufgabe des Herrendienstes verknüpft. Der einflussreiche Zisterzienserabt und spätere Kreuzugsprediger Bernhard von Clairvaux (um 1090–1153) bezeichnete Palästina als Eigentum des Herrn Jesu und forderte jeden Ritter des Herrn (*miles christi*) auf, in den Kampf zu ziehen, um seinen obersten Herren wieder in sein Recht einzusetzen. ²⁰

M 1 Ein Kreuzfahrer begibt sich in den Schutz Gottes und nimmt als *miles christi* die Kreuzfahrt auf sich, englische Buchmalerei aus dem „Westminster Abbey Psalter", 1175

M 2 Europa und der Nahe Osten Ende des 12. Jahrhunderts

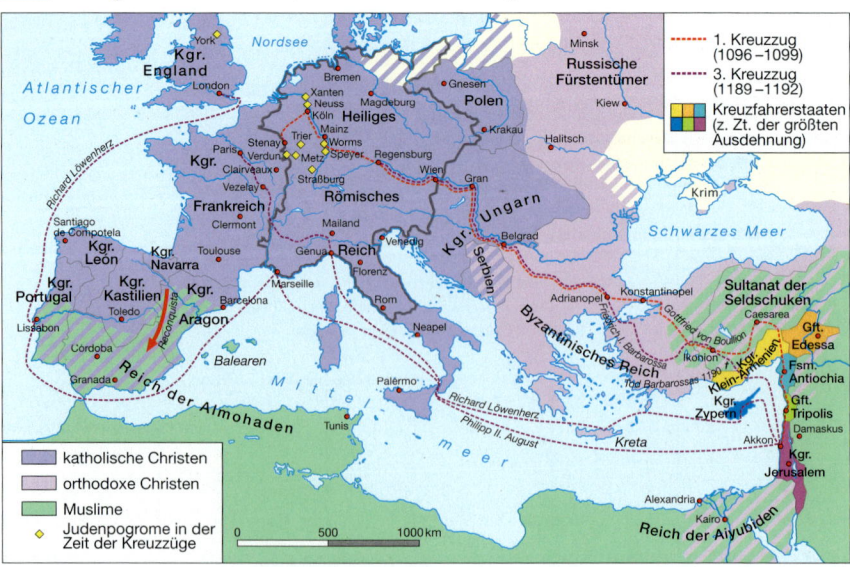

Die politische Situation in Europa

Mit seinem Aufruf hatte sich der Papst an die Ritter und nicht an den Kaiser und die Könige gewandt. Denn seit 1075 befand sich das Papsttum mit dem französischen, römisch-deutschen und englischen König im **Streit um die Investitur*** der Bischöfe und Äbte. Der römisch-deutsche König, der Salier Heinrich IV., war seit 1080 gebannt und
5 sollte es bis zu seinem Tode bleiben, weil er auf die Investitur der deutschen Reichsbischöfe nicht verzichten wollte. Den französischen König Philipp I. hatte Urban 1094 wegen eines ehebrecherischen Verhältnisses exkommunizieren lassen. In diesen Konflikten wurde das bisherige Verhältnis von geistlicher und weltlicher Gewalt im römisch-lateinischen Westen infrage gestellt. Auch mit seiner Rede in Clermont demonstrierte
10 der Papst, dass er die führende Rolle in der lateinischen Christenheit beanspruchte.

Beweggründe der Kreuzfahrer

Urbans Aufruf fand großen Widerhall. Die **Gründe** dafür werden unterschiedlich diskutiert. Einige Historiker heben **soziale Faktoren** hervor. In der feudalen Gesellschaft Europas war die Macht der lokalen Herren gestärkt worden, während die Belastungen der niederen Ritter und Bauern drückender wurden. Auch gab es in Westeuropa einen Be-
5 völkerungsanstieg. Die daraus entstandene Landknappheit führte z. B. beim französischen Adel zu Beschränkungen bei der Erbfolge und Heirat, was in Einzelfällen die Annahme des Kreuzes begünstigte. Einige Anführer des ersten Kreuzzuges erstrebten zudem eine eigene Herrschaft im Heiligen Land. Entscheidend für die Teilnahme am Kreuzzug waren aber offenbar **religiöse Gründe**. Das ausgehende 11. Jahrhundert war
10 eine religiös bewegte Zeit, in der viele Menschen vom Glauben an einen Heiligen Krieg, an den ritterlichen Dienst als *miles christi*, vom Ideal einer **Nachfolge Christi*** (*imitatio Christi*), von Jerusalemsehnsucht und dem Buß- und Ablassgedanken erfasst wurden.

Der Verlauf des ersten Kreuzzuges

1096 traten verschiedene soziale Gruppen von Kreuzfahrern, begleitet von Frauen und Kindern (M 3), den Weg ins Heilige Land an. Als erste Gruppe brach der **Volkskreuzzug** auf, dessen Teilnehmer aus allen Schichten der Bevölkerung stammten. Ein erster Haufen wurde 1096 bei Nikäa von den Seldschuken* vernichtet, ein zweiter bereits in
5 Ungarn aufgerieben. Bei der anderen Gruppe handelte es sich um mehrere wohlausgerüstete **Ritterheere**, deren hochadlige Fürsten aus Frankreich, Flandern und dem süditalienischen Normannenstaat kamen. In mehreren Schüben zogen sie bis Konstantinopel und vereinigten sich 1097 dort. Auf einem entbehrungsreichen Zug durch Anatolien und Syrien und unter hohen Verlusten gelangten sie 1099 nach **Jerusalem**. Im Juli nah-
10 men sie die Stadt ein und töteten dabei fast alle muslimischen und jüdischen Bewohner in einem grausamen Blutbad – Schätzungen gehen von 20 000 Opfern aus.

Judenpogrome vom Sommer 1096

Einige Gruppen des Volkskreuzzuges zerstörten zu Beginn ihres Aufbruches im Sommer 1096 in einer Serie von **Massakern** die blühenden rheinischen und lothringischen jüdischen Gemeinden und überfielen auch diejenigen in Regensburg und Prag. Damit kamen latente Spannungen gegenüber den Juden, die bei den Christen als Mörder Jesu
5 angesehen wurden und deren teilweiser Wohlstand sozialen Neid hervorgerufen hatte, offen zum Ausbruch. Die Kreuzzügler bezogen die Forderung des Papstes, zunächst die Feinde Christi im eigenen Land zu bekämpfen, auf die Juden. Obwohl die geistlichen und weltlichen Stadtherren meist versuchten, die Juden zu schützen, wurden die jüdischen Gemeinden von **Rouen, Metz, Speyer, Mainz, Worms und Köln** vernichtet.

Investiturstreit
Bis 1075 wurden im Heiligen Römischen Reich, in Frankreich und England die Bischöfe und Äbte durch die Könige eingesetzt. Seit 1075 beanspruchten die Päpste dieses Recht. Mit dem Ruf nach der Freiheit der Kirche (*libertas ecclesiae*) strebten sie eine von weltlichen Einflüssen unabhängige Institution an. Seit 1078 wurde die Investitur durch die Könige, nun als Laieninvestitur bezeichnet, bei Strafe des Kirchenausschlusses (Bann) verboten. Zur Einigung kam es 1104 in Frankreich, 1107 in England und 1122 im Heiligen Römischen Reich. Gemäß dem Wormser Konkordat von 1122 stand die Investitur in das geistliche Amt (Übergabe von Ring und Stab) dem Papst, die Einweisung in die weltlichen Hoheitsrechte (Übergabe des Zepters) dem König zu.

Nachfolge Christi (*imitatio christi*)
Dazu gibt das Matthäus-Evangelium den Beleg: „Wenn einer mir nachfolgen will, der verleugne sich selbst, nehme sein Kreuz auf sich und folge mir nach."

M 3 **Peter der Einsiedler mit Kreuzfahrerinnen, englische Buchmalerei, um 1350.**
Von kirchlicher Seite war die Teilnahme von Frauen nicht erwünscht. Jedoch nahmen Frauen aus allen Ständen, als Gefährtinnen ihrer Ehemänner oder auch als Ledige, daran teil.

Seldschuken
alttürkisches Herrschergeschlecht, andere Bezeichnung Turkmenen; 1071 Sieg über die Byzantiner bei Manzikert und Einnahme Jerusalems; 1078 Eroberung von Syrien und Palästina; 1098 Verlust von Jerusalem an die Fatimiden

▶ M 7: Wilhelm von Tyrus' Bericht über die Eroberung Jerusalems

Ritualmordlegende
Christen beschuldigen fälschlicherweise die Juden, ein Christenkind getötet zu haben, um an ihm die Passion Christi nachzuvollziehen oder aber sein Blut zur magischen Entsühnung zu verwenden.

Hostienfrevellegende
Juden wurden verleumdet, im Beisein von Glaubensgenossen die Hostie „gemartert" zu haben, sodass Blut herausgetreten sei; nach dem Glauben der Christen war dies das Blut Christi.

▶ **M 4: Karte zu den Seldschuken**

Rumseldschuken
Abspaltung vom Reich der Seldschuken; das Reich in Anatolien wurde um 1080 unter Führung des seldschukischen Prinzen Süleyman gegründet. Der Name Rum bezieht sich auf die Rhomäer, die Byzantiner, denen sie sehr zusetzten.

Schiiten
Abgeleitet von Schiat Ali, d. h. Partei Alis. Die Schiiten erkennen nur Ali und seine Nachkommen als rechtmäßige Imame an. So stehen sie den Sunniten ablehnend gegenüber. Sie bilden etwa 14 Prozent der Muslime.

Infolge dieser Katastrophe stellten die Päpste die Juden zwar unter ihren Schutz und garantierten deren ungestörte Religionsausübung, ebenso intensivierten die weltlichen Herrscher ihre Schutzbeziehungen. Gleichzeitig wurden die Juden aber durch neue Gesetze von beiden Gewalten rechtlich stärker isoliert und benachteiligt. Das Verhältnis zwischen Juden und Christen blieb durch die Ausschreitungen im Zuge des ersten Kreuzzuges nachhaltig belastet, und in der Folgezeit, als sich die Gemeinden zum Teil neu bildeten, wurden von den Christen verleumderische Legenden zur eigenen Entlastung bei erneuten Übergriffen erfunden, wie die Vorwürfe des **Ritualmordes***, des **Hostienfrevels*** oder der **Brunnenvergiftung**. 10 15

Die Lage der islamischen Staatenwelt im Nahen Osten

Als eine Folge des ersten Kreuzzuges entstanden christliche Herrschaften, die Kreuzfahrerstaaten: das Königreich Jerusalem, das Fürstentum Antiochia und die Grafschaften Edessa und Tripolis. Dass es zu diesen christlichen Herrschaften kommen konnte, lag nicht zuletzt an der Konstellation der islamischen Mächte im Nahen Osten. Der Abbasidenkalif in Bagdad wurde zwar weiterhin als religiöse Macht des sunnitischen Islam respektiert und repräsentierte als solcher die Einheit der *Umma*. Jedoch lag die reale Macht seit 1055 bei dem islamischen Sultan Melikschah und seinem bedeutenden Wesir Niza al-Mulk, die ein seldschukisches Großreich mit Sitz in Isfahan, weit entfernt von Palästina, regierten. Ab 1077 verselbstständigte sich in Anatolien das Reich der Rumseldschuken* (1077–1243). Das ägyptische Reich der Fatimiden (969–1171) bildete die zweite Großmacht, dessen schiitische* Kalifen jedoch die Legitimität des sunnitischen Kalifen in Bagdad bestritten. Politische Zersplitterung und Rivalität sowie religiöse Gegensätze verhinderten somit ein einheitliches Vorgehen gegen die Kreuzfahrer. Der fast gleichzeitige Tod der Staatsmänner des Seldschukenreiches (1092) sowie der Kalifen von Bagdad und Kairo (1094) bedingten zudem ein politisches Vakuum, da es sowohl im Fatimiden- wie im Seldschukenreich zu Thronwirren kam. 5 10 15

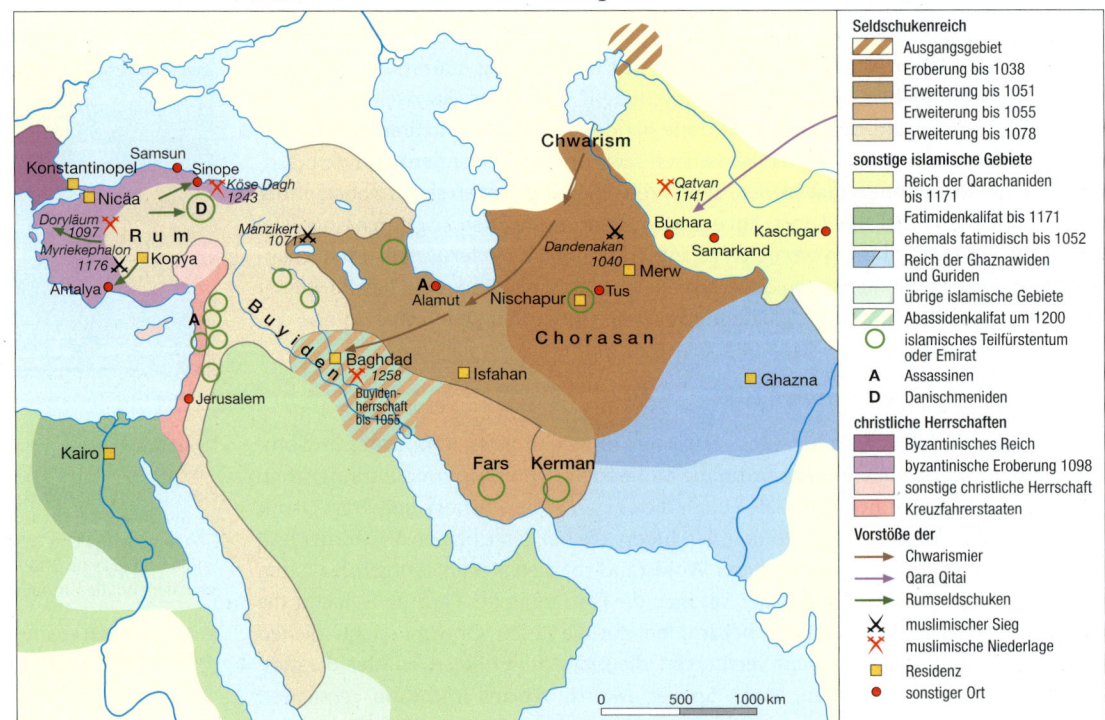

M 4 **Die Seldschuken und die späten Abbasiden im 11.–13. Jahrhundert**

Das Leben in den Kreuzfahrerstaaten

In der Folgezeit konnten sich die Kreuzfahrerstaaten in Palästina etablieren. Mit der Zeit bildeten sie jeweils eigene Dynastien aus und machten das westeuropäische Lehnssystem zur Grundlage ihrer Herrschaft. Aus Landknappheit wurden auch Geldlehen ausgegeben. Die adlige Führungsschicht wurde durch Zuzug aus Europa ergänzt. Die Kreuz-
5 fahrerstaaten waren von einer starken ethnischen und konfessionellen Vielfalt geprägt. Nach einigen Jahren setzten die Eroberer im Umgang mit den anderen Konfessionen ältere islamische Traditionen fort und übernahmen im Wesentlichen das Dhimmi-System. Hinsichtlich ihrer Rechte standen die übrigen christlichen Religionen, Muslime und Juden hinter den lateinischen Christen zurück, auch wenn sie ihre Religion weiter
10 ausüben durften. Teilweise mussten Muslime christlichen Herren als Sklaven dienen. Die Landwirtschaft, Binnen- und Fernhandel sowie das Geschäft mit den Pilgern prägten die Wirtschaft, die durch Handelskontakte zur islamischen Welt und zu den oberitalienischen Adelsrepubliken Pisa, Genua und Venedig sowie durch die Eroberung und Sicherung eigener Küstenstädte blühte. Zur Verteidigung der Herrschaften wurden **Rit-**
15 **terorden** gegründet. Diese Ritterschaft war in der Lebensführung an die Regeln von Mönchsgemeinschaften gebunden. Als erster Orden wurde 1120 der Templerorden gegründet, später entstanden Johanniterorden und Deutscher Orden.

▶ **M 12 und M 13:**
Zu Akkulturation und Assimilation

Das Ende der Kreuzfahrerstaaten

Der erste Kreuzzug von 1096 bildete den Auftakt für weitere, die die Herrschaft im Heiligen Land sichern sollten. Hierzu nahmen auch Könige und Kaiser das Kreuz. Eine Wende für die Sache der Muslime trat durch den **Aiyubiden* Salah ad-Din** (in Europa „Saladin" genannt) ein. Als Nachfolger der Fatimiden und Sultan über Ägypten und
5 Syrien (Reg. 1175–1193) mit den Städten Damaskus und Aleppo erkannte er die Oberhoheit des sunnitischen Kalifen von Bagdad an. Durch einen Vertragsbruch provoziert, propagierte er den Dschihad und konnte 1187 Akkon und Jerusalem erobern. Die Kreuzzugsbewegung wurde auch durch Spannungen mit dem byzantinischen Reich geschwächt. 1204 führte der vierte Kreuzzug zur **Eroberung von Konstantinopel** durch
10 ein Kreuzfahrerheer und zur **Gründung des lateinischen Kaiserreiches**, das bis 1261 Bestand hatte. Durch weitere Kreuzzüge, Kriege und Vertragspolitik konnten die Kreuzfahrerstaaten Terrain zurückgewinnen, bis sich ihnen mit dem ägyptischen Mamlukenstaat unter dem Sultanat Baibars (Reg. 1260–1277) und seines Nachfolgers Qalawun (Reg. 1279–1290) eine starke
15 Zentralmacht entgegenstellte, die die Städte und Festungen der Kreuzfahrerstaaten völlig zerstörte und die christlichen Bewohner vernichtete. 1291 fiel als letzte Festung **Akkon**. Die Verteidiger wur-
20 den getötet, Frauen und Kinder in die Sklaverei verkauft.

Aiyubiden
ägyptisch-syrisches Herrschergeschlecht kurdischen Ursprungs

Lernmodule zum Thema „Kreuzzüge"
cornelsen.de/Webcodes
Code: sasici

▶ **M 11: Abu'l-Fida**
über den Fall von Akkon

M 5 **Münze des Königreichs Jerusalem mit einer Abbildung der Grabeskirche, 12. Jahrhundert**

1 Arbeiten Sie die Gründe heraus, die die Ritter zur Kreuzfahrt veranlasst haben.
2 Erklären Sie die politischen Kräfteverhältnisse im lateinischen Westen und islamischen Nahen Osten und deren Auswirkungen.

Hinweise zur Arbeit mit den Materialien
*Die Karten M 2 und M 4 bieten eine räumliche
Orientierung. Anhand Urbans Kreuzzugsaufruf (M 6)
und Wilhelm von Tyrus' Bericht über die Eroberung
Jerusalems 1099 (M 7) lässt sich die Rechtfertigung des
Kreuzzugsgedankens aus christlicher Perspektive
erarbeiten. Zwei moderne religionswissenschaftliche
Texte beschäftigen sich mit dem Begriff und Konzept des
Dschihad (M 8 und M 9). Die arabische Sicht präsentieren zwei arabische Quellen zur Eroberung Jerusalems
1187 durch Salah ad-Dins Heer (M 10) und zum Fall
von Akkon (M 11). Die Materialien M 12 und M 13
beleuchten das Leben in den Kreuzfahrerstaaten aus
zeitgenössischer christlicher wie muslimischer Sicht.*

Zur Vernetzung mit dem Kernmodul
*Die Materialien M 12 und M 13 lassen sich mit den
Theorien von Kulturkontakt und Kulturkonflikt
(M 3–M 6, S. 235 ff.) in Beziehung setzen.*

Zur Problematik von Krieg und Gewalt

M 6 Kreuzzugsaufruf von Papst Urban II. (1095)

*Niederschrift der Rede von Clermont in der Version des
Benediktiners Robert von Reims, um 1107.*

„Ihr Volk der Franken, ihr Volk nördlich der Alpen, ihr
seid, wie eure vielen Taten erhellen, Gottes geliebtes
und auserwähltes Volk, herausgehoben aus allen Völkern durch die Lage des Landes, die Katholizität des
5 Glaubens und die Hochschätzung für die heilige Kirche. An euch richtet sich unsere Rede, an euch ergeht
unsere Mahnung; wir wollen euch wissen lassen, welcher traurige Anlass uns in euer Gebiet geführt, welche Not uns hierher gezogen hat; sie betrifft euch und
10 alle Gläubigen. Aus dem Land Jerusalem und der
Stadt Konstantinopel kam schlimme Nachricht und
drang schon oft an unser Ohr: Das Volk im Perser-
reich, ein fremdes Volk, ein ganz gottfernes Volk, eine
Brut von ziellosem Gemüt und ohne Vertrauen auf
15 Gott (Psalm 77,8), hat die Länder der dortigen Christen besetzt, durch Mord, Raub und Brand entvölkert
und die Gefangenen teils in sein Land abgeführt, teils
elend umgebracht; es hat die Kirchen Gottes gründlich zerstört oder für seinen Kult beschlagnahmt. Sie
20 beflecken die Altäre mit ihren Abscheulichkeiten und
stürzen sie um; sie beschneiden die Christen und gie-
ßen das Blut der Beschneidung auf die Altäre oder in
die Taufbecken. Denen, die sie schändlich misshan-
deln und töten wollen, schlitzen sie den Bauch auf,
25 ziehen den Anfang der Gedärme heraus, binden ihn
an einen Pfahl und treiben sie mit Geißelhieben so

lange rundherum, bis die Eingeweide ganz herausge-
zogen sind und sie am Boden zusammenbrechen. [...]
Wem anders obliegt nun die Aufgabe, diese Schmach
zu rächen, dieses Land zu befreien, als euch? Euch 30
verlieh Gott mehr als den übrigen Völkern ausge-
zeichneten Waffenruhm, hohen Mut, körperliche Ge-
wandtheit und die Kraft, den Scheitel eurer Widersacher zu beugen. [...] Tretet den Weg zum Heiligen
Grab an, nehmt das Land dort dem gottlosen Volk, 35
macht es euch untertan! Gott gab dieses Land in den
Besitz der Söhne Israels; die Bibel sagt, dass dort
Milch und Honig fließen (2. Buch Mose 3,8).
Jerusalem ist der Mittelpunkt der Erde, das frucht-
barste aller Länder, als wäre es ein zweites Paradies 40
der Wonne. Der Erlöser der Menschheit hat es durch
seine Ankunft verherrlicht, durch seinen Lebenswan-
del geschmückt, durch sein Leiden geweiht, durch
sein Sterben erlöst, durch sein Grab ausgezeichnet.
Diese Königsstadt also, in der Erdmitte gelegen, wird 45
jetzt von ihren Feinden gefangen gehalten und von
denen, die Gott nicht kennen, dem Heidentum ver-
sklavt. Sie erbittet und ersehnt Befreiung, sie erfleht
unablässig eure Hilfe. [...] Schlagt also diesen Weg ein
zur Vergebung eurer Sünden; nie verwelkender Ruhm 50
ist euch im Himmelreich gewiss."
Als Papst Urban dies und derartiges mehr in geistrei-
cher Rede vorgetragen hatte, führte er die Leidenschaft aller Anwesenden so sehr zu einem Willen zusammen, dass sie riefen: „Gott will es, Gott will es!" 55

*Arno Borst, Lebensformen im Mittelalter, Ullstein, Frankfurt/M.
1979, S. 318–320.* *

1 Analysieren Sie, welche Forderung der Papst laut
Überlieferung aufstellt und wie er diese begründet.

2 Erläutern Sie die Quelle im Hinblick auf zentrale
Elemente des Kreuzzugsgedankens.

3 Charakterisieren Sie die Art seiner Darstellung.

4 Beurteilen Sie, welche Intentionen Robert mit seiner
Art der Darstellung verbindet.
Tipp: Nutzen Sie die Hinweise auf S. 196 f.

M 7 Der Geschichtsschreiber Wilhelm von Tyrus zur Einnahme Jerusalems im Jahre 1099 durch die Kreuzfahrer (1169)

Wilhelm war Kanzler König Balduins IV. von Jerusalem.
Es wurden aber in der Stadt so viele Feinde erschla-
gen und so viel Blut vergossen, dass die Sieger selber
mit Ekel und Schrecken erfüllt werden mussten. Der
größte Teil der Bevölkerung hatte sich in den Tem-
pelhof geflüchtet. [...] Diese Flucht brachte den Leu- 5
ten zwar keine Rettung; denn sogleich begab sich
Herr Tankrad mit dem größten Teil des Heeres dorthin. Er brach mit Gewalt in den Tempel ein und

machte Unzählige nieder. Er soll auch eine uner-
10 messliche Menge von Gold, Silber und Edelsteinen
weggenommen haben, nachher jedoch, als das Ge-
tümmel sich gelegt hatte, alles an den alten Platz zu-
rückgebracht haben. Sofort gingen auch die übrigen
Fürsten, nachdem sie niedergemacht hatten, was ih-
15 nen in anderen Stadtteilen unter die Hände gekommen war, nach dem Tempel, hinter dessen Einfrie-
dung sich die Bevölkerung [...] geflüchtet hatte. Sie
drangen mit einer Menge von Reitern und Fußgän-
gern hinein und stießen, was sie dort fanden, mit den
20 Schwertern nieder [...]. Es geschah sicherlich nach
gerechtem Urteil Gottes, dass die, welche das Heilig-
tum des Herrn mit ihren abergläubischen Gebräu-
chen entweiht und dem gläubigen Volk entzogen hatten, es mit ihrem eigenen Blut reinigen und den
25 Frevel mit ihrem Blut sühnen mussten. [...] Als endlich auf diese Weise die Ordnung in der Stadt hergestellt war, legten sie (die Franken) die Waffen nieder,
wuschen sich die Hände, zogen reine Kleider an und
gingen dann demütigen und zerknirschten Herzens,
30 unter Seufzen und Weinen, mit bloßen Füßen an den
ehrwürdigen Orten umher, welche der Erlöser durch
seine Gegenwart heiligen und verherrlichen mochte,
und küssten sie in großer Andacht. Bei der Kirche zu
den Leiden und der Auferstehung des Herrn kamen
35 ihnen sodann das gläubige Volk der Stadt und der
Klerus, welche beide seit so vielen Jahren ein unver-
schuldetes Joch getragen hatten, voll Dankes gegen
ihren Erlöser, der ihnen wieder die Freiheit geschenkt, entgegen und geleiteten sie unter Loblie-
40 dern und geistlichen Gesängen nach der vorgenann-
ten Kirche.

Wilhelm von Tyrus, Geschichte der Kreuzzüge und des König-
reichs Jerusalem, aus dem Latein. v. Eduard Heinrich von Kausler
und Rudolf Kausler, Krabbe Verlag, Stuttgart 1844, S. 19f.*

1 Analysieren Sie die dargestellten Vorgänge und
   ordnen Sie diese in den historischen Kontext ein.
2 Charakterisieren Sie die Perspektive des Autors.
3 Beurteilen Sie das Verhalten der Kreuzfahrer.
4 Bewerten Sie dieses aus heutiger Sicht.

M8 **Der Theologe Hans Küng erklärt die Bedeu-**
tung des Begriffes Dschihad im Koran (2004)
Das arabische Wort *dschihad* meint nicht die beiden
deutschen Worte „Heiliger Krieg", sondern deckt ein
weites Bedeutungsfeld ab. Es bedeutet zunächst nur
„Anstrengung" und wird an manchen Stellen des Ko-
5 ran als moralisches „Sichabmühen" auf dem Wege
Gottes verstanden [...]. Die Wortkombination „Heiliger Krieg" kommt im Koran nicht vor: Krieg kann
in islamischer Auffassung nie heilig sein. Aber an

anderen Stellen wird das Wort Dschihad als gewaltsamer „Kampf" verstanden im Sinne einer kriegeri-
10 schen Auseinandersetzung: „Ihr müsst an Gott und
seinen Gesandten glauben und mit eurem Vermögen
und in eigener Person um Gottes Willen euch abmü-
hen", wofür unmittelbar das Eingehen in das Paradies
versprochen wird.
15

Hans Küng, Der Islam, Piper, München 2004, S. 710f.*

M9 **Der Religionshistoriker James Turner**
Johnson zur Entwicklung des Dschihad (2002)
Für den Krieg wird im Koran nie das Wort *Dschihad*
verwendet, sondern immer der Ausdruck *„qital"*
(Kampf). Die spezifische Anbindung der Idee des
Dschihad an den Krieg stammt [...] aus der Zeit nach
der Niederschrift des Korans [...] Ende des achten 5
Jahrhunderts. Diese Lehre vertritt zunächst die Auffassung, wonach die islamische Gemeinschaft
(*Umma*) eine zugleich religiöse und politische Einheit bildet, die nur von einem Führer geleitet werden
kann, der in der Nachfolge des Propheten Mu- 10
hammad steht. [...] Jene Gemeinschaft bewohnt ein
bestimmtes Gebiet, die *Dar-al-islam*. Dieses Gebiet
sei dadurch gekennzeichnet, dass es in Einklang mit
dem göttlichen Gesetz regiert werde. Schon aus der
Definition ergab sich, dass es ein Gebiet des Friedens 15
sei, denn die Unterwerfung unter das Gesetz Gottes
bringe Frieden mit sich. Die gesamte übrige Welt
wurde mit dem „Gebiet des Krieges" (*Dar-al-harb*)
gleichgesetzt, das nach dieser Vorstellung wesensge-
mäß mit sich selbst und mit der *Dar-al-islam* im 20
Krieg liegt. Nach dieser Beschreibung rührt jeder
Konflikt aus der *Dar-al-harb* her. [...] Dementsprechend stellten die frühislamischen Rechtsgelehrten
eine Definition auf, wonach es zwei Formen des
Dschihad gibt. Die erste ist eine offensive, expansio- 25
nistische Form. Über sie wird vom Kalifen/Imam mit
der ihm zukommenden Autorität entschieden. Sie
gilt als kollektive Pflicht der gesamten Gemeinde und
wird von der Gemeinschaft als Ganzer geführt. Die
zweite Form ist eine durch die Notlage ausgelöste 30
Reaktion zur Verteidigung der *Dar-al-islam* gegen
eine bestimmte Aggression vonseiten der *Dar-al-harb*.
Sie wird als individuelle Pflicht derjenigen aufgefasst,
die in unmittelbarer Nachbarschaft des Angriffsorts
wohnen und sich mit Waffen dagegen wehren kön- 35
nen.

James Turner Johnson, Religion und Gewalt, in: NZZ Nr. 51, 2002,
S. 51.*

1 Arbeiten Sie anhand von M8 und M9 Herkunft,
   Bedeutung und rechtliche Ausprägung des Begriffes
   Dschihad für das Mittelalter heraus.

M 10 **Der Literat Imad ad-Din (1125–1201) über den Dschihad Saladins und die Eroberung Jerusalems 1187**

Ad-Din war Sekretär und enger Vertrauter Saladins.
Nachdem nun […] ein jeder die Vereinigung mit den Seinen erreicht hatte, zogen wir nach Karak[1] mit den Emiren und der ausgesuchten Leibgarde, zum *Dschihad* paarten wir um Gottes Sache willen die *Fatiha*[2]
5 mit (der Sure) *al-Ihlas*.[3] Vorher hatten wir die Soldaten und Heerscharen zum *Dschihad* von allen Seiten zusammengerufen und deren vollzähliges Eintreffen zum festgesetzten Termin abgewartet. […] Nachdem wir dann noch Asqalan[4] erobert hatten, schritten wir
10 zur Belagerung von al-Quds[5] […]. Dort zitterte und klopfte das Herz des Unglaubens; seine Einwohner meinten, sie befänden sich in guter Hut und seien vor unserem Ansturm sicher. Wir aber stellten Belagerungsmaschinen gegen sie auf, die die Mauerwände
15 durch den Ansprung ihrer Steine zerbrachen. […] Die geschleuderten Felsblöcke erfüllten dem Felsendom gegenüber ihre Beistandspflicht. […] Man legte Brechen und brach die Mauern; die Steinblöcke warfen die Seiten jener Umwallung nieder – da „merkten die
20 Ungläubigen, für wen der Lohn der (paradiesischen) Wohnstätte bestimmt war"[6]. Des Todes und der Gefangenschaft waren sie sicher, da kamen ihre Anführer heraus, sich in Unterwerfung demütigend und inständig um Gnade flehend; wir aber ließen uns auf
25 nichts anderes ein als darauf, der Männer Blut zu vergießen und Kinder und Frauen gefangen wegzuführen: Da drohten sie mit Tötung der (muslimischen) Gefangenen, Zerstörung (alles) Aufgebauten und Einreißung der Gebäude; hierauf (erst) nahmen wir
30 ihre Kapitulation an unter der Bedingung (der Abführung) einer Kontribution, die ihrem Kaufpreis im Falle ihrer Gefangennahme entsprochen hätte. So blieben sie davor bewahrt, (gefangen) weggeschleppt zu werden, während sie in Wirklichkeit doch ganz aus-
35 geplündert waren. Wer von ihnen das Lösegeld erlegt hatte, durfte durch das Freilassungsdekret abziehen, wer es nicht bezahlen konnte, musste unter das Sklavenjoch treten.

Jörg Kraemer, Der Sturz des Königreichs Jerusalem (1187) in der Darstellung des Imad ad-Din al-Katib al-Isfahan, Verlag Otto Harrassowitz, Wiesbaden 1952, S. 12, 18; übers. v. Jörg Kraemer.*

1 *Karak:* heute Kerak, Kreuzfahrerburg
2 *Fatiha:* Sure 1
3 *al-Ihlas:* Sure 112; in beiden Suren wird Gott gepriesen
4 *Asqalan:* Askalon
5 *al-Quds:* Jerusalem
6 Anspielung auf Koransure, siehe z. B. 4,95

1 Zeigen Sie auf, wie der Autor den Ablauf der Eroberung Jerusalems darstellt.
2 Recherchieren Sie den Verlauf und das Ergebnis des gesamten Feldzuges von Salah ad-Din.
3 Arbeiten Sie die Einstellung des Autors gegenüber den Kreuzfahrern heraus.
4 **Zusatzaufgabe:** Siehe S. 482.
5 **Präsentation:** „Saladin – Mythos und Realität": Recherchieren Sie, welches Bild von Saladin in den Medien Film, Internet und Literatur (z. B. Lessing, Nathan der Weise) gezeichnet wird, und konzipieren Sie einen Kurzbeitrag für ein Schulbuch.

M 11 **Der Geschichtsschreiber Abu'l-Fida (1273–1331) über den Fall von Akkon 1291**

Der Autor war Teilnehmer am Feldzug des Mamlukensultans al-Malik al-Asraf (Reg. 1290–1293).
Der Belagerungsgürtel zog sich immer enger zusammen, bis Gott schließlich Freitag, den 17. Gumada II (426) (17. Juni 1291), den Angreifern erlaubte, die Stadt im Sturm zu erobern. […] Die Muslime richteten in Akkon ein ungeheures Blutbad an und machten unermessliche Beute. Der Sultan zwang alle, die sich in den Türmen verschanzt hatten, zur Übergabe; sie kamen heraus und wurden bis auf den letzten Mann vor der Stadt enthauptet.[1] Darauf ließ er die Stadt selbst zerstören und dem Erdboden gleichmachen. Eine wunderbare Fügung war, dass die Franken Akkon um die Mittagszeit am Freitag, dem 17. Gumada II 587 (17. Juni 1191), Saladin entrissen und alle Muslime gefangen genommen und umgebracht hatten […]; Gott, der alles vorausweiß, bestimmte, dass es in diesem Jahr am Freitag, dem 17. Gumada II, durch die Hand eines anderen Saladin[2], Sultan al-Malik al-Asrafs 426 (1291), zurückerobert werde.

Francesco Gabrieli (Hg.), Die Kreuzzüge aus arabischer Sicht, übers. v. Francesco Gabrieli, Lutz Richter-Bernburg und Barbara von Kaltenborn-Stachau, Bechtermünz-Verlag, Augsburg 2000, S. 409.*

1 Der Autor verschweigt den Wortbruch des Sultans, der freien Abzug zugesagt hatte.
2 trug auch den Namen Salah ad-Din

1 Recherchieren Sie die Geschichte der Stadt und Festung Akkon im Rahmen der Kreuzzüge und legen Sie eine Datentabelle an.
2 Analysieren Sie das Vorgehen des Sultans.
3 Beurteilen Sie den Bezug des Autors auf Saladin.
4 **Vertiefung: Heiliger Krieg und Dschihad:** Beurteilen Sie vergleichend die Konzepte und bewerten Sie das Handeln der muslimischen Herrscher.

Zu Akkulturation und Assimilation

M 12 Der Geschichtsschreiber Fulcher von Chartres über das Leben der Christen im Heiligen Land, ca. 1100

Fulcher war Kreuzritter im Heer des Stephan von Blois, 1097 Kaplan Balduins I. in Edessa und lebte später in Jerusalem.

Wir, die wir Abendländer waren, sind Orientalen geworden; dieser, der Römer oder Franke war, ist hier Galiläer oder Bewohner Palästinas geworden; jener, der in Reims oder Chartres wohnte, betrachtet sich

5 als Bürger von Tyrus oder Antiochia. Wir haben schon unsere Geburtsorte vergessen; mehrere von uns wissen sie schon nicht mehr oder wenigstens hören sie nicht mehr davon sprechen. Manche von uns besitzen in diesem Land Häuser und Diener, die ih-

10 nen gehören wie nach Erbrecht; ein anderer hat eine Frau geheiratet, die durchaus nicht seine Landsmännin ist, eine Syrerin oder Armenierin oder sogar eine Sarazenin, die die Gnade der Taufe empfangen hat; der andere hat seinen Schwiegersohn oder seine

15 Schwiegertochter bei sich oder seinen Schwiegervater oder seinen Stiefsohn; er ist umgeben von seinen Neffen oder sogar Großneffen; der eine bebaut Weingärten, der andere Felder; sie sprechen verschiedene Sprachen und haben es doch alle schon fertig ge-

20 bracht, sich zu verstehen. Die verschiedensten Mundarten sind jetzt der einen wie der anderen Nation gemeinsam, und das Vertrauen nähert die entferntesten Rassen einander an.

Régine Pernoud (Hg.), Die Kreuzzüge in Augenzeugenberichten, übers. v. Carl Hagen Thürnau, Karl Rauch Verlag, Düsseldorf 1961, S. 125.

M 13 Der arabische Schriftsteller Usama ibn Munqidh (1095–1188) zum Leben der Franken

Usama ibn Munqid, Emir von Schaizar, Syrien, erlebte einige Kreuzzüge mit und beschreibt in seiner Autobiografie „Buch der Belehrung durch Beispiele" das Leben der „Franken".

Es gibt unter den Franken einige, die sich im Lande angesiedelt und begonnen haben, auf vertrautem Fuße mit den Muslimen zu leben. Sie sind besser als die anderen, die gerade neu aus ihren Heimatländern

5 gekommen sind, aber jene sind eine Ausnahme und man kann sie nicht als Regel nehmen. Hierzu so viel: Einmal schickte ich einen Gefährten in ein Geschäft nach Antiochia, dessen Oberhaupt Todros (der Grieche) ibn as-Safi war, mit dem ich befreundet war und

10 der in Antiochia eine wirksame Herrschaft ausübte. Er sagte eines Tages zu meinem Gefährten: „Ein fränkischer Freund hat mich eingeladen. Komm doch

mit, dann siehst du ihre Gebräuche." „Ich ging mit", erzählte mein Freund, „und wir kamen zum Hause eines der alten Ritter, die mit dem ersten Zug der 15 Franken gekommen waren. Er hatte sich von seinem Amt und Dienst zurückgezogen und lebte von den Einkünften seines Besitzes in Antiochia. Er ließ einen schönen Tisch bringen mit ganz reinlichen und vorzüglichen Speisen. Als er sah, dass ich nicht zulangte, 20 sagte er: ,Iss getrost, denn ich esse nie von den Speisen der Franken, sondern habe ägyptische Köchinnen und esse nur, was sie zubereiten. Schweinefleisch kommt mir nicht ins Haus!' Ich aß also, sah mich aber vor, und wir gingen. Später überquerte ich den Markt, 25 als eine fränkische Frau mich belästigte und in ihrer barbarischen Sprache mir unverständliche Worte hervorstieß. Eine Menge Franken sammelten sich um mich und ich war schon meines Todes sicher: Da erschien der Ritter, erkannte mich, kam herbei und 30 sagte zu der Frau: ,Was hast du mit diesem Muslim?' ,Er hat meinen Bruder Urso getötet!', erwiderte sie. Dieser Urso war ein Ritter aus Apamea, der von einem Soldaten aus Hama getötet worden war. Er fuhr sie an: ,Das hier ist ein Bürger, ein Kaufmann, der 35 nicht in den Krieg zieht und sich nicht aufhält, wo man kämpft.' Dann herrschte er die Menge an, die sich angesammelt hatte. Sie zerstreute sich und er nahm mich bei der Hand. So hatte die Tatsache, dass ich bei ihm gespeist hatte, zur Folge, dass mir das Le- 40 ben gerettet wurde."

Francesco Gabrieli (Hg.), Die Kreuzzüge aus arabischer Sicht, übers. v. Francesco Gabrieli, Lutz Richter-Bernburg und Barbara von Kaltenborn-Stachau, Bechtermünz-Verlag, Augsburg 2000, S. 121 f.

1 Skizzieren Sie die in M 12 und M 13 dargestellten Erfahrungen zum Leben in den Kreuzfahrerstaaten.

2 Diskutieren Sie im Plenum, ob und inwieweit Prozesse von Akkulturation bis hin zur Assimilation zu erkennen sind.

▶ Kernmodul: Nutzen Sie die Materialien M 3, M 4 und M 6, S. 235 ff.

Anwenden

M1 **Positionen der Forschung zum Leben in den Kreuzfahrerstaaten**

a) Die Sicht des Historikers Franco Cardini (2000)

Trotzdem entwickelte sich im Lauf der Zeit eine Kultur der Verständigung und des Dialogs mit der muslimischen Welt. Die frisch aus Europa eintreffenden Krieger und Pilger empörten sich über diese Gesell-
5 schaft von *poulains*, von „Bastards", die sich nicht selten mit syrischen und armenischen Familien verschwägert hatten, die arabisch, armenisch und griechisch sprachen und sich ortsüblichen Bräuchen entsprechend kleideten, aßen und lebten. Die Euro-
10 päer, die jede neue Kreuzzugsexpedition als Kampf ohne Pardon ansahen, betrachteten diese „koloniale" Kreuzfahrergesellschaft als korrupt und islamisiert. Die „überseeischen Franken", die zweihundert Jahre lang immer wieder auf den Beistand ihrer europäi-
15 schen Glaubensbrüder angewiesen waren, betrachteten wiederum die Europäer als unkultiviert und gefährlich und bemühten sich lieber um eine möglichst weitgehende diplomatische Verständigung mit den Sarazenen, als den Westen um militärischen,
20 vom Papst sanktionierten Beistand zu bitten. Denn die Anführer der Kreuzfahrer aus dem Westen, Fürsten und Abenteurer, waren eher begierig, Beute zu machen, als den Rat zur Mäßigung anzunehmen. Sie schlugen alle taktischen und logistischen Anregun-
25 gen in den Wind.

Franco Cardini, Europa und der Islam, übers. v. Rita Seuß, C. H. Beck, München 2000, S. 86ff.

b) Die Sicht des Historikers Rudolf Hiestand (1997)

Durch ihre Entstehung und ihre Struktur waren die Kreuzfahrerstaaten in mehrfacher Hinsicht eine multikulturelle Gesellschaft. Zuerst galt dies für die fränkischen Bewohner, die aus allen Teilen des Abend-
5 landes kamen, Franzosen, Italiener, Engländer, Deutsche, Spanier, Ungarn usw. Mit dem Französischen als Umgangssprache wohnten sie Seite an Seite und rasch gingen sie untereinander Ehen ein. Daneben gab es in großer Zahl Griechen, christlich-
10 orthodoxe Araber sowie Angehörige der orientalischen Nationalkirchen, Armenier, Jakobiten und Maroniten, darüber hinaus in Galiläa jüdische und um Nablus samaritanische Siedlungen. Dazu kamen Muslime, vor allem auf dem Land, wo sie teilweise die
15 Mehrheit stellten. Alle genossen die freie Ausübung ihres Glaubens, wenn sie auch nicht gleichberechtigt

waren, weil die Franken sich die Lehen vorbehielten und auch die Gerichtsbußen abgestuft waren.

An den Muslimen wurde der innere Widerspruch der Kreuzfahrerstaaten sichtbar. Ideologisch bildete der [20] Kampf gegen die Glaubensfeinde ihre Basis. Andererseits musste man sich in die neue Umgebung eingliedern. Gesandte gingen hin und her, vornehme Muslime zogen mit dem König auf die Jagd, brachten und empfingen Geschenke und fanden in Krisenzeiten [25] monatelang Aufnahme. Erst recht musste man mit den Muslimen im Inneren, die wirtschaftlich unentbehrlich waren, einen *Modus vivendi*[1] herstellen, was den lateinischen Klerus ärgerte, neu ankommende Kreuzfahrer empörte und für westliche Chronisten [30] ein Tabu darstellte.

Rudolf Hiestand, „Wir sind Orientalen geworden", in: Damals, Nr. 10, 1997, S. 25f.

1 Modus vivendi (lat.): Form eines erträglichen Zusammenlebens

---

1 Fassen Sie die Kernaussagen der beiden Historiker in eigenen Worten zusammen.

2 Analysieren Sie die Positionen der Historiker zur Problematik der Akkulturationsprozesse.

3 **Vertiefung:** Beziehen Sie in Ihre Überlegungen zu Aufgabe 2 Ihnen bekannte zeitgenössische Stimmen mit ein.
Tipp: Siehe S. 482.

4 Ordnen Sie die beiden Positionen in Ihnen bekannte Konzepte und Theorien zu Kulturkontakt ein.

5 **Präsentation:** Verfassen Sie einen kurzen Beitrag zu der Frage: Die Kreuzfahrerstaaten – eine beispielhafte „multikulturelle Gesellschaft"?

Wiederholen

M2 „Die Eroberung der Stadt Maarat an-Numan (bei Antiochia) durch die Kreuzfahrer unter Bohemund von Tarent im Dezember 1098", Ölgemälde von Henri Decaisne, 1843

Zentrale Begriffe

Christentum
Dhimmi-System
Dschihad
Heiliger Krieg
imitatio christi
Investitur
Koran
Kreuzzug
miles christi
Pogrom
Seldschuken

1 Beschreiben Sie M 2 und ordnen Sie das Bild in den historischen Kontext ein. Nutzen Sie bei Bedarf die Formulierungshilfen.

2 Interpretieren Sie das Bild M 2 und gehen Sie dabei auf die Perspektive des Malers ein.

3 Charakterisieren Sie unter Rückgriff auf den Darstellungstext sowie auf die Karte M 2, S. 246 den zeitlichen Ablauf der Kreuzzüge. Gehen Sie dabei auf die Motive und Rechtfertigungsstrategie der Kreuzfahrer ein.

4 **Vertiefung:** Begründen Sie das Urteil, durch den ersten Kreuzzug sei das Verhältnis zwischen Juden und Christen nachhaltig belastet worden.

5 Erklären Sie, inwiefern in den Kreuzfahrerstaaten auch Prozesse von Akkulturation bis hin zur Assimilation zu erkennen waren.

6 **Wahlaufgabe:** Bearbeiten Sie entweder Aufgabe a) oder b).

  a) Nehmen Sie Ihre anfangs erstellte Mindmap (siehe S. 244) zur Hand und integrieren Sie die zentralen Begriffe in sinnvoller Weise. Erstellen Sie ggf. eine neue Skizze.

  b) **Partnerarbeit:** Erklären Sie Ihrem Partner/Ihrer Partnerin die zentralen Begriffe im Kontext des Themenfeldes Kreuzzüge.

Formulierungshilfen
– Auf dem Bild ist/sind … zu sehen.
– Die dargestellten Personen sind mit … bekleidet.
– Ihre Gestik/Mimik/Körperhaltung ist durch … gekennzeichnet.
– Folgende Gegenstände/Symbole werden verwendet …
– Farbgebung/Perspektiven/Proportionen sind … gestaltet … und erzielen die Wirkung, dass …
– Die Miniatur versucht, folgendes Bild der historischen Ereignisse zu erzeugen: …

M1 „Die Ankunft der Spanier unter Cortés in Veracruz 1519",
Fresko von Diego Rivera, 1951

um 1200	Gründung der Stadt Cuzco durch die Inka (Gründungsmythos)	Anfang des 14. Jh.	Gründung der Stadt Tenochtitlán durch den Stamm der Mexica (Azteken)

| 1150 | 1200 | 1250 | 1300 | 1350 | 1400 | 1450 |

Am 12. Oktober 1492 landete der Genueser Seefahrer Christoph Kolumbus auf der Insel Guanahani und „entdeckte" für die Europäer einen neuen Kontinent: Amerika. Bereits während seines ersten Aufenthalts in der „Neuen Welt" wurde aus dem Entdecker Kolumbus ein Eroberer: Er taufte die Insel in „San Salvador" um und nahm sie für die spa-
5 nische Krone in Besitz. Die Eroberung der entdeckten Gebiete in Übersee ebnete den Weg für die Kolonisation. Aus der anfänglichen „Kulturberührung", so der Historiker Urs Bitterli, entwickelte sich nach kurzer Zeit ein „Kulturzusammenstoß", dem in Amerika schätzungsweise 70 Millionen Menschen zum Opfer fielen.

Die Entdeckungsfahrten leiteten die „Europäisierung" der Welt ein. Auf der Suche nach
10 neuen Handelswegen und Sklavenmärkten, nach Gewürzen und Edelmetallen erschlossen die Europäer in einem Zeitraum von fast vier Jahrhunderten nahezu alle Erdteile. Die Portugiesen und Spanier teilten die „Neue Welt" Mittel- und Südamerikas unter sich auf, ließen ihre transatlantischen Besitzansprüche durch den Papst bestätigen und gingen gewaltsam gegen die Altamerikaner vor. Sie zerstörten deren Hochkulturen,
15 nahmen Land und Bewohner in Besitz und errichteten im Namen ihrer europäischen Herrscherdynastien Kolonialreiche von gewaltiger räumlicher Ausdehnung. Dabei rechtfertigten sie ihr Vorgehen mit dem christlichen Missionsgedanken. Die errichteten Kolonialreiche bestanden teilweise bis in das 20. Jahrhundert. Viele Historiker sehen heute in der europäischen Expansion den Beginn des Globalisierungsprozesses, der
20 auch Europa nachhaltig beeinflusste.

1 **Begriffscluster:** Reaktivieren Sie Ihr Vorwissen, indem Sie im Kurs ein Begriffscluster zum Thema „Spanischer Kolonialismus" erstellen. Berücksichtigen Sie dabei alle Begriffe und Assoziationen, die Ihnen hierfür relevant erscheinen.
2 Beschreiben Sie das Bild M 1. Gehen Sie darauf ein, was Ihr Interesse erweckt, welche dargestellten Szenen Sie erstaunen und was Ihnen ggf. unklar ist.

492	Vertrag zwischen Kolumbus und den spanischen Königen; „Entdeckung" Amerikas durch Kolumbus
494	Vertrag von Tordesillas: Aufteilung der überseeischen Gebiete zwischen Spanien und Portugal
498	Vasco da Gama umsegelt Afrika und erreicht Indien
503	Gründung des Königlichen Handelshauses (*Casa de la Contratación*) in Sevilla; Erlass der spanischen Krone, der erstmals das System der Encomienda bzw. des Repartimiento regelte

1519–1521	Eroberung des Azteken-Reiches durch die Spanier unter Cortés
1524	Bildung des Indienrates als oberste Verwaltungsinstanz für die spanischen Kolonien
1532–1534	Eroberung des Inka-Reiches durch die Spanier unter Pizarro
1542/43	Erlass der „Neuen Gesetze" durch die spanische Krone
1545	Teilweise Rücknahme der „Neuen Gesetze"
1568	Erste Sklaventransporte von Westafrika nach Amerika
	Ende 16. Jh. Spanisches Weltreich: Höhepunkt der territorialen Ausdehnung
1792	Dänemark verbietet als erstes europäisches Land die Sklaverei

1500	1550	1600	1650	1700	1750	1800

2.7 Wahlmodul: Spanischer Kolonialismus

Landnahme in Amerika

Als **Christoph Kolumbus** 1493 den ersten Bericht über seine Entdeckungen verfasste, hielt er es für erwähnenswert, dass er keinen Ungeheuern in Menschengestalt begegnet sei. Diese merkwürdigen Wesen, die angeblich die Randzonen der mittelalterlichen Weltkarten bevölkert hatten, wurden durch die **Entdeckungsreisen des 15./16. Jahrhunderts** in das Reich der Fabel verwiesen. Stattdessen trafen die Europäer auf Menschen, die anders aussahen, eine andere Lebensweise pflegten und über einen niedrigen technischen Entwicklungsstand verfügten. Es bildeten sich zwei Betrachtungsmuster für die Fremden heraus: Einerseits wurden sie als primitive Barbaren verachtet und andererseits als „edle Wilde" bestaunt.

Diese Betrachtungsmuster sind nicht zu trennen von der Diskussion über die europäischen Ansprüche auf die „Neue Welt". Neben dem Entdeckungs- oder Finderrecht auf unbewohnte Inseln beriefen sich die Eroberer auf das päpstliche Verleihungsrecht und den Staatsvertrag zwischen den europäischen Seemächten. Zunächst hatte 1493 Papst Alexander VI. (Borgia) den Spaniern die Herrschaft über alle aktuellen und künftigen Entdeckungen im westlichen Ozean verliehen, damit sie die „barbarischen" Bewohner zum christlichen Glauben führten. Im **Vertrag von Tordesillas** von 1494 einigten sich Spanier und Portugiesen darauf, dass die Entdeckungen im Westen den Spaniern und diejenigen im Osten den Portugiesen gehören sollten. Die anderen europäischen Mächte und einige spanische Mönche akzeptierten diese Legitimationen jedoch nicht. Die juristischen Kontroversen drehten sich um den **Status der Indios** als Menschen: Waren sie Barbaren ohne Recht auf ihr Land oder waren sie Kinder Gottes, die in die Hände habgieriger und grausamer Eroberer gefallen waren?

M1 Fabelwesen: Einäugiger Mensch, Holzschnitt aus Sebastian Münsters „Kosmographie", 1550

M2 Fabelwesen: Kopfloser Mensch, Holzschnitt aus Sebastian Münsters „Kosmographie", 1550

Neben dem Papst und den Monarchen betraf die Frage nach den Besitzansprüchen auch die Interessen der **Konquistadoren*** und Siedler. Sie hatten nach der Eroberung
25 das Land unter sich aufgeteilt und viele der indigenen Bewohner* zum Arbeitseinsatz gezwungen. 1503 erkannte die spanische Krone diese Praxis faktisch an. Im System der **Encomienda** bzw. des **Repartimiento** erhielten die spanischen Landbesetzer den Boden und eine bestimmte Anzahl von Indios als Arbeitskräfte von der Krone offiziell zugeteilt. Die spanischen Herren sollten ihre Indios angemessen unterbringen und entloh-
30 nen sowie in der christlichen Religion unterweisen. Da der Königshof aber tausende Kilometer von den Kolonien entfernt lag, kümmerten sich die Konquistadoren nicht um ihre Fürsorgepflichten. Stattdessen beuteten sie die Indios hemmungslos aus. Dies führte zusammen mit den von den Europäern eingeschleppten Krankheiten zu einem dramatischen Rückgang der Bevölkerung. In der Karibik ging die Zahl der Indios in den
35 ersten einhundert Jahren der spanischen Herrschaft um bis zu 90 Prozent zurück.

Kontroverse über Indios

Diese Zustände in den Kolonien schwächten die fragwürdige Herrschaftslegitimation der Spanier. Spanische Mönche, die in Amerika missionieren sollten, mussten erkennen, dass ihre Landsleute durch ihr Verhalten alle Missionsbemühungen zunichte machten. Ohne Erfolge bei der Mission aber entfiel die vom Papst verliehene Berechtigung zur
5 Herrschaft. Angesichts der brutalen Unterdrückung der Indios konnten die Spanier nicht mehr behaupten, durch ihre Herrschaft die Indios zu zivilisieren. Besonders scharfe Kritik an diesen Zuständen übte der Dominikanermönch und ehemalige Konquistador **Bartolomé de Las Casas**. Seit 1512 setzte er sich hartnäckig für die Indios ein und initiierte eine Grundsatzdebatte über deren Status. Las Casas berichtete, dass die Indios
10 im Einklang mit der Schöpfung lebten. 1537 revidierte Papst Paul III. die Aussagen seines Vorgängers, indem er verkündete, dass die Indios „wahre Menschen" mit dem Anrecht auf ihren Besitz seien. Einige Gelehrte folgten dem Papst nicht und blieben bei der Ansicht, Indios seien von Natur aus Sklaven. Die spanische Herrschaft war ihrer Meinung nach notwendig, um die Indios von ihrer barbarischen Lebensweise abzubringen.
15 Häufig führten sie in diesem Zusammenhang Kannibalismus und Menschenopfer als „unnatürliche Schandtaten" der Indios an. Diese Phänomene waren nur in einem Teil der vielfältigen altamerikanischen Kulturen tatsächlich anzutreffen, wurden jedoch in zahlreichen Berichten europäischer Reisender besonders hervorgehoben und als durchgängig auftretende Praktiken dargestellt. Das sollte die Reiseberichte für das europäi-
20 sche Publikum besonders interessant machen.

Indianerschutzpolitik

Faktisch hatte die spanische Krone im 16. Jahrhundert keine auswärtigen Mächte zu fürchten, aber die Misshandlung der Indios drohte die moralische Autorität des Herrschers zu untergraben. Zudem verloren die Kolonien durch den Bevölkerungsrückgang an Wert. In der Vorstellung des Königshauses blieben die Indios Barbaren, die nun je-
5 doch im Sinne der Papstbulle von 1493 christianisiert und vor der Willkür der Herren wirksam geschützt werden sollten. Der Versuch, 1542 durch die **„Neuen Gesetze"** das Encomienda-System abzuschaffen, scheiterte noch am Widerstand der mächtigen Grundbesitzer in Amerika.
Im Rahmen der **„Indianerschutzpolitik"** ging Kaiser Karl V. nun dazu über, die Indios in
10 eigenen Dörfern anzusiedeln, zu denen nur Missionare und staatliche Beamte Zutritt hatten. Auf diese Weise gelang es, den Bevölkerungsrückgang zu stoppen. Auf den Plantagen der Konquistadoren machte sich dennoch ein gravierender Mangel an Arbeitskräften bemerkbar. Diese Lücke schlossen afrikanische Sklaven, die die Spanier und Portugiesen daraufhin nach Amerika importierten.

Konquistador
Sammelbegriff für die spanischen und portugiesischen Entdecker, Abenteurer und Soldaten, die während des 16. und 17. Jh. große Teile Nord- und Südamerikas und der Philippinen als Kolonien in Besitz nahmen

Indigene Völker
(lat. *indiges* = eingeboren) sind die Nachkommen einer Bevölkerung vor einer Eroberung oder Kolonisation eines Staates oder einer Region, die sich als eigenständiges Volk verstehen und ihre sozialen, wirtschaftlichen und kulturellen Institutionen beibehalten

► **M 9: Bartolomé de Las Casas**

► **M 10: Juan Gines de Sepulveda**

► **M 7: Kolorierter Holzschnitt aus Kolumbus' „Neuer Welt"**

M 3 **Bartolomé de Las Casas (1474–1566), Gemälde von Antonio Lara, 1566**

Las Casas war als Konquistador nach Amerika gekommen, hatte aus moralischen Gründen „seine" Indios aber zurückgegeben und sich als Mönch dem Dominikanerorden angeschlossen.

M4 Internationaler Waren- und Sklavenhandel
im 17. und 18. Jahrhundert

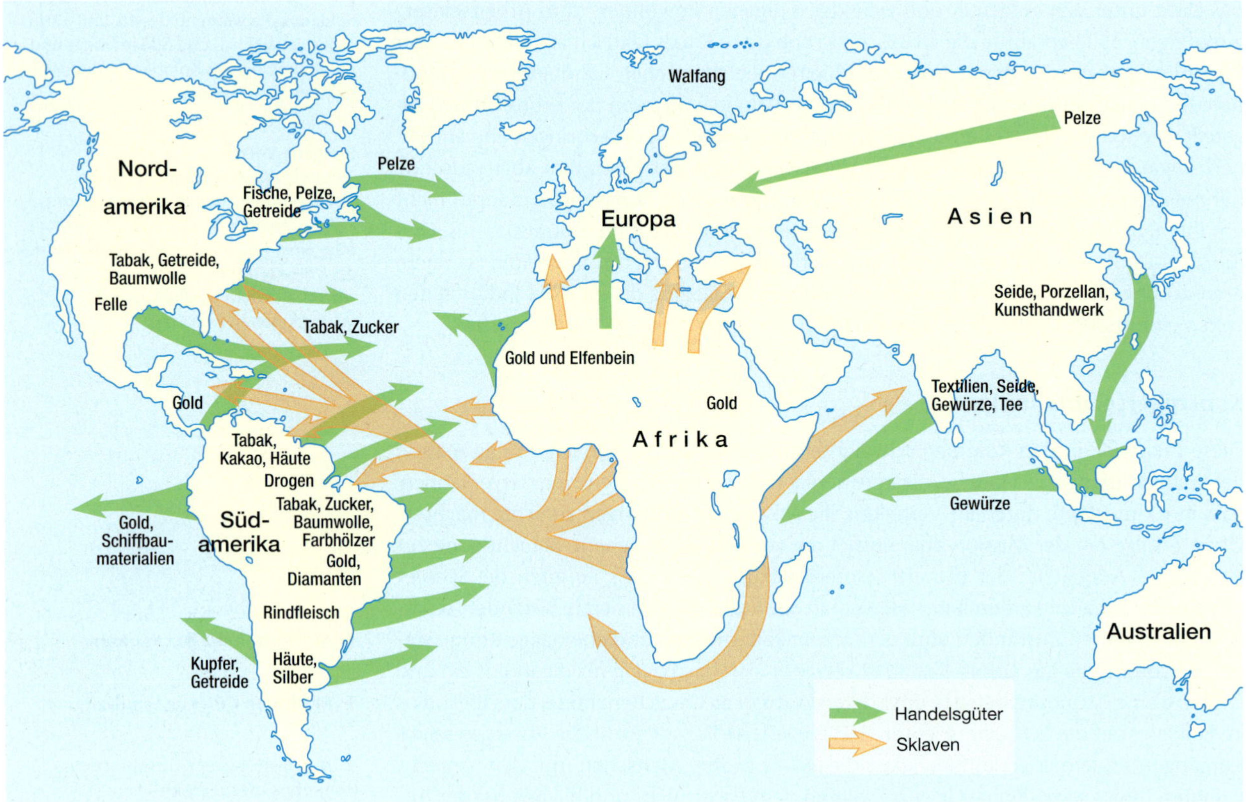

Walfang

Pelze

Nord-
amerika

Fische, Pelze,
Getreide

Pelze

Europa

Asien

Tabak, Getreide,
Baumwolle

Felle

Tabak, Zucker

Seide, Porzellan,
Kunsthandwerk

Gold und Elfenbein

Gold

Afrika

Textilien, Seide,
Gewürze, Tee

Gold

Tabak,
Kakao, Häute

Drogen

Süd-
amerika

Tabak, Zucker,
Baumwolle,
Farbhölzer

Gewürze

Gold,
Schiffbau-
materialien

Gold,
Diamanten

Rindfleisch

Australien

Kupfer,
Getreide

Häute,
Silber

→ Handelsgüter
→ Sklaven

Afrikaner als Sklaven und Sklavenhändler

*Der Begriff Smaragdstufe bezeichnet die
auf dem Tablett befindliche Erdplatte,
in der die Smaragde noch feststecken.*

Der **Sklavenhandel in Afrika** reicht bis in die Antike zurück. Seit dem frühen Mittelalter waren dort islamische Sklavenhändler tätig. Im 15. Jahrhundert begannen die Portugiesen an der Westküste Afrikas Sklaven aufzukaufen, um sie bei anderen Afrikanern
gegen Gold einzutauschen. Die dunkelhäutigen Afrikaner bewährten sich als Arbeitskräfte und noch im späten 15. Jahrhundert wurden sie auch auf die Iberische Halbinsel 5
gebracht. Da die Afrikaner das tropische Klima aus ihrer Heimat gewohnt waren, schienen sie der ideale Ersatz für die Indios als Arbeitskräfte in den amerikanischen Kolonien
zu sein. Portugiesen und – seit der zweiten Hälfte des 16. Jahrhunderts auch – Briten,
Franzosen und Niederländer brachten bis zum 18. Jahrhundert schätzungsweise zwischen 11 und 15 Millionen Menschen gewaltsam nach Amerika. Anders als bei den In- 10
dios stieß der Einsatz der afrikanischen Sklaven zunächst nicht auf Kritik in Europa.
Vermutlich hat dazu beigetragen, dass die Europäer selbst kaum Menschen versklavten.
Dies übernahmen arabische und vor allem afrikanische Sklavenjäger, die ihre Opfer an
die Küste brachten und den Europäern verkauften. Zu diesem Zweck unterhielten die
Europäer **Stützpunkte an der Küste**. Ins Landesinnere stießen sie kaum vor. Beim Ver- 15
kauf agierten die afrikanischen Händler nicht anders als ihre europäischen Geschäfts-
partner, indem jeder versuchte, möglichst viel zu verdienen. Aus diesem Grunde dominierten im 16./17. Jahrhundert bei den Europäern negative Klischees über angeblich
„boshafte und habgierige Afrikaner". Einige wenige Reisende differenzierten zwischen
der Vielzahl unterschiedlicher afrikanischer Kulturen und berichteten auch von positi- 20
ven Erfahrungen.

Neue Perspektiven in der Aufklärung

Adlige und reiche Bürgerfamilien nahmen seit dem 15. Jahrhundert gern „Mohren" als exotische Diener auf. Dieser „Trend" verstärkte sich im 18. Jahrhundert und veränderte so das Bild der Afrikaner in Europa. Einige der Afrikaner konnten mit Unterstützung ihrer Gönner eine gute Bildung erwerben. Der aus Ghana stammende Anton Wilhelm
5 Amo promovierte als Schützling des Herzogs von Braunschweig-Wolfenbüttel 1734 als erster Afrikaner an der Universität Wittenberg. Die negativen Klischees verloren angesichts dieser Erfahrungen ihre Dominanz. Die Philosophen der Aufklärung unterstützten diese Entwicklung. Grundsätzlich gingen sie von einem ursprünglichen **Naturzustand der Menschheit** aus. Dabei griffen sie häufig das Bild des „edlen Wilden" auf. Bei
10 den Afrikanern lobte man beispielsweise deren „kindliche Unschuld" und Gastfreundschaft. Zudem sahen die Aufklärer in der Freiheit den natürlichen Zustand des Menschen. Aus diesem Grund erklärten sie die **Sklaverei zur widernatürlichen Einrichtung.** Diese Auffassungen beeinflussten auch die Herrschaftspraxis in einigen europäischen Monarchien: 1772 verfügte im **„Somerset-Fall"** ein englisches Gericht, dass ein entlau-
15 fener Sklave, der in England aufgegriffen worden war, nicht an den Eigentümer zurückgegeben werden durfte. Dänemark verbot 1792 als erstes europäisches Land grundsätzlich jede Form von Sklaverei, Großbritannien folgte erst 1833. Dagegen änderte sich in Übersee am Schicksal der Sklaven zunächst nichts. Die schrittweise **Abschaffung der Sklaverei** in Europa bedeutete aber nicht das Ende jeglicher **Diskriminierung.** Für die
20 Gelehrten stellte die europäische Zivilisation weiterhin die höchste bekannte Kulturstufe dar. Das Abendland war im 18. und 19. Jahrhundert der Maßstab, an dem alle anderen Kulturen gemessen wurden. Einige Gelehrte der Aufklärung verbanden zudem die äußeren Merkmale der Menschen mit geistigen Fähigkeiten und Charaktereigenschaften. Dem europäischen Typ sprachen sie dabei die besten Eigenschaften zu; Afrikaner
25 und Asiaten ordneten sie dagegen auf einer angeblich niedrigeren Stufe ein.

Blicke auf die Europäer

Was Indios und Afrikaner von den Europäern dachten, kann nur ansatzweise ermittelt werden. Die indigenen Kulturgüter in Amerika haben die Spanier weitgehend vernichtet. Die wenigen überlieferten Zeugnisse sind nicht unabhängig, da europäische Missionare entschieden, ob sie überhaupt „überlieferungswürdig" seien. Die **indianischen**
5 **Berichte** stellen die Europäer als goldgierig und grausam dar. Nach Ansicht der älteren Forschung nahmen die Indios die Europäer als „weiße Götter" wahr. Angesichts des unvertrauten Aussehens, der großen Schiffe sowie der den Indios unbekannten Feuerwaffen und Pferde ist dies nicht völlig auszuschließen, aber auch nicht hinreichend belegt. Von der **Sicht der Afrikaner** ist noch weniger bekannt. Einige Europäer erzählen,
10 wie die Afrikaner sie wahrnahmen. Dabei steht die Bewunderung der „Wilden" für die Europäer im Vordergrund; es wird aber auch von Ablehnung und Angst berichtet. Aus dem 18. Jahrhundert sind Berichte von in Europa oder Nordamerika lebenden Afrikanern bekannt. Allerdings wurden diese für ein „weißes" Publikum geschrieben und müssen daher kritisch interpretiert werden.

1 Beschreiben Sie den Umgang der Europäer mit der indigenen Bevölkerung in Amerika.
2 Vergleichen Sie die Positionen in der Grundsatzdebatte über den Status der Indios.
3 Erläutern Sie das Selbst- und Fremdbild der Europäer in der Frühen Neuzeit.
4 Erklären Sie die Schwierigkeiten bei der Untersuchung amerikanischer und afrikanischer Perspektiven auf die Europäer in der Frühen Neuzeit.
5 Interpretieren Sie die Karte M 4. Nutzen Sie dazu die Informationen aus dem Darstellungstext.

▶ **M 5: Statuette** „Mohr mit Smaragdstufe"

▶ **M 14: Willem Bosman**

M 6 Olaudah Equiano oder Gustavus Vassa (ca. 1750–1797), Kupferstich, London, 1789

Equiano wurde wahrscheinlich als Junge aus Afrika nach Amerika verschleppt. Er war Sklave in den USA, Westindien und Großbritannien, konnte sich aber freikaufen, schrieb eine Autobiografie und engagierte sich gegen die Sklaverei.

▶ **M 12, M 13: Die Spanier in den Augen der Azteken und Inka**

▶ **M 11: Felix Hinz**

E-Learning-Projekt zu den spanischen Entdeckungen und Eroberungen
cornelsen.de/Webcodes
Code: baciju

Hinweise zur Arbeit mit den Materialien
Die vorliegenden Materialien thematisieren die Ankunft der Spanier in Mittel- und Südamerika aus unterschiedlicher Perspektive: Die Materialien M 8 bis M 10 spiegeln mit Texten von Kolumbus, de Las Casas und Sepulveda den europäischen Blick auf die indigene Bevölkerung der „Neuen Welt" und werden ergänzt von einer bildlichen Quelle (M 7). Die Materialien M 11 bis M 13 beleuchten die indigene Sicht auf die europäischen Konquistadoren. M 14 und M 15 beschäftigen sich mit den Beziehungen von Europäern und Afrikanern, nachdem seit dem Ende des 16. Jahrhunderts verstärkt afrikanische Sklaven nach Amerika importiert wurden, um fehlende Arbeitskräfte zu ersetzen.

Zur Vernetzung mit dem Kernmodul
Es bietet sich an, die Materialien dieser Themeneinheit in Beziehung zu setzen mit Bitterlis Ausführungen zu Kulturberührung, -zusammenstoß und -beziehung (M 3, M 4, S. 235 ff.).

Die Indios in europäischer Perspektive

M 7 **Kolorierter Holzschnitt aus der Erstausgabe des ersten Briefes aus Kolumbus' „Neuer Welt" (1493)**

M 8 **Christoph Kolumbus, Der erste Brief aus der „Neuen Welt" (1493)**
Auf dieser und allen anderen Inseln, die ich gesehen habe oder von denen ich Kenntnis besitze, laufen die Bewohner beiderlei Geschlechts nackt wie am Tage ihrer Geburt umher. Die einzige Ausnahme bilden ei-
5 nige Frauen, die ihre Scham mit Blättern oder einem Baumwolltuch bedecken, welches sie sich zu diesem Zweck selbst weben. Die Menschen auf diesen Inseln kennen keine Form des Eisens. Sie haben auch keine

Waffen, kennen diese nämlich nicht und wären für Waffen auch gar nicht geeignet, und zwar nicht weil 10 ihnen dazu die körperlichen Voraussetzungen fehlten [...], sondern weil sie furchtsam sind und angsterfüllt. [...] Sobald sie sich aber sicher fühlen, legen sie jede Furcht ab und sind im höchsten Maße ehrlich und vertrauenswürdig und mit allem, was sie haben, 15 überaus großzügig. Einem Bittsteller verweigert keiner, was er besitzt. Ja, sie fordern uns sogar selbst dazu auf, uns an sie zu wenden. Überhaupt begegnen sie allen Menschen mit großer Liebe. [...] Und so habe ich denn keine Ungeheuer erblickt und habe 20 auch nirgendwo von solchen gehört, mit Ausnahme der Berichte über eine Insel namens Carib, die zweite, die man auf der Überfahrt von Spanien nach Indien erreicht. [...] Die Bewohner von Carib essen nämlich Menschenfleisch. Sie haben viele verschiedene 25 Arten von Ruderbooten, mit denen sie zu allen Inseln Indiens fahren und dort plündern und rauben, so viel sie können. Sie unterscheiden sich in keiner Weise von den anderen, außer dass sie langes Haar wie sonst nur Frauen tragen. 30

Christoph Kolumbus, Der erste Brief aus der Neuen Welt, hg. und übers. v. Robert Wallisch, Reclam, Stuttgart 2000, S. 19–33.*

1 Vergleichen Sie den Holzschnitt (M 7) mit dem Brief von Kolumbus (M 8) und diskutieren Sie den Erkenntniswert der Darstellungen.

M 9 **Der Dominikanermönch Bartolomé de Las Casas über Indios (1542, veröffentlicht 1550)**
Westindien wurde im Jahre 1492 entdeckt. Im folgenden Jahr siedelten sich spanische Christen an. So hat sich denn seit neunundvierzig Jahren eine große Anzahl Spanier dorthin begeben. Und das erste Land, in das sie eindrangen, um sich anzusiedeln, war die gro- 5 ße und überaus fruchtbare Insel Española[1]. [...] Überall rings um sie gibt es unzählige andere, sehr große Inseln [...]. Das Festland, das dieser Insel am nächsten liegt, ist etwas mehr als zweihundertfünfzig Meilen entfernt und davon wurde bisher über zehntausend 10 Meilen entdeckt [...] und alles wimmelt dort in dem Gebiet von Menschen. [...] All diese unzähligen Leute von jeder Art schuf Gott ganz arglos, ohne Bosheit und Doppelzüngigkeit, ihrem natürlichen Herren und den Christen, denen sie nun dienen höchst gehorsam 15 und treu, sie sind die demütigsten, geduldigsten, friedfertigsten und ruhigsten Menschen, die es auf der Welt gibt, sie kennen keinen Zwist und keinen Hader, sie sind keine Störenfriede und keine Zänker, ohne Groll, Hass oder Rachsucht. Zugleich sind es 20 Leute von zartester, schwächlichster und empfindlichster Konstitution, die am schlechtesten Mühsal

ertragen können und jeder Krankheit am leichtesten erliegen, sodass nicht einmal unsere Fürsten- oder
25 Herrensöhne, die in Behaglichkeit und Wohlleben aufgezogen werden, empfindlicher als sie sind, selbst wenn sie zu denen gehören, die bei den Indios den Bauernstand bilden.

Außerdem sind sie bitterarme Leute, die ganz wenige
30 Güter besitzen und besitzen wollen. Und darum sind sie nicht hochmütig, ehrgeizig oder habsüchtig. [...] Gewöhnlich gehen sie nackt einher und haben lediglich die Scham verhüllt, und sie bedecken sich höchstens noch mit einem Baumwollmantel, der ein etwas
35 anderthalb oder zwei Ellen großes Tuch ist. [...] Auch haben sie einen klaren, unverdorbenen und scharfen Verstand, sind sehr geeignet und empfänglich für jede gute Lehre, und außerordentlich befähigt, unseren heiligen katholischen Glauben zu empfangen
40 und tugendhafte Sitten anzunehmen, und von allen Menschen, die Gott in dieser Welt geschaffen hat, sind sie diejenigen, bei denen es hierfür die geringsten Hindernisse gibt.

Bartolomé de Las Casas, Kurzgefasster Bericht von der Verwüstung der Westindischen Länder, hg. v. Michael Sievernich, übers. v. Ulrich Kunzmann, Insel, Frankfurt/M. 2006, S. 15 f. © Übersetzung bei Verlag Schöningh Paderborn 1995.*

1 *Española (auch: Hispaniola)*: zweitgrößte Antilleninsel, auf der die heutigen Staaten Dominikanische Republik und Haiti liegen; hier landete Kolumbus auf seiner ersten Reise

1 Analysieren Sie M 9 hinsichtlich der Darstellung der Indios durch Las Casas.
2 Vergleichen Sie die Aussagen von Las Casas mit dem Text von Kolumbus (M 8).

M 10 **Juan Gines de Sepulveda (1489–1573), Theologe, Jurist und Chronist von Kaiser Karl V., „Dialog über die gerechten Kriegsgründe" (1544)**
In Sepulvedas Streitschrift wird ein fiktiver Gesprächspartner mit „Du" angeredet.

Wenn ich das Gesamtergebnis der vorhergehenden Erörterung recht begreife, hast Du vier Gründe dargelegt, weshalb die Spanier mit diesen Barbaren gerechterweise Krieg beginnen können. Erstens, weil
5 sie von Natur aus Sklaven und Barbaren sind, unzivilisiert und unmenschlich, lehnen sie die Herrschaft klügerer, mächtigerer und vollkommenerer Menschen ab, eine Herrschaft, die sie zu ihren großen Vorteilen annehmen müssen; dies ist eine von Natur
10 aus gerechte Sache, wo der Inhalt der Form, der Körper der Seele, der Trieb der Vernunft, die unvernünftigen Tiere den Menschen, die Frauen den Männern, die Söhne den Vätern, in der Tat das Unvollkommene dem Vollkommenen und das Schlechte dem Besseren

gehorchen muss, damit es beiden Seiten zugute 15 kommt. Dies nämlich ist die natürliche Ordnung, die aufgrund des göttlichen und ewigen Gesetzes überall eingehalten werden muss [...]. Als zweiten Grund hast Du angeführt, dass die frevelhaften Begierden und die unnatürlichen Schandtaten, Menschen- 20 fleisch zu verspeisen, beseitigt werden sollen, Verbrechen, die gegen die Natur ganz besonders verstoßen, und dass nicht – was Gottes Zorn vor allem reizt – Dämonen anstelle Gottes verehrt werden sollen, und zwar durch die Opferung von Menschen nach einem 25 unnatürlichen Ritus. Als dritten Grund hast Du angeführt, was für mich großes Gewicht besitzt, um die Gerechtigkeit dieses Krieges darzutun, es sollten große Ungerechtigkeiten an zahlreichen unschuldigen Menschen, welche die Barbaren alljährlich opferten, 30 verhindert werden. [...] An vierter Stelle hast Du dargelegt, dass die christliche Religion mithilfe der Predigt des Evangeliums mit geeigneten Gründen verbreitet werden müsse, wenn sich eine Gelegenheit dazu bietet, und jetzt ist der Weg für die Prediger und 35 Lehrer der Sitten und der Religion offen und sicher; dieser Weg ist so gesichert, dass sie nicht nur selbst geschützt die Lehre des Evangeliums übermitteln können, sondern dass den Barbarenvölkern jegliche Furcht vor ihren Fürsten und Priestern genommen 40 wurde, sodass sie frei und ungestraft die christliche Religion annehmen können [...]. Es ist offensichtlich, dass dies nur durch die Unterwerfung der Barbaren durch Krieg oder auf andere Art und Weise geschehen konnte. 45

Christoph Strosetzki (Hg.), Der Griff nach der neuen Welt, Fischer, Frankfurt/M. 1991, S. 256 f.*

1 Fassen Sie die wesentlichen Aussagen zusammen.
2 Nehmen Sie Stellung zu Sepulvedas Aussagen.
   Tipp: Nutzen Sie auch den Darstellungstext.
3 **Vertiefung:** Formulieren Sie eine Antwort auf die Streitschrift des Autors. Sprechen Sie Ihren fiktiven Gesprächspartner auch mit „Du" an.

Die Europäer in der Perspektive der Indios

M 11 **Der Historiker Felix Hinz über die Frage: Waren die Europäer für die Azteken „weiße Götter"? (2005)**
Wenn mit den Götter-Legenden um Quetzalcóatl[1] argumentiert wird, wird Folgendes meist nicht hinreichend beachtet: Spricht man von Quetzalcóatl, so muss man den Gott von dem sagenhaften toltekischen Priesterfürsten Quetzalcóatl Topiltzin, der 5 sich nach dem Gott benannte, unterscheiden. Nur

Letzerer hätte die Legitimation der Herrschaft Moctezumas II.[2] infrage stellen können, doch es bestand kein Zweifel daran, dass er sterblich und tot war. Der
10 Gott wiederum hatte nichts mit Tollan[3] zu tun, und es gibt überhaupt keinen Grund für die Annahme, dass sich Moctezuma vor ihm besonders gefürchtet haben sollte. [...]
Quetzalcóatl war [...] einer der Hauptgötter im mexi-
15 kanischen Pantheon, aber die mesoamerikanischen Götter waren nicht allmächtig. Ähnlich wie in der antiken europäischen Welt war jeder Krieg der Menschen auch ein Krieg der Götter, die ihnen jeweils beistanden. Die Mexica hatten Cholula[4] unterwor-
20 fen, in dem sich das zentrale Quetzalcóatl-Heiligtum befand, und Huitzilopochtli[5] hatte sich als der Stärkere erwiesen. [...] Falls die Spanier mit Götternamen bedacht wurden, dann [...] nur mangels anderer Namen für jemand Fremden, dem man eine besondere
25 Beachtung schenkte.

Felix Hinz, „Hispanisierung" in Neu-Spanien 1519–1568. Transformation kollektiver Identitäten von Mexica, Tlaxkalteken und Spaniern, Bd. 1, Verlag Dr. Kovac, Hamburg 2005, S. 155–157.*

1 *Quetzalcóatl:* aztekischer Gott
2 *Moctezuma II.:* 1502 bis 1520 aztekischer Herrscher
3 *Tollán:* aztekischer Name der toltekischen Stadt Tula im heutigen Mexiko
4 *Cholula:* Stadt im heutigen Mexiko
5 *Huitzilopochtli:* aztekischer Kriegs- und Sonnengott und Schutzpatron der Stadt Tenochtitlán

1 Widerlegen Sie mithilfe von M 11 die Annahme der älteren Forschung, dass die Spanier von den Azteken für Götter gehalten wurden.

M 12 Die Spanier in den Augen der Azteken
Der Mönch Bernadino de Sahagún ließ 1579 von indianischen Schreibern die Geschichte der spanischen Eroberung Mexikos (1519–1521) aufschreiben.

Moctezuma sandte noch einmal verschiedene Fürsten aus. Tzihuacpopocatzin hatte die Führung dieser Gesandtschaft. Er nahm viele große Vasallen mit. Sie zogen aus, um die Spanier zwischen dem Popocaté-
5 petl und dem Iztactépetl zu treffen [...]. Sie schenkten den Göttern[1] goldene Banner und Fahnen aus Quetzalfedern[2] und goldene Halsketten. Als sie das Gold in den Händen hatten, brach Lachen aus den Gesichtern der Spanier hervor, ihre Augen funkelten vor
10 Vergnügen, sie waren entzückt. Wie Affen griffen sie nach dem Gold und befingerten es [...]. Gefräßig wurden sie in ihrem Hunger nach Gold, sie wühlten wie hungrige Schweine nach Gold. Sie rissen die goldenen Banner an sich, prüften sie Zoll für Zoll, schwenk-
15 ten sie hin und her, und auf das unverständliche

fremde Rauschen im Wind antworteten sie mit ihren wilden, barbarischen Reden.

Wolfgang Behringer, Lust an der Geschichte. Amerika. Die Entdeckung und Entstehung einer neuen Welt, Piper, München 1992, S. 157 f.*

1 *Götter:* gemeint sind hier die Spanier
2 *Quetzal:* Vogelart in Lateinamerika

M 13 Die Spanier in der Sicht eines Nachfahren der Inka, Holzschnitt aus der Bilderchronik des Poma de Ayala, um 1615.
Guaman Poma de Ayala (um 1550–um 1615), indigener Schriftsteller aus dem heutigen Peru, erlernte die spanische Sprache und verfasste eine illustrierte Chronik seines Volks. Im Bild fragt ein Inka, wozu der Spanier das Gold braucht. Der Spanier antwortet: „Wir essen es."

1 Beschreiben und interpretieren Sie M 13. Berücksichtigen Sie auch M 12.
2 Bewerten Sie die Sicht der indigenen Bevölkerung auf die Spanier (M 12, M 13).
3 **Vertiefung:** Schreiben Sie ein fiktives Interview mit einem Indio über die spanischen Eroberungen in Amerika.

Europäer und Afrikaner

M 14 **Willem Bosman, der ehemals hochrangigste niederländische Vertreter in Westafrika (1704)**

Die Neger sind alle, ohne Ausnahme, listig, boshaft und betrügerisch und sehr selten vertrauenswürdig; sie sind darauf bedacht, sich keine Gelegenheit entgehen zu lassen, einen Europäer oder auch einen der

5 ihren zu hintergehen. [...] Diese entarteten Laster gehen Hand in Hand mit ihren Schwestern, Faulheit und Müßiggang; diesen sind sie so sehr verfallen, dass nur die äußerste Notwendigkeit sie zur Arbeit zwingen kann. Im Übrigen sind sie so [...] wenig be-

10 troffen von ihren Missgeschicken, dass man kaum je anhand einer Veränderung an ihnen beobachten kann, ob ihnen Gutes oder Schlimmes zugestoßen sei. [...] Sie mögen Hüte sehr gern und können nie genug dafür ausgeben. Ihre Arme, Beine und Hüften

15 sind mit Gold und mit [...] Korallen geschmückt. [...] Das gemeine Volk, wie etwa Schankwirte, Fischer und Ähnliche, ist sehr ärmlich gekleidet, einige mit einer oder zwei Ellen dünnen Tuchs, andere mit einer Art von Riemen, den sie bloß zwischen den Beinen

20 hochziehen und um sich schlingen, um knapp ihre Scham zu verbergen. [...] Die Männer hier sind nicht so sehr der üppigen Aufmachung ergeben; die Hoffart aber, unter den Wilden genauso wie in den Niederlanden und in ganz Europa, scheint ihren Thron

25 unter dem weiblichen Geschlecht aufgeschlagen zu haben, und dementsprechend ist die Frauenkleidung reicher als jene der Männer. Die Damen flechten ihr Haar sehr kunstvoll, platzieren ihre Fetische, Korallen und das Elfenbein mit abwägender Miene und

30 gehen weit feiner einher als die Männer. [...] Die Niederkunft ist hier so wenig mühsam, wie es die Männer nur wünschen können: Da gibt es kein langes Wochenbett, keine teuren Klatsch- und Jammergelage. Einmal war ich zufällig in der Nähe des Hau-

35 ses, worin eine Negerin innerhalb einer Viertelstunde von zwei Kindern entbunden wurde. Noch am selbigen Tag sah ich sie zum Strand gehen, wo sie sich wusch, ohne überhaupt daran zu denken, sie könnte nochmals in ihr Bett zurückkehren. [...] Kaum ist das

40 Kind geboren, so schickt man nach dem Priester, der eine Menge von Bändern und Korallen und anderem Flitterzeug um Kopf, Leib, Arme und Beine des Säuglings wickelt. Danach treibt er die Geister aus, ihrem gewohnten Brauch gemäß, wodurch sie das Kind ge-

45 gen alle Krankheiten und bösen Unfälle gewappnet glauben [...].

Zit. nach: Urs Bitterli (Hg.), Die Entdeckung und Eroberung der Welt. Dokumente und Berichte. Bd. 1: Amerika, Afrika, C. H. Beck, München 1980, S. 212–214.*

1 Analysieren Sie M 14 im Hinblick auf die Darstellung der Afrikaner.
2 Bewerten Sie diese Darstellung.
3 Zusatzaufgabe: Siehe S. 482.

M 15 **Bericht des Kapitäns Cadamosto (1455)**

Der Italiener Cadamosto stand in portugiesischen Diensten und erkundete 1455 die Mündung des Gambiaflusses in Westafrika.

Nachdem wir etwa vier Meilen flussaufwärts gesegelt waren, bemerkten wir plötzlich einige Kanus, die sich von hinten näherten. Weil wir das gesehen hatten, drehten wir in ihre Richtung. [...] Sie überprüften den

5 Kurs und begannen zu rudern, wobei sie uns wie ein Wunder bestaunten. Wir schätzten, dass sie insgesamt höchstens 150 Mann seien. Sie schienen gut gebaute Körper zu haben, waren sehr schwarz und alle mit Baumwollhemden bekleidet: Einige trugen weiße

10 Kappen auf dem Kopf, ganz ähnlich wie es die Deutschen tun, außer dass sie auf jeder Seite einen weißen Flügel und eine Feder in der Mitte der Kappe hatten. [...] Als wir sie erreichten, legten sie die Ruder weg und ohne jede andere Begrüßung fingen sie an, ihre

15 Pfeile abzuschießen. Als Antwort auf diesen Angriff schickte unser Schiff vier Geschützsalven. [...] Daraufhin drehten die Neger ab, [...] wir warfen die Anker und versuchten mit ihnen zu verhandeln. Nach heftigem Gestikulieren und Rufen unserer Überset-

20 zer kam eines der Kanus auf Bogenschießweite heran. Wir fragten sie nach den Gründen für den Angriff, obwohl wir doch Männer des Friedens seien und Handel treiben. Zudem hätten wir friedliche und freundschaftliche Beziehungen mit den Negern des

25 Königreiches von Senega und wir wollten mit ihnen ein vergleichbares Verhältnis, wenn sie das möchten. Wir erwähnten, dass wir von einem fernen Land kämen und passende Geschenke für ihren König und Herren hätten. [...] Sie antworteten, dass sie von un-

30 serem Kommen und Handel mit Senega gehört hatten. Die Senega aber konnten nur schlechte Menschen sein, wenn sie unsere Freundschaft suchten. Sie nämlich waren davon überzeugt, dass wir Christen Menschenfleisch essen würden und dass wir die

35 Neger nur kauften, um sie zu verspeisen. Sie wollten unsere Freundschaft auf keinen Fall!

G. R. Crone (Hg.), The Voyages of Cadamosto and other Documents on Western Afrika, Ashgate Verlag, Farnham 2010, S. 58–60, übersetzt aus dem Englischen von Björn Onken.*

1 Beschreiben Sie die Haltung der Afrikaner gegenüber den Europäern.
2 Erklären Sie das Verhalten der Einheimischen.

Anwenden

M1 **Der Historiker Reinhard Wendt über die Rückwirkungen auf Europa (2006)**

Die Kontakte mit der überseeischen Welt bedeuteten für Europa weder Zerstörung noch Überformung. Tiefgreifende Veränderungen jedoch sind sehr wohl auszumachen. Zwischen 1500 und 1800 wurden
5 schätzungsweise 85 000–90 000 Tonnen Edelmetall von Amerika nach Spanien verschifft, 80–85 % der damaligen Weltproduktion. Es floss in den opulenten Schmuck von Kirchen, in staatliche Kassen und in private Taschen, vermehrte die Geldmenge, förderte
10 besonders in Spanien die Inflation, landete letztlich aber zu einem erheblichen Teil in Italien und besonders in den Niederlanden, wo Spanien die überseeischen Reichtümer für seine kostspieligen Kriege ausgab und einen guten Teil der Waren bezog, die es
15 für die Erschließung der Neuen Welt benötigte. Vom Gewürzgeschäft profitierten die Nordwesteuropäer gleichfalls in zunehmendem Maße. Zunächst entwickelte sich Antwerpen zum zentralen Umschlagplatz, und nach der Zerschlagung des portugiesischen
20 Handelsreiches wurden die Niederländer zu den wichtigsten Importeuren.

Die Nachfrage nach Gewürzen hatte den Prozess der europäischen Expansion wesentlich beflügelt, und nachdem nun Direktkontakte zu den Produktionsge-
25 bieten etabliert worden waren, stieg der Import im Laufe des 16. Jahrhunderts um das Doppelte. Da die Suche nach neuen ökonomisch attraktiven Nahrungs- und Genussmitteln zu den konstituierenden Komponenten der Expansion gehörte, spielte sie bei
30 der westlichen Erkundung der überseeischen Welt stets eine wichtige Rolle. Zunehmende Asienkontakte und die fortschreitende Erschließung der Neuen Welt erweiterten die Palette dieser Handelsgüter erheblich. Daneben lernte man bislang unbekannte
35 Feldfrüchte, Gemüse und Obstsorten kennen, die in Europa heimisch gemacht werden konnten. Importierte wie akklimatisierte Nahrungs- und Genussmittel bescherten Europa in den nächsten Jahrhunderten nicht nur neue Konsumgewohnheiten, sondern
40 auch neue Lebensformen, den *five o'clock tea* etwa, die Zigarettenpause oder den Kommunikationsraum „Kaffeehaus". Für das europäische Geistesleben gingen von der Erschließung der überseeischen Welt ebenfalls eine Reihe wichtiger Anstöße aus. Das Wis-
45 sen über die Welt, ihre geografische Gestalt, ihre naturräumliche Vielfalt, über die Menschen, Kulturen und Religionen der verschiedenen Erdteile nahm zu. [...] Die von Missionaren begonnene Debatte um den Schutz der Indianer führte zur Definition von Kriterien, die die Rechtmäßigkeit der Konquista zu begrün- 50 den suchten und dabei wesentlich zur Entstehung des modernen Völkerrechts beitrugen. Eine zentrale Rolle spielte dabei Las Casas' Ordensbruder Francisco de Vitoria (ca. 1492–1546), der lediglich drei naturrechtliche Grundprinzipien gelten ließ, die die Spa- 55 nier zur Herrschaftsausübung in der Neuen Welt berechtigten: Es musste ihnen erlaubt sein, in den indianischen Gebieten frei leben, reisen und Handel treiben zu können. Zum zweiten durfte die Verkündung des Evangeliums nicht behindert werden. War 60 beides nicht gegeben, konnten die Spanier ihre diesbezüglichen Rechte mithilfe der Eroberung durchsetzen. Drittens verstießen tyrannische, inhumane Regime gegen das Naturrecht und forderten zur Intervention heraus. Während den Spaniern das Na- 65 turrecht prinzipielle Handlungsfreiheit einräumte, konnten sie diese in ihrem Herrschaftsbereich anderen Nationen verweigern, da der päpstliche Missionsauftrag Verpflichtungen mit sich brachte und Kosten verursachte, die gedeckt werden mussten. Der Legiti- 70 mationscharakter dieser Positionen sowie ihre geringen praktischen Folgen hinterlassen heute einen schalen Beigeschmack. Dennoch ist festzuhalten, dass spätere Kolonialmächte nicht einmal eine solche Diskussion für nötig hielten. 75

Reinhard Wendt, Begegnung der Kulturen, in: Anette Völker-Rasor (Hg.), Frühe Neuzeit, 2. Aufl., Oldenbourg, München 2006, S. 69–86, hier S. 82ff.*

1 Analysieren M 1 hinsichtlich der politischen, wirtschaftlichen und geistigen Folgen des Kolonialismus für Europa.
2 Überprüfen Sie die These des Autors: „Der Legitimationscharakter dieser Positionen [naturrechtliche Grundprinzipien nach de Vitoria] sowie ihre geringen praktischen Folgen hinterlassen heute einen schalen Beigeschmack" (Z. 70 ff.).

Wiederholen

M2 „Die Ankunft des Kolumbus in der Neuen Welt 1492", Gemälde von William J. Aylward, 1875

Zentrale Begriffe

Encomienda
Entdeckungsreisen
„Indianerschutzpolitik"
Indios
Konquistadoren
„Neue Gesetze"
„Neue Welt"
Repartimiento
Sklaverei
Vertrag von Tordesillas

1 Erläutern Sie, womit die europäischen Eroberer ihren Anspruch auf die „Neue Welt" und ihre Bewohner rechtfertigten.
2 Erläutern Sie den Umgang mit der indigenen Bevölkerung.
3 Beschreiben Sie das Gemälde M 2.
   Tipp: Nutzen Sie bei Bedarf die Formulierungshilfen.
4 Charakterisieren Sie anschließend die Darstellung der Europäer sowie der indigenen Bevölkerung im Gemälde. Welche Wirkung soll das Bild erzielen?
5 **Wahlaufgabe:** Bearbeiten Sie entweder Aufgabe a) oder b).
   a) Charakterisieren Sie die „Indianerschutzpolitik" der spanischen Krone.
   b) Erklären Sie den Zusammenhang zwischen Sklavenhandel und „Indianerschutzpolitik".
6 Erläutern Sie das Selbst- und Fremdbild der Europäer in der Frühen Neuzeit.
7 Erläutern Sie Bitterlis Begrifflichkeiten Kulturberührung, -zusammenstoß und -beziehung (M 3, M 4, S. 235 ff.). am Beispiel des spanischen Kolonialismus.
8 **Vertiefung:** Erörtern Sie die These des amerikanischen Ethnologen Matthew Restall aus dem Jahre 2003: „Wir leben nach wie vor in der langen Periode der ungleichen Beziehungen und der schrittweisen Globalisierung von Ressourcen." Beziehen Sie diese These auf das Beispiel der europäischen Kolonisation Amerikas und deren Folgen.

Formulierungshilfen für die Bildbeschreibung
– Auf dem Gemälde ist/sind … zu sehen.
– Kolumbus ist mit … bekleidet/ dargestellt …
– Seine Gestik/Mimik/Körperhaltung ist durch … kennzeichnet.
– Weitere Personen sind …
– Im Vordergrund befindet sich …
– Im Hintergrund ist zu erkennen …
– Folgende Gegenstände/Symbole werden verwendet …
– Die Farbgebung/Perspektiven/ Proportionen sind … gestaltet … und erzielen die Wirkung, dass …
– Das Gemälde versucht, folgendes Bild der historischen Ereignisse zu erzeugen: …

3   Die Weimarer Republik zwischen Krise und Modernisierung

Die nationale Zugehörigkeit bildet ein wichtiges Identifikationskriterium, das sich im Laufe der Geschichte herausgebildet und dabei diverse Wandlungen und Brüche erfahren hat. Die Zeit der Weimarer Republik hat die Entwicklung der deutschen Identität und des deutschen Selbstverständnisses stark geprägt. In ihr verdichteten sich politische, soziale und wirtschaftliche Krisen. Diese beschleunigten auf der einen Seite Modernisierungsprozesse in Gesellschaft, Politik und Kultur, die bis heute wirksam sind. Sie riefen aber auf der anderen Seite auch gegenteilige Reaktionen wie das Festhalten an alten Strukturen und Werten hervor. Schließlich begünstigte dieses anhaltende Spannungsverhältnis die politische Radikalisierung und ließ die Weimarer Demokratie scheitern. Daher werden heute sowohl Moderne und demokratische Traditionen sowie ein von Radikalnationalismus, Militarismus und Autoritarismus bestimmter „deutscher Sonderweg" mit der Zeit der Weimarer Republik verknüpft.

Testen Sie Ihr Vorwissen zur „Weimarer Republik"

1 Erinnern Sie sich? Vier Bilder, vier Begriffe: Streichen Sie jeweils, was nicht passt. Erläutern Sie Ihre Wahl.

Inflation	Kolonialismus
Dolchstoßlegende	Notverordnung

a)

b)

c)

d)

2 Ereignis-Toto: Was war früher, was war später? Oder war das im gleichen Jahr?
Tippen Sie 1, 2 oder 0.
1 = a) war früher, 2 = b) war früher, 0 = gleiches Jahr.

Ereignisse	Tipp
a) Friedensvertrag von Versailles zwischen Deutschland und den Alliierten **b)** Novemberrevolution und Ausrufung der Republik in Deutschland	
a) Inflationskrise in Deutschland, Zusammenbruch der Währung **b)** Besetzung des Rheinlandes durch französische Truppen	
a) NSDAP wird stärkste Kraft bei der Reichstagswahl. **b)** Zusammenbruch der amerikanischen Börse löst die Weltwirtschaftskrise aus.	
a) Beschluss der ersten demokratischen Verfassung für die Deutsche Republik **b)** General Paul von Hindenburg wird zum Reichspräsidenten gewählt.	

3 Richtig oder falsch? Korrigieren Sie die Aussagen, wenn es nötig ist.

a) Die Republik wurde am 9. November 1918 gleich zweimal ausgerufen.
b) Der Kaiser wurde von Revolutionären in seinem Schloss erschossen.
c) Im Versailler Vertrag wurde Deutschland in Besatzungszonen aufgeteilt.
d) Der Diktator Benito Mussolini, der in Italien den Faschismus begründete, fand seine Vorbilder in Deutschland.
e) Ein Kanzler der Weimarer Republik erhielt den Friedensnobelpreis.
f) Von der Weltwirtschaftskrise waren vor allem die USA und Deutschland betroffen.

4 Finden Sie die Namen von sieben Persönlichkeiten der Weimarer Republik (waagerecht oder senkrecht, nur Nachnamen).

S	G	B	R	U	E	N	I	N	G
C	D	J	D	A	N	L	I	F	A
H	I	N	D	E	N	B	U	R	G
E	C	O	N	D	S	A	E	N	G
I	V	L	M	B	M	Z	E	W	G
D	Q	U	E	E	B	E	R	T	Q
E	U	X	K	Z	Q	E	Z	A	H
M	V	E	D	H	K	T	B	E	S
A	Y	M	K	I	D	Y	E	J	G
N	R	B	M	T	N	V	R	L	E
N	O	U	A	L	E	K	G	C	A
K	E	R	R	E	O	U	E	S	I
B	S	G	J	R	S	D	R	T	O

5 Welche Aussage passt zur Grafik?

a) Die Gehälter der Bäcker stiegen stark an.

b) Der Brotpreis stieg im Jahr 1923 explosionsartig an, weil die deutsche Währung zusammenbrach.

c) Im Jahr 1923 wurde sehr viel mehr Brot gekauft als in den Vorjahren.

d) Im Jahr 1923 blühte die deutsche Wirtschaft auf und es gab viele Millionäre, die bereit waren, für gutes Brot viel Geld zu bezahlen.

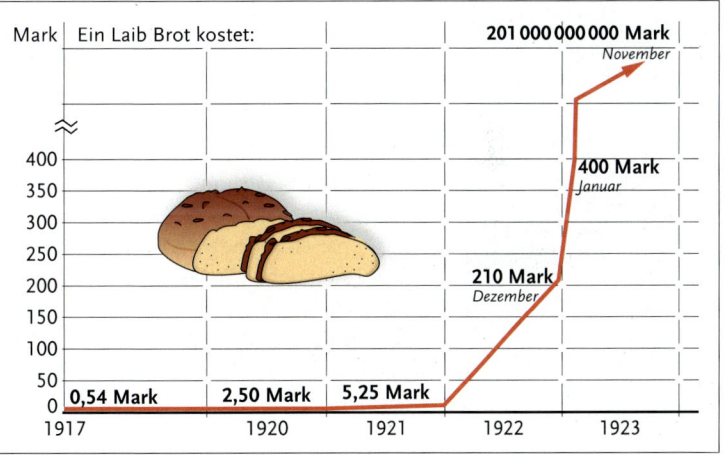

6 Wer hat's gesagt? Versuchen Sie die Zitate den genannten Personen zuzuordnen. Tauschen Sie sich dazu in Partnerarbeit aus.

a) Friedrich Ebert

b) Paul von Hindenburg

c) Rosa Luxemburg

„Die deutsche Armee ist von hinten erdolcht worden."

„Freiheit ist immer Freiheit der Andersdenkenden."

„Mit den alten Königen und Fürsten von Gottes Gnaden ist es für immer vorbei."

3.1

Einführung: Identität und deutsches Selbstverständnis

> **In diesem Kapitel geht es um**
> – Begriff und Wurzeln unserer Identität,
> – Deutungen des deutschen Selbstverständnisses im 19. und 20. Jahrhundert,
> – den Deutschen Sonderweg und transnationale Geschichtsschreibung.

Identität
Die Summe der Eigentümlichkeiten in der Persönlichkeit eines Menschen, die ihn kennzeichnen und von anderen unterscheidet. Sie kann vielfältig sein und sich verändern. Eine Person kann sich als Angehöriger einer Nation fühlen und/oder einer Religionsgemeinschaft und/oder eines Geschlechts und/oder einer Region, eines Dorfes, eines Vereins usw. Auch ist zwischen objektiv erkennbaren Merkmalen und subjektivem Empfinden dieser Merkmale zu unterscheiden.

M 1 Punker in der Berliner Innenstadt, Fotografie, 2010

M 2 Zuschauer bei der Fußball-Weltmeisterschaft in Deutschland, Fotografie, 2006

Wurzeln unserer Identität

Jeder Mensch besitzt eine Vielzahl von Eigenschaften und Eigentümlichkeiten, die seine Persönlichkeit prägen und seine Identität* ausmachen. Diese Identität, die **personalen und persönlich-individuellen Vorstellungen von der Besonderheit oder Einmaligkeit eines Menschen,** bestimmt das eigene Erleben und die Selbstwahrnehmung mit und unterscheidet Menschen voneinander. Die individuellen Werte, Umgangs- und Lebensformen lassen sich jedoch nicht allein aus dem **eigenen Selbstverständnis** erklären, sondern werden auch durch die **Gesamtgesellschaft** – Politik, Wirtschaft, Gesellschaft, Kultur – mitgestaltet. Der Mensch wird außerdem durch die unterschiedlichsten Gruppen mitgeformt, denen er angehört oder sich zugehörig fühlt: Familie, Berufs- und Freundesgruppen. 10

Die Identität muss auch nicht ein Leben lang die gleiche bleiben, sondern kann sich stark wandeln. Die Veränderbarkeit zeigt sich in der Regel deutlich beim Übergang vom Jugend- zum Erwachsenenalter. Auch der Eintritt ins Berufsleben oder der Wechsel des Berufes führen oft zu Veränderungen. Das gilt ebenso für biografische Einschnitte, die durch Arbeitslosigkeit, Wohnortwechsel oder Verluste von nahestehenden Menschen 15 ausgelöst werden. Alle diese **Umbrüche** verändern das Selbstverständnis und damit die Identität des Einzelnen.

Der vielfältige und rasche Wandel des gesamtgesellschaftlichen Lebens, die Entstehung größerer Handlungsspielräume für den Einzelnen und die Zunahme von Mobilität und Individualität haben in der Gegenwart die menschlichen Bindungen gelockert und zu 20 einer hohen Bewertung von Freiheit und Menschenwürde geführt. Viele Menschen streben immer intensiver nach der Entfaltung ihrer eigenen, als einmalig und unverwechselbar empfundenen Persönlichkeit. Die Frage nach der eigenen Identität hat dadurch einen hohen Stellenwert erhalten.

Trotz aller Individualität prägen aber auch heute noch **kollektive Identitäten** die einzelnen Menschen. Sie identifizieren sich mit größeren Einheiten wie Religionsgemeinschaften, Ethnien oder einer Nation. Wie stark die Identifikation mit der Nation das Denken und Fühlen der Menschen beeinflusst, zeigt sich u. a. bei Sportveranstaltungen. Wenn Olympiasieger geehrt werden, erklingt die Nationalhymne des Erstplatzierten, und auch vor jedem Fußballländerspiel werden die Nationalhymnen der beiden Mann- 30 schaften gespielt. Sportlerinnen und Sportler kämpfen bei internationalen Wettbewerben also nicht nur für sich selbst oder ihre Mannschaften, sie vertreten ebenfalls ihre Nationen. Auch in der Politik spielt die Identifikation mit Staat, Nation und Nationalstaat eine große Rolle, unabhängig davon, ob diese durch Sprache, Kultur oder rechtliche Bindungen definiert werden. 35

Das nationale Zugehörigkeitsgefühl als zentraler Aspekt der kollektiven Identität hat sich im Laufe der Geschichte erst entwickelt und immer wieder verändert. Insbesondere seit dem 19. Jahrhundert sind die nationalen und nationalstaatlichen Bindungen der Menschen in Europa gewachsen. Jeder Europäer und jede Europäerin ist bis heute Mitglied eines Nationalstaats, der ihnen Rechte verleiht und Pflichten auferlegt. Diesem 40

Staat fühlen sie sich auf verschiedene Weise verbunden. Sie sind heute auch Bürger der Europäischen Union (EU) und wählen das Europäische Parlament. Dabei ist ihnen bewusst, dass Europa durch eine Vielfalt an ethnischen, sprachlichen und regionalen Einheiten geprägt wird, die das politisch-gesellschaftliche Denken und Handeln sowie das

45 Alltagsleben vieler bestimmen. Deswegen müssen die Bürger der europäischen Nationalstaaten wie auch ihre Regierungen **zugleich national und europäisch** denken.

Die Deutschen haben sich über weite Strecken ihrer neueren Geschichte schwergetan, ihre nationale Identität einheitlich zu bestimmen. Die Definition von Nation und die Formen des Nationalismus unterschieden sich vom obrigkeitsstaatlichen Kaiserreich

50 über die Weimarer Republik bis hin zur nationalsozialistischen Diktatur stark. Im Selbstverständnis der Bundesrepublik spielen besonders die Brüche des 20. Jahrhunderts eine wichtige Rolle. Das prägt bis heute die kollektive Identität und Selbstwahrnehmung der Deutschen.

▶ **M 12: Hartmut Kaelble über das europäische Selbstverständnis**

▶ **M 6: Germania von 1914**

▶ **M 5: Spiegeltitelblatt von 2009**

Deutungen des deutschen Selbstverständnisses im 19. und 20. Jahrhundert

Bereits im frühen 19. Jahrhundert begannen zahlreiche Denker und Publizisten, das deutsche Selbstverständnis in Abgrenzung zu westeuropäischen Staaten wie Frankreich oder England und Nordamerika zu bestimmen. Es gab zwar auch liberale Historiker, die die neuzeitliche deutsche Geschichte als Prozess zur Freiheit deuteten, wobei sie unter

5 Freiheit geistige, politische und bürgerliche Freiheit verstanden. Mit dem Scheitern der Revolution von 1848/49 und der Reichsgründung 1870/71 erhielt das bürgerliche Geschichtsbewusstsein jedoch eine antirevolutionäre Stoßrichtung und grenzte sich von den liberalen und demokratischen Ideen der Amerikanischen und Französischen Revolution ab.

10 Hinzu kam die Entstehung des **modernen Nationalismus,** der sich während des 19. Jahrhunderts zu einer mächtigen und einflussreichen Ideologie in Europa entwickelte. Die Nation oder der Nationalstaat galten dem Nationalismus als oberste Werte, als allgemein verbindliche Sinn- und Rechtfertigungsinstanzen politischen Handelns. Der Einzelne verstand sich seitdem zuallererst als Mitglied einer nationalen Lebensgemein-

15 schaft. Allerdings konnte die eigene Nationalität durchaus unterschiedlich bestimmt werden, sei es durch die Gleichheit der Sprache oder Kultur, sei es durch Abstammung oder die Zugehörigkeit zu einem Volk. Nationale Gefühle konnten und können die Integration und Solidarität in einer Gesellschaft dadurch stärken, dass sie einer Gemeinschaft ihre Zusammengehörigkeit bewusst machen und diesem Gefühl einen besonde-

20 ren Stellenwert zuschreiben. Nationalismus beinhaltet aber auch meistens die Abgrenzung zu anderen Nationen, indem man die eigene Besonderheit, oft auch im Sinne von Überlegenheit, hervorhob.

In Deutschland trug der Nationalismus seit Ende des 19. Jahrhunderts dazu bei, das Deutsche Reich auf einem **positiven Sonderweg*** in die Moderne zu sehen. Die deut-

25 sche Entwicklung wurde nun von vielen konservativen und national denkenden Historikern als vorteilhafte Abweichung von der Geschichte des westlichen Europas interpretiert. Das von 1871 bis 1945 bestehende Deutsche Reich wurde im Vergleich zu den „westlichen Demokratien" als weit überlegen dargestellt. Dabei verwies man u. a. auf die wirtschaftliche Leistungsfähigkeit, die Effizienz der Bürokratie und eine besondere

30 deutsche Kultur. Während des Ersten Weltkrieges spitzten Wissenschaftler, Schriftsteller und Intellektuelle dies zu einer umfassenden Ideologie zu und popularisierten diese Sicht auf die Vergangenheit. Es wurde beispielsweise argumentiert, in Deutschland stünde nicht die Gesellschaft, sondern der Staat, nicht das Individuum, sondern das Volk im Mittelpunkt. So könnten alle Kräfte im Krieg gebündelt und auf ein gemeinsa-

35 mes Ziel ausgerichtet werden. Bis in die Weimarer Zeit fand diese positive Version von einem deutschen Sonderweg zahlreiche Anhänger in der Geschichtswissenschaft wie in

▶ **M 7: Thomas Nipperdey über deutschen Nationalismus im 19. Jh.**

▶ **M 8: Peter Brandt über deutsches Selbstverständnis im 20./21. Jh.**

Sonderweg
Die These vom deutschen Sonderweg besagt, dass Deutschland einen eigenständigen Weg in die Moderne beschritten habe, der sich grundlegend von dem der westeuropäischen Staaten unterschied.

M 3 **Hitlerjugend beim Reichsparteitag, Fotografie, 1938**

▶ M 9: Heinrich August Winkler über den „deutschen Sonderweg"

▶ M 10: Karikatur zur deutschen Wiedervereinigung

▶ Kap. 3.7: Kernmodul, M 6: Karl Dietrich Bracher (S. 376 f.)

der deutschen Öffentlichkeit. Die Nationalsozialisten knüpften an dieses Sonderbewusstsein an und radikalisierten diese Vorstellung zu einem übersteigerten Nationalismus, Militarismus und Imperialismus. Der Radikal-Nationalismus der Nationalsozialisten beruhte auf einer sozialdarwinistischen Interpretation der Geschichte, die als 40 ständiger Kampf der Individuen und Völker, der Staaten und „Rassen" galt, wobei sich stets die Stärkeren gegenüber den Schwächeren durchsetzten. Grundlage des Radikal-Nationalismus waren außerdem Antisemitismus und Rassenlehre, die zu einer umfassenden „Weltanschauung" ausgebildet wurden und eine in der Geschichte beispiellose Gewalt- und Vernichtungspolitik rechtfertigen sollten. 45

Deutscher Sonderweg und transnationale Geschichtsschreibung

Nach 1949 begannen Historiker, Sozialwissenschaftler und Publizisten sich mit der Frage auseinanderzusetzen, warum das Deutsche Reich im Unterschied zu vergleichbaren Staaten des Westens wie Frankreich oder Großbritannien in der tiefgreifenden Krise der Zwischenkriegszeit – an erster Stelle ist hier die Weltwirtschaftskrise seit 1929 zu nennen – nicht demokratisch blieb, sondern sich in eine auf Eroberung und Unterwerfung 5 anderer Völker ausgerichtete faschistische Diktatur verwandelte. Außerdem wurde die Frage nach den Ursachen der NS-Verbrechen gestellt: Wie konnte ein zivilisiertes, an rechtsstaatliches Denken gewöhntes Volk den welthistorisch einmaligen Völkermord an den Juden vollziehen oder zumindest stillschweigend dulden? Warum hat Deutschland nach der Katastrophe des Ersten Weltkrieges den Zweiten Weltkrieg vom Zaun 10 gebrochen? Dies führte insbesondere in den 1960er-Jahren zur Formulierung **negativer „Sonderwegsthesen",** die im Vergleich zum erfolgreichen westlichen Modernisierungsweg vor allem Defizite und die Rückständigkeit Deutschlands betonten. In den Blick geriet u. a. die im Vergleich zu anderen europäischen Staaten späte Nationalstaatsgründung Deutschlands. Auch die blockierte Parlamentarisierung des kaiserlichen Deutsch- 15 lands galt als eine wesentliche Ursache für das spätere Scheitern der ersten deutschen Demokratie, der Weimarer Republik. Kritisch beurteilten die Historiker außerdem die antiliberalen, antipluralistischen bzw. obrigkeits- und machtstaatlichen Orientierungen der deutschen politischen Kultur, die zur Schwächung der liberal-demokratischen Kräfte in Deutschland geführt und dadurch den Aufstieg der Nationalsozialisten begünstigt 20 hätten.

Zu den wichtigsten Vertretern der negativen Sonderwegsthese gehören der Philosoph **Helmuth Plessner** und der Politikwissenschaftler und Zeithistoriker **Karl Dietrich Bracher.** Plessner prägte den Begriff von Deutschland als einer „verspäteten Nation", während sich Bracher intensiv mit dem deutschen Staatsdenken auseinandersetzte und 25 aufzeigte, wie sich Nationalismus, Autoritarismus und Militarismus gegenüber liberalen Traditionen durchsetzten. Gleichzeitig ist die Diskussion über den „deutschen Sonderweg" nach 1949 in die Auseinandersetzung um die ideellen Grundlagen der Bundesrepublik Deutschland eingebettet, die sich vom antiwestlichen „Sonderweg" entschieden abgewandt und eine Politik der „Westbindung" verfolgt hat. Die Beschäftigung mit dem 30 „deutschen Sonderweg" war und ist daher nicht nur eine wissenschaftliche Debatte über das historische Selbstverständnis Deutschlands und der Deutschen, sondern auch eine durch und durch politische Diskussion. Das verleiht ihr eine besondere Spannung. Seit den 1980er-Jahren haben deutsche und ausländische Historiker Kritik an der Sonderwegsthese geübt. Sie argumentierten, dass die deutsche Geschichte farbiger und 35 vielfältiger gewesen sei als von den Anhängern der Sonderwegsinterpretation behauptet. Außerdem dürfe die deutsche Vergangenheit seit der Reichsgründung 1870/71 nicht als bloße Vorgeschichte des Nationalsozialismus aufgefasst werden. Die These von einem „Sonderweg" unterstelle überdies die Vorstellung von einem „Normalweg". Aber wer bestimme dann die „Norm"? Diese Kritik führte zur Differenzierung der negati- 40 ven Sonderwegsthese, nicht aber zu ihrer völligen Ablehnung.

M 4 Karikatur von Gerhard Mester, 1999

In der Geschichtswissenschaft besteht ein breiter Konsens, dass die Sonderwegsthese durch Vergleiche zwischen den europäischen Staaten präzisiert werden könne. Allein auf diesem Weg sei die Frage nach Gemeinsamkeiten, Ähnlichkeiten oder Unterschie-
45 den zu klären. Diese Forderungen überschneiden sich mit denen der **transnationalen Geschichtsschreibung***, der es um eine **Erweiterung der historischen Perspektiven** geht: Die Geschichtswissenschaft hat sich lange Zeit vornehmlich um lokale, regionale Geschichte und die Nationalgeschichte von Ländern, Staaten oder bestimmten Bevölkerungsgruppen (z. B. nationalen Minderheiten) gekümmert. Der Blick soll nun durch
50 eine **zusätzliche Ebene** erweitert werden, die sich **zwischen lokale, regionale und nationale Geschichte einerseits und die Globalgeschichte andererseits** schieben lasse. Eine derartige transnationale Geschichtsbetrachtung ermöglicht präzise vergleichende Analysen unterschiedlicher politischer, gesellschaftlicher und kultureller Verhältnisse. Auch grenzüberschreitende Austauschprozesse, die Bildung internationaler Netzwerke
55 oder die Entstehung von Diasporagebieten können genauer beschrieben und erklärt werden.

Transnationale Geschichtsschreibung
Der Begriff bezeichnet im weitesten Sinne die Betrachtung von Geschichte über die Grenzen einzelner Nationen/Staaten hinaus. Häufig bezieht sich der Begriff auch auf eine Geschichtsschreibung, die nicht nur auf ein Land oder auf einen Kontinent, sondern die Welt global betrachtet. Entstanden ist die transnationale Geschichtsschreibung an der Wende vom 20. zum 21. Jh. (nach dem Ende des Kalten Krieges), und zwar in Reaktion auf die veränderten Wahrnehmungen im Zeitalter der Globalisierung.

▶ **M 11: Sebastian Conrad über Globalgeschichte und transnationale Geschichte**

1 **Partnerarbeit/Mindmap:** Erstellen Sie in Partnerarbeit eine Mindmap zur Frage, warum sich die Deutschen in der neueren Geschichte schwer damit getan haben, ihre kollektive Identität zu bestimmen.

2 Erläutern Sie den Begriff „Sonderweg" und skizzieren Sie in einem knappen Überblick die Geschichte des „deutschen Sonderwegs".

3 **Pro-und-Kontra-Diskussion:** Sammeln Sie Pro- und Kontra-Argumente für die Verwendung der These vom „deutschen Sonderweg" bei der Analyse deutscher Geschichte.

4 Jeder Bürger der Bundesrepublik besitzt außer der deutschen auch die europäische Staatsangehörigkeit. Diskutieren Sie, was das für Sie im Alltagsleben und für Ihr politisches Handeln bedeutet.

Deutungen des deutschen Selbstverständnisses

M 5 Titelblatt des Magazins „Der Spiegel" zum
60. Jahrestag der Gründung der Bundesrepublik,
2009

M 6 „Deutschland – August 1914", Gemälde von
Friedrich August von Kaulbach, 1914

1 Arbeiten Sie die einzelnen Bildelemente heraus und
charakterisieren Sie das (west-)deutsche Selbstverständnis um 2009.

1 Analysieren Sie das Gemälde im Hinblick auf die
Eigenschaften, die der deutschen Nation in dieser
Personifikation der Germania zugeschrieben werden.
Tipp: Siehe S. 482.
2 Erörtern Sie auf Basis des Bildes das deutsche
Selbstverständnis um 1914.
3 **Zusatzaufgabe:** Siehe S. 482.

M7 Der Historiker Thomas Nipperdey über den deutschen Nationalismus im 19. Jahrhundert (1992)

Der Nationalismus war in Europa seit 1789 und auch im von der Romantik geprägten Deutschland eine linke und progressive Bewegung gewesen, oppositionell, ja revolutionär, auf die Veränderung des Beste-
5 henden aus, auf den Sturz der Legitimitäten und Autoritäten der Tradition. Er hatte sich gegen das fürstlich-etatistische Establishment, gegen die Konservativen, gegen die Reaktion gerichtet, er hatte die modernen Kräfte, die bürgerliche Gesellschaft, die
10 öffentliche Meinung, ja auch das „Volk" für sich mobilisiert [...]. Vor 1871 herrschten die Nicht-Nationalen, die Nationalen waren Opposition. Seit 1871 herrschten die Nationalen. Damit wurde der Nationalismus eine Macht des Bestehenden, er war nicht mehr
15 Macht der Veränderung. Der Nationalismus wurde – schon durch die schlichte Lageveränderung – eine „rechte" Sache, war nicht mehr eine „linke". [...] Kurz, die bisherigen Gegner, die Rechte, übernahmen die nationalen Ideen und Ziele und suchten sich als die
20 Spitzen und Garanten des neuen Nationalismus zu profilieren. [...]
Zur Koordinatenveränderung und zur Aufnahme des Nationalismus kamen Veränderungen in der Substanz. 1871 ist der deutsche Nationalismus national-
25 monarchisch und nationaldemokratisch zugleich, das ist der erste Kompromiss der Reichsgründung. Dann verschieben sich langsam die Gewichte. Die Nationalisierung der Regierungen und des Konservativismus machte umgekehrt den Nationalismus und
30 seine bisherigen Träger auch gouvernementaler und konservativer; teils trat die „Freiheit" hinter der „Einheit" zurück, teils wurde sie vertagt, teils drängten Sozialistenfurcht und Massenmobilisierung durch das allgemeine Wahlrecht und die Interessenverbän-
35 de die Liberal-Nationalen nach rechts. Ideologisch wurden die nicht-liberalen Züge des deutschen Nationalismus betont, die Überordnung der nationalen Gemeinschaft über das Individuum, die Betonung von Ordnung, Macht und Autorität, die Wendung ge-
40 gen das Naturrecht, den Westen, den Internationalismus. Sodann: Nationale Politik der national gewordenen Regierung und der konservativer werdenden Nationalen war die Militärpolitik. Die Unterstützung der militärischen Rüstung wurde in einem spezifi-
45 schen Sinn zu einer „nationalen Frage". Zurückhaltung gegenüber Militärforderungen und der entsprechenden Steuerlast wurde „un-national". [...]
Ebenso wichtig wie die Tendenz des siegreichen Nationalismus von 1871 gegen innere Gegner, alte und
50 vor allem neue Feinde, ist die Wendung nach außen;

der Akzent verschiebt sich von der inneren Einigung Deutschlands zur Machtstellung Deutschlands in Europa und der Welt. [...] Zwar stand die Außenpolitik noch keineswegs wie in der Ära der wilhelmini-
55 schen Weltpolitik im Vordergrund des öffentlichen, des nationalen täglichen Interesses, und real ging es nicht nur dem Friedenspolitiker Bismarck, sondern auch der großen Mehrheit der öffentlichen Meinung um Erhaltung und Sicherung der deutschen Macht-
60 position, nicht um Expansion. Aber ideenpolitisch wurde die Macht jetzt stärker akzentuiert, stärker jedenfalls als Recht, Freiheit oder Wohlfahrt. Die Wendung zur Realpolitik führte in der populären Rhetorik dazu, dass man nicht primär die deutsche
65 Innerlichkeit und Kultur, die Dichter und Denker feierte, sondern die reale Macht. Der gewonnene Krieg gegen einen äußeren neidischen Feind machte diese Wendung fast zwingend, das deutsche Schwert wurde in der Öffentlichkeit – anders als in der Diploma-
70 tie – mehr und mehr ein wesentliches Symbol der Deutschen. Darin mündeten rhetorische Überkompensationen vermeintlich früherer idealistischer Schwächen; darum war dieses Machtgetön etwas schärfer und unangenehmer als in anderen Nationen
75 wie England und Frankreich, denen Groß- und Weltmachtstellung selbstverständlich waren. [...] Freilich, die Außenpolitik Bismarcks und das Außenpolitikmonopol der Regierung zügelten noch solche Tendenzen des deutschen Nationalismus. Aber etwa in
80 der aufflammenden Kolonialbewegung Anfang der 1880er-Jahre, in den Konkurrenzgefühlen gegenüber England kam doch auch das dynamische Potenzial des neuen Macht-Nationalismus zum Vorschein. Deutschlands Stellung in der Welt fing an, zum nati-
85 onalen Thema zu werden, und verdrängte die ältere Konzentration auf das Selbstbestimmungsrecht der Nation.

Thomas Nipperdey, Deutsche Geschichte 1866–1918, Bd. 2: Machtstaat vor der Demokratie, C. H. Beck, München 1992, S. 255 ff.*

1 Beschreiben Sie mithilfe von M7 die Entwicklung des Nationalismus in Deutschland.
2 Erläutern Sie, was Nipperdey mit „das dynamische Potenzial des neuen Macht-Nationalismus" (Z. 82 f.) meint.
3 Setzen Sie sich mit dem Begriff „Patriotismus" auseinander und grenzen Sie ihn von dem Begriff „Nationalismus" ab.
   Tipp: Siehe S. 482.

Nationalstaat Deutschland 19. Jh.

cornelsen.de/Webcodes
Code: toyibe

M8 Der Historiker Peter Brandt über die Entwicklung des deutschen Selbstverständnisses während des 20./21. Jahrhunderts (2010)

Die besondere Schwierigkeit, heute in Deutschland über das Nationale nicht allein negativ zu sprechen, besteht natürlich in der Last der NS-Vergangenheit mit ihren völkermordenden Ereignissen, ein Erbe, 5 das nicht abzuschütteln ist. Für die große Mehrheit der Deutschen, zumindest der politisch bewussten, hat der derzeitige Bundespräsident [Horst Köhler] im israelischen Parlament festgestellt, dass die Auseinandersetzung mit der nationalsozialistischen Ver- 10 gangenheit, mit dem Judenmord als destruktivem Höhepunkt, heute einen wesentlichen Bestandteil des deutschen nationalen Selbstverständnisses darstellt. Es geht um die Verantwortung, die die Bundesrepublik damit übernimmt, es geht nicht um eine 15 kollektive Schuld der damaligen oder gar der heutigen Deutschen. [...]

Ferner: Von weit links bis ziemlich weit rechts wird die repräsentative Demokratie heute als Staatsform akzeptiert, und das hängt einerseits sicher mit dem 20 Ende der SED-Diktatur im Osten zusammen, andererseits und vor allem aber mit einem bleibenden Ergebnis der jüngeren Geschichte: der totalen Kriegsniederlage von 1945 [...].

Als das – in den [19]50er-Jahren noch deutlich er- 25 kennbare – tradierte gesamtdeutsche Nationalbewusstsein der älteren Generation seit Mitte der [19]60er-Jahre in sich zusammenfiel, auch in seinen dezidiert demokratischen Varianten, verursacht hauptsächlich durch die schlichte Hoffnungslosig- 30 keit des internationalen Status quo und damit der deutschen Teilung, die mit dem Bau der Berliner Mauer im August 1961 buchstäblich zementiert worden war, war damit auch die klassische nationalstaatliche Orientierung der Bundesrepublik de facto 35 am Ende. Stattdessen entwickelte sich mit dem Orientierungswandel der späten [19]60er-Jahre in Teilen der jüngeren Intelligenz Westdeutschlands ein quasi „negativer Nationalismus". Dieser war und ist getragen von der Überzeugung, die Deutschen hätten 40 während des 19. und 20. Jahrhunderts eine nationalistische Sonderentwicklung durchlaufen, die im „Dritten Reich" ihren Höhepunkt gefunden habe; von daher sei das Nationale, und speziell das Projekt eines Nationalstaats, in Deutschland für immer unheil- 45 bar belastet. [...]

Mein dritter Punkt ist die unbestreitbare Relativierung des Nationalstaats durch die Prozesse der Europäisierung und Globalisierung, die in erster Linie, aber nicht allein wirtschaftlich bestimmt sind. Was 50 die Globalisierung betrifft, so gehen [...] die meisten politikwissenschaftlichen Analytiker davon aus, dass die Rolle der Staaten auch künftig keine unbedeutende sein wird [...]. [...]

Den vierten Punkt habe ich soeben schon beiläufig erwähnt. Was bedeutet die Massenzuwanderung der 55 letzten Jahrzehnte, insbesondere aus anderen Kulturkreisen, für die Zukunft der tradierten europäischen Nationen, namentlich der deutschen? Grundsätzlich lässt sich zunächst unterstreichen, dass das deutsche Volk, wie mehr oder weniger alle Völker 60 Europas und die meisten Völker der Welt, in ethnischer Hinsicht ein Mischvolk ist. [...]

Um meinerseits Klartext zu reden: Die Existenz und ständige Erneuerung von nicht-deutschen, gettoisierten Parallelgesellschaften, in denen soziale Aus- 65 grenzungs- und ethnisch-kulturelle Absonderungstendenzen sich gegenseitig verstärken, scheint mir mit dem Gedeihen eines demokratischen und sozialstaatlichen Gemeinwesens, das auf Inklusion angelegt ist, nicht vereinbar. Demokratie braucht nicht 70 nur die Akzeptanz gewisser Grundregeln und gemeinsamer politisch-weltanschaulicher Werte (wie der Menschenrechte), sondern auch ein Mindestmaß an kultureller und sozialer Homogenität, damit das Volk im politischen Sinn des Wortes, der Demos, er- 75 kennbar und handlungsfähig bleibt.

Peter Brandt, Deutsche Identität zu Beginn des 21. Jahrhunderts, 2010, zit. nach: http://www.globkult.de/gesellschaft/identitaeten/442-deutsche-identitaet-zu-beginn-des-21-jahrhunderts (Download vom 9. August 2020).*

1 Untersuchen Sie mithilfe des Textes von Brandt, welche Wirkungen die NS-Vergangenheit auf das Selbstverständnis der Deutschen hat.
2 Erläutern Sie die These Brandts, der Nationalstaat sei in der jüngeren Geschichte relativiert worden durch Prozesse der Europäisierung und Globalisierung sowie durch die Massenzuwanderung aus fremden Kulturen.
3 Nehmen Sie Stellung zu der These Brandts, demokratische Staatswesen wie die Bundesrepublik benötigten auch ein Mindestmaß an kultureller und sozialer Homogenität.

Die deutsche Sonderwegsdebatte

M9 Der Historiker Heinrich August Winkler über den „deutschen Sonderweg" (2000)

Hitler ist nicht durch einen Wahlsieg an die Macht gekommen. Seine Wahlerfolge in den Jahren 1930 bis 1932 bildeten aber eine Vorbedingung der Machtübertragung vom 30. Januar 1933, eines Gemeinschaftswerks von „nationalen" Massen und Machtteli- 5

ten. Das Machtzentrum um Hindenburg hätte, den entsprechenden Willen vorausgesetzt, die Auslieferung des Staates an Hitler verhindern können. Die Machtübertragung war also kein notwendiges Ergeb-
10 nis der vorangegangenen Entwicklung. Sie war aber auch kein bloßer „Betriebsunfall". Die ostelbischen Rittergutsbesitzer, die in der späten Weimarer Republik wie keine andere gesellschaftliche Gruppe über das Privileg des Zugangs zum Machthaber, dem
15 Reichspräsidenten von Hindenburg, verfügten und geschlossener als jede andere Elite auf eine Kanzlerschaft Hitlers drängten, waren nicht zufällig so mächtig, sondern als Ergebnis ihrer Machtbehauptung unter und durch Bismarck. [...] Der 30. Januar
20 1933 hat eine lange Vorgeschichte.
Deutschland war nicht das einzige Land, das nach 1929 schwer unter der Weltwirtschaftskrise litt. Eine Krise des parlamentarischen Systems erlebten in der Zwischenkriegszeit auch alte Demokratien wie
25 Frankreich und, in geringerem Maß, England. Frankreich und England waren aber Siegermächte, was einer Mobilisierung nationalistischer Ressentiments wie im besiegten Deutschland entgegenstand. [...] Die Angst vor dem Bürgerkrieg ging nach der Okto-
30 berrevolution der Bolschewiki von 1917 in ganz Europa um. Aber in alten Demokratien war die Bereitschaft, der Gefahr von links mit diktatorischen Mitteln entgegenzutreten, schwächer als in jungen. Was die westliche Demokratie am meisten festigte,
35 war ihre Tradition, ihre Verwurzelung bei Massen und Eliten, oder, anders gewendet, der demokratische Grundkonsens – und der war in Deutschland hingegen so gut wie gar nicht vorhanden.
Fast alle neuen, erst nach 1918 entstandenen Demo-
40 kratien Europas gingen in der Zwischenkriegszeit zu rechtsautoritären Regimen über. Als erster Staat errichtete Italien [...] eine Diktatur neuen Typs, die faschistische. Wäre das Regime Hitlers lediglich eine faschistische Diktatur nach der Art von Mussolinis
45 Italien gewesen, gäbe es vermutlich keine Diskussion über einen „deutschen Sonderweg". Aber das „Dritte Reich" war eben nicht nur [...] der „deutsche Faschismus". Er war das Regime, das den Zweiten Weltkrieg entfesselte und für ein Jahrhundertverbrechen steht:
50 die Ermordung der europäischen Juden. [...]
Was den Nationalsozialismus von anderen „rechten" Bewegungen abhob, war die Verbindung von radikalem Antisemitismus und Nationalismus mit einer populistischen und populären Variante von Demokra-
55 tiefeindschaft. [...]
Die „Gebildeten" unter den Anhängern Hitlers faszinierte vor und nach 1933 besonders sein Traum von einem großen Deutschland – dem Großdeutschen

Reich. „Großdeutsch" waren nach 1918 alle politi-
60 schen Kräfte in Deutschland, von der äußersten Linken bis zur äußersten Rechten. [...]
Die historisch und theologisch gebildeten Deutschen erinnerten sich und andere gern an den alten Mythos, wonach der Antichrist nicht zur Herrschaft gelangen
65 würde, solange das Römische Reich bestand, das im Jahr 800 mit der Kaiserkrönung Karls des Großen auf die Franken und damit auf die Deutschen übertragen worden war. Vor allem aber: Es gab nach deutschem Verständnis nur ein Reich, das deutsche. [...]
70 Wenn es eine tragfähige Brücke zwischen Hitler und dem gebildeten Deutschland gab, war es der Reichsmythos. In seinem Zeichen rechtfertigten deutsche Gelehrte den Anschluss Österreichs, die Errichtung des Reichsprotektorats Böhmen und Mähren, die
75 Niederwerfung Polens, die Vorherrschaft über Nord-, West- und Südosteuropa und schließlich den Krieg gegen das bolschewistische Russland, die vermeintliche moderne Erscheinungsform des Antichrist. [...]
Es gab einen „deutschen Sonderweg". Es war der
80 lange Weg eines tief vom Mittelalter geprägten Landes in die Moderne. [...] Der stärkste Einwand gegen die These vom „deutschen Sonderweg" lautet noch immer, dass es einen oder gar den westlichen „Normalweg" nicht gibt: Der englische war es so wenig wie
85 der französische oder der amerikanische. Aber der Begriff „westliche Demokratien" verweist doch auf ein gemeinsames Merkmal der Staaten, von deren politischer Entwicklung sich die deutsche bis 1945 scharf abhob. Die Menschen- und Bürgerrechte in
90 der Tradition der englischen Habeas-Corpus-Akte von 1679, der amerikanischen Unabhängigkeitserklärung von 1776 und der Erklärung der Menschen- und Bürgerrechte durch die französische Nationalversammlung am 26. August 1789 waren tief genug in
95 der politischen Kultur der westlichen Demokratien verankert, um Verstöße gegen dieselben zum öffentlichen Skandal zu machen und den Kampf um ihre weitere Verwirklichung voranzutreiben. Diese Tradition fehlte in Deutschland nicht, aber sie war schwä-
100 cher als die des langlebigen Obrigkeitsstaates.

Heinrich August Winkler, Der lange Weg nach Westen, Zweiter Band: Deutsche Geschichte vom „Dritten Reich" bis zur Wiedervereinigung, C. H. Beck, München 2000, S. 643 ff.

1 Fassen Sie die zentralen Argumente zusammen für die These, dass es einen „deutschen Sonderweg" gegeben habe.

2 Nennen Sie die entscheidenden Gründe dafür, dass die westlichen Demokratien den deutschen Weg in die Diktatur nicht beschritten.

M 10 Karikatur zur deutschen Wiedervereinigung von Nicholas Garland (Großbritannien), 1994

1 Interpretieren Sie die Karikatur.
   Tipp: Siehe S. 480.

Transnationale Geschichtsschreibung

M 11 Der Historiker Sebastian Conrad über transnationale Geschichte (2013)

Während der Begriff der Weltgeschichte meist eine Makroperspektive impliziert, zielt transnationale Geschichte auf Phänomene, die räumlich deutlich beschränkter sind – und für die der Begriff der Global-
5 geschichte auch anmaßend wirken könnte. Ganz allgemein formuliert geht es bei transnationaler Geschichte darum, Gesellschaften in ihren grenzüberschreitenden Verflechtungsbeziehungen zu untersuchen. Inwiefern war gesellschaftliche Dynamik
10 geprägt durch Prozesse, welche die Grenzen der jeweiligen Gesellschaften transzendierten? Auch hier handelt es sich in erster Linie um einen heuristischen Zugriff, nicht um eine Methode. Er bringt es mit sich, dass der Rolle von Mobilität, von Zirkulation und
15 Transfers besonderes Augenmerk geschenkt wird. Von der Geschichte internationaler Beziehungen unterscheidet sich der Ansatz dadurch, dass nicht nur die Außenbeziehungen von Ländern thematisiert werden, etwa die Diplomatie oder der Außenhandel,
20 sondern dass danach gefragt wird, inwiefern externe Kräfte in die Gesellschaft hineinreichten und sie prägten. Darüber hinaus geraten transnationale Organisationen und Akteure – NGOs, Unternehmen, transnationale Öffentlichkeiten – in den Blick.
25 In der Praxis sind die Beziehungen zwischen transnationalen und globalen Perspektiven sehr eng. Wer gleichwohl an einer Feindifferenzierung interessiert ist, würde darauf verweisen, dass sich viele Untersuchungen zur transnationalen Geschichte auf Aus-
30 tauschprozesse zwischen zwei Gesellschaften kon-

zentrieren. Diese bilaterale Struktur führt bisweilen dazu, dass darüber hinausreichende (globale) Zusammenhänge nicht in den Blick kommen; [...] Eine andere Kritik richtet sich auf die konzeptionelle Rückbindung an die Nation. Ohne analytische Sensi- 35 bilität für die große Prägekraft des Nationalstaats in vielen Bereichen historischer Wirklichkeit, so das Argument, erscheint auch eine transnationale Perspektive wenig sinnvoll. Doch wird, so lautet die Gegenposition, dadurch nicht an genau jener Einheit 40 festgehalten, die eigentlich überwunden werden soll? Darüber hinaus würde ein solcher Zugriff transnationale Perspektiven auf die Frühe Neuzeit, vor der Gründung von Nationalstaaten schon terminologisch unmöglich machen. Und schließlich: Auch in 45 der modernen Welt waren Nationalstaaten lange Zeit eine Ausnahmeerscheinung – selbst Frankreich, für viele geradezu Inkarnation eines modernen Nationalstaats, war bis 1962 ein Imperium. Eine zu enge Auslegung des Begriffs „transnational" würde ihn 50 also fast unbrauchbar machen – und ihm, angesichts der späten Nationalstaatsbildung in vielen Teilen der Welt, zugleich eine eurozentrische Schieflage geben. [...] Es ist daher sinnvoll, mit transnational nicht nur auf einen Gegenstandsbereich oder spezifischen his- 55 torischen Kontext (das Vorhandensein moderner Nationalstaaten) zu verweisen, sondern auch eine methodische Aussage zu machen: Es geht dann darum, den herkömmlichen nationalstaatlich (oder eben imperial) formatierten Untersuchungsrahmen zu 60 überschreiten, und das heißt methodisch: über im Kern internalistische Analysen hinauszugehen.

Sebastian Conrad, Globalgeschichte. Eine Einführung, C. H. Beck, München 2013, S. 16 f.

1 Arbeiten Sie auf der Basis von M 11 Unterschiede und Gemeinsamkeiten von „transnationaler Geschichte" und „Globalgeschichte" heraus.
2 **Wahlaufgabe:** Bearbeiten Sie entweder a) oder b).
   a) Lexikonartikel: Verfassen Sie einen Lexikonartikel zu dem Begriff „transnationale Geschichte".
   b) Essay: Analysieren Sie in einem Essay die Vorteile transnationaler Geschichtsschreibung.
3 **Zusatzaufgabe:** Siehe S. 482.

M 12 **Der Historiker Hartmut Kaelble über das europäische Selbstverständnis im 19. und 20. Jahrhundert (2002)**

Transnationale Identitäten wie das europäische Selbstverständnis sind nicht einfach nationale Identitäten mit weiterer geographischer Reichweite. [...] Sowohl nationale als auch europäische Identitäten
5 sind in gleicher Weise Identifizierungen mit kollektiven Gemeinschaften, deren Angehörige sich nur zu einem winzigen Bruchteil kennen und die deshalb über Symbole, Mythen, Riten, Debatten erfahren werden. [...]
10 Das moderne europäische Selbstverständnis entstand nicht im militärischen Konflikt gegen eine hegemoniale Vormacht, als militärischer Widerstand und in einem militärischen Befreiungskampf wie die italienische Identität im Kampf gegen die Habsbur-
15 ger Monarchie, die deutsche Identität in den Kriegen gegen die Napoleonische Vorherrschaft oder die Identität der USA in der amerikanischen Revolution gegen das britische Empire. Ganz im Gegenteil entstand das moderne europäische Selbstverständnis
20 gegen die Weltkriege und zu Vermeidung weiterer Kriege unter Europäern. Daher hat das europäische Selbstverständnis keinen militärischen Gründungsmythos wie viele heutige oder frühere Identitäten in und außerhalb Europas. Das moderne europäische
25 Selbstverständnis identifizierte sich seit seiner Entstehung in der Zwischenkriegszeit meist, wenn auch nicht immer, stärker als nationale Identitäten mit politischen Zielen wie Demokratie, Friedenssicherung, wirtschaftlichen Wohlstand, innere Sicherheit, aber
30 auch mit hoher Kultur, mit europäischer Dichtung, Malerei, Musik, Architektur, Stadtkultur. [...]
Das europäische Selbstverständnis unterschied sich nicht nur von nationalen Identitäten. Es gab auch zu keiner Epoche des 19. oder 20. Jahrhunderts ein einzi-
35 ges einheitliches europäisches Selbstverständnis. [...] Eine erste Art des Selbstverständnisses bestand aus dem Gefühl der dauerhaften, kaum veränderbaren und umfassenden, europäischen Überlegenheit über alle anderen Zivilisationen und Gesellschaften der
40 Welt. Diese Überlegenheit wurde als umfassende, wirtschaftliche wie militärische, politische wie kulturelle und wissenschaftliche Überlegenheit Europas über die ganze Welt angesehen. [...]
Eine zweite Art des europäischen Selbstverständnis-
45 ses drehte sich um die Bedrohtheit Europas. Sie beruhte nicht auf einem Gefühl der Überlegenheit, sondern Unterlegenheit, auf der Angst vor einer kulturellen oder wirtschaftlichen oder politischen Suprematie anderer Zivilisationen über Europa, vor
50 allem vor der Suprematie der USA, manchmal auch

der UdSSR. Dieses Selbstverständnis war meist eine antagonistische[1] Identität, ging davon aus, dass sich Zivilisationen und Nationen von Natur aus in einem erbarmungslosen Kampf aller gegen alle befanden. Ein wichtiges Kennzeichen dieses Selbstverständnis-
55 ses war daher einerseits die starke Solidarität mit anderen Europäern, andererseits die massiven gewollten, seltsamerweise oft als edel und zivilisiert eingeschätzten Hassgefühle auf die angeblich bedrohenden Zivilisationen. [...]
60 Insgesamt wäre es illusionär, diese verschiedenen Arten des europäischen Selbstverständnisses durchweg als bessere Alternativen zu den nationalen Identitäten in Europa anzusehen. Das europäische Selbstverständnis wurde zwar im 19. und 20. Jahrhundert sel-
65 ten zur ideologischen Grundlage für Krieg oder Völkermord in Europa ausgenutzt und missbraucht, aber das Überlegenheitsgefühl hatte in den europäischen Kolonialreichen seine Folgen.

Hartmut Kaelble, Das europäische Selbstverständnis und die europäische Öffentlichkeit im 19. und 20. Jahrhundert, in: Hartmut Kaelble/Martin Kirsch/Alexander Schmidt-Gernig (Hg.), Transnationale Öffentlichkeiten und Identitäten im 20. Jahrhundert, Campus Verlag, Frankfurt/Main 2002, S. 88–92, 94.*

1 *antagonistisch:* gegensätzlich, widerstreitend

1 Arbeiten Sie die Differenzierung Kaelbles zwischen dem europäischen Selbstverständnis des 19. und 20. Jahrhunderts und den nationalen Identitäten in Europa heraus.
2 Erläutern Sie auf Grundlage von M 12 das moderne europäische Selbstverständnis.
   Tipp: Beachten Sie hierzu auch die Wertvorstellungen der EU. (https://europa.eu/european-union/about-eu/eu-in-brief_de)
3 Beurteilen Sie auf Grundlage Ihrer Recherche und M 12, inwiefern es ein einheitliches europäisches Selbstverständnis geben kann.
4 **Vertiefung:** Der Nationalismus lebt in vielen Ländern seit den 2010er-Jahren wieder auf. Vergleichen Sie den Nationalismus um 1900 mit den nationalistischen Entwicklungen der Gegenwart.

3.2 Gründung: Politische Ideen und Träger der Weimarer Republik

M1 Die Weimarer Nationalversammlung (am Rednerpult Friedrich Ebert), Schulwandbild, um 1950/60

1871	Reichsverfassung: konstitutionelle Monarchie, allgemeines Wahlrecht		1888	Wilhelm II. Kaiser		
	1870	**1880**		**1890**		**1900**

1871–1918 Deutsches Kaiserreich

Der Erste Weltkrieg endete in Deutschland mit der Revolution im November 1918, die den Obrigkeitsstaat des Kaiserreiches beseitigte und eine demokratische Republik schuf. Diese erste deutsche Demokratie scheiterte jedoch bereits am 30. Januar 1933 mit der „Machtergreifung" der Nationalsozialisten. Weil die Folgen der nationalsozialis-
5 tischen Herrschaft so grauenvoll und umstürzend waren, haben Zeitgenossen und Historiker immer wieder zu erklären versucht, warum es in weniger als 15 Jahren zur Zerstörung der Demokratie in Deutschland kommen konnte. Zwar bleibt die Frage nach den Ursachen des Scheiterns der Weimarer Republik ein zentraler Forschungsschwerpunkt, doch darf dies nicht
10 den Blick verstellen für die Leistungen der Weimarer Republik. Hierzu gehört die Gründung der ersten Demokratie in Deutschland.
Die Weimarer Demokratie entstand in unruhigen Zeiten. Nach der deutschen Niederlage im Ersten Weltkrieg mussten die Soldaten wieder in das gesellschaftliche Leben eingegliedert werden. Es
15 herrschten wirtschaftliche Not und Verunsicherung. Außerdem musste geklärt werden, welche Staats- und Gesellschaftsordnung Deutschland erhalten sollte. Zur Debatte standen zwei Hauptmodelle: Sollte das sozialistische Rätesystem der Revolution oder eine demokratische Republik Staat und Politik Deutschlands in Zukunft
20 bestimmen? Nach heftigen Auseinandersetzungen entschied sich die Weimarer Nationalversammlung für eine demokratische Ordnung. Sozialdemokraten, Katholiken und Liberale, die drei Viertel der Wählerstimmen auf sich vereinten, hatten sich auf einen Grundkonsens verständigt: Die junge Republik sollte auf den Grundprinzi-
25 pien der parlamentarischen Ordnung und des Sozialstaats beruhen.

M2 „November 1918",
Karikatur von Wilhelm Schulz,
Titelbild des „Simplicissimus",
3. Dezember 1918

1 **Begriffscluster:** Reaktivieren Sie Ihr Vorwissen, indem Sie ein Begriffscluster zum Thema „Kriegsniederlage, Revolution, Nationalversammlung und Weimarer Demokratie" erstellen. Berücksichtigen Sie dabei alle Begriffe und Assoziationen, die Ihnen hierfür von Bedeutung erscheinen.
2 Analysieren Sie die Bilder M 1 und M 2:
  a) Bestimmen Sie die Bildelemente und die Aussagen.
  b) Erläutern Sie die Bedeutung der Bilder. Berücksichtigen Sie dabei deren Entstehungszeit.
3 **Partnerarbeit:** Formulieren Sie – ausgehend vom Text und den beiden Bildern – gemeinsam Fragen zur Gründungsphase der Weimarer Republik.
4 **Vertiefung:** Diskutieren Sie, ob man die Zeit der Weimarer Republik aus der Perspektive ihres Endes analysieren sollte.

1918	Ende der Monarchie in Deutschland, Ausrufung der Republik in Deutschland (9.11.)
1918/19	Novemberrevolution
1919	Gründung der KPD (1.1.), Straßenkämpfe in Berlin („Spartakusaufstand") (5.–11.1.), Freikorps ermorden Rosa Luxemburg und Karl Liebknecht (15.1.), Wahlen zur Nationalversammlung (19.1.), Eröffnung der Nationalversammlung in Weimar (6.2.), Wahl Friedrich Eberts zum Reichspräsidenten (11.2.), Kabinett Scheidemann (Weimarer Koalition: SPD, DDP, Zentrum) (13.2.), Unterzeichnung des Versailler Vertrages (28.6.), Weimarer Reichsverfassung in Kraft (11.8.)
1920	Gründung der NSDAP (Umbenennung der DAP)

1910   1920

1919–1923 Krisenjahre der Weimarer Republik   1924–1929 „Goldene Zwanziger"
1914–1918 Erster Weltkrieg

3.2 Gründung: Politische Ideen und Träger der Weimarer Republik

In diesem Kapitel geht es um
– die Novemberrevolution von 1918/19,
– Kontroversen und Kompromisse der Weimarer Reichsverfassung,
– die Träger und Gegner der Weimarer Republik.

Kriegsniederlage und demokratische Reformen

Die erste deutsche Demokratie entstand in einer schwierigen Situation, in der sich Kriegsende und Revolution überlagerten. Der Erste Weltkrieg endete für das Deutsche Reich mit einer Niederlage, die mit der Unterzeichnung des **Waffenstillstandes** am 11. November 1918 besiegelt wurde. Alle Hoffnungen der Deutschen richteten sich damals auf den amerikanischen Präsidenten Woodrow Wilson, der mit den von ihm verkündeten **„14 Punkten"*** ein liberales Friedensprogramm und damit einen milden Frieden versprach. Eine Voraussetzung dafür war die Demokratisierung des Wilhelminischen Reiches. Diese Forderung erfüllte Wilhelm II., indem er den liberalen Prinzen Max von Baden zum Reichskanzler ernannte. Dieser bildete die erste parlamentarische Regierung des Kaiserreiches, der Abgeordnete der Mehrheitssozialdemokratie (MSPD), des Zentrums und der Fortschrittspartei angehörten. Die **„Oktoberreformen"** vom 28. Oktober sicherten den **Übergang von der konstitutionellen zur parlamentarischen Monarchie** verfassungsrechtlich ab. Reichskanzler und Reichsregierung bedurften nunmehr des Vertrauens des Reichstages und nicht mehr des Kaisers, der auch die Kommandogewalt über das Militär verlor. Sie lag nun in den Händen eines Ministers, Reichstag und Bundesrat mussten seitdem Kriegserklärungen und Friedensschlüssen zustimmen.

Novemberrevolution: Räterepublik oder parlamentarische Demokratie?

Die parlamentarische Monarchie endete mit dem Ausbruch der Revolution. An ihrem Beginn standen Befehlsverweigerungen der Matrosen einiger Geschwader der Hochseeflotte, die sich gegen den Befehl der Admiralität vom 29. Oktober 1918 auflehnten, mit der Flotte auszulaufen und in einem letzten Gefecht ruhmreich und ehrenvoll unterzugehen. Mit ihnen solidarisierten sich Arbeiter und Soldaten aus Kiel am 3. November. Von Kiel ausgehend erfassten die Aufstände binnen weniger Tage das gesamte Reichsgebiet. Die mit der Bekämpfung der Aufstände beauftragten Militär- und Polizeieinheiten kapitulierten weitgehend widerstandslos oder liefen zu den Aufständischen über, **Arbeiter- und Soldatenräte*** übernahmen in den meisten Städten die Macht. Die kriegsmüde Bevölkerung verlangte auf Massendemonstrationen den sofortigen Frieden und die Abdankung des Kaisers. Am 9. November verkündete Reichskanzler Max von Baden eigenmächtig die Abdankung des Kaisers und übergab das Amt des Reichskanzlers an den Vorsitzenden der MSPD Friedrich Ebert, der mit der Führungsspitze seiner Partei die Regierungsgeschäfte übernahm. Die Sozialdemokraten hofften, kraft ihrer Regierungsämter die Revolution besser zähmen zu können. Als der Sozialdemokrat Philipp Scheidemann am frühen Nachmittag des 9. November von einem Balkon des Reichstages die Gründung der „Deutschen Republik" bekannt gab, kritisierte Ebert diesen Schritt. Doch die Dramatik der Ereignisse ließ keine langwierigen innerparteilichen Abstimmungen zu. Kurz nach Scheidemann verkündete der Spartakistenführer Karl Liebknecht vor dem Berliner Schloss die „Freie Sozialistische Republik Deutschland".

14-Punkte-Programm
Das Programm enthielt konkrete Vorschläge zu Grenzen, Autonomie von Nationalstaaten, Schifffahrt, Freihandel und Rüstung. Das Selbstbestimmungsrecht der Völker sollte Grundlage der Friedensordnung sein.

M1 **Revolutionäre Matrosen und Soldaten in Berlin, 1918**

Rätesystem
Form der direkten Demokratie, bei der alle Menschen in den jeweiligen Basiseinheiten Räte als ihre Vertreter wählen, die ihnen direkt verantwortlich und jederzeit abwählbar sind. Im Gegensatz zum repräsentativen System, der parlamentarischen Demokratie, gibt es keine Gewaltenteilung, sodass die Räte gesetzgeberische, ausführende und Recht sprechende Kompetenzen besitzen.

▶ M7–M9: Novemberrevolution

Während die MSPD unter Führung von Ebert alle Energie darauf konzentrierte, eine parlamentarische Demokratie durchzusetzen, kämpfte der linke Flügel der Unabhängigen Sozialdemokraten (USPD) für eine Fortsetzung der Revolution. Der bis zum 18. Dezember 1918 mit der USPD organisatorisch verbundene Spartakusbund und die so-

25 genannten Revolutionären Obleute setzten sich außerdem für eine sozialistische Räterepublik nach sowjetischem Vorbild ein. Um diese Pläne abzuwehren, legte Ebert das Reichskanzleramt nieder und bildete mit dem gemäßigten Flügel der USPD am 10. November eine neue Regierung. Dieser sogenannte **Rat der Volksbeauftragten** wurde am gleichen Tag von 3000 Delegierten der Berliner Arbeiter und Soldaten anerkannt. Die

30 entscheidenden Weichen für die politische Zukunft Deutschlands stellte der 1. Rätekongress, der vom 16. bis 20. Dezember in Berlin tagte. Alle deutschen Arbeiter- und Soldatenräte hatten Vertreter geschickt. Mit überwältigender Mehrheit lehnte der Kongress den Antrag ab, das Rätesystem zur „Grundlage der Verfassung der sozialistischen Republik" zu erklären. Über die Neuordnung sollte eine aus allgemeinen Wahlen her-

35 vorgegangene Nationalversammlung entscheiden.

Politische Herausforderungen für den „Rat der Volksbeauftragten"
– Rückführung der Armee
– Vorbereitung der Friedensverhandlungen
– Lebensmittelversorgung
– Kriegsopferversorgung
– Anpassung der Wirtschaft (Frieden)
– Erhalt der inneren Ordnung
– Erhalt der Reichseinheit

Die Gründung der deutschen Republik.

M2 „Rat der Volksbeauftragten"/Gründung der Republik, Postkarte, 1919.

Die Porträts der Mitglieder im „Rat der Volksbeauftragen" umrahmen die Ausrufung der Republik durch Scheidemann. Die Szene wurde für dieses Bild wohl nachgestellt, da es keine Fotografien vom Ereignis gibt. Die Spaltung der provisorischen Regierung ist sichtbar, indem links die Vertreter der USPD und rechts die der MSPD gezeigt werden (oben rechts: Friedrich Ebert, Mitte rechts: Philipp Scheidemann).

Am 28. Dezember traten die Vertreter der USPD aus dem Rat der Volksbeauftragten aus. Damit protestierten sie gegen den Militäreinsatz, den Ebert bei Auseinandersetzungen mit Arbeitern im Dezember 1918 angeordnet hatte. Außerdem wollte der linke Flügel der USPD die revolutionäre Umgestaltung von Staat und Gesellschaft vorantrei-

40 ben. Die Zusammenarbeit der MSPD mit den traditionellen Eliten in Armee, Bürokratie und Wirtschaft lehnte die USPD-Linke ab. Im Januar 1919 schloss sich der radikal-sozialistische Spartakusbund mit den „Bremer Linksradikalen" zur Kommunistischen Partei Deutschlands (KPD) zusammen. Gemeinsam mit den Revolutionären Obleuten entfachte die KPD in Berlin zwischen dem 5. und 12. Januar den sogenannten Januar- oder

45 **Spartakusaufstand**, der ebenso wie die Streiks und Aufstände im Frühjahr 1919 in verschiedenen Teilen Deutschlands durch Regierungstruppen niedergeschlagen wurde. Zu diesen Einheiten der Reichswehr zählten auch Freikorps*, die ehemalige Offiziere aus eigener Initiative gegründet hatten. Es waren auch Freikorpssoldaten, die am 15. Januar 1919 die Spartakusführer Karl Liebknecht und Rosa Luxemburg ermordeten. Die Morde

50 vertieften die Spaltung der sozialistischen Arbeiterbewegung in eine staatsbejahendparlamentarische (MSPD) und eine radikale gewaltbereite Richtung (USPD).

Freikorps
In diesen bewaffneten Gruppen kamen überwiegend Anhänger nationalistischer, völkischer und antisemitischer Überzeugungen zusammen. Viele waren ehemalige Frontsoldaten. Die Regierung setzte sie zur Bekämpfung der Aufstände ein.

Nationalversammlung und Übergangsregierung

M3 Reichspräsident Friedrich Ebert (1871–1925), Fotografie, 1919

Mit der Wahl zur **Nationalversammlung** am 19. Januar 1919 war die Revolution beendet. Nicht im politisch unruhigen Berlin, sondern in Weimar wurde die Nationalversammlung am 6. Februar eröffnet. Sie wählte am 11. Februar Friedrich Ebert zum Reichspräsidenten, der noch am gleichen Tag den SPD-Abgeordneten Philipp Scheidemann zum Ministerpräsidenten einer Übergangsregierung ernannte und mit der Bildung eines Kabinetts beauftragte. Die am 13. Februar ernannte Reichsregierung war eine Koalitionsregierung aus Mehrheitssozialdemokraten (MSPD), der liberalen Deutschen Demokratischen Partei (DDP) und der katholischen Zentrumspartei. Diese Parteien bildeten die sogenannte **Weimarer Koalition.** 5

Die zentrale Aufgabe der Nationalversammlung bestand darin, eine dauerhafte politische Ordnung zu etablieren und den inneren Frieden wiederherzustellen. Doch die Abgeordneten besaßen keine verbindliche Staatsidee. Konflikte prägten die leidenschaftlichen Debatten der Verfassungsberatungen. Das Meinungsspektrum reichte von der Rückkehr zur Monarchie bis zur Absicherung der Räteherrschaft. Auch die gesellschaftspolitischen Vorstellungen lagen weit auseinander. Daher entstand **keine in sich geschlossene, widerspruchsfreie Verfassung,** sondern es mussten **Kompromisse** gefunden werden. Hinzu kam, dass die einzelnen Verfassungsbestimmungen nicht vor Veränderungen geschützt werden konnten. Mit den erforderlichen Mehrheiten konnte die Republik wieder in eine Monarchie verwandelt, der Parlamentarismus beseitigt und überdies jedes Grundrecht aufgehoben werden. 10 15 20

Weimarer Verfassung: Kontroversen und Kompromisse

▶ M 16: Auszug aus der Weimarer Reichsverfassung

Die Weimarer Reichsverfassung wurde am 31. Juli 1919 verabschiedet und am 11. August von Reichspräsident Friedrich Ebert unterzeichnet. Mit den **Verfassungsprinzipien** Volkssouveränität, Grundrechte und Gewaltenteilung war in der Weimarer Reichsverfassung ein Höchstmaß an demokratischen Rechten verankert. Deutschland war nunmehr eine **Republik** (Art. 1) und bestätigte damit die Ergebnisse der Novemberrevolution von 1918, die die jahrhundertelange monarchische Tradition in der deutschen Geschichte beendet hatte. Die Verfassung verknüpfte allerdings unterschiedliche demokratische Vorstellungen miteinander. Sie vereinigte Elemente der **präsidialen, repräsentativen** und **plebiszitären Demokratie.** Die Debatten um die genaue Ausgestaltung der Verfassung waren kontrovers. 5 10

Kontroverse 1: Der Reichspräsident

▶ M 12–M 14: Reichstagsdebatte über die Rolle des Reichspräsidenten

Der **Reichspräsident,** der in der Weimarer Republik über eine herausgehobene Stellung verfügte, wurde nicht von einem parlamentarischen Gremium berufen, sondern direkt vom Volk gewählt. Diese demokratische Legitimation durch Volkswahl sicherte ihm eine vom Parlament unabhängige Position. Die Amtszeit betrug sieben Jahre, der Präsident konnte unbegrenzt wiedergewählt werden und besaß weitreichende Befugnisse: Er konnte das Parlament jederzeit auflösen, ohne Rücksprache mit dem Parlament den Reichskanzler ernennen und dem Volk Gesetze des Reichstages zur Abstimmung vorlegen. Außerdem standen dem Präsidenten die Ausnahmebefugnisse des **Artikels 48** der Weimarer Reichsverfassung zu. Bei einer erheblichen Störung oder Gefährdung der öffentlichen Sicherheit und Ordnung durfte er bestimmte **Grundrechte** außer Kraft setzen, **Notverordnungen** mit Gesetzeskraft erlassen und mit militärischer Gewalt einschreiten (sogenannte Diktaturgewalt). 15 20

▶ M 15: Karikatur

Obwohl die Nationalversammlung eine übermäßige Machtkonzentration bei einem Staatsorgan verhindern wollte, verschaffte die Weimarer Reichsverfassung dem Reichspräsidenten eine überlegene Stellung. Bereits die Zeitgenossen bezeichneten ihn je nach politischer Einstellung zustimmend oder polemisch als „Ersatzkaiser". Dennoch 25

waren bei der Ausgestaltung des Reichspräsidentenamts weniger rückwärtsgewandte Sehnsüchte als vielmehr die Grundsätze der Gewaltenteilung und Machtbalance aus-
30 schlaggebend. Die mächtige Position des Reichspräsidenten erklärt sich auch aus dem Misstrauen, das die Mehrheit der Abgeordneten in der Nationalversammlung gegenüber Demokratie, Parteien und Parlament hegte (**Antiparlamentarismus**). Dem Parla-
ment dürfe nicht die gesamte Macht anvertraut werden, wolle man eine Entmündi-
gung des Volkes bzw. einen „Parlamentsabsolutismus" verhindern, argumentierten viele
35 Mitglieder dieses Gremiums und auch namhafte Staatsrechtler.

Kontroverse 2: Der Reichstag

Ein Teil der Weimarer Nationalversammlung wollte Parlamentsallmacht und Parteien-
herrschaft verhindern. Im Vergleich zum Deutschen Kaiserreich stärkte die Verfassung
dennoch die Stellung des Parlamentes, das für vier Jahre nach dem Verhältniswahlrecht
40 gewählt werden sollte. Der Reichstag war nun die zentrale Institution bei der Gesetzgebung – bei ihm lag das Recht zur Gesetzesinitiative –, er entschied über Krieg und Frieden. Zwar sah die Verfassung keine parlamentarische Regierungsbildung vor, denn
Reichskanzler und Reichsregierung wurden vom Reichspräsidenten ernannt und kontrolliert. Wohl aber konnte der Reichstag den Reichskanzler und die Reichsminister
45 durch ein Misstrauensvotum zum Rücktritt zwingen bzw. stürzen. Der Verfassungshis-
toriker Hans Boldt hat die Stellung des Reichstages einmal so beschrieben: „Die Reichsverfassung sah [...] zwar keine parlamentarische Regierungsbildung, wohl aber den
parlamentarischen Regierungssturz vor." Die Macht des Reichstages war zusätzlich
durch die Aufnahme **plebiszitärer Elemente** in die Verfassung eingeschränkt. Durch
50 Volksentscheide und Volksbegehren konnte die Bevölkerung direkt in den Gesetzge-
bungsprozess eingreifen. Dabei waren jedoch hohe Hürden zu überwinden. So musste
mindestens ein Zehntel der Stimmberechtigten ein Volksbegehren unterstützen.

Kontroverse 3: Föderalismus versus Zentralismus

Das Verhältnis von Reich und Ländern wurde nach heftigen Kontroversen in der Natio-
55 nalversammlung zugunsten der Zentralmacht geregelt. Die Befürworter des Einheitsstaates, besonders Abgeordnete der SPD und der DDP, setzten sich bei der Kompetenz-
verteilung weitgehend durch. Deutschland blieb ein Bundesstaat, in dem die Länder
durch den **Reichsrat** (den Bundesrat der Kaiserzeit) an der Gesetzgebung mitwirkten.
Im Vergleich zur Kaiserzeit verlor die Länderkammer jedoch an Bedeutung: Der Reichs-
60 rat wirkte nur beratend an Gesetzen mit und hatte lediglich ein aufschiebendes Vetorecht. Das wurde betont durch den Grundsatz „Reichsrecht bricht Länderrecht". Bei
einem Konflikt zwischen Reich und Ländern hatte die Reichsregierung das Recht, mit
Gewalt in den Ländern einzugreifen (Reichsexekution). Allerdings konnten sich die Länder gegen eine geforderte Neugliederung des Reiches, z. B. eine Auflösung Preußens,
65 erfolgreich wehren.

Kontroverse 4: Grundrechte

In Anlehnung an die Paulskirchenverfassung von 1849 erhielt die Weimarer Verfassung
einen umfangreichen **Grundrechtekatalog.** Dieser umfasste nicht nur die traditionellen Menschen- und Bürgerrechte (z. B. Freiheit der Person, Rechtsgleichheit, Recht auf
70 freie Meinungsäußerung, Glaubens- und Gewissensfreiheit), sondern auch soziale
Grundrechte und Grundpflichten (z. B. Schutz des Staates für Familie, Ehe und Mutter-
schaft, Schutz der Jugend vor Ausbeutung und Verwahrlosung, Recht auf Arbeit), in
denen der Einfluss der Arbeiter- und Rätebewegung deutlich wird. Die Freiheitsgaran-
tien wurden unter sozialen Vorbehalt gestellt, neben die Leitidee des freiheitlichen
75 Rechtsstaats trat das Ideal des Sozialstaats. Anders als heute in der Bundesrepublik
Deutschland konnten die Grundrechte in der Weimarer Republik nicht als unmittelbar
geltendes Recht eingeklagt werden.

M4 Karikatur „Das preußische Abgeordnetenhaus" aus dem Simplicissimus 9. Jg., 1904.

Unter der Karikatur steht: „Jeder Kretin darf heute in den Reichstag wählen."

M 5 Schaubild der Weimarer Reichsverfassung von 1919

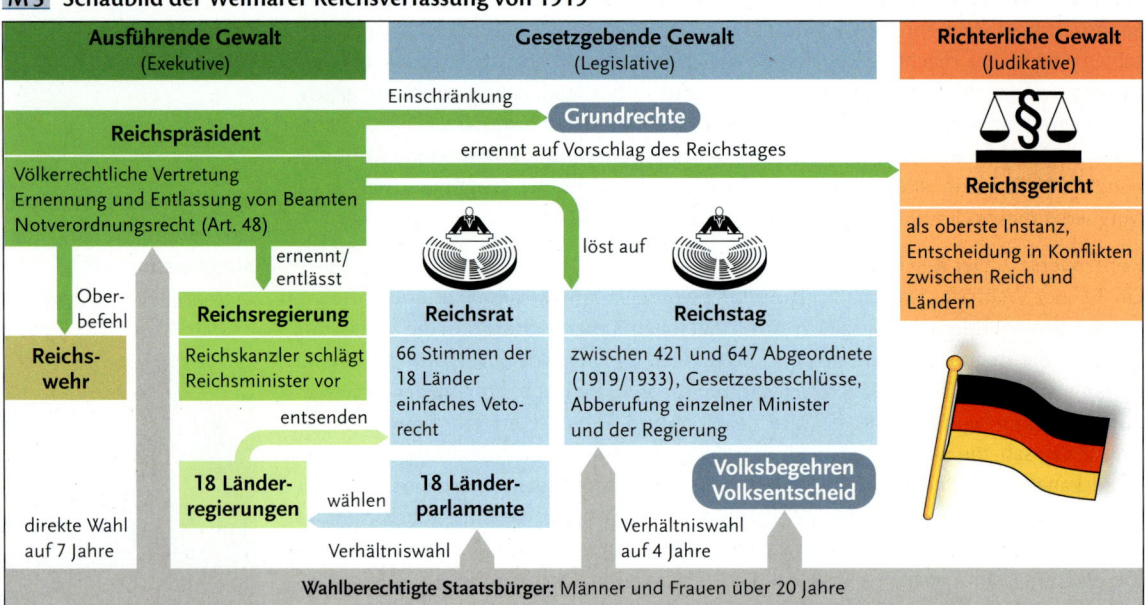

Geschichtswissenschaftler betonen häufig den Kompromisscharakter der Weimarer Verfassung: Sie sei eine **„Verfassung ohne Entscheidung"** (Otto Kirchheimer), ein „System politischer und sozialer Kompromisse, welche die gemäßigte Arbeiterbewegung und die demokratischen Teile des Bürgertums eingegangen waren. Sie sei daher in vielen Punkten unentschieden, damit aber auch offen für eine zukünftige Weiterentwicklung" (Eberhard Kolb). Bei den Diskussionen, welchen Anteil die Verfassung am Scheitern der Weimarer Republik besitzt, stehen zwei als **„Konstruktionsfehler"** beurteilte Aspekte im Mittelpunkt: der Gegensatz von Parlamentsdemokratie und Präsidentenmacht sowie der Artikel 48. Kritiker der These von der „Fehlkonstruktion" verweisen dagegen auf den bewussten **Missbrauch der Verfassung** durch Politiker und Parteien in der Endphase der Weimarer Republik.

Parteien: Träger und Gegner der Republik

▶ M 17: Andreas Wirsching über den Weimarer Parteienstaat

Die Weimarer Republik war ein Parteienstaat, obwohl die Verfassung die Aufgaben der Parteien nicht festlegte – im Gegensatz zum Grundgesetz der Bundesrepublik Deutschland, das ihnen die Mitwirkung an der politischen Willensbildung zuweist. Die Parteien mobilisierten die Wähler, vermittelten zwischen den Bürgern und politischen Institutionen und wirkten über ihre Abgeordneten im Reichstag am politischen Entscheidungsprozess mit. Welche gesellschaftlichen Interessen und politischen Ziele vertraten die Parteien in der Weimarer Republik?
MSPD und **USPD** blieben die klassischen Arbeiterparteien, die ihre Mitglieder und Wähler vorwiegend aus den städtischen Industriegebieten rekrutierten. Während die Mehrheitssozialdemokraten für eine parlamentarische Republik und soziale Demokratie eintraten, verfolgten die Unabhängigen Sozialdemokraten eine marxistisch-revolutionäre Politik mit dem Ziel einer radikalen sozialistischen Umgestaltung von Staat und Gesellschaft. Auch die am 1. Januar 1919 gegründete Kommunistische Partei **(KPD)** verstand sich als Arbeiterpartei, geriet aber immer stärker in Abhängigkeit von der Sowjetunion, deren kommunistisch-diktatorische Herrschaftsordnung und deren planwirtschaftliches Wirtschaftssystem sie in Deutschland durchsetzen wollte.

Das protestantische Besitz- und Bildungsbürgertum vertraten die beiden liberalen Parteien. Die linksliberale Deutsche Demokratische Partei (**DDP**) bekannte sich zur Weimarer Demokratie. Sie empfahl sich als Partner der SPD, gleichzeitig wollte sie aber liberales Korrektiv zur SPD sein und eine sozialistische Mehrheit verhindern. Der von Gustav Stresemann gegründeten Konkurrenzpartei, der rechtsliberalen Deutschen Volkspartei (**DVP**), gehörten überwiegend Anhänger der alten Nationalliberalen Partei an. Trotz Vorbehalten gegenüber der Republik akzeptierten sie den neuen demokratischen Staat und betrieben eine betont nationale Politik. Das **Zentrum** und seine bayerische Abspaltung, die Bayerische Volkspartei (**BVP**), repräsentierten die katholische Bevölkerung und setzten sich besonders für den Schutz der Kirche, ihrer Rechte und ihrer Schulaufsicht ein.

M 6 Bretterzaun mit SPD-Wahlplakaten zur Wahl der Nationalversammlung, Fotografie, Januar 1919.

Die Parteien warben 1919 mithilfe von Plakaten intensiv um Wählerstimmen. Auf dem Foto betrachten Passanten Plakate der SPD und Kinder beobachten die Plakatierer, die gerade ein Wahlplakat der DVP überkleben.

Auf der politischen Rechten entstand die Deutschnationale Volkspartei (**DNVP**). Dieser Partei des protestantischen und agrarischen Konservatismus schlossen sich auch Mitglieder antisemitischer und völkischer Vereinigungen sowie rechtsstehende Kreise aus dem Bürgertum an. Aber auch Teile der kirchentreuen evangelischen Arbeiterschaft unterstützten diese republikfeindliche Kraft, die betont nationalistisch und militaristisch gesinnt war und die Interessen der Großagrarier und der Schwerindustrie vertrat. Zur extremen politischen Rechten gehörte die 1919 gegründete **Deutsche Arbeiterpartei** (DAP), die 1920 in Nationalsozialistische Deutsche Arbeiterpartei (**NSDAP**) umbenannt wurde und die Weimarer Republik bekämpfte. Die Nationalsozialisten forderten die Aufhebung des Versailler Vertrages und den Zusammenschluss aller Deutschen in einem „Groß-Deutschland", die Staatsbürgerschaft nur für Menschen „deutschen Blutes" („Volksgenossen") ohne Rücksichtnahme auf Konfession, eine starke Zentralgewalt sowie die Abschaffung der „korrumpierenden Parlamentswirtschaft".

Parteiprogramme im Wortlaut

cornelsen.de/Webcodes
Code: fopima

1 Stellen Sie den Weg Deutschlands vom Kaiserreich zur Republik in den Jahren 1918/19 in einer (bebilderten digitalen) Chronik dar.

2 Beschreiben Sie zentrale Merkmale des politischen Systems der Weimarer Republik anhand des Darstellungstextes und des Verfassungsschaubildes M 5.

3 **Vertiefung:** Diskutieren Sie die These, die Weimarer Reichsverfassung sei „eine Verfassung ohne Entscheidung" gewesen.

4 **Tabelle:** Stellen Sie anhand der Darstellung und des Webcodes die Parteien der Weimarer Republik und ihre Programme in einer Tabelle gegenüber.
   Tipp: Siehe S. 482.

5 Erörtern Sie die Möglichkeiten der Parteien zur Bildung einer Regierungskoalition.

Hinweise zur Arbeit mit den Materialien
Die Materialien M 7 bis M 11 beschäftigen sich mit der Novemberrevolution 1918/19: M 7 beleuchtet die Revolution aus zeitgenössischer Sicht, während M 10 und M 11 die Ereignisse aus dem Blickwinkel eines Historikers und eines Journalisten der Gegenwart bilanzieren. Die Bilder M 8 und M 9 veranschaulichen wichtige Ereignisse der Revolution. Die Kontroverse um die Rechte des Reichspräsidenten kann als Beispiel für die Diskussionen und Kompromisse im Rahmen der Ausarbeitung der Weimarer Verfassung mithilfe von M 12 bis M 14 untersucht werden. Die Karikatur M 15 bietet eine zugespitzte Deutung zur Rolle Friedrich Eberts als Reichspräsident. M 16 gewährt einen Einblick in zentrale Aspekte der Weimarer Verfassung. Die Materialien M 17 bis M 21 widmen sich den Parteien als Träger der Weimarer Republik sowie ihren programmatischen Vorstellungen und den Strukturproblemen des Weimarer Parteienstaates. Anschließend soll die Rolle des Militärs in der Anfangszeit der Weimarer Republik diskutiert werden. M 22 thematisiert das Ebert-Groener-Bündnis, M 23 die Ereignisse rund um den Kapp-Lüttwitz-Putsch. Zum Schluss befassen sich M 24 bis M 26 mit der politischen Rolle von Frauen in der Weimarer Republik.

Zur Vernetzung mit dem Kernmodul
Die Materialien M 12 bis M 15 (Verfassungskontroversen und Kompromisse) und M 17 bis M 20 über die Parteien als Träger der Republik lassen sich ergänzen durch M 2 (Haffner) des Kernmoduls, das zentrale Probleme der Auseinandersetzung zwischen den Parteien und um die Regierungsverantwortung thematisiert. Hinzugezogen werden sollte auch M 7 b (Wirsching) des Kernmoduls, weil hiermit die Möglichkeiten und Grenzen der Weimarer Verfassung bei der Stabilisierung der Republik erörtert werden können.

Novemberrevolution

M 7 **Der Journalist Theodor Wolff über die revolutionären Ereignisse (10. November 1918)**
Die größte aller Revolutionen hat wie ein plötzlich losbrechender Sturmwind das kaiserliche Regime mit allem, was oben und unten dazugehörte, gestürzt. Man kann sie die größte aller Revolutionen
5 nennen, weil niemals eine so fest gebaute, mit so festen Mauern umgebene Bastille so in einem Anlauf genommen worden ist. Es gab noch vor einer Woche einen militärischen und zivilen Verwaltungsapparat, der so verzweigt, so ineinander verfädelt, so tief ein-
10 gewurzelt war, dass er über den Wechsel der Zeiten

hinaus seine Herrschaft gesichert zu haben schien. Durch die Straßen von Berlin jagten die grauen Autos der Offiziere, auf den Plätzen standen wie Säulen der Macht die Schutzleute, eine riesige Militärorganisati-
15 on schien alles zu umfassen, in den Ämtern und Ministerien thronte eine scheinbar unbesiegbare Buerokratie. Gestern früh war, in Berlin wenigstens, das alles noch da. Gestern Nachmittag existierte nichts mehr davon.
Berliner Tageblatt (Morgenausgabe), 10. November 1918.

M 8 **Regierungstreuer Soldat bei Straßenkämpfen in Berlin, Fotografie, Ende 1918/Anfang 1919**

M 9 **Große Massenkundgebung in Berlin, Fotografie, 1918.**
Auf dem Plakat steht „Für Frieden, Freiheit und Brot".

1 Beschreiben Sie mithilfe von M 7 bis M 9 die Ereignisse der Novemberrevolution.

2 Erörtern Sie die Folgen der Revolution für die politische Neugestaltung.

M 10 Der Historiker Wolfram Pyta zieht eine Bilanz der Novemberrevolution 1918/19 (2004)

Eine abgewogene Bilanz der revolutionären Umbruchperiode vom November 1918 bis zum Januar 1919 muss sowohl Grenzen wie auch Handlungsspielräume der unverhofft in das politische Zentrum
5 gerückten Sozialdemokratie ausleuchten und vermessen. Die Grenzen setzten objektive Sachzwänge, ein geschlagenes Land vor einer Hungerkatastrophe zu bewahren und die Eingliederung der Millionen heimkehrender Soldaten in das Erwerbsleben zu
10 vollziehen. In einer solchen Situation die Grundlagen des Wirtschaftens anzutasten, wäre einem politischen Abenteuer gleichgekommen. Auch war eine partielle Kooperation mit den Militärs unabdingbar, um die bedrohte Republik gegen Umsturzversuche
15 von links zu schützen. [...] Ein Rückgriff auf den militärischen Sachverstand von Freiwilligenverbänden musste nicht die Tolerierung von Gewaltexzessen der Freikorps nach sich ziehen. Der Verzicht auf eine grundlegende Umwälzung der Eigentumsverhältnis-
20 se schloss nicht aus, in einigen ausgewählten Fällen wie etwa im Bergbau Eingriffe in die Besitzstruktur vorzunehmen, ohne die wirtschaftliche Effizienz zu gefährden. So gelangt die Revolutionsforschung von heute zu dem Fazit: „Die Sozialdemokraten hätten
25 bei stärkerem politischen Gestaltungswillen mehr verändern können und weniger bewahren müssen." [...] Zögerlichkeit und Unsicherheit der regierenden Sozialdemokraten erklären sich wohl daraus, dass sie Revolutionäre wider Willen waren, die unversehens
30 von einer revolutionären Welle an die Spitze des Staatswesens gespült worden waren.

Wolfram Pyta, Die Weimarer Republik, Leske + Budrich, Opladen 2004, S. 30.*

M 11 Der Journalist Bernd Braun über die Novemberrevolution (2018)

Keine Regierung in der deutschen Geschichte war bis heute mit derartigen Problemen konfrontiert wie die sechs Volksbeauftragten. Es ging um nicht weniger als die Bewältigung des verlorenen Weltkrieges und
5 die politische Neuordnung Deutschlands, noch dazu unter ungeheurem Zeitdruck. Beide Aufgaben haben die Siegermächte nach dem Zweiten Weltkrieg den politischen Akteuren in Deutschland weitgehend abgenommen und ihnen eine mehrjährige Zwangspau-
10 se auferlegt. Sosehr die SPD die Überwindung des

herrschenden politischen und ökonomischen Systems auch propagiert hatte: Als der Kollaps des Kaiserreiches im Herbst 1918 eintrat, hatte die Partei kein genuin sozialdemokratisches Konzept für die Zukunft. Ihre beiden Kernziele, die Etablierung einer
15 Regentschaft[1] [...] (die mit dem 9. November obsolet[2] geworden war) und die Wahl einer verfassunggebenden Nationalversammlung als Ausgangspunkt für parlamentarische Demokratie, knüpften an die bürgerliche Revolution von 1848/49 an. Diese Kernpunk-
20 te waren nicht originell, aber sie waren die einzigen, die mehrheitsfähig waren, und sie blieben ohne echte Alternative. Es gab früher zahlreiche und es gibt auch heute noch einige Kritiker der Novemberrevolution, die in einem in Deutschland installierten Rätesystem
25 ein mögliches basisdemokratisches Bollwerk gegen den Nationalsozialismus sehen wollen. Diese Kritiker vermögen aber nicht zu erklären, wie sich die Räte als progressives Gremium bei den bevorstehenden Mehrheiten, die sich bereits bei den Wahlen 1919 und
30 vor allem 1920 abzeichneten, hätte behaupten wollen [...]. Machten Ebert und die SPD also während der Revolution keine Fehler? [...] Doch. Wer keine exekutive Erfahrung mitbringt, wie die SPD als Systemopposition des Kaiserreiches, und wer unter extre-
35 mem Zeitdruck handelt, trifft unweigerlich auch Fehlentscheidungen. Der viel gescholtene Ebert-Groener-Pakt [...] gehört nicht zu diesen Fehlentscheidungen. Jede Regierung muss sich auf Ordnungskräfte stützen. [...] Fatal war jedoch, dass die
40 Regierung und vor allem Reichswehrminister Gustav Noske eine Demokratisierung der Streitkräfte auch nicht ansatzweise in Angriff nahmen. [...] Die Niederschlagung des „Spartakusaufstandes" oder die Auflösung der zweiten Münchener Räterepublik waren
45 grundsätzlich legitim, aber die äußerst brutale Art und Weise beschädigte [...] das Ansehen der jungen Republik nachhaltig [...].

Bernd Braun, Der Präsident, in: ZEIT Geschichte, Nr. 6/2018, S. 47 f.*

1 *Regentschaft:* Übernahme der Regierung eines Staates
2 *obsolet:* überflüssig

1 Beschreiben Sie mithilfe von M 10 und M 11 die Herausforderungen für die provisorische Regierung.

2 Beurteilen Sie die Handlungsspielräume der MSPD und Eberts in der Revolution 1918/19.

3 **Zusatzaufgabe:** Siehe S. 482.

Novemberrevolution

▶ cornelsen.de/Webcodes
+ ◀ Code: bemezi

Verfassungskontroversen und Kompromisse

M 12 Albrecht Philipp (DNVP), Rede vor der Nationalversammlung (4. Juli 1919)

Ich will den Standpunkt der Deutschnationalen Volkspartei zu Art. 41 [...] klarstellen. [...] Eine persönliche Spitze ist überall notwendig [...]. Aber wenn das Deutsche Reich wieder in die Reihe der Groß-
5 mächte treten will [...], dann ist es notwendig, dass eine Person vorhanden ist, die das Reich nach innen und außen repräsentiert; und meine politischen Freunde vertreten die Auffassung, dass die Stellung des Reichspräsidenten nicht mächtig genug sein
10 kann. [...] Das deutsche Volk will regiert werden, und gerade die Ereignisse der letzten Monate haben das Autoritätsgefühl im deutschen Volke – in vielen Teilen wenigstens – gestärkt. [...] Wir möchten davor warnen, dass dieser Präsident [...] ein ausgesproche-
15 ner Parteimann sein soll. Der Reichspräsident ist vom gesamten deutschen Volke zu wählen. [...] Wir brauchen Personen, die wenigstens über zwei oder drei Parteien stehen, wenn man für sie im deutschen Volke eine Mehrheit schaffen will.

Verhandlungen des Reichstages, Bd. 327. 1919/20, 4. Juli 1919, Berlin 1920, S. 1304 ff. *

M 13 Hugo Haase (USPD), Gegenrede vor der Nationalversammlung (4. Juli 1919)

Dass der Staat eine Spitze haben muss – wie [Albrecht Philipp] ausführte –, bestreitet ihm kein Mensch. Es kommt nur darauf an, ob eine Einzelpersönlichkeit oder ob – wie wir es beantragen – das Ge-
5 samtministerium unter Kontrolle der Volksvertretung diese Spitze bildet. Nun hat der Herr Abgeordnete Philipp für seine Auffassung mehrere Gründe angegeben. [...] Darin ist die Auffassung enthalten, dass das Volk eine Herde bildet und weiter als
10 Herde behandelt werden muss. Genau in demselben Sinne und aus demselben Geiste heraus hat er gefordert, dass die Persönlichkeit, die an die Spitze trete, dazu berufen sein solle, den Autoritätsglauben im Volke zu stützen. [...] Was Sie wollen, [...] das deutet
15 darauf hin, dass Sie den Präsidenten nur aus dem alten Adel, vielleicht aus dem urältesten Adel holen wollen, und dass Sie deswegen diesen Weg einschlagen, um von neuem die Monarchie in Deutschland einzuschmuggeln. [...] Wir haben [...] allerdings die
20 Sorge, dass sich ein Präsident zum persönlichen Regiment ausbilden könnte. [...] Wir wollen eine demokratische Leitung.

Verhandlungen des Reichstages, Bd. 327. 1919/20, 4. Juli 1919, Berlin 1920, S. 1304 ff. *

M 14 Bruno Ablaß (DDP), Gegenrede vor der Nationalversammlung (4. Juli 1919)

Das Volk allein ist souverän. [Und] dasjenige Organ, das [...] berufen ist, die Volkssouveränität in sich am stärksten zu verkörpern, das ist der Reichstag. [...] In dieser Hinsicht haben wir uns gesagt, dass es unum-
5 gänglich notwendig ist, neben dem Reichstag ein Kontrollorgan zu schaffen, und als solches deuten wir uns den Reichspräsidenten. [...] Das ist es, was wir wünschen und wollen; nicht dass die Masse der Führer ist, sondern dass der Abgeordnete, der Er-
10 wählte, derjenige Führer ist, der nicht sklavisch das-jenige ausführt, was ihm als Befehl der Masse vorgetragen wird, sondern der ein Leiter, ein Lenker der Masse ist, ein Erzieher des Volkes. So denken wir uns die Stellung eines Abgeordneten, eines Führers und
15 auch eines Präsidenten. [...] Die Zeiten der Monarchie sind endgültig vorüber, und auf dem Wege, den wir jetzt beschritten haben, durch die Schaffung eines starken demokratischen Präsidenten, besteht die Gefahr sicherlich nicht, dass wir etwa der Monarchie
20 den Boden zur Rückkehr bereiten würden.

Verhandlungen des Reichstages, Bd. 327. 1919/20, 4. Juli 1919, Berlin 1920, S. 1304 ff. *

M 15 „Frédéric le Gros", Karikatur aus der deutschen Satirezeitschrift „Kladderadatsch", 1919.
Der französische Titel bedeutet „Friedrich der Dicke".

1 Fassen Sie mithilfe von M 12 bis M 14 die unterschiedlichen Positionen und Argumente in der Debatte um die Stellung des Reichspräsidenten zusammen.

2 Interpretieren Sie die Karikatur (M 15).

3 **Podiumsdiskussion:** Führen Sie in Ihrem Kurs eine Podiumsdiskussion durch mit dem Thema: Ein starker Präsident – Träger der Demokratie oder Ersatzkaiser?

M 16 **Auszug aus der Weimarer Reichsverfassung (WRV) von 1919**

Art. 1. Das Deutsche Reich ist eine Republik. Die Staatsgewalt geht vom Volke aus. [...]

Art. 20. Der Reichstag besteht aus den Abgeordneten des deutschen Volkes.

Art. 21. Die Abgeordneten sind Vertreter des ganzen Volkes. Sie sind nur ihrem Gewissen unterworfen und an Aufträge nicht gebunden.

Art. 22. Die Abgeordneten werden in allgemeiner, gleicher, unmittelbarer und geheimer Wahl von den über zwanzig Jahre alten Männern und Frauen nach den Grundsätzen der Verhältniswahl gewählt. [...]

Art. 25. Der Reichspräsident kann den Reichstag auflösen [...]. Die Neuwahl findet spätestens am sechzigsten Tag nach der Auflösung statt. [...]

Art. 41. Der Reichspräsident wird vom ganzen deutschen Volke gewählt. [...]

Art. 48. Wenn ein Land die ihm nach der Reichsverfassung oder den Reichsgesetzen obliegenden Pflichten nicht erfüllt, kann der Reichspräsident es dazu mithilfe der bewaffneten Macht anhalten. Der Reichspräsident kann, wenn im Deutschen Reiche die öffentliche Sicherheit und Ordnung erheblich gestört oder gefährdet wird, die zur Wiederherstellung der öffentlichen Sicherheit und Ordnung nötigen Maßnahmen treffen, erforderlichenfalls mithilfe der bewaffneten Macht einschreiten. Zu diesem Zwecke darf er vorübergehend die [...] festgesetzten Grundrechte ganz oder zum Teil außer Kraft setzen. Von allen gemäß Abs. 1 oder Abs. 2 dieses Artikels getroffenen Maßnahmen hat der Reichspräsident unverzüglich dem Reichstag Kenntnis zu geben. Die Maßnahmen sind auf Verlangen des Reichstags außer Kraft zu setzen. [...] Das Nähere bestimmt ein Reichsgesetz[1]. [...]

Art. 50. Alle Anordnungen und Verfügungen des Reichspräsidenten, auch solche auf dem Gebiet der Wehrmacht, bedürfen zu ihrer Gültigkeit der Gegenzeichnung durch den Reichskanzler oder den zuständigen Reichsminister. [...]

Art. 53. Der Reichskanzler und auf seinen Vorschlag die Reichsminister werden vom Reichspräsidenten ernannt und entlassen.

Art. 54. Der Reichskanzler und die Reichsminister bedürfen zu ihrer Amtsführung des Vertrauens des Reichstags. Jeder von ihnen muss zurücktreten, wenn ihm der Reichstag [...] sein Vertrauen entzieht. [...]

Art. 73. Ein vom Reichstag beschlossenes Gesetz ist vor seiner Verkündung zum Volksentscheid zu bringen, wenn der Reichspräsident binnen eines Monats es bestimmt. Ein Gesetz, dessen Verkündung auf Antrag von mindestens einem Drittel des Reichstags ausgesetzt ist, ist dem Volksentscheid zu unterbreiten, wenn ein Zwanzigstel der Stimmberechtigten es beantragt. Ein Volksentscheid ist ferner herbeizuführen, wenn ein Zehntel der Stimmberechtigten das Begehren nach Vorlegung eines Gesetzentwurfs stellt. [...]

Art. 109. Alle Deutschen sind vor dem Gesetze gleich. Männer und Frauen haben grundsätzlich dieselben staatsbürgerlichen Rechte und Pflichten. Öffentlich-rechtliche Vorrechte oder Nachteile der Geburt oder des Standes sind aufzuheben. [...]

Art. 114. Die Freiheit der Person ist unverletzlich. Eine Beeinträchtigung oder Entziehung der persönlichen Freiheit durch die öffentliche Gewalt ist nur aufgrund von Gesetzen zulässig. [...]

Art. 165. Die Arbeiter und Angestellten sind dazu berufen, gleichberechtigt in Gemeinschaft mit den Unternehmern an der Regelung der Lohn- und Arbeitsbedingungen sowie an der gesamten wirtschaftlichen Entwicklung der produktiven Kräfte mitzuwirken. Die beiderseitigen Organisationen und ihre Vereinbarungen werden anerkannt. Die Arbeiter und Angestellten erhalten zur Wahrnehmung ihrer [...] Interessen gesetzliche Vertretungen in Betriebsarbeiterräten sowie in nach Wirtschaftsgebieten gegliederten Bezirksarbeiterräten und in einem Reichsarbeiterrat[2].

Zit. nach: Ernst Rudolf Huber (Hg.), Dokumente der Novemberrevolution und der Weimarer Republik 1918–1932, 2. Aufl., Kohlhammer, Stuttgart 1966, S. 129 ff.*

1 Das hier vorgesehene Reichsgesetz ist nie ergangen.
2 Die hier vorgesehenen Bezirksarbeiterräte und der Reichsarbeiterrat wurden nicht gebildet. Es entstanden lediglich die Betriebsarbeiterräte nach Maßgabe des Betriebsratsgesetzes vom 4.2.1920 (RGBl. S. 147).

1 Charakterisieren Sie das Verhältnis von Reichstag, Reichsregierung und Reichspräsidenten.

2 Beschreiben Sie die Funktion des Reichspräsidenten.

3 **Vertiefung:** Vergleichen Sie die Stellung der Frauen in der Weimarer Reichsverfassung mit derjenigen im Grundgesetz.
Tipp: Text des Grundgesetzes unter: https://www.bundestag.de/gg

4 Beurteilen Sie Art. 48 im Hinblick auf die Kontrollrechte des Reichstags.

Träger der Republik: Die Parteien

M 17 **Der Historiker Andreas Wirsching über Strukturprobleme des Weimarer Parteienstaates (2000)**

Die Gründungsgeschichte des Kaiserreiches hatte das deutsche Parteiensystem langfristig geprägt. Infolge des preußisch-protestantisch dominierten, kleindeutschen Gründungskonsenses von 1870/71
5 wurde der traditionelle Dualismus zwischen Liberalismus und Konservativismus durch einen neuen Gegensatz überlagert, nämlich zwischen Anhängern jenes Gründungskonsenses und denjenigen, die sich im neuen Deutschen Reich nicht zu Hause fühlten:
10 Linksliberale, Zentrumspartei und Sozialdemokratie, die als „Weimarer Koalition" zur Ausgestaltung der neuen Republik berufen waren, blickten daher auf eine Vergangenheit als quasi strukturelle Oppositionsparteien zurück. Darüber hinaus hatte die spe-
15 zifisch deutsche Tradition des Konstitutionalismus die Parteien im Allgemeinen geprägt. Die Vorstellung, der Staat, verkörpert im monarchischen Oberhaupt und in der „unpolitischen" Beamtenschaft, stehe über den Parteien und repräsentiere ihnen
20 gegenüber allein das Allgemeininteresse, zog sich noch wie ein roter Faden durch die Verfassungsberatungen der Nationalversammlung und wirkte in der Weimarer Republik fort. Dies hatte zwei Konsequenzen: Zum einen waren die Parteien nicht an die Re-
25 gierungsaufgabe gewöhnt, einen parlamentarisch fundierten interessenpolitischen Ausgleich zu schaffen und politisch zu gestalten; zum anderen blieb ein nicht unerheblicher Teil der Weimarer Politiker auf den Dualismus zwischen Regierung (Exekutive) und
30 Parlament (Legislative) fixiert und begriff beide eben nicht im parlamentarischen Sinne als Gegenspieler. Die hieraus resultierende Distanz zu praktisch-politischer Verantwortung verband sich mit der Tendenz zur weltanschaulichen oder sozial gebundenen Prin-
35 zipientreue. [...] Die Tatsache, dass die vier Hauptströmungen der deutschen Parteiengeschichte in der Weimarer Republik alle gespalten blieben, bewirkte eine zusätzliche, dem System schädliche Konkurrenz: Während die eine Richtung einer politischen
40 Strömung bereit war, pragmatische Politik zu betreiben und Kompromisse einzugehen, suchte die andere, sich häufig durch Prinzipientreue in den Augen der Wähler zu profilieren. Die Scheu, politische Verantwortung zu übernehmen, und die koalitionspoli-
45 tische Unbeweglichkeit der Weimarer Parteien hingen freilich auch mit ihrer engen sozialen und geografischen Gebundenheit zusammen. Keiner der Parteien gelang es, ihre historisch determinierten

Grenzen, seien sie weltanschaulicher, konfessioneller, sozialer oder interessenpolitischer Art, zu trans- 50 zendieren. [...]
Allerdings konnte der Aufstieg des Nationalsozialismus nur in Verbindung mit der Krise des Parteiensystems und dem Niedergang der liberalen und konservativen Parteien erfolgen. Dass die Weimarer 55 Republik einer geschlossenen Partei des liberalen und demokratischen Bürgertums, deren politisches Gewicht mit demjenigen der SPD oder dem Zentrum vergleichbar gewesen wäre, entbehrte, gehört zu ihren schwersten Belastungen und bildete das größte 60 Hindernis für eine Konsolidierung des deutschen Parteiensystems.

*Andreas Wirsching, Die Weimarer Republik. Politik und Gesellschaft, Oldenbourg, München 2000, S.15–19.**

M 18 **Karikatur „Wer will regieren?" aus dem Simplicissimus vom 1. Juli 1920.**
Der Untertitel der Karikatur lautet: „Ich würde Ihnen gern helfen, aber ich kann doch meinen Standpunkt nicht verlassen."

1 Fassen Sie mithilfe von M 17 die zentralen Strukturprobleme des Weimarer Parteienstaats zusammen.
2 Analysieren Sie die Karikatur M 18.
3 **Partnerarbeit/Schreibgespräch:** Sammeln Sie gemeinsam mit einem Partner Thesen zur Bedeutung von Kompromissen in der Politik.
Tipp: zu der Vorgehensweise bei einem Schreibgespräch siehe S. 482.
4 **Vertiefung:** Nehmen Sie Stellung zu der Frage, inwieweit die Rolle der Parteien in der Weimarer Republik das Argument eines deutschen Sonderwegs stützt.
▶ **Kernmodul:** M 4 bis M 8.

Wahlen zur Nationalversammlung

M 19 Wahlplakat der DNVP, 1919.
Auf dem Wagen links steht: „Staatswagen". In der roten Lache rechts unten: „Revolutionssumpf".

M 20 Wahlplakat der SPD, 1919.
In den Sonnenstrahlen steht: „Die neue Zeit".

1 Charakterisieren Sie auf der Basis der Wahlplakate M 19 und M 20 die Einstellung der DNVP und der SPD zur Republik.
2 Erläutern Sie, warum die DNVP und die SPD in der Weimarer Republik nie eine Koalition eingegangen sind.

M 21 Ergebnisse der Reichstagswahlen 1919–1933 (in Prozent der abgegebenen gültigen Stimmen)

	Jan. 1919	Juni 1920	Mai 1924	Dez. 1924	Mai 1928	Sept. 1930	Juli 1932	Nov. 1932	März 1933
KPD	–	2,1	12,6	9,0	10,6	13,1	14,3	16,9	12,3
USPD	7,6	17,9	0,8	0,3	–	–	–	–	–
SPD	37,9	21,7	20,5	26,0	29,8	24,5	21,6	20,4	18,3
Zentrum/BVP	19,7	18,2	16,6	17,3	15,2	14,8	15,7	15,0	13,9
DDP	18,5	8,3	5,7	6,3	4,9	3,8	1,0	1,0	0,9
DVP	4,4	13,9	9,2	10,1	8,7	4,5	1,2	1,9	1,1
DNVP	10,3	15,1	19,5	20,5	14,2	7,0	5,9	8,3	8,0
NSDAP	–	–	6,5[1]	3,0[1]	2,6	18,3	37,3	33,1	43,9
Sonstige	1,6	2,8	8,6	6,5	14,0	14,0	3,0	3,4	1,6

Statistisches Jahrbuch für das Deutsche Reich, Jg. 1933, S. 599.

1 Beschreiben Sie mithilfe von M 21 das Wahlverhalten der deutschen Bevölkerung in der Weimarer Republik. Nutzen Sie dafür auch den Darstellungstext.
2 Überprüfen Sie mithilfe von M 21 die These, dass die republikfreundlichen Parteien schwächer und die republikfeindlichen Parteien stärker geworden sind.

Träger der Republik: Das Militär?

M22 **Der frühere General Wilhelm Groener in seinen Erinnerungen über die Zusammenarbeit mit Friedrich Ebert (1957)**

Im sogenannten Ebert-Groener-Pakt vereinbarten Reichskanzler Ebert und General Groener am 11. November 1918 die Zusammenarbeit zwischen provisorischer Regierung und Reichswehr.

Der Sturz des Kaisertums entzog den Offizieren den Boden ihres Daseins, ihren Sammel- und Ausrichtepunkt. Es musste ihm ein Ziel gewiesen werden, das des Einsatzes wert war und ihm die innere Sicherheit
5 wiedergab. Es musste das Gefühl wachgerufen werden der Verpflichtung nicht nur gegenüber einer bestimmten Staatsform, sondern für Deutschland schlechthin. Dass Hindenburg auf seinem Posten blieb und den Oberbefehl über das gesamte Heer
10 übernahm, ja dass dieser ihm vom Kaiser übertragen worden war, machte den Übergang möglich und erleichterte ihn.
Das Offizierskorps konnte aber nur mit einer Regierung zusammengehen, die den Kampf gegen den Ra-
15 dikalismus und Bolschewismus aufnahm. Dazu war Ebert bereit, aber er hielt sich nur mühsam am Steuer und war nahe daran, von den Unabhängigen [USPD] und der Liebknechtgruppe über den Haufen gerannt zu werden. Was war demnach näherliegend, als
20 Ebert, den ich als anständigen, zuverlässigen Charakter und unter der Schar seiner Parteigenossen als den staatspolitisch weitsichtigsten Kopf kennengelernt hatte, die Unterstützung des Heeres anzubieten?
[...] [A]m Abend rief ich in der Reichskanzlei an und
25 teilte Ebert mit, dass das Heer sich seiner Regierung zur Verfügung stelle, dass dafür der Feldmarschall und das Offizierskorps von der Regierung Unterstützung erwarteten bei der Aufrechterhaltung der Ordnung und Disziplin im Heer. [...] Ebert ging auf mei-
30 nen Bündnisvorschlag ein. Von da an besprachen wir uns täglich abends auf einer geheimen Leitung zwischen der Reichskanzlei und der Heeresleitung über die notwendigen Maßnahmen. Das Bündnis hat sich bewährt.

Zit. nach: Wolfgang Michalka/Gottfried Niedhart (Hg.), Deutsche Geschichte 1918–1933. Dokumente zur Innen- und Außenpolitik, S. Fischer Verlag, Frankfurt/Main 2002, S. 26 f.*

1 Geben Sie die Argumentation von General Groener wieder.

2 Arbeiten Sie die von Groener skizzierte Stellung der Reichswehr in der neuen Republik heraus.

3 Nehmen Sie Stellung zu Groeners Demokratieverständnis.

M23 **Der Historiker Eberhard Kolb über den Kapp-Lüttwitz-Putsch (1993)**

Am 13.3. 1920 [...] versuchten militante Rechtskreise, im Kapp-Lüttwitz-Putsch die Regierung an sich zu reißen. Den gewaltsamen Sturz der Regierung hatte sich seit Anfang Juli 1919 eine Gruppe Rechtsextremisten um General Ludendorff und Wolfgang Kapp, 5 den ostpreußischen Generallandschaftsdirektor und 1917 Mitbegründer der annexionistischen Vaterlandspartei, zum Ziel gesetzt. [...] Der Verschwörerkreis bemühte sich eifrig, für das geplante Unternehmen aktionsbereite Offiziere und Politiker zu 10 gewinnen; intensive Kontakte bestanden zu General von Lüttwitz, dem „Vater der Freikorps" [...]. Da seit Herbst 1919 mit der durch den Friedensvertrag vorgeschriebenen Verminderung des Heeres begonnen wurde, sahen sich viele Freikorpssoldaten in ihrer 15 Existenz bedroht [...]. Als die Regierung Anfang März die Auflösung u. a. der Marinebrigade Ehrhardt verfügte, die in der Nähe von Berlin lag, forderte Lüttwitz am 10. März von Reichspräsident Ebert ultimativ den Verzicht auf weiteren Truppenabbau, den 20 Rücktritt des Reichspräsidenten und der Reichsregierung sowie die sofortige Ausschreibung von Neuwahlen. Von der Regierung daraufhin entlassen, begab sich Lüttwitz unverzüglich zur Marinebrigade Ehrhardt, die unter seiner Führung am frühen Morgen 25 des 13. März das Berliner Regierungsviertel besetzte. [...] Da innerhalb der Reichswehrführung nur der Chef der Heeresleitung, General Reinhardt, für einen bewaffneten Widerstand gegen die Putschaktion eintrat, General von Seeckt, der Chef des Truppenamtes, 30 hingegen einen Truppeneinsatz für unmöglich erklärte, standen Reichswehrminister Noske für eine militärische Auseinandersetzung in Berlin keine Kräfte zur Verfügung. Von der bewaffneten Macht im Stich gelassen, flohen Reichspräsident und Reichsre- 35 gierung zunächst nach Dresden, dann nach Stuttgart.
Trotz der kampflosen Besetzung von Berlin und der Bereitschaft zahlreicher Reichswehrkommandeure in verschiedenen Teilen des Reiches, sich der Put- 40 schistenregierung anzuschließen, brach der Kapp-Lüttwitz-Putsch jedoch rasch zusammen. Er scheiterte am Generalstreik, den die Gewerkschaften ausgerufen hatten und dem sich die Arbeiterschaft im ganzen Reich spontan anschloss, sowie an der ab- 45 wartenden Haltung der Ministerialbürokratie, die sich im Reich und in Preußen vorläufig weigerte, den

Anordnungen Kapps Folge zu leisten. Am 17. März flüchteten Kapp und Lüttwitz [...] ins Ausland.

Eberhard Kolb, Die Weimarer Republik, Oldenbourg, 3. Aufl., München 1993, S. 38 f.*

1 Arbeiten Sie die unterschiedlichen Gruppierungen und Interessen im Heer heraus.
2 Beurteilen Sie, wer sich im Kapp-Lüttwitz-Putsch als Träger der Weimarer Republik erweist.

Träger der Republik: Die Frauen?

M24 **Marie Juchacz (SPD) hält als erste Frau in Deutschland eine Parlamentsrede (19. Februar 1919)**

Ich möchte hier feststellen und glaube damit im Einverständnis vieler zu sprechen, dass wir deutschen Frauen dieser Regierung nicht etwa in dem althergebrachten Sinne Dank schuldig sind. Was diese Regie-
5 rung getan hat, das war eine Selbstverständlichkeit: Sie hat den Frauen gegeben, was ihnen bis dahin zu Unrecht vorenthalten worden ist.
Wollte die Regierung eine demokratische Verfassung vorbereiten, dann gehörte zu dieser Vorbereitung das
10 Volk, das ganze Volk in seiner Vertretung. [...] Durch die politische Gleichstellung ist nun meinem Geschlecht die Möglichkeit gegeben zur vollen Entfaltung seiner Kräfte. Mit Recht wird man erst jetzt von einem neuen Deutschland sprechen können und von
15 der Souveränität des ganzen Volkes. Durch diese volle Demokratie ist aber auch zum Ausdruck gebracht worden, dass die Politik in Zukunft kein Handwerk sein soll. Scharfes, kluges Denken, ruhiges Abwägen und warmes menschliches Fühlen gehören zusam-
20 men in einer vom ganzen Volke gewählten Körperschaft, in der über das zukünftige Wohl und Wehe des ganzen Volkes entschieden werden soll. [...]
Ich möchte hier sagen, dass die Frauenfrage, so wie es jetzt ist in Deutschland, in ihrem alten Sinne nicht
25 mehr besteht, dass sie gelöst ist. [...]

Die Gleichheit. Zeitschrift für Arbeiterfrauen und Arbeiterinnen, Nr. 12, 14.3.1919, S. 1.*

M25 **Die Historikerin Ursula Büttner über die Frauenbewegung in der Weimarer Zeit (2008)**
Obwohl Frauen von gesellschaftlicher Gleichstellung nach wie vor weit entfernt waren, verlor die Frauenbewegung in der Weimarer Republik an Bedeutung. Nachdem sie ihr wichtigstes Ziel, das gleiche Wahl-
5 recht für Frauen als Symbol für ihre politische Gleichberechtigung, erreicht hatte, fielen die gegensätzlichen Interessen und weltanschaulichen Unterschiede

zwischen den Einzelorganisationen stärker ins Gewicht und hemmten gemeinsames Auftreten. Die Spannungen wurden für den Dachverband, den Bund 10 Deutscher Frauenvereine (BDF), zu einer Dauerbelastung. Hausfrauenverbände [...] polemisierten in ihrem Kampf um die Aufwertung der Familienarbeit gegen die „Karrierefrauen", für die sich die Frauen-Berufsverbände einsetzten. Konfessionelle Frauen- 15 verbände wie der Katholische Frauenbund mit rund 250 000 Mitgliedern und der Deutsch-Evangelische Frauenbund mit rund 200 000 Mitgliedern (1926) waren allenfalls zu geringen Modifikationen des Familien- und Sexualrechts bereit, deren Reform sozialisti- 20 sche und, zum Teil, liberale Verbände verlangten. Hinzu kamen parteipolitische Gegensätze; denn die stärksten Mitgliedsverbände kooperierten mit der DNVP oder dem Zentrum, während der BDF am engsten mit der DDP verbunden war. Differenzen 25 über aktuelle politische Entscheidungen führten immer wieder zu Austritten von Verbänden aus dem BDF. [...] Die Repräsentantinnen der Frauenbewegung setzten nach der Errichtung der parlamentarischen Demokratie nicht mehr allein auf ihre spezielle 30 Organisation, sondern integrierten sich in die Parteien und Institutionen der Republik.

Ursula Büttner, Weimar. Die überforderte Republik 1918–1933. Leistung und Versagen in Staat, Gesellschaft, Wirtschaft und Kultur, Klett-Cotta, Stuttgart 2008, S. 257.*

M26 **Abgeordnete der Nationalversammlung, Fotografie, 1919**

1 Fassen Sie mithilfe von M24 bis M26 die wichtigsten politischen Veränderungen für Frauen in der Weimarer Zeit zusammen.
2 **Vertiefung:** Recherchieren Sie Hintergrundinformationen zu den weiblichen Abgeordneten der Nationalversammlung.
3 Setzen Sie sich mit der Frage auseinander, ob die Frauen zu Trägern der Weimarer Republik wurden.

Politische Plakate interpretieren

M1 Litfaßsäule mit Plakaten zur Reichspräsidentenwahl, 1932

Stereotype
Eingebürgerte Vorurteile mit feststehenden Vorstellungen über eine Sache, eine Person oder eine Gruppe.

Inhaltliche Zuspitzung ist Mittel der politischen Kommunikation. „Plakative" Botschaften beeinflussen Meinungen, provozieren Widerspruch, erhalten Zustimmung, verzerren Fakten und bewirken Handlungen. In Deutschland hat diese politische **Streitkultur** ihre Wurzeln auch in der Weimarer Republik. Mit der Aufhebung der Zensur und der festen Verankerung der **Meinungs- und Pressefreiheit** entwickelte sich ein Freiraum, der das **politische Plakat** zum **Massenmedium** werden ließ. Ohne Internet, ohne Fernsehen und zunächst auch noch ohne Radio war das Plakat das schlagkräftigste Mittel der politischen Werber. Letztlich stützt sich die Politik bis heute auf die Kraft dieses Mediums, auch wenn sich die Formen verändert haben. Vor diesem Hintergrund ist es also wichtig, politische Plakate richtig zu verstehen und einzuordnen. 10

Politische Plakate präsentierten ihre Botschaften wie heute auch **im öffentlichen Raum** an Wänden, auf Werbeflächen, an Litfaßsäulen. Und sie wurden oft flüchtig, nur mit einem „Augen-Blick" wahrgenommen. Grafik und Botschaft mussten unmittelbar erkennbar sein. Häufig wiederholen sich daher bestimmte Motive, mit denen die Menschen vertraut waren (Stereotype*, Symbole). Außerdem wollte jedes Plakat aus der 15 Masse hervorstechen. Daher zeigen sich kraftvolle Darstellungen, grelle Farben und dicke Schlagzeilen. Der kleinformatige Druck im Buch vermag kaum den Eindruck zu vermitteln, den die Großformate in Wirklichkeit auf die Menschen machten.

Aufgrund der großen Verbreitung und der wachsenden Bedeutung sind Plakate sehr **wichtige Quellen zur politischen Kultur** der Weimarer Republik. In ihnen werden 20 nicht nur Themen, sondern auch die Mittel der Auseinandersetzung deutlich. Diese sind auch für unsere Gegenwart von Bedeutung, denn damals entstanden Ausdrucksformen, die noch heute regelmäßig die Streitkultur beleben, prägen, vergiften.

Arbeitsschritte und mögliche Leitfragen zur Analyse

1. Erster Eindruck
– Was fällt Ihnen als Erstes auf? Worauf richtet sich Ihr erster Blick?
– Welche Fragen wirft das Plakat auf?

2. Formale Merkmale
– Wie lautet der Titel des Plakats?
– Von wem stammt das Plakat: Auftraggeber, Partei? Wer hat es gestaltet?
– Wann ist das Plakat erschienen? Falls erkennbar: Wo wurde es veröffentlicht?
– Aus welchem Anlass wurde das Plakat veröffentlicht?
– Mit welchem Thema oder Problem setzt sich das Plakat auseinander?

3. Analyse der einzelnen Elemente
– Welche Personen, Figuren, Gegenstände, Orte, Situationen sind erkennbar?
– Wie werden diese Elemente dargestellt: Haltung, Position, Gesten, Gesichtsausdruck, Blickrichtung, Kleidung, Anordnung, Karikatur?
– Welche Bedeutung haben Symbole und Handlungen?
– Welche Textelemente werden genannt? Wie sind diese gestaltet: Überschrift, Unterschrift, Sprechblase, Beschriftung, Aufzählung?
– In welchem Verhältnis zueinander stehen Bildelemente, Text und Farbgebung: Größe, Proportionen, Perspektive, Dynamik?
– Welche Elemente sind besonders betont: Signalfarben, Symbole, Kontraste, Licht?

4. Interpretation/ Gesamtaussage
– Welche Aussage macht das Plakat zum Thema oder Problem?
– Welche Wirkungsabsicht verfolgt die Darstellung?
– Mit welchen Mitteln wird sie verfolgt: aggressiv, sachlich, schlicht, als Appell?
– An wen richtet sich das Plakat?
– Wie ist die Aussage zu beurteilen?

Übungsaufgabe

M 2 Wahlplakat der DDP zur Wahl der Nationalversammlung, 1919

Sprachliche Hilfen
– Zunächst wird der Blick des Betrachters auf ... gelenkt.
– ... macht einen ... Eindruck.
– Es stellt sich die Frage, ...
– Auf dem Plakat ist ... zu sehen.
– Das Plakat mit dem Titel ... wurde von ... gestaltet und im Jahr ... veröffentlicht.
– Das Plakat erschien im Zusammenhang mit ...
– Das Plakat stellt heraus, ...
– Das Plakat zeigt ...
– ... steht symbolisch für ...
– In ... wird deutlich gemacht, dass ...
– Die Beschriftungen ... verweisen auf ...
– Im Zusammenhang mit ... wirkt ... besonders ...
– Besonders groß/deutlich/auffallend ist ...
– Die Partei ... setzt sich also ein für ...
– Das Plakat will zeigen ...
– Das Plakat bedient sich in der Ansprache des Betrachters vorwiegend ... Mittel.
– Das Plakat wirkt insgesamt ...
– Das Plakat wendet sich vor allem an Menschen aus ... / die Gruppe der ...
– Anlass der Veröffentlichung dieses Plakats war ... Das ist an ... erkennbar.
– Insgesamt steht dieses Plakat für ...
– Das Plakat ist typisch für ... / Das Plakat erscheint ungewöhnlich, weil ...

1 Interpretieren Sie das Wahlplakat M 2 mithilfe der Arbeitsschritte.
▶ Lösungshinweise finden Sie auf S. 494.

Anwenden

M1 Der Historiker Heinrich August Winkler über die Revolution von 1918/19 (2001)

Die Revolution von 1918/19, mit der die Republik ins Leben trat, gehört nicht zu den großen Revolutionen der Weltgeschichte. Dass sie keine klassische […] Revolution war, lag, so paradox das klingen mag, an
5 dem bereits erreichten Grad an Demokratie. Nach dem Zusammenbruch des Kaiserreichs konnte es nur um mehr Demokratie gehen, also um das Frauenwahlrecht, die Demokratisierung des Wahlrechts in den Einzelstaaten und Gemeinden, die konse-
10 quente Parlamentarisierung in Reich und Ländern. Eine Verfassunggebende Nationalversammlung musste nach dem Sturz der Monarchie zum frühestmöglichen Zeitpunkt gewählt werden: Darin war sich die große Mehrheit der Deutschen einig. Parolen wie
15 „Alle Macht den Räten" oder „Diktatur des Proletariats" fanden nur bei einer kleinen Minderheit Anklang. Wer solche Parolen ausgab, propagierte damit, ob er es wollte oder nicht, den Bürgerkrieg. […] Ein deutscher Bürgerkrieg hätte sofort die Alliierten auf den
20 Plan gerufen […]. Das konnten die gemäßigten Kräfte in Arbeiterschaft und Bürgertum nicht wollen, und weil sie es nicht wollten, mussten sie miteinander zusammenarbeiten. […]
Ende 1918 aber war die Sozialdemokratie längst ge-
25 spalten in die Mehrheitssozialdemokraten, die dem Reich bis zuletzt Kriegskredite bewilligten, und die Unabhängigen Sozialdemokraten, die die Kriegskredite ablehnten. Hätte sich die Partei nicht wegen der Kriegskredite gespalten, dann wegen eines Eintritts
30 von Sozialdemokraten in ein Koalitionskabinett. Eine Koalition zwischen den Mehrheitssozialdemokraten und den Parteien der liberalen und katholischen Mitte setzte, marxistisch gesprochen, die wechselseitige Bereitschaft zum Klassenkompromiss
35 voraus. Ohne diese Bereitschaft konnte es keine parlamentarische Demokratie geben, sondern nur den Bürgerkrieg. Daraus lässt sich ein weiteres Paradoxon ableiten: Die Spaltung der marxistischen Arbeiterbewegung war nicht nur eine schwere Vorbelas-
40 tung der ersten deutschen Demokratie, sondern zugleich eine Vorbedingung derselben.
Die Zusammenarbeit zwischen den gemäßigten Kräften im Bürgertum und Arbeiterschaft ist einer der Gründe, warum es beim Übergang von der Mon-
45 archie zur Republik so viel gesellschaftliche Kontinuität gab. Keine der kaiserlichen Machteliten wurde 1918/19 entmachtet: nicht der Großgrundbesitz, nicht die Schwerindustrie, nicht das Militär, nicht

das hohe Beamtentum, nicht die Justiz. Die Republik musste folglich mit Machteliten leben, die ihr reser- 50 viert bis feindlich gegenüberstanden.

Heinrich August Winkler, Weimar – Bonn – Berlin, in: Peter März (Hg.), Die zweite gesamtdeutsche Demokratie, Bayerische Landeszentrale für politische Bildungsarbeit, München 2001, S. 12 f.*

M2 Plakat der „Antibolschewistischen Liga",
Dezember 1918.

Hinter der „Antibolschewistischen Liga" standen rechtsradikale Aktivisten, die gegen die Revolution und vor allem den Spartakus-Bund kämpften. Sie schreckten auch vor militanten Maßnahmen nicht zurück, die die Finanzierung von Freikorps und Auftragsmorde einschlossen.

1 Arbeiten Sie aus M 1 heraus, wodurch die politischen Handlungsspielräume 1918/19 eingeschränkt wurden und welche Belastungen sich daraus für die Republik ergaben.
2 Erläutern Sie die Aussage: „Die Republik musste […] mit Machteliten leben, die ihr reserviert bis feindlich gegenüberstanden" (Z. 49 ff.).
3 Bestimmen Sie die Bildelemente und die Aussage des Plakats M 2.
4 Beurteilen Sie unter Berücksichtigung von M 1 und M 2, inwieweit die Weichenstellungen der Jahre 1918/19 für das Ende der Weimarer Republik verantwortlich gemacht werden können.

Wiederholen

M 3 Wahlplakat des Zentrums, 1919

Zentrale Begriffe

Demokratie
Frauenwahlrecht
Grundrechte
Nationalversammlung
Novemberrevolution
Oktoberreformen
Parteien
Rat der Volksbeauftragten
Rätesystem
Reichspräsident
Reichstag
Republik
Waffenstillstand
Weimarer Koalition
Weimarer Reichsverfassung

1 **Wahlaufgabe:** Bearbeiten Sie entweder a) oder b).
  a) Erstellen Sie eine Grafik, die Verbindungen und Strukturen zwischen den zentralen Begriffen zur Entstehung und Gründung der Weimarer Republik veranschaulicht (z. B. Wortnetz oder Wortwolke).
  b) Analysieren Sie das Wahlplakate M 3. Erläutern Sie, wie die politische Lage in Deutschland auf diesem Plakat dargestellt wird. Vergleichen Sie mit M 2.
  Tipp: Siehe die Arbeitsschritte S. 298.

2 **Vertiefung:** Recherchieren Sie Informationen zum Lebenslauf und den Einstellungen des Politikers Friedrich Ebert. Charakterisieren Sie seine Rolle in den Anfangsjahren der Weimarer Republik.

3 „Die Weimarer Verfassung wirkte nicht integrierend. […] Doch sind trotz der dargestellten Schwächen die zukunftsweisenden Ansätze in den Weimarer Kompromissen nicht zu übersehen: Dazu gehören insbesondere der Aufbau des ‚unitarischen' Bundesstaats und die Konzeption des Sozialstaats." Überprüfen Sie diese These der Historikerin Ursula Büttner und formulieren Sie ggf. eine andere These.

4 **Mindmap:** Ordnen Sie soziale Gruppen und Parteien als Träger bzw. Feinde der Republik ein und veranschaulichen Sie Ihre Ergebnisse in Form einer Mindmap.

5 Beantworten Sie Ihre zu Beginn des Kapitels formulierten Fragen (siehe S. 283).

6 **Präsentation:** Wahlkampf in der Anfangsphase der Weimarer Republik: ein Spiegel der damaligen politischen Kultur? Recherchieren Sie Materialien (z. B. Wahlplakate, Berichte) und präsentieren Sie Ihre Ergebnisse.
  Tipp: Weitere Wahlplakate finden Sie unter dem Webcode von S. 314.

Worthilfen für ein Wortnetz
anwenden
auslösen
belasten
fordern
herausfordern
instrumentalisieren
stärken
stützen

3.3 Krise und Stabilisierung – die Weimarer Republik 1919 bis 1929

M1 **Demonstration gegen den Versailler Vertrag, Fotografie, 1919**

1918/19	Novemberrevolution
1919	Unterzeichnung des Versailler Vertrages (28.6.), Weimarer Reichsverfassung tritt in Kraft (11.8.)
1920	„Kapp-Putsch"
1923	Ruhrkampf zwischen Deutschland und Frankreich, Hyperinflation, „Hitler-Putsch"
1925	Hindenburg wird Reichspräsident

1920   1925

1919–1923 Krisenjahre der Weimarer Republik

1924–1929 Stabilisierung der Weimarer Republik

Die Weimarer Republik musste sich in ihren Anfangsjahren mit zahlreichen Krisen und Belastungen auseinandersetzen. Dass sie dennoch von 1924 bis 1929 eine Phase der „prekären Stabilisierung" (Heinrich August Winkler) erreichte, gilt als eine ihrer größten Leistungen.

5　Ein wichtiger Faktor für die Krisen der ersten Jahre war der Versailler Vertrag. Er wurde von der Mehrheit in Deutschland nicht als Friedensvertrag empfunden, sondern als „Diktatfrieden" abgelehnt. Neben den wirtschaftlichen Belastungen durch hohe Reparationszahlungen entzündete sich der Wi-

10　derstand vor allem an dem „Kriegsschuldparagrafen", der die Deutschen und ihre Verbündeten für den Ausbruch des Ersten Weltkrieges verantwortlich machte. Obwohl auch führende Weimarer Politiker wie Friedrich Ebert und Walther Rathenau den Vertrag rückgängig machen wollten, akzeptier-

15　ten sie ihn als alternativlos und als Basis der Weimarer Politik. Das brachte ihnen und anderen Politikern das Etikett „Erfüllungspolitiker" ein. Zu den weiteren Belastungen der jungen demokratischen Ordnung gehörte die Kontinuität der alten Eliten in Staat, Justiz und Militär. Sie lehnten die Weimarer

20　Demokratie überwiegend ab oder standen ihr zumindest skeptisch gegenüber. Politische Morde, u. a. 1921 an Finanzminister Erzberger und 1922 an Außenminister Rathenau, bewegten in den Jahren bis 1923 die Öffentlichkeit. Dann folgte das Krisenjahr 1923: Französische und belgische Trup-

25　pen besetzten wegen eines deutschen Rückstandes bei der Zahlung von Reparationen das Ruhrgebiet, das mit passivem Widerstand und Generalstreik reagierte. Im gleichen Jahr verlor besonders der Mittelstand durch eine schnelle und hohe Geldentwertung, die sogenannte Hyperinflation, sein Sparver-

30　mögen. Hinzu kamen Umsturzversuche, so auch durch den ehemaligen Kriegsfreiwilligen und NSDAP-Politiker Adolf Hitler und den früheren Weltkriegsgeneral Erich Ludendorff. Danach gelang es den Reichsregierungen, die Lage zu stabilisieren. Die Wirtschaft erholte sich, das politische Leben und der Alltag der Menschen beruhigten sich. Die Aufbru-

35　chstimmung wurde aber immer auch von tiefgreifenden Unsicherheiten begleitet. Und nach wie vor wurde teilweise heftig über die Gestaltung von Staat und Gesellschaft gestritten.

M2　„Frankreich im Rheinland", Karikatur von Karl Arnold aus dem „Simplicissimus", 1923

1　Beschreiben Sie die Bilder M 1 und M 2: Achten Sie insbesondere auf die abgebildeten Personen und Gegenstände. Bestimmen Sie jeweils die Rolle der deutschen Bevölkerung.

2　Stellen Sie – ausgehend von Text und Bildern – Hypothesen zu den Belastungen der Weimarer Republik in ihren Anfangsjahren auf und ordnen Sie diese einer historisch-politischen Kategorie zu: Politik/Staat/Herrschaft – Gesellschaft – Wirtschaft – Kultur – internationale/globale Vernetzung.

3　Diskutieren Sie erste Thesen, ob innenpolitische oder internationale, wirtschaftliche, gesellschaftliche und kulturelle Krisen eine Demokratie gefährden bzw. umstürzen können.

1929 | Beginn der Weltwirtschaftskrise

1930　　　　　　　　1935

1930–1933 Präsidialkabinette

3.3   Krise und Stabilisierung – die Weimarer Republik 1919 bis 1929

> *In diesem Kapitel geht es um*
> *– die Belastungen durch den Versailler Vertrag,*
> *– die Kontinuität alter Eliten,*
> *– die politische Gewalt,*
> *– das Krisenjahr 1923,*
> *– die Maßnahmen, durch die sich die Weimarer Republik stabilisieren konnte,*
> *– den Verfassungs- und Nationalfeiertag des 11. August.*

M 1 „Die großen Drei", Foto-
grafie, 1919.
*V.l.n.r.: David Lloyd George, Georges
Clemenceau, Woodrow Wilson*

Belastungen durch den Versailler Vertrag

Nach dem Ende des Ersten Weltkrieges traten 1918/19 in Paris die Siegermächte zu **Friedensverhandlungen** zusammen. Die besiegten Staaten, also auch Deutschland, schlossen sie von den Beratungen aus. Die wichtigsten Entscheidungen trafen die „großen Drei", die USA, Großbritannien und Frankreich. Da es in der Vergangenheit kaum einen Krieg gegeben hatte, der nach Dauer und Brutalität mit dem Ersten Weltkrieg vergleichbar war, besaßen die „Friedensmacher" in Paris nur wenige Erfahrungen, wie nach diesem Weltkrieg eine dauerhafte internationale Ordnung geschaffen werden konnte. Die während des Krieges in allen kriegführenden Nationen entstandenen Feindbilder und die hohen Opferzahlen auf allen Seiten schränkten ebenfalls die Bereitschaft zu Zugeständnissen deutlich ein. Überdies gab es Konflikte zwischen den Siegermächten, die auf widersprüchlichen Erwartungen beruhten. Während Frankreich eine nachhaltige Schwächung Deutschlands anstrebte und so eine hegemoniale Stellung erreichen wollte, zielten die britische und die amerikanische Delegation darauf ab, das Gleichgewicht der europäischen Großmächte auf dem Kontinent zu bewahren – aus Furcht vor einer Ausbreitung der Russischen Revolution.

5

10

15

M 2 Die Bestimmungen des Versailler Vertrages für Deutschland

Die **territorialen Bestimmungen** des **Versailler Vertrages** sorgten dafür, dass Deutschland ungefähr 13 Prozent seines Staatsgebietes und rund 6,6 Millionen Menschen durch Abtretung von Grenzgebieten verlor. Neben Elsass-Lothringen, das an Frankreich zurückgegeben werden musste, machten die Gebietsabtretungen an Polen den Hauptteil

20 aus. Diese Abtretungen gingen einher mit einer erheblichen **Schwächung der deutschen Wirtschaftskraft,** insbesondere in der Montan- und Eisenindustrie sowie der Landwirtschaft. Des Weiteren musste Deutschland auf alle Kolonien in Übersee verzichten. Außerdem verordneten die Siegermächte Deutschland eine **militärische Abrüstung**: Die Armee wurde auf ein Freiwilligenheer von 100 000 Mann reduziert,

25 schwere Waffen waren abzugeben und die modernen Waffengattungen wie Panzer, U-Boote sowie die Luftwaffe wurden verboten. In Artikel 231*, dem sogenannten **Kriegsschuldartikel,** wurde Deutschland als Urheber für alle Kriegsverluste und -schäden der Alliierten verantwortlich gemacht. Artikel 231 bildete somit die Grundlage für die wirtschaftlichen Entschädigungen, die **Reparationen,** deren endgültigen Umfang –

30 neben sofort zu entrichtenden Entschädigungsleistungen – eine Reparationskommission noch festlegen sollte.

Die Umstände der Vertragsverhandlungen, bei denen Deutschland ausgeschlossen blieb, und die Unterzeichnung unter dem Druck der Drohung einer Kriegsfortsetzung führten zu nahezu einhelliger Ablehnung des Vertrages als **„Diktatfrieden"** oder – in

35 der Sprache der Rechten – als „Schanddiktat" von Versailles. Außerdem erschien der Friedensvertrag als „Schmachfrieden", weil Deutschland und seinen Verbündeten die alleinige Kriegsschuld zugewiesen wurde. Zusammen mit dem **Trauma des verlorenen Krieges** wirkten insbesondere diese Bestimmungen des Versailler Vertrages auch psychologisch in der deutschen Bevölkerung lange nach.

40 Bei der Unterzeichnung des Waffenstillstands wie auch des Versailler Vertrages übernahmen Politiker der Weimarer Republik die Verantwortung für die Aktionen der politischen und militärischen Führung des Ersten Weltkrieges. Diese wurden deshalb von Nationalisten als **„Erfüllungspolitiker"** beschimpft, die sich kampflos den Siegermächten gebeugt hätten. Im Zusammenspiel mit der **„Dolchstoßlegende"*** wurde das Anse-

45 hen der Regierungsmitglieder langfristig geschädigt. Dies bildete neben den ökonomischen Belastungen des Vertrages einen wesentlichen Faktor für die innenpolitische Destabilisierung der Weimarer Republik. Geschickt haben die Republikgegner, an erster Stelle die Nationalsozialisten, diese tiefsitzenden Enttäuschungen aufgegriffen und für ihre Zwecke genutzt. Sie versprachen ihren Landsleuten einen glanzvollen nationalen

50 Wiederaufstieg.

Kontinuität der alten Eliten

Die demokratische Ordnung der Weimarer Republik wurde zusätzlich belastet durch die Kontinuität der alten Eliten im neuen **Staat,** die zum Teil nach wie vor ihre obrigkeitsstaatlichen und demokratiefeindlichen Vorstellungen propagierten und durchzusetzen versuchten. Hierzu gehörten vor allem die verfassungsmäßig abgesicherten

5 **Beamten.** Besonders die höheren Beamten blieben in ihren Ämtern. Sie fühlten sich als „Staatsdiener" und waren mehr den überzeitlichen Werten des Staates als den Geboten einer demokratischen Verfassung verpflichtet. Außerdem entzog sich der **Militärapparat** in der Weimarer Republik der demokratischen Kontrolle. Er entwickelte sich zu einem „Staat im Staate". Seinem Selbstverständnis nach stand er außerhalb der Verfas-

10 sung und sah sich in der Verantwortung für die „Nation". Das Militär konnte so Züge des aggressiven Reichsnationalismus weitertragen.

In vielen führenden Schichten der **Gesellschaft** überwog die Distanz zur neuen politischen Ordnung. Die Rechte des **Adels,** dessen Familien je nach Region zwischen 0,3 und 1 Prozent der Bevölkerung ausmachten, waren seit langer Zeit eingeschränkt. Seine Vor-

15 rangstellung wurde aber erst durch das Ende der Monarchie und den Zerfall der

M3 **Versailler Vertrag, „Artikel 231"**

„Die alliierten und assoziierten Regierungen erklären, und Deutschland erkennt an, dass Deutschland und seine Verbündeten als Urheber für alle Verluste und Schäden verantwortlich sind, die die alliierten und assoziierten Regierungen und ihre Staatsangehörigen infolge des ihnen durch den Angriff Deutschlands und seiner Verbündeten aufgezwungenen Krieges erlitten haben."

▶ **M8: Interview mit der britischen Historikerin Margaret MacMillan**

▶ **M10: Jörg Leonhard über die Moralisierung der Politik**

„Dolchstoßlegende"
Die „Dolchstoßlegende" ist eine große Propagandalüge und wirkmächtiger Mythos der Weimarer Republik. Nationalisten behaupteten, der Erste Weltkrieg sei nicht militärisch verloren gegangen, das deutsche Heer sei im Felde unbesiegt geblieben und „von hinten erdolcht" worden. Friedensinitiativen, Streiks und politische Unruhen in der Heimat hätten die deutsche Armee zur Kapitulation gezwungen.

▶ **M11: Adolf Hitler in einem Brief an Reichskanzler Brüning 1932**

▶ **M13: Reichstagsabgeordneter Stücklen (SPD) über das Militär**

M 4 „Familienbildnis" (Rechtsanwalt Dr. Fritz Glaser) von Otto Dix, Gemälde, 1925

▶ M 15: Gemälde „Stützen der Gesellschaft" von George Grosz

Stadt-Land-Verteilung
Im Jahr 1910 lebte noch mehr als die Hälfte der Bevölkerung in Deutschland auf dem Land, 1925 waren es 46,4 %. Eine wachsende Zahl lebte in der Stadt, 1925 wohnten 26,8 % in Städten über 100 000 Einwohner.

Fürstenherrschaft in allen deutschen Ländern seit der Republikgründung in Frage gestellt. Da der Adel die Abschaffung oder Begrenzung seiner Privilegien als unrechtmäßig und ungerecht empfand, stemmte er sich gegen die demokratischen Veränderungen. Einige adlige Gutsbesitzer versuchten sich als agrarkapitalistische Unternehmer zu behaupten. Insbesondere in Verwaltung, Diplomatie und Militärführung blieben Adelige auch in der Weimarer Republik stark vertreten. 20

Ein großer Teil des **Bildungsbürgertums** hatte durch Kriegsanleihen und durch Inflation nicht nur einen Teil des Vermögens verloren, sondern wurde auch durch den Zusammenbruch der Monarchie in seinem politischen Selbstverständnis getroffen. Hinzu kam, dass Kräfte der weithin verachteten politischen Linken in der Weimarer Republik 25 an Macht gewannen. Viele Bildungsbürger zogen sich auf ihre unsichere Staatsloyalität zurück oder opponierten gegen die politischen Machtverschiebungen. Obwohl das überwiegend kulturpessimistisch eingestellte Bildungsbürgertum mit 0,8 Prozent Anteil an der Bevölkerung eine Minderheit darstellte, blieb es doch eine respektierte, Norm setzende Elite. Es besaß in der Bürokratie des Staates, der Länder und Gemeinden 30 eine beherrschende Stellung und verfügte als „Meinungsmacher" über erheblichen politischen Einfluss.

Die großen und mittleren Unternehmer des **Wirtschaftsbürgertums** – diese schmale Schicht machte höchstens 5 Prozent der Bevölkerung aus – konnten ihre wirtschaftliche Stellung in der Regel halten und wurden während der Weimarer Republik kontinu- 35 ierlich aufgewertet. Ihre führenden Repräsentanten blieben überwiegend den Normen und Werten des autoritären Systems des Kaiserreiches verpflichtet und reagierten in der Weimarer Zeit ablehnend auf den Aufstieg der Gewerkschaften und der Sozialdemokratie. Sehnsüchtig pflegte diese Elite des Wirtschaftsbürgertums seine Rückwärtsorientierung auf die in den vergangenen Jahrzehnten eingespielten Mechanismen auto- 40 ritärer Kontrolle und Steuerung.

Das **Kleinbürgertum,** etwa 15 Prozent der Bevölkerung, ging schwer angeschlagen in die republikanischen Jahre. Der „alte" Mittelstand, vor allem altes Handwerk und Kleinhandel, bot ein Bild wirtschaftlicher Zerrüttung, während neue Handwerkszweige die Hyperinflation ziemlich unversehrt überstanden. Noch tiefer eingefressen als zuvor hat- 45 te sich beim „alten" Handwerk die Opposition gegen „die Linke". Dagegen zeigte sich der „neue" Mittelstand – Angestellte, Techniker, Lehrer, Ingenieure, Betriebswirte und andere aufstrebende Dienstleistungsberufe – offener für die politische Neuausrichtungen. Doch hielt diese Verlagerung der politischen Orientierungen nicht immer lange an. 50

Die **Groß- und Mittelbauern** besaßen gut ein Fünftel (22,6 Prozent) aller landwirtschaftlichen Betriebe und stellten mit 1,156 Millionen Menschen rund zwei Prozent der Bevölkerung. Neben dem **Großgrundbesitz** beanspruchten sie einen hohen gesellschaftlichen Rang und verstanden sich als Rückgrat des ländlichen „Nährstandes". Mit ihren Agrarverbänden teilten sie die Überzeugung, dass in der Weimarer Republik das 55 Industrieproletariat und die städtische Konsumentenmasse die Macht übernommen hätten. Krisenhafte Entwicklungen im Agrarsektor führten im Verlauf der 1920er-Jahre zur weiteren Radikalisierung: Die norddeutsche „Landvolk"-Bewegung protestierte mit Gewalt gegen die demokratische Ordnung, immer mehr bäuerliche Wähler machten ihr Kreuz bei den Parteien der extremen oder radikalen Rechten. 60

Belastungen durch politische Gewalt

Die **freiheitliche Verfassung** der Weimarer Republik garantierte noch keine breite Zustimmung zur Demokratie in Deutschland – viele Menschen aus verschiedenen gesellschaftlichen Schichten standen der jungen Republik abweisend bis feindlich gegenüber. Die republikfeindliche Haltung vieler Deutscher spiegelt sich in einem geradezu furchteinflößenden Ausmaß der Gewalt im Inneren wider. In Freikorps sammelten sich 5

Tausende ehemaliger Frontsoldaten mit größtenteils antidemokratischen Ansichten. Durch Kriegserfahrungen und Gewalt im Weltkrieg geprägt, bekämpften radikale Gegner der politischen Linken und Rechten die demokratische Ordnung. Politische Morde und Attentate waren an der Tagesordnung und verunsicherten die Gesellschaft nach-
10 haltig. In Justiz und Bürokratie blieben die ehemaligen Amtsträger des Kaiserreiches häufig erhalten und waren sprichwörtlich „auf dem rechten Auge blind". Das Gleiche galt für die Reichswehr: Sie beantwortete Putschversuche der radikalen Linken konsequent. Bei Angriffen von rechts hielt sie sich jedoch weitgehend zurück. Der Machterhalt der alten Eliten aus dem Kaiserreich stellte von 1918 bis 1933 ein Dauerproblem der
15 Weimarer Republik dar.

▶ M 18, M 19: Der Umgang der Justiz mit politischen Straftaten

▶ M 14: Heinrich August Winkler zum Urteil im Hitlerprozess

Das Krisenjahr 1923

Die Krisen der Anfangszeit gipfelten im Krisenjahr 1923. Innerhalb weniger Monate trafen mindestens drei gefährliche Entwicklungen zusammen, die jede für sich das Potenzial hatten, den jungen Staat in seiner Existenz zu bedrohen. Daher gilt 1923 als das Jahr der Bewährung für die Weimarer Republik.

▶ M 20 bis M 22: Krisenherde im Spiegel von Wahlplakaten 1923/24

Krisenherd 1: Ruhrbesetzung und Ruhrkampf
5 In der Weimarer Republik gab es seit ihrer Ausrufung große wirtschaftliche Probleme und soziale Nöte. Die Reparationszahlungen infolge des Ersten Weltkrieges verschärften diese Entwicklung zusätzlich. Als Deutschland 1923 mit Zahlungen an die Alliierten in Rückstand geriet, besetzten französische und belgische Truppen das Ruhrgebiet als
10 „produktives Pfand". Die Reichsregierung und die Gewerkschaften riefen daraufhin die Bevölkerung zum passiven Widerstand und zum Generalstreik („Ruhrkampf") auf. Durch massenhafte Arbeitsverweigerung wurden Industrie, Verwaltung und Verkehr teilweise lahmgelegt. Die Millionenbevölkerung des Ruhrgebiets musste jedoch vom deutschen Staat weiterhin durch Fortzahlung der Löhne versorgt werden – eine enor-
15 me Belastung für den Staatshaushalt! Gleichzeitig fielen dem Staat alle Einnahmen aus seinem wirtschaftlich bedeutsamsten Zentrum weg. Im Verlauf des Jahres war absehbar, dass dieser finanzielle Kraftakt nicht lange zu stemmen war.

Krisenherd 2: Hyperinflation
Bereits nach dem Ende des Ersten Weltkrieges gab es in Deutschland aufgrund von
20 Kriegskrediten und -anleihen eine zunächst langsame und dann immer raschere Geldentwertung. Die staatliche Finanzierung des passiven Widerstandes im Ruhrgebiet verschärfte diese Entwicklung drastisch. Die zusätzlichen Ausgaben finanzierte die Regierung nämlich durch den Druck von immer mehr Geldscheinen: Kostete ein Laib Roggenbrot im Dezember 1919 noch 0,80 Mark, steigerte sich der Preis im April 1923
25 auf 474,00 Mark und im Dezember 1923 auf 399 000 000 000 Mark (s. S. 271). Bei solch einer rapiden und unkontrollierbaren Geldentwertung spricht man von einer Hyperinflation. Große Teile der Bevölkerung und vor allem der Mittelstand verloren durch die Hyperinflation ihr gesamtes Sparvermögen. Im Gegensatz dazu schrumpften Schulden auf kleine Beträge zusammen. Das Währungsversagen brachte Wirtschaft, Staat und
30 Gesellschaft an den Rand des Zusammenbruchs.

M 5 Adolf Hitler und Erich Ludendorff, Fotografie, 1923

Krisenherd 3: Putschversuche
Bereits 1920 versuchten rechtsgesinnte Freikorpseinheiten im sogenannten Kapp-Lüttwitz-Putsch die ungeliebte Republik zu beseitigen. Die Verschwörer scheiterten letztlich am Widerstand der Ministerialbürokratie sowie der Arbeiterschaft, die im ganzen Reich
35 in einen Generalstreik trat. In Bayern hatte sich infolge des Putsches jedoch eine rechtsgerichtete Landesregierung gebildet, die kaum gegen republikfeindliche Bestrebungen vorging. In diesem Umfeld riefen der Kriegsfreiwillige Adolf Hitler und der Weltkriegs-

general Erich Ludendorff am 8. November 1923 im Bürgerbräukeller in München die „nationale Revolution" aus. Sie erklärten die bayerische und die Reichsregierung für abgesetzt und riefen eine Gegenregierung mit Adolf Hitler als neuem Reichskanzler aus. 40
Am nächsten Tag wurden Ludendorff und Hitler mit ihren Anhängern in München durch eine Einheit der Landespolizei aufgehalten. Der Putsch brach daraufhin zusammen und Adolf Hitler wurde zu fünf Jahren Festungshaft verurteilt.
Neben diesen beiden Putschversuchen von rechts gab es auch von links Versuche, in Deutschland einen revolutionären Umsturz nach russischem Vorbild einzuleiten. In 45
Sachsen und Thüringen war die KPD Regierungsbündnisse mit der MSPD eingegangen. Formal zur Abwehr rechter Putschversuche wurden bewaffnete Einheiten, sogenannte „Proletarische Hundertschaften", aufgestellt. Der eigentliche Zweck war die Vorbereitung einer proletarischen Revolution nach sowjetischem Vorbild.

M 6 Angehörige der SA treffen zur Verstärkung des Hitler-Putsches in München ein, Fotografie, 1923

Die relative Stabilisierung in der Politik

▶ M 23, M 24: Relative Stabilisierung der Weimarer Republik

Viele Historiker bezeichnen die Zeit von 1924 bis 1929 als Phase der relativen Stabilisierung. Dennoch gab es auch während dieser Jahre kleinere oder größere Krisen. Aber verglichen mit den vorangegangenen und nachfolgenden Krisenzeiten waren die 1920er-Jahre tatsächlich „Weimars beste Jahre" (Wolfram Pyta).
Mit dem Einmarsch der Reichswehr und der Niederschlagung des Aufstandes in Sach- 5
sen im Oktober 1923 beendete die Reichswehr die Aufstandspläne von rechts und von links. Die radikalen Parteien auf der politischen Rechten und Linken verloren an Gewicht und gerieten zeitweilig in die Isolation. Zwar wechselten die Regierungen häufig, aber die parlamentarisch-parteienstaatliche Demokratie funktionierte leidlich. Um das Zentrum, das allen Koalitionsregierungen angehörte, gruppierten sich die beiden libera- 10

▶ S. 360, Regierungen der Weimarer Republik 1924 bis 1929

len Parteien. Dieser Bürgerblock wurde unterstützt bzw. erweitert entweder durch die nationalkonservative DNVP auf der Rechten oder die SPD auf der Linken. Die Gemeinsamkeiten dieser Koalitionen blieben allerdings begrenzt. Häufig konnten die weltanschaulichen und politisch-sozialen Unterschiede nur schwer oder gar nicht überbrückt werden. Die Parteien versagten gelegentlich ihren Ministern die Unterstützung, um sich 15
gegenüber den Wählern stärker zu profilieren. Doch im größten Land des Reiches, in Preußen, konnte sich die Weimarer Koalition aus Sozialdemokraten, Liberalen und Zentrum bis 1932 behaupten. Mit dem Tod von **Reichspräsident Friedrich Ebert** 1925

20 verlor die Weimarer Demokratie eine gewichtige Identifikationsfigur. Für die demokratische Legitimation der Republik bedeutete die Wahl des 78-jährigen ehemaligen Chefs der Obersten Heeresleitung, Paul von **Hindenburg,** zu seinem Nachfolger einen Rückschlag. Der Monarchist Hindenburg repräsentierte und stärkte die nationalen und konservativen Kräfte in Deutschland, die sich zurück in die „gute alte Zeit" des wilhelminischen Reiches sehnten.

Bewältigung wirtschaftlicher Probleme

Die Regierung stabilisierte auch im Bereich der Wirtschaft die Situation. Der Ruhrkampf wurde abgebrochen und eine Währungsreform durchgeführt. Am 16. November 1923 führte sie die neue Währung, die **Rentenmark,** ein und setzte das Verhältnis von Rentenmark zu Papiermark auf 1 : 1 Billion fest. Damit war ein wichtiger Schritt zur Beendi-
5 gung der Inflation getan. Es setzte bald eine Phase der wirtschaftlichen Erholung ein. Obwohl die Investitionen niedrig, die Arbeitslosenzahlen hoch blieben und der wirtschaftliche Aufschwung schwächer war als in anderen Staaten, beschleunigte sich in den 1920er-Jahren das wirtschaftliche Wachstum in Deutschland. Seit 1924 stieg die deutsche Industrieproduktion allmählich an und erreichte in den Jahren 1927 bis 1929
10 wieder das Vorkriegsniveau.

Deutschland wandelte sich weiter vom Agrar- zum **Industriestaat.** Anders als in der Zeit vor 1914 verschoben sich jetzt allerdings die Gewichte zwischen den einzelnen Wirtschaftssektoren langsamer zugunsten des industriellen Bereichs und des Dienstleistungssektors. 1933 arbeiteten 28,8 Prozent der Beschäftigten in der Landwirtschaft,
15 40,6 Prozent in der Industrie und 30,6 Prozent im Dienstleistungsbereich. Die modernen Industrien der „zweiten" Industriellen Revolution, Chemie, Elektrotechnik und Teile des Maschinenbaus, standen trotz kriegsbedingter Verzerrungen nach wie vor an der Spitze der industriellen Produktion, während die Wachstumsraten der Industriezweige der „ersten" Industriellen Revolution, der Montan- und Schwerindustrie, hinter denen
20 der neuen dynamischen Industrien zurückblieben. Die Konsumgüterindustrie entwickelte sich uneinheitlich, ihr Wachstum verlief jedoch langsamer als das der Produktions- und Investitionsgüterindustrie. Obwohl Industriezweige wie Chemie, Elektrotechnik, Maschinenbau oder auch Optik erneut eine führende Stellung auf dem Weltmarkt erreichten, verlor Deutschland insgesamt im internationalen Wettbewerb
25 an Bedeutung. Zwar bestimmten marktwirtschaftliche Regeln die deutsche Volkswirtschaft in der Weimarer Zeit, aber der Staat griff stärker in den Wirtschaftsprozess ein als im Kaiserreich. Ein Schwerpunkt staatlicher Intervention lag auf dem Feld der **Sozialpolitik.** Die wichtigsten sozialpolitischen Neuerungen der Weimarer Zeit waren die Umwandlung der Armenpflege in eine moderne Sozialfürsorge, auf die es einen Rechtsan-
30 spruch gab, der Ausbau der Unfallversicherung, die Schaffung einer einheitlichen Rentenversicherung, Leistungsverbesserungen bei der Krankenversicherung und die Einführung der gesetzlichen Arbeitslosenversicherung 1927.

M7 **Kinder spielen mit wertlos gewordenem Papiergeld, Fotografie, 1923**

1 **Mindmap/Fließschema:** Arbeiten Sie in strukturierter Form (z. B. Mindmap oder Fließschema) die Belastungen für Deutschland durch den Versailler Vertrag heraus.
2 Erläutern Sie, warum die Kontinuität der alten Eliten ein Dauerproblem für die Weimarer Demokratie darstellte.
3 Diskutieren Sie die folgende Feststellung: „Verschärft wurde die innenpolitische Polarisierung von Anfang an durch die außenpolitischen Belastungen" (Hans-Ulrich Thamer). Erklären Sie, davon ausgehend, die Wechselwirkungen zwischen innenpolitischen und außenpolitischen Belastungen im Krisenjahr 1923.
4 Überprüfen Sie, ob die Krisenherde des Jahres 1923 dauerhaft beseitigt werden konnten.
5 **Zusatzaufgabe:** Siehe S. 483.

Hinweise zur Arbeit mit den Materialien

Anhand von M 2 im Darstellungsteil können die wichtigsten Bestimmungen des Versailler Vertrages und seine Auswirkungen auf Deutschland erarbeitet werden. Das Interview mit einer britischen Historikerin (M 8), die Karikatur (M 9) und der Historikertext (M 10) bieten Erklärungsversuche für die unterschiedlichen Wahrnehmungen des Friedensvertrages. Danach kann vertiefend der Versailler Vertrag als Faktor für den Aufstieg Hitlers betrachtet werden (M 11 und M 12). Die Materialien M 13 bis M 15 setzen sich mit der Kontinuität der alten Eliten auseinander. Es folgt ein Materialblock (M 16 bis M 19) zu innenpolitischen Belastungsfaktoren der Republik. Dabei stehen die Auswirkungen der Inflation und der Umgang mit politischen Straftaten vor Gericht im Zentrum. Mithilfe der Plakate M 20 bis M 22 der Jahre 1923/24 können verschiedene Krisenherde des Jahres 1923 thematisiert und ihre Instrumentalisierung analysiert werden. Abschließend können die Jahre 1924 bis 1929 auf der Basis von zwei Sekundärtexten (M 23, M 24) unter dem Begriff der „prekären Stabilisierung" diskutiert und beurteilt werden.

Zur Vernetzung mit dem Kernmodul

– *M 13 (Reichswehr als „Staat im Staate") kann mit M 1 Jürgen Kocka, S. 373, Kernmodul verbunden werden (Militär, „Sonderbewusstsein").*
– *M 13 und M 15 bieten einen Bezug zu Wehlers Beitrag zur Sonderwegsdebatte (M 4).*
– *M 6 des Kernmoduls (Bracher) kann insgesamt herangezogen werden, da hier Belastungen und Krisen der Weimarer Republik beleuchtet werden.*

Belastungen durch den Versailler Vertrag

M 8 **Interview mit der britischen Historikerin Margaret MacMillan (2015)**

ZEIT: „Die Friedensmacher" heißt Ihre große Darstellung der Pariser Verhandlungen [...]. Wurde denn wirklich Frieden gemacht oder nur neuem Unfrieden der Boden bereitet?

5 *MacMillan:* [...] Dass sich die Deutschen so sehr über den Vertrag empörten, lag vor allem daran, dass sie sich ihre Niederlage im Ersten Weltkrieg nicht eingestehen wollten. Stattdessen setzte sich der Glaube durch, man sei „im Felde unbesiegt" geblieben und

10 habe nur aufgrund des Verrats durch „innere Feinde" den Krieg verloren. Ich bin überzeugt: Die Deutschen hätten 1919 jeden Vertrag ungerecht gefunden, der sie zur Rechenschaft gezogen hätte. [...]

ZEIT: Als die Deutschen nach Versailles kamen und den Friedensvertrag lasen, waren sie entsetzt. Hatten 15 sie sich Illusionen hingegeben, oder wurden sie durch den Vertrag übermäßig gestraft?

MacMillan: Die Deutschen lebten seit dem Kriegsende in einer Traumwelt. Sie hatten einen Waffenstillstand unterzeichnet, der einer Kapitulation gleichkam, 20 aber sie hofften, es möge doch alles anders kommen. Woodrow Wilson hatte ihnen dazu Anlass gegeben, als er ihnen, ohne Absprache mit den europäischen Siegermächten, einen Frieden ohne schwere Sanktionen in Aussicht stellte – auf der Grundlage seines be- 25 rühmten 14-Punkte-Programms. Die Deutschen rechneten daher mit einem milden Angebot und glaubten, dass Wilsons „Selbstbestimmungsrecht der Völker" auch zu ihren Gunsten ausgelegt würde. [...] Die Deutschen fühlten sich geknechtet [...]. Tatsäch- 30 lich aber wurden viele Bestimmungen gar nicht durchgesetzt, nach und nach abgemildert oder umgangen – insbesondere die militärischen. Es gab die Tendenz, den Vertrag für alles verantwortlich zu machen, was schieflief, insbesondere die Rechten ins- 35 trumentalisierten ihn. Anders agierte der Kanzler und spätere Außenminister Gustav Stresemann. Er sagte: Wir erfüllen die Bedingungen und versuchen dann, sie zu lindern – womit er recht erfolgreich war.

Christian Staas im Interview mit Margaret MacMillan: „Den Versailler Vertrag trifft keine Schuld", DIE ZEIT 46/2015 (Auszug).*

M 9 „Der Friedenskuss", Karikatur von Thomas Theodor Heine aus der Zeitschrift „Simplicissimus", 8. Juli 1919

M 10 Der Historiker Jörn Leonhard über die Moralisierung der Politik (2014)

Im Vergleich zu den deutschen Bedingungen im Frieden von Brest-Litowsk[1] mit Russland relativiert sich die Vorstellung von der Singularität des Versailler „Diktatfriedens", als den ihn der weit überwiegende
5 Teil der Deutschen wahrnahm. Aber der Friedensvertrag markierte den Bruch mit den Traditionen der neuzeitlichen Friedensverträge von 1648 und 1815: Die Vorstellung des entkriminalisierten *iustus hostis*[2] wurde zugunsten einer Moralisierung der Politik und
10 der Zuweisung einer Alleinschuld am Kriegsausbruch aufgegeben. Doch bedeutete der Friedensvertrag im Gegensatz zum Mai 1945 eben keine bedingungslose Kapitulation Deutschlands. Aus dieser Perspektive fielen die Bedingungen je nachdem zu
15 harsch oder zu milde aus. Deutschland sah sich moralisch als stigmatisiert an und büßte doch zugleich weder politisch noch wirtschaftlich seinen europäischen Großmachtanspruch komplett ein. Anders als im Mai 1945 verfügte das Land nach dem Ersten
20 Weltkrieg weiterhin über die Ressourcen für eine revisionistische Außenpolitik. Darin spiegelte sich der keinesfalls widerspruchsfreie Kompromiss zwischen den Siegermächten wider. Der Vertrag reflektierte das anglo-amerikanische Drängen auf eine erneuerte
25 kontinentaleuropäische Gleichgewichtskonstellation und bremste insofern die [...] französischen Pläne einer langfristigen Zerschlagung der deutschen Großmachtposition aus.

Jörg Leonhard, Büchse der Pandora. Geschichte des Ersten Weltkriegs, C. H. Beck, München 2014, S. 955 f.*

1 *Friedensvertrag von Brest-Litowsk:* 1918 zwischen Sowjetrussland und den Mittelmächten (Deutsches Reich, Österreich-Ungarn, Osmanisches Reich, Bulgarien) geschlossen
2 *iustus hostis (lat.):* wörtlich: gerechter Feind, gemeint ist: Feind mit gleichen Rechten

1 Interpretieren Sie die Karikatur M 9.
2 Arbeiten Sie heraus, wie MacMillan (M 8) die Wahrnehmung des Versailler Vertrages in Deutschland beschreibt und worin sie die Gründe dafür sieht.
3 **Vertiefung:** Erläutern Sie anhand von M 10, inwieweit der Versailler Friedensvertrag ein „Bruch mit den Traditionen neuzeitlicher Friedensverträge" darstellt.
4 **Zusatzaufgabe:** Siehe S. 483.

M 11 Adolf Hitler in einem offenen Brief an Reichskanzler Brüning (25. Januar 1932)

Aber zu einem Versailler Vertrag wäre es nie gekommen, wenn nicht die hinter Ihnen stehenden Parteien des Zentrums, der Sozialdemokratie und der Demokratie das alte Reich ausgehöhlt, zerstört und

verraten hätten, wenn sie nicht die Revolution vorbe- 5
reitet, durchgeführt oder zumindest akzeptiert und gedeckt hätten. Nicht ich, Herr Reichskanzler, habe jemals im Versailler Vertrag eine mögliche Basis für das Leben unseres Volkes oder das Gedeihen der Wirtschaft gesehen, aber die hinter Ihnen stehenden 10
Parteien haben durch die Unterzeichnung dieses Vertrages seine Erfüllung zumindest als möglich vorgetäuscht. Derjenige, der als Erster in Deutschland in unzähligen Massenversammlungen gegen diesen Vertrag Stellung nahm, war, um „geschichtlichen 15
Verwechslungen vorzubeugen", ich, nicht Sie. Die unerbittliche Handhabung aber dieses Vertrages, die, wie Sie meinen, in den ersten 5 Jahren jeden deutschen Wiederaufbau zerstörte, wäre ganz unmöglich gewesen, wenn nicht gewisse „deutsche" Parteien zu 20
jeder Erpressung, Schmach und Schande ihre Zustimmung gegeben hätten. Ich [...] mache diejenigen verantwortlich, die durch ihr Wirken diese Verhältnisse entweder schufen oder zumindest begünstigten. 25

Zit. nach: Johannes Hohlfeld (Hg.), Deutsche Reichsgeschichte in Dokumenten 1849–1934, Bd. 4, Leipzig 1934, S. 422 f.*

M 12 „The Source", Karikatur von Daniel Fitzpatrick aus einer amerikanischen Zeitung, 1930

1 Analysieren Sie den offenen Brief Hitlers an Reichskanzler Brüning (M 11).
   Tipp: Siehe S. 483.
2 **Wahlaufgabe:** Bearbeiten Sie a) oder b).
   a) Interpretieren Sie die Karikatur „The Source" von Daniel Fitzpatrick (M 12).
   b) Beurteilen Sie, inwiefern der Versailler Vertrag für den Aufstieg der NSDAP verantwortlich war. Berücksichtigen Sie dabei M 8–M 12.

Kontinuität alter Eliten

M 13 **Der Abgeordnete Daniel Stücklen (SPD) über die Reichswehr (26. Mai 1925)**

Wir haben heute ein Heer der Republik, das, wie ich feststellen will, diesem Staate dient, dessen Leitung erklärt, wir stehen auf dem Boden der Verfassung; aber das schließt natürlich nicht aus, dass wir, wenn

5 die Verfassung geändert, eine anderes Staatswesen aufgezogen wird, dann auch dem neuen Staatswesen dienen.

Es sind aber recht deutliche Anzeichen dafür vorhanden, dass die Entwicklung der Reichswehr dahin

10 geht, eine Art Staat im Staate zu werden. Das war [...] eine gewisse Abgeschlossenheit, ein Korpsgeist, der zur Abgeschlossenheit führen musste und letzten Endes bewirkte, dass die alte Armee wirklich ein Staat im Staate war, mit einem eigenen Ehrbegriff, ihrem

15 eigenen Strafkodex, mit einem Wort: eine Menge Einrichtungen, die von den Einrichtungen der zivilen Bevölkerung losgelöst waren. Im Hauptausschuss wurde darauf hingewiesen, dass die Anzeichen für eine solche Entwicklung abermals vorhanden seien.

20 Die Gefahr ist umso größer, als früher der Soldat nur zwei Jahre diente und nach zwei Jahren in die Massen des Volkes zurücktrat. [...] Heute dient der Reichswehrsoldat zwölf Jahre. Zwölf Jahre verlebt er in einer ganz anderen Umwelt. Er ist ganz anderen Einflüssen

25 und Eindrücken preisgegeben; das führt letzten Endes dazu, dass eine gewisse Entfremdung nicht vermieden werden kann.

Wolfgang Michalka, Gottfried Niedhart (Hg.), Die ungeliebte Republik. Dokumentation zur Innen- und Außenpolitik Weimars 1918–1933, 3. Aufl., dtv, München 1984, S. 220.*

M 14 **Der Historiker Heinrich August Winkler über das Urteil im Hitlerprozess 1924 (1993)**

Am 1. April 1924 sprach das Volksgericht München Ludendorff von der Anklage des Hochverrats frei; fünf andere Beteiligte, darunter der Organisator der SA, Ernst Röhm, wurden zu drei Monaten Festung

5 und 100 Mark Geldstrafe mit Bewährung, Hitler selbst zusammen mit drei Mitverschwörern zu fünf Jahren Festung und 200 Mark Geldstrafe verurteilt. Nach Verbüßung von sechs Monaten stand auch den zuletzt Genannten eine Bewährungsfrist in Aussicht.

10 Allen Angeklagten hielt das Gericht zugute, sie hätten sich bei „ihrem Tun von rein vaterländischem Geiste und dem edelsten, selbstlosen Willen" leiten lassen und nach bestem Wissen und Gewissen geglaubt, „dass sie zur Rettung des Vaterlands handeln

15 mussten, und dass sie dasselbe taten, was kurz zuvor die Absicht der leitenden bayerischen Männer war".

Moralisch kamen das Urteil und seine Begründung einem Freispruch gleich – und nicht anders wurden sie über Bayern hinaus auch verstanden.

Heinrich August Winkler, Weimar. Die Geschichte der ersten deutschen Demokratie 1918–1933, C. H. Beck, München 1993, S. 252.*

M 15 **„Stützen der Gesellschaft", Gemälde von George Grosz, 1926**

1 Erklären Sie, was der Abgeordnete Stücklen mit „Staat im Staate" (Z. 10) meint.

2 Bewerten Sie auf der Basis von M 14 das Urteil im Hitlerprozess.
Tipp: Beziehen Sie die Formulierung „Tun von rein vaterländischem Geist" (Z. 11 f.) in Ihr Werturteil ein.

3 Charakterisieren Sie mithilfe des Gemäldes von George Grosz (M 15) die „Stützen der Gesellschaft".
Tipp: Siehe S. 483.

Krisen und politische Gewalt

M 16 Wertverlust des Geldes 1914 bis 1923

Zeitpunkt	Wert von 100 000 Mark von 1914	Wertverlust in %
Juni 1914	100 000,00	0,00
Jan. 1919	47 190,00	52,80
Juli 1919	27 855,00	72,10
Jan. 1920	6 480,00	93,50
Juli 1920	10 638,00	89,40
Jan. 1921	6 468,00	93,50
Juli 1921	5 476,00	94,50
Jan. 1922	2 189,00	97,80
Juli 1922	851,00	99,10
Jan. 1923	23,46	100,00
Juli 1923	1,19	100,00
Sept. 1923	0,00	100,00

Zit. nach: Herbert Prokasky, Der Erste Weltkrieg und die Inflation 1914–1923, in: Geschichtsdidaktik 5, 1980, S. 267.

M 17 Leserbrief in der Braunschweigischen Landeszeitung (1923)

Schon zwischen 8 und 9 sieht man, wie das Licht eins nach dem anderen in den Häusern erlischt. Die Treppenhäuser der großen Mietskasernen und die besseren Wohnhäuser sind unbeleuchtet und in den
5 vielen Straßen kommt man schon in den frühen Abendstunden vor verschlossenen Haustüren, weil man sein Eigentum gegen Diebstahl auf jede mögliche Art und Weise schützen muss. Die Millionenrechnungen für Gas und elektrisches Licht, auch für
10 Heizung, zwingen zu den äußersten Einschränkungen; Gesundheit und Bequemlichkeit werden hintangestellt, um nur die allernotwendigsten Lebensbedürfnisse noch bestreiten zu können, Not und Elend überall. [...] In den letzten Wochen sind schon wieder
15 Selbstmorde vorgekommen, die ihre Ursachen in Hunger, Kummer, Not, Elend, Unzufriedenheit und Verzweiflung haben! Wann kommt der Retter? Reden haben bisher nicht geholfen und helfen auch jetzt nicht mehr. Das Volk, der Mittelstand, will endlich
20 Taten sehen!

Zit. nach: Reinhard Bein, Die Hyperinflation – eine traumatische Erfahrung, in: Praxis Geschichte Nr. 2/1992, S. 24 f.*

M 18 „Die Arme der Gerechtigkeit", Karikatur von Herbert Anger aus der Satirezeitschrift „Lachen links. Das republikanische Witzblatt", 1925

M 19 Umgang mit politischen Morden 1921

	Politische Morde begangen von Linksstehenden	Politische Morde begangen von Rechtsstehenden
Gesamtzahl der Morde	22	354
– ungesühnt	4	326
– teilweise gesühnt	1	27
– gesühnt	17	1
Zahl der Verurteilten	38	24
freigesprochen	–	23
Dauer der Einsperrung	15 Jahre	4 Monate
Hinrichtungen	10	–

Aus: Die Zerstörung der deutschen Politik. Dokumente 1871–1933, neu hg. und kommentiert v. Harry Pross, Fischer TB, 1982, S. 145.*

1 **Kooperative Partnerarbeit:** Bearbeiten Sie a) und b) arbeitsteilig und stellen Sie sich anschließend Ihre Ergebnisse vor.
   a) Analysieren Sie den Leserbrief M 17. Erklären Sie anschließend unter Einbeziehung von M 7 und M 16, welche Auswirkungen die Geldentwertung auf die Menschen hatte.
   b) **Wahlaufgabe:** Analysieren Sie M 18 oder M 19.

Krisenherde im Spiegel von Wahlplakaten

M 20 Plakat gegen die französische Besetzung des Ruhrgebiets, 1923

Hände weg vom Ruhrgebiet!

M 21 Plakat der DNVP, Reichstagswahl 1924

Frei von Versailles!
Los von jüdisch-sozialistischer Fron!
Für Freiheit u. Vaterland
Deine Losung
Deutschnational!

RICHARD MÜLLER, CHEMNITZ

M 22 Plakat der Deutschen Demokratischen Partei (DDP), Reichstagswahl 1924.
Der am Ärmel platzierte Geldschein trägt die Aufschrift „Eine Rentenmark".

Inflation
Gegen eine neue Inflation
Für Reichseinheit und Republik
Für Loslösung von unseren Feinden
Rettung bringt die D.D.P.
Wählt Deutsch-Demokratisch

1 Gruppenarbeit:
  a) Analysieren und vergleichen Sie arbeitsteilig die Wahlplakate (M 20–M 22).
     Tipp: Beachten Sie die methodischen Hinweise auf S. 298.
  b) Präsentieren Sie in der Gruppe Ihr Plakat und den Belastungsfaktor, auf den es reagiert.
  c) **Vertiefung:** Vergleichen Sie die Darstellung von Belastungsfaktoren auf Wahlplakaten der Weimarer Republik mit heutigen Wahlplakaten.

Weitere Wahlplakate der Parteien

cornelsen.de/Webcodes
Code: xutova

Relative Stabilisierung 1924 bis 1929

M23 **Der Historiker Ulrich Herbert (2014)**

Das politische Gefüge der Weimarer Republik blieb auch in den Jahren 1924 bis 1929 instabil; aber die Zeit des Bürgerkriegs und der Umsturzversuche war fürs Erste vorbei. Nach der Wiederherstellung einer,
5 wenn auch brüchigen, wirtschaftlichen Stabilität standen im Mittelpunkt dieser fünf Jahre die Versuche, einigermaßen tragfähige Lösungen für die vielfältigen Probleme zu finden, denen sich die deutsche Nachkriegsgesellschaft ausgesetzt sah, und dafür
10 parlamentarische Mehrheiten zu gewinnen. [...] Die inneren Verhältnisse in Deutschland [begannen sich] zu beruhigen, wenngleich die Grundkonflikte nur verschoben, nicht gelöst waren. [...] Das entscheidende Problem aber blieb die Instabilität des politi-
15 schen Systems. Selbst [...] strittige Fragen [...] erschienen lösbar, wenn es gelang, langfristig handlungsfähige Regierungen zu installieren. [...] Die Suche nach politischen Instrumentarien zur Steuerung der freigesetzten Dynamik in Gesellschaft,
20 Wirtschaft und Kultur war durch den Krieg und die dadurch verschärften ideologischen Widersprüche und Interessenskonflikte noch schwieriger geworden. Vor allem erwies es sich als nahezu unmöglich, zwischen den verschiedenen Parteien und gesell-
25 schaftlichen Lagern Bündnisse zu schmieden, die über ein ausreichendes Maß an Übereinstimmungen verfügten und in der Lage waren, diese in die politische Praxis umzusetzen. Die verbreitete These von der „Demokratie ohne Demokraten" ist insofern nur
30 bedingt zutreffend. [...] Als nach dem Tod Friedrich Eberts 1925 der 77-jährige Paul von Hindenburg zum Reichspräsidenten gewählt wurde, kam mit ihm ein Mann ins höchste Amt der Republik, der für die wilhelminische Ära [...] stand. [...] Darin drückte sich
35 der Wunsch eines Teils der Wählerschaft nach vergangener Größe aus [...], aber auch die kritische Haltung gegenüber Republik, Parteienstaat und Kultur der Moderne. Insofern war die Wahl Hindenburgs eine schwere Niederlage der demokratischen Kräfte.
40 [...] [Sie] machte vor allem deutlich, dass eine antirepublikanische Mehrheit von rechts möglich war.

Ulrich Herbert, Geschichte Deutschlands im 20. Jahrhundert,
C. H. Beck, München 2014, S. 213–222.*

M24 **Die Historiker Eberhard Kolb und Dirk Schumann (2013)**

Das Jahrfünft von 1924 bis 1929/30 gilt als Phase einer „relativen Stabilisierung" der Weimarer Republik. Diese Charakterisierung ist durchaus zutreffend, wenn dabei die Betonung auf dem Wort „relativ"

liegt. [...] Aber diese Stabilisierung vollzog sich auf 5 dünnem Boden und war bestenfalls oberflächlich. Je intensiver sich die Forschung mit der Mittelperiode der Weimarer Republik befasst, desto stärker werden die Zweifel an der Stabilisierungsthese. Vielmehr ist die Rede von einer „Instabilitätsrepublik" (Rudolf 10 Morsey), von einer „Geschichte des Versagens" (Michael Stürmer) gerade im Hinblick auf die Phase der relativen Stabilisierung. Tatsächlich ist es in jenen Jahren, in denen der außenpolitische Druck nachließ und die inneren Auseinandersetzungen ruhiger ver- 15 liefen als in den stürmischen Anfangsjahren der Republik, nicht gelungen, das politische und das sozialökonomische System so zu konsolidieren, dass die Republik einer ernsthaften Krise gewachsen war. Mochte die parlamentarisch-parteienstaatliche De- 20 mokratie einige Jahre lang auch leidlich funktionieren: Ein stabiles parlamentarisches Regierungssystem entwickelte sich in der Phase der „relativen Stabilisierung" nicht; und im Bereich der Wirtschafts- und Sozialpolitik verhärteten sich in eben 25 jenen Jahren die Fronten, wurde ein Konfliktpotenzial angehäuft, das nach Entladung drängte.

Mit diesem Hinweis soll keineswegs die politische und gesellschaftliche Entwicklung der Jahre ab 1923 nachträglich zu einer historischen Einbahnstraße 30 stilisiert werden [...]. Die unübersehbaren strukturellen Schwächen der Republik determinierten nicht zwingend die seit 1930 betriebene Krisenstrategie und jenen Geschehensablauf, der sich 1932/33 vollzog; bis zuletzt bestand ein – freilich immer enger 35 werdender – Raum für alternative Problemlösungen und Entscheidungen. Wohl aber werden durch eine Analyse der in der Mittelperiode aufweisbaren strukturellen und politischen Defizite jene Voraussetzungen und eben auch Vorbelastungen umrissen, welche 40 den Bedingungsrahmen bildeten für Agieren und Reagieren der Politiker und breiter Bevölkerungsschichten, als die Republik 1929/30 erneut in eine Phase akuter Gefährdung eintrat.

Eberhard Kolb/Dirk Schumann, Die Weimarer Republik, 8. Aufl.,
Oldenbourg, München 2013, S. 74 f.*

1 Arbeiten Sie die zentralen Argumente von Ulrich Herbert aus M23 heraus.

2 Erläutern Sie die „Zweifel an der Stabilisierungsthese" (Z. 9), die Eberhard Kolb und Dirk Schumann in M24 formulieren.

3 Setzen Sie sich mit der These der relativen Stabilisierung auseinander. Beziehen Sie die Materialien des ganzen Kapitels 3.3 mit ein.
Tipp: Siehe S. 483.

Ein Nationalfeiertag für die Weimarer Republik: der 11. August

M1 **Deckblatt der Weimarer Reichsverfassung**

Nationalfeiertage dienen dazu, in einem Staat eine kollektive Identität herzustellen bzw. zu stärken. Sie bilden einen wichtigen Bestandteil der Gedenk- und Geschichtskultur. In einer neuen Demokratie wie der Weimarer Republik kam einem solchen gemeinsamen Tag des Feierns eine besondere Bedeutung zu.

Von 1921 bis 1932 war der 11. August, der Tag der Unterzeichnung der Weimarer Ver- 5
fassung, ein Nationalfeiertag. Dem Beschluss gingen allerdings kontroverse Diskussionen voraus und es gelang nicht, den Feiertag als reichsweiten, arbeitsfreien Tag mit einer gemeinsamen Zentralfeier durchzusetzen. Befürwortet und schließlich mit einer Mehrheit durchgesetzt wurde der Verfassungstag von den liberalen und demokratischen Parteien. Konservative plädierten dagegen für den 18. Januar als Erinnerung an die 10
Reichsgründung von 1871, die Kommunisten dagegen für den 1. Mai als Tag der Arbeit. 1932 fand die letzte Feier des Verfassungstages statt.

M2 **Feier zum 3. Jahrestag der Unterzeichnung der Weimarer Verfassung im Reichstag in Berlin, Fotografie, 11. August 1922.**
An der Wand sieht man den neuen Reichsadler und die Inschrift „Einigkeit und Recht und Freiheit".

M3 Aus einer Rede von Reichspräsident Friedrich Ebert zum Verfassungstag (11. August 1922)

Vor drei Jahren, am 11. August, hat sich das deutsche Volk seine Verfassung gegeben, das Fundament seiner Zukunft. Diesen Tag wollen wir, trotz aller Not der Gegenwart, mit Freude und Hoffnung begehen.
5 Wir wollen keinen Bürgerkrieg, keine Trennung der Stämme. Wir wollen Recht. Die Verfassung hat uns nach schweren Kämpfen Recht gegeben. Wir wollen Frieden. Recht soll vor Gewalt gehen. Wir wollen Freiheit. Recht soll uns Freiheit bringen. Wir wollen
10 Einigkeit. Recht soll uns einig zusammenhalten. So soll die Verfassung uns Einigkeit, Recht und Freiheit gewährleisten. Einigkeit und Recht und Freiheit! Dieser Dreiklang aus dem Lied des Dichters gab in Zeiten innerer Zersplitterung und Unterdrückung der
15 Sehnsucht aller Deutschen Ausdruck, er soll auch jetzt unseren harten Weg zu einer besseren Zukunft begleiten. Sein Lied, gesungen gegen Zwietracht und Willkür, soll nicht Missbrauch finden im Parteikampf; es soll nicht der Kampfgesang derer werden, gegen
20 die es gerichtet war; es soll auch nicht dienen als Ausdruck nationalistischer Überhebung. Aber so, wie einst der Dichter, so lieben wir heute, „Deutschland über alles". In Erfüllung seiner Sehnsucht soll unter den schwarz-rot-goldenen Fahnen der Sang von Ei-
25 nigkeit und Recht und Freiheit der festliche Ausdruck unserer vaterländischen Gefühle sein.

Zit. nach: Jörg Koch, Dass Du nicht vergessest der Geschichte. Staatliche Gedenk- und Feiertage in Deutschland von 1871 bis heute, Wissenschaftliche Buchgesellschaft, Darmstadt 2019, S. 77.

M4 Artikel aus der Frankfurter Zeitung (11. August 1930)

Verfassungsfeier und – in fünf Wochen Wahlen! Wahlen, bei denen es äußerlich um ein paar Notverordnungen geht, um den Etat des Reiches, der erst nachträglich die Zustimmung des Parlamentes erhalten
5 soll, um Steuern und anderes […]. Aber im Grunde geht es um – die Verfassung. […]
Es ist in Deutschland, genährt durch Experimente des Ostens und Südens, eine Stimmung vorhanden, auf Grund deren eine nicht unerhebliche Anzahl von
10 Menschen die jetzige Verfassung nicht verändern, reformieren, ausgestalten, entwickeln, sondern – beseitigen will. Also Gegenrevolution? Wir haben in Deutschland so deutliche Zustände nicht gern. Zwar bei den Kommunisten ist durch die russische Zentra-
15 le ersichtlich, dass sie Etappe der Weltrevolution sind. Aber die Revolutionäre von rechts wollen ja vorläufig nicht nach Rom, sondern – ins Parlament marschieren! Wollen sich, wie auch die Kommunisten,

wenigstens vorerst, der Mittel, die ihnen die gehaßte Verfassung bietet, bedienen. Also ungefährlicher? 20 Vielleicht im dramatischen Sinne. Aber sind im Grunde Kapp-Putsche nicht weniger „gefährlich" als verkappte Putsche? Wenn nämlich der Körper gesund ist, wenn er widerstandsfähig ist, dann ist ein plötzlicher Schock durch ein hitziges Fieber […] im 25 Grunde harmloser als irgendeine sanft auftretende, aber sich immer tiefer einnistende Infektion. Gewiß, es gibt ein paar unangenehme Stunden, sowohl bei dem Patienten wie bei seiner Umgebung, und der Laie denkt, hier ist Schlimmstes zu befürchten; aber 30 welcher behandelnde Arzt, der die Konstitution des Erkrankten kennt, wird sich von vornherein durch heftige äußere Symptome in seinem Zutrauen wankend machen lassen? […]
Das schleichende Fieber – das ist der beunruhigende 35 Druck, der von den extremen Parteien ausgeht, dieses Wühlen gegen die Verfassung, die in der Stunde furchtbarster Niederlage und nicht minder furchtbaren Zusammenbruchs bisheriger Autoritäten dem gesamten Volke eine neue Grundlage schuf, von der 40 aus es wieder langsam zu sich selbst und zu seiner Wiedererstarkung zurückfinden konnte: dieses Wühlen mit dem Rezept hohler Versprechungen, dieses Spekulieren auf die durch die große Not allen Versprechungen hilflos preisgegebenen Ohren der Unzu- 45 friedenen und Verzweifelten, dieser seit Jahren genährte und geschürte Wahn, es läge am Ehesten, man brauche nur die Diktatur von rechts oder links aufzurichten und die Not würde ein Ende haben. […]
Ein ernster Tag, dieser Feiertag der Verfassung, für 50 alle, denen dieses Stück bedruckten Papiers keine gleichgültige Sammlung von Paragraphen ist […]. Denen sie die allein mögliche Grundlage ist für den Traum, den als richtige Deutsche auch sie träumen: ein einmal wirklich in seinen Stämmen geeint, von 55 lästigen und überlebten staatlichen Innengrenzen befreites Deutschland!

„11. August 1930", Frankfurter Zeitung, 11.08.1930, o. A./© Alle Rechte vorbehalten. Frankfurter Allgemeine Zeitung GmbH, Frankfurt. Zur Verfügung gestellt vom Frankfurter Allgemeine Archiv.

1 Analysieren Sie die Werte, die Ebert am Verfassungstag für die Weimarer Republik beschwört.
2 Erörtern Sie, welche Gefahren für die Weimarer Demokratie in M4 aufgezeigt werden.

Seit 2019 gibt es das „Haus der Weimarer Republik" als nationalen Gedenkort für die Weimarer Verfassung.

cornelsen.de/Webcodes
Code: receja

Schriftliche Quellen interpretieren

M 1 **Französischer Soldat auf einem Kohlewagen während der Ruhrbesetzung, kolorierte Fotografie, 1923**

In der Gegenwart zeigt sich die Geschichte in Form von Quellen. Sie bilden die Grundlage unserer historischen Kenntnisse. Doch nicht die Quellen selbst stellen das Wissen dar, erst ihre systematische Analyse ermöglicht eine adäquate Rekonstruktion und Deutung von Geschichte. Daher gehört es zu den grundlegenden Kompetenzen im Geschichtsunterricht, Quellen angemessen erschließen und interpretieren zu können. 5
Die bedeutsamsten Quellen für die Rekonstruktion von Vergangenheit sind schriftliche Zeugnisse. Sie werden unterteilt in **erzählende Quellen**, die zum Zweck der Überlieferung verfasst wurden, z. B. Chroniken, Geschichtsepen, Monografien und Biografien, sowie in **dokumentarische Quellen**, z. B. Urkunden, Akten, Gesetzestexte und Zeitungen, die gesellschaftliche und private Ereignisse und Prozesse unmittelbar und meist 10 unkommentiert wiedergeben.
Bei der Untersuchung schriftlicher Quellen kommt es darauf an, zunächst eine **Leitfrage (1)** zu stellen, unter der man die Quelle untersuchen will. Zusätzlich zur Analyse **formaler** und **inhaltlicher Aspekte (2)** bedarf es einer Einordnung in den **historischen Kontext (3)**, um abschließend den Aussagegehalt der Quelle kritisch zu **beurteilen (4)**. 15
Nur wenn man bei der Interpretation Tatsachen und Meinung unterscheidet, ist das Ergebnis der Quellenarbeit eine weitgehende Annäherung an die historische Wirklichkeit.

Arbeitsschritte für die Analyse

1. Leitfrage	– Welche Fragestellung bestimmt die Untersuchung der Quelle?
2. Analyse	*Formale Aspekte*
	– Wer ist der Autor (ggf. Amt, Stellung, Funktion, soziale Schicht)?
	– Wann und wo ist der Text entstanden bzw. veröffentlicht worden?
	– Um welche Textart handelt es sich (z. B. Brief, Rede, Vertrag)?
	– Was ist das Thema des Textes?
	– An wen ist der Text gerichtet (z. B. Privatperson, Institution, Machthaber, Öffentlichkeit, Nachwelt)?
	Inhaltliche Aspekte
	– Was sind die wesentlichen Textaussagen (z. B. anhand des gedanklichen Aufbaus bzw. einzelner Abschnitte)?
	– Welche Begriffe sind von zentraler Bedeutung (Schlüsselbegriffe)?
	– Wie ist die Textsprache (z. B. sachlich, emotional, appellativ, informativ, argumentativ, manipulierend, ggf. rhetorische Mittel)?
3. Historischer Kontext	– In welchen historischen Zusammenhang (Ereignis, Epoche, Prozess bzw. Konflikt) lässt sich die Quelle einordnen?
4. Urteil	*Sachurteil (es erfolgt aus der Sicht des historischen Gegenstands der damaligen Zeit)*
	– Welchen politisch-ideologischen Standpunkt nimmt der Autor ein?
	– Welche Intention verfolgt der Verfasser des Textes?
	– Inwieweit ist der Text glaubwürdig? Enthält er Widersprüche?
	– Welche Wirkung soll der Text bei den Adressaten erzielen?
	Werturteil
	– Wie lässt sich der Text im Hinblick auf die Leitfrage aus heutiger Sicht, nach unseren Maßstäben und Normen bewerten?

Übungsaufgabe

M2 **Aufruf des Reichspräsidenten und der Reichsregierung zum Abbruch des Ruhrkampfes (26. September 1923)**

An das deutsche Volk!

Am 11. Januar haben französische und belgische Truppen wider Recht und Vertrag das deutsche Ruhrgebiet besetzt. Seit dieser Zeit haben Ruhrgebiet und
5 Rheinland schwerste Bedrückungen zu erleiden. Über 180 000 deutsche Männer, Frauen, Greise und Kinder sind von Haus und Hof vertrieben worden, für Millionen Deutsche gibt es den Begriff der persönlichen Freiheit nicht mehr. Gewalttaten ohne Zahl ha-
10 ben den Weg der Okkupation begleitet. Mehr als hundert Volksgenossen haben ihr Leben dahingeben müssen, Hunderte schmachten noch im Gefängnis. Gegen die Unrechtmäßigkeit des Einbruchs erhoben sich Rechtsgefühl und vaterländische Gesinnung. Die
15 Bevölkerung weigerte sich, unter fremden Bajonetten zu arbeiten. Für diese dem Deutschen Reiche in schwerster Zeit bewiesene Treue und Standhaftigkeit dankt das ganze deutsche Volk. Die Reichsregierung hatte es übernommen, nach ihren Kräften für
20 die leidenden Volksgenossen zu sorgen. In immer steigendem Maße sind die Mittel des Reichs dadurch in Anspruch genommen worden. In der abgelaufenen Woche erreichten die Unterstützungen für Rhein und Ruhr die Summe von 3 500 Billionen Mark. In der lau-
fenden Woche ist mindestens die Verdoppelung die- 25 ser Summe zu erwarten. Die einstige Produktion des Rheinlandes und des Ruhrgebietes hat aufgehört. Das Wirtschaftsleben im besetzten und unbesetzten Deutschland ist zerrüttet. Mit furchtbarem Ernst droht die Gefahr, dass bei Festhalten an dem bisheri- 30 gen Verfahren die Schaffung einer geordneten Währung, die Aufrechterhaltung des Wirtschaftslebens und damit die Sicherung der nackten Existenz für unser Volk unmöglich gemacht wird. Diese Gefahr muss im Interesse der Zukunft Deutschlands ebenso 35 wie im Interesse von Rhein und Ruhr abgewendet werden. Um das Leben von Volk und Staat zu erhalten, stehen wir heute vor der bitteren Notwendigkeit, den Kampf abzubrechen. […]

Zit. nach: Deutsche Geschichte in Quellen und Darstellung, Bd. 9: Weimarer Republik und Drittes Reich 1918–1945, hg. v. Heinz Hürten, Reclam, Stuttgart 1995, S. 83 f. *

1 Interpretieren Sie M2 mithilfe der Arbeitsschritte von S. 318.
> ▶ Lösungshinweise finden Sie auf S. 494 ff.

Erschließungshilfen

Einleitung	Materialvorstellung	Bei dem Text handelt es sich um …, verfasst von … Die Verfasser thematisieren/beschäftigen sich/setzen sich auseinander mit dem Thema … Der Text entstand … und richtet sich an …
Reproduktion	Historischer Kontext	Der Text entstand im Zusammenhang mit folgendem Ereignis/Epoche/ Konflikt: …
	Wiedergabe der Argumentation	Die Autoren verweisen zunächst darauf, dass … Daraus folgern sie, dass … Sie stellen einen Zusammenhang zwischen … und … her. Weiterhin/Außerdem/Darüber hinaus argumentieren sie … Schließlich betonen sie, dass …
	Abschließende Beurteilung	Die Autoren vertreten den Standpunkt, dass … Sie verfolgen folgende Intention: …

Anwenden

M1 **Der stellvertretende Vorsitzende des Reichsverbands der Deutschen Industrie, Paul Silverberg, über die Stellung der Unternehmer zum Staat (4. September 1926)**

Die politische Revolution, mit der nach dem Kriegsverlust die Nachkriegszeit anfing, wurde sehr bald zu einer wirtschaftlichen und sozialen Revolution. Das deutsche Unternehmertum, bis zum Kriege und von
5 einzelnen abgesehen auch im Kriege, politisch indifferent, jedenfalls nicht aktiv, sah sich plötzlich als Objekt des politischen Kampfes. Es sah als seinen unmittelbaren Gegner die revolutionäre Arbeiterschaft und den von ihr beherrschten Staat. Es hatte einen
10 Kampf um seine Existenz nach vielen Seiten zu führen: gegen die wirtschaftlich-finanzielle Entwicklung, von der es gleichermaßen mit dem ganzen Volke betroffen wurde, dazu gegen die den Staat repräsentierenden revolutionären Regierungen. Gegen sie in ih-
15 ren auf Sozialisierung und Gemeinwirtschaft hinzielenden Tendenzen musste es um seinen Besitz und die Grundlage seiner Existenz den Kampf führen. Es folgte daraus, dass das deutsche Unternehmertum gegen den Staat [...] geschlossen seine ableh-
20 nende Stellung einnahm. Während auf der einen Seite die Exponenten des Staates jede gute Tradition negierten [...], überboten sich andere, die Grundlagen des deutschen Unternehmertums aus böswilliger Zerstörungswut oder idealistischem Unverständnis
25 zu vernichten. Dieser Kampf musste ausgekämpft oder wenigstens so weit geführt werden, dass für Volk und Wirtschaft eine erträglich standfeste Basis erstritten und errichtet wurde. Dieses Ziel ist heute in gewissem Umfang erreicht, und es ist von ganz be-
30 sonderem Interesse festzustellen, dass es die politische Not des gesamten Volkes – ich nenne Reparationsfrage und Ruhrkampf – und damit die Außenpolitik es waren, die Unternehmertum und nachrevolutionäre Regierungen zu aktiver Zusam-
35 menarbeit für den Staat brachten. Und trotz aller besonderen neuen Schwierigkeiten und Kritiken am Tun oder Unterlassen hatte diese Zusammenarbeit das gute Ergebnis, dass die Einstellung des Unternehmertums auf den heutigen Staat auf eine klare Linie
40 gebracht worden ist: Das deutsche Unternehmertum steht restlos auf staatsbejahendem Standpunkt.
[...] Wir leben in einer Welt, die ihre Existenz und Kultur auf kapitalistischen Wirtschaftsmethoden aufgebaut hat, nicht auf einem exzedierenden[1] Fi-
45 nanzkapitalismus, den das deutsche Unternehmertum ebenso ablehnt, wie die Arbeiterschaft, sondern auf einem Kapitalismus als Grundlage einer durchorganisierten Produktion und einer rationalisierten Güterverteilung bis zum Güterkonsum.
Wenn eine soziale Demokratie sich so auf den Boden 50
der Tatsachen stellt, den radikalen Doktrinarismus und die immer zerstörende, nie aufbauende Politik der Straße und der Gewalt ablehnt, wird sie zusammen mit dem Unternehmertum und unter seiner Führung Deutschland und die deutsche Wirtschaft 55
wieder zu Erfolgen und zur Blüte führen.

Wolfgang Michalka/Gottfried Niedhart (Hg.), Deutsche Geschichte 1918–1933. Dokumente zur Innen- und Außenpolitik, Fischer, Frankfurt/Main 2002, S. 153f. *

1 *exzedierend:* übertrieben, ausschweifend

M2 **Reaktion der SPD in ihrer Parteizeitung „Vorwärts" auf die Silverberg-Rede (5. September 1926)**

Zum ersten Mal seit dem Bestand der Republik fand das Unternehmertum den Mut, den Staat, so wie er ist, zu bejahen. Darin ist die Sozialdemokratische Partei und mit ihr die Gewerkschaftsbewegung von dem Tage an vorangegangen, als mit der Aufrichtung des neuen Staates die demokratische Verfassung ge- 5
sichert wurde. Niemals hat sich die Sozialdemokratie den Pflichten entzogen, die die größte Partei Deutschlands in unserem republikanischen Staatswesen zu tragen hat. Dabei hat sie oft genug die ökonomischen Zielstrebungen zurückstellen müssen, 10
die der Wille zum Sozialismus bedingt. Sie hat das getan, weil sie in der Republik die Voraussetzung für die freie Entfaltung des politischen Willens sieht, der allein auf die Dauer der gerechten Sache zum Siege verhilft. 15

Wolfgang Michalka/Gottfried Niedhart (Hg.), Deutsche Geschichte 1918–1933. Dokumente zur Innen- und Außenpolitik, Fischer, Frankfurt/Main 2002, S. 158.

1 Fassen Sie die Stellungnahme von Paul Silverberg (M 1) in Thesen zusammen.
2 Erläutern Sie das von Silverberg skizzierte Verhältnis von Staat und Wirtschaft.
3 Analysieren Sie die Reaktion der SPD auf die Rede.
4 Beurteilen Sie, ob die Silverberg-Rede und die Reaktion der SPD Zeichen für eine Stabilisierung der Weimarer Republik sind.
5 **Vertiefung:** Erörtern Sie auf der Basis von M 1 und M 2 grundlegende Konflikte in der Weimarer Republik.

Wiederholen

M3 „Republik. Sie tragen die Buchstaben der Firma – aber wer trägt den Geist?", Karikatur von Thomas Theodor Heine aus dem „Simplicissimus" vom 21. März 1927

1 Interpretieren Sie die Karikatur M3:
  a) Bestimmen Sie die Bildelemente und die Kernaussage.
  b) Diskutieren Sie ausgehend von der Karikatur die These von der Weimarer Republik als „Republik ohne Republikaner".
2 Beschreiben Sie die deutschen Reaktionen auf den Versailler Vertrag.
3 Beurteilen Sie das Verhalten der alten Eliten in den ersten Jahren der Weimarer Republik.
4 **Wahlaufgabe:** Bearbeiten Sie entweder a), b) oder c).
  Setzen Sie sich mit einer Krise aus der Frühzeit der Weimarer Republik bis 1923 auseinander (z. B. Hitler-Putsch, Hyperinflation, Ruhrkampf)
  a) in Form eines Referates,
  b) in Form eines Essays,
  c) in Form einer Präsentation.
5 Analysieren Sie die Gründe für die „prekäre Stabilisierung" der Weimarer Republik bis 1929.
6 **Vertiefung:** Erörtern Sie, ob und inwiefern man von einer Modernisierung der Weimarer Republik sprechen kann. Untersuchen Sie dabei die Bereiche Staat, Gesellschaft und Wirtschaft.

Zentrale Begriffe

„Dolchstoßlegende"
Elite
„Erfüllungspolitiker"
Hitler-Putsch
Inflation, Hyperinflation
Kapp-Lüttwitz-Putsch
„Kriegsschuldartikel"
Krise
Obrigkeitsstaat
Passiver Widerstand
Politische Morde
Rentenmark
Reparationen
Revision des Versailler Vertrages
Ruhrbesetzung und Ruhrkampf
Selbstbestimmungsrecht der Völker
Stabilisierung
Versailler Vertrag
Weltanschauungs- und Interessenpartei

Formulierungshilfen
– Im Zentrum des Bildes …
– Die Persönlichkeiten symbolisieren
– Der Schriftzug verdeutlicht …
– Das Verhältnis der Persönlichkeiten zur Republik ist …
– Die Farbgebung vermittelt den Eindruck, dass …
– Der historische Kontext ist …
– Der Titel des Bildes betont …
– Der Karikaturist will mit seiner Karikatur Kritik üben an …

M 1 „Europa-Probleme – Hier irrt Zeus. Die Rettung der Europa durch dieses Meer geht selbst über die Kräfte eines Stieres", Karikatur von Karl Arnold, aus dem „Simplicissimus", 9. Juli 1933.

Auf den Papierwellen steht u. a.: Zölle, Arbeitslosigkeit, Völkerbund, Abrüstung, Kriegsschulden, Weltwirtschaft. Laut dem antiken Europa-Mythos entführte der Göttervater Zeus in Form eines Stieres die phönizische Prinzessin Europa und brachte sie durch das Mittelmeer auf die Insel Kreta.

München, 9. Juli 1933   38. Jahrgang Nr. 15

SIMPLICISSIMUS
EUROPA-PROBLEME

GOLDWÄHRUNG · ZÖLLE · KOMMUNISMUS · ARBEITSLOSIGKEIT · VÖLKERBUND · ABRÜSTUNG · KRIEGSSCHULDEN · WELTWIRTSCHAFT

KA33

(Karl Arnold)

Hier irrt Zeus

Jupiter là se trompe | Jove's mistake | Qui sbaglia Giove

Die Rettung der Europa durch dieses Meer geht selbst über die Kräfte eines Stieres.
Le sauvetage de l'Europe de cette mer surpasse même les forces d'un taureau.
The rescue of Europe through this sea excedes even the power of a bull.
Il salvamento dell' Europa in questo mare supera le forze anche di un toro.

		1919 Versailler Vertrag, Gründung des „Völkerbundes"		**1923** Stresemann Reichskanzler, Ruhrkampf zwischen Deutschland und Frankreich
	1918 Waffenstillstand		**1922** Vertrag von Rapallo	

1915   **1920**

1914–1918 Erster Weltkrieg   **1919–1923** Krisenjahre der Weimarer Republik

Die Weimarer Republik lässt sich nicht losgelöst von der internationalen Staatenwelt betrachten. Seit 1919 bestimmte der Versailler Vertrag die Stellung und die Handlungsspielräume des Kriegsverlierers Deutschland im internationalen Kräftefeld. Konnte die junge Weimarer Demokratie unter diesen Bedingungen eine eigenständige „republikanische Außenpolitik" entwickeln, mit anderen Staaten zusammenarbeiten und eine Politik gemeinsamer Friedenssicherung betreiben?

Wer diese Frage beantworten will, muss sich mit der Politik und dem Politiker Gustav Stresemann (1878–1929) beschäftigen. Er war ein außerordentlich lernfähiger Politiker, der sich mit der Entstehung der Weimarer Demokratie vom Monarchisten zum „Republikaner aus Vernunft" und von einem Nationalisten zu einem pragmatischen Friedenspolitiker wandelte. Von 1923 bis zu seinem Tode 1929 war Stresemann unter verschiedenen Regierungen Außenminister und prägte die deutsche Außenpolitik maßgeblich. Herausragende Stationen dieser Politik waren das Vertragswerk von Locarno 1925 und der Beitritt Deutschlands zum Völkerbund 1926. Seine außenpolitischen Ziele unterschieden sich nicht von denen anderer Politiker. Er strebte die Revision des Versailler Friedensvertrages an und wollte die Wiederherstellung der alten deutschen Großmachtstellung erreichen. Mit Blick auf die europäischen Kräfteverhältnisse betrieb er aber die deutsche Außenpolitik als Versöhnungspolitik, die die Regierungen der Siegermächte nicht herausforderte. Dabei baute er nicht auf militärische Stärke, sondern auf die Wirtschaftsmacht Deutschlands. Tatsächlich vergrößerte Stresemann die Handlungsspielräume deutscher Außenpolitik und wurde so zu einem bedeutenden Träger der Weimarer Republik. Im Rückblick sprechen manche von der Ära Stresemann, manche sehen Stresemann gar als Vordenker der heutigen Europäischen Union. Es gibt aber auch kritische Einschätzungen seiner Politik. Unbestritten war Gustav Stresemann jedoch ein wichtiger Repräsentant seiner Zeit.

M2 Gustav Stresemann, Austen Chamberlain und Aristide Briand in Genf, Fotografie, 1926.

Außenminister Gustav Stresemann in einer Runde mit dem britischen Außenminister Chamberlain und dem französischen Außenminister Briand in Genf nach der Aufnahme Deutschlands in den Völkerbund.

1 Nennen Sie die Probleme des Textes, die Ihr Interesse wecken.
2 **a)** Analysieren Sie die Karikatur „Europa-Probleme" (M 1).
  b) Vergleichen Sie die Europa-Probleme von damals mit heutigen.
3 Erläutern Sie thesenartig die Grundprobleme der deutschen Außenpolitik.
4 Nehmen Sie Stellung zur Strategie Gustav Stresemanns, den Versailler Vertrag mithilfe einer Versöhnungspolitik rückgängig zu machen. Beziehen Sie das Foto M 2 in Ihre Argumentation mit ein.

1929 | Börsenkrach in New York, Beginn der Weltwirtschaftskrise

1926 | Aufnahme Deutschlands in den Völkerbund

1925 | Vertrag von Locarno

1933 | Hitler Reichskanzler

1925

1930

1923–1929 Stresemann Außenminister

1930–1933 Präsidialkabinette

3.4 Außenpolitik im europäischen und internationalen Spannungsfeld

> **In diesem Kapitel geht es um**
> - den europäischen Hauptkonflikt zwischen Frankreich und Deutschland infolge des Ersten Weltkrieges,
> - die verschiedenen Phasen deutscher Außenpolitik,
> - die Bedeutung Gustav Stresemanns für die Überwindung der außenpolitischen Isolation der Weimarer Republik,
> - Gustav Stresemann als Repräsentant seiner Zeit.

Das Ziel einer europäischen Friedensordnung 1919–1923

▶ Pariser Friedensverträge
siehe S. 304 f.

Mit den Pariser Friedensverträgen von 1919/1920 wurde der Erste Weltkrieg formal durch einen Friedensschluss beendet. Dennoch waren die Jahre von 1919 bis 1923 geprägt von starken Spannungen zwischen Deutschland und Frankreich. Eine breite Mehrheit der Deutschen lehnte das Vertragswerk ab und brandmarkte es als „Schanddiktat". Man sah im Versailler Vertrag die Fortsetzung des Krieges mit anderen Mitteln. 5
In dieser Logik verfolgten die Siegermächte mit dem Vertragswerk einzig die Absicht, Deutschland dauerhaft zu unterdrücken. Das Ziel jeder deutschen Regierung musste daher die Revision* des Versailler Vertrages sein.

Revisionspolitik
Sie verfolgt das Ziel, Verträge zu revidieren, also rückgängig zu machen. In der Weimarer Republik zielt sie auf die Rückgängigmachung des Versailler Vertrages.

Aus französischer Sicht gab es keinen Zweifel an der deutschen Verantwortung für den Ausbruch des Ersten Weltkrieges. Somit war Deutschland auch für das große Leid und 10 die enorme Zerstörung, unter denen die französische Bevölkerung gelitten hatte, verantwortlich. Nach den schmerzhaften Erfahrungen des Deutsch-Französischen Krieges 1870/71 und des Ersten Weltkrieges zielte Frankreich nun auf eine dauerhafte Schwächung Deutschlands. Daher beharrte es auf einer strikten Umsetzung des Versailler Vertrages. 15

Verträge von Rapallo im Wortlaut
🔊▶ cornelsen.de/Webcodes
+🔊 Code: daniwi

Um dem Ziel der Revision des Versailler Vertrages näher zu kommen, musste sich die deutsche Außenpolitik in eine andere Richtung orientieren: Im italienischen **Rapallo** schloss das Deutsche Reich 1922 mit der international geächteten Sowjetunion einen Vertrag. Darin nahm Deutschland die diplomatischen und wirtschaftlichen Beziehungen zur Sowjetunion wieder auf und beide Seiten verzichteten auf Reparationsforde- 20 rungen für erlittene Kriegsschäden. Beide Länder konnten auf diese Weise ihre außenpolitische Isolierung durchbrechen. Die westlichen Großmächte zeigten sich von dem neuen Bündnis überrascht und teilweise besorgt. Insbesondere Frankreich lehnte den Vertrag strikt ab und verschärfte seine außenpolitische Haltung gegenüber Deutschland. 25

▶ Ruhrbesetzung und Ruhrkampf
siehe S. 307

Auch vor diesem Hintergrund ist die **Besetzung des Ruhrgebiets** im Januar 1923 durch französische Truppen zu sehen. Sie stellte den für alle sichtbaren Höhepunkt der Auseinandersetzung zwischen Deutschland und Frankreich dar und offenbarte die deutsche Ohnmacht gegenüber Frankreich.
Einen dauerhaften und stabilen Frieden konnte es in Europa nur dann geben, wenn der 30 europäische Hauptkonflikt zwischen Frankreich und Deutschland beigelegt oder zumindest entschärft werden könnte. Nach der Beendigung des Ruhrkampfes zeigte sich Ende 1923, dass sowohl die französische Politik des Beharrens auf Maximalforderungen als auch die deutsche Position einer Totalverweigerung gescheitert waren. Diese Situation bot die Chance auf einen Neuanfang auf beiden Seiten. 35

Die „Ära Stresemann"

Von 1923 bis 1929 prägte Gustav Stresemann als Außenminister die Außenpolitik der Weimarer Republik in wechselnden Kabinetten so stark, dass häufig von einer „Ära Stresemann" gesprochen wird. Die nachfolgenden Generationen kamen bei der Betrachtung seiner Person und seiner Politik zu sehr unterschiedlichen Urteilen: Die einen sa-
5 hen in ihm einen europäischen Verständigungspolitiker, die anderen einen nationalen Machtpolitiker. Fest steht, dass Stresemann eine bemerkenswerte Wandlung vollzog: Noch im Krieg plädierte er für einen uneingeschränkten U-Boot-Krieg und forderte einen Siegfrieden mit umfangreichen Gebietsgewinnen. Auch als Außenpolitiker der Zwischenkriegszeit verfolgte er – wie beinahe alle europäischen Staatsmänner – eine nati-
10 onale Politik. Diese war geprägt vom Wunsch nach dem Wiederaufstieg Deutschlands zur gleichberechtigten politischen Großmacht in Europa. Das Hauptziel deutscher Außenpolitik blieb die Revision des Versailler Vertrages. Was Stresemann allerdings von den meisten anderen Politikern seiner Zeit unterschied, waren die Methoden, mit denen er seine Ziele erreichen wollte. Durch eine Politik der Versöhnung und Verständi-
15 gung schien es ihm möglich, die Vertragsbestimmungen langfristig und schrittweise rückgängig zu machen und gleichzeitig die Großmachtstellung Deutschlands zurückzuerlangen. Dafür war er bereit, das französische Sicherheitsbedürfnis anzuerkennen und zu befriedigen. Gemeinsam mit dem französischen Außenminister **Aristide Briand** arbeitete Stresemann an einer Entspannung des deutsch-französischen Verhältnisses.

M1 Gustav Stresemann (1878 bis 1929), Fotografie, 1929

▶ M 4–M 15: Stationenlernen Stresemann als Repräsentant seiner Zeit

Schrittweise Überwindung der außenpolitischen Isolation

In den **Verträgen von Locarno (1925)** erkannte Deutschland die Entmilitarisierung des Rheinlandes und die deutsche Westgrenze an. Durch diesen Schritt konnte das französische Bedürfnis nach Sicherheit vor Deutschland gestillt werden. Die deutschen Zugeständnisse stellten zudem eine „vertrauensbildende Maßnahme" dar, für die man in
5 Zukunft Gegenleistungen erwarten durfte: Im Gegensatz zur Westgrenze hatte sich Stresemann nämlich eine Revision der deutschen Ostgrenze ausdrücklich vorbehalten. Durch den Versailler Vertrag hatte Deutschland große Gebiete im Osten vor allem an Polen abtreten müssen. Für diese Gebiete wurde kein „Locarno des Ostens" vereinbart. Die deutsch-französische Annäherung stieß weltweit auf große Anerkennung. Die

Verträge von Locarno im Wortlaut

cornelsen.de/Webcodes
Code: kuziwa

M2 Plakat der Deutschnationalen Volkspartei (DNVP) zur Reichstagswahl 1928

M 3   Aristide Briand (1862 bis 1932), Fotografie, um 1925

Völkerbund
Der Völkerbund wurde 1920 mit Sitz in Genf gegründet. Er sollte bei Konflikten zwischen Staaten vermitteln und die Einhaltung von Friedensverträgen überwachen. Er gilt als Vorläufer der Vereinten Nationen.

Reparationen
Kriegsentschädigungen, die Deutschland aufgrund des Versailler Vertrages zahlen sollte.

Young-Plan
Der Young-Plan von 1929 sah eine Verringerung und Staffelung der Reparationszahlungen bis 1988 vor.

Architekten des Vertrages, Stresemann und Briand, bekamen für ihren Beitrag ein Jahr später den **Friedensnobelpreis** verliehen. Innenpolitisch waren die Verträge von Locarno jedoch umstritten: Rechtsradikale und Nationalkonservative kritisierten die Verträge für die territorialen Zugeständnisse im Westen, da sie die Ergebnisse des Weltkrieges anerkannten. 10

Im **Berliner Vertrag (1926)** setzte die Reichsregierung ihre Politik der Annäherung an die Sowjetunion fort, die sie mit dem Vertrag von Rapallo 1922 begonnen hatte. Stresemann vermied eine einseitige Westbindung und signalisierte der Sowjetunion, dass die Annäherung Deutschlands an den Westen keine negativen Auswirkungen auf das Verhältnis der beiden Länder haben würde. Der Vertrag von Locarno hatte den Weg für die **Aufnahme Deutschlands in den Völkerbund*** frei gemacht. Der Beitritt Deutschlands wurde am 10. September 1926 vollzogen. Nur acht Jahre nach Kriegsende war damit die moralische und politische Isolierung Deutschlands überwunden und Deutschland durfte sich wieder zu den drei großen europäischen Mächten zählen. Der französische Außenminister Briand initiierte gemeinsam mit dem amerikanischen Staatssekretär Frank B. Kellogg ein Abkommen, das die Grundlage der Friedenssicherung sein sollte. Im nach ihnen benannten **Briand-Kellogg-Pakt (1928)** wurde der Krieg als Mittel der Politik völkerrechtlich geächtet. Die 15 unterzeichnenden Staaten verpflichteten sich, auf Krieg als Mittel zur Lösung internationaler Konflikte zu verzichten. Die deutsche Delegation unter Stresemann setzte sich im Vorfeld des Vertragsschlusses sehr für das Zustandekommen des Abkommens ein. Bis 1929 traten mehr als 60 Staaten dem Abkommen bei. 15 20 25 30

Konfrontationskurs nach der Ära Stresemann

Stresemann starb im Oktober 1929 an den Folgen eines Schlaganfalls. Nach seinem Tod zeigte sich, wie eng die Entspannungspolitik mit seiner Person verbunden war. Stresemanns Politik der Verständigung mit dem Ziel einer schrittweisen Revision des Versailler Vertrages wurde zunehmend abgelöst durch einen deutlich offensiveren außenpolitischen Stil, verstärkte nationale Abgrenzung und aggressiveren Revisionismus. Fortan kam es vermehrt zu Konflikten mit den westlichen Großmächten. 5

Am 30. Juni 1930 erfolgte die endgültige **Räumung des besetzten Rheinlandes**. Noch im „Geiste von Locarno" vorbereitet, nahm 1932 die **Genfer Abrüstungskonferenz** ihre Arbeit auf. Deutschland erlangte dort mit der Drohung, die Konferenz zu verlassen, die grundsätzliche Anerkennung als militärisch gleichberechtigter Staat. Die deutsche Außenpolitik verfolgte nun vor allem das Ziel, die **Reparationslast** für das Reich aufzulösen. Im Zeichen der Weltwirtschaftskrise überstiegen die finanziellen Belastungen der Reparationen* die Leistungsfähigkeit der deutschen Wirtschaft. Die Krise wurde von der Reichsregierung bewusst verschärft, um die Zahlungsunfähigkeit Deutschlands zu verdeutlichen. Der **Young-Plan*** wurde schließlich auf der **Konferenz von Lausanne** aufgehoben, dies bedeutete praktisch das Ende der deutschen Reparationszahlungen. Hitler konnte nach seiner Wahl im Januar 1933 nahtlos an diesen Revisionismus anknüpfen. Im Oktober 1933 zog sich Deutschland aus dem Völkerbund und der Genfer Abrüstungskonferenz zurück. 10 15

1 Stellen Sie die außenpolitischen Ereignisse in einer Zeitleiste grafisch dar. Markieren Sie jeweils den zeitlichen Rahmen verschiedener Phasen in unterschiedlichen Farben und geben Sie für jede Phase ein treffendes Schlagwort an.

2 **Geschichte kreativ:** Schreiben Sie einen Nachruf auf Gustav Stresemann. Gehen Sie dabei auf seine Bedeutung als Außenpolitiker ein.

3 **Vertiefung:** Vergleichen Sie die Außenpolitik Stresemanns mit der Außenpolitik Bismarcks.
Tipp: Gliedern Sie Ihren Vergleich: Ziele – Mittel – Ergebnisse – Rolle der Person.

Hinweise zur Arbeit mit den Materialien

Im Zentrum der Materialien steht Gustav Stresemann (1878–1929), 1923 bis 1929 Außenminister der Weimarer Republik und Friedensnobelpreisträger. Bearbeitungsmöglichkeiten:

a) *Die Materialien können in Form eines **Stationenlernens** unter dem Aspekt „Stresemann als Repräsentant seiner Zeit" analysiert werden. Jeder muss alle Stationen bearbeiten.*

b) *Die Materialien können in Form eines **Gruppenpuzzles** bearbeitet werden. Dabei befasst sich in einer ersten Arbeitsphase jede Gruppe mit einem Thema. In einer zweiten Arbeitsphase kommen Schüler aus allen vier Gruppen zusammen und stellen sich gegenseitig ihre Ergebnisse vor.*

Station 1: Biografie Stresemanns bis 1919

Gustav Stresemann prägte die Außenpolitik der Weimarer Republik so stark, dass seine Amtszeit als Außenminister (1923–1929) häufig als „Ära Stresemann" bezeichnet wird. Bis heute wird sein politisches Vermächtnis unterschiedlich
5 *bewertet: Für die einen ist er ein europäischer Verständigungspolitiker, für die anderen ein nationaler Machtpolitiker.*

M4 **Gustav Stresemann in der Nationalversammlung in Weimar, Fotografie, 1919**

1 Recherchieren Sie die Biografie Stresemanns bis 1919 und stellen Sie Ihre Ergebnisse grafisch dar.
Tipp: Siehe S. 483.

M5 **Der Historiker Andreas Rödder über Gustav Stresemanns politische Einstellungen bis 1919 (2018)**

Zunächst war Gustav Stresemann [...] in vielerlei Hinsicht ein echter Liberaler der wilhelminischen Ära, und zwar sowohl Nationalliberaler als auch

linksliberaler Freisinniger. Als Student trat er 1897 nicht einer der zunehmend antisemitischen traditio- 5 nellen Burschenschaften bei, sondern der Reformburschenschaft „Neogermania". Damit waren die Vorzeichen bereits gesetzt, denn die Reformburschenschaften vertraten einerseits eine positive Einstellung gegenüber dem liberalen Erbe von 1848 und 10 bekannten sich andererseits zum nationalen Machtstaat. Als Syndikus des Verbands Sächsischer Industrieller war Stresemann später ein Wirtschaftslobbyist, der zugleich im Sinne Friedrich Naumanns für sozialen Fortschritt ohne Klassenkampf und einen 15 sozialpolitisch orientierten Liberalismus eintrat. [...] 1907 zog Stresemann als damals jüngster Parlamentarier für die Nationalliberale Partei in den Deutschen Reichstag ein, wo er bald seine außergewöhnliche rednerische Begabung unter Beweis stellte. Der 20 nationale Liberalismus, den er vertrat, stand für einen Dreiklang aus innenpolitischen Reformen, darunter die Abschaffung des Dreiklassenwahlrechts und eine Parlamentarisierung des politischen Systems, einer weltwirtschaftlichen Orientierung und 25 einer deutschen Weltpolitik, die auf eine verstärkte Flotten-, Wehr- und Kolonialpolitik setzte.
1914 war Stresemann wie so viele seiner Landsleute überzeugt, dass Deutschland ein Verteidigungskrieg aufgezwungen worden sei, und im Laufe des Kriegs 30 radikalisierte auch er seine Auffassungen: England galt als der Hauptfeind, und Stresemann plädierte für einen uneingeschränkten U-Boot-Krieg. Bis 1918 forderte er einen deutschen Siegfrieden mit umfangreichen Gebietsgewinnen. Die Kriegsniederlage im No- 35 vember 1918 stellte daher auch für Stresemann eine traumatische Enttäuschung dar. Während weite Teile der deutschen Öffentlichkeit sich jedoch ganz im Habitus des Opfers ergingen und versuchten, Verantwortung abzuwehren [...], erwies sich Stresemann als 40 Realist. Er sei und bleibe Monarchist, erklärte er 1919, aber er akzeptierte die Republik als Status quo, zumal er mit dem parlamentarischen System schon immer sympathisiert hatte. Es gehe nicht mehr um die Unterscheidung „hier theoretische Republikaner, 45 dort theoretische Monarchisten", sondern um den Gegensatz „Staatsbejahung oder Staatszerstörung".

Andreas Rödder, Gustav Stresemann und die Perspektive der anderen, zit. nach: https://www.bpb.de/apuz/268358/gustav-stresemann-und-die-perspektive-der-anderen (Download vom 28. September 2020).*

1 Arbeiten Sie die politischen Überzeugungen Stresemanns thesenartig heraus.
2 Erläutern Sie Stresemanns Einstellung zur Weimarer Republik bis 1919.

Station 2: Innenpolitik

M 6 **Der Historiker Horst Möller über die Anfänge des Vernunftrepublikaners Stresemann (2018)**

Begann Stresemanns Vernunftrepublikanismus erst 1923 mit dem Regierungseintritt? So könnte es scheinen und so ist es auch oft gesehen worden. Einer der Gründe lag darin, dass sich Stresemann in Reaktion

5 auf den im Jahr 1919 zunächst sehr erfolgreichen, dezidiert linksliberal-republikanischen Kurs der Deutschen Demokratischen Partei (DDP) zu Beginn der Weimarer Republik mit seiner DVP [Deutschen Volkspartei] stärker konservativ profilierte, um die

10 bürgerlichen Wähler der rechten Mitte zu erreichen. Hinzu kam die Ablehnung der Weimarer Verfassung durch die DVP in der Nationalversammlung im Sommer 1919. Stresemann hatte sich während der Verfassungsberatungen dort auffallend zurückgehalten,

15 hatte nicht einmal den Fraktionsvorsitz übernommen, sondern sich stattdessen intensiv um den Aufbau der neuen Parteiorganisation gekümmert. Die Kritik der DVP an der Weimarer Verfassung erfolgte aber in erster Linie nicht wegen ihres demokrati-

20 schen Gehalts, sondern vor allem wegen des nun endgültigen Wechsels von der Monarchie zur Republik sowie der Zurückweisung der DVP durch die Parteien der Mitte. Dieses Verhältnis entwickelte eine spezifische Dialektik. Tatsächlich hatte Stresemann

25 den Linksliberalen schon im November 1918 erklärt: Die Nationalliberalen wollten „unbeschadet der persönlichen Meinung des Einzelnen auf dem Boden der republikanischen Staatsform" mitarbeiten. Während des rechtsextremen Kapp-Putsches im März 1920

30 wurde er sogar von der DDP verdächtigt, mit diesem zu sympathisieren. Doch trifft das Gegenteil zu: Bereits am 4. März 1920 hatte er sich in einer Sitzung des Geschäftsführenden Ausschusses der DVP eindeutig von der rechtskonservativ-reaktionären

35 Deutschnationalen Partei (DNVP) distanziert und ihr vorgeworfen, eine „verantwortungslose Opposition" gegen die Weimarer Republik und die Reichsregierung zu betreiben. Und bei Beginn des Kapp-Putsches, am 13. März 1920, verurteilte die Parteileitung

40 der DVP nach einem Bericht Stresemanns den gewaltsamen Umsturz [...] auf das Schärfste. „Die Deutsche Volkspartei habe diese Regierung zwar als Oppositionspartei bekämpft, ihre Beseitigung aber nachdrücklichst nur auf verfassungsmäßigem Wege

45 durch Neuwahlen angestrebt, niemals aber an einen gewaltsamen Umsturz gedacht." Und in einer internen Besprechung hielt Stresemann eine öffentliche Erklärung für erforderlich: „[...] dass wir niemals die Hand bieten zu irgendwelchen reaktionären Maß-

nahmen [...]. Unter allen Umständen fordern wir die 50 sofortige Zurückführung des ungesetzlichen Zustands auf eine gesetzmäßige Grundlage." Diese Reaktion auf den Putsch bedeutete faktisch ein Bekenntnis zur Weimarer Verfassungsordnung. Stresemann war also keineswegs erst 1923, wie oft zu le- 55 sen ist, sondern bereits im Frühjahr 1920 nachweislich ein „Vernunftrepublikaner".

Horst Möller, Die Weimarer Republik. Demokratie in der Krise,
2. Aufl., Piper, München 2018, S. 114–116.*

1 Charakterisieren Sie die Politik der DVP (Deutschen Volkspartei) und überprüfen Sie, inwiefern Stresemann mit diesen Zielen übereinstimmte.

2 Bewerten Sie auf Grundlage der Ausführungen Möllers, inwiefern Stresemann als „Vernunftrepublikaner" bezeichnet werden kann.

M 7 „Retter Stresemann", Karikatur, Titelblatt des „Simplicissimus" vom 14. Mai 1923.
Bildunterschrift: „Er schaut nach rechts, er schaut nach links – er wird mich retten!"

1 Ordnen Sie die Karikatur in das Krisenjahr 1923 ein.

2 Interpretieren Sie die Karikatur hinsichtlich der Wahrnehmung Stresemanns in der Weimarer Republik.
Tipp: Siehe S. 483.

3 **Zusatzaufgabe:** Siehe S. 483.

M8 **Außenminister Gustav Stresemann über die Krise des Parlamentarismus (26. Februar 1928)**

Täuschen wir uns nicht darüber: wir stehen in einer Krise des Parlamentarismus, die schon mehr als eine Vertrauenskrise ist. Diese Krise hat zwei Ursachen: einmal das Zerrbild, das aus dem parlamentarischen
5 System in Deutschland geworden ist, zweitens die völlig falsche Einstellung des Parlaments in Bezug auf seine Verantwortlichkeit gegenüber der Nation. Was bedeutet „parlamentarisches System?" Es bedeutet die Verantwortlichkeit des Reichsministers
10 gegenüber dem Parlament, das ihm mit Mehrheit das Vertrauen entziehen und ihn zur Amtsniederlegung zwingen kann. [...]

Bewegungen im deutschen Volk sprechen von der Notwendigkeit, die Rechte des Reichspräsidenten zu
15 verstärken. Es wäre zunächst wünschenswert, dass die Fraktionen und Parteien sich bemühten, durch ihre Einstellung das Ansehen des Reichspräsidenten nicht zu verringern. Selbstverständlich bedarf die Ernennung der Minister der Gegenzeichnung des
20 Reichskanzlers, genau wie die Ernennung der Beamten der Gegenzeichnung des Ressortministers. [...] Der Reichspräsident kann in Gemeinschaft mit dem Reichskanzler die Regierungsbildung in dieser oder jener Weise vornehmen und den Kampf gegen das
25 Parlament führen, das dieser Bildung des Kabinetts widerstrebt. Ich bin überzeugt, dass manche Krise in dem Augenblick zu Ende wäre, wo ein Machtwort des Reichspräsidenten erfolgte und die Kabinettsbildung aus den Verhandlungen der Fraktionen herausge-
30 nommen würde. [...]

Es geht ein Raunen durch das Land von illegalen Bestrebungen zur Ersetzung der Verfassung durch Diktaturpläne und Ähnliches. Trotz der herzlichen Beziehungen, in denen der Oberbürgermeister von
35 Köln [Adenauer] zu Großmächten Europas steht, in denen diese Regierungsform besteht, glaube ich, dass wir vom Faschismus noch weit entfernt sind. Jeder versteht unter der Diktatur den Diktator seiner Wünsche, und sobald er zwischen den widerstreitenden
40 Interessen sich entscheiden muss, wird er bald die Opposition gegen sich wachsen sehen. Es gibt zudem niemanden, der den Wahnwitz denken kann, dass ein Mann wie Hindenburg sich zur Verletzung der Verfassung hergeben würde. Aber wir müssen uns bemü-
45 hen, zur Reform des Parlamentarismus zu kommen. Wir müssen verlangen, dass der Parteigeist seine Grenze findet an den Lebensnotwendigkeiten der deutschen Entwicklung, dass das Parlament den Zwang nicht nur zur formalen, sondern tatsächli-
50 chen Mehrheitsbildung in sich findet oder, wenn das an den Parteien selbst in dieser Situation scheitert,

der Ruf ertönt: „*Res venit ad triarios!*"[1] und verantwortungsbewusste Persönlichkeiten den Mut finden, zu regieren, das heißt, die Führung zu übernehmen.

Zit. nach: Wolfgang Michalka/Gottfried Niedhart (Hg.), Die ungeliebte Republik. Dokumente zur Innen- und Außenpolitik Weimars 1918–1933, 3. Aufl., dtv, München 1984, S. 249–251.

1 *Res venit ad triarios:* die Sache ist zum Äußersten gekommen

1 Analysieren Sie die Rede Stresemanns.
Tipp: Gehen Sie auf seine Einordnung der Krise des Parlamentarismus ein.
2 Ordnen Sie Stresemanns Aussage „Es geht ein Raunen durch das Land von illegalen Bestrebungen zur Ersetzung der Verfassung durch Diktaturpläne und Ähnliches" in die politischen Probleme der Weimarer Republik ein.

M9 **Wahlplakat der DVP, 1930**

1 Interpretieren Sie das Plakat der DVP von 1930.
Tipp: Siehe die Arbeitsschritte auf der Methodenseite: Politische Plakate interpretieren, S. 298.
2 Bewerten Sie auf Grundlage Ihrer bisherigen Ergebnisse die Bedeutung Stresemanns für die innenpolitische Entwicklung der Weimarer Republik.

Station 3: Außenpolitik

M 10   **Aus einer Rede Stresemanns vor der „Arbeitsgemeinschaft deutscher Landsmannschaften in Groß-Berlin" über die Methoden deutscher Außenpolitik (14. Dezember 1925)**

Das Hauptmittel [der Außenpolitik] ist die materielle Macht, Armee und Flotte. Dass wir sie nicht besitzen, ist Ihnen bekannt. [...] Eine [...] Frage für die deut-
5 sche Außenpolitik ist die, ob Deutschland noch irgendwo eine Großmacht wäre und als Großmacht sich wieder in das Konzert der Mächte einschalten könnte, und diese einzige große Waffe unserer Außenpolitik sehe ich in unserer wirtschaftlichen Stellung. [...] Ich glaube, man wird am weitesten kom-
10 men, wenn man irgendein Verhältnis zu anderen Nationen auf gleich laufenden Interessen aufbaut. An unserer Produktion haben die anderen kein Interesse; aber sie haben ein Interesse daran, dass die aus den Fugen geratene Weltwirtschaft [...] wieder in
15 Ordnung kommt; und sie glauben nicht daran, dass sie wieder in Ordnung kommt, wenn Deutschland in den Abgrund hineingezogen wird. [...] Meine Herren, das waren Gesichtspunkte, die uns veranlassen mussten, an uns die Frage zu richten, ob es nicht für
20 uns möglich sei, politische Fragen auf wirtschaftli-
chem Wege zu lösen, und unter dem Gedanken die-
ser unserer Machtstellung zu versuchen, den Dingen seit Versailles eine andere Wendung zu geben. [...]
Was bedeuten im Sinne der Regierung der Vertrag
25 von Locarno und die angebahnte Verständigung? [...]
Der wirtschaftlichen Verständigung musste eine po-
litische Verständigung folgen. [...] Gewiss bedeutet der Verzicht auf Krieg auch den Verzicht, auf kriegeri-
schem Wege Elsass-Lothringen wiederzugewinnen.
30 Meine Herren, einen anderen Weg sehe ich aber auch nicht. [...]
Meine Herren, ich denke auch in Bezug auf die Ost-
fragen [...] nicht an kriegerische Auseinandersetzungen. Was ich mir aber vorstelle, ist das, dass, wenn
35 einmal Verhältnisse entstehen, die den europäischen Frieden oder die wirtschaftliche Konsolidierung[1] Europas durch die Entwicklung im Osten bedroht er-
scheinen lassen, [...] dass dann Deutschland auch die Möglichkeit haben kann, mit seinen Forderungen Er-
40 folge zu erzielen, wenn es sich vorher mit den ganzen Weltmächten, die darüber zu entscheiden haben, politisch auf einen freundschaftlichen Verständigungs-
fuß und auf eine wirtschaftliche Interessengemein-
schaft auf der anderen Seite gestellt hat. Das ist
45 meiner Meinung nach die einzige praktische Politik.
[...] Meine Herren, die Politik, die wir inauguriert[2] haben, hat uns mindestens immer als eine Politik der

Sicherung des deutschen Rheinlands gegen die Fortsetzung der französischen Rheinpolitik vor Augen
50 gestanden, und da wir es nicht mit den Waffen schützen können, mussten wir es durch Verträge schützen.
Nun aber ein Wort über die Inkraftsetzung und über den Völkerbund. Auch hier bekämpfen wir Deutsche uns prinzipiell wie immer. Bist du für den Völkerbund oder gegen ihn? Das ist eine ganz falsche Fragestel-
55 lung. Man muss vielmehr fragen: Ist es besser für Deutschland, draußen zu bleiben oder hineinzuge-
hen? Der Völkerbund ist mir absolut nicht sympa-
thisch. Seine Entstehung war gegen uns gerichtet.
Seine Handlungen waren gegen uns: [...] Wir hätten
60 vom eigenen Standpunkt keine Veranlassung, große Sympathien mit ihm zu haben. Aber ich frage mich auch hier: nicht, ob mir die Menschen sympathisch sind oder nicht, sondern: nutzt oder schadet es? Da sehe ich die Dinge folgendermaßen: Alles, was das
65 deutsche Volk auf dem Herzen hat, gerade an den noch ungelösten Fragen aus dem Weltkrieg, kann es nirgends besser anbringen als dort.

Zit. nach: Akten zur deutschen auswärtigen Politik 1918–1945.
Serie B: 1925–1933, Bd. 1.1, Vandenhoeck & Ruprecht, Göttingen
1966, S. 728–751.*

1 *Konsolidierung:* Festigung
2 *inauguriert:* eingeführt

1 Erläutern Sie die Ziele und Methoden der Außenpolitik Stresemanns auf Grundlage seiner Rede.
2 Bewerten Sie die Bedeutung der Wirtschaftspolitik
   für die Außenpolitik Stresemanns.

M 11   **Vertraulicher Brief Stresemanns an Kronprinz Wilhelm über die Grundlagen seiner Außenpolitik (7. September 1925, 1932 bekannt geworden)**

Die deutsche Außenpolitik hat nach meiner Auffassung für die nächste absehbare Zeit drei große Aufgaben: Einmal die Lösung der Reparationsfrage in ei-
nem für Deutschland erträglichen Sinne und die Sicherung des Friedens, die die Voraussetzung für
5 eine Wiedererstarkung Deutschlands ist. Zweitens rechne ich dazu den Schutz der Auslandsdeutschen, jener 10–12 Millionen Stammgenossen, die jetzt unter fremdem Joch in fremden Ländern leben.
Die dritte große Aufgabe ist die Korrektur der Ost-
10 grenzen: die Wiedergewinnung von Danzig, vom pol-
nischen Korridor und eine Korrektur der Grenze in Oberschlesien. Im Hintergrund steht der Anschluss von Deutsch-Österreich [...]. Wollen wir diese Ziele erreichen, so müssen wir uns aber auch auf diese
15 Aufgaben konzentrieren. Daher der Sicherheitspakt, der uns einmal den Frieden garantieren und England

sowie, wenn Mussolini[1] mitmacht, Italien als Garanten der deutschen Westgrenze festlegen soll. Der Si-
20 cherheitspakt birgt andererseits in sich den Verzicht auf [...] Rückgewinnung Elsass-Lothringens, [...] der aber insoweit nur theoretischen Charakter hat, als keine Möglichkeit eines Krieges gegen Frankreich besteht. [...] Zudem sind alle Fragen, die dem deutschen
25 Volk auf dem Herzen brennen, [...] Angelegenheiten des Völkerbundes [...].

Die Frage des Optierens[2] zwischen Osten und Westen erfolgt durch unseren Eintritt in den Völkerbund nicht, Optieren kann man ja übrigens nur, wenn man
30 eine militärische Macht hinter sich hat. Das fehlt uns leider. [...] Ich warne vor einer Utopie, mit dem Bolschewismus zu kokettieren. [...] Das Wichtigste ist [...] das Freiwerden deutschen Landes von fremder Besatzung. Wir müssen den Würger erst vom Halse
35 haben. [...] Deshalb wird die deutsche Politik [...] in dieser Beziehung zunächst darin bestehen müssen, zu finassieren[3] und den großen Entscheidungen auszuweichen.

Ich bitte E.K.H.[4] [...], diesen Brief selbst – den ich ab-
40 sichtlich nicht unterzeichne, damit er nicht, auch nur aus Versehen, in fremde Hände fällt – freundlichst unter dem Gesichtspunkt würdigen zu wollen, dass ich mir natürlich in allen meinen Äußerungen eine große Zurückhaltung auferlegen muss. [...]

Gustav Stresemann, Vermächtnis, Bd. II, hg. von Henry Bernhard, Ullstein, Berlin 1932, S. 553 ff.*

1 *Benito Mussolini (1883–1945):* ital. Politiker; von 1922 bis 1943 Ministerpräsident des Königreiches Italien; ab 1925 Diktator an der Spitze des faschistischen Regimes in Italien
2 *optieren:* sich für etwas aussprechen, entscheiden
3 *finassieren:* Tricks anwenden, um etwas zu erreichen
4 *E.K.H.:* Eure Kaiserliche Hoheit

1 Arbeiten Sie die außenpolitischen Ziele Stresemanns aus seinem Brief an Kronprinz Wilhelm heraus.
2 Erörtern Sie, warum Stresemann bei dem Brief um Geheimhaltung bittet.
3 **Vertiefung:** Bewerten Sie die Vereinbarkeit von Stresemanns außenpolitischen Zielen mit dem Versailler Vertrag.

M 12 **Der Historiker Eberhard Kolb über Stresemann als „Hauptarchitekten" der Weimarer Außenpolitik (2003)**

Als Außenminister, als Hauptarchitekt einer „republikanischen Außenpolitik" in der Mittelperiode der Weimarer Republik, hat Stresemann Epoche gemacht. Verständlicherweise steht daher die Außen-
5 politik seit jeher im Mittelpunkt des Interesses an Persönlichkeit und Werk Stresemanns [...]. [...]

Gustav Stresemann verfolgte – wie jeder andere europäische Staatsmann dieser Zeit – eine nationale Außenpolitik, und das hieß unter den inneren Bedingungen deutschen außenpolitischen Handelns nach
10 1919: Er verfolgte eine auf die Revision des Versailler Vertrags ausgerichtete Politik. Seine Zielvorstellung war der möglichst rasche Wiederaufstieg des Deutschen Reiches zur souveränen und im internationalen System gleichberechtigten Großmacht. Wenn
15 Stresemann also durchaus ein nationaler Machtpolitiker war, so trennte ihn von den meisten deutschen Nationalisten der Weimarer Zeit, dass bei ihm – in produktiver Verarbeitung der Erfahrungen von 1914–1918 – nach 1919 sukzessive ein Sinn für die weltpoli-
20 tische Wirklichkeit zum Durchbruch gekommen war. Er hatte die Einsicht gewonnen, dass eine nationale Außenpolitik nicht zum Erfolg führen konnte, wenn sie die Regierungen der Siegermächte herausforderte. Mit einem hochentwickelten Sinn für die politi-
25 sche Wirklichkeit legte er seiner Außenpolitik eine realistische Einschätzung der europäischen Kräfteverhältnisse zugrunde und betrieb seine „nationale Revisionspolitik als internationale Versöhnungspolitik" (Karl Dietrich Erdmann) mit dem Willen zum
30 Ausgleich im Rahmen des internationalen Systems. Seine Konzeption und Herangehensweise brachte er auf den Begriff „Nationale Realpolitik", den er häufig gebrauchte. [...] Es war gerade die Frage der Methode, gar nicht so sehr die eigentliche Zielsetzung, in
35 der sich Stresemann eindeutig von seinen nationalistischen Gegnern unterschied, die ihn erbittert bekämpften und bis über den Tod hinaus mit ihrem Hass verfolgten.

Weil Stresemann an seine Aufgabe mit politischem
40 Realismus heranging, war für ihn die Rückgewinnung einer deutschen Machtstellung nur auf dem Wege eines über viele Stufen verlaufenden längerfristigen Prozesses möglich, bei dem mit den Mitteln der Verhandlung und Verständigung operiert werden
45 musste.

Eberhard Kolb, Gustav Stresemann, C. H. Beck, München 2003, S. 94–97.*

1 Erläutern Sie, was die „nationale Realpolitik" Stresemanns von der Politik der meisten anderen nationalen Machtpolitiker seiner Zeit unterschied.
2 Überprüfen Sie, mithilfe der Ergebnisse aus Kapitel 3.3 (Krise und Stabilisierung), inwiefern Stresemanns „Revisionismuspolitik" erfolgreich war.
3 **Zusatzaufgabe:** Siehe S. 484.

Station 4: Stresemann als Repräsentant seiner Zeit

M 13 Der Historiker Horst Möller über Stresemann als „Vernunftrepublikaner" (2018)

Gustav Stresemann war ursprünglich Monarchist und wurde danach zum pragmatischen Vernunftrepublikaner, zählte also zu dem Teil der Politiker beziehungsweise der politisch Engagierten, die der aus
5 Kriegsniederlage und Revolution 1918/19 geborenen Republik zunächst ablehnend gegenüberstanden, sich dann aber doch zu ihr bekannten. Wer waren diese Vernunftrepublikaner, wie entwickelte sich Gustav Stresemann zu ihrem markantesten Repräsentanten?
10 sentanten?

Der Begriff stammt von einem der bedeutendsten Historiker des späten 19. und frühen 20. Jahrhunderts, Friedrich Meinecke. In einem bereits Ende 1918 geschriebenen Zeitschriftartikel, konstatier-
15 te er: „Zwar kann kein Zweifel daran sein, dass die überwiegende Mehrheit des deutschen Volkes noch heute monarchisch empfindet. Aber die Monarchie selber hat dieser Empfindung den Todesstoß versetzt durch die unwürdige Art ihres Endes, durch das völli-
20 ge Versagen ihres letzten Trägers im Reiche [...]. Ich bleibe, der Vergangenheit zugewandt, Herzensmonarchist und werde, der Zukunft zugewandt, Vernunftrepublikaner." [...]

Kennzeichnend für Vernunftrepublikaner war [...],
25 dass sie sowohl den Untergang der Monarchie 1918 kritisch reflektierten, als auch die möglichen Alternativen 1918/19 pragmatisch überdachten. Nicht wenige dieser Vernunftrepublikaner waren schon vor der Revolution 1918 überzeugt, dass das Kaiserreich
30 und insbesondere der Hegemonialstaat Preußen fundamentaler Reformen bedurften. Wenn sie die politische Vernunft zum Maßstab machten, dann handelte es sich nicht zwangsläufig um klar definierte politische Inhalte, aber doch um das Ziel, mithilfe einer
35 rationalen Analyse der historischen und aktuellen politischen Probleme pragmatische Lösungen zu finden – Lösungen, die einerseits eine Restauration[1] ausschlossen, andererseits aber entschieden jeglichen politischen Irrationalismus ablehnten. Und dies
40 schloss politische Gewaltakte und Morde, die die Republik von Beginn an erschütterten, ebenso aus, wie fanatische Ideologien, die nach 1918 immer stärker an Boden gewannen. [...]

Der Weimarer Vernunftrepublikanismus war folglich
45 ein generationsspezifisches Phänomen, das weder parteigebunden noch sozialspezifisch reduziert, aber demokratisch-rechtsstaatlich verwurzelt war. 1922 beschrieb Friedrich Meinecke diese organisatorisch

in verschiedenen Parteien zu findende Haltung: „Zwischen den Gesinnungsrepublikanern[2] der Arbei-
50 terschaft auf der einen und den Gesinnungsmonarchisten im bürgerlichen Lager auf der anderen Seite steht dann eine große mittlere Schicht des Bürgertums, die man als neu gewordene Vernunftrepublikaner bezeichnen kann. Sie sind es in verschiedenen
55 Graden und Dosierungen, von bloßer vorübergehend gemeinter Anpassung an Unvermeidliches bis zur endgültigen, vernunftgemäßen und ehrlichen Anerkennung einer geschichtlichen Notwendigkeit."

Horst Möller, Die Weimarer Republik. Demokratie in der Krise, 2. Aufl., Piper, München 2018, S. 101–103.*

1 *Restauration:* Wiederherstellung früherer Verhältnisse
2 *Gesinnungsrepublikaner, Gesinnungsmonarchist:* Republikaner oder Monarchisten, die ihre Haltung nur nach ihrer Gesinnung, ihrem subjektiven Wissen und Wollen ausrichten

1 Beschreiben Sie, was Horst Möller unter einem „Vernunftrepublikaner" versteht.
2 Überprüfen Sie, inwiefern Stresemann nach der Definition Möllers als „Vernunftrepublikaner" bezeichnet werden kann.
3 **Vertiefung:** Charakterisieren Sie mithilfe der Ergebnisse aus den bisherigen Stationen die Veränderung von Stresemanns politischer Einstellung.

M 14 Der Historiker Karl Heinrich Pohl über Stresemann als „Grenzgänger" (2015)

Berücksichtigt man aber die [...] „anderen Seiten" Stresemanns, wäre es für eine zukünftige Erinnerungspolitik vielleicht – etwas provokant ausgedrückt – ganz richtig, ja geradezu angemessen, die positiven Seiten Stresemanns nicht zu überstrapazie-
5 ren. Gerade die Ambivalenz, die sein Leben und seine Politik gekennzeichnet hat, scheint erinnerungswürdig zu sein, erinnerungswürdiger jedenfalls als die Konstruktion einer Legende vom „guten" Stresemann, die in dieser Einseitigkeit nicht zu halten ist.
10 Ein solch ambivalentes Bild stünde geradezu paradigmatisch für die Instabilität und Zwiespältigkeit der Weimarer Republik insgesamt, stünde für die Schwäche des deutschen Bürgertums – und würde nicht zuletzt der Persönlichkeit Stresemanns gerech-
15 ter als die bisherige Konstruktion.

Auf diese Weise könnte daran erinnert werden, dass selbst eine „Zierde der Weimarer Republik" wie Gustav Stresemann, ein deutscher Friedensnobelpreisträger, ein Parlamentarier erster Qualität, innerlich
20 nur mit halbem Herzen zur Demokratie und Völkerversöhnung tendierte und die Republik nur bedingt akzeptierte. Damit stünde die Erinnerung an Stresemann sehr treffend für das Deutschland der

25 1920er-Jahre, mit all seinen Stärken, aber auch seinen Schwächen. Es stünde für die genutzten, aber zugleich für die vergebenen Chancen der Weimarer Republik.

Karl Heinrich Pohl, Gustav Stresemann: Biografie eines Grenzgängers, Vandenhoeck & Ruprecht, Göttingen 2015, S. 308.*

1 Fassen Sie die Kritik Karl Heinrich Pohls über eine mögliche Verklärung Stresemanns zusammen.

2 Erörtern Sie die Aussage Pohls, Stresemann habe nur mit „halben Herzen zur Demokratie" gestanden.

3 Überprüfen Sie die Aussage, Stresemann stehe mit seinen Stärken und Schwächen stellvertretend für die vergebenen Chancen der Weimarer Republik.

Tipp: Siehe S. 484.

M 15 Nachruf auf Gustav Stresemann in der Frankfurter Zeitung (4. Oktober 1929)

Die politische Richtung, deren Führer er dem Namen und dem Amte nach war, folgte ihm immer widerwilliger und störrischer, und die Brücke zwischen rechts und links, die er in seiner eigenen Person darstellte,

5 wurde politisch und leider auch körperlich mit jedem Tage morscher. Er war viel mächtiger in Europa als im Fraktionszimmer der Deutschen Volkspartei.

Europa – wir meinen das in Umrissen sich abzeichnende Wunschbild eines vernünftigen, anständigen

10 und menschlichen Zusammenlebens der am höchsten kultivierten Nationen der Erde, – dieses neue Europa hat viel verloren. Man darf und muss das sagen, obwohl Stresemann kein Europäer der eingeborenen und ursprünglichen Ueberzeugung gewesen ist, son-

15 dern sich in reifem Alter unter dem Eindruck und dem Druck der zwingenden allerrealsten Notwendigkeit zur Idee der europäischen Verständigung hindurchgearbeitet hat. [...]

Dass diese seine anfänglichen Ueberzeugungen ir-

20 gendwann einen ganz scharfen Bruch erlitten hätten, ist uns nicht bekannt und nicht wahrscheinlich. Von der Rasse der aus den tiefsten Antrieben handelnden Bekenner ist er überhaupt nicht gewesen, sondern von jenem Typus, in dem die echt nationalliberale Er-

25 wägung der Opportunitäten[1] einen besonders glücklichen, einen beinahe klassischen Ausdruck fand.

Allmählich, unter der täglichen Wirkung der Ereignisse jenes fürchterlichen halben Jahrzehntes nach dem Kriege, ist in ihm die Einsicht stärker geworden,

30 daß es so, wie die nationalistische Forderung es wollte, mit der Wiederherstellung Deutschlands niemals gehen könne und sein sehr starker praktischer Verstand, seine Erfahrung und Weltkenntnis konnten gerade noch im rechten Augenblicke in den Dienst

35 des Staates, der aus dem Zusammenbruch hervorging, gestellt werden.

Man wird Stresemann in der Geschichte in erster Linie wahrscheinlich als den deutschen Staatsmann der großen internationalen Konferenzen und Verträ-

40 ge weiternennen. Uns scheint, dass seine stärkste Leistung in der ersten Zeit seiner Reichskanzlerschaft liegt, als er mit einem wirklich seltenen Mute – denn das Schicksals Erzbergers und Rathenaus[2] hätte ihm sehr wohl beschieden sein können – den

45 Ruhrkampf abbrach und nach der schauerlichen Zerrüttung, die Cuno[3] hinterließ, zuerst wieder so etwas wie eine Reichsregierung und -verwaltung begründete. Sein Glück war, daß er nicht früher in das Ministerium gelangte. Es mußte erst mit Elend und Blut der bösartigste Teil des vom Kriege erzeugten Wahn-

50 sinns verrauchen und nicht nur bei uns, sondern auch im Auslande.

„Ein Staatsmann Deutschlands und Europas", Frankfurter Zeitung, 04.10.1929, Gu./© Alle Rechte vorbehalten. Frankfurter Allgemeine Zeitung GmbH, Frankfurt. Zur Verfügung gestellt vom Frankfurter Allgemeine Archiv.*

1 *Opportunität:* Zweckmäßigkeit in der gegenwärtigen Situation

2 *Matthias Erzberger (1875–1921) und Walther Rathenau (1867–1922):* Die beiden führenden Politiker der Weimarer Republik wurden von Attentätern ermordet.

3 *Wilhelm Cuno (1876–1933):* Er war Reichskanzler von November 1922 bis August 1923. Seine Strategie, die Ruhrbesetzung durch passiven Widerstand und staatliche Ausgleichszahlungen zu beenden, überlastete den Staatshaushalt und scheiterte.

1 Erläutern Sie, welche politischen Leistungen und Verfehlungen Stresemann nach seinem Tod zugesprochen werden.

2 War Stresemann europäischer Verständigungspolitiker oder nationaler Machtpolitiker? Nehmen Sie begründet Stellung zu dieser Frage.

3 **Vertiefung:** Die Stresemann-Gesellschaft verleiht regelmäßig eine Medaille an Persönlichkeiten, die sich in besonderem Maße im Sinne Stresemanns verdient gemacht haben. Entwickeln Sie Kriterien, nach denen diese Medaille im Sinne Stresemanns vergeben werden sollte.

Historische Urteile analysieren und vergleichen

M1 **Trauerzug zur Beerdigung Gustav Stresemanns in Berlin, Fotografie, 1929.**
Hunderttausende Berliner wohnten dem Trauerzug zur Beerdigung Gustav Stresemanns bei.

Eine objektive Wahrheit gibt es in der Geschichte nicht. Jede Wahrnehmung und jede Deutung von historischen Ereignissen hängen von einer Vielzahl von Faktoren (z. B. Lebenszeit des Autors, Zugang zu Quellen, Sozialisation, emotionale Betroffenheit, Distanz zum Geschehen) ab. Darstellungen von Geschichte sind daher immer perspektivisch – unterschiedliche Menschen kommen zu unterschiedlichen Beurteilungen von 5 ein und demselben historischen Ereignis. In diesem Sinne ist Geschichtsschreibung immer subjektiv. Historische Urteile können sich folglich stark voneinander unterscheiden. Die Frage, wie ein Historiker zu seiner Beurteilung kommt, ist mindestens so spannend und wichtig, wie die nach der Beurteilung selbst. Deshalb müssen historische Urteile auf die **Stimmigkeit ihrer Argumentationskette**, auf die **Stichhaltigkeit der** 10 **einzelnen Argumente** und auf die **Angemessenheit der Darstellung** geprüft werden. Nur so lässt sich die Qualität eines historischen Urteils erkennen und beurteilen.

Um einem historischen Ereignis in seiner Komplexität gerecht zu werden, ist es sinnvoll, (kontroverse) Materialien hinsichtlich zentraler Gemeinsamkeiten und Unterschiede zu vergleichen. In der Geschichtswissenschaft spricht man vom **Prinzip der Multiperspektivität**. 15 Das Gleiche gilt für historische Urteile. Durch die Analyse und den Vergleich verschiedener historischer Urteile kann man sich ein eigenes Bild von einer historischen Begebenheit machen. In dem Wissen, dass auch das eigene historische Urteil nicht objektiv sein wird, lässt sich zumindest ein abgewogenes und in sich stimmiges historisches Urteil formulieren. 20

Arbeitsschritte für die Analyse von historischen Urteilen

1. Formale Merkmale	– Welche (z. B. berufliche) Funktion/welche (politische, gesellschaftliche) Stellung hat der Verfasser?
	– Wann, wo und aus welchem Anlass ist der Text entstanden?
	– Um welche Textsorte (z. B. öffentliche Rede, Artikel, Fachbuch) handelt es sich?
	– An wen wendet sich der Text?
2. Herausarbeiten des Inhalts	– Mit welchem Thema beschäftigt sich der Text?
	– Welche zentralen Aussagen enthält der Text? Welche Thesen werden aufgestellt?
	– Mit welchen Argumenten untermauert der Autor seine Thesen und Aussagen?
3. Historischer Kontext	– Auf welches Ereignis/welche Epoche/welches Problem bezieht sich der Text?
	– In welchem Verhältnis steht der Autor zum behandelten Thema?
4. Aussageabsicht	– Welche Absicht verfolgt der Verfasser?
	– Welchen Standpunkt nimmt er ein?
	– Unter welchen Fragestellungen/Maßstäben werden die Sachverhalte beurteilt?
	– Welche Gesamtaussage lässt sich formulieren?
5. Darstellungen vergleichen	– Welche Aspekte sind für den Vergleich der beiden historischen Urteile geeignet? Welche Aspekte lassen sich nicht vergleichen?
	– Welche Unterschiede und Gemeinsamkeiten zeigen die Darstellungen? Gibt es Überlappungen, Ähnlichkeiten, Abweichungen oder Gegensätze?
6. Darstellungen beurteilen	– Wie glaubwürdig/überzeugend sind die Texte?
	– Gibt es logische Fehler in den Argumentationsketten oder sind sie schlüssig?
	– Sind die Aussagen sachlich richtig?
	– Wird das Wesentliche in den Blick genommen oder werden zentrale Aspekte ausgespart?

Übungsaufgabe

M2 **Der Schriftsteller und Journalist Emil Ludwig über Gustav Stresemann (1929)**

Ludwigs Artikel „Der Mann des Friedens" erschien am 3. Oktober 1929 anlässlich von Stresemanns Tod in der „Vossischen Zeitung".

Stresemanns Verdienste als Staatsmann werden heute von Kennern dargestellt werden. Er hat seine Taten, die von 1923 bis 1929 reichen, mit der Rettung der Republik aus der Not des Ruhrkampfes begonnen
5 und mit der Befreiung des Gebietes beschlossen. In der Geschichte aber wird seine Gestalt ein Symbol der Wandlung bedeuten. Ein reiner Imperialist, der an den Primat[1] der Wirtschaft nur allzu sehr glaubte, ein wilder Annexionist[2], der 1915 alle französischen
10 Erze haben wollte, hielt er sich im November 1918 besser als gewisse Zeitgenossen: Denn er ist nicht von heute auf morgen in fünf Minuten rot geworden. Stattdessen wurde er in fünf Jahren schwarzrotgold. Der furchtbare Schlag hat ihn zur Besinnung ge-
15 bracht. Sein Ohr hörte den verwandelten Rhythmus der Geschichte, sein historisch sehr geschulter Geist zeigte ihm die Parallelen. Er begreift, dass man in Europa nicht nach den alten Methoden weiterregieren könnte, und darum auch nicht in Deutschland. [...]
20 Er sah, dass nicht die alte Revanchefrage derer, aus deren Kreisen er hervorging, sondern nur der Gedanke des Völkerbundes Deutschland emporführen könnte. [...]

An [...] [seinen] Zügen erkennt man den Menschen,
25 der weniger auf rasche Wirkung als auf nachdenkliche Forderung bedacht ist. Und doch zeigte sein Charakter auch eine gewisse studentenhafte Naivität, die ihn nicht gerade zum Menschenkenner machte. So entstand in ihm eine Frische, die zur Überlegung, ein
30 Ernst, der zur Handlung führte: Stresemann war ein sehr deutscher Charakter.

Vossische Zeitung, 3. Oktober 1929; zit. nach: http://zefys. staatsbibliothek-berlin.de/kalender/auswahl/date/ 1929-10-03/27112366/ (Download vom 25. November 2020).*

1 *Primat der Wirtschaft:* Vorrangstellung der Wirtschaft
2 *Annexionist:* Person, die danach strebt, fremdes Staatsgebiet gewaltsam anzugliedern

M3 **Der Historiker Hagen Schulze über Gustav Stresemann (1983)**

Das erste große Ziel deutscher Außenpolitik verstand sich fast von selbst: die Revision von Versailles. [...] Im Osten dagegen strebte [Stresemann] ganz unverhohlen die Rückgabe Danzigs, des Korridors und Oberschlesiens an. Eine vertragliche Festschreibung
5 der deutschen Ostgrenzen kam deshalb für ihn nie in Betracht; Stresemann mühte sich vielmehr, Frankreich und Polen zu entzweien. [...] Vor allem, um die Frage der deutschen Ostgrenze offenzuhalten, strebte Stresemann die Mitgliedschaft Deutschlands im
10 Völkerbund an. [...] Ihm ging es letztlich um die Beseitigung des internationalen Systems der Pariser Vorortverträge von 1919 und um die Rückkehr zu einem europäischen Gleichgewicht, in dem Deutschland wie zur Bismarck-Zeit schon aufgrund seiner
15 hohen Bevölkerungszahl und seiner wirtschaftlichen Überlegenheit die erste Geige spielen sollte. Stresemann, das war Bismarck *redivivus*[1], konservativ bis in die Fingerspitzen, der eine an den Grenzen des politischen Möglichen orientierte aufgeklärte Machtpo-
20 litik betrieb. Es war derselbe Stresemann, der 1914 Gebiete von Calais bis Petersburg annektieren wollte, der 1919 die Dolchstoßlegende gepredigt und sich der Annahme des Versailler Vertrages wie der Weimarer Reichsverfassung widersetzt hatte und der
25 nun daranging, mit den westlichen Alliierten den Ausgleich zu suchen – „Entspannungspolitik" zu betreiben, würde man heute sagen –, der mit aller Macht in den Völkerbund drängte, der den Friedensnobelpreis erhalten und der Nachwelt als großer Eu-
30 ropäer erscheinen sollte. Doch in Wirklichkeit hat eine Wandlung vom nationalistischen Saulus zum paneuropäischen Paulus[2] nie stattgefunden.

Hagen Schulze, Weimar. Deutschland 1917–1933, Siedler, Berlin 1983, S. 272 f.*

1 *Bismarck redivivus:* der wiedererstandene Geist Bismarcks
2 *Wandlung vom Saulus zum Paulus (Redensart):* sich vom Schlechten abwenden und zum Guten werden

1 Analysieren Sie M2 und vergleichen Sie M3 damit.
   ▶ Lösungshinweise finden Sie auf S. 496 ff.

Anwenden

M1 Die Historikerin Ursula Büttner über das Verhältnis von Außen- und Innenpolitik in der „Ära Stresemann" (2008)

In Deutschland stieß Stresemanns Politik auf ein geteiltes Echo. Die wütenden Proteste der „nationalen Kreise" waren die lauteste, aber nicht die vorherrschende Reaktion. Seine Konzeption, durch eine Po-
5 litik des Interessenausgleichs und der Friedenssicherung in Europa Voraussetzungen für die Korrektur der Versailler Beschlüsse zu schaffen, fand sogar viel Zustimmung. Die Deutsche Volkspartei setzte vor Wahlen voll auf die Popularität des Außenministers
10 und konnte, indem sie um Unterstützung für seine Politik warb, sich von 1924 bis 1928 mit 9–10 % der Stimmen einigermaßen behaupten. Nach seinem Tod erlebte sie dann einen steilen Absturz in der Gunst der Wähler. Auch die gesamte sozialdemokra-
15 tische Arbeiterbewegung trug Stresemanns Außenpolitik zuverlässig mit, obwohl die SPD in diesen Jahren in der Opposition war.
Der außenpolitische Konsens war für Stresemann daher ein wesentlicher Grund, sich 1928 nach dem
20 Wahlerfolg der SPD unter Aufbietung all seines Ansehens und all seiner Kraft für das erneute Zustandekommen einer Großen Koalition einzusetzen. Widerstand kam vor allem vom rechten, von der Schwerindustrie beherrschten Flügel seiner eigenen
25 Partei. Diese „Nationalliberalen" lehnten sowohl die von ihm erstrebte Versöhnung von Bürgertum und Arbeiterschaft im Inneren als auch seine Verständigungspolitik gegenüber dem Ausland ab. Für sie zählten keine symbolischen Gewinne wie der Friedens-
30 nobelpreis; sie verlangten sofort handfeste Ergebnisse der Locarno-Politik.
Unter dem Druck der rechten Opposition, die durch Stresemanns innerparteiliche Gegner bis in das Regierungslager reichte und es ständig zu sprengen
35 drohte, schlugen die außenpolitischen Sprecher Deutschlands schon 1928 schärfere Töne an. Der schwerkranke Außenminister, der wie kein anderer die Grenze zwischen dem innenpolitisch Nützlichen und dem außenpolitisch Möglichen zu halten wuss-
40 te, fiel in diesem Jahr wiederholt für längere Zeit aus. Dem sozialdemokratischen Reichskanzler Hermann Müller, der ihn dann bei wichtigen internationalen Begegnungen vertrat, fehlte die Erfahrung, um den Balanceakt zwischen Innen- und Außenpolitik mit
45 der gleichen Sicherheit durchzuhalten. So überraschte er bei der Völkerbundstagung im September 1928

durch die harsche Form, in der er die bekannten Forderungen nach Räumung des Rheinlands und Abrüstung der europäischen Mächte vortrug. Einige Histo-
50 riker haben deshalb argumentiert, dass sich das Ende der kooperativen Außenpolitik schon 1928 anbahnte, als der Wille zur internationalen Zusammenarbeit wieder stärker vom Bewusstsein der Rivalität überlagert wurde. Trotzdem hob sich die Außenpolitik in
55 der „Ära Stresemann" durch ihre Zielsetzung, ihre Methoden und ihren Stil deutlich von der konfrontativen Politik der Präsidialkabinette seit 1930 ab, die deutsche Wünsche von neuem ohne Rücksicht auf die Bedenken in anderen Staaten, aber auch ohne
60 Rücksicht auf die internationalen Machtverhältnisse durchzusetzen versuchten.
Das Urteil über Stresemann und seine Außenpolitik fiel lange zwiespältig aus: Die einen sahen in ihm einen Wegbereiter der europäischen Verständigung
65 und Integration; die anderen betonten die Kontinuität seiner nationalistischen Ziele, die er nur aus taktischer Klugheit mit neuen Mitteln verfolgt habe. Inzwischen herrscht in der internationalen Forschung weithin Einigkeit, dass es an der Aufrichtigkeit seiner
70 Kooperationsbereitschaft keinen Zweifel gebe. Er war überzeugt, dass das Deutsche Reich seine Interessen, darunter auch für ihn an erster Stelle die Revision des Versailler Vertrags, nur in Übereinstimmung mit den europäischen Mächten und den USA errei-
75 chen könne, und deshalb gab es zur Friedenspolitik in Europa für ihn keine Alternative.

Ursula Büttner, Weimar. Die überforderte Republik 1918–1933. Leistung und Versagen in Staat, Gesellschaft, Wirtschaft und Kultur, Klett-Cotta, Stuttgart 2008, S. 362 f.

1 Fassen Sie die zentralen Thesen von Ursula Büttner a) über die innenpolitischen Bedingungen und b) die historische Bewertung der Stresemann'schen Außenpolitik zusammen.
2 Die Historikerin Ursula Büttner wählte für das Kapitel über die Außenpolitik Stresemanns die Zwischenüberschrift: „Stabilisierung auf gefährdeter Grundlage 1924–1930". Erläutern Sie diese Formulierung. Formulieren Sie gegebenenfalls eine andere Überschrift.
3 Der amerikanische Historiker Henry A. Turner hat die These vertreten, dass mit Stresemann ein „pragmatischer Konservativer" jahrelang den Kurs der deutschen Außenpolitik bestimmt habe. Nehmen Sie Stellung zu dieser These.

Wiederholen

M 2 „Deutschland und Russland. Ein Anfang", Karikatur von Erich Schilling aus der deutschen Satirezeitschrift „Simplicissimus" vom 10. Mai 1922

Zentrale Begriffe

„Ära Stresemann"
Berliner Vertrag
Besetzung des Ruhrgebietes
Briand-Kellogg-Pakt
Friedensnobelpreis
Genfer Abrüstungskonferenz
Großmacht
Konferenz von Lausanne
Reparationen
Revision des Versailler Vertrages
Ruhrkampf
Vertrag von Rapallo
Verträge von Locarno
Völkerbund
Young-Plan

1 a) Fassen Sie die Bestimmungen des Vertrags von Rapallo zusammen.
  b) Interpretieren Sie die Karikatur M 2.
  c) Erklären Sie, warum die Reaktionen in Frankreich auf den Vertrag von Rapallo negativ ausfielen.
  Tipp: Hinweise finden Sie im Darstellungstext.
2 Arbeiten Sie heraus, inwiefern Gustav Stresemann es geschafft hat, den Spielraum der deutschen Außenpolitik zu vergrößern.
3 Wahlaufgabe: Bearbeiten Sie entweder a) oder b).
  a) Nehmen Sie Stellung zu der These des Historikers Eberhard Kolb: „Wenn es also aufgrund der inneren Machtstruktur der Weimarer Republik nahelag, dass ein Repräsentant des alten Deutschland die Außenpolitik führte, dann war Stresemann nach persönlichem Format und außenpolitischer Haltung eine nahezu optimale Führerpersönlichkeit für diese Jahre. Durch seine längerfristige Perspektive bei der Realisierung der Revisionsziele und seine relative Mäßigung bei der Anwendung der zur Verfügung stehenden Mittel wurden die zukünftigen Optionen Deutschlands offengehalten."
  b) Verfassen Sie ein kurzes Referat, in dem Sie eine alternative These zu der von Kolb vertreten und begründen. Präsentieren Sie Ihre These.
4 Vertiefung: Erörtern Sie die Aussage, Stresemanns Außenpolitik stellte eine „ökonomische Variante deutscher Machtpolitik" dar.

Formulierungshilfen
– Auf dem Bild sieht man im Vordergrund …
– Im Hintergrund sind … dargestellt.
– Die Personen sind mit … bekleidet, ihre Gestik verweist auf …
– Die Farbgebung ist …
– Insgesamt vermittelt das Bild … Eindruck.
– Der Karikaturist deutet mit seinem Bild die Zukunft der deutsch-russischen Beziehungen folgendermaßen …

Zwischen Aufbruch und Unsicherheit: die „Goldenen Zwanziger"

M 1 „Metropole (Berlin)", Gemälde von George Grosz, 1916

1895	Erste Filmvorführungen in Paris und Berlin				1910	Durchbruch des Expressionismus	
1895		1900	1905		1910		1915

1871–1918 Deutsches Kaiserreich

Die Jahre von 1924 bis 1929 gelten nicht nur als eine Zeit der relativen Stabilisierung der Weimarer Republik, sondern werden auch als die „Goldenen Zwanziger Jahre" bezeichnet. Besonders im kulturellen Bereich verbreitete sich eine Aufbruchstimmung, die schöpferische Kräfte freisetzte und eine große Vielfalt geistig-künstlerischen Schaffens
5 ermöglichte. In den Bereichen Kunst, Literatur, Theater, Architektur, Städtebau, Design, Technik, Rundfunk und Film entstanden bahnbrechende Werke und Entwicklungen. Außerdem erfasste vor allem in der Großstadt Berlin überwiegend junge Menschen ein neues freiheitliches Lebensgefühl, das sich auch in veränderten Geschlechterrollen niederschlug. Man spricht von einer Zeit der kulturellen Modernisierung. Diese Neuerun-
10 gen prägten zwar weitgehend die öffentliche Debatte, aber sie waren nicht repräsentativ für die Gesamtgesellschaft.
Auch Unsicherheiten bestimmten die „Weimarer Kultur", und die kulturelle und künstlerische Avantgarde der Moderne traf auf Widerspruch und Ablehnung. Ihr stand eine entschieden zivilisationskritische, kulturpessimistische, traditionsverhaftete und reakti-
15 onäre Bewegung gegenüber. Diese war häufig ländlich geprägt und empfand das Tempo der Veränderungen in den Großstädten, allen voran Berlin, als zu hoch und als gefährlich. Trotz dieser Gegenströmungen sorgten die neuen Medien Rundfunk und Kino sowie der Bedeutungszuwachs der Presse für die Entwicklung einer Massenkultur. Unterhaltung, Bildung, Werbung und Massenkonsum hielten Einzug in die Alltagswelt
20 vieler Menschen der Weimarer Republik. Und auch die Technisierung des Alltags schritt voran.

M2 **Außenminister Gustav Stresemann bei einer Rundfunkansprache, Fotografie, 14. Juni 1925**

1 Charakterisieren Sie die „Goldenen Zwanziger" mit den Begriffen „Aufbruch" und „Unsicherheit". Nennen Sie für jeden der beiden Begriffe Beispiele, die Sie auf einem Blatt schriftlich festhalten. Erläutern Sie in kurzen Stichworten die Beispiele.
2 Analysieren Sie, wie George Grosz die Großstadt Berlin darstellt.
   Tipp: Achten Sie dabei besonders auf die Farbgebung und die Perspektivenwahl.
3 **Wahlaufgabe:** Setzen Sie sich mit dem in der Weimarer Zeit neuen Medium Rundfunk auseinander. Beziehen Sie die Fotografie M 2 mit ein. Bearbeiten Sie entweder a), b) oder c).
   a) **Tabelle:** Stellen Sie die Vorteile und Nachteile des Rundfunks für die Menschen in einer Tabelle gegenüber.
   b) **Leserbrief:** Verfassen Sie einen Leserbrief, in dem Sie kritisch zum neuen Medium Rundfunk Stellung nehmen.
   c) **Essay:** Erläutern Sie in einem Essay die Rolle des Rundfunks für die politische Meinungsbildung.

1922/23	Abwendung vieler Avantgarde-Künstler vom Expressionismus, Hinwendung zur „Neuen Sachlichkeit"
1926	Gründung der „Deutschen Welle"
1928	Aufführung des ersten Tonfilms
1935	Erstes reguläres Fernsehprogramm der Welt im Deutschen Reich

1920	1925	1930	1935	1940

1919–1923 Krisenjahre der Weimarer Republik   **1924–1929** „Goldene Zwanziger"   **1930–1933** Präsidialkabinette   **1933–1945** Nationalsozialismus

3.5   Zwischen Aufbruch und Unsicherheit: die „Goldenen Zwanziger"

> **In diesem Kapitel geht es um**
> – *Begriff und Bedeutung der „Goldenen Zwanziger",*
> – *die Weimarer Kultur im Widerstreit zwischen Moderne und Tradition,*
> – *Massenkultur und Medien,*
> – *Technisierung des Lebens,*
> – *Geschlechterverhältnisse.*

„Goldene Zwanziger"

cornelsen.de/Webcodes
Code: nesesa

▶ **M 21: Volker Depkat über die Moderne in den USA**

Avantgarde
Als Avantgarde werden politische oder künstlerische Bewegungen bezeichnet, die sich an der Idee des Fortschritts orientieren und ein besonderes Maß an Radikalität befürworten. Sie sehen sich als Vorreiter neuer Entwicklungen.

M 1   „Konstruktion (Ohne Titel)", Gemälde von George Grosz, 1920

▶ **M 8: Ursula Büttner über den Expressionismus**

„Goldene Zwanziger" und kulturelle Modernisierung

Betrachtet man die Kultur der Weimarer Republik, nimmt man die 1920er-Jahre als Ganzes in den Blick, den Schwerpunkt bilden aber die Jahre der wirtschaftlichen Stabilisierung nach 1924. Darstellungen der deutschen Kultur- und Kunstgeschichte charakterisieren diese Jahre mit dem **Begriff „goldene zwanziger Jahre"** oder einfacher „Goldene Zwanziger". Bei dieser Bezeichnung klingt die Freude über die künstlerische Kreativität 5 und Vielfalt der Zeit nach. Und sie ist mehr als ein Mythos, mehr als eine Verklärung der historischen Wirklichkeit. Vielmehr verdeutlicht diese Epochenbezeichnung, dass es eine **der Moderne zugewandte „Weimarer Kultur"** gab, die sich durch ein ungewöhnliches Maß an schöpferischer Schaffenskraft und Experimentierlust auszeichnete. Der Begriff bezieht aber auch den Wirtschaftsaufschwung mit ein. Das Phänomen des Wirt- 10 schaftsaufschwungs und der kulturellen Modernisierung war aber nicht nur auf Deutschland begrenzt. In den USA bezeichnet man die Jahre als „Roaring Twenties" (wilde Zwanziger), in Frankreich als „Années Folles" (verrückte Jahre). In Deutschland wie auch international erhielten deutsche Künstler große Aufmerksamkeit. Das Gleiche galt umgekehrt für die US-amerikanischen Entwicklungen. Die Berliner Regierungen 15 und Stadtmagistrate förderten die Künste und eröffneten der Avantgarde* neue Spielräume. Breitere Bevölkerungsschichten sprachen den Kunstwerken eine große Bedeutung zu. Die Künstler waren nicht länger Außenseiter, sondern standen im Mittelpunkt der künstlerischen Diskussionen und lieferten die Themen.

Expressionismus

Diese moderne Kultur, die mit den ästhetischen Überzeugungen der Vergangenheit brach und neue künstlerische Entwicklungen ausprobierte, war nicht erst in der Weimarer Zeit entstanden. Bereits in den Jahren um 1910 gelang dem **Expressionismus** der entscheidende Durchbruch. Maler und Bildhauer wählten ungewöhnliche Farben und harte Kontraste, verfremdeten Formen und stellten statt der äußerlichen Wirklichkeit 5 innerliche Bewegungen dar oder lösten die Gegenständlichkeit in Abstraktionen auf. Dichter ersetzten wohlklingende Dialoge durch Schreien und Stammeln. Dem Theaterpublikum präsentierten sie keine Helden, die Bewunderung oder Mitleid erregten, sondern jeglicher Individualität entkleidete Typen.
Diese künstlerische Rebellion gegen die starren Konventionen und zufriedene Selbstge- 10 rechtigkeit des wilhelminischen Bürgertums erlebte nach den grauenhaften Erfahrungen des Ersten Weltkrieges in der ersten deutschen Demokratie einen Aufschwung. Die Weimarer Reichsverfassung gewährleistete die ersehnte Meinungs- und Kunstfreiheit und beseitigte damit die Fesseln für die geistige und moralische Erneuerung. Aber weder die Novemberrevolution 1918/19 noch die Weimarer Republik erfüllten die großen 15 Hoffnungen, mit denen die expressionistischen Künstler sie begrüßt hatten. Weil ihre großen, idealistischen Erwartungen unerfüllt blieben, wandten sich viele von ihnen von

der Republik ab. In der linksdemokratischen Presse überzogen manche die junge Demokratie mit heftiger Kritik und schwächten dadurch den Weimarer Staat. Von dieser
20 Kritik profitierten auch die Anhänger der extremen politischen Rechten, die die Republik bekämpften. Das trifft ebenfalls auf Teile der geistigen Elite zu, die konservative, anti-
liberale, antidemokratische oder kulturpessimistische* Ideen vertraten.

Zwischen Avantgarde und Kulturpessimismus

Die künstlerische Avantgarde beherrschte in der Weimarer Zeit nicht unangefochten
die Kulturszene. Traditionelle Kunstrichtungen und die hergebrachte Formensprache
blieben weiterhin einflussreich. Außerdem leisteten kulturpessimistische und zivilisationskritische Strömungen heftigen Widerstand gegen das Vordringen moderner Künst-
5 ler. Das führte dazu, dass sich **zwei Kulturen** unversöhnlich gegenüberstanden. Die einen waren nach dem Ende des Ersten Weltkrieges und des Kaiserreiches von
Aufbruchstimmung und Hoffnung erfüllt auf eine friedliche und bessere Zukunft; die
anderen begründeten mit dem Hinweis auf die Kriegsopfer ihre nationalistischen und
revisionistischen Einstellungen und trauerten der verlorenen Monarchie nach. Wäh-
10 rend die einen die Dynamik der Großstadt und trotz des im Krieg sichtbar gewordenen
Vernichtungspotenzials die Errungenschaften der modernen Technik begrüßten, verurteilten die anderen das großstädtische Leben sowie die moderne Kultur und Zivilisation. Überdies blieben Arbeiterkultur und bürgerliche Hochkultur streng voneinander
getrennt.

Neue Sachlichkeit

Etwa seit 1922/23 wandten sich wesentliche Bewegungen der kulturellen Avantgarde
vom Expressionismus ab. Nicht mehr die stete Suche nach einer völlig neuen Welt und
neuen Kunstformen bestimmte seitdem das künstlerischen Denken und Handeln, sondern unsentimentaler Pragmatismus und eine sachlichere, nüchternere Auseinander-
5 setzung mit der Wirklichkeit prägte alle Kunstrichtungen. Der Kunsthistoriker Gustav
Friedrich Hartlaub charakterisierte die beginnende Kunstepoche mit dem Begriff **„Neue
Sachlichkeit"**. Damit war das Gemeinsame der zahlreichen Kunststile benannt und

Kulturpessimismus
Der Begriff bezeichnet eine negative
Deutung aktueller Entwicklungen. Oft wird
der Niedergang der Kultur vorausgesagt.

▶ **M 10: Paul Schultze-Naumburg über
„Kunst und Rasse"**

M2 „Selbstbildnis vor Litfaß",
Gemälde von Georg Scholz,
1926.

*Der Maler Georg Scholz (1890–1945) ist
ein wichtiger Vertreter der „Neuen Sachlichkeit". Er leitete seit 1925 die Badi-
sche Landeskunstschule, 1933 wurde er
als „entarteter Künstler" entlassen.*

gleichzeitig Raum gelassen für große Unterschiede. Das Streben nach „Neuer Sachlichkeit" lässt sich auch aufzeigen an der Fotografie, die sich zu einer eigenständigen Kunst-
form entwickelte und in besonderer Weise geeignet war, die zentralen Aspekte der In-
dustriewelt zu erfassen. Aber auch in der literarischen Welt entwickelten sich neue
Ausdrucksformen wie die Reportage, der Reisebericht oder kurze Notizen. Mit ihrer
Hilfe konnte die moderne Welt angemessen beschrieben, konnten Industrie, Technik
und Großstadtleben präzise und einfühlsam dargestellt werden.

Massenkultur

Der Schriftsteller und Sprachwissenschaftler Umberto Eco hat einmal zwei Möglichkeiten unterschieden, über Massenkultur zu sprechen. Die Anhänger der einen Richtung,
die er als „Apokalyptiker" bezeichnete, beklagen allein den unaufhaltsamen Niedergang
der Werte und wollen öffentlich zeigen, dass sie sich nicht anpassen. Die anderen, die
„Integrierten", begrüßen die weite Verbreitung der modernen Medien und stellen heraus, dass nun die Kulturgüter allen zugänglich seien. Es gibt jedoch noch eine andere
Position, die die Massenkultur als **Element der Industrialisierungs- und Demokratisierungsprozesse der modernen Welt** versteht.

Tatsächlich hatte die Industrialisierung seit dem 19. Jahrhundert die Voraussetzungen
für Massenproduktion und Massenkonsum geschaffen. Bereits im Jahrzehnt vor dem
Ersten Weltkrieg erlebten unterhaltsame und belehrende **Zeitschriften** eine weite Verbreitung, Groschenromane* erfuhren sogar einen Boom. Die Nachfrage nach Schau-
und Breitensport stieg, die ersten Kinovorführungen stießen auf großes Interesse. Aber
erst in der demokratischen Gesellschaft der Weimarer Republik verstärkte sich der
Trend zur Massenkultur, die für immer breitere Bevölkerungsschichten die Möglichkeiten des Konsums sowie die Teilhabe an Wohlstand und Kultur schuf. Millionen Menschen konnten jetzt an den **Freizeitvergnügungen** alter und neuer Art teilnehmen.
Dass Freizeit nicht mehr ein Vorrecht gut situierter bürgerlicher Schichten blieb, sondern auch in bescheidenerem Maße Arbeiterinnen und Arbeitern zugutekam, lag zudem an technischen Innovationen und sozialpolitischen Fortschritten. Sie ermöglichten die Verkürzung der täglichen und wöchentlichen Arbeitszeit sowie einen in der
Regel einwöchentlichen Jahresurlaub. Weit mehr Menschen als früher besaßen in ihrer
Freizeit ab Samstagmittag die Chance, das Wochenende beim Sport, im Schrebergarten
oder bei Ausflügen ins Grüne zu genießen. Das Fahrrad vergrößerte den Bewegungsra-
dius. Sportereignisse wie Fußballspiele, Boxkämpfe, Fahrrad- und Autorennen waren
beliebt, auch traditionelle Vergnügungsstätten, Jahrmärkte und Tanzsäle. Das Vereins-
leben blühte auf. In den Städten veränderten überdies neue Medien das Freizeitverhal-
ten: Schallplatte und Grammophon, Hörfunk und Kino, sorgten für die schnelle Verbreitung neuer Musik- und Textstile und schufen die Stars.

Obwohl die Angebote der Massenkultur für viele Menschen über Schichten- und Gene-
rationsgrenzen hinweg anziehend waren, ebneten sie die sozialen Unterschiede nicht
ein. Statussymbole verdeutlichten nach wie vor den Sozialstatus der Menschen auch in
ihrer Freizeit. Das Ansehen eines Films verschaffte dem Besucher eines Kinopalastes ein
größeres Vergnügen als im Groschenkino, in der Loge war es angenehmer als auf dem
„Rasiersitz", wie die Sitzplätze in der ersten Reihe umgangssprachlich genannt wurden.
Angehörige der Ober- und oberen Mittelschicht bevorzugten zudem andere Sportar-
ten als Fans aus den Unterschichten. Hinzu kam, dass ein Großteil der Provinz- und
Landbewohner aus technischen Gründen vom Rundfunkempfang ausgeschlossen war.
Weil die Landbevölkerung weiterhin über wenig Freizeit verfügte und von vielen Frei-
zeitangeboten abgeschnitten blieb, vergrößerte die Entfaltung der modernen Freizeit-
kultur das Gefälle zwischen Stadt und Land beträchtlich. Die Bevölkerung in der Provinz oder auf dem Land schaute daher mit Unverständnis und Abwehr auf die
„Vergnügungssucht" und die „losen Sitten" der Städte.

▶ S. 356 Fotocollage, Kunstart entwickelt
von John Heartfield

Groschenroman
Die Romane in preisgünstiger Heftform
(Preis = 1 Groschen) gab es bereits seit dem
19. Jh., im 20. Jh. wurden sie zum
Massenprodukt.

M 3 Titelblatt der Zeitschrift
„DAS MAGAZIN", Dezember
1925

▶ M 11–M 14: Tanz, Clubs, Kinos und
Kaufhäuser

Die Massenkultur löste aber auch Entsetzen aus; sie polarisierte das öffentliche Leben,
45 galt vielen als Provokation. Vertreter des Bildungsbürgertums erblickten in ihr eine Gefahr für die Hochkultur und fürchteten um ihre Rolle als Schöpfer und Vermittler dieser
Kultur. In den städtischen und ländlichen Mittelschichten bangten viele Menschen um
ihre Alltagskultur, die ihnen Sinn und Halt gab. Das galt für ihr Arbeitsethos und Pflicht-
bewusstsein, ihr Bildungsstreben und ihre traditionelle Familienordnung. Bereits durch
50 die Novemberrevolution fühlten sich diese bürgerlichen Schichten ihrer Vorrangstellung beraubt, durch die Wirtschaftskrisen der frühen Weimarer Zeit geschwächt. In den
1920er-Jahren reagierten sie auf die Verletzung ihrer Wertvorstellungen sehr gereizt.

Medien

Ein wichtiges Element der Massenkultur sind die Medien. Mit ihren modernen Nach-
richten-, Druck-, Produktions- und Darstellungstechniken und -formen erlebten sie in
der Weimarer Republik einen großen Aufschwung und erleichterten die Massenkommunikation. **Schallplatten** boten eine neue Möglichkeit, Musik zu konservieren und zu
5 transportieren. Der **Rundfunk** gewann zunehmend an Popularität. Zahlreiche neue   ▶ M 16: Staat und Rundfunk
Sendeanstalten entstanden, die Funkanstalten unterhielten eigene Orchester, Chöre
und Theaterensembles. 1926 entstand die „Deutsche Welle", die ein überregionales
„Volksbildungsinstitut" sein sollte. Doch gelang es während der 1920er-Jahre nicht, allen
Bevölkerungsschichten über den Rundfunk Kultur, Bildung, Unterhaltung und Informa-
10 tionen in gleicher Weise zu vermitteln. Die Anschaffung eines Radios war hauptsächlich
für das mittelständische Bürgertum erschwinglich. Deswegen konzentrierten sich die
Radiohörer vornehmlich in den Städten.
Bei der Verbreitung von Nachrichten blieb die **Presse** das wichtigste Massenkommunikationsmittel. Zeitungen und Wochenblätter erreichten täglich Millionen Leser. 1932
15 wurden in Deutschland 3732 Tageszeitungen und 7652 Zeitschriften gezählt. Dabei   **M 4 Szenenfoto aus dem Film**
sind zwei Haupttypen von Zeitungen, die Parteipresse und politisch „unabhängige" Zei-   **„Der Blaue Engel" mit Marlene**
tungen, zu unterscheiden. Die „unabhängigen" Blätter finanzierten sich zu einem erheb-   **Dietrich, 1929**
lichen Teil aus Inseratengeschäften und vermieden daher einseitige politische Festle-
gungen; zudem wollten die Zeitungen nicht von großen Anzeigenkunden abhängig

20 werden. An politischen Richtungen war aber nicht nur die Parteipresse, sondern die
gesamte Presse, auch die Boulevardblätter und die Illustrierten orientiert.
Besondere Attraktivität ging in der Weimarer Zeit vom **Kino** aus, das mit seinen beweg-
lichen Bildern sowohl die Wirklichkeit wiedergab als auch eine imaginäre Welt erschuf.
Die Zahl der Kinobesucher stieg stark an: 1914 gab es 2500, 1925 dann 3700 und 1930
25 mehr als 5000 Kinos mit mehr als 2 Millionen Sitzplätzen, darunter manche „Filmpa-
läste"; die Besucherzahl wurde auf 4 bis 5 Millionen geschätzt.

Großstadt

Der neuartige Lebensraum, das „Dickicht der Städte" (Bertolt Brecht), bescherte ele-   **Die größten deutschen Städte um**
mentar widersprüchliche Erfahrungen. Die Stadt war äußerlich von einer hektischen,   **1925:**
undurchschaubaren, chaotisch erscheinenden Vielfalt geprägt, andererseits aber über
komplizierte Regelungen ganz und gar durchorganisiert. Mentalitäten, Denkmuster

Stadt	Einwohner
Berlin	ca. 4 Mio.
Hamburg	ca. 1 Mio.
München	ca. 680 000
Dresden	ca. 600 000

5 und Verhaltensweisen mussten sich der beschleunigten, nervenbelastenden Umwelt
anpassen. Die verschiedenen Lebenswelten – Familie, Arbeitsplatz, Straße, Vereine, Frei-
zeit- und Konsumwelt – trennten den früher überschaubaren Lebensraum in eine Fülle
von Teilwelten. Die ausufernde Vielfalt so vieler Menschen, ihre differenzierten Interessen, Beziehungen und Betätigungen griffen in einem so „vielgliedrigen Organismus"
10 (Georg Simmel) ineinander, dass ohne genaueste Verhaltensregeln und ihre pünktliche
Befolgung „das Ganze zu einem unentwirrbaren Chaos zusammenbrechen würde".

▶ **M 15: Eberhard Kolb und Dirk Schumann über Berlin als Kulturmetropole**

Die Überflutung mit Reizen und ständig wechselnden Informationen und Anforderungen erzogen den Großstädter zu ständiger Wachheit und Reaktionsbereitschaft. Einen weiten, ständig wachen Blick benötigte man, um gleichzeitig volle Schaufenster, die Menschen auf den Bürgersteigen und die Gefahr des heransausenden Autos zu erfassen. Ein neuer Zeitrhythmus, eine Ökonomie der Zeit entstand. Das sprichwörtliche **Berliner „Tempo"** etwa war das Mittel, Zeit zu gewinnen, nicht zuletzt für die Befriedigung neuer Bedürfnisse. [15]

M 5 **Kreuzung Friedrichstraße Ecke Leipziger Straße, Fotografie, 1925**

▶ **M 18: „Schmutz- und Schundliteratur"**

Die Großstadt mit ihrem massiven Einbruch der Moderne in die traditionellen Lebenswelten wurde für die Kulturkritiker der Hauptschauplatz, auf dem die Auseinandersetzung zwischen begeisterter Bejahung der neuen Welt und apokalyptischen Ängsten vor dem Untergang aller Religiosität, Sittlichkeit und Kultur ausgetragen wurde. [20]

Technisierung

Die Debatte über Wert und Unwert der Moderne entzündete sich auch am Aufstieg der modernen Technik und der Technisierung der Welt. Der technische Fortschritt eröffnete den Menschen viele neue Möglichkeiten, die ihr Leben veränderten und verbesserten. Besonders in den deutschen Metropolen trafen Angebote wie Autos oder moderne Haushaltsgeräte (z. B. Staubsauger, Waschmaschine oder Gasherd) bei vielen [5] Menschen auf begeisterte Zustimmung. Neu gebaute Wohnungen besaßen Gas-, Wasser- und Stromanschluss. Mit Stolz und Zuversicht bewunderten die Menschen überdies die Glanzleistungen deutscher Technik: Hierzu gehörten z. B. der Nonstop-Flug eines Zeppelins* vom Bodensee in die USA 1924, die Erdumrundung eines anderen deutschen Luftschiffs 1929 sowie die Eroberung des „Blauen Bandes", der Auszeichnung für die [10] schnellste Atlantiküberquerung, durch die „Bremen" bei ihrer Jungfernfahrt 1928. Auch Konservative zeigten sich für die Modernisierung des Lebens durch technische Neuerungen aufgeschlossen, was reaktionäre politische Haltungen nicht ausschloss. „Tempo" entwickelte sich zu einem wichtigen Element des Lebensgefühls – nicht nur in der Großstadt. Leitfiguren dieser modernen Welt wurden dynamische, effiziente Männer [15] wie Sportler, Ingenieure oder Flieger, allen voran Charles Lindbergh nach seinem Alleinflug von New York nach Paris 1927. Die moderne Frau zeigte sich ebenfalls sportlich, schlank und selbstbewusst. Der „Bubikopf" erschien ihr als Zeichen der Emanzipation. Aber nicht alle Menschen in Deutschland profitierten in der Weimarer Zeit vom wissenschaftlich-technischen Fortschritt. Viele Angebote der Industrie wie Autos oder [20]

▶ **M 19: Joachim Radkau über die Technisierung des Haushalts**

Zeppelin
Das mithilfe von Höhen- und Seitenrudern lenkbare Luftschiff bestand u. a. aus einem riesigen Gasraum, einem Propeller und einer Passagierkabine bzw. einer Gondel. Entwickelt wurde es von Ferdinand Graf Zeppelin (1838–1917) und seit 1900 als Transportmittel eingesetzt.

moderne Haushaltsgeräte blieben für zahlreiche Menschen unerschwinglich. Auch unterschied sich die Massenkultur des modernen Großstadtlebens weiterhin stark vom Alltagsleben beispielsweise der Handwerker und Kleinhändler sowie der ländlichen Bevölkerung, aber auch der Studenten und Akademiker. Dieses wurde nach wie vor
25 durch die traditionelle Vereinskultur z. B. mit ihren Gesangsvereinen bestimmt. Nicht Aufgeschlossenheit gegenüber der modernen Welt, sondern die Abwehr moderner Entwicklungen prägten diese überwiegend konservativen, teilweise rückwärtsgewandten Milieus.

Geschlechterverhältnisse und -beziehungen

Das Verhältnis der Geschlechter wandelte sich in der Weimarer Zeit. Die Verfassung erkannte die **Gleichberechtigung von Mann und Frau als Grundrecht** an, und die **Einführung des Frauenwahlrechtes** 1918 brachte eine erhebliche Politisierung und Organisierung der Frauen mit sich. Außerdem gewährte die Verfassung den Frauen die
5 Gleichberechtigung in allen staatsbürgerlichen Angelegenheiten (Art. 109, 119, 128), im Beamtenrecht und ausdrücklich auch in der Ehe. Alle Parteien beteuerten in ihren Wahlprogrammen ihre Frauenfreundlichkeit und stellten Frauen auf sicheren Listenplätzen auf, allerdings nie als Spitzenkandidatinnen. Nur die NSDAP schloss später Frauen von der Parlamentsarbeit in ihren Reihen aus.
10 Der Trend zur **Frauenerwerbstätigkeit** setzte sich in der Weimarer Republik fort. Viele Frauen fanden im Dienstleistungsbereich als Stenotypistin, Sekretärin oder Verkäuferin eine Anstellung, die häufig dazu diente, um der Familie ein Zubrot zu verdienen oder die Übergangsphase zwischen der Schulentlassung und der Heirat zu überwinden. Verheiratete Frauen arbeiteten nur in der Arbeiterschaft in nennenswertem Umfang, und
15 auch hier wurde das vornehmlich mit der sozialen Lage begründet. Insgesamt blieb es in der Arbeitswelt bei der prinzipiellen Verteilung der Geschlechterrollen. Das galt selbst für die Arbeiterschaft, wo zwar die Gleichberechtigung von Männern und Frauen propagiert wurde, im Alltag aber z. B. die Hausarbeit bei berufstätigen Ehepaaren von den Frauen verrichtet wurde. Obwohl die Doppelbelastung berufstätiger Frauen bestehen blieb, begann sich die Hausarbeit durch Technisierung und Rationalisierung all-
20 mählich zu verändern. Die neuen technischen Haushaltsgeräte kamen jedoch vor allem Frauen aus begüterten Schichten zugute. Der eigentliche Wandel im Verhältnis der Geschlechter betraf die **„Entdeckung der modernen Frau"** (Ute Frevert). Neben das traditionelle Bild der Frau als Hausfrau und Mutter trat das der emanzipierten Frau, die sich
25 nicht länger über ihren Mann definierte, sondern über ihre Leistungen in Beruf und Freizeit. Auch männliche Rollenverständnisse veränderten sich. Durchsetzungsfähigkeit, Stärke, Unterdrückung von Gefühlen bestimmten nach wie vor das Männlichkeitsideal. Der soldatische Mann besaß noch große Anziehungskraft. Aber auch der partnerschaftliche Ehemann und der treusorgende Familienvater entwickelten sich langsam zu
30 akzeptierten Leitvorstellungen. Die Geschlechterbeziehungen wurden daher vielfältiger und ließen, z. B. in der Jugend, Ansätze erkennen, starre Rollenschranken und -klischees zu durchbrechen.

▶ S. 297 Wahlrecht und Frauenbewegung

M 6 **Sekretärin mit einer Schreibmaschine, Fotografie, um 1930**

▶ M 22–M 25: moderne Frau, Beruf und Familie

1 Erläutern Sie die Epochenbezeichnung „Goldene Zwanziger".
2 Charakterisieren Sie die zentralen Merkmale der „zwei Kulturen" in der Weimarer Republik.
3 **Partnerarbeit/Präsentation:** Erstellen Sie in Partnerarbeit eine Präsentation zu einem der folgenden Themen: a) Rolle der Medien, b) Massenkultur und Demokratisierung, c) Kulturpessimismus, d) Tempo und Komplexität der Großstadt, e) Veränderungen des Alltags durch Technisierung.
4 **Brief:** Verfassen Sie aus Sicht der Sekretärin in M 6 einen Brief an ihre Eltern auf dem Land, in dem sie ihren Alltag und ihre Probleme in der Stadt schildert.

Hinweise zur Arbeit mit den Materialien
Die unterschiedlichen Aspekte der Modernisierung des Alltags- und Berufslebens lassen sich mithilfe von M 7, M 9, M 11, M 12, M 13 und M 14 analysieren. Anhand von M 8 und dem Bild M 9 kann die Stilrichtung des Expressionismus erläutert werden, während die zeitgenössische Quelle M 10 die moderne Kunst kritisiert. Die europäische Kulturmetropole Berlin charakterisieren Historiker in M 15. Mit der Rolle des Staates im deutschen Rundfunkwesen befasst sich M 16, aber auch M 17 und M 18 verdeutlichen unterschiedliche zeitgenössische Perspektiven bei der Betrachtung der Massenmedien Rundfunk und Literatur. Die Bedeutung der Technik für den Wandel des Haushaltes beschreiben M 19 und M 20. Mithilfe von M 21 kann ein Vergleich mit den USA gezogen werden. Veränderungen in den Geschlechterbeziehungen können mithilfe von M 22 bis M 25 diskutiert werden.

Zur Vernetzung mit dem Kernmodul
M 21 über die 1920er-Jahre in den USA ermöglicht einen transnationalen Vergleich des Phänomens kulturelle Moderne und stellt damit einen Bezug zu M 9 (Osterhammel) und M 10 (Patel) des Kernmoduls her. Kulturelle Austauschprozesse, aber auch Unterschiede können herausgearbeitet werden.

„Goldene Zwanziger" und kulturelle Modernisierung

M 7 **Der Architekt Hannes Meyer über die „Neue Welt" (1926)**

Unsere Straßen stürmen die Autos: Von 18–20 Uhr umspielt uns auf der Trottoirinsel der Pariser *Avenue des Champs Elysées* das größtmögliche Fortissimo großstädtischer Dynamik. „*Ford*" und „*Rolls-Royce*"
5 sprengen den Stadtkern und verwischen Entfernung und Grenze von Stadt und Land. Im Luftraum gleiten Flugzeuge: „*Fokker*" und „*Farman*" vergrößern unsere Bewegungsmöglichkeiten und die Distanz zur Erde; sie missachten die Landesgrenzen und verringern
10 den Abstand von Volk zu Volk. Lichtreklamen funken, Lautsprecher kreischen, *Claxons*[1] rasseln, Plakate werben, Schaufenster leuchten auf: Die Gleichzeitigkeit der Ereignisse erweitert maßlos unsern Begriff von „Zeit und Raum", sie bereichert unser Leben. Wir
15 leben schneller und daher länger. Unser Sinn für Geschwindigkeit ist geschärfter denn je, und Schnelligkeitsrekorde sind mittelbar Gewinn für alle. Segelflug, Fallschirmversuche und Variétéakrobatik verfeinern unser Gleichgewichtsbestreben. Die ge-
20 naue Stundeneinteilung der Betriebs- und Bürozeit

und die Minutenregelung der Fahrpläne lässt uns bewusster leben. […] Radio, Marconigramm[2] und Telephoto erlösen uns aus völkischer Abgeschiedenheit zur Weltgemeinschaft. Grammophon, Mikrophon, Orchestrion und Pianola[3] gewöhnen unser Ohr an 25 das Geräusch unpersönlich-mechanisierter Rhythmen: „*His Masters Voice*", „*Vox*" und „*Brunswick*"[4] regulieren den Musikbedarf von Millionen Volksgenossen. Die Psychoanalyse sprengt das allzu enge Gebäude der Seele, und die Graphologie[5] legt das Wesen des Einzelwesens bloß. […] Die Tracht weicht der 30 Mode, und die äußerliche Vermännlichung der Frau zeigt die innere Gleichberechtigung der Geschlechter. […] Unsere Wohnung wird mobiler denn je: Massenmiethaus, *Sleeping-car*, Wohnjacht und *Transatlantique*[6] untergraben den Lokalbegriff der „Heimat". 35 Das Vaterland verfällt. Wir lernen Esperanto[7]. Wir werden Weltbürger.

*Hannes Meyer, „Die neue Welt", Das Werk 13, Nr. 7, 1926, S. 205–224.**

1 *Claxons:* Hupen
2 *Marconigramm:* per Funk übermitteltes Telegramm
3 *Pianola:* Gerät zum automatischen Abspielen von Musik
4 *„His Masters Voice", „Vox" und „Brunswick":* Plattenfirmen
5 *Graphologie:* Wissenschaft von der Deutung der Handschrift
6 *Transatlantique:* frz. Reederei, die mit Passagierschiffen nach Nord- und Mittelamerika sowie ins Mittelmeer fuhr
7 *Esperanto:* künstliche Plansprache, die die internationale Verständigung vereinfachen sollte

1 Gliedern Sie die verschiedenen Elemente der „Neuen Welt" nach Hannes Meyer.
Tipp: Verwenden Sie als Kriterien Stadt, Technik, Arbeit, Kultur, Einstellungen.

M 8 **Die Historikerin Ursula Büttner über die Stilrichtung des Expressionismus (2008)**

In das unruhige erste Jahrfünft der Republik, als fundamentale Konflikte die politische Szene immer wieder erschütterten und die fortschreitende Geldentwertung gesellschaftliche Positionen, Wertvorstellungen und Orientierungen durcheinanderwir- 5 belte, fiel die hohe Zeit des Expressionismus. […]
Der Expressionismus gab der seelischen Anspannung der Menschen nach der Katastrophe des verlorenen Krieges und ihrer Zerrissenheit zwischen extremen, höchst widersprüchlichen Gefühlen 10 künstlerischen Ausdruck. […] Gemeinsam war den Künstlern der Aufruhr, die explosive Dynamik […]. Widersprüche gehören zum Wesen des Expressionismus, der sich deshalb nicht auf eine dominierende Aussage oder wenige bestimmende Themen reduzie- 15 ren lässt. „Manche Expressionisten dokumentierten ihre sexuelle Angst vor Impotenz oder ihre religiöse

Angst vor dem Nichts; andere schrieben Stücke über ihre Bekehrung zu Christus oder – viel häufiger – zu
20 einer Menschheitsreligion. Ein paar rühmten, die meisten aber karikierten die Segnungen der modernen technischen Zivilisation. Es gab sogar Expressionisten, die Krieg und Zerstörung als das einzig authentische menschliche Erlebnis verherrlichten; aber
25 die überwiegende Mehrheit verfluchte den Militarismus und verkündete ihre ekstatische Vision eines erneuerten friedvollen Menschengeschlechts." [Peter Gay] Apokalyptische Vorstellungen äußerten sich in diesem Traum vom neuen, geläuterten Menschen,
30 der eine bessere Welt erschaffen würde, oder im Schreckensbild eines allgemeinen Rückfalls in die Barbarei.

Ursula Büttner, Weimar. Die überforderte Republik 1918–1933. Leistung und Versagen in Staat, Gesellschaft, Wirtschaft und Kultur, Klett-Cotta, Stuttgart 2008, S. 303 f.*

M9 „Potsdamer Platz", Gemälde von Ernst-Ludwig Kirchner, 1914

1 Arbeiten Sie mithilfe von M 8 die wesentlichen Merkmale des Expressionismus heraus.
2 Erläutern Sie die expressionistischen Merkmale des Bildes von Ernst-Ludwig Kirchner (M 9).
3 Erörtern Sie auf der Basis von M 8 und M 9, inwiefern sich die Expressionisten als Avantgarde und Vertreter der kulturellen Moderne verstanden.

M 10 Der Architekt und Kunsttheoretiker Paul Schultze-Naumburg über „Kunst und Rasse" (1928)

Sucht man nach einem Gesamteindruck der gegenwärtigen Kunst, so ist es vor allem der eines gänzlichen Wirrwarrs, eines plan- und haltlosen Durcheinanders, eines unschöpferischen Tastens nach Sensationen, eines gänzlichen Mangels an echter 5 schlichter Menschlichkeit und des Fehlens jeglicher Wahrhaftigkeit. Dahin gehört die etwas kindische Vorliebe für ganz fernliegende soziologische Entwicklungsstufen und für das fast perverse Liebäugeln mit fremden Rassen und ihrer Haltung. [...] Wo die 10 Rasse zerfällt, muss natürlich auch das Rassegefühl schwinden, und wo das Rassegefühl schwindet, wird auch das Zielbild, wie es in jeder echten Rasse wurzelt, verloren gehen. [...] Man steht hier vor dem Lebensschicksal eines Volkes, dem ein großer Teil des 15 nordischen Blutes anvertraut war, vor der Frage seines Lebens oder Vergehens.

Paul Schultze-Naumburg, Kunst und Rasse, J. F. Lehmanns Verlag, München 1928, S. 1–3, 86–88, 101–104.*

1 Fassen Sie das Urteil von Schultze-Naumburg (M 10) über die Kunst der Weimarer Republik zusammen.
2 **Kurzvortrag:** Informieren Sie sich im Internet über die Stilrichtung „Neue Sachlichkeit" und die wichtigsten Vertreter. Präsentieren Sie einen zentralen Vertreter Ihrer Wahl in einem Kurzvortrag.
3 **Vertiefung:** Vergleichen Sie die Kritik von Schultze-Naumburg mit dem Bild von Ernst-Ludwig Kirchner.
4 **Zusatzaufgabe:** Siehe S. 484.

Massenkultur und Medien

M 11 Die Autorin Katharina Rathaus über den Tanz *„Charleston"* (1926)

Mechanisierung und Demokratisierung des Lebens zwingen den Gliedern andere, neue Bewegungen ab. Statt im Zotteltrab Tänze zu tanzen, deren Geist einer verflossenen Ära entstammt, holt die junge Generation ihre Inspirationen aus der ursprünglichen Be- 5 wegung primitiver Völker, aus der ungekünstelten Wiedergabe rhythmisch-musikalischer Erlebnisse naiver Gemüter. Landen so erlauschte Pas[1], vielleicht Bewegungsfragmente wilder Völker, in vielen Retorten verschmolzen mit den Resten abendländischer 10 Kultur, geglüht in den Hochöfen modernster Zivilisation, in letzte Form gegossen durch Stilgefühl begabter Tänzer und abgekühlt durch die Konventionen unseres demokratisch-bürgerlichen Milieus [...], was Wunder, wenn Herzen und Beine ihnen zufliegen, 15 zurasen, zujubeln! [...] Dieser Tanz [...] reinigt die Tradition vom Staub der Jahrzehnte [...], zeigt der tanzbegeisterten Menge den Rhythmus, der ihrem Leben, Fühlen, Denken entspricht, und hört auf den Namen „Charleston".

20

Katharina Rathaus, Charleston. Jede Zeit hat den Tanz, den sie verdient, in: Uhu 3 (1926), S. 120–121.*

1 *Pas:* Tanzschritt

M 12 „Die tanzenden Fräuleins", Werbeplakat von Otto Dely für eine Revue in Berlin, 1926

M 13 Das Kino Capitol am Auguste-Viktoria-Platz in Berlin bei Nacht, Fotografie, 1931

M 14 Die Schnittmusterabteilung im Kaufhaus Wertheim in Berlin, Fotografie, 1927

1 Charakterisieren Sie mithilfe von M 11 bis M 14 das Leben in der Großstadt Berlin.

2 Erörtern Sie die veränderten Lebensbedingungen von Frauen in der Stadt. Beziehen Sie die sozialen Unterschiede mit ein.

M 15 Die Historiker Eberhard Kolb und Dirk Schumann über Berlin als europäische Kulturmetropole (2013)

Wie mit Recht immer wieder betont wird, war in Weimar-Deutschland die ganze Struktur der Künste „auf überwältigende Art und Weise großstädtisch" (John Willett), mit Berlin als unbestrittenem und alles beherrschendem Zentrum. In der Tat ist die „Weimarer Kultur" nicht vorstellbar ohne das pulsierende geistige, kulturelle und gesellschaftliche Leben der Reichshauptstadt, die in diesen Jahren zur europäischen Kulturmetropole [...] aufstieg. Gewiss: Auch in anderen Weltstädten, in London, Paris, New York, Moskau, fand zwischen Weltkriegsende und Beginn der Weltwirtschaftskrise ein großartiger Aufschwung aller künstlerischen und geistigen Kräfte statt. Aber die zwanziger Jahre waren doch „recht eigentlich das Jahrzehnt Berlins": Hier „verschmolzen sich die neuen Ideen und die neuen Kräfte der ganzen Welt zu einer besonderen, charakteristischen Synthese. So schien es nicht nur den Berlinern. Die ganze Welt spürte es. Berlin, die jüngste der Welthauptstädte, hatte den größten Schwung, weil sie den geringsten Ballast trug" (Peter de Mendelssohn). Das Berlin dieser Jahre wirkte wie ein Magnet auf alle Talente; besonders viel verdankte das kulturelle und geistige Leben Berlins dabei dem jüdischen Bevölkerungsteil, „seinen internationalen Beziehungen, seiner sensitiven Unruhe und vor allem seinem todsicheren Instinkt für Qualität" (Gottfried Benn).

5

10

15

20

25

Die deutsche Reichshauptstadt, damals der Einwoh-
30 nerzahl nach die drittgrößte Stadt der Welt hinter
London und New York (mit seinen 4,3 Millionen Einwohnern im Jahr 1929 zählte Berlin 1,5 Millionen Einwohner mehr als Paris), war eine Stadt der Superlati-
ve in vielerlei Hinsicht: die größte und vielfältigste
35 Zeitungsstadt der Welt, die Stadt der großen Ver-
lagsimperien, der Theater und Konzertsäle, Vorort
des politischen Kabaretts, Schlager und Chansons
aus diesen Jahren sind bis heute bekannt. Berlin hatte
aber auch die schnellste Stadtbahn und war die tele-
40 fonierfreudigste Stadt der Welt (fast 500 000 Telefon-
anschlüsse, von denen täglich 1,25 Millionen Telefon-
gespräche geführt wurden). […] Hier in der
Reichshauptstadt vollzog sich der Akzelerationsprozess[1] in der Veränderung der Lebens- und Wertvor-
45 stellungen am deutlichsten. Aber eben dadurch wurden auch starke Emotionen und Aversionen geweckt.
Jenen, die die „alten Werte" erhalten wissen wollten
und den Geist der Großstadt perhorreszierten[2], erschien das sich rasch amerikanisierende Berlin als
50 ein modernes Babylon, das es zu „säubern" galt.

Eberhard Kolb/Dirk Schumann, Die Weimarer Republik, 8. Aufl.,
*Oldenbourg, München 2013, S. 105 f.**

1 *Akzelerationsprozess:* Beschleunigungsprozess
2 *perhorreszieren:* verabscheuen, zurückschrecken

1 Arbeiten Sie die wichtigsten Merkmale heraus, warum
  Berlin in den 1920er-Jahren die europäische Kulturmetropole war.
2 Entwickeln Sie eine Einschätzung, was das sich
  „amerikanisierende Berlin" (Z. 49) für das deutsche
  Selbstverständnis bedeutete.
3 **Zusatzaufgabe:** Siehe S. 484.

M 16 **Auszug aus dem Rundfunk-Jahrbuch, hg. v.**
der Reichs-Rundfunk-Gesellschaft (1930)
Das Interesse des Staates am Rundfunk ist trotz der
nicht unerheblichen Beträge, die er seinen Kassen
zuführt, ein vorwiegend ideelles. Zwar gehört er zu
den *„circenses"*[1], derer das Volk bedarf, das nach Zer-
5 streuung, Freude und Erhebung verlangt, aber wichtiger noch ist er dem Staat als ein verhältnismäßig
billiges und bis in die entlegensten Behausungen
dringendes Mittel der Volksbildung, und das stärkste
Interesse nimmt der Staat an ihm wegen seiner Eig-
10 nung zur Beeinflussung der öffentlichen Meinung.
Der Grad dieser Eignung erhellt daraus, dass gegenwärtig im Reich rund drei Millionen Rundfunkan-
schlüsse vorhanden sind, die – wenn auch nur gelegentlich – von sechs bis zehn Millionen Deutschen
15 benutzt werden. Damit ist der Rundfunk zu einer

Großmacht geworden, die an Bedeutung die Großmacht Presse vielleicht noch übertrifft.
Der Staat und mit ihm alle Rundfunkleiter wollen,
dass diese Großmacht im aufbauenden, nicht im zer-
setzenden Sinne wirksam ist. Sie soll die inneren 20
Kämpfe, unter denen unser Volk leidet, mildern […].
Sie soll die Deutschen dazu erziehen, die Meinung
anders Denkender zu verstehen und zu achten. Sie
soll dem sozialen Ausgleich dienen und die Klüfte
zwischen den Gesellschaftsschichten überbrücken 25
helfen. Sie soll endlich zur staatsbürgerlichen Erziehung und zur Versöhnung der Völker beitragen. Alles
dies vermag der Rundfunk leichter als die Presse, die
– sofern sie Bedeutung hat – parteipolitisch gebunden oder wirtschaftlich von bestimmten Interessen- 30
tengruppen abhängig zu sein pflegt. Zu einer Entgif-
tung der inneren und äußeren Atmosphäre ist der
Rundfunk aber nur geeignet, wenn er behutsam und
in jeder Weise überparteilich gehandhabt wird. Um
dies zu erreichen und zu verhindern, dass mit einem 35
so wichtigen Instrument Missbrauch getrieben wird,
musste der Staat entscheidenden Einfluss auf den
Rundfunk nehmen.

Peter Longerich (Hg.), Die Erste Republik. Dokumente zur
*Geschichte des Weimarer Staates, Piper, München 1992, S. 357 f.**

1 *Circenses:* den Zirkus betreffend

M 17 **„Der Radionist, Gemälde von Kurt Günther,**
1927

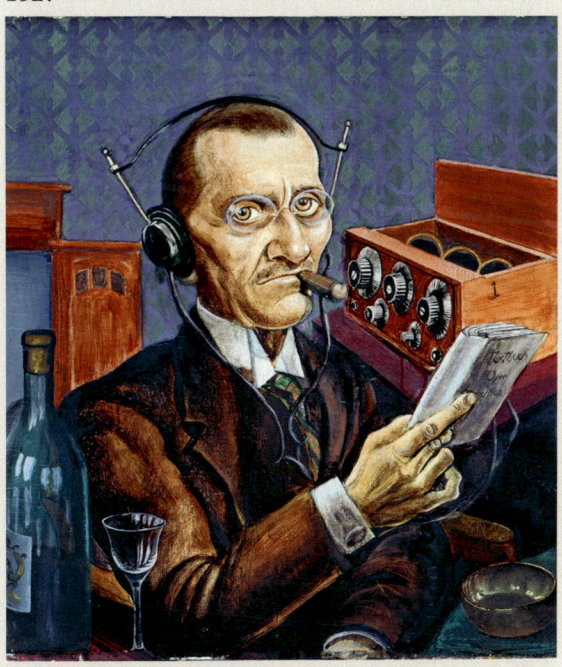

1 Bestimmen Sie die Interessen des Staates bei der
  Gestaltung des Rundfunks in der Weimarer Zeit.

2 Interpretieren Sie das Bild M 17.

3 Nehmen Sie Stellung zur Rolle des Staates bei der Rundfunkaufsicht in den 1920er-Jahren und vergleichen Sie diese mit den Regelungen in der Gegenwart.

M 18 **Aus einer Rede des Reichstagsabgeordneten Schreiber (Zentrum) zur Frage der Bekämpfung der „Schmutz- und Schundliteratur" (1925)**

Sind wir doch in der eigenartigen Lage, dass hier diese Metropole in vielem internationalisiert ist, dass sie in vielem kosmopolitisch steht, und jenes andere ist ebenso gewiss: wenn wir in den letzten Jahrzehnten
5 in Deutschland eine wundervolle Heimatkunst, eine Heimatkultur entwickelt haben, wenn wir die Dichtungen von Theodor Storm, von Fritz Reuter, Klaus Groth und anderen Heimatkünstlern schätzen, so ist es nicht bloß wegen der dichterischen Schönheit und
10 Kraft. Darüber hinaus haben wir das Empfinden: Dort strömt in diesen Landschaften Niedersachsens, ebenso aber auch in anderen deutschen Landschaften köstlicher Jungbrunnen deutscher Kultur, dort liegt noch viel Urkräftiges, vieles an ungebrochener
15 gesunder Volkskraft. Und wenn es darauf ankommt, diese deutsche Volkskraft in ihrer landschaftlichen Eigenart zu erhalten und zu fördern, dann werden wir nicht bloß auf Berlin und auf die Entscheidungen der Filmoberprüfstelle hier achten, sondern werden
20 unsere Maßstäbe für die Beurteilung auch finden in dem kernigen Volke des Schwarzwaldes, in den sittlichen Maßstäben, die man auf der westfälischen Heide anlegt, und in den Wäldern Schlesiens, ebenso im bayerischen Gebirge. Wir brauchen dringender denn
25 je diesen Rückblick auf die seelische Feinnervigkeit der deutschen Landschaft, um uns Kultureinflüssen hier in Berlin zu erwehren, die unser Volk nicht weiterbringen, sondern in der Volkspflege und in der Volkskultur zurückwerfen.

Peter Longerich (Hg.), Die Erste Republik. Dokumente zur Geschichte des Weimarer Staates, Piper, München 1992, S. 377.

1 a) Informieren Sie sich im Internet über die Bedeutung der Heimatkunst.
  Tipp: Siehe Webcode unten.
 b) Erörtern Sie, warum die Heimatkunst in den 1920er-Jahren besonders propagiert wurde.
2 Vertiefung: Diskutieren Sie ausgehend von M 18 das Verhältnis von Großstadt und Provinz in der Massenkultur der Weimarer Zeit.

Heimatkunst

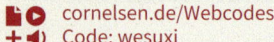
cornelsen.de/Webcodes
Code: wesuxi

Technisierung

M 19 **Der Historiker Joachim Radkau über die Technisierung am Beispiel des Haushaltes (2008)**

Hugo Münsterberg (1863–1916), der deutsch-amerikanische Industriepsychologe, [...] meinte schon 1912, die „wissenschaftliche Betriebsleitung" würde „vielleicht nirgends so heilsam sein wie in der Küche und den Wirtschaftsräumen", wo sich die Wirkung
5 „millionenfach wiederholen" und „die schließliche Summe an Kraftersparnis und an Gefühlsgewinn eine besonders beträchtliche sein würde". Der Rückgang des Dienstpersonals in vielen bürgerlichen Haushalten nach dem Krieg verstärkte das Interesse
10 an der Technik. Technisierung und Rationalisierung, ja „Verwissenschaftlichung" des Haushalts wurden in den zwanziger Jahren zu einem beliebten Thema, wobei in diesem traditionellen Reich der Frau die Konzepte der Realität noch weiter vorauseilten als in
15 der Industrie. Das hatte seine Gründe; Marie-Elisabeth Lüders kritisierte 1929, der „Begriff der Rationalisierung der Hauswirtschaft" werde „viel zu eng gefasst". „Wirtschaftlichkeit braucht sich nicht immer zahlenmäßig zu äußern, die Entlastung der Hausfrau
20 ist ebenso wichtig." Bei der Küche gab es das amerikanische, beim Badezimmer das englische Vorbild; aber in damaligen deutschen Haushalten stand „Rationalisierung" mehr unter der Devise der Sparsamkeit als der Bequemlichkeit.
25 Technisierung des Haushalts verband sich in den Konzepten jener Zeit vor allem mit Elektrifizierung. Die Elektrizität eröffnete im privaten Bereich erstmals unbegrenzte Technisierungsmöglichkeiten,
30 während bis dahin Mechanisierungspläne, die einen künstlichen Antrieb voraussetzten, mit kollektivistischen Ideen verknüpft und durch diese in ihrer Verbreitung gehemmt waren. Zwischen Gas und Elektrizität entbrannte in den zwanziger Jahren ein Kampf um die deutsche Küche. Dabei war manchen Kom-
35 munen die mit der Elektrifizierung des Kochens verbundene Expansions- und Niedrigpreispolitik zunächst nicht geheuer. Der Berliner Magistrat verbot den Berliner Elektrizitätswerken zeitweise die Werbung für den Elektroherd, und andere Städte folgten
40 diesem Beispiel. [...] Wasserkraftreiche Länder wie die Schweiz und Norwegen wurden „die Schöpfer der elektrischen Küche in Europa". Das heißt nicht, dass die deutsche Küche bis in die erste Hälfte des 20. Jahrhunderts gänzlich unverändert geblieben wäre:
45 Es gab auch eine Vielfalt von Technisierungsmöglichkeiten im Kleinen und auf der Grundlage der Handarbeit. Eine „technische Revolution" im Haushalt

wurde bis in die fünfziger Jahre durch die sparsame
50 Gewohnheit, die vorhandenen Geräte so lange wie
möglich zu gebrauchen, behindert.

Der vielleicht tiefste Einschnitt im Hausfrauenalltag
war die Mechanisierung der „großen Wäsche", der
mühseligsten Arbeit. Aber die Entwicklung einer für
55 die Masse der Haushalte erschwinglichen Waschmaschine, die nicht nur rasant rotierte, sondern auch
sauber und stoffschonend reinigte, ohne dass eine
Nachbearbeitung nötig war, zog sich bemerkenswert
lange hin: ein Vorgang, der in exemplarischer Weise
60 die Probleme offenlegt, die sich ergaben, als sich die
der männlichen Welt verhafteten Techniker einen
weiblichen Erfahrungsbereich anzueignen suchten.
Auch die elektrischen Bügeleisen hatten erhebliche
Kinderkrankheiten zu überwinden; die Gasbügelei-
65 sen waren gesundheitsschädlich.

Joachim Radkau, Technik in Deutschland. Vom 18. Jahrhundert
*bis heute, Campus, Frankfurt/M. 2008, S. 248 f.**

M 20 **Werbeplakat für eine Gasküche, um 1928**

Mein Stolz und das Geheimnis meiner Haus-
frauenerfolge ist die Gasküche

1 Erläutern Sie am Beispiel des Haushaltes die „Rationalisierung" und „Technisierung" (M 19).
2 Analysieren Sie auf Basis von M 20, wie für den Einsatz
von Technik im Haushalt geworben wurde.
Tipp: Siehe S. 484.

Die 1920er-Jahre in den USA

M 21 **Der Historiker Volker Depkat über die Mo-**
derne in den USA (2016)

Die 1920er waren die ersten Jahre einer nunmehr voll
entwickelten Moderne in den USA. Die Urbanisierung erreichte neue Dimensionen; erstmals lebten
nun in etwa genauso viele Amerikaner in der Stadt
wie auf dem Land. Mittelstädte wurden zu Großstäd- 5
ten und Großstädte zu Metropolen, die immer komplexer mit ihrem Umland verflochten waren. Die
funktionale, sozioökonomische und ethnische Aus-
differenzierung des städtischen Raums, also dessen
Aufteilung in Geschäftsbezirke, Industriebezirke und 10
Wohnbezirke [...] schritt voran. [...]

Ein weiterer wesentlicher Aspekt der Modernität der
1920er-Jahre ist der sich vielfältig manifestierende
Hedonismus, also eine ganz im Hier und Jetzt ange-
siedelte Grundhaltung des Strebens nach innerwelt- 15
licher Glückseligkeit um ihrer selbst willen. Parallel
dazu entstanden damals immer neue Vergnügungs-
möglichkeiten. Das Angebot an Konsumgütern
wuchs, und es prägte sich eine Konsumkultur aus, die
den Lebensstandard, Status und Glück über den Be- 20
sitz von Konsumgütern definierte. Gleichzeitig
schritt die Kommerzialisierung der Kultur rasant voran, und die Freizeit- und Unterhaltungsindustrie
kam zur vollen Entfaltung. Hollywood erlebte in der
Zwischenkriegszeit ein goldenes Zeitalter. In den 25
späten 1920er-Jahren kamen die ersten Tonfilme in
die Kinos. Hier markierten *The Jazz Singer* mit Al Jol-
son im Jahr 1927 und der ein Jahr später veröffentlichte Gangsterfilm *Lights of New York* Meilensteine
der Filmgeschichte. [...] Neben Film wurde populäre 30
Musik in den 1920er-Jahren zum großen Geschäft,
und Jazz in seinen verschiedenen Varianten zum
letzten Schrei. In Harlem (New York City), Chicago,
St. Louis und anderen Großstädten entstand eine
blühende und sehr einträgliche Clubkultur [...]. Die 35
[...] Schallplattenindustrie verbreitete die Lieder bis
in den letzten Winkel der USA. Darüber hinaus waren die 1920er-Jahre die *Radio Days*; der Rundfunk
wurde zum neuen Massenmedium, das ganz neue
Formen der Unterhaltung ermöglichte. [...] 40

Die aufregende Modernität der 1920er-Jahre wurde
allerdings nicht von allen Amerikanern begrüßt.
Ganz im Gegenteil, in dem Maße, in dem die Gesellschaft diverser, liberaler und hedonistischer wurde,
wuchsen auch die antimodernen Widerstände [...]. 45
Es kam zu regelrechten Kulturkriegen, in deren
Verlauf sich ein wachsender Graben zwischen dem
großstädtischen und dem ländlich-kleinstädtischen
Amerika auftat. Die Prohibition[1], der damals sich

50 formierende christliche Fundamentalismus sowie der Aufstieg des Ku-Klux-Klans[2] sind überhaupt nur im Kontext dieser Kontroverse um die Moderne zu verstehen.

Volker Depkat, Geschichte der USA, Kohlhammer, Stuttgart 2016, S. 196 ff.*

1 *Prohibition:* staatliches Verbot von Alkoholherstellung und Verkauf in den USA von 1920 bis 1933
2 *Ku-Klux-Klan:* rassistischer Geheimbund in den USA, der in den 1860er-Jahren aktiv war und 1915 als Massenorganisation wieder gegründet wurde. Nach 1945 existierte er in kleineren Gruppen weiter.

1 Beschreiben Sie Aspekte der Moderne der 1920er-Jahre in den USA.
2 **Vertiefung:** Vergleichen Sie mit Deutschland.
3 Diskutieren Sie, welchen Nutzen ein transnationaler Vergleich der Kultur der 1920er-Jahre bringen könnte.

Vertiefung: Geschlechterverhältnisse

M 22 **Die Historikerin Ute Frevert über den Typus der „neuen Frau" (1986)**

Fortschritt und Beharrung, Modernität und Tradition trafen im Typus der „neuen Frau", wie ihn die Weimarer Kulturkritik kreierte, auf besondere Weise zusammen. Schon das äußere Erscheinungsbild junger
5 Frauen nach dem Krieg verführte manchen Zeitgenossen dazu, das „Zeitalter der befreiten Frau" einzuläuten. Bubikopf, Zigaretten, saloppe Mode galten als Markenzeichen der modernen Frau, die den Gleichberechtigungsgrundsatz der Weimarer Verfassung
10 ernst nahm und ihren Platz in Beruf und Öffentlichkeit selbstbewusst ausfüllte. Doch nicht bloß in ihrem Äußeren schienen sich Frauen Männern angleichen zu wollen, auch in ihren Lebensplänen verwischten sich die Grenzen zwischen den Ge-
15 schlechtern. Immer mehr Frauen übten einen Beruf aus und verdienten eigenes Geld. Die Berufszählung 1925 wies über 1,7 Millionen mehr vollzeiterwerbstätige Frauen aus als 1907, und obwohl die weibliche Erwerbsquote kaum gestiegen war – von 34,9 % 1907
20 auf 35,6 % 1925 –, setzte sich in der Öffentlichkeit der Eindruck fest, dass Frauen stärker als vor dem Ersten Weltkrieg in die „objektive Kultur" einbezogen seien. [...] In der Tat beschleunigte sich in der Weimarer Republik das, was man als Anpassung des weiblichen
25 Erwerbsprofils an das männliche Standardmodell kennzeichnen könnte: Frauen arbeiteten seltener in land- und hauswirtschaftlichen Berufen und übernahmen häufiger Positionen in der Industrie, im Handwerk und im Dienstleistungssektor. Waren 1907
30 noch zwei Drittel aller erwerbstätigen Frauen in der Haus- und Landwirtschaft tätig, sank ihr Anteil bis 1925 auf 55 % und lag 1933 bei 51 %. Für diese „traditionellen" Frauen interessierten sich in der Weimarer Republik weder Medien noch Sozialpolitik. Auch die Industriearbeiterinnen, die 1925 18,4 % aller weibli- 35 chen Erwerbspersonen stellten, standen nicht im Rampenlicht der Emanzipationsdebatte, ebenso wenig die kleine Schar studierter Frauen, die als Lehrerinnen, Ärztinnen oder Juristinnen Zugang zur höheren, männlich exklusiven Berufssphäre gefunden 40 hatten. Heißdiskutierte Prototypen [...] waren vielmehr die jungen Angestellten, die als Kinder der neuen Zeit gefeiert oder, je nach Weltanschauung, gescholten wurden. In den Sekretärinnen, Stenotypistinnen und Verkäuferinnen schien die Modernität 45 des Weimarer Systems augenfällig zu werden, und die zahlenmäßige Entwicklung – 1925 gab es [...] 1,5 Millionen weibliche Angestellte, dreimal mehr als 1907; ihr Anteil an allen erwerbstätigen Frauen stieg von 5 % auf 12,6 % – rechtfertigte das [...] Interesse an 50 diesem Frauentyp der „neuen Sachlichkeit".

Ute Frevert, Frauen-Geschichte, suhrkamp, Frankfurt/M. 1986, S. 171 f.*

M 23 **„Sonja", Gemälde von Christian Schad, 1928**

M 24 Die sozialistische Politikerin und Journalistin Anna Geyer (1893–1973) über berufstätige verheiratete Frauen (1930)

Die neben der Berufsarbeit zu leistende Arbeit im Haushalt und die Pflege der Erziehung der Kinder stellt jede außerhäuslich erwerbstätige Frau und ihre Familie vor ganz besondere Schwierigkeit. Die Haus-
5 arbeit muss notgedrungen flüchtiger gemacht werden, was für die Familie oft ein Minus an Ernährung bedeutet. Die Pflege und Beaufsichtigung der Kinder müssen zu einem guten Teil anderen überlassen werden. [...]
10 Die Abwesenheit der Frau während des Tages, die hastige Erledigung der Hausarbeit in den Abendstunden und die in der Regel bestehende Überanstrengung der Frau bedeutet für die Familie immer eine Einbuße an „Gemütlichkeit". [...]
15 Zu dem Umstand, dass die außerhalb des Hauses erwerbstätige Frau während ihrer Berufsarbeit oft andere Ansichten hört als die ihres Mannes und darin ihm gegenüber kritischer wird, tritt die Tatsache, dass mit dem eigenen Einkommen meistens eine
20 Steigerung des Selbstgefühls für die Frau verknüpft ist. Die berühmte weibliche Anpassungsfähigkeit wird bei einer solchen Entwicklung meist etwas zurückgehen. Und es wird umgekehrt seitens des Mannes nicht der immer ganz bequeme Weg der Anpas-
25 sung beschritten werden müssen. In alledem liegt eine gewisse Belastungsprobe für die Ehe und den Familienzusammenhalt.

Jens Flemming/Kalus Saul/Peter-Christian Witt (Hg.), Familienleben im Schatten der Krise. Dokumente und Analysen zur Sozialgeschichte der Weimarer Republik, Droste Verlag, Düsseldorf 1988, S. 138 f.*

M 25 Aus einem Artikel von Grete Dittmann in der liberalen Zeitschrift für Politik, Literatur und Kunst „Die Hilfe" (1927)

Einem unserer Freunde wurde das zweite Mädchen geboren. Er konnte aber keinen Funken Freude aufbringen in seiner großen Enttäuschung darüber, dass es kein Junge war. Das war traurig. [...] Aber es half
5 alles nichts, kein freundschaftliches Zureden und kein Ärgerlichwerden über den verstockten Vater. Es war eben ein Mädchen. Und doch war unser Freund kein altmodischer „Herr der Schöpfung", der nur sein eigenes Geschlecht voll anerkannte. Nein, diesem
10 scharf beobachtenden Manne war der Zwiespalt im Schicksal der heutigen Frau so stark aufgegangen, dass er keine Freude mehr an der Zeugung von Menschen hatte, denen ein klarer Lebensweg versagt bleibt oder, wie mancher meint, denen die Zivilisati-
15 on besonders große Steine und Kreuzwege in die einstige Naturbestimmung geschmuggelt hat. [...]
Wenn es auch gerade kein Elend ist, so hatte er doch damit Recht, dass hier große Schwierigkeiten liegen. Die sind aber immer dort, wo Wandlungen vor sich gehen. Und dass es eine Frauenfrage gibt, bestätigt 20 das Dasein von Wandlungen auf diesem Gebiet. Hoffen wir, dass einst die Antwort auf diese Frage für unsere Enkelinnen eine erklommene Stufe bedeutet, von der aus dem Blick wieder ein Stück Lebensweite mehr sich öffnet, ohne dass die Nachzucht hochwer- 25 tiger Rassen leidet.
Denn der Zwiespalt ist unleugbar vorhanden gegenüber dem Leben unserer Großmütter und dem des Mannes. Vom Zwiespalt wird gewiss kein Mensch verschont, aber hier und heute ist er das Schicksal 30 fast des ganzen weiblichen Geschlechts. Mindestens ist er uns bewusster geworden als in früheren Zeiten. Denn wie viele Frauen und Mädchen, die das geistige Erbteil ihres Vaters einst in sich trugen, innerlich seufzten unter dem aufgezwungenen Hausfrauenda- 35 sein und selbst kaum wussten, was ihnen fehlte, wer will das jetzt wissen!
Heute jedenfalls hat jedes Mädchen schon allein aus wirtschaftlichen Gründen einen Beruf zu ergreifen. Sie wird ihn meist ihrer Veranlagung gemäß wählen, 40 und doch muss sie ihn, wenn er ihr auch noch so lieb geworden ist, fast immer aufgeben, wenn sie heiratet. Das ist ein schweres Problem, dessen Einzelheiten wir hier nicht aufrollen können. Aber viele arbeiten an seiner Lösung, und wir ahnen noch nicht, ob sie 45 immer dem Weibtum oder der geistigen Anlage der Frau zugutekommen wird, oder ob sie gar eine vollständige sein kann.

Zit. nach: Werner Abelshauser/Anselm Faust/Dietmar Petzina (Hg.), Deutsche Sozialgeschichte 1914–1945. Ein historisches Lesebuch, C. H. Beck, München 1985, S. 111 f.*

1 Arbeiten Sie aus M 22 die zentralen Thesen heraus und beurteilen Sie diese. Ziehen Sie dafür auch den Darstellungstext S. 345 heran.

2 Analysieren Sie das Frauenbild in M 23.

3 Erläutern Sie, welche Probleme Anna Geyer (M 24) für berufstätige verheiratete Frauen sieht.

4 Vergleichen Sie die Begründungen für die unterschiedlichen Lebensperspektiven von Mädchen und Jungen, die die Autorin und ihr Freund geben, und bewerten Sie diese (M 25).

5 **Zusatzaufgabe:** Siehe S. 484.

Anwenden

M1 **Die Historiker Eberhard Kolb und Dirk Schumann über Kultur und Politik (2013)**

Während der zwanziger Jahre veränderte sich [...] die Medienlandschaft in einem vorher nicht gekannten Ausmaß. Das Vordringen neuer Massenmedien wirkte sich auf Bewusstsein und Lebenswirklichkeit brei-
5 ter Bevölkerungsschichten ebenso nachhaltig und unmittelbar aus wie etwa die Tatsache, dass Freizeit und Urlaub allmählich (wenn auch langsam) aufhör-
ten, Privileg einer schmalen Oberschicht zu sein. Auch jener umfassende Wandel in Lebensgefühl und
10 Lebensstil, der bereits um die Jahrhundertwende ein-
gesetzt hatte, wurde nach 1918 massenwirksam: Durchbrechung zahlreicher althergebrachter Tabus, Gefühl des Ungebundenseins, „Lebensreform" im weitesten Sinne, Wandern, Sport, Baden, Entfaltung
15 des „Körpersinns", [...] eine neue Einstellung zum Kind und zum Heranwachsenden, zum anderen Ge-
schlecht, zum Geschlechtlichen überhaupt. Aber was den einen Fortschritt und Erweiterung der individuellen Lebenssphäre war, Ausbruch aus überholten
20 Bindungen und Befreiung von lästigen Fesseln, das betrachteten die anderen als Kulturverfall [...]. [...].
Eine ähnliche Feststellung lässt sich für den Zusam-
menhang von „Weimarer Kultur" und politischer Entwicklung der Republik treffen. Die Instabilität, für die
25 Weimarer Republik als politische und soziale Ord-
nung ein Verhängnis, wurde im Bereich von Kunst und Kultur zur Chance; „ein Überfluss an Begabun-
gen wie auch an Konfliktstoffen" ermöglichte, kombi-
niert mit der politischen Freiheit, ein „unbeschränk-
30 tes Experimentieren" (Walter Laqueur). So kam es zu einer – bis in unsere Tage spürbaren – gewaltigen Eruption von Neuem. Aber zwischen dem künstlerischen Schaffen der Avantgarde und dem Kunstge-
schmack und allgemeinen Bewusstsein eines großen
35 Teils der bürgerlichen (und nichtbürgerlichen) Kul-
turkonsumenten bestand eine kaum überbrückbare Diskrepanz. Die hohen Auflagen von Werken der „Heimatkunst"-Literatur sind ein Indiz dafür, dass hier Probleme, Ängste und Sehnsüchte angespro-
40 chen wurden, die damals viele Menschen beschäftig-
ten und bewegten. Die großartige – und die Nachwelt mit Recht so stark beeindruckende – Entfaltung von Kunst und Kultur in der Weimarer Zeit hat daher der Republik in ihren aktuellen politischen und sozialen
45 Nöten keine Entlastung gebracht oder ihr gar eine höhere „Legitimität" zuwachsen lassen, sondern im Gegenteil [...]. Als herausragendes Charakteristikum der „goldenen zwanziger Jahre" erweist sich bei nä-

herer Betrachtung daher die Gespaltenheit zwischen Wille zur Modernität und Angst vor der Modernität, 50 zwischen Radikalismus und Resignation, zwischen Ausrichtung auf nüchtern-sachliche Rationalität und Hinwendung zu einem tiefen Irrationalismus [...].

Eberhard Kolb/Dirk Schumann, Die Weimarer Republik, 8. Aufl., Oldenbourg, München 2013, S. 110 f.*

M2 **Zeitschriftenanzeige für „Waldorf Astoria Zigaretten", 1925**

1 Beschreiben Sie mithilfe von M1 die Merkmale des kulturellen Wandels in der Weimarer Republik.
2 Erläutern Sie die Widersprüche, die Licht- und Schattenseiten der Weimarer Kultur.
3 Charakterisieren Sie das Frauenbild der Zigaretten-
werbung M2.
4 Nehmen Sie Stellung zu der These von Kolb und Schumann, die „Weimarer Kultur" habe der Republik keine „Entlastung" sowie keine „höhere Legitimität" (Z. 45 f.) gebracht.

Wiederholen

M3 „Am Stadtrand", Gemälde von Hans Grundig, 1926.

Der Maler und Grafiker Hans Grundig (1901–1958) trat 1926 der Kommunistischen Partei bei und gründete 1929 gemeinsam mit seiner Frau, der Malerin Lea Langer, die „Dresdner Assoziation Revolutionärer Künstler Deutschlands". Unter den Nationalsozialisten erhielt er Berufsverbot und wurde im Konzentrationslager Sachsenhausen interniert.

1 Beschreiben Sie die zentralen Aspekte des kulturellen Wandels in der Weimarer Republik, indem Sie für jeden Einzelaspekt einige Stichworte nennen und diese kurz erläutern.

2 Charakterisieren Sie anhand von ausgewählten Beispielen Entstehung und Folgen der Massenkultur in der Weimarer Republik.

3 Interpretieren Sie das Gemälde von Hans Grundig (M3).

   a) Ordnen Sie es begründet einer der neuen Stilrichtungen der Weimarer Republik zu.

   b) Formulieren Sie eine Kernaussage. Beziehen Sie dabei die biografischen Angaben der Bildunterschrift mit ein.

4 **Wahlaufgabe:** Bearbeiten Sie entweder Aufgabe a) oder b).

   a) Erläutern Sie die Funktion des Sports zwischen Arbeit und Freizeit in der modernen Massenkultur.

   b) Analysieren Sie Möglichkeiten und Grenzen der modernen Massenmedien, die gesamte Bevölkerung mit den neuesten Nachrichten zu versorgen und zu unterhalten.

5 1929 bezeichnete der Nationalökonom Alphonse Goldschmidt die Metropole Berlin als einen „uferlosen Kolossalkonsumenten"; sie lebe von der Arbeit der anderen produktiven Regionen, dehne sich unwiderstehlich aus und werde dabei immer lebensfeindlicher. Diskutieren Sie diese These.

6 **Vertiefung:** Erläutern und diskutieren Sie die These, dass die Zugehörigkeit zu einem bestimmten Geschlecht entscheidend ist für die Verteilung von Lebenschancen. Konzentrieren Sie sich dabei auf die Weimarer Zeit.

Zentrale Begriffe

Expressionismus
Geschlechterverhältnisse
„Goldene Zwanziger"
Großstadt
kulturelle Modernisierung
Massenkultur
Medien
„Neue Sachlichkeit"
Technisierung

Formulierungshilfen

Im Vordergrund des Bildes sieht man …
Im Hintergrund ist/sind … dargestellt.
Insgesamt handelt es sich um eine Szene …
Es sind folgende Symbole zu sehen: …
Die Farben sind … gehalten.
Die Gestaltung der Personen ist …
Das Bild kann aufgrund der … Farbgebung und der … Gestaltung der Personen der Stilrichtung … zugeordnet werden.
Der Maler möchte mit seinem Bild … ausdrücken.
Er betont …
Auf diese Weise kritisiert er …

M1 Fotocollage „Der Reichstag wird eingesargt" von John Heartfield (1891–1968) von 1932.

Die Bildunterschrift lautet: „Wenn das Parlament es wagen sollte, sich dem Reichspräsidenten zu widersagen, muss ohne Zögern und Schwanken der Reichstag abermals aufgelöst, das parlamentarische System endgültig liquidiert werden. DAZ (Deutsche Allgemeine Zeitung)"

1929	Kurssturz an der New Yorker Börse – Beginn der Weltwirtschaftskrise (Ende Oktober), Scheitern Volksbegehren gegen den Young-Plan (22.12.)

1930	Rücktritt des Kabinetts Hermann Müller (27.3.), Ernennung Heinrich Brünings zum Reichskanzler (29.3.), Bildung des ersten Präsidialkabinetts, starke Stimmengewinne der NSDAP bei Reichstagswahlen (14.9.)

1931	Zweites Kabinett Brüning (9.10.)

Ende der 1920er-Jahre spitzte sich die wirtschaftliche und die politische Lage in Deutschland erneut zu. Die Weltwirtschaftskrise nach dem Börsencrash in New York vom Oktober 1929 traf die deutsche Wirtschaft hart. Steigende Arbeitslosenzahlen und wachsende Staatsverschuldung setzten die Regierung unter Druck. Die letzte Regierung
5 mit einer eigenen Mehrheit im Reichstag, eine Große Koalition aus SPD, DDP, Zentrum, DVP und BVP, scheiterte im März 1930. Die Zeit der „Präsidialkabinette", die ihre Gesetze mithilfe der besonderen Vollmachten des Reichspräsidenten (Artikel 48) durchbrachten, begann. Bei den Reichstagswahlen 1932 gewannen die antidemokratischen Parteien – NSDAP, DNVP und KPD – nahezu 58 Prozent der Stimmen. KPD und NSDAP
10 hatten sich immer stärker radikalisiert. Die Basis dafür bildete auch die Weltwirtschaftskrise, die sowohl von den linksextremen als auch den rechtsextremen Kräften zur zum Teil gewaltsamen Agitation genutzt wurde. Politische Krise und Wirtschaftskrise griffen ineinander, radikalisierten die politischen Einstellungen und führten zu einer schrittweisen Delegitimierung der Demokratie. Eine zentrale Rolle spielte Reichspräsident Hin-
15 denburg, der zwar die politische Handlungsfähigkeit wiederherstellen wollte, aber letztlich das demokratische durch ein autoritäres System ersetzen wollte. Im Januar 1933 ernannte er Adolf Hitler zum Reichskanzler. Die nationalkonservativen Koalitionspartner der Nationalsozialisten wie auch Hindenburg selbst glaubten, dass sie Hitler und seine Parteifreunde „zähmen" könnten. Das gelang nicht, vielmehr errichtete die NS-
20 Führung in Deutschland eine Diktatur und gestaltete Politik und Wirtschaft, Gesellschaft und Kultur nach ihren Vorstellungen um.

1 Interpretieren Sie die Fotocollage von John Heartfield (M 1):
    a) Ordnen Sie das Bild mithilfe der Einleitung in den historischen Kontext ein. Recherchieren Sie gegebenenfalls zusätzliche Informationen.
    b) Bestimmen Sie die Bildelemente und formulieren Sie die Kernaussage.

2 Gruppenarbeit/Placemat: Bilden Sie Vierergruppen und gestalten Sie ein Placemat zu einem der folgenden Themen:
    a) politische Radikalisierung,
    b) Präsidialkabinette,
    c) Scheitern der Demokratie.
    Tipp: Zur Gestaltung eines Placemats siehe S. 504.

3 Diskutieren Sie am Beispiel der letzten Jahre der Weimarer Republik erste Thesen zur Gefährdung liberaler Demokratien, ihrer Schwächen und Stärken im Hinblick auf die gegenwärtige Situation demokratischer Ordnungen.

4 Zusatzaufgabe: Siehe S. 484.

1932	Februar: 6,128 Mio. Arbeitslose in Deutschland (Höchststand), Wiederwahl Hindenburgs zum Reichspräsidenten (10.4.), Entlassung des Kabinetts Brüning, Bildung Kabinett der „nationalen Konzentration" unter Franz von Papen (30.5.), Auflösung des Reichstages (4.6.), Reichstagswahlen: NSDAP stärkste Partei (31.7.), Misstrauensvotum für Kabinett Papen (12.9.), Auflösung des Reichstags, Reichstagswahlen: trotz Verlusten bleibt NSDAP stärkste Partei (6.11.), Präsidialkabinett Kurt von Schleicher (2.12.)
1933	Hindenburg entzieht Kurt von Schleicher Vertrauen (28.1.), Ernennung Hitlers zum Reichskanzler an der Spitze eines Präsidialkabinetts (30.1.)

3.6 Politische Radikalisierung und Scheitern der Demokratie 1929 bis 1933

> *In diesem Kapitel geht es um*
> – *die Auswirkungen der Weltwirtschaftskrise auf die Weimarer Republik,*
> – *die politischen und gesellschaftlichen Reaktionen im Umgang mit der Krise sowie*
> – *die Zerstörung der Demokratie in Deutschland.*

Die Weltwirtschaftskrise und ihre Folgen für Europa

Deflation
Der Begriff bezeichnet einen Prozess stetiger Preissenkungen in einer Volkswirtschaft. Verursacht wird Deflation, wenn die Nachfrage geringer ist als das Angebot. Sie kann infolge einer übermäßigen Verringerung der Geldmenge entstehen (z. B. durch Kapitalabflüsse ins Ausland) und eine Wirtschaftskrise auslösen oder vertiefen. Unternehmen halten Investitionen zurück, Gewinnerwartungen sinken, die Produktion lässt nach. Einkommensverluste der Arbeiter und Angestellten senken die Konsumneigung, Arbeitslosigkeit wird zu einem bedeutenden Lebensrisiko. Die Steuereinnahmen des Staates sinken, die Sozialausgaben steigen.

▶ **M 5–M 9: Auswirkungen der Weltwirtschaftskrise**

Maßnahmen der Regierung Brüning zur Bekämpfung der Wirtschaftskrise
– Kürzung der Staatsausgaben
– Erhöhung direkter Steuern (Lohn-, Einkommens-, Umsatzsteuer)
– Erhöhung indirekter Steuern (Verbrauchssteuern z. B. auf Zucker, Tabak, Bier)
– „Notopfer" (Sonderabgabe) für Beamte und Angestellte
– Abbau von Sozialleistungen
– Kürzung der Gehälter im öffentlichen Dienst (mit Ausnahme der Reichswehr)
– Ledigensteuer
→ „Austeritätspolitik" (strenge Sparsamkeitspolitik)

▶ **M 8, M 9: Einschätzungen zum Umgang mit der Wirtschaftskrise**

Der Crash der New Yorker Börse an der Wall Street in den letzten Oktobertagen 1929 löste eine Wirtschaftskrise aus, die bis in die 1930er-Jahre hinein weltweit gravierende Folgen hatte. Sie verlief regional unterschiedlich, Deutschland war neben den USA mit am stärksten von **Deflation*** und Niedergang betroffen. Die **Ursachen für die deutsche Krisenanfälligkeit** sind verbunden mit Entwicklungen in den 1920er-Jahren: Deutschlands Industrie blieb auch nach dem Ersten Weltkrieg **exportorientiert** und war deshalb eng verbunden mit der Weltwirtschaft. Die fortschreitende technische Entwicklung verschärfte die Konkurrenzsituation auf den Weltmärkten. Etwa ein Drittel der Beschäftigten in Deutschland arbeitete nach wie vor in der **Landwirtschaft**. Durch Verbesserung der Anbaumethoden und das steigende Angebot fielen die Preise. Landwirte mussten sich verschulden, um sinkende Preise aufzufangen und dennoch Investitionen zu tätigen. Die Pariser Vorortverträge, darunter der Versailler Vertrag, hatten ein „**Schuldenkarussell**" geschaffen, in dem die europäischen Alliierten (Großbritannien, Frankreich) ihre Kriegsschulden bei den USA mit den Reparationszahlungen aus Deutschland tilgten. Deutschland wiederum erhielt im Zuge der wirtschaftlichen Erholung umfangreiche Kredite und Investitionen aus den USA. [5] [10] [15]

Die Weltwirtschaftskrise nahm ihren Anfang in den USA. Sie folgte auf das Wachstum der 1920er-Jahre (*„Roaring Twenties"*), das in den USA zur Bildung einer **Spekulationsblase** an den Aktienmärkten geführt hatte: Im Glauben an einen dauerhaften Boom wurden Wertpapiere zu überhöhten Preisen gehandelt und häufig mit Krediten finanziert. Im Oktober 1929 entluden sich Vorahnungen über Kursverluste in panikartigen Verkäufen. Die Kurse fielen ins Bodenlose, hoch dotierte Aktien wurden im Handel wertlos, sowohl Banken als auch Privatanleger waren nicht mehr zahlungsfähig. Im Anschluss entwickelte sich die Finanzkrise zur **Wirtschaftskrise**: [20]

– Etwa **ein Drittel der amerikanischen Banken brach zusammen**, deren Kredite und Investitionen fielen aus. Die übrigen stellten die Kreditvergabe teilweise ein und zogen Auslandsinvestitionen (besonders aus Deutschland) zurück. [25]
– Das fehlende Kapital führte dazu, dass sich **Handel und Produktion deutlich abschwächten** oder phasenweise zusammenbrachen, allerdings regional unterschiedlich. So halbierte sich in den USA die Industrieproduktion zwischen 1929 und 1932 nahezu, während beispielsweise in Großbritannien die Einbußen gering blieben. [30]
– Der wirtschaftliche Niedergang hatte katastrophale Auswirkungen auf die **Beschäftigungslage**. Millionen Menschen verloren ihre Anstellung und damit ihre wirtschaftliche Grundlage. Alle anderen hatten gravierende Lohnkürzungen hinzunehmen.
– Die sinkende wirtschaftliche Leistung und die steigenden Sozialausgaben belasteten **die Staatshaushalte** und zwangen die Regierungen zum Handeln. Dabei gingen die Länder unterschiedliche Wege. In Deutschland verfolgte Reichskanzler Heinrich Brüning (Zentrumspartei) vor allem ehrgeizige Sparziele*, auch um eine Wiederholung der Inflation von 1923 um jeden Preis zu verhindern. [35]

Von der Wirtschafts- zur Staatskrise in Deutschland

Die sinkende Wirtschaftsleistung, die steigenden Arbeitslosenzahlen und die wachsende Staatsverschuldung übten stetig wachsenden **Druck auf die seit 1928 regierende „Große Koalition"** (SPD, DDP, Zentrum, DVP, BVP) aus. Außerdem bildete der ab Sommer 1929 verhandelte **„Young-Plan"*** für rechtsextreme Kreise den Anlass, die Re-
5 gierung unter Reichskanzler Hermann Müller (SPD) heftig zu attackieren. Ein Volksbegehren gegen den Young-Plan scheiterte zwar deutlich. Antidemokratische, rechtsnationale und antisemitische Propaganda fand gleichwohl zunehmend öffentliche Aufmerksamkeit und wurde befeuert z. B. durch den Pressekonzern des DNVP-Vorsitzenden Alfred Hugenberg, der auch immer wieder Kontakte zu „Stahlhelm-Bund"* und
10 NSDAP knüpfte. Politische Auseinandersetzungen verliefen immer schärfer und unerbittlicher. Schlägertrupps der Parteien lieferten sich Saal- und Straßenschlachten.
Die Fraktionen des Reichstags waren unterdessen zu parlamentarischer Mehrheitsbildung nicht mehr in der Lage, weil sie keine Kompromisse mehr eingingen und sich gegenseitig hemmten. Begünstigt durch diese Konstellation und angetrieben durch seine
15 eigenen Überzeugungen von Staat und Gesellschaft entwickelte in dieser Phase Reichspräsident Hindenburg maßgeblichen Einfluss auf das politische System. Die Große Koalition zerbrach und damit die letzte Regierung der Republik, die demokratisch legitimiert war. Differenzen hatten sich lange entwickelt, nun gelang keine Einigung über die Erhöhung der Beiträge zur Arbeitslosenversicherung.
20 Zur wichtigen Weichenstellung wurde die **Berufung von Heinrich Brüning (Zentrumspartei) zum Reichskanzler** einer Regierung ohne festgelegte parlamentarische Mehrheit und unter Ausschluss der SPD, die zu der Zeit mit fast 30 Prozent der Stimmen die stärkste Fraktion im Reichstag bildete. Die Durchsetzung ihrer Gesetzesvorschläge, so lauteten die Verabredungen der Brüning-Regierung, sollte auch mithilfe der präsidialen
25 Vollmachten erfolgen. Hinter diesem Schritt stand vor allem Reichspräsident Hindenburg, der die Vereinigung der rechtsnationalen Kräfte hinter dieser Regierung wollte. Er sicherte zu, Artikel 48 der Reichsverfassung in Anwendung zu bringen, wenn keine Mehrheit im Reichstag zu beschaffen war. Das geschah zum ersten Mal im Juli 1930, als Brünings Gesetzesvorschlag zur Bekämpfung der Wirtschaftskrise, der vor allem Spar-
30 maßnahmen, Ausgabenkürzungen und Steuererhöhungen umfasste, im Reichstag abgelehnt wurde. Mit der **Auflösung des Reichstags** und der Durchsetzung dieses Maßnahmenpakets durch eine illegitime präsidiale Notverordnung war das erste **„Präsidialkabinett"** installiert und eine neue Verfassungswirklichkeit geschaffen.

M2 Arbeitslose in Berlin beim Studium von Stellenanzeigen, Fotografie, um 1930

Young-Plan
Im Juni 1929 legte ein alliierter Ausschuss unter Führung des amerikanischen Industriellen Owen Young neue Vereinbarungen zu den deutschen Reparationszahlungen vor. Sie sahen eine Reduktion der Schuldenlast und jährliche Zahlungen bis 1988 vor. Die alliierte Kontrolle über Reichsbahn, Reichsbank und das Rheinland wurde aufgegeben. Das Ergebnis war ein Erfolg, bei DNVP und NSDAP löste es jedoch Empörung über die lange Laufzeit aus.

M1 Plakat von NSDAP/DNVP zum Volksbegehren gegen den Young-Plan, 1929

▶ M 12–M 16: Wahlkampf und politische Kultur 1932

„Stahlhelm, Bund der Frontsoldaten"
Franz Seldte gründete im Dezember 1918 die Organisation, in der sich Kriegsteilnehmer des Ersten Weltkriegs und Republikfeinde versammelten. Hindenburg war Ehrenmitglied. Der „Stahlhelm" war der paramilitärische Arm der DNVP und verstand sich auch als militärische Reserve, da der Versailler Vertrag die Größe der Reichswehr eng begrenzt hatte. Der „Stahlhelm" unterstützte antidemokratische, antisemitische und militaristische Propaganda. Nach 1933 wurde die Organisation „gleichgeschaltet" und löste sich schließlich auf.

▶ **M 10, M 11: Urteile zur Einrichtung der Präsidialkabinette**

M 3 **Funktionsmechanismus der Präsidialkabinette 1930–1933**

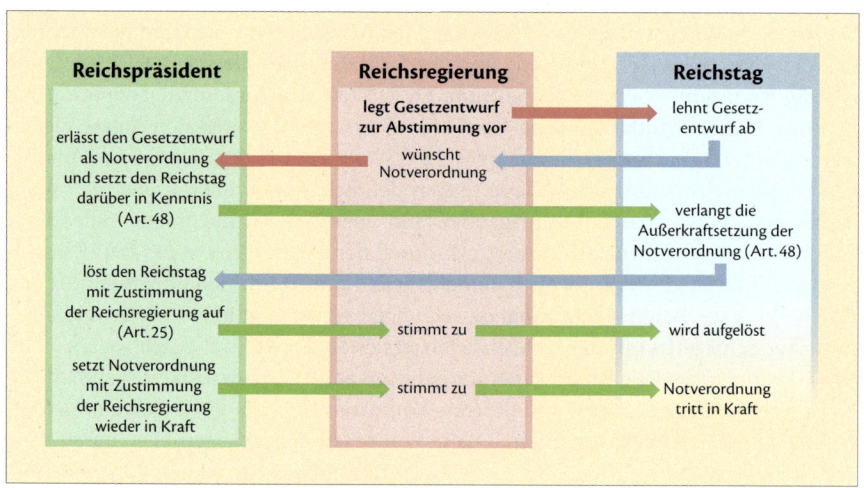

Der Aufstieg der Nationalsozialisten

Regierungen der Weimarer Republik 1924 bis 1933

Amts-zeit	Reichskanzler	Koalition
1924	Wilhelm Marx (Zentrumspartei)	Z, DVP, DDP, BVP
1925	Hans Luther (parteilos)	DNVP, Z, DVP, BVP DDP
1926	Hans Luther (parteilos)	Z, DDP, DVP, BVP
1926	Wilhelm Marx (Zentrumspartei)	Z, DDP, DVP, BVP
1927–1928	Wilhelm Marx (Zentrumspartei)	DNVP, Z, DVP, BVP, DDP
1928–1930	Hermann Müller (SPD) Große Koalition	SPD, DVP, DDP, BVP, Z
1930–1931	Heinrich Brüning (Zentrumspartei)	ohne Mehrheit
1931–1932	Heinrich Brüning (Zentrumspartei)	ohne Mehrheit
1932	Franz v. Papen (parteilos)	ohne Mehrheit
1932–1933	Kurt v. Schleicher (parteilos)	ohne Mehrheit
ab 1933	Adolf Hitler (NSDAP)	ohne Mehrheit

▶ **M 17: Strategie der NSDAP**

Auf die Auflösung des Reichstags im Juli 1930 durch Reichspräsident Hindenburg folgte die Neuwahl im September 1930. Die Wahlbeteiligung lag bei 82 Prozent und war damit höher als 1928. Wahlerfolge erzielten vor allem radikale Parteien: KPD und NSDAP. „Zertrümmert ist die Mitte", konstatierte die „Vossische Zeitung" am Tag nach der Wahl und verwies damit ernüchtert vor allem auf den enormen Stimmenzuwachs der NSDAP ⁵ (+15,5 Prozent) zulasten der bürgerlich-republikanischen Parteien. Dieses Ergebnis erschien als vorläufiger Tiefpunkt für die demokratische Kultur der Republik und zugleich als Höhepunkt eines jahrelangen Aufstieges der NSDAP, der aber keineswegs linear verlaufen war und nicht zwangsläufig auf die Machtübernahme 1933 zusteuerte.
Die NSDAP gewann vor allem ab 1929 größere öffentliche Aufmerksamkeit, indem sie ¹⁰ im Rahmen eines **Volksbegehrens gegen den Young-Plan** mit der DNVP kooperierte. Das Anliegen scheiterte zwar, propagandistisch hatte die NSDAP jedoch nachhaltig auf sich aufmerksam machen können. 1930 ermöglichten dann zwei maßgebliche Faktoren den Wandel der NSDAP **von der Randerscheinung zur Sammlungsbewegung**: Überall wurde die Lage in der zweiten Jahreshälfte 1930 als existenzielle Krise wahrgenommen ¹⁵ – wirtschaftlich und politisch. Den etablierten Parteien wurden wirksame Maßnahmen gegen die gesellschaftliche Erosion nicht mehr zugetraut, weshalb sich die NSDAP und Adolf Hitler in dieser Atmosphäre zunehmend als Hoffnungsträger profilieren konnten. Andererseits verfügte die NSDAP seit 1925 (nach dem missglückten Putschversuch und Hitlers Gefängnisaufenthalt) über eine neue Parteistruktur, die auf Massenmobilisie- ²⁰ rung ausgerichtet war. Sie war auch in dieser Hinsicht „anschlussfähig". Die Konstellation zwischen weitreichendem Wählerfrust und parteipolitischer Aufnahmefähigkeit machte die NSDAP ab 1930 zum wichtigsten **Auffangbecken** für alle, die in der krisenhaften Gegenwart enttäuscht, wütend, verbittert und radikalisiert waren. Das waren vor allem Menschen aus (häufig ehemals) mittleren Einkommensschichten. In beson- ²⁵ derem Maße zog die NSDAP dabei junge Menschen an: 1930 waren fast 70 Prozent der Mitglieder jünger als 40 Jahre.
Bis 1932 betrieb die NSDAP eine **radikale Oppositionspolitik**, indem sie gegen sämtliche Notverordnungen der Regierung Brüning stimmte, sich jeder Kooperation im Parlament verweigerte, ihre **paramilitärischen Verbände SA** (Sturmabteilung) und **SS** ³⁰ (Schutzstaffel) vergrößerte und den Sturz der Regierung betrieb. Der Zulauf der Wähler hielt vorerst an, auch weil sich die wirtschaftliche Krise 1931 erneut verschärfte. Gleichwohl gelang es der NSDAP zunächst nicht, aus eigener Kraft Regierungsverantwortung an sich zu reißen und damit die Umgestaltung der verhassten Republik einzuleiten.

Die Zerstörung der Demokratie 1932

Obwohl die parlamentarische Opposition im Reichstag über eine Mehrheit verfügte, konnte die Brüning-Regierung ab 1930 ihre Notverordnungen durchsetzen, weil die SPD das Regierungshandeln aus Furcht vor Stimmenverlusten bei der nächsten Wahl tolerierte. Auf dieser Grundlage und mit dem Vertrauen des Reichspräsidenten regierte
5 Brüning bis Anfang 1932. Dann begann die Schlussphase, in der die Demokratie sukzessive zerstört wurde. Hindenburg verlor dabei nie sein Ziel aus den Augen, die „Zersplitterung Deutschlands" durch eine nationalkonservative Mehrheitsregierung zu überwinden. Dieses Vorhaben wurde stark beeinflusst durch den Aufstieg der NSDAP. Hindenburgs schärfster Widersacher bei seiner **Wiederwahl zum Reichspräsidenten**
10 **im April 1932** war Adolf Hitler. Das führte zu Wahlaufrufen für Hindenburg ausgerechnet von Seiten der SPD und der Gewerkschaften, was Hindenburg als persönliche Niederlage empfand. Er legte auch Brüning zur Last, dass sich die rechtsnationalen Kräfte hinter Hitler und nicht hinter ihm versammelt hatten. Als Brüning Garantien für weitere Notverordnungen vom Reichspräsidenten einforderte, verweigerte sich Hindenburg
15 und entließ ihn kurz nach der Wahl. Neuer Reichskanzler wurde Franz von Papen, ein Zentrumspolitiker, der vor allem Adlige als Minister in sein **„Kabinett der Barone"** berief. Der Reichstag wurde aufgelöst mit dem Ziel, die NSDAP nach der Neuwahl einzubinden, ihre Stärke für die Zwecke der Reichsregierung zu nutzen und damit zu „zähmen". Auch Hindenburg schloss sich diesem Vorgehen an.
20 Die **Reichstagswahl im Juli 1932** endete mit einem Triumph für die NSDAP – und dennoch bedeuteten 37,3 Prozent der Stimmen nicht die absolute Mehrheit. Eine Diktatur war für die NSDAP auf dieser Grundlage nicht zu verwirklichen und auch Hindenburg stellte sich gegen ihren alleinigen Machtanspruch. Gleichzeitig erkannte der Reichspräsident einen „Wert" in der Hitlerbewegung als dynamische Kraft für die Realisierung ei-
25 ner „Volksgemeinschaft". So zeigte sich in dieser Konstellation das widersprüchliche Verhältnis von Hindenburg zur NSDAP. Hitler und seine Partei widersetzten sich dabei ohnehin einer Einbindung in die bestehende Regierung Papen und beharrten auf ihren diktatorischen Vorstellungen. Der Regierung wurde mit den Stimmen von NSDAP und Zentrum das Misstrauen ausgesprochen, woraufhin Hindenburg den frisch gewählten
30 Reichstag am 12. September wieder auflöste. Neuwahlen wurden erst nach langem Zögern angesetzt.
Im **November 1932** sorgte das NSDAP-Ergebnis bei der Neuwahl (33,1 Prozent) parteiintern für große Enttäuschung. Auch Hitlers Position war nach den Stimmenverlusten nicht unangefochten. Kurt von Schleicher, ehemaliger Reichswehrminister und inzwi-
35 schen zum Reichskanzler ernannt, versuchte erneut, die geschwächte NSDAP in eine politische „Querfront" (Gewerkschaften, Rechtsnationale, Teile der NSDAP) einzubinden. Hitler beharrte jedoch auf seinem Kurs: „alles oder nichts". In dieser Phase ging Franz von Papen erneut auf Hitler zu. Am Ende wochenlanger Verhandlungen, die Hindenburg förderte, stand im Januar 1933 eine **Verständigung zwischen NSDAP und**
40 **DNVP**, die unter Adolf Hitler als Reichskanzler den Kern der Regierung bildeten. Hindenburg sah in diesem Kabinett sein politisches Grundanliegen verwirklicht: die Zusammenarbeit der Rechten mit dem Ziel, das deutsche Volk als Nation „zusammenzuführen". In der Gewissheit, einer Entwicklung in diese Richtung näher gekommen zu sein, folgte am 30. Januar 1933 die **Ernennung von Adolf Hitler zum Reichskanzler**.

1 Erläutern Sie in einer nach den Dimensionen „Politik" und „Wirtschaft" gegliederten Gegenüberstellung die Wechselwirkungen dieser Ereignisse und Maßnahmen.
2 Nennen Sie Zustände und Entwicklungen, die die Machtübernahme der NSDAP 1933 begünstigten bzw. ermöglichten.
Tipp: Berücksichtigen Sie auch die Zusammensetzung und Amtszeit der Regierungen (s. S. 360).

M 4 Kurt von Schleicher (1882–1934, links) und Franz von Papen (1879–1969, rechts) auf dem „Reichsfrontsoldatentag" des „Stahlhelm"-Bundes, September 1932

Franz von Papen (1879–1969)
Nach seiner militärischen Laufbahn während des Ersten Weltkrieges begann Franz von Papen als Mitglied der Zentrumspartei eine politische Karriere. Seine Unterstützung für Paul von Hindenburg brachte ihn in Konflikt mit seiner Partei. 1932 wurde er als Reichskanzler Nachfolger von Heinrich Brüning, ebenfalls Zentrum, und musste seine Partei daraufhin verlassen. Franz von Papen betrieb ausdauernd die Annäherung der Konservativen um Hindenburg an die NSDAP, was in die Ernennung Hitlers zum Reichskanzler mündete.

Kurt von Schleicher (1882–1934)
In den 1920er-Jahren war der Offizier vor allem im Reichswehrministerium tätig. Er erlangte in verschiedenen Funktionen beträchtliches politisches Gewicht, das er auch bei der Ernennung von Franz von Papen zum Reichskanzler bei Hindenburg geltend machte. Seine eigene Amtszeit als Reichskanzler dauerte nur wenige Wochen und war aus der Not geboren. Da sich die NSDAP nicht unterordnen wollte und von Papen andere Lösungen suchte, musste er im Januar 1933 zurücktreten. Im Zuge des vorgeblichen „Röhm-Putsches" wurde von Schleicher 1934 durch die SS ermordet.

► M 17–M 20: Hintergründe der Machtübernahme durch die NSDAP

Hinweise zur Arbeit mit den Materialien
Der Materialteil setzt vier Schwerpunkte: Statistiken veranschaulichen die Auswirkungen der Wirtschaftskrise (M 5–M 7), das Handeln der Regierung Brüning reflektieren die zeitgenössischen Texte M 8 und M 9. Das erste Präsidialkabinett als Wendepunkt beleuchten M 10 und M 11. Den Abschluss bilden Materialien (Wahlplakate, zeitgenössische Texte und eine Karikatur) zur Zerstörung der Demokratie im Jahr 1932 (M 13–M 20). Geschichte kontrovers bietet eine Zusammenstellung verschiedener Historikeranalysen und ermöglicht einen ersten Zugriff auf die Frage, warum die Republik scheiterte (M 21–M 23).

Zur Vernetzung mit dem Kernmodul
Anhand der Materialien zur Weltwirtschaftskrise kann ein Erkenntnisgewinn durch die Perspektive der transnationalen Geschichtsschreibung (Kernmodul M 9, M 10) konzeptionell diskutiert werden. Das Scheitern der Weimarer Republik sowie eine Diskussion der verantwortlichen Faktoren spielen auch eine zentrale Rolle bei der deutschen Sonderwegsthese. Ein Bezug zu M 4 bis M 8 des Kernmoduls ist insgesamt möglich.

Weltwirtschaftskrise in Deutschland

M 5 Index der Industrieproduktion (1925–1929 = 100)

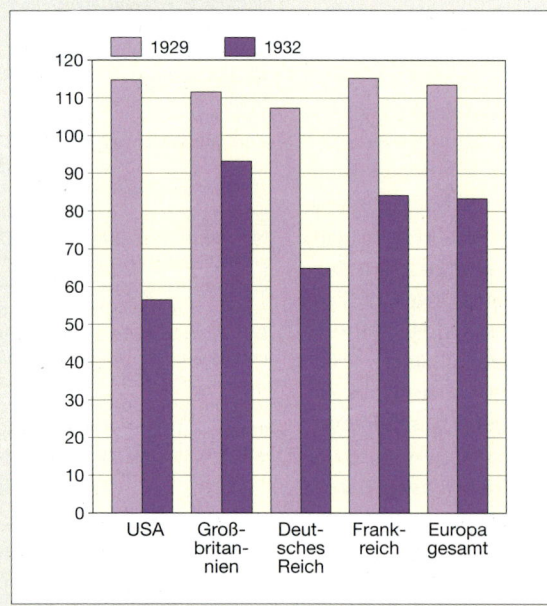

M 6 Die Entwicklung der Arbeitslosigkeit in Deutschland 1929–1933 (in Millionen, gerundet)
Die offiziellen Statistiken erfassten langfristig Erwerbslose oder Personen ohne festen Wohnsitz nicht. Auch waren viele Arbeitnehmer von Lohnsenkungen betroffen, die ihre Existenz trotz einer Anstellung gefährdeten. In Wirklichkeit war wohl jede deutsche Familie direkt oder indirekt von Auswirkungen der Weltwirtschaftskrise betroffen.

	Beschäftigte	Arbeitslose
April 1929	18,4	1,7
Oktober 1929	18,4	1,5
April 1930	16,9	2,8
Oktober 1930	16,3	3,2
April 1931	14,9	4,4
Oktober 1931	14,0	4,6
April 1932	12,6	5,8
Oktober 1932	13,2	5,1
Januar 1933	11,7	6,0
April 1933	13,0	5,3

Konjunkturstatistisches Handbuch 1936; zit. nach: Eberhard Kolb/Dirk Schumann, Die Weimarer Republik, Oldenbourg, München 2013, S. 125.

M 7 Wöchentliche Ausgaben einer siebenköpfigen Familie in Berlin (in Reichsmark), 1932.
Die Zahlen basieren auf einem Bericht von 1932 über eine Arbeitslosenfamilie, die 15,85 Reichsmark Unterstützung in der Woche erhielt.

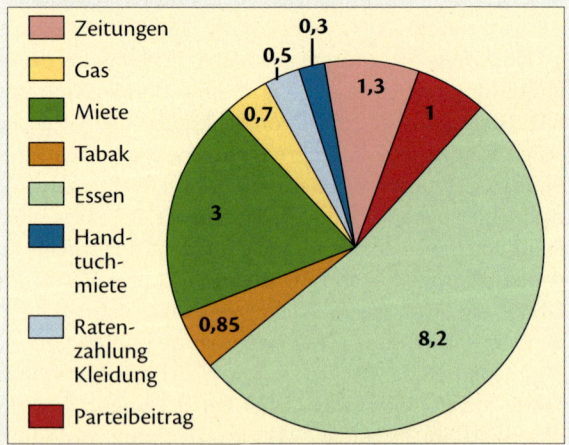

Zahlen nach: Werner Abelshauser, Anselm Faust, Dietmar Petzina (Hg.), Deutsche Sozialgeschichte 1914–1945. Ein historisches Lesebuch, C. H. Beck, München 1985, S. 334 f.

1 Gestalten Sie ein Begriffsnetz zu den Auswirkungen der Krise ab 1929 in Deutschland und Europa.

2 Wahlaufgabe: Analysieren Sie M 6 oder M 7.

M8 Reichskanzler Heinrich Brüning in einer Rede vor dem Reichsparteiausschuss des „Zentrums" (5. November 1931)

Ich werde mich bis zum Letzten dagegen wehren, irgendeine inflatorische Maßnahme irgendeiner Art zu treffen, und zwar nicht nur aus Gerechtigkeit, nicht nur zum Schutze der Schwachen, sondern weil
5 ich der Ansicht bin, dass die ehrliche Bilanz in der deutschen Wirtschaft trotz aller Bitternisse wiederhergestellt werden muss und dass jeder Versuch und jedes Verlangen nach inflatorischen Maßnahmen letzten Endes nur noch den Zweck haben kann, die-
10 sen Prozess der klaren Bilanz der gesamten deutschen Wirtschaft zuschanden zu machen und wiederum einen Schleier über die Fehler der Vergangenheit zu ziehen.
Erfolge in der Außenpolitik sind umso eher zu errei-
15 chen, wenn wir die Bilanz der deutschen Finanzen und der deutschen Wirtschaft klar und ehrlich jedermann in der Welt zur Einsicht vorlegen. Das ist die stärkste und durchschlagendste Waffe, die die Reichsregierung haben konnte, und diese Waffe zu
20 schmieden war die Aufgabe des ersten Jahres der Tätigkeit dieser Reichsregierung. Das hat dazu geführt, dass die Frage der Reparationen durch die Öffentlichkeit in der ganzen Welt ohne Ausnahme völlig anders beurteilt wird als in früheren Jahren.

Wolfgang Michalka/Gottfried Niedhart (Hg.), Die ungeliebte Republik. Dokumente zur Innen- und Außenpolitik Weimars 1918–1933, dtv, München 1980, S. 307 f.

M9 Bericht der Bank für Internationalen Zahlungsausgleich über die wirtschaftliche Situation Deutschlands (23. Dezember 1931)

Um so weit wie möglich seine Stellung gegenüber dem Ausland zu schützen – den Reichsmarkkurs und den Ausfuhrmarkt –, hat Deutschland eine zielbewusste Politik einschneidender und starker Senkung
5 des Lohn- und Preisniveaus getrieben. [...] Durch die allmähliche Schrumpfung der Tätigkeit in Industrie und Handel ist die Erwerbslosigkeit, die bereits vor der Krise hoch war, weiter gestiegen. [...] Deutschlands Bedarf an Kapital zur Ausfüllung der durch den
10 Krieg, die Nachkriegserscheinungen und die Inflation entstandenen Lücken war sehr groß. Tatsächlich stand dem Einströmen von Kapital, das unmittelbar nach der Marktstabilisierung einsetzte [...], ein teilweiser Abfluss durch die Reparationszahlungen [...]
15 gegenüber. [...] Dass aber ein so großer Teil seines Kapitals in fremden Händen ist, macht Deutschland besonders empfindlich für finanzielle Störungen, namentlich soweit dieses Kapital mit kurzer Kündigungsfrist zurückgezogen werden kann. [...] Unter

diesen Umständen erheischt das deutsche Problem, 20 das in weitem Maße die Ursache für die steigende finanzielle Lähmung der Welt ist, ein gemeinsames Handeln, das nur von den Regierungen ausgehen kann. [...] Es muss daher sofort gehandelt werden, und zwar in viel weiterem Maßstab als dem durch 25 Deutschland allein gegebenen.

Ulrich Thürauf (Hg.), Schulthess' Europäischer Gerichtskalender, Bd. 72 (1931), C. H. Beck, München 1932, S. 518 ff. *

1 Arbeiten Sie die Motive der Regierung Brüning für ihre Wirtschaftspolitik heraus (M 8).

2 Analysieren Sie M 9 und stellen Sie die Kernaussagen von M 8 Ihren Ergebnissen gegenüber.

3 Überprüfen Sie die Wirksamkeit der deutschen Politik gegen die Krise. Diskutieren Sie Alternativen.

Präsidialkabinette

M10 Heinrich Brüning (Zentrum) in seinen Memoiren über die erste Notverordnung seines Kabinetts im Juli 1930 (veröffentlicht posthum 1970)

[Es] wurde im Kabinett spontan der Wunsch geäußert, alle Minister sollten das Versprechen geben, mit mir auf dem schwankenden Schifflein auszuharren. Das war die Abwehr gegen die Versuche der Minderheiten in jeder hinter der Regierung stehenden Par- 5 tei, die eigenen Parteifreunde, einen nach dem andern, herauszuschießen. Diese Methode war das letzte Aufflackern des alten instinktiven Wunsches des Reichstags, auf der ganzen Linie über das Kabinett zu herrschen und den einzelnen Abgeordneten 10 die Möglichkeit zu verschaffen, durch Erpressungen und Drohungen die Regierung in ihrer Gesamtheit oder einzelne ihrer Minister zur Erfüllung ihrer Lieblingswünsche reif zu machen. Mit diesem System unter allen Umständen aufzuräumen, hatte ich mir vor- 15 genommen. [...] Bei der unter größter Spannung sich vollziehenden Abstimmung [über die Notverordnung] am 18. Juli, bei der die rote Auflösungsmappe [mit der vom Reichspräsidenten unterzeichneten Vollmacht zur Auflösung des Reichstags] schon auf 20 meinem Tisch lag, waren mehrere Deutschnationale noch immer nicht entschlossen. [...] Die Notverordnung wurde mit sieben Stimmen Mehrheit abgelehnt, der Reichstag sofort aufgelöst. Am Abend wurde in einer Kabinettssitzung der Wahltermin auf den 14. 25 September festgelegt. Ebenfalls noch am 18. Juli schickte der Reichspräsident einen Brief an das Reichskabinett, der vorher vereinbart war, in dem er [...] bat, alsbald Vorschläge für eine neue Notverordnung zu machen. Man ging sofort an diese Arbeit he- 30 ran. [...] Der Wahlkampf wurde zu einem Plebiszit[1] über die Notverordnung, aber auch gleichzeitig zu einem Entscheidungskampf zwischen einer sinnlosen Form des Parlamentarismus und einer gesunden,

35 maßvollen Demokratie, in der die Regierung, um die öffentlichen Finanzen vor dem Zusammenbruch zu retten, vor dem ganzen Volke den Kampf für diese Aufgabe gegenüber dem Intrigenspiel und der Unvernunft im bisherigen Reichstag aufnehmen musste.

Heinrich Brüning, Memoiren 1918–1934, Deutsche Verlags-Anstalt, Stuttgart 1970, S. 176–182.*

1 *Plebiszit:* Volksabstimmung

M 11 „Der Reichstag aufgelöst!", Zeitungsbericht (18. Juli 1930)

Die letzte Stunde des sterbenden Reichstages verlief unter ungeheurer Spannung. [Es] stand allein noch die Aufhebung der Notverordnung zum Kampf. Damit war in noch größerer Klarheit die Frage so ge-

5 stellt: für Hindenburg oder gegen Hindenburg. Das Parlament entschied mit der knappen Mehrheit von 15 Stimmen gegen die Verordnungen des Reichspräsidenten. Reichskanzler Dr. Brüning erhob sich sofort und verkündete die Auflösung. Die letzten Worte

10 der Botschaft des Reichsoberhauptes gingen, was sehr bezeichnend ist, in einem wüsten Gebrüll des zu Tode getroffenen Parlaments unter. Nachdem das Parlament in Deutschland zwölf Jahre lang die Geduld des Volkes ermüdet hat, hatte angesichts der

15 drängenden Not eine Regierung versucht, den sachlichen Notwendigkeiten Geltung zu verschaffen. Sie hatte die parlamentarischen Möglichkeiten bis zum Letzten ausgeschöpft, und erst als sie sah, dass sie so nicht zum Ziele kommen konnte, die Autorität des

20 Staatsoberhauptes gegen das Parlament angerufen. Hindenburg hat sich diesem Appell nicht versagt. Aber in diesem Reichstag vom 20. Mai 1928 [Wahltermin] geschah das Unglaubliche, dass der parlamentarische Fraktionsgeist über die Unterschrift des

25 Reichspräsidenten triumphieren durfte.

Deutsche Allgemeine Zeitung, Nr. 330, 18. Juli 1930, S. 1.

1 „[An] diesem Tag [18. Juli 1930] begann die permanente Durchbrechung des Verfassungssystems durch die Diktaturgewalt des Reichspräsidenten" (Gerhard Schulze). Erläutern Sie diese Aussage.
2 Arbeiten Sie Motive der Akteure heraus (M 10).
3 Formulieren Sie Thesen, warum das Vorgehen der Regierung Brüning kaum Proteste in der Bevölkerung auslöste (M 11). Überprüfen Sie Ihre Thesen (S. 359 ff.).

Die Zerstörung der Demokratie

M 12 Wahlplakat der Zentrumspartei, Reichstagswahl Juli 1932

M 13 Wahlplakat der KPD, Reichstagswahl Juli 1932

M 14   Wahlplakat der SPD, Reichstagswahl Juli 1932

M 15   Wahlplakat der NSDAP, Reichstagswahl Juli 1932

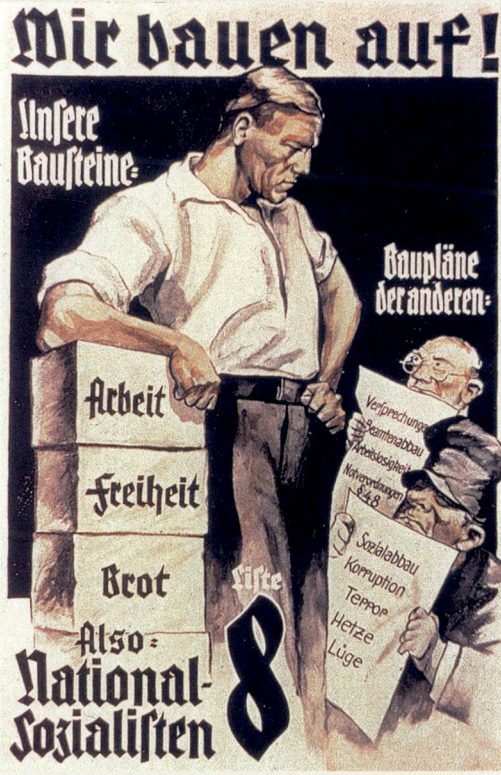

M 16   Clara Zetkin (KPD) als Alterspräsidentin zur Eröffnung des Reichstags (30. August 1932)

Die politische Macht hat zur Stunde in Deutschland ein Präsidialkabinett [unter Franz von Papen] an sich gerissen, das unter Ausschaltung des Reichstags gebildet wurde, das der Handlanger des verkrusteten Monopolkapitals und des Großagrariertums und ⁵ dessen treibende Kraft die Reichswehrgeneralität ist. Trotz der Allmacht des Präsidialkabinetts hat dieses gegenüber allen innen- und außenpolitischen Aufgaben der Stunde gänzlich versagt. Die Innenpolitik charakterisiert sich genau wie die ihrer Vorgängerin ¹⁰ durch die Notverordnungen, Notverordnungen im ureigensten Sinne des Wortes; denn sie verordnen Not und steigern die schon vorhandene Not. [...] Ehe der Reichstag Stellung nehmen kann zu Einzelaufgaben der Stunde, muss er seine zentrale Pflicht erkannt und erfüllt haben: Sturz der Reichsregierung, die den Reichstag durch Verfassungsbruch vollständig zu beseitigen versucht. Anklagen könnte der Reichstag auch erheben gegen den Reichspräsidenten und die Reichsminister wegen Verfassungsbruchs ²⁰ und noch weiterer geplanter Verfassungsbrüche vor dem Staatsgerichtshof zu Leipzig.

*Zit. nach: https://www.reichstagsprotokolle.de/Blatt2_w6_ bsb00000138_00033.html (Download vom 8. Januar 2020).**

1 **Arbeitsteilige Gruppenarbeit:** Analysieren und vergleichen Sie M 12 bis M 15. Gehen Sie dabei der Frage nach, inwiefern die Plakate zur Reichstagswahl im Juli 1932 den politischen Zeitgeist widerspiegeln.
2 Charakterisieren Sie die Zerstörung der Weimarer Demokratie und ihrer Verfassung (M 16 und S. 361).
3 **Zusatzaufgabe:** Siehe S. 484.

Aufstieg und Machtübernahme der NSDAP

M 17   Joseph Goebbels (NSDAP) über „Legalität" im „Angriff" (1928)

Wir gehen in den Reichstag hinein, um uns im Waffenarsenal der Demokratie mit deren eigenen Waffen zu versorgen. Wir werden Reichstagsabgeordnete, um die Weimarer Gesinnung mit ihrer eigenen Unterstützung lahm zu legen. Wenn die Demokratie so ⁵ dumm ist, uns für diesen Bärendienst Freifahrkarten und Diäten zu geben, so ist das ihre eigene Sache. [...] Uns ist jedes gesetzliche Mittel recht, den Zustand von heute zu revolutionieren. Wenn es uns gelingt, bei diesen Wahlen [1928] sechzig bis siebzig Agitato- ¹⁰ ren unserer Parteien in die verschiedenen Parlamente hineinzustecken, so wird der Staat selbst in Zukunft unseren Kampfapparat ausstatten und

besolden. [...] Wir kommen als Feinde! Wie der Wolf
15 in die Schafherde einbricht, so kommen wir. Jetzt
seid ihr nicht mehr unter euch! Ich bin kein Mitglied
des Reichstags. Ich bin ein IdI, ein IdF. Ein Inhaber
der Immunität. Ein Inhaber der Freifahrkarte. [...]
Wir sind gegen den Reichstag gewählt worden und
20 wir werden auch unser Mandat im Sinne unserer Auftraggeber ausüben.

*Zit. nach: Karl D. Bracher, Die Auflösung der Weimarer Republik,
Ring-Verlag, Villingen 1960, S. 375, Anm. 39f.**

M 18 Tagebuchaufzeichnungen von Joseph Goebbels (NSDAP) nach der Reichstagswahl im November (1932)
8. Dezember 1932: In der Organisation [= NSDAP]
herrscht schwere Depression. Die Geldsorgen machen jede zielbewusste Arbeit unmöglich. Es laufen
Gerüchte um, dass Strasser[1] eine Palastrevolution
plane. Wie sie im Einzelnen verlaufen soll, konnte ich
noch nicht erfahren. Man ist innerlich so wund, dass
5 man nichts sehnlicher wünscht, als für ein paar Wochen aus all diesem Getriebe zu entfliehen. [...] Wir
stehen vor der entscheidenden Probe. Jede Bewegung, die an die Macht will, muss sie bestehen. Sie
kommt meist kurz vor dem entscheidenden Sieg und
10 ist ausschließlich eine Sache der Nerven. Wir dürfen
jetzt den Kopf nicht hängen lassen; wir werden schon
Mittel und Wege finden, diese verzweifelte Situation
zu überwinden.

*Zit. nach: Heinz Hürten (Hg.), Deutsche Geschichte in Quellen
15 und Darstellung, Bd. 9: Weimarer Republik und Drittes Reich
1918–1945, Reclam, Stuttgart 1995, S. 137–140.**

1 *Gregor Strasser (1892–1934):* zunächst Anhänger, dann inner-
parteilicher Gegner von Adolf Hitler; wurde 1934 von SS-
Angehörigen ermordet

M 19 Bankier Kurt Freiherr von Schröder über
ein Treffen zwischen Hitler und Papen am 4. Januar 1933 (Rückblick aus der Nachkriegszeit)
Weiterhin führte Papen aus, dass er es für das Beste
halte, eine Regierung zu formen, bei der die konservativen und nationalen Elemente, die ihn unterstützt
hatten, zusammen mit den Nazis vertreten seien. Er
5 schlug vor, dass diese neue Regierung womöglich von
Hitler und Papen zusammen geführt werden sollte.
Daraufhin hielt Hitler eine lange Rede, in der er sagte,
dass, wenn er zum Kanzler ernannt werden würde,
Anhänger von Papen als Minister an seiner (Hitlers)
10 Regierung teilnehmen könnten, sofern sie gewillt wären, seine Politik, die viele Änderungen bestehender
Zustände verfolgte, zu unterstützen. Er skizzierte
diese Änderungen, einschließlich der Entfernung aller Sozialdemokraten, Kommunisten und Juden von

führenden Stellungen in Deutschland und der Wie- 15
derherstellung der Ordnung im öffentlichen Leben.
Papen und Hitler erzielten eine prinzipielle Einigung,
durch welche viele der Punkte, die den Konflikt verursachten, beseitigt werden konnten und eine Möglichkeit der Zusammenarbeit gegeben war. [...] [Ich, 20
der Bankier von Schröder] informierte mich allgemein, wie sich die Wirtschaft zu einer Zusammenarbeit der beiden stellte. Die allgemeinen Bestrebungen der Männer der Wirtschaft gingen dahin, einen
starken Führer in Deutschland an die Macht kom- 25
men zu sehen, der eine Regierung bilden würde, die
lange Zeit an der Macht bleiben würde.

*Zit. nach: http://germanhistorydocs.ghi-dc.org/sub_document.
cfm?document_id=3941&language=german (Download vom
8. Januar 2020).**

M 20 „Brautvorführung", Karikatur aus dem
schweizerischen Magazin „Nebelspalter", 10. Februar 1933.
*V.l.n.r.: Paul v. Hindenburg, Franz von Papen, Germa-
nia, Alfred Hugenberg, Adolf Hitler.*

1 Charakterisieren Sie die Strategie der NSDAP vor der
Ernennung Hitlers zum Reichskanzler (M 17, M 18).
2 Analysieren Sie M 20. Überprüfen Sie, ob das gezeigte
Verhalten der Akteure historisch haltbar ist.
Tipp: Berücksichtigen Sie M 18, M 19.
3 **Vertiefung:** Bewerten Sie Hindenburgs Rolle während
der Machtübernahme der NSDAP.

Geschichte kontrovers:
Das Scheitern der Weimarer Republik

M21 Der Historiker Heinrich August Winkler (1998)

Der deutsche Liberalismus hat sich von seiner Niederlage in dieser Revolution [1918] nie mehr völlig erholt. Sein Arrangement mit dem Obrigkeitsstaat hatte Wirkungen, die das Kaiserreich überdauerten.
5 Hinter den liberalen Parteien stand, anders als bei Sozialdemokratie oder Zentrum, kein fest gefügtes „Milieu"; die Anziehungskraft nationalistischer Parolen auf ehedem liberale Wähler war so stark, dass beide liberale Parteien seit 1930 immer mehr zu Splitter-
10 gruppen herabsanken. Als Weimar in seine Endkrise eintrat, hatte die Sozialdemokratie einen ihrer Partner aus der parlamentarischen Gründungskoalition, den liberalen, also bereits verloren. Der andere Partner, das Zentrum, rückte immer mehr nach rechts
15 und gab sich schließlich der Illusion hin, es sei seine Mission, die Nationalsozialisten in einer Koalition zu zähmen. Damit war die Isolierung der Sozialdemokratie komplett. Wenn es eine Hauptursache für das Scheitern Weimars gibt, liegt sie hier: Die Republik
20 hatte ihren Rückhalt im Bürgertum weitgehend eingebüßt und ohne hinreichend starke bürgerliche Partner konnte der gemäßigte Flügel der Arbeiterbewegung die Demokratie nicht retten.

Heinrich August Winkler, Weimar 1918–1933. Die Geschichte der ersten deutschen Demokratie, C. H. Beck, München 1998, S. 610.

M22 Der Historiker Hans-Ulrich Thamer (2006)

Die Krise der liberalen Demokratie, die in Deutschland schließlich in die Staats- und Wirtschaftskrise der Jahre 1930–1932 und zur nationalsozialistischen Machtergreifung führen sollte, hatte zugleich eine
5 europäische Dimension. Überall stellte der Erste Weltkrieg die europäischen Staaten und Gesellschaften vor schwere materielle und soziale Belastungen und führte zu einer politischen Mobilisierung und Radikalisierung. [...] Vergleicht man die Entste-
10 hungsbedingungen der faschistischen Bewegung und Grüppchen, [...] dann lassen sich wichtige Voraussetzungen für den Durchbruch zur Massenbewegung und Regierungsbeteiligung oder umgekehrt für den Misserfolg europäischer Faschismen bestim-
15 men. Massenwirksamkeit und politische Erfolge erreichten sie dort, wo das überkommene bürgerlich-liberale Parteiensystem nicht zur stabilen Mehrheitsbildung fähig war und die politisch-soziale Mobilisierung mit einer starken Linksbewegung das bürgerliche Lager verunsichert hatte. Zu den
20 politisch-sozialen System- und Orientierungskrisen kamen noch Belastungen der nationalen Identität durch die Niederlage im Ersten Weltkrieg und durch eine Friedensregelung hinzu, die als nationale Schmach und als Aufforderung zu einer radikalen
25 Revisionspolitik empfunden wurde. Nur in Italien und Deutschland konnten die faschistischen-nationalsozialistischen Bewegungen darum zu einer Massenbewegung anschwellen und zu einem eigenständigen politischen Machtfaktor werden.
30

Hans-Ulrich Thamer, Machtergreifung 1933. Die Begründung des „Dritten Reiches", in: Alexander Gallus (Hg.), Deutsche Zäsuren. Systemwechsel seit 1806, Böhlau, Köln 2006, S. 171.*

M23 Die Historiker Eberhard Kolb und Dirk Schumann (2013)

Die Historiker sind sich heute zumindest darin einig, dass das Scheitern der Republik und die nationalsozialistische „Machtergreifung" nur durch die Aufhellung eines sehr komplexen Ursachengeflechts plausi-
5 bel erklärt werden können. Dabei sind vor allem folgende Determinanten zu berücksichtigen: institutionelle Rahmenbedingungen, etwa die verfassungsmäßigen Rechte und Möglichkeiten des Reichspräsidenten [...]; die ökonomische Entwicklung mit ihren
10 Auswirkungen auf die politischen und gesellschaftlichen Machtverhältnisse; Besonderheiten der politischen Kultur in Deutschland [...]; Veränderungen im sozialen Gefüge, beispielsweise Umschichtungen im „Mittelstand" mit Konsequenzen u. a. für politische
15 Orientierung und Wahlverhalten mittelständischer Kreise; ideologische Faktoren (autoritäre Traditionen in Deutschland, extremer Nationalismus [...]; „Führererwartung" [...]); massenpsychologische Elemente, z. B. Erfolgschancen einer massensuggestiven Pro-
20 paganda infolge kollektiver Entwurzelung und politischer Labilität breiter Bevölkerungssegmente; die Rolle einzelner Persönlichkeiten an verantwortlicher Stelle, in erster Linie zu nennen sind hier Hindenburg, Schleicher, Papen.

Eberhard Kolb/Dirk Schumann, Die Weimarer Republik, Oldenbourg, München 2013, S. 277.*

---

1 **Arbeitsteilige Gruppenarbeit:** Analysieren Sie M21 bis M23 und vergleichen Sie Ihre Ergebnisse.
2 **Wahlaufgabe:** Bearbeiten Sie a) oder b).
   a) Gewichten und diskutieren Sie Ursachen für das Scheitern der Weimarer Republik.
   b) Gestalten Sie ein Begriffsnetz, das Ursachen für das Scheitern von Weimar verknüpft.
3 **Schaubild:** Gestalten Sie ein Schaubild, das den Weg zur Machtübernahme der NSDAP 1933 erklärt.

Darstellungen analysieren

Zu den zentralen Aufgaben des Historikers gehört die Arbeit mit Quellen, die in schriftlicher, bildlicher und gegenständlicher Form einen direkten Zugang zur Geschichte bieten. Ihre Ergebnisse präsentieren die Wissenschaftler in selbst verfassten Darstellungen – häufig auch **Sekundärtexte** genannt –, in denen sie unter Beachtung wissenschaftlicher Standards die Ergebnisse ihrer Quellenforschungen sowie ihre Schlussfolgerungen und Bewertungen veröffentlichen. Grundsätzlich lassen sich Darstellungen in **zwei große Gruppen** gliedern: 5

– in fachwissenschaftliche und
– in populärwissenschaftliche bzw. „nichtwissenschaftliche" Darstellungen.

Die **fachwissenschaftlichen Texte** wenden sich an ein professionelles Publikum, bei 10 dem Grundkenntnisse des Faches, der Methoden und der Begrifflichkeit vorausgesetzt werden können. Zu den relevanten Kennzeichen fachwissenschaftlicher Darstellungen gehört, dass alle Einzelergebnisse durch Verweise auf Quellen oder andere wissenschaftliche Untersuchungen durch Fußnoten belegt werden. **Populärwissenschaftliche Darstellungen**, die sich an ein breiteres Publikum wenden, verzichten dagegen auf detailliert belegte Erkenntnisse historischer Befunde und Interpretationen. In erster Linie 15 geht es darum, komplexe historische Zusammenhänge anschaulich und vereinfacht zu präsentieren. Zu dieser Gruppe werden beispielsweise publizistische Texte und historische Essays in Zeitungen und Magazinen sowie Schulbuchtexte gezählt.

Arbeitsschritte zur Interpretation

1. Leitfrage — Welche Fragestellung bestimmt die Untersuchung der Darstellung?

2. Analyse *Formale Aspekte*
– Wer ist der Autor (ggf. zusätzliche Informationen recherchieren)?
– Um welche Textsorte handelt es sich?
– Mit welchem Thema setzt sich der Autor auseinander?
– Wann und wo ist der Text veröffentlicht worden?
– Gab es einen konkreten Anlass für die Veröffentlichung?
– An welche Zielgruppe richtet sich der Text (Historiker, interessierte Öffentlichkeit)?
– Welche Intentionen oder Interessen verfolgt der Verfasser?

Inhaltliche Aspekte
– Was sind die wesentlichen Aussagen des Textes?
  a) anhand der Argumentationsstruktur: These(n) und Argumente
  b) anhand der Sinnabschnitte: wesentliche Aspekte und Hauptaussage
– Wie ist die Textsprache (z. B. appellierend, sachlich oder polemisch)?
– Welche Überzeugungen vertritt der Autor?

3. Historischer Kontext — Auf welchen historischen Gegenstand bezieht sich der Text?
– Welche in der Darstellung angesprochenen Sachaspekte bedürfen der Erläuterung?

4. Urteil — Ist der Text überzeugend im Hinblick auf die fachliche Richtigkeit (historischer Kontext) sowie auf die Schlüssigkeit der Darstellung?
– Welche Gesichtspunkte des Themas werden vom Autor kaum oder gar nicht berücksichtigt?
– Was ergibt ggf. ein Vergleich mit anderen Darstellungen zum gleichen Thema?
– Wie lässt sich der dargestellte historische Gegenstand aus heutiger Sicht im Hinblick auf die Leitfrage bewerten?

Übungsaufgabe

M 1 **Die Historikerin Ursula Büttner über das Scheitern der Weimarer Republik (2008)**

Doch erst unter dem Druck der beginnenden Weltwirtschaftskrise fielen jene fatalen politischen Entscheidungen, durch die sich die offene Situation immer mehr zu einer schlechten, wenn auch bis zum Ende nie aussichtslosen Zukunftsperspektive für die Republik verengte. Erst jetzt entstand jenes Machtvakuum, das die Verächter der Demokratie in der Umgebung des Reichspräsidenten für ihre Zwecke ausnutzen konnten. Der NSDAP gelang ihr grandioser Aufstieg von der politischen Sekte zur mächtigen „Volkspartei des Protests" vor allem aus zwei Gründen: Die eine Ursache war, dass breite Bevölkerungsschichten den Staat für die Verletzung ihrer elementaren Interessen verantwortlich machten, die soziale Gerechtigkeit grob missachtet sahen und sich von den etablierten Parteien nicht mehr repräsentiert fühlten. Dazu kam als zweite Ursache, dass die politischen und gesellschaftlichen Eliten die rechtsradikalen Staatsfeinde in Dienst zu stellen hofften, statt sie energisch zu bekämpfen. Bereits in der Agrarkrise der späten zwanziger Jahre zeichnete sich ab, dass die politische Mobilisierung der empörten Landbewohner überwiegend der NSDAP zugute kam. In der Weltwirtschaftskrise bestätigte sich dieser Trend in den Städten. Je mehr sich die sozialen Spannungen verschärften, desto attraktiver wurden die ideologischen Angebote der NSDAP: Wiederherstellung der „Volksgemeinschaft" unter einem starken, gerechten „Führer", Zähmung der Kapitalisten und Vernichtung der „Bolschewisten". Die Widersprüchlichkeit der Parolen bot den verschiedenen Schichten Anknüpfungspunkte für ihren Protest. Angstgeplagten Bürgern machte die bei Demonstrationen und Aufmärschen zur Schau gestellte Durchsetzungskraft der Nationalsozialisten Mut. Junge Menschen wurden durch die Dynamik der „Bewegung" in besonderer Weise angezogen, und dies wiederum schien der NSDAP in den Augen vieler Älterer die Zukunft zu verheißen.

1930, als der schwere Konjunkturrückschlag harte finanz- und sozialpolitische Einschnitte erzwang, sich jedoch noch nicht zu einer fundamentalen Wirtschaftskrise ausgeweitet hatte, kündigte sich die Gefährdung der Republik von rechts bei der Septemberwahl in der sprunghaften, gewaltigen Zunahme der NSDAP-Stimmen an. Aber noch stand weniger als ein Fünftel der Wähler im nationalsozialistischen Lager. Die Bildung einer parlamentarisch verankerten Mehrheitsregierung unter Ausschluss der extremen Flügelparteien NSDAP, DNVP und KPD war weiterhin möglich und wurde nicht nur von demokratischen Politikern und Staatsrechtlern, sondern im Interesse politischer Stabilität zunächst auch von der Führung des Reichsverbands der deutschen Industrie gefordert. Dieser Weg setzte allerdings einen über alle Interessengegensätze hinwegreichenden Konsens voraus, die demokratische Verfassung unbedingt zu erhalten, und diesen Konsens gab es nicht. Vielmehr entschlossen sich die konservativen Machteliten jetzt, dauerhaft gegen die stärkste demokratische Partei, die SPD, zu regieren und vom parlamentarischen zum autoritären System überzugehen. Anders als ihre Vorgänger 1923 missbrauchten sie die Notstandsbestimmungen der Verfassung, um die Verfassungswirklichkeit grundlegend zu verändern. […]

Die konservativen Retter Deutschlands wollten das Volk einen und trieben es an den Rand des Bürgerkriegs. Sie wollten den Staat aus dem Griff der Parteien und Interessengruppen befreien und lieferten ihn dem skrupellosesten Parteiführer aus. Die Weimarer Republik musste in der kurzen Zeit ihres Bestehens mit enormen Schwierigkeiten fertig werden. Wegen ihrer großen strukturellen „Vorbelastungen", der vielfältigen sozialen Spannungen, der Schwächen ihrer Eliten und der überzogenen Erwartungen ihrer Bürger war sie dafür schlecht gerüstet. Den letzten Stoß aber erhielt sie durch den revisionistischen Ehrgeiz einer konservativen politischen Führung, die seit der Ära Brüning inmitten einer dramatischen Wirtschafts- und Staatskrise danach strebte, die außen- und innenpolitische Niederlage von 1918 zu überwinden.

Ursula Büttner, Weimar. Die überforderte Republik 1918–1933. Leistung und Versagen in Staat, Gesellschaft, Wirtschaft und Kultur, Klett-Cotta, Stuttgart 2008, S. 507–509.*

1 Analysieren Sie M 1 mithilfe der Arbeitsschritte von S. 368.

▶ Lösungshinweise finden Sie auf S. 498 f.

Anwenden

M1 Der Medienunternehmer und Vorsitzende der DNVP Alfred Hugenberg auf einer Kundgebung der „Harzburger Front"[1] (11. Oktober 1931)

Hier ist die Mehrheit des deutschen Volkes. Sie ruft den Pächtern der Ämter und Pfründen, den Machtgenießern und politischen Bonzen, den Inhabern und Ausbeutern absterbender Organisationen, sie ruft
5 den regierenden Parteien zu: Es ist eine neue Welt im Aufstieg – wir wollen Euch nicht mehr! In dem Volke […] stehen die tragenden Kräfte der Zukunft. Aus ihnen heraus wird ein neues, wahres und jüngeres Deutschland wachsen. […]
10 Die bisherigen Machthaber hinterlassen Berge von Sünden und Scherben. Es ist die bittere und doch erhebende Aufgabe eines notgestählten Volkes, die Scherbenberge abzuarbeiten und die überkommenen Sünden zu büßen. Aber dieses Volk […] front
15 noch als Sklavenvolk. Aber es sehnt sich nach Arbeit – sehnt sich danach, als adliges Volk vollen Rechtes im Stolz auf seine Väter für Heim und Herd des freien Mannes zu schaffen. […]
Niemand möge sich täuschen: Wir wissen, dass eine
20 unerbittliche geschichtliche und moralische Logik auf unserer Seite ficht. Aus dem Neuen, das Technik und Industrie für die Welt bedeutete, hatte sich ein Wahn mit doppeltem Gesichte entwickelt – der sogenannte internationale Marxismus und der eigentlich
25 erst aus den marxistischen Konstruktionen heraus Wirklichkeit gewordene internationale Kapitalismus. Dieser Wahn bricht jetzt in der Weltwirtschaftskrise und in der davon scharf zu unterscheidenden deutschen Krise zusammen. Die Frage ist nur, ob da-
30 raus Zerstörung und Elend nach russischem Muster oder neuer Aufstieg nach unseren Plänen und unter unserer Führung hervorgehen soll. […] Da gibt es keinen Mittelweg und keine Konzentration widerstrebender Kräfte. Da gibt es nur ein Entweder – Oder.

Zit. nach: Herbert Michaelis/Ernst Schraepler (Hg.), Ursachen und Folgen, Bd. 8, Dokumenten-Verlag Wendler, Berlin 1958 ff., S. 364.*

1 *Harzburger Front:* Bündnis von DNVP, NSDAP, Stahlhelm, Bund der Frontsoldaten, Reichslandbund und Alldeutschem Verband, das im Oktober 1931 die Absetzung der Regierung Brüning und Neuwahlen forderte. Aufmärsche und Kundgebungen unterstrichen die Forderungen. Das Bündnis scheiterte schnell an der Uneinigkeit der Mitglieder bzw. vor allem an den Alleingängen der NSDAP.

M2 Die Historiker Eberhard Kolb und Dirk Schumann über die Endphase der Weimarer Republik (2009)

Allerdings darf aber auch nicht übersehen werden, dass sich die demokratischen Parteien den Schwierigkeiten der Krisensituation keineswegs gewachsen zeigten. Immobilismus und Konzeptionslosigkeit von SPD- und Gewerkschaftsführung […] sind hier 5 ebenso zu erwähnen wie die Rechtsentwicklung im Zentrum, das eine Koalition mit der NSDAP nicht prinzipiell ausschloss. Bei allen Gruppen der demokratischen Mitte und Linken gab es politische Illusionen und verharmlosende Fehleinschätzungen des 10 Nationalsozialismus, schließlich flüchteten sie in eine Haltung fatalistischen Abwartens. Die Kritik an der Schwäche derer, die aufgrund ihres historischen Auftrags und ihres eigenen politischen Selbstverständnisses berufen und verpflichtet waren, den de- 15 mokratischen Rechtsstaat und den parlamentarischen Verfassungsstaat zu verteidigen, sollte jedoch nicht auf derselben Ebene angesiedelt werden wie die Kritik an denjenigen, die Republik wie Demokratie in Deutschland zerstören wollten […]. Man wird 20 schwerlich behaupten können, die Weimarer Demokratie sei „nicht an ihren Gegnern, sondern an sich selbst zugrunde gegangen" (Karl Dietrich Erdmann). Nicht in erster Linie der sozialdemokratischen Arbeiterschaft und ihren Organisationen, der immer stär- 25 ker schrumpfenden Gruppe republiktreuer bürgerlicher Demokraten und dem Lager des politischen Katholizismus ist der Untergang der Republik anzulasten, sondern den nationalistischen und autoritären Gegnern der Weimarer Demokratie, die – skru- 30 pellos in der Wahl der Mittel – den Staat von Weimar in einer großangelegten Offensive zertrümmerten.

Eberhard Kolb/Dirk Schumann, Die Weimarer Republik, 8. Aufl., Oldenbourg, München 2013, S. 152 f.*

1 Fassen Sie die zentralen Thesen der Rede Hugenbergs zusammen (M 1).

2 Ordnen Sie die Zeitdiagnose Hugenbergs in den historischen Kontext ein.

3 Analysieren Sie die Stärken und Schwächen der unterschiedlichen politischen Kräfte in der Endphase der Weimarer Demokratie. Beziehen Sie M 1 und M 2 mit ein.

4 Nehmen Sie Stellung zu der These von Kolb und Schumann (M 2), dass die Demokratie nicht in erster Linie an sich selbst, sondern an ihren „skrupellosen" Gegnern zugrunde gegangen ist.

Wiederholen

M3 **Karikatur von E. Schilling, Februar 1931.**
Die Zeichnung trägt die Unterschrift: „Nach den Erfahrungen der letzten Wochen ist verfügt worden, dass jeder Demonstrationszug seinen eigenen Leichenwagen mitzuführen hat."

Zentrale Begriffe

Deflation
Große Koalition
Nationalsozialismus
NSDAP
Präsidialkabinette
SA (Sturmabteilung)
„Schuldenkarussell"
Spekulationsblase
SS (Schutzstaffel)
Stahlhelm, Bund der Frontsoldaten
Weltwirtschaftskrise
Young-Plan

1 a) Gliedern Sie die Geschichte der Weimarer Republik von 1929 bis 1933 in Phasen.
b) Charakterisieren Sie die einzelnen Entwicklungsabschnitte, indem Sie für jede Phase zentrale Ereignisse und Handlungen bzw. Strukturen und Prozesse nennen.
c) **Mindmap:** Setzen Sie die Entwicklungen in einer Mindmap zueinander in Beziehung.
2 Arbeiten Sie die entscheidenden Konflikte zwischen den unterschiedlichen Parteien und Gruppierungen in der Weimarer Demokratie während der Jahre 1929 bis 1933 heraus.
3 Interpretieren Sie M 3. Überprüfen Sie, ob das dargestellte Verhalten der historischen Akteure historisch haltbar ist.
4 Vertiefung: Bewerten Sie die Rolle von Reichspräsident Hindenburg während der Machtübernahme der NSDAP.
5 Wahlaufgabe: Bearbeiten Sie entweder a) oder b).
a) Der sozialdemokratische Politikwissenschaftler Franz Neumann schrieb 1933: „Die deutsche Demokratie hat Selbstmord verübt und ist gleichzeitig ermordet worden." Erörtern Sie dieses auf den ersten Blick widersprüchliche Zitat. Formulieren Sie gegebenenfalls eine plakative alternative These.
b) **Lernplakat:** Gliedern Sie in einem Lernplakat die Faktoren, die zum Scheitern der Weimarer Demokratie geführt haben.
Tipp: Zur Erstellung von Lernplakaten siehe S. 503.

Formulierungshilfen
– Die Karikatur ist … entstanden.
– Sie thematisiert …
– Im Vordergrund sind … dargestellt.
– Die einzelnen Personen repräsentieren …
– Gestik und Gestaltung unterstreichen …
– Im Hintergrund sind … dargestellt.
– Die Karikatur deutet die Situation als …

> **Hinweise zur Arbeit mit den Materialien**
>
> Die Materialien M 1 bis M 3 widmen sich den Deutungen des deutschen Selbstverständnisses: Jürgen Kocka (M 1) gibt einen Überblick über das deutsche Nationalbewusstsein im 19. und 20. Jahrhundert. Sebastian Haffner (M 2) analysiert den Nationalismus der Weimarer Republik und leistet damit auch einen Beitrag zum Kernthema des vorliegenden Kursheftes. Heinrich August Winkler (M 3) schlägt den Bogen in die Gegenwart. Anschließend wird in den Materialien M 4 bis M 8 die Debatte um den deutschen Sonderweg beleuchtet. Zunächst erklärt Hans-Ulrich Wehler (M 4), einer der wichtigsten Vertreter der Sonderwegsthese, die Grundzüge der Debatte. Die Propagandapostkarte (M 5) bietet die Möglichkeit, eine von den Nationalsozialisten konstruierte Kontinuitätslinie zu diskutieren. Mit Karl Dietrich Bracher kommt ein weiterer Hauptvertreter der Sonderwegsthese zu Wort (M 6). Tim B. Müller und Andreas Wirsching (M 7) erörtern die innerhalb der Debatte zentrale Frage, ob Weimar scheitern musste. Horst Möller (M 8) beschließt den Themenblock mit einem kritischen Blick auf die Debatte. Die Materialien M 9 und M 10 führen in das Konzept der transnationalen Geschichtsschreibung ein. Jürgen Osterhammel (M 9) erläutert Begriff und Perspektiven von Weltgeschichte, Klaus Kiran Patel (M 10) definiert transnationale Geschichtsschreibung und setzt sich mit ihren Schwierigkeiten auseinander.

Themenfelder des Kernmoduls	Materialien im Kernmodul	Thematische Anknüpfungspunkte des verbindlichen Wahlmoduls	Kapitel des verbindlichen Wahlmoduls	Materialien zum verbindlichen Wahlmodul
Deutungen des deutschen Selbstverständnisses im 19. und 20. Jahrhundert	M 1 Jürgen Kocka M 2 Sebastian Haffner M 3 Heinrich August Winkler	Einführung	Kapitel 3.1	M 5–M 8
		Gründung: Politische Ideen und Träger (Verfassungskontroversen, Träger der Republik)	Kapitel 3.2	M 12–M 15, M 17, M 18, M 22–M 26
		Krise und Stabilisierung (Kontinuität alter Eliten)	Kapitel 3.3	M 13–M 15
		Zwischen Aufbruch und Unsicherheit	Kapitel 3.5	M 7–M 10, M 18
		NS und deutsches Selbstverständnis	Kapitel 3.9	M 3–M 5
Deutsche Sonderwegsdebatte	M 4 Hans-Ulrich Wehler M 5 Propagandapostkarte M 6 Karl Dietrich Bracher M 7 Tim B. Müller, Andreas Wirsching M 8 Horst Möller	Einführung	Kapitel 3.1	M 9, M 10
		Gründung: Politische Ideen und Träger (Verfassungskontroversen, Träger der Republik)	Kapitel 3.2	M 12–M 15, M 17–M 20, M 22, M 23
		Krise und Stabilisierung (Kontinuität alter Eliten, Krisenjahr 1923)	Kapitel 3.3	M 13–M 24
		Außenpolitik (Stresemann)	Kapitel 3.4	M 4–M 15
		Politische Radikalisierung und Scheitern (Zerstörung Demokratie)	Kapitel 3.6	M 10–M 23
Transnationale Geschichtsschreibung	M 9 Jürgen Osterhammel M 10 Klaus Kiran Patel	Einführung	Kapitel 3.1	M 11, M 12
		Zwischen Aufbruch und Unsicherheit	Kapitel 3.5	M 21
		Politische Radikalisierung und Scheitern (Weltwirtschaftskrise)	Kapitel 3.6	M 5–M 9
		Erster Weltkrieg	Kapitel 3.8	M 10

Deutungen des deutschen Selbstverständnisses im 19. und 20. Jahrhundert

M1 Der Historiker Jürgen Kocka über das Nationalbewusstsein der Deutschen (1982)

Wie deutsch war die deutsche Geschichte des 19. und 20. Jahrhunderts? [...] Wie sind die Eigenarten der deutschen Entwicklung zu erklären und einzuordnen? [...] Welches Gewicht soll und darf man der na-
5 tionalsozialistischen Diktatur bei der Deutung der deutschen Geschichte des 19. und 20. Jahrhunderts beimessen? [...]

In betonter Absetzung gegenüber Frankreich und der Französischen Revolution entstand das moderne
10 deutsche Nationalbewusstsein. – In der zweiten Hälfte des 19. Jahrhunderts war es eine zentrale These führender deutscher Sozial- und Wirtschaftswissenschaftler, dass die deutsche Wirtschaftsentwicklung anders und wohl auch besser verlaufe als die engli-
15 sche und deshalb die westeuropäische Klassische Nationalökonomie für Deutschland modifiziert werden müsste. Dann gehörte es zu den Grundüberzeugungen großer Teile der akademischen Intelligenz im Kaiserreich, dass die preußisch-deutsche Verfas-
20 sungsentwicklung zu Recht anders verlaufe als in Westeuropa und dass die starke Monarchie mit ihrer Militärmacht und Bürokratie den westlichen parlamentarisch-demokratischen Staaten überlegen sei. Dieses Sonder- und Überlegenheitsbewusstsein wur-
25 de im Ersten Weltkrieg zugespitzt und in der Niederlage schließlich zutiefst in Frage gestellt. [...] Bismarcks Reichsgründung mit „Blut und Eisen" verstärkte das Gewicht des Militärs. Mit den alten Machteliten überlebten viele traditionale vorbürgerliche,
30 vorindustrielle Normen, Mentalitäten und Lebensformen – trotz des tiefgehenden sozialökonomischen Wandels im Zuge der spät einsetzenden, dann aber schnellen Industrialisierung seit der Mitte des 19. Jahrhunderts. In dieser für Deutschland spezifi-
35 schen und brisanten Koexistenz zwischen sozialökonomischer Modernisierung einerseits und fortdauernden vor-industriellen Strukturen in Gesellschaft, Staat und Kultur andererseits sahen viele Historiker eine wichtige Bedingung dafür, dass die Krise der
40 20er- und 30er-Jahre in Deutschland mit dem Sieg des Nationalsozialismus endete. [...]
Es wäre zweifellos problematisch, die jüngere deutsche Geschichte so zu schreiben, als ob sie mit Notwendigkeit auf die nationalsozialistische Diktatur
45 zugelaufen wäre und es keine Entwicklungsalternativen gegeben hätte. Auch tut das kein ernsthafter Historiker. Richtig ist sicher auch, dass man die deutsche Geschichte heute, fast vier Jahrzehnte nach

Ende des Zweiten Weltkriegs, auch unter anderen Gesichtspunkten interpretieren kann und will als un-
50 ter dem Gesichtspunkt „1933". Der Historiker kann in der Tat verschiedenartige Kontinuitäten herausarbeiten, ohne seinem Gegenstand Gewalt anzutun. Die deutsche Geschichte des 19. und frühen 20. Jahrhunderts war eben auch Vorgeschichte der Bundes-
55 republik (und der Deutschen Demokratischen Republik), und nicht nur Vorgeschichte des Dritten Reichs. Überhaupt geht sie nicht darin auf, Vorgeschichte zu sein. Aber falsch und naiv wäre es, wenn man bei der Interpretation des Kaiserreichs und der Weimarer
60 Republik ganz davon absehen wollte, dass ihre tatsächliche Zukunft zunächst das „Dritte Reich" war. Eine Illusion wäre es zu glauben, dass man durch Abblenden der späteren Jahrzehnte besser herausfinden könnte, wie es damals, im Kaiserreich und in der
65 Weimarer Republik, „eigentlich gewesen ist".

Jürgen Kocka, Der „deutsche Sonderweg" in der Diskussion, in: German studies review, Johns Hopkins University Press, Baltimore 1982, Vol. 5, Iss 3, S. 365 f., 369 f., 376 f.*

1 Fassen Sie die Entwicklung des deutschen Selbstverständnisses nach Kocka zusammen.
2 Erläutern Sie Kockas Kritik daran, die Zeit der Weimarer Republik als reine Vorgeschichte von „1933" zu interpretieren.
3 **Vertiefung:** Recherchieren Sie deutsche Denkmäler aus der Zeit des Deutschen Kaiserreichs. Erörtern Sie das deutsche Selbstverständnis, das sich in diesen Denkmälern manifestiert.
Tipp: Siehe S. 484.

M2 Sebastian Haffner über den Nationalismus in der Weimarer Republik (1987)

Sebastian Haffner war ein deutsch-britischer Publizist und Zeitzeuge, dessen Ausführungen über die deutsche Geschichte des 19. und 20. Jahrhunderts bis heute große Beachtung finden.

Es waren drei Gründe, die die Nationalsozialisten 1930 zunächst zur Massenpartei und dann 1932 zur stärksten Partei überhaupt machten. [...] Die Not war der erste Grund, der Hitler die Massen zutrieb. Sie wird noch heute gern als einzige, und damit als
5 durchschlagende Entschuldigung der plötzlich so massenhaft auftretenden Naziwähler angeführt. Sie war ein Grund, und ein sehr starker, aber nicht der einzige. Ein zweiter Grund lag in einem plötzlich wieder erstarkenden Nationalismus. Er ist längst nicht
10 so greifbar wie die wirtschaftliche Not jener Jahre, und auch nicht so leicht zu erklären. Es scheint sogar widerspruchsvoll, dass gerade das Elend und die wirtschaftliche Verzweiflung von einer Art nationa-

ler Aufbruchsstimmung begleitet waren. Aber so war
es; jeder, der die Jahre 1930 bis 1933 noch bewusst
miterlebt hat, kann es bezeugen. Ganz überwunden
worden waren die nationalen Komplexe und Ressentiments[1] der Zeit nach 1918, die Gefühle, die in solchen Begriffen wie „Dolchstoß" und „Novemberverbrecher" zum Ausdruck kamen, ja niemals. Aber sie
waren in den Jahren 1919 bis 1924 doch im Wesentlichen auf die alte Rechte, die Wähler der Deutschnationalen Volkspartei, beschränkt gewesen und hatten
sich in den Jahren nach 1925, als diese Partei mitre-
gierte, gemildert. Jetzt wurden sie plötzlich Gemein-
gut fast aller Parteien; sogar die Kommunisten sprachen plötzlich eine nationalistische Sprache; und die
heimlichen und offenen Monarchisten, die hinter
Brünings Präsidialkabinett standen, sowieso. [...]
Der dritte Grund für den Wahlerfolg der NSDAP lag
in der Person Hitler selbst – das muss gesagt werden,
obwohl es viele Leute heute ärgern wird. [...] Schon
1918 und 1919 hatten sich viele Deutsche einen solchen Mann, wie Hitler ihn jetzt darstellte, als
Wunschziel ausgemalt. Es gibt aus jener Zeit ein Gedicht von Stefan George, in dem er die Hoffnung aus-
spricht, dass die Zeit

„Den einzigen, der hilft, den Mann gebiert ...

Der sprengt die ketten, fegt auf trümmerstätten
Die ordnung, geisselt die verlaufnen heim
Ins ewige recht, wo grosses wiederum gross ist,
Herr wiederum herr, zucht wiederum zucht. Er
heftet
Das wahre sinnbild auf das völkische banner.
Er führt durch sturm und grausige signale
Des frührots seiner treuen schar zum werk
Des wachen tags und pflanzt das Neue Reich."

*Sebastian Haffner, Von Bismarck zu Hitler. Ein Rückblick,
Droemer, München 2015 [1987], S. 193 ff.**

1 *Ressentiment:* eine oft unbewusste Abneigung, die auf Vorurteilen, Neid oder einem Unterlegenheitsgefühl basiert

1 Erläutern Sie die Entwicklung des Nationalismus in
der Weimarer Republik.
2 **Partnerarbeit:** Erörtern Sie, welches deutsche
Selbstverständnis den Begriffen „Dolchstoß" und
„Novemberverbrecher" zugrunde liegt.
Tipp: Siehe zu den Begriffen „Dolchstoß" S. 305 und
S. 528 und „Novemberverbrecher" S. 532. Formulie-
rungshilfen finden Sie auf S. 485.
3 **Vertiefung:** Interpretieren Sie das Gedicht Stefan
Georges hinsichtlich seiner Aussage über das
„Wunschziel" vieler Deutscher.

M 3 **Der Historiker Heinrich August Winkler über
das nationale Selbstverständnis in einer Rede zum
70. Jahrestag des Kriegsendes im Bundestag
(2015)**

Abgeschlossen ist die deutsche Auseinandersetzung
mit der eigenen Vergangenheit nicht, und sie wird es
auch niemals sein. Jede Generation wird ihren Zugang zum Verständnis einer so widerspruchsvollen
Geschichte wie der deutschen suchen. Es gibt vieles
Gelungene in dieser Geschichte, nicht zuletzt in der
Zeit nach 1945, über das sich die Bürgerinnen und
Bürger der Bundesrepublik Deutschland freuen und
worauf sie stolz sein können. Aber die Aneignung
dieser Geschichte muss auch die Bereitschaft einschließen, sich den dunklen Seiten der Vergangenheit zu stellen. Niemand erwartet von den Nachgebo-
renen, dass sie sich schuldig fühlen angesichts von
Taten, die lange vor ihrer Geburt von Deutschen im
Namen Deutschlands begangen wurden. Zur Verantwortung für das eigene Land gehört aber immer auch
der Wille, sich der Geschichte dieses Landes im Ganzen bewusst zu werden. Das gilt für alle Deutschen,
ob ihre Vorfahren vor 1945 in Deutschland lebten
oder erst später hier eingewandert sind, und es gilt
für die, die sich entschlossen haben oder noch ent-
schließen werden, Deutsche zu werden. [...]
Es gibt keine moralische Rechtfertigung dafür, die Erinnerung an solche Untaten in Deutschland nicht
wachzuhalten und die moralischen Verpflichtungen
zu vergessen, die sich daraus ergeben. [...] Unter eine
solche Geschichte lässt sich kein Schlussstrich ziehen. Neben dem Vergessen gibt es freilich auch noch
eine andere Gefahr im Umgang mit dem dunkelsten
Kapitel der deutschen Geschichte: eine forcierte Ak-
tualisierung zu politischen Zwecken. Wenn Deutschland sich an Versuchen der Völkergemeinschaft beteiligt, einen drohenden Völkermord oder andere
Verbrechen gegen die Menschlichkeit zu verhindern,
bedarf es nicht der Berufung auf Auschwitz. Auf der
anderen Seite lässt sich weder aus dem Holocaust
noch aus anderen nationalsozialistischen Verbrechen noch aus dem Zweiten Weltkrieg insgesamt ein
deutsches Recht auf Wegsehen ableiten. Die Mensch-
heitsverbrechen der Nationalsozialisten sind kein Argument, um ein Beiseitestehen Deutschlands in Fällen zu begründen, wo es zwingende Gründe gibt,
zusammen mit anderen Staaten im Sinne der *„res-
ponsibility to protect"*, einer Schutzverantwortung der
Völkergemeinschaft, tätig zu werden. [...]
Dem wiedervereinigten Deutschland fällt innerhalb
der EU schon aufgrund seiner Bevölkerungszahl und
seiner Wirtschaftskraft eine besondere Verantwortung für den Zusammenhalt und die Weiterentwick-

50 lung dieser supranationalen Gemeinschaft zu. Dazu kommt die Verantwortung, die sich aus der deutschen Geschichte ergibt. Es ist eine an Höhen und Tiefen reiche Geschichte, die nicht aufgeht in den Jahren 1933 bis 1945 und die auch nicht zwangsläufig
55 auf die Machtübertragung an Hitler hingeführt, wohl aber dieses Ereignis und seine Folgen ermöglicht hat. Sich dieser Geschichte zu stellen, ist beides: ein europäischer Imperativ und das Gebot eines aufgeklärten Patriotismus. Um es in den Worten des dritten Bun-
60 despräsidenten Gustav Heinemann aus seiner Rede zum Amtsantritt am 1. Juli 1969 zu sagen:

Es gibt schwierige Vaterländer. Eines davon ist Deutschland. Aber es ist unser Vaterland.

Rede von Prof. Dr. Heinrich August Winkler zum 70. Jahrestag des Endes des Zweiten Weltkrieges, 8. Mai 2015. Zit. nach: https:// www.bundestag.de/dokumente/textarchiv/2015/kw19_ gedenkstunde_wkii_rede_winkler-373858 (Download vom 10. August 2020).*

1 Arbeiten Sie die zentralen Aussagen der Rede Winklers heraus.

2 Erläutern Sie die im Material dargestellte „Verantwortung", die sich nach Winkler aus der deutschen Geschichte ergibt.

3 Nehmen Sie Stellung zu der Frage, welchen Stellenwert die Auseinandersetzung mit der deutschen Vergangenheit für das gegenwärtige Selbstverständnis der Deutschen haben sollte.
Tipp: Kriterien für ein hier gefordertes Werturteil könnten sein: Menschlichkeit, Friedenserhaltung, Verantwortung für individuelles und gesellschaftliches Verhalten, Gedanken- und Meinungsfreiheit sowie die Übereinstimmung mit christlichen und humanistischen Normen.
Tipp: Sprachliche Hilfen für eine Stellungnahme siehe S. 485.

4 **Zusatzaufgabe:** Siehe S. 485.

Gesamte Rede Winklers

📲 cornelsen.de/Webcodes
+🔊 Code: situyu

Die deutsche Sonderwegsdebatte

M 4 Der Historiker Hans-Ulrich Wehler über die Sonderwegsdebatte (2000)

Hans-Ulrich Wehler war einer der einflussreichsten deutschen Historiker des 20. Jahrhunderts. Er gilt als einer der wichtigsten Vertreter der Sonderwegsthese. Er betont die Kontinuitätslinien in der deutschen Geschichte.

Worum geht es bei der „Sonderweg"-Kontroverse? Was wollte man und was will sie klären? [...]
Am Anfang steht die Vorstellung von einem positiven deutschen Sonderweg, der von 1871 bis 1945 das Deutsche Reich im Vergleich mit den „westlichen De-
5 mokratien" als weit überlegen erscheinen ließ. Denn die leistungsfähige Bürokratie, die effiziente Militärmacht, die starke Monarchie oder Diktatur, die staatliche Sozialpolitik, das Bildungssystem – all das
10 schien die Überlegenheit der deutschen Staats- und Gesellschaftsverfassung zu demonstrieren. Darin trat eine Arroganz zutage, die durch [...] den Verlauf des Ersten Weltkriegs nachhaltig verstärkt wurde, ehe sie die Rassedoktrin des „Dritten Reiches" sogar
15 zu einem welthistorischen Unikat überhöhte. Die radikale Umwertung in einen negativen „Sonderweg" ging aus den Erfahrungen mit dem Nationalsozialismus hervor. Denn die Schlüsselfrage seit 1933/1945 lautet: Warum hat Deutschland als einziges westli-
20 ches Industrie- und Kulturland einen Radikalfaschismus in der Gestalt des nationalsozialistischen Regimes mit all seinen mörderischen Konsequenzen des Genozids und Vernichtungskrieges hervorgebracht? [...]
25 In endlosen Diskussionen schälte sich die Denkfigur von einer weithin geglückten Evolution auf dem westlichen Modernisierungspfad heraus, der als normativer Maßstab diente, um den fatal abweichenden deutschen „Sonderweg" pointiert herausarbeiten zu
30 können. [...] Da gab es seit dem ausgehenden 18. Jahrhundert, vollends dann seit 1914 ein deutsches „Sonderbewusstsein", das auf die Unterscheidung vom „Westen" statt auf die Gemeinsamkeiten axiomatischen[1] Wert legte. Da blieb eine „bürgerliche Re-
35 volution" aus, wie sie angeblich die „klassischen" Revolutionsländer England, Nordamerika und Frankreich erlebt hatten. [...] Auf der anderen Seite blieben die traditionalen Machteliten im Adel, im Heer, in der Bürokratie so stark und selbstbewusst,
40 dass sie, gewissermaßen über ihre legitime Lebenszeit hinaus, die Parlamentarisierung und Demokratisierung des politischen Lebens blockieren konnten. Während die industrielle und soziale Modernisierung voranschritten, erzeugte die Bremswirkung

⁴⁵ dieses traditionellen Überhangs ein so gefährliches Spannungsverhältnis, dass unter den neuen Bedingungen des verlorenen Weltkrieges und der Weltwirtschaftskrise seit 1929 der Weg in die autoritäre, dann die diktatoriale Regierungsform als akzeptable Kri⁵⁰senlösung erschien. Wegen der Verformungen der politischen Modernität konnte dann selbst das NS-Regime eine bis 1945 belastbare Loyalitätsbasis gewinnen.

Diese Interpretation eröffnete einen Zugang zur neu⁵⁵eren deutschen Geschichte, der eine selbstkritische Auseinandersetzung mit ihr, namentlich seit den 1960er-Jahren, außerordentlich gefördert hat. [...] [Es] ging [...] jetzt um ein Geflecht von strukturellen Bedingungen, die – ungeachtet aller Leistungserfolge ⁶⁰in der Wirtschaft oder Wissenschaft – eine fehlgesteuerte Gesamtentwicklung bewirkt hatten. An dieser Problematik hat sich eine breitgefächerte Forschung abgearbeitet, um endlich den Voraussetzungen und Durchsetzungsbedingungen des natio⁶⁵nalsozialistischen Regimes auf die Spur zu kommen. [...]

Bisher hat sich [...] eine mittlerweile sorgfältig differenzierte Variante der „Sonderweg"-Interpretation behauptet. 1933 – das bleibt eine national- und uni⁷⁰versalhistorisch legitimierbare und weiterhin erklärungsbedürftige Zäsur. Überdies geht es an erster Stelle um die Bedeutung von Unterschieden in der Entwicklung der westlichen Länder. Und noch immer bewährt sich die modernisierungstheoretische ⁷⁵Denkfigur von einem explosiven Spannungsverhältnis zwischen traditionalem Erbe und mächtigen sozialökonomischen und politischen Antriebskräften. So sehr manche Vorstellung von deutschen „Eigentümlichkeiten" inzwischen in Frage gestellt ⁸⁰worden ist, bleibt doch ein Geflecht von sozialstrukturellen und vor allem politischen Sonderbedingungen bestehen, die freilich ihre dramatische Wirkung erst seit der zweiten Hälfte des 19. Jahrhunderts entfaltet haben.

Hans-Ulrich Wehler, Das Ende des deutschen Sonderweges, in: ders., Umbruch und Kontinuität. Essays zum 20. Jahrhundert, C. H. Beck Verlag, München 2000, S. 84–86.*

1 *axiomatisch:* unanzweifelbar, mit Sicherheit

1 Geben Sie wieder, was nach Wehler unter dem „deutschen Sonderweg" zu verstehen ist.
2 **Schaubild:** Arbeiten Sie die Kriterien heraus, die laut Wehler für den Sonderweg der Deutschen kennzeichnend gewesen sind. Gestalten Sie hierfür ein Schaubild.
3 **Wahlaufgabe:** Bearbeiten Sie entweder Aufgabe a) oder b).

a) Charakterisieren Sie das deutsche Selbstverständnis, das durch die Sonderwegsthese vertreten wird.
b) Beurteilen Sie die von Wehler aufgeführten Kriterien für einen Sonderweg Deutschlands.

M 5 **Propagandapostkarte aus dem Jahr 1933**

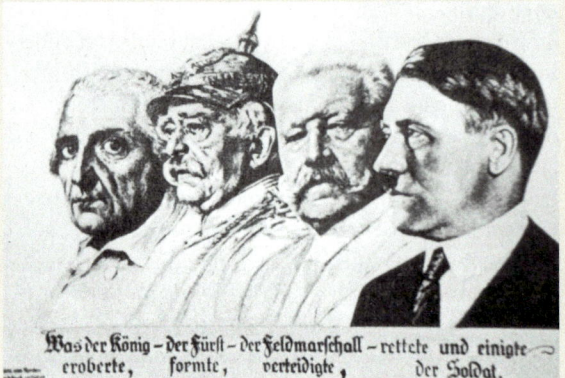

Was der König – der Fürst – der Feldmarschall – rettete und einigte eroberte, formte, verteidigte, der Soldat.

1 Erklären Sie die Kontinuitätslinie, die auf dieser Propagandapostkarte hergestellt wird.
2 Erläutern Sie, welche Wirkung diese Darstellung der Kontinuitätslinie bei dem Betrachter erzielen soll.
3 Setzen Sie die Postkarte in Beziehung zu der Unterscheidung eines positiven und eines negativen Sonderwegs bei Wehler (M 4).

M 6 **Der Politikwissenschaftler und Zeithistoriker Karl Dietrich Bracher über den „Sonderweg" Deutschlands (1979, zuerst 1969)**

Man kann vier große Entwicklungszusammenhänge unterscheiden, in denen sich die spezifisch politischen Voraussetzungen des Nationalsozialismus ausgebildet haben. [...]
1. Die geografische Mittellage im Herzen Europas ⁵ und die besondere Führungsstellung im mittelalterlichen Imperium hatten Deutschland daran gehindert, gleichzeitig mit den westlichen Nationen eine zentral regierte, historisch-national begründete Staatlichkeit zu finden, nachdem das alte Reich in lose ver¹⁰bundene Territorialstaaten zerfallen war. [...] Die anfängliche Begeisterung für die Prinzipien der Französischen Revolution machte dann unter dem Eindruck des Terrors und der aggressiven Expansion der Revolution und Napoleons einer tiefgreifenden Er¹⁵nüchterung Platz. Es begann die romantisch-mystische Begründung eines nationalen Sonderbewusstseins, einer Sonderstellung der Deutschen gegenüber dem Westen und seiner Revolutions- und Staatsphilosophie. [...] Während die Freiheitskriege gegen Na²⁰poleon die nationalen Interessen in den Vordergrund

rückten, ermöglichten sie schließlich der Restauration den Sieg über innere Reform- und Revolutionsbestrebungen.

25 2. Die weltgeschichtliche Folge, die zumal nach dem Scheitern der bürgerlich-liberalen Revolution von 1848 auftrat, war eine Entfremdung und Trennung des deutschen Staatsdenkens von der westeuropäischen Entwicklung. Während das deutsche Sonder-
30 bewusstsein immer stärker antiwestliche Züge entwickelte, geriet auch die starke liberale Bewegung zunehmend in den Bann einer außenpolitisch bestimmten Freiheits- und Einheitskonzeption, die das innenpolitische Freiheits- und Verfassungsideal ver-
35 drängte. [...] Indem sie den Primat der äußeren Einheit vor der inneren Freiheit anerkannte, unterwarf sich die demokratische Verfassungs- und Reformbewegung erneut den vordemokratischen Gewalten der Höfe, des Militärs und der Bürokratie. An der
40 Spitze des preußischen Obrigkeitsstaates, der Hauptstütze und dem Symbol der reaktionären Ordnungsmächte, vermochte Bismarck den ersehnten deutschen Nationalstaat, das „Zweite Reich" in einer Revolution von oben zu erzwingen.

45 Es war eine autoritäre Ersatzlösung für den 1848 erstrebten liberal-demokratischen Nationalstaat. Aber indem sie den äußeren Wunsch der Einheitsbewegung erfüllte, gelang es ihr überraschend schnell, die bürgerlich-liberale Emanzipationsbewegung in die
50 Struktur eines scheinkonstitutionellen, halb absoluten Feudal-, Militär- und Beamtenstaates einzugliedern. [...]

Unter dem Eindruck der Bischmarck'schen Erfolge akzeptierten weite Kreise des Bürgertums jene vulgä-
55 re, zynische Auffassung, dass es in der „Realpolitik" allein auf die Macht und nicht auf Recht und Moral ankomme. [...] Machtkultur und Untertanengeist waren die beiden Pole dieser Fehlhaltung. [...]

3. So war das Bismarck-Reich von Anfang an großen
60 Spannungen ausgesetzt und mit Strukturfehlern belastet, die vom Glanz der Gründerzeit nur oberflächlich verdeckt wurden. Sie behinderten die Entfaltung eines funktionsfähigen parlamentarischen Systems und verantwortungsfreudiger Parteien. Besonders
65 katastrophal war der Niedergang der Liberalen, die noch in den Siebzigerjahren die absolute Mehrheit im Reich und in Preußen besessen hatten. Zugleich blockierte der militärisch bürokratische Obrigkeitsstaat die Mitwirkung der wachsenden Arbeitermas-
70 sen und ihrer sozialdemokratischen und gewerkschaftlichen Organisationen. [...] Es bestand eine tiefe Diskrepanz zwischen gewandelter gesellschaftlicher Struktur und politischer Ordnung, die mit der

industriellen Revolution so tief geänderte soziale Situation fand keine angemessene Berücksichtigung. 75 Nach dem Sturz Bismarcks wuchs die Neigung, dies Problem durch eine Ablenkung des Interessendrucks nach außen (im Sinne eines Sozialimperialismus) zu neutralisieren. Auch außenpolitisch verstand sich das neue deutsche Einheitsreich als „verspätete Nati- 80 on". Konservative und Liberale trafen sich in der Überzeugung, Deutschland müsse möglichst rasch den nationalen und imperialen Vorsprung der Weltmächte aufholen, es habe einen natürlichen Anspruch, als Großmacht die Hegemonie über Mittel- 85 europa zu erringen und sich an der kolonial- und wirtschaftspolitischen Durchdringung und Verteilung der Welt zu beteiligen. [...]

4. Die reale Lage der Weimarer Republik war zwar durch die eindeutige Niederlage des Deutschen Rei- 90 ches und seine rigorose Beschneidung im Versailler Friedensvertrag bestimmt. Aber gerade der Protest, die Nichtanerkennung dieses Rückschlags hat dem Gedanken des nationalen Machtstaats auf Kosten der demokratischen Neuordnung eine besondere In- 95 tensität verliehen. Die Versuche zu einer friedlichen Aufbau- und Verständigungspolitik in Europa waren auch durch das Misstrauen der Westmächte, die Schwäche des Völkerbunds und die Isolationspolitik der USA beeinträchtigt. Sie standen aber vor allem 100 unter dem Druck eines nationalistischen Revisionismus, der zumal während der Krisen zwischen 1918 und 1923 und erneut mit dem Ausbruch der Wirtschaftskrise von 1929 weite Kreise der deutschen Bevölkerung erfasste. Die Weimarer Außenpolitik, zwi- 105 schen Ost und West, Widerstand und Erfüllung, Kooperation und Revision schwankend, vermochte diese Dynamik nicht aufzufangen. [...]

Aber freilich ist ohne die militärisch-politische und staatliche Ordnungstradition Preußens weder die 110 Militarisierung des Denkens und Lebens in weiten Kreisen des Kaiserreichs und der Weimarer Republik noch vor allem dann der Aufbau und die Kampfkraft des totalen Staates zu denken. Die Allianz von Nationalismus und Militarismus im Ersten Weltkrieg war 115 Hitlers großes Erlebnis, ihre Fortsetzung im Kampf gegen die Weimarer Republik und im Bündnis der reaktionären Nationalisten mit der nationalsozialistischen Revolutionsbewegung hat 1933 erst möglich gemacht. 120

Karl Dietrich Bracher, Die deutsche Diktatur. Entstehung, Struktur, Folgen des Nationalsozialismus, 6. Aufl., Ullstein, Frankfurt/M. 1979, S. 16–23.*

1 Arbeitsteilige Gruppenarbeit:

a) Bilden Sie vier Gruppen und erklären Sie jeweils einen der von Bracher genannten vier Entwicklungszusammenhänge, die den Aufstieg und die Durchsetzung des Nationalsozialismus in Deutschland begünstigt oder gefördert haben.

b) Präsentieren Sie Ihre Ergebnisse aus den Gruppenarbeiten in Form einer gemeinsamen Visualisierung, zum Beispiel als Cluster.

Tipp: Zur Cluster-Methode siehe S. 485.

2 Wahlaufgabe: Die Entwicklung der demokratischen Strukturen in Frankreich und England gelten als europäischer Regelfall. Recherchieren Sie die Entwicklung eines der Länder und erörtern Sie die Unterschiede zur deutschen Entwicklung unter Einbeziehung von M 4 und M 5.

M7 **Die Historiker Tim B. Müller und Andreas Wirsching über das Scheitern der Weimarer Republik (2016)**

Das Scheitern Weimars wird in der Sonderwegsdebatte häufig als letzter Schritt zu einem deutschen Nationalsozialismus beschrieben. Müller und Wirsching diskutieren, ob das Scheitern Weimars absehbar war.

a) Tim B. Müller:

Der gravierendste Mangel der meisten Urteile über die „Schwäche" der Weimarer Demokratie ist ihre nationale Beschränkung. Es gab keine Demokratie nach 1918, die sich nicht in einer mehr oder minder exis-
5 tenziellen Krise befand, und es gab keine, die sich auf erfolgreiche Traditionen demokratischer Konfliktaustragung stützen konnte. Eine simple Tatsache, wenn man sich für die internationale Geschichte der Demokratie interessiert, ist es, dass sich weder Briten
10 noch Skandinavier, noch Niederländer vor 1918 als Demokraten verstanden und selbst in Frankreich und den Vereinigten Staaten umstritten blieb, was Demokratie bedeuten sollte. [...] Überall gab es „Eigenwege", aber keinen deutschen „Sonderweg", auch
15 die abgeschwächte Rede von den „Pfadabhängigkeiten" ist noch viel zu deterministisch. Entschieden wurde jeweils in der Gegenwart, die Vergangenheit konnte ganz unterschiedlich genutzt werden, demokratisch ebenso wie antidemokratisch. Die „Gleich-
20 zeitigkeit des Ungleichzeitigen" kennzeichnete überall die ganz „normale" Entwicklung der europäischen Moderne. [...] Die Weimarer Republik war nach damaligen Begriffen eine stabile Demokratie. Sie hatte früher als andere auch die Frauen zu Staatsbürgern
25 gemacht und ihnen das gleiche Wahlrecht eröffnet. Ihre Sozialpolitik wurde weithin bewundert und zunehmend als Bürgerrecht und Ausdruck der Men-
schenwürde verstanden. Die staatsrechtliche und politische Debatte über Grundrechte, die Aufgaben des Staates und die Demokratie war brillant und bie-
30 tet Anregungen bis heute. Die soziale Marktwirtschaft, der regulierte Kapitalismus, wurde erstmals experimentell erkundet. Die Republik war wehrhaft und verbot immer wieder demokratiefeindliche Organisationen. Mehr begeisterte Demokraten hätten
35 ihr zweifellos gutgetan, aber deren Zahl war auch in anderen Demokratien jener Zeit noch gering. [...] Eine überzeugende Geschichtswissenschaft kann die Vergangenheit nicht an späteren Gewissheiten messen, sie muss erforschen, welche Geschichte für die
40 Zeitgenossen denkbar und machbar war, also ihre Zukunft, den Horizont ihrer Erwartungen. Woran Weimar gescheitert ist? Wir wissen noch viel zu wenig darüber, wir müssen noch viel genauer hinschauen. Aber so viel ist klar: Die Demokratie lässt sich
45 nicht restlos absichern. Und wie auf dem Spielfeld ist auch in der Geschichte – und besonders in der Geschichte der katastrophalen Wirtschaftskrise – immer mit dem Faktor Kontingenz zu rechnen, mit dem Zufall, damit, dass zur falschen Zeit die falschen
50 Männer am falschen Ort sind. Aber dass die Weimarer Republik eine schwache Demokratie war, das sollte man einfach nicht länger behaupten.

b) Andreas Wirsching:

Natürlich wäre es vermessen, einen einzigen geschichtlichen Faktor zu isolieren und auf ihn allein das Scheitern der Weimarer Republik zurückzuführen. Aber wesentliche Aspekte des Scheiterns lassen sich unter drei Stichworten zusammenfassen: prob-
5 lematische Traditionen, funktionale Schwächen und äußere Belastungen.

Problematische Traditionen: Die Eliten des Kaiserreichs hegten größtenteils ein tiefes und grundsätzliches Misstrauen gegenüber dem Interessenpluralis-
10 mus der modernen industriellen Massengesellschaft, die sich in Deutschland im letzten Drittel des 19. Jahrhunderts besonders dynamisch entfaltet hatte. Demokratie und Parlamentarismus schienen ihnen allzu leicht zur Plutokratie und zum Parteienegois-
15 mus zu degenerieren; Organisation und kollektiver Austrag konkurrierender Einzelinteressen in der Gesellschaft schienen den materialistischen Ungeist der Zeit widerzuspiegeln. [...] Funktionale Schwächen: Erst vor diesem Hinter-
20 grund werden die vielfältig diagnostizierten Schwächen der Weimarer Reichsverfassung begreifbar. Deren Väter (und wenige Mütter) wussten, dass Republik und Parlamentarismus der historischen Legitimation und der praktischen Einübung entbehrten.
25

Dementsprechend sorgsam verteilte die Weimarer Nationalversammlung die verfassungspolitischen Gewichte, um eine umfassende demokratische Partizipation zu gewährleisten. Sie verknüpfte unter-
30 schiedliche Demokratiemodelle miteinander: [...] So bestechend dieser Entwurf in der Theorie aussah, so dysfunktional entwickelte er sich in der Praxis. [...] Äußere Belastungen: Allerdings war das Schicksal der Weimarer Republik trotz ihrer unbestreitbaren
35 Traditionsprobleme und Funktionsschwächen keineswegs vorherbestimmt. Vielmehr fehlte es ihr an Zeit, den Deutschen eine längerfristige Schule der Demokratie zu sein und damit ihre eigenen Traditionen auszubilden. Dass dies nicht gelang, lag auch an
40 den äußeren Belastungen, mit denen die erste deutsche Demokratie zu kämpfen hatte und die unheilvoll mit den genannten geschichtlichen Defiziten korrespondierten. Allein schon die Tatsache, dass die Republik aus der Niederlage geboren worden war
45 und damit die Enttäuschung und den Hass der deutschen Nationalisten auf sich zog, lud ihr eine schwere Hypothek auf. [...] Heute wie gestern gilt: Die Demokratie hat immer ihre Chance. Für die Weimarer Republik war das
50 nicht anders. Einen historischen Determinismus gibt es nicht. Aber die Erfahrung der ersten deutschen Demokratie und ihres so folgenreichen Scheiterns bleibt auch heute ein Menetekel[1] für die Fragilität der Demokratie. Und sie unterstreicht den dünnen Firnis
55 der Zivilisation, ist die Freiheit erst einmal verspielt.

Tim B. Müller und Andreas Wirsching, Hatte Weimar eine Chance? abgedruckt in: ZEIT Geschichte Nr. 3/2016. Zit. nach: https://www.zeit.de/zeit-geschichte/2016/03/weimarer-republik-demokratie-staerke/komplettansicht#comments (Download vom 30. August 2020).*

1 *Menetekel:* Warnruf, Mahnung

1 Arbeitsteilige Partnerarbeit:
a) Erklären Sie jeweils die Antwort eines der beiden Historiker zu der Frage, ob Weimar scheitern musste.
b) Vergleichen Sie gemeinsam die Antworten der Historiker.
c) Nehmen Sie abschließend Stellung zu der Frage, ob Weimar scheitern musste.

2 Vertiefung: Überprüfen Sie mithilfe Ihrer bisherigen Ergebnisse die Aussage Wirschings, „einen historischen Determinismus gibt es nicht".

3 Zusatzaufgabe: Siehe S. 485.

M 8 **Der Historiker Horst Möller über Kritikpunkte an der „deutschen Sonderwegsdebatte" (1982)**

Grundsätzlich ist festzustellen: Die Diskussion über den „deutschen Sonderweg" ist immer geprägt worden durch fundamentale Erschütterungen, seien es nun Revolutionen oder Kriege. Und diese Erschütte-
5 rungen haben jeweils zu spezifischen Wertungen mit politischer Pointe geführt. Solche auslösenden Erschütterungen waren die Revolutionen von 1848/49, der Erste Weltkrieg, die Revolution von 1918/19, die NS-Machtergreifung 1933 und auch das Kriegsende
10 1945. Ein Blick auf die Sonderwegsvorstellungen nach diesen Daten lässt jedes Mal eine Veränderung in der Bewertung erkennen. [...]
Die Rede vom deutschen Sonderweg impliziert zweierlei: Einmal impliziert sie die Annahme, dass es in
15 der Geschichte Normalwege gibt, und zweitens impliziert sie – zumindest der Intention nach – einen Vergleich, denn sonst könnte man nicht sinnvoll vom Sonderweg sprechen.
Hört der Historiker den Begriff Sonderweg einer Na-
20 tion, dann antwortet er normalerweise: In der Geschichte gibt es, strenggenommen, nur Sonderwege. Insofern ist es nichts Besonderes, vom „deutschen Sonderweg" zu sprechen: Jeder europäische Staat – und natürlich auch die außereuropäischen Staaten –
25 hat gewissermaßen einen Sonderweg in der Moderne beschritten. Gerade eine tiefere historische Betrachtung demonstriert schnell: Die Prämisse eines Normalwegs ist nicht verifizierbar und außerordentlich fragwürdig. Dies umso mehr, als sie meist eine Ideali-
30 sierung des vermeintlichen Normalwegs impliziert.
So etwa die Annahme, England – der Staat, in dem die moderne parlamentarische Demokratie am frühesten verwirklicht worden ist – habe den historischen Normalweg bestritten. [...]
35 Schließlich: Es muss bei einem komparatistischen Vorgehen dieser Art begründet werden, warum England und Frankreich und nicht auch andere Staaten – beispielsweise Spanien, Italien oder auch osteuropäische Länder – die Vergleichskriterien liefern. Aus-
40 schließlich politische Orientierung des Vergleichs an der heutigen Demokratie mittel- und westeuropäischen Zuschnitts ist zwar politisch begründbar, aber geschichtswissenschaftlich fragwürdig.
Mit diesem Plädoyer für den Vergleich und der Forde-
45 rung nach kritischer Reflexion über die historische Kategorie eines deutschen Sonderwegs soll nicht die Berechtigung dieser Fragestellung bestritten werden, soll keineswegs einer unangemessenen Beruhigung gegenüber der Problematik der deutschen Geschich-
50 te des 20. Jahrhunderts das Wort geredet werden. Die Frage ist unabweisbar: Warum kam es unter den

west- und mitteleuropäischen Staaten einzig in Deutschland zu einer Diktatur von solch singulärer Radikalität?

Horst Möller, in: Deutscher Sonderweg – Mythos oder Realität? Kolloquium des Instituts für Zeitgeschichte, R. Oldenbourg Verlag, München 1982, S. 9–15, hier S. 10 ff.*

1 Fassen Sie die Kritik Möllers an den Sonderwegsthesen zusammen.

2 Nehmen Sie abschließend begründet Stellung zu der Sonderwegsdebatte.

   Tipp: Formulierungshilfen für eine Stellungnahme siehe S. 485. (Tipps zu S. 375, M 3).

Transnationale Geschichtsschreibung

M 9 **Jürgen Osterhammel über globalgeschichtliche Perspektiven des 19. Jahrhunderts (2009)**
Weltgeschichte wird dann für den Historiker besonders gut legitimierbar, wenn sie an das Bewusstsein der Menschen in der Vergangenheit anschließen kann. Selbst heute, im Zeitalter von Satellitenkom-
5 munikation und Internet, leben Milliarden in engen, lokalen Verhältnissen, denen sie weder real noch mental entkommen können. Nur privilegierte Minderheiten denken und agieren „global". Doch schon im 19. Jahrhundert, oft und mit Recht als das Jahr-
10 hundert des Nationalismus und der Nationalstaaten bezeichnet, entdecken nicht erst heutige Historiker, auf der Suche nach frühen Spuren von „Globalisierung", Handlungszusammenhänge der Überschreitung: transnational, transkontinental, transkulturell.
15 Bereits vielen Zeitgenossen erschienen erweiterte Horizonte des Denkens und Handelns als eine besondere Signatur ihrer Epoche. Angehörige europäischer und asiatischer Mittel- und Unterschichten richteten Blicke und Hoffnungen auf gelobte Länder in weiter
20 Ferne. Viele Millionen scheuten Fahrten ins Ungewisse nicht. Staatsführer und Militärs lernten in Kategorien von „Weltpolitik" zu denken. Das erste wahre Welt-Reich der Geschichte, das nun auch Australien und Neuseeland umfasste, entstand: das British Em-
25 pire. Andere Imperien maßen sich ehrgeizig am britischen Muster. Handel und Finanzen verdichteten sich noch stärker als in den Jahrhunderten der frühen Neuzeit zu einem integrierten Weltsystem. Um 1910 wurden wirtschaftliche Veränderungen in Jo-
30 hannesburg, Buenos Aires oder Tokyo unverzüglich in Hamburg, London oder New York registriert. Wissenschaftler sammelten Informationen und Objekte in aller Welt; sie studierten die Sprachen, Bräuche und Religionen entlegenster Völker. Die Kritiker der

herrschenden Weltordnung begannen sich ebenfalls 35 auf internationaler Ebene – oft weit über Europa hinaus – zu organisieren: Arbeiter, Frauen, Friedensaktivisten, Anti-Rassisten, Gegner des Kolonialismus. Das 19. Jahrhundert reflektierte seine eigene werdende Globalität. [...] 40
Weltgeschichte bleibt eine Minderheitsperspektive, aber eine, die sich nicht länger als abseitig oder unseriös beiseite schieben lässt. Die fundamentalen Fragen sind freilich auf allen räumlichen und logischen Ebenen dieselben: „Wie verbindet der Historiker in 45 der Interpretation eines einzelnen historischen Phänomens die quellenmäßig vorgegebene Individualität mit dem allgemeinen, abstrakten Wissen, das erst die Interpretation des Einzelnen möglich macht, und wie gelangt der Historiker zu empirisch gesicherten 50 Aussagen über größere Einheiten und Prozesse der Geschichte?" [...]
Dennoch: Weltgeschichte zu schreiben ist auch ein Versuch, dem Spezialistentum der kleinteilig arbeitenden Fachhistorie ein wenig öffentliche Deutungs- 55 kompetenz abzuringen. Weltgeschichte ist eine Möglichkeit der Geschichtsschreibung, ein Register, das gelegentlich ausprobiert werden sollte.

Jürgen Osterhammel, Die Verwandlung der Welt: Eine Geschichte des 19. Jahrhundert, C. H. Beck, 2. Aufl., München 2009, S. 13 ff.*

1 Arbeiten Sie Osterhammels Definition von Weltgeschichte heraus.

2 Erläutern Sie die These Osterhammels, Weltgeschichte sei eine Minderheitsperspektive.

3 **Vertiefung:** Überprüfen Sie die Notwendigkeit, Geschichte in Zeiten der Globalisierung transnational zu betrachten.

4 **Zusatzaufgabe:** Siehe S. 485.

M 10 **Der deutsch-britische Historiker Klaus Kiran Patel zur transnationalen Geschichte (2010)**
Eine relativ offene – und damit in den Augen mancher eventuell vage – Definition haben Akira Iriye und Pierre-Yves Saunier kürzlich dem von ihnen herausgegebenen *Palgrave Dictionary of Transnational History* vorangestellt: Danach geht es bei der transna- 5 tionalen Geschichte, um die *„links and flows"*, die *„people, ideas, products, processes and patterns that operate over, across, through, beyond, above, under, or in-between polities and societies"*.
Zugleich lässt sich für Iriye und Saunier transna- 10 tionale Geschichte nicht nur über ihren [...] Gegenstand definieren. Sie verstehen diese auch als wissenschaftlichen Ansatz – nicht jedoch als Theorie oder Methode, sondern als *„an angle, a perspective"*. Wenngleich der Begriff der Perspektive in der 15

Geschichtswissenschaft untertheoretisiert ist, verweist er grundsätzlich auf das Beziehungsverhältnis zwischen dem Objekt der Analyse (der Vergangenheit) und dem Betrachter (der Historikerin/dem His-
20 toriker). Im Kern definiert sich der Ansatz transnationaler Geschichte demnach primär über das wissenschaftliche erkenntnisleitende Interesse, dass sie und wie sie den oben erwähnten *„links and flows"* nachzugehen trachtet. [...]
25 Zusammengefasst: Es wäre falsch zu meinen, dass sich hinter der transnationalen Geschichte ein bislang gänzlich unbeachteter Gegenstand oder ein völlig neuer Zugriff auf die Geschichte verberge. Verbindungen zwischen Gesellschaften haben stets die
30 Aufmerksamkeit von Historikerinnen und Historikern gefunden – seien diese diplomatischer und politischer, kultureller und sozialer oder schließlich ökonomischer Natur.
Neu an der transnationalen Geschichte ist vielmehr
35 zum einen die Idee, eine Alternative zur Dominanz einer national zentrierten Geschichtsschreibung zu bieten. Wenngleich die meisten Praktiker transnationale Geschichte gerade nicht als neues Paradigma oder neue Meistererzählung verstehen wollen, sehen
40 sie in ihr mehr als lediglich eine zusätzliche Ebene, die sich wie in einem Zwiebelmodell zwischen die lokale, regionale und nationale Geschichte einerseits und die globale andererseits schieben ließe. Denn transnationale Geschichte steht quer zu einer sol-
45 chen Logik der Schichten und kann das Lokale direkt mit dem Übernationalen oder Transkontinentalen verbinden. [...]
Unabhängig davon, ob man transnationale Geschichte eher eng oder weit definiert, dürfte offensichtlich
50 sein, dass sich in der europäischen Geschichte viele transnationale Phänomene finden und die transnationale Geschichte uns helfen kann, sie besser zu verstehen und zu erklären. [...]
Erstens ist es der europäischen Geschichte geradezu
55 eingeschrieben, sich mit Verbindungen und Zirkulationen zu befassen, die Grenzen überschreiten. Die Aufklärung, die Industrialisierung oder zum Beispiel die Entstehung des Wohlfahrtsstaats sind transnationale Phänomene mit stark europäischem Akzent
60 und können deswegen in lokaler oder nationaler Perspektive nicht voll erfasst werden. [...]
Zweitens kann transnationale Geschichte nicht immer an den Grenzen Europas Halt machen. In ihrem Interesse für Verbindungen und Zirkulationen folgt
65 sie idealiter ihren Objekten an all jene Orte, an die diese sie tragen – auch wenn solche Itinerare[1] gegen die Etikette einer weiterhin an territorialen Einheiten

orientierten Geschichtswissenschaft verstoßen mögen. [...]
Die These dieses Beitrags lautet somit: Europa ist 70 mindestens so sehr ein Raum, in dem sich transnationale Bindungen besonders verdichtet haben, wie umgekehrt diese Verknüpfungen Europa erst als solches hervorgebracht haben. Die transnationale Geschichte kann unsere Sensibilität dafür schärfen, in 75 der Konstituierung des Europäischen in Räumen aller Art und in allen Teilen der Welt durch Interaktion *ein*, wenn nicht *das* zentrale Moment der europäischen Geschichte zu verstehen. Zusammengenommen 80 men vermag es erst ein solcher transnationaler Zugang, Europas Ort in der Welt aus der Perspektive der europäischen Geschichte angemessen zu bestimmen.

Klaus Kiran Patel, Transnationale Geschichte, in: Europäische Geschichte Online (EGO), hg. vom Institut für Europäische Geschichte (IEG), Mainz 2010. Zit. nach: http://ieg-ego.eu/de/ threads/theorien-und-methoden/transnationale-geschichte (Download vom 12. August 2020).*

1 *Itinerare:* Stationenverzeichnisse

1 Erklären Sie auf Grundlage von M 10 die Unterschiede der transnationalen zur traditionellen Geschichtsschreibung.
  Tipp: Stellen Sie Ihre Ergebnisse einander zunächst in einer Tabelle gegenüber.
2 Charakterisieren Sie die Schwierigkeit der transnationalen Geschichtsschreibung.
3 Beschreiben Sie Themenfelder der deutschen bzw. europäischen Geschichte, in der die „zusätzliche Ebene" der transnationalen Geschichtsschreibung besonders lohnenswert erscheint.

3.8 Wahlmodul: Der Erste Weltkrieg

M 1 Durch Gaseinsatz erblindete britische Soldaten (bei Estaires), Fotografie, 1918

1914	Ermordung des österreichischen Thronfolgers in Sarajewo (Juni)		
1914	Österreich-Ungarn erklärt Serbien den Krieg (Juli)		
1914	Deutschland erklärt Russland und Frankreich, Großbritannien seinerseits Deutschland den Krieg (August)	**1915**	Erster Einsatz von Giftgas durch deutsches Militär in Ypern, Belgien (April)

1912	**1913**	**1914**	**1915**

1912/13 Balkankriege

1914–1918 Erster Weltkrieg

1888–1918 Regierungszeit Kaiser Wilhelms II.

Als im Herbst des Jahres 1918 der Erste Weltkrieg zu Ende ging, lag das europäische Staatensystem in Trümmern. Der Krieg hatte nicht nur das Zeitalter des Imperialismus, sondern auch das „lange 19. Jahrhundert" (1789–1914) beendet, in dem Europa die Weltpolitik und die Weltwirtschaft bestimmt hatte. Die Bilanz dieser „Urkatastrophe
5 des 20. Jahrhunderts", wie der amerikanische Diplomat George F. Kennan den Ersten Weltkrieg einmal genannt hat, war verheerend: Weltweit starben rund neun Millionen Soldaten und mehr als sechs Millionen Zivilisten, Unzählige waren verletzt und ver- stümmelt worden, weite Landstriche Europas blieben verwüstet zurück. Die Grausam- keiten dieses „ersten industriellen Massenvernichtungskrieges" zerstörten bereits kurz
10 nach dessen Ausbruch nicht nur das Zutrauen, das in die Wissenschaft und die Indus- triezivilisation als Träger einer besseren, moderneren Welt gesetzt worden war, sondern auch den Glauben an die Humanität des Menschen überhaupt.

M 2 **Deutsche Soldaten auf dem Weg an die Westfront, Fotografie, Oktober 1914**

1 Erklären Sie, was die dargestellten Personen auf dem Bild M 1 machen. Recherchie- ren Sie dazu den historischen Kontext, in dem das Bild entstand.
2 Erläutern Sie, welche Perspektive auf den Krieg in dem Bild deutlich wird.
3 Vergleichen Sie Ihre Ergebnisse mit der Wirkung von M 2.
4 **Partnerarbeit:** Entwickeln Sie gemeinsam Fragen, die sich Ihrer Meinung nach aus der Untersuchung der Bilder (M 1, M 2) und dem Einleitungstext auf dieser Seite ergeben. Notieren Sie diese, sodass Sie sie nach Bearbeitung des Kapitels noch einmal aufrufen und bearbeiten können (siehe S. 391).

| 1916 | Schlacht bei Verdun (Febr. bis Dez.) | 1917 | Kriegseintritt der USA | 1918 | „14 Punkte"-Plan des US-Präsidenten Wilson (Jan.) | 1918 | Revolution (Nov.) | 1919 | Friedensvertrag von Versailles |

| 1916 | 1917 | 1918 | 1919 | 1920 |

1914–1918 Erster Weltkrieg

1888–1918 Regierungszeit Kaiser Wilhelms II.

3.8   Wahlmodul: Der Erste Weltkrieg

> **In diesem Kapitel geht es um**
> - die Auswirkungen des technisierten Krieges auf die Soldaten, die an der Front in Schützengräben Artilleriebeschuss und Giftgasangriffe erleben mussten,
> - die Folgen des Weltkriegs für die Heimatfront, die durch Wirtschaftsblockaden und Bombardements in die militärischen Planungen einbezogen wurde,
> - die gegenwärtig noch andauernde Diskussion um die Verantwortung für den Ausbruch des Kriegs.

Entente cordiale
frz., „Herzliches Einverständnis"; 1904 geschlossenes Abkommen zwischen Frankreich und Großbritannien, das koloniale Konflikte bereinigte und faktisch ein Bündnis zwischen beiden Ländern etablierte.

▶ **M 10: Ute Frevert über die Bedeutung des Krieges**

M 1 **Zeitungsmeldung zum Attentat von Sarajewo am 28. 6. 1914**

Kernmodul: ▶ S. 376 f., „Sonderweg", M 6 Karl Dietrich Bracher

Kernmodul: ▶ S. 380 f., „Transnationale Geschichte", M 9 Osterhammel, M 10 Patel

Schlacht bei Verdun
Eine der größten und zugleich blutigsten Schlachten des Ersten Weltkriegs (Februar bis Dezember 1916). In ihr wurden mehr als eine halbe Million Soldaten getötet oder verwundet.

▶ **M 3–M 5: Leben an der Front**

Ursachen und Anlass

Zwischen Frankreich und Deutschland bestand seit dem Deutsch-Französischen Krieg (1870/71) und der deutschen Annexion Elsass-Lothringens durch das Deutsche Reich eine „Erbfeindschaft". Kaiser Wilhelms politischer Kurs der imperialistischen „Weltpolitik" und die Abkehr von Bismarcks Bündnispolitik hatten die politische Isolation Deutschlands zur Folge. Trotz aller kolonialen Differenzen fanden Frankreich und Großbritannien 1904 zu einem Interessenausgleich (**„Entente cordiale"***) – ein Bündnis, das sich drei Jahre später unter Einbeziehung Russlands zur *Triple Entente* erweiterte. Ihr stand der Zweibund, gebildet von Deutschland und Österreich-Ungarn, gegenüber. 5

Das tödliche Attentat auf den österreichisch-ungarischen Thronfolger Franz Ferdinand und seine Frau, das serbische Nationalisten am 28. Juni 1914 im bosnischen Sarajewo verübten, löste in der nun folgenden „Julikrise" eine Eigendynamik der Bündnissysteme aus: Deutschland sicherte Österreich-Ungarn, das mit Serbien „abrechnen" wollte, Anfang Juli uneingeschränkte Unterstützung zu. Ermutigt durch diese „Blankovollmacht", stellte Österreich-Ungarn am 23. Juli an Serbien bewusst unannehmbare Forderungen. Obwohl Serbien den Forderungen weitgehend entgegenkam, erklärte Österreich-Ungarn am 28. Juli Serbien den Krieg. Russland ordnete zwei Tage später die Generalmobilmachung an, um Serbien militärisch beizustehen. Deutschland richtete ein Ultimatum an Russland, die Mobilmachung umgehend einzustellen. Russland ging nicht auf das deutsche Ansinnen ein, woraufhin die deutsche Kriegserklärung an Russland am 1. August und an Frankreich am 3. August 1914 folgte. Nach dem Einmarsch in das neutrale Belgien stellte sich Großbritannien auf die Seite der Entente und erklärte Deutschland am 4. August den Krieg. 10 15 20

Der technisierte Krieg und seine Folgen

Die jahrhundertealte Strategie des Bewegungskrieges erwies sich im Ersten Weltkrieg schnell als überholt. Als die Fronten zum Stillstand kamen, wurde deutlich, dass für keine Seite ein schneller Sieg möglich war. Der Bewegungskrieg wurde zum Stellungskrieg. Der Einsatz von Artillerie, Brandbomben und Giftgas forderte unzählige Menschenleben und verursachte große Umweltschäden: Ganze Landstriche waren von Granattrichtern und Schützengräben zerfurcht. Explodierten Minen oder Granaten, wurden riesige Mengen Erde hochgeschleudert und begruben Soldaten bei lebendigem Leib. Zum Inbegriff der Materialschlacht wurde die „Hölle von Verdun"*. Der Krieg beschleunigte auch die Erfindung und Weiterentwicklung von modernen Waffen wie Maschinengewehren, Flammenwerfern, Panzern, Kampfflugzeugen und U-Booten. Die Technisierung des Kriegs ließ die Opferzahlen in die Höhe schnellen: Von den insgesamt 65 Millionen an den Kampfhandlungen beteiligten Soldaten kamen mehr als acht Mil- 5 10 lionen ums Leben, über 21 Millionen erlitten Verletzungen. Die zivilen Opfer, die an Hunger und Entkräftung starben, werden auf sechs bis sieben Millionen geschätzt.

15 Die Zivilbevölkerung, in erster Linie die Frauen an der „Heimatfront", waren mit anderen Problemen konfrontiert. Der Krieg forderte große Mengen an Rohstoffen und Nahrungsmitteln, was zu Teuerung und allgemeinem Mangel führte. Zudem fehlte es an Brennstoffen zum Heizen und für das Aufkochen von Wäsche. Die Regierung rief die Bürger zum Sparen in allen Lebensbereichen auf. Die Aufrufe zur Kriegsanleihe*, mit

20 denen der Krieg finanziert wurde, wurden mit ausgeklügelter Propaganda im ganzen Land verbreitet. Die Rationierungsmaßnahmen der Regierung führten dazu, dass die Frauen häufig stundenlang in den Geschäften anstehen mussten, um karges Essen oder Konsumgüter erwerben zu können, die Lebensmittelkarten zuwiesen.

Das Kriegsende

Nach dem Kriegseintritt der USA 1917 auf Seiten der Alliierten endete der Krieg Ende 1918 mit der deutschen Kapitulation. US-Präsident Woodrow Wilson legte im Januar 1918 ein 14-Punkte-Programm vor, das als wesentlichen Leitgedanken das Selbstbestimmungsrecht der Völker beinhaltete. Wilson forderte unter anderem die Räumung

5 und Wiederherstellung der von den Mittelmächten völkerrechtswidrig besetzten Gebiete, besonders Belgiens. Deutschland und Österreich-Ungarn lehnten das 14-Punkte-Programm aber ab. Im Herbst 1917 hatte nämlich die Russische Revolution („Oktoberrevolution") die Mittelmächte entlastet und führte zum Kriegsende im Osten. Deutschland diktierte Anfang 1918 der neuen sowjetrussischen Regierung im Frieden

10 von Brest-Litowsk* harte Bedingungen. Das Ausscheiden Russlands aus dem Krieg veranlasste die OHL im Frühjahr 1918, doch noch eine Kriegswende durch letztlich aber erfolglose Offensiven an der Westfront herbeizuführen. Als der militärische Zusammenbruch immer näher rückte, forderte die OHL die Reichsregierung Ende September 1918 auf, den Alliierten ein sofortiges Waffenstillstandsangebot zu unterbreiten. Der

15 amerikanische Präsident lehnte es jedoch ab, mit Repräsentanten des deutschen Kaiserreichs zu verhandeln. Erst nach der erzwungenen Abdankung Kaiser Wilhelms II. am 9. November 1918 (Beginn der Novemberrevolution) wurde am 11. November 1918 in Compiègne ein Waffenstillstandsabkommen unterzeichnet.

Die Pariser Friedensverträge (1919 bis 1922) beendeten offiziell den Ersten Weltkrieg

20 und gaben dem Deutschen Reich die Schuld an dem Konflikt. Diese Frage nach der Kriegsschuld wird jedoch heute noch heiß diskutiert.

1 Stellen Sie die Julikrise und die Folgen in einem Schaubild dar.
   Tipp: Ereigniskette. Schreiben Sie die Ereignisse in Kästchen und bringen Sie diese mit beschrifteten Pfeilen in eine sinnvolle Verbindung.
2 Beschreiben Sie die Folgen des Krieges für Soldaten und Zivilisten.
3 Skizzieren Sie das Ende des Krieges, indem Sie jeweils die Rolle und die Bedeutung der vier Hauptakteure z. B. in einer Tabelle festhalten.

▶ **M 6 – M 9: Leben in der Heimat**

Kriegsanleihe
Sparanleihe, bei der die Bürger bei einem erfolgreichen Kriegsausgang durch hohe Zinsen belohnt werden sollten.

M 2 **Plakat zur 8. Kriegsanleihe, 1918**

DER LETZTE HIEB

ist die
8. KRIEGSANLEIHE

PAUL NEUMANN, PLAKAT FÜR DIE 8. KRIEGSANLEIHE
LOBENDE ERWÄHNUNG   DURCH DIE REICHSBANK AUSGEFÜHRT
DRUCK UND WIEDERGABE VON SELMAR BAYER, BERLIN SO. 36

Frieden von Brest-Litowsk
Am 3. März 1918 geschlossener Friedensvertrag zwischen Russland und dem Deutschen Reich, in dem Russland auf die nördlichen baltischen Provinzen (Livland, Kurland, Estland, Litauen) sowie Polen verzichtete und die Unabhängigkeit Finnlands und der Ukraine anerkennen musste.

Stand der Kriegsschuldfrage

 cornelsen.de/Webcodes
Code: besaxu

▶ **M 11, M 12: Kriegsschuldfrage**

Stationenpass Erster Weltkrieg

Station 1: Leben an der Front			
Station 2: Leben in der Heimat			
Station 3: Die historische Bedeutung des Krieges			
Station 4: Die Kontroverse um den Kriegsausbruch 1914			

Hinweise zur Arbeit mit den Materialien

Der Materialteil zum Ersten Weltkrieg kann als Stationenarbeit durchgeführt werden. Jeder muss alle Stationen bearbeiten. Folgende Schwerpunkte gibt es:

– *Station 1: M 3–M 5 zeigen die technischen Neuerungen des Krieges und die Folgen für die Soldaten auf.*

– *Station 2: M 6–M 9 behandeln die Auswirkungen auf die Zivilisten an der Heimatfront.*

– *Station 3: M 10 stellt die Frage nach dem Charakter des Konfliktes und fordert zur Bewertung auf.*

– *Station 4: M 11, M 12 thematisieren die bis heute aktuelle Debatte um die Kriegsschuldfrage.*

Zur Vernetzung mit dem Kernmodul

– *Kernmodul „Sonderwegsdebatte": S. 375 ff., vor allem M 6 Bracher.*

– *Kernmodul „Transnationale Geschichtsschreibung": S. 380 f., M 9 Osterhammel, M 10 Patel.*

Station 1: Leben an der Front

M 3 **Augenzeugenbericht eines französischen Generals (1915)**

Der französische General Henri Mordacq erlebte den ersten deutschen Gasangriff am 22. April 1915 vor Ypern, der etwa 4500 Tote forderte. Seine Meldung lautete:

Ich werde heftig angegriffen. Jetzt breiten sich ungeheure gelbliche Rauchwolken, die von den deutschen Gräben herkommen, über meine ganze Front aus. Die Schützen fangen an, die Gräben zu verlassen und
5 zurückzugehen. Viele fallen erstickt nieder. [...] Ich stieg sofort zu Pferde und galoppierte in die Gräben. Als wir uns aber Boezinge auf 300 oder 400 Meter genähert hatten, fühlten wir heftiges Prickeln in der Nase und Kehle; in den Ohren sauste es; das Atmen
10 fiel schwer; ein unerträglicher Chlorgeruch umgab uns. [...] In der Nähe des Dorfes war das Bild, das sich uns bot, mehr als bedauernswert – es war tragisch. Überall Flüchtlinge: Landwehrleute, Afrikaner, Schützen, Zuaven[1] und Artilleristen ohne Waffen –
15 verstört, mit ausgezogenen oder weit geöffneten Röcken und abgenommenen Halsbinden – liefen wie Wahnsinnige ins Ungewisse, verlangten laut schreiend nach Wasser, spuckten Blut, einige wälzten sich sogar am Boden und versuchten vergeblich, Luft zu
20 schöpfen.

1 *der Zuave:* Infanterist aus den französischen Kolonien in Nordafrika

Herbert Krieger (Hg.), Handbuch des Geschichtsunterrichts, Bd. 5, Verlag Moritz Diesterweg, Frankfurt/ M. 1965, S. 138.*

M 4 **Tanks (Panzer) aus Großbritannien bei Saint-Quentin/Frankreich, ausgerüstet mit Grabenüberbrückungsgerät, Fotografie, 1918**

M 5 **Auszug aus einem Feldpostbrief von Anton Steiger vom 17. Juli 1916**

Wie ein Fuchsloch war der Eingang. Dahinter führte eine ganz verschüttete Stiege in den Raum, in dem wir uns vier Tage lang befanden. Tote lagen unter dem Schutt, von einem schauten Beine heraus bis zu den Knien [...]; die ganze Zeit war es stockdunkel, da 5 wir nur ein paar Kerzenstangen hatten. Dann war ein schrecklicher Modergeruch da unten, ein Modergeruch von Toten. Ich habe die vier Tage fast nichts essen können. Am dritten Tag schoss die französische Artillerie bis abends halb zehn Uhr. Was das heißt: 10 zehn Stunden im Untergrund liegen unter Granatfeuer, zehn Stunden den Tod des Lebendig-begraben-Werdens vor Augen oder die Aussicht, in die Luft zu fliegen, falls eine Granate da einschlägt, wo der Sprengstoff liegt! Wir bekamen fast keine Luft mehr. 15 Zum Schluss feuerten die Franzosen wahrscheinlich Gasgranaten vor unser Loch. Auf einmal steht der Feldwebel auf, es wird ihm schlecht und ein paar weitere stehen auf und fallen um. [...] Alles wollte hinaus. Viele hatten nicht mehr die Kraft, sich hinauszu 20 schwingen. Ich hatte sie Gott sei Dank noch, half sogar noch einem hinaus.

Zit. nach: http://www.lexikon-erster-weltkrieg.de/Feldpost:_ Anton_Steiger (Download vom 1.9. 2016).*

1 Arbeiten Sie mithilfe von M 3 bis M 5 Merkmale der Kriegsführung im Ersten Weltkrieg heraus.
  Tipp: Erstellen Sie eine Concept-Map; siehe S. 504 f.

2 Erklären Sie die Folgen des Krieges für die Soldaten.

3 **Wahlaufgabe:** Bearbeiten Sie entweder Aufgabe a) oder b).
  a) Recherchieren Sie Feldpostbriefe aus Ihrem Ort.
  b) Verfassen Sie einen eigenen Feldpostbrief.

4 **Zusatzaufgabe:** Siehe S. 485.

Station 2:
Leben in der Heimat

M6 **Doppeldecker der amerikanischen Luftwaffe, undatierte Fotografie**

M7 **Warteschlange vor einem Bäcker in Wien zum Brotverkauf, Fotografie, um 1918**

M8 **Frauen in einer deutschen Munitionsfabrik, Fotografie, 1916**

M9 **Die Historikerin Barbara Guttmann (1989)**

Als Arbeitskräfte und als Garantinnen des Bevölkerungswachstums wurden Frauen zum Objekt macht- und wohlfahrtsstaatlicher Interessen. [...] Erst der Sozialdemokrat Schulz hielt es aber für nötig, die Frage der Bevölkerungspolitik mit der Frauenfrage zu 5 verbinden. Er forderte als Konsequenz das Frauenwahlrecht: „Die Frauen haben sich dieses Recht durch aufopfervolle Tätigkeit während des Krieges doppelt und dreifach erworben." [...] Die Sozialdemokraten wollten [...] die volle politische Gleich- 10 berechtigung der Frauen. [...] Die Nationalliberalen [...] vertraten ganz andere Vorstellungen von der künftigen Rolle der Frau. Zwar verband ihr Abgeordneter von Calker die Diskussion um die Rechte der Frauen ebenfalls mit der weiblichen Pflichterfüllung 15 während des Krieges, er forderte jedoch eine Rückbesinnung auf die „eigentliche Domäne der Frau" [...], aber die Einführung des Frauenwahlrechts lehnte er ab. [...] Auch Staatssekretär Wallraf hielt eine politische Betätigung der Frauen für verfehlt. Er versicher- 20 te den Frauen den „Dank des Vaterlandes" für ihre Tätigkeit in „Heer und Heimat" und stellte fest, dass alte Vorurteile über die Grenzen weiblicher Kraft geschwunden seien. Doch schien es ihm bei Kriegsende vordringlich, die alten Verhältnisse wiederherzustel- 25 len [...]. Am Frauenbild der Politiker hatte sich nach fast vier Jahren Krieg dennoch wenig geändert. Die Aufgaben der Frau wurden nach wie vor am häuslichen Herd gesehen, die des Mannes im öffentlichen Leben. 30

Barbara Guttmann, Weibliche Heimarmee. Frauen in Deutschland 1914–1918, Deutscher Studienverlag, Weinheim 1989, S. 31–33.*

1 Arbeiten Sie aus M6 bis M9 die Folgen des Krieges für die Zivilbevölkerung heraus.
2 **Wahlaufgabe:** Bearbeiten Sie entweder Aufgabe a) oder b).
  a) Verfassen Sie mithilfe der Materialien einen Tagebucheintrag eines älteren Lehrers, der 1917 über die Familien seiner Schülerinnen und Schüler schreibt.
  b) Verfassen Sie mithilfe der Materialien den Dialog zwischen zwei Frauen, von denen sich eine 1918 für eine Freiwilligengruppe des Reichsheeres gemeldet hat, in der Frauen zu Fernsprecherinnen, Funkerinnen und Telegrafistinnen ausgebildet wurden.
3 Überprüfen Sie ausgehend von M9, ob und ggf. inwieweit der Krieg die Frauenemanzipation förderte.
4 **Zusatzaufgabe:** Siehe S. 485.

Station 3:
Die historische Bedeutung des Krieges

M 10 Die Historikerin Ute Frevert über die Bedeutung des Ersten Weltkriegs (2004)

Bereits die Zeitzeugen jener Tage spürten es: Der Krieg, der im August 1914 begann und im November 1918 sein Ende fand, war etwas Einschneidendes. Er setzte eine historische Zäsur, trennte Altes von Neu-
5 em. Er trug, wie Kurt Tucholsky[1] 1920 schrieb, „das bürgerliche Zeitalter" zu Grabe, und er eröffnete eine neue Epoche, deren Signatur den damals Lebenden noch verborgen blieb: „Was jetzt kommt, weiß niemand." Man möchte sie um ihre Ahnungslosigkeit
10 beneiden. Was kam, war eine Ära der Katastrophen, wie der 1917 geborene Historiker Eric Hobsbawm die Zeit bis 1945 nannte. Für seinen Fachkollegen Ernst Nolte leitete der Erste Weltkrieg die Epoche des „europäischen Bürgerkriegs" ein, die mit der Niederlage
15 des Nationalsozialismus endete. Für Mark Mazower, Jahrgang 1958, markiert er den Anfang eines Jahrhunderts, das Europa in einen „dunklen Kontinent" verwandelte und es zum Schauplatz erbitterter weltanschaulicher Konflikte machte. Historiker, gleich
20 welcher Generation oder politischen Haltung, stimmen mit den Zeitgenossen darin überein, die Jahre 1914 bis 1918 als epochalen Bruch zu deuten.

Was brach da ab und auseinander? Tucholsky und andere sprachen von einer „bürgerlichen" Epoche,
25 die 1914 zu Ende gegangen sei. Sie meinten damit das 19. Jahrhundert, in dem die Wertmaßstäbe des gebildeten Bürgertums den Ton angaben: die Hochschätzung von Individualität, persönlicher Leistung, rationaler Wissenschaft, gepflegter Geselligkeit, familiärer
30 Intimität und zivilen Betragens. Dazu gehörte aber auch die Überzeugung, dass Konflikte durch Kompromiss und Ausgleich zu lösen seien statt durch Gewalt und physischen Zwang. Das galt für familiäre oder Nachbarschaftsstreitigkeiten nicht anders als
35 für Arbeitskämpfe und außenpolitische Spannungen. Krieg und Gewalt hielt man zwar nicht für gänzlich illegitim, doch sollten sie sich möglichst auf Fälle existenzieller Gefährdung beschränken und in ihrem Ausmaß streng begrenzt werden.
40 Sicherlich war die Geschichte des 19. Jahrhunderts nicht ganz so zivil, wie von Tucholsky und anderen gesehen. Dafür enthielt sie zu viele dunkle Schattierungen: die sozialen Ungleichheiten einer kapitalistischen Klassengesellschaft, die Diskriminierungen
45 von Frauen, den Antisemitismus, autoritäre Regierungssysteme. Die zwischenstaatlichen Beziehungen waren mitnichten nur durch friedliche Verhandlungen und freundliche Monarchenbesuche geprägt;

Kriege wurden sehr viel häufiger aus machtpolitischem Kalkül heraus angezettelt als aus existenziel-
50 len Zwängen.

Dennoch überwog – bei Zeitgenossen ebenso wie bei späteren Historikern – der Eindruck einer fortschrittlichen Entwicklung. Langsam, aber stetig schien alles besser zu werden: Die Wirtschaft boomte, der ge-
55 samtgesellschaftliche Wohlstand wuchs, krasse Not verschwand; rasante technische Innovationen erweiterten die Handlungs- und Bewegungsspielräume von Millionen, sozialpolitische Maßnahmen dämpften den Klassenkonflikt. Außenpolitisch hatte man
60 sich an Spannungen und Krisen gewöhnt – lebte aber auch in der Gewissheit, sie seien diplomatisch zu lösen. Allen Rivalitäten zum Trotz waren die europäischen Nationen ökonomisch und kulturell eng miteinander verbunden. Zudem einte sie das Bewusstsein
65 der Überlegenheit gegenüber allen nichteuropäischen Kulturen und Zivilisationen. Die meisten Menschen blickten somit zur Jahrhundertwende hoffnungsvoll in die Zukunft. Der Krieg zerstörte diesen Optimismus. Er veränderte Europa und die Welt tief-
70 greifend und dauerhaft […].

Ute Frevert, Das Ende der Alten Welt, in: GEO Epoche, Der Erste Weltkrieg. Von Sarajevo bis Versailles: Die Zeitwende 1914–1918 Ausgabe 14, Gruner+Jahr, Hamburg, 2004 S. 22–23.

1 *Kurt Tucholsky (1880–1935):* deutscher Journalist und Schriftsteller

1 Geben Sie die zentralen Aussagen von Frevert (M 10) zur historischen Bedeutung des Krieges wieder.

2 Überprüfen Sie, ob und ggf. inwieweit der Erste Weltkrieg eine „historische Zäsur" darstellt.
Tipp: Klären Sie den Begriff „historische Zäsur".

3 Wahlaufgabe: Bearbeiten Sie entweder Aufgabe a) oder b).
Stellen Sie Aspekte zusammen, auf die eine Stellungnahme zur historischen Bedeutung des Ersten Weltkrieges aus der Sicht der „transnationalen Geschichtsschreibung" eingehen müsste, wie sie
a) der Historiker Osterhammel (siehe S. 380, M 9) versteht oder
b) der Historiker Patel (siehe S. 380 f., M 10).
Kernmodul: ▶ S. 380 f., M 9, M 10

Station 4:
Die Kontroverse um den Kriegsausbruch 1914

M 11 **Der australische Historiker Christopher Clark (2013)**

Der Kriegsausbruch von 1914 ist kein Agatha-Christie-Thriller, an dessen Ende wir den Schuldigen im Konservatorium über einen Leichnam gebeugt auf frischer Tat ertappen. In dieser Geschichte gibt es
5 keine Tatwaffe als unwiderlegbaren Beweis, oder genauer: Es gibt sie in der Hand jedes einzelnen wichtigen Akteurs. So gesehen war der Kriegsausbruch eine Tragödie, kein Verbrechen. Wenn man dies anerkennt, so heißt das keineswegs, dass wir die kriegeri-
10 sche und imperialistische Paranoia der österreichischen und deutschen Politiker kleinreden sollten, die zu Recht die Aufmerksamkeit Fritz Fischers[1] und seiner historischen Schule auf sich zog. Aber die Deutschen waren nicht die einzigen Imperialisten, ge-
15 schweige denn die Einzigen, die unter einer Art Paranoia litten. Die Krise, die im Jahr 1914 zum Krieg führte, war die Frucht einer gemeinsamen politischen Kultur. Aber sie war darüber hinaus multipolar und wahrhaft interaktiv – genau das macht sie zu
20 dem komplexesten Ereignis der Moderne, und eben deshalb geht die Diskussion um den Ursprung des Ersten Weltkriegs weiter [...]. In den Köpfen vieler Staatsmänner hoben sich anscheinend die Hoffnung auf einen kurzen Krieg und die Angst vor einem lan-
25 gen gegenseitig auf und rückten so eine umfassende Einschätzung der Risiken in weite Ferne. [...] So gesehen waren die Protagonisten von 1914 Schlafwandler – wachsam, aber blind, von Albträumen geplagt, aber unfähig, die Realität der Gräuel zu erkennen, die
30 sie in Kürze in die Welt setzen sollten.

Christopher Clark, Die Schlafwandler. Wie Europa in den Ersten Weltkrieg zog, übers. v. Norbert Juraschitz, Deutsche Verlags-Anstalt, München 2013, S. 715 ff.*

1 *Fritz Fischer:* deutscher Historiker, der die Alleinschuldthese Deutschlands am Kriegsausbruch formulierte; sie fand vor allem durch sein Buch „Griff nach der Weltmacht" (1961) Verbreitung.

M 12 **Die deutsche Historikerin Annika Mombauer (2014)**

Dennoch muss der Hauptteil der Verantwortung für den Kriegsausbruch nach wie vor in den Entscheidungen Österreich-Ungarns und Deutschlands verortet werden. [...]
5 Es gab in der Julikrise 1914 nicht nur eine „schuldige" Regierung unter den Großmächten; alle trugen durch ihre Entscheidungen absichtlich oder unabsichtlich zur Verschlechterung der Situation bei. Aber die Verantwortung einiger Regierungen war gravierender
10 als die anderer, die Folgen der Entscheidungen verhängnisvoller, die Absicht, einen Krieg vom Zaun zu brechen, stärker und daher auch letztendlich ausschlaggebender. Wenn wir den Fokus neuerdings wieder auf die Handlungen aller Großmächte legen,
15 hilft das nicht, wie es in der Zwischenkriegszeit von David Lloyd George beschwichtigend behauptet wurde, Europas Mächte seien hilflos in einen Krieg geschlittert, den niemand gewollt habe. Wie wir gesehen haben, war dieser Krieg nicht das Resultat von
20 „professionellen Fehlern" einer relativ kleinen Gruppe von Diplomaten, Politikern und Militärs. Der Krieg war kein „Unfall", er war nicht das Resultat von Fehlern oder Versäumnissen, und die Verantwortlichen von 1914 waren keine „Schlafwandler", sondern sie
25 wussten im Gegenteil ganz genau, was sie taten. Der Krieg brach aus, weil einflussreiche Kreise in Wien und Berlin ihn herbeiführen wollten und ihn absichtlich riskierten und weil man in Paris und Petersburg bereit war, diesen Krieg zu führen, wenn er denn
30 käme. Gewiss, es gab auch in Paris und Petersburg und zu einem viel geringeren Teil sogar in London im Juli 1914 Befürworter des Krieges, vor allem unter den Militärs. Aber die Entscheidung, im Sommer 1914 einen Krieg zu führen, war in Wien und Berlin
35 getroffen worden.

Annika Mombauer, Die Julikrise. Europas Weg in den Ersten Weltkrieg. C. H. Beck, München 2014, S. 117 f.*

1 Stellen Sie die Forschungspositionen von Clark (M 11) und Mombauer (M 12) vergleichend gegenüber.
Tipp: Nutzen Sie dafür eine Tabelle. Gehen Sie dabei auch auf den Sprachstil von Christopher Clark und Annika Mombauer ein.

2 **Wahlaufgabe:** Bearbeiten Sie entweder Aufgabe a) oder b).
a) **Internetrecherche:** Die Thesen von Clark hatten nach 2013 eine größere historische Debatte ausgelöst. Recherchieren Sie zur Clark-Kontroverse und beurteilen Sie die Stichhaltigkeit seiner Thesen.
b) **Zeitungsbericht:** Verfassen Sie ausgehend von M 11 und M 12 einen Bericht zum Ersten Weltkrieg für eine Ausgabe der Schülerzeitung Ihrer Schule.

3 **Zusatzaufgabe:** Siehe S. 485.

Anwenden

M1 US-amerikanisches Propagandaplakat mit Werbung für den Erwerb von Kriegsanleihen, 1917

Präsentation

Propaganda im Ersten Weltkrieg

Der Erste Weltkrieg brachte nicht nur technische Neuerungen in Bezug auf die Waffen. Um die Gesellschaft für den Krieg zu mobilisieren, wurde auch erstmals Massenpropaganda eingesetzt. Präsentieren Sie die Nutzung von Propaganda im Ersten Weltkrieg.

Literaturtipp
Anton Holzer, Die andere Front. Fotografie und Propaganda im Ersten Weltkrieg, 3. Auflage, Primus, Darmstadt 2012.

Der Erste Weltkrieg in der historischen Erinnerung

Der Weltkrieg hat in der historischen Erinnerung für die kriegsteilnehmenden Länder unterschiedliche Bedeutungen. Dies wird auch deutlich durch die Bezeichnung als „The Great War" in Großbritannien bzw. „La grande Guerre" in Frankreich. Recherchieren und präsentieren Sie die verschiedenen Erinnerungen an den Ersten Weltkrieg.

Literaturtipps
Martin Beier, Der Erste Weltkrieg in der internationalen Erinnerung, in: Aus Politik und Zeitgeschichte 64, 16–17/2014, S. 47–53.
Barbara Korte (Hg.), Der Erste Weltkrieg in der populären Erinnerungskultur, Klartext, Essen 2008, S. 7–24.

M2 Veteranen und deren Nachfahren während einer Zeremonie am ANZAC-Day am Australischen Kriegsdenkmal in Canberra, Fotografie vom 25. April 2019

Wiederholen

M 3 Propaganda-poster der USA zur Rekrutierung von Soldaten, 1917

Zentrale Begriffe

Clark-Kontroverse
Gleichgewicht der Mächte
Hegemonie
„Industrialisierte" Kriegführung
Kriegsschuldfrage
Nation
Nationalismus
Weltpolitik

Formulierungshilfen „Propagandaplakate analysieren"

– Das vorliegende Material ist ein amerikanisches Propagandaplakat …
– Im Zentrum des Plakats ist ein überdimensionaler Affe abgebildet, der …
– Als Erstes fällt dem Betrachter ins Auge, …
– Im Vordergrund sieht man …
– Im Hintergrund sind … zu erkennen.
– Des Weiteren fallen die … ins Auge.
– Das Plakat ist überschrieben mit dem Slogan „…", welcher in knallroten Großbuchstaben gestaltet ist.
– Am unteren Bereich findet sich „…".
– Die dargestellte Szene wirkt auf den Betrachter, …
– Der überdimensionierte Affe mit Pickelhaube soll … darstellen.
– Die Frau …
– Die zentrale Aussage ist, dass die …
– Das Poster ist Teil der amerikanischen Kriegspropaganda und soll …

1 Interpretieren Sie das Plakat M 3.
   Tipp: Beachten Sie die Arbeitsschritte auf der Methodenseite 298 sowie die Formulierungshilfen auf dieser Seite. Achten Sie auch auf inhaltliche Details, z. B. den Helm oder die Keule.
2 Setzen Sie M 3 in Verbindung zur Sonderwegsthese (d. h. zur Vorstellung von der Geschichte Deutschlands im 19./20. Jahrhundert als einem „negativen" Sonderweg).
3 **Wahlaufgabe:** Bearbeiten Sie entweder Aufgabe a) oder b).
   a) Verfassen Sie einen Feldpostbrief eines Soldaten der Westfront an seine Familie.
   b) Verfassen Sie einen Tagebucheintrag einer Frau zum Kriegsalltag 1917.
4 **Partnerarbeit:** Tauschen Sie jeweils mit einem/einer Partner/-in, der/die die jeweils andere Wahlaufgabe 3 bearbeitet hat, und verbessern Sie dessen/deren Ergebnis.
5 **Vertiefung:** Recherchieren Sie zum Ersten Weltkrieg und seinen Folgen in Ihrer eigenen Heimatgemeinde. Stellen Sie Ihre Ergebnisse im Kurs vor.
6 Erörtern Sie die These, dass der Erste Weltkrieg die Folge des europäischen Nationalismus des 19. Jahrhunderts darstellt.
7 Geben Sie Antworten auf Ihre Fragen von der Einstiegsseite 383.

Kernmodul: ▶ Sonderwegsdebatte, S. 375 ff., M 4 Wehler, M 6 Bracher

3.9 Wahlmodul: Nationalsozialismus und deutsches Selbstverständnis

M1 Judenverfolgung in Cuxhaven, Fotografie, 1933.

Auf dem Bild sind Oskar Dankner und seine angebliche Geliebte Adele Edelmann zu sehen, die am 27. Juli 1933, sechs Monate nach der Machtübernahme der Nationalsozialisten, durch die Straßen von Cuxhaven getrieben und dabei mit Peitschen geschlagen wurden.

1918	Novemberrevolution, Ausrufung der Republik, Ende der Monarchie in Deutschland
1919	Wahlen zur Nationalversammlung, Versailler Vertrag
1920	25-Punkte-Programm der NSDAP
1921	Wahl Hitlers zum NSDAP-Vorsitzenden
1923	Hitler-Putsch
1925	Veröffentlichung von Hitlers „Mein Kampf", Bd. 1
1929	Beginn der Weltwirtschaftskrise

1920 1925 1930

1914–1918 Erster Weltkrieg

1919–1933 Weimarer Republik

Die Ernennung Adolf Hitlers zum Reichskanzler am 30. Januar 1933 war ein tiefer Einschnitt in der deutschen Geschichte. Nach nur vierzehn Jahren endete die erste deutsche Demokratie, Hitler und die Nationalsozialisten veränderten Deutschland im atemberaubenden Tempo in eine totalitäre Diktatur.

5 Hitler und sein Programm, das für die Menschen in Zeiten der Weltwirtschaftskrise nach 1929 attraktiv erschien, wurzelten ideell jedoch tief im 19. Jahrhundert. Aus diesem Grund ist eine Auseinandersetzung mit den zentralen Ideologemen der Nationalsozialisten wichtig, auch um die Traditionen des Nationalismus in diesem Ideengerüst nachweisen zu können.

1 Erläutern Sie, welches Menschenbild der Nationalsozialisten in der Fotografie M 1 deutlich wird.

2 Stellen Sie weitere biografische Nachforschungen zu Oskar Dankner und Adele Edelmann an.

3 **Partnerarbeit:** Entwickeln Sie gemeinsam Fragen, die sich Ihrer Meinung nach aus dem Bildmaterial ergeben. Notieren Sie diese, sodass Sie sie nach Bearbeitung des Kapitels noch einmal aufrufen und bearbeiten können.

| 1933 | Ernennung Hitlers zum Reichskanzler, Reichstagsbrand, Außerkraftsetzung der Grundrechte, „Ermächtigungsgesetz" | 1936 | Verkündung des „Vierjahresplans", Olympische Spiele in Garmisch-Partenkirchen und Berlin, Ernennung Himmlers zum Chef der deutschen Polizei | 1939 | Deutscher Angriff auf Polen, Beginn des Zweiten Weltkriegs | 1941 | Angriff auf die UdSSR, Kriegseintritt der USA | 1945 | Kapitulation Deutschlands |

1935   1940   1945

1933–1945 NS-Herrschaft

3.9 Wahlmodul: Nationalsozialismus und deutsches Selbstverständnis

> **In diesem Kapitel geht es um**
> – die ideologischen Grundlagen des Nationalsozialismus,
> – die Auswirkungen dieser Ideologie nach 1933,
> – die Bedeutung der Begriffe „Volksgemeinschaft" und „Untermenschen",
> – die Auswirkungen dieser Klassifizierungen.

NSDAP
Nationalsozialistische Deutsche Arbeiterpartei, gegründet 1920 in München, ab 1921 unter Führung von Adolf Hitler.

Ideologie des Nationalsozialismus

M1 **Adolf Hitler, Fotografie, 1920**

„Mein Kampf"
Von Adolf Hitler in seiner Haftzeit nach einem gescheiterten Putschversuch verfasste Biografie.

▶ M 3 und M 4: zur NS-Ideologie

Kernmodul: ▶ S. 375–380, M 4–M 8, Sonderwegsdebatte

Antisemitismus im 19. und 20. Jahrhundert

📖▶ cornelsen.de/Webcodes
➕🔊 Code: sosexa

Mit Beginn der 1930er-Jahre, als die Weltwirtschaftskrise in Deutschland das Vertrauen vieler Menschen in Regierung, Parlament und Parteien sowie in deren Fähigkeiten zur Lösung der ökonomischen und sozialen Probleme erschüttert hatte, gelang der **NSDAP*** der Durchbruch zu einer Massenpartei. Die Nationalsozialisten fanden in der Bevölkerung mit ihrer Forderung nach Beseitigung des „Weimarer Systems" und einem „starken Mann" an der Spitze des Deutschen Reiches zunehmend Rückhalt. 5
Ihr „Führer" **Adolf Hitler*** könne als Retter Deutschland aus der Wirtschaftskrise herausführen und den nationalen Wiederaufstieg des Reiches durchsetzen. Die politischen Lösungen, die Hitler und die Nationalsozialisten anboten, beruhten sowohl auf der charismatischen Führergestalt Adolf Hitlers als auch auf der ebenso radikalen wie aggressiven Ideologie der nationalsozialistischen Bewegung. Diese „Weltanschauung" verband 10 die faschistischen Grundelemente Antiparlamentarismus, Antiliberalismus und Antimarxismus mit völkischen Auffassungen von imperialistischem Nationalismus, Antisemitismus und Rassismus. Dabei bestand das Prinzip der NS-Ideologie in der radikalen Vereinfachung der übernommenen Thesen und Argumente. Hitler, der seine Ansichten 15 und Ziele bereits 1925 in seinem Buch „Mein Kampf"* formuliert hatte, glaubte umso mehr Zustimmung zu erlangen, je stärker er die nationalsozialistischen Leitgedanken auf wesentliche Inhalte reduzierte.

Rassenlehre, Antisemitismus und „Untermensch"-Propaganda

Einer der Grundpfeiler nationalsozialistischen Denkens war der Rassismus. Er beruhte erstens auf der pseudo-wissenschaftlichen Auffassung, dass biologische und damit erbliche Merkmale das gesamte menschliche, also auch das politisch-gesellschaftliche Verhalten bestimmen. Zweitens unterstellte der Rassismus die Höher- bzw. Minderwertigkeit unterschiedlicher „Rassen". Mit dieser Annahme untrennbar verbunden ist eine 5 sozialdarwinistische Interpretation der Geschichte: Sie erschien als ein ständiger Kampf der Individuen und Völker, der Staaten und „Rassen", wobei sich stets die Stärkeren gegenüber den Schwächeren durchsetzten.
In der NS-Ideologie verbanden sich außerdem Rassismus und Antisemitismus zum Rassenantisemitismus, d. h., die Judenfeindschaft wurde nun nicht zuvorderst religiös oder 10 sozial begründet, sondern es wurde argumentiert, dass die jüdische Rasse gegenüber der „arischen" bzw. germanischen minderwertig sei und sich nur der geistigen und materiellen Güter höherstehender Rassen bediene. Daraus wurde gefolgert, dass „die Juden" der oberste Feind der Menschheit seien.
Mit der Machtübernahme der Nationalsozialisten wurde der Rassenantisemitismus 15 zum Dreh- und Angelpunkt staatlichen Handelns. Der Historiker Michael Wildt bezeichnet den nationalsozialistischen Judenhass im Unterschied zum Antisemitismus der Kaiserzeit als „Antisemitismus der Tat". Ideen bezüglich gesetzlicher Einschränkun-

gen oder erste Vernichtungsgedanken, wie sie z. B. der Philosoph und Antisemit Eugen
20 Karl Dühring (1833–1921) angestellt hatte, gab es, aber sie blieben Theorie. In der NS-Zeit wurde daraus staatliche Politik. Die Nationalsozialisten klassifizierten auch Sinti und Roma, Menschen afrikanischer und asiatischer Herkunft sowie die slawischen Völker, vor allem Russen und Polen, als „minderwertige Rassen" bzw. als „Untermenschen". Pseudo-wissenschaftliche und programmatische NS-Schriften sprachen den „Unter-
25 menschen" pauschal Kraft, intellektuelle Leistungsfähigkeit, Kreativität, Moral und Ehrbarkeit ab. Die NS-Propaganda entmenschlichte sie zudem als Artfremde und Volksschädlinge, als „Ungeziefer" und „Parasiten". So bereitete der NS-Staat die Ausgrenzung, Entrechtung, Deportation und schließlich die Vernichtung von Millionen von Menschen ideologisch vor. Gleichzeitig
30 senkte die kollektive Entmenschlichung die Hemmschwelle bei Soldaten, Polizisten und **SS***, wehrlose Menschen auszubeuten und in den besetzten Ländern sowie in den Konzentrationslagern zu töten.

SS
1925 von Hitler begründete Organisation, die ursprünglich seine „Leibgarde" darstellte („Schutzstaffel"); nach 1933/34 entwickelte sich die SS zur zentralen Unterdrückungs- und Machtorganisation – die SS leitete auch die Konzentrations- wie Vernichtungslager.

„Volksgemeinschafts"-Ideologie

Der „nationale Sozialismus", den die NSDAP vertrat, zielte nicht auf die sozialistische Umgestaltung der wirtschaftlichen und sozialen Verhältnisse, wie sie von den Arbeiterparteien und den Gewerkschaften angestrebt wurde. Die „nationale Wiedergeburt" des Deutschen
5 Reiches konnte nach ihrer Auffassung nur gelingen, wenn Staat und Gesellschaft nicht länger von Klassenkampf und Parteienzwist bestimmt würden. Als Alternative zu sozialistischen und demokratischen Ordnungsvorstellungen formulierte die NS-Propaganda das Ideal der „Volksgemeinschaft", in der alle sozialen Gruppen – außer
10 den Gegnern, die ausgegrenzt werden müssten – zu einem einheitlichen ethnischen Verband zusammengeschlossen seien. Damit jeder seinen natürlichen Platz in der Gesellschaft einnehmen könne, sollten alle sozialen Unterschiede eingeebnet werden. Die Verheißung der Nationalsozialisten, die deutsche Bevölkerung zu einer „Volksgemein-
15 schaft" zusammenzuführen, war nach dem Ersten Weltkrieg ein wirksames Propagandamittel, um die Unzufriedenen für die NSDAP zu gewinnen. Nach der Machtübernahme 1933 trat ein anderes Ziel in den Vordergrund: Die Nationalsozialisten betrachteten die Schaffung einer homogenen und starken deutschen Nation als unabdingbare
20 Voraussetzung für ihre Kriegs- und Expansionspolitik. Erst eine von allen inneren Konflikten und Schwächen befreite „Volksgemeinschaft" habe die Kraft und Willensstärke, den in ihren Augen erforderlichen „Lebensraum" im Osten gegen eine Welt äußerer Feinde zu erobern.

M2 „Nürnberg 1933, einig das Volk, stark das Reich", Postkarte, 1933

▶ M5: Hitler über „Volksgemeinschaft"

Kernmodul: ▶ S. 373–375, M1–M3, deutsches Selbstverständnis

1 **Schaubild:** Arbeiten Sie aus der Darstellung die zentralen Merkmale der „NS-Volksgemeinschafts"-Ideologie heraus und stellen Sie sie in einem Schaubild dar.
2 Erläutern Sie mithilfe der Darstellung die Begriffe „Rassenantisemitismus" und „Antisemitismus der Tat". Zeigen Sie dabei die Unterschiede zwischen dem traditionellen und dem nationalsozialistischen Antisemitismus auf.
Tipp: Nutzen Sie für die Merkmale des traditionalen Antisemitismus den Webcode (S. 394) und stellen Sie diesen dem Antisemitismus im Dritten Reich gegenüber.

Hinweise zur Arbeit mit den Materialien

Der Materialteil setzt folgende Schwerpunkte:
- *M 3 zeigt mithilfe von Auszügen aus „Mein Kampf"*
  zentrale Merkmale der NS-Ideologie auf.
- *M 4 behandelt die Auswirkungen der rassistischen*
  Propaganda auf die Gesellschaft.
- *M 5 thematisiert die Idee der „Volksgemeinschaft",*
  mit der die Nationalsozialisten für die Gesellschaft
  attraktiv waren.

Zur Vernetzung mit dem Kernmodul
- *Kernmodul „Sonderwegsdebatte": S. 375 ff., M 4*
  Wehler, M 6 Bracher.
- *Kernmodul „Deutsches Selbstverständnis": S. 373 ff.,*
  M 1–M 3.

M 3 **Auszüge aus Hitlers „Mein Kampf" (1925)**

a) „Der Jude"

Siegt der Jude mithilfe seines marxistischen Glaubensbekenntnisses über die Völker dieser Welt, dann wird seine Krone der Totenkranz der Menschheit sein, dann wird dieser Planet wieder wie einst vor
5 Jahrmillionen menschenleer durch den Äther ziehen.

Die ewige Natur rächt unerbittlich die Übertretung ihrer Gebote.

So glaube ich heute im Sinne des allmächtigen
10 Schöpfers zu handeln: Indem ich mich des Juden erwehre, kämpfe ich für das Werk des Herrn.

b) „Volk und Rasse"

Schon die oberflächlichste Betrachtung zeigt als nahezu ehernes Grundgesetz all der unzähligen Ausdrucksformen des Lebenswillens der Natur ihre in sich begrenzte Form der Fortpflanzung und Vermeh-
5 rung. Jedes Tier paart sich nur mit einem Genossen der gleichen Art. Meise geht zu Meise, Fink zu Fink, der Storch zur Störchin, Feldmaus zu Feldmaus, Hausmaus zu Hausmaus, der Wolf zur Wölfin usw. […]
10 Die Folge dieses in der Natur allgemein gültigen Triebes zur Rasseeinheit ist nicht nur die scharfe Abgrenzung der einzelnen Rassen nach außen, sondern auch ihre gleichmäßige Wesensart in sich selber. […]
15 So wenig sie [= die Natur] aber schon eine Paarung von schwächeren Einzelwesen mit stärkeren wünscht, so viel weniger noch die Verschmelzung von höherer Rasse mit niederer, da ja andernfalls ihre ganze sonstige, vielleicht jahrhunderttausendelange
20 Arbeit der Höherzüchtung mit einem Schlage wieder hinfällig wäre.

Die geschichtliche Erfahrung bietet hierfür zahllose Belege. Sie zeigt in erschreckender Deutlichkeit, dass bei jeder Blutsvermengung des Ariers mit niedrigeren Völkern als Ergebnis das Ende des Kulturträgers 25 herauskam. […] Den gewaltigsten Gegensatz zum Arier bildet der Jude.

c) „Antiparlamentarismus" und „Führerprinzip"

Die junge Bewegung ist ihrem Wesen und ihrer inneren Organisation nach antiparlamentarisch, d. h., sie lehnt im Allgemeinen wie in ihrem eigenen inneren Aufbau ein Prinzip der Majoritätsbestimmung ab, in dem der Führer nur zum Vollstrecker des Willens 5 und der Meinung anderer degradiert wird. Die Bewegung vertritt im Kleinsten wie im Größten den Grundsatz der unbedingten Führerautorität, gepaart mit höchster Verantwortung. Die praktischen Folgen dieses Grundsatzes in der Bewegung sind nachste- 10 hende: Der erste Vorsitzende einer Ortsgruppe wird durch den nächsthöheren Führer eingesetzt, er ist der verantwortliche Leiter der Ortsgruppe. […] Der völkische Staat hat, angefangen bei der Gemeinde bis hinauf zur Leitung des Reiches, keinen Vertre- 15 tungskörper, der etwa durch Majorität beschließt, sondern nur Beratungskörper, die dem jeweilig gewählten Führer zur Seite stehen und von ihm in die Arbeit eingeteilt werden, um nach Bedarf selber auf gewissen Gebieten wieder unbedingte Verantwor- 20 tung zu übernehmen, genau so wie sie im Größeren der Führer oder Vorsitzende der jeweiligen Korporation selbst besitzt.

Adolf Hitler, Mein Kampf, Franz Eher Nachfolger, München 1942, S. 69 f., 311 ff., 378, 501 f.*

---

1 Analysieren Sie anhand von M 3 a bis c das von Hitler entworfene Menschenbild.
   Tipp: Sammeln Sie zunächst die zugeschriebenen Eigenschaften und die Bezüge zur Biologie.
2 Erklären Sie anhand von M 3 a bis c, was Hitler unter „Führerprinzip" versteht.
3 **Wahlaufgabe:** Bearbeiten Sie entweder Aufgabe a) oder b).
   Verfassen Sie zu den Aussagen in M 3 a bis c
   a) ein historisches Sachurteil oder
   b) ein Werturteil.

Formulierungshilfen „Urteile verfassen":
- Der Verfasser stellt die These/Behauptung auf …
- Einer der wichtigsten Gründe für/gegen diese Meinung …
- Dafür/Dagegen spricht …
- Ich bin der Meinung/Ansicht/Auffassung, dass …
- Mich stützend auf das Recht der Gleichheit der Menschen …
- Ausgehend von dem erkenntnisleitenden Interesse, dass die Würde des Menschen unantastbar ist, …
- Alles in allem zeigt sich daher, dass …

M 4 Die Historikerinnen Hilde Kammer und Elisabet Bartsch über den Begriff des „Untermenschen" in der NS-Propaganda (2002)

Die wissenschaftlich eindeutig widerlegte nationalsozialistische Rassenkunde, deren Auswirkungen für Millionen Menschen den Tod bedeuteten, stellte die Behauptung auf, es gebe eine höherstehende nordi-
5 sche Rasse, zu der in ihrer Mehrzahl die Deutschen gehörten, und andere minderwertige Rassen, zu denen unter anderen Slawen, Sinti und Roma und Juden gehörten. Auf der Grundlage der Rassenkunde wurden Juden und Slawen in Zeitungen, in Reden,
10 Büchern, Filmen, auf Plakaten, auf Schulungsveranstaltungen der NSDAP, der SS, der Hitlerjugend und aller anderen Organisationen des Nationalsozialismus immer wieder und mit einhämmernden Wiederholungen diskriminiert, das heißt herabgewürdigt. In
15 einer Schrift der SS von 1935 hieß es: „[...] Der Untermensch – jene biologisch scheinbar völlig gleichgeartete Naturschöpfung mit Händen, Füßen und einer Art von Gehirn, mit Augen und Mund, ist doch eine ganz andere, eine furchtbare Kreatur, ist nur ein Wurf
20 zum Menschen hin, mit menschenähnlichen Gesichtszügen – geistig, seelisch jedoch tiefer stehend als jedes Tier [...]. Untermensch – sonst nichts [...]. Und diese Unterwelt der Untermenschen fand ihren Führer: – den ewigen Juden [...]." In einer der Reichs-
25 pressekonferenzen, durch die die gesamte Presse des Deutschen Reiches, gelenkt vom Propagandaministerium, ihre Anweisungen über Inhalt und Aufmachung ihrer Berichte erhielt, hieß es 1939, kurz nach Beginn des Zweiten Weltkrieges, 1939–1945: „[...] Da-
30 gegen muss erreicht werden, dass die gegenwärtige Abneigung gegen alles Polnische für Jahre aufrechterhalten wird [...]. Polen ist Untermenschentum. Polen, Juden, Zigeuner sind in einem Atemzug zu nennen [...]. Es muss auch der letzten Kuhmagd in
35 Deutschland klargemacht werden, dass das Polentum gleichwertig ist mit Untermenschentum [...], bis jeder in Deutschland jeden Polen, gleichgültig ob Landarbeiter oder Intellektuellen, im Unterbewusstsein schon als Ungeziefer ansieht. Diese Anweisung
40 wird ausdrücklich über das Propagandaministerium an alle Zeitungen gegeben." Menschen, die nicht mehr als Menschen angesehen wurden, als Untermenschen, als Volksschädlinge „auszurotten", war der nächste Schritt. Die als Untermenschen und „Pa-
45 rasiten" bezeichneten Menschen wie Ungeziefer „auszumerzen", wurde als Absicht öffentlich verkündet. Auf einer Kundgebung der NSDAP 1933 sprach Hermann Göring es aus: „Volksgenossen! Meine Maßnahmen werden nicht angekränkelt sein durch ir-

gendwelche juristischen Bedenken. Hier habe ich 50 keine Gerechtigkeit zu üben, hier habe ich nur zu vernichten und auszurotten, weiter nichts."

Hilde Kammer, Elisabet Bartsch, Lexikon Nationalsozialismus. Begriffe, Organisationen und Institutionen, 6. Aufl., Rowohlt Taschenbuch Verlag, Reinbek bei Hamburg 2002, S. 253 f.*

1 Arbeiten Sie mithilfe von M 4 die Hauptmerkmale der NS-Auffassung vom Menschen heraus.
2 Zeigen Sie anhand von M 4 die Folgen der NS-Ideologie für Polinnen und Polen auf.

M 5 Hitler über „Volksgemeinschaft" (1920)

Wir wissen, dass im Augenblick, wo Einzelbeschäftigung aufhörte, den einzelnen zu ernähren, eine Gruppe gezwungen war, einem besonders Fähigen eine bestimmte Arbeit zuzuweisen, und dass, wo Tei-
5 lung der Arbeit erfolgt, der Zusammenschluss größerer Menschengruppen notwendig wurde. So ist in der Arbeit letzten Endes die Kraft zu suchen, die erst die Sippen, dann die Stämme zusammenband und die später endlich Staaten gründete.
10 Wenn wir als erste Notwendigkeit zur Staatenbildung die Auffassung der Arbeit als soziale Pflicht ansehen müssen, dann ist die zweite Notwendigkeit, die Voraussetzung hierzu: Rassen-Gesundheit und Rassenreinheit, und nichts kam diesen nordischen Erobe-
15 rern so sehr zugute als ihre geläuterte Kraft gegenüber den morschen faulen Südrassen. [...]
Wir sehen, dass hier schon in der Rasse zwei große Unterschiede liegen: Ariertum bedeutet sittliche Auffassung der Arbeit und dadurch das, was wir heute so 20 oft im Munde führen: Sozialismus, Gemeinsinn, Gemeinnutz vor Eigennutz – Judentum bedeutet egoistische Auffassung der Arbeit und dadurch Mammonismus und Materialismus, das konträre Gegenteil des Sozialismus [...]. Und in dieser Eigenschaft [...] 25 allein schon liegt die Notwendigkeit für den Juden, unbedingt staatenzerstörend auftreten zu müssen. Er kann nicht anders, ob er will oder nicht. [...]

Zit. nach: Eberhard Jäckel u. a. (Hg.), Hitler. Sämtliche Aufzeichnungen 1905–1924, DVA, Stuttgart 1980, Nr. 136, S. 184–195.*

1 Untersuchen Sie in M 5 den von Hitler vorgenommenen Kontrast zwischen „Ariern" und Juden.
2 Erklären Sie den Inklusions- bzw. Exklusionscharakter der „Volksgemeinschafts"-Ideologie.
3 **Zusatzaufgabe:** Siehe S. 485.
4 Interpretieren Sie M 3–M 5 im Kontext des deutschen Selbstverständnisses im 19. und 20. Jahrhundert.
Kernmodul: ▶ S. 373–375, M 1–M 3.

Anwenden

M1 **Predigt des katholischen Bischofs von Münster, Clemens August Graf von Galen am 3. August 1941**

Im August 1939 hatte die NS-Regierung die Gesundheitsämter angewiesen, Geburtshelfern, Hebammen, Ärzten und Entbindungskliniken eine Meldepflicht für behinderte Neugeborene und Kleinkinder aufzuerlegen. Danach begann sie mit der „Kinder-Euthanasie", der rund 5000 Kinder zum Opfer fielen. Im Oktober 1939 dehnte der NS-Staat die Tötungen auf erwachsene Behinderte aus. Die Ermordungen, meist durch Gas, fanden in abseits gelegenen Anstalten statt. Bis 1945 wurden dadurch ca. 250 000 Menschen umgebracht.

Ich hatte bereits am 26. Juli bei der Provinzialverwaltung der Provinz Westfalen, der die Anstalten unterstehen, der die Kranken zur Pflege und Heilung anvertraut sind, schriftlich ernstesten Einspruch
5 erhoben. Es hat nichts genützt. Der erste Transport der schuldlos zum Tode Verurteilten ist von Marienthal abgegangen. Und aus der Heil- und Pflegeanstalt Warstein sind, wie ich höre, bereits 800 (achthundert) Kranke abtransportiert.
10 So müssen wir damit rechnen, dass die armen, wehrlosen Kranken über kurz oder lang umgebracht werden. Warum? Nicht weil sie ein todeswürdiges Verbrechen begangen haben, nicht etwa, weil sie ihren Wärter oder Pfleger angegriffen haben, sodass die-
15 sem nichts anderes übrigblieb, als dass er zur Erhaltung des eigenen Lebens in gerechter Notwehr dem Angreifer entgegentrat. Das sind Fälle, in denen neben der Tötung des bewaffneten Landesfeindes im gerechten Krieg Gewaltanwendung bis zur Tötung
20 erlaubt und nicht selten geboten ist.
Nein, hier handelt es sich um Menschen, unsere Mitmenschen, unsere Brüder und Schwestern – arme Menschen, kranke Menschen – „unproduktive Menschen" meinetwegen. Aber haben sie damit das Recht
25 auf das Leben verwirkt? Hast du, habe ich nur so lange das Recht zu leben, als wir produktiv sind, so lange wir als produktiv von andern anerkannt werden?
Wenn man den Grundsatz aufstellt und anwendet, dass man den „unproduktiven Menschen" töten darf,
30 dann wehe uns allen, wenn wir alt und altersschwach werden!
Wenn man die „unproduktiven Menschen" gewaltsam beseitigen darf, dann wehe unseren braven Soldaten, die als Schwerkriegsverletzte, als Krüppel, als
35 Invaliden in die Heimat zurückkehren!
Wenn einmal zugegeben wird, dass Menschen das Recht haben, „unproduktive Menschen" zu töten,

und wenn es jetzt zunächst auch nur arme, wehrlose Geisteskranke betrifft, dann ist grundsätzlich der Mord an allen unproduktiven Menschen, also an den
40 unheilbar Kranken, den arbeitsunfähigen Krüppeln, den Invaliden der Arbeit und des Krieges, dann ist der Mord an uns allen, wenn wir alt und altersschwach und damit unproduktiv werden, freigegeben. Wer kann noch Vertrauen haben zu einem Arzt? Viel-
45 leicht meldet er den Kranken als „unproduktiv" an und erhält die Anweisung, ihn zu töten. Es ist nicht auszudenken, welche Verwilderung der Sitten, welch allgemein gegenseitiges Misstrauen bis in die Familien getragen wird, wenn diese furchtbare Lehre gedul-
50 det, angenommen und befolgt wird! Wehe den Menschen, wehe unserm deutschen Volke, wenn das heilige Gebot Gottes „Du sollst nicht töten", das der Herr unter Donner und Blitz verkündet hat, das Gott der Schöpfer von Anfang an in das Gewissen der
55 Menschen getrieben hat, nicht nur übertreten, sondern wenn diese Übertretung sogar geduldet und ungestraft ausgeübt wird!

Zit. nach: Herbert Michaelis / Ernst Schraepler, Ursachen und Folgen, Bd. 19, Wendler, Berlin 1975, S. 518 f.*

1 Ordnen Sie M 1 kurz in den historischen Kontext ein.

2 Arbeiten Sie anhand von M 1 heraus, inwieweit der politische und geistig-ideologische Herrschaftsanspruch der Nationalsozialisten für von Galen zur Herausforderung wurde.

3 Beurteilen Sie M 1 im Kontext des deutschen Selbstverständnisses im 19. und 20. Jahrhundert.
Kernmodul: ▶ S. 373–375, M 1–M 3.

Präsentation

Zeitzeugen erinnern sich an das NS-Regime

Nach 1945 argumentierten viele Deutsche, sie hätten von den Greueltaten des NS-Regimes nichts gewusst. Aktiv Beteiligte sagten, sie hätten nur auf Befehl gehandelt. Erinnerungen von Zeitzeugen können dazu beitragen, diese „Rechtfertigungsstrategien" zu analysieren und Einblick in den Alltag des NS-Regimes zu gewinnen.

Recherchieren Sie Erinnerungen von Zeitzeugen zum Alltag im NS-Regime. Stellen Sie wesentliche Zitate in Form einer Collage zusammen.

Internettipp
Das Deutsche Historische Museum stellt auf seiner Internetseite „Lebendiges Museum Online" (www.dhm.de/lemo) viele Zeitzeugendokumente zur Verfügung.

Wiederholen

M2 „Deutsche Symphonie", Ölgemälde von Hans Toepper, 1938

Zentrale Begriffe
Antisemitismus
Charismatische Herrschaft
„Lebensraum"
„Führerprinzip"
Radikalnationalismus
Rassenpolitik
„Untermensch"-Propaganda
Völkermord
„Volksgemeinschafts"-
Ideologie

1   Arbeiten Sie aus M 2 zentrale Merkmale der NS-Ideologie heraus.
    Tipp: Siehe die Formulierungshilfen zur Analyse von Gemälden auf dieser Seite.
2   Beschreiben Sie weitere Merkmale der nationalsozialistischen Ideologie und zeigen Sie die Wirkungen und Folgen auf.
3   **Wahlaufgabe:** Bearbeiten Sie entweder Aufgabe a) oder b).
    a) Beschreiben Sie die sich aus der NS-Ideologie ergebenden Konsequenzen für die konkrete Politik des NS-Staates.
    b) Analysieren Sie die politisch-sozialen Folgen der Angriffe des nationalsozialistischen Deutschland auf Polen.
4   **Vertiefung:** Im Jahre 1943 umriss Heinrich Himmler vor SS-Männern in Posen seine Vorstellungen vom „germanisch-deutschen Reich" mit den Worten: „Der Osten wird die Voraussetzung sein, dass das germanische Reich in der Welt in den kommenden Jahrhunderten fähig ist, die nächsten Stöße […] zurückzuschlagen, um abermals dann in den kommenden Generationen die Volkstumsgrenzen hinauszuschieben, um letzten Endes nur das zurückzuholen, was Goten und Vandalen, was unsere germanischen Vorfahren einst als Reich und ihr Land besessen haben." Erörtern Sie die zentralen Inhalte dieser „Reichsidee" und ordnen Sie sie in die Entwicklung des deutschen Selbstverständnisses ein.
5   Notieren Sie stichpunktartig die Ergebnisse zu Ihren Fragen von der Einstiegsseite 393.

Formulierungshilfe für die Analyse eines Gemäldes
– Im Zentrum des Gemäldes …
– Im Vordergrund/Hintergrund …
– Am rechten/linken/oberen/unteren Bildrand …
– Das Gemälde wird dominiert von …
– Der Maler hat überwiegend … Farben verwendet.
– Die Wirkung der Farben …
– Der Blick/die Perspektive auf …
– Während … im Licht erscheinen, liegt … im Dunkeln.
– Der Blick der Personen richtet sich auf den Betrachter/nach oben …

Kernmodul: ▶ S. 373 ff., M 1–M 3, deutsches Selbstverständnis

4 Geschichts- und Erinnerungskultur

Geschichte tritt dem Menschen in unserer Zeit allgegenwärtig entgegen und fordert ihn zur Auseinandersetzung heraus. Die Begegnung mit Geschichte vollzieht sich nicht nur im Geschichtsunterricht: Gedenk- und Feiertage, Erinnerungsorte, Museen, Denkmäler, Fernseh- und Filmproduktionen, Internetseiten mit historischen Bezügen, öffentliche Kontroversen um Deutungen von Geschichte, Geschichtsbilder im kollektiven Bewusstsein von Nationen oder einzelner Gruppen und vieles andere mehr – Geschichts- und Erinnerungskultur ist wesentlicher Bestandteil unseres Lebens.

Kernmodul: Geschichts- und Erinnerungskultur

M1 **Die weichen Uhren (Die Beharrlichkeit der Erinnerung), Ölgemälde von Salvador Dalí (1904–1989), 1931.**
Dalí bezeichnete dieses Gemälde auch als die „Camemberts des Raums und der Zeit".

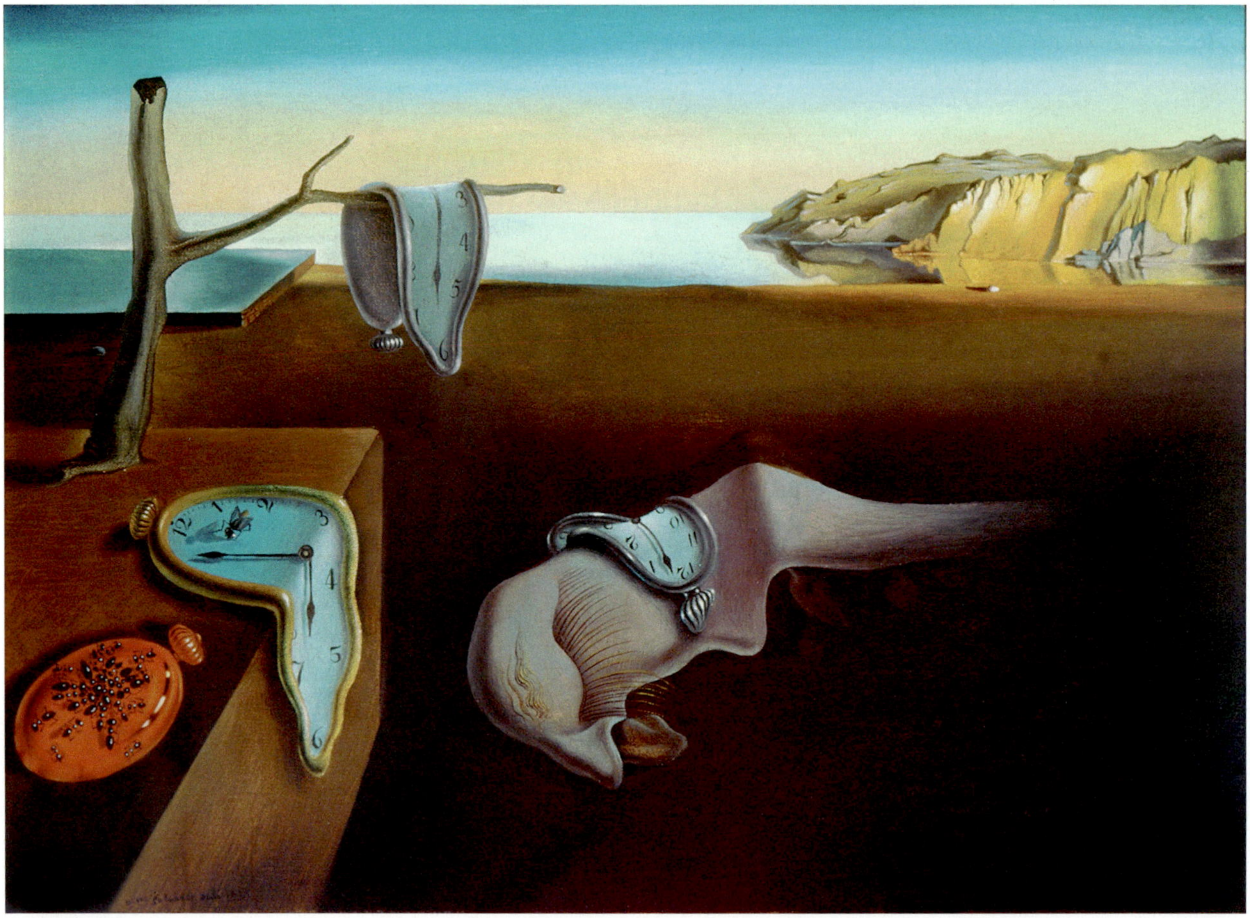

In den letzten Jahrzehnten hat Geschichte immer mehr an öffentlicher Aufmerksamkeit und gesellschaftlicher Bedeutung gewonnen, sodass die Kulturwissenschaftlerin Aleida Assmann und die Historikerin Ute Frevert von „Geschichtsversessenheit" sprechen. Tatsächlich hat Geschichte Konjunktur: In den Buchhandlungen füllen ge-
5 schichtswissenschaftliche und populärwissenschaftliche Bücher sowie historische Romane die Regale. Zeitzeugen prägen bei zeitnahen Themen das Bild von der Vergangenheit und geben ihre Erfahrungen an die nächsten Generationen weiter. Entscheidend mitbestimmt wird die Wahrnehmung von Geschichte durch Fernsehen und Film, durch politische Diskussionen, Ausstellungen, Museumsbesuche, Presseartikel
10 sowie die Arbeiten von Schriftstellern oder Malern. Das führt dazu, dass das Geschichtsbewusstsein der Menschen sowohl durch kognitive, d.h. auf Denken und Erkenntnis beruhendes Wissen, als auch durch emotionale Elemente bestimmt wird. Denn wer den Erzählungen der Großeltern lauscht, sich einen Film ansieht, z.B. „Schindlers Liste" über den Holocaust, oder ein Werk der Malerei betrachtet, ist auch gefühlsmäßig beteiligt.
15 Zwar war auch in früheren Zeiten die Erinnerung an Vergangenes von zentraler Bedeutung für das Selbstverständnis von Individuen und von gesellschaftlichen Gruppen, aber in der Vielfalt der Angebote und der Breite der Rezeption vollzog sich in den letzten Jahrzehnten ein so grundlegender Wandel, dass Historiker von einem *„memoryboom"* reden.

1 Interpretieren Sie das Gemälde M 1. Beziehen Sie den Titel und Dalís zusätzliche Bemerkung in Ihre Interpretation mit ein.

2 Nehmen Sie einen Filzstift und notieren Sie auf einzelnen Karten, was Ihnen zum Thema Erinnerung und Erinnerungspolitik einfällt. Pro Gedanken verwenden Sie eine Karte.

3 Hängen Sie Ihre Karten an die Tafel und sortieren Sie sie nach Oberbegriffen.

4 Bilden Sie Leitfragen für die Arbeit mit dem folgenden Kapitel.

5 **Geschichts-Tagebuch:** Sammeln Sie eigene geschichtskulturelle Erfahrungen in Ihrer Lebenswelt, indem Sie eine Woche lang ein „Geschichts-Tagebuch" führen. Notieren Sie hier alle Begegnungen mit Geschichte in Ihrem Alltag, tauschen Sie anschließend Ihre Erfahrungen aus und vergleichen Sie diese.

4.1 Kernmodul: Geschichts- und Erinnerungskultur

> **In diesem Kapitel geht es um**
> – Theorien zu Geschichtsbewusstsein und Geschichtskultur,
> – Formen historischer Erinnerung sowie
> – die Funktion von und den Umgang mit historischer Erinnerung.

Vergangenheit und Geschichte

M1 „Geschichtsunterricht", Karikatur von Ralf Stumpp

Das Wort „Geschichte" besitzt im Deutschen eine doppelte Bedeutung: Zum einen bezeichnet es das vergangene Geschehen selbst, zum anderen die Erforschung, das Wissen, die Deutung und Darstellung vergangener Ereignisse, Vorgänge und Handlungen. Die **Vergangenheit** ist unwiederbringlich vorbei und kann nicht mehr zum Leben erweckt werden. Sie ist für die heutigen Menschen nicht mehr zugänglich. Das gilt jedoch nicht für die überlieferten Zeugnisse früherer Zeiten, die bis in die Gegenwart überdauern. Diese Quellen, die bruchstückhaft über die Vergangenheit Auskunft geben, lassen die Ereignisse, Handlungen und Personen, denen sie ihre Entstehung verdanken, mit mehr oder minder großer Sicherheit erschließen. Die Erforschung vergangener Begebenheiten und Verhältnisse, ihre Interpretation und Wiedergabe in wissenschaftlichen, journalistischen oder künstlerischen Arbeiten wird **Geschichte** genannt. Geschichte ist immer vergangenes Geschehen und gegenwärtige Deutung. Das eine ist ohne das andere nicht denkbar.

Allgegenwart der Geschichte

Die Hinwendung zur Vergangenheit, die Beschäftigung mit Geschichte gehört seit den 1980er-Jahren zu den prägenden Zeittendenzen. „So viel Geschichte [...] war selten", schrieb der Historiker Paul Nolte 2003. Die Kulturwissenschaftlerin Aleida Assmann und die Historikerin Ute Frevert sprachen 1999 von der **„Geschichtsversessenheit" der Gegenwart**, die die „Geschichtsvergessenheit" der 1950er- und 1960er-Jahre abgelöst

M2 Ein Schüler gestaltet im Geschichtsunterricht einen „germanischen Hof", Fotografie, 1935.

Die Nationalsozialisten betrieben einen „Germanenkult": Sie sahen in den „Germanen" – wissenschaftlich falsch – die Vorläufer der Deutschen und behaupteten im Rahmen ihrer Rassentheorie, dass diese einer „höherwertigen Herrenrasse" angehörten. Siehe auch S. 143f.

habe. Tatsächlich interessieren sich heutzutage viele Menschen für die Vergangenheit. Um sich zu informieren, lesen sie aber nicht nur die Werke von Geschichts-, Kultur- und Sozialwissenschaftlern, deren Aufgabe die Erforschung und Darstellung historischen Geschehens ist. Auch der Geschichtsunterricht an den Schulen vermittelt wichtige Er-
10 kenntnisse und Einsichten über die Vergangenheit und eröffnet den Schülern und Schülerinnen vielfältige Möglichkeiten zur Auseinandersetzung mit vergangenen Vorgängen und Verhältnissen. Den Menschen stehen darüber hinaus zahlreiche Chancen offen, ihre historische Bildung zu erweitern und zu verfeinern. Geschichte ist in der Welt der Gegenwart nahezu allgegenwärtig. Die Vielfalt historischer Bildungsangebote zeigt
15 sich bei einem Blick in Fernseh- und Computerzeitschriften, in Verlagskataloge und Buchhandlungen, in Tageszeitungen und Broschüren der Tourismuswerbung ebenso wie bei einem Gang durch eine Stadtlandschaft, einen Souvenirshop oder virtuell durch die Internetlandschaft. Zwar war auch in früheren Zeiten die Erinnerung an Vergangenheit von zentraler Bedeutung für das Selbstverständnis von Individuen und sozialen
20 Gruppen. Aber die Gelegenheiten und Möglichkeiten der Beschäftigung mit Geschichte sind in den letzten Jahrzehnten wesentlich größer und breiter geworden.

Geschichtsbewusstsein

Um die Entstehung, Bedeutung und Wirkung historischen Denkens und Handelns zu charakterisieren, verwenden Wissenschaftler den zentralen Begriff **„Geschichtsbewusstsein"**. Er bezeichnet ein Wesensmerkmal des Menschen, da jeder Einzelne Vorstellungen von und Einstellungen zu Vergangenheit und Geschichte entwickeln kann.
5 Menschen nehmen sich selbst, ihre Mitmenschen sowie die politischen, gesellschaftlichen, wirtschaftlichen, kulturellen und teilweise auch die natürlichen Lebensbedingungen als geschichtlich und damit veränderbar wahr. Das bedeutet, dass Menschen sowohl ihre vergangenen Erfahrungen und gegenwärtigen Erinnerungen als auch den Wandel der Welt reflektieren können. Wer das Geschichtsbewusstsein in einer vergan-
10 genen oder gegenwärtigen Gesellschaft analysieren will, muss fragen, wie die Gesamtgesellschaft oder einzelne Gruppen mit Geschichte umgehen. Geschichte ist dabei aber nicht als gegebene Größe aufzufassen, sondern als veränderbare Interpretation, die sich jeder Einzelne und jede Gegenwart neu erarbeiten und aneignen muss. In der Alltagswelt sind dabei Analyse, Sachurteil, Wertung miteinander verflochten und aufeinander
15 bezogen. Erst die Wissenschaft trennt diese Elemente analytisch.
Geschichte ist für Wissenschaftler weder eine reine Konstruktion des Vergangenen durch heutige Betrachter noch ist die wissenschaftliche, journalistische oder künstlerische Darstellung ein gegenwärtiges Abbild des Vergangenen. Geschichte ist stets **Vergangenheit, Gegenwart und Zukunft** zugleich. Mithilfe historischer Erzählungen drü-
20 cken Menschen aus, woher sie kommen, wer sie sind und wohin sie gehen. Menschen, Gruppen und Gesellschaften erzählen sich ihre Vergangenheit, erklären damit ihre Gegenwart und verdeutlichen auf diese Weise, was sich in Zukunft verändern oder bleiben soll. Auf diese Weise verschaffen sie sich Sinn und Orientierung in der Gegenwart und für eine bessere Zukunft.

Erinnerungs- und Geschichtskultur

Stellt der Begriff „Geschichtsbewusstsein" das Individuum und dessen subjektiven Umgang mit den Erfahrungen der Zeit in den Mittelpunkt, befasst sich der Begriff **„Geschichtskultur"** mit anderen Formen der Auseinandersetzung mit Vergangenheit und Geschichte. Informationen über Geschichte lassen sich nicht nur mithilfe von schriftli-
5 chen Quellen gewinnen, sondern auch durch die Analyse von Bauwerken, Denkmälern oder Straßennamen, Gedenk- und Nationalfeiertagen oder Gedenkstätten sowie durch öffentliche historisch-politische Debatten. Auch Werke der Malerei, Romane und Spiel-

M 3 **Mahnmal für ehemalige Zwangsarbeiter in Berlin Lichtenberg**, Fotografie, 2018

▶ **M 8: Karl-Ernst Jeismann über Begriff und Funktion von „Geschichtsbewusstsein"**

▶ **M 9: Hans-Jürgen Pandel über Begriff und Funktion von „Geschichtsbewusstsein"**

▶ **M 10: Maurice Halbwachs über die sozialen Bedingungen menschlicher Erinnerungen**

▶ **M 11: Jörn Rüsen über „Geschichtskultur"**

▶ **M 12: Bernd Schönemann über „Geschichtskultur"**

filme können das Wissen über Geschichte erweitern. Eine immer bedeutendere Rolle spielt dabei auch das Internet. Wer sich mit Geschichtskultur beschäftigt, setzt sich mit Institutionen wie Universitäten, Schulen, Museen, Denkmälern oder Ereignissen wie 10 historischen Festen oder Jubiläumsfeiern auseinander. Dabei geht es nicht nur um diese Einrichtungen und Vorgänge, sondern auch um die beteiligten Personen, deren Ausbildung und Werdegang, Denken und Handeln sowie um die Besucher von Museen oder Gedenkstätten.

▶ M 13: Aleida und Jan Assmann über das kommunikative und das kulturelle Gedächtnis

Geschichtskultur lässt sich aus den unterschiedlichsten Perspektiven betrachten. So 15 kann man über die politisch-sozialen Bedingungen nachdenken, die menschliches Gedächtnis und Erinnerung sowie die historischen Deutungen und Darstellungsformen prägen. Andere Forscher fragen, worin die übergreifende Einheit so unterschiedlicher Bereiche, Formen und Strategien der Geschichtskultur (Geschichtswissenschaft, schulischer Geschichtsunterricht, Denkmalpflege oder Museen) besteht. Geschichts- und 20 Kulturwissenschaftler sind außerdem aufgefordert, unterschiedliche Erinnerungsformen miteinander zu vergleichen und voneinander abzugrenzen, um auf diese Weise eine Theorie des kollektiven Gedächtnisses zu formulieren.

▶ M 14: Christoph Cornelißen über den Begriff „Erinnerungskultur"

Das Wort **„Erinnerungskultur"** ist nur schwer gegen den Begriff der „Geschichtskultur" abzugrenzen. Während die Geschichtskultur alle Formen historischen Wissens in einer 25 Gesellschaft umfasst, auch die der wissenschaftstheoretisch auf „Wahrheit" verpflichteten Geschichtswissenschaft, ist das Wissen der Erinnerungskultur für die sie tragenden sozialen Gruppen (z. B. eine Nation) wertegebunden. Die Einhaltung dieser Werte ist eine gesellschaftliche Verpflichtung. Dadurch sollen die Identität der Gruppenmitglieder und ihr Zusammenhalt gestärkt werden. Erinnerungskultur kann als eine Sammel- 30 bezeichnung für den vornehmlich nicht spezifisch wissenschaftlichen Gebrauch der Geschichte in der Öffentlichkeit mit den verschiedensten Mitteln und für die verschiedensten Zwecke aufgefasst werden. In einem weiteren Sinne ist das Wort ein Oberbegriff für alle denkbaren Formen der bewussten Erinnerung an historische Ereignisse, Persönlichkeiten und Prozesse. 35

Geschichtspolitik

▶ M 15: Edgar Wolfrum über „Geschichtspolitik"

▶ M 16: Norbert Frei über „Vergangenheitspolitik"

Einige Zeitgeschichtler betrachten die Geschichtskultur als Teil der Geschichtspolitik. Der Begriff beschreibt den Umgang politischer Einrichtungen und Persönlichkeiten mit nationalen Gedenktagen, historischen Orten und Akteuren, Höhen und Tiefen der eigenen Nationalgeschichte, Geschichtsmuseen und -ausstellungen sowie Denkmälern oder Gedenkstätten. Diese Forscher unterscheiden vier Bereiche der Geschichtspolitik. 5 Im Mittelpunkt des Interesses stehen die **juristische Aufarbeitung** der Vergangenheit (z. B. NS-Prozesse), das **öffentliche Gedenken** in der Erinnerungskultur (z. B. Einrichtung von Gedenktagen und Gedenkstätten), die **wissenschaftliche Auseinandersetzung** mit Vergangenheit (geschichtswissenschaftliche Forschung) und die Vergegenwärtigung der NS-Vergangenheit durch **journalistische und künstlerische** Medien. 10 Dieser weite Begriff von Geschichtspolitik hat in jüngster Zeit einem engeren, genaueren Ausdruck Platz gemacht, der von Politikwissenschaftlern und Zeithistorikern bevorzugt wird. Wer Geschichtspolitik analysiert, erforscht vornehmlich Systemwechsel wie den Übergang von autoritären oder diktatorischen politischen Regimes zu pluralistischen Demokratien. In Deutschland erörtern Wissenschaftler den Wandel von der 15 nationalsozialistischen Diktatur in die demokratische Ordnung der Bundesrepublik Deutschland beziehungsweise die kommunistische Einparteiendiktatur der DDR nach 1945 oder das Ende des SED-Regimes und die Vereinigung beider deutscher Teilstaaten zu einem demokratischen deutschen Nationalstaat nach 1989/90.

Die Geschichtspolitik demokratischer Gesellschaften unterscheidet sich grundsätzlich 20 von der Geschichtspolitik in Diktaturen. Während es in demokratisch verfassten Gesellschaften eine pluralistische Geschichtspolitik staatlicher und nichtstaatlicher Instituti-

onen und Personen gibt, bestimmt in autoritären bis diktatorischen Ordnungen der Staat das Geschehen. Die teilweise heftigen Auseinandersetzungen um Denkmäler, Mu-
25 seen und Gedenktage zeigen, dass Deutungen der Geschichte stets auch ein **Politikum** sind. Geschichtspolitik lässt sich daher nicht abschaffen, sondern muss analysiert und durchschaut werden.

M4 **Denkmal für die ermordeten Juden Europas in Berlin, errichtet 2005, Teilansicht, Fotografie, 2011**

Formen historischer Erinnerung

Geschichte prägt mehr oder weniger das Leben vieler Menschen. Sie würdigen an Ge-
burts- und Hochzeitstagen oder Jubiläen die vergangenen Zeiten. Vereine, Firmen, vor
allem aber Städte, Staaten und Nationen eröffnen Individuen, Gruppen und Gemeinschaften an **Gedenktagen** Möglichkeiten zur gemeinsamen Erinnerung. In Deutschland
5 ist der 9./10. November ein solcher Gedenktag, der bis 1989 vor allem an die Ereignisse
der Reichspogromnacht 1938 erinnerte. Der 27. Januar, der Tag der Befreiung des Ver-
nichtungslagers Auschwitz, erhielt seit den 1990er-Jahren zunächst nationale, dann internationale Bedeutung als „Holocaust-Gedenktag". Neben solchen Gedenktagen gibt
es **Nationalfeiertage**. Sie erinnern an Ereignisse, denen eine besondere, fast ausschließ-
10 lich positive Bedeutung zugesprochen wird: die Gründung eines Staates, der siegreiche
Ausgang eines Krieges, die Erlangung der Unabhängigkeit. In Deutschland denken die
Menschen am Nationalfeiertag an die Wiedervereinigung der beiden deutschen Teilstaaten zu einem liberal-demokratischen Nationalstaat am 3. Oktober 1990.
Gedenktage werden häufig an **Denkmälern** begangen, die ständig präsent sind. Solche
15 Feiern oder Feste sind immer ortsgebunden. In der Regel erinnern sie an Personen oder
Ereignisse, die aus der Sicht der Denkmalstifter in der Gegenwart oder in der Zukunft im
Gedächtnis verankert bleiben sollen. Aus diesem Grund legen Menschen in Deutschland z. B. am Volkstrauertag Kränze an örtlichen Kriegerdenkmälern nieder. In Krisen-
oder Umbruchzeiten, in denen sich die Deutung der Vergangenheit stark wandelt, kann
20 es sowohl zur Veränderung oder Ergänzung von Denkmälern kommen als auch zum
Denkmalssturz. So stürzten während des Niedergangs der kommunistischen bzw. sozialistischen Staaten nach 1989 Lenin-Denkmäler.

▶ **M 17: Aleida Assmann über Jahrestage**

M5 **Demontage des Denkmals Wladimir Iljitsch Lenins in Vilnius/Litauen, Fotografie, 1991**

M6 Plakat zur Einweihung der „Nationalen Mahn- und Gedenkstätte Buchenwald", 1958

Anders als Denkmäler dienen **Gedenkstätten** nicht nur der Erinnerung an vergangene Ereignisse, sondern sind Einrichtungen mit vielfältigen Funktionen: Sie bieten Gelegenheiten zum Trauern und Gedenken, zum Bewahren baulicher oder anderer Überreste, zum Erforschen vergangener Katastrophen und zum Vermitteln von Wissen. Es handelt sich in einem weiten Sinne bei Gedenkstätten um zumeist staatliche oder staatlich geförderte Institutionen an einem historischen Ort, an dem Menschen unter staatlicher, terroristischer oder katastrophenbedingter Gewalt gelitten haben oder gestorben sind. Eine engere Definition versteht unter Gedenkstätten Orte vergangener Massenverbrechen, wo an die Opfer erinnert werden soll. In Deutschland gehören dazu ehemalige Konzentrations- und Vernichtungslager oder Haft- und Erschießungsstätten, an denen an die Opfer der nationalsozialistischen Gewalt-, Rassen- und Vernichtungspolitik erinnert werden kann. Die Gedenkstätten im früheren Arbeitslager in Buchenwald nahe Weimar oder im Vernichtungslager in Auschwitz erinnern die Opfer, gelegentlich ermöglichen KZ-Gedenkstätten auch die Auseinandersetzung mit den Tätern der NS-Verbrechen. Ehrenhof und Museum der Gedenkstätte Deutscher Widerstand in der Berliner Stauffenbergstraße sind Denkmal, Museum und Bildungsstätte, die nicht nur an die Widerstandskämpfer des 20. Juli 1944 erinnern, sondern seit 1989 Motive, Ziele und Formen des gesamten Kampfes gegen das NS-Regime dokumentieren. Nach dem Ende der DDR und der Wiedervereinigung Deutschlands entstanden auf dem Gebiet der ehemaligen DDR Gedenkstätten, die an die Teilung Deutschlands und die Todesopfer an der Berliner Mauer, an die Opfer in sowjetischen Lagern während der Besatzungszeit oder die Opfer in Gefängnissen der Staatssicherheit der DDR erinnern. Und es wurden Gedenkstätten gegründet, die sich wie die Gedenkstätte Lindenstraße 54/55 in Potsdam mit der politischen Verfolgung in beiden deutschen Diktaturen, der nationalsozialistischen wie der kommunistischen, beschäftigen.

Die **Benennung und Umbenennung von Straßennamen** in Städten und Dörfern gehört ebenfalls zu den historischen Erinnerungsformen. Musste unter der nationalsozia-
50 listischen Herrschaft seit Juli 1933 jede Stadt ihre wichtigste Straße oder ihren zentralen
Platz nach Adolf Hitler benennen, gibt es nach 1945 selbstverständlich keine Adolf-
Hitler-Straßen mehr. Derzeit wird in vielen Städten und Gemeinden über die Umbenennung von Straßennamen mit deutlichem Bezug zur Kolonialgeschichte diskutiert. Was
erinnerungswürdig ist und was nicht, ist Thema im Unterricht, in Bürgerinitiativen und
55 in Stadtverordnetenversammlungen.

Geschichte wird aber auch in **öffentlichen Dokumentationen** dargestellt, die schriftlich oder mit Bild- und Filmmaterial Informationen zu bestimmten Themen allen Interessierten zugänglich machen. Sowohl Historiker als auch Journalisten oder Künstler
präsentieren gerne zu Jubiläen oder an Jahrestagen auf wissenschaftlichen Tagungen,
60 auf Zusammenkünften politischer oder gesellschaftlicher Gruppen, in öffentlich-rechtlichen oder privaten Rundfunk- und Fernsehsendern aus ihrer Sicht bedeutsame historische Ereignisse oder Erscheinungen. Dabei werden unterschiedliche Elemente in
Schrift, Bild oder Ton, Zeitzeugenaussagen, Kommentaren und nachgestellten Szenen
zusammengestellt. Auch Rätsel, Abenteuer oder als „sensationell" verkaufte Quellen-
65 funde sollen beim Publikum Interesse wecken. Je häufiger ähnliche Stilmittel wie beim
Spielfilm eingesetzt werden, desto stärker verschwimmen die Grenzen zwischen doku-
mentarischer Information und Fiktion.

Die Art einer Dokumentation bestimmt maßgeblich die **mediale Aufbereitung** der
Materialien, die zur Gestaltung ausgewählt werden. Eine wissenschaftliche Dokumenta-
70 tion, die in Buchform veröffentlicht wird, kann hauptsächlich auf schriftlichen Quellen
(Aktenstücke, Zeitzeugenaussagen, Statistiken, Bilder) beruhen. Museen müssen ihre
Ausstellungsstücke (Kleidung, Gegenstände des alltäglichen Lebens verschiedener
sozialer Schichten, Zeichen der monarchischen und politischen Herrschaft) vor einem
Hintergrund präsentieren, der dem Zuschauer den zeitlichen und sachlichen Zusam-
75 menhang verdeutlicht. Filme im Fernsehen oder Spielfilme werden auf Musik- und
Filmausschnitte zurückgreifen, die zeitgenössisch sind oder aus der Gegenwart stammen. Gelegentlich lassen Filmemacher in „Zeitreisen" historische Alltagssituationen von
heutigen Menschen nachspielen. Viele Menschen betrachten es aber auch als ihr Frei-
zeitvergnügen, wenn sie sich in Geschichtsvereinen oder *Reenactment**-Gruppen enga-
80 gieren oder z. B. auf populären Mittelaltermärkten in die Vergangenheit eintauchen. Sie
müssen ebenso wie jede Dokumentation ihre Quellen und Dokumente sorgfältig aufbereiten und dem Zuschauer verständlich darstellen.

Funktion historischer Erinnerung

Historische Erzählungen und Aussagen besitzen unterschiedliche Funktionen. Sie reichen von der absichtsvollen geschichtlichen Bildung an Hochschulen und Universitäten, an Schulen oder in Museen über die Stiftung von **kollektiven Identitäten** wie bei
Nationaldenkmälern und Nationalfeiertagen bis hin zur Legitimation gegenwärtigen
5 politischen Handelns in Politikerreden, mit denen das **politische und gesellschaftliche
System stabilisiert** werden soll. Geschichte kann aber auch zur Freizeitgestaltung und
Unterhaltung nutzbar gemacht werden, wenn Menschen an historische Orte reisen. Bei
allen diesen Aktivitäten setzen sich Menschen (Individuen wie Kollektive) jeweils in ein
Verhältnis zur Vergangenheit, das durch Erfahrungen und Interessen der Gegenwart
10 geprägt ist und über Wünsche und Ängste in die Zukunft weist. Das Gedächtnis kann
dabei sowohl in negativer Abgrenzung als auch in positiver Anknüpfung an Historisches bestimmt werden. Das verdeutlichen Aussagen wie beispielsweise „früher war alles besser" im Sinne von sicherer, überschaubarer oder nicht so anonym.

M7 Straßenschild „Petersallee" in Berlin, Fotografie,
2018.

*Um die Benennung von Straßen ent-
brennen immer wieder Konflikte. In
Berlin wird derzeit die Umbenennung
von Straßen im „afrikanischen Viertel"
diskutiert. Noch sind viele Straßen nach
Vertretern der deutschen Kolonialherrschaft benannt. So soll z. B. die Petersallee umbenannt werden, die ursprünglich nach dem Begründer der Kolonie
Deutsch-Ostafrika, Carl Peters, benannt
wurde. Peters ging mit großer Brutalität
gegen die afrikanische Bevölkerung vor.
1986 ließ der Bezirk einen Hinweis (im
Bild oben zu sehen) am Straßenschild
anbringen, um die Petersallee dem
Andenken an den Stadtverordneten
Hans Peters zu widmen.*

Reenactment/Living History
Während in den USA kaum ein Unterschied zwischen den Begriffen gemacht
wird, bezeichnet in Deutschland Living
History eher das Nachstellen historischen
Alltagslebens, während Reenactment sich
auf das Nachspielen konkreter historisch
belegter Ereignisse bezieht.

Umgang mit historischer Erinnerung

Wer sich mit Geschichte beschäftigt, setzt sich mit Erscheinungen auseinander, die einmalig, nicht wiederholbar und unwiederbringlich sind. Er begegnet bei der Auseinandersetzung mit der Vergangenheit überraschend Anderem und muss über Fremdheit und Nähe bisher unbekannter Lebensweisen nachdenken. All das vermittelt Erfahrungen und Anregungen, die den Menschen sonst verschlossen bleiben. 5

Bei der **wissenschaftlichen Aufarbeitung** der Vergangenheit geht es um die kritische Auswertung und Interpretation überlieferter Zeugnisse aus früheren Zeiten. Diese Aufgabe übernehmen in unserer modernen Gesellschaft in der Regel Historiker, die an Hochschulen und Universitäten ausgebildet wurden und dort forschen und lehren. Aber auch viele andere Berufe wie Lehrer und Lehrerinnen oder Museumsfachleute 10 müssen ein geschichtswissenschaftliches Studium absolvieren. Sie alle erlernen die kritische Auswertung und Interpretation überlieferter Zeugnisse mit den Methoden der Quellenkritik und auf der Grundlage einer ausgefeilten historischen Methodenlehre. Mit diesen Verfahren entsteht ein wissenschaftlich abgesichertes Wissen über vergangene Epochen, das ständig überprüft, korrigiert und erneuert werden muss. 15

Menschen können mit ihrer historischen Erinnerung auch anders umgehen. Die Feiern an Gedenk- oder Nationalfeiertagen zeichnen sich in der Regel in hohem Maße durch **Ritualisierungen** aus – dazu gehören eine feierliche Musik, Festreden, meist in einer pathetischen Sprache, manchmal auch religiöse Elemente (Gebete, Gottesdienste), zum Teil auch Kranzniederlegungen, Militärparaden oder Ehrungen. 20

Aber auch beim Betrachten bildender Kunst und von Werken der Malerei oder beim Hören von Musik begegnen wir geschichtlichen Stoffen ebenso wie in Romanen oder in Film- und Fernsehfeatures. Allerdings unterscheidet sich der Wahrheitsanspruch von Romanen grundsätzlich von dem wissenschaftlicher Geschichtsschreibung. Muss der Historiker in seinen Büchern und Aufsätzen die geschichtliche Wirklichkeit möglichst 25 genau auf der Grundlage tatsächlicher Ereignisse, Vorgänge und Handlungen untersuchen und darstellen, besitzt der Romanschriftsteller die Freiheit, Charaktere und Situationen zu erfinden, die nur eine sehr indirekte Beziehung zu den tatsächlichen Personen und Ereignissen aufweisen. Seine Interpretation stellt eine **Fiktionalisierung** der Wirklichkeit dar. Der Begriff stammt von dem lateinischen Wort *fingere* ab, das „formen", 30 „nachahmen" bedeutet. Aus diesen Wortbedeutungen haben sich seit dem Mittelalter die Übersetzungen „erfinden" und „vortäuschen" entwickelt. Es ist daher sinnvoll, zwischen historischen Aussagen über die Vergangenheit, die auf Zeugnissen beruhen, einerseits und fiktiven Aussagen andererseits zu unterscheiden, die kein gesichertes Fundament besitzen. 35

1 Bestimmen Sie die Schlüsselbegriffe des Textes.
2 **Lernplakat:** Stellen Sie diese Schlüsselbegriffe in Form eines Strukturdiagramms auf einem Lernplakat (siehe S. 503) dar.
3 Charakterisieren Sie die Bedeutung von Geschichte in unserer Gesellschaft.
4 Erläutern Sie die Begriffe „Geschichtsbewusstsein", „Geschichtskultur", „Erinnerungskultur" und „Geschichtspolitik" an eigenen Beispielen.

Hinweise zur Arbeit mit den Materialien
Die Historikerdarstellungen M 8 und M 9 erörtern Begriff
und Funktion von „Geschichtsbewusstsein". M 10
beschäftigt sich mit den sozialen Bedingungen menschli-
cher Erinnerung. M 11 und M 12 thematisieren Begriff
und Bedeutung der „Geschichtskultur". In M 13 fragen
die Kulturwissenschaftler Aleida und Jan Assmann nach
der Unterscheidung zwischen kommunikativem und
kulturellem Gedächtnis bzw. zwischen Speicher- und
Funktions-Gedächtnis. Die Texte M 14 bis M 16 befassen
sich mit Erinnerungskultur, Geschichts- und Vergangen-
heitspolitik. M 17 untersucht die Funktion von Jahresta-
gen. M 19 und M 20 widmen sich einer Hitler-Skulptur
und der Frage, wie weit Kunst gehen darf. M 21 fragt
abschließend nach einer „Renovierung der deutschen
Erinnerungskultur"

M 8 Der Historiker Karl-Ernst Jeismann über Begriff und Funktion von „Geschichtsbewusstsein" (1985)

„Geschichtsbewusstsein meint die ständige Gegenwart des Wissens, dass der Mensch und alle von ihm geschaffenen Einrichtungen und Formen seines Zusammenlebens in der Zeit existieren, also eine Her-
5 kunft und eine Zukunft haben, dass sie nichts darstellen, was stabil, unveränderlich und ohne Voraussetzungen ist" (Schieder). Mehr als bloßes Wissen oder reines Interesse an der Geschichte, umgreift Geschichtsbewusstsein den Zusammenhang
10 von Vergangenheitsdeutung, Gegenwartsverständnis und Zukunftsperspektive. Da „Geschichte" aber nicht als Abbild vergangener Realität, sondern nur als ihre aus Zeugnissen erstellte, auswählende und deutende Rekonstruktion ins Bewusstsein treten kann, ist Ge-
15 schichtsbewusstsein die Art, in der Vergangenheit in Vorstellung und Erkenntnis gegenwärtig ist [...].
Die Formen, Inhalte und Reflexionsgrade des Geschichtsbewusstseins sind von Person zu Person, von Gruppe zu Gruppe sehr unterschiedlich. Es [...] kann
20 zu Klischees, „Geschichtsbildern" oder Parolen erstarren, kann tief fundiert, vielfältig und offen für neue Erkenntnisse und Erfahrungen sein. Auf verschiedensten Wegen wird Geschichtsbewusstsein in der Gesellschaft erzeugt, weitergegeben, verändert;
25 immer weist es zurück auf die Erkenntnisfähigkeit, -möglichkeit und -willigkeit seiner Träger.
Identifizierungs- und Legitimationsbedürfnisse prägen mit elementarer sozialer Kraft das Geschichtsbewusstsein. Liegt die Identität des Individuums in der
30 Möglichkeit, sich durch sein Leben hindurch als mit sich selbst übereinstimmende Person zu verstehen,

so die des Kollektivs, sich als eine Gruppe von Menschen zu begreifen, deren Gemeinsamkeiten die Unterschiede überwiegen und sie von anderen Gruppen als Einheit abheben. Dieser Aufweis von Zusammen-
35 gehörigkeit ist nur durch akzentuierte Rekonstruktion von Geschichtsvorstellungen dauernd möglich.
An Symbolen, Bildern, Geschichtsvorstellungen wird die Gleichheit der Erfahrungen festgemacht; so ruht Geschichtsbewusstsein auf einem im emotionalen
40 Bereich wurzelnden Gemeinsamkeitsverständnis und ist ein notwendiges Element der Bildung und des Bestandes menschlicher Gesellschaften. Rationaler vermittelt sich das Legitimationsbedürfnis: durch argumentierenden Nachweis historischer Berechtigun-
45 gen und Ansprüche, durch Aufbau von Kontinuitätsbehauptung, durch Analogieschlüsse, durch interessierte Sinngebungen historischer Verläufe. Bleibt Geschichtsbewusstsein im Bereich dieser Prägekräfte, ist es Teil einer „Ideologie" im allgemeinen
50 Sinne eines Überzeugungssystems [...].
Geschichtswissenschaft kann zu einer bloßen Rationalisierung solcher elementaren Prägungen des Geschichtsbewusstseins werden; sie kann (und sollte) aber durch methodische Distanzierung die Verfäl-
55 schungen und Einseitigkeiten abbauen, die das Geschichtsbewusstsein oft in Widerspruch zur begründbaren Vergangenheitskonstruktion bringen. [...] Unterschiedliche oder gar gegensätzliche Formen von Geschichtsbewusstsein innerhalb einer ge-
60 sellschaftlichen Gruppe sind Ursachen und Folgen starker politischer Gegensätze und Spannungen.

Karl-Ernst Jeismann, Artikel „Geschichtsbewusstsein", in: Klaus
Bergmann u. a. (Hg.), Handbuch der Geschichtsdidaktik, 3. völlig
überarb. u. bedeutend erw. Aufl., Schwann, Düsseldorf 1985,
S. 40 f.*

M 9 Der Historiker Hans-Jürgen Pandel über Begriff und Funktion von „Geschichtsbewusstsein" (1987)

Auf das einzelne Individuum bezogen ist Geschichtsbewusstsein eine individuelle mentale Struktur, die durch ein System aufeinander verweisender Kategorien gebildet wird. Dieses kognitive Bezugssystem
5 wird im Prozess des Sprachlernens erworben. Die durch (direkte wie durch kommunikative) Erfahrung geformte mentale Struktur ist für die Art und Weise verantwortlich, wie eine Geschichte erzählt wird, welche Perspektiven gewählt, wie das Verhältnis von
10 oben und unten, von arm und reich gesehen wird, ob Verhältnisse generell statisch oder veränderbar gesehen werden.
Ich möchte vorschlagen, Geschichtsbewusstsein als eine mentale Struktur zu bezeichnen, die aus sieben

15 aufeinander verweisende Doppelkategorien besteht. In dem Maße, in dem das Kind diese grundlegenden Kategorien ausdifferenziert, erwirbt es jenes kognitive Bezugssystem, ohne das es weder Geschichte verstehen noch Geschichte erzählen könnte.

20 Diese Kategorien sind:
- Zeitbewusstsein (früher–heute/morgen)
- Wirklichkeitsbewusstsein (real/historisch–imaginär)
- Historizitätsbewusstsein (statisch–veränderlich)
- Identitätsbewusstsein (wir–ihr/sie)
- politisches Bewusstsein (oben–unten)
- ökonomisch-soziales Bewusstsein (arm–reich)
30 - moralisches Bewusstsein (richtig–falsch)

Zit. nach: Hans-Jürgen Pandel, Dimensionen des Geschichtsbewusstseins – Ein Versuch, seine Struktur für Empirie und Pragmatik diskutierbar zu machen, in: https://www.sowi-online.de/reader/historische_politische_bildung/dimensionierung.html (abgerufen am 16. 9. 2019).*

1 Klären Sie unbekannte Begriffe.
2 Arbeiten Sie mithilfe von M 8 und M 9 heraus, was unter Geschichtsbewusstsein zu verstehen ist. Konzentrieren Sie sich auf folgende Gesichtspunkte:
- Begriff des „Geschichtsbewusstseins",
- Formen, Inhalte, Reflexionsgrad von Geschichtsbewusstsein,
- Aufgaben und Funktionen von Geschichtsbewusstsein.
3 Vergleichen Sie die Definitionen von Jeismann (M 8) und Pandel (M 9) miteinander.
4 Überprüfen Sie die Thesen Jeismanns (M 8) und Pandels (M 9) an einem Ihnen bekannten Beispiel.
5 Nehmen Sie Stellung zu der These des Historikers Hans-Jürgen Pandel von 2009: „Mangelndes Wissen verhindert nicht Geschichtsbewusstsein – im Gegenteil –, und opulente Kenntnisse verbürgen es noch nicht. [...] Wenn Geschichtsbewusstsein vom Wissen abhängig wäre, müsste es durch Vergessen wieder verschwinden."

M 10 Der Soziologe Maurice Halbwachs über die sozialen Bedingungen menschlicher Erinnerungen, Ersterscheinungsjahr 1925 (2019)

Die Gesellschaft [...], die die Menschen in ihrem Leben wie an ihrem Todestage ebenso beurteilt wie die Tatsachen, wenn sie sich ereignen, schließt in Wirklichkeit in jede ihrer wichtigen Erinnerungen nicht
5 nur ein Stück Erfahrung ein, sondern auch so etwas wie einen Nachhall ihrer Überlegungen. Da ein vergangenes Ereignis eine Lehre ist und ein Hingeschie-

dener eine Ermunterung oder eine Warnung, so ist, was wir den Rahmen des Gedächtnisses nennen, auch eine Kette von Ideen und Urteilen. 10

Umgekehrt gibt es kaum einen allgemeinen Begriff, der die Gesellschaft nicht veranlasste, sich auf diese oder jene Periode ihrer Geschichte zurückzubeziehen. Das ist evident, wenn es sich für sie darum handelt, sich selbst kennenzulernen und über ihre Institutionen und ihre Struktur, über ihre Gesetze und 15 ihre Sitten nachzudenken. Wie kommt es beispielsweise, dass ein Franzose mittlerer Bildung nur schwer in den Zusammenhang der politischen Ideen von Ländern wie etwa England oder Amerika eindringt, 20 und dass die einfache Beschreibung ihrer Verfassung in seinem Geist höchstens verbale Erinnerungen zurücklässt? Weil er die Folge der großen Ereignisse, aus der diese Gesetzgebung hervorgegangen ist, nicht, oder nicht lebendig genug kennt. Die Begriffe 25 des Verfassungsrechts werden nur im Lichte der Geschichte klar. Und ebenso verhält es sich mit vielem anderen. Die Wissenschaft bildet hierin keine Ausnahme. Gewiss verschmilzt sie nicht mit ihrer Geschichte. Aber es ist nicht wahr, dass der Gelehrte 30 sich nur auf den Standpunkt der Gegenwart stellt. Die Wissenschaft ist in zu weitem Maße ein kollektives Werk, als dass der Gelehrte selbst dann, wenn er ganz in einer neuen Erfahrung oder in ureigensten Meditationen aufgeht, nicht das Gefühl haben sollte, 35 Forschungsrichtungen zu folgen und eine theoretische Bemühung fortzusetzen, deren Ursprung und Ausgangspunkt hinter ihm liegen. Die großen Gelehrten geben ihren Entdeckungen in der Wissenschaftsgeschichte ihr bestimmtes Datum. D. h. die 40 wissenschaftlichen Gesetze stellen in ihren Augen nicht nur die Elemente eines ungeheuren Gebäudes dar, das außerhalb der Zeit steht, sondern sie erblicken hinter diesen Gesetzen und zugleich mit ihnen die ganze Geschichte der Bemühungen des menschli- 45 chen Geistes in diesem Bereich. [...]

[D]as soziale Denken ist nicht abstrakt. Selbst wenn sie der Gegenwart entsprechen und sie ausdrücken, nehmen die Ideen der Gesellschaft stets in Einzelnen oder in Gruppen Gestalt an. Hinter einem Titel, einer 50 Tugend, einer Qualität sieht die Gesellschaft sogleich deren Träger. Die Gruppen und die einzelnen existieren aber in der zeitlichen Dauer und lassen ihre Spur im Gedächtnis der Menschen zurück. Es gibt in diesem Sinne keine soziale Idee, die nicht zugleich eine 55 Erinnerung der Gesellschaft wäre. Andererseits würde die Gesellschaft sich vergeblich bemühen, eine bestimmte Figur oder ein bestimmtes Ereignis, welches einen starken Eindruck in ihrem Gedächtnis hinter-

60 lassen hat, in rein konkreter Form wieder zu erfassen. Jede Persönlichkeit und jedes historische Faktum wird schon bei seinem Eintritt in dieses Gedächtnis in eine Lehre, einen Begriff, ein Symbol transponiert; es erhält einen Sinn, es wird zu einem Element des
65 Ideensystems der Gesellschaft. So erklärt es sich, dass die Traditionen und die gegenwärtigen Ideen übereinstimmen können: nämlich weil die aktuellen Ideen in Wirklichkeit auch Traditionen sind, und weil die einen wie die anderen sich gleichzeitig und mit
70 gleichem Recht auf ein älteres oder jüngeres Leben der Gesellschaft berufen, in dem sie gewissermaßen ihre Schwungkraft erhalten haben. Wie das Pantheon des kaiserlichen Rom alle Kulte unter seinem Dach beherbergte, wenn es nur Kulte waren, so lässt die
75 Gesellschaft alle Traditionen zu (selbst die neuesten), wenn es nur Traditionen sind. Sie lässt ebenso alle Ideen zu (selbst die ältesten), vorausgesetzt, dass es sich um Ideen handelt, d. h. dass sie in ihr Denken hineinpassen und dass sie noch die Menschen von heu-
80 te interessieren und diese sie verstehen. Daraus geht hervor, dass das gesellschaftliche Denken wesentlich ein Gedächtnis ist, und dass dessen ganzer Inhalt nur aus kollektiven Erinnerungen besteht, dass aber nur diejenigen von ihnen und nur das an ihnen bleibt,
85 was die Gesellschaft in jeder Epoche mit ihren gegenwärtigen Bezugsrahmen rekonstruieren kann.

Maurice Halbwachs, Das Gedächtnis und seine sozialen Bedingungen, aus dem Französischen übers. v. Lutz Geldsetzer, 6. Aufl., Suhrkamp, Berlin 2019 (Erstveröffentlichung 1925), S. 372 f., S. 389 f.*

1 Klären Sie die Bedeutung von Begriffen, die Ihnen in M 10 unklar sind.
2 Formulieren Sie für die einzelnen Abschnitte sinnvolle Teilüberschriften.
3 Fassen Sie die zentralen Aussagen des Textes in eigenen Worten zusammen.
Vertiefung: Untersuchen Sie, wie die Inhalte sprachlich präsentiert werden, was sich über den Verfasser sagen lässt und über den Zeitpunkt der Erstveröffentlichung. Lässt sich erkennen, welche persönliche Meinung Halbwachs zum Thema vertritt?
4 Diskutieren Sie die Aussage von Halbwachs, dass „das gesellschaftliche Denken wesentlich ein Gedächtnis ist, und dass dessen ganzer Inhalt nur aus kollektiven Erinnerungen besteht" (Z. 81 ff.). Formulieren Sie gegebenenfalls eine alternative These.

M 11 Der Historiker Jörn Rüsen über „Geschichtskultur" (1994)

Fachwissenschaft, schulischer Unterricht, Denkmalpflege, Museen und andere Institutionen werden über ihre wechselseitigen Abgrenzungen und Unterschiede hinweg als Manifestationen eines übergreifenden gemeinsamen Umgangs mit der Vergangen- 5 heit in Augenschein genommen und diskutiert. „Geschichtskultur" soll dieses Gemeinsame und Übergreifende bezeichnen. Sie rückt die unterschiedlichen Strategien der wissenschaftlichen Forschung, der künstlerischen Gestaltung, des politischen 10 Machtkampfes, der schulischen und außerschulischen Erziehung, der Freizeitanimation und anderer Prozeduren der öffentlichen historischen Erinnerung so in den Blick, dass sie alle als Ausprägungen einer einzigen mentalen Kraft begriffen werden können. So 15 synthetisiert sie auch Universität, Museum, Schule, Verwaltung, die Massenmedien und andere kulturelle Einrichtungen zum Ensemble von Orten der kollektiven Erinnerung und integriert die Funktionen der Belehrung, der Unterhaltung, der Legitimation, 20 der Kritik, der Ablenkung, der Aufklärung und anderer Erinnerungsmodi in die übergreifende Einheit der historischen Erinnerung.

Jörn Rüsen, Was ist Geschichtskultur? Überlegungen zu einer neuen Art, über Geschichte nachzudenken, in: Klaus Füßmann u. a. (Hg.), Historische Faszination. Geschichtskultur heute, Böhlau, Köln 1994, S. 4.*

M 12 Der Historiker Bernd Schönemann über „Geschichtskultur" (2002)

Jörn Rüsen hat vorgeschlagen, die Geschichtskultur in drei verschiedene Dimensionen aufzufächern, die sich in der Realität gegenseitig durchdringen und zu instrumentalisieren versuchen, in anthropologischer[1] Hinsicht jedoch „gleich ursprünglich sind und 5 nicht aufeinander reduziert werden können" – die ästhetische, die politische und die kognitive Dimension. Diese Dimensionen korrespondieren Rüsen zufolge nicht nur mit den mentalen Grundoperationen des Fühlens, Wollens und Denkens, sondern auch mit 10 den je eigenen Prinzipien von Kunst, Politik und Wissenschaft, nämlich Schönheit, Macht und Wahrheit. Gegen dieses Dimensionen-Modell lässt sich einwenden, dass es Geschichtskultur vornehmlich als anthropologische Substanz und weniger als gesellschaft- 15 liches Konstrukt fasst. Andererseits wird niemand ernsthaft bestreiten wollen, dass Kunst, Politik und Wissenschaft zur Hardware gehören, mit deren Hilfe Gesellschaften ihre Vergangenheiten konstruieren. Deshalb sollten die drei Rüsen'schen Dimensionen 20 des Ästhetischen, des Politischen und des Kognitiven

vom Anthropologischen ins Heuristische[2] gewendet werden, damit sie ihr Erklärungspotenzial voll entfalten können. Darüber hinaus lässt sich die Geschichts-
25 kultur allerdings auch als soziale Ordnung begreifen. Dem Vorschlag, dabei nach Institutionen, Professionen, Medien und Publika[3] zu differenzieren, liegt die Vorstellung einer kulturell durchformten Kommunikation zugrunde, welche auf eine spezifische Weise
30 Geschichte als Bedeutung erzeugt. Die ursprünglich flüchtige Erinnerung wird dabei durch Zwischenspeicherung verstetigt, symbolisch codiert und bei Bedarf durch eine besondere Schicht eigens beauftragter Erinnerungsspezialisten wieder abgerufen
35 [...].

Bernd Schönemann, Geschichtskultur als Forschungskonzept der Geschichtsdidaktik, in: Zeitschrift für Geschichtsdidaktik, 2002, S. 81 f.*

1 *Anthropologie:* Wissenschaft vom Menschen und seiner Entwicklung
2 *Heuristik:* methodische Anleitung zur Gewinnung neuer Erkenntnisse
3 *Publika:* Plural von Publikum (=Gesamtheit der Zuschauer/-hörer)

1 Vergleichen Sie die Konzepte von „Geschichtskultur" Rüsens (M 11) und Schönemanns (M 12) miteinander.
2 Erläutern Sie die ästhetische, kognitive und politische Dimension der Geschichtskultur und ihre Bedeutung für die Rezeption von Geschichte anhand selbst gewählter Beispiele.
3 Tabelle: Stellen Sie Ihnen bekannte Phänomene der Geschichtskultur in einer Tabelle zusammen und weisen Sie ihnen jeweils die vorgeschlagenen Kategorien Institutionen, Professionen, Medien und Publika zu.

M 13 **Die Kulturwissenschaftler Aleida und Jan Assmann über das kommunikative und das kulturelle Gedächtnis (1994)**

Das kommunikative Gedächtnis bezieht sich auf die rezente[1] Vergangenheit. Es sind dies Erinnerungen, die der Mensch mit seinen Zeitgenossen teilt. Der typische Fall ist das Generationen-Gedächtnis [...].
5 Dieses Gedächtnis wächst der Gruppe historisch zu; es entsteht in der Zeit und vergeht mit ihr, genauer: mit seinen Trägern. Wenn die Träger, die es verkörperten, gestorben sind, weicht es einem neuen Gedächtnis.

Tab. 1: Vergleich von kommunikativem Gedächtnis und kulturellem Gedächtnis

	Kommunikatives Gedächtnis	Kulturelles Gedächtnis
Inhalt	Geschichtserfahrungen im Rahmen diverser Biografien	mythische Urgeschichte, Ereignisse in einer absoluten Vergangenheit
Formen	informell, wenig geformt, naturwüchsig, entsteht durch Interaktion, Alltag	gestiftet, hoher Grad an Geformtheit, zeremonielle Kommunikation, Fest
Codes, Speicherung	lebendige Erinnerung in organischen Gedächtnissen, Erfahrungen und Hörensagen	feste Objektivationen [= Vergegenständlichungen], traditionelle symbolische Kodierung/Inszenierung in Wort, Bild, Tanz usw.
Zeitstruktur	80–100 Jahre, mit der Gegenwart mitwandernder Zeithorizont von 3–4 Generationen	absolute Vergangenheit einer mythischen Urzeit
Träger	unspezifisch, Zeitzeugen einer Erinnerungsgemeinschaft	spezialisierte Traditionsträger

Meist vergeht das kommunikative Gedächtnis leise
10 und unmerklich. „In aller Stille" wird ein Gedächtniskapitel nach dem anderen geschlossen. Historisch signifikant wird das unmerkliche Absterben eines Gedächtnis-Abschnitts erst, wenn damit bleibende Erfahrungen verbunden sind, die dauerhaft sicher zu
15 stellen sind. Das ist der Fall der Gräuel der NS-Zeit. Nach diesen Jahrzehnten wird jene Generation ausgestorben sein, für die Hitlers Judenverfolgung und -vernichtung Gegenstand persönlich traumatischer Erfahrung ist. Was heute z. T. noch lebendige Erinne-
20 rung ist, wird morgen nur noch über externe Speicher-Medien vermittelt sein. [...]
Der Übergang aus dem kommunikativen Gedächtnis ins kulturelle Gedächtnis wird durch Medien gewährleistet. Medien sind die Bedingung der Möglichkeit
25 dafür, dass spätere Generationen zu Zeugen eines längst vergangenen und in seinen Einzelheiten vergessenen Geschehens werden können. Sie erweitern

drastisch den Radius der Zeitgenossenschaft. Durch
30 Materialisierung auf Datenträgern sichern die Medien den lebendigen Erinnerungen einen Platz im kulturellen Gedächtnis. Das Foto, die Reportage, die Memoiren, der Film werden in der großen Datenbank objektivierter Vergangenheit archiviert. Der Weg in
35 die aktuelle Erinnerung ist damit noch nicht automatisch geöffnet. Dazu bedarf es sozusagen Medien zweiten Grades, die die gespeicherten Daten wiederum aktivieren. Die Medien ersten Grades nennen wir Dokumente, die Medien zweiten Grades Monumen-
40 te. Dokumente beruhen auf Kodifikation und Speicherung von Information, Monumente beruhen auf Kodifikation und Speicherung plus sozial bestimmtem und praktiziertem Erinnerungswert.

Das kommunikative Gedächtnis wird in den Situationen des Alltagslebens zirkuliert. Anders das kulturel-
45 le Gedächtnis, denn „Identitäten sind", wie [der Soziologe] N. Luhmann treffend bemerkt, „nicht für den Alltagsgebrauch bestimmt" [...]. Als Kommunikationsraum für die Zirkulation kulturellen Sinns kommen in erster Linie Feste, Feiern und andere Anlässe
50 rituellen und zeremoniellen Handelns in Frage. In dieser zeremoniellen Kommunikation wird das kulturelle Gedächtnis in der ganzen Multimedialität ihrer symbolischen Formen inszeniert: In mündlichen Stammesgesellschaften sind dies vor allem Rituale,
55 Tänze, Mythen, Muster, Kleidung, Schmuck, Tätowierung, Wege, Male, Landschaften usw., in Schriftkulturen sind es die Formen symbolischer Repräsentation (Monumente), Ansprachen, Kommemorationsriten.
60 Vorrangiger Zweck dieser Übungen ist dabei jeweils die Sicherung und Kontinuierung einer sozialen Identität. [...]

Das mündlich-kommunikative Gedächtnis hat seine Bedeutung auch in schriftverwendenden Gesell-
65 schaften. Die Rekonstruktion dieses im engeren lebensweltlichen Horizont fundierten Gedächtnisses bildet den Gegenstand der *Oral History*[2], eines neueren Zweiges der Geschichtswissenschaft, welcher Methoden entwickelt hat, um das vergangene All-
70 tagswissen als historische Quelle zu erschließen. Alle Untersuchungen der *Oral History* bestätigen, dass auch in literalen Gesellschaften[3] die lebendige Erinnerung nicht weiter als 80 Jahre zurückreicht [...]. Hier folgen dann anstelle der Ursprungsmythen die
75 Daten der Schulbücher und Monumente, d.h. die objektivierte und offizielle Überlieferung der Historiographie. [...]

[Speicher- und Funktionsgedächnis]

Die allgemeinste Beschreibung der Konsequenz von Schrift ist die, dass mehr gespeichert werden kann, 80 als gebraucht und aktualisiert wird. Die Dimensionen des Gedächtnisses fallen auseinander in Vordergrund und Hintergrund, in die Bereiche des Bewohnten und des Unbewohnten, des Aktualisierten und des Latenten[4]. [...] Diese verschiedenen Bezirke der 85 Erinnerungslandschaft wollen wir hier als Speicher- und Funktionsgedächtnis voneinander unterscheiden. Das Speicher-Gedächtnis umschreibt eine Region, die stets größer ist als das Bewusstsein; das Funktions-Gedächtnis dagegen bezieht sich nur auf 90 den jeweils bewohnten Bezirk. [...]

Das Speicher-Gedächtnis enthält eine unstrukturierte Menge von Elementen, einen unsortierten Vorrat. Auf der Ebene des individuellen Seelenhaushalts sind die Elemente dieses Gedächtnisses äußerst hetero- 95 gen: teilweise inaktiv, unproduktiv, teilweise latent, außerhalb der Belichtung durch Aufmerksamkeit, teilweise überdeterminiert und daher zu sperrig für ein ordentliches Zurückholen, teilweise schmerzhaft oder skandalös und deshalb tief vergraben. Die Ele- 100 mente des Speicher-Gedächtnisses gehören dem Individuum zwar zu, aber es ist weit davon entfernt, über sie zu verfügen. Auf kollektiver Ebene enthält das Speicher-Gedächtnis das unbrauchbar, obsolet[5] und fremd Gewordene, das neutrale, identitätsabs- 105 trakte Sachwissen, aber auch das Repertoire verpasster Möglichkeiten und alternativer Optionen.

Den Aspekt des Gedächtnisses, der tatsächlich bewohnt wird, nennen wir das Funktions-Gedächtnis. Es handelt sich dabei um ein Stück angeeignetes Ge- 110 dächtnis, wie es aus einem Prozess der Auswahl, der Verknüpfung, der Sinnkonstitution [...] hervorgeht. Die strukturlosen, unzusammenhängenden Elemente treten ins Funktions-Gedächtnis als komponiert, konstruiert, verbunden ein. Aus diesem konstrukti- 115 ven Akt geht Sinn hervor, eine Qualität, die dem Speicher-Gedächtnis abgeht.

Als Konstruktion ist das Funktions-Gedächtnis an ein Subjekt gebunden, das sich als solches konstituiert, indem es sich als dessen Träger oder Zurech- 120 nungssubjekt versteht. Subjekte konstituieren sich durch ein Funktions-Gedächtnis, d.h. durch selektives und bewusstes Verfügen über Vergangenheit. Solche Subjekte mögen Kollektive, Institutionen oder Individuen sein – in allen Fällen besteht derselbe Zu- 125 sammenhang zwischen Funktions-Gedächtnis und Identität. Das Speicher-Gedächtnis dagegen fundiert keine Identität. Seine nicht minder wesentliche Funktion besteht darin, mehr und anderes zu enthal-

130 ten, als es das Funktions-Gedächtnis zulässt. Das kulturelle Gedächtnis verliert unter den Bedingungen externer Speicherungstechniken seine Konturen. Für diese grundsätzlich unbegrenzbare, ständig sich vermehrende, amorphe[6] Masse von Daten, Informatio-

135 nen, Erinnerungen gibt es kein Subjekt mehr, dem sie sich noch zuordnen ließe. Allenfalls könnte man noch von einem gänzlich abstrakten Welt- oder Menschheitsgedächtnis sprechen. [...]

Die Grenze zwischen dem Speicher- und dem Funk-

140 tions-Gedächtnis ist [...] nicht immer klar zu ziehen, weil Inhalte und Speicherungsmedien weitgehend identisch sein können. Was freilich deutlich auseinandertritt, sind die Gebrauchsformen und Funktionen. Die wichtigsten Unterschiede stellen wir in ei-

145 ner Übersicht zusammen:

Tab. 3: Unterschiede zwischen Speicher-Gedächtnis und Funktions-Gedächtnis

	Speicher-Gedächtnis	Funktions-Gedächtnis
Inhalt	das Andere, Überschreitung der Gegenwart	das Eigene, Fundierung der Gegenwart auf einer bestimmten Vergangenheit
Zeitstruktur	anachron: Zweizeitigkeit, Gestern neben dem Heute, kontrapräsentisch	diachron: Anbindung des Gestern an das Heute
Formen	Unantastbarkeit der Texte, autonomer Status der Dokumente	selektiver = strategischer, perspektivischer Gebrauch von Erinnerungen
Medien und Institutionen	Literatur, Kunst, Museum, Wissenschaft	Feste, öffentliche Riten kollektiver Kommemoration
Träger	Individuen innerhalb der Kulturgemeinschaft	kollektivierte Handlungssubjekte

Aleida Assmann/Jan Assmann, Das Gestern im Heute. Medien und soziales Gedächtnis, in: Klaus Merten, Siegfried J. Schmidt, Siegfried Weischenberg (Hg.), Die Wirklichkeit der Medien. Eine Einführung in die Kommunikationswissenschaft, Westdeutscher Verlag, Opladen 1994, S. 119–123.*

1 *rezent:* gegenwärtig oder erst kürzlich vergangen
2 *Oral History:* Methode der Geschichtswissenschaft, die auf der Befragung von Zeitgenossen basiert; dabei sollen die Zeitzeugen möglichst wenig vom Historiker beeinflusst werden.

3 *literale Gesellschaft:* Gesellschaft mit schriftlicher Überlieferung; im Gegensatz zu oralen Gesellschaften, in denen das Wissen und die Tradition mündlich weitergegeben werden
4 *latent:* vorhanden, aber [noch] nicht unmittelbar sichtbar oder zu erfassen
5 *obsolet:* ungebräuchlich, veraltet
6 *amorph:* gestaltlos

1 Erläutern Sie, wie Assmann/Assmann (M 13) die Unterscheidung zwischen kommunikativem und kulturellem Gedächtnis bzw. zwischen Speicher- und Funktions-Gedächtnis begründen.

2 Ordnen Sie die folgenden Formen historischen Erinnerns den von Assmann/Assmann charakterisierten Gedächtnisarten zu: *Oral History*, Schulbuch, Gedenkfeier zum Reformationsjubiläum, Besuch eines vor- und frühgeschichtlichen Museums, Herrscherporträts, Feier am Tag der Deutschen Einheit, Fernsehdokumentation zum Kalten Krieg, Ausgabe des Nibelungenlieds, Tagebuch Ihrer Großmutter. Suchen Sie eigene Beispiele für die Begriffe kommunikatives und kulturelles Gedächtnis bzw. Speicher- und Funktions-Gedächtnis.

3 **Abschlussdiskussion:** In einem Aufsatz von 1989 schrieb der britische Historiker Peter Burke: „Schon oft hieß es, die Sieger hätten die Geschichte geschrieben. Und doch könnte man auch sagen: Die Sieger haben die Geschichte vergessen. Sie können sich's leisten, während es den Verlierern unmöglich ist, das Geschehene hinzunehmen: Diese sind dazu verdammt, über das Geschehene nachzugrübeln, es wiederzubeleben und Alternativen zu reflektieren." Nehmen Sie Stellung zu dieser These.

M 14 **Der Historiker Christoph Cornelißen über den Begriff „Erinnerungskultur" (2003)**

Indem sich die Geschichte seit der Aufklärung als forschende Wissenschaft konstituierte, stellte sie sich in einen Gegensatz zur Tradition, ja, sie verstand sich ihr gegenüber als eine kritische Prüfinstanz. Gleichwohl haben Studien zur Geschichtskultur, 5 aber auch Arbeiten zur Historiographiegeschichte[1] wiederholt verdeutlicht, dass das fachwissenschaftliche Interesse von praktischen Orientierungsbedürfnissen angeleitet, streckenweise sogar dominiert blieb. Folglich müssen die Historiker und ihre Werke 10 als integraler Bestandteil der Erinnerungskultur moderner Gesellschaften begriffen werden. [...] Es scheint aus den genannten Gründen sinnvoll, „Erinnerungskultur" als einen formalen Oberbegriff für alle denkbaren Formen der bewussten Erinnerung an 15 historische Ereignisse, Persönlichkeiten und Prozesse zu verstehen, seien sie ästhetischer, politischer

oder kognitiver Natur. Der Begriff umschließt also neben Formen des ahistorischen oder sogar antihis-
20 torischen kollektiven Gedächtnisses alle anderen Repräsentationsmodi von Geschichte, darunter den geschichtswissenschaftlichen Diskurs sowie die nur „privaten" Erinnerungen, jedenfalls soweit sie in der Öffentlichkeit Spuren hinterlassen haben. Als Träger
25 dieser Kultur treten Individuen, soziale Gruppen oder sogar Nationen und Stätten in Erscheinung, teilweise in Übereinstimmung, teilweise aber auch in einem konfliktreichen Gegeneinander.

Christoph Cornelißen, Was heißt Erinnerungskultur? Begriff –
Methoden – Perspektiven, in: Geschichte in Wissenschaft und
Unterricht, Friedrich Verlag, Bd. 54, 2003, H. 10, S. 555.*

1 *Historiographiegeschichte:* Geschichte der Geschichtswissenschaft

1 Erläutern Sie den Begriff „Erinnerungskultur" von Cornelißen.
2 Vergleichen Sie den Begriff der „Erinnerungskultur" von Cornelißen (M 14) mit den Begriffen der „Geschichtskultur" von Rüsen (M 11) und Schönemann (M 12).

M 15 Der Zeithistoriker Edgar Wolfrum über „Geschichtspolitik" (1999)

Wenn über Geschichte verhandelt wird, wenn Geschichte zu einem politischen Kampfplatz [...] wird, [...] wenn alte Mythen durch neue ersetzt werden und Debatten über Schuld, Abrechnung, Bestrafung,
5 Amnesie und Amnestie geführt werden, sind die Historiker [...] keineswegs mehr unter sich. [...] Bei der Frage nach den Funktionen von Geschichte sind die politischen Rahmenbedingungen und die politische Nutzung von Geschichte [...] viel stärker zu gewich-
10 ten. Noch selten hat der Wahrheitsgehalt einer historischen Aussage allein deren öffentliche Wirkung bestimmt. Wenn die Geschichtswissenschaft nach historischer Wahrheit sucht, kann sie der kollektiven Erinnerung selbstverständlich widersprechen – Ge-
15 schichtsvorstellungen können nachhaltig von politischen Funktionszuweisungen besetzt sein, die weit entfernt von den Funktionen liegen, die eine analytische, der wissenschaftlichen Objektivität verpflichtete Geschichtswissenschaft auszeichnen. [...]
20 Geschichtspolitik ist ein Handlungs- und Politikfeld, auf dem verschiedene Akteure Geschichte mit ihren spezifischen Interessen befrachten und politisch zu nutzen versuchen. [...]
Im Zentrum von Forschungen zur Geschichtspolitik
25 steht [...] das zunächst noch sehr allgemeine Problem, wie Politik mit der Vergangenheit „gemacht" wird, unter welchen politischen Rahmenbedingun-

gen und mit welchen Intentionen Geschichte in die Fänge aktueller Politikbedürfnisse gerät, schließlich welche Folgen sich daraus ergeben. Entscheidend ist 30 nicht die Frage nach dem wissenschaftlichen Wahrheitsgehalt des vermittelten Geschichtsbildes, sondern die Frage, wie, durch wen, warum, mit welchen Mitteln, welcher Absicht und welcher Wirkung Erfahrungen mit der Vergangenheit thematisiert und 35 politisch relevant werden. Es geht darum, die Verschränkung von Geschichte und Politik sowie deren Bedeutung für den politischen Willensbildungsprozess sichtbar zu machen, und zwar in einer Zeit beschleunigten sozialen Wandels, in der traditionelle 40 Bindungskräfte nachlassen.

Edgar Wolfrum, Geschichtspolitik in der Bundesrepublik
Deutschland, Wissenschaftliche Buchgesellschaft, Darmstadt
1999, S. 22 f., S. 25 f.*

M 16 Der Zeithistoriker Norbert Frei über „Vergangenheitspolitik" (1997)

Vergangenheitspolitik bezeichnet [...] einen politischen Prozess, der sich ungefähr über eine halbe Dekade erstreckte und durch hohe gesellschaftliche Akzeptanz gekennzeichnet war, ja geradezu kollektiv erwartet wurde. In erster Linie ging es dabei um 5 Strafaufhebungen und Integrationsleistungen zugunsten eines Millionenheers ehemaliger Parteigenossen, die fast ausnahmslos in ihren sozialen, beruflichen und staatsbürgerlichen – nicht jedoch politischen – *Status quo ante* versetzt wurden, den sie 10 im Zuge der Entnazifizierung, Internierung oder der Ahndung „politischer" Straftaten verloren hatten. In zweiter Linie, gewissermaßen flankierend, ging es um die politische und justizielle Grenzziehung gegenüber den ideologischen Restgruppen des Natio- 15 nalsozialismus; dem jeweiligen Bedarf entsprechend, wurde der antinationalsozialistische Gründungskonsens der Nachkriegsdemokratie dabei punktuell neu kodifiziert. Was als Vergangenheitspolitik verstanden und untersucht werden soll, konstituiert sich so- 20 mit aus den Elementen Amnestie, Integration und Abgrenzung.

Norbert Frei, Vergangenheitspolitik. Die Anfänge der Bundesrepu-
blik und die NS-Vergangenheit, C. H. Beck, München 1996,
Neuausgabe 2012, S. 13 f.*

1 Arbeiten Sie die zentralen Aufgaben und Ziele der Konzepte Geschichtspolitik und Vergangenheitspolitik heraus.
2 Vergleichen Sie die Konzepte Geschichtspolitik und Vergangenheitspolitik in M 15 und M 16 miteinander und arbeiten Sie deren Stärken und Schwächen heraus.

3 Prüfen Sie, ob sich in den Reden von Politikern historische Argumente finden, und diskutieren Sie, ob es sich hier um eine „politische Nutzung von Geschichte" handelt.

M 17   **Die Kulturwissenschaftlerin Aleida Assmann über Jahrestage – Denkmäler in der Zeit (2005)**

Neben linearer und zyklischer Zeit gibt es [...] noch ein Drittes, was oft übersehen wird, und das ist die periodische Zeit der Kommemoration[1], die Zeit der Jahrestage. Einmaliges verwandelt sich dabei in Wie-
5 derholbares und Wiederholtes: der 7. Schöpfungstag wird jede Woche als Shabbat, der Auszug aus Ägypten wird jedes Jahr als Pessachfest wiederholt. Feste und Gedenktage übersetzen einmalige historische Ereignisse aus der linearen Zeit in die zyklische Zeit.
10 *„Remember, remember the 5th of November"* sagen die Engländer und erinnern sich jährlich, seit 1606, an den Anschlag, der ein Jahr zuvor beinahe das englische Parlament in die Luft gesprengt hätte. An Luthers öffentliche Auftritte im Jahre 1517 haben sich
15 die Protestanten hundert Jahre später in einer Gedenkfeier erinnert. Von dem emblematischen Ereignis, das sie zum Kristallisationspunkt ihrer Erinnerung gemacht und in den jährlichen Festkalender aufgenommen haben, ist heute nicht einmal klar, ob
20 es wirklich stattgefunden hat: der Thesenanschlag am 31. Oktober an der Wittenberger Schlosskirche. Neben der linearen Zeit, der Zeit der Geschichte, verläuft nicht nur die zyklische Zeit der Natur und des Mythos, sondern auch die periodische Zeit der Erin-
25 nerung. Was in der linearen Zeit in zunehmende Distanz rückt und schließlich vergeht, wird in der periodischen Zeit in bestimmten Abständen immer wieder zurückgeholt und neu vergegenwärtigt. [...]
Es lassen sich drei wichtige Funktionen von Jahresta-
30 gen unterscheiden. Die erste Funktion besteht in Anlässen für Interaktion und Partizipation. Dies entspricht der grundlegenden Bedeutung von Jahrestagen als performative Form der Wieder-Holung und Reaktivierung, mit der das Angebot neuer
35 und gemeinsamer Erfahrungsbildung verbunden ist. Erinnern ist Wiederholen mittels Wiederholungen, sodass das, was wiederholt wird, letztlich die Wiederholung selbst ist. Es wird, mit anderen Worten, nichts Substantielles zurückgeholt, sondern vielmehr ein
40 öffentlicher, allgemein zugänglicher Zeit-Raum der organisierten Wiederkehr von Vergangenheit geschaffen. Wiederholung hat die Aufgabe der Wiederverkörperung, der Reaktivierung, der Wiederbelebung. Sie fädelt die Vergangenheit in die Gegenwart

ein, sie vollzieht Vergegenwärtigung in diesen perfor-
45 mativen Akten des Rückgriffs. [...]
Eine zweite Funktion von Jahrestagen besteht in der Gelegenheit für Wir-Inszenierungen. Vorgestellte Gemeinschaften wie Nationen, *corporate identities* wie Universitäten, Firmen und Städte, Interessengrup-
50 pen wie Atomkriegsgegner oder Heimatvertriebene brauchen eine Bühne und ein Zeitfenster, in dem sie sich von Zeit zu Zeit als das darstellen und wahrnehmen können, was sie zu sein beanspruchen: eine kollektive Identität mit einem wahrnehmbaren Profil in
55 der Anonymität der individualisierten demokratischen Gesellschaft. Jahrestage stellen dafür die nötigen Anlässe bereit. Ein Beispiel für eine spezifische Wir-Inszenierung ist die Entscheidung der israelischen Knesset im Jahre 1951, den Holocaust-Gedenk-
60 tag zum einen auf die Helden der Ghetto-Kämpfer auszurichten und zum anderen auf den 27. Nissan[2] (Frühjahr) zu legen. Dies entspricht dem Wunsch, die Erinnerung an die Judenvernichtung im Zweiten Weltkrieg in eine kalendarische Nähe zu anderen jü-
65 dischen Katastrophen zu bringen und diese Traumata sodann jährlich in den Unabhängigkeitstag, den Triumph der Geburt des neuen Staates münden zu lassen.
Als eine dritte Funktion von Jahrestagen ist der An-
70 stoß zur Reflexion zu nennen. Durch regelmäßige Wiederkehr und starke Ritualisierung eines liturgischen Gedächtnisses verwandelt sich Geschichte in Mythos; durch unregelmäßige Wiederkehr in Abständen von Dekaden oder Jahrhunderten und kontro-
75 verse Neudeutung des zugrundeliegenden Ereignisses verwandelt sich Mythos in Geschichte. Beispiele dafür sind die Festivitäten im Jahre 1989 zum 200-jährigen Jubiläum der Französischen Revolution oder im Jahre 1992 zum 500-jährigen Jubiläum der Entde-
80 ckung Amerikas durch Columbus. Die drei genannten Funktionen schließen sich keineswegs aus; sie markieren lediglich unterschiedliche Dimensionen und Akzentuierungen im weiten Spektrum der Kommemorations-Bedürfnisse und -Praktiken. [...]
85 Solche Gedächtnispraxis bedarf einer Öffentlichkeit, die nicht mit Markt und Medien gleichzusetzen ist, und entspricht einem doppelten anthropologischen Bedürfnis: der Suche nach Orientierung und der Vergewisserung von Identität. Je schneller sich die lineare
90 re Zeit beschleunigt, desto wichtiger wird auch die periodische Zeit mit ihren festen wiederkehrenden Bezugspunkten. In der koordinierten Erinnerung an solche Orientierungsmarken erfahren und bestätigen Individuen ihre Zugehörigkeit zu einer gemein-
95 samen kulturellen Identität. In Ergänzung zu den

einsamen Formen der kulturellen Teilhabe braucht die Gesellschaft Möglichkeiten einer gemeinsamen Vergewisserung kultureller Identität in einem öffent-
100 lichen Raum. Diesen Raum schaffen die Denkmäler in der Zeit.

Aleida Assmann, Jahrestage – Denkmäler in der Zeit, in: Paul Münch (Hg.), Jubiläum, Jubiläum ... Zur Geschichte öffentlicher und privater Erinnerung, Klartext Verlag, Essen 2005, S. 309–311, S. 314.*

1 *Kommemoration:* Gedenken, Andenken
2 *Nissan:* Jüdischer Monat, der in die Zeit von April oder Mai fällt.

1 Arbeiten Sie die kulturelle Bedeutung von Jahres- und Erinnerungstagen heraus.
2 Geben Sie mit eigenen Worten wieder, welche Funktionen Jahres- und Erinnerungstage für die historische Erinnerung besitzen.
3 Erörtern Sie, ob der Begriff „Denkmäler in der Zeit" angemessen ist zur Charakterisierung von Jahres- und Erinnerungstagen.

M 18 „Stolpersteine" für die Familie Winter vor deren letzten Wohnstätte Kommenderiestraße 19 in Osnabrück, Fotografie, 2016.
Die Stolpersteine sind seit 1995 ein Projekt des Künstlers Gunter Demnig zur Erinnerung an die Opfer des Nationalsozialismus. Sie werden in den Bürgersteig vor ihren ehemaligen Wohnhäusern mit den eingravierten Namen und Lebensdaten der Opfer eingelassen.

1 Erörtern Sie, ob die „Stolpersteine" Denkmäler sind. Formulieren Sie dabei Argumente und Gegenargumente.
2 Wählen Sie ein anderes Denkmal in Ihrem Ort/Ihrer Region zum Vergleich und zur Überprüfung aus.

M 19 „Him", Skulptur des italienischen Künstlers Maurizio Cattelan, 2001

M 20 Die Museumspädagogin Alke Vieth über die Statue „Him" (2007)

„Ihm gelingen noch Kunst-Skandale", beginnt das Kunstmagazin „art" einen Artikel über den italienischen Künstler Maurizio Cattelan und seine 2001 entstandene Skulptur „Him". „Wie weit darf Kunst ge-
5 hen?", ist die Frage, die sich an dieses Werk unbedingt anzuschließen scheint. [...] Dabei erweckt der erste Blick auf dieses Kunstwerk zunächst einen beinahe harmlosen Eindruck. Blass und schmal in steifem Salz-und-Pfeffer-Anzug kniet die 101 cm große
10 Wachsfigur in einem Saal, der allein durch seine Größe und Leere mehr an einen Kirchen- als an einen Ausstellungsraum erinnert. Der Betrachter, der sich – Cattelans Inszenierung folgend – von hinten und aus weiter Ferne nähert, nimmt eine irritierend realis-
15 tisch wirkende Rückenfigur wahr, die doch zu klein ist, um echt zu sein. Erst wer sie erreicht und von vorne erblickt, erkennt das in Wachs gegossene Antlitz Adolf Hitlers. Die Augen sind auf einen Punkt in der Ferne fixiert, die Lippen schmal, die Wangen einge-
20 fallen. Der Betrachter kennt dieses Gesicht, er hat es

unzählige Male in den Medien gesehen und er verbindet weitere Bilder mit ihm. In Sekundenschnelle ruft sein trainiertes Bildgedächtnis kollektive Bilderinnerungen auf. Allein die Haltung der Figur will so gar
25 nicht passen. In diesem Saal wirkt sie wie zu einem Abendmahl platziert, dann vergessen und stehengelassen. Die Darstellung des Jahrhundertverbrechers in Büßerpose scheint entweder einer Verharmlosung oder einem schlechten Scherz gleichzukommen. Der
30 Gedanke, dass gerade dieser Mensch einen Segen erwarten könne, scheint sich zu verbieten und die Frage drängt sich auf, ob es Vergebung für das unfassbare Grauen geben kann, das sich mit diesem Gesicht verbindet.

Alke Vieth, Führerbild und Bildführung. Maurizio Cattelans Him (2001) und Heinrich Hoffmanns Hitlerbilder, in: Inge Stephan, Alexandra Tacke (Hg.), NachBilder des Holocaust, Böhlau, Köln 2007, S. 171 f.*

1 Beschreiben Sie die Wirkung, die die Statue „Him" (M 19) auf Sie hat.

2 Interpretieren Sie die Skulptur.

3 Vergleichen Sie diese künstlerische Darstellung mit der bekannten üblichen Darstellung Hitlers (die häufig eine Selbstdarstellung war).

4 Setzen Sie sich auseinander mit der in M 20 aufgeworfenen Frage, wie weit Kunst gehen darf.

M 21 **Die Sozialwissenschaftler Harald Welzer und Dana Giesecke über eine „Renovierung der deutschen Erinnerungskultur" (2013)**

Alltägliches Geschichtsbewusstsein setzt immer auf die Verlässlichkeit der Behauptung, etwas habe „hier" am authentischen Ort, sich zu einer bestimmten Zeit zugetragen. Die örtliche Beglaubigung des Histori-
5 schen findet ihren Niederschlag noch heute in der Exkursion, die Studierende der Geschichte zu absolvieren haben [...]. Tatsächlich muss alles, was geschehen ist und bedeutsam war, durch einen Ort markiert sein – sei es der Limes, der Rütli, seien es Verdun oder
10 Auschwitz. So geht es auch in der erinnerungskulturellen Praxis der Gegenwart um die Beglaubigung eines historischen Geschehens durch einen Ort, den man heute noch aufsuchen kann [...]. Genau deshalb ist Deutschland übersät mit Gedenktafeln, Gedenk-
15 orten, „Stolpersteinen" und zahllosen anderen örtlichen Markierungen. Solche Fixpunkte werden historisch genau in dem Augenblick gefunden und markiert, in dem das Bezugskollektiv nach Identität sucht – im Generationenwechsel zum Beispiel. Dann
20 muss Identität über Ursprungsereignisse und -orte symbolisiert werden. Solange Traditionen stabil sind

[...], bedarf es keiner Identitätsarbeit [...]. Stabile Identität ist fraglos. Fragile Identität dagegen braucht historische Vergewisserung: Orte, Stätten, Rituale, Anlässe. Nicht zufällig sind diese ja die Torwächter, 25 die entscheiden, was aus dem kommunikativen in das kulturelle Gedächtnis überführt und auf relative Dauer gestellt wird.

Bei all dem schwingt immer schon mit, dass der Bezugspunkt des historischen Bewusstseins und der 30 historischen Bildung nicht die Vergangenheit ist, sondern die Zukunft. [...] Historische Erfahrung und historisches Wissen haben Gebrauchswert nur, wenn sie sich auf eine Zukunft beziehen können, die jemand in einer jeweiligen Gegenwart erreichen möch- 35 te. [...]

Die dreistellige Relation Vergangenheit, Gegenwart und Zukunft, die Erinnerung per definitionem bildet, kann unter bestimmten erinnerungskulturellen Voraussetzungen vereinseitigt werden, sodass gesell- 40 schaftlich die mentalen Zeitreisen immer nur in die Vergangenheit und nicht mehr in die Gegenrichtung führen. Dafür kann die Schwerkraft sozialer Katastrophen verantwortlich sein, zumal die der nationalsozialistischen Verbrechen und des Holocaust. 45

Wenn eine solche Vereinseitigung stattfindet, schrumpft der Zukunftshorizont und weitet sich im selben Maß die Vergangenheitsbezogenheit. In den Schulen lernen die Kinder dann viel über die Schrecken der Vergangenheit und darüber, was „nie wie- 50 der" zu geschehen habe, aber sie lernen wenig über die möglichen Zukünfte, die in der Gegenwart stecken. [...] In der Politik werden Entscheidungen neuerdings damit begründet, dass sie alternativlos seien, was nur dann möglich ist, wenn der Bezugspunkt des 55 Politischen die schiere Gegenwart ist und eben nicht die Zukunft: Vorausentwürfe auf etwas Zukünftiges und davon ausgehende Entscheidungen können nie alternativlos sein. Deshalb ist Demokratie die Abwägung alternativer Möglichkeiten. Alternativlosigkeit 60 markiert dagegen die Diktatur einer zukunftsvergessenen Gegenwart. [...]

Vieles an der geschichts- und erinnerungskulturellen Praxis ist schal geworden, petrifiziert, inhaltsleer – und zwar exakt wegen ihrer Vergangenheitsfixierung. 65 Schülerinnen und Schüler werden zugleich in mehreren Fächern parallel mit dem Nationalsozialismus und dem Holocaust traktiert, wobei die Praxis, Fakten in einem Atemzug mit der dazugehörigen moralischen Botschaft zu vermitteln, seit Jahrzehnten un- 70 problematisiert bleibt. Immer noch hält man es für eine gedenktafelrelevante Erkenntnis, wenn man dabei feststellt, dass auch an Ort X oder Y nationalsozi-

alistische Verbrechen begangen worden sind. Das
75 war überall in Deutschland und in den besetzten Gebieten der Fall, weshalb der Erkenntniswert des einzelnen Falles inzwischen gegen null geht. [...]
Eine repräsentative Befragung von Jugendlichen ab
14 Jahren, die TNS-Infratest im Auftrag der ZEIT im
80 Jahr 2010 durchgeführt hat, kommt zu dem Ergebnis,
dass mehr als zwei Drittel der befragten Jugendlichen
sich für die Geschichte von Nationalsozialismus und
Holocaust interessieren. [...] 80 Prozent halten Holo-
caustgedenken für sinnvoll. [...] Das Erziehungsziel
85 historisch-politischer Bildung kann also als erreicht
betrachtet werden [...]. Aber das erfreuliche Gesamtergebnis hat einen Haken: 40 Prozent der Jugendlichen glauben, sich beim Thema NS-Zeit „politisch
korrekt" verhalten zu müssen, 43 Prozent fühlen sich
90 genötigt, „Betroffenheit" zu zeigen, wenn dieses Thema angesprochen wird, und 39 Prozent beklagen,
dass man über die NS-Zeit keine Witze machen dürfe
[...]. Hier zeigt sich also ein paradoxer Befund: Während die Bedeutung der Vermittlung der Geschichte
95 von Nationalsozialismus und Holocaust von den Jugendlichen mehrheitlich akzeptiert wird und daraus
auch Transfers für das eigene Verhalten abgeleitet
werden, übersetzt sich die Vermittlungspraxis bei
nicht wenigen in ein Gefühl der Freiheitseinschrän-
100 kung – mithin das genaue Gegenteil dessen, was
durch die Erziehung zur Demokratiefähigkeit und
zur Zivilcourage erreicht werden soll. [...]
Es ist heute nicht mehr nötig zu fordern, dass an den
Holocaust zu erinnern und der Opfer zu gedenken
105 sei – daran hat gesamtgesellschaftlich außer ein paar
Neonazis niemand auch nur den geringsten Zweifel
und die geringste Kritik. [...] Während die bewusst-
seinsbildenden Funktionen der unermüdlichen Mahnung, man möge „nicht vergessen", radikal über-
110 schätzt werden, wird die negative Wirkung
wiederholter Formeln auf intelligente Menschen radikal unterschätzt. Überhaupt kann man – mit Jan-
Philipp Reemtsma – die Idee, „man könne erfolgver-
sprechend vor Gegenwärtigem warnen, wenn man
115 zeigt, wohin das mal geführt hat", für „nicht besonders gut halten" [...] oder [...] der begründeten Auffassung sein, dass man nichts über die SA wissen
muss, um zu wissen, dass man das Haus der türkischen Nachbarn nicht anzünden darf.

Harald Welzer, Dana Giesecke, Das Menschenmögliche. Zur
Renovierung der deutschen Erinnerungskultur, Edition
Körber-Stiftung, Hamburg 2012, S. 11–27.*

1 **Fishbowl-Diskussion:** Welzer und Giesecke fordern
eine „Renovierung der deutschen Erinnerungskultur".
Bereiten Sie hierzu eine Fishbowl-Diskussion vor,
indem Sie Gruppen bilden, die unterschiedliche
Beteiligte an der deutschen Geschichtskultur und
-politik repräsentieren: Lehrerverbände, Schülerinnen
und Schüler, Politiker unterschiedlicher Parteien,
Didaktiker.

a) Werten Sie den Text aus, um eine Argumentation
vorzubereiten. Ziehen Sie gegebenenfalls andere
Materialien hinzu.

b) Wählen Sie ein Kursmitglied aus, um die Diskussion zu leiten und zu moderieren.

c) Bilden Sie zwei Stuhlkreise: Im inneren Stuhlkreis
sitzen die Diskutierenden und der oder die
Moderator/in, im äußeren das Publikum. Im
Innenkreis befindet sich ein „Gaststuhl", falls
Kursteilnehmer aus dem Außenkreis etwas zur
Diskussion beitragen wollen.

Anwenden

M1 Der Ägyptologe und Kulturwissenschaftler Jan Assmann über „Erinnerungskultur" (2002)

Bei der Erinnerungskultur [...] handelt es sich um die Einhaltung einer sozialen Verpflichtung. Sie ist auf die Gruppe bezogen. Hier geht es um die Frage: „Was dürfen wir nicht vergessen?" Zu jeder Gruppe gehört,
5 mehr oder weniger explizit, eine solche Frage. Dort, wo sie zentral ist und Identität und Selbstverständnis der Gruppe bestimmt, dürfen wir von „Gedächtnisgemeinschaften" (P. Nora) sprechen. Erinnerungskultur hat es mit „Gedächtnis, das Gemeinschaft stiftet", zu
10 tun. [...] Es lässt sich schlechterdings keine soziale Gruppe denken, in der sich nicht – in wie abgeschwächter Form auch immer – Formen von Erinnerungskultur nachweisen ließen.

Jan Assmann, Das kulturelle Gedächtnis. Schrift, Erinnerung und politische Identität in frühen Hochkulturen, C. H. Beck, 4. Aufl., München 2002, S. 30.*

1 Wählen Sie jeweils eine Gruppe (z. B. Partei, Familie, Kirche, Verein, Nation) aus und erörtern Sie, was von dieser Gruppe „nicht vergessen werden darf".
2 Diskutieren Sie die Bedeutung von Erinnerungen für eine religiöse Gemeinschaft wie z. B. das Jesidentum, das Christentum, Judentum oder den Islam.

M2 Online-Werbung für eine „Erlebnisführung" in Trier (2019)

Live dabei sein, wenn die Porta Nigra gegen angreifende Barbaren verteidigt werden muss? Das geht! In der Erlebnisführung „Das Geheimnis der Porta Nigra" erwartet die Teilnehmer eine faszinierende Zeitreise in das römische Trier vor 1 800 Jahren, als das Leben
5 gefährlich und die tägliche Arbeit mühsam war – erst recht als römischer Soldat. Entsprechend viel hat der Zenturio auch zu berichten: Gespielt von einem professionellen Schauspieler erzählt er von glanzvoller Pracht und düsterem Kampf, von Ruhm und Ver-
10 gänglichkeit, von römischem Stolz und barbarischem Trotz. „Das Geheimnis der Porta Nigra" [...] garantiert einen anderen Blick auf und in das römische Gebäude, das wie kein anderes die UNESCO-Welterbestadt Trier repräsentiert: die Porta Nigra.
15 Interaktiv werden die Zuschauer in die spannende Geschichte des Bauwerks hineingezogen [...].

Zit. nach: https://www.trier-info.de/fuehrungen-fuer-gruppen/ das-geheimnis-der-porta-nigra (abgerufen am 14. Oktober 2019).

20

1 Erörtern Sie, welches Bild der Antike den Besuchern der Website und potenziellen Trier-Touristen vermittelt wird, und bewerten Sie diese Werbung.

M3 In der rekonstruierten eisenzeitlichen Wehrsiedlung Westgreußen in Thüringen spielen Darsteller des Funkenburgvereins die Schlacht um die Funkenburg nach, Fotografie, 2018

Wiederholen

M4 Zum 200. Jahrestag stellen Teilnehmer aus 52 Ländern die zweitägige Schlacht bei Waterloo, einem kleinen Ort bei Brüssel, originalgetreu nach, Fotografie, 2015.

Napoleon wurde hier 1815 durch die verbündeten Heere der Briten und Preußen endgültig geschlagen.

Zentrale Begriffe

Erinnerungskultur
Geschichtsbewusstsein
Geschichtskultur
Geschichtspolitik
Kommunikatives Gedächtnis
Kulturelles Gedächtnis
Living History
Reenactment
Überreste
Vergangenheit

1 Viele der *Reenactment-* oder *Living-History*-Veranstaltungen lassen kriegerische Auseinandersetzungen wiederauferstehen (M 3, M 4). Stellen Sie begründete Mutmaßungen darüber an, warum diese historischen Ereignisse für die Nachstellung so attraktiv scheinen.

2 **Vertiefung:** In den USA gibt es jährlich dutzende Reenactment- und Living-History-Veranstaltungen zu historischen Schlachten des 18. bis 20. Jahrhunderts.
Eine der größten Veranstaltungen, die an den Unabhängigkeitskrieg erinnert, ist das jedes Frühjahr stattfindende Revolutionary War Weekend in Mount Vernon, dem historischen Landsitz von George Washington.
Recherchieren Sie, welche Bedeutung der Unabhängigkeitskrieg heute noch für das Selbstverständnis der modernen USA hat.

3 Überprüfen Sie die Behauptung, dass es einen engen Zusammenhang zwischen Nationalismus und *Reenactment* gibt.

4 **Wahlaufgabe:** Bearbeiten Sie a) oder b).
Zeitzeugen sind für die Erinnerung an die deutsche Geschichte des 20. Jahrhunderts bislang von überragender Bedeutung, doch immer weniger von ihnen leben noch.

a) Recherchieren Sie bei verschiedenen Museen oder Gedenkstätten, wie die Institutionen mit dieser Situation in ihrer museumspädagogischen Arbeit umgehen.

b) Entwickeln Sie eigene Ideen, das Gedenken weiterzutragen, auch wenn es keine Zeitzeugen mehr geben wird.

M 1 Filmplakat des US-amerikanischen Spielfilms „Troja" mit den Schauspielern Brad Pitt, Eric Bana und Orlando Bloom in den Hauptrollen aus dem Jahr 2004

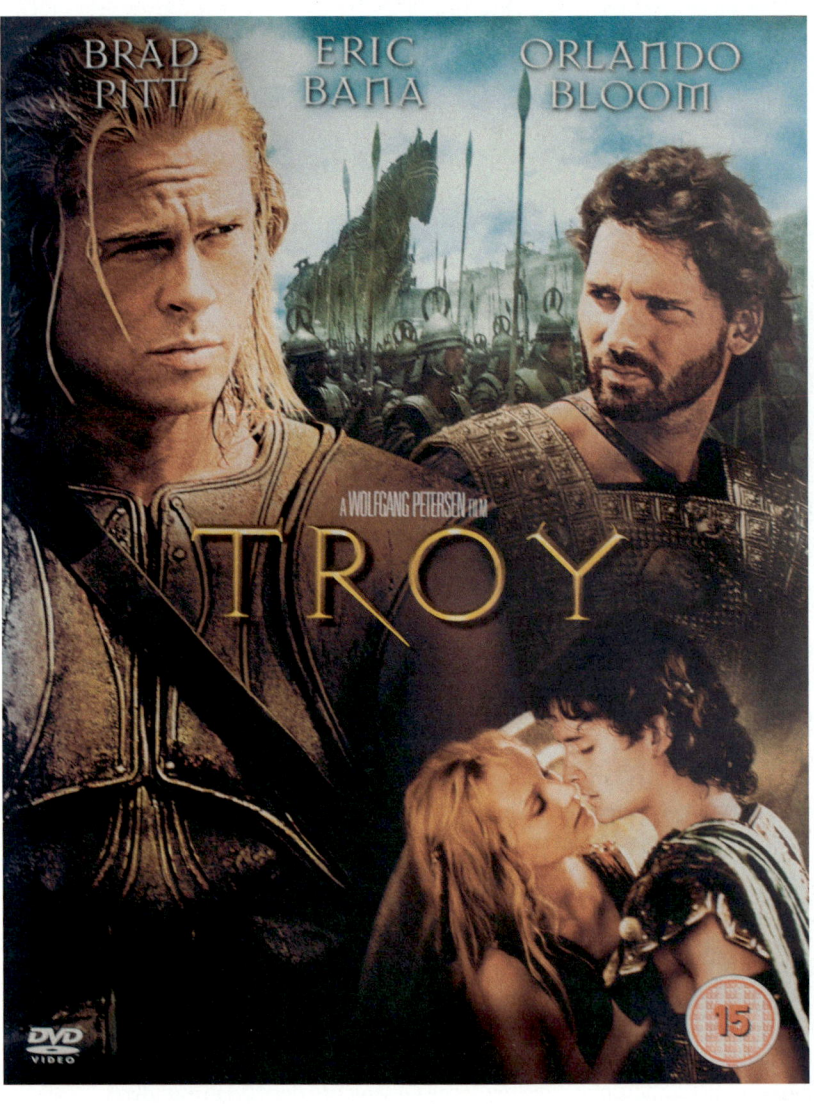

8. Jh. v. Chr.	Homer verfasst die Epen „Ilias" und „Odyssee"; mit seinem Werk entsteht auch der Mythos „Trojas" bzw. des „Troianischen Krieges".
9 n. Chr.	Germanenstämme unter der Führung des Arminius besiegen die römischen Legionen des Varus im Teutoburger Wald.
1198–1204	Entstehung des Nibelungenlieds
1875	Enthüllung des Denkmals von Arminius bzw. „Hermann dem Deutschen"
1890	Das Siedlungsgebiet der USA gilt als erschlossen; Ende der „Frontier-Bewegung"

8. Jh. v. Chr.	9 n. Chr.	1198–1204	1860	1870	1880	1890	1900	1910

1860–1890 Besiedelung des amerikanischen Westens

„Das ist nur ein Mythos" – mit diesen Worten kritisieren Historikerinnen und Historiker häufig Halbwahrheiten und Unrichtigkeiten, Irrtümer und Legenden über Menschen, Handlungen oder Ereignisse, die einer kritischen Überprüfung nicht standgehalten ha-ben und durch eine wissenschaftlich bestätigte Wahrheit ersetzt werden sollten. Aus
5 dieser Sicht besteht die Aufgabe von Wissenschaft darin, Mythen zu erkennen und ih-nen die Wahrheit entgegenzusetzen. Der modernen Mythenforschung geht es jedoch gar nicht darum, einen Mythos als unzutreffend zu entlarven. Was ist damit gewonnen, fragt diese Forschung, wenn bei der Analyse des Hermann-Mythos nachgewiesen wer-den kann, dass nur einige wenige Germanenstämme an der Varusschlacht 9 n. Chr. be-
10 teiligt waren, die wenig später wieder zerstritten waren? Im Mittelpunkt der Forschung stehen vielmehr die Analyse der Entstehung und Wirkung, die Aufgaben und Funktio-nen von Mythen. Sie betrachtet diese als Erzählungen, die keine rationalen Erklärungen der historischen Wirklichkeit anstreben, sondern die Welt in einem erzählenden Zugriff deuten. Diese Erzählungen wollen die „richtige", vor allem aber bedeutsame Geschichte
15 präsentieren, sie wollen positive Bilder und Gefühle hervorrufen, um zu faszinieren und bestimmte Erinnerungen wach zu halten. Das geschieht bei religiösen Mythen, die die Entstehung der Welt beschreiben, ebenso wie bei politischen Mythen, die das politisch-soziale Geschehen interpretieren und diesem Geschehen eine bestimmte Bedeutung verleihen.
20 Mythen verstehen sich als sinnstiftende Erzählungen, die sich mit politischen Persön-lichkeiten, Handlungen, Institutionen oder sogar mit Gesellschaftsordnungen befassen. Sie beschwören meist eine glanzvolle Vergangenheit, die es in der Gegenwart wieder-herzustellen gilt. Solche Mythen enthalten ein Sinn- bzw. Heilsversprechen, das den Menschen in einer als trostlos erfahrenen Welt Orientierung und Halt vermitteln soll.

1 a) Interpretieren Sie das Filmplakat M 1. Bestimmen Sie die Bildelemente, analysie-ren Sie die Gestaltung und Funktion des Plakats.
   b) Formulieren Sie Fragen und Hypothesen zum Troja-Mythos, die Sie später überprüfen.
2 Erläutern Sie, ausgehend vom Darstellungstext, unterschiedliche Bedeutungen des Wortes „Mythos". Grenzen Sie dabei im Alltag häufig benutzte Verwendungen vom wissenschaftlichen Zugriff der modernen Mythenforschung ab.
3 Mindmap/Concept-Map: Sammeln Sie in einer Mind- oder Concept-Map (siehe S. 503 ff.) alle Informationen, Assoziationen und Fragen, die Ihnen zum Thema „Mythos" einfallen. Überprüfen Sie diese am Ende des Kapitels.
4 Begriffscluster: Wählen Sie aus den in diesem Kapitel angesprochenen Mythen ein oder zwei Beispiele aus. Reaktivieren Sie mit deren Hilfe Ihr Vorwissen, indem Sie ein Begriffscluster (siehe S. 503 f.) zum Thema „Entstehung und Wandel von Mythen" erstellen. Berücksichtigen Sie alle Begriffe und Assoziationen, die Ihnen hierfür relevant erscheinen.

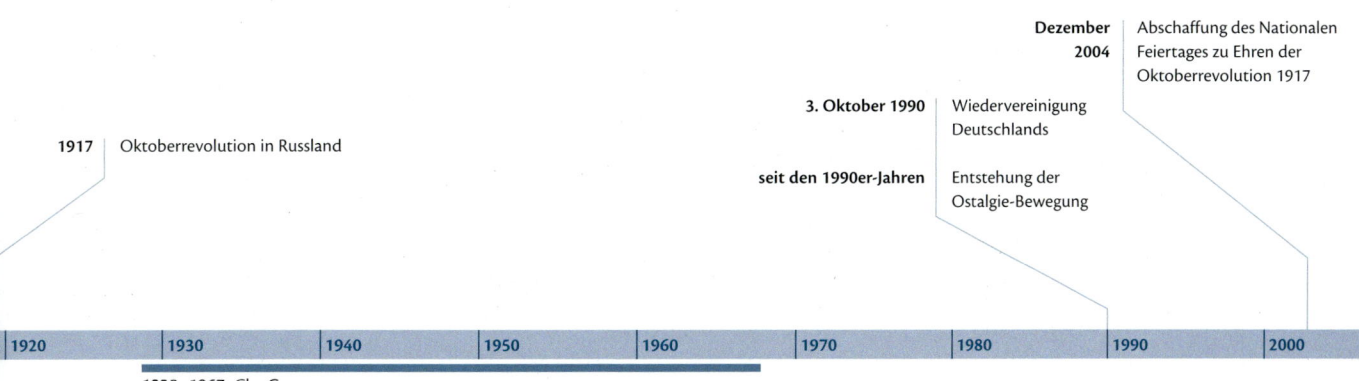

Dezember 2004 | Abschaffung des Nationalen Feiertages zu Ehren der Oktoberrevolution 1917

3. Oktober 1990 | Wiedervereinigung Deutschlands

seit den 1990er-Jahren | Entstehung der Ostalgie-Bewegung

1917 | Oktoberrevolution in Russland

1920 | 1930 | 1940 | 1950 | 1960 | 1970 | 1980 | 1990 | 2000

1928–1967 Che Guevara

4.2 Entstehung und Wandel von Mythen

> **In diesem Kapitel geht es um**
> – den Begriff des „Mythos" und seine Funktionen,
> – den Mythos „Oktoberrevolution 1917",
> – den Mythos „Wilder Westen",
> – den Mythos „Ostalgie",
> – die Rekonstruktion des Mythos „Che Guevara",
> – eine Analyse und Dekonstruktion der Inhalte und Intentionen.

▶ M 1, M 2: zum Begriff „Mythos"

Der Begriff „Mythos"

Der Begriff „Mythos" stammt aus dem Griechischen und lässt sich mit „Wort", „Rede", „Erzählung" oder „Sage" übersetzen. Unter Mythen verstehen wir Überlieferungen aus der Vergangenheit, oft aus der Vorzeit eines Volkes, die meist in Form von Götter- und Heldensagen erscheinen. Aber auch die Verklärung von Personen, Begebenheiten und Ereignissen wird als Mythos bezeichnet. 5

Mythen sind eine Form der Erzählung über die Geschichte. Die meist mündlich überlieferten Sagen, Dichtungen oder Erzählungen über bedeutsame Persönlichkeiten und Ereignisse vereinfachen historische Sachverhalte, indem sie das Denken und Handeln historischer Persönlichkeiten oder die Entstehung und den Verlauf vergangener Ereignisse auf wenige Aspekte reduzieren. Dabei trennen sie Wichtiges von Unwichtigem 10 und konzentrieren sich auf die Darstellung von Besonderheiten. Mythischen Erzählungen geht es nicht um eine „objektive" Rekonstruktion historischer Wirklichkeit, vielmehr erheben Mythen den Anspruch, die „richtige", vor allem aber die bedeutsame Geschichte zu erzählen. Sie formulieren also einen Autoritätsanspruch.

Die Mythen dieses Kapitels sind politische Mythen. Sie erzählen über politische Persön- 15 lichkeiten oder über politische und gesellschaftliche Ereignisse und Begebenheiten, denen sie eine spezifische Bedeutung verleihen wollen. Die mitreißenden Bilder oder Erzählungen dieser Mythen überbewerten die dargestellten Persönlichkeiten häufig oder glorifizieren sie. Werden Ereignisse oder Begebenheiten beschrieben, stehen in der Regel historische „Meisterleistungen" im Vordergrund. Geschichte erscheint so wie eine „Leis- 20 tungsschau". Politische Mythen idealisieren die Vergangenheit, sie wollen positive Gefühle hervorrufen, die verallgemeinert und auf das aktuelle Geschehen übertragen werden sollen. Dadurch schließen sie das rationale Denken weitgehend aus. Und sie bieten der Gesellschaft gemeinsame Werte und Normen an, die das Denken und Handeln mitprägen sollen. Mythen sind daher sinnstiftende Erzählungen, die eine bestimmte 25 Erinnerung wachhalten wollen.

▶ M 3 bis M 9: Mythos „Oktoberrevolution 1917"

Mythos „Oktoberrevolution 1917"

Die Oktoberrevolution 1917 war ein **tiefer Einschnitt in der Geschichte Russlands**. Sie brach mit dem autokratischen Herrschafts- und Regierungssystem des Zaren und leitete eine radikale Veränderung der gesellschaftlichen Strukturen ein. Die Bolschewisten, die das liberal-demokratische bürgerliche Staats- und Gesellschaftsmodell ablehnten, sicherten sich während der Revolution das Machtmonopol und bauten ihre Herrschaft 5 zu einer Diktatur der bolschewistischen Partei aus. Aber war der bolschewistische Umsturz überhaupt eine Revolution auf der Grundlage der marxistisch-leninistischen Ideologie oder war er vielmehr ein Putsch oder Staatsstreich? Und warum waren zahlreiche

Intellektuelle auf der ganzen Welt von den Oktoberereignissen fasziniert? Zwei unterschiedliche Auffassungen stehen sich entgegen: Die eine Auffassung vergleicht die **Ansprüche der Revolutionäre mit der revolutionären Wirklichkeit** und argumentiert,
dass es sich bei der Oktoberrevolution weder um eine proletarische noch um eine marxistische Revolution gehandelt habe, sondern um einen Mythos. Die Gegenposition
erkennt zwar den revolutionären Charakter der Oktoberereignisse 1917 an, spricht ihr
jedoch **in Teilbereichen mythischen Charakter** zu. Sie überhöhe und verkläre die Technik und das Kollektiv und betreibe einen Personenkult mit und für Lenin, der dadurch
wie eine heilige Figur behandelt werde. Diese mythologischen Elemente prägten lange
Zeit die vom sowjetischen Kommunismus ausgehende Ausstrahlung, die mit dem Untergang der kommunistischen Sowjetunion 1990/91 zum großen Teil ihr Ende fand.

Mythos „Wilder Westen"

Zwischen 1865 und 1914 drangen amerikanische Siedlerinnen und Siedler in großer
Zahl in die Gebiete westlich des Mississippi (ein großer Fluss im Süden der USA) bzw.
jenseits des 98. Längengrades bis zur Pazifikküste vor. Mit der **Besiedelung des Westens**
prägten amerikanische Werte und Normen das politische Zusammenleben und die
wirtschaftlichen, sozialen und kulturellen Lebensformen des eroberten Landes. Gleichzeitig vernichteten die Siedlerinnen und Siedler die indigenen Kulturen und drängten
die überlebenden amerikanischen Ureinwohnerinnen und Ureinwohner ins Abseits.
Viele indigene Stämme nahmen resigniert das Angebot der US-Bundesregierung an
und zogen sich in Reservate zurück. Der Eisenbahnbau beschleunigte den Besiedlungs-
prozess, der von den Eisenbahnunternehmen und den Staatsregierungen beeinflusst
wurde. Die Siedlerinnen und Siedler verwandelten „Wildnis" in Kulturland. Besonders
Bäuerinnen und Bauern sowie Viehzüchterinnen und Viehzüchter konnten die Prärie
landwirtschaftlich und zur Rinderzüchtung nutzen. Auch andere europäisch-amerika-
nische Siedlerinnen und Siedler profitierten vom Strom nach Westen, unter ihnen Berg-
leute, Holzfäller, Goldsucher, Landspekulanten oder Glücksritter und Abenteurer.
Der Zug nach Westen prägt bis in die Gegenwart hinein die Vorstellungen vom
American Dream, dem amerikanischen Traum, und das nationale Selbstverständnis
der Amerikanerinnen und Amerikaner. Es entstand und festigte sich im 19. Jahrhundert
durch den Pioniergeist der **Frontier-Bewegung,** den Spirit of the Frontier. Frontier
(Grenze) meint dabei weniger eine feste Grenzlinie als vielmehr das Gebiet, das sich mit
der Westexpansion ständig verschob. Die Siedlerinnen und Siedler handelten in dem
Bewusstsein, sie müssten sich immer neue Ziele setzen, um die menschliche Kultur und
Zivilisation zu verbreiten.
Mit der Besiedelung des Westens bildete sich auch der **Mythos vom „Wilden Westen"**
heraus. Er verklärt, romantisiert und vereinfacht die komplexe Geschichte des Westens.
Die Welt der Siedlerinnen und Siedler wird zu einer Welt der Freiheit und der Männlichkeit stilisiert, in der das Recht des Stärkeren galt und in der um das Eigentum gekämpft
wurde. Zum **Symbol des „Wilden Westens"** entwickelten sich die hauptsächlich auf
den Ranches und in der Viehzucht arbeitenden **Cowboys.**
Vom 19. Jahrhundert bis heute werden Bilder von Cowboys gezeichnet, in denen sie zu
Kämpfern für die Freiheit verklärt werden, die für Gerechtigkeit eintraten. Diese Klischees von Freiheit und Gerechtigkeit werden durch Bücher, Filme, Kunst und Fotografie verbreitet. Vielen Jugendlichen wurden und werden diese Cowboy-Figuren als Vorbilder empfohlen. Wer diese Bücher liest oder sich die Filme anschaut, sollte sich stets
fragen, ob und inwieweit sie die historische Wirklichkeit zeigen oder den Mythos vom
„Wilden Westen" unterstreichen.

▶ M 12 bis M 16: Mythos „Wilder
Westen".

American Dream
Der nach dem Ersten Weltkrieg aufgekomme-
mene Begriff bezeichnet die unbegrenzten
Möglichkeiten, die die US-amerikanische
Gesellschaft mit ihrer Chancengleichheit
bereithält. Jeder Einzelne habe die
Möglichkeit, persönliche Initiativen zu
entfalten, um materiellen Wohlstand und
gesellschaftliches Ansehen zu erlangen.
Ausgeblendet wird die tatsächliche
Benachteiligung von amerikanischen Uerin-
wohnern, Schwarzen, Frauen und anderen
Gruppen.

**Frontier-Bewegung (engl. frontier =
Grenze)**
In der US-Geschichte bezeichnet der
Begriff den Grenzbereich, der die von
Weißen besiedelten Gebiete des Ostens
von den unerschlossenen Gebieten des
Westens trennt. Mit Frontier-Bewegung ist
das ständige Vorrücken dieses Grenzbe-
reichs nach Westen gemeint, das bis 1890
dauerte. Im 19. Jh. wurden vor allem drei
Frontiers unterschieden: 1. die „trapper
frontier" der Jäger, Fallensteller und Wissenschaftler, die die Wildnis erforschen; 2. die
Frontier der Cowboys, Goldgräber und
Holzfäller, die den Trappern folgen und
das Bild vom „Wilden Westen" prägen; 3.
die „farming frontier" der Millionen Bauern,
die schließlich das Land mit modernen
Anbaumethoden bearbeiten und
verändern. Die Frontier-Bewegung prägte
das nationale Selbstverständnis der USA.

▶ M 17 bis M 22: Mythos „Ostalgie"

Mythos „Ostalgie"

Seit der Wiedervereinigung des geteilten Deutschlands am 3. Oktober 1990 gibt es wieder einen deutschen Nationalstaat. Die DDR hatte an diesem Tag aufgehört als eigener Staat zu existieren. In der ehemaligen DDR begann ein tiefgreifender Wandel, der das Leben der Menschen von Grund auf veränderte. Die früheren Bürgerinnen und Bürger der DDR mussten sich in der liberal-demokratischen politisch-gesellschaftlichen Ord- 5
nung der Bundesrepublik neu orientieren. Die Marktwirtschaft verlangte von ihnen, dass sie viele, in der Planwirtschaft eingeübte Gewohnheiten aufgaben und neue Regeln zu lernen hatten. Die anfängliche Euphorie über die Vereinigung ebbte allmählich ab, bei zahlreichen Menschen nahm die Enttäuschung zu. Besonders der Übergang von der Planwirtschaft zur Marktwirtschaft erfüllte manche Hoffnungen und Erwartungen 10
nicht. Viele Arbeitsplätze gingen unmittelbar nach der Wende verloren. Sozialleistungen, wie z. B. der Anspruch auf einen Kinderkrippenplatz, wurden abgebaut.

In der ehemaligen DDR erhoben manche Bürgerinnen und Bürger gegenüber Westdeutschen den Vorwurf des „Besser-Wessis", der seine Landsleute im Osten bevormunden und vor allem gute Geschäfte machen wolle, während im Westen Deutschlands 15
gelegentlich über die „Jammer-Ossis" gespottet wurde, die sich angeblich ständig beklagten, anstatt sich mit den Vorteilen der Veränderungen auseinanderzusetzen. Bei einigen früheren Bürgerinnen und Bürgern der DDR entstand überdies das Gefühl von Abwertung der eigenen Biografie, von Abhängigkeit und zweitklassigem Status. Die Enttäuschten nahmen sich als Verliererinnen und Verlierer der Vereinigung wahr, sie 20
verloren ihr gewachsenes Vertrauen und ihre Selbstsicherheit. Einen Ausweg aus dieser Krise, in die sie geraten waren, erblickten manche in einem verklärenden Blick auf die untergegangene DDR. Sie sehnten sich nach der vermeintlich „guten alten Zeit", entwickelten Traumbilder und sammelten Relikte aus dieser Welt. Aber schließt diese „**Ostalgie**", wie die nostalgische Wahrnehmung und Verklärung der DDR-Vergangenheit, das Fest- 25
halten an überkommenen Verhaltensmustern oder die Vorliebe für „Ost-Produkte" bezeichnet wird, auch tatsächlich den Wunsch nach der Wiederherstellung der kommunistischen SED-Diktatur ein?

1 Arbeiten Sie aus dem Darstellungstext die zentralen Merkmale von Mythen heraus.

2 Nennen Sie die wichtigsten Kennzeichen politischer Mythen.

3 Charakterisieren Sie die unterschiedlichen Auffassungen über die mythischen Eigenschaften der Oktoberrevolution 1917. Wägen Sie die Stärken und Schwächen der abweichenden Positionen ab.

4 Beschreiben Sie die Entstehung und die zentralen Kennzeichen des Mythos vom „Wilden Westen". Formulieren Sie dabei Vermutungen über das Verhältnis von Mythos und Wirklichkeit.

5 Erläutern Sie den Begriff und die zentralen Merkmale der „Ostalgie". Nennen Sie die wichtigsten Ursachen für die Sehnsucht nach „der guten alten Zeit".

6 **Partnerarbeit/Mindmap:** Erstellen Sie anhand der verschiedenen Beispiele eine Mindmap (siehe S. 503) zur Frage nach der Entstehung, den Inhalten und Funktionen politischer Mythen.

7 **Diskussion:** Der Darstellungstext analysiert Mythen aus unterschiedlichen historischen Zeiten und Staaten bzw. Nationen. Diskutieren Sie über weitere Mythen, die Sie kennen: Charakterisieren Sie diese, bestimmen Sie deren Verhältnis zur Realität und analysieren Sie Aufgaben und Funktionen dieser Mythen.

8 **Vertiefung:** Bewerten Sie, ob und inwieweit sich Mythen von Legenden und Utopien unterscheiden.

Legende

Als Legende werden religiöse Erzählungen über Leben und Tod bzw. Martyrien von Heiligen bezeichnet. Das Wort wird aber auch auf Persönlichkeiten angewandt, die einen sehr hohen Bekanntheitsgrad und Status erreicht haben: sie gelten dann als lebende oder vergangene Legenden. Außerdem können Legenden ausschmückende oder glorifizierende Erzählungen und Geschichten sein. Was erzählt, angenommen oder behauptet wird, muss allerdings nicht den Tatsachen entsprechen.

Utopie (griech.: Nirgendwoland)

Der Begriff bezeichnet die Darstellung eines Wunschbildes (Idealstaat, ideale Gesellschaft) oder einer Schreckensvision (Antiutopie) einer Staats- und/oder Gesellschaftsordnung, die in sozialkritischer Absicht den bestehenden politischen und gesellschaftlichen Verhältnissen entgegengestellt wird. Utopien sind geprägt von der Kritik an einem als mangelhaft empfundenen Zustand der Gegenwart und von einem Wunsch- oder Furchtbild eines Zukunftsstaates.

Die Materialien M 1 und M 2 beschäftigen sich mit dem Begriff und der Theorie des Mythos. Sie erlauben eine Analyse des antiken und modernen Verständnisses des Mythos sowie deren Vergleich. Die Materialien M 3 bis M 9 wenden sich der russischen bzw. sowjetischen Geschichte und dem Mythos „Oktoberrevolution 1917" zu. Anhand der wissenschaftlichen Texte M 3 bis M 5 lassen sich abweichende Begriffe vom Mythos „Oktoberrevolution 1917" voneinander abgrenzen. Diese Sichtweisen können mithilfe einer Rede Lenins über die Bedeutung der Technik (M 6), einer Beschreibung des Personenkultes um Lenin (M 7) und eines Plakats aus den 1960er-Jahren (M 8) konkretisiert und überprüft werden. Den Abschluss markiert ein Text über das Ende des Mythos „Oktoberrevolution" (M 9). Mithilfe der Materialien M 10 und M 11 kann selbstständig der Mythos um Che Guevara untersucht und in einem Referat vorgestellt werden.

Sodann geht es in M 12 bis M 16 um die Geschichte der USA und den Mythos „Wilder Westen". Die Materialien M 12 bis M 14 erlauben einen differenzierten Vergleich zwischen Mythos und Realität. Zur Sprache kommen die Heldenfiguren in Westernfilmen (M 12), die Lebensbedingungen im „Wilden Westen" (M 13) und die Frage, wie wild der „Wilde Westen" war (M 14). Eine vertiefende Betrachtung der Bilder von amerikanischen Cowboys gewähren die Abbildungen M 15 und M 16. Schließlich wird in M 17 bis M 22 am Beispiel des Mythos „Ostalgie" ein Aspekt der deutschen Geschichte nach der Wiedervereinigung des geteilten Deutschlands thematisiert. Die Beschreibung von Ostalgie-Partys (M 17) gewährt eine konkrete Vorstellung nostalgischer Sehnsüchte in der ehemaligen DDR. M 18 und M 19 vermitteln unterschiedliche Sichtweisen, welche Bedeutung, welche Aufgaben und Funktionen dem Mythos „Ostalgie" für die Bevölkerung Deutschlands seit den 1990er-Jahren zukommen kann. Die Bilder M 20 bis M 22 veranschaulichen das Bemühen ehemaliger Bürger der DDR, die Vergangenheit zu verklären.

Über den Begriff Mythos

M 1 **Der Historiker Stefan Rebenich über antike Mythen (2007)**

Eine unstrittige Definition von Mythos gibt es nicht. Meist wird unter Mythos eine anschauliche Erzählung aus alten Zeiten verstanden, die von allgemeiner Bedeutung ist und ursprünglich mündlich weitergegeben und erst später aufgeschrieben wurde. 5 Der Mythos verdichtet in Erzählform Nachrichten über Götter und Heroen, über Ereignisse und Erlebnisse aus der Vorzeit zu einer religiösen Weltdeutung. Mythen versuchen, ganz unterschiedliche Dinge zu erklären, die Menschen rätselhaft sind: die Entste- 10 hung und Ordnung der Welt, den Ursprung von religiösen Festen und kultischen Handlungen sowie Erscheinungen in der Natur und am Himmel. Mythen können von Kultur zu Kultur wandern, neu bearbeitet und interpretiert, an handelnde Personen und be- 15 stimmte Gruppen angebunden sowie den Bedürfnissen und Erwartungen verschiedener Zeiten angepasst werden. Deshalb existieren von den griechischen Mythen unterschiedliche Fassungen. Oft schildern Mythen, wie Götter und Menschen in 20 Konflikt gerieten. Homer hat im späten 8. Jh. v. Chr. in seinen großen Dichtungen, der „Ilias" und der „Odyssee", wichtige griechische Mythen als Erster aufgeschrieben. Jeder Grieche kannte die Erzählungen vom Fall Trojas und von den Irrfahrten des Odysseus 25 [...]. Im Athen des 5. Jh. v. Chr. dienten die Fortbildungen der Mythen in der Tragödie dazu, die weitreichenden Folgen der politischen Mobilisierung der Gesellschaft und der durch den Seebund gewonnenen Macht zu verarbeiten. Die Römer übernahmen 30 viele Mythen von den Griechen und latinisierten den griechischen Götterhimmel. [...]

Früh wurde aber auch Kritik an den Mythen geäußert. Ein Ausweg aus der schon Ende des 6. Jh. v. Chr. einsetzenden philosophischen Dekonstruktion der 35 Mythen war die allegorische[1] Deutung, die zwischen dem Wortlaut und einem verborgenen „tieferen" Sinn unterschied und nach einem geschichtlichen oder moralischen Kern der Erzählung fragte. Auf diese Weise konnten die Mythen als Teil der „Frühge- 40 schichte" von Städten und Völkern bewahrt werden. Euhemeros von Messene, der um die Wende vom 4. zum 3. Jh. v. Chr. lebte, machte aus den Göttern historische Personen und versuchte, ihre Taten mit Ereignissen in der Vergangenheit in Beziehung zu setzen. 45 Eine solche rationalistische Mytheninterpretation wurde als „Euhemerismus" bezeichnet und erwies sich als wirkmächtig. Insbesondere die moralische

Auslegung heidnischer Mythen mithilfe der Allegorie
50 erlaubte es den Christen, die heidnischen Göttersa-
gen aus der griechischen und lateinischen Literatur
in das christliche Mittelalter zu übernehmen.

*Stefan Rebenich, Die 101 wichtigsten Fragen. Antike, 2., durch-
gesehene Aufl., C. H. Beck, München 2007, S. 49 f.**

1 *Allegorie:* Das lateinische und das griechische Wort „allego-
ria" und „allēgoría" bedeutet eigentlich „das Anderssagen"
und wird in der bildenden und der Dichtkunst verwendet, um
einen abstrakten Begriff als personifizierendes rational fass-
bares Bild darzustellen.

M2 **Der Historiker Martin Dehli über moderne
Mythen (2002)**

M[ythen] sind Erzählungen, in denen der Mensch
sich selbst, die Gemeinschaft und das Geschehen in
der Welt symbolisch deutet. „M[ythos]" bezeichnet
im Griechischen „Wort" im Sinne einer letztgültigen
5 Aussage [...]. Als „Mythologie" wird einerseits die Gesamtheit der M[ythen] eines Volks bezeichnet, andererseits die Wissenschaft von den M[ythen].
M[ythen] wurden zum einen als vorgeschichtliche,
altertümliche Erzählungen und Göttergeschichten
10 verstanden, als Ausdrucksform einer vorrationalen
Stufe der Kultur, die im aufgeklärten, nachmythi-
schen Zeitalter ihre Wirksamkeit verloren haben.
Seit dem 18. Jh. stießen M[ythen] auf verstärktes Interesse, zuerst im Zeichen der M[ythen]-Kritik der
15 Aufklärung, seit dem 19. Jh. zunehmend als Gegenstand einer historisch vergleichenden M[ythen]-For-
schung. [...]
M[ythen] können in so unterschiedlichen Bereichen
wie Frühgeschichte, Religionsgeschichte, Histori-
20 scher Anthropologie und Politischer Geschichte zum
Thema der historischen Forschung werden. In jedem
Fall muss dabei neu definiert werden, was konkret als
„M[ythos]" verstanden wird, da es eine umfassende
und verbindliche Definition der Begriffe „M[ythos]"
25 und „Mythologie" nicht gibt. Allgemein lässt sich nur
sagen, dass mit „M[ythos]" eine Sprachform bezeichnet wird, die nicht rational überzeugen, sondern
symbolisch-emotional wirken will. Deshalb muss
mehr noch als der Gehalt die historische Wirksam-
30 keit alter und moderner M[ythen] im Zentrum ge-
schichtswissenschaftlicher Interpretation stehen.

*Martin Dehli, Artikel „Mythos", in: Stefan Jordan (Hg.), Lexikon
Geschichtswissenschaft. Hundert Grundbegriffe, Reclam,
Stuttgart 2002, S. 222 f.***

1 Arbeiten Sie mithilfe von M1 und M2 eine knappe
Definition antiker und moderner Mythen heraus und
fassen Sie die zentralen Merkmale dieser Mythen
zusammen.

2 Vergleichen Sie die beiden Begriffsbestimmungen
miteinander. Stellen Sie Unterschiede und Gemeinsamkeiten zwischen antiken und modernen Mythen
heraus.

3 Untersuchen Sie Übereinstimmungen oder Unterschiede zwischen den Begriffen in M1 und M2 und
dem im Darstellungstext beschriebenen Mythenverständnis.

4 Diskutieren Sie die Stärken und Schwächen dieser
Definitionen und formulieren Sie eine eigene
alternative Definition.

Der Mythos der Oktoberrevolution 1917

M3 **Der Politikwissenschaftler Henning Ottmann
über den Mythos „Oktoberrevolution 1917"
(2010)**

Die Oktoberrevolution ist ein Mythos. Wenn behauptet wird, sie sei eine proletarische Revolution gewesen, so spricht schon dagegen, dass es in Russland
nur wenig Proletarier, dafür aber eine überwiegende
Mehrheit von Bauern gegeben hat (ca. 80 % der Be- 5
völkerung waren Bauern). Der Marxismus, gedacht
als eine Theorie für entwickelte kapitalistische Gesellschaften, wirft die Frage auf, warum er sich immer nur in agrarischen Gesellschaften – wie etwa
Russland oder China – hat durchsetzen können. 10
Muss man den Marxismus historisch ganz anders
verorten, als er sich selber gesehen hat? Ist er in
Wahrheit eine Theorie, die nicht moderne Entwicklungen, sondern nur den ersten Schritt in die Moderne erklärt? 15
Versteht man unter Revolution die Erhebung eines
Volkes oder einer Klasse, so sind Zweifel daran erlaubt, ob die Oktoberrevolution eine Revolution genannt werden darf. Sie wurde befördert von einem
Teil der Intelligenz, die sich in Russland stärker radi- 20
kalisiert hatte als im Westen. Sie fand Unterstützung
bei kriegsmüden Soldaten. Aber gemacht wurde sie
unter der Beteiligung von „höchstens 25 000 bis
30 000 Personen [...] in einer Stadt mit damals zwei
Millionen und einem Land mit rund 150 Millionen 25
Einwohnern" [...]. Die Mehrheit der Bevölkerung bestand nicht aus Bolschewiken. Nie haben die
Bolschewiken den Auftrag einer Mehrheit des russischen Volkes erhalten, eine Revolution zu machen
oder die Herrschaft auszuüben. Bei der letzten freien 30
Wahl am 8. Dezember 1917 erhalten die Bolschewiken 23,5 % der Stimmen, die Sozialrevolutionäre dagegen 62 %! Von da an haben die Bolschewiken den
„Auftrag" der Geschichte an die Stelle des Wählerwil-
lens gesetzt. Die Verfassungsgebende Versammlung 35

wird im Januar 1918 von roten Truppen gesprengt. Der Weg zur Macht ähnelte weniger einer Volkserhebung als einem blanquistischen[1] Putsch.

Ob Russland „reif" war für eine Revolution – das war
40 unter den Bolschewiken selbst umstritten.

Henning Ottmann, Geschichte des politischen Denkens, Bd. 4: Das 20. Jahrhundert, Teilbd. 1: Der Totalitarismus und seine Überwindung, J. B. Metzler, Stuttgart 2010, S. 94.*

1 *Blanquismus:* Bezeichnung für die Lehre des französischen Revolutionärs und Theoretikers Blanqui (1805–1881), nach der eine Revolution „von oben", also durch die Verschwörung einer kleinen Gruppe ohne Massenbasis herbeigeführt werden könne.

M4 **Der Politikwissenschaftler Klaus von Beyme über mythische Elemente der Oktoberrevolution 1917 (1992)**

Zum Mythos gehört, dass die Urerfahrung rational nicht erfahrbar ist und ehrfürchtig hingenommen wird. [...] Der Einsatz des Mythenbegriffs in der Analyse der Oktoberrevolution erhellt nur Teilbereiche
5 der sozialen Dynamik. [...]

Mythos muss analytisch von Utopie unterschieden werden. Utopie als System von normativen Sätzen über eine Zukunftsgesellschaft lag der bolschewistischen Ideologie [...] näher. [...]
10 Der Leninismus an der Macht hat seinen rational-wissenschaftlichen Begründungsanspruch nicht durchhalten können. Neben der theoretischen Politischen Ökonomie und Gesellschaftslehre stand eine als Kunstlehre propagierte Konzeption von Strategie
15 und Taktik. In ihrem Rahmen wurden von der ideologischen Führung auch Mythenbildungen gefördert, vor allem bei Begriffen wie

– Kollektiv (Klasse, Proletariat, Partei)
– oder bei der Propagierung des technischen Fort-
20 schritts.
– Nach Lenins Tod wurde seine Person im Personenkult rasch als mythisierendes Herrschaftspotenzial eingesetzt.

Hat schon die vorgeblich wissenschaftliche Weltan-
25 schauung des Leninismus mythische und utopische Elemente nicht ganz verschmäht, so war die Neigung noch größer bei den Kulturschaffenden, die keine Marxisten waren, aber gleichwohl die Revolution unterstützten. Marxisten gab es in der Kultur
30 kaum.

Klaus von Beyme, Die Oktoberrevolution und ihre Mythen in Ideologie und Kunst, in: Dietrich Harth, Jan Assmann (Hg.), Revolution und Mythos, Fischer Verlag, Frankfurt/M., 1992, S. 152–156.*

M5 **Der Politikwissenschaftler Klaus von Beyme über neue Mythen in der Oktoberrevolution 1917 (2013)**

Aber keine politische Theorie, die mit wissenschaftlichem Anspruch auftrat, hat die wissenschaftliche Theorie so stark von Überlegungen zur Strategie und Taktik überwuchern lassen wie der Leninismus. Im Rahmen der Kunstlehren wurde auch auf den Einsatz 5 von Mythen nicht verzichtet [...]. Neue Mythen wie die Vergottung der Technik (Sozialismus = Sowjetmacht plus Elektrifizierung), die Verdinglichung des Kollektivs (erst des Proletariats, dann der Partei und schließlich der Parteileitung) und der Personenkult 10 (der vor allem nach Lenin eingesetzt wurde), mussten die Widersprüche in den wissenschaftlichen Teilen der Lehre einem widerstrebenden Volk verschleiern helfen.

Klaus von Beyme, Sozialismus. Theorie des Sozialismus, Anarchismus und Kommunismus im Zeitalter der Ideologien 1789–1945, Springer VS, Wiesbaden 2013, S. 226 f.*

1 **Arbeitsteilige Gruppenarbeit/Präsentation:**
Arbeiten Sie auf der Grundlage von M 3 bis M 5 heraus, was Ottmann bzw. von Beyme unter Mythos verstehen, und fassen Sie die zentralen Merkmale ihres Verständnisses vom Mythos „Oktoberrevolution 1917" zusammen.

2 Analysieren Sie Unterschiede und Gemeinsamkeiten zwischen den Auffassungen Ottmanns und von Beymes.

3 Stellen Sie Stärken und Schwächen der unterschiedlichen Definitionen des Mythos „Oktoberrevolution 1917" heraus.

4 Diskutieren Sie, für welches Mythenverständnis Sie plädieren oder ob Sie beide Definitionen miteinander kombinieren wollen.

M6 **Die Vergottung der Technik – Auszug aus der Rede Lenins vor dem VIII. Gesamtrussischen Sowjetkongress vom 22.–29.12.1920 in Moskau**

Solange wir in einem kleinbäuerlichen Lande leben, besteht für den Kapitalismus in Russland eine festere ökonomische Basis als für den Kommunismus. Das darf man nicht vergessen. Jeder, der das Leben auf dem Lande aufmerksam beobachtet und es mit dem 5 Leben in der Stadt verglichen hat, weiß, dass wir den Kapitalismus nicht mit der Wurzel ausgerottet und dem inneren Feind das Fundament, den Boden nicht entzogen haben. Dieser Feind behauptet sich dank dem Kleinbetrieb, und um ihm den Boden zu entzie- 10 hen, gibt es nur ein Mittel: die Wirtschaft des Landes, auch die Landwirtschaft, auf eine neue technische

Grundlage, auf die technische Grundlage der modernen Großproduktion, zu stellen. Eine solche Grundlage bildet nur die Elektrizität.

Kommunismus – das ist Sowjetmacht plus Elektrifizierung des ganzen Landes. Sonst wird das Land ein kleinbäuerliches Land bleiben, und das müssen wir klar erkennen. Wir sind schwächer als der Kapitalismus, nicht nur im Weltmaßstab, sondern auch im Innern unseres Landes. Das ist allbekannt. Wir haben das erkannt, und wir werden es dahin bringen, dass die wirtschaftliche Grundlage aus einer kleinbäuerlichen zu einer großindustriellen wird. Erst dann, wenn das Land elektrifiziert ist, wenn die Industrie, die Landwirtschaft und das Verkehrswesen eine moderne großindustrielle technische Grundlage erhalten, erst dann werden wir endgültig gesiegt haben. Wir haben bereits einen vorläufigen Plan für die Elektrifizierung des Landes ausgearbeitet. An diesem Plan haben 200 unserer besten Wissenschaftler und Techniker gearbeitet. [...] Kürzlich bot sich mir Gelegenheit, in einer entlegenen Gegend des Moskauer Gouvernements, im Kreis Wolokolamsk, einem Bauernfest beizuwohnen. Dort hatten die Bauern elektrische Beleuchtung erhalten. Es wurde eine Kundgebung im Freien veranstaltet, und ein Bauer trat auf und hielt eine Rede, in der er dieses neue Ereignis im Leben der Bauern begrüßte. Er sagte: Wir Bauern lebten in Finsternis, und nun ist bei uns ein Licht aufgegangen, ein „unnatürliches Licht, das unsere bäuerliche Finsternis erhellen wird". Ich wunderte mich nicht über diese Worte. Gewiss, für die parteilose Bauernmasse ist das elektrische Licht ein „unnatürliches" Licht, für uns aber ist es unnatürlich, dass die Bauern und Arbeiter jahrhunderte-, jahrtausendelang in solcher Finsternis, in Elend, in Unterdrückung durch die Gutsbesitzer und Kapitalisten leben konnten. Dieser Finsternis kann man nicht so schnell entrinnen. Aber wir müssen es jetzt dahin bringen, dass jedes Kraftwerk, das wir bauen, wirklich zu einem Stützpunkt der Aufklärung wird, dass es sozusagen die elektrische Bildung der Massen fördert. [...] Man muss jedoch wissen und darf nicht vergessen, dass die Elektrifizierung nicht mit Analphabeten durchzuführen ist. [...] Wir brauchen Menschen, die nicht nur des Lesens und Schreibens kundig sind, sondern kulturell hochstehende, politisch bewusste, gebildete Werktätige; es ist notwendig, dass die Mehrheit der Bauern eine bestimmte Vorstellung von den Aufgaben hat, vor denen wir stehen. Dieses Programm der Partei muss das wichtigste Lehrbuch werden, das in allen Schulen eingeführt werden sollte. In diesem Buch werden Sie neben dem allgemeinen Plan der Elektrifizierung ausgearbeitete Spezialpläne

für jeden einzelnen Bezirk Russlands finden. Und jeder Genosse, der ins Land hinausfährt, wird einen bestimmten Plan haben für die Durchführung der Elektrifizierung in seinem Bezirk, den Übergang aus der Finsternis zu normalen Lebensverhältnissen. [...] Wir müssen es dahin bringen, dass jede Fabrik, jedes Kraftwerk zu einer Stätte der Aufklärung wird, und wenn Russland sich mit einem dichten Netz von elektrischen Kraftwerken und mächtigen technischen Anlagen bedeckt haben wird, dann wird unser kommunistischer Wirtschaftsaufbau zum Vorbild für das kommende sozialistische Europa und Asien werden. (Stürmischer, nicht enden wollender Beifall.)

Zit. nach: W. I. Lenin, Werke, Bd. 31, April–Dezember 1920, hg. v. Institut für Marxismus-Leninismus beim Zentralkomitee der SED, ins Deutsche übertragen nach der vierten russischen Ausgabe, 3. Aufl., Dietz Verlag, Berlin 1966, S. 513–515.*

M7 **Der Politikwissenschaftler Hans Maier über den Personenkult Lenins (2009)**

Der Erste Weltkrieg hatte die liberale Kultur aus ihren Verankerungen gerissen. Im Chaos von Krieg und Nachkriegszeit wurden viele Menschen anfällig für neue Heilslehren. Der „Frühling der Heilsbringer" war ein gesamteuropäisches Phänomen – nach 1917/18, nach 1922 und erst recht nach 1933. Die Zeit war bewegt von Erlösungsstimmungen; politische Führer wurden zu messianischen Figuren, sie zogen Bewunderung und Verehrung auf sich. Bilder der Führer standen im Mittelpunkt politischer Liturgien, sie wurden bei Märschen mitgeführt, bei Gedenkfeiern feierlich erhöht und allen sichtbar gemacht. Aber sie drangen auch in häuslichen Formaten in den Alltag ein. Im Russland der Revolution warben kommunistische Funktionäre dafür, häusliche Ikonenecken in „Friedensecken" mit dem Bild Lenins umzuwandeln. [...]

Dieser im 20. Jahrhundert abrupt aufsteigende Führerkult beginnt schon mit LENIN – so sehr sich dieser zu Lebzeiten noch gegen die Tendenzen der Heroisierung und Monumentalisierung gewehrt hat. Doch die Verbreitung heilandsähnlicher Leninbilder und -statuetten, wahren Ikonen der Revolution, nahm auch ohne seinen Willen ihren Lauf. Die Verehrung des toten Lenin sprengte dann erst recht alle bis dahin üblichen Dimensionen des Gedenkens. Lenin ist der erste moderne Herrscher – wenn man von der verspäteten „Heimholung" Napoleons I. nach Paris absieht –, der nicht nur einbalsamiert und in einem Mausoleum beigesetzt wurde, sondern dem auch eine dauerhafte, bis heute anhaltende kultische Verehrung durch Pilger aus seinem Land und aus aller Welt zuteil geworden ist. Sie hält bis heute an, trotz

der immer wieder diskutierten, jedoch nie realisier-
35 ten Pläne, den Begründer des Sowjetstaates neben
seiner Mutter in St. Petersburg beizusetzen, wie er
sich das selbst gewünscht hatte. Die Entstalinisierung nach 1956 und das Ende der Sowjetunion 1991
gaben der Leninverehrung neuen Auftrieb. Die At-
40 mosphäre im Lenin-Mausoleum auf dem Roten Platz
in Moskau ist denn auch bis zur Gegenwart politisch-
religiös geprägt: Der einbalsamierte Revolutionär
wird den andächtig vorbeiziehenden Besuchern wie
eine Heiligen-Reliquie vor Augen gestellt; diese ma-
45 chen keine Worte (und dürfen nicht fotografieren!).
Zu Recht hat Sebastian Haffner in seinen
Historische(n) Variationen bemerkt: „Lenin ist in der
kommunistischen Welt gefeiert und geehrt worden
wie kaum je ein Mensch zuvor. Man wird an die Ver-
50 göttlichung Cäsars und Augustus' im kaiserlichen
Rom erinnert."
Genau genommen, ist die Apotheose[1] Lenins ein historisches Paradox. Die kommunistische Religionspolitik hatte sich früh gegen die Orthodoxie gewandt,
55 und es kam zu Zusammenstößen mit der Kirche, als
man in Gotteshäusern und Friedhöfen Schreine und
Gräber öffnete und Reliquien vernichtete. Die Zerstörung und Zerstreuung der toten Gebeine sollte
nach dem Willen der Revolutionäre die Unhaltbar-
60 keit der Religion erweisen. Im Falle Lenins jedoch –
Ironie der Geschichte! – griffen die politischen Führer selbst auf die alten Formen des Reliquienkultes
zurück, indem sie den toten Heros der Revolution am
Roten Platz zu öffentlicher Verehrung präsentierten
65 – der „Apostel des Weltkommunismus" [...] sollte für
alle Zeiten fortleben, ungealtert, unverwest.

Hans Maier, Apotheose und Denkmalsturz: Diktatoren im 20.
Jahrhundert, in: John Andreas Fuchs, Michael Neumann (Hg.),
Mythen Europas. Schlüsselfiguren der Imagination. Moderne,
Wissenschaftliche Buchgesellschaft, Darmstadt 2009, S. 34–36.*

1 *Apotheose:* Erhöhung eines Menschen zum Gott, Vergöttlichung eines Menschen

M8 **Farblithografie zum Siebenjahresplan (1959
bis 1965) der Sowjetunion über die Bedeutung der
Elektrifizierung**

M9 **Der Historiker Helmut Altrichter über das
Ende des Mythos „Oktoberrevolution 1917"
(2017)**

Spätestens, als der russische Präsident Boris El'cyn
[Jelzin] nach dem gescheiterten Putsch im August
1991 der kommunistischen Partei jede Tätigkeit in
Russland verbot (und andere Unionsrepubliken
nachzogen), war die Abschaffung der Oktoberfeiern 5
nur noch eine Frage der Zeit. Mit der Kriminalisie-
rung der Partei machten sie keinen Sinn mehr,
schließlich hätte es ohne die Partei, ohne Lenin und
die Bolschewiki, keinen Oktoberaufstand gegeben.
Seit 1992 war der 8. November wieder ein normaler 10
Arbeitstag, seit 1996 wurde der 7. November als „Tag
der Harmonie und Versöhnung" gefeiert. Unter der
Präsidentschaft Vladimir Putins wurde per Gesetz
auch der 7. November als Feiertag abgeschafft und
ein neuer gesetzlicher Feiertag, als „Tag der Volksein- 15
heit", eingeführt. Das Gesetz wurde am 27. Dezember
2004 in dritter Lesung von der Duma mit Dreiviertel-
mehrheit angenommen, nur die Kommunisten hatten geschlossen dagegen gestimmt. Ein Dumaaus-
schuss hatte die Initiative unterstützt und 20
eingebracht, ein Interreligiöser Rat sie für gut befun-

den, und auch der Patriarch, Aleksij, hatte ihr seinen Segen gegeben.

Gefeiert werden sollte an diesem „Tag der Volksein-
25 heit" die Befreiung Moskaus von den Polen im Jahr 1612.

*Helmut Altrichter, Russland 1917. Ein Land auf der Suche nach sich selbst, 2., durchges. u. erw. Aufl., Schöningh, Paderborn 2017, S. 558. ***

1 Erläutern Sie anhand von M 6 die These Lenins, „Kommunismus – das ist Kommunismus plus Elektrifizierung". Stellen Sie die wichtigsten Argumente für diese These zusammen.

2 Erläutern Sie anhand von M 7 die zentralen Elemente des Personenkults um Lenin.

3 Erörtern Sie mithilfe des Plakats M 8 die Bedeutung Lenins für die bolschewistische Herrschaft über die Sowjetunion.

4 Erörtern Sie, ob und inwieweit die Vergöttlichung der Technik und der Personenkult um Lenin die These vom Mythos „Oktoberrevolution 1917" stützen oder nicht stützen (M 6).

5 Definieren Sie das Selbstverständnis der Bolschewiki, mit der Oktoberrevolution 1917 hätten sie den Anfang der Errettung der Welt gemacht.

6 Beschreiben und erklären Sie das Ende des Mythos „Oktoberrevolution 1917" (M 9).

Der Mythos Che Guevara

M 10 **Wer war Che Guevara?**

Der Argentinier Ernesto Guevara de la Serna, genannt Che Guevara (1928–1967), war ein marxistischer Politiker, Guerillaführer und Autor. Che Guevara war neben Fidel Castro zentraler Anführer
5 (Comandante) der kubanischen Revolution von
1957/58. Nach dem Erfolg der kubanischen Revolution übernahm Che Guevara verschiedene hohe
Staatsämter. Er war zum Beispiel Präsident der kubanischen Nationalbank und Industrieminister. Nach
10 Konflikten mit Castro trat er 1964 jedoch zurück und
versuchte in den folgenden Jahren zunächst im Kon-
go, dann in Bolivien eine revolutionäre Bewegung
voranzutreiben und Guerilla-Organisationen aufzubauen. Dabei wurde er 1967 von bolivianischen Re-
15 gierungssoldaten erschossen. Sein Leben und Sterben und der posthume Kult – er wurde eine Leitfigur
revolutionärer Bewegungen besonders in den Ent-
wicklungsländern – wie auch die Kritik an seinem
Wirken waren und sind Gegenstand vieler Publika-
20 tionen und Filme.

Verfassertext

M 11 **Fresko von Che Guevara an einem Haus auf Kuba, Fotografie, 2017**

1 **Analyse und Dekonstruktion der Inhalte und Intentionen:** Che Guevara. Arbeiten Sie mithilfe von M 10 und M 11 ein Referat aus, in dem Sie den Aufstieg Che Guevaras zum Mythos beschreiben und die Kritik an Persönlichkeit, politischen Ideen und Handeln sowie am Mythos analysieren. Recherchieren Sie dazu weitere Informationen im Internet.

Der Mythos des „Wilden Westen" der USA

M 12 **Die Publizisten Norbert Grob und Bernd Kiefer schreiben über die Helden in Westernfil-men (2003):**

Die Männer des Western bewegen sich da – mit Revolver im Gürtel – auf Pferden durch weite, oft raue
und kantige Landschaften, suchen einen Pass oder
ruhen am Lagerfeuer in der Prärie. Dann, auf Ranches oder Farmen oder in kleinen Städten, geraten 5
sie in einen Konflikt und werden zum Handeln gezwungen – und gewinnen durch dieses Handeln zugleich ihre Identität und zeigen, wer und was sie im
Innersten sind. Diese Westerner mögen dabei sterben oder schwer verwundet werden oder einfach 10

weiterziehen, immer setzen ihre Taten ein Signal, das von Mut und Entschlossenheit kündet; und von individueller Würde, die sie dem Wirrwarr aus Gier, Intrige und Gewalt, aus Geschäfts- und Machtinteressen entgegensetzen.

Westerner sind positive Helden, die in einem Spannungsfeld agieren zwischen ihrem Sinn für die Gemeinschaft und ihrem Hang zu einsamen Entscheidungen und Alleingängen. [...]

Der Westerner ist eine in der historischen Ära des Wild West entwickelte amerikanische Form der Männlichkeit. Als Hunter (Trapper und Jäger) oder als einsamer Waldläufer [...] (Scout), als herumziehender Revolvermann (Gunfighter) oder später als Ordnungshüter (Sheriff oder Marshall) oder als Kopfgeldjäger (Bounty Hunter). Männer ziehen los, auf der Suche nach Abenteuern, nach Gelegenheiten, sich zu bewähren: Go west, young man, and grow up with your country. Sie agieren im Rahmen der mythisierten historischen Landnahme: Der Zug von Osten nach Westen; der Krieg gegen die Ureinwohner des Landes [...]; die langsame Zivilisierung in den Siedlungen, die Befriedung der noch rauen und wilden Städte; der Kampf zwischen Bürgern und Gesetzlosen.

Bernd Kiefer/Norbert Grob, Einleitung, in: dies. (Hg.), Filmgenres. Western, Reclam, Stuttgart 2003, S. 12–17.*

M 13 Die Historikerin Viviana Zarbo über Lebensbedingungen im „Wilden Westen" (1997)

Ursache für die Schwierigkeiten mit dem Gesetz im Westen war nicht das Fehlen offizieller Richtlinien, sondern ihre Unangemessenheit.

Der Westen wurde von Menschen aus dem Osten „kolonisiert", damit erhielt er auch seine Rechtsnormen aus dem Osten des Landes. Doch diese Normen konnten in einem Territorium mit völlig anderen Problemen und mit grundverschiedenen gesellschaftlichen Erfordernissen nicht umgesetzt werden.

Zum Beispiel: Im östlichen Texas war es den Männern untersagt, Waffen zu tragen, doch das westliche Texas konnte dieser Vorschrift so lange nicht nachkommen, wie die [indigene Bevölkerung (*Native Americans*)] in diesem Abschnitt des Territoriums verblieben. Jedes Gesetz in dieser Richtung wäre fraglos missachtet worden.

Oder: Entsprechend dem Gesetz der Regierung, das *Homestead Act* genannt wurde, sollte die Verteilung von Land aus staatlichem Besitz jeden berücksichtigen, gleichgültig, ob er aus dem Osten oder aus dem Westen kam. Dieses Land sollte 80 Hektar umfassen. Der Untersuchung eines Armeemajors zufolge war aber in den Regionen des Westens, die vorwiegend trocken waren, zum Überleben eine Größe von 1325 Hektar notwendig.

Anstelle des Gesetzbuches bildete sich jenes Phänomen heraus, das unter dem Begriff „Gesetz des Wilden Westens" bekannt wurde, eine Reihe von Gepflogenheiten, die auf Treue, Ehrlichkeit und gesundem Menschenverstand beruhten. Diese nicht geschriebene Ordnung sah unter anderem vor, dass man auf keinen Mann, der einem mit dem Rücken zugewandt war, und auf keinen Unbewaffneten schoss. Im Fall einer Meinungsverschiedenheit musste jemand seine Absichten zu erkennen geben, bevor er das Feuer eröffnete. Nach dem Duell musste der, der am Leben blieb, für die Familie des Erschossenen aufkommen: Diese Regel ist von der Verfassung der Vereinigten Staaten erst mit dem 1. Januar 1994 abgeschafft worden, wie auch die, die das Anbringen von Steckbriefen gesuchter Krimineller *(Wanted: Dead or Alive)* an bestimmten Orten vorsah. Eine andere Gepflogenheit sah vor, dass ein Pferdedieb zum Tod verurteilt wurde. Eine Regel dieser Art war im Osten völlig unverständlich, nicht aber im Westen, wo das Pferd das Überleben des Reiters bedeutete: Wenn man in den endlosen Weiten der Ebenen kein Pferd mehr hatte, bedeutete das den Tod. Viehdiebstahl war ein weniger schweres Verbrechen, und andere Arten von Diebstahl gab es praktisch nicht. Einem Fremden oder einem Reisenden wurde immer geholfen, sofern sie sich nicht unwürdig zeigten. Das Gesetz des Westens bestrafte die Feiglinge, weil das Leben selbst dies verlangte: Nur wer Mut und Treue besaß, galt als Mann. Diese „hausgemachte" Rechtsmethode zur Aufrechterhaltung der Ordnung mag vielleicht ungewöhnlich und roh erscheinen, war aber sicher die wirksamste. Der Kodex des Westens wurde im Allgemeinen respektiert. [...]

Da im Westen die Gesetze nichts anderes waren als ungeschriebene Übereinkünfte über einige Verhaltensnormen im Rahmen besonderer Notwendigkeiten und als solche den Menschen aus dem Osten unbegreiflich, haben die Neuankömmlinge aus dem Osten den Westen für ein absolut gesetzloses Land gehalten.

Viviana Zarbo, Die wahre Geschichte des Wilden Westen, Wagenbach, Berlin 1997, S.111ff.**

M 14   Der Historiker Christof Mauch über die Frage „Wie wild war der Wilde Westen?" (2008)

Gewalt gehörte von Anfang an zur Geschichte des amerikanischen Westens. Die angloamerikanischen Siedler unterwarfen die Mexikaner, vertrieben die [Native Americans] und randalierten gegen die Chi-
5 nesen. Rassische und ethnische Unterschiede waren der Hauptgrund für Spannungen im Westen. Doch wer vom „Wilden Westen" spricht, hat nicht die kollektiven Auseinandersetzungen zwischen Klassen und Rassen vor Augen, sondern den individuellen
10 Showdown – von Cowboys und [Native Americans], von Sheriffs und Banditen –, die dramatische Landschaftskulisse der Hollywoodfilme und die Straßen der Westernstädte mit den immer gleichen Kirchen, Saloons und Gerichtsgebäuden. Schießereien fanden
15 nur an wenigen Orten im Westen statt. In den schwedischen Bauerndörfern in Minnesota oder den Mennonitensiedlungen von Kansas ging es friedlicher zu als in der Alten Welt, aber die Bergbaustädte in den Rocky Mountains und die „cattle towns" (die Um-
20 schlagplätze für Rinder) im Mittleren Westen waren für ihre Schießereien bekannt.
Trinken, Spielen und Huren waren die Hauptgründe für die fatalen Exzesse in Texas und in den berüchtigten Cowboystädten des Staates Kansas (Ellsworth,
25 Dodge City, Caldwell und Wichita). Einmal im Jahr kamen junge Männer mit großen Rinderherden in die „cattle towns", ließen sich volllaufen und verloren ihr Geld. Die Hauptarbeit der Sheriffs, die nur selten in Schießereien verwickelt waren, bestand darin, die
30 Betrunkenen eine Nacht lang einzusperren. Wenn es doch zu Auseinandersetzungen mit tödlichem Ausgang kam, wurden die Schuldigen in den wenigsten Fällen hingerichtet. In der gesamten Geschichte der „cattle towns" von Kansas gab es nur drei Exekutio-
35 nen wegen Mordes oder Totschlags. Der schlechte Ruf der Cowboystädte ging nicht zuletzt auf die lokale Presse und die sensationalistisch aufgemachten Extra-Ausgaben der Zeitungen zurück. [...]
Brutaler als in den Cowboystädten, die die Schieße-
40 reien nach und nach durch Waffenverbote und den Einsatz regulärer Polizisten in den Griff bekamen, ging es in den Gold- und Silbergrubenstädten Kaliforniens zu. Bodie und Aurora galten als die schlimmsten „shooters towns" im Westen. Raufbolde
45 wie „Man Eater" McGowan in Bodie – seinen Beinamen hatte der Mann erhalten, weil er seinen Gegnern in die Ohren, die Nase und die Schenkel biss – setzten im Zweikampf meist ihre Fäuste ein, griffen aber gelegentlich auch zum Revolver. Während der Boom-
50 jahre kam es in Bodie zu 29 Schießerein mit tödli-

chem Ausgang. Nach heutiger Statistik lag die Rate bei 6 Morden pro 100 000 Einwohnern – und damit nicht viel höher als in Washington D.C. im ausgehenden 20. Jahrhundert. Frauen, die nicht als Prostituierte arbeiteten, konnten sich auf den Straßen und öf- 55
fentlichen Plätzen von Bodie und Aurora erstaunlich sicher bewegen. Insgesamt waren die notorischen Schießduelle auf wenige Orte und enge soziale Gruppen beschränkt. [...]
Und wer weiß heute noch, dass im Jahr 1893 allein 60
433 Männer eines besonders schrecklichen Todes starben – nicht zwischen Bordell und Saloon, sondern beim Ankuppeln von Eisenbahnwaggons. Brutale Todesfälle gab es im „Wilden Westen" in großer Zahl, aber sie waren anderer Natur, als es uns Holly- 65
wood suggeriert.

*Christof Mauch, Amerikanische Geschichte. Die 101 wichtigsten Fragen, C. H. Beck, München 2008, S. 31 f.***

1 Arbeitsteilige Gruppenarbeit/Präsentation:
  a) Arbeiten Sie mithilfe von M 12 heraus, wie Westernhelden im Film präsentiert werden.
  b) Stellen Sie anhand von M 13 die zentralen Lebensbedingungen der Menschen im „Wilden Westen" dar.
  c) Untersuchen Sie mithilfe von M 14 die Rolle der Gewalt im „Wilden Westen".
  d) Analysieren Sie, ausgehend von Ihren Arbeitsergebnissen, die wichtigsten Elemente des Mythos „Wilder Westen" und bestimmen Sie die Bedeutung dieses Mythos für das Selbstverständnis der USA.
2 Vergleichen Sie den Mythos „Wilder Westen" mit der historischen Wirklichkeit. Stellen Sie Unterschiede und Gemeinsamkeiten heraus.
3 Verfassen Sie einen Leserbrief oder schreiben Sie einen Essay über den Mythos des „Wilden Westens". Untersuchen Sie verschiedene mediale Darstellungen des Wilden Westens, u. a. Spielfilme, Western-Romane und auch Computerspiele. Analysieren Sie dabei, mit welchen Mitteln der Mythos „Wilder Westen" konstruiert wurde und wird. Ermitteln Sie, ob sich dieser Mythos im Laufe der letzten Jahrzehnte unter dem Einfluss politisch-sozialen Wandels verändert hat.

M 15 Cowboy-Skulptur vor dem Smithsonian American Art Museum, Washington, D.C., 1980

M 16 Silhouette von zwei Cowboys, die ihre Pferde bei Sonnenuntergang reiten, Texas, 2022

1 Beschreiben Sie die Skulptur (M 15).
2 Erörtern Sie, warum das Museum diese Skulptur am Eingang präsentiert.
3 Erläutern Sie, welche Gefühle die Silhouetten der beiden Cowboys im Sonnenuntergang beim Betrachter auslösen können (M 16).

„Ostalgie" im wiedervereinigten Deutschland

M 17 Der Sozialwissenschaftler Thomas Ahbe über sogenannte „Ostalgie-Partys", 2005

Ostalgie-Partys waren Mischungen aus Karneval und popkultureller Revival-Party, aus Volksfest und Performance. Sie wurden als Privat-Party gefeiert oder im halböffentlichen Raum, anlässlich des jährlichen Festes im kleinen Saalbau der Kleingartensparte – 5 oder eben als semiprofessionelle Veranstaltung, wie man sie auch vom Kleinstadt-Fasching kennt. Auch hier wurde dann von den Besuchern die Zahlung von Eintrittsgeld verlangt. Die Gäste wussten, was sie tun und erwarten konnten, viele legten DDR-typische 10 Kleidungsstücke, Uniformen oder Accessoires an, der Raum war überladen mit den einstigen DDR-Propaganda-Requisiten, mit Papierfähnchen, Porträts, Symbolen, Zeichen, Fahnen und Transparenten mit den Propagandasprüchen oder deren ironischen Ab- 15 wandlungen. So, wie es ein karnevaltypisches Musikrepertoire gibt, gab es auch ein Repertoire für Ostalgie-Partys: Schlager und Popsongs aus der DDR, hinzu kamen die musikalisch überarbeiteten Fassungen der sozialistischen Hymnen und der sogenann- 20 ten „Arbeiter- und Kampflieder". Auch der Conferencier einer Ostagie-Party hatte seine typischen Floskeln und seine spezielle Publikumsansprache: Es waren die auf die Spitze getriebenen Kommunikationsrituale der offiziellen DDR – das groteske Pa- 25 thos, die sperrige Sprache, die gigantomanischen Selbstzuschreibungen und schließlich der paternalistische und autoritäre Zugriff auf „das Volk" im Saale. Spielerisch wurde agitiert und kontrolliert, und im Ergebnis mancher „Kontrolle" erfolgte eine „Zufüh- 30 rung" zu einem Publikumsspiel auf der Bühne. Wie beim Karneval wurde die reale Welt imitiert und über die Imitation triumphiert. Man war wehmütig und zugleich feierte man, dass die dargestellte Vergangenheit ihre Macht verloren hatte. Solche Partys wa- 35 ren sicherlich nicht für jene Minderheit interessant, die die DDR reformieren oder überwinden wollte. Und schon gar nicht für jene, die in der DDR Opfer der Repressionen wurde. Doch die Mehrheit der Bevölkerung hatte sich – wie überall auf der Welt, so 40

auch in der DDR – mit den Verhältnissen arrangiert. Für diese Mehrheit gehörten weder entschiedenes politisches Engagement noch Repressionen zu den DDR-Erfahrungen, die in den 1990er-Jahren zu bear-
45 beiten waren, und diese Bevölkerungsgruppe stellt hauptsächlich die Teilnehmer von Ostalgie-Partys.

Thomas Ahbe, Ostalgie. Zum Umgang mit der DDR-Vergangenheit in den 1990er Jahren, hg. v. d. Landeszentrale für politische Bildung Thüringen, Erfurt 2005 (= Sonderauflage für politische Bildungsarbeit Berlin), S. 43 f.

M 18 **Der Sozialwissenschaftler Thomas Ahbe über die Bedeutung der „Ostalgie" (2005)**

Ostalgie kann also als eine Methode verstanden werden, jene als zurücksetzend oder problematisch empfundene Urteile und Lücken in der gesellschaftlich gültigen Erzählung über „die Vergangenheit"
5 oder über „unser Volk, unsere Kultur, Region" – also in diesem Falle über „die Ostdeutschen" – zu modifizieren. Dennoch wurde und wird Ostalgie oft als Demonstration missverstanden, dass man die DDR „wiederhaben", die Vereinigung „rückgängig machen"
10 oder dass man sich nicht integrieren wolle. Vielmehr als das ist Ostalgie jedoch eine Integrationsstrategie. Ostalgie weist – mehr oder weniger demonstrativ – darauf hin, dass ein Teil der Ostdeutschen bei ihrer Integration in das vereinigte Deutschland auf ihre
15 eigenen, von denen der westdeutschen Mehrheit abweichenden Erfahrungen, Erinnerungen und Werte nicht verzichten wollen.

Thomas Ahbe, Ostalgie. Zum Umgang mit der DDR-Vergangenheit in den 1990er Jahren, hg. v. d. Landeszentrale für politische Bildung Thüringen, Erfurt 2005 (= Sonderauflage für politische Bildungsarbeit Berlin), S. 65 f.

M 19 **Der Historiker Gerd Dietrich über einige Arten, „Ostalgie" zu beschreiben (2010)**

Das Kunstwort aus Osten und Nostalgie hat ganz unterschiedliche Facetten. Es wird als stigmatisierender Begriff, als wertneutrales Etikett oder als positives Kennzeichen verwendet. Das Copyright auf
5 „Ostalgie" hat sich zwar der Dresdner Kabarettist Uwe Steimle gesichert, aber es handelt sich um ein gesamtdeutsches Phänomen. [...] So bin ich auf sieben Arten gekommen: [...]
3. Ostalgie als Relativierungsversuch. Nach dem
10 Mauerfall war die ganze Aufmerksamkeit der Ostdeutschen auf die neue Situation konzentriert. Im Überschwang der neu gewonnenen Freiheit trennten sie sich leichtsinnig von allem, was nun „historischer Ballast" geworden war. Ganze Bibliotheken flogen in
15 die Container, Straßen und Plätze wurden umbenannt, Denkmäler abgebaut und in den Straßen staute sich der Sperrmüll. [...] In dieser Zeit wurde inten-

siv westdeutsches Verhalten gelernt. [...] Als aber nach dem Abebben der Vereinigungseuphorie eine spezifisch ostdeutsche Identität wieder auflebte, war
20 das für den Westen „Ostalgie". So entstand die fragwürdige Sozialisationsthese, nach der alle Unterschiede zwischen West- und Ostdeutschen auf die Sozialisation der Ostdeutschen in einem „totalitären System" zurückzuführen seien. Die Mehrheit der Ost-
25 deutschen dagegen gebraucht „Ostalgie", um diese einseitige Bestimmung zu relativieren. Dahinter verbirgt sich keine Sehnsucht nach der alten DDR. Es ist vielmehr „eine Reaktion auf die empfundene kollektive Subalternität", ein „Schutzwall gegen befürchtete
30 soziale und moralische Deklassierung" und „ein Medium der Artikulation gemeinsamer Ost-Interessen" [...]. Wer also glaubte, dass der Osten schnell im Westen aufgehen würde und sich die kulturellen Unterschiede zwischen Ost und West abschwächen wür-
35 den, der wurde bald eines besseren belehrt. [...]
4. Ostalgie als Selbsttherapie. [...] Der Mehrheit der Ostdeutschen jedoch wurde bewusst, „dass die eigene Ostvergangenheit noch über Jahrzehnte ein persönlicher Nachteil sein würde. Damit entstand ein stärke-
40 rer Druck, sich dieser Vergangenheit zu stellen". Und zehn Jahre nach der deutschen Einheit hatte ein großer Teil der Ostdeutschen wieder „eine emotional positive Beziehung zur DDR-Vergangenheit". [...]
5. Ostalgie als Kommerzialisierung. Das Bedürfnis
45 nach Erinnern arbeitete sich zuerst an der Ding- und Bilderwelt der DDR ab. Eine Unmenge von Bilderbüchern, CDs und Videos, Gesellschaftsspielen, Spielzeug und Scherzartikel bedienen dieses Bedürfnis und bringen allerhand Geld in die Kassen: „Vergnü-
50 gungs- und Kulturindustrie" eben. Ostmarken kamen wieder auf den Markt. Eine jährliche „Ostprodukte-Messe" erinnert den „Geschmack" des Ostens. Die Bäcker verkaufen „echte Ostschrippen" und die nach der Wende verschmähten Produkte kehrten in die
55 Regale zurück. [...] Und für die „Seele" wiederholten MDR und ORB DEFA-Filme und DDR-Fernsehsendungen. ARD, ZDF und RTL brachten Ostfilme und Ostalgie-Shows. Ostalgie-Partys fanden großen Zulauf: DDR-Symbole, Namen und Rituale wurden her-
60 vorgekramt und neu montiert, in der Regel verfremdet und ironisch gebrochen. [...]
7. Ostalgie als Integrationsfaktor. Mit „Ostalgie" als Integrationsfaktor demonstriert ein großer Teil der Ostdeutschen, dass sie bei der Ankunft im vereinig-
65 ten Deutschland nicht auf ihre eigenen Erinnerungen und Werte verzichten wollen. Sie setzen ihre abweichenden Erfahrungen gegen das Gefühl, Bürger „zweiter Klasse" zu sein, und für ein gleichberechtig-
70 tes Ankommen im Westen. [...]

Natürlich gibt es nicht die Ostdeutschen, selbstverständlich ist alles viel differenzierter und freilich hätte ich erst einmal das „Wunder" würdigen sollen, das uns mit der Einheit geschah. Doch es ging mir um
75 den alltäglichen Gebrauch von Geschichte: nicht um das „Weichspülen" der SED-Diktatur, sondern um den symbolhaften Umgang mit DDR-Erfahrungen in der Gegenwart. Die Ostdeutschen haben ihre Vergangenheit in das neue Deutschland mitgenommen. Zu
80 Recht beanspruchen sie, dass dieses daran teil hat und das Nachdenken darüber nicht als Nostalgie abwertet. […] Worum es also offensichtlich bei „Ostalgie" geht, ist nicht Heimweh nach der DDR. Ostalgiker wollen die DDR nicht wiederhaben, aber sie
85 lassen sie sich auch nicht nehmen. Die modernen Westdeutschen sollten das nicht als Undankbarkeit beklagen, sondern als Lern- und Zivilisationsprozess begrüßen. Und natürlich haben die Ostdeutschen den Westdeutschen die Erfahrung des Scheiterns
90 voraus.

Zit. nach: www.kulturation.de/ki_1_report.php?id=148 (abgerufen am 27.07.2022).*

M 20 Eintrittskarte für Ostalgie-Party, Fotografie, 2016

M 21 „Ostel-Unterkunft" in Berlin-Friedrichshain, Fotografie, 2007.
Das Ostel ist mittlerweile geschlossen.

M 22 Souvenirstand mit T-Shirts in Berlin, Fotografie, 2003

1 Beschreiben Sie am Beispiel der Ostalgie-Partys zentrale Merkmale des Mythos „Ostalgie" (M 17).
2 **Geschichte kreativ:** Ein Club in Ihrer Region veranstaltet eine „Ostalgie-Party" (M 20). Schreiben Sie dazu einen Kommentar in einem sozialen Netzwerk, in dem Sie dazu Stellung nehmen.
3 Untersuchen Sie anhand von M 18 und M 19 die Deutung des „Ostalgie"-Phänomens. Arbeiten Sie dabei die verschiedenen Interpretationen des Mythos „Ostalgie" heraus. Stellen Sie die unterschiedlichen Deutungen in einer Tabelle zusammen.
4 Diskutieren Sie die Stärken und Schwächen der Deutungen in M 18 und M 19.
5 Formulieren Sie eine eigene Interpretation der Entstehung und Bedeutung des Mythos „Ostalgie".
6 Stellen Sie sich vor, ein ehemaliger DDR-Bürger übernachtet in dieser „Ostel-Unterkunft" (M 21) und berichtet in einem Brief an seine Freunde oder Kinder über seine Empfindungen.
7 Erörtern Sie die Bedeutung und Funktion der T-Shirts und deren Präsentation vor einem Berliner Geschäft (M 22).

Denkmäler interpretieren

Denkmäler, hier verstanden als bewusst geschaffene Objekte, sind uns vertraut als Teil unserer Stadt- und Landschaftsbilder. In den nach Formen, Größe und Entstehungsgeschichte unterschiedlichen Monumenten werden Vergangenheit, Gegenwart und Zukunft absichtsvoll miteinander verbunden. Erinnert wird an Ereignisse bzw. Personen, die von den Auftraggebern als bedeutsam angesehen werden. Über die Denkmalwürdigkeit wird allerdings häufig gestritten. Werden Denkmäler errichtet, ist die Wahl des Standorts wichtig. Weil Denkmäler an bedeutende Ereignisse oder Personen erinnern, stehen sie meist an zentralen öffentlichen Plätzen. 5

Für das 19. Jahrhundert spielen **Denkmäler der Kulturnation** (in Deutschland z. B. mit Bezug auf Luther, Goethe, Schiller) und **Nationaldenkmäler** (in Deutschland z. B. das Niederwald- oder das Völkerschlachtdenkmal) sowie **Kriegerdenkmäler** zum Heldengedenken eine besondere Rolle. Für die Zeit nach dem Zweiten Weltkrieg ist der Typus des **Mahnmals** prägender, das im Rahmen der Auseinandersetzung mit den Opfern von Nationalsozialismus, Krieg und Gewaltherrschaft (z. B. das Holocaust-Mahnmal) entstand. Nach der Wiedervereinigung kam der Typus des **Einheits- und Freiheitsdenkmal**s hinzu. 10 15

Denkmäler, wie auch die Debatten um ihre Entstehung und Gestaltung, sind wichtige Quellen der **Geschichtskultur**. Dieser Begriff bezeichnet die Gesamtheit der Erscheinungsformen von Geschichtswissen und den Umgang mit diesem in einer Gesellschaft. Eine bedeutsame Form der Aufbewahrung von historischem Wissen und Erinnerungen sind Mythen. Das lässt sich eindrucksvoll am **Hermann-Denkmal** bei Detmold (Nordrhein-Westfalen) aufzeigen, ein Beispiel für die Geschichte des **Hermann-Mythos** im 19. Jahrhundert. Das Denkmal erinnert daran, dass germanische Stämme unter Führung des cheruskischen Häuptlings Arminius 9 n. Chr. im Teutoburger Wald die römischen Legionen unter dem Statthalter P. Quinctilius Varus vernichtet haben. „Hermann den Deutschen" nannte Kaiser Wilhelm I. 1875 bei der Denkmalsenthüllung Arminius, dessen Name in der Frühen Neuzeit zu Hermann („Ehren-Mahner", dann „Heer-Mann") eingedeutscht und zum Mythos aufgewertet worden war. 20 25

Arbeitsschritte zur Interpretation

1. Formale Aspekte
- Was ist das Thema des Denkmals?
- Wer ist die Künstlerin oder der Künstler?
- Wann entstand das Denkmal bzw. wann wurde es eingeweiht?
- Welche Materialien wurden verwendet?
- Welche Wirkung/welchen Eindruck erzielt es?

2. Inhaltliche Analyse

Beschreibung
- Welche Gestaltungsmittel (Symbole, Figuren, Ornamente, Schmuck, Inschriften) sind verwendet worden? (ggf. dokumentieren durch Fotos und/oder Skizzen)
- Wie ist das Denkmal in seine Umgebung integriert?

Deutung
- Was bedeuten die einzelnen Gestaltungsmittel? (ggf. Experten befragen, Zusammenarbeit mit Kunstunterricht, ergänzende Recherchen vornehmen)
- Welche Fragen bleiben bei der Deutung offen?

3. Historischer Kontext
- Welche Motive bestimmten die Entstehungsgeschichte des Denkmals?
- Wer waren die Initiatoren/Auftraggeber, ggf. Denkmalsgegner?
- Wie wurde es finanziert?

– Wie liefen die Einweihungsfeierlichkeiten ab (wer war eingeladen, wer nicht, welche Reden wurden gehalten)?

– Wie wurde das Denkmal genutzt/vermarktet (Popularisierung, z. B. durch Ansichtskarten, Briefmarken oder Verkauf von Objekten, Kranzniederlegungen, Feste und Feiern, Denkmal als Ausflugsziel, Graffiti usw.)?

4. Bewertung

– Welche Funktion, welche Adressaten sollte das Denkmal haben?

– Wie haben sich gesellschaftliche und politische Veränderungen auf die Wahrnehmung des Denkmals ausgewirkt?

– Wie wird es heute wahrgenommen und bewertet?

Übungsbeispiel

M1 **Das Hermann-Denkmal von 1875, Fotografie, 2006**

1 Interpretieren Sie das Hermann-Denkmal mithilfe der Arbeitsschritte auf S. 440 f.

▶ Lösungshinweise finden Sie auf S. 499 f.

Eine perspektivisch-ideologiekritische Analyse durchführen

Wenige Themen haben bis heute das Interesse der Menschen an der Antike stärker angeregt als die Geschichte Troias. Die Grundlagen für die Entstehung des **Troia-Mythos**, eine Geschichte von Göttern und Helden, legte Homer mit seinen Epen „Ilias" und „Odyssee". Zur Erinnerung lässt sich seine Erzählung kurz so zusammenfassen: Dem troianischen Königssohn Paris war für sein Urteil über die Schönheit dreier Göttinnen Helena, die schönste Frau der Welt, versprochen worden. Weil Paris Helena, die mit dem König Spartas verheiratet war, nach Troia entführte, löste er den Krieg der griechischen Heeresverbände gegen Troia aus. Erfolglos wurde die Stadt zehn Jahre lang von den Griechen belagert.

Den Troianischen Krieg entschied eine List, die sich Odysseus ausgedacht hatte. Die Griechen bauten ein hölzernes Pferd, das **„Troianische Pferd"**, in dessen Bauch sie ihre erfolgreichsten Kämpfer versteckten. Die Griechen zogen scheinbar vom Kriegsschauplatz ab. Die Troianer betrachteten das zurückgelassene Pferd als Geschenk für ihre Schutzgöttin Athene und holten es nachts in ihre Stadt. Die griechischen Krieger verließen das Pferd, öffneten die Stadttore, die griechischen Truppen strömten hinein und zerstörten die Stadt.

Gab es den Troianischen Krieg, wie ihn Homer überliefert hat, oder ist er die eindrucksvolle Erfindung eines begabten Erzählers? Dieses Problem versuchen bis in die Gegenwart hinein zahlreiche Archäologinnen und Archäologen sowie Historikerinnen und Historiker durch Ausgrabungen und Forschungen zu lösen. Dabei kam und kommt es immer wieder zu zahlreichen leidenschaftlichen Kontroversen.

Wer solche Debatten verstehen oder erklären will, muss sich mit den Perspektiven und ideologischen Einstellungen beschäftigen, die die unterschiedlichen Deutungen prägen. Die Aufgabe einer perspektivisch-ideologiekritischen Untersuchung besteht darin, mit rationalen wissenschaftlichen Argumenten die **Interessenbedingtheit von Programmen, Forderungen, Lehren oder anderen Aussagen** aufzudecken, die allgemeine Geltung beanspruchen. Denn historische Interpretationen repräsentieren nicht nur den jeweiligen Stand der Kenntnisse über die Vergangenheit und der Methoden, die Historikerinnen und Historiker anwenden. Sie sind auch Ausdruck des gesellschaftlichen Standorts, der politisch-ideologischen und moralischen Überzeugungen ihrer Verfasser sowie der Perspektiven, die die Erkenntnissuche bestimmen. Außerdem können historische Aussagen als „politisches Argument" zur Rechtfertigung beziehungsweise Ablehnung bestimmter politischer Ziele und Entscheidungen sowohl für einzelne Personen als auch für soziale Gruppen und politische Institutionen dienen. Die Analyse historischer Auseinandersetzungen ist daher ein wichtiger Schlüssel zum Verständnis des historisch-politischen Bewusstseins und der verschiedenen sozialen oder kulturellen Perspektiven der in einer Gesellschaft lebenden Menschen und Gruppen.

Arbeitsschritte zur Analyse

1. Leitfrage
– Welche Fragestellung bestimmt die Debatte?

2. Analyse

Formale Aspekte
– Wer sind die Beteiligten an dem Konflikt (bisherige Veröffentlichungen, wissenschaftliche, ggf. politische Positionen)?
– Wann wurde die Debatte geführt?
– In welchen Medien wurde die Debatte ausgetragen?
– Welche Zielgruppe wird angesprochen?

Inhaltliche Aspekte
– Welche Thesen werden vertreten?
– Welche Argumente und Gegenargumente werden genannt?
– Welche Argumentationsstränge lassen sich herausarbeiten und gegenüberstellen (ggf. in einer Tabelle):
  – Erkenntnisleitendes Interesse?
  – Unterschiedliche moralisch-ethische Perspektiven?
  – Unterschiedliche wissenschaftliche Perspektiven?
  – Unterschiedliche Quellen?
  – Unterschiedliche Fragen an die Quellen?
  – Unterschiedliche Deutung der Quellen?
  – Unterschiedliche theoretische Ansätze?
  – Wer nimmt auf wen Bezug?

3. Historischer Kontext
– Auf welchen historischen Sachverhalt (Epoche, Ereignis, Prozess bzw. Konflikt) bezieht sich die Debatte?
– In welchem historischen Kontext wurde die Debatte geführt?

4. Urteil

Sachurteil
– Sind die Beiträge überzeugend (u. a. Schlüssigkeit der Darstellung, Stichhaltigkeit der Argumentation)?
– Von welchen politischen/weltanschaulichen Positionen aus urteilen die Autoren?
– Welche Wirkungen erzeugen die Beiträge?

Werturteil
– Wie lässt sich die Debatte aus heutiger Sicht bewerten?
– Werden Gesichtspunkte von den Autoren nicht oder kaum berücksichtigt?

Übungsaufgabe

Die Auseinandersetzung um die Troia-Ausgrabungen und die Troia-Ausstellung 2001

Über die Ergebnisse der Grabungen, die seit 1988 unter der Leitung des Tübinger Archäologen Manfred Korfmann standen, und vor allem über ihre Interpretation, entbrannte seit 2001 ein heftiger Konflikt. Hauptkontra-
5 henten waren Korfmann und der gleichfalls an der Universität Tübingen lehrende Althistoriker Frank Kolb. Korfmann war allerdings nicht der Entdecker des antiken Troias. Der deutsche Kaufmann Heinrich Schliemann entdeckte im Jahr 1873 die Überreste des antiken Troias
10 im türkischen Hisarlik.

Verfassertext

M1 **Mauern und Überreste von Gebäuden der antiken Stadt Troia, Fotografie, 2013**

M2 **Der Archäologe Manfred Korfmann über die Ergebnisse seiner Ausgrabungen (2005)**

Viele Mythen lassen sich ganz konkret an bestimmten Orten festmachen. Es sei erinnert an Wallfahrtsorte wie Santiago de Compostela, Lourdes, die Ge-
burtskirche in Bethlehem oder die Grabeskirche in Jerusalem. In unserem Fall ist es schon seit der Antike 5 der alte Ruinenplatz, der in griechischer und römischer Zeit als die heilige Stadt Ilion bzw. Ilium ausgebaut wurde, wo man Münzen mit diesem Namen prägte, wo der Ort ist, der heute den Namen Hisarlik trägt [...]. Von einer solchen Mythenverbindung, von 10 einer solchen Welt des Traumes, der Illusion und nicht zuletzt des Glaubens profitiert die Archäologie, ob sie es will oder nicht. Sie nahm hier ihre Anfänge und wurde populär. [...] Das bedeutet, dass unsere archäologischen Arbeiten in Troia nie das Ziel hat- 15 ten, Aussagen im Hinblick auf die Ilias oder den Troianischen Krieg zu machen, auch wenn das bisweilen unterstellt wird. Allerdings ist es unvermeidlich, dass man als Ausgräber in Troia immer wieder auf das Thema ‚Troia – Ilias – Troianischer Krieg‘ angespro- 20 chen wird. Man wird darauf hinweisen, dass sich in den letzten Jahren in der Homerforschung sehr viel getan habe, auch wenn die Grundquelle seit Jahrhunderten ein und dieselbe sei. Grundsätzlich aber sollte man beides zunächst auseinanderhalten. Das 25 schließt nicht aus, dass der Archäologe bestimmte, durch die Homerforschung gesicherte Informationen aus der Ilias verwenden darf, ohne sich vorwerfen zu müssen, dass er gegenüber dieser Quelle zu leichtgläubig sei. [...] Die Schlussfolgerung ist zwin- 30 gend, dass das Troia der 2. Hälfte des 2. Jts. v. Chr. groß war, und zwar etwa 15-mal größer, als man bislang gedacht hatte. [...] Heute gehört Troia zur Türkei und somit zu Anatolien. [...] Offenbar hatte man sich schwer damit getan, Troias kulturelle und sonstige 35 Orientierung in Richtung Anatolien [...] allgemein zu akzeptieren oder gar zu betonen. [...] [O]b es [...] einen besonders erinnerungswürdigen realen Troianischen Krieg gab, wissen wir derzeit noch nicht. Aber alles weist zurzeit darauf hin [...], dass Homer auch 40 mit dem Hintergrund seiner Troiageschichte, also einem militärischen Konflikt um Troia zwischen Griechen und Troianern [...] ‚ernst zu nehmen‘ ist. In letzter Instanz dürfte das in der Ilias geschilderte Geschehen nach dem gegenwärtigen Forschungs- 45 stand und allen Gesetzen der Wahrscheinlichkeit einen historischen Kern haben.

Manfred O. Korfmann, Der wahre Kern des Mythos. Die moderne Troiaforschung geht über die Suche nach dem historischen Kern des homerischen Epos weit hinaus, in: Antike Welt, 2005, H. 6, S. 59–65. **

M3 **Der Historiker Frank Kolb über die Ergebnisse der Grabungen (2010)**

Wir sahen, dass ‚Troia' kein historischer Ort, sondern ein fiktiver Ort ist, Ergebnis und Bezugspunkt mythischer, literarisch-dichterischer, (pseudo-)wissenschaftlicher und politisch-ideologisch motivierter
5 Taten. [...] Wäre die Leitung der Troia-Grabung klug, so würde sie nicht Korfmanns aufgeblasenen Troia-Popanz einer großen, bedeutenden Stadt mit Zähnen und Klauen verteidigen, sondern das tatsächliche Ergebnis der Grabung als Verdienst herausstreichen,
10 nämlich wie durch die jahrzehntelangen vergeblichen Bemühungen um den Nachweis einer großen Stadt gezeigt werden konnte, dass die diesbezüglichen Vermutungen Schliemanns[1] [...] – und die Behauptungen Korfmanns – nunmehr widerlegt sind
15 und somit ein für alle Mal klar geworden ist: Homers Bild einer glanzvollen Ilios ist dichterische Fiktion und nicht Resultat geschichtlicher Erinnerung. Dies wäre Wissenschaft im Dienst einer aufklärerischen Geschichtsinterpretation statt Pseudowissenschaft
20 im Dienst eines neuen Tübinger Troia-Mythos.

Frank Kolb, Tatort „Troia". Geschichte – Mythen – Politik, Schöningh, Paderborn 2010, S. 250.*

1 *Heinrich Schliemann (1822–1890):* deutscher Kaufmann und Archäologe, der als Erster die Ruinen des bronzezeitlichen Troias im kleinasiatischen Hisarlik ausgrub

M4 **Der Historiker Martin Zimmermann über die Tradierung des Troia-Mythos (2003)**

Über zweieinhalbtausend Jahre wurde der Troianische Krieg wie kein anderer von europäischen Völkern, Staaten, Städten, Institutionen und Nationen für Gründungsmythen[1] fruchtbar gemacht. In der
5 Rezeption dieses Krieges zeigen sich die Archetypen[2] mythischer Überhöhung von Kriegen, und beinahe jede Form der ideologischen Instrumentalisierung lässt sich an seinem Beispiel studieren. Wie erklärt sich die in dieser Hinsicht beispiellose Prominenz
10 des Troianischen Krieges? Der Hauptgrund ist in der Überlieferung zu suchen, denn die Epen Ilias und Odyssee markieren im späten 8. Jahrhundert v. Chr. den Beginn der europäischen Literatur. Jeder Autor der folgenden Jahrhunderte hatte in diesen Werken
15 seinen Referenzpunkt. Wichtig ist zum Zweiten, dass der Krieg buchstäblich einen Ort hatte und für historisch gehalten wurde. Man sah in ihm das erste gesicherte geschichtliche Ereignis, mit dem die eigene Geschichte begann. Alles Gegenwärtige hat hier sei-
20 nen Ursprung. [...] Zum Dritten lag die Eignung für politische Rezeption in der Erzählung selbst begründet. Hierzu gehört das schlichte Factum, dass es Überlebende des Krieges gab. Sie waren entweder als Sieger heimgekehrt oder als troianische Flüchtlinge auf der Suche nach einer neuen Heimat durch die
25 Welt gezogen. Für die Identifizierung mit einer der beiden Seiten war es hilfreich, dass Homer in der Schilderung des Kriegs nicht für eine der beiden Seiten Partei ergriffen hatte. Es ging ihm um Grundformen der Auseinandersetzung zwischen Menschen
30 einer von adligen Heroen dominierten Ordnung. Beinahe alle Personen des Epos konnten daher als Gründerheroen und als Projektionsfläche für politische Inhalte und abstrakte Ideale dienen. Dass schließlich ein für historisch gehaltenes Ereignis im Epos über-
35 liefert worden war, bot die Möglichkeit der Nach- und Neuerzählung mit anderen Konturen und Parteinahmen, als sie die Vorlage geliefert hatte.

Martin Zimmermann, Der Troianische Krieg in der Legitimation vom archaischen Griechenland bis zur Türkei der Gegenwart, in: Nicolaus Buschmann (Hg.), Der Krieg in den Gründungsmythen europäischer Nationen und der USA, Campus, Frankfurt/M. 2003, S. 398–418, hier S. 398 f.*

1 *Gründungsmythen:* Solche Mythen verklären und überhöhen die Wirkung bestimmter Ereignisse, Begebenheiten oder Persönlichkeiten zu Gründern eines Staates, eines Reiches oder einer Bewegung.

2 *Archetypen:* Grundmuster

1 Untersuchen Sie die Darstellungen M2 bis M4 mithilfe der Arbeitsschritte auf S. 443.
   ▶ Lösungshinweise finden Sie auf S. 501 f.

Anwenden

M 1 **Der in der DDR aufgewachsene Regisseur Leander Haußmann über Ostalgie (2003)**
Während heute von Ostalgie gefaselt wird und eine große Kampagne die DDR zum lustigsten Diktatürchen aller Zeiten verklärt, schien es in der zweiten Hälfte der Neunzigerjahre so, als sei der Arbeiter-
5 und-Bauern-Staat im deutschen Osten ein für alle Mal erledigt: Der Mehrheitsbürger aus dem Westen nannte uns ehemalige DDR-Bürger triumphierend „Jammerossis" und erklärte unser Leben vor 1989 für verfehlt. Neid, Verachtung, Unverständnis und Hass
10 entstanden auf beiden Seiten. [...] Doch heute hat sich die Stimmung verändert. Die Wirklichkeit der DDR geriet offenbar vollständig in Vergessenheit – und alle kamen sie wieder aus ihren Löchern, in denen sie sich aus Angst, Frust und Scham verkrochen
15 hatten: die alten Maulhelden und Mitläufer. Statt die Schnauze zu halten, sich des Lebens und ihrer Unversehrtheit zu erfreuen, machen sie heute neckisch in „Ostalgie". Darf man nicht mit der Erinnerung an die DDR spielen? Gilt nicht die Devise: So dicke kam's ja
20 nun auch nicht? Trotz Stasi, Mauer und Toten kann man die DDR nicht vergleichen mit dem Faschismus, es gab keine Konzentrationslager, keine Judenverfolgung, keinen dritten Weltkrieg. Die DDR-Oberen standen zwar Seit an Seit mit Massenmördern aus
25 China, Russland und Rumänien, aber im Großen und Ganzen waren sie harmlos. [...] Nur: Worauf könnte man als ehemaliger DDR-Bürger wirklich stolz sein? Vielleicht auf die Unbeugsamen, auf ein paar Intellektuelle und ein paar Künstler, die Mut zum Wider-
30 stand fanden? [...] Diese gesamtdeutsche Verschleierungsorgie zeigt die DDR als Märchenland [...]. Natürlich hat der Erfolgsfilm „Good Bye, Lenin!" die aktuelle DDR-Mode beflügelt. Aber kann man wirklich ihm diesen kollektiven Banalitätswahn anlasten? Ich glaube nicht.

Der SPIEGEL, 37/2003, Leander Haußmann: Es kam dicke genug.*

M 2 **Der Historiker Thomas Nipperdey über die Bedeutung des Hermann-Mythos (1968)**
Das im Denkmal Gestalt werdende Nationalgefühl ist nationale Erinnerung, die sich an der germanischen Frühgeschichte orientiert, [...] und das Denkmal versucht, den historischen Helden dieser Frühzeit in die
5 Dimension des nationalen Mythos zu erheben und ihm damit eine konkrete politische Funktion zu geben. [...] Das Denkmal ist Denkmal für den „Befreier Deutschlands" und damit für die Befreiung, und ist ein „Mahnzeichen der Einigkeit aller deutschen
10 Stämme". Denn die Befreiung ist zugleich die Einigung, ist die Gründung der Nation: Hermann ist der „Retter und Gründer" und darum „Träger und Repräsentant der deutschen Nationalität". [...] Hermann als Begründer der deutschen Nationalität nun ist Symbol und Vorbild, das angerufen wird, um das gegen-
15 wärtige Bewusstsein und Gefühl der Nationalität zu intensivieren: er soll das Volk „erheben und zu steter Nacheiferung [...] stärken". Insbesondere soll das Denkmal [...] die „Treueinigkeit unserer Volksstämme" beschwören, es ist ein „Mahnzeichen zur Einig-
20 keit aller deutschen Stämme". Auf einer Tafel im Grundstein heißt es: „Hermann dem Befreier Deutschlands gründen dies Denkmal Deutschlands Fürsten und Volksstämme in Eintracht verbunden. Er bleibe und dauere, der Sinn der Eintracht, welcher
25 dies Denkmal schuf, und getilgt sei der Fluch der Zwietracht, den der Zorn des Überwundenen an der Wiege unseres Volkes aussprach". In der Dunkelheit der Frühgeschichte konnte man die späteren Stammesgegensätze symbolisch überwinden, hier war die
30 Einheit sozusagen archaisch präfiguriert [= vorgeformt]. Auch Gedanken des Liberalismus strömen in die Denkmalsbewegung ein, ihre Träger sind die „Freunde der Freiheit", und diese Freiheit ist auch nach innen gewandt [...]. Schließlich spielt der Ge-
35 danke der Macht, der Stärke und Größe der Nation in der Denkmalsbewegung eine besondere Rolle [...].

Thomas Nipperdey, Nationalidee und Nationaldenkmal in Deutschland im 19. Jahrhundert, in: ders., Gesellschaft, Kultur, Theorie. Gesammelte Aufsätze zur neueren Geschichte, Vandenhoeck & Ruprecht, Göttingen 1976, S. 160 f.*

1 Analysieren Sie, aus welcher Perspektive Leander Haußmann in M 1 Entstehung und Bedeutung der Ostalgie beurteilt.

2 Bewerten und diskutieren Sie Haußmanns Urteil, dass die Ostalgiker ein falsches Bild von der untergegangenen DDR zeichnen.

3 Untersuchen Sie mithilfe des Textes von Nipperdey (M 2) die Bedeutung der germanischen Frühgeschichte für die Entstehung und nationalpolitische Funktion des Hermann-Mythos im 19. Jahrhundert.

Wiederholen

M 3 Buffalo Bill's Wild West Show Poster, USA, 1910

Zentrale Begriffe

American Dream
Che Guevara
Cowboy
Frontier
Hermann-Denkmal
Hermann-Mythos
Konstruktion und Dekonstruktion
Legende
Mythos
Oktoberrevolution 1917
Ostalgie
Personenkult
Troia
Troianischer Krieg
Utopie
Wilder Westen

1 Beschreiben Sie die wesentlichen Bildelemente des Posters M 3. Nutzen Sie die Formulierungshilfen. Erörtern Sie, inwieweit die durch den Mythos verklärte Wirklichkeit mit der realen Welt übereinstimmt. Nennen Sie Unterschiede und Gemeinsamkeiten.

2 **Wahlaufgabe:** Bearbeiten Sie entweder a, b oder c.
   a) Skizzieren Sie in Thesen an einem oder zwei Beispielen die Funktionen politischer Mythen für die Gegenwart.
   b) Erarbeiten Sie ein Lernplakat über die Bedeutung des Mythos „Ostalgie" für Deutsche aus Ost und West, Befürworter und Gegner der Ostalgie.
   c) Erläutern Sie am Beispiel des Mythos „Oktoberrevolution 1917" – erstens – die Bedeutung des Mythos für die Entstehung und Stabilisierung des bolschewistischen Herrschaftssystems. Zeigen Sie – zweitens –, welche Gründe den Untergang bzw. das Ende des Mythos herbeigeführt haben. Verfassen Sie dazu ein kurzes Referat.

3 **Vertiefung:** Mythen sind erzählte Geschichte. Vielen Menschen fallen dabei als Erstes die Geschichten von griechischen und römischen Göttern und Helden ein. Diskutieren Sie an ausgewählten Beispielen diese These und erörtern Sie ihre politischen und gesellschaftlichen Funktionen. Beschäftigen Sie sich dabei auch mit der Frage, ob Mythen auch Glaubensbekenntnisse sein können.

4 **a)** Erläutern Sie an einem ausgewählten Mythos, inwieweit dieser ein realistisches oder verklärtes Bild von der Wirklichkeit zeigt.
   b) Erörtern Sie an diesem Beispiel die politischen und gesellschaftlichen Funktionen des Mythos.

Formulierungshilfen für die Bildbeschreibung
– Auf dem Bild ist/sind … zu sehen.
– Die dargestellten Personen sind mit … bekleidet.
– Ihre Gestik/Mimik/Körperhaltung ist durch … gekennzeichnet.
– Eine herausgehobene Stellung nimmt … ein.
– Folgende Gegenstände/Symbole werden verwendet.
– Farbgebung/Perspektiven/Proportionen sind … gestaltet und erzielen die Wirkung, dass …
– Das Poster versucht, folgendes Bild des Wilden Westens zu erzeugen:

Abiturvorbereitung

Hinweise zu den Operatoren

Operatoren sind Verben in Aufgabenstellungen, die Ihnen signalisieren, welche Tätigkeiten beim Lösen dieser Aufgaben von Ihnen erwartet werden. Schwerpunktmäßig sind sie einem der drei Anforderungsbereiche (AFB I, II oder III) zugeordnet.

Die folgenden Hinweise sollen Ihnen helfen, die Operatoren in Arbeitsaufträgen zu verstehen und sinnvoll zu bearbeiten.

Beachten Sie bitte: Operatoren werden durch die Formulierung bzw. Gestaltung der jeweiligen Aufgabenstellung und durch den Bezug zu den begleitenden Textmaterialien, Abbildungen und Problemstellungen präzisiert. **Lesen Sie sich also immer die Aufgabenstellung genau durch.**

Operator	Definition	Beispielaufgabe	Tipps und Formulierungshilfen
Anforderungsbereich (AFB) I			
beschreiben	strukturiert und fachsprachlich angemessen Materialien vorstellen und/oder Sachverhalte darlegen	Beschreiben Sie die Bilder M 1 und M 2: Achten Sie insbesondere auf die abgebildeten Personen und Gegenstände.	**Tipp:** Die Beschreibung eines Materials erfordert eine präzise und fachsprachlich angemessene Wortwahl. Außerdem sollten Sie sich eine sinnvolle Reihenfolge für die Präsentation der einzelnen (Bild-)Elemente überlegen. **Formulierungshilfen:** – Das Gemälde/der Holzstich … thematisiert … – Bei dem vorliegenden Material handelt es sich um … – Die Statistik befasst sich mit … – Hierbei zeigt die x-Achse …, die y-Achse stellt … dar. – Hier fällt auf, … – Es wird deutlich, dass…
gliedern	einen Raum, eine Zeit oder einen Sachverhalt nach selbst gewählten oder vorgegebenen Kriterien systematisierend ordnen	Gliedern Sie die verschiedenen Elemente der „Neuen Welt" nach Hannes Meyer.	– Der Autor schlägt drei Ebenen/Kategorien/Rubriken … vor. Die erste/zweite/dritte ist gekennzeichnet/charakterisiert durch … – Der Text lässt sich gliedern in … Abschnitte. – Die Abschnitte beschäftigen sich mit folgenden Themen: …
wiedergeben	Kenntnisse (Sachverhalte, Fachbegriffe, Daten, Fakten, Modelle) und/oder (Teil-)Aussagen mit eigenen Worten sprachlich distanziert, unkommentiert und strukturiert darstellen	Geben Sie die Argumentation von General Groener wieder.	– In dem Text geht es um … – Der Autor/die Autorin formuliert in seinem/ihrem Text … – Der Autor/die Autorin behauptet/verdeutlicht/kritisiert/erläutert/beschreibt/fasst zusammen/stellt klar … – Daraus entwickelt sich … – Die Folgen sind …

Operator	Definition	Beispielaufgabe	Tipps und Formulierungshilfen
zusammen-fassen	Sachverhalte auf wesentliche Aspekte reduzieren und sprachlich distanziert, unkommentiert und strukturiert wiedergeben	Fassen Sie mithilfe von M 17 die zentralen Strukturprobleme des Parteienstaats zusammen.	– Siehe „wiedergeben".
Anforderungsbereich (AFB) II			
analysieren	Materialien, Sachverhalte oder Räume beschreiben, kriterienorientiert oder aspektgeleitet erschließen und strukturiert darstellen	Analysieren Sie die Stärken und Schwächen der unterschiedlichen politischen Kräfte in der Endphase der Weimarer Demokratie.	**Tipp:** Lesen Sie die Aufgabenstellung genau durch und werten Sie einen Sachverhalt oder das Material anhand der aufgeworfenen Frage/Problemstellung aus. Nutzen Sie die Methodenseiten S. 230 f. und 368 f.
charakteri-sieren	Sachverhalte in ihren Eigenarten beschreiben, typische Merkmale kennzeichnen und diese dann gegebenenfalls unter einem oder mehreren bestimmten Gesichtspunkten zusammenführen	Charakterisieren Sie das Verhältnis von Reichstag, Reichsregierung und Reichspräsidenten.	– Es lässt sich beobachten, dass … – Ein typisches Kennzeichen für … – Allgemeine Merkmale waren …
einordnen	begründet eine Position/Material zuordnen oder einen Sachverhalt begründet in einen Zusammenhang stellen	Ordnen Sie das Gemälde von Hans Grundig begründet einer der neuen Stilrichtungen der Weimarer Republik zu.	**Tipp:** Ordnen Sie Aussagen des Materials Ihnen bekannten Positionen bzw. Theorien zu. Stellen Sie bei Ihrer Einordnung Textbezüge her. – Die Gravur zeigt die Plünderung Roms als … – Die Aussage in Zeile xx zeigt, dass … – Seine politische Einstellung änderte sich, weil …
erklären	Sachverhalte so darstellen – ggf. mit Theorien und Modellen –, dass Bedingungen, Ursachen, Gesetzmäßigkeiten und/oder Funktionszusammenhänge verständlich werden	Erklären Sie jeweils die Antwort eines der beiden Historiker zu der Frage, ob Weimar scheitern musste.	– Besonders diese Ereignisse führten zu … – Deshalb spricht man von … – In diesem Zusammenhang lässt sich feststellen, dass …
erläutern	Sachverhalte erklären und in ihren komplexen Beziehungen an Beispielen und/oder Theorien verdeutlichen (auf Grundlage von Kenntnissen bzw. Materialanalyse)	Erläutern Sie, was Nipperdey mit „das dynamische Potenzial des neuen Macht-Nationalismus" (Z. 82f.) meint.	**Tipp:** Die Vorgehensweise ist wie beim Operator „erklären", allerdings sollten Sie Ihre Erläuterung mit Beispielen verdeutlichen. – An dieser Stelle (Z. xx) wird deutlich, dass … – Wie der letzte Satz zeigt …

Operator	Definition	Beispielaufgabe	Tipps und Formulierungshilfen
gegenüber-stellen	Sachverhalte, Aussagen oder Materialien kontrastierend darstellen und gewichten	Stellen Sie anhand der Darstellung die Parteien der Weimarer Republik und ihr Programm in einer Tabelle gegenüber.	**Tipp:** Achten Sie wie beim Vergleich darauf, nicht nur Gemeinsamkeiten, sondern auch Unterschiede der zu vergleichenden Sachverhalte darzulegen. Berücksichtigen Sie dabei den Ihnen bekannten historischen Kontext. Am Ende Ihrer Bearbeitung wird von Ihnen eine Gewichtung der Gemeinsamkeiten und Unterschiede erwartet. – Beide Texte/Bilder handeln von/stammen aus … – Beide Materialien thematisieren … – Während der Autor von Material A jedoch … betont, legt der Autor von Material B den Schwerpunkt auf … – Schlüssig und nachvollziehbar ist die Argumentation von … – Autor B vernachlässigt dagegen folgende Punkte …
heraus-arbeiten	Materialien auf bestimmte, explizit nicht unbedingt genannte Sachverhalte hin untersuchen und Zusammenhänge zwischen den Sachverhalten herstellen	Arbeiten Sie aus M 1 heraus, wodurch die politischen Handlungsspielräume 1918/19 eingeschränkt wurden.	**Tipp:** Erarbeiten Sie sich zunächst die wesentlichen Aussagen des Materials. Achten Sie dabei auf Zusammenhänge, auch auf solche, die nicht explizit im Text benannt werden. – Zu den wichtigsten Ergebnissen gehörte … – Die Hauptaussage des Autors lässt sich so wiedergeben: …
in Beziehung setzen	Zusammenhänge zwischen Materialien, Sachverhalten aspektgeleitet und kriterienorientiert herstellen und erläutern	Setzen Sie die Postkarte in Beziehung zu der Unterscheidung eines positiven und eines negativen Sonderwegs bei Wehler (M 4).	– Im Vergleich der beiden Texte zeigt sich … – Während Autor A stärker … thematisiert, legt Autor B den Schwerpunk auf … – Beiden gemeinsam ist … – Sie unterscheiden sich in der Bewertung von …
nachweisen	Materialien auf Bekanntes hin untersuchen und belegen	Weisen Sie nach, inwiefern der Nationalismus eine zentrale Rolle im deutschen Selbstverständnis spielte.	– Die Aussage von … lässt sich bei … wiederfinden/belegen/wird widerlegt. – Ein Beleg für … ist … – Dieser Fund stützt die These von … – Es lässt sich zeigen, dass …
vergleichen	Gemeinsamkeiten, Ähnlichkeiten und Unterschiede von Sachverhalten kriterienorientiert darlegen	Vergleichen Sie die Stellung der Frauen in der Weimarer Reichsverfassung mit derjenigen im Grundgesetz.	**Tipp:** Achten Sie immer darauf, nicht nur Gemeinsamkeiten, sondern auch Unterschiede der zu vergleichenden Sachverhalte darzulegen. – Im Vergleich mit … – Die Entwicklung verlief ähnlich wie/anders als in …

Operator	Definition	Beispielaufgabe	Tipps und Formulierungshilfen
Anforderungsbereich (AFB) III			
beurteilen	den Stellenwert von Sachverhalten oder Prozessen in einem Zusammenhang bestimmen, um kriterienorientiert zu einem begründeten Sachurteil zu gelangen	Beurteilen Sie auf Grundlage Ihrer Recherche und M 11, inwiefern es ein einheitliches europäisches Selbstverständnis geben kann.	**Tipp:** Beachten Sie bei Ihrer Urteilsbildung auch die Ergebnisse der zuvor bearbeiteten Aufgabenstellungen. Vergessen Sie nicht, die Ihrem Sachurteil zugrunde gelegten Kriterien zu verdeutlichen. – Die eigentliche Absicht des Redners war es, … – Diese Sichtweise/Konstellation/Handlung führte dazu, dass … – Diese Entscheidung hatte negative Folgen: …
entwickeln	zu einem Sachverhalt oder zu einer Problemstellung eine Einschätzung, ein Lösungsmodell, eine Gegenposition oder ein begründetes Lösungskonzept darlegen	Entwickeln Sie eine begründete Empfehlung für den Besuch eines der beiden vorgestellten Museen.	– Nach Abwägung der Positionen/Analyse der Argumentationen plädiere ich dafür, dass … – Meiner Meinung nach …
erörtern	zu einer vorgegebenen Problemstellung eine reflektierte, abwägende Auseinandersetzung führen und zu einem begründeten Sach- und/oder Werturteil kommen	Erörtern Sie, warum Stresemann bei dem Brief um Geheimhaltung bittet.	**Tipp:** Wägen Sie das Für und Wider hinsichtlich der Frage/Aufgabenstellung ab und fällen Sie dann ein begründetes Sachurteil oder zusätzlich, wenn sich das vom Thema her anbietet, ein Werturteil. – Dafür/Dagegen spricht … – Insgesamt gesehen … – Die Behauptung/These/Argumentation passt (nicht) zu den Informationen aus dem Darstellungstext/den Aussagen des Historikers XY …
sich auseinandersetzen	zu einem Sachverhalt, einem Konzept, einer Problemstellung oder einer These usw. eine Argumentation entwickeln, die zu einem begründeten Sach- und/oder Werturteil führt	Setzen Sie sich mit der Frage auseinander, ob ob die Frauen zu Trägern der Weimarer Republik wurden.	**Tipp:** Beziehen Sie ggf. (laut Aufgabenstellung) Materialien in Ihre Argumentation ein. An deren Ende kann ein Sach- oder ein Werturteil stehen. – Siehe „erörtern".
Stellung nehmen	Beurteilung mit zusätzlicher Reflexion individueller, sachbezogener und/oder politischer Wertmaßstäbe, die Pluralität gewährleisten und zu einem begründeten eigenen Werturteil führt	Nehmen Sie Stellung zu der Frage, inwieweit die Rolle der Parteien in der Weimarer Republik das Argument eines deutschen Sonderwegs stützt.	**Tipp:** Siehe „beurteilen". Zusätzlich haben Sie ein Werturteil zur Problemfrage zu fällen, dessen Maßstäbe bzw. Kriterien Sie nachvollziehbar verdeutlichen müssen. – Aus meiner Sicht …/meiner Meinung nach … – Nach den Maßstäben der freiheitlich-demokratischen Grundordnung … – Mich überzeugt (nicht), … – Andere sind möglicherweise der Ansicht, dass …

Operator	Definition	Beispielaufgabe	Tipps und Formulierungshilfen
überprüfen	Inhalte, Sachverhalte, Vermutungen oder Hypothesen auf der Grundlage eigener Kenntnisse oder mithilfe zusätzlicher Materialien auf ihre sachliche Richtigkeit bzw. auf ihre innere Logik hin untersuchen	Überprüfen Sie mithilfe von M 21 die These, dass die republikfreundlichen Parteien schwächer und die republikfeindlichen Parteien stärker geworden sind.	– Die Behauptung/These/Argumentation passt (nicht) zu den Informationen aus dem Darstellungstext/den Aussagen des Historikers XY …
Operator, der Leistungen in allen drei Anforderungsbereichen verlangt			
interpretieren	Sinnzusammenhänge aus Quellen erschließen und ein begründetes Sachurteil oder eine Stellungnahme abgeben, die auf einer Analyse beruhen	Interpretieren Sie das Wahlplakat M 3. Erläutern Sie, wie die politische Lage in Deutschland auf diesem Plakat dargestellt wird.	Nutzen Sie die Methodenseiten S. 166 f. und S. 318 f.

Formulierungshilfen für die Bearbeitung von Quellen und Darstellungen

Arbeitsschritte	Strukturierungsfunktion	Formulierungsmöglichkeiten	Beispiel
Analyse formale Aspekte	Einleitung	– Der Verfasser thematisiert/behandelt/greift (auf) … – Er beschäftigt sich/setzt sich auseinander mit der Frage/mit dem Thema … – Die Autorin legt dar/führt aus/äußert sich zu … – Das zentrale Problem/Die zentrale Frage des Textes/Briefes/der Rede ist …	Der SPD-Politiker Philipp Scheidemann thematisiert in seiner Rede vor der Weimarer Nationalversammlung am 12. Mai 1919 den Versailler Vertrag.
inhaltliche Aspekte	Wiedergabe der Position/Kernaussage	– Die Autorin vertritt die These/Position/Meinung/Auffassung … – Er behauptet …	Der Historiker Detlev Peukert vertritt die These, der Untergang der Weimarer Republik sei auf „vier zerstörerische Prozesse" zurückzuführen (Z. xx).
	Wiedergabe der Begründung/Argumentation/wesentlichen Aussagen	– Sie belegt ihre These … – Als Begründung/Beleg seiner These/Behauptung führt der Autor an … – Der Reichskanzler legt dar/führt aus … – Die Historikerin argumentiert/kritisiert/bemängelt … – Der Verfasser weist darauf hin/betont/unterstreicht/hebt hervor/berücksichtigt … – Weiterhin/Außerdem/Darüber hinaus/Zudem argumentiert er …	Kennan betont, dass die Amerikaner in Deutschland Konkurrenten der Russen seien und daher in „wirklich wichtigen Dingen" keine Zugeständnisse machen dürften (Z. xx).
	Abschließende Ausführungen	– Am Ende unterstreicht/betont der Autor noch einmal … – Der Autor schließt seine Ausführungen mit … – Sie kommt am Ende ihrer Argumentation zu dem Schluss, dass … – Zum Abschluss seiner Rede … – Abschließend/Zusammenfassend führt die Abgeordnete aus …	Am Ende seines Briefes betont Bismarck noch einmal die Notwendigkeit eines Bündnisses mit Österreich (Z. xx).
Vergleich von Texten	Übereinstimmung	– Der Historiker ist derselben Meinung/Auffassung/Position … – Sie teilt dieselbe Meinung/Auffassung/Position … – Die Autoren stimmen darin überein …	Brandt und Grass stimmen darin überein, dass die Bildung einer Großen Koalition mit Risiken verbunden sei (vgl. M 1, Z. xx; M 2, Z. xx).
	Gegensatz	– Im Gegensatz zu … – Die Positionen widersprechen sich/weichen voneinander ab/sind unvereinbar/konträr …	Die Positionen der beiden anonymen Verfasser sind hinsichtlich ihrer Haltung zum Terror der Jakobiner unvereinbar.

Arbeitsschritte	Strukturierungsfunktion	Formulierungsmöglichkeiten	Beispiel
Historischer Kontext		– Die Quelle(n) lassen sich/sind in … ein(zu)ordnen. – Die Texte sind im Zusammenhang mit … zu sehen. – Die Rede stammt aus der Zeit des/der …	Veröffentlicht wurden beide Zeitungsartikel in der Zeit der Jakobinerherrschaft, die von 1793 bis 1794 andauerte und auch als „Schreckens- und Gewaltherrschaft" bezeichnet wird.
Urteil Sachurteil	Intention des Autors	– Der Autor beabsichtigt/intendiert/will/ strebt an/fordert/plädiert für … – Die Politikerin verfolgt die Absicht/das Ziel … – Der Außenminister appelliert/ruft auf …	Der Ministerpräsident will mit seiner Rede die Abgeordneten von der Notwendigkeit wirtschaftlicher Reformen überzeugen.
	Beurteilung des Textes	– Die Argumentation ist (nicht) nachvollziehbar/überzeugend/stichhaltig/schlüssig … – Der Verfasser argumentiert einseitig/ widersprüchlich … – In seiner Darstellung beschränkt sich der Historiker nur auf …	Der britische Historiker Peter Heather begründet seine These in drei stichhaltigen Argumentationssträngen.
Werturteil	Bewertung des Textes	– Aus heutiger Sicht/Perspektive kann gesagt werden/lässt sich sagen … – Der Position/Meinung/Auffassung/ Ansicht des Autors stimme ich (nicht) zu … – Ich stimme der Position/ … des Autors (nicht) zu … – Die Position/ … der Verfasserin teile ich (nicht) … – Ich teile die Position/ … des Historikers (nicht) … – Meiner Meinung/Auffassung/Ansicht zufolge/nach …	– Ich stimme der Kritik von Francisco de Vitoria am Vorgehen der Spanier in der Neuen Welt zu, weil … – Die Position des anonymen Verfassers des ersten Zeitungsartikels (M 1) teile ich nicht, da heute in unserer freiheitlichen Grundordnung Terror zur Durchsetzung politischer Ziele abgelehnt wird.

Tipps zur Vorbereitung auf die Abiturthemen

Übung 1: Inhalte der Lehrplanthemen wiederholen

Das Thema „Weimarer Republik zwischen Krise und Modernisierung" wird im vorliegenden Schulbuch in sechs Teilthemen gegliedert. Jedes Teilthema ist in Form eines Kapitels aufbereitet.

1 Ein kurzer Darstellungstext führt zu Beginn jedes Kapitels in das Teilthema ein. Daran schließt sich ein umfangreicher Materialienteil mit entsprechenden Aufgaben an. Lesen Sie die Darstellungstexte wiederholend und fertigen Sie eine Zusammenfassung an. Die Zwischenüberschriften und Fettdrucke können Ihnen hierbei Hilfestellung geben.

2 Suchen Sie sich aus jedem Kapitel drei bis vier Materialien aus und bearbeiten Sie die dazugehörigen Aufgaben.

3 Halten Sie Ihre Ergebnisse auf Karteikarten fest (s. unten).

Übung 2: Wichtige Daten merken und anwenden

Auf den Auftaktseiten der Kapitel finden Sie jeweils einen Zeitstrahl. Auf drei Arten können Sie damit für das Abitur üben:

1 Geben Sie jeden Eintrag des Zeitstrahls mit eigenen Worten wieder.

2 Schreiben Sie auf die Vorderseite einer Karteikarte ein Ereignis, auf die Rückseite das Datum (s. unten).

3 Vertiefen Sie Ihre Kenntnisse über zentrale Daten, indem Sie noch einmal die dazugehörigen Darstellungen und Materialien aus dem Kapitel durcharbeiten. Schreiben Sie auf Ihre Karteikarten,

a) welche Ursachen zu einem Ereignis geführt haben,

b) wie es abgelaufen ist,

c) welche Folgen es gehabt hat.

Übung 3: Zentrale Begriffe verstehen und erklären

Zentrale Begriffe sind u. a. auf der Seite „Anwenden und wiederholen" aufgeführt. Erläuterungen dazu finden Sie im entsprechenden Kapitel und im Begriffslexikon auf S. 526–536.

1 Lesen Sie zu jedem Begriff die Erläuterung.

2 Klären Sie Fremdwörter.

3 Erläutern Sie den Inhalt jedes Begriffs anhand von historischen Beispielen. Halten Sie Ihre Ergebnisse auf Karteikarten fest (s. unten).

Ergebnisse sichern – Arbeitskartei anlegen

1 Halten Sie die Ergebnisse der Übungen 1 bis 3 auf Karteikarten fest: Notieren Sie auf der Vorderseite eine Frage, einen Begriff oder ein Datum, schreiben Sie auf die Rückseite Ihre Erläuterungen.

2 Wiederholen Sie mithilfe Ihrer Arbeitskartei die Inhalte, Daten und Begriffe der Schwerpunktthemen – alleine, in Partnerarbeit oder in Gruppen.

Übung 4: Methodentraining – Interpretation schriftlicher Quellen

Die Interpretation schriftlicher Quellen ist eine der zentralen Anforderungen im Abitur:

1 Prägen Sie sich die systematischen Arbeitsschritte zur Interpretation einer schriftlichen Quelle von S. 196 ein.

2 Merken Sie sich die „Faustregel" zur Analyse der formalen Merkmale schriftlicher Quellen und üben Sie die Beantwortung der „W-Fragen" anhand von fünf selbst ausgewählten schriftlichen Quellen des Schülerbuches.

„Faustregel"
für die Analyse der formalen Merkmale schriftlicher Quellen:

WER sagt WO, WANN, WAS, WARUM, zu WEM und WIE?

Probeklausur mit Lösungshinweisen

1 Geben Sie M 1 nach einer quellenkritischen Einleitung wieder.

2 Analysieren Sie M 2 und ordnen Sie es in seinen historischen Kontext ein.

3 Erläutern Sie die Verfassungsreformen der Jahre 1905/1906 und setzen Sie sie in Beziehung zu den Überlegungen Wittes in M 1. Berücksichtigen Sie dabei auch M 2.

4 Erörtern Sie, inwieweit Wittes Voraussagen in Z. 20–38 sich in den folgenden Jahren verwirklicht haben.

M1 **Sergej J. Graf Witte (1849–1915): Bericht an Zar Nikolaus II. (9. Oktober 1905)**

Sergej J. Witte war ein russischer Politiker und Staatsmann. Im August 1905 war er vom Zaren zum Regierungschef Russlands berufen worden. Der vorliegende Bericht ist auch als Oktober-Denkschrift bekannt geworden.

Noch ist kein Jahr verstrichen, da das allgemeine Wahlrecht nur von den radikalsten Elementen der Gesellschaft gefordert wurde. Heute gibt es keinen Verband und keine Zeitung, die es nicht verlangen, es wird nicht
5 einmal mehr darüber gestritten. Als selbstverständlich sind die politische Gleichberechtigung der Frau, die Nationalisierung des Grundbesitzes und eine soziale Neuordnung des Staates mit inbegriffen. Die Selbstständigkeit Polens und Finnlands, ja sogar Armeniens und
10 Georgiens bilden nicht mehr das Endziel der Föderalisten. Es erheben sich Stimmen für eine Autonomie der Provinzen überhaupt, d.h. für die Umwandlung Russlands in einen Bundesstaat freier, über sich selbst bestimmender Völker. Wir leben in einer Zeit der extremsten
15 Ideen. Man zerbricht sich nicht den Kopf, ob das gesetzte Ziel zu erreichen ist. Sogar die konstitutionelle Verfassung erfährt strenge Kritik. Sozialistische Tendenzen bedrohen die individuelle Freiheit, wirtschaftliche Probleme ersticken die rechtlichen. [...]
20 Der historische Fortschritt ist unaufhaltsam. Entweder wird die bürgerliche Freiheit durch Reformen verwirklicht oder durch eine Revolution. Im zweiten Fall aber wird diese Freiheit erst spät aus dem Aschenhaufen eines zerstörten tausendjährigen geschichtlichen Da-
25 seins erstehen. Die russische Revolution, sinnlos und erbarmungslos, wird alles wegfegen, alles in Trümmer schlagen. In welcher Form Russland aus dieser beispiellosen Prüfung hervorgehen wird – das übersteigt unser Darstellungsvermögen. Aber die Schrecken der russi-
30 schen Revolution werden alles übertreffen, wovon die Geschichte berichtet. Es ist möglich, dass durch auslän-

dische Einmischung das Reich in Stücke gerissen wird. Man wird versuchen, die Ideale des theoretischen Sozialismus zu verwirklichen; diese Versuche werden umsonst sein, aber dennoch von einschneidender 35 Wirkung. Sie werden die Familie zerstören, das religiöse Leben vernichten, das Eigentum beseitigen und alle Rechtsgrundlagen untergraben.

Zit. nach: Wladimir K. von Korostowetz, Graf Witte, der Steuermann in der Not, übersetzt von Heinz Stratz, Brückenverlag, Berlin 1929, S. 229 und 16.*

M2 **Karikatur von Michail M. Chemodanow, 1905.**

Die Karikatur zeigt eine Figur mit den Gesichtszügen Zar Nikolaus II. Auf dem Plakat, das sie hält, ist zu lesen: „Manifest vom 17. Okt. 1905". Im Hintergrund unten erscheint der Schriftzug „Revolution". Der Ausspruch oben lautet übersetzt: „Keinerlei Zauberei, allein die Fingerfertigkeit der Hände!". Michail M. Chemodanow (1856–1908) war Zahnarzt, schuf aber auch im Geheimen verschiedene politische Karikaturen, die illegal als Postkarten vertrieben wurden.

Lösungshinweise

Aufgabe 1

Vorbemerkung

Die Ihnen vertraute Klausuraufgabe stellt die distanzierte, unkommentierte und strukturierte Wiedergabe des Textes in den Mittelpunkt, verlangt darüber hinaus zudem eine quellenkritische Einführung. Die Quellenkritik ordnet ein vorliegendes Material historisch ein und hilft Ihnen bei seiner Erschließung, nicht nur in Aufgabe 1, sondern auch in den weiteren Teilen der Aufgabenstellung.

Quellenkritik

Bei der vorliegenden Quelle handelt es sich um einen Auszug aus einem inoffiziellen Bericht des Ihnen vom Oktobermanifest bekannten Grafen Witte an Zar Nikolaus II., in dem er eindringlich vor einer bald bevorstehenden blutigen Revolution warnt, wenn nicht schleunigst beträchtliche Konzessionen gemacht würden.

Einzuordnen ist der Bericht in die Mobilisierung und Radikalisierung der Bevölkerung nach der blutigen Niederschlagung der Demonstrationen am 9. Januar 1905 durch das Zarenregime und ausbleibenden Reformen. Die verheerende russische Niederlage im Russisch-Japanischen Krieg (1904/1905) verschärfte die Lage und führte zu einem weiteren Prestige- und Autoritätsverlust des Zarenregimes. Außerdem kam es zu tiefgreifenden wirtschaftlichen Problemen und Autonomiebestrebungen. Die zunehmende Brisanz der Situation wurde Anfang Oktober 1905 in einem Generalstreik deutlich, der von allen oppositionellen Gruppen unterstützt wurde. In der Folge erließ der Zar am 17. Oktober 1905 ein vom Grafen Witte ausgearbeitetes Manifest, das die bürgerlichen Freiheitsrechte und eine gesetzgebende Versammlung von gewählten Volksvertretern in Aussicht stellte. Die Bezeichnung als „Denkschrift" veranschaulicht die Relevanz von Wittes Bericht.

Textwiedergabe

Während noch vor einem Jahr nur radikale Gruppierungen das Wahlrecht im Zarenreich gefordert hätten, erlebe man gerade extreme Ideen. So werde nicht nur von allen Seiten die Forderung nach dem Wahlrecht, sondern auch nach Emanzipation der Frau, weitreichenden Eingriffen in die Sozial- und Eigentumsstruktur bis hin zur Umwandlung Russlands in einen Bundesstaat erhoben. Die Opposition gebe sich nicht mehr mit der Einführung der parlamentarischen Monarchie zufrieden. Entweder sei der Zar zu Reformen bereit, um den Freiheitswunsch in der Bevölkerung zu erfüllen, oder es werde zu einer sozialistischen Revolution mit verheerenden Folgen kommen, die Russ-land und das russische Volk vernichten werde. Aus diesem zerstörten Reich werde sich erst nach langer Zeit die Freiheit erheben. In einer revolutionären Situation drohe auch eine Intervention ausländischer Mächte, die die Auflösung des Russischen Reiches zur Folge haben könne.

Aufgabe 2

Vorbemerkung

Der Operator „Analysieren" ist der häufigste, auf den Sie im Zusammenhang mit einer bildlichen Darstellung, wie in diesem Fall einer Karikatur, treffen. Er beinhaltet zunächst immer auch eine Beschreibung des Materials. Außerdem erfordert er eine aspektgeleitete Erschließung und strukturierte Darstellung. Der leitende Aspekt der Materialerschließung wird im vorliegenden Fall durch den zweiten Teil der Aufgabenstellung geliefert, nämlich die historische Einordnung der Karikatur.

Analyse der Karikatur

Die vorliegende, illegal verbreitete Karikatur stellt eine Reaktion auf das Oktobermanifest des Zaren dar und wurde erkennbar kurz nach dessen Veröffentlichung angefertigt, auch wenn dazu keine näheren Angaben vorliegen. Der Karikaturist Michail M. Chemodanow war im öffentlichen Leben als Zahnarzt tätig, also ein Mitglied der Schicht, die man im Allgemeinen als Intelligenzija bezeichnet, neigte insgeheim aber der zarenkritischen Opposition zu; welcher der politischen Strömungen er angehörte, wird aus der Karikatur nicht deutlich.

Die Karikatur zeigt in ihrem Zentrum Zar Nikolaus II. als Zauberer oder Magier, gekennzeichnet durch dessen traditionelle Kleidung, ein langes, bis auf den Boden reichendes dunkles Gewand und eine spitz zulaufende Mütze. Zudem hält er in der rechten Hand einen Stock, den man als Zauberstab deuten kann. Mit diesem zeigt er auf ein plakatähnliches, ausgerolltes längliches Papier, auf dem oben zu lesen ist „Manifest vom 17. Okt. 1905". Darunter ist eine Zeichnung erkennbar, die zwei Hände zeigt; eine der Hände hält eine Peitsche, die andere scheint einen kleinen Gegenstand zwischen den Fingern zu halten, bei dem es sich allerdings auch lediglich um die Spitze des Daumens handeln könnte. Es liegt nahe, diese Darstellung als „Zuckerbrot und Peitsche" zu deuten, als die das Oktobermanifest hier dargestellt wird.

Hinter der Figur des Zaren wölbt sich in Form eines Sonnenaufgangs das Wort „Revolution" (*Revoljutsija*) am Horizont. Der Karikaturist hat zudem oben rechts noch einen Text formuliert, der hier wohl dem Zaren in den Mund gelegt werden soll, nämlich: „Keinerlei Zauberei, allein die Fingerfertigkeit der Hände!"

Historische Einordnung

Es handelt sich bei der Karikatur um eine Kritik des Oktobermanifests Zar Nikolaus' II. Nach dem Blutsonntag, dem 9. Januar 1905, und Russlands Niederlage im Russisch-Japanischen Krieg im Mai desselben Jahres kam es im ganzen Land zu Unruhen, sowohl in den Städten als auch auf dem Lande. In Moskau und St. Petersburg hatten sich Arbeiterräte (Sowjets) gegründet, die auch eine führende Rolle bei der im Oktober 1905 ihren Höhepunkt erreichenden Streikbewegung spielten. Die Regierung geriet so in immer größere Bedrängnis und drohte, die Kontrolle zu verlieren. Das veranlasste den Zaren, das von Sergej Witte wesentlich mitverfasste Oktobermanifest zu veröffentlichen, das bürgerliche Freiheitsrechte und ein in freien Wahlen gewähltes Parlament versprach. Noch war nicht abzusehen, dass die neue Verfassung (auf die Sie in Aufgabe 3 näher eingehen sollen) wesentliche Einschränkungen sowohl bei den Freiheitsrechten als auch der Gesetzgebung durch das Parlament vorsehen sollte. Doch genau dies scheint Chemodanow bereits vorauszusehen bzw. zu befürchten: Vor dem Hintergrund der heraufziehenden Revolution versucht der Zar mit dem Manifest einen Befreiungsschlag; er bietet jedoch nicht nur Zuckerbrot (Freiheitsrechte, freie Wahlen) an, sondern droht auch mit der Peitsche, indem er ankündigt, gegen Unordnung und Gewalt mit entsprechender Gegengewalt vorzugehen. Ganz konkret zeigte sich dies in der gewaltsamen Auflösung des Moskauer Sowjets und der Verhaftung seiner Deputierten im Dezember 1905. Es ist sogar fraglich, ob die eine Hand überhaupt Zuckerbrot hält oder dies nur vortäuscht – also reine „Fingerfertigkeit der Hände" anwendet, ohne eigentlich Zugeständnisse zu machen. Die Darstellung der heraufziehenden Revolution als Sonnenaufgang lässt es sogar als fraglich erscheinen, ob die Revolution in Russland überhaupt noch zu verhindern ist – die Sonne geht schließlich jeden Morgen auf.

Aufgabe 3

Vorbemerkung

Eine Erläuterung verlangt von Ihnen, einen Sachverhalt – hier die Verfassungsreformen von 1905/06 – zu erklären und in seinem historischen Beziehungsgeflecht zu verdeutlichen, indem Sie auf Ihre Kenntnisse sowie auf das vorliegende Material zurückgreifen. Diese Ausführungen sind dabei zu M 1 in Beziehung zu setzen.

Erläuterung

In dem in M 2 angesprochenen Oktobermanifest hatte der Zar dem russischen Volk dreierlei versprochen: grundlegende bürgerliche Freiheitsrechte zu gewähren, z. B. die Unantastbarkeit der Person oder das Versammlungsrecht; das Wahlrecht zur Duma so zu reformieren, dass bisher nicht wahlberechtigte Bevölkerungsteile als Wähler zugelassen würden; sowie der Duma tatsächliche Mitsprache bei der Gesetzgebung und der Kontrolle staatlicher Behörden zu geben. Was dann in der Folge durch die vom Zaren eingesetzte Verfassungskommission ausgearbeitet wurde, ist vielfach als „Scheinkonstitutionalismus" beurteilt worden, blieb auf jeden Fall aber hinter den Erwartungen vieler Revolutionäre zurück. Das Manifest wurde aber auch den von Witte in M1 ausgedrückten Erwartungen, dass „die bürgerliche Freiheit durch Reformen verwirklicht" werden müsse (Z. 21 f.), kaum gerecht. Auch M 2 erkennt die Janusköpfigkeit der vom Zaren angekündigten Reformen und drückt sie durch das Bild von „Zuckerbrot und Peitsche" aus.

Das für die Duma maßgebliche Wahlrecht bezog zwar in der Tat die gesamte Bevölkerung ein, bevorzugte aber durch das gewählte Verfahren Adel und Besitzbürgertum. Die Duma hatte zudem keinerlei Kontrollrechte gegenüber der zaristischen Regierung. Bei der Gesetzgebung konnte man bestenfalls von einer Mitwirkung des Parlaments sprechen – der Zar musste jedes dort verabschiedete Gesetz gegenzeichnen und konnte auch selbst Gesetze erlassen, zu denen sich die Duma nur nachträglich äußern konnte. Außerdem blieben Militär und Außenpolitik in der alleinigen Verantwortung des Zaren. Darüber hinaus genossen die Duma-Abgeordneten weder das volle Versammlungsrecht noch wurde ihnen Immunität gewährt. Gegenüber den zuvor geltenden Regeln war dies alles zwar ein Fortschritt, doch ist zu bezweifeln, dass es in der von Witte in M1 dargestellten aufgewühlten und revolutionären Situation (Z. 1–19) die Gemüter würde beruhigen können. Eine „Nationalisierung des Grundbesitzes und soziale Neuordnung des Staates" (Z. 7 f.), die er als „selbstverständliche" (Z. 5) Erwartung der Bevölkerung darstellt, fanden nicht statt. Den noch über eine konstitutionelle Monarchie hinausgehenden „sozialistischen Tendenzen" (Z. 17) wurde erst recht nicht Rechnung getragen. So ist erkennbar, dass sich die im zweiten Abschnitt von M 1 von Witte geäußerten Befürchtungen zur Entstehung einer revolutionären Situation bewahrheiten könnten. Auf diesen Abschnitt werden Sie in Aufgabe 4 eingehen, sodass hier keine weiteren Ausführungen dazu nötig sind.

Aufgabe 4

Vorbemerkung

Der Operator verlangt von Ihnen eine das Für und Wider abwägende Auseinandersetzung mit den Voraussagen in Wittes Bericht auf der Grundlage der Materialien, die Ihnen nach der Bearbeitung des Kursheftes bekannt sind, und auf der Grundlage der Ergebnisse aus den Aufgaben 1 bis 3, um dann ein begründetes Sach- und/oder Werturteil zu fällen. Auch wenn in der Aufgabenstellung nicht explizit der Bezug zum Kernmodul verlangt wird, bieten die Theorien und Modelle aus Kapitel 6 Ihres Kursheftes zu Krise und Revolution weiterführende Diskussionsansätze.

Lösungshinweise

Gerade zwei Monate als Regierungschef im Amt, analysiert Graf Witte die politische und gesellschaftliche Situation im Jahr 1905 in Russland sehr scharfsinnig und mit entwaffnender Offenheit. Das Spektrum unterschiedlicher politischer und sozialer Forderungen wird von ihm ebenso angesprochen wie die Autonomiebestrebungen vieler Volksgruppen, die massiven wirtschaftlichen Probleme und die Notwendigkeit der Gewährung grundlegender bürgerlicher Freiheitsrechte. Es gelingt ihm, den Zaren zum Handeln und zu Zugeständnissen zu bewegen, ein Herrscher, dem nach Martin Aust (vgl. Kap. 4, M 7, Z. 48 f.) „das Bewusstsein für Handlungsdruck" gefehlt habe. Auch wenn eine „Nationalisierung des Grundbesitzes und soziale Neuordnung des Staates" (Z. 7 f.), die Witte als „selbstverständliche" (Z. 5) Erwartung der Bevölkerung darstellt, nicht stattfanden, gab es zumindest Zugeständnisse im Agrarbereich, um die Bauern aus der gegnerischen Front herauszulösen. Durch die Stolypinsche Agrarreform 1906 bis 1911 sollte die wirtschaftliche Situation der Bauern verbessert und ein bäuerlicher Mittelstand geschaffen werden. Nicht voraussehen konnte Witte die Beschleunigung des Zusammenbruchs des Regimes durch die katastrophale Situation im Ersten Weltkrieg, als die Zarenherrschaft von allen Seiten infrage gestellt wurde (vgl. auch M 6 Crane Brinton, S. 96 f., über Ursachen und Phasen von Revolutionen). Auch wenn Witte die Entschlossenheit Lenins (Z. 20 f.) zu ahnen schien, war es ebenso wenig absehbar, dass ausgerechnet die deutsche Reichsregierung die Rückkehr Lenins im April 1917 aus dem Schweizer Exil unterstützen würde. Fraglich ist, ob die Freiheit, die laut Witte wie ein Phönix „aus dem Aschenhaufen eines zerstörten tausendjährigen geschichtlichen Daseins" (Z. 23 ff.) auferstehen werde, je verwirklicht worden ist.

Das Schreckgespenst der Diktatur des Proletariats wird von Witte 1905 sicherlich als plastisches Druckmittel gegenüber dem Zaren eingesetzt, doch scheinen die in den Z. 20 ff. geäußerten Befürchtungen Wittes die revolutionären Ereignisse der Jahre 1917 bis 1921 prophetisch vorherzusagen. Die Oktoberrevolution fegte tatsächlich alles bisher Bestehende weg (vgl. Z. 26), verbreitete ihre „Schrecken" (Z. 29) und versuchte, die „Ideale des [...] Sozialismus" (Z. 33 f.) zu verwirklichen. Der Zar wurde schließlich im Februar 1917 verhaftet und musste abdanken. Die dreihundertjährige Herrschaft der Romanows war somit beendet. Aufgrund der russischen Niederlage im Ersten Weltkrieg kam es sogar zu der von Witte befürchteten „ausländischen Einmischung" (Z. 31 f.). Wenn auch das Russische Reich nicht „in Stücke gerissen" wurde (Z. 32), so war ein Ergebnis des Krieges doch die Selbstständigkeit einer Reihe von Staaten in dessen westlicher Hälfte. Nach Manfred Hildermeier (Kap. 4, M 25, Z. 16 f.) war der Russische Bürgerkrieg in den Jahren 1918 bis 1921 im Kernstück ein Revolutionskrieg, dessen Grausamkeit und Opfer die des Ersten Weltkriegs übertrafen und die bestehende soziale, wirtschaftliche und kulturelle Ordnung vollständig umwälzte (vgl. auch M 1, Z. 29 ff.).

Sie dürfen jedoch nicht von einer historischen Einbahnstraße ausgehen, die uns vom Jahr 1905 schnurstracks in das Jahr 1917 führt. Immerhin bedurfte es zweier Revolutionen und zweier Kriege, um die autokratische Zarenherrschaft endgültig zu Fall zu bringen. An die Spitze der Reformbewegung hat sich Nikolaus II. zwar nicht gestellt, aber Sie müssen die Veränderungen, zu denen der Zar jeweils bereit war, auch im historischen Kontext im Vergleich zu anderen autoritären Monarchien sehen.

Vertiefend können Sie noch auf der Grundlage Ihrer Kenntnisse zu Krisen und Revolutionen die zahlreichen Herrschaftskrisen in den Jahren 1905 bis 1917 beleuchten und abwägen, ob die Reformen des Zaren hinreichend zur Bewältigung der Krise waren (vgl. auch M 3 Rudolf Vierhaus in Kapitel 1, M 3 Reinhart Koselleck in Kapitel 6, M 4 Karl W. Deutsch oder M 6 Crane Brinton). Im Modell von Deutsch finden Sie eine Fülle von Aspekten, die Sie gut auf die Krisen im Zeitraum von 1905 bis 1917 anwenden können, z. B. im Hinblick auf die Stabilisierungsmöglichkeiten eines Regimes in einer Krise wie Systemänderung und/oder Repressionsmittel. In Aufgabe 3 sind Sie schon auf die – begrenzten – Zugeständnisse und die Gewaltaktionen im Jahr 1905 eingegangen und könnten in Aufgabe 4 untersuchen, ob dies typische Merkmale der Krisenbewältigung unter Nikolaus II. waren.

Die kurze konstitutionelle Phase mit der Verabschiedung einer Verfassung und der Eröffnung der Duma im Mai 1906 endete mit der vollständigen Niederlage der reformbereiten Kräfte, die Russlands Anschluss an den Westen anstrebten. Gewinner waren die radikalen Gruppen, die den Sturz des Zarismus und des alten Regimes vorantrieben. Trotz aller Kritik an den Maßnahmen im Jahr 1905/1906 bekam das Parlament einen festen Platz im politischen Entscheidungsprozess und es entstand eine publizistische und politische Öffentlichkeit, die weder der Monarch noch die Regierung ignorieren konnten.

Für ein Werturteil können Sie sich an den Methodenseiten in Ihrem Kursheft orientieren (vgl. S. 54 f., Ein historisches Urteil entwickeln). Heranziehen können Sie die dort genannten Kriterien wie Verantwortung für individuelles und gesellschaftliches Verhalten oder auch Gedanken- und Meinungsfreiheit. Bedenken müssen Sie auch, dass Graf Witte den Mut hatte, in einer aufgewühlten und brenzligen Situation Verantwortung zu übernehmen und sich für die Verwirklichung liberaler Ideen, die für uns, die wir in einer Demokratie leben, selbstverständlich sind, in einem repressiven System einzusetzen. Dabei ging es ihm vorrangig darum, das Wohl und die Einheit Russlands und die Monarchie zu bewahren. An eine Erfüllung der von ihm in den Z. 8 ff. erwähnten Autonomiebestrebungen unter den Prämissen des Selbstbestimmungsrechts der Völker hat Graf Witte im Jahr 1905 noch nicht gedacht. Durch seine offene Kritik an der gesellschaftlichen und politischen Situation und seine Warnung vor einer bald bevorstehenden Revolution konnte er selbst zur Zielscheibe der Repressionsmittel der Zarenherrschaft werden. Schon im April 1906 wurde Witte durch konservative Regierungskreise zum Rücktritt gezwungen.

Probeklausur mit Lösungshinweisen: China und die imperialistischen Mächte

1 Geben Sie – nach einer quellenkritischen Einführung – den Inhalt des Textes wieder.

2 Ordnen Sie den Text in die seit 1862 mit der Selbststärkungsbewegung eingeleitete Reformbewegung in China ein. Beziehen Sie dabei auch eine Ihnen bekannte Theorie zu Kulturbegegnungen ein.

3 Erläutern Sie die in den Z. 39 ff. angedeutete politische Situation in China.

4 Erörtern Sie die Erfolgsaussichten der in der Eingabe angedeuteten Ziele.

M1 **Eingabe hoher Beamter an den kaiserlichen Hof zur Abschaffung der Beamtenprüfungsverfahren (1904)**

Seit wir den kaiserlichen Erlass erhalten haben, die Organisation der Schulen[1] zu verbessern, sind mehr als zwei Jahre vergangen. Aber bis jetzt konnten in keiner Provinz Schulen in größerer Zahl errichtet
5 werden aufgrund der unangenehmen Schwierigkeiten, diese zu finanzieren. Öffentliche Mittel sind begrenzt. Alles hängt davon ab, wie viel die Bevölkerung dazu beitragen will. Aber die Finanzmittel können nicht durch Beiträge zusammengebracht
10 werden, weil das [traditionelle] Prüfungssystem noch nicht abgeschafft worden ist. Die Gelehrten[2] im ganzen Kaiserreich sagen, dass es nicht die Absicht des Hofes sei, die Bedeutung der Schulen besonders hervorzuheben. Daher werden die Menschen mit Sicher-
15 heit zögern, falls das Prüfungssystem nicht umgeformt und eingeschränkt wird. [...]
Diejenigen, die die Schulen besuchen, sind vom Prüfungssystem abhängig, um gegebenenfalls darauf zurückgreifen zu können. Sie sind weder willens, sich
20 voll und ganz dem Lernen in den Schulen zuzuwenden, noch den Regeln der Schulen zu folgen. Des Weiteren werden die Aufsätze des Prüfungssystems fast immer abgeschrieben, während das Lernen in den Schulen echte Anwendung [des Gelernten] erfordert.
25 Das Prüfungssystem beruht ausschließlich auf dem Versagen oder dem Erfolg eines einzigen Tages, während in den Schulen mehrere Jahre gründlicher Forschung verbracht werden müssen. Beim Prüfungssystem werden die Kandidaten lediglich aufgrund
30 ihres formvollendeten Stils ausgewählt, es gibt keine Überprüfung ihrer persönlichen Qualitäten. Die Schulen widmen jedoch der Lebensweise der Studenten Aufmerksamkeit, und überdies kann die Art und Weise ihres Denkens klar aufgezeigt werden. Ein Ver-
35 gleich von Prüfungssystem und Schulen wird deutlich zeigen, was schwierig und was einfach ist. Der Mensch ist stets geneigt, das Schwierige zu meiden und dem Leichten zu folgen. [...]
In dieser Zeit ist die Lage unseres Landes jedoch sehr
40 gefährlich. Es gibt keine Rettung ohne befähigte Menschen. Solange Schulen nicht errichtet werden, gibt es keine Möglichkeit, befähigte Menschen voranzubringen, um die Gefahr dieser Zeiten abzuwenden. Wenn wir daher weiterhin der Routine folgen, sitzen bleiben und Jahre und Monate vergehen lassen, wäh-
45 rend doch die Lage des Landes dringend ist, wie sollen wir da bestehen? [...]
Wir denken daher und argumentieren gemäß dem Prinzip der Sache, dass es notwendig ist, das Prüfungssystem sofort abzuschaffen, sodass die Organisation
50 der Schulen sich qualitativ verbessern kann und Finanzmittel zur Verfügung gestellt werden können.

Aus: Wolfgang Franke, The Reform and Abolition of the Traditional Examination System, Cambridge, Mass. 1968, S. 59–64. Zit. nach: R. Keith Schoppa, Twentieth Century China. A History in Documents. New York 2004, S. 27 f. Übersetzung von Joachim Biermann.*

1 Gemeint ist das nach japanischem Vorbild neu eingeführte Schulsystem.

2 Gemeint sind hier diejenigen, die die traditionelle staatliche Beamtenprüfung bestanden haben.

Lösungshinweise

Aufgabe 1

Vorbemerkung
Diese „klassische" Klausur-Aufgabe stellt die distanzierte, unkommentierte und strukturierte Wiedergabe des Textes in den Mittelpunkt, verlangt darüber hinaus zudem eine quellenkritische Einführung. Die Quellenkritik ordnet ein vorliegendes Material historisch ein und hilft Ihnen bei seiner Erschließung, nicht nur in Aufgabe 1, sondern auch in den weiteren Teilen der Aufgabenstellung.

Quellenkritik
Bei der vorliegenden Quelle handelt es sich um einen Auszug aus einem offiziellen Dokument, nämlich einer Eingabe hoher chinesischer Beamter beim kaiserlichen Hof aus dem Jahr 1904. Sie ist einzuordnen in die sogenannte „Neue Politik", die China nach dem „Boxeraufstand" einleitete und die der Reform des Staates und seines Apparates dienen sollte. (Hier können Sie durchaus kurz auf die ausführlichere Darstellung des Themas

in Aufgabe 2 verweisen.) Es geht in der Eingabe um das reformierte Ausbildungssystem, das u. a. vorsah, ein neuartiges, effektiveres Schulsystem einzuführen. Damit waren, wie dem ersten Satz des Auszugs zu entnehmen ist, die Verfasser der Eingabe zwei Jahre zuvor betraut worden, und zwar mit dem Erlass von 1901, der Ihnen bekannt ist (vgl. M 38, S. 94). Nun berichten sie von den Schwierigkeiten, mit denen das neue Schulsystem zu kämpfen hat, und machen Lösungsvorschläge.

Textwiedergabe

Die Verfasser der Eingabe berichten, dass die Errichtung der Schulen neuen Typs bisher in ganz China an Finanzierungsproblemen gescheitert sei. Die staatlichen Finanzmittel seien begrenzt, sodass auch die Bevölkerung durch eine Art Schulgeld dazu beitragen müsse; die jedoch zögere, diese Finanzierung zu übernehmen. Dies liege u. a. daran, dass die hohen Beamten in den Provinzen den Eindruck vermittelten, den Schulen käme nach dem Willen des kaiserlichen Hofes keine besondere Bedeutung zu. Das hemme die Bereitschaft der Menschen, für die Schulausbildung Geld auszugeben.

Für diejenigen, die die neuen Schulen besuchten, bilde das traditionelle Beamtenprüfungssystem immer noch eine Rückfalloption, da sie die höheren Anforderungen der Schulausbildung nicht akzeptierten. Dort sei ein kontinuierliches Lernen während der ganzen Schulzeit und eine erfolgreiche Anwendung des Gelernten notwendig. Auch würden dort Denk- und Lebensweise der Lernenden geformt. Demgegenüber verlange das traditionelle Prüfungssystem lediglich eine punktuelle Leistung am Prüfungstag, und die Prüfungsaufsätze würden nicht aufgrund ihres Inhalts, sondern aufgrund ihrer stilistischen Qualität beurteilt; zudem würden diese Aufsätze meist lediglich abgeschrieben. All dies mache die traditionellen Prüfungen wesentlich einfacher, was für die Menschen von jeher attraktiv sei.

Angesichts der Situation Chinas sei es aber erforderlich, befähigte Menschen zu fördern, um das Land zu retten. Dies sei nur durch das neue Schulsystem möglich, während das Festhalten am Alten den Bestand Chinas gefährde. Um die Qualität der Schulorganisation zu verbessern und die dazu nötigen Gelder zu generieren, plädieren die Verfasser für eine sofortige Abschaffung des Prüfungssystems.

Aufgabe 2

Vorbemerkung

Der Operator „Einordnen" ist im Anforderungsbereich II angesiedelt und verlangt von Ihnen, das vorliegende Material begründet in einen historischen Kontext zu stellen. Die Aufgabe gibt mit dem Stichwort „Selbststärkungsbewegung" diesen Kontext vor und nennt mit dem Jahr 1862 den Beginn der historischen Periode, in die die

Einordnung erfolgen soll. Einen Endpunkt nennt sie nicht, sodass Sie selbst hier einen begründeten zeitlichen Schlusspunkt setzen müssen. Zugleich verlangt die Aufgabenstellung von Ihnen die Bezugnahme auf eine Theorie zu Kulturbegegnungen im Rahmen Ihrer Ausführungen; diese sollte thematisch mit Ihrer Einordnung verbunden sein.

Einordnung

Mit dem Ende des Zweiten Opiumkrieges 1860 war China gezwungen, sich dem Einfluss der imperialistischen Mächte zu öffnen, und am kaiserlichen Hof erkannte man zugleich die Unterlegenheit Chinas gegenüber dem Ausland in nahezu allen Bereichen. Dies führte zur sogenannten „Selbststärkungsbewegung", die die aufgrund dieser Lage für notwendig erachteten Reformen im Sinne einer Modernisierung Chinas anstoßen sollte und, unter Beteiligung von Prinz Gong, dem jüngeren Bruder des Kaisers, auch vom Hofe gefördert wurde. Vorbild waren die westlichen Mächte, und das Modernisierungsprogramm erstreckte sich auf Militär und Regierungsorganisation ebenso wie auf Wissenschaft und Bildung. Es sollte China so stärken, dass es seine traditionelle Kultur und Tradition erhalten konnte.

Der vorliegende Text stammt aus dem Jahr 1904, ist also dem Ende der Reformbewegung zuzuordnen und beschäftigt sich mit Reformen im Bereich der Bildung. Daher ist es sinnvoll, zunächst die Entwicklung bis 1904 zu skizzieren.

Nach der Niederlage 1860 wurden verständlicherweise zunächst militärische Reformen (z. B. Errichtung einer eigenen chinesischen Waffenproduktion und Reform des Militärwesens nach europäischem Vorbild) und eine Reform der Außenbeziehungen in Angriff genommen, aber auch andere Neuerungen wie der Eisenbahnbau angegangen. Dabei stieß die Bewegung nicht selten auf Widerstand, der nicht nur von den alten Eliten kam, sondern auch von finanziellen Schwierigkeiten ausgelöst wurde. Auch die eher zögerliche Haltung der seit 1861 als Regentin regierenden Kaiserinwitwe Cixi wirkte hinderlich, da sie nur anfangs die Selbststärkungsbewegung unterstützte, später aber eher das alte System zu stabilisieren suchte.

Nach Chinas Niederlage im Krieg gegen Japan 1895 versuchte der Guangxu-Kaiser, der erst 1889 mit Erreichen der Volljährigkeit die Regierungsgeschäfte übernommen hatte, mithilfe der sogenannten Hundert-Tage-Reform erneut einen Modernisierungsschub auszulösen. Unter anderem legte der Gelehrte Kang Youwei ein umfangreiches Reformprogramm vor. Dem allen wurde aber bereits nach 100 Tagen ein Ende bereitet, als Kaiserinwitwe Cixi den Kaiser absetzte und in die Verbannung schickte. Erneut war ein Reformversuch gescheitert.

Indessen konnten die imperialistischen Mächte zunehmend Einfluss in China gewinnen, gegen den sich der sogenannte „Boxeraufstand" wandte. (Hier könnten Sie auf Ihre näheren Erläuterungen in Aufgabe 3 verweisen.) Nach der Niederlage 1901 im „Boxerkrieg" änderte Cixi ihren Kurs, öffnete das Land weitgehend für das Ausland und initiierte 1901 erneut einen Reformprozess, die „Neue Politik". In diese Bemühungen ist der vorliegende Text einzuordnen. Die Verfasser der Eingabe an den kaiserlichen Hof geben selbst an, mit der Reform des Bildungswesens beauftragt zu sein, und waren offensichtlich für das nunmehr nach japanischem Vorbild neu eingeführte mehrgliedrige Schulsystem zuständig. Weitere Aspekte der „Neuen Politik" waren u. a. die Zentralisierung des Regierungsapparats und die Ausbildung von Chinesen auch im Ausland.

Der Text macht deutlich, dass trotz der Einsicht am Hof in die Notwendigkeit von Reformen sowohl bei der Bevölkerung als auch im Beamtenapparat noch erhebliche Vorbehalte gegen eine Modernisierung vorhanden waren, die zu überwinden waren. Dazu schlugen die Verfasser der Eingabe die sofortige Abschaffung des alten Beamtenprüfungsverfahrens vor, was 1905 auch geschah. Weitere geplante Reformmaßnahme war die Einführung eines parlamentarischen Systems nach europäischem Vorbild. 1910 wurde sogar eine Nationalversammlung gegründet, doch war der Untergang des Kaiserreichs nicht mehr zu verhindern: Mit der Revolution von 1911 fand es sein Ende.

Das Schicksal der Reformbewegung in China kann mithilfe der von dem Historiker Urs Bitterli vertretenen Theorie von Kulturkontakt und Kulturkonflikt erklärt werden. Europäische und chinesische Kultur waren sich zunächst so fremd, dass eine Verständigung kaum möglich und der Kulturzusammenstoß, wie z. B. in den Beziehungen mit Großbritannien, nicht zu verhindern war. Das imperialistische Ausgreifen vieler Mächte machte aber ein Vermeiden des Kulturkontakts nahezu unmöglich. Die positiven und negativen Reaktionen auf die Reformversuche in China sind insofern als die beiden Möglichkeiten zu sehen, die sich China in dieser Lage boten: Die Reformer und ihre Unterstützer waren offenbar auf langfristige Kulturdurchdringung aus – China wollte etwa, was den vorliegenden Text angeht, von anderen Völkern lernen und seinen Beamten eine vergleichbare Befähigung vermitteln oder Chinesen sollten durch Studium im Ausland die dortigen Kulturen kennenlernen. Zugleich ergaben sich seit der Selbststärkungsbewegung immer wieder Widerstände gegen die Reformen, die von der Furcht vor dem Verlust der eigenen Kultur und Tradition befördert wurden, was unweigerlich zum Kulturzusammenstoß und zu militärischen Auseinandersetzungen führte. Mit Bitterli kann man davon ausgehen, dass die Reformer weitsichtiger waren und angesichts der sich im Imperialismus immer mehr verzahnenden Welt Kulturverflechtung der einzige Weg in eine positive Zukunft für China war.

Aufgabe 3

Vorbemerkung

Die Aufgabe verlangt von Ihnen, ausgehend vom Material einen Sachverhalt, in diesem Fall die Situation in China um 1904, auf der Grundlage Ihrer Kenntnisse zu erklären und in ihren komplexen Zusammenhängen zu verdeutlichen. Im Gegensatz zu Aufgabe 2 können Sie hier einen Schwerpunkt auf den politischen Rahmen legen.

Erläuterung

Ihnen ist bekannt, dass der Sinologe Helwig Schmidt-Glintzer (vgl. Kap. 2.4, M 47) die vier Jahrzehnte zwischen den Aufständen in der Mitte des 19. Jahrhunderts und dem Zusammenbruch der Qing-Dynastie als eine Periode der „Transformation der chinesischen Gesellschaft" bezeichnet hat, besonders die Zeit von 1895 bis 1908 wurde als eine Phase des beschleunigten Umbruchs betrachtet, in die der Text einzuordnen ist. In den Zeilen 39 ff. bezeichnen die Verfasser der Eingabe die Situation in China im Jahr 1904 als „sehr gefährlich" (Z. 39 f.), ein Spiegel der Ängste und Befürchtungen vieler Chinesen. Sie können auch, wenn Sie bei Aufgabe 2 noch nicht darauf eingegangen sind, auf die Niederlage gegen Japan 1895 und den Vertrag von Shimonoseki eingehen. Der daraus folgende Verlust Taiwans wurde als schwere Demütigung für China empfunden; in der Folge wurden die Macht und die Legitimität der Qing-Dynastie infrage gestellt und Reformprozesse angestoßen (vgl. Kap. 2.4, M 20, Thoralf Klein). Den gescheiterten Modernisierungsschub unter dem Guangxu-Kaiser haben Sie bereits in Aufgabe 2 erläutert. Die Schwäche Chinas nutzten die imperialistischen Mächte immer weiter aus, sodass sich gegen Ende des 19. Jahrhunderts der Einfluss der imperialistischen Mächte England, Frankreich, Japan und Russland noch verstärkt hatte. Die unter Wilhelm II. eingeleitete „Weltpolitik" sollte auch Deutschland einen festen Platz unter den Weltmächten, einen „Platz an der Sonne", sichern. Die deutsche Regierung nahm die Ermordung zweier deutscher Missionare am 1. 11. 1897 in der Provinz Shandong zum Vorwand, besetzte den Hafen Qingdao und errichtete dort einen militärischen Stützpunkt. 1898 wurde ein 99 Jahre währender Pachtvertrag über Qingdao und die Jiaozhou-Bucht abgeschlossen, um wirtschaftliche Interessen und Gebietsansprüche zu sichern und missionarische Bestrebungen durchzusetzen. Solche ungleichen Verträge sicherten allen imperialistischen Mächten wirtschaftliche Vorteile und ermöglichten ihnen, mithilfe eigener Verwaltungen rechtliche und politische Kontrolle auszuüben. Auch der Handel über die Vertragshäfen mit ganz China war an den Interessen der

Großmächte ausgerichtet. Diese betrieben ebenfalls zum eigenen Vorteil den Bau von Industrieunternehmen in den Vertragshäfen, den Ausbau von Eisenbahnen und anderer Verkehrswege, um auch das Landesinnere für den Handel zugänglich zu machen. Kennzeichen dieser wirtschaftlichen Durchdringung war der „Wettlauf um Konzessionen". Eine Weile war sogar die Aufteilung Chinas zum Greifen nah (vgl. auch Kap. 2.4, M 22; der Philosoph Kang Youwei sagt bei einer Audienz beim Guangxu-Kaiser am 16. Juni 1898: „Die Fremden bedrängen uns von allen Seiten mit der Absicht, unser Reich zu teilen. Der Zusammenbruch und Fall Chinas scheint bevorzustehen.") Die von den USA seit 1899 vorangetriebene *Open Door Policy* besagte, dass China jeder imperialistischen Macht per se die gleichen Rechte zugestehen müsse, die auch in bilateralen Verträgen ausgehandelt worden waren. Ziel der USA war es dabei, eine Aufteilung Chinas unter den europäischen Mächten und Japan zu verhindern sowie den eigenen Anteil zu sichern. Die amerikanische *Open Door Policy* unterstützte und legitimierte das seit den Opiumkriegen errichtete System des informellen Imperialismus. Die Weiterexistenz einer intakten, wenngleich geschwächten Zentralregierung lag im Hauptinteresse der imperialistischen Mächte. Mit Ausnahme der Pachtgebiete fand keine direkte koloniale Beherrschung statt, allerdings war China in den Rang einer Halbkolonie geraten bzw. in einen „Zustand halb- oder quasikolonialer Vorherrschaft" (vgl. Kap. 2.5, M 12 Klaus Mühlhahn). Abgesehen von diesem Druck von außen war China am Ende des 19. Jahrhunderts von inneren Krisen wie Bevölkerungswachstum und Naturkatastrophen, die zu Hunger und Armut führten, aber auch mehreren Aufständen geschwächt. Zu Beginn des 19. Jahrhunderts verschärfte sich die Abneigung gegenüber allem Fremdländischen und es entwickelte sich ein Zusammengehörigkeitsgefühl, das durchaus als chinesischer Nationalismus bezeichnet werden kann. Die im Laufe des Jahres 1898 verstärkt auftretende „Bewegung der in Rechtschaffenheit vereinten Milizen" (*Yihetuan yundong*) kämpfte um 1900 gegen die ausländische Durchdringung, gegen die Besatzer und Missionare. Ihre Anhänger rekrutierten sie aus verarmten Bauern, Handwerkern und Bootsleuten und warben für eine Rückkehr zu traditionell chinesischen Werten. Mit der Parole „Unterstützt die Qing, vernichtet die Fremden" wurden Eisenbahnlinien, Telegraphenmasten und Kirchen zerstört sowie mehrere Tausend Ausländer bzw. christliche Chinesen getötet. Zunächst bekämpften Cixi und die Konservativen am Hof diese Bewegung, entschlossen sich aber dann angesichts der militärischen Aktionen der imperialistischen Mächte zur Unterstützung der *Yihetuan*. Sie erhofften sich dadurch, die ausländischen Mächte aus China vertreiben zu können (vgl. auch die kritische Einschätzung eines Hofbeamten, die Aufständischen für die Zwecke des kaiserlichen Hofe gewinnen zu können in Kap. 2.4, M 32). Die Eskalation dieses Konflikts führte zu einem internationalen Krieg und zu einer „Strafexpedition" gegen China, in der die Aufstände brutal niedergeschlagen wurden. Am 7. September 1901 musste China die „Boxerprotokolle", in denen u. a. hohe Reparationszahlungen, die Bestrafung von Beamten, der militärische Schutz für die ausländischen Gesandtschaften in Beijing und die Sühnereise eines Mitglieds des chinesischen Kaiserhofs nach Deutschland verhängt wurden, unterzeichnen. Die Niederlage gegen die imperialistischen Mächte und das harte Protokoll bedeuteten eine weitere schwere politische Demütigung Chinas und der Qing-Dynastie (vgl. Kap. 2.4, M 39). Cixi änderte ihren konservativen politischen Kurs ab 1901 und leitete die von Ihnen schon in Aufgabe 2 skizzierte „Neue Politik" mit umfassenden Reformen ein, durch die wie in der Eingabe gefordert (Z. 48 ff.) das zentrale Beamtenprüfungsverfahren abgeschafft und ein modernes, mehrgliedriges Schulsystem nach japanischem Vorbild eingeführt wurden. Trotz dieser Reformen konnte die Qing-Dynastie ihre Autorität nicht zurückgewinnen. Die wachsende wirtschaftliche Abhängigkeit von den imperialistischen Mächten führte zu einem fortschreitenden Ansehensverlust der Monarchie, der am 10. Oktober 1911 in eine Revolution mündete.

Aufgabe 4

Vorbemerkung

Der Operator verlangt von Ihnen eine das Für und Wider abwägende Auseinandersetzung mit den Erfolgsaussichten der in der Eingabe angedeuteten Ziele nicht aus Ihrer eigenen Sicht, sondern auf der Grundlage der Materialien, die Ihnen nach der Bearbeitung des Kursheftes bekannt sind und aufgrund Ihrer Unterrichtsergebnisse. Diskussionsansätze bieten auch die Begriffe Reform und Struktur.

Lösungshinweise

Reformen stellen institutionelle Veränderungen dar, die auf eingetretene oder erwartete Veränderungen antworten, die eine Institution mit Funktionsunfähigkeit bedrohen (vgl. auch Kap. 2.5, M 8, Christian Graf von Krockow). Sie wollen das Bestehende verändern, um es zu erhalten. Echte Reformen, nicht nur punktuelle Veränderungen, verlangen immer die Umverteilung von Macht, demzufolge folgen daraus Machtkämpfe und politische Konflikte, da handfeste Interessen bedroht sind. Auch die Kaiserinwitwe Cixi änderte ihren politischen Kurs erst nach der verheerenden Niederlage im „Boxeraufstand". Der Erlass Cixis vom 29. Januar 1901 (vgl. Kap. 2.4, M 38) sieht die Hauptursachen der Schwäche Chinas u.a. in der übermäßigen Bürokratie, in unfähigen und mittelmäßigen Beamten sowie im Dienstaltersystem und fordert die Ausbildung von herausragenden und fähigen Männern. Eine Maßnahme des von ihr eingeleiteten Reformprozesses, der auf zehn Jahre ausgerichtet war, bestand folgerichtig in einer Reform des Schulsystems und der Errichtung neuer Schulen. In den Aufgaben 1 und 2 sind Sie schon auf die Schwierigkeiten der Umsetzung des Erlasses eingegangen, sodass diese Ziele drei Jahre später noch nicht verwirklicht worden waren. Die in der Eingabe angedeuteten Maßnahmen wie der Ausbau bzw. die Erhöhung der Zahl von Schulen, die Erweiterung des traditionellen Fächerkanons oder die Ausrichtung an wissenschaftlichen Prinzipien sind sinnvolle Bausteine, um fähige Absolventen eines solchen Bildungsgangs hervorzubringen. Die in der Eingabe formulierten Ziele werfen aber auch Fragen auf, z.B. wie wir uns die inhaltliche und personelle Ausgestaltung des Systemwandels vorstellen müssen. Ebenso wird deutlich, dass der Transformationsprozess im Schulsystem so umfassend ist, dass es möglicherweise mehr als zehn Jahre dauern wird, bis die ersten Absolventen diese reformierten Schulen erfolgreich durchlaufen haben. Ein weiterer Diskussionspunkt ist die Einstellung von uns Menschen zu Veränderungen und Umbrüchen. An mehreren Textstellen ist zu spüren (z.B. Z.11f.), dass sich die alten Eliten aus Furcht vor dem Verlust von Lebensprinzipien oder von Macht und Prestige nicht verändern wollen. Wenn Sie sich im Unterricht bereits mit Braudel beschäftigt haben, können Sie auf den Begriff der Struktur verweisen. Dazu gehören nach Braudel auch religiöse Einstellungen und kulturelle Überzeugungen, Strukturen, die eine besonders große Beharrungskraft besitzen. Weiterhin können Sie ausführen, dass Reformen im Schulsystem alleine nicht ausreichend waren, sondern tiefgreifende Veränderungen in Verwaltung, Wirtschaft, Militär und Politik erforderlich waren.

Insgesamt sind die Erfolgsaussichten der in der Eingabe vorgeschlagenen Maßnahmen angesichts der schwierigen Lage der Qing-Dynastie und Chinas als ambivalent einzuschätzen. Beschleunigt durch den Erfolg Japans im Russisch-Japanischen Krieg sind die meisten Ziele der Beamten in der Folgezeit – zumindest formal – umgesetzt worden. Aus Ihrem Vorunterricht wissen Sie bereits, dass z.B. das Beamtenprüfungsverfahren 1905 abgeschafft worden ist, ein mehrgliedriges Schulsystem eingeführt und auch Fachschulen eingerichtet worden sind. Auf der anderen Seite hat sich der kaiserliche Hof im Vergleich zu Japan spät, zu spät zu Reformen entschlossen. Verschiedene Theorien besagen, dass nach dem Scheitern von Reformen oder der zu späten Umsetzung von Reformen hergebrachte Mittel nicht mehr ausreichen, um die eingetretenen Störungen zu überwinden, sodass eine Revolution folgt oder folgen kann wie auch in China im Jahr 1911.

Probeklausur mit Lösungshinweisen: Die Weimarer Republik zwischen Krise und Modernisierung

1 Geben Sie M 1 nach einer quellenkritischen Einführung wieder.

2 Beschreiben Sie M 2 und stellen Sie die Aussagen des Plakats denjenigen von M 1 gegenüber.

3 Ordnen Sie M 1 und M 2 (auch unter Bezugnahme auf M 3) in die politische und soziale Situation der Weimarer Republik in den 1920er-Jahren ein.

4 Erörtern Sie, unter Berücksichtigung von M 1–M 3, die Beurteilung der seinerzeitigen politischen Reife des deutschen Volkes durch Theodor Wolff (M 4) vor dem Hintergrund Ihrer Erkenntnisse in Aufgabe 3.

M 1 **Wahlaufruf des Reichsblocks (April 1925)**

Deutsche Männer, deutsche Frauen, deutsche Jugend!

Am 29. März[1] haben sich 10,5 Millionen Deutsche durch ihre Stimmabgabe zur Reichspräsidentenwahl
5 in dem Willen vereinigt, an die Spitze des Reiches einen national, christlich und sozial empfindenden Mann zu stellen. Die Gegensätze von Parteien und Konfessionen sind dabei bewußt ausgeschaltet worden. [...]

10 Für den 26. April steht der zweite Wahlgang bevor. An diesem Tage den Endsieg für den vaterländischen Gemeinschaftsgedanken zu erringen, ist das Ziel aller guten Deutschen, die das Vaterland über die Partei stellen.

15 Diesem Gedanken folgend, haben die Bayerische Volkspartei, der Bayerische Bauernbund und die Deutsch-Hannoversche Partei sich bereit erklärt, sich auf Hindenburg als gemeinsamen Kandidaten mit den in dem bisherigen Reichsblock[2] zusammen-
20 geschlossenen Parteien und Verbänden vereinigen zu wollen.

[...] hat die nunmehr so verstärkte Front des Reichsblocks beschlossen, dem deutschen Volke den Mann für das Amt des Reichspräsidenten vorzuschlagen,
25 dessen Name in aller Welt das Programm deutscher Ehre, Treue, Kraft und Festigkeit bedeutet: Generalfeldmarschall von Hindenburg.

Hindenburg hat als der getreue Eckart[3] des deutschen Volkes sich diesem Ruf nicht entzogen, sondern sich
30 in stets bewährter Pflichterfüllung bereit erklärt, das große Opfer dieser Kandidatur zu bringen.

Wir betrachten als die ganz selbstverständliche Pflicht aller Deutschen in Stadt und Land ohne Unterschied des Standes und des Bekenntnisses, sich
35 mit ganzer Kraft und Hingabe für unseren Hindenburg einzusetzen. Hindenburg war Euer Führer in guter und schwerer Zeit. Ihr seid ihm gefolgt, Ihr habt ihn geliebt, er hat Euch nie verlassen. Kämpft für ihn auch jetzt, wo er in alter Führertreue wieder an Eure Spitze treten will, um seinem Vaterlande im Frieden 40 und Aufbau zu dienen.

Unsere Losung lautet deshalb:

Mit Hindenburg zum Siege für die Einheit aller Deutschen, für christliche Art und sozialen Fortschritt, für des Vaterlandes Größe und Freiheit. Hindenburg, der 45 Retter aus der Zwietracht.

Zit. nach: Wolfgang Michalka/Gottfried Niedhart (Hg.), Die ungeliebte Republik. Dokumente zur Innen- und Außenpolitik Weimars 1918–1933. 4. Aufl., dtv, München 1986, S. 217 f.*

1 Termin des 1. Wahlgangs der Reichspräsidentenwahl, bei der keiner der Kandidaten die erforderliche Mehrheit errang.
2 Den Reichsblock hatten zuvor DVP und DNVP gebildet.
3 Figur aus den Erzählungen von Ludwig Tieck (1773–1853), die sinnbildlich für Treue und Opferbereitschaft steht.

M 2 **Wahlplakat des Volksblocks zur Reichspräsidentenwahl 1925.**

Wilhelm Marx (Zentrum) war der gemeinsame Kandidat der im Volksblock zusammengeschlossenen Parteien SPD, Zentrum und DDP.

M 3 **Ergebnis des 2. Wahlgangs zur Reichspräsidentenwahl am 26. April 1925**

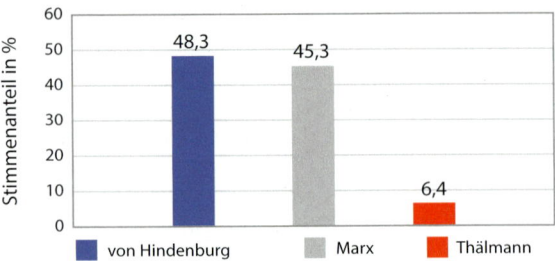

Ernst Thälmann war der Kandidat der KPD.

M4 **Der Journalist Theodor Wolff in einem Leit-artikel im „Berliner Tageblatt" (27. April 1925)**

Die Republikaner haben eine Schlacht verloren, der bisher monarchistische Feldmarschall von Hindenburg wird Präsident der deutschen Republik. [...] Wir schämen uns nicht über die Niederlage – denn dann
5 hätten auch Feldmarschälle schon oft das Haupt beugen müssen –, aber wir empfinden Scham über die politische Unreife so vieler Millionen, die nun wieder den Augen der achselzuckenden Welt sich zeigt. Die gestrige Wahl war eine Intelligenzprüfung, und vor
10 der zuschauenden Weltgalerie, vor mitleidig entsetzten Freunden und höhnenden Feinden ist ungefähr die Hälfte des deutschen Volkes in dieser Prüfung durchgefallen. Was soll man, lautet das allgemeine Urteil, mit einem Volke anfangen, das aus seinem Un-
15 glück nichts lernt und sich immer wieder, auch zum zehnten und zwölften Male, von den gleichen Leuten am Halfterbande führen läßt? [...]

Zit. nach: Wolfgang Michalka/Gottfried Niedhart (Hg.), Die ungeliebte Republik. Dokumente zur Innen- und Außenpolitik Weimars 1918–1933. 4. Aufl., dtv, München 1986, S. 218 f.*

Lösungshinweise

Aufgabe 1

Vorbemerkung

Diese „klassische" Klausur-Aufgabe stellt die distanzierte, unkommentierte und strukturierte Wiedergabe des Textes M1 in den Mittelpunkt, verlangt darüber hinaus zudem eine quellenkritische Einführung. Die Quellenkritik ordnet einen Text historisch ein und hilft Ihnen bei seiner Erschließung, nicht nur in Aufgabe 1, sondern auch in den weiteren Teilen der Aufgabenstellung.

Quellenkritik

Bei dem vorliegenden Text handelt es sich um einen Auszug aus einem Wahlaufruf zum zweiten Wahlgang der Reichspräsidentenwahl im April 1925, somit um einen der Wahlwerbung dienenden propagandistischen Text, der für die deutsche Wählerschaft bestimmt war und deren Wahlverhalten beeinflussen sollte. Als Autor firmiert der sog. Reichsblock, ein Wahlbündnis der rechten Parteien des Weimarer Parteienspektrums um die DNVP und die DVP, der für diesen zweiten Wahlgang Paul von Hindenburg als Kandidaten nominiert hatte. Die Reichspräsidentenwahl von 1925 war notwendig geworden, nachdem der bisherige Reichspräsident Friedrich Ebert überraschend verstorben war. Im ersten Wahlgang vom 29. März 1925 hatte noch keiner der Kandidaten die absolute Mehrheit errungen, so dass ein zweiter Wahlgang notwendig wurde.

Textwiedergabe

Der Wahlaufruf des Reichsblocks beginnt mit einem Rückblick auf den ersten Wahlgang, bei dem sein Kandidat 10,5 Millionen Stimmen erhalten hatte, und betont dabei die nationalkonservative und christlich-überkonfessionelle politische Ausrichtung des Wahlbündnisses. Es wird sodann darauf verwiesen, dass es gelte, im zweiten Wahlgang einen Sieg der vaterländischen Gesinnung sicherzustellen. Zu diesem Zweck hätten sich neben den bisherigen Mitgliedern drei weitere Parteien dem Wahlbündnis angeschlossen.

Im Anschluss wird darüber informiert, dass der Reichsblock Generalfeldmarschall von Hindenburg als Kandidaten aufgestellt habe, der der Inbegriff deutscher Tugenden sei und der Kandidatur aus vaterländischem Pflichtgefühl zugestimmt habe. Alle Deutschen seien verpflichtet, Hindenburg ihre Stimme zu geben, der sich als verlässliche Führergestalt in guten wie in schlechten Zeiten bewiesen habe und dem Vaterland weiter dienen wolle. Er stehe für die Einheit des Volkes, für Deutschlands Größe und Freiheit und für sozialen Fortschritt.

Aufgabe 2

Vorbemerkung

Diese Aufgabe hat zwei zu behandelnde Aspekte: eine Beschreibung von M2 und die Gegenüberstellung der Aussagen von M2 und M1. Bei der Beschreibung sollten Sie insbesondere auf fachsprachliche Präzision achten. Für die Gegenüberstellung, die als Operator im Anforderungsbereich II angesiedelt ist, ist es wichtig, dass Sie sich der politischen Aussagen von Text und Plakat bewusst sind und die jeweilige Aussageabsicht erfassen.

Beschreibung

Bei M2 handelt es sich um ein Wahlplakat, das aus demselben Anlass wie M1 angefertigt wurde, nämlich um Wahlwerbung für die Reichspräsidentenwahl 1925 zu machen, in diesem Fall für den Kandidaten des aus den Parteien der Weimarer Koalition (SPD, Zentrum, DDP) gebildeten sog. Volksblocks. Der – den Wählern mutmaßlich bekannte – Kopf dieses Kandidaten, Wilhelm Marx, ist im Zentrum der oberen Hälfte des Plakats abgebildet, umgeben von den beiden schwarz geschriebenen Wörtern „Wählt Marx". Den Hintergrund des gesamten Wahlplakats bilden die Farben Schwarz-Rot-Gold der seit 1919 so gestalteten deutschen Nationalflagge. In der unteren Bildhälfte ist in einer Art Schattenriss die Silhouette des Reichstagsgebäudes in Berlin zu erkennen. Unten, unterhalb des Reichstagsgebäudes, findet sich, durch weiße Schrift vom ansonsten schwarzen Hintergrund abgehoben, der Text „Dem deutschen Volke", und zwar genau in der Schriftart, in der diese Worte an der Front des Reichstagsgebäudes zu sehen sind.

Gegenüberstellung der Aussagen

Der Gegensatz zwischen den beiden Materialien ergibt sich bereits durch den Anlass ihrer Entstehung: Es handelt sich um die Wahlwerbung zweier konkurrierender Parteienbündnisse zu den Reichspräsidentenwahlen von 1925. Beide sind bestrebt, ihre unterschiedliche programmatische Ausrichtung den Wählern zu vermitteln.

Das Plakat M 2 macht deutlich, dass die drei Parteien des Volksblocks sich als in den Prinzipien der Weimarer Reichsverfassung verwurzelt darstellen. Die Farben Schwarz-Rot-Gold stehen dabei für die demokratische Tradition (auch schon vor der Weimarer Zeit), und das Reichstagsgebäude repräsentiert die parlamentarische Demokratie; dies wird auch unterstrichen durch die Worte „Dem deutschen Volke" – der Kandidat Marx und der Volksblock zeigen sich dem demokratischen Volkswillen verpflichtet. Durch die Wahl des Motivs Reichstagsgebäude wird zusätzlich auch deutlich, dass die Wurzeln der Demokratie bis ins deutsche Kaiserreich zurückreichen, in dem dieses Gebäude mit seiner Inschrift gebaut wurden.

Auch M 1 betont die Verwurzelung von Hindenburgs, des Kandidaten des Reichsblocks, im Kaiserreich, dem er als Offizier diente, stellt aber ganz andere Traditionen in den Vordergrund, nämlich seinen Einsatz „in guter und schwerer Zeit" (Z. 37). Hindenburgs Einsatzgebiet jedoch war das Militärische, er gehörte als Generalfeldmarschall zu den führenden Offizieren des Ersten Weltkrieges. Auch weitere in M 1 angesprochene programmatische Aspekte knüpfen an die militärische Tradition des Kaiserreichs an, wenn etwa auf das „Programm deutscher Ehre, Treue, Kraft und Festigkeit" (Z. 25f.) verwiesen wird und auf die Tugend der „Pflichterfüllung" (Z. 30) abgehoben wird. Während M 2 eindeutig die demokratisch-parlamentarischen Aspekte betont, stellt M 1 Hindenburgs Qualitäten als „Führer" (Z. 36) und „Retter aus der Zwietracht" (Z. xx) heraus und preist ihn auch wegen seiner Beliebtheit bei den Deutschen an (Z. 38).

Während also in den Aussagen von M 1 eine konservativ-autoritäre Tendenz zu erkennen ist, stellt M 2 dem eine Betonung demokratischer Gesinnung entgegen.

Aufgabe 3

Vorbemerkung

Der Operator, der im Anforderungsbereich II anzusiedeln ist, verlangt von Ihnen, dass Sie Materialien begründet in einen historischen Kontext, hier die politische und soziale Situation der Weimarer Republik, einordnen. Paul von Hindenburg, der Kandidat des Reichsblocks, bietet Ihnen eine Vielzahl von Möglichkeiten, Bezüge herzustellen, z. B. zur Kontinuität der alten Eliten aus der Kaiserzeit, aber auch zur Zerstörung der Demokratie in den Jahren 1929 bis 1933.

Einordnung

Die politische und soziale Entwicklung der Weimarer Republik in den 20er-Jahren wird in der Regel in zwei Phasen unterteilt, die krisenhaften Anfangsjahre 1919 bis 1923 und die Phase der „prekären Stabilisierung" (Winkler) von 1924 bis 1929. In die Phase der Stabilisierung von 1924 bis 1929 ist die Reichspräsidentenwahl einzuordnen. Diese Jahre werden auch als „goldene zwanziger Jahre" bezeichnet. Mit dem Tod Friedrich Eberts verlor die Weimarer Republik eine gewichtige Identifikationsfigur. In der Anfangszeit der Weimarer Republik erschütterte eine Vielzahl politischer Morde die junge Demokratie, das Krisenjahr 1923 (Ruhrkampf, Inflation, Putschversuche, u. a. Hitlerputsch) hatte weitreichende soziale und wirtschaftliche, aber auch psychische Folgen und beschädigte das Vertrauen vieler Bürger in den Staat und die ihn tragenden Parteien der Weimarer Koalition (SPD, Zentrum, DDP) schwer. Besonders der Mittelstand verlor durch eine schnelle und hohe Geldentwertung sein Sparvermögen. Der Zentrumspolitiker Wilhelm Marx, der Kandidat des „Volksblocks" (vgl. M 2), bekleidete das Amt des Reichskanzlers von November 1923 bis 1925 und in einer zweiten Amtszeit von 1926 bis 1928. In seiner Regierungszeit wurde die Rentenmark im November 1923 eingeführt, die Wirtschaft erholte sich und das politische Leben und der Alltag der Menschen beruhigten sich, auch wenn die Zahl der Arbeitslosen hoch blieb. Trotzdem unterlag er – zwar knapp – dem Kandidaten des Reichsblocks (M 3). Die Entscheidung des Reichsblocks, den parteilosen, damals 78-jährigen ehemaligen Chef der Obersten Heeresleitung, Generalfeldmarschall Paul von Hindenburg, den „Sieger von Tannenberg" und Vertreter der „Dolchstoßlegende", zu nominieren, verrät die Bedeutung der traditionalen Machteliten in Staat, Justiz und Militär. Diese lehnten die Weimarer Demokratie überwiegend ab oder standen ihr weitgehend skeptisch gegenüber. Im Wahlaufruf des Reichsblocks wird Hindenburg als Retter des Vaterlandes apostrophiert (M 1, Z. 46), Parteien als Kennzeichen einer parlamentarischen Demokratie negativ konnotiert (M 1, Z. 7f.). Außenpolitisch sind die Jahre durch die Verständigungspolitik Gustav Stresemanns (dessen Partei, die DVP, den Kandidaten Hindenburg mittrug) geprägt. Im Jahre 1925 wurden die Locarno-Verträge unterzeichnet, in denen Deutschland die deutsche Westgrenze und die Entmilitarisierung des Rheinlands garantierte. Der Rückhalt für den Kandidaten der Kommunisten, Ernst Thälmann, ist vergleichsweise gering (M 3), trug aber mit dazu bei, dass der Kandidat des Volksblocks demjenigen des demokratieskeptischen Reichsblocks unterlag. Wenn Sie auf die Schlussphase der Weimarer Republik eingehen, können Sie die Aushöhlung der Demokratie durch die „Präsidialkabinette" und Hindenburgs ambivalentes Verhältnis zur

NSDAP anführen, getragen von der Hoffnung, die Hitler-bewegung für seine politischen Ziele instrumentalisieren zu können.

Aufgabe 4

Vorbemerkung

Der Arbeitsauftrag verlangt eine reflektierte, das Für und Wider abwägende Auseinandersetzung hinsichtlich Theodor Wolffs Einschätzung der „politischen Unreife" (M 4, Z. 7) der Wähler, die Hindenburg als Vertreter des ostelbischen Junkertums und der Monarchie den Vorzug vor dem erfahrenen Politiker und Parlamentarier Wilhelm Marx (vgl. M 3) gegeben haben. Im Rahmen Ihrer Bearbeitung fällen Sie ein begründetes Sach- und/oder Werturteil, wobei Sie sich angesichts der Thematik auf ein Sachurteil beschränken können. Bei einem Werturteil könnten Sie die Fragilität der Demokratie, die Verführ-barkeit des Volkes oder die aufgrund der Weimarer Er-fahrungen untergeordnete Rolle plebiszitärer Elemente im Grundgesetz reflektieren. Lohnend ist auch die Ausei-nandersetzung mit folgenden Fragen: „Was kann oder darf man dem Volk zumuten?" oder „Kann man Demo-kratie lernen?".

Erörterung

Theodor Wolff bezeichnet in seinem Leitartikel – einen Tag nach den Wahlen – die Wahl des Reichspräsidenten als eine „Intelligenzprüfung" (M 4, Z. 9) für das deutsche Volk. Der Wahlausgang habe der ganzen Welt gezeigt, dass das deutsche Volk diese Prüfung nicht bestanden habe, „aus seinem Unglück nichts lernt" und „sich immer wieder, auch zum zehnten und zwölften Male, von den gleichen Leuten am Halfterbande führen lässt" (M 4, Z. 12ff.). So klagt er die „politische Unreife" (M 4, Z. 7) vie-ler Wähler an, die in der Tat mit Hindenburg einen Mann gewählt haben, der die Verantwortung für die Niederlage im Ersten Weltkrieg nicht übernehmen wollte und die Öffentlichkeit durch die Lancierung der so genannten „Dolchstoßlegende", einer schweren Hypothek für die Weimarer Republik, bewusst getäuscht hat. Sie können weiterhin ausführen, dass Hindenburg für die „gute alte Zeit" des wilhelminischen Reichs stand und Glanz und Gloria der Monarchie verkörperte, wohingegen die neue Republik nicht wirkmächtig genug war. Der Zentrums-politiker Marx blieb trotz erfolgreicher Krisenbewälti-gung gegen den Nimbus der Monarchie farblos wie auch die Beschwörung demokratischer Traditionen, wie sie das Plakat M 2 vornimmt, seinerzeit offenbar nicht mehrheitsfähig war. Vielen Nationalisten war die Repu-blik, die quasi aus der Niederlage geboren war, verhasst. Sie können weiterhin ausführen, dass sich die Befür-chtungen Wolffs zunächst nicht erfüllten, dass die Wahl aber auf alle Fälle eine Zäsur darstellte, die zeigte, dass die

Republikaner immer stärker in die Defensive gedrängt wurden. Der Repräsentant des Volkes 1925 verkörperte nicht mehr die demokratischen Werte der Republik. Als Folge von Hindenburgs Wahl wurden die nationalen und konservativen Kräfte in Deutschland gestärkt.

Die Historiker Müller und Wirsching legen zwar dar (vgl. Kursheft, S.114f.), dass es sich bei Weimar nicht um eine „schwache Demokratie" gehandelt habe. Trotz ihrer un-bestreitbaren Traditionsprobleme, Funktionsschwächen und äußeren Belastungen sei ihr Schicksal nicht vorher-bestimmt gewesen. Bezüge zu Wolffs „politischer Unrei-fe" lassen sich insofern herstellen, als Wirsching davon spricht, dass es der Republik an Zeit gefehlt habe, den Deutschen eine „längerfristige Schule der Demokratie zu sein und damit ihre eigenen Traditionen auszubilden" (vgl. Wirsching, S. 115, Z. 37f.).

Insofern können Sie gegen Wolff argumentieren, dass die Wahl auch eine Chance gewesen sein könnte. Nach au-ßen symbolisierte sie in dem Sinne ein positives Zeichen, dass, wenn der erklärte Monarchist Hindenburg die Wahrung der republikanischen Verfassung beschwor (vgl. M 1, Z. 39f.), sich auch konservative Kreise zu „Ver-nunftrepublikanern" wandeln und ihren Frieden mit dem Staat machen konnten. Auch zeigt das Wahlergeb-nis, dass immerhin auch mehr als 45 Prozent der Wähler für einen demokratisch gesinnten Kandidaten gestimmt hatten (vgl. M 3), eine Stimmenzahl, die unter guten Be-dingungen in der Zukunft auch ausbaufähig war.

Wenn Sie die Wahl Hindenburgs aus der Retrospektive betrachten, hatte sie in der Tat verheerende Folgen. Auch wenn Hindenburg sich mehrere Jahre an die Verfassung gehalten hat, erhielten in dieser Zeit reaktionäre Interes-senvertreter einen neuen, parlamentarisch unkontrol-lierten Zugang zur Macht. Die ostelbischen Grundbesit-zer, die wie keine andere gesellschaftliche Gruppe über das Privileg des Zugangs zum greisen Reichspräsidenten verfügten, drängten auf eine Kanzlerschaft Hitlers. Diese Entwicklung unterstreicht Wolffs These von der demo-kratischen „Unreife vieler Millionen" (M 4, Z. 7).

Im Rahmen der Bearbeitung empfiehlt es sich, die „Son-derwegsthesen" von Plessner, Bracher oder Wehler ein-zubeziehen. Deutschland sei eine „verspätete Nation" (Plessner) gewesen, die Parlamentarisierung im Kaiser-reich blockiert worden. Im Gegensatz zum erfolgreichen Modernisierungsweg in England oder Frankreich sei Deutschland von Nationalismus, Autoritarismus und Militarismus geprägt gewesen. So sei die Spannung zwi-schen der industriellen und sozialen Modernisierung und fortdauernden vorindustriellen Strukturen in Gesell-schaft, Staat und Kultur letztlich die Bedingung dafür gewesen, dass die Krise der 20er- und 30er-Jahre den Auf-stieg der NSDAP und den Niedergang der Republik be-günstigt habe.

Probeklausur mit Lösungshinweisen: Geschichts- und Erinnerungskultur

Situation und Aufgabenstellung:

Ihr Geschichtskurs plant im Rahmen des Themas „Die DDR im deutschen kollektiven Gedächtnis" eine mehrtägige Exkursion in die neuen Bundesländer. Vorgesehen ist auch der Besuch eines DDR-Museums. Sie haben die Aufgabe erhalten, sich über unterschiedliche Angebote von DDR-Museen anhand deren Internet-Präsentation zu informieren, Ihrem Kurs zwei Museen vorzustellen und eines davon zu empfehlen. Gehen Sie in einem Dreischritt vor: Vorstellung der Konzepte, Einordnung in Ihnen bekannte Theorien zu Gedenken und Erinnerung sowie begründete Auswahl.

1 Beschreiben Sie die Konzeptionen der DDR-Museen in Berlin (M 1) und in Pirna (M 2).
2 Ordnen Sie den Umgang mit der Vergangenheit, der in der Gestaltung der beiden Museen deutlich wird, in Ihnen bekannte Theorien zu Gedenken und Erinnerung ein.
3 Ihr Kurs muss sich für den Besuch eines der beiden Museen entscheiden. Entwickeln Sie eine begründete Empfehlung, in der Sie Ihnen bekannte Aspekte der Diskussion um die Erinnerung an die DDR und ihre Geschichte einbeziehen.

M 1 Auszug aus der Homepage des DDR-Museums in Berlin

Das am 14. Juli 2006 eröffnete DDR-Museum in Berlin wird mit privaten Mitteln finanziert und befindet sich direkt an der Spree gegenüber dem Berliner Dom. Es bietet eine Ausstellungsfläche von ca. 1 000 m².

Mauer und Stacheldraht schirmten die DDR von der Außenwelt ab, im Inneren wachte die Staatssicherheit. Wie aber sah das Leben im Sozialismus, der Alltag in der SED-Diktatur aus? Bestand es nur aus
5 Spreewaldgurken, FKK und Plattenbauten? Oder aus Vollbeschäftigung und Schlangestehen?

Das Urteil der Historiker steht fest und ist im Kern wohl auch nicht revisionsbedürftig. Die DDR war ein Satellitenstaat von Moskaus Gnaden. Der Sicher-
10 heitsapparat war die eiserne Klammer, die das System zusammenhielt. Die Planwirtschaft erwies sich gegenüber der Marktwirtschaft als hoffnungslos unterlegen. Die großzügigen Sozialleistungen waren auf Dauer nicht finanzierbar und trugen nicht unwesent-
15 lich zum Kollaps der Wirtschaft bei. Das SED-System

wurde 1989 von einer demokratischen Massenbewegung beseitigt. Die Wiedervereinigung entsprach dem Willen einer sehr großen Mehrheit der Bürger. Damit könnte man die Akte DDR schließen. Dennoch bleibt ein schwer erklärbarer Rest. Die DDR war 20 mehr als ein Kunstprodukt aus Ideologie und Macht – sie war das Leben von Millionen Menschen. Sie wuchsen in diesem Land auf, durchliefen die Bildungseinrichtungen, dienten in den „bewaffneten Organen", arbeiteten, gründeten Familien, richteten 25 ihre Wohnungen ein, zogen Kinder groß. Man konnte glücklich leben in der DDR. Die Politik und die Ideologie schienen manchmal unendlich weit weg zu sein.

Doch das Leben unter den Bedingungen des allge- 30 meinen Mangels war keineswegs eine Idylle, sondern eine ständige Jagd nach knappen Gütern. Die Menschen wurden auf ihre Weise damit fertig. Der Tauschhandel, die Feierabendarbeit, der Schwarzhandel blühten. Viele zogen sich ins Privatleben zu- 35 rück. Die Datsche wurde zum Symbol des DDR-Lebens. Gelebtes lebendig vermitteln, das steht im Mittelpunkt der Ausstellung. Ca. 16 Millionen Menschen lebten in der DDR. Kein Leben war wie das andere und doch gab es bestimmte Strukturen, mit 40 denen sich die meisten DDR-Bürger arrangieren mussten.

Alltag ist gelebte Geschichte – nachvollziehbar nur, wenn auch Sie als Besucher den Alltag in der DDR erleben. Genau dies ermöglicht die Dauerausstellung 45 des DDR Museum: Anfassen erlaubt! Den Trabi können Sie starten, die Küche durchstöbern oder in authentischen DDR-Kinosesseln Dokumentationen auf sich wirken lassen! Zahlreiche Stationen laden ein, Themen spielerisch und einprägsam zu erfassen. Der 50 Stasibereich fordert zur Selbst-Erfahrung auf – und zeigt Täter- und Opferperspektive.

Das DDR Museum ist keine herkömmliche Ausstellung, in der Exponate neben Exponaten in Vitrinen neben Vitrinen auf die Blicke der Besucher warten, 55 das DDR Museum fordert Sie als Besucher zum Erlebnis auf. Erst durch Ihre Hand erwacht die Ausstellung zum Leben!

Die Ausstellung ist eine Plattenbausiedlung im Kleinen. Die Ausstellungsmöbel sind Wohnblöcke der 60 Wohnungsbauserie 70, dem typischen Plattenbau-System der DDR. Diese begehbare Puppenstube scheint zunächst durch ihren ungewöhnlichen Maß-

stab irritierend, schafft aber einen authentischen
Eindruck von der grauen Welt ihrer Vorbilder.

Was auf den ersten Eindruck trist und monoton
wirkt, ist bei näherer Betrachtung nur Hülle für eine
lebendige Alltagskultur. Die Platten sind Raumteiler
und Vitrinenschränke zugleich, die mit der Benut-
zung durch Besucher Einblicke in ihr Inneres und
Privates erlauben. Filme, Medien, Schubläden, Türen
und Vitrinen mit Exponaten und Modellen erzählen
Geschichten aus einem vergangenen Staat.

Die Platten mit ihren steingrauen Oberflächen sind
industriell gefertigt, genau wie ihr Vorbild. Die Stützen und die Decke des Raumes sind in rot gehalten,
der Einfluss des sozialistischen Gedankengutes ist in
Parolen und Losungen zu lesen und es scheint, als
würden die Leitsprüche des Sozialismus am historischen Ort des Palasthotels, eines der ehedem besten
Häuser der DDR, verwittern.

Lassen Sie sich davon aber nicht zu lange aufhalten,
denn nicht nur die Platten können durch den Besucher benutzt werden: Eine Plattenbauwohnung mit
Wohnzimmer, Küche und Bad im 70er-Jahre-Design
lädt Sie ein, in fremden Schränken zu wühlen, den
Fernseher verbotenerweise auf Westfernsehen um-
zuschalten oder mit DDR-Bürgern zu telefonieren!
Ist Ihnen das zu anstrengend? Dann erholen Sie sich
doch bei einer gemächlichen Simulationsfahrt im
Trabant oder auf den authentischen Kinosesseln
beim Genuss des „Augenzeugen"[1]! Oder Sie probieren
sich an einer Weltneuheit, dem Museumsspiel – einer
Mischung aus Brett- und Computerspiel –, und tes-
ten Ihr Wissen rund um die DDR! Das Einzige, was
Sie hier nicht finden, ist eine klassisch-freistehende
Vitrine!

www.ddr-museum.de (abgerufen vom 6. Juni 2012)

1 „Der Augenzeuge" war die Kino-Wochenschau der DDR und
   existierte bis 1980.

M2 **Auszug aus der Homepage des DDR-Museums in Pirna**

*Das DDR-Museum in Pirna wurde am 16. Juli 2005 er-
öffnet und befindet sich seit dem 1. Mai 2009 an seinem
jetzigen Standort. Das Museum finanziert sich ebenfalls aus privaten Mitteln. Pirna liegt in Sachsen, in unmittelbarer Nähe zu Dresden im Nordwesten und zur
Tschechischen Republik im Südosten. (Der folgende
Text wird mit den auf der Homepage vorhandenen
Rechtschreibfehlern wiedergegeben.)*

Wenn Sie unser DDR-Museum betreten, befinden Sie
sich in einem über 140 Jahre alten Gebäude, welches
bis 1990 stets als Kaserne genutzt wurde. Gebaut für
die kaiserliche Armee, bezogen es in den 30er Jahren
die Nazis. Nach dem Krieg wurde es von der Kaser-
nierten Volkspolizei und dann von der NVA[1] genutzt.
Zu DDR-Zeiten waren hier die Pioniere und die Che-
mischen Truppen[2] untergebracht. Erstere übten mit
schwerer Technik wie dem sowjetischen Kraz[3] mit
Pontons[4] das Brücken legen über die Elbe.

Heute beherbergt die Kaserne das DDRMuseum Pirna, welches im Sommer 2005 eröffnete und Anfangs
mit 250 qm Ausstellungsfläche begann und mittlerweile auf über 2 000 qm mit Innen und Außenausstel-
lung dem Besucher viel Interessantes und wissens-
wertes über das alltägliche Leben der Menschen in
der DDR berichtet.

Angefangen von der Geburt über den Kindergarten,
über ein original eingerichtetes Schulklassenzimmer,
wo man sich freilich auch mal an die Schulbank zum
„büffeln" für Geschichte, Biologie oder auch dem beliebten Fach „Staatsbürgerkunde" setzen kann und
natürlich in den originalen Schulbüchern blättern
darf, geht es weiter zu den Jungen Pionieren mit ihren guten Taten und mit dem Eintritt ins Jugendalter
wurden die meisten Schülerinnen und Schüler dann
in die FDJ (Freie Deutsche Jugend) feierlich aufgenommen. Aber natürlich fuhren wir als Kinder auch
sehr gerne ins Ferienlager und auch darüber wird berichtet.

Machte man als Jugendlicher mal einen Streich oder
nahm etwas zu viel „Kreuz des Südens" (Aprikosenli-
kör), oder auch in der Disko Cola-Wodka zu sich, so
war der ABV[5] nicht weit und brachte uns wieder auf
den rechten Weg. Auch über die Arbeit des Abschnittsbevollmächtigten wird in einem originalen
Dienstzimmer berichtet. Mit dem Trabi oder einem
Motorrad von MZ aus Zschopau[6] ging es über Land
und manchmal auch ins Ausland. In der ČSSR gab es
viele Dinge die es bei uns nicht gab. Also rüber fahren
und einkaufen. Aber für 60 Kronen = 20 Mark gab es
nicht die Welt zu kaufen und somit muss etwas mehr
Geld geschmuggelt werden. Doch HALT-ZOLLKON-
TROLLE! Wer wie was und wie viel schmuggelte zeigen uns unzählige originale Fotos, welche uns von
ehemaligen DDR-Zollbeamten zur Verfügung gestellt
wurden. Absolut interessant und vieles davon noch
nie veröffentlicht.

Wie wir so ganz privat wohnten und mit was wir alles
spielen durften, zeigt die größte Ausstellung im Museum. Eine komplett eingerichtete Wohnung mit Küche, Wohn- und Schlafzimmer, einem Bad, natürlich
mit dem Wittigs Thaler Badeofen, einem Kinderzim-
mer und natürlich den vielen kleinen Alltagsdingen
mit denen wir lebten.

Auch Urlaub machten wir gern. Ob mit dem FDGB[7]
oder einfach zum Camping, Urlaub war immer schön
und noch heute erinnern sich viele gern und mit ei-

nem Lächeln an die beliebte Urlaubszeit an Ostsee, in
60 Thüringen, der Lausitz, im Spreewald, oder im Erzge-
birge.

Aber so ein Land will bewacht sein und somit gab es
die NVA, die Grenztruppen, die Marine und in den
Betrieben und Kombinaten die Kampfgruppen der
65 Arbeiterklasse. Auch über deren Arbeit berichten wir
in verschiedenen Zimmern.

Natürlich ist das längst nicht alles was es zu sehen
gibt. Zum Beispiel können Sie in unserem KON-
SUM mal sehen, was es unter dem Ladentisch gab,
70 oder was man mit „harter Währung" im INTERSHOP[8]
kaufen konnte.

Doch der Rundgang bietet noch mehr. Ein Zimmer
mit originalen Fotoaufnahmen von der Staats- und
Parteiführung aus den 60er bis in die 80er Jahre. Von
75 Sport- und Filmgrößen bis hin zum Sandmännchen,
zeigt Ihnen Hartmut Schorsch, der Fotoreporter der
NBI[9], FÜR DICH und der Fernsehzeitschrift FF-DA-
BEI interessante Menschen aus der DDR.

Wenn Sie uns jetzt fragen, was eigentlich unser größ-
80 tes Ausstellungsstück ist, so sagen wir das „Lottchen"!
Sie steht vor unserem Museum und ist über 25 Meter
lang! Sie wurde in Gotha gebaut und fuhr von 1960 an
täglich ihre Runden durch Dresden und von 1991 bis
2010 wurde sie bunt angemalt und ist für die Kleinen
85 als Kinderstraßenbahn durch Dresden gerattert. Seit
Ende 2010 steht sie nun bei uns und konnte somit der
Presse entkommen.

Ein Dankeschön hiermit an die Dresdner Verkehrsbe-
triebe! Überhaupt an dieser Stelle ein RIESEN DAN-
90 KESCHÖN an all die, die uns mit ihren kleinen und
großen Spenden geholfen haben dieses Museum zur
Geschichte der DDR zu erhalten!

Natürlich gibt es im Museum noch viel mehr zu sehen. Ob die Rundfunk- und Fernsehtechnik, ob die
95 Kameras von PENTAGON oder Carl Zeiss, das Raum-
fahrtzimmer oder die LPG[10]-Ausstellung. Ob die sowjetischen Freunde, oder die benachbarte ČSSR mit
Spybel und Hurvinek[11] und vieles mehr, es ist auf jeden Fall eine Reise oder vielmehr eine Zeitreise
100 wert!

Wir freuen uns auf Sie – freuen Sie sich auf eine interessante und durchaus auch mal amüsante Reise in
die jüngste, deutsche Geschichte!

Ihr Kollektiv des DDR-Museum Pirna

www.ddr-museum-pirna.de (Menüpunkt „Ausstellung"; abgerufen am 6. Juni 2012).

1 *NVA:* Abkürzung für die Nationale Volksarmee
2 *Chemische Truppen:* Truppenteil, der für die chemische Kriegsführung ausgebildet ist
3 *Kraz bzw. KrAZ:* Lkw-Typ des ehemaligen sowjetischen, heute ukrainischen Fahrzeugherstellers KrAZ, der vor allem im Ostblock genutzt wurde und wird

4 *Pontons:* große Schwimmkörper, die zu Behelfsbrücken zu-sammengefügt werden können
5 *ABV:* Abschnittsbevollmächtigter, Polizist der Volkspolizei, der polizeiliche Dienste in einzelnen Straßen oder Wohnge-bieten versah
6 *MZ aus Zschopau:* Motorrad aus den Motorradwerken Zscho-pau (Sachsen)
7 *FDGB:* Abkürzung für den Freien Deutschen Gewerkschafts-bund der DDR
8 *INTERSHOP:* DDR-Geschäft, in dem man nur mit westlicher Währung bezahlen konnte
9 *NBI:* Abkürzung für Neue Berliner Illustrierte
10 *LPG:* Abkürzung für Landwirtschaftliche Produktionsgenos-senschaft
11 *Spybel und Hurvinek:* eigentlich Spejbl und Hurvínek; zwei bekannte tschechische Marionettentheater-Figuren

Lösungshinweise

Allgemeiner Hinweis

Die gesamte Aufgabenstellung dieser Klausur ist produkti-onsorientiert angelegt, d. h., Sie müssen Ihre Bearbeitung in den im Vorspann zur Aufgabenstellung skizzierten Rahmen einbetten, für Ihre Mitschülerinnen und Mitschüler im Geschichtskurs die beiden DDR-Museen vorzustellen. Entwickeln Sie die Vorstellung der Konzepti-on, die Einordnung in den Zusammenhang Ihrer Kursthematik zur Geschichts- und Erinnerungskultur und Ihre begründete Empfehlung im Sinne eines Vortrags oder Handouts für Ihre Mitschülerinnen und Mitschüler. Vergessen Sie dabei nicht, dass auch diese Aufgabenstel-lung mit Operatoren arbeitet, deren Definition Ihnen konkrete Vorgaben hinsichtlich der Ausgestaltung Ihrer Ausführungen macht.

Aufgabe 1

Der Operator „Beschreiben" verlangt von Ihnen eine struk-turierte und fachsprachlich angemessene Vorstellung der beiden Materialien. Es bieten sich grundsätzlich zwei mögliche Strukturierungen an: eine gegenüberstellende Präsentation der beiden Konzeptionen oder ein Nachein-ander. Im Folgenden werden beide Konzeptionen aufeinander folgend skizziert.

Das DDR-Museum in Berlin versteht sich als ein Muse-um, in dem der Besucher selbst Erfahrungen mit der DDR-Vergangenheit machen kann. Es will verschiedene Aspekte des Lebens in der DDR erfahr- und erlebbar ma-chen. Aus diesem Grund wurden diverse Stationen ge-staltet, die jeweils aktiv zu erleben sind, z. B. ein Nachbau einer DDR-Plattenbausiedlung im Kleinen, eine typische DDR-Wohnung, ein DDR-Kino, eine Simulationsfahrt in einem „Trabi" oder eine Station zur Tätigkeit der Stasi. Es wird betont, dass das Museum keineswegs die Schat-tenseiten und Negativa der DDR verschweige, die Ver-antwortlichen wollen vielmehr das Leben in der DDR unter den seinerzeit gegebenen Rahmenbedingungen nachvollziehbar machen und zeigen, dass sich dieses Leben keineswegs auf Politik und Ideologie beschränkte. Prototypisch dafür wird darauf verwiesen, dass die Erfahrungen mit der Stasi an der entsprechenden Station sowohl aus Täter- wie auch aus Opferperspektive erlebt werden können.

Das DDR-Museum in Pirna folgt einem ähnlichen Konzept hinsichtlich der Möglichkeit, in nachgebauten Einrichtungen bzw. nachgestellten Situationen das Leben eines DDR-Bürgers nachvollziehen zu können; die Verantwortlichen betonen zudem, dass diese Reise in die DDR-Vergangenheit nicht nur interessant, sondern auch amüsant sei. Es wird hervorgehoben, dass das Museum in einer alten Kaserne untergebracht sei, die von der Kaiserzeit bis zur DDR-Zeit entsprechend genutzt worden sei. Die Ausstellung folgt dem Lebensverlauf eines DDR-Bürgers, beginnend mit Geburt und Kindergarten, und weist auf typische Erfahrungsbereiche hin wie die Erlebnisse als Junger Pionier oder als Bürger, der mit Trabi oder Motorrad in die ČSSR fuhr bzw. in diverse Urlaubsregionen der DDR reiste. Eine typische Wohnung aus DDR-Zeiten wird ebenso präsentiert wie die Arbeit der NVA oder der Reporter diverser DDR-Medien. Als Attraktion wird schließlich eine Original-Kinderstraßenbahn aus Dresden vorgestellt, die bis 2010 noch in Betrieb gewesen sei.

Aufgabe 2

Der Operator „Einordnen" verlangt von Ihnen, dass Sie die Konzeptionen der beiden Museen begründet Ihnen bekannten Positionen bzw. Theorien zu Gedenken und Erinnerung zuordnen.

Lohnenswert ist u. a. der Ansatz von Klaus Christoph zur „zweigleisige[n] Erinnerung", den Sie auf die Konzeptionen der beiden Museen anwenden können. Christoph verweist darauf, dass „zwei unterschiedliche Ebenen der Erinnerung", eine „eher kognitive", durch nachträgliche Reflexion gekennzeichnete und eine „eher situativ-emotionale", lebensgeschichtlich bedeutsame, existierten, die unterschiedlich bewertet werden könnten.

Die kognitive Sicht, die durch nachträgliche Reflexion gekennzeichnet ist, wird in der Konzeption des DDR-Museums in Berlin vor allem in Zeile 7 f. („Das Urteil der Historiker steht fest und ist im Kern wohl auch nicht revisionsbedürftig.") deutlich. Für den lebensgeschichtlichen Bezug, der überwiegt, lassen sich mehrere Stellen anführen, z. B. Z. 20 ff.: „Die DDR war mehr als ein Kunstprodukt aus Ideologie und Macht – sie war das Leben von Millionen Menschen." oder in der Zielsetzung „Gelebtes lebendig vermitteln" (Z. 37). Die folgenden Zeilen unterstreichen diesen persönlichen, biografischen Blickwinkel. Besonders in Z. 24 ff. ist die unterschiedliche Bewertung der beiden Ebenen zu erkennen („Man konnte

glücklich leben in der DDR. Die Politik und die Ideologie schienen manchmal unendlich weit weg zu sein.").

Noch augenscheinlicher wird der „situativ-emotionale" Bezug in der Konzeption des DDR-Museums in Pirna. Der Schwerpunkt der Ausstellung liegt auf der Alltagsgeschichte, die [n]ostalgisch verklärt wird. Ab Z. 28 ff. übernimmt der Verfasser vorwiegend die Wir-Perspektive. Die individuelle Lebensgeschichte wird ausschließlich durch positive Erfahrungen und Erinnerungen (vgl. Z. 28 ff., 56 ff.) besetzt. Die DDR wird als eine Art „Urlaubs- und Freizeitparadies" (vgl. Z. 56 ff., Z. 37 ff.) mit vielen Gemeinschaftserlebnissen, einer „Kinderstraßenbahn" (vgl. Z. 85) sowie den beliebten Marionetten „Spejbl und Hurvínek" (vgl. Z. 98) gekennzeichnet. Die Erinnerung an feste Größen der DDR-Öffentlichkeit und an Produkte des DDR-Alltags (vgl. Z. 72 ff., Z. 93 ff.) tritt plastisch vor Augen. Einrichtungen der SED-Diktatur wie NVA, Grenztruppen und die Kampftruppen der Arbeiterklasse werden als notwendige Instanzen verstanden, um dieses „Paradies" zu bewachen (vgl. Z. 62 ff.). So sei es die Aufgabe des „Abschnittsbevollmächtigten" gewesen, Jugendliche „auf den rechten Weg" zu bringen (vgl. Z. 34 f.). Schmuggelfahrten in die benachbarte ehemalige ČSSR und Grenzkontrollen suggerieren in der Erinnerung den Eindruck von Gefahr und Abenteuer (vgl. Z. 39 ff.). Verbrechen, Missstände und Repressionen des SED-Staates werden ausgeblendet, überformt durch die eigene, als sinnvoll erlebte Biografie, die nostalgisch verklärt wird. Eine kognitive, reflektierte Auseinandersetzung scheint nicht stattzufinden bzw. wird nicht intendiert. Die Begrifflichkeit der DDR wird bewusst bis zur Schlusswendung „Ihr Kollektiv des DDR-Museum Pirna" (vgl. Z. 104) übernommen, auch die Sowjets bleiben „Freunde" (vgl. Z. 96 f.) und die Tschechische Republik bleibt die „ČSSR" (vgl. z. B. Z. 97). Die Erinnerung ist „eingleisig", „ostalgisch" geworden. Daher bietet sich auch der Bezug zur Definition des „Geschichtsbewusstseins" von Jeismann[1] an. Vor allem im konzeptionellen Rahmen des DDR-Museums in Pirna scheint ein „Geschichtsbewusstsein" vorzuliegen, das „zu Klischees, Geschichtsbildern und Parolen"[2] erstarrt ist. In diesem Zusammenhang können Sie die Entstehung der „Ostalgie" seit den 1990er-Jahren aufgreifen. Möglich ist auch die Reflexion der Theorie „zum kommunikativen und kulturellen Gedächtnis" von Assmann[3]. Die Geschichtserfahrungen verschiedener Biografien, die sich auf die „rezente"[4] Vergangenheit beziehen, sind nach Assmann dem kommunikativen Gedächtnis zuzuordnen. Dieses entstehe durch Interaktionen mit den Zeitgenossen und werde in alltäglichen Situationen konstituiert. Daher sei es „informell, wenig geformt, naturwüchsig"[5], was sich besonders gut in Pirna zeigen lässt. Die Museen stellen die Überführung des kommunikativen Gedächtnisses in das kulturelle Gedächtnis und ins „gänzlich unbegrenzbare, ständig sich vermehrende"[6] Speichergedächtnis dar. Somit werde die Bindung an eine Identität, an ein Subjekt aufgehoben und der „Radius" der Zeitgenossen beträchtlich erhöht. Die anachrone Zeitstruktur des Speichergedächtnisses, die „Zweizeitigkeit des Gestern neben dem Heute"[7], geht aus beiden Konzeptionen hervor, eine Anbindung an konkrete, historisch-politische Ereignisse fehlt. Im Gegenteil: Das Leben in der DDR wird in der persönlichen Erinnerung und im Museum als „interessante und durchaus auch mal amüsante Reise in die jüngste, deutsche Geschichte" (vgl. Z. 101 f.) konserviert, nahezu rituell vergegenwärtigt.

Aufgabe 3

Diese Aufgabe enthält den zentralen Operator „Entwickeln", der im vorgegebenen Zusammenhang von Ihnen verlangt, zu einer Problemstellung, nämlich eine Empfehlung für Ihre Mitschülerinnen und Mitschüler abzugeben, eine begründete Einschätzung darzulegen. Dabei verweist Sie die Aufgabenstellung ausdrücklich auf den Zusammenhang der Erinnerungskultur, der verpflichtend einzubeziehen ist.

Diese Aufgabe aus dem AFB III erlaubt Ihnen mehrere Lösungswege und auch die Empfehlung jedes der beiden Museen. Zunächst einmal sollten Sie unter Rückgriff auf die beiden vorausgehenden Aufgaben, insbesondere Aufgabe 2, deutlich machen, dass beide Museen dem Bereich der sogenannten „Ostalgie" zuzuordnen sind und sich – auch ausweislich der Homepage-Texte – ausdrücklich vor allem an ehemalige DDR-Bürger richten. Gehen wir davon aus, dass Sie auf eine westdeutsche Schule gehen, so haben Sie den Konzepten der Museen Aspekte abzugewinnen, die für Ihre westdeutschen Mitschülerinnen und Mitschüler interessant erscheinen.

Beide Museen bieten ausgiebig die Möglichkeit, das Alltagsleben der DDR in vielfältigen Aspekten kennenzulernen und teilweise auch nachzuspielen. Weisen Sie Ihre Mitschülerinnen und Mitschüler darauf hin, dass sie damit ihren historischen Horizont erweitern und Erfahrungen sammeln können, die ihr Verständnis für die Besonderheiten der ehemaligen DDR und der heutigen ostdeutschen Bundesländer zu vertiefen vermögen.

Der Besuch eines der beiden Museen hilft insoweit, das Gefühl der „Ostalgie" zu verstehen und Einblick in das sich bildende kulturelle Gedächtnis der ehemaligen DDR-Bürger zu gewinnen.

Ihre Empfehlung wird sodann letztlich darauf fußen, welches Konzept Ihnen geeigneter erscheint, solche Einsichten und Erkenntnisse zu gewinnen. Für das DDR-Museum in Berlin spricht, dass man dort ein ausgewogenes Bild zu vermitteln versucht und neben der situativ-emotionalen Sicht auch die kognitive Wahrnehmung der Verhältnisse in der DDR nicht vernachlässigt. Die Einordnung persönlicher Erfahrungen in ein reflektiertes historisches Urteil über die DDR zählt sicherlich zu den Vorzügen des Museums.

Das DDR-Museum in Pirna hingegen blendet offenbar die negativen Aspekte aus und scheint im Gefühl der „Ostalgie" aufzugehen. Hier verlässt man sich ganz auf die positiven emotionalen Erinnerungen an die DDR und will das Wir-Gefühl ehemaliger DDR-Bürger bestärken. Für Sie und Ihre Mitschülerinnen und Mitschüler könnte es jedoch durchaus attraktiv sein, genau dies mit kritischem Bewusstsein zu betrachten und mithilfe Ihrer in Ihrem Geschichtskurs gewonnenen Erkenntnisse zu reflektieren. Genauso ist es aber denkbar, dass diese offenbar einseitig-emotionale Erinnerungskultur des Museums Sie zu einer negativen Empfehlung hinsichtlich der Pirnaer Ausstellung bringt.

1 *Vgl. Wolfgang Jäger, Theoriemodule Geschichte Oberstufe, Cornelsen, Berlin 2011, S. 122 f.*

2 *Ebd., S. 122, Z. 24 f.*

3 *Siehe S. 409 ff. und Theoriemodule, a. a. O., S. 125 ff.*

4 *Ebd., S. 124, Z. 4.*

5 *Ebd., S. 125, Tab. 3.*

6 *Ebd., S. 126, Z. 164.*

7 *Ebd., S. 127, Tab. 3.*

Zusatzaufgaben und Tipps

Kapitel 1.1, S. 12–21: Einführung: Krisen, Umbrüche und Revolutionen

S. 15, Aufgabe 3

Skizzieren Sie den Verlauf der russischen Revolutionen und die Folgen.

Tipp: Lesen Sie erneut den Darstellungstext S. 15 und notieren Sie in Stichworten die wichtigsten Ereignisse mit Datum. Ordnen Sie alles chronologisch und bestimmen Sie jeweils die dazugehörigen Folgen. Zur übersichtlichen Präsentation können Sie folgende Tabelle nutzen und ergänzen:

Datum	Ereignis	Folgen
1905	Demonstrationen und Streiks	Bevölkerung wird mobilisiert und politisiert
1917 Februar	Demonstrationen und Streiks	
1917 Oktober	Bolschewisten ergreifen die Macht	
1918 bis 1921	Bürgerkrieg	

S. 16, zu M 3, Aufgabe 2

Nennen Sie Beispiele historischer Krisen und überprüfen Sie daran die Definition des Autors.

Tipp: Mögliche Beispiele können sein: Krisenjahr 1923 der Weimarer Republik; Julikrise 1914; Weltwirtschaftskrise 1929; 1980er-Jahre DDR u. a.

S. 18, zu M 6, Aufgabe 2

Interpretieren Sie die Karikatur M 6.

Tipp: In der Karikatur sind verschiedene bekannte Persönlichkeiten dargestellt. Ganz oben im Himmel dominiert Karl Marx als „Gott" mit einem Stab mit Hammer und Sichel (statt christlichem Hirtenstab). Auf der Wolke darunter („kommunistisches Paradies") schauen Josef Stalin und Wladimir I. Lenin herunter. Auf der Erde läuft vor dem Sarg der Vorsitzende der KPdSU Michail Gorbatschow, erkennbar an dem Muttermal auf dem Kopf. Er war der letzte Staatspräsident der Sowjetunion.

S. 19 f., zu M 9, Aufgabe 3

Zusatzaufgabe: Setzen Sie sich mit Gorbatschows Reformansätzen „Perestroika" und „Glasnost" unter dem Aspekt der „Krisenbewältigung" auseinander.

S. 21, zu M 12

Zusatzaufgabe: Informieren Sie sich in Zeitungen und anderen Medien über Putins Verwendung von „Geschichte" im Zusammenhang mit dem Ukraine-Krieg. Überprüfen Sie die Argumentationen mithilfe Ihrer Recherchen.

Kapitel 1.2, S. 22–39: Die Zarenherrschaft in der Krise

S. 27, Aufgabe 4

Zusatzaufgabe: Ordnen Sie die wirtschaftliche Entwicklung Russlands im 19. Jahrhundert in den europäischen Kontext ein. Vergleichen Sie beispielsweise mit dem Deutschen Reich oder Frankreich.

S. 29, zu M 7 bis M 10, Aufgabe 3

Fassen Sie in einer Mindmap wichtige Elemente der zaristischen Herrschaft zusammen.

Tipp: Nutzen Sie den Begriff „Autokratie" als Zentrum der Mindmap und untergliedern Sie dann z. B. „Gottesgnadentum", „Staatsoberhaupt", „Polizeistaat", „Staatskirche", „Imperium". Daran anschließend können Sie weitere Details den Begriffen zuordnen.

S. 29, zu M 10, Aufgabe 5

Zusatzaufgabe: Erarbeiten Sie ein Kurzreferat zu Zar Alexander II.

S. 31, zu M 12, Aufgabe 3

Zusatzaufgabe: Arbeiten Sie verschiedene Szenarien für die zaristische Herrschaft heraus, wenn die Intelligenzija in Opposition zum Staat steht.

S. 31, zu M 13 und M 14, Aufgabe 1

Beschreiben Sie unter Einbeziehung von M 13 und M 14 das Verhältnis zwischen Bauern und ihren Herren.

Tipp: Arbeiten Sie zunächst die Aussagen der beiden Materialien heraus. M 13 thematisiert die konkrete Situation im Alltag der Bauern, M 14 illustriert die „Leibeigenschaft" mithilfe einer Metapher.

S. 35, zu M 15 bis M 21, Aufgabe 2b)

Stellen Sie Ihre Ergebnisse in einem übersichtlichen Schaubild zusammen.

Tipp: Übernehmen Sie die in Teil a) angegebenen Bereiche Wirtschaft, Gesellschaft und Politik als Gliederungskonzept in Ihr Schaubild. Anschließend können Sie die verschiedenen Krisenherde zuordnen.

Kapitel 1.3, S. 40–61: Politische Opposition gegen den Zarismus

S. 47, Aufgabe 1

Erläutern Sie die Radikalisierung der politischen Opposition in Russland bis 1905.

Tipp: Strukturieren Sie Ihre Erläuterungen, indem Sie die verschiedenen Oppositionsgruppen zugrunde legen. Zu jeder Gruppe stellen Sie erst die Grundideen vor, um dann gegebenenfalls Schritte der Radikalisierung zu thematisieren. Der Operator „erläutern" erfordert zudem eine „Erklärung" des Sachverhalts, in diesem Fall mögliche Gründe für die Radikalisierung.

S. 49, M 12, Aufgabe 2

Zusatzaufgabe: Recherchieren Sie zum Lebenslauf sowie zu den Ideen von Michail Bakunin.

S. 51, zu M 15 bis M 17, Aufgabe 2

Beurteilen Sie die Erfolgsaussichten der verschiedenen Methoden der Narodniki.

Tipp: Bei Ihrem Sachurteil können Sie beispielsweise die verschiedenen Methoden der Narodniki den staatlichen Reaktionsmöglichkeiten bzw. der Akzeptanz in der Bevölkerung gegenüberstellen. Sie können folgende Argumentationshilfen nutzen:

- Die Aufklärung und Bildung der Bevölkerung wirken mittel- bis langfristig.
- Terrorakte und Gewalt erregen große Aufmerksamkeit, aber die Akzeptanz in der Bevölkerung ist oft nicht oder nur begrenzt vorhanden.
- Ein autokratisches Regime kann mit repressiven Mitteln die oppositionellen Aktivitäten aufspüren und unterbinden.
- Die Erfolgsaussichten der Opposition sind größer, wenn sie Rückhalt in der breiten Bevölkerung hat.

S. 51, zu M 17, Aufgabe 3

Zusatzaufgabe: Bewerten Sie den Einsatz von Gewalt gegen ein repressives Regime.

Tipp: Sie benötigen für das Werturteil gegenwartsbezogene Kriterien. Auf S. 58 (Methode Ein historisches Urteil entwickeln) finden Sie verschiedene Beispiele. Bei dieser Aufgabe kann man die Kriterien Menschlichkeit oder Übereinstimmung mit christlichen bzw. weltanschaulichen Normen verwenden.

S. 51 f., zu M 18, Aufgabe 2

Vergleichen Sie die Ideen der Sozialdemokraten mit den Ideen der Narodniki.

Tipp: Für den Vergleich brauchen Sie Kriterien, mit denen Sie die Vergleichsebenen festlegen. Dies könnten zum Beispiel folgende politische Grundsatzfragen sein:

- Einstellung zur Zarenherrschaft
- Reform / Revolution / Methoden der politischen Arbeit
- Art der Parteiorganisation
- Zielgruppe in der Bevölkerung
- angestrebtes politisches System

S. 52, zu M 20, Aufgabe 5

Zusatzaufgabe: Arbeiten Sie die Methoden von politischen Parteien in der Gegenwart heraus und vergleichen Sie mit den Möglichkeiten um 1900.

S. 53, zu M 23 bis M 24, Aufgabe 2

Zusatzaufgabe: Beurteilen Sie die Rolle der Bolschewiki während der Revolution von 1905.

S. 54, zu M 25, Aufgabe 3

Analysieren Sie, wie der Maler Ilja Repin die Reaktion der Bevölkerung auf das Oktobermanifest des Zaren darstellt (M 25).

Tipp: Achten Sie beispielsweise auf die Gestik und Mimik der Menschen (Bewegung, Freude, Jubel), auf die Farben (rot, weiß, schwarz, blau) und die Symbole (gesprengte Ketten, rote Fahnen).

S. 57, zu M 23, Aufgabe 2

Zusatzaufgabe: Diskutieren Sie in Partnerarbeit die praktische Umsetzung der Theorie einer klassenlosen Gesellschaft im Kommunismus.

Tipp: Sie können die Diskussion zum Beispiel in Form eines Schreibgesprächs führen.

- Nehmen Sie ein DIN-A2- oder DIN-A3-Blatt.
- Notieren Sie das Thema „praktische Umsetzung der klassenlosen Gesellschaft" oben zentral auf dem Blatt.
- Schreiben Sie abwechselnd Ihre Ideen oder Thesen zum Thema links und rechts untereinander auf das Blatt.
- Lesen Sie die Aussage des anderen und reagieren Sie schriftlich darauf.
- Während der ganzen Zeit wird nicht gesprochen.

Kapitel 1.4, S. 62–79: Das Jahr 1917 und die Träger der Revolutionen

S. 68, Aufgabe 2

Arbeiten Sie die verschiedenen Trägergruppen der Revolution heraus. Analysieren Sie die von den Gruppen vertretenen Ziele.

Tipp: Notieren Sie Ihre Ergebnisse in Stichworten auf Karteikarten und ergänzen bzw. überprüfen Sie diese während der Bearbeitung des Materialienteils.

S. 70, zu M 9, Aufgabe 4

Zusatzaufgabe: Ordnen Sie den Aufruf des Arbeiter-sowjets als Teil eines Krisenszenarios oder als revolutionären Akt ein. Begründen Sie Ihre Entscheidung mithilfe ausgewählter Materialien des Kernmoduls, Kap. 1.6.

S. 71, zu M 11, Aufgabe 3

Zusatzaufgabe: Erörtern Sie Kerenskis Aussage: „Die Duma starb am Morgen des 12. März" (Z. 44 f.).

S. 72, zu M 13, Aufgabe 3

Ordnen Sie die Februarrevolution mithilfe einer Revolutionstheorie Ihrer Wahl ein.

Tipp: Am differenziertesten ist das Modell von Crane Brinton (M 6), das er am Beispiel verschiedener Revolutionen in der Geschichte, auch am Beispiel der russischen Revolutionen entwickelt hat.

S. 73 f., zu M 16, Aufgabe 4

Zusatzaufgabe: Diskutieren Sie, ob die Bauern eine wichtige Trägergruppe der Revolutionen 1917 waren.

S. 76, zu M 22 und M 23, Aufgabe 2

Zusatzaufgabe: Nehmen Sie Stellung zu den Argumenten der beiden Gruppen.

S. 76, zu M 24 und M 25, Aufgabe 2

Überprüfen Sie auf Grundlage Ihrer Arbeitsergebnisse aus diesem Kapitel, ob der Umsturz vom 25. Oktober eine Revolution war.

Tipp: Sie können hier direkt Bezug nehmen auf den ersten Absatz bei Manfred Hildermeier (M 25). Er unterscheidet zwischen einem Putsch als „Macht-übernahme" und einem umfassenden Umsturz auch der wirtschaftlichen und sozialen Verhältnisse. Sie können anhand von M 16 (Bauern und Landfrage) sowie von M 20/M 21 (Lage der Industrie) die Änderung der Verhältnisse überprüfen.

S. 77, zu M 26 bis M 28, Aufgabe 4

Zusatzaufgabe: Nehmen Sie Stellung zu der Analyse des russischen Historikers Dimitri Wolkogonow aus dem Jahr 1994 (M 27).

Kapitel 1.5, S. 80–95: Bürgerkrieg und Stabilisierung der bolschewistischen Herrschaft

S. 87, zu M 5, Aufgabe 3

Zusatzaufgabe: Analysieren Sie die Rolle der Tscheka in der frühen Sowjetunion. Nutzen Sie auch die Informationen des Darstellungstextes S. 82.

S. 87, zu M 7, Aufgabe 1

Nehmen Sie Stellung zur Reaktion der Bolschewiki auf den Aufstand.

Tipp: Sie müssen hier zusätzlich ein Werturteil zur Problemfrage erarbeiten. Als Kriterien für eine zustimmende Position können Sie die Notwendigkeit der Systemstabilisierung und das Durchsetzen des staatlichen Gewaltmonopols verwenden. Für die Gegenposition kann man argumentieren, dass Gewalt nur der letzte Ausweg sein kann. Verhandlungen und Kompromisse sind immer vorzuziehen.

S. 88, zu M 9, Aufgabe 3

Zusatzaufgabe: Verfassen Sie eine Entgegnung auf Lenins Ausführungen zur Neuen Ökonomischen Politik, die sich an den Ideen von Karl Marx und Friedrich Engels orientiert (siehe S. 56).

S. 89, zu M 9 bis M 12, Aufgabe 3

Beurteilen Sie unter Einbeziehung von M 13 die verschiedenen Lösungsansätze für die Wirtschaftsprobleme der Sowjetunion.

Tipp: Verdeutlichen Sie zunächst noch einmal die Modelle Kriegskommunismus, Neue Ökonomische Politik und Industrialisierungspolitik. Auf M 13 können Sie verweisen, wenn Sie die Kritikpunkte zur Neuen Ökonomischen Politik formulieren.

S. 91, zu M 5 bis M 18, Aufgabe 3

Zusatzaufgabe: Fassen Sie auf der Basis Ihrer bisherigen Arbeitsergebnisse zusammen, wie die Bolschewisten ihre Macht in der Sowjetunion stabilisierten.

S. 91, zu M 18, Aufgabe 3

Zusatzaufgabe: Recherchieren Sie im Internet Plakate von Mao Tse Tung und vergleichen Sie.

Kapitel 1.6, S. 96–103: Kernmodul

S. 97, zu M 1, Aufgabe 4

Zusatzaufgabe: Setzen Sie den Satz von Jacob Burckhardt „Krisen [...] bringen frische und mächtige Individuen hervor" in Beziehung zu den russischen Revolutionen.

S. 99, zu M 4, Aufgabe 5

Zusatzaufgabe: Erörtern Sie die Übertragbarkeit der politikwissenschaftlichen Krisenforschung auf historische Krisen.

S. 91, zu M 6, Aufgabe 5

Zusatzaufgabe: Vergleichen Sie mit den Erläuterungen von Peter Wende zum Revolutionsbegriff (Kapitel 1.1, M 4, S. 12 ff.).

S. 102, zu M 8, Aufgabe 2

Überprüfen Sie in drei Arbeitsgruppen die Theorie Lenins anhand der Amerikanischen und der Französischen Revolution sowie der russischen Revolutionen von 1917.

Tipp: Die Revolutionstheorie Lenins stellt die ausgebeutete Arbeiterklasse sowie die Regierungskrise der herrschenden Klasse in den Vordergrund seines Konzepts. Da es sich bei der Französischen und der Amerikanischen Revolution um vorindustrielle Revolutionen handelt, müssen die Begrifflichkeiten übertragen werden. In Frankreich wären das die absolutistische Regierung und der „Dritte Stand", in Amerika die koloniale Herrschaft der Briten und die Bevölkerung (v. a. Führungs- und Mittelschichten) der Kolonien in Nordamerika.

S. 102, zu M 9, Aufgabe 2

Setzen Sie sich mit den Thesen von James C. Davies auseinander, indem Sie sie auf die russischen Revolutionen anwenden.

Tipp: Die J-Kurve von James C. Davies soll vor allem den Ausbruch von Revolutionen erklären. Gehen Sie noch mal die Kapitel 1.2 und 1.3 im Hinblick auf die Krisen im Zarenreich und die Entwicklung der politischen Opposition durch.

S. 103, zu M 10, Aufgabe 4

Zusatzaufgabe: Diskutieren Sie am Beispiel der russischen Revolutionen Hannah Arendts These, dass die Forderung nach „Freiheit für alle" ein Kennzeichen moderner Revolutionen ist.

Kapitel 1.7, S. 104–119: Wahlmodul: Die Französische Revolution

S. 105, Aufgabe 1

Reaktivieren Sie Ihr Vorwissen zur Französischen Revolution, indem Sie in Ihrem Kurs ein Cluster mit Begriffen, Personen und Ereignissen erstellen.

Tipp: Nutzen Sie die Hinweise zur Cluster-Methode S. 154.
Beispiele für Inhalte des Clusters: Sturm auf die Bastille, Guillotine, Menschen- und Bürgerrechte, Terror, Verfassung usw.

S. 110, Aufgabe 1

Beschreiben Sie auf Basis der Darstellung die Veränderungen auf der politischen Ebene in Frankreich von 1789 bis 1814.

Tipp: Erarbeiten Sie zunächst ein Raster mit zentralen Aspekten:
– Staatsform
– Wahlrecht
– Grundrechte
– politische Elite/Führung

S. 110, Aufgabe 4

Zusatzaufgabe: Erläutern Sie die sozialen Veränderungen durch die Französische Revolution.

S. 113, zu M 7 bis M 10, Aufgabe 4

Zusatzaufgabe: Arbeiten Sie die verschiedenen Trägerschichten der Französischen Revolution heraus und vergleichen Sie mit Russland und den USA.

S. 114, M 11, Aufgabe 1

Arbeiten Sie die wichtigsten Bildelemente heraus und formulieren Sie eine Gesamtaussage.

Tipp: Nennen Sie zuerst die Bildelemente sortiert nach Vordergrund / Hintergrund / Seiten.
Ergänzen Sie durch die Herausarbeitung der Gestaltungsmittel:
– Figurendarstellung
– Farbgebung
– Perspektiven
– Verwendung von Licht und Schatten
Bewertung der Bildelemente: Was ist zentral und wird durch welche Mittel unterstrichen?
Formulieren Sie auf den Vorarbeiten aufbauend abschließend die Gesamtaussage.

S. 116, M 14, Aufgabe 4

Vergleichen Sie mit dem Grundgesetz der Bundesrepublik.

Tipp: Den Text des Grundgesetzes finden Sie auf der Internetseite des Deutschen Bundestages (www.bundestag.de/grundgesetz).
Konzentrieren Sie sich bei dem Vergleich auf die Präambel und die Grundrechte.

Kapitel 1.8, S. 120–135: Wahlmodul: Die Amerikanische Revolution

S. 127, zu M 7, Aufgabe 3

Zusatzaufgabe: Charakterisieren Sie den Streit um die Stempelsteuer mithilfe des Konzepts von Karl W. Deutsch (Kapitel 1.6, M 4) als politische Krise.

S. 130, M 14, Aufgabe 2

Vergleichen Sie das Dokument mit der Erklärung der Menschen- und Bürgerrechte in Frankreich, Kap. 1.7, M 14, S. 115 f.

Tipp: Formulieren Sie zu jedem Paragrafen wenn möglich einen Oberbegriff, z. B. I. Freiheit; II. Volkssouveränität. Suchen Sie dann nach Entsprechungen in der Erklärung der Menschen- und Bürgerrechte.

S. 130, zu M 14, Aufgabe 4

Zusatzaufgabe: Erarbeiten Sie eine moderne Version von Grundrechten und begründen Sie Ihre Auswahl.

S. 131, zu M 16, Aufgabe 2

Zusatzaufgabe: In Russland und in Frankreich wurden ebenfalls die Monarchen abgesetzt und die Monarchie abgeschafft. Arbeiten Sie die Unterschiede zu Amerika heraus.

S. 132, M 17, Aufgabe 2

Überprüfen Sie mithilfe des Konzeptes von Crane Brinton (Kernmodul M 6) den revolutionären Charakter der genannten Ereignisse.

Tipp: Folgende Thesen von Crane Brinton können angewandt werden:
- Ereignisse stehen im Zusammenhang mit Finanzverwaltung.
- Regierung setzt Gewalt ein ▶ Revolution; Regierung versucht Kompromiss ▶ Krise wird abgeschwächt.
- Die moderaten Kräfte überwiegen am Anfang.
- In den USA bleiben die Moderaten die führende Kraft.

S. 133, zu M 21, Aufgabe 3

Zusatzaufgabe: Kurzreferat/Präsentation: Informieren Sie sich über die Bewegung „Black Lives Matter" in den USA. Stellen Sie das Thema in einem Kurzreferat oder einer Präsentation vor.

Kapitel 2.1, S. 140–149: Wandlungsprozesse in der Geschichte

S. 145, Aufgabe 1

Erläutern Sie auf der Basis des Darstellungstextes die verschiedenen Modelle zu historischen Transformationsprozessen.

Tipp: Nennen Sie zuerst die Transformationsmodelle, die Sie genauer vorstellen wollen, zum Beispiel Modernisierung, Systemtransformation oder Braudels Zeitschichtenmodell. Erläutern Sie dann jeweils das Grundkonzept, die Themen, auf die das Modell angewendet wird, sowie Vor- und Nachteile der Herangehensweise.

S. 147, zu M 7

Zusatzaufgabe: Recherchieren Sie im Internet politische Karikaturen zur Rolle Chinas oder zur Rolle Deutschlands in der Welt. Arbeiten Sie verwendete Stereotypen heraus und vergleichen Sie Ihre Ergebnisse.

S. 148 f., zu M 9, Aufgabe 4

Stellen Sie Hypothesen auf, inwieweit der Kontakt zwischen China und den imperialistischen Mächten zu einer Transformation auf einer der beiden Seiten/beiderseits beigetragen hat.

Tipp: Lesen Sie noch mal Darstellungstext und Materialien von Kapitel 2.1 im Hinblick auf die Fragestellung durch.

S. 148 f., zu M 9

Zusatzaufgabe: Setzen Sie sich gemeinsam mit einem Partner mit dem Umgang mit ethnischen Minderheiten in einem Nationalstaat auseinander. Sammeln Sie beispielsweise Thesen in Form eines Schreibgesprächs.

Tipp: Ein Schreibgespräch führen Sie folgendermaßen durch:
- Nehmen Sie ein DIN-A2- oder DIN-A3-Blatt.
- Notieren Sie die Frage „Welche Bedeutung haben Kompromisse in der Politik?" oben zentral auf dem Blatt.
- Schreiben Sie abwechselnd Ihre Ideen oder Thesen zum Thema links und rechts untereinander auf das Blatt.
- Lesen Sie die Aussage des anderen und reagieren Sie schriftlich darauf.
- Während der ganzen Zeit wird nicht gesprochen.

Kapitel 2.2, S. 150–169: Selbstverständnis und Weltbild der Chinesen und der Europäer

S. 157, Aufgabe 4

Stellen Sie in einer Tabelle gegenüber, wie Chinesen und Europäer jeweils ihre Überlegenheit gegenüber anderen Kulturen begründen.

Tipp: Entwickeln Sie erst Vergleichskategorien, mit deren Hilfe Sie die Tabelle strukturieren können. Sie können auch den folgenden Entwurf nutzen:

Kategorien	China	Europa
Kultur	Zivilisation	Zivilisation
Geschichte		
geografische Lage	„Reich der Mitte"	
Religion		
militärische Stärke		
Wissenschaft		
...		

S. 160, zu M 12

Zusatzaufgabe: Informieren Sie sich mithilfe von Reiseführern über Geschichte und Gestaltung der „Verbotenen Stadt" in Beijing. Erarbeiten Sie eine kurze bebilderte Präsentation.

S. 162, zu M 15, Aufgabe 2

Weisen Sie mithilfe von M 15 nach, dass die Aufklärung eine neue „Denkart" einleitete.

Tipp: Suchen Sie im Text von Kant nach Begriffspaaren, die im Kontrast zueinander stehen: Unmündigkeit – Verstand; Mut – Feigheit; Unmündigkeit – Freiheit; Unmündigkeit – Selbstdenkende ...

S. 163, zu M 17, Aufgabe 3

Arbeiten Sie aus dem Plakat M 17 Bezüge zur Aufklärung heraus.

Tipp: Der direkteste Bezug ist der Begriff der Freiheit (*liberté*). Republik (*république*), Gleichheit (*égalité*) und Brüderlichkeit (*fraternité*) können indirekt mit der Aufklärung in Verbindung gebracht werden, da sie Bezug nehmen auf die Mündigkeit der Individuen und ihr selbstbestimmtes und von Natur aus gleichgestelltes Leben. Dieses kann in einer Republik verwirklicht werden.

S. 164, zu M 19/M 20

Zusatzaufgabe: Analysieren Sie die Unterschiede zwischen einem Handwerksbetrieb und einem großen Industriebetrieb. Erläutern Sie, warum industriell gefertigte Produkte die besseren Absatzchancen auf einem freien Markt haben.

Kapitel 2.3, S. 170–201: Chinesische Kontakte mit den imperialistischen Mächten und ihre Folgen

S. 179, M 8/M 9, Aufgabe 2

Vergleichen Sie die Ergebnisse aus Aufgabe 1 mit den Aussagen von Vogelsang (M 9).

Tipp: Für einen Vergleich benötigen Sie immer geeignete Vergleichskategorien. Hier bieten sich die Kategorien Außenpolitik und Innenpolitik an.

S. 180, M 11, Aufgabe 3

Beschreiben Sie die Szene vor Beginn der Audienz (M 11).

Tipp: Sie können folgende Formulierungshilfen nutzen:
– Thema des Bildes ist ...
– Das Bild entstand im Kontext ...
– Im Vordergrund in der Mitte des Bildes sieht man ..., während die britische Delegation ...
– Daraus kann man Schlüsse bezüglich des Selbstverständnisses des chinesischen Kaisers ziehen. Er präsentiert sich als ...

S. 182, zu M 3

Zusatzaufgabe: Bewerten Sie die britische Politik gegenüber China.

S. 188, zu M 33, Aufgabe 2

Interpretieren Sie die Karikatur (M 33). Beachten Sie dabei besonders die Darstellung der drei imperialistischen Mächte.

Tipp: Auffällig sind besonders die Größenunterschiede zwischen den drei Hunden und ihre Anordnung. Außerdem kann die Kleidung, die Mimik und Hunderasse für die Interpretation genutzt werden.

S. 188, zu M 33

Zusatzaufgabe: Analysieren Sie die Folgen der *Open Door Policy* für China.

S. 193, zu M 7

Zusatzaufgabe: Vergleichen Sie die industrielle Entwicklung in Japan mit den ersten Ansätzen einer Industrialisierung in China infolge der Selbststärkungsbewegung (siehe Kap. 2.4).

S. 194, zu M 9 bis M 11

Zusatzaufgabe: Nehmen Sie Stellung, ob die Industrialisierung in Japan die Grundlage für den Aufstieg zur Großmacht legte.

S. 195, zu M 12, Aufgabe 1

Stellen Sie auf der Basis von M 12 die Entwicklungen in Japan und China gegenüber.

Tipp: Nutzen Sie die folgenden Stichworte zur Orientierung:
– Außenbeziehungen
– Situation im Inneren
– Größe des Landes
– soziopolitische Struktur
– Rolle des Kaisers

S. 201, Aufgabe 7

Vergleichen Sie das Muster der „ungleichen Verträge" mit Friedensverträgen aus Zeitgeschichte und Gegenwart.

Tipp: Sie könnten sich bei einem Vergleich z. B. auf folgende Verträge beziehen: Versailler Vertrag 1918/19; Potsdamer Konferenzen 1945.

Kapitel 2.4, S. 202–233: Chinesische Reaktionen zwischen Anpassung und Widerstand

S. 215, zu M 19

Zusatzaufgabe: Erläutern Sie in einem Kurzreferat die Biografie und die Chinareisen Ferdinand von Richthofens.

S. 217, zu M 25

Zusatzaufgabe: Erklären Sie, warum die Qing-Herrscher keine konstitutionelle Monarchie wollten.

S. 217, zu M 26, Aufgabe 1

Interpretieren Sie das Bild M 26.

Tipp: Achten Sie beispielsweise auch auf die Symbolik des Bildes (Kreuze, Feuer, Pfähle, Folter), die die Opfer zu Märtyrern für ihren Glauben erhebt. Im Gegenzug dazu stehen die „barbarischen" Chinesen.

S. 218, zu M 27/M 28, Aufgabe 3

Nehmen Sie Stellung, ob es sich bei der „Boxerbewegung" um einen Kulturzusammenstoß handelt.

Tipp: Urs Bitterli nennt folgende Kriterien für einen „Kulturzusammenstoß":

– Bedrohung der kulturellen Existenz des militärisch und machtpolitisch schwächeren Partners
– Gefährdung der physischen Existenz
– Besitzaneignung durch den Stärkeren
– Einmischung in innere Angelegenheiten des Schwächeren

S. 219, zu M 30, Aufgabe 2

Bewerten Sie Navarras Einschätzung der Lage.

Tipp: Für ein Werturteil benötigen Sie gegenwartsbezogene Kriterien. Bruno Navarra selbst legt in seiner Einschätzung der Lage in China auch heute noch gültige Kriterien zugrunde wie Gleichheit, Gerechtigkeit und das Recht auf Selbstbestimmung. Diese können Sie auch für Ihr Werturteil heranziehen.

S. 223, zu M 40

Zusatzaufgabe: Beurteilen Sie die Chancen der Reformen der „Neuen Politik" in einem so riesigen Reich wie China.

S. 229, zu M 52, Aufgabe 2

Drehen Sie zu einem Themenfeld Ihrer Wahl aus diesem Kursheft ein Erklär- oder ein *Peer Tutoring Video* für die unteren Klassenstufen.

Tipp: Legen Sie zunächst für Ihr gewähltes Thema die wichtigsten Unterpunkte und die Erzählreihenfolge fest. Anschließend können Sie ein ausführlicheres Drehbuch verfassen, das Moderationstexte, Links zu Originalbildern oder Filmsequenzen und grafische Visualisierungen oder Ähnliches enthält. Achten Sie auf eine einfache und klar strukturierte Sprache und eine abwechslungsreiche Präsentation. Präsentieren Sie am Ende Ihres Videos noch einmal Ihre Kernaussage.

Kapitel 2.5, S. 234–243: Kernmodul

S. 238, zu M 1 bis M 6

Vergleichen Sie die unterschiedlichen Formen von Kulturbegegnungen nach Osterhammel, Bitterli und Burke miteinander.

Tipp: Lesen Sie die Materialien der genannten Autoren erneut durch und stellen Sie zu jedem Autor die wichtigsten genannten Kriterien von Kulturbegegnungen beispielsweise auf einer Karteikarte zusammen. Suchen Sie dann nach Gemeinsamkeiten und Unterschieden. Ihre Ergebnisse könnten Sie mithilfe einer Mindmap visualisieren.

S. 238 f., zu M 7

Zusatzaufgabe: Arbeiten Sie soziale, wirtschaftliche und politische Transformationsprozesse des 20. Jahrhunderts heraus und beantworten Sie dann zu jeweils einem Beispiel die zwei Fragen von Wolfgang Merkel.

Tipp: Mögliche Beispiele: Europäischer Einigungsprozess, Gründung der Bundesrepublik/Deutschen Demokratischen Republik, Deutsche Einheit.

S. 240 f., zu M 10, Aufgabe 2

Erläutern Sie anhand selbst gewählter Beispiele aus dem Themenbereich „China und die imperialistischen Mächte", inwiefern die Transformation Chinas im 19. Jahrhundert einerseits durch einzelne Ereignisse und/oder Personen, andererseits durch langfristige strukturelle Veränderungen bzw. Prozesse adäquat beschrieben und erklärt werden kann.

Tipp: Geeignete Beispiele sind u. a. die „Macartney-Mission" (Kap. 2.3), die Opiumkriege (Kap. 2.3), die „Selbststärkungsbewegung" (Kap. 2.4) oder die Gründung der Republik (Kap. 2.4).

S. 242, zu M 11, Aufgabe 3

Arbeiten Sie ausgehend von Kollmorgen Bedingungen für eine friedliche Kulturbeziehung nach Bitterli heraus.

Tipp: Eine friedliche Kulturbeziehung wird beispielsweise durch ein Kräftegleichgewicht und durch Institutionen zur Konfliktlösung begünstigt.

S. 243, zu M 14, Aufgabe 2

Nehmen Sie Stellung, inwiefern es sich um eine politische Instrumentalisierung von Geschichte handelt.

Tipp: Informieren Sie sich über die Ideen von Staatspräsident Xi Jinping bezüglich „Nationalismus" und „chinesischer Traum". Achten Sie insbesondere auf die Folgen für den Umgang mit ethnischen Minderheiten in China (Tibet, Uiguren in Xianjiang), wenn China als historisch gewachsener Einheitsstaat mit vielen integrierten (!) Ethnien dargestellt wird.

Kapitel 2.6, S. 244–255: Wahlmodul: Die Kreuzzüge

S. 252, zu M 10

Zusatzaufgabe: Vergleichen Sie ad-Dins Sicht des Dschihad mit den Formen, die das islamische Recht definiert hat.

S. 254, zu M 1, Aufgabe 3

Beziehen Sie in Ihre Überlegungen zu Aufgabe 2 Ihnen bekannte zeitgenössische Stimmen mit ein.

Tipp: Sie könnten hier z. B. die Ausführungen von Bitterli (M 3, M 4, S. 235 ff.) und Burke (M 6, S. 238) berücksichtigen.

Kapitel 2.7, S. 256–267: Wahlmodul: Spanischer Kolonialismus

S. 265, zu M 14

Zusatzaufgabe: Vergleichen Sie die Darstellung der Afrikaner bei Bosman mit der Skulptur M 5, S. 260.

Kapitel 3.1, S. 272–281: Einführung: Identität und deutsches Selbstverständnis

S. 276, zu M 6, Aufgabe 1

Analysieren Sie das Gemälde im Hinblick auf die Eigenschaften, die der deutschen Nation in dieser Personifikation der Germania zugeschrieben werden.

Tipp: Nennen Sie zuerst die Bildelemente sortiert nach Vordergrund/Germania und Hintergrund. Leiten Sie von jedem Bildelement eine Eigenschaft ab. Formulieren Sie abschließend eine Gesamtaussage, wie die deutsche Nation charakterisiert wird.

S. 276, zu M 5/M 6

Zusatzaufgabe: Suchen Sie nach Bildern, die Ihr eigenes nationales Selbstverständnis ausdrücken.

Tipp: Das könnten z. B. Bilder von wichtigen Gebäuden (Reichstag, Brandenburger Tor), Landschaften (Alpen, Meer, Rhein), Persönlichkeiten oder Personengruppen (Politiker, Parlament, Fußballnationalmannschaft) oder Symbole (Fahne) sein.

S. 277, zu M 7, Aufgabe 3

Setzen Sie sich mit dem Begriff „Patriotismus" auseinander und grenzen Sie ihn von dem Begriff „Nationalismus" ab.

Tipp: Klären Sie erst die Bedeutung der beiden Begriffe Patriotismus und Nationalismus. „Patriotismus" siehe z. B. unter: *https://www.bpb.de/nachschlagen/lexika/das-junge-politik-lexikon/161490/patriotismus*

Nationalismus siehe Darstellungstext S. 9 f. und Webcode „Nationalstaat Deutschland 19. Jh.", S. 13.

S. 280, zu M 10, Aufgabe 1

Interpretieren Sie die Karikatur.

Tipp: Orientieren Sie sich bei der Interpretation an folgenden Fragen:
- Wie ist die Gesamtsituation zu beschreiben (zunächst ohne Einbeziehen von Vorwissen oder Deutung)?
- Was ist in der Sprechblase dargestellt?
- Wie werden die Figuren präsentiert (Gestik, Mimik, Körperhaltung, Kleidung)?
- Welche Aussage macht der britische Zeichner über die Deutschen nach der Wiedervereinigung?

S. 280, zu M 11

Zusatzaufgabe: Nehmen Sie Stellung zu der Frage, ob der Ansatz der transnationalen Geschichte auch im Geschichtsunterricht eine wichtigere Rolle spielen sollte.

Kapitel 3.2, S. 282–301: Gründung: Politische Ideen und Träger der Weimarer Republik

S. 289, Aufgabe 4

Stellen Sie anhand der Darstellung und des Webcodes die Parteien der Weimarer Republik und ihre Programme in einer Tabelle gegenüber.

Tipp: Orientieren Sie sich an dem üblichen politischen Spektrum und sortieren Sie von links nach rechts. Ergänzen Sie in den Spalten unter der jeweiligen Partei z. B. ihr Staatsverständnis (Rätesystem, Demokratie, Monarchie, Führerstaat) und ihre Wirtschaftsvorstellungen (Sozialismus, Sozialpolitik, freier Markt) und weitere Aspekte.

KPD	SPD	DDP	Zentrum	DVP	DNVP	NSDAP

S. 291, zu M 11

Zusatzaufgabe: Verfassen Sie eine Rede Friedrich Eberts an die Bevölkerung, in der er die Politik der provisorischen Regierung verteidigt.

S. 294, zu M 17/M 18, Aufgabe 3

Sammeln Sie gemeinsam mit einem Partner Thesen zur Bedeutung von Kompromissen in der Politik.

Tipp: Ein Schreibgespräch führen Sie folgendermaßen durch:
- Nehmen Sie ein DIN-A2- oder DIN-A3-Blatt.
- Notieren Sie die Frage „Welche Bedeutung haben Kompromisse in der Politik?" oben auf dem Blatt

- Schreiben Sie abwechselnd Ihre Thesen zum Thema links und rechts untereinander auf das Blatt.
- Lesen Sie die Aussage des anderen und reagieren Sie schriftlich darauf.
- Während der ganzen Zeit wird nicht gesprochen.

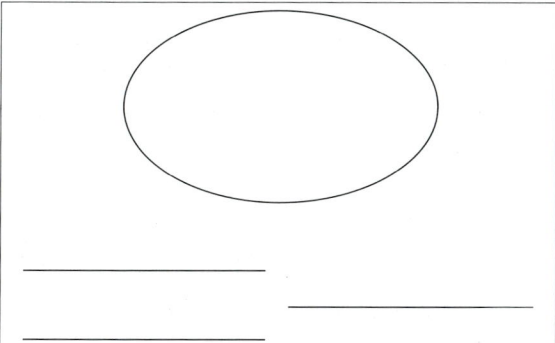

Kapitel 3.3, S. 302–321: Krise und Stabilisierung – die Weimarer Republik 1919 bis 1929

S. 309/Darstellungstext

Zusatzaufgabe: Informieren Sie sich über die wirtschaftliche und politische Situation in den USA. Vergleichen Sie mit Deutschland. Orientieren Sie sich an folgenden Vergleichskriterien: politisches System, Parteien, Wirtschaftskrise, gesellschaftliches System.

S. 311, zu M 10

Zusatzaufgabe: Vergleichen Sie die Beschlüsse des Versailler Vertrags mit den Entscheidungen der Potsdamer Konferenz vom 28. Juli bis 2. August 1945 für Deutschland nach dem Zweiten Weltkrieg.

S. 311, zu M 12, Aufgabe 1

Analysieren Sie den offenen Brief Hitlers an Reichskanzler Brüning (M 11).

Tipp: Beachten Sie die methodischen Hinweise auf S. 54. Sie können folgende sprachliche Formulierungshilfen verwenden:

- Die Quelle kann unter der Fragestellung untersucht werden, wer den Versailler Vertrag in Deutschland zur Geltung gebracht hat.
- Der Brief des Vorsitzenden der NSDAP Adolf Hitler wurde … verfasst.
- Er ist an … gerichtet.
- Der Brief entstand im Kontext …
- Im Blick auf die Leitfrage lässt sich feststellen, dass …

S. 312, zu M 15, Aufgabe 3

Charakterisieren Sie mithilfe des Gemäldes von George Grosz (M 15) die „Stützen der Gesellschaft".

Tipp: Bestimmen Sie zunächst die einzelnen Bildelemente. Ordnen Sie die dargestellten Personen bestimmten gesellschaftlichen Gruppen zu. Achten Sie bei der Charakterisierung der einzelnen Personen auf folgende Gestaltungsmittel:

- Kleidung
- Körperhaltung, Gestik und Mimik
- Gegenstände in der Hand
- Farbgebung
- Perspektiven

Formulieren Sie eine Gesamtaussage zu den „Stützen der Gesellschaft" und ihren Kennzeichen.

S. 315, zu M 24/M 25, Aufgabe 3

Setzen Sie sich mit der These der relativen Stabilisierung auseinander. Beziehen Sie die Materialien des ganzen Kapitels 3 mit ein.

Tipp: Gehen Sie die Materialien Schritt für Schritt durch und notieren jeweils Thema, stabilisierend bzw. nicht-stabilisierend und eine stichwortartige Begründung. Z. B. bei M 8: Thema Versailler Vertrag; nicht-stabilisierend; Grund: Deutsche hatten keine realistische Einschätzung des Krieges/Situation, jeder Vertrag wäre als ungerecht empfunden worden.

Kapitel 3.4, S. 322–337: Außenpolitik im europäischen und internationalen Spannungsfeld

S. 327, zu M 4, Aufgabe 1

Recherchieren Sie die Biografie Stresemanns bis 1919 und stellen Sie Ihre Ergebnisse grafisch dar.

Tipp: Eine grafische Darstellung Ihrer Ergebnisse kann in Form eines chronologischen Schaubildes, eines Flussdiagramms oder eines Zeitstrahls erfolgen. Recherchetipp: Tabellarischer Lebenslauf Stresemanns unter: *https://www.dhm.de/lemo/biografie/gustav-stresemann*

S. 328, zu M 7, Aufgabe 2

Interpretieren Sie die Karikatur hinsichtlich der Wahrnehmung Stresemanns in der Weimarer Republik.

Tipp: Beachten Sie, dass es sich bei der kleinen Figur um den „Deutschen Michel" handelt. Die Bezeichnungen „rechts" und „links" sind hier politisch gemeint.

S. 328, zu M 7

Zusatzaufgabe: Beurteilen Sie die Rolle Stresemanns bei der Hyperinflation und Ruhrbesetzung.

Tipp: Recherchieren Sie Im Internet zu den Themen Hyperinflation und Ruhrbesetzung z. B. auf der Seite des Deutschen Historischen Museums (www.dhm.de) über die Menüpunkte Zeitstrahl (Weimarer Republik) und Themen (Innenpolitik).

Sie können folgende Formulierungshilfen verwenden:

– Gustav Stresemann bemühte sich nach seiner Ernennung zum Reichskanzler im August 1923 um …
– Seine Maßnahmen waren …
– In Bezug auf die Ruhrbesetzung verfolgte er eine Politik der …
– Insgesamt kann seine Politik als erfolgreich/nicht erfolgreich bezeichnet werden, weil …

S. 331, zu M 12

Zusatzaufgabe: Gustav Stresemann wurde 1926 gemeinsam mit seinem französischen Amtskollegen Aristide Briand der Friedensnobelpreis verliehen. Entwickeln Sie ein mögliches Gutachten, indem Sie bewerten, inwiefern Stresemann tatsächlich den Friedensnobelpreis verdient hat.

S. 333, zu M 14, Aufgabe 3

Überprüfen Sie die Aussage, Stresemann stehe mit seinen Stärken und Schwächen stellvertretend für die vergebenen Chancen der Weimarer Republik.

Tipp: Erstellen Sie zunächst eine Liste mit aus Ihrer Sicht vergebenen Chancen, z. B.:

– Verstärkung des Demokratiebewusstseins durch kooperative und sachbezogene Arbeit der Parteien
– wirkliche Versöhnungspolitik mit den Nachbarn Frankreich und der Sowjetunion
– Friedenserhalt und Kooperation als Leitideen in der internationalen Politik statt Streben nach politischer und wirtschaftlicher Vormacht
– Gewinnung der unteren Schichten für die Demokratie durch Sozialpolitik und politische Anerkennung
– Überprüfen Sie dann, welche Einstellungen bzw. Stärken und Schwächen Stresemanns diesen Punkten zugeordnet werden können.

Kapitel 3.5, S. 338–355: Zwischen Aufbruch und Unsicherheit: die „Goldenen Zwanziger"

S. 347, zu M 10

Zusatzaufgabe: Informieren Sie sich über die Bilder der „Großen Deutschen Kunstausstellung" 1937 im „Haus der Deutschen Kunst" in München. Diese Ausstellung präsentierte im Gegensatz zur Ausstellung „Entartete Kunst", die zeitgleich in den Räumen des Münchener Hofgartens gezeigt wurde, die vom NS-Staat propagierte Kunst. Vergleichen Sie mit den Ansichten von Schultze-Naumburg von 1928.

S. 348 f., zu M 12 bis M 15

Zusatzaufgabe: a) Sichten Sie den Stummfilm von Walther Ruttmann „Berlin – Symphonie einer Großstadt" von 1927.

 cornelsen.de/Webcodes
Code: tobene

b) Arbeiten Sie wichtige Themen und Aspekte des Films heraus.

c) Verfassen Sie einen Sprechertext zu einigen Bildausschnitten.

S. 351, zu M 20, Aufgabe 2

Analysieren Sie , wie für den Einsatz von Technik im Haushalt geworben wurde.

Tipp: Beachten Sie die methodischen Hinweise auf S. 34. Orientieren Sie sich bei der Analyse außerdem an folgenden Fragen:

– Welches Bild von der „modernen Technik" vermittelt?
– Welches Frauenbild wird präsentiert?
– Welche gestalterischen Mittel (Farben, Gestik, Mimik etc.) werden genutzt?

S. 353, zu M 22 bis M 25

Zusatzaufgabe: Setzen Sie sich in geschlechtshomogenen Gruppen zusammen, schreiben Sie in jeder Gruppe je eine Schilderung von Lebensperspektiven von Mädchen und Jungen heute und vergleichen Sie anschließend miteinander.

Kapitel 3.6, S. 356–371: Politische Radikalisierung und Scheitern der Demokratie 1929 bis 1933

S. 357/Auftaktseite

Zusatzaufgabe: Beurteilen Sie die Bedeutung des Scheiterns der Weimarer Republik für die deutsche Sonderwegsthese.

Tipp: Informieren Sie sich über die Sonderwegsthese in Kapitel 7 „Kernmodul", M 4 bis M 8.

S. 365, zu M 16

Zusatzaufgabe: Gestalten Sie einen Zeitungskommentar zur Eröffnung des Reichstags im Juli 1932.

Kapitel 3.7, S. 372–381: Kernmodul

S. 373, zu M 1, Aufgabe 3

Recherchieren Sie deutsche Denkmäler aus der Zeit des Deutschen Kaiserreichs. Erörtern Sie das deutsche Selbstverständnis, das sich in diesen Denkmälern manifestiert.

Tipp: Das deutsche Selbstverständnis lässt sich an folgenden Denkmälern herausarbeiten:

- Hermannsdenkmal (Detmold)
- Kaiser-Wilhelm-Denkmal (Porta Westfalica)
- Reiterstandbild Kaiser Wilhelms I. am Deutschen Eck (Koblenz)
- Barbarossadenkmal (Kyffhäuserland)
- Völkerschlachtdenkmal (Leipzig)

S. 374, zu M 2, Aufgabe 2

Formulierungshilfen für eine historische Erörterung:

- Auf Grundlage von … ist erkennbar, dass …
- Zentrale Merkmale waren …
- Diese Tatsache lässt darauf schließen, dass …
- Eine wichtige/ untergeordnete Rolle spielte dabei…
- Dies hatte Auswirkungen auf …
- Einerseits…, andererseits …
- Abschließend lässt sich festhalten, …

S. 375, zu M 3, Aufgabe 3

Nehmen Sie Stellung zu der Frage, welchen Stellenwert die Auseinandersetzung mit der deutschen Vergangenheit für das gegenwärtige Selbstverständnis der Deutschen haben sollte.

Tipp: Sie können folgende sprachliche Hilfen für die Stellungnahme verwenden:

- „Meiner Meinung nach besitzt die Auseinandersetzung einen hohen/nicht so hohen Stellenwert, weil …"
- „In der Gegenwart sollte die deutsche Geschichte eine zentrale/untergeordnete Rolle spielen, da …"
- „Eine Auseinandersetzung mit der Geschichte ist wichtig, um den Willen zum Friedenserhalt zu stärken."

S. 375, zu M 3

Zusatzaufgabe: Gustav Heinemann sagte in seiner Antrittsrede als Bundespräsident 1969 über Deutschland: „Es gibt schwierige Vaterländer. Eines davon ist Deutschland. Aber es ist unser Vaterland." Nehmen Sie begründet Stellung zu dieser Aussage.
Die ganze Rede finden Sie unter folgendem Webcode:

 cornelsen.de/Webcodes
Code: vecapa

S. 378, zu M 6, Aufgabe 1b)

Präsentieren Sie Ihre Ergebnisse aus den Gruppenarbeiten in Form einer gemeinsamen Visualisierung, zum Beispiel als Cluster.

Tipp: Bei der Clustering-Methode entscheiden Sie sich für Schlüsselbegriffe, die sie dann in einem Cluster gruppieren. Überlegen Sie sich, wie die Begriffe zueinander stehen und miteinander zusammenhängen. Vernetzen Sie die Begriffe untereinander, sodass die Verbindungen sichtbar werden.

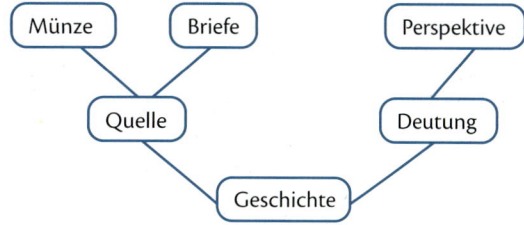

S. 379, zu M 7

Zusatzaufgabe: Entwickeln Sie in Partnerarbeit Erfolgs- und Risikofaktoren für eine Demokratie und überprüfen Sie auf Grundlage dieser Kriterien die Stabilität der Weimarer Republik und eines modernen Staates Ihrer Wahl.

Tipp: Mögliche Faktoren finden Sie bei der Bundeszentrale für politische Bildung:

 cornelsen.de/Webcodes
Code: reyaho

S. 380, zu M 9

Zusatzaufgabe: Erläutern Sie, ausgehend von M 9, welche globalen Phänomene sich im 20. Jahrhundert entwickelt haben.

Tipp: Konzentrieren Sie sich auf folgende Aspekte: Kommunikation, Handel, militärische Auseinandersetzungen, Ideologien, Verkehr.

Kapitel 3.8, S. 382–391: Wahlmodul: Der Erste Weltkrieg

S. 386, zu M 5

Zusatzaufgabe: Recherchieren Sie zu Feldpostbriefen aus Ihrer Heimatgemeinde. Stellen Sie Ihre Beispiele im Kurs vor.

S. 387, zu M 9

Zusatzaufgabe: Verfassen Sie einen Brief aus der Perspektive einer deutschen Frau an ihren im Feld stehenden Mann im Jahre 1917.

S. 389, zu M 11/M 12

Zusatzaufgabe: Verfassen Sie einen Bericht zum Ersten Weltkrieg für eine Ausgabe der Schülerzeitung an Ihrer Schule.

Kapitel 3.9, S. 392–399: Wahlmodul: Nationalsozialismus und deutsches Selbstverständnis

S. 397, zu M 5

Zusatzaufgabe: Schauen Sie sich im Internet auf der Seite der Bundeszentrale für politische Bildung den Videobericht einer Tagung mit dem Thema „Volksgemeinschaft als Terror und Traum" an und erklären Sie, was der Tagungstitel bedeuten soll.

 cornelsen/Webcodes
Code: hihedo

Lösungen zu den Methodenseiten

Zu Kapitel 1.2, S. 36–37: Darstellungen analysieren

1. Leitfrage
Welche Rolle spielten Industrialisierung und Arbeiterschaft vor und während der russischen Revolutionen?

2. Analyse
Formale Aspekte
Autor: Manfred Hildermeier (*1948), deutscher Historiker. Er lehrte bis zu seiner Emeritierung Osteuropäische Geschichte an der Universität Göttingen.
Textsorte: fachwissenschaftliche Darstellung
Thema: die verschiedenen Ursachen der Revolutionen in Russland im Jahr 1917
Veröffentlichung: 2004 in erster Auflage erschienenes Buch mit dem Titel „Russische Revolution"
Adressaten: wissenschaftliche sowie breitere Öffentlichkeit
Intention: Der Autor gibt einen Überblick über Ursachen, Ablauf und die Folgen der Russischen Revolution 1917. Dabei zeigt er die komplexen Zusammenhänge zwischen lang- und mittelfristigen Entwicklungen und den Ereignissen von 1917 auf. Gleichzeitig reflektiert er auch alternative Entwicklungsmöglichkeiten.

Inhaltliche Aspekte
Wesentliche Textaussagen:
– Eine Revolution ist einerseits ein plötzlicher Ausbruch mit einer beschleunigten Reihe von Ereignissen.
– Eine Revolution hat andererseits lang- und mittelfristige Ursachen, die sich zu einem bestimmten Zeitpunkt bündeln.
– Eine Revolution ist eine Wende, die bestimmte Kontinuitäten beendet und einen Bruch herbeiführt.
– Die Lasten und Spannungen in Russland infolge des Ersten Weltkriegs sind nur eine von mehreren Ursachen der revolutionären Zuspitzung.
– Die langfristigen Entwicklungen führten nicht unausweichlich zur Revolution, sondern boten auch Ansatzpunkte für eine liberale, marktwirtschaftliche, also am Westen orientierte Lösung.
– Staat und Gesellschaft in Russland waren verschiedenen Spannungen ausgesetzt, die zur Destabilisierung beitrugen.
– Sechs Ursachen wirkten bei der Entstehung der Revolution in Russland zusammen: Industrialisierung und Arbeiterschaft; Veränderungen bei den Bauern; kulturelle Modernisierung; fehlende politische Reformen; radikale Opposition; Lasten durch Ersten Weltkrieg.

– Die wichtigste Ursache verortet Manfred Hildermeier in dem Bereich Industrialisierung und Arbeiterschaft, weil der Schwerpunkt der Revolution in den Städten lag.
– Als Folge der Niederlage im Krimkrieg trieb das Zarenreich verschiedene Reformen voran (u. a. Aufhebung der Leibeigenschaft, Justizreform, Selbstverwaltung der Gouvernements).
– Einen wichtigen Teil der Reformen bildete die Förderung der Industrialisierung, die mithilfe staatlicher Lenkung und ausländischen Kapitals betrieben wurde.
– Die rasante Urbanisierung war kaum steuerbar und so konnten Massenelend und andere Elemente der „sozialen Frage" nicht beeinflusst werden.
– Die entstehende Arbeiterschaft bildete einen Fremdkörper in der Gesellschaft des Zarenreichs.
– Autokratie und Adel als staatstragende Gruppen akzeptierten die Arbeiterschaft nicht.
Überzeugung des Autors: Manfred Hildermeier betont das Zusammenwirken vieler Faktoren bei der Entstehung der Russischen Revolution. Reformbemühungen stehen Beharrungstendenzen vor allem im politischen System und in der Gesellschaftsstruktur gegenüber. Es ist ihm darüber hinaus wichtig zu zeigen, dass es keine lineare Entwicklung, also keine Unvermeidbarkeit der Revolution gegeben habe.

3. Historischer Kontext
Manfred Hildermeier setzt sich in der mit „Voraussetzungen" überschriebenen Einleitung zu seinem Buch über die Russische Revolution mit der Vorgeschichte bis zum Februar 1917 auseinander. Dabei setzt er in der 2. Hälfte des 19. Jahrhunderts an und thematisiert die „großen Reformen" unter Zar Alexander II. als Antwort auf die Niederlage im Krimkrieg 1856 gegen das Osmanische Reich. Die Aufhebung der Leibeigenschaft (1861) sowie die staatliche Förderung der Industrialisierung hätten weitreichende wirtschaftliche und soziale Veränderungen ausgelöst. Der staatliche Versuch, die Zuwanderung vom Land in die wachsenden Städte zu steuern, sei gescheitert. Als Mittel der Steuerung nennt Hildermeier einerseits den Verzicht auf das Recht der Freizügigkeit im Rahmen der Bauernbefreiung und andererseits die Beibehaltung der Passkontrolle durch die Dorfgemeinde (*mir*). Das massive Bevölkerungswachstum auf dem Land und der Arbeitskräftebedarf in den Städten beschleunigten jedoch die Urbanisierung in hohem Maße. Der Autor nimmt außerdem Bezug auf die Gesellschaftsstruktur des Zarenreichs, in die die Arbeiterschaft nicht integriert wurde.

4. Urteil

Der Text ist überzeugend sowohl im Hinblick auf die fachliche Richtigkeit als auch auf die Schlüssigkeit der Darstellung. Manfred Hildermeier betont die Komplexität der Ursachen für die Revolution und distanziert sich so von jeder Form der einseitigen Geschichtsschreibung, sei es von marxistischer Seite (Zwangsläufigkeit der proletarischen Revolution gegen die Unterdrückung) oder von Autoren, die vor allem den Ersten Weltkrieg für die Zuspitzung der Krise in Russland verantwortlich machten. Hildermeier reflektiert außerdem überzeugend Grundsatzfragen von Geschichte (Revolution als Wende „im Sinne einer Verbindung von Kontinuität und Bruch" Z.7). Er verfolgt schließlich einen strukturgeschichtlichen Ansatz und trägt bei der Analyse der Ursachen den Bereichen Wirtschaft, Gesellschaft, Politik und Kultur Rechnung. Mit der Herausarbeitung einer Multikausalität und der Betonung der prinzipiellen Offenheit von Geschichte ordnet sich Hildermeier in den gängigen aktuellen Diskurs innerhalb der Geschichtswissenschaft ein.

In Bezug auf die Leitfrage stellt Hildermeier überzeugend fest, dass die Industrialisierung und die neu entstandene Schicht der Arbeiter den wichtigsten Beitrag zur Entstehung der Revolution geleistet haben. Als Beleg verweist er darauf, dass die zentralen Ereignisse (Demonstrationen und Streiks) in den Städten stattgefunden haben. An ihrem Beispiel zeigt er zudem genauer die wachsende Spannung zwischen der ständig zunehmenden neuen sozialen Schicht der Arbeiter und den traditionellen sozialen und politischen Strukturen auf. Die Zarenherrschaft war zu starr und ihre Steuerungsversuche waren unzureichend, um das Massenelend effektiv zu bekämpfen und Russland zu modernisieren.

Zu Kapitel 1.3, S. 58–59: Ein historisches Urteil entwickeln

Analyse der Darstellung

In dem vorliegenden Textauszug, entnommen dem Band „Geschichte Russlands", erstmals erschienen 1998, setzt sich der deutsche Osteuropa-Historiker Hans-Heinrich Nolte mit der Revolution von 1905 in Russland und der Rolle des Zarismus auseinander. Er stellt dabei die These auf, dass die Herausbildung und der Aufstieg der Bolschewisten keine Rolle bei der Revolution von 1905 spielten. Die Entscheidungsmacht habe bei der zaristischen Herrschaft und ihren Stützen in Armee, Bürokratie und orthodoxer Kirche gelegen.

In Hinblick auf die Vorgeschichte und den Ablauf der Revolution von 1905 argumentiert Nolte folgendermaßen:

- Der Zarismus habe seine Macht mithilfe außenpolitischer Erfolge stabilisieren wollen und sich dabei an dem preußischen Modell orientiert. Nolte nennt hier vor allem die Expansion nach Asien mithilfe der Transsibirischen Eisenbahn, deren Bau von Russland seit 1891 vorangetrieben wurde. Dies habe jedoch zum Russisch-Japanischen Krieg 1904/05 geführt.
- Der Krieg gegen Japan habe in Russland Belastungen der Bevölkerung verursacht, die darauf mit Streiks in Petersburg reagiert hätten.
- Die Streiks seien zu einer Revolution geworden, weil die Armee auf die Demonstranten geschossen habe.
- Die Arbeiter hätten in Anlehnung an ihre noch dörflich geprägten Vorstellungen Räte zur Selbstverwaltung gegründet.
- Die Bauern nutzten die Ereignisse, um sich durch das Niederbrennen von Gutshäusern gewaltsam Land anzueignen.
- Die Schicht der Intelligenzija sah die Anliegen der Arbeiter und Bauern als gerechtfertigt an.
- Der Zar versuchte mithilfe der im Oktobermanifest angekündigten Verfassung, die Initiative zurückzubekommen. Allerdings stellte das neu gewählte Parlament zu weitgehende Forderungen und wurde wieder aufgelöst.
- Besitzende Kreise stützten den Zarismus aus Angst vor einer Radikalisierung der Bevölkerung.
- Die Regierung versuchte mit der „Stolypinschen Agrarreform" die Schicht der Bauern aus der „gegnerischen Front" herauszulösen, indem sie ihnen neue Freiheiten gewährte.

Sachurteil

Zunächst kann festgestellt werden, dass Hans-Heinrich Nolte Personen, Ereignisse und Entwicklungen historisch korrekt darstellt.

Seine Argumentation ist auf den Beleg seiner Ausgangsthese, dass nämlich die Zarenherrschaft die entscheidende Kraft rund um die Revolution von 1905 gewesen sei, ausgerichtet. Dabei zeigt er auch auf, dass in der Phase der unmittelbaren Revolution von Januar bis Oktober 1905 der Zarismus geschwächt gewesen sei, weil die Intelligenzija die Aufstände mit Sympathie unterstützt habe. Er habe so die Kontrolle über die Ereignisse verloren und diese erst durch das Oktobermanifest und dann durch die Stolypinschen Agrarreformen wiedergewonnen. Die Argumente überzeugen insofern, als sie die sich verändernde Macht des Zarismus mit dem Verlauf der Ereignisse in Verbindung setzen. Es überzeugt, dass das autokratische System dem Zarenregime 1905 noch die größte politische Macht absicherte. Das Regime nutzte diese Möglichkeiten, um die Revolution letztlich doch autoritär zu unterbinden (Auflösung der Duma) und durch reformerische Zugeständnisse (Stolypinsche Agrarreform) den Druck zumindest auf dem Land herauszunehmen. Allerdings rücken andere Faktoren und Akteure bei dieser Argumentation zu stark in den Hintergrund. Die politische Opposition war aufgrund ideologischer Unterschiede zersplittert und besaß noch nicht den Organisationsgrad wie 1917. Das hatte nur begrenzt mit dem Zarismus zu tun. Arbeiter und Soldaten standen noch im Gegensatz zueinander, bildeten also noch keine gemeinsame Front gegen den Zaren. Das geschah erst 1917 angesichts der Lasten durch den Ersten Weltkrieg. Und in ökonomischer Hinsicht hatte sich seit dem Beginn der Reformen gezeigt, dass der Zarismus zwar Entwicklungen anschieben konnte, diese dann aber eine eigene, viele komplexere Dynamik entfalteten, die von oben nicht mehr zu kontrollieren war. Letztlich erscheint die machtpolitische Argumentation der Komplexität der Revolution von 1905 nicht vollständig gerecht zu werden.

Werturteil

Aus heutiger Sicht rücken vor allem die berechtigten Forderungen der russischen Bevölkerung nach Reformen und Mitspracherechten in den Mittelpunkt. Die Gewalt ging zudem im Januar 1905 nicht von den Demonstranten, sondern von der autokratischen Zarenherrschaft aus. Dieser ging es vor allem um den eigenen Machterhalt aus einem schon 1905 tendenziell veralteten Selbstverständnis heraus, dass der autokratisch regierende Monarch sich nicht gegenüber der Bevölkerung zu legitimieren habe. Die revolutionären Ereignisse von 1905 lassen sich so als Versuch der russischen Bevölkerung interpretieren, ihre legitimen Rechte und Freiheiten einzufordern.

Zu Kapitel 1.5, S. 92–93: Politische Plakate interpretieren

1. Leitfrage

Die Leitfrage ist eigenständig zu entwickeln, sollte diese nicht aus der Aufgabenstellung hervorgehen.
Beispiel für eine Leitfrage:
Mit welchen Mitteln versuchte die Sowjetunion, die Industrialisierung des Landes voranzutreiben und zu beschleunigen?

2. Formale Aspekte

– *Auftraggeber:* unbekannt
– *Entstehungsort und -datum:* Moskau, 1932
– *Künstler:* Gustav Klutsis (1895–1938), Fotograf und bedeutendes Mitglied der konstruktivistischen Avantgarde im frühen 20. Jahrhundert, bekannt für seine sowjetische Revolutionspropaganda und später für seine stalinistische Propaganda. Trotz seiner Parteitreue wurde er 1938 verhaftet und hingerichtet.

– *Anlass:* Ende des ersten Fünfjahrplans, Diskussion des zweiten Fünfjahrplans
– *Adressat:* Arbeiterinnen und Arbeiter, Öffentlichkeit

3. Inhaltliche Aspekte

Thema:
Das Plakat hat den Industrialisierungsprozess im Zusammenhang mit dem ersten Fünfjahrplan der sowjetischen Wirtschaft zum Thema.
Beschreibung:
Überlebensgroß macht Stalin das Hauptelement der Fotomontage aus und thront in einer Büstenansicht mit Militärmantel und Schirmmütze vor einer unübersehbaren Menschenmenge und über einer Industrielandschaft im Vordergrund. Sein Blick ist in die Ferne gerichtet. Auf einer roten Fahne in der Menschenmenge hinter Stalin ist ein Porträt Lenins zu erkennen. Den rechten oberen Teil des Plakats bedecken auf rotem Hintergrund zwei Schriftzüge: „Der Sieg des Sozialismus ist garantiert, die Basis der sozialistischen Wirtschaft ist geschaffen". Darunter ein Stalin-Zitat: „Die Realität unseres Produktionsplans – das sind Millionen Arbeiter, die ein neues Leben schaffen." Weitere Parolen sind in kleinerer Schrift am unteren Rand des Plakats zu erkennen, u. a.: „Für die Erfüllung des Fünfjahrplans in vier Jahren!"; „Für die stählerne Einheit der Partei Lenins!"; „Gegen den Opportunismus und den verrotteten Liberalismus!"; „Für die proletarische Weltrevolution!"
Deutung:
Stalin wird als großer, willensstarker und weiser Führer der Volksmassen dargestellt, der den Fortschritt und Wohlstand garantiert und das Volk in eine bessere Zukunft führen soll. Auffällig ist hier das Verhältnis zwischen der Darstellung Stalins und Lenins. Lenin als Held der Revolution und der frühen Jahre der Sowjetunion ist zwar auf dem Plakat zu sehen, jedoch nur als kleine Profilansicht auf einer Fahne eines Arbeiters im Hintergrund. Mit dieser Abbildung wird Stalin als legitimer Nachfolger Lenins dargestellt, seine Rolle als Held der wirtschaftlichen Entwicklung jedoch hervorgehoben. Es sind zwar die werktätigen Massen, die den Aufbau bewerkstelligen, doch ohne Stalins lenkende Hand scheint dieser Fortschritt undenkbar. Ikonografisch knüpft das Bild an die Tradition der Leviathan-Darstellungen an (erstmals 1751 als Frontispiz des gleichnamigen Buchs von Thomas Hobbes).
Wirkung:
überwältigende Hervorhebung der Rolle Stalins als Führer der sowjetischen Wirtschaft
Intention:
Sicherung der Macht Stalins, Sicherung der Loyalität der Bevölkerung durch das Versprechen einer besseren Zukunft

3. Historischer Kontext

Der erste Fünfjahrplan und die gewaltsame Kollektivierung der Landwirtschaft veränderten die sozioökonomischen Strukturen und kulturell-mentalen Gegebenheiten des Landes von Grund auf und verwandelten die Sowjetunion vom rückständigen Agrar- in ein Industrieland. Diese 1928 einsetzende Umgestaltung wird aus gutem Grund auch „Revolution von oben" genannt – ein Schlagwort, das Stalin selbst verkündete. Mit dem Anlaufen dieser Politik erklärte Stalin die Verteidiger der Neuen Ökonomischen Politik (NEP) und Proponenten einer langsameren Industrialisierung zur „rechten" Opposition und erreichte, dass sie 1929 als „Rechtsabweichler" verurteilt wurden. In weiterer Folge bildete sich eine diktatorische Alleinherrschaft Stalins heraus, gekennzeichnet durch Willkür, unberechenbare Gewalt, Aktionismus, Mobilisierung der Bevölkerung für den Aufbau des Sozialismus, verbunden mit einem gigantischen Verschleiß an personellen und materiellen Ressourcen. Im Rahmen der ersten Fünfjahrpläne rückte die Sowjetunion im Produktionsvolumen auf den zweiten Platz hinter den USA vor. Erkauft wurde das durch extensiven Einsatz von Arbeitskräften und Konsumverzicht. Die Produktivität blieb niedrig, die Entwicklung der Volkswirtschaft verlief einseitig zugunsten der Schwer- und Rüstungsindustrie – eine Disproportionalität, die bis zum Ende der Sowjetunion nicht behoben werden konnte und immer wieder zu Versorgungsproblemen führte.

4. Urteil

– repräsentativ für die Zeit: Klutsis' Plakat ist eines der ersten, die Stalin als Führerikone in den Mittelpunkt stellen. Bald werden diese Darstellungen den Alltag in der Sowjetunion prägen (Stalin als „großer Steuermann", als Armeeführer, als „Freund der Völker", als Führer und Beschützer der Jugend …).

– Bewertung aus heutiger Sicht: In den 1930er- und 1940er-Jahren werden andere Diktatoren wie Hitler und Mussolini häufig auf ähnliche Weise als Erlöserfiguren inmitten von Volksmassen dargestellt und stellen ein wichtiges Propagandamittel dar. Mit dem Ende des Nationalsozialismus und Stalins Tod hat diese Form der Darstellung an Bedeutung verloren und findet sich heute kaum noch.

Zu Kapitel 2.2, S. 166–167: Geschichtskarten interpretieren

1. Erster Eindruck
Individuelle Antwort.

2. Formale Merkmale
Titel: China zur Zeit der Qing-Dynastie (1644–1911)

Thema: Expansion der mandschurischen Qing in China, die größte Ausdehnung des chinesischen Kaiserreiches unter den Qing, Tributstaaten, Aufstände.

Verwendungskontext/Adressaten: deutsches Schulbuch; Adressaten sind dementsprechend Schülerinnen und Schüler sowie Lehrerinnen und Lehrer.

3. Analyse der einzelnen Elemente

Die vorliegende Karte zeigt eine westliche Perspektive auf das Qing-Reich zwischen 1644 bis 1911, da der Begriff „Expansion" verwendet wird, der in China nicht benutzt wird. Dabei ist der nördlichste Bereich der Mandschurei nicht gänzlich abgebildet. Deutlich markiert sind die äußeren Grenzen der weitesten Ausdehnung (rote Linie) sowie die Jahre der jeweiligen Annexion (zwischen 1635, Innere Mongolei und 1796, Äußere Mongolei). Ebenso sind tributpflichtige Nachbarstaaten grün gekennzeichnet, die die Länder einschließen, mit denen China seit Längerem enge wirtschaftliche und kulturelle Beziehungen hatte (Korea, Teile Südostasiens).

Die Expansionsstufen sind in drei chronologische Abschnitte gegliedert und werden entsprechend farblich in unterschiedlichen Gelbtönen gekennzeichnet. Jede Phase zeigt, dass sich das Herrschaftsgebiet in etwa verdoppelt. Zunächst ist zu beachten, dass die Mandschu bereits 1636 eine neue Dynastie – die Dynastie der Großen Qing (*Da Qing*) – ausriefen. 1644 eroberten sie die Hauptstadt Beijing der von Naturkatastrophen, Epidemien und Aufständen geschwächten Ming-Dynastie. In den folgenden Jahrzehnten weiteten die Qing ihre Kontrolle auf das gesamte Herrschaftsgebiet der ehemaligen Ming-Dynastie und darüber hinaus aus:

1) Expansion bis 1644 (Ende der Ming-Dynastie, Beginn der Qing-Dynastie),

2) bis 1659 (Einnahme der Stadt Kunming, Kontrolle der Yunnan-Region im Südwesten durch die Qing),

3) bis Ende des 18. Jahrhunderts.

Außerdem werden politische Unruhen und Aufstände wie der Taiping-Aufstand (1853–1863) oder weitere „zahlreiche Aufstände einzelner Ethnien gegen die neuen Herren im 17. und 18. Jh." im Südosten und -westen des Landes, die Region um Nanjing einschließend, sowie die Aufstände der Muslime um Kaschgar im Westen Chinas angezeigt.

Interpretation/Gesamtaussage

Die Karte liefert Informationen zur schrittweisen Expansion der Qing-Dynastie und zu Aufständen gegen die Qing-Herrschaft. Die Herrschaft der mandschurischen Qing wurde in Teilen des Landes als „Fremdherrschaft" einer Minderheit betrachtet. Dies war ein wichtiges Motiv für die Aufstände einzelner chinesischer Ethnien.

Insgesamt können drei Aussagen getroffen werden:

Erstens finden die Annexionen zwischen 1635 und 1796 statt. Man kann also von einer Reduzierung der Expansionsbestrebungen der Qing um 1800 ausgehen.

Zweitens kann man feststellen, dass die Aufstände einzelner Ethnien vor allem im Süden und Westen des Landes erfolgen, relativ weit weg vom Zentrum Beijing. Am Größten war der Taiping-Aufstand, der für zehn Jahre ein größeres Gebiet dem staatlichen Zugriff entzog.

Drittens ist zu bemerken, dass mit der Eingliederung Taiwans, Tibets und Xinjiangs im Westen die Qing-Dynastie um 1800 herum die größte Ausdehnung aller „chinesischen" Dynastien erreichte. Die Volksrepublik China betrachtet diese Grenzen der Qing-Dynastie größtenteils als die eigenen und sieht Taiwan, Tibet und Xinjiang als feste Bestandteile der heutigen VR China.

Problematisch ist, dass einige Veränderungen seit der zweiten Hälfte des 19. Jahrhunderts in der Karte nur angedeutet bzw. nicht vollständig dargestellt werden. So sind z. B. drei Freihandelshäfen eingezeichnet, obwohl es noch weitere gab. Bei den Kolonien und Pachtgebieten ist auch nur Macao eingezeichnet – es fehlen Hongkong, Shanghai, Guangzhouwan, Qingdao etc. Korea und Taiwan gehörten nicht bis 1911 zu den Qing, sondern waren japanische Kolonien (spätestens ab 1905). Gebietsverluste an das Russische Reich im Norden sowie britische und französische Kolonien sind ebenfalls nicht eingezeichnet. Hier wäre eine vergleichende Auseinandersetzung mit der Karte M5 „Einflussgebiete und Stützpunkte ausländischer Mächte in China bis 1912" in Kapitel 2.3 sachdienlich.

Zu Kapitel 2.3, S. 196–197: Schriftliche Quellen interpretieren

1. Leitfrage

Die Leitfrage ist eigenständig zu entwickeln, sollte diese nicht aus der Aufgabenstellung hervorgehen.

Beispiele für eine Leitfrage:

Wie versucht König Georg III. den Qianlong-Kaiser zu überzeugen, seine Vorschläge (u.a. die Zulassung eines britischen Gesandten in China, Öffnung weiterer Häfen für den Handel) anzunehmen?

Oder: Welche Absicht verfolgt König Georg III. mit seinem Brief?

2. Analyse

Formale Aspekte

Textart: Es handelt sich um einen Brief des britischen Königs Georg III., den dieser dem britischen Gesandten Lord Georg Macartney (1737–1806), vormals Botschafter in Russland und Gouverneur in Madras, übergab, um ihn in China an den Qianlong-Kaiser auszuhändigen.

Autor: König Georg III. (1738–1820), britischer König seit 1760, aus dem Hannoveraner Welfen-Haus stammend, regiert das Britische Reich mit vielen Kolonien und Stützpunkten weltweit.

Entstehung: Die britische Krone entsandte 1792/93 Lord Macartney und ein Gefolge von Wissenschaftlern an den chinesischen Hof, um bessere Handelsbedingungen zu erzielen. Dabei wünschte sich die britische Krone v.a. eine ständige britische Vertretung sowie die Öffnung weiterer Häfen für den britischen Handel. 1793 wurde diese Gesandtschaft am Hof empfangen, um die Wünsche der britischen Krone vorzustellen und dem Qing-Kaiser eine Verbindung beider Länder vorzuschlagen.

Thema: Einrichtung eines bevollmächtigten britischen Abgesandten am chinesischen Hofe für die wirtschaftliche Verbindung und den Austausch einerseits sowie Versuch der imperialen Vormachtstellung der britischen Krone im chinesischen Kaiserreich andererseits.

Adressat: der chinesische Qianlong-Kaiser

Inhaltliche Aspekte

Kernaussagen:

– ehrerbietende Grüße Georgs III. an Kaiser Qianlong

– Georg III. schreibt dem Kaiser eine „natürliche Veranlagung" zu, zum Wohle der Menschen, des Friedens und der Sicherheit zu herrschen.

– Verweis auf die Verbreitung von Glück, Tugend und Wissen sowie die Förderung von Wohlstand durch die Briten

– Die Briten haben das Ziel, ferne Gegenden zu erforschen, um ihr Wissen zu erweitern, und nicht „zum Zwecke der Eroberung".

– Es sei der „sehnlichste Wunsch" der Briten gewesen, das chinesische Kaiserreich kennenzulernen, das wohlhabend sei und von allen bewundert werde.

– Nun sei der richtige Moment, „um die Grenzen der Freundschaft und des Wohlstands auszudehnen", indem freundschaftliche Beziehungen zwischen den Ländern aufgenommen werden.

– Der bisherige Handel habe bereits Nutzen für beide Seiten gehabt, aber es sollten nun feste Regeln etabliert werden, um den Kontakt weiter zu verbessern.

– Die britischen Untertanen sollen sich an die Gesetze und Sitten Chinas halten. Im Gegenzug sollen sie Gastfreundschaft und Schutz erfahren.

– Ein „außerordentlicher und bevollmächtigter Botschafter" am kaiserlichen Hofe (eben als erster Botschafter der Gesandte Macartney, dem langfristig weitere folgen sollten) soll die Regeln vor Ort kontrollieren.

– Der Gesandte soll einerseits über chinesische Errungenschaften nach Europa berichten und andererseits China europäisches Wissen zugänglich machen.

– Georg III. betont die „Weisheit und Gerechtigkeit" Qianlongs, die ihn diese vorgeschlagene Verbindung annehmen lasse und die einen Zugang zu den Märkten ermögliche und dieses alles unter Gewährung der kaiserlichen Gesetze und Verordnungen.

3. Historischer Kontext

Guangzhou an der Südküste Chinas war Ende des 18. Jh. für die Europäer der einzige offizielle Umschlagplatz für die chinesischen Waren Tee, Seide und Porzellan. Neben den Briten betrieben auch Portugiesen, Spanier und Niederländer Handel mit China über den Hafen Guangzhou. Eine Ausweitung des Handels auf weitere Häfen lehnte China ab. Da der Bedarf an chinesischen Waren in Großbritannien aber stetig anstieg, drängte Großbritannien auf breiteren Zugang zu China mit dem Hinweis auf „fairen Wettbewerb" nach europäischen Standards. In den Instruktionen an Macartney (siehe M 10, Kapitel 2.3) ist sogar von einem „höchst willkürlichen Zustand der Unterdrückung" die Rede. Eine Verbesserung der Handelsbedingungen für Großbritannien sollte vor Ort am chinesischen Kaiserhof durch den Gesandten Macartney erreicht werden. Neben dem persönlichen Brief des britischen Königs überbrachte Lord Macartney auch noch zahlreiche Geschenke. Er wurde außerdem von Wissenschaftlern begleitet, die ihr Wissen an China weitergeben sollten.

4. Urteil (Sach-/Werturteil)

Die Urteilsbildung hängt von der gewählten Leitfrage ab, so kann hier nur auf einzelne zielführende Aspekte verwiesen werden.

Zunächst ist die Sprache und Rhetorik des Briefes zu beachten. König Georg III. verwendet viele schmeichelnde, ehrerbietende Attribute für den Qianlong-Kaiser. Er lässt das britische Verhalten vor Ort eher unbeschrieben, verweist hier auf gewünschtes Verhalten der britischen Untertanen (z. B. abhalten, „Böses zu tun", Schutz der chinesischen Sitten und Gesetze). Letzteres versucht dieser Brief aber gleichzeitig im britischen Sinne zu ändern, indem er Fairness, Sicherheit und wissenschaftlichen Austausch als Maßstäbe angibt.

Zudem betont Georg III. den beiderseitigen Nutzen eines solchen Übereinkommens, auch hier wieder kombiniert mit dem Verweis auf die „Weisheit und Gerechtigkeit Eurer kaiserlichen Majestät und das allgemeine Wohlwollen gegenüber der Menschheit". Seine Schlussfolgerung lautet: Der britische Vorschlag könne so gar nicht abgelehnt werden.

Ebenso verweist Georg III. auf eine Ebenbürtigkeit der britischen und chinesischen „Nation", wobei hier weder von einem ähnlichen Nationenbegriff noch von vergleichbaren Herrschervorstellungen gesprochen werden

kann, ebenso wie hier unterschiedliches Selbstverständnis sowie Weltbild aufeinandertreffen (siehe S. 152 ff.).

Die Forderungen von Georg III. gingen weit über die restriktiven Vorgaben des kaiserlichen Hofes hinaus, der den Handel und seine Grenzen anders definierte und diesen bewusst eingeschränkt ermöglicht hatte.

So zeigt auch die Unterstreichung eines „guten Zweckes" sowie des gegenseitigen Nutzens dieser angestrebten Verbindung ein deutlich unterschiedliches Selbstverständnis und Weltbild. Es finden sich hier einerseits Anzeichen für eine Begegnung zweier verschiedener Kulturen und andererseits für zwei Imperien, die ihre realpolitischen Ziele verfolgen.

Der Brief als solcher versucht einerseits, die Briten samt der Delegation und der Geschenke als Partner anzupreisen und andererseits den deutlichen Vorteil der ebenbürtigen gegenseitigen diplomatischen und Handels-Verbindungen zu unterstreichen. Dabei begegnet der britische König dem Qing-Kaiser eben nicht mit der sonst üblichen nominellen Unterordnung wie bei den Tributgesandtschaften anderer Staaten, sondern betont die Ebenbürtigkeit. Neben der Ablehnung des Kotaus durch Macartney und der von britischer Seite vorausgesetzten Gleichrangigkeit der Regenten könnte sich in den unterschiedlichen Regeln und dem Herrschaftsverständnis ein Grund für das Scheitern der Mission festmachen lassen.

Zu Kapitel 2.3, S. 198–199: Karikaturen interpretieren

1. Leitfrage

Die Leitfrage ist eigenständig zu entwickeln, sollte diese nicht aus der Aufgabenstellung hervorgehen.
Beispiele für eine Leitfrage:
Welche Kritik/Aussage formuliert diese Karikatur?
Oder: Woran wird Kritik an dem Wirken der imperialen Mächte deutlich?

2. Analyse

Formale Aspekte
Zeichner/Auftraggeber: Der Zeichner Tse Tsan Tai (moderne Umschrift: *Xie Zuantai*) wurde 1879 in New South Wales, Australien geboren. Im Alter von acht Jahren zog Tses Familie nach Hongkong, wo er eine englischsprachige Schule besuchte. Anschließend arbeitete er in der Verwaltung der britischen Kronkolonie Hongkong. Als junger Mann bewegte sich Tse in den Hongkonger Kreisen, die sich für eine Revolution gegen die Qing-Dynastie einsetzten. 1892 gründete er mit anderen eine revolutionär-patriotische Vereinigung, die sich 1895 mit der von Sun Yatsen (1866–1925) und anderen gegründeten „Vereinigung für die Wiederbelebung Chinas" (*Xing Zhonghui*) zusammenschloss. Tse war 1895 an dem Versuch beteiligt

im benachbarten Guangzhou einen Aufstand gegen die Qing-Dynastie durchzuführen. Mit dem britischen Geschäftsmann Alfred Cunningham gründete er 1903 die bis heute bestehende Zeitung „South China Morning Post". Tse lebte bis zu seinem Tod 1903 in Hongkong.

Datum und Ort der Veröffentlichung: vermutlich Japan, um das Jahr 1899

Titel: „Ein Bild der aktuellen Lage" (*Shiju tu*)

Thema: Die Karikatur kritisiert zum einen das Vorgehen der ausländischen Mächte in China, zum anderen die Tatenlosigkeit und Rückständigkeit der Qing-Regierung angesichts der Bedrohung von außen.

Inhaltliche Aspekte

Beschreibung der Bildelemente/inhaltliche Aussagen:

Durch die Größe der Schrift fällt der Titel der Karikatur – „Ein Bild der aktuellen Lage" ins Auge. Neben der Abbildung steht links und rechts der Satz „ohne Worte begreifbar und auf einen Blick zu verstehen". Im Mittelpunkt befindet sich eine Karte Ostasiens mit China als Zentrum. Das Gebiet der Qing-Dynastie in China ist grün hinterlegt, die Gebiete der umgebenden Staaten sind durch andere Farben markiert. Verschiedene Tiere, typische Nationalallegorien und eine Sonne symbolisieren die ausländischen Staaten, die sich auf dem Territorium Chinas oder in der Nähe befinden.

Im Norden der Karte ist gelb Russland eingezeichnet. Es wird symbolisiert durch einen Bären, der auf seiner Stirn einen schwarzen Doppeladler, das Wappen des Russischen Kaiserreiches seit 1742 trägt. Die Größe des „russischen Bären" im Vergleich zu den anderen Tieren zeigt, dass v. a. Russland als Gefahr wahrgenommen wurde.

Rechts unten neben dem russischen Bären ist Japan als rote Sonne mit dürren Armen und Beinen zu erkennen. Ein Faden am Handgelenk der Sonne hält die Insel Formosa (Taiwan), ein anderer am Fuß Korea fest. Gleichzeitig strahlt die japanische Sonne auch auf den schlafenden chinesischen Beamten in der Mitte der Karikatur. Die Darstellung Japans in der Karikatur unterscheidet sich von der der anderen Staaten: Nur Japan wird nicht in Tierform dargestellt.

Südwestlich von Japan steckt in der ostchinesischen Provinz Shandong die Flagge des deutschen Kaiserreichs. Dieses hatte im November 1897 dort die Gegend um die Küstenstadt Qingdao besetzt und eine Kolonie errichtet. Symbolisiert wird der deutsche Einfluss durch einen Kreis mit der Aufschrift „Wurst der deutschen Ambitionen [in China]" (*German Ambitions Sausage*"). An die deutsche Wurst fügt sich der Schwanz der löwenähnlichen britischen Bulldogge (zu erkennen am Union Jack auf seiner Stirn) an. Die Hinterbeine der Bulldogge weisen auf den Fluss Yangzi, den Großbritannien sich als Einflussbereich gesichert hatte. Gleichzeitig richtet sich der

Kopf der Bulldogge mit finster-kämpferischem Blick gegen Frankreich, das hier als Kröte dargestellt wird.

Ausgehend von seinen Kolonien in Indochina (heute: Laos, Kambodscha und Vietnam) greift die „französische Kröte" mit der linken Hand nach der chinesischen Inlandsprovinz Sichuan und mit der rechten nach den Provinzen Hainan und Guangdong. Der Wettlauf zwischen Großbritannien und Frankreich um Kolonien und Einflussgebiete wird auch an der Aufschrift „Fashoda" auf dem Rücken der „französischen Kröte" deutlich: 1898 waren in Fashoda (ein Ort im heutigen Sudan) französische und britische Truppen bezüglich der territorialen Aufteilung der dortigen Gebiete aneinandergeraten.

Von rechts unten kommt der US-amerikanische Adler angeflogen. Dieser hält in seinen Krallen die Philippinen, die 1898 amerikanische Kolonie geworden waren.

Am unteren Bildrand stehen außerdem weitere Staaten – ganz rechts Österreich-Ungarn, links davon Italien und womöglich Spanien – sowie ein Kamel und ein Fracktragender Frosch.

Außerdem ist links oben ein schlafender Beamter der Qing-Dynastie abgebildet. In seiner rechten Hand hält er ein Netz, in dem die (Han-)chinesische Bevölkerung gefangen gehalten wird. Beispielhaft wird ein Gelehrter dargestellt, der über einem Buch eingeschlafen ist. Hier klingt Kritik am kaiserlichen Beamtenprüfungssystem an. Unter dem schlafenden Beamten sind nochmals zwei weitere Beamten abgebildet, welche die Korruptheit der Beamtenschaft symbolisieren sollen: Der eine links hält eine überdimensionierte Münze in der Hand – interessiert sich also nur für Geld; der andere rechts amüsiert sich bei Alkohol und gutem Essen mit einer Kurtisane.

3. Historischer Kontext

Zwischen Großbritanniens Sieg im Opiumkrieg 1842 und dem Ende des Zweiten Weltkriegs und der japanischen Besatzung in China 1945 waren die Beziehungen zwischen China und der Welt stark asymmetrisch. Durch Waffengewalt sowie politischen und wirtschaftlichen Druck zwangen ausländische Staaten (darunter viele Staaten Westeuropas, Russland, die USA und später auch Japan) China zu Verträgen, die Chinas Souveränität in Wirtschaft und Politik stark einschränkten. Gleichzeitig errichteten sie in China Kolonien und Einflussgebiete. Russland, Japan, das Deutsche Reich, Frankreich und die USA besaßen um 1899, die Entstehungszeit der Karikatur, Kolonien und Pachtgebiete in China.

4. Urteilen

Die Karikatur übt zum einen Kritik an den ausländischen Staaten, zum anderen aber auch an der Beamtenschaft der Qing-Dynastie. In den revolutionären Kreisen, zu denen auch der Zeichner der Karikatur Tse Tsan Tai gehörte, war in den Jahren um 1900 der Hass auf die

Mandschuren als Fremdherrscher weit verbreitet. Die Revolutionäre zielten auf die Beendung des Kaiserreichs.

Beim zeitgenössischen Betrachter sollte ein Gefühl der Bedrohung durch die imperialistischen Mächte geschaffen werden, aber auch Misstrauen gegenüber der unfähigen und tatenlos zusehenden Qing-Herrschaft (verkörpert durch die schlafenden Beamten) geschürt werden. In der Karikatur vermischen sich zwei Motive, die um 1900 herum in China an Einfluss gewannen und im kulturellen Gedächtnis Chinas bis heute eine große Rolle spielen: erstens das schlafende China; zweitens die imperialistische Politik der ausländischen Mächte.

Die Darstellung der imperialistischen Politik greift auf das Bild der Aufteilung Chinas durch ausländische Mächte zurück. Viele westliche Karikatur bedienten sich dieser Symbolik. China erscheint hier zumeist als Kuchen, den ausländische Staaten untereinander aufteilen. All diesen Darstellungen ist gemeinsam, dass China als reines Objekt der ausländischen Begierden dargestellt wird. Die Karikatur „Ein Bild der aktuellen Lage" (*Shiju tu*) lehnt sich an diese europäischen Karikaturen an. Und auch die Personifizierung durch Tiere wurde aus europäischen Vorbildern übernommen. Die Sorge vor einer Zerteilung Chinas war zudem unter chinesischen Intellektuellen verbreitet. Die Karikatur wurde von ihnen also auch dementsprechend interpretiert.

Insgesamt zeigt die Bildsprache der Karikatur eine Mischung aus europäischen und chinesischen Mustern, die auf einige sowohl Englisch als auch Chinesisch sprechende Intellektuelle zurückgeht und von den weltoffenen Teilen der chinesischen Gesellschaft verstanden wurde.

Detaillierte Analyse der China-Schul-Akademie

📖▶ cornelsen.de/Webcodes
➕🔊 Code: detopo

Zu Kapitel 2.4, S. 230–231: Darstellungen analysieren

1. Leitfrage
Die Leitfrage ist eigenständig zu entwickeln, sollte diese nicht aus der Aufgabenstellung hervorgehen.
Beispiel für eine Leitfrage:
Warum gelang es der Qing-Dynastie nicht, mithilfe der „Neuen Politik" ihre Herrschaft zu retten?

2. Analyse
Formale Aspekte
Autor: Kai Vogelsang (geb. 1969), Professor für Sinologie an der Universität Hamburg mit den Forschungsschwerpunkten Chinesische Geschichtsschreibung und späte Qing-Zeit (Dissertation zu Feng Guifen).
Textsorte: fachwissenschaftliche Darstellung

Thema: Die Reformen der Qing-Dynastie ab 1905 und ihre Folgen 2013
Veröffentlichung: 2013
Intention: Vogelsang versucht hier darzulegen, dass die Qing-Regierung zu spät auf den Strukturwandel in China reagierte und der Kaiser bzw. seine Regierung von den Entwicklungen überholt wurden, was letztlich ihren begrenzten Einfluss auf die Transformationsprozesse zeigt.

Inhaltliche Aspekte
– Der Sieg Japans gegen Russland setzte in China neue Reformen nach dem japanischen Vorbild in Gang.
– Erste Schritte waren: Abschaffung der klassischen Beamtenprüfungen, Entsendung einer Studiengruppe nach Japan, Europa und USA mit dem Ziel Verfassungsbeispiele studieren.
– 1908 Entwurf einer Verfassung vorgelegt und Umsetzung durch Parlamente auf Provinz- und Kreisebene
– Gründung von Berufsverbänden
– Die Reformen reagierten auf die Umwandlung der Gesellschaft von einer nach Schichten hin zu einer funktional differenzierten Gesellschaft und sollten die neuen städtischen Eliten für die Qing-Herrschaft mobilisieren.
– Die Verfassung trat nie in Kraft, da das Kaiserreich vorher endete.
– Kaiser Pu Yi als Kindkaiser habe „wenig Einfluss" angesichts des „unumkehrbaren Strukturwandels".
– Den Veränderungen habe man nur noch mit einer Revolution Rechnung tragen können.
– Die Qing-Regierung habe ungewollt den Wandel gefördert, indem sie mit ihren Reformen Selbstbewusstsein und kritisches Denken der Bürger befördert habe.

Damit wird die Überzeugung des Autors deutlich, dass der Strukturwandel hin zu einem moderneren China 1905 so weit fortgeschritten war, dass jede Reform zu spät kam.

3. Historischer Kontext
Kai Vogelsang analysiert den letzten Reformversuch der Qing-Regierung nach 1905 vor dem Hintergrund des Strukturwandels. Als Vorbild fungierte zum Teil Japan, das schon Mitte der 1860er-Jahre eine konstitutionelle Monarchie einführte und unabhängig von auswärtigen Mächten die Industrialisierung einleitete. Die als Erstes abgeschafften Beamtenprüfungen waren ein Symbol für das alte, konfuzianisch geprägte China. Schon vor 1905 waren immer wieder chinesische Studenten in die USA, Europa und nach Japan gegangen und waren dort mit neuen Ideen und neuem Wissen in Kontakt gekommen. Insbesondere in den Städten mit Vertragshäfen und starker Präsenz aus-

wärtiger Mächte hatten sich moderne Wirtschafts- und Bildungsstrukturen entwickelt, die jedoch unabhängig von der kaiserlichen Zentralregierung in Beijing waren.

4. Urteil

Die vom Autor genannten Aspekte und die daraus abgeleitete Diskrepanz zwischen modernen Eliten und Strukturen sowie der Qing-Herrschaft werden sachlich richtig und plausibel dargestellt. Allerdings wird die Relevanz der Schwächung Chinas durch die halbkoloniale Ausbeutung sowie die Mitverantwortung der imperialen Mächte nicht in die Argumentation einbezogen.

Hier wird der Blick auf die inneren Verhältnisse, die strukturellen Schwächen der Qing-Herrschaft gelenkt. Dabei wird insbesondere die verspätete Reaktion statt eines zielgerichteten Agierens betont ebenso wie die sinkende Akzeptanz des Regierungsapparats des kaiserlichen Hofes, verstärkt noch durch den Kindkaiser an der Spitze. Der rasche Wandel der Gesellschaft hat sich sicherlich auch durch den wirtschaftlichen und militärischen Druck der imperialistischen Mächte im Land verstärkt und kann nicht nur als innerer Prozess betrachtet werden. Deutlich mehr Gewicht sollte auch dem kulturellen Wandel zugeschrieben werden, der z. B. auch durch Auslandsstudierende in Japan befördert wurde, die neue Ideen mitbrachten, rezipierten und adaptierten und so letztlich den revolutionären Wandel in China vorbereiteten und trugen. Die vom Autor betonte „Macht" des Strukturwandels im Vergleich zur klassischen „Politikgeschichte" belegt aber genau diese Wirkung von kulturellen Veränderungen.

Zu Kapitel 3.2, S. 298–299: Politische Plakate interpretieren

1. Erster Eindruck

(individuelle Antwort)

2. Formale Merkmale

- Titel: „Am Neubau"
- Wahlplakat der liberalen Deutschen Demokratischen Partei (DDP)
- Wahlkampf vor der Wahl zur Nationalversammlung, 1919
- Thema: Politische Grundsätze der Partei für den neu zu schaffenden Staat

3. Analyse der einzelnen Elemente

Ein kräftiger Maurer mit hochgekrempelten Ärmeln arbeitet an einer Mauer aus großen Steinen; er ist eine Symbolfigur, da er nicht persönlich zu identifizieren ist (unkenntliches Gesicht). Die ersten Reihen sind bereits errichtet. Im Hintergrund steht ein Flaschenzug zur Verfügung. Die Szene wird durch zwei Textblöcke eingerahmt. Der Handwerker scheint konzentriert, sein Blick

ist gesenkt und ganz auf seine Tätigkeit gerichtet. Er geht mit großer Ernsthaftigkeit seiner Arbeit nach.

Die Mauer wirkt fest und stabil, die Steine sind groß und gewichtig. Jeder Stein steht durch seine Beschriftung für einen politischen Grundsatz der DDP. Den Schwerpunkt bilden sozial-liberale Forderungen. Der Baustein „Gleiches Recht für Alle" sticht aufgrund seiner Größe hervor. Die unteren Bausteine sind zusätzlich durch Eisenklammern verbunden und stabilisiert, sie bilden das Fundament.

Die zerbrochene Krone unten rechts verweist auf die zu Ende gegangene Epoche.

Die Textblöcke betonen durch ihre Position auf dem Plakat die Szene in der Mitte.

Der Titel ist am größten geschrieben, er fällt dadurch direkt ins Auge. Er gibt die Metapher vor, an die sich die anderen Bildelemente anschließen. Das Titelwort „Neubau" signalisiert Aufbruch, Zukunft, Planung und Tatkraft.

4. Interpretation/Gesamtaussage

Die DDP will im Rahmen der Nationalversammlung tatkräftig an der Gestaltung des neuen Staates („Neubau") mitwirken und ihre Vorstellungen durchsetzen. Das Plakat vermittelt ernste Zuversicht und betont die Gelegenheit zum Fortschritt. Die Darstellung ist sachlich-informativ gehalten. Die Szene und der Charakter der Forderungen legen nahe, dass sich das Plakat an Arbeiter, Angestellte, einfache Bürger als Zielgruppe richtet. Im Vorfeld der Nationalversammlung bestand auch Anlass für eine Aufbruchstimmung. Die Partei unterstreicht diese optimistische Haltung durchaus zurecht.

Zu Kapitel 3.3, S. 318–319: Schriftliche Quellen interpretieren

1. Leitfrage

Warum haben Reichspräsident und Reichsregierung den Ruhrkampf abgebrochen?

2. Analyse

Formale Aspekte

Autoren: Die Erklärung wurde abgegeben von Reichspräsident Friedrich Ebert und der gesamten Reichsregierung unter Gustav Stresemann; die Reichsregierung war eine Regierung auf der Grundlage einer „Großen Koalition" (SPD, Zentrum, DDP, DVP).

Entstehung: Reichspräsident und Reichsregierung reagierten mit ihrem Aufruf auf die Situation, die durch den Ruhrkampf entstanden war: Die Leistungen des Reiches für den passiven Widerstand gegen die Ruhrbesetzung nahmen immer größere Ausmaße an, die kaum noch zu schultern waren sowie die Überwindung der Inflation und die Stabilisierung der Wirtschaft aussichtslos werden ließen. Der opferreiche passive Widerstand der Bevölkerung an Rhein und Ruhr erwies sich zusehends als wirkungslos. Frankreich hielt an seiner harten Haltung fest, die deutsche Regierung musste kapitulieren, ohne die Sicherheit zu besitzen, ob und wie sie die besetzten Gebiete zurückerhalten könne.

Textart: Der Text ist ein regierungsoffizieller Text. Allerdings handelt es sich nicht um ein geheimes, vertrauliches und ein amtliches oder diplomatisches Dokument, das zwischen offiziellen Regierungen oder Regierungsstellen ausgetauscht wird, sondern um ein öffentliches Schriftstück. Es ist ein Aufruf von Reichsoberhaupt und Reichsregierung an die Bevölkerung zum Abbruch ihres Widerstandes gegen die Besetzung von Rhein und Ruhr durch Frankreich.

Thema: ist der Abbruch des Ruhrkampfes. Regierung und Reichspräsident begründen ausführlich, warum die Bevölkerung den Widerstand gegen die Ruhrbesetzung aufgeben soll.

Adressat: Der Aufruf richtet sich an die Bevölkerung der besetzten Gebiete, darüber hinaus an die gesamte deutsche Bevölkerung, die den Kampf der Menschen an Rhein und Ruhr unterstützt hat.

Inhaltliche Aspekte

Textaussagen:

– Weil französische und belgische Truppen die Gebiete an Rhein und Ruhr besetzt haben, haben Frankreich und Belgien Recht und internationale Verträge gebrochen.

– Die Besetzung durch fremde Truppen bedeutet für die deutsche Bevölkerung großes Leid:
  • Über 180 000 Bewohner der besetzten Gebiete, Kinder und Greise, Männer und Frauen, wurden von Haus und Hof vertrieben.
  • Die Besetzung hat zu zahllosen Gewalttaten geführt, mehr als 100 Menschen sind gestorben, Hunderte müssen ihr Leben im Gefängnis fristen.

– Aus Liebe zu ihrem Vaterland und im Vertrauen auf ihr Rechtsgefühl hat die Bevölkerung an Rhein und Ruhr gegen das Unrecht der Besetzung protestiert und Widerstand geleistet.

– Für diesen Widerstandskampf bedankt sich das ganze deutsche Volk.

– Die Reichsregierung hat diesen Widerstandskampf ebenfalls unterstützt, auch mit großen Geldsummen, die jedoch immer größere Ausmaße annehmen und kaum noch geleistet werden können.

– Außerdem droht die Gefahr, dass das Festhalten am Widerstandskampf die Stabilisierung der deutschen Währung bzw. die Bekämpfung der Inflation, die Aufrechterhaltung des Wirtschaftslebens und die Sicherung der nackten Existenz der Deutschen unmöglich machen könnte.

– Um diese Gefahren abzuwenden, muss der Kampf gegen die Besetzung abgebrochen werden. Nur so kann das Leben von Volk und Staat erhalten werden.

Kernaussage:

Reichspräsident und Reichsregierung halten angesichts der harten Haltung der belgischen, vor allem aber der französischen Besatzungsmacht den Widerstand der Bevölkerung an Rhein und Ruhr für wirkungslos. Die Kosten dieses Widerstandskampfes haben für die Regierung solche Dimensionen angenommen, dass sie kaum noch aus dem Staatshaushalt geleistet werden können. Wenn der Widerstandskampf fortgesetzt wird, kann die nackte Existenz der Bevölkerung nicht mehr gewährleistet werden. Um finanzielle und andere Ressourcen für den Kampf gegen die Inflation und die Stärkung der deutschen Wirtschaftskraft zur Verfügung zu haben, muss der Widerstandskampf an Rhein und Ruhr aufgegeben werden.

Schlüsselbegriffe:

Recht und Unrecht

Vertrag

Ruhrgebiet

Rheinland

Bedrückungen

Leiden

Besetzung

Gewalttaten

Gefängnis

Rechtsgefühl

vaterländische Gesinnung

Produktion

Wirtschaftsleben

geordnete Währung

nackte Existenz

bittere Notwendigkeit

Textsprache:

emotional, appellierend

3. Historischer Kontext

Alle seit dem Frühjahr 1923 unternommenen deutschen Versuche, den Ruhrkampf ohne eine vollständige deutsche Kapitulation zu erreichen, waren erfolglos. Der französische Staatspräsident wollte Verhandlungen mit der deutschen Reichsregierung erst aufnehmen, wenn die Bevölkerung an Rhein und Ruhr ihren passiven Widerstand bedingungslos aufgegeben hat. Deswegen blieb der deutschen Regierung nur die bedingungslose Kapitulation. Reichspräsident und die Regierung der „Großen Koalition" beendeten die gescheiterte deutsche Widerstandspolitik und machten durch eine kalkulierte außenpolitische Kapitulation den Weg frei für eine an den politischen Realitäten orientierte deutsche Außenpolitik. Auf diese Weise gewann die deutsche Politik außerdem größere Handlungsspielräume zur Lösung anderer Krisen wie dem Kampf gegen die Inflation oder die Stabilisierung der deutschen Wirtschaft.

4. Urteilen

Sachurteil

Nach der Besetzung von Rheinland und Ruhrgebiet durch belgische und französische Truppen hatte die Regierung der Weimarer Republik angeordnet, dass die Bewohner passiven Widerstand leisten und den Befehlen der Besetzer nicht gehorchen sollten. Und die deutsche Regierung hat bis zu diesem Aufruf den Widerstand gegen die Ruhrbesetzung unterstützt. Nun musste sie der Bevölkerung nicht nur erklären, warum sie von dieser Politik abgewichen ist, sondern auch die Menschen von einem anderen politisch-gesellschaftlichen Verhalten überzeugen. Das war eine schwere Aufgabe, die in den Worten des damaligen Reichskanzlers Gustav Stresemann einen „Zusammenschluss aller den verfassungsmäßigen Staatsgedanken bejahenden Kräfte" zustande zu bringen hatte. Das versuchte die deutsche Politik, indem sowohl Reichsregierung als auch Reichspräsident diesen Aufruf unterschrieben. Die Argumentation des Aufrufs appellierte zudem an die Emotionen der Menschen: Sie beschrieb das Unrecht und die bitteren Folgen der Besetzung für die deutsche Bevölkerung, lobte deren vaterländische Gesinnung und Rechtsgefühl, machte auf die wachsenden Schwierigkeiten der deutschen Politik aufmerksam, den Widerstand gegen die Besetzung zu unterstützen und gleichzeitig die anstehenden wirtschaftlichen, sozialen und politischen Probleme zu lösen. Und sie versprach den Menschen die Verbesserung ihrer Lage, wenn sie den Kampf gegen die Besetzung aufgaben, um so das Leben von Staat und Volk zu stabilisieren. Dass die deutsche Regierung mit ihrem Aufruf dem Druck der französischen Staatsführung nachgab und kapitulierte, gab sie nicht zu. Das hätte eine nachhaltige Wirkung des Aufrufs verhindern können.

Werturteil

Der Aufruf zum Abbruch des Widerstandes besaß propagandistischen Charakter und sollte vor allem die Emotionen der Menschen ansprechen. Im Vordergrund standen deswegen innenpolitische Aspekte. Die außenpolitischen Dimensionen der Ruhrbesetzung – Frankreichs Zurückdrängung der deutschen Grenze an den Rhein und die dauerhafte Schwächung Deutschlands – wurden nicht erwähnt. Ebenso unterschlägt der Text, dass die deutsche Regierung die Bevölkerung zu passivem Widerstand aufgerufen hatte und dass diese Strategie an der harten Haltung der französischen Regierung gescheitert war. Der Aufruf war eine Kapitulation Deutschlands, Frankreich saß am längeren Hebel und bestimmte die Politik. Um von solchen Aspekten abzulenken und die deutsche Bevölkerung für sich zu gewinnen, präsentierte der Aufruf den Abbruch des Widerstandes als positive und für die Menschen hilfreiche Politik, mit der das Leid der Besetzung abgewendet und die Lebensbedingungen in Deutschland verbessert werden könnten. Mit diesem überwiegend emotionalen Appell sollte die Bevölkerung für den politischen Wandel gewonnen werden.

Zu Kapitel 3.4, S. 334–335: Historische Urteile analysieren und vergleichen

1. Formale Merkmale

M 2:

Zeitungsartikel der Vossischen Zeitung; von Schriftsteller und Journalist Emil Ludwig; vom 3. Oktober 1929, aus Anlass des Todes von Außenminister Gustav Stresemann. Der Text wendet sich an die Bevölkerung der Weimarer Republik.

M 3:

wissenschaftlicher Text; Autor ist der Historiker Hagen Schulze (1943–2014); Textausschnitt einer Monografie zur Weimarer Republik von 1983. Der Text wendet sich an ein wissenschaftliches Fachpublikum sowie an historisch-politisch interessierte Leser.

2. Herausarbeiten des Inhalts

Beide Texte beschäftigen sich mit dem Weimarer Politiker und Reichsaußenminister Gustav Stresemann und hier insbesondere mit seiner Außenpolitik.

M 2:

These 1: Stresemann ist ein Symbol der Wandlung von einem Monarchisten zu einem Republikaner.

These 2: Stresemann änderte seine Außenpolitik. Er gab die Revancheabsichten nach dem Weltkrieg auf und zielte auf eine europäische Verständigung und eine Integration Deutschlands in den Völkerbund.

M 3:

These 1: Stresemann verfolgte die Revision des Versailler Vertrages als oberstes Ziel der deutschen Außenpolitik.

These 2: Er wollte zum System des europäischen Gleichgewichts zurückkehren, wie es im 19. Jahrhundert bestanden hat.

These 3: Stresemann hat auch in der Zeit der Weimarer Republik nicht seine grundsätzlichen nationalistischen und machtpolitischen Ansichten geändert.

3. Historischer Kontext

M 2:

Der Zeitungsartikel erschien unmittelbar nach dem Tod Gustav Stresemanns. Dieser hatte von 1923 bis 1929 zunächst als Reichskanzler, dann als Außenminister die deutsche (Außen-)Politik maßgeblich beeinflusst.

M 3:

Der Text nimmt die gesamte Lebenszeit von Gustav Stresemann in den Blick und greift auch die Reaktionen der

Nachwelt einschließlich der Zeit der Bundesrepublik auf. Die Monografie zur Weimarer Republik wurde 1983 verfasst, also vor der Wiedervereinigung, vor der Vertiefung der europäischen Union und zu Zeiten des Kalten Krieges. Innerhalb der Geschichtswissenschaft spielte in den 1980er-Jahren die These vom deutschen Sonderweg eine wichtige Rolle, die die Demokratiedefizite, den Autoritarismus, Militarismus und extremen Nationalismus in Deutschland vor 1945 im Gegensatz zu der Entwicklung anderer westlicher Staaten betont.

4. Aussageabsicht

M 2:
Der Schriftsteller und Journalist gibt aus Anlass des Todes von Gustav Stresemann eine sehr positive Beurteilung des Menschen und Politikers Stresemann ab. Er betont vor allem die „Verdienste" Stresemanns für Deutschland.

M 3:
Der Historiker Hagen Schulze nimmt eine sehr kritische Analyse von Stresemann als Person sowie seiner Politik vor. Er möchte vor allem die Deutung Stresemanns als Vordenker einer europäischen Entspannungspolitik und Befürworter des Völkerrechts widerlegen. Seiner Ansicht nach hat bei Gustav Stresemann keine Wandlung vom nationalistischen Machtpolitiker zum Friedens- und Verständigungspolitiker stattgefunden (vom „nationalistischen Saulus zum paneuropäischen Paulus").

5. Darstellungen vergleichen

Mögliche Vergleichsaspekte:
1. Die Wandlung von Gustav Stresemann vom Anhänger der Monarchie zu einem der führenden Köpfe der Weimarer Republik.

M 2:
„In der Geschichte aber wird seine Gestalt ein Symbol der Wandlung bedeuten. Ein reiner Imperialist, [...] ein wilder Annexionist, [...] wurde in [...] fünf Jahren schwarz-rot-gold." (Z. 5–13)

M 3:
„Stresemann, das war Bismarck *redivivus*, konservativ bis in die Fingerspitzen [...]." (Z. 17–19)
„Doch in Wirklichkeit hat eine Wandlung vom nationalistischen Saulus zum paneuropäischen Paulus nie stattgefunden." (Z. 31–33)
2. Die Methoden Gustav Stresemanns, mit denen er Außenpolitik betrieb.

M 2:
„Er begreift, dass man in Europa nicht nach den alten Methoden weiterregieren könnte, und darum auch nicht in Deutschland. [...] Er sah, dass nicht die alte Revanchefrage derer, aus deren Kreisen er hervorging, sondern nur der Gedanke des Völkerbundes Deutschland emporführen könnte." (Z. 17–22)

M 3:
„Im Osten dagegen strebte [Stresemann] ganz unverhohlen die Rückgabe Danzigs, des Korridors und Oberschlesiens an. Eine vertragliche Festschreibung der deutschen Ostgrenze kam deshalb für ihn nie in Betracht." (Z. 3–7)
„Ihm ging es letztlich um die Beseitigung des internationalen Systems der Pariser Vorortverträge von 1919 und die Rückkehr zu einem europäischen Gleichgewicht, in dem Deutschland [...] aufgrund seiner hohen Bevölkerungszahl und seiner wirtschaftlichen Überlegenheit die erste Geige spielen sollte." (Z. 11–16)
„[...] der eine an den Grenzen des politisch Möglichen orientierte aufgeklärte Machtpolitik betrieb." (Z. 19–21)

6. Darstellungen beurteilen

Hier müssen die Aussagen der beiden Darstellungen sachlich überprüft und ein Sachurteil gefällt werden.

M 2:
Der Autor Emil Ludwig spricht von einer „Rettung der Republik aus der Not des Ruhrkampfes" (Z. 3 f.) sowie einer „Befreiung des Gebietes" (Z. 5). Das ist eine sehr beschönigende und den „Mythos" Stresemann bedienende Formulierung. Stresemann erklärte zwar die Beendigung des Ruhrkampfes und rief die Bevölkerung zur Aufgabe des Streiks auf. Der Preis war allerdings die andauernde Besetzung durch französische und belgische Truppen. Von einer Befreiung kann also nicht die Rede sein. Die Versorgungslage dürfte sich nur durch die Beendigung des Streiks verbessert haben. Letztlich handelte es sich aber um eine schwere politische Niederlage der Regierung Stresemann. In Bezug auf Stresemanns Außenpolitik belegen die nicht-öffentlichen Quellen wie u. a. ein Brief an den Kronprinzen (M 11, S. 330 f.), dass Stresemann den Revisionsgedanken bezüglich des Versailler Vertrages nicht aufgegeben hat, insbesondere in Bezug auf die Ostgrenze des Reiches. In einer Rede vor der „Arbeitsgemeinschaft deutscher Landsmannschaften" (M 10, S. 330) sagt er außerdem, dass er nicht hinter dem Gedanken des Völkerbundes steht, ihn lediglich als Mittel sieht, Deutschland in den Kreis der Mächte zurückzuführen (Z. 58 ff.).
Als Zeitgenosse Stresemanns fehlt Emil Ludwig allerdings auch der persönlich und zeitlich distanzierte Blick. Er konnte das Scheitern der Weimarer Republik also noch nicht in sein Urteil über Gustav Stresemann einbeziehen. Er urteilt aus der Perspektive einer stabilisierten Weimarer Republik, die manches erreicht hat. Gustav Stresemann ordnet er zu Recht als einen der führenden Politiker ein, der mit den Verträgen von Locarno, den Nachverhandlungen der Reparationsforderungen sowie der Aufnahme Deutschlands in den Völkerbund einiges erreicht hat.

497

M 3:

Der Historiker Hagen Schulze betont die revisionistischen und machtpolitischen Aspekte der Politik Stresemanns. Dies entspricht durchaus den nicht-öffentlichen bzw. halb-öffentlichen Äußerungen Stresemanns in Briefen und Reden vor ausgewähltem Publikum (Belege siehe oben). Er verweist zu Recht darauf, dass Gustav Stresemann sowohl gegen die Annahme des Versailler Vertrags als auch der Weimarer Verfassung gestimmt hat. Damit blockierte er in den Anfangsjahren der Republik den demokratischen Neuanfang. Es ist jedoch problematisch, Stresemann jede Form von Gesinnungswandel abzusprechen. Außerdem muss zwischen seinem Denken und seiner praktischen Politik als Außenminister unterschieden werden. Tatsächlich trug er mit seiner Außenpolitik gegenüber Frankreich, der Heranführung Deutschlands an den Völkerbund sowie der vertraglichen Annäherung an die Sowjetunion in Rapallo zur friedlichen Ausrichtung Deutschlands in Europa bei. Ob er das aus rein macht- und realpolitischen Erwägungen tat, tritt letztlich in den Hintergrund. Es war ein deutlicher Politikwechsel im Vergleich zur Zeit des Deutschen Kaiserreichs. Wie eine nur vordergründig auf Legalität und Kooperation ausgelegte Außenpolitik aussah, zeigte sich schnell unter Adolf Hitler. Er betrieb faktisch unter dem Deckmantel von diplomatischer Verständigung bereits eine Kriegspolitik.

Zu Kapitel 3.6, S. 368–369: Darstellungen analysieren

1. Leitfrage

Welche Ursachen – Strukturen, Ereignisse, Handlungen bzw. politisch-soziale Gruppen und Persönlichkeiten – führten zum Niedergang und Scheitern der Weimarer Demokratie?

2. Analyse

Formale Aspekte

Autorin: Ursula Büttner (geb. 1946), deutsche Historikerin und ab 1990 bis zu ihrem Ruhestand 2011 Professorin an der Universität Hamburg.

Textsorte: fachwissenschaftliche Darstellung

Thema: Gründe für das Scheitern der Weimarer Republik

Veröffentlichung: 2008 in erster Auflage erschienener Überblick über die Geschichte der Weimarer Republik mit dem Titel „Weimar. Die überforderte Republik 1918–1933. Leistung und Versagen in Staat, Gesellschaft, Wirtschaft und Kultur"

Adressaten: wissenschaftliche sowie breitere Öffentlichkeit

Intentionen: Die Autorin möchte einen einführenden Überblick über die Geschichte der Weimarer Republik

geben. Sie will Stärken und Schwächen, Leistungen und Versagen der Weimarer Republik von der Entstehung bis zum Ende in allen Bereichen des gesamtgesellschaftlichen Lebens untersuchen und darstellen.

Inhaltliche Aspekte

Wesentliche Textaussagen:

– Die Weltwirtschaftskrise hat die Endphase der Weimarer Republik eingeleitet und maßgeblich mitgeprägt.

– Die Gegner der Weimarer Demokratie konnten und wollten die Wirtschafts- und Staatskrise für ihre Zwecke ausnutzen.

– Die NSDAP stieg in der Endphase der Republik von einer ursprünglichen Splitterpartei zur Massenpartei auf.

– Den Nationalsozialisten gelang es in der Wirtschaftskrise, durch widersprüchliche Forderungen die Sorgen vieler Menschen anzusprechen und auf diese Weise die unterschiedlichsten Bevölkerungsgruppen für sich zu gewinnen.

– Die NSDAP präsentierte sich nicht nur als Interessenvertreterin breiter Bevölkerungsschichten, sondern stellte sich auch als junge und kraftvolle Bewegung zur Veränderung der Gesamtgesellschaft dar.

– Die politisch-sozialen Eliten glaubten, die NSDAP für ihre eigenen Interessen in den Dienst nehmen zu können.

– Der Konjunktureinbruch 1930 und die Reichstagswahl mit dem sprunghaften Anstieg der NSDAP-Stimmen kündigten eine Gefährdung der Republik von rechts an.

– Die Bildung einer parlamentarisch verankerten Mehrheitsregierung unter Ausschluss der rechts- und linksradikalen Flügelparteien DNVP, NSDAP und KPD scheiterte am fehlenden Konsens der republikfreundlichen bürgerlichen Parteien, die sich nicht zu einem Bündnis für die Erhaltung der demokratischen Verfassung durchringen konnten.

– Die konservativen Machteliten entschlossen sich in den 1930er-Jahren, dauerhaft gegen die stärkste demokratische Kraft, die SPD, zu regieren und das parlamentarische in ein autoritäres System umzuwandeln.

– Die Weimarer Republik mit ihren vielfältigen „Belastungen" und sozialen Konflikten, mit den Schwächen ihrer Eliten und den überzogenen Erwartungen ihrer Bürger war für die Auseinandersetzung um Erhaltung und Abschaffung der Demokratie schlecht gerüstet.

– Den letzten Stoß verlieh der Weimarer Republik der revisionistische Ehrgeiz einer konservativen politischen Führung, die die außen- und innenpolitische Niederlage von 1918 überwinden wollte.

Überzeugung der Autorin: Ursula Büttner erklärt das Anwachsen der republikfeindlichen und die zunehmende Schwäche der republikfreundlichen Kräfte der Weimarer

Demokratie, indem sie wirtschaftliche, politische und gesellschaftliche Strukturen, Prozesse und Handlungen heranzieht. Mentalitätspolitische und kulturelle Faktoren werden in diesem Text nicht berücksichtigt. Die Autorin nennt die wesentlichen Schwächen und Belastungen der Weimarer Republik, die letzte Verantwortung für das Scheitern der ersten deutschen Demokratie liegt in ihren Augen in den Händen der konservativen Führung des Staates.

3. Historischer Kontext

Der Textauszug steht am Ende einer umfassenden Gesamtdarstellung der Weimarer Republik. Gesamtdarstellung – das bedeutet erstens eine Analyse der Geschichte der Weimarer Republik von den Anfängen bis zum Ende. Die Entwicklung dieser Demokratie wird nicht als eine Geschichte des Niedergangs und des Scheiterns erzählt. Beschrieben wird die gesamte Entwicklung der demokratischen Republik, ihre schwierigen Anfänge während der Revolution, ihre Krisen und ihre Stabilisierung sowie der Niedergang und das Scheitern. Gesamtdarstellung – das bedeutet zweitens die Berücksichtigung der Leistungen wie auch des Versagens der unterschiedlichen Kräfte, die die gesamtgesellschaftlichen Entwicklungen mitbestimmten. Gesamtdarstellung – das bedeutet drittens, dass alle wesentlichen Bereiche des Lebens in den Blick genommen werden. Hierzu gehören Staat, Gesellschaft, Wirtschaft und Kultur. Alles das scheint Büttner gelungen zu sein, wenngleich der kulturelle Wirklichkeitsbereich in diesen Schlussabsätzen des Buches nicht ausreichend beleuchtet wird. Wirtschaft, Gesellschaft und Staat werden demgegenüber angemessen berücksichtigt.

4. Urteil

Der Text ist überzeugend sowohl im Hinblick auf die fachliche Richtigkeit als auch auf die Schlüssigkeit der Darstellung. Ursula Büttner beginnt mit der Weltwirtschaftskrise und ihren Folgen für die Bevölkerung, analysiert die Staatskrise der Weimarer Republik, der breite Teile der Bevölkerung keine Lösung der Probleme mehr zutrauen, beleuchtet den Aufstieg und die Propaganda der NSDAP, die mit ihren widersprüchlichen Forderungen und Versprechen weite Teile der Bevölkerung für sich gewinnen können, und zeigt, wie die konservativen Kräfte, besonders die konservative Führung, Hitler und die Nationalsozialisten zur nationalen Einigung und für die Umwandlung der Demokratie in einen autoritären Staat benutzen. Das konnte nach Büttner nur gelingen, weil die bürgerlichen und republikfreundlichen Parteien nicht zu einem Konsens fanden, um die demokratische Verfassungsordnung zu erhalten. Dass sich Hitler und die Nationalsozialisten nicht von ihren Bündnisgenossen „zähmen" ließen, sondern eigene Wege beschritten, haben Hindenburg und seine Bundesgenossen nicht einkalkuliert.

Die Historikerin Büttner erklärt das Scheitern der Weimarer Demokratie nicht mithilfe einiger weniger Voraus-setzungen und Bedingungen, sondern stellt das Zusammentreffen einer Vielzahl von Faktoren dar, die der Republik zum Verhängnis wurden.

Der besondere Wert der Darstellung Büttners ergibt sich jedoch erst durch einen Vergleich mit anderen Gesamtdarstellungen der Weimarer Republik. Mit dem Buchtitel „Selbstpreisgabe einer Demokratie" stellen Karl Dietrich Erdmann und Hagen Schulze das Versagen der Demokraten heraus. In eine ähnliche Richtung argumentiert auch Hans Mommsen, der seine Gesamtdarstellung überschrieb mit dem Titel „Die verspielte Freiheit". Dabei betont Mommsen die Verantwortung der konservativen Machteliten, die am Erhalt der Freiheit wenig Interesse zeigten. Michael Stürmer unterstreicht mit dem Titel „Belagerte Civitas" die Bedrohung der Republik durch ihre Gegner. Und Horst Möller, der seinem Buch den Titel „Die unvollendete Demokratie" gab, deutet einen vorzeitig abgebrochenen Prozess an, der auch zum Erfolg hätte führen können. Ursula Büttner wählte für ihre Geschichte der Weimarer Republik dagegen den Titel „Die überforderte Republik". Für sie war die erste deutsche Demokratie überfordert von Anhängern und Gegnern, missbraucht von den linken und besonders den rechten Kräften, die die Demokratie abschaffen wollten.

Zu Kapitel 4.2, S. 439–440: Denkmäler interpretieren

1. Formale Aspekte

Thema: Die Bedeutung des Sieges von Arminius über die römischen Legionen unter Varus für die deutsche Nationalgeschichte des 19. Jahrhunderts.

Künstler: Ernst von Bandel (1800-1876), Architekt, Bildhauer und Maler.

Entstehung: Der Bau begann 1838 und wurde 1875 fertiggestellt.

Materialien: Der Unterbau besteht aus roh behauenem Osning-Sandstein aus dem Teutoburger Wald und dem Eggegebirge. Die Figur wurde hergestellt aus einer Eisenrohrkonstruktion, an der Oberfläche sind Kupferplatten angebracht.

Wirkung: Die Statue war bis zur Erbauung der Freiheitsstatue in New York 1886 die höchste Statue der Welt. Seit dem 16. Jahrhundert war Arminius durch die Wiederentdeckung der Schriften des römischen Historikers Tacitus im deutschen Sprachraum bekannt. Für die im 19. Jahrhundert machtvoll aufstrebende Nationalbewegung und nach der Entstehung des ersten deutschen Nationalstaats durch die Reichsgründung 1870/71 galt der Sieger der Varusschlacht als erster Einiger der „deutschen", eigentlich „germanischen", Stämme und damit als nationales Vorbild, dem nachgeeifert werden sollte.

2. Inhaltliche Analyse

Beschreibung

Gestaltungsmittel: Das Denkmal besaß eine Gesamthöhe von 53 m, die Figur war 26 m hoch. Die Kriegerfigur war überlebensgroß und mit einer Rüstung und Flügelhelm ausgestattet. Der nach Westen ausgestreckte rechte Arm hält ein 7 m langes Schwert, während sich der linke Arm auf ein bis zum Bauch reichendes Schild stützt. Unter dem linken Bein liegen ein Adler (Aquila) und ein Liktorenbündel (Fasces), ein Symbol der Amtsgewalt höchster Staatsbeamter im alten Rom. Die Kleidung, die der Beschreibung von Tacitus entsprach, trug keine Stammeszeichen. Das Schwert trägt die Inschrift: „Deutschlands Einigkeit meine Stärke, Deutschlands Stärke meine Macht." Auf dem Schild steht: „Treufest". In der sogenannten „Ruhmeshalle" im neogotischen Denkmalsockel sollten berühmte Deutsche gezeigt werden. Dieses Vorhaben blieb unvollendet. Am Unterbau des Denkmals sind verschiedene Inschriften angebracht. Sie reichen von Auszügen aus den Annalen des Tacitus bis zu Texten mit Bezügen zu den Befreiungskriegen und der Reichsgründung.

Integration in die Umgebung: Das Denkmal steht gut sichtbar auf einer 386 m hohen Berghöhe, die etwa viereinhalb Kilometer südwestlich der Detmolder Innenstadt liegt. Der lippische Fürst stellte diesen Bauplatz unter der Bedingung zur Verfügung, dass das Denkmal weit über Lippe hinaus sichtbar bleibt.

Deutung

Bedeutung der Gestaltungsmittel: Das Denkmal, eine Kombination aus Bau- und Figurendenkmal, ist eine Kolossalstatue von gewaltigem Ausmaß und beeindruckender Wucht. Sie ist weithin sichtbar und dürfte auf die Betrachter eine imponierende und nachhaltige Wirkung ausgeübt haben. Das gilt besonders für die Figur Hermanns, der mit dem ausgestreckten Arm und Schwert einen aggressiven Eindruck hinterlässt. Er sollte zum Vorbild nationaler Selbstbehauptung stilisiert werden. Durch die Inschrift werden die politischen Ziele verdeutlicht, die Siegerpose Hermanns sollte die Macht und Stärke des vereinigten Deutschlands zeigen. Die Erinnerung an den Sieg Hermanns diente dazu, das nationale Zusammengehörigkeitsgefühl der Deutschen zu stärken und wach zu halten. Gleichzeitig galt es, die Deutschen zu nationaler Einigkeit zu ermahnen. Der nach Westen ausgestreckte Arm mit dem Schwert richtete sich offensichtlich gegen Frankreich, das zu dieser Zeit als „Erbfeind" der Deutschen galt.

Offene Fragen: Offen bleiben Fragen nach Veränderungen oder Alternativen zum bestehenden Denkmal. Auch die Frage nach Kritikern oder Gegnern des Denkmals und ihren Argumenten wird nicht beantwortet.

3. Historischer Kontext

Motive: Das Denkmalprojekt muss vor dem Hintergrund der politischen Situation in Deutschland während des 19. Jahrhunderts gesehen werden. In Deutschland erwachte das Nationalbewusstsein mit den Befreiungskriegen gegen die napoleonische Herrschaft. Die fortbestehende politische Zersplitterung Deutschlands sowie der Aufschwung der deutschen Nationalbewegung und des Liberalismus bis zur Reichsgründung 1870/71 führten zur Herausbildung einer politischen Nationalbewegung, die zunehmend mächtiger wurde. Das nationale Denken beschränkte sich nicht nur auf die romantische Hinwendung zum Mittelalter, sondern beschäftigte sich auch mit der „germanischen Vergangenheit" der Antike. Mit dem Rückgriff auf den Sieg des Arminius bzw. Hermanns gegen die römischen Legionen des Varus stand ein attraktives nationales Identifikationsgebot zur Verfügung. Hinzu kam die nach den Befreiungskriegen und der französischen Niederlage in den Einigungskriegen die wachsende Feindschaft gegen Frankreich, die zur „Deutsch-Französischen Erbschaft" erklärt wurde. In dieser Zeit entstand das Hermann-Denkmal.

Initiatoren/Auftraggeber: Planungen und Entwürfe für Hermann-Denkmäler gab es einige, aber das von Ernst von Bandel initiierte, geplante und durchgeführte Denkmal ist das bis heute bekannteste und wichtigste.

Finanzierung: Die Gelder für den Bau des Hermann-Denkmals, insgesamt 90 000 Thaler, kamen aus verschiedenen Quellen, u. a. vom Reichstag, Wilhelm I., privaten Spendern, deutschen Fürstenhäusern.

Entstehungsgeschichte: Nach der Revolution 1848/49 geriet der Bau zeitweilig ins Stocken, nahm aber nach einem Besuch des preußischen Königs 1869 und der Reichsgründung 1870/71 wieder Fahrt auf. Die zunehmende Popularität des Denkmalsprojekts begünstigte auch die finanzielle Unterstützung.

Einweihung: Die Einweihung des Denkmals erhielt durch die Anwesenheit Kaiser Wilhelms I. einen besonderen Stellenwert. „Hermann den Deutschen" nannte der Kaiser bei der Denkmalsenthüllung Arminius.

Nutzung/Vermarktung: Zur Popularisierung des Denkmals wurden u. a. Ansichtskarten und Briefmarken genutzt. Bis heute ist es ein Ausflugsziel.

4. Bewertung

Adressaten und Funktion: Das Denkmal sollte die gesamte Bevölkerung beeindrucken und deren Nationalbewusstsein wachhalten und stärken. Die aggressive Ausrichtung der Hermann-Figur richtete sich gegen Frankreich, im 19. Jahrhundert „Erbfeind" Deutschlands. Wie Hermann die Römer besiegt hat, so das Motto des Denkmals, werde Deutschland auch Frankreich niederringen. Die Verklärung des Arminius zu „Hermann dem Deutschen" beruhte auf einer national befangenen Sicht der Geschichte, die in „den" frühen Germanen direkte Vorläufer „der" Deutschen sah. Das „Volk" erschien dabei als eine feste Einheit und Hermann als herausragender Repräsentant. Die Schlacht im Teutoburger Wald entwickelte sich so zum Ursprungsereignis deutscher Nationalgeschichte und Arminius bzw. Hermann zum Ursprungshelden der deutschen Nationalbewegung – ein eindrucksvolles Beispiel dafür, wie Ereignisse und Personen zum Mythos werden können.

Auswirkungen gesellschaftlicher und politischer Veränderungen: Seit dem ausgehenden 18. und im 19. Jahrhundert entwickelten sich Nation und Nationalstaat zur allgemein verbindlichen Sinn- und Rechtfertigungsinstanz politisch-sozialen Denkens und Handelns. Die Menschen verstanden sich nicht länger primär als Zugehörige einer Dynastie, als Angehörige eines Stammes oder Klasse, sondern zuallererst als Mitglied einer nationalen Lebensgemeinschaft. Mit der Gründung des Deutschen Reiches 1870/71 schien die Nationalbewegung am Ziel ihrer Wünsche angelangt. Zur Enttäuschung der demokratischen und liberalen Kräfte war dieser Nationalstaat aber keine demokratisch-parlamentarische Ordnung, sondern ein autoritärer Obrigkeits-, Macht- und Militärstaat. Der neue Nationalismus identifizierte die bestehende Gesellschaftsordnung mit der Nation und erklärte die Zustimmung zu Macht und Autorität sowie die Unterordnung des Einzelnen unter die größere und wichtigere Gemeinschaft des Reiches zur nationalpolitischen Tugend. Und dieser Nationalismus richtete sich zunehmend nach außen.

Heutige Wahrnehmung und Bewertung: Nach der Niederlage des nationalsozialistischen Deutschland 1945 und der Errichtung einer westlichen Demokratie in der Bundesrepublik Deutschland verlor die Erinnerung an Arminus an Bedeutung. Der nationale Mythos entwickelte sich zu einem Objekt der touristischen Vermarktung. Dieser Gedächtnisort des Arminius begleitet die Deutschen nicht länger dabei, sich als Nation zu verstehen; er hat seine Bedeutung und Wandlungsfähigkeit verloren.

Zu Kapitel 4.2, S. 442–445: Eine perspektivisch-ideologiekritische Analyse durchführen

1. Leitfrage

Wie lässt sich die Kontroverse über den Troia-Mythos charakterisieren und erklären?

2. Analyse

Formale Aspekte

Beteiligte: Korfmann, 1942-2009, war ein prominenter deutscher Archäologe und leitete seit 1986 die Ausgrabungen in Troia; seine Ausgrabungsmethoden waren und sind umstritten. Kolb, geb. 1945, ist ein angesehener Historiker der Alten Geschichte. Zimmermann, geb. 1959, ist ein angesehener deutscher Historiker für Alte Geschichte und Schüler von Frank Kolb.

Zeitraum der Kontroverse: erstes Jahrzehnt des 21. Jahrhunderts.

Medien: Die Kontroverse wurde vornehmlich mit Hilfe wissenschaftlicher Publikationen (wissenschaftliche Bücher oder Aufsätze), aber auch in den Feuilletons von Tages- und Wochenzeitungen ausgetragen.

Zielgruppe: Die Publikationen richteten sich hauptsächlich an ein wissenschaftlich gebildetes Fachpublikum, aber auch an historisch interessierte Laien.

Inhaltliche Aspekte (zentrale Thesen und Argumente)

Korfmann:

- Auch Mythen sind eine Einflussgröße für Archäologen und ihre Projekte.
- Es ging bei den Ausgrabungen nie um eine Überprüfung der Aussagen Homers über den Troianischen Krieg, wie manche Medien unterstellt haben.
- Die moderne Forschung kann und soll die Ergebnisse der modernen Homerforschung berücksichtigen.
- Nach dem „gegenwärtigen Forschungsstand und allen Gesetzen der Wahrscheinlichkeit" verdeutlichen die Ausgrabungen „einen historischen Kern" in der Ilias, ohne dass es bisher Beweise für den einen „realen Troianischen Krieg" gibt.

Kolb:

- Die Ausgrabungen Korfmanns und die darauf beruhende Chronologie sind wissenschaftlich korrekt und nützlich. Das trifft nicht auf die Interpretation Korfmanns zu.
- Das von Schliemann bis Korfmann entworfene Bild des glanzvollen Troias ist für Kolb das Ergebnis dichterischer Phantasie und nicht das Resultat historischer Forschung; aus seiner Sicht ist „Troia kein historischer […] Ort", Korfmann trägt mit seinen Veröffentlichungen zur Fortsetzung des Troia-Mythos bei.

Zimmermann:

- Am Troia-Mythos lässt sich das Grundmuster „mythischer Überhöhung von Kriegen" in der europäisch-westlichen Kultur aufzeigen.
- Die Heldendichtungen Homers stehen am Anfang der europäischen Literaturgeschichte und verknüpfen Dichtung und Wahrheit unentwirrbar miteinander. Aus diesen Epen lassen sich – mit aller Vorsicht – Erkenntnisse über das Leben, die Kämpfe und die Götterwelt der Antike gewinnen, die durch Ausgrabungen und Forschungen überprüft werden müssen.
- Eine zentrale Frage dabei ist die „Homerische Frage": Sind die Epen Ilias und Odyssee das Ergebnis eines einzelnen oder mehrerer Dichter?

– In der griechischen und römischen Antike galt der Troianische Krieg als historisches Ereignis an historischem Ort. Seit der Aufklärung des ausgehenden 18. Jhs. betonten Forscher den mythischen Charakter dieses Krieges. Seit dem späten 19. Jh. betrachteten manche Menschen die Verbindlichkeit der Schriften Homers und wollten durch Ausgrabungen die „homerische „Welt" wieder entdecken. Dabei kam es zu Missdeutungen und falschen Erklärungen. Heute hat sich eine realistischere Sicht durchgesetzt, dass sich aus den Schriften Homers Einsichten über die griechische Frühzeit gewinnen lassen, aber der Ort des historischen Troias ist nach wie vor unbestimmt.

– Die in den Epen Homers erwähnten Überlebenden des Troianischen Krieges boten sich für nachgeborene Forscher und Schriftsteller zur mythischen Begründung neuer Ahnenlinien an. Außerdem hat der Troia-Mythos bis heute zahlreiche Künstler inspiriert. Sogar in der Welt des Internets lebt der Begriff „Troianer" fort.

Erkenntnisleitendes Interesse:

Diese drei Forscher wollen die wissenschaftliche Diskussion über den Troia-Mythos vorantreiben: Um die Entstehung und Entwicklung des Troia-Mythos nachzuvollziehen und zu deuten, müssen mit Hilfe von Ausgrabungen und historischen Forschung neue Erkenntnisse gewonnen werden. Dass dabei auch kontroverse Auffassungen entstehen, ist allen Beteiligten bewusst, obwohl jeder zunächst von der Korrektheit seiner Thesen überzeugt ist. Die Meinungsverschiedenheiten lassen sich teilweise erklären als Ergebnis unterschiedlicher Fragestellungen und Methoden (Ausgrabungen, Sprachforschungen und Interpretationen der Schriften Homers oder geschichtswissenschaftliche Untersuchung weiterer Quellen).

3. Historischer Kontext

Die Kontroverse entzündete sich, als die Ergebnisse und Interpretationen der in den 1980er-Jahren begonnenen Ausgrabungen des Archäologen Manfred Korfmann bekannt wurden. Korfmanns Thesen stießen bei seinem Kollegen, dem Althistoriker Frank Kolb auf heftigen Widerspruch. Der Althistoriker Martin Zimmermann erklärt in seinem Text, warum der Troianische Krieg von der Antike bis in die Gegenwart hinein das Interesse zahlreicher Forscher und historischer Laien angeregt und zu leidenschaftlichen Auseinandersetzungen geführt hat.

4. Urteil
Sachurteil

Alle drei Beiträge argumentieren schlüssig, ihre Gedankenführung ist konsequent und logisch, ihre Argumentation ist stichhaltig. Ihre Thesen beruhen auf den Ergebnissen von Ausgrabungen und anderen Quellen und wissenschaftlichen Forschungen. Die Unterschiede erklären sich zu gewichtigen Teilen aus der Anwendung und Bewertung verschiedener Methoden. Bei der Erklärung kann der Text von Zimmermann sehr hilfreich sein, der den Troia-Mythos als Gründungsmythos bezeichnet. Am Beispiel dieses Mythos lassen sich die Grundmuster der mythischen Verklärung von Kriegen sowie deren ideologische Instrumentalisierung sichtbar machen.

Werturteil

Die Kontroverse zwischen Korfmann und Kolb sowie die Analyse von Zimmermann über die Tradierung des Troia-Mythos lassen sich zum einen für eine Diskussion der gegensätzlichen Positionen nutzen. Dabei geht es um die Frage, ob Homers Werke über Troia einen historischen Kern besitzen. Erörtert werden sollte auch das Problem, ob die moderne Archäologie die Ergebnisse der Homerforschung für ihre Suche und Fundinterpretation nutzen kann. Zum anderen müssen bei der Diskussion die politisch-sozialen und moralischen Werturteile der kontroversen Überlieferung wie der aktuellen Debatten über den Troia-Mythos angesprochen werden. Wenn sich Herrscherpersönlichkeiten, bestimmte politisch-soziale Gruppen oder Staaten und Imperien als Ahnen der Überlebenden des Troianischen Krieges verstehen, muss die Herkunft dieser Urteile geklärt werden: Berufen sich die Ahnen auf die Taten der Kriegshelden oder unterstellen sie unmittelbare Verbindungen mit der Götterwelt des Olymps? In beiden Fällen geht es um die Legitimation von Herrschaftsansprüchen. Für mittelalterliche Herrschergeschlechter bestand das Problem im offensichtlichen Widerspruch zwischen der heidnischen „griechischen Götterverwandtschaft" einerseits und dem christlich geprägten Selbstverständnis und Herrschaftsanspruch andererseits. Der Text Korfmanns bietet überdies die Chance, über das Verhältnis zur Türkei zu diskutieren, zu der Troia heute gehört. Akzeptiert und betont man die Einordnung Troias in die türkische Geschichte, so ist zu fragen, welche Folgen ergeben sich aus dieser anatolischen Prägung für die europäische Geschichte und ihre Traditionen. Wie steht es dann mit dem Beitritt der Türkei zur EU? Außerdem eröffnet die Kontroverse die Möglichkeit, über die Rückgabe von Beutekunst an die Ursprungsländer zu debattieren. Seit Anfang der 1990er-Jahre wird nicht nur in Deutschland über die Rückgabe von Museumsobjekten aus anderen Ländern diskutiert. Wo verblieb z. B. Schliemanns Gold („Schatz des Priamos"), in der Sowjetunion bzw. in Russland?

Unterrichtsmethoden

Einen Kurzvortrag halten

– Vorbereitung: Sammeln und ordnen Sie alle Informationen zu Ihrem Thema (z. B. in einer Mindmap).
– Entwickeln Sie eine Ordnung für Ihren Vortrag: Legen Sie zu jedem Hauptpunkt eine Karteikarte mit den wichtigsten Informationen an und nummerieren Sie die Karteikarten in einer sinnvollen Reihenfolge.
– Überlegen Sie sich einen interessanten Einstieg und Schluss für Ihren Vortrag.
– Versuchen Sie möglichst frei vorzutragen. Sprechen Sie laut, deutlich und nicht zu schnell.
– Schauen Sie Ihr Publikum an. So sehen Sie auch, wenn es Zwischenfragen gibt.
– Unterstützen Sie Ihren Vortrag durch Anschauungsmaterial (Bilder, Grafiken, Gegenstände).

Informationen präsentieren (Referat)

Referat vorbereiten

1. Informationen sammeln (Bücher und Internet)
2. Quellenmaterial bei der Vorbereitung auswählen; überlegen, an welcher Stelle des Referats es eingebaut werden soll
3. Zeitvorgabe beachten, Bild-/Textquelle aufbereiten
4. Zuerst nach dem Inhalt, dann erst nach den Einzelheiten fragen; die Zuhörer Vermutungen anstellen lassen, z. B. „Was ist zu erkennen?"
5. Was sagt das Bild über das Thema aus? Aussagen visualisieren/Präsentation vorbereiten
6. Wie stelle ich mein Referat vor? Welches Medium nutze ich dafür?

Präsentieren

7. Liegen alle Materialien vor, die ich für den Vortrag brauche?

Ein Lernplakat gestalten

– Verwenden Sie für das Plakat mindestens die Größe DIN A2, besser DIN A1 (= 8 DIN-A4-Blätter).
– Beschränken Sie sich auf die wesentlichen Informationen.
– Die Informationen auf dem Plakat müssen sachlich stimmen (z. B. richtige Jahreszahlen).
– Das Thema des Plakats muss deutlich zu lesen sein.
– Formulieren Sie in Stichpunkten oder in kurzen Sätzen.
– Unterstreichen Sie Schlüsselbegriffe oder rahmen Sie sie ein.
– Verwenden Sie für die Schrift einen schwarzen oder dunkelblauen Stift. Andere Farben eignen sich für Pfeile, Linien oder Hervorhebungen.

– Achten Sie auf die Lesbarkeit der Schrift (Größe und Ordnung).
   Tipp: Sie können Hilfslinien mit Bleistift zeichnen und später wegradieren.
– Gliedern Sie Ihre Informationen durch unterschiedliche Schriftgrößen. Verwenden Sie Ordnungszahlen, wenn Sie eine bestimmte Reihenfolge darstellen möchten.

Eine Mindmap anfertigen

– Werten Sie Materialien (Bilder, Texte) zunächst aus, bevor Sie mit der Mindmap anfangen. Sammeln Sie Ihre Ergebnisse in Stichpunkten.
– Schreiben Sie das Thema in die Mitte des Blattes.

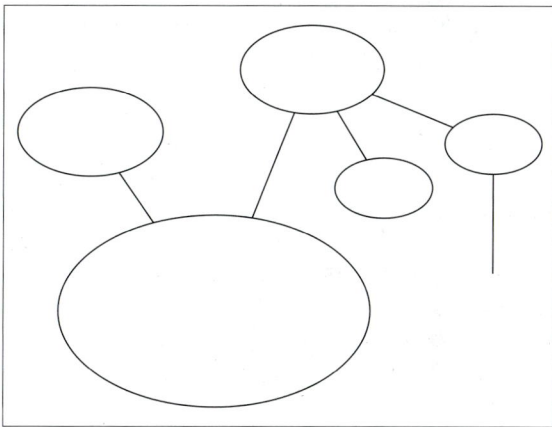

– Überlegen Sie sich eine Struktur für die Mindmap: Finden Sie zunächst Schlüsselbegriffe, die Sie auf die großen Äste schreiben.
   Tipp: Mindmaps werden meist im Uhrzeigersinn gelesen. Bedenken Sie das bei Ihrem Aufbau.
– Gruppieren Sie die zugehörigen Stichpunkte, Wörter und Namen. Gehen Sie vom Abstrakten zum Konkreten.
– Beschränken Sie sich auf 4–6 Hauptäste, um die Mindmap übersichtlich zu halten.
– Verdeutlichen Sie Verbindungen innerhalb der Mindmap mit Pfeilen.
– Arbeiten Sie mit Symbolen (z. B. Blitz für Konflikte). Geben Sie den Ästen unterschiedliche Farben.

Ein Begriffscluster erstellen

– Nehmen Sie ein DIN-A4- oder DIN-A3-Blatt, schreiben Sie einen Schlüsselbegriff darauf und kreisen Sie ihn ein.
– Schreiben Sie nun spontane Assoziationen um das Kernwort herum auf.

- Verwenden Sie diese Assoziationen als neue Schlüsselbegriffe und notieren Sie wiederum Assoziationen dazu.
- Die so entstehende Assoziationskette ergibt eine netzartige Skizze aus Ideen.

Der Unterschied zwischen Mindmapping und Clustern:
Beim Clustering liegt der Schwerpunkt auf der Ideenfindung und dabei insbesondere der assoziativen Verknüpfung von Ideen und Vorstellungen in Bildmustern. Daher eignet sich diese Methode besonders gut zur Stoffsammlung z. B. bei Problemerörterungen.

Das Mindmapping geht einen Schritt weiter, indem die notierten Begrifflichkeiten und Assoziationen durch die Baumstruktur bereits eine logische Ordnung erfahren. Dabei ist die Baumstruktur so offen angelegt ist, dass sie ständig mit weiteren Einfällen auf einer bestimmten Ebene ergänzt werden kann. Wegen seiner begrifflichen Hierarchisierung (= Über- und Unterordnung von Begriffen bzw. Gesichtspunkten) eignet sich das Mindmapping für die Stoffordnung z. B. bei Problemerörterungen gut.

Ein Schreibgespräch führen (Gruppenarbeit für zwei Personen)

- Bilden Sie Zweiergruppen.
- Nehmen Sie ein DIN-A2- oder DIN-A3-Blatt.
- Eine Frage oder ein Thema wird vorgegeben.
- Schreiben Sie abwechselnd Ihre Ideen oder Statements zum Thema links und rechts untereinander auf das Blatt.
- Lesen Sie die Aussage des anderen und reagieren Sie schriftlich darauf.
- Während der ganzen Zeit wird nicht gesprochen.
  Tipp: Sie können in dieser Form auch eine Mindmap zusammen gestalten oder eine Stichwortliste zum Wiederholen anlegen.

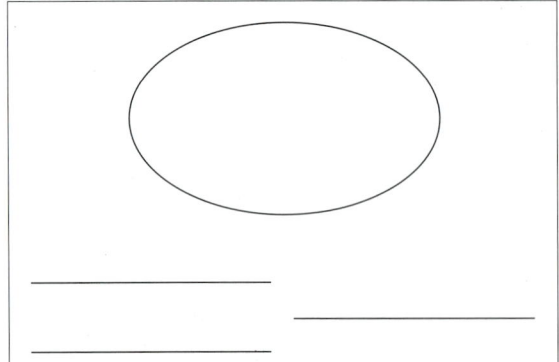

Ein Placemat gestalten (Gruppenarbeit für vier Personen)

- Finden Sie sich in Vierergruppen zusammen.

- Nehmen Sie ein DIN-A2- oder DIN-A3-Blatt und zeichnen Sie folgendes Schema darauf:

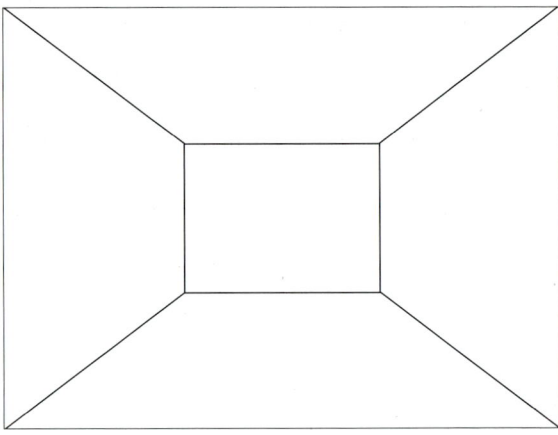

- Legen Sie das Blatt auf den Tisch. Vor jeder weißen Fläche sitzt ein Teilnehmer/eine Teilnehmerin aus Ihrer Gruppe.
- Es wird ein Thema gestellt. Jede/-r notiert in der festgelegten Zeit (ca. 5 min), was er/sie darüber weiß, wissen möchte und welche Ideen er/sie dazu hat.
- Drehen Sie das Blatt, sodass jeder lesen kann, was die anderen aufgeschrieben haben. Stellen Sie Fragen zum Verständnis (ca. 5 min).
- Entscheiden Sie am Ende als Gruppe, welche der Notizen Sie als Ergebnis in die Mitte des Blattes schreiben wollen. Einigen Sie sich auf 4–6 Stichpunkte (ca. 10 min).
- Präsentieren Sie Ihr Ergebnis dem Kurs.

Eine Concept-Map erstellen

Mit einer Concept-Map lassen sich Beziehungen zwischen Ideen visuell darstellen. Konzepte werden häufig als Kreise oder Boxen dargestellt, die mit Linien oder Pfeilen verbunden werden. Verbindungswörter zeigen zudem, wie Ideen zusammenhängen.

- Nehmen Sie ein DIN-A4- oder DIN-A3-Blatt sowie mehrere Blätter für Vorskizzen.
- Bestimmen Sie einen zentralen Gedanken oder eine Frage, der/die eine Verbindung zu allen anderen Ideen in Ihrer Map aufweist, und schreiben ihn auf das Skizzenblatt.
- Listen Sie im nächsten Schritt damit verbundene Konzepte, Begriffe oder Ideen auf das Blatt auf.
  Tipp: Beschreiben Sie jedes Konzept so knapp wie möglich; ein bis zwei Wörter reichen pro Idee aus.
- Schreiben Sie den zentralen Begriff, Gedanken oder die zentrale Frage in einen Kasten oder ein Oval oben auf das eigentliche Konzeptblatt.

– Wählen Sie die nächstwichtigen Begriffe Ihrer Liste aus und setzen Sie sie in Kasten oder Oval unter den Schlüsselbegriff. Zeichnen Sie Pfeile zur Verbindung dieser Begriffe.

– Fahren Sie darunter mit den nächstwichtigen Schlüsselwörtern fort.

– Erklären Sie die Zusammenhänge zwischen den Begriffen, indem Sie sie mit Linien verbinden und durch Beschriftung der Linien ihren Zusammenhang in ein oder zwei Wörtern erklären.

Tipp: Der Zusammenhang kann ganz unterschiedlich sein: Ein Begriff kann Teil eines anderen sein, er kann entscheidend für einen anderen Begriff sein, er kann für die Produktion eines anderen Begriffes verwendet werden oder es kann eine Reihe anderer Verbindungen geben.

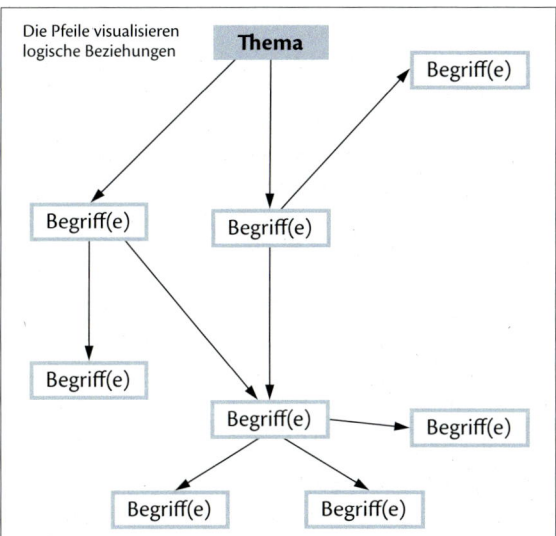

Fachmethoden

Darstellungen analysieren

Leitfrage

1. Welche Fragestellung bestimmt die Untersuchung der Darstellung?

Analyse formale Aspekte

2. Wer ist der Autor (ggf. zusätzliche Informationen über den Verfasser)?
3. Um welche Textsorte handelt es sich?
4. Mit welchem Thema setzt sich der Autor auseinander?
5. Wann und wo ist der Text veröffentlicht worden?
6. Gab es einen konkreten Anlass für die Veröffentlichung?
7. An welche Zielgruppe richtet sich der Text (Historiker, interessierte Öffentlichkeit)?
8. Welche Intentionen oder Interessen verfolgt der Verfasser?

Inhaltliche Aspekte

9. Was sind die wesentlichen Aussagen des Textes?
   a) anhand der Argumentationsstruktur: These(n) und Argumente
   b) anhand der Sinnabschnitte: wesentliche Aspekte und Hauptaussage
10. Wie ist die Textsprache (z. B. appellierend, sachlich oder polemisch)?
11. Welche Überzeugungen vertritt der Autor?

Historischer Kontext

12. Auf welchen historischen Gegenstand bezieht sich der Text?
13. Welche in der Darstellung angesprochenen Sachaspekte bedürfen der Erläuterung?

Urteil

14. Ist der Text überzeugend im Hinblick auf die fachliche Richtigkeit (historischer Kontext) sowie auf die Schlüssigkeit der Darstellung?
15. Welche Gesichtspunkte des Themas werden vom Autor kaum oder gar nicht berücksichtigt?
16. Was ergibt ggf. ein Vergleich mit anderen Darstellungen zum gleichen Thema?
17. Wie lässt sich der dargestellte historische Gegenstand aus heutiger Sicht im Hinblick auf die Leitfrage bewerten?

Kontroverse Texte untersuchen

Thema benennen und Vorwissen aktivieren

1. Was sind kontroverse Texte?
2. Um welches Thema handelt es sich? Welches Vorwissen habe ich dazu?

Texte analysieren

3. Wann wurden die Texte verfasst?
4. Welche Behauptungen werden dort aufgestellt?
5. Wie werden bestimmte Behauptungen und Einschätzungen begründet?

Wertungen und Interessen in den Texten erkennen und beurteilen

6. Wie wird der Leser durch die Texte beeinflusst?
7. Aus welchen Gründen wird das Thema so beurteilt?
8. Lässt sich die Beurteilung auf Sachwissen zurückführen oder ist sie unsachlich?

Zu einem eigenen Urteil gelangen

9. Welche Fragen bleiben offen?
10. Wie beurteile ich selbst den Gegenstand der Texte?

Schriftliche Quelle interpretieren

Leitfrage

1. Welche Fragestellung bestimmt die Untersuchung der Quelle?

Analyse formale Aspekte

2. Um welche Quellengattung handelt es sich (z. B. Brief, Rede, Vertrag)?
3. Wann und wo ist der Text entstanden bzw. veröffentlicht worden?
4. Wer ist der Autor (ggf. Amt, Stellung, Funktion, soziale Schicht)?
5. Was ist das Thema des Textes?
6. Wer ist der Adressat bzw. sind die Adressaten (z. B. Privatpersonen, Institutionen, Herrschende, Öffentlichkeit, Nachwelt)?
7. Welche Intentionen oder Interessen verfolgt der Autor?

Inhaltliche Aspekte

8. Was sind die wesentlichen Textaussagen?
9. Welche Begriffe sind von zentraler Bedeutung (Schlüsselbegriffe)?
10. Wie ist die Textsprache (z. B. sachlich, emotional, appellativ, informativ, argumentativ, manipulierend, ggf. rhetorische Mittel)?
11. Welche Überzeugungen, Interessen oder Intentionen vertritt der Autor?
12. Welche Wirkung soll der Text bei den Adressaten erzielen?

Historischer Kontext

13. In welchen historischen Zusammenhang lässt sich die Quelle einordnen?
14. Auf welches Ereignis, welchen Konflikt, welche Prozesse bzw. Epochen bezieht sich der Inhalt der Quelle?

Urteil

15. Beurteilung nach sachlichen Aspekten (Sachurteil):
    - Welchen politisch-ideologischen Standpunkt nimmt der Autor ein?
    - Inwieweit ist der Text glaubwürdig? Enthält der Text Widersprüche?
    - Welche Problematisierung ergibt sich aus dem Text?

16. Bewertung nach heutigen Wertmaßstäben (Werturteil) Wie lassen sich die Aussagen des Textes im Hinblick auf die Leitfrage aus heutiger Sicht bewerten?

Schriftliche Quellen vergleichen

Ersten Eindruck festhalten

1. Wie ist Ihr Eindruck nach dem ersten Lesen beider Quellen?

Informationen zu Verfassern und Texten sammeln

2. Wann wurden die Texte geschrieben?
3. Wie groß ist der zeitliche Abstand zwischen Ereignis und Bericht?
4. Waren die Autoren Augenzeugen? Wenn nicht: Wen geben sie als Informanten an?

Inhalt vergleichen

5. Geben Sie Hauptaussagen und Schlüsselbegriffe der Texte wieder und vergleichen Sie sie im nächsten Schritt.
6. Welche Informationen stimmen überein?
7. Gibt es Einzelheiten, die nicht in den Texten erscheinen, die unterschiedlich genau oder ausführlich wiedergegeben werden?
8. Was wird berichtet, ist es logisch oder enthält es Unstimmigkeiten?
9. Ist ein Urteil oder eine Meinung der beiden Verfasser zu erkennen?

Weitere Informationen sammeln

10. Ziehen Sie weitere Informationen hinzu, z. B. aus Sachbüchern, dem Schulbuch oder dem Internet.

Ergebnisse formulieren

11. Vergleichen Sie die Notizen aus den einzelnen Arbeitsschritten miteinander. Formulieren Sie eine eigene Meinung.

Eine Bildquelle auswerten

Einzelne Elemente beschreiben

1. Was ist dargestellt (Personen, Gegenstände)?
2. In welchen Haltungen oder Bewegungen sind sie zu sehen?
3. Wie lässt sich die Situation beschreiben?
4. Was erscheint merkwürdig?

Zusätzliche Informationen hinzuziehen und Bedeutung der Bildelemente entschlüsseln

5. Welche Hinweise gibt die Bildunterschrift?

6. Welche Bedeutung würden Sie heute der entsprechenden Geste, Gebärde, Handlung oder dem Gegenstand zuordnen?
7. Recherchieren Sie Hintergrundinformationen zu den Symbolen (Bibliothek, Internet …).
8. Welche Einzelaussagen ergeben sich aus den Symbolen und Gesten?

Bildaussage formulieren

9. Welche Gegenstände oder Handlungen scheinen besonders wichtig für die Aussage des Bildes? Woran lässt sich das erkennen?
10. Welche Gesamtaussage lässt sich formulieren? Gibt es mehrere Deutungen?

Bilder vergleichen

Einzelheiten der zu vergleichenden Bilder erfassen

1. Welche Personen sind dargestellt?
2. Welches Verhältnis zwischen den Personen wird angedeutet?
3. Ist es eine naturgetreue, eine stilisierte oder eine vereinfachte Darstellung?
4. Beschreiben Sie Kleidung, Aussehen, Hintergrund, Bildrahmen.

Zusätzliche Informationen heranziehen

5. Ist der Titel der Bilder bekannt? Gibt es eine Bildunterschrift?
6. Wann sind die Bilder entstanden?
7. Wer sind die Künstler?
8. Sind Auftraggeber bekannt?

Bildaussage erkennen

9. Welchen Zweck verfolgt die Darstellung (z. B. Erinnerung, Erhöhung, Kritik, Veranschaulichung, Verschleierung …)?

Bilder vergleichen

10. Welche Gemeinsamkeiten lassen sich erkennen?
11. Wie unterscheiden sich die Bilder in Aufbau, Farbgebung, Gestaltung?
12. Wie lassen sich besondere Unterschiede, aber auch besondere Gemeinsamkeiten erklären?

Historische Gemälde interpretieren

Leitfrage

1. Welches historische Ereignis thematisiert das Bild?

Analyse formale Aspekte

2. Wer ist der Künstler? Wer ist der Auftraggeber?
3. Zu welchem Zweck entstand es? Wann entstand das Bild? Wo hing bzw. hängt es?
4. Wie groß ist das Bild? Welche Materialien wurden verwendet?

Inhaltliche Aspekte – Beschreibung

5. Welche Bildelemente sind zu sehen (Personen, Orte, Gegenstände, Landschaften, Symbole)?
6. Wie sind die Personen dargestellt (Gestik, Mimik, Körperhaltung, Kleidung)?

7. Wie ist die Bildkomposition (Personen, Umgebung, Gegenstände, Situation, Proportionen, Symbole in ihren Relationen) angelegt?

8. Welche Darstellungsmittel wurden eingesetzt (Technik, Farben, Lichtwirkung, Perspektive)?

Inhaltliche Aspekte – Deutung

9. Welche Bedeutung haben Bildelemente, Bildkomposition und Darstellungsmittel?

10. Was war die Intention des Malers? Welche Wirkung sollte beim zeitgenössischen Betrachter erzeugt werden?

Historischer Kontext

11. In welchen historischen Zusammenhang lässt sich das Bild einordnen?

12. Wie wurde es zeitgenössisch rezipiert? Wurde es verbreitet?

Urteil

13. Welche Funktion sollte das Bild erfüllen? An wen richtete es sich?

14. Entspricht das dargestellte Ereignis den historischen Fakten? (ggf. Vergleich mit wissenschaftlichen Erkenntnissen über das Ereignis)

15. Wie lässt sich das Bild aus heutiger Sicht bewerten?

Politische Plakate interpretieren

Leitfrage

1. Welche Fragestellung bestimmt die Untersuchung des Plakats?

Analyse formale Aspekte

2. Wer hat das Plakat erstellt oder in Auftrag gegeben?

3. Wann und wo ist das Plakat erschienen?

4. Welcher Anlass führte zur Erstellung und Veröffentlichung des Plakats?

5. An wen ist das Plakat gerichtet?

Inhaltliche Aspekte

6. Was ist das Thema des Plakats?

7. Was ist auf dem Plakat dargestellt und welche Gestaltungsmittel (Bilder, Personen, Gegenstände, Texte/Schlagwörter, Symbole, Muster, Anordnung der Bildgegenstände/ Art der Komposition, Perspektive, Farben, Proportionen und Verhältnis von Bild und Text) wurden genutzt?

Historischer Kontext

8. In welchem historischen Kontext (Ereignis, Epoche, Prozess, Wahlkampf) ist das Plakat entstanden?

Urteilen – Sachurteil

9. Wie lassen sich die Gestaltungsmittel deuten?

10. Welche Wirkung sollte beim zeitgenössischen Beobachter erzielt werden?

11. Welche Intention verfolgte der Ersteller bzw. Auftraggeber?

12. Ist das Plakat repräsentativ für seine Zeit?

13. Welche Schlussfolgerungen lassen sich im Hinblick auf die Leitfrage ziehen?

Werturteil

14. Wie lässt sich das Plakat gemäß der Leitfrage aus heutiger Sicht bewerten?

Eine Karikatur analysieren

Ersten Eindruck festhalten

1. Wie wirkt die Karikatur auf Sie?

Einzelne Text- und Bildelemente beschreiben

2. Welche Personen, Gegenstände und anderen Details lassen sich erkennen? Achten Sie auf den Gesichtsausdruck, die Kleidung und die Körperhaltung. Beziehen Sie Beschriftungen mit ein.

Zusätzliche Informationen heranziehen und erste Deutung vornehmen

3. Wer ist der Zeichner?

4. Wann und wo ist die Karikatur entstanden?

5. Gibt es einen Titel?

6. Welches Thema hat die Karikatur?

7. Welche Bedeutung haben die Personen und Gegenstände?

8. Auf welches Ereignis bezieht sich die Karikatur?

Aussage formulieren

9. Was ist die Botschaft?

10. Was wird kritisiert?

11. Welche Wirkung könnte die Karikatur haben?

Eine historische Fotografie analysieren

Entstehung der Fotografie

1. Wann ist das Foto entstanden?

2. Was stellt es dar?

3. Wer hat in wessen Auftrag fotografiert?

4. Für welchen Adressaten ist die Fotografie angefertigt worden?

5. Welche Bildtechnik ist zu erkennen (Perspektive, Brennweite, Entfernung, Ausschnitt)?

Aussage und Deutung

6. Was ist er erste Eindruck?

7. Welche Gesamtaussage lässt sich formulieren?

8. Welche Fragen bleiben offen?

Schaubild auswerten

Einzelne Elemente des Schaubildes erfassen

1. Welche Fachbegriffe werden verwendet, wie sind sie zu klären?

2. Welche Bedeutung haben Farben und Pfeile?

Den Aufbau des Schaubildes untersuchen

3. Wie ist das Schaubild zu lesen?

Inhalt erschließen und bewerten

4. Welche Aussagen werden im Schaubild getroffen?

5. Sind die Aussagen historisch korrekt?

Historischen Zusammenhang einbeziehen

6. Welche weiteren Informationen zur Einordnung und Bedeutung des Schaubildes sind notwendig?

Ein Verfassungsschaubild auswerten

Einzelne Elemente der Abbildung erfassen

1. Welche Fachbegriffe werden genannt?
2. Welche Bedeutung haben Farben, Pfeile etc.?

Formale Aspekte

3. Wie ist das Schaubild zu lesen (von unten nach oben, von links nach rechts)? Verändert sich die Aussage, wenn man einen anderen Einstieg nutzt?

Inhalt erschließen

4. Welche Verfassungsorgane sind dargestellt?
5. Wie ist die Gewaltenteilung umgesetzt?
6. Wer kontrolliert wen?
7. Wer darf wen wie oft wählen?
8. Um welche Staatsform handelt es sich?

Aussagen überprüfen

9. Sind die Angaben im Verfassungsschema historisch richtig?

Urteilen

10. Erkennt man Stärken und Schwächen dieser Verfassung?
11. Welche Fragen stellen sich nach dem Untersuchen des Schaubildes? Was ist unklar?

Eine Statistik auswerten

Formale Aspekte

1. Gegenstand: Zeitabschnitt; historisches Ereignis, das dargestellt wird
2. Fundstelle: Ort, Zeit, Urheber der Daten (Institution oder Person, politische/öffentliche Stellung)
3. Adressatenbezug: Wer wird angesprochen?
4. Wie wird das Zahlenmaterial präsentiert (Tabelle oder Diagramm? Säulen-, Balken-, Linien-, Kurven-, Kreis- oder Stapeldiagramm)?

Inhaltliche Aspekte

5. Jahreszahlen, Spalten oder Achsenbezeichnungen, Strukturierungshilfen
6. Legende, z. B. die Zuordnung von Farben zu bestimmten Staaten
7. Aussageart des Diagramms: Wird ein Vergleich angestrebt oder eine Entwicklung aufgezeigt? Gibt es Auffälligkeiten?

Aussagekraft bewerten

8. Geben Sie der Statistik zunächst eine Überschrift: Worum geht es überhaupt?
9. Fassen Sie die Kernaussagen zusammen und erläutern Sie sie jeweils kurz.
10. Setzen Sie die Aussagen in ihren historischen Zusammenhang.

11. Bewerten Sie die Aussagekraft der statistischen Daten: Ist die grafische Darstellung angemessen? Wird der Sachverhalt zu sehr vereinfacht?

Geschichtskarten und historische Karten analysieren

Leitfrage

1. Welche (historischen oder gegenwärtigen) Aussagen will die Karte dem Betrachter vermitteln?

Analyse

2. Erster Eindruck/Wirkung der Karte auf den Betrachter
3. Analyse der wichtigsten Kartenelemente: Titel, Maßstab, Legende, Farbgebung, verwendete Symbole, Schrift etc.
4. Ermittlung des Sachverhalts, also der Informationen, die die Karte liefert
5. Recherche der Kartenverfasser, Auftraggeber etc.
6. Analyse des Kontextes, in dem die Karte verwendet wird (Wer hat die Karte entworfen bzw. in Auftrag gegeben? In welchem Zusammenhang ist sie erschienen? An wen richtet sie sich?)
7. Ggf. Vergleich mit anderen Karten zum gleichen Thema

Beurteilung

8. Welche Schwerpunktsetzungen, expliziten und/oder impliziten Wertungen sind erkennbar?

Werturteile erkennen

Klären, worauf sich das Urteil des Verfassers oder der Verfasserin bezieht

1. Welche Haltungen werden beurteilt?
2. Welche Handlungen werden beurteilt?

Den Maßstab erkennen

3. Lässt sich das Werturteil auf Sachwissen zurückführen oder ist es unsachlich?
4. Wird deutlich, welche Kriterien für die Bewertung verwendet werden (z. B. religiöse Sicht, Standpunkt der Menschenrechte, tolerante Grundeinstellung…)?
5. Lassen sich Informationen dazu finden, warum ein bestimmter Standpunkt vertreten wird?

Zu einem eigenen Urteil gelangen

6. Wie bewerten Sie selbst den Sachverhalt?
7. Wie ist Ihre Position gegenüber dem Werturteil, das Sie erkennen?
8. Wie urteilen andere Menschen darüber?

Das Internet nutzen

Suche beginnen

1. Welche Suchmaschine wähle ich aus?
2. Welche Internethinweise gibt das Schulbuch?

Suchabsicht festlegen

  3. Welche Suchwörter helfen mir zur Beantwortung meiner Fragen weiter?

Überblick über das Suchergebnis bekommen

  4. Welche Links sind interessant und brauchbar?

  5. Welche Links stammen von glaubwürdigen Anbietern?

Ergebnisse ordnen

  6. Wie gehe ich mit den Informationen einer Webseite um?

Informationen sichern und auswerten

  7. Wie halte ich die gefundenen Informationen fest?

Sachtext lesen und verstehen

Ersten Überblick verschaffen

  1. Welche Überschrift hat der Text?

  2. Wie ist der erste Eindruck vom Inhalt und Aufbau?

Fragen stellen

  3. Was weiß ich schon über das Thema?

  4. Wer kommt im Text vor?

  5. Wo und wann findet das Dargestellte statt?

  6. Worum geht es?

  7. Welche Fragen bleiben offen?

Schlüsselwörter klären

  8. Welche schwierigen Wörter oder Unklarheiten muss ich klären?

  9. Welche Schlüsselwörter hat der Text?

Textaufbau erfassen

  10. In welche Abschnitte lässt sich der Text gliedern?

  11. Welche Überschriften passen dazu?

Inhalt wiedergeben

  12. Geben Sie mithilfe der Überschriften und Schlüsselwörter den Inhalt des Textes wieder.

Historische Urteile analysieren und vergleichen

Formale Merkmale

  1. Welche (z. B. berufliche) Funktion/welche (politische, gesellschaftliche) Stellung hat der Verfasser?

  2. Wann, wo und aus welchem Anlass ist der Text entstanden?

  3. Um welche Textsorte (z. B. öffentliche Rede, Artikel, Fachbuch) handelt es sich?

  4. An wen wendet sich der Text?

Herausarbeiten des Inhalts

  5. Mit welchem Thema beschäftigt sich der Text?

  6. Welche zentralen Aussagen enthält der Text? Welche Thesen werden aufgestellt?

  7. Mit welchen Argumenten untermauert der Autor seine Thesen und Aussagen?

Historischer Kontext

  8. Auf welches Ereignis/welche Epoche/welches Problem bezieht sich der Text?

  9. In welchem Verhältnis steht der Autor zum behandelten Thema?

Aussageabsicht

  10. Welche Absicht verfolgt der Verfasser?

  11. Welchen Standpunkt nimmt er ein?

  12. Unter welchen Fragestellungen/Maßstäben werden die Sachverhalte beurteilt?

  13. Welche Gesamtaussage lässt sich formulieren?

Darstellungen vergleichen

  14. Welche Aspekte sind für den Vergleich der beiden historischen Urteile geeignet? Welche Aspekte lassen sich nicht vergleichen?

  15. Welche Unterschiede und Gemeinsamkeiten zeigen die Darstellungen? Gibt es Überlappungen, Ähnlichkeiten, Abweichungen oder Gegensätze?

Darstellungen beurteilen

  16. Wie glaubwürdig/überzeugend sind die Texte?

  17. Gibt es logische Fehler in den Argumentationsketten oder sind sie schlüssig?

  18. Sind die Aussagen sachlich richtig?

  19. Wird das Wesentliche in den Blick genommen oder werden zentrale Aspekte ausgespart?

Ein historisches Urteil entwickeln

Siehe S. 58–59.

Denkmäler interpretieren

Siehe S. 440–441.

Eine perspektivisch-ideologiekritische Analyse durchführen

Siehe S. 442–445.

Literaturhinweise

Die russischen Revolutionen

Theorie und Methodentraining

Jäger, Wolfgang, Theoriemodule Oberstufe, Berlin 2011.

Jordan, Stefan, Theorien und Methoden der Geschichtswissenschaft. Orientierung Geschichte, 4., aktualisierte Aufl., Stuttgart 2018.

Rauh, Robert, Methodentrainer Geschichte Oberstufe. Quellenarbeit – Arbeitstechniken – Klausuren, Berlin 2010.

Revolution und Geschichte

Fahrmeir, Andreas, Revolutionen und Reformen. Europa 1789–1850, München 2010.

von Hellfeld, Matthias, Das lange 19. Jahrhundert: Zwischen Revolution und Krieg 1776–1914, Berlin 2015.

Nautz, Jürgen, Die großen Revolutionen der Welt, Wiesbaden 2008.

Tilly, Charles, Die europäischen Revolutionen, München 1993.

Wende, Peter, Große Revolutionen der Geschichte: Von der Frühzeit bis zur Gegenwart, München 2000.

Geschichte Russlands

Galeotti, Mark, Die kürzeste Geschichte Russlands, Berlin 2022.

Geyer, Dietrich, Das russische Imperium. Von den Romanows bis zum Ende der Sowjetunion, Berlin 2021.

Hildermeier, Manfred, Geschichte Russlands. Vom Mittelalter bis zur Oktoberrevolution, 4., durchgesehene Auflage, München 2022.

Kappeler, Andreas, Russische Geschichte, 7., aktualisierte Auflage, München 2016.

Pipes, Richard, Russland vor der Revolution. Staat und Gesellschaft im Zarenreich, München 1977.

Nolte, Hans-Heinrich, Geschichte Russlands, Stuttgart 2012.

Nolte, Hans-Heinrich u. a., Quellen zur Geschichte Russlands, Stuttgart 2014.

Die russischen Revolutionen

Altrichter, Helmut u.a., 1917. Revolutionäres Russland, Darmstadt 2016.

Aust, Martin, Die russische Revolution: Vom Zarenreich zum Sowjetimperium, München 2017.

Figes, Orlando, Die Tragödie eines Volkes. Die Epoche der Russischen Revolution, 1891–1924, Berlin 2014.

GEO-Epoche, Die Russische Revolution, Hamburg 2017.

Gestwa, Klaus, Der Russische Revolutionszyklus, Bayerische Landeszentrale für politische Bildungsarbeit, München 2018.

Haumann, Heiko, Die Russische Revolution 1917, Tübingen 2016.

Hildermeier, Manfred, Russische Revolution, 2. Auflage, Frankfurt/M. 2013.

Neutatz, Dietmar, Träume und Alpträume. Eine Geschichte Russlands im 20. Jahrhundert, München 2013.

Service, Robert, Lenin. Eine Biographie, München 2000.

Wunderer, Hartmann, Die Russische Revolution, Stuttgart 2014.

Smith, Steven A., Revolution in Russland: Das Zarenreich in der Krise: 1890–1928, Darmstadt 2017.

Geschichte der Sowjetunion

Altrichter, Helmut, Kleine Geschichte der Sowjetunion 1917–1991, München 1993.

Hildermeier, Manfred, Geschichte der Sowjetunion 1917–1991. Entstehung und Niedergang des ersten sozialistischen Staates, 2., überarbeitete Auflage, München 2017.

Schattenberg, Susanne, Geschichte der Sowjetunion. Von der Oktoberrevolution bis zum Untergang, München 2022.

Krisentheorien

Burckhardt, Jacob, Weltgeschichtliche Betrachtungen, München 2018 [1905].

Deutsch, Karl W., Zum Verständnis von Krisen und politischen Revolutionen, in: Martin Jänicke (Hg.), Herrschaft und Krise, Opladen 1973, S. 90–93.

Koselleck, Reinhart, Kritik und Krise, Eine Studie zur Pathogenese der bürgerlichen Welt, 15. Auflage, Frankfurt/M. 2021 [1959].

Vierhaus, Rudolf, Artikel „Krisen", in: Stefan Jordan (Hg.), Lexikon der Geschichtswissenschaft. Hundert Grundbegriffe, Stuttgart 2002.

Revolutionstheorie

Arendt, Hannah, Über die Revolution, 6. Auflage, München 2016.

Brinton, Crane, Anatomie der Revolution, Wien 2017.

Davies, James C. (ed.), When Men Revolt and Why. A Reader in Political Violence and Revolution, New York 1971.

Eisenstadt, Shmuel N., Die großen Revolutionen und die Kulturen der Moderne, Wiesbaden 2006.

Grosser, Florian, Theorien der Revolution zur Einführung, Hamburg 2013.

Lenin, Wladimir I., Staat und Revolution, Berlin 2017.

Marx, Karl/Engels, Friedrich, Das Kommunistische Manifest, Hamburg 2009.

Tocqueville, Alexis de, Der alte Staat und die Revolution, 3. Auflage, Warendorf 2013.

Die Französische Revolution

GEO-Epoche, Die Französische Revolution, Hamburg 2004.

Kuhn, Axel, Die Französische Revolution, Stuttgart 2012.

Israel, Jonathan, Die Französische Revolution. Ideen machen Politik, Stuttgart 2017.

Kruse, Wolfgang, Die Französische Revolution, Paderborn 2005.

Lachenicht, Susanne, Die Französische Revolution. Wissenschaftliche Buchgesellschaft, 2., aktualisierte Auflage, Darmstadt 2016.

Reichardt, Rolf, Das Blut der Freiheit. Französische Revolution und demokratische Kultur, Frankfurt/M. 1998.

Schulin, Ernst, Die Französische Revolution, München 2013.

Schulze, Wilfried, Der 14. Juli 1789. Biographie eines Tages, Stuttgart 1989.

Thamer, Hans-Ulrich, Die Französische Revolution, München 2013.

Vovelle, Michel, Die Französische Revolution. Soziale Bewegung und Umbruch der Mentalitäten, Frankfurt/M. 1985.

Die Amerikanische Revolution

Depkat, Volker, Geschichte der USA, Stuttgart 2016.

Dippel, Horst, Die Amerikanische Revolution. 1763–1787, Frankfurt/M. 1985.

Ellis, Joseph J., Sie schufen Amerika. Die Gründergeneration von John Adams bis George Washington, München 2005.

Ellis, Joseph J., Seine Exzellenz George Washington. Eine Biographie, München 2005.

Gassert, Philipp/Häberlein, Mark/Wala, Michael, Geschichte der USA, 2., überarb. Aufl., Stuttgart 2018.

Heideking, Jürgen/Mauch, Christof, Geschichte der USA, 6. Aufl., Tübingen 2008.

Hochgeschwender, Michael, Die Amerikanische Revolution. Geburt einer Nation 1763–1815, München 2016.

Lerg, Charlotte A., Die Amerikanische Revolution, Tübingen u. a. 2010.

China und die imperialistischen Mächte

Theorie und Methodentraining

Jäger, Wolfgang, Theoriemodule Oberstufe, Berlin 2011.

Jordan, Stefan, Theorien und Methoden der Geschichtswissenschaft. Orientierung Geschichte, 4., aktualisierte Aufl., Stuttgart 2018.

Rauh, Robert, Methodentrainer Geschichte Oberstufe. Quellenarbeit – Arbeitstechniken – Klausuren, Berlin 2010.

Überblicksdarstellungen chinesische Geschichte

Dabringhaus, Sabine, Geschichte Chinas von der Mongolenherrschaft bis zur Gründung der Volksrepublik, München 2006.

Ebrey, Patricia Buckley, China: eine illustrierte Geschichte, Frankfurt/M. 1996.

van Ess, Hans, China. Die 101 wichtigsten Fragen, 3., aktualisierte Auflage, München 2020.

Klein, Thoralf, Geschichte Chinas. Von 1800 bis zur Gegenwart, Paderborn 2009.

Mühlhahn, Klaus, Geschichte des modernen China. Von der Qing-Dynastie bis zur Gegenwart, München 2021.

Osterhammel, Jürgen, China und die Weltgesellschaft: Vom 18. Jahrhundert bis in unsere Zeit, München 1989.

Schmidt-Glintzer, Helwig, Kleine Geschichte Chinas, München 2008.

Schmidt-Glintzer, Helwig, Das alte China. Von den Anfängen bis zum 19. Jahrhundert, München 2018.

Spence, Jonathan D., Chinas Weg in die Moderne, München 1995.

Vogelsang, Kai, Geschichte Chinas, 7., überarbeitete Aufl., Stuttgart 2021.

China im 19. und 20. Jahrhundert

Dabringhaus, Sabine, China im 20. Jahrhundert, München 2009.

Fischer, Doris/Müller-Hofstede, Christoph, Länderbericht China, Bonn (bpb) 2014.

Kai, Hu/Schildt, Gerhard, Das moderne China. 19. und 20. Jahrhundert, Stuttgart 2014.

Osterhammel, Jürgen, Das moderne China, Frankfurt/M. 1979.

Schmidt-Glintzer, Helwig, Das neue China. Vom Untergang des Kaiserreichs bis zur Gegenwart, 8., aktualisierte Aufl., München 2021.

Konfuzianismus und „Reich der Mitte"

Bauer, Wolfgang, Geschichte der chinesischen Philosophie: Konfuzianismus, Daoismus, Buddhismus, München 2018.

Blunden, Caroline/Elvin, Mark, Bildatlas der Weltkulturen: China, Augsburg 1998.

Damals (Hg.), China – das Reich der Mitte von den Anfängen bis heute. Ein reich bebildertes Sachbuch, Darmstadt 2020.

van Ess, Hans, Konfuzianismus, München 2009.

van Ess, Hans, Chinesische Philosophie. Von Konfuzius bis zur Gegenwart, München 2021.

Höllmann, Thomas O., Das alte China. Eine Kulturgeschichte, München 2008.

Europa: Aufklärung und Industrialisierung

Butschek, Felix, Industrialisierung – Ursachen, Verlauf, Konsequenzen, Wien 2006.

Fisch, Jörg, Europa zwischen Wachstum und Gleichheit 1850–1914 (= Handbuch der Geschichte Europas, Bd. 8), Stuttgart 2002.

Haag, Johannes/Wild, Markus, Philosophie der Neuzeit: Von Descartes bis Kant, München 2019.

Paulmann, Johannes, Globale Vorherrschaft und Fortschrittsglauben. Europa 1850–1914, München 2019.

Pierenkemper, Toni, Umstrittene Revolutionen. Die Industrialisierung im 19. Jahrhundert, Frankfurt/M. 1996.

Schneiders, Werner, Das Zeitalter der Aufklärung, München 2014.

Stollberg-Rilinger Barbara, Die Aufklärung. Europa im 18. Jahrhundert, Stuttgart 2011.

China und Europa

Bauer, Wolfgang, China und die Fremden, München 1980.

Osterhammel, Jürgen, Die Entzauberung Asiens. Europa und die asiatischen Reiche im 18. Jahrhundert, 2. Auflage, München 2013.

Wendt, Reinhard, Vom Kolonialismus zur Globalisierung. Europa und die Welt seit 1500, Paderborn 2016.

Japan

Kreiner, Josef (Hg.) Geschichte Japans, 8., aktualisierte Auflage, Stuttgart 2020.

Pieper, Annelotte, Japans Weg von der Feudalgesellschaft zum Industriestaat, 2., überarbeitete Auflage, Köln 1995.

Pohl, Manfred, Geschichte Japans, München 2008.

Vogelsang, Kai, Japan und China: Zwei Reiche unter einem Himmel: Zwei Reiche – eine Kulturgeschichte, Stuttgart 2020.

Imperialismus/Kolonialismus

Mommsen, Wolfgang, Das Zeitalter des Imperialismus, 22. Auflage, Frankfurt/M. 2005.

Osterhammel, Jürgen/Jansen, Jan C., Kolonialismus. Geschichte, Formen, Folgen, München 2016.

China und die imperialistischen Mächte

Haijian, Mao, The Qing Empire and the Opium War, Cambridge University Press, Cambridge 2016.

Hüttner, Johann Christian, Nachricht von der britischen Gesandtschaftsreise nach China 1792–1794, hg. von Sabine Dabringhaus, Stuttgart 1996.

Lovell, Julia, The Opium War, London 2011.

Osterhammel, Jürgen, Die Verwandlung der Welt. Eine Geschichte des 19. Jahrhunderts, 2. Auflage, München 2009.

Petersson, Niels P., Imperialismus und Modernisierung: Siam, China und die europäischen Mächte 1895–1914, München 2000.

China zwischen Anpassung und Widerstand

Chunxiao, Jing, Mit Barbaren gegen Barbaren: Die chinesische Selbststärkungsbewegung und das deutsche Rüstungsgeschäft im späten 19. Jahrhundert, Münster 2002.

Kang, Youwei, Die Große Gemeinschaft (China konkret), hg. von Thomas Heberer, Esslingen 2020.

Leutner, Mechthild/Mühlhahn, Klaus (Hg.), Kolonialkrieg in China. Die Niederschlagung der Boxerbewegung 1900–1901, Berlin 2007.

Spence, Jonathan D., Das Tor des Himmlischen Friedens: Die Chinesen und ihre Revolution 1895–1980, München 1980.

Kulturkontakt und Kulturkonflikt

Bitterli, Urs, Alte Welt – Neue Welt. Formen des europäisch-überseeischen Kulturkontakts vom 15. bis zum 18. Jahrhundert, 2. Auflage, München 1992.

Bitterli, Urs, Die „Wilden" und die „Zivilisierten". Grundzüge einer Geistes- und Kulturgeschichte der europäisch-überseeischen Begegnung, 3. Auflage, München 2004.

Burke, Peter, Kultureller Austausch, Frankfurt/M. 2000.

Transformationsforschung

Braudel, Fernand, Schriften zur Geschichte 1. Gesellschaften und Zeitstrukturen, Stuttgart 1992.

Braudel, Fernand, Wie Geschichte geschrieben wird. Berlin 1998.

Kollmorgen, Raj/Merkel, Wolfgang/Wagener, Hans-Jürgen, Handbuch der Transformationsforschung, Wiesbaden 2015.

Merkel, Wolfgang, Systemtransformation, 2. Auflage, Wiesbaden 2010.

Suter, Andreas/Hettling, Manfred, Struktur und Ereignis (Sonderheft 19 der Zeitschrift für Historische Sozialwissenschaft), Göttingen 2001.

Kreuzzüge

Gabrieli, Francesco (Hg.), Die Kreuzzüge aus arabischer Sicht, Augsburg 2000.

Maalouf, Armin, Der heilige Krieg der Barbaren. Die Kreuzzüge aus Sicht der Araber, München 1997.

Meyer, Hans-Eberhard, Geschichte der Kreuzzüge, 10., überarbeitete und erweiterte Auflage, Stuttgart 2005.

Milger, Peter, Die Kreuzzüge. Krieg im Namen Gottes, München 2000.

Riley-Smith, Jonathan, Illustrierte Geschichte der Kreuzzüge, Frankfurt/M. 1999.

Runciman, Steve, Geschichte der Kreuzzüge, München 1995.

Spanischer Kolonialismus

Bitterli, Urs, Die Entdeckung Amerikas. Von Kolumbus bis Alexander von Humboldt, München 2006.

Delgado, Mariano (Hg.), Gott in Lateinamerika. Texte aus fünf Jahrhunderten. Ein Lesebuch zur Geschichte, Düsseldorf 1991.

Fässler, Peter E., Globalisierung. Ein historisches Kompendium, Köln 2007.

Gründer, Horst, Eine Geschichte der europäischen Expansion. Von Entdeckern und Eroberern zum Kolonialismus, Stuttgart 2003.

Hausberger, Bernd (Hg.), Die Welt im 17. Jahrhundert (Globalgeschichte. Die Welt 1000–2000), Wien 2008.

Die Weimarer Republik zwischen Krise und Modernisierung

Theorie und Methodentraining

Jäger, Wolfgang, Theoriemodule Oberstufe, Berlin 2011.

Jordan, Stefan, Theorien und Methoden der Geschichtswissenschaft. Orientierung Geschichte, 4., aktualisierte Aufl., Stuttgart 2018.

Rauh, Robert, Methodentrainer Geschichte Oberstufe. Quellenarbeit – Arbeitstechniken – Klausuren, Berlin 2010.

Identität und deutsches Selbstverständnis, Nationalismus

Altrichter, Helmut/Herbers, Klaus/Neuhaus, Helmut (Hg.), Mythen in der Geschichte, Freiburg i. Breisgau 2004.

Berding, Helmut (Hg.), Mythos und Nation. Studien zur Entwicklung des kollektiven Bewusstseins in der Neuzeit 3, Frankfurt/M. 1996.

Fahrmeir, Andreas, Die Deutschen und ihre Nation. Geschichte einer Idee, Stuttgart 2017.

François, Etienne/Schulze, Hagen (Hg.), Deutsche Erinnerungsorte, 3 Bde., 4. Aufl., München 2002.

Schulze, Hagen, Staat und Nation in der europäischen Geschichte, München 1994.

Wehler, Hans-Ulrich, Nationalismus. Geschichte – Formen – Folgen, München 2001.

Wiegrefe, Klaus/Pieper, Dietmar (Hg.), Die Erfindung der Deutschen. Wie wir wurden, was wir sind, München 2007.

Deutsche Sonderwegsdebatte

Bracher, Karl Dietrich (Hg.): Deutscher Sonderweg – Mythos oder Realität? (= Kolloquien des Instituts für Zeitgeschichte), München 1982.

Plessner, Helmuth, Die verspätete Nation. Über die politische Verführbarkeit bürgerlichen Geistes, Stuttgart 1959.

Wehler, Hans-Ulrich, Umbruch und Kontinuität. Essays zum 20. Jahrhundert, München 2000.

Winkler, Heinrich August, Der lange Weg nach Westen, Bd. 2: Deutsche Geschichte vom „Dritten Reich" bis zur Wiedervereinigung, München 2000, S. 640–648.

Winkler, Heinrich August, Streitfragen der deutschen Geschichte. Essays zum 19. und 20. Jahrhundert, München 1997.

Modernisierung

Degele, Nina/Dries, Christian, Modernisierungstheorie, München 2005.

Eisenstadt, Shmuel N., Multiple Modernities, London 2002.

van der Loo, Hans/van Reijen, Willem, Modernisierung. Projekt und Paradox, München 1992.

Wehler, Hans-Ulrich, Modernisierungstheorie und Geschichte, in: ders., Die Gegenwart als Geschichte. Essays, München 1995, S. 13–59.

Transnationale Geschichtsschreibung und Globalisierung

Budde, Gunilla/Conrad, Sebastian/Janz, Oliver (Hg.), Transnationale Geschichte. Themen, Tendenzen, Theorien, Göttingen 2006.

Conrad, Sebastian, Globalgeschichte. Eine Einführung, München 2013.

Fässler, Peter E., Globalisierung, Köln 2017.

Osterhammel, Jürgen/Peterson, Niels P., Geschichte der Globalisierung. Dimensionen, Prozesse, Epochen, München 2007.

Osterhammel, Jürgen, Die Verwandlung der Welt. Eine Geschichte des 19. Jahrhunderts, München 2016.

Pernau, Margrit, Transnationale Geschichte, Göttingen 2011.

Versailler Vertrag

Conze, Eckart, Die große Illusion. Versailles 1919 und die Neuordnung der Welt, München 2018.

Krumeich, Gerd (Hg.), Versailles 1919. Ziele – Wirkung – Wahrnehmung, Essen 2001.

Leonhard, Jörn, Der überforderte Frieden. Versailles und die Welt 1918–1923, München 2018.

MacMillan, Margaret, Die Friedensmacher. Wie der Versailler Vertrag die Welt veränderte, Berlin 2015.

Schwabe, Klaus, Versailles. Das Wagnis eines demokratischen Friedens 1919–1923, Paderborn 2019.

Novemberrevolution 1918/19

Gerwarth, Robert/Weber, Alexander, Die größte aller Revolutionen. November 1918 und der Aufbruch in eine neue Zeit, München 2018.

Jones, Mark/Siber, Karl Michael, Am Anfang war Gewalt. Die deutsche Revolution 1918/19 und der Beginn der Weimarer Republik, Berlin 2017.

Niess, Wolfgang, Die Revolution von 1918/19. Der wahre Beginn unserer Demokratie, München 2017.

Ullrich, Volker, Die Revolution von 1918/19, München 2009.

Weimarer Republik

Becker, Sabina, Experiment Weimar. Eine Kulturgeschichte Deutschlands 1918–1933, Darmstadt 2018.

Braune, Andreas/Dreyer, Michael (Hg.), Weimar und die Neuordnung der Welt. Politik, Wirtschaft, Völkerrecht nach 1918, Stuttgart 2020.

Büttner, Ursula, Weimar – die überforderte Republik 1918–1933, Stuttgart 2010 (= Gebhardt. Handbuch der deutschen Geschichte, 10., völlig neu bearb. Aufl., Bd. 18), S. 173–712.

Büttner, Ursula, Weimar. Die überforderte Republik 1918–1933. Leistung und Versagen in Staat, Gesellschaft, Wirtschaft und Kultur, Stuttgart 2008.

Dreier, Horst/Waldhoff, Christian (Hg.), Weimars Verfassung. Eine Bilanz nach 100 Jahren, Göttingen 2020.

Dreier, Horst/Waldhoff, Christian (Hg.), Das Wagnis der Demokratie. Eine Anatomie der Weimarer Reichsverfassung, München 2018.

Gessner, Dieter, Die Weimarer Republik, 3., durchgesehene Aufl., Darmstadt 2009.

Hoeres, Peter, Die Kultur von Weimar. Durchbruch der Moderne, Berlin 2008.

Kolb, Eberhard, Gustav Stresemann, München 2003.

Kolb, Eberhard/Schumann, Dirk, Die Weimarer Republik, 8., überarbeitete u. erweiterte Aufl., München 2013.

Mai, Gunther, Die Weimarer Republik, 3., durchgesehene Aufl., München 2018.

Marcowitz, Reiner, Die Weimarer Republik 1929–1933, 5., vollständig überarbeitete u. aktualisierte Aufl., Darmstadt 2018.

Möller, Horst, Die Weimarer Republik. Demokratie in der Krise, 2. Aufl., München 2018.

Niedhart, Gottfried, Die Außenpolitik der Weimarer Republik, 2., aktualisierte Aufl., München 2006.

Peukert, Detlev J. K., Die Weimarer Republik. Krisenjahre der Klassischen Moderne, Frankfurt/M. 1987.

Pohl, Karl Heinrich, Gustav Stresemann. Biografie eines Grenzgängers, Göttingen 2015.

Winkler, Heinrich August, Weimar 1918–1933. Die Geschichte der ersten deutschen Demokratie, München 2018.

Wirsching, Andreas, Die Weimarer Republik. Politik und Gesellschaft, München 2000.

Wirsching, Andreas/Eder, Jürgen (Hg.), Vernunftrepublikanismus in der Weimarer Republik. Politik, Literatur, Wissenschaft, Stuttgart 2008.

Überblicksdarstellungen deutsche Geschichte

Frevert, Ute, Frauen-Geschichte. Zwischen Bürgerlicher Verbesserung und Neuer Weiblichkeit, Frankfurt/M. 1986.

Herbert, Ulrich, Geschichte Deutschlands im 20. Jahrhundert, München 2014.

Radkau, Joachim, Technik in Deutschland. Vom 18. Jahrhundert bis heute, Frankfurt/M. 2008.

Wehler, Hans-Ulrich, Deutsche Gesellschaftsgeschichte, 5 Bände, München 1987–2008.

Winkler, Heinrich August, Der lange Weg nach Westen, 2 Bände, München 2000.

Geschichte der USA

Depkat, Volker, Geschichte der USA, Stuttgart 2016.

Gassert, Philipp/Häberlein, Mark/Wala, Michael, Geschichte der USA, 2., überarb. Aufl., Stuttgart 2018.

Heideking, Jürgen/Mauch, Christof, Geschichte der USA, 6. Aufl., Tübingen 2008.

Stöver, Bernd, Geschichte der USA. Von der ersten Kolonie bis zur Gegenwart, München 2017.

Erster Weltkrieg

Berghahn, Volker, Der Erste Weltkrieg, 2. Aufl., München 2004.

Epkenhans, Michael, Der Erste Weltkrieg, Paderborn 2015.

Leonhard, Jörn, Die Büchse der Pandora. Geschichte des Ersten Weltkriegs, München 2014.

Nationalsozialismus und deutsches Selbstverständnis

Benz, Wolfgang u. a. (Hg.), Enzyklopädie des Nationalsozialismus, 5. Aufl., München 2007.

Hehl, Ulrich von, Nationalsozialistische Herrschaft, München 1996.

Müller, Rolf-Dieter, Der letzte deutsche Krieg 1939–1945, Stuttgart 2005.

Wehler, Hans-Ulrich, Der Nationalsozialismus. Bewegung, Führerschaft, Verbrechen 1919–1945, München 2009.

Geschichts- und Erinnerungskultur

Assmann, Aleida, Der lange Schatten der Vergangenheit. Erinnerungskultur und Geschichtspolitik, München 2006.

Assmann, Aleida, Erinnerungsräume. Formen und Wandlungen des kulturellen Gedächtnisses, 4., durchges. Aufl., München 2009.

Assmann, Jan, Das kulturelle Gedächtnis. Schrift, Erinnerung und politische Identität in frühen Hochkulturen, 6. Aufl., München 2007.

Cornelißen, Christoph, Was ist Erinnerungskultur? In: Geschichte in Wissenschaft und Unterricht 2003, S. 548–563.

Eckel, Jan/Moisel, Claudia (Hg.), Universalisierung des Holocaust? Erinnerungskultur und Geschichtspolitik in internationaler Perspektive, Göttingen 2008.

Ertl, Astrid, Kollektives Gedächtnis und Erinnerungskulturen. Eine Einführung, Stuttgart 2005.

Frei, Norbert, Vergangenheitspolitik. Die Anfänge der Bundesrepublik und die NS-Vergangenheit, 2. Auflage, München 1997.

Füßmann, Klaus, u. a. (Hg.), Historische Faszination. Geschichtskultur heute, Köln 1994.

Giesecke, Dana/Welzer, Harald, Das Menschenmögliche. Zur Renovierung der deutschen Erinnerungskultur, Hamburg 2012.

Entstehung und Wandel von Mythen

Begriff und Theorie des „Mythos"

Assmann, Jan, Mythos und Geschichte, in: Helmut Altrichter/Klaus Herbers/Helmut Neuhaus (Hg.), Mythen in der Geschichte, Rombach Verlag, Freiburg i. Breisgau 2004, S. 13–28.

Barner, Wilfried, Anke Derken u. Jörg Wesche (Hg.), Texte zur modernen Mythentheorie, Reclam, Stuttgart 2003.

Becker, Frank, Begriff und Bedeutung des politischen Mythos, in: Was heißt Kulturgeschichte des Politischen?, hg. v. Barbara Stollberg-Rilinger, Duncker & Humblot, Berlin 2005 (= Zeitschrift für historische Forschung, Beiheft 35), S. 129–148.

Bizeul, Yves, Theorien der politischen Mythen und Rituale, in: ders. (Hg.): Politische Mythen und Rituale in Deutschland, Frankreich und Polen, Duncker & Humblot, Berlin 2000, S. 15–39.

Hein-Kirchner, Heidi, Politische Mythen, in: Aus Politik und Zeitgeschichte, zit. nach: https://www.bpb.de/shop/zeitschriften/apuz/30604/politische-mythen/

Keil, Lars-Broder, Fiktion im Geschichtsunterricht. Wie Legenden und Mythen das Bild von vergangener Wirklichkeit beeinflussen können, in: Sabine Horn/Michael Sauter (Hg.): Geschichte und Öffentlichkeit. Orte Medien Institutionen, UTB, Göttingen 2009, S. 32–39.

Sack, Hilmar, Geschichte im politischen Raum. Theorie-Praxis Berufsfelder, UTB, Tübingen 2016, S. 12–18.

Segal, Robert A., Mythos. Eine kleine Einführung, übersetzt v. Tanja Handels, Reclam, Stuttgart 2007.

Voigt, Rüdiger, Mythen, Rituale und Symbole in der Politik, in: ders. (Hg.): Symbole der Politik. Politik der Symbole, Leske + Budrich, Opladen 1989, S. 9–37.

Mythos „Oktoberrevolution 1917"

Altrichter, Helmut, Russland 1989. Der Untergang des sowjetischen Imperiums, C. H. Beck, München 2009.

Altrichter, Helmut, Russland 1917. Ein Land auf der Suche nach sich selbst, 2. durchges. u. erw. Auflage, Schöningh, Paderborn 2017.

Beyme, Klaus von, Die Oktoberrevolution und ihre Mythen in Ideologie und Kunst, in: Dietrich Harth, Jan Assmann (Hg.), Revolution und Mythos, Fischer TB, Frankfurt/M. 1992, S. 149–177.

Figes, Orlando, Die Flüsterer. Leben in Stalins Russland, aus dem Englischen von Bernd Rullkötter, Berlin Verlag, Berlin 2008.

Furet, François, Das Ende der Illusion. Der Kommunismus im 20. Jahrhundert, Piper, München 1996.

Hagemeister, Michael, Der Neue Mensch. Projekte der frühen Sowjetzeit, in: John Andreas Fuchs, Michael Neumann (Hg.): Mythen Europas. Schlüsselfiguren der Imagination, Wissenschaftliche Buchgesellschaft, Darmstadt 2009, S. 15–31.

Haring, Sabine A., Der Neue Mensch im Nationalsozialismus und Sowjetkommunismus, in: Aus Politik und Zeitgeschichte 37–38/2016, S. 10–15.

Koenen, Gerd, Der „Rote Oktober" als Mythos und Utopicum, in: 1917 Revolution. Russland und die Folgen, hg. v. Deutschen Historischen Museum u. dem Schweizerischen Nationalmuseum, Sandstein Verlag, Dresden 2017, S. 140–155.

Maier, Hans, Apotheose und Denkmalsturz: Diktatoren im 20. Jahrhundert, in: John Andreas Fuchs, Michael Neumann (Hg.): Mythen Europas. Schlüsselfiguren der Imagination, Wissenschaftliche Buchgesellschaft, Darmstadt 2009, S. 33–47.

Mythos „Wilder Westen"

Berg, Manfred, Geschichte der USA, Oldenbourg, München 2013 (Oldenbourg. Grundriss der Geschichte, , Bd. 42).

Depkat, Volker, Geschichte der USA, Kohlhammer, Stuttgart 2016.

Mauch, Christof, Amerikanische Geschichte. Die 101 wichtigsten Fragen, C. H. Beck, München 2008.

Emmerich, Alexander, Alles Mythos! 20 populäre Irrtümer über den Wilden Westen, Wissenschaftliche Buchgesellschaft, Darmstadt 2013.

Zarbo, Viviana, Die wahre Geschichte des Wilden Westen. Aus dem Italienischen v. Moshe Kahn, Wagenbach, Berlin 1994.

Mythos „Ostalgie"

Ahbe, Thomas, Ostagie. Zum Umgang mit der DDR-Vergangenheit in den 1990er Jahren, hg. v. Landeszentrale für politische Bildung Thüringen, Erfurt 2005 (Sonderauflage für die Landeszentrale für politische Bildung Berlin).

Ahbe, Thomas, Ostalgie. Zu ostdeutschen Erfahrungen und Reaktionen nach dem Umbruch, hg. v. Landeszentrale für politische Bildung Thüringen, Erfurt 2016.

Bisky, Jens, Zonensucht. Über die neue Ostalgie, in: Merkur, 58. Jg., Heft 2, Februar 2004, S. 117–127.

Berdahl, Daphne, Ostalgie und ostdeutsche Sehnsüchte nach einer erinnerten Vergangenheit, in: Thomas Hauschild, Bernd J. Warneken (Hg.), Inspecting Germany. Internationale Deutschland-Ethnographie der Gegenwart, LIT, Münster 2002, S. 476–495.

Dietrich, Gerd, Report. Sieben Arten „Ostalgie" zu beschreiben, zit. nach: www.kulturation.de/ki_1_report.php?id=148. (Download 27.07.2022)

Schmollack, Simone u. Katrin Weber-Klüver, Damals in der DDR Geschichten von Abschied und Aufbruch, Aufbau Verlag, Berlin 2010.

Mythos „Troia"

Hertel, Dieter, Troia. Archäologie, Geschichte, Mythos, C. H. Beck, München 2008.

Siebler, Michael, Troia. Mythos und Wirklichkeit, Reclam, Stuttgart 2001.

Zimmermann, Martin, Der Troianische Krieg in der Legitimation vom archaischen Griechenland bis zur Türkei der Gegenwart, in: Nikolaus Buschmann, Dieter Langewiesche (Hg.): Der Krieg in den Gründungsmythen europäischer Nationen und der USA, Campus Verlag, Frankfurt/M. 2003, S. 399–418.

Zimmermann, Martin (Hg.), Der Traum von Troia. Geschichte und Mythos einer ewigen Stadt, C. H. Beck, München 2006.

Hermann-Mythos

Doyé, Werner M., Arminius, in: Etienne Fraçois u. Hagen Schulze (Hg.), Deutsche Erinnerungsorte III, 2. Aufl., C. H. Beck, München 2002, S. 586–602.

Losemann, Volker, Arminius. Karriere eines Freiheitshelden, in: Betsy van Schlun, Michael Neumann (Hg.), Mythen Europas. Schlüsselfiguren der Imagination. Das 19. Jahrhundert, Verlag Friedrich Pustet, Regensburg 2008, S. 98–119.

Münkler, Herfried, Die Deutschen und ihre Mythen, Rowohlt, Berlin 2009.

Schlie, Ulrich, Die Nation erinnert sich. Die Denkmäler der Deutschen, C. H. Beck, München 2002.

Tacke, Charlotte, Denkmal im sozialen Raum. Nationale Symbole in Deutschland und Frankreich im 19. Jahrhundert, Vandenhoeck & Ruprecht, Göttingen 1993.

Unverfehrt, Gerd, Arminius als nationale Leitfigur Anmerkungen zu Entstehung und Wandel eines Reichssymbols, in: Ekkehard Mai/Stephan Waetzold (Hg.): Kunstverwaltung. Bau- und Denkmal-Politik im Kaiserreich, Dietrich Reimer Verlag, Berlin 1981.

Wiegels, Rainer/Winfried Woesler (Hg.), Arminius und die Varusschlacht Geschichts-Mythos-Literatur, 3. Aufl., Brill/Schöningh, Paderborn 1991.

Mythos „Che Guevara"

Bahrmann, Hannes, Abschied vom Mythos. Sechs Jahrzehnte kubanische Revolution. Eine kritische Bilanz, Ch. Links Verlag, Berlin 2016.

Lahrem, Stephan, Mythos „Che". Erklärungsangebote für das Nachleben des Ernesto Guevara, in: John Andreas Fuchs, Michael Neumann (Hg.): Mythen Europas. Schlüsselfiguren der Imagination, Wissenschaftliche Buchgesellschaft, Darmstadt 2009, S. 49–67.

Mythos „Wald"

Lehmann, Albrecht, Der deutsche Wald, in: Etienne François u. Hagen Schulze (Hg.), Deutsche Erinnerungsorte III, 2. durchges. Aufl., C. H. Beck, München 2002, 186–200.

Lehmann, Albrecht, Von Menschen und Bäumen. Die Deutschen und ihr Wald, Rowohlt, Reibek 1999.

Lehmann, Albrecht, Wald, in: Uwe Fleckner/Marin Warnke, Hendrik Ziegler (Hg.), Handbuch der politischen Ikonographie, Bd. II: Imperator bis Zwerg, C. H. Beck, München 2011, S. 537–542.

Mattheis, Lisa Felicitas (Hg.), Mythos Wald. Das Flüstern der Blätter, hg. v. Kunsthalle Emden, Wienand, Emden 2022.

Zeittafel

Zu den russischen Revolutionen

Die Daten sind hier nach dem 1917 in Russland gültigen julianischen Kalender angegeben. Sie liegen 13 Tage vor denen des im Westen gültigen gregorianischen Kalender.

1825	Dekabristen-Aufstand
	Zar Nikolaus I. festigt die autokratische Herrschaft.
1853 – 1856	Krimkrieg: Russland unterliegt dem Osmanischen Reich im Kampf um die Krim.
1855	Alexander II. wird Zar von Russland.
	Politische Opposition wird radikaler; Anarchisten und Narodniki.
1861	Bauernbefreiung: Aufhebung der Leibeigenschaft
1879	Die Organisation „*Narodnaja Wolja*" (Volkswille) wird gegründet.
1881	Tödliches Attentat auf Zar Alexander II.
1895	„Kampfbund für die Befreiung der Arbeiterklasse" wird gegründet.
1898	Die russische Sozialdemokratische Arbeiterpartei wird gegründet.
1901	Die Partei der Sozialrevolutionäre wird gegründet.
1903	Spaltung der Sozialdemokratischen Arbeiterpartei in Bolschewiki und Menschewiki
1904/1905	Russisch-Japanischer Krieg; russische Niederlage und Gebietsverluste

1905

9. Januar	„Blutsonntag": Demonstranten ziehen zum Winterpalast in St. Petersburg und wollen Petition an den Zaren übergeben; Truppen des Zaren schießen auf die Demonstranten.
Januar bis Oktober	Streiks und Demonstrationen im ganzen Land
17. Oktober	Oktobermanifest verspricht Konstitutionalisierung und Wahlen zu einer Duma.
1906	Im April wird die erste Duma eröffnet, im November wird sie aufgelöst; Wahlrechtsreform schränkt Wahlrecht ein.
1907	Von Februar bis Juni tagte die zweite Duma, auch sie wird aufgelöst.
1907 – 1912	Dritte Duma
1912	Tagungsbeginn der vierten Duma
1914	Beginn des Ersten Weltkriegs

1917

23. Februar	Beginn der **„Februarrevolution"**: Protestmarsch von Arbeiterfrauen in Petrograd
25. Februar	Generalstreik der Arbeiter Petrograds
27. Februar	Meuterei der Petrograder Garnison
	In Petrograd und Moskau entstehen Arbeiter- und Soldatenräte (Sowjets).
28. Februar	Gründung des Provisorischen Komitees der Duma
2. März	Gründung der Provisorischen Regierung unter Ministerpräsident Lwow.
	Zar Nikolaus II. dankt ab.
3./4. April	Rückkehr des Sozialdemokraten Lenin und anderer aus dem Exil in der Schweiz; Lenins Aprilthesen.
21./22. April	Demonstrationen von Arbeitern, Soldaten und Matrosen gegen die Fortsetzung der Kriegspolitik der Provisorischen Regierung
1. Mai	Sozialrevolutionäre und Menschewiki treten in die Provisorische Regierung ein.
3. – 24. Juni	Erster Allrussischer Kongress der Arbeiter- und Soldatenräte tagt.
18. Juni	Beginn der Juli(Kerenski)-Offensive
3. – 5. Juli	Julikrise: Arbeiterunruhen in Petrograd, bewaffnete Massendemonstrationen, Zusammenstöße mit den Truppen der Provisorischen Regierung, Verbot der Bolschewiki
7. Juli	Rücktritt von Ministerpräsident Fürst Lwow, Alexander Kerenski wird Ministerpräsident.
24. – 30. August	Putsch durch General Kornilow

24. – 26. Oktober	**„Oktoberrevolution":** Bewaffneter Aufstand von Soldaten, Matrosen und Arbeitern. Unter Leitung des Bolschewiken Leo Trotzki besetzen Militäreinheiten und Arbeiterbrigaden alle wichtigen Straßen, Plätze und Gebäude der Hauptstadt. Verhaftung der Provisorischen Regierung. Menschewiki und Sozialrevolutionäre verlassen aus Protest den Sowjetkongress. Der von Lenin und Trotzki beherrschte „Rat der Volkskommissare" bildet die Regierung.
8. November	Waffenstillstand mit Deutschland
12. November	Wahlen zur verfassunggebenden Versammlung
9. Dezember	Eintritt der Linken Sozialrevolutionäre in den Rat der Volkskommissare; Beginn der Friedensverhandlungen von Brest-Litowsk

1918

5./6. Januar	Auflösung der verfassunggebenden Versammlung durch die Bolschewiki
8. – 18. Januar	Dritter Allrussischer Kongress der Arbeiter-, Soldaten- und Bauernräte
15. Januar	Gründung der Roten Armee
16. März	Separatfrieden von Brest-Litowsk tritt in Kraft; Frieden, aber auch Gebietsverluste für Russland.
März	Beginn des Bürgerkriegs in Russland
4. – 10. Juli	Fünfter Allrussischer Sowjetkongress verabschiedet die Verfassung.
17. Juli	Erschießung der Zarenfamilie
7. Oktober	Rückeroberung der Wolgaregion durch die Rote Armee
1919	Rückeroberungen Kiews, Südrusslands und Eroberung Sibiriens
1920	Sieg über die letzten „weißen" Truppen auf der Krim; Ende des Bürgerkriegs
1921	Aufstand der Matrosen der Garnison Kronstadt gegen die Herrschaft der Bolschewiki wird blutig niedergeschlagen.
1921 – 1928	Neue Ökonomische Politik
1922	Gründung der Union der Sozialistischen Sowjetrepubliken (UdSSR)
1924	Lenin stirbt; Trotzki, Bucharin und Stalin kämpfen um seine Nachfolge.
1929 – 1953	Alleinherrschaft Stalins; Kennzeichen sind eine verschärfte Industrialisierungspolitik, Zwangskollektivierung mit Millionen Opfern, Personenkult und politische Säuberungen.

Zeittafel

Zu „China und die imperialistischen Mächte"

16. – 11. Jh.	Shang-Dynastie: hochentwickelte Bronzetechnik
11. Jh. – 256	Zhou-Dynastie mit Himmelskult
551 – 479	Lebzeiten Konfuzius'
221– 206	Qin-Dynastie: Reichseinigung, Kaisertitel
206 v. Chr. – 220 n. Chr.	Han-Dynastie: Papierherstellung; staatliche Anerkennung des Konfuzianismus
220 – 589	Zerfall in Teilreiche; erste Druckverfahren; Verbreitung des Buddhismus
589 – 907	Sui- und Tang-Dynastie: Porzellanherstellung; Beamtenprüfung
907 – 960	Zerfall in Teilreiche
960– 1271	Song-Dynastie: wirtschaftliche und kulturelle Blütezeit; Neokonfuzianismus
1271 – 1368	Yuan-Dynastie (Mongolen): Marco Polo in China
1368 – 1644	Ming-Dynastie
1405 – 1433	Fahrten des Zheng He in den Indischen Ozean
1601	Jesuiten beginnen in Beijing zu missionieren.
1644 – 1911	**Qing-Dynastie (Mandschuren)**
1720	Tibet wird chinesisches Protektorat.
1729	Opiumverbot durch Yongzheng-Kaiser
1792/93	Britische Gesandtschaft unter Lord Macartney in China
1839	Vernichtung von Opium in Kanton durch den Beauftragten des Kaisers Lin Zexu
1839 – 1842	Erster Opiumkrieg
1842	Vertrag von Nanjing, u. a. Abtretung von Hongkong an Großbritannien
1850	Bevölkerungszahl in China bei 430 Millionen
1850/51	Beginn des Taiping-Aufstandes und Ausrufung des Reiches „*Taiping Tianguo*"
1856 – 1858	Zweiter Opiumkrieg
1858	Vertrag von Tianjin (China, England, Frankreich, Russland und den USA)
1858	Vertrag von Aigun zwischen Russland und China
1860	Zerstörung des Sommerpalastes durch englische und französische Truppen; Konvention von Beijing
1861	Xianfeng-Kaiser stirbt; sein minderjähriger Sohn wird zum Tongzhi-Kaiser, als Regentin fungiert seine Mutter, die Kaiserinwitwe Cixi. Beginn der Selbststärkungsbewegung: Herstellung von moderner Waffentechnik, Schiffsbau; Gründung des *Zongli Yamen*, „Amt für auswärtige Beziehungen", unter Prinz Gong
1864	Niederschlagung Taiping-Aufstand
1870 – 1877	Aufstand der muslimischen Dunganen in Xinjiang
1875	Der Tongzhi-Kaiser stirbt. Sein Vetter wird Kaiser, Guangxu-Kaiser; die Regentschaft für den Minderjährigen liegt bei Kaiserinwitwe Cixi.
1876	Erste Eisenbahn in China
1876 – 1879	Hungersnot in Nordchina mit vielen Millionen Toten
1879	Höchststand der Opiumeinfuhr nach China
1884/85	Chinesisch-Französischer Krieg
1894/95	Chinesisch-Japanischer Krieg; im Vertrag von Shimonoseki muss China Taiwan an Japan abtreten; Korea wird unabhängig.

1897	Deutschland besetzt Qingdao.
1898	11. Juni: Guangxu-Kaiser leitet die Hundert-Tage-Reformen ein.
	20. September: Kaiserinwitwe Cixi stellt Guangxu-Kaiser unter lebenslangen Hausarrest und macht die Reformen rückgängig.
1899	US-Außenminister John Hay veröffentlicht *Open Door Note*, mit der China dazu verpflichtet werden soll, allen imperialistischen Mächten automatisch die gleichen Privilegien in China zuzugestehen. Faktisch war dies schon länger übliche Praxis zwischen China und den imperialistischen Mächten.
	In Shandong verübt die Bewegung der chinesischen „Boxer" (*Yihetuan*) Angriffe auf westliche Einrichtungen und auf Missionare.
1900	Der „Boxeraufstand" weitet sich aus und wird nun von der Qing-Regierung unterstützt.
	Juni: „Boxer" besetzen das Gesandtschaftsviertel in Beijing.
	20. Juni: Der deutsche Gesandte Freiherr von Ketteler wird von Aufständischen erschossen.
	August: Eine Allianz aus acht Mächten schickt 20 000 Soldaten nach Beijing und schlägt den Aufstand nieder.
	Nach der Niederschlagung kommt es zu weiteren Plünderungen und Gräueltaten durch auswärtige Soldaten.
1901	September: Im „Boxerprotokoll" wird China zu hohen Reparationszahlungen und symbolischen Sühneaktionen verpflichtet.
1902/03	Kaiserinwitwe Cixi beginnt mit der „Neuen Politik" und setzt Reformen in Gang: Verfassung soll erarbeitet werden, Schulen werden eingerichtet usw.
1904/05	Russisch-Japanischer Krieg in der Mandschurei
1905	Gründung „Revolutionsbund" im Exil in Japan unter Führung des Arztes Sun Yatsen mit dem Ziel, die Qing-Regierung zu stürzen und eine Republik zu errichten.
	Das zentrale Beamtenprüfungsverfahren wird abgeschafft.
1908	Kaiserinwitwe Cixi stirbt; Guangxu-Kaiser stirbt; der dreijährige Pu Yi wird Kaiser.
1911	10. Oktober: In Wuchang rebellieren Truppen und rufen die Republik aus. Provinzen schließen sich schrittweise an.
	29. Dezember: Sun Yatsen wird Präsident einer provisorischen Regierung.
1912	Absprachen zwischen Sun Yatsen und dem Qing-General Yuan Shikai zur Beendigung der Qing-Herrschaft.
	12. Februar: Kaiser Pu Yi dankt ab.
	15. Februar: Yuan Shikai wird Präsident.
ab 1912	**Republik China**
1913	Parlamentswahlen bringen Erfolg für Sun Yatsen und die Guomindang, Nachfolgeorganisation des Revolutionsbundes. Yuan Shikai löst das Parlament auf und geht zu Diktatur über. Sun Yatsen geht ins Exil nach Japan.
1915	Yuan Shikai ernennt sich zum Kaiser.
1916	Yuan Shikai stirbt.
1916 – 1928	Bürgerkrieg in China durch verschiedene Warlords
1921	Gründung der kommunistischen Partei Chinas
1925	Sun Yatsen stirbt, sein Nachfolger wird Chiang Kai-shek.
1926/27	Erfolgreicher Nordfeldzug der Guomindang, Unterdrückung der Kommunisten
1929 – 1949	Kampf der Guomindang und der Kommunisten um die Vorherrschaft in China
ab 1949	**Volksrepublik China**
	Gründung der kommunistischen Volksrepublik China unter Mao Zedong.
	Guomindang flieht nach Taiwan, dort besteht die Republik China weiter.

Zur Weimarer Republik

1918		
	8. Januar:	„14 Punkte" des amerikanischen Präsidenten Wilson
	29. Januar:	Oberste Heeresleitung fordert sofortigen Waffenstillstand
	3. Oktober:	Bildung der Regierung Max von Baden unter Beteiligung von SPD, Zentrum und Liberalen
	28. Oktober:	Parlamentarisierung durch Änderung der Reichsverfassung
	3. November:	Beginn des Matrosenaufstandes in Kiel
	9. November:	Revolution in Berlin: Abdankung des Kaisers, Friedrich Ebert (SPD) wird Reichskanzler; Scheidemann und Liebknecht rufen die Republik aus.
	10. November:	Bildung des Rates der Volksbeauftragten aus SPD und USPD, Abmachung zwischen Regierung und Oberster Heeresleitung („Ebert-Groener-Pakt")
	11. November:	Unterzeichnung des Waffenstillstands in Compiègne
	15. November:	„Zentralarbeitsgemeinschafts-Abkommen" zwischen Gewerkschaften und Unternehmerverbänden
	16.–20. Dezember:	Reichsrätekongress in Berlin beschließt Wahlen zur Nationalversammlung.
	23. Dezember:	Meuterei der Volksmarinedivision in Berlin
	28./29. Dezember:	Austritt der USPD aus dem Rat der Volksbeauftragten
	30. Dezember:	Gründung der KPD
1919	5.–11. Januar:	„Spartakusaufstand" in Berlin
	15. Januar:	Ermordung Karl Liebknechts und Rosa Luxemburgs
	18. Januar:	Eröffnung der Friedenskonferenz in Paris
	19. Januar:	Wahlen zur Nationalversammlung
	6. Februar:	Eröffnung der Nationalversammlung in Weimar
	1. Februar:	Wahl Friedrich Eberts zum Reichspräsidenten
	13. Februar:	Regierung Scheidemann mit den Parteien der „Weimarer Koalition"
	28. Juni:	Unterzeichnung des Friedensvertrags in Versailles
1920	13.–17. März:	Kapp-Lüttwitz-Putsch
	März bis Mai:	Kommunistische Aufstände im Ruhrgebiet und in Mitteldeutschland
	6. Juni:	Reichstagswahl
	16. Oktober:	Spaltung der USPD
	4.–7. Dezember:	Vereinigung des linken Flügels der USPD mit der KPD
1921	Januar bis März:	Reparationskonferenzen in Paris und London
	März:	Kommunistische Aufstände in Sachsen, Hamburg und im Ruhrgebiet
	20. März:	Volksabstimmung in Oberschlesien über die Zugehörigkeit zu Deutschland oder Polen
	5. Mai:	Festsetzung der Reparationsschuld auf 132 Mrd. Goldmark
	26. August:	Ermordung Matthias Erzbergers durch Rechtsextremisten
	12. Oktober:	Teilung Oberschlesiens durch Völkerbund beschlossen
1922	16. April:	Vertrag von Rapallo zwischen Deutschland und der Sowjetunion
	24. Juni:	Ermordung Walther Rathenaus durch Rechtsextremisten
	24. September:	Vereinigung der Rest-USPD mit der SPD
1923	11. Januar:	Besetzung des Ruhrgebiets durch französische und belgische Truppen
	13. Januar:	Verkündung des passiven Widerstands
	26. September:	Abbruch des passiven Widerstands, Verhängung des Ausnahmezustands im Reich
	Oktober/November:	Separatistische Bestrebungen im Rheinland und in der Pfalz
	21. Oktober:	Reichsexekution gegen Sachsen
	8./9. November:	Hitler-Putsch in München
	15. November:	Einführung der Rentenmark
1924	1. April:	Hitler zu 5 Jahren Festungshaft wegen Hochverrats verurteilt
	9. April:	Dawes-Plan: jährliche deutsche Reparationszahlungen von 2,5 Mrd. Mark
	4. Mai:	Reichstagswahlen
	29. August:	Annahme des Dawes-Plans durch den Reichstag
	7. Dezember:	Reichstagswahlen
	17. Dezember:	Vorzeitige Entlassung Hitlers aus der Haft
1925	28. Februar:	Tod von Reichspräsident Friedrich Ebert

	26. April:	Hindenburg wird im zweiten Wahlgang mit 48,3 % zum Reichspräsidenten gewählt.
	14. Juli–1. August:	Räumung des Ruhrgebiets von alliierten Truppen
	5.–16. Oktober:	Konferenz von Locarno
1926	5. Mai:	Flaggenverordnung Hindenburgs: deutsche Auslandsvertretungen dürfen neben der Reichsflagge Schwarz-Rot-Gold auch die Handelsflagge Schwarz-Weiß-Rot zeigen.
	8. September:	Aufnahme Deutschlands in den Völkerbund
	10. Dezember:	Stresemann erhält den Friedensnobelpreis.
1927	31. Januar:	Rückzug der interalliierten Militärkommission zur Kontrolle der Rüstung aus Deutschland
	16. Juli:	Annahme Gesetz über Arbeitslosenversicherung und Arbeitsvermittlung im Reichstag
1928	20. Mai:	Reichstagswahl
	28. Juni:	Kabinett der Großen Koalition unter Hermann Müller (SPD)
1929	9. Februar–7. Juni:	Pariser Konferenz zur Revision der Reparationsregelungen (Young-Plan)
	1. Mai:	Kommunistische Unruhen in Berlin
	3. Oktober:	Tod Gustav Stresemanns
	24. Oktober:	Schwarzer Freitag an der New Yorker Börse
	22. Dezember:	Scheitern des Volksbegehrens gegen den Young-Plan
1930	20. Januar:	Reichsregierung unterzeichnet Young-Plan.
	23. Januar:	Erste Beteiligung der NSDAP an einer Landesregierung in Thüringen
	27./28. März:	Rücktritt des Kabinetts Müller und Ernennung Heinrich Brünings zum Reichskanzler einer Präsidialregierung
	30. Juni:	Räumung des Rheinlands durch alliierte Truppen abgeschlossen
	14. September:	Reichstagswahl mit starken Stimmengewinnen der NSDAP
	19. Oktober:	Beginn der Tolerierungspolitik der SPD mit Ablehnung eines Misstrauensantrags gegen die Regierung Brüning
1931	20. Juni:	Einjähriges Moratorium für alle Reparations- und Kriegsschuldzahlungen (Hoover-Moratorium)
	13. Juli:	Beginn der Bankenkrise
	9. August:	Scheitern des von DNVP, NSDAP und KPD unterstützten Stahlhelm-Volksbegehrens zur Auflösung des Preußischen Landtags (36,9 % der Wahlberechtigten stimmen dafür)
1932	Februar:	Höhepunkt der Arbeitslosigkeit: 6,13 Millionen
	10. April	Wiederwahl Hindenburgs zum Reichspräsidenten im zweiten Wahlgang mit 53 % (Hitler 37 %, Thälmann [KPD] 10 %)
	13. April:	Verbot von SA und SS
	30. Mai/1. Juni:	Entlassung Brünings durch Hindenburg: Franz von Papen neuer Reichskanzler
	14. Juni:	Aufhebung des SA- und SS-Verbots
	16. Juni–9. Juli:	Konferenz von Lausanne: endgültige Streichung der Reparationsverpflichtungen
	20. Juli:	Staatsstreich von Papens gegen die geschäftsführende preußische Regierung, Papen wird Reichskommissar für Preußen
	31. Juli:	Reichstagswahlen
	13. August:	Hindenburg lehnt Hitlers Forderung auf Ernennung zum Reichskanzler ab.
	12. September:	Misstrauensvotum gegen Regierung wird im Reichstag mit 512 gegen 42 Stimmen angenommen; daraufhin Auflösung des Reichstags.
	6. November:	Reichstagswahlen
	2. Dezember:	Ernennung von Schleichers zum Reichskanzler
1933	4. Januar:	Besprechung von Papens mit Hitler im Haus des Bankiers von Schröder in Köln zum Sturz Schleichers; Beginn der Verhandlungen um ein neues Präsidialkabinett
	28. Januar:	Rücktritt Schleichers, nachdem Hindenburg ihm sein Vertrauen entzogen hat
	30. Januar:	Präsidialkabinett Hitler wird ernannt.

Karten

I. Russische Revolutionen 1917

Schweden

Helsinki

Reval

Tartu

Petrograd

Riga

Ostsee

Düna

Deutsches
Reich

Polen

Weichsel

Minsk

Wologda

Wjatka

Nadeshdinsk

Perm

Kungur

Jekaterin-
burg

Rybinsk
Kostroma

Twer
Iwanowo

Ufa

Moskau
Wladimir
Nishni-
nowgorod
Kasan

Wolga

Kama

Tula

Orjol
Pensa

Orenburg

Ural

R u s s l a n d

Woronesh
Saratow

Österreich-

Ungarn

Kiew

Charkow

Poltawa

Jekaterino-
slaw
Gorlowka
Lugansk

Nikolajew

Makejewka

Rostow

Zarizyn

Don

Wolga

Odessa
Cherson

Dnjepr

Rumänien

Donau

Serbien

Simferopol

Jekaterinodar

Mirkol

Grosny

Kaspisches Meer

Sewastopol

Bulgarien

Schwarzes Meer

Wladi-
kawkas

Tiflis

Baku

Türkei

500 km

▬ Grenze des Zarenreichs 1914	Arbeiterstreiks	▬ Frontverlauf im Oktober 1917	▬ Ausdehnung der Sowjetmacht 1918
	Bauernaufstände Februar bis Oktober 1917		
	Bauernaufstände Juni bis Oktober 1917	von deutschen Truppen besetztes Gebiet	
	nationale Unabhängigkeitsbewegungen		

II. Die Sowjetunion 1945–1990

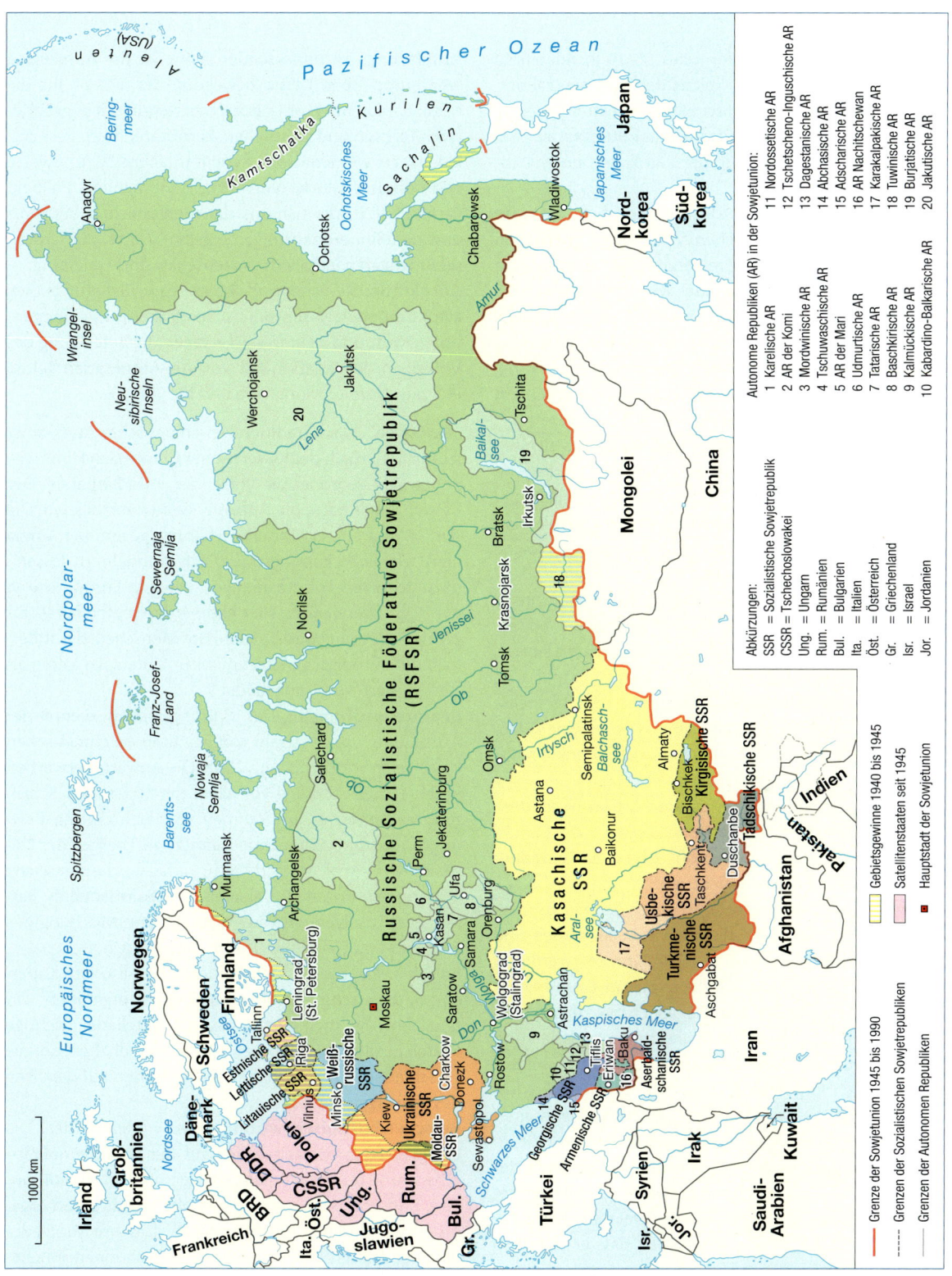

Autonome Republiken (AR) in der Sowjetunion:

1 Karelische AR	11 Nordossetische AR
2 AR der Komi	12 Tschetscheno-Inguschische AR
3 Mordwinische AR	13 Dagestanische AR
4 Tschuwaschische AR	14 Abchasische AR
5 AR der Mari	15 Adscharische AR
6 Udmurtische AR	16 AR Nachitschewan
7 Tatarische AR	17 Karakalpakische AR
8 Baschkirische AR	18 Tuwinische AR
9 Kalmückische AR	19 Burjatische AR
10 Kabardino-Balkarische AR	20 Jakutische AR

Abkürzungen:
SSR = Sozialistische Sowjetrepublik
CSSR = Tschechoslowakei
Ung. = Ungarn
Rum. = Rumänien
Bul. = Bulgarien
Ita. = Italien
Öst. = Österreich
Gr. = Griechenland
Isr. = Israel
Jor. = Jordanien

Grenze der Sowjetunion 1945 bis 1990
Grenze der Sozialistischen Sowjetrepubliken
Grenze der Autonomen Republiken
Gebietsgewinne 1940 bis 1945
Satellitenstaaten seit 1945
Hauptstadt der Sowjetunion

525

Begriffslexikon

Absolutismus: Herrschaftsform des 17./18. Jh. mit einem starken Monarchen an der Spitze, der nach zentralisierter Macht und unbeschränkter Herrschaft strebt, welche er von Gott herleitet; er stützt sich auf Bürokratien und stehende Heere. Hauptvertreter: Frankreich unter Ludwig XIV. (1661–1715).

Adel: Bis um 1800 war der Adel in Europa die mächtigste Führungsschicht mit erblichen Vorrechten, politischen und militärischen Pflichten, mit Standesbewusstsein und besonderen Lebensformen. Adel war meist verbunden mit Grundbesitz und daraus begründeten Herrschafts- und Einkommensrechten (Grundherrschaft). Obwohl gesellschaftlich zur sozialen Oberschicht gehörend, konnte der Landadel wirtschaftlich z.T. zur Mittelschicht gehören.

Anarchie (griech. Anarchos = Herrschaftslosigkeit): bezeichnet den Zustand der Abwesenheit von Herrschaft. Stattdessen sollen Freiheit, Selbstbestimmung, Gleichberechtigung und individuelle bzw. kollektive Selbstverwaltung herrschen. Der Anarchismus tritt für eine solche gesellschaftliche Ordnung ein.

Anti-Föderalisten: Politische Gruppe, die sich während der Verfassungsberatungen in den USA herausbildete und für weitgehende Rechte für die Einzelstaaten eintrat. Die Zentralgewalt sollte möglichst eingeschränkt und kontrolliert bleiben. Außerdem sollten die Freiheitsrechte des Einzelnen Vorrang haben. Die Gruppe setzte sich für eine frankreichfreundliche Außenpolitik ein. Ihr wichtigster Vertreter war Thomas Jefferson.

Artikel 48: Der berühmt-berüchtigte Artikel 48 der Weimarer Reichsverfassung regelte in Absatz 1 die Durchführung einer „Bundesexekution" gegen ein einzelnes Land, das seine Pflichten nicht erfülle, und in Absatz 2 den Erlass von Notverordnungen durch den Reichspräsidenten für den Fall, dass „die öffentliche Sicherheit und Ordnung erheblich gestört oder gefährdet" werde; in diesem Fall durften auch vorübergehend Grundrechte außer Kraft gesetzt werden. Der Reichstag musste von den Maßnahmen unverzüglich unterrichtet werden und sie waren auf sein Verlangen hin außer Kraft zu setzen. Das eigentlich vorgesehene Gesetz, das genauere Bestimmungen über die Durchführung des Artikels enthalten sollte, wurde nie erlassen; ein Versuch scheiterte 1926 an dem Widerstand des Reichspräsidenten Hindenburg, der sich hierdurch nicht festlegen lassen wollte. Angewendet wurde der Artikel in Krisenzeiten der Weimarer Republik, so etwa 1923; vor allem die Tatsache, dass er seit 1930 fast zur alleinigen Grundlage der Gesetzgebung und damit zur Basis der Präsidialregierung wurde, trug zu seiner Diskreditierung bei.

Aufklärung: Im umfassenden Sinne ist die Aufklärung eine europäische Geistesbewegung des 17.–18. Jh., die Kritik an den überkommen transzendental begründeten religiösen und politischen Autoritäten übt; diese sollen ersetzt werden durch neue immanente Grundwerte wie irdisches Glück, Nützlichkeit, Humanität, Freiheit, Perfektibilität, die sich aus der menschlichen Vernunft und den Sinneserfahrungen ergeben. Mittel zur Durchsetzung waren vor allem Wissenschaft und Erziehung.

Autokratie: Sie vereint als Staats- bzw. Regierungsform alle Kompetenzen des politischen Systems in einer zentralen Kraft und sieht in keiner Weise die Beteiligung des Volkes an der Staatsgewalt vor. Als Autokratien gelten u.a. die absolute Monarchie und die Diktatur.

„Barbaren": Nach traditioneller chinesischer Auffassung lebten außerhalb des Kaiserreiches China nach Himmelsrichtungen geordnet die Völker der „Vier Barbaren". Der Kaiser Chinas hatte die Aufgabe, sie zu kontrollieren. Die von „Barbaren" erwünschte Haltung gegenüber China hieß wörtlich „kommen, um sich wandeln zu lassen"; dazu gehörten Tributzahlungen. Auch in Europa wurde der Begriff verwendet. Hier hatte er meist eine herabsetzende Bedeutung und bezeichnete Menschen, die außerhalb der europäischen Bezugskultur lebten. Sie galten als „unzivilisiert" und „ungebildet".

Beamtenprüfungen: Das Prüfungssystem diente der Ausbildung und Auswahl von Beamten im chinesischen Kaiserreich vom 6. bis zum 20. Jh. Die Anwärter erwarben in jahrelangen Studien vor allem Kenntnisse der Schriften des Konfuzius. Im Rahmen von mehrtägigen Prüfungen mussten sie am Ende Aufsätze zu Themen der chinesischen Geschichte und Kultur verfassen, die sich streng an formalen Kriterien (Versmaß etc.) zu orientieren hatten. Die Absolventen waren deshalb eine Mischung aus Beamten und Gelehrten („Beamtengelehrte").

Bolschewiki: (russ. = Mehrheitler) Revolutionäre Kaderpartei, die streng von oben nach unten organisiert war und den Anspruch hatte, dass ihre Mitglieder wichtige Posten in allen Massenorganisationen innehaben, um die verschiedenen gesellschaftlichen Schichten auf den Weg des Sozialismus zu führen.

Bolschewiki/Bolschewisten: (russ. = Mehrheitler) Die Bolschewiki entwickelten sich aus der Sozialdemokratischen Arbeiterpartei Russlands. Sie waren eine revolutionäre Kaderpartei, die streng von oben nach unten organisiert war und den Anspruch hatte, dass ihre Mitglieder wichtige Posten in allen Massenorganisationen innehaben, um die verschiedenen gesellschaftlichen Schichten auf den Weg des Sozialismus zu führen.

„Boxeraufstand": Der Aufstand ging 1899 von der „Boxerbewegung" aus, die in China unter dem Namen „In Rechtschaffenheit vereinte Milizen" (*Yihetuan*) bekannt ist. Die Bewegung aus in erster Linie verarmten Bauern entstand in Nord-Shandong und verübte gewaltsame Aktionen sowohl gegen westliche koloniale Einrichtungen als auch gegen Missionare und chinesische Christen. Der Aufstand dehnte sich schließlich bis in das Diplomatenviertel von Beijing aus, das die „Boxer" belagerten. Die Bewegung wurde dabei von der Qing-Regierung unterstützt. Der Aufstand wurde von einer Allianz aus acht auswärtigen Mächten niedergeschlagen. Dabei kam es auch zu brutalen Racheaktionen durch Soldaten des Bündnisses gegen die Aufständischen. Im „Boxer-Protokoll" wurde China u. a. zu hohen Entschädigungen und Sühneaktionen gezwungen.

Bund der Revolutionäre: Vereinigung von Gegnern der Qing-Herrschaft, die 1905 unter Führung des Arztes Sun Yatsen in Japan im Exil aus verschiedenen Teilgruppen gegründet wurde. Die Allianz sammelte Geld und verbreitete ihre Ideen, um einen Sturz der Qing und die Gründung einer Republik herbeizuführen.

Bürger/Bürgertum: In Mittelalter und Früher Neuzeit vor allem die freien und vollberechtigten Stadtbewohner, insbesondere die städtischen Kaufleute und Handwerker; im 19./20. Jh. die Angehörigen einer durch Besitz, Bildung und spezifische Einstellungen gekennzeichneten Schicht, die sich von Adel, Klerus, Bauern und Unterschichten (einschließlich Arbeitern) unterschied. Staatsbürger meint alle Einwohner eines Staates, ungeachtet ihrer sozialen Stellung.

Bürgerkrieg: Bewaffnete Auseinandersetzung zwischen verschiedenen (politischen) Gruppen innerhalb der eigenen Staatsgrenzen. Bürgerkriege werden oft geführt, um politische oder gesellschaftliche Verhältnisse gewaltsam zu verändern.

Bürokratie: Organisation und Verwaltung eines Staates durch fachlich spezialisierte und geschulte Beamte und Angestellte.

Checks and balances: (wörtl.: Kontrollen und Gegengewichte) Bezeichnung für das US-amerikanische Verständnis vom System der Gewaltenteilung. Demnach werden Exekutive, Legislative und Judikative – Präsident/Regierung, Kongress (Senat und Repräsentantenhaus) und Oberstes Bundesgericht – als voneinander unabhängige, aber nicht als absolut getrennte Bereiche betrachtet. Durch ein umfassendes System der Kontrollen und Gegengewichte beeinflussen sie sich wechselseitig.

Christentum: Weltreligion, die sich aus dem Judentum entwickelt hat; gegründet auf Jesus Christus (der erstmalig als der jüdische Wanderprediger Jesus von Nazareth um 28–30 n.Chr. auftrat und in Jerusalem hingerichtet wurde), sein Leben und seine Lehre. Der Apostel Paulus trug zu einer raschen Ausbreitung des Christentums im Römischen Reich bei, bis es 313 vom ersten römischen Kaiser Konstantin anerkannt wurde. Im Jahr 1054 gab es eine große Glaubensspaltung in die lateinische Westkirche (römisch-katholische Kirche) und die griechische Ostkirche (orthodoxe Kirche), die das Christentum bis heute prägt.

Dawes-Plan: Der 1923/24 von einer unabhängigen Expertenkommission unter Leitung des amerikanischen Bankiers Charles G. Dawes erarbeitete Plan sah eine vorläufige Regelung der Reparationsfrage vor. Weder die Gesamtsumme der deutschen Leistungen noch ihre zeitliche Dauer wurden festgelegt. Für die ersten Jahre waren mäßige Zahlungen vorgesehen, was das wirtschaftlich schwer angeschlagene Deutschland entlastete, ab 1928/29 sollten dann jährlich 2,5 Milliarden Mark gezahlt werden. Zur Sicherung war eine internationale Kontrolle über Reichsbank und Reichsbahn geplant, und es war genau vorgeschrieben, aus welchen Quellen die Gelder genommen werden sollten. Der in Berlin amtierende „Reparationsagent" sollte bei dem Transfer außerdem auf die Stabilität der deutschen Währung achten. Nach der Zustimmung des Reichstages trat der Plan am 1. September 1924 in Kraft. Er wurde 1929 durch den Young-Plan (s. u.) abgelöst.

Deflationspolitik: „Deflation" – der Gegenbegriff ist „Inflation" – meint die Verminderung der Geldmenge, verbunden mit einem Sinken des Preisniveaus. Die Regierung Brüning versuchte durch ihre Deflationspolitik nicht nur eine Inflation zu vermeiden, sondern auch ihr eigentliches Ziel, die Streichung der Reparationen, zu erreichen. Zu den wichtigsten Maßnahmen gehörten die Sanierung der öffentlichen Haushalte durch eine drastische Kürzung von Staatsausgaben, die Senkung der Preise, Gehälter und Sozialleistungen, die Erhöhung von Steuern und Abgaben. Die Absicht, durch Senkung von Sozialabgaben und Löhnen auch das Kostenniveau der Unternehmen und somit die Preise der Waren zu senken, um auf dem Weltmarkt konkurrenzfähiger zu werden, wurde nicht erreicht, weil andere Länder zu ähnlichen Mitteln griffen. So wirkte die Deflationspolitik in Deutschland krisenverschärfend.

Dekolonisation: Die einvernehmlich oder gewaltsam erlangte Aufhebung der Kolonialherrschaft. Die Länder Lateinamerikas erlangten in der Regel Anfang des 19. Jh. ihre Unabhängigkeit. Das Ende des Kolonialismus in Asien und Afrika begann dagegen, nach Ansätzen in der ersten Hälfte des 20. Jh., vor allem nach 1945.

Dhimmi (Sg.): Schutzbefohlener; nicht-muslimischer Bewohner unter islamischer Herrschaft; der Begriff bezog sich allerdings nur auf die Angehörigen einer Buchreligion

(Jude, Christ, Zoroastrier). Ein Dhimmi musste der Obrigkeit eine Kopfsteuer entrichten (*dschizya*); dafür erhielt er insbesondere das Recht, seine Religion weiter ausüben zu können.

Diktatur: Ein auf Gewalt beruhendes, uneingeschränktes Herrschaftssystem eines Einzelnen, einer Gruppe oder Partei. In modernen Diktaturen ist die Gewaltenteilung aufgehoben; alle Lebensbereiche werden staatlich überwacht; jegliche Opposition wird unterdrückt. Typische Merkmale von Diktaturen im 20. Jh. sind staatliche Propaganda mit Aufbau von Feindbildern sowie Abschaffung der Meinungs- und Pressefreiheit; politische Machtmittel sind die Androhung und/oder Ausübung von Terror und Gewalt.

Direktorium: (franz. *Directoire*) Französische Regierung vom 26. Oktober 1795 bis zum 10. November 1799, die vom „Rat der Fünfhundert" gewählte kollektive Exekutive von fünf „Direktoren". Im übertragenen Sinne die ganze Revolutionsphase von 1795 bis 1799.

„Dolchstoßlegende": Die „Dolchstoßlegende" ist eine große Propagandalüge und wirkmächtiger Mythos der Weimarer Republik. Nationalisten behaupteten, der Erste Weltkrieg sei nicht militärisch verloren gegangen, das deutsche Heer sei im Felde unbesiegt geblieben und „von hinten erdolcht" worden. Friedensinitiativen, Streiks und politische Unruhen in der Heimat hätten die deutsche Armee zur Kapitulation gezwungen.

Dritter Stand: (franz. *Tiers État*) Nach dem Staatsrecht des französischen Ancien Régime Sammelbegriff für die gesamte politische Bevölkerung außer Geistlichkeit und Adel. Zugleich die Vertretung dieser Bevölkerung auf den Generalständen, bis 1614 ein Drittel der Ständevertreter insgesamt, 1789 auf die Hälfte vergrößert. Letzteres war ein Zugeständnis der Regierung an die politische Aufklärung, die den Begriff des „Tiers État" dem der Nation annäherte.

Dschihad: In allgemeiner Bedeutung „Anstrengung auf dem Wege Gottes", „zielgerichtetes Bemühen"; in spezieller Bedeutung auch der bewaffnete Kampf des Muslims zur Verbreitung und Sicherung islamischen Glaubens.

Duma (altslawisch): Ursprünglich handelte es sich um eine beratende Versammlung. Seit 1905 bezeichnete man das russische Parlament als Staatsduma oder Duma. Nach der Oktoberrevolution wurde die Duma aufgelöst. Nach dem Zerfall der Sowjetunion 1990 wurde die Bezeichnung für das Parlament wieder eingeführt und wird bis in die Gegenwart verwendet.

Encomienda: (span. Anvertrauung) Das Encomienda-System wurde 1503 von Königin Isabella I. von Kastilien eingeführt. Dabei wurden den Konquistadoren sehr große Landgüter mitsamt der darin lebenden indigenen Bevölkerung anvertraut. Der Besitzer einer Encomienda konnte über die Arbeitskraft „seiner" Indigenen frei verfügen und war für deren Schutz und Missionierung zum christlichen Glauben zuständig. Die Indigenen wurde oft unter unmenschlichen Arbeitsbedingungen in der Hauswirtschaft, in den Gold- und Silberminen, auf den Plantagen oder beim Perlentauchen eingesetzt.

Erinnerungskultur: Sammelbegriff für die Gesamtheit des nicht spezifisch wissenschaftlichen Gebrauchs der Geschichte in der Öffentlichkeit mit den verschiedensten Mitteln und für die verschiedensten Zwecke, im weiteren Sinne Oberbegriff für alle denkbaren Formen der bewussten Erinnerung an historische Ereignisse, Persönlichkeiten und Prozesse.

Ethnogenese: Der Begriff beschreibt und erklärt die Entstehung kollektiver Identitäten bei Gruppen: In einem komplexen sozialen Prozess entsteht vor allem durch Selbstzuschreibungen und durch die Konstruktion eigener Abstammungsgeschichten eine spezifische Gruppenidentität.

Föderalisten: Politische Gruppe, die sich im Zuge der Verfassungsberatungen herausbildete und für eine starke Zentralgewalt und eine pro-britische Außenpolitik eintrat. Formuliert wurde das Programm von Alexander Hamilton, James Madison und John Jay in den „Federalist Papers".

Freizeit: Erscheinung der arbeitsteiligen Industriegesellschaften, zu deren charakteristischen Merkmalen die Unterscheidung von „Arbeitszeit" und „arbeitsfreier Zeit" gehört. Dabei lässt sich die „freie Zeit" relativ leicht objektiv messen, sofern die Arbeit an einem z. B. vom Haushalt getrennten Ort durchgeführt wird. „Freie Zeit" entstand durch die Verkürzung gewerblicher Arbeitszeit und die Erleichterung der Hausarbeit vor allem seit Ende des 19. Jahrhunderts. Freizeit als sozialwissenschaftlicher Begriff hingegen ist anders zu fassen als der Begriff der „freien Zeit", da nicht alles als Freizeit definiert werden kann. Reisen z. B. kann für den Arbeiter eine Freizeitbeschäftigung sein, für den Reiseschriftsteller aber Arbeit.

Generalstände: (franz. *États généraux*) Beratende Vollversammlung der drei Stände des Königreichs (Geistlichkeit, Adel, Dritter Stand), seit Anfang des 14. Jh. vom König zur Akklamation (d. h. Zustimmung durch Zuruf) und Steuerbewilligung unregelmäßig einberufen, vor 1789 zuletzt 1614. In Form der Beschwerdehefte („*Cahiers de doléances*") überbrachten sie dem König die Klagen und Reformwünsche der von ihnen vertretenen Bevölkerungsschichten.

Geschichtsbewusstsein: Geschichtliche Erinnerung einer Kultur, einer Gruppe oder eines Einzelnen.

Geschichtskultur: Gesamtheit der Erscheinungsformen von Geschichtswissen und dem Umgang mit diesen in einer Gesellschaft.

Gewaltenteilung: Trennung zwischen den drei Staatsorganen Legislative (Parlament), Exekutive (Verwaltung einschließlich Regierung) und Judikative (Rechtsprechung). Mit der Gewaltenteilung soll der Einfluss einer Staatsgewalt auf die anderen begrenzt werden.

Glasnost (russ. Offenheit, Transparenz): zusammen mit Perestroika Schlüsselbegriff von Michail Gorbatschows Reformideen zur Modernisierung der Sowjetunion. Ziel war die Demokratisierung von Politik (Verfassungsreform) und Wirtschaft (Reduzierung des Staatseinflusses), aber unter Beibehaltung der Grundzüge des Sozialismus.

Grundrechte: Grund-, Menschen- und Bürgerrechte sind Rechte, die Freiheiten des Einzelnen gegenüber der Staatsgewalt sichern und als unbegrenzt gelten. Der Begriff Grundrechte betont ähnlich wie der der Bürgerrechte eher den territorialen Bezug und vermeidet den revolutionären Entstehungszusammenhang der Menschenrechte.

Guomindang **(GMD):** „Nationale Volkspartei"; 1912 zu Beginn der Republik China gegründet; von 1928–1949 Regierungspartei der Republik; nach dem Sieg der Kommunisten nach Taiwan vertrieben. Sie vertrat ein nationales und konservatives Programm. Wichtigste Führungspersonen waren Sun Yatsen als Revolutionär und Theoretiker (1866–1925) und Chiang Kai-shek (1887–1975) als Militärbefehlshaber und Regierungschef.

Harzburger Front: Am 11. Oktober 1931 versammelte sich in Bad Harzburg die „nationale Opposition" gegen die Regierung Brüning, bestehend aus DNVP, Stahlhelm, Teilen der DVP, vaterländischen Verbänden, NSDAP sowie prominenten Einzelpersonen wie dem früheren Reichsbankpräsidenten Hjalmar Schacht und dem ehemaligen Chef der Heeresleitung von Seeckt. Eine Großkundgebung mit riesigen Aufmärschen der paramilitärischen Verbände (vor allem Stahlhelm und SA) sollte die Kraft der antirepublikanischen Rechten demonstrieren. Intern gab es aber auch Konflikte, vor allem, da Hitler sich nicht von den anderen vereinnahmen lassen wollte, sondern auf seinen eigenständigen Führungsanspruch pochte.

Heiliger Krieg: Krieg oder Kampf, der aus einer Religion heraus begründet und damit gerechtfertigt wird, er würde im Namen Gottes geschehen. Der Begriff wurde im Christentum sehr üblich für die Kreuzzüge.

Identität: (lat. *idem* ‚derselbe', ‚dasselbe', ‚der Gleiche') Bezeichnet die Eigentümlichkeit im Wesen eines Menschen, die ihn kennzeichnet und ihn als Individuum von anderen unterscheidet.

Ideologie: Bezeichnung für eine umfassende Deutung gesellschaftlich-politischer Verhältnisse und historischer Entwicklungen. Diese Deutung ist durch Interessen bedingt und daher einseitig und verzerrt; sie soll bestehende Verhältnisse begründen bzw. rechtfertigen.

Imperialismus: Gezielte Erweiterung und geplanter Ausbau des wirtschaftlichen, militärischen, politischen und kulturellen Macht- und Einflussbereichs eines Staates in der Welt. Der Zeitraum von ca. 1880 bis 1914 wird als „Hochimperialismus" bezeichnet, weil sich neben den europäischen Staaten auch die USA und Japan am Wettlauf um die Aufteilung der Welt beteiligten. Koloniale Verwaltungsstrukturen wurden überall gezielt ausgebaut.

Inflation: Anhaltender Prozess der Geldentwertung (Gegenbegriff: Deflation, s. o.) mit einem ständigen Anstieg des Preisniveaus. Dabei sinken das Vertrauen in die Währung und der Wert des Geldvermögens, während der Wert des Sachvermögens erhalten bleibt. Die Hyperinflation von 1923 hatte entgegen der Wahrnehmung der Zeitgenossen ihre Wurzeln in der Finanzierung des Krieges durch Kredite seit 1914.

Integration: Enge Kontakte zwischen der Minderheit und der Mehrheitsgesellschaft, die von gegenseitigem Respekt und Toleranz geprägt sind.

Internationale: Zusammenschluss von Arbeiterorganisationen aus verschiedenen Ländern, die ideologisch von sozialistischen, kommunistischen bis hin zu anarchistischen Zielvorstellungen geprägt sind.

Kader: Bezeichnung der Kommunisten für leitende Personen im politischen, wirtschaftlichen und gesellschaftlichen Leben.

Kapitalismus: Wirtschaftsordnung, in der sich das Kapital in den Händen von Privatpersonen bzw. -personengruppen befindet (Kapitalisten und Unternehmer). Diesen stehen die Lohnarbeiter gegenüber. Der erwirtschaftete Gewinn geht wieder an den Unternehmer und führt zur Vermehrung des Kapitals. Die wichtigsten wirtschaftlichen Entscheidungen werden in den Unternehmen im Hinblick auf den Markt und die zu erwirtschaftenden Gewinne getroffen.

Klerus: Gesamtheit der Personen, die durch eine kirchliche Weihe in den Dienst der Kirche getreten sind (= Geistliche); besaßen bis ins 19. Jh. gesellschaftliche Vorrechte.

Kollektivierung: Überführung der privaten Produktionsmittel, besonders von landwirtschaftlichem Boden, in Gemeineigentum. In der UdSSR 1929 bis 1932 als gewaltsamer Zusammenschluss unter Verschleppung und Tötung von Millionen Kulakenfamilien durchgeführt.

Kollektives Gedächtnis: Soziale Gruppen teilen Geschichten über die Vergangenheit, die für ihr gegenwärtiges Selbstbild relevant sind. Dieses Repertoire an Erzählungen bildet das kollektive Gedächtnis.

Kolonialismus: Errichtung von Handelsstützpunkten und Siedlungskolonien in militärisch und politisch schwächeren Ländern (vor allem in Asien, Afrika und Amerika) sowie deren Inbesitznahme durch überlegene

Staaten (insbesondere Europas) seit dem 16. Jh. Die Kolonialstaaten verfolgten vor allem wirtschaftliche und machtpolitische Ziele. Er ging ca. 1880–1918 in das Zeitalter des Imperialismus (Hochimperialismus) über.

Kommunismus: Der Begriff wird in mehreren Bedeutungen benutzt. Einerseits kennzeichnet er die von Marx und Engels entwickelte politische Theorie einer klassenlosen Gesellschaft ohne Privatbesitz an Produktionsmitteln. Andererseits wird als Kommunismus auch die weltweite politische Bewegung bzw. die seit der Oktoberrevolution in Russland 1917 an die Macht gekommene Herrschaftsform bezeichnet. Oft wird der Begriff auch fälschlich für Sozialismus verwendet. Nach der politischen Lehre des Kommunismus wird die Aufhebung der bürgerlich-kapitalistischen Ordnung mit einer Revolution eingeleitet und nach einer Übergangsphase der Diktatur des Proletariats vollendet.

Konfuzianismus: Es handelt sich um eine Denkrichtung bzw. ein Gesellschaftsmodell, das auf den Lehren des Konfuzius (trad. 551–479 v. Chr.) basiert. Diese Lehren wurden erst später durch die Schüler Konfuzius' aufgezeichnet, wurden also nur indirekt übermittelt. In diesem Gesellschaftsmodell zeichnet sich der Mensch durch Rechtschaffenheit, Disziplin und die Erfüllung seiner gesellschaftlichen Pflichten aus. Er soll im Einklang mit dem Universum leben, die klassischen Autoren studieren und sich an den Regeln der Ahnen orientieren. Der Konfuzianismus bildete v. a. in der Ming- und Qing-Dynastie die dominierende Ethik der chinesischen Gesellschaft von der kaiserlichen Regierung bis zu den Bauern. Der Konfuzianismus prägte auch das Selbstverständnis der chinesischen Kaiser und ihrer Herrschaft. Er bildete die Grundlage für die Beamtenprüfungen, prägte also die chinesischen Eliten.

Konquista: (span. Eroberung) Begriff für die Eroberung und Unterwerfung Mittel- und Südamerikas durch die Spanier. Die eroberten Gebiete der indigenen Hochkulturen wurden dem spanischen Königreich einverleibt und bildeten die Grundlage für die jahrhundertelange Herrschaft der Spanier in Mittel- und Südamerika.

Koran: Die Heilige Schrift des Islams, bestehend aus 114 Suren (Abschnitten). Im Koran stehen die Offenbarungen Gottes (arab. Allah) an den Propheten Mohammed.

Kosaken: Freie, unabhängige Kämpfer.

Kotau: (chin. *koutou* den Kopf [auf den Boden] schlagen) Ehrengruß gegenüber Höhergestellten (z. B. dem chinesischen Kaiser). Er bestand in vollständiger Form aus einem dreimaligen Niederknien vor dem Thron und neunmaligem Niederwerfen mit Kopfaufschlagen.

Kreuzzug: von der lateinischen Kirche sanktionierte, strategisch, religiös und wirtschaftlich motivierte Kriege zwischen 1095 und 1272. Besonders im Hochmittelalter unternommener Kriegszug (christlicher Ritter) in den Vorderen Orient zur Befreiung heiliger Stätten von islamischer Herrschaft. Insgesamt gab es sieben Kreuzzüge.

Kriegskommunismus: Ausrichtung der gesamten wirtschaftlichen und staatlichen Tätigkeit der Sowjetunion auf die Bedürfnisse des Bürgerkriegs (1918–20), die mit der völligen Ausschaltung der Ware-Geld-Beziehung und einer Militarisierung der Arbeitswelt einherging.

Kronkolonie: Der Begriff stammt aus dem britischen Staatsrecht und bezeichnet eine direkt im Auftrag der Krone von einem Gouverneur verwaltete Kolonie. Ein Beispiel für eine Kronkolonie war Hongkong.

Krise: Eine über einen längeren Zeitraum anhaltende massive Störung des gesellschaftlichen, politischen oder wirtschaftlichen Systems.

Kulaken (russ. = Faust): Bezeichnung für selbstständige, wohlhabende russische Bauernfamilien. Unter Stalin wurden Millionen von ihnen im Zuge der Kollektivierung seit 1929 enteignet, deportiert und ermordet.

Kulturberührung: Nach Urs Bitterli das in seiner Dauer begrenzte, erstmalige oder mit großen Unterbrechungen erfolgende Zusammentreffen einer Gruppe von Europäern mit Vertretern einer überseeischen Kultur.

Kulturbeziehung: Nach Urs Bitterli ein dauerndes Verhältnis wechselseitiger Kontakte auf der Basis eines machtpolitischen Gleichgewichts oder einer Patt-Situation.

Kulturelle Modernisierung: Der Begriff der kulturellen Modernisierung bezeichnet unterschiedliche Aspekte des kulturellen Wandels. Dabei kann es – erstens – um die Veränderungen und Abgrenzungen zwischen „Hochkultur", Alltagskultur und populärer Kultur (z. B. die Vorliebe für bestimmte Filme) gehen. In den Blick gerät – zweitens – die Massenkultur (s. u.), die sich seit dem 19. Jahrhundert stark gewandelt hat. Massenmedien haben das Leben und die Informationsbeschaffung seit dem ausgehenden 19. Jahrhundert völlig neu gestaltet. Geschlechtsspezifische Verhaltensmuster veränderten sich ebenso wie das Arbeits- und Alltagsleben durch Wissenschaft und Technik. Das alles hat zudem die gesamten sozialen Beziehungen umgestaltet, wie den Wandel von der industriellen Klassengesellschaft zur modernen Dienstleistungsgesellschaft. Verengt man den Kulturbegriff auf die „Kultur" der Künste, geraten – drittens – andere Gesichtspunkte in den Blick. Die künstlerische Avantgarde wollte im beginnenden 20. Jahrhundert neue revolutionäre Kunstformen entwickeln und verband diese Ziele mit schroffer Kritik an der modernen städtischen und industriellen Welt. Ausgehend von einem Widerspruch zwischen genialischem Individuum und den Zumutungen der Massengesellschaft versuchen die Expressionisten, diesen Konflikt durch Kritik an technischem Fortschritt und ökonomischem

Denken zu lösen; an deren Stelle trat nun der Primat von Natur, Jugend und Kunst. In der Kunst wurde ausprobiert, bejubelt, verrissen und durch anderes ersetzt. Stete Suche nach neuen Antworten auf gesellschaftliche Probleme prägte die expressionistische Avantgarde. Dagegen haben die Künstler der „Neuen Sachlichkeit" den pathetischen Ton der Expressionisten abgelehnt und eine einfache, schlichte Sicht auf die Wirklichkeit bevorzugt. Sie strebten eine unvoreingenommene und kritische Wahrnehmung der Stadt, der Technik und der Massenkultur an. Diesem Willen entsprach ihre exakte Beschreibung der Tatsachen, die Akzeptanz der Technik und die Kritik an Ideologien. Trotz dieser Gemeinsamkeiten entwickelte sich aber kein einheitlicher Kunststil.

Kulturelles Gedächtnis: siehe S. 409–411

Kulturkonflikt: Konflikt aufgrund von unterschiedlichen kulturellen Werten und Überzeugungen.

Kulturzusammenstoß: Nach Urs Bitterli ein offen ausgetragener Konflikt infolge von Kulturbegegnungen und Kulturkontakten; die Kreuzzüge oder der „Boxeraufstand" sind hierfür Beispiele. Es können auch nicht-militärische Konflikte entstehen, die längerfristige Aushandlungs- und Integrationsprozesse erforderlich machen.

Liberalismus: Politische Bewegung seit dem 18. Jh.; betont die Freiheit des Individuums gegenüber kollektiven Ansprüchen von Staat und Kirche. Merkmale: Glaubens- und Meinungsfreiheit, Sicherung von Grundrechten des Bürgers gegen staatliche Eingriffe, Unabhängigkeit der Rechtsprechung (Gewaltenteilung), Teilnahem an politischen Entscheidungen; der wirtschaftliche Liberalismus fordert die uneingeschränkte Freiheit aller wirtschaftlichen Betätigungen.

Living History: (engl. „gelebte Geschichte") Darstellung historischer Lebenswelten durch Personen, deren Kleidung, Ausrüstung und Gebrauchsgegenstände in Material und Stil möglichst realistisch der dargestellten Epoche entsprechen.

Massengesellschaft/Massenkultur: Begriffe zur Kennzeichnung von Gesellschaften und Kulturen hochindustrialisierter Länder seit den 1880er-Jahren. Massengesellschaft und Massenkultur sind geprägt durch Einbeziehung von breiten, unteren Volksschichten in die politische Willensbildung und das kulturelle Leben, durch Alphabetisierung und die sich daraus ergebende Möglichkeit zur erweiterten kulturellen Teilhabe und der eigenen ökonomischen und sozialen Interessenvertretung. Organisierung bedeutet aber auch Disziplinierung. Damit ist potenziell auf die Gefahr verwiesen, dass sich Menschen charismatischen Führerfiguren unterwerfen und so freie, selbstbestimmte Entscheidungen aufgeben können.

Massenkommunikation/Massenmedien: Wesentliches Element und Bindemittel der Massengesellschaft. Massenkommunikation beruht im Gegensatz zur persönlichen (direkten) auf der „indirekten Kommunikation" durch technische bzw. elektronische Medien (Presse, Radio, Film, Fernsehen). Der entscheidende Durchbruch zur Massenkommunikation gelang um 1900. Die Fähigkeit, immer mehr Menschen in immer weiter entlegenen Regionen zu erreichen und damit beeinflussen zu können, hat die Massenkommunikation auch zu einem der wichtigsten Instrumente moderner Politik gemacht. Der Einsatz der Massenmedien hat auch eine antimoderne Kulturkritik hervorgebracht, die vor allem den Vorwurf der nivellierenden, d. h. gleichmachenden „Vermassung" erhob; übergangen und übersehen hat sie die Chancen, über Massenkommunikationsmittel die Mehrheit der Bevölkerung an Bildung und Kultur teilhaben zu lassen und damit die Gesellschaft zu demokratisieren.

Meiji-Restauration: Im Zuge von Reformen wurde die Macht des Kaisers in Japan in den 1860er-Jahren wiederhergestellt und eine konstitutionelle Monarchie eingeführt. Der Vorgang ist benannt nach der Regierungsdevise des seit 1867 regierenden Kaisers Mutsuhito (1852–1912) „Meiji" („aufgeklärte Herrschaft"). Mit den politischen Reformen ging auch eine Öffnung Japans und eine Industrialisierung einher.

Menschen- und Bürgerrechte: Der durch die Aufklärung verbreitete und in der Amerikanischen Revolution (1775–1783) und in der Französischen Revolution 1789 mit Verfassungsrang ausgestattete Begriff besagt, dass jeder Mensch unantastbare Rechte besitzt, die der Staat achten muss; so z. B. das Recht auf Leben, Glaubens- und Meinungsfreiheit, Versammlungs- und Vertragsfreiheit, Freizügigkeit, persönliche Sicherheit, Eigentum und Widerstand im Fall der Verletzung von Menschenrechten. Im 19. und 20. Jh. wurden auch soziale Menschenrechte, besonders von sozialdemokratisch-sozialistischer Seite, formuliert, so das Recht auf Arbeit, soziale Sicherheit und Bildung.

Menschewiki: (russ. = Minderheitler) Gemäßigter, am Prinzip der demokratisch organisierten Massenpartei festhaltender Flügel der 1898 gegründeten Sozialdemokratischen Arbeiterpartei Russlands; stand im Gegensatz zu den Bolschewiki; 1912 endgültige Spaltung von den Bolschewiki.

Mentalitätsgeschichte: Erforscht unbewusste Weltbilder, Einstellungen, Gedanken und Gefühle von Menschen unterschiedlicher Epochen. Dafür werden z. B. Briefe und Tagebucheinträge, aber auch Rituale oder Tischsitten untersucht.

Missionierung: Der Begriff leitet sich von dem lat. Wort „missio" ab, der die Verbreitung des christlichen Glaubens meint. Im christlichen Selbstverständnis bildete die

Verkündung des Evangeliums und der „Wahrheiten des Glaubens" einen Auftrag Christi. Seit den Entdeckungen des 15. Jh. wurde die Missionierung auf die außereuropäischen Gebiete ausgedehnt. In der Regel war damit auch die Verbreitung der europäischen Kultur verbunden. Seit der Mitte des 17. Jh. kam es zu protestantischer Missionierung, zunächst von England aus, dann auch von Deutschland, Skandinavien und den USA.

Modernisierung: Prozess der Entwicklung einer Gesellschaft; er bezieht sich auf den Übergang von der Agrar- zur Industriegesellschaft und ist meistens verbunden mit dem in der Aufklärung entwickelten Fortschrittsbegriff. Kennzeichen der Modernisierung sind: Verstädterung, Säkularisierung, Rationalisierung, Erhöhung des technischen Standards (Produktion von Gütern mit Maschinen), permanentes wirtschaftliches Wachstum, Ausbau und Verbesserung der technischen Infrastruktur (Verkehrswege, Massenkommunikationsmittel), Verbesserung des Bildungsstandes der Bevölkerung (Alphabetisierung, allgemeine Schulpflicht, Wissenschaft), räumliche und soziale Mobilität, Parlamentarisierung und Demokratisierung, Nationalstaatsbildung. Wegen seiner Verbindung mit dem Fortschrittsbegriff ist der Begriff Modernisierung politisch und wissenschaftlich umstritten. Zum einen, weil als Maßstab der jeweilige Entwicklungsstand der westlichen Zivilisation gilt, zum anderen, weil die „Kosten", vor allem ökologische Probleme, bisher wenig berücksichtigt wurden.

Nation (lat. *natio* = Geburt): Bez. großer Gruppen von Menschen mit gewissen, ihnen bewussten Gemeinsamkeiten, z. B. gemeinsame Sprache, Geschichte, Verfassung sowie innere Bindungen und Kontakte (wirtschaftlich, politisch, kulturell). Diese Bindungen werden von den Angehörigen der Nation positiv bewertet. Nationen haben oder wollen eine gemeinsame staatliche Organisation (Nationalstaat) und grenzen sich von anderen Nationen ab.

Nationalismus: Als wissenschaftlicher Begriff meint er die auf die moderne Nation und den Nationalstaat bezogene politische Ideologie zur Integration von Großgruppen durch Abgrenzung von anderen Großgruppen. Der demokratische Nationalismus entstand in der Französischen Revolution und war verbunden mit den Ideen der Menschen- und Bürgerrechte, des Selbstbestimmungsrechts und der Volkssouveränität. Der integrale Nationalismus entstand im letzten Drittel des 19. Jahrhunderts und setzte die Nation als absoluten, allem anderen übergeordneten Wert. Dadurch erhielt er eine aggressive Komponente nach außen. Zur politischen Macht wurde er insbesondere in der Zeit zwischen dem Ersten und Zweiten Weltkrieg. Daraus hat sich die negative Besetzung des Begriffs in der politischen Öffentlichkeit nach dem Zweiten Weltkrieg ergeben, in der Nationalismus in der Regel als übersteigerte und aggressive Form des Nationalgefühls verstanden wird.

Naturrecht: Das in der „Natur" des Menschen begründete, ihr „entspringende" Recht, das dem positiven oder von Menschen „gesetzten" Recht gegenübersteht und ihm übergeordnet ist. Historisch wurde das Naturrecht zur Begründung entgegengesetzter Positionen benutzt, und zwar abhängig vom Menschenbild: Entweder ging man davon aus, dass alle Menschen von Natur aus gleich seien, oder umgekehrt, dass alle Menschen von Natur aus verschieden seien. In der Neuzeit wurde es sowohl zur Legitimation des Absolutismus benutzt (Recht des Stärkeren) wie, über die Begründung des Widerstandsrechts, zu dessen Bekämpfung (Gleichheit aller Menschen).

Neue Ökonomische Politik: von 1921 bis 1928 dauernde Periode der sowjetischen Wirtschafts- und Innenpolitik. Sie war gekennzeichnet durch die Einführung einiger marktwirtschaftlicher Instrumente: relativ freier Binnenhandel, ausländische Kapitalinvestitionen, Kleinhandel und Kleinhandwerk in privater Hand. Ziel war die Überwindung der katastrophalen Wirtschaftslage in der Sowjetunion nach dem Bürgerkrieg.

Notverordnung: Vom Reichspräsidenten in einer Krisensituation erlassene Verordnung nach Artikel 48 (s. o.) der Weimarer Reichsverfassung.

Novemberverbrecher: Der Begriff bezieht sich auf die Novemberrevolution von 1918/19. Er wurde als Schimpfwort und politischer Kampfbegriff von rechten Parteien und Medien verwendet, um Politiker der Weimarer Republik für die Kriegsniederlage und den Sturz der Monarchie verantwortlich zu machen.

Open Door Policy: Die „Politik der offenen Tür" ist eine besondere Form der Wirtschafts- und Außenpolitik der imperialistischen Mächte in China in der zweiten Hälfte des 19. Jh. Sie beinhaltet zum einen die Sicherung des freien Zugangs zum chinesischen Markt und zum anderen die automatische Gewährung derselben Handelsprivilegien für alle imperialistischen Mächte. Der Begriff geht auf den US-amerikanischen Außenminister John Hay und ein von ihm verfasstes Schreiben im Jahr 1899 zurück.

Opiumkrieg: Insgesamt zwei Kriege zwischen Großbritannien und China (Erster Opiumkrieg, 1839–1842) sowie zwischen Großbritannien, Frankreich und China (Zweiter Opiumkrieg, 1856–1860). Beide endeten mit Niederlagen für China. Einerseits ging es um die britischen Opiumexporte nach China, andererseits aber grundlegend um die wirtschaftliche Öffnung und Kontrolle Chinas durch auswärtige Mächte.

Parlament/Parlamentarisierung: In parlamentarischen Regierungssystemen ist das Parlament das oberste

Staatsorgan. Es entscheidet mit Mehrheit über die Gesetze und den Haushalt und kontrolliert oder wählt die Regierung. Das Parlament kann aus einer oder zwei Kammern (Häusern) bestehen. Im Einkammersystem besteht das Parlament nur aus der Versammlung der vom Wahlvolk gewählten Abgeordneten (Abgeordnetenhaus), im Zweikammersystem tritt dazu ein nach ständischen oder regionalen Gesichtspunkten gewähltes oder ernanntes Haus. Im demokratischen Parlamentarismus herrscht allgemeines und gleiches Wahlrecht.

Präsidialregierung: Bezeichnung für die Regierungsform, die 1930 nach dem Ende der parlamentarisch begründeten Regierung der Großen Koalition mit der Übernahme der Reichskanzlerschaft durch Brüning begann und mit der Einsetzung der Regierung Hitler endete. Sie gründete sich nicht auf parlamentarische Mehrheiten, sondern auf das Vertrauen des Reichspräsidenten und die krisenhafte Situation.

Proletariat: Nach marxistischer Lehre Angehörige einer sozialen Schicht, die nichts als ihre Arbeitskraft besitzen und diese gegen Lohn zur Verfügung stellen.

Propaganda: Die gezielte Verbreitung politischer, religiöser, wirtschaftlicher o. ä. Ideen. Die Beherrschung der öffentlichen Meinung war seit der Entstehung eines politischen Massenmarktes im Kaiserreich immer wichtiger geworden. Formen und Methoden der politischen Propaganda in den 1920er- und frühen 1930er-Jahren waren z. B. Versammlungen, Reden, Flugblätter, Plakate, Aufmärsche, Berichte und Anzeigen in Zeitungen, Filme; seit 1933 spielte das neue Medium Rundfunk bei der nationalsozialistischen Propaganda eine wichtige Rolle.

Puritaner: Bezeichnung für Mitglieder einer kirchlichen Reformbewegung in England seit Mitte des 16. Jahrhunderts. Die Puritaner wandten sich gegen alle katholischen Reste im Anglikanismus, traten für eine strikte Trennung von Kirche und Staat, für Toleranz und Gewissensfreiheit ein und kämpften für ein einfaches, gottgefälliges Leben. Nach ihrer Trennung von der anglikanischen Staatskirche wanderte ein Teil von ihnen über die Niederlande in die nordamerikanischen Kolonien aus. In England gelangten sie 1649 mit Cromwell an die Macht und versuchten ihre Grundsätze politisch durchzusetzen; nach 1660 wurden die Puritaner in England erneut verfolgt.

Qing-Dynastie: Die Dynastie der Qing geht auf die aus der Mandschurei stammenden Mandschu zurück, die 1636 die Qing-Dynastie ausriefen. 1644 eroberten sie die Hauptstadt Beijing des von der Ming-Dynastie beherrschten Kaiserreichs und eroberten in der Folge weitere Gebiete des Ming-Reiches. Im 18. Jh. setzten sie ihren Expansionskurs fort und eroberten u.a. Tibet, Xinjiang und Taiwan. Unter ihrer Herrschaft erreichte das chinesische Kaiserreich die größte territoriale Ausdehnung. Im 19. Jh. gerieten die Qing zunehmend unter Druck von innen und außen. 1911 endete mit der Abdankung des letzten Qing-Kaisers Pu Yi das chinesische Kaiserreich.

Rassismus: Theorien und politische Lehren, die kulturelle Entwicklungen auf biologisch-anthropologische Ursachen zurückführen, hieraus die Über- bzw. Unterlegenheit von menschlichen „Rassen" zu begründen versuchen und damit die Unterdrückung und Verfolgung von Minderheiten bzw. eine aggressive Politik nach außen gegen andere „Rassen" legitimieren. Diese Vorstellungen entstanden im 19. Jahrhundert und begründeten den Holocaust an den europäischen Juden.

Rätesystem: Eine Form der direkten Demokratie, bei der alle Menschen in den jeweiligen Basiseinheiten Räte als ihre Vertreter wählen, die ihnen direkt verantwortlich und jederzeit abwählbar sind. Im Gegensatz zum repräsentativen System, der parlamentarischen Demokratie, gibt es keine Gewaltenteilung, sodass die Räte gesetzgeberische, ausführende und rechtsprechende Kompetenzen besitzen. Die politische Theorie der Rätedemokratie geht auf das 19. Jahrhundert, vor allem auf Proudhon, Bakunin, Marx und Lenin, zurück; historisch bildeten sich Rätesysteme vor allem in den Russischen Revolutionen (hier: Räte = Sowjets) und der deutschen Novemberrevolution.

Rationalisierung: Prozess der Durchsetzung von Verfahrensweisen und Handlungsmustern bzw. -strukturen, die nach dem Soziologen Max Weber in der europäischen Moderne vor allem in ihrer nachvollziehbaren „Berechenbarkeit" bestehen. Ihre Wurzeln haben sie in den mathematischen und experimentell vorgehenden und rational begründeten Naturwissenschaften. Berechnung bzw. Kalkulation nach diesen rational-wissenschaftlichen Methoden werden zur Grundlage des kapitalistischen Wirtschaftsprozesses und damit prägend für das Verhalten des europäischen Bürgertums. Rationalisierung in diesem Sinn schließt auch die technische Neuerung im Produktionsablauf und in der Arbeitsorganisation mit ein. Rationalisierung wird im Verlauf der Modernisierung auch zu einem wesentlichen Merkmal von politischem, rechtlichem und gesellschaftlichem Handeln.

Reform: Neuordnung, Verbesserung und Umgestaltung von politischen und sozialen Verhältnissen im Rahmen der bestehenden Grundordnung; hierin, oft weniger in den Zielen, unterscheiden sich Reformen von Revolutionen als politisches Mittel zur Durchsetzung von Veränderungen.

„Reich der Mitte": Die Bezeichnung für China hat eine geografische und eine politisch-kulturelle Bedeutung. Geografisch sind damit ursprünglich die Gebiete rund um die Flüsse Chang Jiang (Yangzi) und Huang He gemeint, wo die chinesische Hochkultur entstand. In politisch-kultureller Hinsicht ist damit die Einteilung der Welt in Zonen mit China in der Mitte (auch als Mittelpunkt von Kultur und Zivilisation), den Tributstaaten drumherum und dem Rest der Welt als unzivilisierten „Barbaren" gemeint.

Reparationen (von lateinisch: *reparare* = wiederherstellen): Meint Geld-, Sach- und Dienstleistungen, die einem Besiegten nach einem verlorenen Krieg zur Wiedergutmachung der in den Siegerstaaten erlittenen Verluste auferlegt werden.

Republik: Eine Staatsform, in der im Gegensatz zur Monarchie das Volk als Träger der Staatsgewalt angesehen wird. Dies können in der historischen Realität sowohl Demokratien als auch Diktaturen sein.

Revolution: Bezeichnung für eine grundlegende Umgestaltung der gesellschaftlichen Struktur, der politischen Organisation sowie der kulturellen Wertvorstellungen in einem bestimmten Gebiet bzw. Staat, meist verbunden mit einem Austausch von Führungsgruppen (Eliten).

Rezeption: (lat. *recipere* ‚aufnehmen') Allgemein die Aufnahme bzw. Übernahme fremden Gedanken- bzw. Kulturgutes; im engeren Sinne die verstehende Aufnahme und Aneignung eines Textes, eines Werks der bildenden Kunst o. Ä. durch den Leser, Hörer, Betrachter.

Romanitas: Begriff für die Gesamtheit des politischen und kulturellen Selbstverständnisses der Römer.

Schreckensherrschaft: (franz. *la terreur*) Phase der Herrschaft der Jakobiner (1793–1794), die durch diktatorische Gewalt des Wohlfahrtsausschusses geprägt war; Höhepunkt Sommer 1794 mit über 1400 Hinrichtungen.

Selbststärkungsbewegung: Die nach der Niederlage im Zweiten Opiumkrieg unter Vertretern der Qing-Regierung in China aufkommende Selbststärkungsbewegung hatte das Ziel, mithilfe von an westlichen Vorbildern orientierten Reformen v.a. in Militär, Technik und Bildung China zu modernisieren und gegen den Einfluss der imperialistischen Mächte zu stärken.

„Sohn des Himmels": (chin. *Tianzi*) Nach seinem Sieg über die Shang-Dynastie entwickelte der Herrscher der Zhou-Dynastie (ab 11. Jh. v. Chr.) die bis ins 20. Jh. gültige Auffassung, dass er vom Himmel für sein Herrscheramt beauftragt sei, dem Himmel eine angemessene Verehrung darzubringen. Dieser Auftrag, auch als Weltherrschaftsauftrag verstanden, konnte dem Kaiser vom Himmel entzogen werden.

Sowjet: (russ.) Rat. In den russ. Revolutionen Kampforganisation der Arbeiter, Bauern und Soldaten; seit den 1920er-Jahren waren die Sowjets Instrumente der Herrschaft der kommunistischen Partei. Die Räte vereinigten in sich die Legislative, die Exekutive und die Judikative. Die gewählten Delegierten waren den Wählern direkt verantwortlich, rechenschaftspflichtig und jederzeit abwählbar.

Sozialismus: Bis ins 20. Jh. synonym mit Kommunismus bezeichnete politische Theorie und Bewegung. Ursprüngliches Ziel des Sozialismus war die Schaffung gesellschaftlicher Gleichheit und Gerechtigkeit durch Aufhebung des Privateigentums, Einführung einer Planwirtschaft und Beseitigung der Klassenunterschiede. Ob die angestrebte Aufhebung der kapitalistischen Wirtschafts- und Gesellschaftsordnung durch eine Revolution oder durch Reformen zu erreichen sei, war von Anfang an in der sozialistischen Bewegung umstritten. Im Marxismus-Leninismus wurde Sozialismus als Vorstufe zum Kommunismus verstanden.

Stalinismus: Staats- und Gesellschaftsordnung, die unter der Herrschaft Stalins in den 1920er- und 1930er-Jahren entstanden ist. Sie war durch diktatorische Unterdrückung, Terror und Personenkult gekennzeichnet. Nach 1945 wurde sie auch auf die osteuropäischen Staaten übertragen. Nach Stalins Tod 1953 setzte eine Entstalinisierung ein, allerdings ohne die Grundprinzipien des Stalinismus aufzugeben.

Stände/Ständegesellschaft: Stände waren im Mittelalter und in der Frühen Neuzeit einerseits gesellschaftliche Großgruppen, die sich voneinander durch jeweils eigenes Recht, Einkommensart, politische Stellung, Lebensführung und Ansehen unterschieden (Ständegesellschaft); man unterschied Klerus, Adel, Bürger und Bauern sowie unterständische Schichten. Stände waren andererseits Körperschaften zur Wahrnehmung politischer Rechte, etwa der Steuerbewilligung, in den Vertretungsorganen (Landtagen, Reichstagen) des frühneuzeitlichen „Ständestaates". Adel, Klerus, Vertreter der Städte und z. T. der Bauern traten als Stände gegenüber dem Landesherrn auf. Der Absolutismus höhlte die Rechte der Stände im 17./18. Jh. aus, mit den Revolutionen seit 1789 hörten die Stände auf, vorherrschendes Prinzip in der Gesellschaft zu sein.

Transformationsprozess: Grundlegender Wechsel oder Austausch des politischen Regimes und gegebenenfalls auch der gesellschaftlichen und wirtschaftlichen Ordnung.

Trikolore: Im Juli 1789 entstandene dreifarbige Nationalflagge Frankreichs, zusammengesetzt aus den Farben der Stadt Paris (Blau und Rot).

Unabhängigkeitserklärung (1776): Erklärung der 13 englischen Kolonien in Amerika zur vollständigen Loslösung vom britischen Mutterland. Die Präambel beinhaltete erstmals in der Geschichte eine Erklärung der Menschenrechte.

„Ungleiche Verträge": China und Japan bezeichneten damit im Rückblick die Verträge, die ihnen im 19. Jh. von den Mächten des Westens aufgezwungen wurden. Die Ungleichheit macht die Verträge aus völkerrechtlicher Sicht nicht ungültig, da internationale Verträge oft nach Kriegen zwischen Siegern und Besiegten geschlossen werden, d. h. zwischen ungleichen Parteien.

Verfassung: Grundgesetz eines Staates, in dem die Regeln der Herrschaftsausübung und die Rechte und Pflichten eines Bürgers festgelegt sind. Demokratische Verfassungen beruhen auf der Volkssouveränität und dementsprechend kommt die Verfassung in einem Akt der Verfassungsgebung zustande, an der das Volk direkt oder durch von ihm gewählte Vertreter (Verfassungsversammlung) teilnimmt. Eine demokratische Verfassung wird in der Regel schriftlich festgehalten (zuerst in den USA 1787), garantiert die Menschenrechte, legt die Verteilung der staatlichen Gewalt (Gewaltenteilung) und das Mitbestimmungsrecht des Volkes (Wahlrecht, Parlament) bei der Gesetzgebung fest.

Vertragshafen: Vor allem Großbritannien, Russland und die USA erzwangen ab 1842 in China, Japan und Korea die Öffnung von bestimmten Häfen, um den Handel in diesen Ländern auszuweiten und Einfluss in den Regionen zu erhalten.

Virginia Bill of Rights: Nach der Unabhängigkeitserklärung (1776) erließen die meisten US-Staaten neue Verfassungen und nahmen eine *Bill of Rights* auf (Grundrechtekatalog). Die berühmteste war die *Virginia Bill of Rights* vom Juni 1776. Denn sie bildete die Vorlage für den Grundrechtekatalog, der 1789 der US-Verfassung hinzugefügt und 1791 ratifiziert wurde (= 1. bis 10. Verfassungszusatz: Glaubens-, Rede-, Presse-, Versammlungsfreiheit; Unverletzlichkeit der Person, der Wohnung, des Eigentums; Recht auf Verteidigung).

Völkerbund: 1919 im Wesentlichen auf Betreiben der USA im Rahmen der Pariser Friedenskonferenz entstandene überstaatliche Organisation zur Friedenswahrung und regulierten Konfliktaustragung. Da die USA aber dann doch nicht beitraten, die Sanktionsmöglichkeiten gegen Brüche des Völkerrechts gering waren und eine nationale Machtpolitik in den meisten Staaten an der Tagesordnung blieb, war der Völkerbund in dieser Hinsicht wenig erfolgreich, während er bei humanitären Problemen wichtige Arbeit leistete. Deutschland wurde 1926 aufgenommen und trat 1933 wieder aus.

„Volksgemeinschaft": Nach der Ideologie des Nationalsozialismus bestimmten nicht Interessen- oder Klassengegensätze Staat und Gesellschaft, sondern die Gemeinschaft, die sich dem Willen eines Führers unterordnet; die „Volksgemeinschaft wurde als die einzige „natürliche" Lebensordnung im Staat ausgegeben. Das Prinzip der Volksgemeinschaft diente einerseits der Rechtfertigung des Verbots von Interessenorganisationen, z. B. von Gewerkschaften, und aller Parteien außer der NSDAP. Andererseits diente es der Verfolgung von politischen Gegnern und Minderheiten.

Volkssouveränität: Grundprinzip der Legitimation demokratischer Herrschaft, nach dem alle Staatsgewalt vom Volke ausgeht. Entwickelte sich aus der frühneuzeitlichen Naturrechtslehre. Die Ausübung von Herrschaft ist an die Zustimmung des Volkes durch direkte Mitwirkung (Plebiszit) oder durch Wahlen gebunden; setzte sich in der Amerikanischen Revolution (1776) und Französischen Revolution (1789) als revolutionäres Prinzip gegen die absolute Monarchie durch. Die Volkssouveränität wird durch die Geltung der Menschen- und Bürgerrechte eingeschränkt.

Weimarer Koalition: Als Weimarer Koalition bezeichnen Historiker das Bündnis aus Sozialdemokraten (SPD), liberalen Demokraten (DDP) und Zentrumspartei/Bayerische Volkspartei (BVP), das in den Anfangsjahren der Republik (1919–1921) regierte und eindeutig für die parlamentarische Demokratie eintrat.

Weltwirtschaftskrise: Ausgelöst durch Aktienspekulation, Nachfragestagnation und Überproduktion in den USA 1928/29; sie führte im Oktober 1929 zum Zusammenbruch der New Yorker Börse, die nach dem Ersten Weltkrieg London als Weltfinanzmarkt abgelöst hatte; Tiefpunkt der großen Krise war 1932. Folgen: Zerstörung des internationalen Finanzsystems, Vermögensverluste und hohe Arbeitslosigkeit in allen Industrieländern.

Wohlfahrtsausschuss: (franz. *Comité de salut public*) Parlamentsausschuss, am 6. April 1793 anstelle des ineffektiven Verteidigungsausschusses errichtet, zunächst sechs Mitglieder, nach dem 2. Juni und dem 4. Dezember 1793 reorganisiert, mit diktatorischen Regierungsvollmachten ausgestattet, ein Jahr lang wichtigste Institution der Terreur. Seine zwölf kollektiv entscheidenden Mitglieder waren für einzelne Sachgebiete spezialisiert, die führenden Mitglieder waren Robespierre, Couthon und Saint-Just. Nach dem 9. Thermidor (Sturz Robespierres) wurde der W. in seinen Befugnissen beschnitten, im Herbst 1795 ganz abgeschafft.

Young-Plan: Im Mai 1929 legte eine unabhängige Expertenkommission unter Leitung des amerikanischen Finanzfachmanns Owen D. Young einen Plan zur abschließenden Regelung der Reparationsfrage vor. Er setzte die endgültige Reparationssumme mit 112 Milliarden Reichsmark, eine jährliche Durchschnittszahlung von rund 2 Milliarden und damit eine zeitliche Begrenzung auf 59 Jahre fest. Da die Zahlungen geringer ausfielen als nach dem Dawes-Plan, die ausländischen Kontrollen wegfielen und die Alliierten außerdem die vollständige Räumung des Rheinlandes bei Annahme des Plans in Aussicht stellten, war der

Plan für Deutschland von Vorteil. Der Reichstag stimmte ihm daher auch mehrheitlich zu. Innenpolitisch aber wurde er von der nationalistischen Rechten (DNVP, Stahlhelm, NSDAP) zur massiven Propaganda gegen die Republik und die sie tragenden Parteien, vor allem in einem Volksbegehren und einem – scheiternden – Volksentscheid, genutzt.

Zentralkomitee der KPdSU (ZK): Es wurde vom Parteitag gewählt und musste gemäß den Statuten mindestens einmal in sechs Monaten zu einer Plenarsitzung zusammentreten. Für die Zeit zwischen den Sitzungen wurde die Politik vom Politbüro und vom Generalsekretär (1922 bis 1952 und 1966 bis 1991) bzw. Ersten Sekretär (1952 bis 1966) des ZK bestimmt. Es befasste sich u. a. mit der Kaderpolitik der Partei (Nomenklatura) und wählte den Generalsekretär, die Mitglieder und Kandidaten des Politbüros und die Sekretäre des Sekretariats des ZK. Es lenkte die Arbeit der zentralen staatlichen Organisationen.

Zivilisation: Das Wort bedeutet ursprünglich die verfeinerte Lebensweise in den Städten gegenüber dem einfachen bäuerlichen Leben. Zivilisation bezieht sich auf den Entwicklungsstand und die Ausprägung von Wirtschaft (Landwirtschaft, Gewerbe, Verkehr, Arbeitsteilung usw.), Technik und Politik (Machtverteilung, soziale Organisation usw.) ebenso wie von Kunst, Philosophie, Religion und Wissenschaft. Der Begriff umfasst aber auch weiterhin Elemente der ursprünglichen Bedeutung, z. B. Umgangsformen, bestimmte Sitten. Im deutschen Sprachgebrauch wird Zivilisation häufig auf Wirtschaft und Technik eingeengt. Wissenschaft, Philosophie und Kunst werden dagegen mit dem positiv bewerteten Begriff der Kultur davon abgesetzt.

Zongli Yamen: („Hauptamt für die Verwaltung der auswärtigen Angelegenheiten") Diese Vorstufe eines Außenministeriums wurde 1861 im Zuge von Reformen der Selbststärkungsbewegung gegründet und handelte unter Leitung von Prinz Gong Verträge mit auswärtigen Mächten aus, gründete aber auch Schulen für westliche Sprachen und mit westlichem Lehrplan. Es bedeutete eine Abkehr vom System der Tributstaaten und passte sich damit den westlichen Modellen von Außenpolitik an.

Personenlexikon und Personenregister

Adams, John (1735–1826), geb. und gest. in Braintree/ Massachusetts, Vater von John Quincy Adams; absolvierte 1755 das Harvard College; Rechtsanwalt, Schriftsteller; schrieb im August 1765 anonym vier Artikel in der *Boston Gazette* über den Konflikt zwischen Individualrechten und Herrschaftsrechten; Delegierter des 1. (1774) und 2. Kontinentalkongresses (1775 bis 1777), Mitunterzeichner der Unabhängigkeitserklärung (1776), Hauptautor der Verfassung von Massachusetts (1780); 1778–1788 Reisen als US-Diplomat in Europa; schloss zusammen mit Franklin den „Frieden von Paris" (1783); US-Vizepräs. unter Washington; US-Präs. 1797–1801 (Federalist). *120, 127 f.*

Alexander II. (1818–1881), Zar Russlands (1855–1881), bekannt für seine „Großen Reformen" und die Abschaffung der Leibeigenschaft, weshalb er als „Zar-Befreier" bezeichnet wurde. *26, 29, 32, 39, 43 f., 60*

Arendt, Hannah (1906–1975), 1933 Emigration aus Deutschland; Professorin für politische Theorie und Philosophie in den USA; zu ihren bekanntesten Schriften zählen „Elemente und Ursprünge totaler Herrschaft" (1951; dt. 1955), „Eichmann in Jerusalem" (1961; als Buch 1963 erschienen), ihre Beobachtungen zum Prozess gegen den NS-Verbrecher Adolf Eichmann, und „Über die Revolution" (1963, dt. 1965). *13, 103*

Assmann, Aleida (geb. 1947) und **Assmann, Jan** (geb. 1938), die Literaturwissenschaftlerin und der Ägyptologe haben z. T. gemeinsam wichtige Werke zur kulturwissenschaftlichen Gedächtnisforschung verfasst. Dabei haben beide großen Anteil an der Entstehung der Theorien zum kulturellen Gedächtnis. Zusammen erhielten sie 2018 den Friedenspreis des Deutschen Buchhandels. *404, 414 ff., 422*

Bakunin, Michail (1814–1876), russischer Revolutionär und Anarchist, zuerst Tätigkeit als Militär und Lehrer in Russland, 1840 nach Westeuropa, Kontakt mit vielen Intellektuellen und Aktivisten; Teilnahme an Rev. 1848 in Frankreich und Deutschland; Haft, 1851 Auslieferung an Russland, Verbannung, 1861 Flucht ins Ausland, Wohnsitz u. a. in London, 1868 Teilnahme an organisierter Arbeiterbewegung; 1873 Veröffentlichung Schrift „Staatlichkeit und Anarchie", Einfluss auf Narodniki. *43, 49 f.*

Bitterli, Urs (1935–2021), Schweizer Historiker und Lehrer, der vor allem zu den Themen des frühneuzeitlichen Kolonialismus arbeitete. *144, 235 ff., 257*

Bonaparte, Napoleon (1769–1821), aus Korsika stammender französischer Offizier, unter dem Direktorium schlug Napoleon als Brigadegeneral einen Aufstand von Königstreuen nieder, als Oberbefehlshaber der französischen Truppen 1796 siegreich gegen die österreichischen Heere, 1798 Feldzug gegen Ägypten, 1799 stürzte der siegreich aus Ägypten kommende Napoleon das Direktorium und regierte als Erster Konsul fast allein bis zu seiner Kaiserkrönung 1804, nach der Dreikaiserschlacht von Austerlitz 1805 gegen Österreich und Russland bestimmte er bis zur Völkerschlacht von Leipzig 1813 die europäische Politik; 1815, nach der Verbannung auf Elba und kurzer Rückkehr auf das Schlachtfeld, endgültig von den Engländern auf die Insel St. Helena verbannt, wo er 1821 starb. *42, 77, 107, 110*

Bracher, Karl Dietrich (1922–2016), deutscher Politikwissenschaftler und Historiker, lehrte von 1959 bis 1987 an der Universität Bonn, prägte mit seinen Studien zu politischen Ideen und der Zeit der Weimarer Republik und des NS die deutsche Sonderwegsdebatte in den 1960er-Jahren. *274, 394*

Braudel, Fernand (1902–1985), französischer Historiker der Annales-Schule, die er durch seine Werke stark beeinflusste, unterschied verschiedene Zeitebenen bei der Rekonstruktion von Geschichte und prägte den Begriff Longue durée. *143, 148, 239 f.*

Briand, Aristide (1862–1932), der französische Politiker bemühte sich nach dem Ersten Weltkrieg um die deutsch-französische Annäherung. Höhepunkt dieser Politik waren die Locarno-Verträge 1925. Dafür erhielt er zusammen mit Gustav Stresemann den Friedensnobelpreis. *323, 325 f.*

Brinton, Crane (1898–1968), US-amerik. Historiker, bedeutendstes Werk: *„The Anatomy of Revolution"* über die Theorie und den Verlauf von Revolutionen. *13, 100 f.*

Brüning, Heinrich (1885–1970), Infanterieoffizier an der Westfront, Geschäftsführer der Vereinigung der christlichen Gewerkschaften und Referent des preußischen Wohlfahrtsministers Stegerwald, seit 1924 für das Zentrum im Reichstag, 1929 Fraktionsvorsitzender, 1930–1932 Reichskanzler, 1934 Emigration in die USA. *311, 356 ff., 363 f.*

Burckhardt, Jacob (1818–1897), Schweizer Kultur- und Kunsthistoriker, 1855 Professur in Zürich, 1858 Wechsel nach Basel, bis 1893. Verfasste wichtige Werke u. a. zur Renaissance, in der er Kunst und Gesellschaft darstellte. Vorbild für die Kulturge-

Kolonien in Kanada, Verlust vieler nordamerikanischer Kolonien im Amerikanischen Unabhängigkeitskrieg. *121, 124, 131*

Gorbatschow, Michail (1931–2022), 1985 bis 1991 Generalsekretär des ZK der KPdSU, März 1990 bis Dezember 1991 Staatspräsident der UdSSR, seine seit 1985 eingeschlagene Reformpolitik zielte auf eine umfassende Erneuerung der Sowjetunion (Glasnost und Perestroika). *19*

Goebbels, Joseph (1897–1945), 1926 Gauleiter der NSDAP für Berlin, Reichspropagandaleiter bei den Wahlkämpfen 1930 und 1932, wirkungsvollster Redner der NSDAP neben Hitler, 1933 Reichspropagandaminister. *365 f.*

Gong, Prinz (1833–1898), sechster Sohn des Daoguang-Kaisers, erhielt 1860 den Auftrag, mit den Briten die Konvention von Beijing (Ende des Zweiten Opiumkrieges) auszuhandeln, westlich gebildet, reformorientiert. Seit 1861 Leiter des Hauptamtes für auswärtige Angelegenheiten, bis 1884, dann erneut zwischen 1894 und 1898. *205 ff., 214*

Grenville, George (1712–1770), britischer Politiker und Premierminister, setzte 1765 das Stempelsteuergesetz durch. *26 f.*

Groener, Wilhelm (1867–1939), im Ersten Weltkrieg Leiter des Kriegsamts im Preußischen Kriegsministerium, 1917 gestürzt, im Oktober 1918 Nachfolger Ludendorffs als Erster Generalquartiermeister in der Obersten Heeresleitung, schuf mit Ebert den sog. „Ebert-Groener-Pakt", 1920–1923 Reichsverkehrsminister, parteilos, 1928 Reichswehrminister, 1931 zusätzlich Reichsinnenminister, wurde 1932 vor allem wegen seines SA-Verbots gestürzt. *296*

Grosz, George (1893–1959), Maler und Grafiker, trat 1919 in die KPD ein, 1924 Vorsitzender der „Roten Gruppe", einer Vereinigung kommunistischer Künstler, lebte seit 1933 in New York. *312, 338, 340*

Guangxu-Kaiser (1871–1908), sein Regierungsmotto „Guangxu" bedeutet „Brillante Nachfolge". Vetter des Tongzhi-Kaisers, wurde 1875 nach dessen Tod von Kaiserinwitwe Cixi als Kaiser ausgewählt. Er unterhielt enge Kontakte zu dem Philosophen Kang Youwei und setzte die Hundert-Tage-Reform mit in Gang. Er wurde aber noch im selben Jahr von Cixi unter Hausarrest gestellt, weil er angeblich einen Komplott gegen sie geschmiedet hatte. *202 f., 207, 215 ff., 231 ff.*

Gützlaff, Karl (1803–1851), lutherischer Theologe und einer der ersten deutschen protestantischen Missionare in China. Er arbeitete als Lehrer, aber auch als Übersetzer für die Briten im Opiumkrieg. Er sprach Chinesische und trug chinesische Kleidung. *186*

Hancock, John (1754–1820), amerikanischer Politiker und Staatsanwalt, als Vertreter für den Bundesstaat Virginia im US-Repräsentantenhaus, Mitglied der von Alexander Hamilton gegründeten Föderalistischen Partei. *120, 129*

Heartfield, John (1891–1968), eigentlich Helmut Herzfeld, deutscher Maler, Grafiker und Fotomontagekünstler, wichtiger Vertreter des Dadaismus, „Erfinder" der Fotomontage, Mitglied der KPD, ab 1933 Exil, 1950 Rückkehr und Leben in der DDR. *356*

Heine, Thomas Theodor (1867–1948), deutsch-schwedischer Maler, Zeichner und Schriftsteller, prägte 1895 bis 1933 mit seinem Stil die politisch-satirische Wochenzeitung „Simplicissimus", ab 1938 Exil in Norwegen, dann in Schweden. *310, 319*

Henry, Patrick (1736–1799), Rechtsanwalt aus Virginia, berühmt für seine Rede „*Give me Liberty, or give me Death*" (1775), Vertreter der Amerikanischen Unabhängigkeitsbewegung, Gegner der Verfassung der USA, später Mitglied der Föderalistischen Partei. *128 f.*

Herzen, Iwanowitsch Alexander (1812–1870), russischer Philosoph und Publizist. Er geriet schon als Student in Moskau in oppositionelle Kreise, erste Verhaftung 1834, Verbannung, 1847 Auswanderung nach Westeuropa, Kontakt mit Bakunin. 1852 London, seit 1857 Herausgeber „Die Glocke" als Sprachrohr der russ.-revolutionären „Westler". Er unterstützte 1863/64 polnischen Aufstand, darauf breite Ablehnung in Russland. *42 f.*

Hindenburg, Paul von (1847–1934), Soldat, ostelbischer Gutsbesitzer, schon seit 1911 im Ruhestand befindlich, wurde er zu Beginn des Ersten Weltkriegs wieder reaktiviert, 1914 „Sieger von Tannenberg", Chef der Obersten Heeresleitung, 1925 zum Reichspräsidenten gewählt. *309, 357, 361, 408 ff.*

Hitler, Adolf (1889–1945), begann 1919 mit seiner politischen Karriere, 1923 Putschversuch, anschließend Festungshaft, Vorsitzender der von ihm 1925 wieder gegründeten NSDAP, 1933 Reichskanzler. Errichtung der NS-Diktatur bis 1945, hauptverantwortlich für den Holocaust, entzog sich am 30. April 1945 durch Selbstmord im Bunker der Reichskanzlei der Verantwortung. *279, 303, 307 f., 311 f., 357, 360, 383 ff.*

Hugenberg, Alfred (1865–1951), Vorsitzender der Friedrich Krupp AG, Besitzer eines Medienkonzerns, 1890 Gründer des Alldeutschen Verbands, seit 1919 Mitglied des Reichstags für die DNVP, 1928 deren Vorsitzender, 1933 Reichswirtschafts- und -ernährungsminister (bis 27.6. 33), bis 1945 Mitglied des Reichstags. *370*

Leninismus eine revolutionäre Umgestaltung Russlands durch Berufsrevolutionäre organisierte; nach der gewaltsamen Oktoberrevolution etablierte er die bolschewistische Regierung; sein einbalsamierter Körper liegt bis heute präpariert in einem Mausoleum auf dem Roten Platz in Moskau. *14 f., 19 f., 41, 44 f., 52, 55, 62 f., 66 f., 72 f., 76 ff., 81, 83 f., 86, 88, 90, 93 f., 98*

Liang Qichao (1873–1929), Schüler Kang Youweis. Er ging nach dem Scheitern der Hundert-Tage-Reform ins Exil nach Japan, gründete dort eine Zeitschrift und veröffentlichte weiter Schriften. Er wurde zum Befürworter einer liberalen Republik. *222, 224, 231*

Liebknecht, Karl (1871–1919), Mitglied des Reichstags und des Preußischen Abgeordnetenhauses für die SPD, Gründer des Spartakusbundes, im Ersten Weltkrieg wegen Hochverrats zu vier Jahren Zuchthaus verurteilt, Ende Oktober 1918 amnestiert, proklamierte am 9. November 1918 sozialistische Republik, Mitgründer der KPD, wurde am 15. Januar 1919 von Freikorpsangehörigen erschossen. *283 ff.*

Lin Zexu (1785–1850), Beamtengelehrter, 1838 als kaiserlicher Beauftragter zur Umsetzung des Verbots des Opiumhandles eingesetzt. Durch Beschlagnahmung und Vernichtung von Opium versetzte er dem britischen Opiumhandel einen Schlag und trug so zum Beginn des Opiumkrieges bei. *174, 183*

Ludendorff, Erich (1865–1937), im Ersten Weltkrieg als Erster Generalquartiermeister in der Obersten Heeresleitung wohl einer der mächtigsten Männer im Reich, am 26.10.1918 entlassen, vertrat völkisch-radikalen Nationalismus, beteiligt am Kapp- und am Hitler-Putsch, 1924 Mitglied des Reichstags für die Völkischen, 1925 Gründung des „Tannenbergbundes", danach eher politische Randfigur. *303, 307 f.*

Ludwig XVI. (1754–1793), französischer König, verheiratet mit der österreichischen Kaisertochter Marie Antoinette, von der Dynamik der Revolution überfordert, nach seinem Fluchtversuch ins Ausland als Landesverräter guillotiniert. *106 f., 118*

Luther, Martin (1483–1546), Begründer der Reformation; auf Wunsch des Vaters begann er 1505 ein juristisches Studium; wegen eines Gelübdes – er war während eines Gewitters in Lebensgefahr geraten – trat er in das Kloster der Augustinereremiten in Erfurt ein; 1507 Weihe zum Priester;1512 Doktor der Theologie und Professor für Bibelauslegung an der Universität Wittenberg: 1517 Publikation der 95 Thesen. *418, 426 f., 437*

Lüttwitz, Walther von (1859–1942), seit 1914 Generalleutnant, im Ersten Weltkrieg Chef Generalstab an der Westfront, Ende 1918 Oberbefehlshaber der vorläufigen Reichswehr in Berlin, 1919 Niederschlagung Spartakus-Aufstand, März 1920 Entlassung wegen Befehlsverweigerung bzgl. Truppenabbau, mit Marsch auf Berlin führend am Kapp-Putsch beteiligt, Flucht, 1925 Rückkehr nach Amnestie. *296, 307 f.*

Luxemburg, Rosa (1870–1919), SPD-Mitglied auf dem äußersten linken Flügel, 1916 Mitgründerin des Spartakusbundes, 1916 in „Schutzhaft", im November 1918 befreit, Mitgründerin der KPD, am 15. Januar 1919 von Freikorpsangehörigen erschossen. *283, 285*

Macartney, Lord George (1737–1806), Botschafter in Russland und Gouverneur von Madras, Leiter der ersten offiziellen britischen diplomatischen Mission nach China 1792/93. Im Auftrag des britischen Königs sollte er Handelserleichterungen und die Etablierung einer dauerhaften Gesandtschaft erreichen. Die Mission traf auf Ablehnung des Qianlong-Kaisers. In der Forschung wurde lange die Rolle der verweigerten traditionellen Verbeugung (Kotau) durch Lord Macartney diskutiert. *170 f., 173, 180 ff., 197*

Mao Zedong (1893–1976), entstammte einer Bauernfamilie aus Hunan, in seinen jungen Jahren Lehrer und Hilfsbibliothekar. 1921 Gründungsmitglied der Kommunistischen Partei Chinas (KPCh). Nach einem von ihm organisierten, fehlgeschlagenen Aufstand 1927 Rückzug in einer Guerillabasis in der Provinz Jiangxi; während des „Langen Marsches" 1934/35 Anerkennung als Parteiführer. Er vertrat die These, dass die Bauern der marxistischen Revolution in China zum Durchbruch verhelfen würden. 1949 proklamierte er die Volksrepublik China und blieb bis zu seinem Tod ihr Führer. *211, 227*

Marx, Karl (1818–1883), dt. Philosoph und Volkswirtschaftler, begründete mit Engels den wissenschaftlichen Sozialismus. Nach dem Verbot der „Rheinischen Zeitung", deren Chefredakteur er war, emigrierte er 1843 nach Paris; 1845 aus Paris ausgewiesen, Übersiedlung nach Brüssel, 1848 Rückkehr nach Deutschland, nach gescheiterter Revolution lebte er bis zu seinem Tod in London. Unter seiner Mitwirkung Gründung der Ersten Internationale 1864 in London. *14, 44, 50 f., 56 f., 63, 65, 101 f.*

Marx, Wilhelm (1863–1946), 1899–1921 Mitglied des Preußischen Abgeordnetenhauses, 1910 bis 1932 Mitglied des Reichstags für das Zentrum, 1922–1928 Parteivorsitzender, 1923–1925 und 1926–1928 Reichskanzler, Kandidat der republikanischen Parteien für das Reichspräsidentenamt 1925, unterlag knapp gegen Hindenburg, einer der führenden Politiker der Weimarer Republik. *360, 408 ff.*

Montesquieu, Charles de Secondat, Baron de La Brède et de M. (1689–1755), französischer Intellektueller der Aufklärung, hatte mit seiner Schrift „*Vom Geist der Gesetze*" (1748) großen Einfluss auf die moderne Staatstheorie und Verfassungsentwicklung, besonders mit dem Grundsatz der Gewaltenteilung. *75, 109*

Morrison, Robert (1782–1834), schottischer Presbyterianer und Missionar. 1807 reiste er nach China, lernte Chinesisch und trug chinesische Kleidung. Er übersetzte die Bibel ins Chinesische und arbeitete als Missionar. *176, 186*

Munqidh, Usama ibn (1095–1188), arabischer Schriftsteller. *253*

Müller, Hermann (1876–1931), seit 1893 SPD-Mitglied, seit 1906 im Parteivorstand, seit 1916 im Reichstag, in der Revolution Mitglied des Vollzugsrats, Mitglied in Nationalversammlung und Reichstag, zeitweise Fraktionsvorsitzender, 1919–1920 Reichsaußenminister, 1920 und 1928–1930 Reichskanzler. *356, 359f.*

Napoleon *siehe* Bonaparte, Napoleon

Nikolaus II. (1868–1918), letzter Zar Russlands, nach der Niederlage im Russisch-Japanischen Krieg halbherzig zu Reformen bereit, übernahm im Ersten Weltkrieg den Oberbefehl, trat angesichts der Februarrevolution zurück, 918 von den Bolschewiki zusammen mit seiner Familie exekutiert, 2000 von der russisch-orthod. Kirche heiliggesprochen. *22, 24, 45 ff., 53 f., 61, 64 f., 69, 144 ff.*

Oswald, Ingrid, deutsche Soziologin, Privatdozentin am Institut für Sozialwissenschaften der Humboldt-Universität Berlin und Projektleiterin am „Centre for Independent Social Research" in St. Petersburg/Russland. *146 ff., 237, 273*

Papen, Franz von (1879–1969), Offizier im Ersten Weltkrieg, 1921–1932 Mitglied des Preußischen Abgeordnetenhauses, stand im Zentrum auf dem rechten Flügel, 1932 Reichskanzler, bereitete Machtübernahme der Nationalsozialisten vor, 1933/34 Vizekanzler, dann im diplomatischen Dienst. *357, 360 f.*

Plechanow, Georgi V. (1856–1918), russischer Journalist und Philosoph, erst Anhänger der Narodniki, dann Distanz wegen der Terrormethoden. Er betonte die Zusammenarbeit zwischen Bauern und Arbeitern; Vordenker der russischen Sozialdemokraten, enge Verbindung mit Lenin, 1900 Streit mit Lenin über Parteiorganisation und Ausrichtung. Er versuchte nach Spaltung der Sozialdemokraten erst zu vermitteln, dann Entscheidung für die Menschewiki. *44, 51*

Plessner, Helmuth (1892–1985), Philosoph und Soziologe, seit 1926 Professor in Köln, 1933 Entlassung, Exil in der Türkei und Niederlande. 1935 entsteht Buch „Das Schicksal des deutschen Geistes im Ausgang seiner bürgerlichen Existenz", 1959

veröffentlicht als „Die verspätete Nation" und wichtiger Teil der Sonderwegsdebatte. 1950 Rückkehr nach Deutschland, bis 1962 Professor in Göttingen. *274*

Pohl, Walter (*1953), österreichischer Historiker und Professor für Geschichte des Mittelalters und Historische Hilfswissenschaften an der Universität Wien. *165 ff., 186 f., 228, 237 f., 241 f., 270, 280, 285*

Postel, Verena (seit 2011 Verena Epp; *1959), deutsche Historikerin, Professorin für Mittelalterliche Geschichte und geschichtliche Landeskunde an der Philipps-Universität Marburg. *185 f., 231, 240 f., 284, 291*

Putin, Wladimir (*1952), Präsident Russlands 2000 bis 2008, 2008 bis 2012 Ministerpräsident, seit 2012 wieder Präsident. *14, 20 f.*

Pu Yi (1905–1967), letzter Kaiser der Qing-Dynastie, der 1908 als Dreijähriger auf den Thron kam. Er dankte 1912 offiziell ab, lebte dann noch eine Weile im Kaiserpalast in Beijing. Von 1932 bis 1945 von den Japanern als Spitze eines Marionettenregimes in Mandschuko eingesetzt. Nach 1945 „Umerziehung" in einem kommunistischen Gefängnis. *203, 210 f., 224*

Qianlong-Kaiser (1711–1799), sein Regierungsmotto „Qianlong" bedeutet „Stärke und Erhabenheit". Qianlong wurde 1736 Kaiser und regierte über 60 Jahre. Er ließ ab 1755 erfolgreich Feldzüge im Westen Chinas durchführen und brachte Vietnam und Burma unter seine Vorherrschaft. Bei drei militärischen Interventionen in Tibet stärkte er das Protektorat der Mandschu über Tibet durch die Institution zweier chinesischer Residenten in Lhasa. Bis dahin hatte China unter seiner Herrschaft in relativem Wohlstand gelebt; die Bevölkerung war gewachsen und die landwirtschaftliche Nutzfläche vergrößert worden. Aber die Feldzüge, hohe Ausgaben für Kultur und eine luxuriöse Hofhaltung belasteten die Finanzen. Obwohl er das kulturelle Leben förderte, ließ er in einer „literarischen Inquisition" 2300 Werke verbieten. Von 1776 bis zu seinem Tod gelang es einem Günstling He Shen, die Staatsfinanzen zu privaten Zwecken auszunutzen und das Reich bis weit in das 19. Jahrhundert zu schwächen. *150, 170, 173, 179 ff., 197, 204*

Rathenau, Walther (1867–1922), Präsident des Aufsichtsrates der AEG, in zahlreichen Firmen Leitungsfunktionen, DDP-Mitglied, 1921 Wiederaufbauminister, dann 1921/22 Außenminister, führte in dieser Funktion die „Erfüllungspolitik" durch, 1922 von Rechtsextremisten ermordet. *303*

Ricci, Matteo (1552–1610), italienischer Jesuit, Begründer der China-Mission. Nach seiner Ankunft in China 1582 erhielt er 1601 die Erlaubnis, nach Beijing überzusiedeln; er erlangte fundierte Kenntnisse der chinesischen Sprache und Kultur und orientierte sich in seinem Verhalten an der chinesischen Bildungselite. Er stand in der Gunst des Kaisers und starb in China. Mit Matteo Ricci und seinen Nachfolgern begann die Rezeption der chinesischen Kultur in Europa. *153, 176*

Richthofen, Ferdinand Paul Freiherr von (1833–1905), deutscher Geograf, Kartograf und Forschungsreisender. Schwerpunkt seiner Reisen und Forschung war China. Begründer der modernen Geomorphologie. *220*

Robespierre, Maximilien de (1758–1794), Rechtsanwalt, 1789 für den Dritten Stand in die Nationalversammlung gewählt, führendes Mitglied des Jakobinerklubs, betrieb die Hinrichtung des Königs und den Sturz der Girondisten, 1793 übte er über den Wohlfahrtsausschuss die Schreckensherrschaft aus, 1794 hingerichtet. *104, 109 f., 118*

Robespierre, Maximilien de (1758–1794), Rechtsanwalt, 1789 für den Dritten Stand in die Nationalversammlung gewählt, führendes Mitglied des Jakobinerklubs, betrieb die Hinrichtung des Königs und den Sturz der Girondisten, 1793 übte er über den Wohlfahrtsausschuss die Schreckensherrschaft aus, 1794 hingerichtet. *109, 118*

Rousseau, Jean-Jacques (1712–1778), französisch-schweizerischer Schriftsteller, Philosoph und Komponist, lernte in Paris Diderot kennen, nach R. verderbe die Gesellschaft den ursprünglich guten Menschen, im „Contrat social" (1762) entwirft er ein politisches Modell einer Gesellschaft, in der sich der Einzelne total dem Gesetz unterordnet. *107, 109*

Said, Edward (1935–2003), US-amerik. Kultur- und Literaturtheoretiker und -kritiker palästinensischer Herkunft, wichtiges Werk: „Orientalismus". *238*

Salah ad-Din (1137/38–1193), erster Sultan von Ägypten (ab 1171) und Syrien (ab 1174), Rückeroberung von Jerusalem und großer Teile der Kreuzfahrerstaaten, wurde als „Sultan Saladin" zum Mythos der muslimischen Welt. *244, 249 f., 252*

Scheidemann, Philipp (1865–1939), SPD, 1903 Mitglied des Reichstags, 1913 einer der drei Fraktionsvorsitzenden, herausragender, populärer Redner, Oktober 1918 Staatssekretär in der Regierung Max von Baden, Mitglied des Rats der Volksbeauftragten, 1919 Reichskanzler, Mitglied des Reichstags, 1919–1925 Oberbürgermeister von Kassel, 1933 Emigration. *283 f.*

Schleicher, Kurt von (1882–1934), Berufsoffizier, im Ersten Weltkrieg in der Obersten Heeresleitung, enger Vertrauter von Groener (s. o.), nach der Revolution politischer Referent im Reichswehrministerium, 1929 Leiter des Ministeramtes im Ministerium, zog hinter den Kulissen die Fäden bei den Regierungswechseln

1930 und 1932, 1932/33 kurzzeitig Reichskanzler, am 30. 6.1934 im Zuge der „Säuberungen" nach dem sog. „Röhm-Putsch" erschossen. *357, 360 f.*

Sepulveda, Juan Gines de (um 1489–1573), spanischer Humanist, Theologe, Jurist, Philosoph und Chronist von Kaiser Karl V. *259, 263*

Stalin, eigentlich: Dschugaschwili, Josef W. (1879–1953), besuchte das orthodoxe Priesterseminar, daraus 1899 wegen politischer Betätigung ausgeschlossen, mehrfach nach Sibirien verbannt, stieß zu den Bolschewisten und war an der Oktoberrevolution beteiligt, ab 1922 Generalsekretär der KPdSU. Nach dem Tod Lenins ließ er seinen Rivalen Trotzki verbannen und später im Exil töten. Ab 1927 war er durch seine Politik der brutalen „Säuberung" der Partei unumschränkter Alleinherrscher der Sowjetunion bis zu seinem Tod. *15, 19 ff., 52, 77, 81, 84 f., 89 ff., 93 f.*

Strasser, Gregor (1892–1934), Offizier im Ersten Weltkrieg, Freikorpsmitglied, 1921 NSDAP, dort auf dem „linken Flügel", 1926 Reichspropagandaleiter, Gauleiter von Oberpfalz-Niederbayern, 1930 Vorsitzender des Organisationsausschusses der NSDAP, 8.12.1932 nach den Sondierungen mit Schleicher Bruch mit Hitler, ermordet im Zuge der „Säuberungen" nach dem sog. „Röhm-Putsch". *366*

Stresemann, Gustav (1878–1929), 1907 Mitglied des Reichstags für die Nationalliberalen, Gründer der DVP im November 1918, Reichskanzler 1923, Außenminister 1923–1929, erhielt zusammen mit dem französischen Außenminister Aristide Briand 1926 den Friedensnobelpreis, einer der bedeutendsten Politiker der Weimarer Republik. *289, 322–336, 339*

Stücklen, Daniel (1869–1945), Sozialdemokrat und Gewerkschafter, seit 1903 Mitglied im Reichstag, dann Nationalversammlung und 1920 bis 1932 wieder im Reichstag, hatte verschiedene Regierungsfunktionen inne, prägte Begriff „Staat im Staate" für die Reichswehr in der Weimarer Zeit. 1933 Entlassung aus allen Ämtern. *312*

Sun Yatsen (1866–1925), geboren in der südchinesischen Provinz Guandong; besuchte seit seinem 13. Lebensjahr eine Missionsschule in Hawaii und studierte anschließend Medizin in Hongkong. Nach einem erfolglosen Memorandum 1894 gründete er noch im gleichen Jahre eine „Gesellschaft zur Erneuerung Chinas". Mit ihr unternahm er einen überstürzten, erfolglosen Putschversuch in Kanton und musste danach ins Ausland flüchten. 1905 gründete er in Japan den „Chinesischen Revolutionsbund", den Vorläufer der „Guomindang". Er sammelte Geld unter den Auslandschinesen, knüpfte Kontakte zu chinesischen Geheimgesellschaften. Er stand in scharfem Gegensatz zu den konservativen Reformern um Kang Youwei. Seine „Drei Volksprinzipien" verbanden Nationalismus und Volkswohlfahrt, sahen aber keine umfassende Demokratie vor. Nach dem Erfolg der Revolution 1911 wurde er Staatspräsident, gab das Amt jedoch an den konservativen General Yuan Shikai ab. In seinen letzten Lebensjahren ließ er sich vom Erfolg der Revolution in Russland beeinflussen. Er starb 1925 während der Vorbereitungen zum Nordfeldzug, der China später einigen sollte. *203, 210 f., 223 ff.*

Tocqueville, Alexis de (1805–1859), frz. Staatsmann, Historiker und Schriftsteller, im Auftrag der frz. Regierung bereiste er 1831 die USA; aus seinen Beobachtungen resultierte sein Hauptwerk *„De la démocratie en Amérique"* („Über die Demokratie in Amerika", 1835/1840), er gilt heute noch als „Klassiker" der Politikwissenschaft. *13, 99 f.*

Trotzki, Leo (1879–1940), russischer Revolutionär, kommunistischer Politiker und marxistischer Theoretiker. Nach ihm wurde die von der sowjetischen Parteilinie des Marxismus-Leninismus abweichende Richtung des Trotzkismus benannt. Enger Weggefährte Lenins und von diesem als sein Nachfolger vorgesehen. Er wurde jedoch von seinem Konkurrenten Stalin entmachtet und 1929 ins Exil getrieben. 1940 ermordete ihn ein sowjetischer Agent im Auftrag Stalins in Mexiko. *46, 67, 81, 83 f., 90, 94*

Trumbull, John (1756–1843), US-amerik. Maler, bekannt für seine historischen Gemälde während des Amerikanischen Unabhängigkeitskriegs, vier seiner Gemälde hängen heute im Kapitol in Washington, D.C. *120*

Tucholsky, Kurt (1890–1935), Schriftsteller, einer der führenden linken Intellektuellen der Weimarer Republik, Mitglied der USPD, nach finanziellem Ruin durch Beschlagnahme seiner Tantiemen und Ausbürgerung Selbstmord. *378*

Vierhaus, Rudolf (1922–2011), deutscher Historiker. Er forschte u. a. zu Themen der Aufklärung, Professor in Bochum und in Göttingen, plädierte für eine moderne Kulturgeschichte, auch als Erweiterung zur Sozialgeschichte; europäisch-vergleichende Ansätze. *13, 16*

Vitoria, Francisco de (um 1483–1546), spanischer Dominikanermönch und Rechtsgelehrter, gilt aufgrund seiner Auseinandersetzung mit dem europäischen Herrschaftsanspruch in der „Neuen Welt" als Begründer des Völkerrechts. *266*

Waldersee, Alfred Graf von (1832–1904), er hatte verschiedene militärische Funktionen inne und entwickelte in den 1880er-Jahren Strategien für einen Präventivkrieg gegen Russland. Unter Kaiser Wilhelm II. Chef des Generalstabs. 1900 wird er im Zuge des „Boxeraufstands" als Generalfeldmarschall nach China geschickt. Da der Aufstand praktisch bei seiner Ankunft vorbei ist, leitet er „Strafexpeditionen". *221*

Washington, George (1732–1797), nordamerik. Pflanzer; Oberbefehlshaber der Truppen der aufständischen Kolonien gegen England; organisierte die nordamerik. Milizen mithilfe europäischer Berufsoffiziere (F.W. von Steuben, La Fayette); siegte im Unabhängigkeitskrieg gegen England 1777 bei Princeton, zwang die Engländer 1781 zur Kapitulation von Yorktown; 1787 Präs. des Verfassungskonvents, 1789 erster US-Präs. (bis 1789); 1797 Ablehnung einer dritten Wiederwahl, seither ist die Amtszeit der US-Präs. auf zwei Perioden begrenzt; gilt als Begründer der Unabhängigkeit der USA. *118, 121, 123 f., 129, 133*

Wilhelm II. (1859–1941), deutscher Kaiser 1888 bis 1918, Ausbau der Flotte und „Weltpolitik", hielt am 27. Juli 1900 die sogenannte „Hunnenrede" vor deutschen Soldaten vor ihrem Aufbruch nach China zur Niederschlagung des „Boxeraufstands". Mitverantwortlich für den Ausbruch des Ersten Weltkrieges, nach der Abdankung 1918 Leben im Exil in den Niederlanden. *208 f.*

Wilhelm, Richard (1873–1930), deutscher evangelischer Theologe, Missionar und Sinologe. Seit 1900 arbeitete er als Missionar und Lehrer im deutschen Pachtgebiet Qingdao. Er lebte bis 1920 durchgehend in China, 1922 bis 1924 kehrte als wissenschaftlicher Berater der deutschen Botschaft in Beijing noch mal zurück. 1925 wurde er Professor für Sinologie in Frankfurt. *186 f.*

Wilhelm von Preußen (1882–1951), Kronprinz bis 1918, als Oberkommandierender im Ersten Weltkrieg, stärkte Militärführung in Auseinandersetzung mit Regierung, geht mit Vater Wilhelm II. ins Exil, Rückkehr 1923 unter Mitwirkung von Gustav Stresemann, erreichte eine Teilrückgabe der Hohenzollern-Güter, enge Kontakte mit von Schleicher, ließ sich von Hitler instrumentalisieren, seine politische Rolle im NS ist in der Forschung umstritten. *330 f.*

Wilson, Thomas Woodrow (1856–1924), 1913–1921 US-amerikanischer Präsident, der die USA in den Ersten Weltkrieg führte und die Friedensverhandlungen von Versailles mitgestaltete. Er formulierte die versöhnlich gemeinten Vierzehn Punkte, die die Grundlage für den Waffenstillstand 1918 waren. 1920 erhielt er den Friedensnobelpreis. *284, 375*

Witte, Sergej Juljewitsch (1849–1915), Unternehmer und russischer Politiker; 1892 Verkehrs- und Finanzminister. Er förderte die Industrialisierung und den Eisenbahnbau; Juli 1905 erster Regierungschef, verfasst den Entwurf des Oktobermanifests; 1906 wird er von konservativen Kräften zum Rücktritt gezwungen. Rückzug ins Privatleben und verfasst seine Memoiren. *45, 56, 59*

Xianfeng-Kaiser (1831–1861), sein Regierungsmotto „Xianfeng" bedeutet „Wohlergehen". Er wurde 1850 Kaiser, musste sich vor allem mit den britischen Forderungen und dem Zweiten Opiumkrieg auseinandersetzen. Er wurde 1860 von den britischen Invasionstruppen zur Flucht nach Jehol gezwungen, wo er im folgenden Jahr starb. *205f.*

Xi Jinping (geb. 1953), seit 2013 chinesischer Staatspräsident. 2018 wurde die Amtszeitbegrenzung aufgehoben. Xi setzt innenpolitisch auf Autorität und Überwachung, Minderheiten werden unterdrückt. Er treibt das Projekt einer „Neuen Seidenstraße" voran. *243*

Yongzheng-Kaiser (1678–1735), sein Regierungsmotto „Yongzheng" bedeutet „Wahre Harmonie". Er wurde 1723 zum dritten Kaiser der Qing-Dynastie, reformierte das Steuerwesen und die Bürokratie. Er legte damit den Grundstein für Expansion und Wohlstand unter seinem Sohn, dem Qianlong-Kaiser. *170, 174*

Yuan Shikai (1859–1916), mächtiger General der Qing-Herrschaft und Verbündeter der Kaiserinwitwe Cixi. In Absprache mit Sun Yatsen erreichte er die Abdankung des letzten Kaisers Pu Yi, wurde dann dessen Nachfolger als Präsident. Er wandte sich aber von der Republik ab, säuberte das Parlament und ernannte sich 1915, ein halbes Jahr vor seinem Tod, zum Kaiser. *203, 211, 225*

Zetkin, Clara (1857–1933), sozialistisch-kommunistische Politikerin und Friedensaktivistin, mehrfach im Exil wegen politischer Verfolgung, 1917 von SPD zur USPD, dann Mitglied im Spartakusbund und KPD, 1920 bis 1933 für die KPD im Reichstag, auch aktiv in der Kommunistischen Internationale, enge Kontakte mit Lenin und Stalin, nach Reichstagsbrand 1933 ins Exil in die Sowjetunion. *365*

Zou Rong, alte Umschrift Tsou Jung (1885–1905), in Japan ausgebildeter Gegner der Qing-Dynastie, verfasste 1905 die Schrift „Die Revolutionäre Armee" und rief darin zur Revolution auf. Er starb im Gefängnis. *89*

Sachregister

Die Präsidenten der USA

	Präsident	Amtszeit	Partei
1	George Washington	1789–1797	–
2	John Adams	1797–1801	*Federalist*
3	Thomas Jefferson	1801–1809	*Democratic-Republican*
4	James Madison	1809–1817	*Democratic-Republican*
5	James Monroe	1817–1825	*Democratic-Republican*
6	John Quincy Adams	1825–1829	*Democratic-Republican*
7	Andrew Jackson	1829–1837	Demokrat
8	Martin van Buren	1837–1841	Demokrat
9	William Harrison	1841 (gest.)	*Nat. Republican (Whig)*
10	John Tyler	1841–1845	*Nat. Republican (Whig)*
11	James K. Polk	1845–1849	Demokrat
12	Zachary Taylor	1849–1850 (gest.)	*Nat. Republican (Whig)*
13	Millard Fillmore	1850–1853	*Nat. Republican (Whig)*
14	Franklin Pierce	1853–1857	Demokrat
15	James Buchanan	1857–1861	Demokrat
16	Abraham Lincoln	1861–1865 (erm.)	Republikaner
17	Andrew Johnson	1865–1869	Republikaner
18	Ulysses S. Grant	1869–1877	Republikaner
19	Rutherford B. Hayes	1877–1881	Republikaner
20	James A. Garfield	1881 (erm.)	Republikaner
21	Chester A. Arthur	1881–1885	Republikaner
22	Grover Cleveland	1885–1889	Demokrat
23	Benjamin Harrison	1889–1893	Republikaner
24	Grover Cleveland	1893–1897	Demokrat
25	William McKinley	1897–1901 (erm.)	Republikaner
26	Theodore Roosevelt	1901–1909	Republikaner
27	William H. Taft	1909–1913	Republikaner
28	Woodrow Wilson	1913–1921	Demokrat
29	Warren J. Harding	1921–1923 (gest.)	Republikaner
30	Calvin Coolidge	1923–1929	Republikaner
31	Herbert C. Hoover	1929–1933	Republikaner
32	Franklin D. Roosevelt	1933–1945 (gest.)	Demokrat
33	Harry S. Truman	1945–1953	Demokrat

	Präsident	Amtszeit	Partei
34	Dwight D. Eisenhower	1953–1961	Republikaner
35	John F. Kennedy	1961–1963 (erm.)	Demokrat
36	Lyndon B. Johnson	1963–1969	Demokrat
37	Richard M. Nixon	1969–1974 (Rück.)	Republikaner
38	Gerald R. Ford	1974–1977	Republikaner
39	Jimmy Carter	1977–1981	Demokrat
40	Ronald Reagan	1981–1989	Republikaner
41	George Bush	1989–1993	Republikaner
42	Bill Clinton	1993–2001	Demokrat
43	George W. Bush	2001–2009	Republikaner
44	Barack Obama	2009–2017	Demokrat
45	Donald Trump	2017–2021	Republikaner
46	Joe Biden	2021–	Demokrat

Die Staaten der USA nach Beitrittsdatum

Staat	Abk.	Aufnahmedatum
1. Delaware	DE	7.12. 1787
2. Pennsylvania	PA	12.12. 1787
3. New Jersey	NJ	18.12. 1787
4. Georgia	GA	2.1. 1788
5. Connecticut	CT	9.1. 1788
6. Massachusetts	MA	6.2. 1788
7. Maryland	MD	28.4. 1788
8. South Carolina	SC	23.5. 1788
9. New Hampshire	NH	21.6. 1788
10. Virginia	VA	25.6. 1788
11. New York	NY	26.7. 1788
12. North Carolina	NC	21.11. 1788
13. Rhode Island	RI	29.5. 1790
14. Vermont	VT	4.3. 1791
15. Kentucky	KY	1.6. 1792
16. Tennessee	TN	1.6. 1796
17. Ohio	OH	1.3. 1803
18. Louisiana	LA	30.4. 1812
19. Indiana	IN	11.12. 1816
20. Mississippi	MS	10.12. 1817
21. Illinois	IL	3.12. 1818
22. Alabama	AL	14.12. 1819
23. Maine	ME	15.3. 1820
24. Missouri	MO	10.8. 1821
25. Arkansas	AR	15.6. 1836
26. Michigan	MI	26.1. 1837
27. Florida	FL	3.3. 1845
28. Texas	TX	29.12. 1845
29. Iowa	IA	18.12. 1846
30. Wisconsin	WI	29.5. 1848
31. California	CA	9.9. 1850
32. Minnesota	MN	11.5. 1858
33. Oregon	OR	14.2. 1859
34. Kansas	KS	29.1. 1861

Staat	Abk.	Aufnahmedatum
35. West Virginia	WV	20.6. 1863
36. Nevada	NV	31.10. 1864
37. Nebraska	NE	1.3. 1867
38. Colorado	CO	1.8.1876
39. North Dakota	ND	2.11. 1889
40. South Dakota	SD	2.11. 1889
41. Montana	MT	8.11. 1889
42. Washington	WA	11.11. 1889
43. Idaho	ID	3.7. 1890
44. Wyoming	WY	10.7. 1890
45. Utah	UT	4.1. 1896
46. Oklahoma	OK	16.1. 1907
47. New Mexico	NM	6.1. 1912
48. Arizona	AZ	14.2. 1912
49. Alaska	AK	3.1. 1959
50. Hawaii	HI	21.8. 1959

Ausspracheregeln für chinesische Begriffe

Im vorliegenden Kursheft wurden alle chinesischen Namen und Begriffe nach den Regeln der heute aktuellen Umschrift Pinyin geschrieben. Sie finden einige wichtige Namen in der Tabelle unten aufgeführt und mit der ungefähren Aussprache in Deutsch ergänzt. Auf die Verwendung von Lautschrift wurde in der Tabelle verzichtet. Es gibt auch zahlreiche Programme, mit denen Sie sich die richtige Aussprache anhören können.

Heutige Schreibung (Pinyin)	Frühere Schreibung (Wade-Giles)	Ungefähre Aussprache für Deutsche
Beijing (Stadt)	Peking	bei-dshing
Chang Jiang oder Yangzi Jiang („langer Fluss")	Jangtse oder Jangtsekiang	tchang-dshiang
Cixi (Kaiserinwitwe in der späten Qing-Dynastie)	Tzu-Hsi	dsi-chi
Deng Xiaoping (Politiker)	Teng Hsiao Ping	deng-schiao-ping
Guangzhou	Kanton	guang-dschou
Huang He (Gelber Fluss)	Hwang Ho	hwang-he
Jiang Jieshi	Tschiang Kai Schek	dshiang dshieshi
Kong Fuzi (Konfuzius)	Kung Chiu	kong fju-si
Liu Shaoqi (Politiker)	Liu Schao-Tschi	liu shao-tchi
Liu Xiaobo (Dissident und Nobelpreisträger)		li-ju siaobo
Mao Zedong (Politiker)	Mao Tse-Tung	mao-tse-dong
Qianlong (Kaiser)	Ch'ien-lung	tchi-en-long
Qin (Dynastie)	Ch'in	tchin
Qing (Dynastie)	Ch'ing	tching
Tianxia („Alles unter dem Himmel")	tien hsia	tien schia
Xi Jinping (Politiker)		chi dshinping
Xinjiang (autonome Provinz)	Sinkiang	chin-dshiang
Yongle (Kaiser)	Yung-Lo	jung-le
Zheng He (Flottenadmiral)	Cheng-Ho	dscheng-he
Zhongguo (Reich der Mitte/China)	Chung-kuo	dschong-guo

Bildquellen